LE GUINNESS DES RECORDS 1995

TF1 EDITIONS

INTRODUCTION

Mise à jour au 23 août 1994.

La 41ᵉ édition du *Guinness Book of Records*, la 17ᵉ en France, vous souhaite la bienvenue. Comme toujours, notre équipe éditoriale a complètement refait l'illustration du livre et entièrement révisé le texte au cours de l'année. Si vous comparez cette édition avec celle d'il y a une dizaine d'années, vous constaterez des changements fondamentaux. Non seulement dans les records eux-mêmes mais aussi dans le choix des sections et des chapitres et dans la présentation du livre. Nous recherchons en permanence de nouveaux articles à insérer et nous comptons beaucoup sur nos lecteurs qui, aujourd'hui, ont compris l'esprit du livre et sont devenus nos associés dans l'élaboration d'une nouvelle édition.

À leur intention nous précisons encore que les records doivent être mesurables et comparables, si possible internationalement. Pour mieux vous aider, nous pouvons vous conseiller sur la manière d'organiser un record. Donnez-nous un peu de temps avant la tentative. En effet, nous recevons des centaines de lettres par semaine et il nous faut le temps d'examiner sérieusement chaque cas. C'est aussi à cause de cette multitude de correspondants que nous nous excusons de ne pouvoir répondre par téléphone et vous demandons de nous consulter par écrit uniquement.

Pour encourager les tentatives, nous vous demandons, ci-après, quelques records que nous recherchons :

Les personnes les plus âgées, en France
- Connaissez-vous quelqu'un de 105 ans ou plus ?

Les personnes les plus grandes, en France
- Connaissez-vous quelqu'un qui soit d'une plus grande taille que ceux dont nous avons homologué les records ?

Polyglottes
- Connaissez-vous quelqu'un parlant davantage de langues que les recordmen actuels cités dans le livre ?

Folklore et traditions
- Connaissez-vous des compétitions régionales, non encore homologuées, qui mériteraient d'entrer dans le livre ?

Le Bureau d'Homologation

LE LIVRE GUINNESS DES RECORDS
BUREAU D'HOMOLOGATION
ÉDITIONS PHILIPPINE
40, Cours Albert-Iᵉʳ
75008 Paris

HISTOIRE DU LIVRE GUINNESS DES RECORDS

Grande chasse le samedi 10 novembre 1951 ; sir Hugh Beaver (1890-1967), directeur général des brasseries Guinness, passe le week-end en compagnie de quelques amis dans le comté de Wexford, en Irlande. Des pluviers dorés passent dans le ciel, mais les chasseurs les manquent.

Le soir même, au manoir de Castlebridge, les invités se demandent si le pluvier doré est l'oiseau le plus rapide d'Europe. Ils consultent plusieurs ouvrages et sont très surpris de constater qu'aucun ne donne de réponse à leur interrogation.

Sir Hugh se dit alors qu'il existe sans doute des centaines d'autres questions vainement et interminablement débattues dans les 81 400 pubs d'Angleterre et d'Irlande.

Le 12 septembre 1954, il prend contact avec les frères Norris et Ross McWhirter, célèbres commentateurs de la BBC et fondateurs d'une agence capable de répondre à n'importe quelle question d'ordre sportif. L'association se fait dans l'enthousiasme et, le 27 août 1955, au 107, Fleet Street, à Londres, sort une édition de 198 pages du premier *Livre Guinness des Records*. Avant Noël, le livre est un n° 1 sur la liste des best-sellers.

L'édition française est créée en 1962.

En novembre 1974, le *Livre Guinness* trouve place dans le *Livre Guinness* : avec 24 millions d'exemplaires, il est devenu le livre le plus vendu de l'histoire de l'édition.

Aujourd'hui traduit en 43 langues, il a dépassé 74 millions d'exemplaires en 1994.

HOMOLOGATION DES RECORDS

Recordmen, vous devez remplir un procès-verbal selon le modèle qui figure sur la page ci-contre. Ce procès-verbal sera visé, dûment rempli, par un huissier ou, à défaut, par deux témoins officiels (maire, parlementaire, officier de police, agent assermenté, ou toutes autres personnalités).

Le *Livre Guinness des Records* n'envoie normalement pas de juge-arbitre mais peut en désigner un sur proposition du candidat au record.

Le candidat doit constituer un dossier comprenant photos, articles de presse et deux photos d'identité. Attention de bien conserver les originaux car les dossiers ne seront pas restitués.

LES RÈGLEMENTS

Si le record appartient à une discipline ou à un sport régi par une autorité ou une fédération, celle-ci devra avoir été préalablement consultée, et c'est son homologation qui nous sera communiquée et qui sera enregistrée.

Les candidats à un record pourront, à leur demande, recevoir les conditions à remplir et les règlements en vigueur pour chaque discipline.

En effet, les records doivent être mesurables, comparables et réalisés dans des conditions d'équivalence équitables.

PAR COURRIER UNIQUEMENT

La précision des conditions d'homologation requise par le Bureau Officiel d'Homologation français et par le Bureau International d'Homologation du *Livre Guinness des Records*, à Londres, GB, ainsi que le nombre croissant des demandes ne permettent pas de fournir des renseignements par téléphone. Il est donc demandé aux candidats de s'adresser au Bureau par écrit. Si le nombre de lettres et de propositions ne permet pas au Bureau d'Homologation de répondre à chacune, les tentatives de record prises en considération font l'objet d'une réponse précisant les conditions à remplir ou leur validité.

L'HOMOLOGATION

Un diplôme d'homologation sera adressé aux Recordmen dont le record aura reçu l'agrément du Bureau Officiel d'Homologation et qui en feront la demande.

L'attribution d'une Homologation de record n'implique pas obligatoirement l'inscription dans le *Livre Guinness des Records*.

De nombreux records d'endurance ou des performances jugées dangereuses ou discutables vont être progressivement supprimés. Aussi, les candidats aux marathons devront, préalablement, à leur tentative, consulter le Bureau Officiel d'Homologation.

TF1 EDITIONS

LE LIVRE GUINNESS DES RECORDS

70 MILLIONTH COPY — LE LIVRE OFFICIEL

Allemagne	Das Neue Guinness Buch der Rekorde
Bulgarie	The Guinness Book of Records
Danemark	Guinness Rekordbog
Espagne	Libro Guinness de los Records
Etats Unis	The Guinness Book of Records
Finlande	Guinness Suuri Ennätys Kirja
GB	The Guinness Book of Records
Grèce	The Guinness Book of Records
Hongrie	Guinness Rekordok Könyve
Inde	The Guinness Book of Records
Islande	The Guinness Book of Records
Israel	The Guinness Book of Records
Italie	Il Guinness dei Primati
Norvège	Guinness Rekordbok
Pays arabes	The Guinness Book of Records
Pays-Bas	Guinness Record Boek
Pologne	The Guinness Book of Records
Russie	The Guinness Book of Records
Serbie-Croatie	Ginisova Knjiga Rekorda
Suède	Guinness Rekordbok
Tchéc	Guinnesova Kniha Rekordu
Thaïlande	The Guinness Book of Records

PROCÈS-VERBAL D'HOMOLOGATION

Titulaire du record

Nom : .... Prénom : ....

Adresse : .... Pays : ....

Code Postal + Dépt. : .... Ville : ....

Tél domicile : .... Tél bureau : ....

Signature du déclarant : .... *Signature de l'impétrant :* ....

Description courte du record

(pouvant servir d'article pour le *Livre Guinness des Records* précisant le pays, la ville, le lieu, la date, le nombre de participants)

Titre : .... Date : ....

Texte : ....

....

....

....

....

Lieu du record, ville, département : ....

Hauteur : .... Longueur : .... Largeur : .... Circonférence : ....

Volume : .... Poids : .... Temps : .... Distance : ....

Pièces jointes : .... Constat de témoins (huissier, témoin officiel...) : .... Photos : ....

Témoins - À remplir exclusivement par le ou les témoins

(Au choix : huissiers ou témoins officiels, personnalités, élus, représentants de l'État)

Nom : .... Prénom : ....

Adresse : .... Ville : ....

Code Postal, pays. : .... *Signature du témoin 1 :* ....

Nom : .... Prénom : ....

Adresse : .... Ville : ....

Code Postal, pays. : .... *Signature du témoin 2 :* ....

Nous soussignés, titulaire de la performance décrite ci-dessus, témoins assermentés certifions sur l'honneur l'exactitude des faits exposés sur le présent document et autorisons le Bureau Officiel du *Livre Guinness des Records* à publier les présents renseignements dans ses prochaines éditions ainsi qu'extrait ou totalité des courriers que nous lui avons adressés, suivis de nos signatures en fac-similé et des photos communiquées, sans réserve ni restriction. La rédaction n'est pas responsable des textes, illustrations et photos publiés qui engagent la seule responsabilité de leurs auteurs. Les documents reçus ne sont pas rendus et leur envoi implique l'accord de leur auteur pour leur libre utilisation sans droits.

Case réservée au Bureau d'Homologation du *Livre Guinness des Records*. Ne rien écrire ici.

1 Nom Tit. ou Sté. :

ad. :

2 Pays ou département : Code post.: Ville. :

3 Tél :

4 Mot clef : **5** Record, Comm :

6 Chap : **7** Date du record : **8** Édition, p. :

Libellé : ....

D. P. le : .... T ☐ C ☐ H. le : ....

RÈGLEMENTS D'HOMOLOGATION DU *LIVRE GUINNESS DES RECORDS* - LGR

BUREAU OFFICIEL D'HOMOLOGATION DES RECORDS
ÉDITIONS PHILIPPINE, 40 COURS ALBERT-IER - 75008 PARIS - FRANCE

ART. 1 - RECORDS
Un record est un exploit qui dépasse ce qui a été fait avant, dans le même genre, selon les mêmes critères et paramètres. Les records soumis à la Commission d'Homologation étant de plus en plus nombreux et souvent difficiles à comparer, ne peuvent plus être tous homologués. Sont pris en considération les records qui battent un record précédemment établi et ceux qui paraissent dignes de figurer dans l'ouvrage. Un record qui ne serait pas homologué par la Commission n'en resterait pas moins un record pour lequel nous félicitons le titulaire, mais, dans ce cas, ce record ne figurera pas dans le LGR. Les records doivent être à la fois mesurables et comparables. Dans le cas d'un record qui constituerait une nouvelle rubrique, il convient d'établir les nouvelles règles précises et de les soumettre au Bureau Officiel d'Homologation pour leur approbation et leur enregistrement. La tentative doit se dérouler dans un lieu public.

ART. 2 - PROCÈS-VERBAL
Les postulants à l'homologation d'un record doivent remplir obligatoirement le procès-verbal, détachable et inclus dans le LGR, qui peut aussi être demandé au Bureau d'Homologation avec une enveloppe timbrée.

ART. 3 - TÉMOIN DÉLÉGUÉ ET DIPLÔME
Le LGR se réserve le droit d'envoyer un témoin délégué. Cette présence n'est toutefois pas obligatoire et un représentant officiel peut être désigné sur proposition du candidat (voir art. 9).
Un diplôme peut être demandé au LGR, France : se renseigner sur les conditions au préalable. Attention : les diplômes ne peuvent être établis en été et en période de bouclage.

ART. 4 - MATÉRIEL
Pour les sports nécessitant du matériel (raquette, chaussures, bateau, vélo, etc.), la spécificité de celui-ci ne sera pas prise en compte, sauf dans les cas où cette spécificité est prise en compte par les Fédérations.

ART. 5 - FÉDÉRATIONS
Si le record à battre appartient à une discipline régie par une autorité ou une fédération, celle-ci devra être consultée et c'est elle qui homologuera le record. Le LGR ne l'enregistrera qu'ultérieurement.

ART. 6 - INFORMATION
L'événement devra être organisé sous l'égide d'un organisme de presse ou d'information (journal, magazine, radio, TV) local ou national, qui devra donc être prévenu à temps. Il devra, dans la mesure du possible, être annoncé ou relaté.

ART. 7 - RECORDS NON HOMOLOGABLES
Le LGR ne publie pas de records gratuitement *dangereux* (plongeon d'un hélicoptère, suspension par une corde en feu...). Les records détenus par des *professionnels* ne doivent pas tenter les amateurs doués de raison.
Les records de *gloutonnerie* sont totalement déconseillés par le LGR et ne sont plus homologués. Les records de *fakirisme*, incomparables entre eux, ne peuvent plus être homologués. Les records *non-stop*, pour la même raison, ne sont plus homologués. Les records et exploits réalisés par les *handicapés* physiques (Handisport), s'ils sont à bien des égards remarquables, exemplaires, porteurs d'espoir, ne peuvent pas être homologués, car il est impossible d'ouvrir toutes les sous-catégories nécessitées par la multitude des paramètres qui interviennent. Seuls les exploits battant des records existants pourront être homologués.

ART. 8 - MARATHONS - ENDURANCE - RELAIS
Pour ne pas multiplier à l'infini les records du fait de la variation du paramètre temps (en 30 mn, 1 h, 2 h, 24 h, non-stop, etc.), ne seront plus homologués que quelques uns inférieurs à 1 h. Pour les relais, seules les catégories homologuées par les Fédérations seront prises en compte.

ART. 9 - DOSSIER DU RECORD
Les prétendants à un record doivent faire parvenir au Bureau Officiel d'Homologation le dossier du record. Celui-ci se composera de photocopies d'extraits de la documentation (coupures de presse, témoignages, etc.), d'une attestation signée par un témoin officiel (personnalité, maire, député, officier ministériel ou assermenté), et d'une photo de l'événement. Cette documentation ne sera pas retournée. Toute photo remise doit être libre de droits pour toutes éditions du LGR. Le dossier sera obligatoirement accompagné d'un procès-verbal, voir art. 2.

*

ART. 10 - RÈGLEMENTS SPÉCIFIQUES

BALLONS DE BAUDRUCHE EN GRAPPE : Nombre de ballons de baudruche qui doivent être gonflés à l'hélium, être attachés entre eux et décoller du sol.

BALLON DE FOOT : Jonglage, nombre de contact rebonds sur le corps, mains exceptées, en 5 mn et 1/2 h. La chute du ballon au sol est éliminatoire.

BASKET. LANCERS FRANCS : Consécutifs, derrière la ligne de lancer franc (5,80 m), ou distance, lors d'un match ou non.

BOULE DE PÉTANQUE : Distance, pieds joints et fixes.

CARREAU : depuis la plus grande distance.

CADDIE : Le plus grand nombre d'articles différents récoltés dans 1 magasin en 1/2 h. Retour à la caisse.

CHENILLE : Record de distance sans tomber de 50 personnes, chevilles attachées.

CLOCHE-PIED : Distance en 1/2 h. La pose du 2e pied est éliminatoire.

COLLECTES : Le plus grand nombre d'objets d'une même catégorie ayant une valeur faciale (timbres postaux, pièces de monnaie, billets de banque).

COLLECTIONS : Tous les objets d'une collection doivent être différents. Les catégories sont si nombreuses que toutes ne pourront figurer dans le LGR.

COURSES DE BAIGNOIRES SUR L'EAU : Course de vitesse sur 100 m, 2 rameurs à bord d'une véritable baignoire.

COURSES DE COCHONS : Le "cavalier" se maintient à une corde ceinturant la monture. Pistes délimitées par des bottes de paille. Vitesse sur 50 m.

COURSE DE LA CUILLÈRE : Vitesse sur 50 m ou durée. Cuillère à café posée sur l'extrémité de l'arête nasale, partie creuse vers le haut sans toucher les paupières.

COURSES DE LITS : Lits d'hôpital à roulettes (10 cm de diamètre max.) poussés par 4 "infirmiers", un "malade" de 80 kg, lest compris, allongé. Terrain horizontal, rue ou route goudronnée. Vitesse sur 100 m.

COURSE D'ŒUF : Œuf cru et de poule. Cuillère à dessert, maintenue à la main ou dans la bouche (2 catégories). L'œuf ne doit être ni touché, ni fixé, ni cassé. Vitesse sur 100 m.

COURSES EN SACS : Les candidats sont seuls ou groupés par paire, dos à dos (2 catégories), les sacs sont noués au-dessus des épaules. Vitesse sur 50 m.

CRACHER DE GRAINS, PÉPINS OU NOYAUX : Élan de 2 m. Chaque candidat a droit à 3 essais. Record de distance. Terrain horizontal, vitesse du vent nulle.

CRÊPES : Poêle ronde. Crêpe cuite des 2 côtés, record de diamètre. *Lancer de crêpes* : "nombre" de lancers d'une crêpe qui doit retomber sur son autre face à chaque lancer (voir art. 8) ou "hauteur" par-dessus une barre, rattrapée à plat.

CUISINE ET PÂTISSERIE : Les records de plats régionaux spécifiques, étant donné leur trop grand nombre, ne seront pas obligatoirement inscrits dans le LGR. Les réalisations doivent ressembler en tout à un plat existant (recette, proportions et saveur), être cuites en un seul morceau et être comestibles, et bonnes. *Tarte ronde :* diamètre. *Tarte rectangulaire :* largeur, longueur. *Pièces montées :* la variété des réalisations est telle qu'il est impossible d'homologuer des records dans cette catégorie. *Hachis parmentier :* proportions : 2/3 purée, 1/3 viande.

DACTYLOGRAPHIE : Texte recopié sur ordinateur. Nombre de mots en 5 mn. Pénalité : 10 mots par faute.

ÉCHASSES : Hauteur des échasses : 2 m. Avec ou sans l'agneau vivant, d'un poids maximum de 10 kg. Course ou record de vitesse sur 50 m.

ENTASSEMENT : L'entassement dans une voiture doit se faire portières fermées (toit y compris), mais fenêtres ouvertes. Véhicule catégorie A.

ÉPLUCHAGE : L'épluchage est limité aux oranges, pommes de terre, pommes et oignons, tous crus. *Record de vitesse :* en solo pour éplucher 10 kg. *Nombre de pièces épluchées :* en solo pendant 1/2 h. *Pelure la plus longue :* d'un fruit ou légume dont le poids ne dépasse pas 700 g. Catégorie étendue aux crayons avec taille-crayon d'écolier. *Pelure la plus longue en 15 mn :* peler un fruit ou légume dont le poids est fixé à 250 g. Étendu aux crayons.

HUÎTRES (OUVERTURE) : Vitesse pour 100 huîtres ou nombre d'huîtres ouvertes en 1 h. *Variante :* ouverture dans le dos de l'écailler.

LÂCHER DE GRAIN DE RAISINS : Le grain de raisin lâché par un assistant d'une hauteur, immeuble, tour, pont... doit être rattrapé dans la bouche par le candidat.

LANCERS : Distance, élan de 2 m.

LANCER DE FEUILLE DE PAPIER : Flèche ou avion dans une feuille A4, distance.

LANCER DE L'ŒUF CRU DE POULE : Record de distance à 2 participants. Il faut le rattraper intact. Élan 2 m.

LANCER DE CRAVATE : Record de distance. La cravate est maintenue dans la main, roulée ou en boule, non nouée. Les pieds du lanceur sont joints et fixes.

LANCER DE PNEU : Pneu de voiture. Poids 6 kg. Lancer en hauteur par-dessus une barre ou en longueur. *Rouler :* distance.

LANCER DE POMME DE TERRE CRUE ***80-90 g*** *:* Distance à 2 participants. Lancer avec une fourchette assurée au poignet. Réceptionnée en vol.

LEVER DE BARRE-HALTÈRES : Poids maximum cumulé levé en épaulé-jeté en 1 mn.

MASQUE DE CARNAVAL : Record de taille. C'est un faux visage dont on se couvre la figure ; il faut pouvoir se déplacer avec ce masque.

MONOCLES : Maintien de capsules de bouteille en monocle, 1 sur chaque œil, course en ligne sur 50 m. La perte d'un monocle est éliminatoire.

MUSCLES : Barre fixe : suspension par le majeur, record de durée ou de tractions. Suspension par les 2 bras, nombre de tractions, menton du candidat hissé à hauteur de la barre. *Abdominaux :* candidat suspendu par les pieds à un espalier, tête en bas, nombre de relevés de buste à l'horizontale. *Cheveux :* traction d'un véhicule sur roues à l'aide d'une corde fixée aux cheveux, terrain horizontal, record du poids tracté. *Pliage de clous :* temps pour 10 clous, de 7 mm de diamètre et 21 cm de long ou nombre de clous en 1 h. *Livre Guinness des Records :* durée de maintien à bout de bras d'un livre vers le haut. *Pompes :* nombre en 1 mn, 1/2 h, sur un ou deux bras. *Le sans-chaise :* durée, dos au mur, fémur à l'horizontale.

NOIX : Vitesse pour ouvrir 100 noix avec casse-noix et les décortiquer.

OBJETS MINIATURES : Les instruments et les optiques étant de plus en plus performants, il n'est plus possible de mesurer comparativement les records battus. Éviter.

OBJETS GÉANTS : Ils doivent être une réplique exacte d'un objet usuel dans toutes ses proportions et matières.

PALETTE : Charge maximum. Déplacement de la palette avec un transpalette manuel, sur 10 m.

PEINTURE OU DESSIN LES PLUS GRANDS : Peinture, dessin ou succession de dessins sur toile ou sur papier, record de surface. Le nombre de participants n'entre pas en compte. *Fresque :* record de surface. Peinture directement sur le mur. *Banderole artistique :* record de longueur. Dessin ou peinture sur une bande de papier ou de tissu déroulée. *Banderole publicitaire :* textes ou logos publicitaires peints, imprimés ou fixés, record de longueur.

PICHENETTE : Propulsion d'une capsule de bouteille sur terrain horizontal, sur le sol, distance.

PINCE À LINGE : Record de durée. Pince en bois neuve, maintenue entre le pouce et le bout de l'index et non avec la 1re phalange, les 3 autres doigts écartés. *Hérisson :* nombre de pinces à linge fixées sur la peau ou les vêtements qui doivent être usuels.

PORTER : Fromages : vitesse sur 50 m. *Cantal :* pièce de 38 kg. *Parmesan :* pièce de 40 kg. *Emmenthal :* meule de 68 kg. *Sac de blé :* 80 kg, vitesse sur 200 m. *Sac de charbon :* 50 kg, vitesse sur 1 000 m. *Sac de pommes de terre :* 25 kg, vitesse sur 50 m, sans attache ni accessoire. *Oranges :* quantité maximum portée en une brassée à 50 m.

POUSSER DE BROUETTE : Vitesse sur 100 m, charge humaine ou non, de 80 kg. *Brouette humaine :* vitesse sur 100 m. Un candidat-pousseur, un candidat-brouette. Port de pantalon et gants obligatoire pour candidat-brouette. *Variante :* pousser d'orange par le candidat-brouette avec le front protégé par un bourrelet, vitesse sur 50 m.

PLIAGE : Record de taille de la feuille de départ. Sans structure ni fixation d'aucune sorte.

PYRAMIDES : Record de hauteur d'un assemblage d'objets (verres, canettes, livres...) tous identiques. Taille et forme de la base indifférentes. Sans structure ni fixation. *Variante :* base : 10 x 10 cm. *Bouteilles :* record de hauteur, sans charpente, planche de bois entre chaque étage. *Château de cartes :* record de hauteur d'une pyramide de cartes à jouer, cartes postales, sous-bocks..., posés verticalement. *Colonne de pièces :* record de hauteur, à partir d'une pièce posée sur sa tranche ou à plat (2 catégories). *Colonne de pneus :* base avec un seul pneu. *Mur :* surface, base constituée d'une seule ligne d'objets.

ROULER DE TONNEAU : 50 kg, vitesse sur 50 m.

SCRABBLE : Les parties doivent être jouées lors de compétitions et respecter la règle du jeu.

SOUFFLER DU PETIT POIS CRU : Horizontal : Distance sur terrain horizontal lisse, vent nul, un seul souffle, candidat à plat ventre, les mains croisées sous le menton. *Vertical :* Durée. Le candidat est allongé sur un lit les bras le long du corps.

VÉLO D'APPARTEMENT : Distance en 1 mn, 5 mn, 1/2 h ou 1 h. Le modèle du vélo n'est pas pris en considération.

*

Pour des raisons de place, dans tous les cas, le fait de détenir un record, qu'il soit homologué par le Bureau Officiel ou non, n'implique jamais l'inscription automatique dans le Livre Guinness des Records.

N° 5 8 94

SOMMAIRE

GUILDE EUROPÉENNE DU RAID

Faire ce dont les autres rêvent...

Depuis 25 ans, c'est l'objectif que s'est fixé la Guilde européenne du Raid'. Trois orientations déterminent son éthique :

- l'enthousiasme de l'aventure;
- l'engagement de la solidarité;
- la mémoire d'une culture.

Grâce aux Bourses de l'aventure qu'elle a créées en 1971, aujourd'hui allouées par la Mairie de Paris, les Hauts-de-Seine et la Fondation Elf, la Guilde encourage des centaines de projets proposés par de jeunes aventureux (20/30 ans). L'objectif proposé peut être sportif, culturel, scientifique, humanitaire ou documentaire. Voici quelques exemples des projets des lauréats 1993.

Guilde européenne du Raid
11 rue de Vaugirard - 75006 Paris.
Tél. (1) 43.26.97. 52

Le Yukon

"Sur les traces d'Edward R. Jesson"

Au début de l'hiver 1899, les passagers arrivés trop tard pour prendre le dernier bateau qui remontait le Yukon jusqu'au port de Dawson, Canada, avant que le fleuve ne soit rendu impraticable par la glace, tenteront de descendre le fleuve gelé à pied ou à traîneaux. L'un d'entre eux, Edward R. Jesson, fera le voyage à vélo et arrivera à Nome 36 jours plus tard. Le 23 février 1994, Serge Vincenti et Jean-Paul Bruel Buffier quittent Dawson à vélo et tentent de réécrire cette page de l'Histoire. Ils arriveront à Nome le 8 avril, après une épique traversée de la banquise dans la baie de Norton, ayant parcouru 2 200 km dont 1 600 à vélo, 400 à pied et le reste à ski.

Le Mékong

"Sur les traces de Francis Garnier"

Du 1er septembre au 5 octobre 1993, Arnaud de Charry, Vincent Rattez et Benoît Valentin ont remonté le Mékong, sur plus de 2 000 km, dans une région isolée et politiquement difficile. Outre l'aspect sportif, le thème du voyage était de reprendre l'itinéraire de l'explorateur français Francis Garnier, qui navigua sur le Mekong de 1866 à 1868, et de retrouver les sites qu'il avait découverts au siècle dernier.

Partant de l'embouchure du delta dans l'extrême sud du Vietnam, le périple en pirogue et sampans a dû contourner les zones d'insécurité liées au banditisme et à la guérilla Khmer rouge. L'aventure s'est poursuivie jusqu'au nord du Laos, au fameux triangle d'or.

Nettoyage de l'Himalaya

"Pour une montagne propre"

C'est le message que 7 jeunes alpinistes, âgés de 20 à 24 ans, ont entendu faire passer, au cours de l'été 1993, en effectuant une opération de nettoyage en Himalaya, au pied d'une montagne de plus de 8 000 m d'altitude. En 18 jours, ils sont venus à bout de centaines de kilos de déchets laissés par les himalayistes au cours de leurs expéditions. Grâce à leur ténacité et à la Mairie de Paris, ils sont parvenus à convaincre les autorités pakistanaises de la nécessité d'obliger les himalayistes à brûler ou à redescendre systématiquement leurs déchets.

RAID AU NÉPAL

Grâce au concours de la Fondation Elf, le Dr Jean-Paul Rispoli, paraplégique, a pu se rendre au Népal par la route, dans le but d'apporter une aide médicale et sanitaire. Derrière la façade touristique, c'est un pays rongé par la maladie qui a retenu son attention et lui a fait supporter des heures de portage ou de cheval, pour arriver dans des villages isolés et transmettre ses connaissances à une équipe de bénévoles déjà sur place.

PAYS PERDU

Du Tibet à l'Amazonie

Depuis 1967, Denis Richer, âgé de 45 ans, sillonne les cinq continents, attiré par les peuples qui vivent en marge et les minorités. Après plusieurs séjours dans la chaîne anamytique, puis au Tibet, ses pérégrinations l'ont conduit au fin fond de la forêt amazonienne, où il a vécu quelque temps au sein d'une ethnie indienne. Lauréate 1994, l'association "Pays perdu" dont il est le fondateur, posera dès le mois d'octobre, les premières pierres d'un développement agricole mieux adapté aux nouvelles conditions de vie de ces ethnies opprimées, confinées sur des territoires qui ne leur permettent plus de vivre de l'agriculture traditionnelle.

LES CINQ CONTINENTS

"Sur les traces d'Albert Khan"

De janvier 1990 à décembre 1991, Denis Gittarc Hervé et Olivier Archambeau ont parcouru e voiture 157 000 km, conduit pendant 4 200 pour relier les cinq continents, afin de mesurer l'évolu tion géographique de la planète. En partant sur les trace d'Albert Khan, célèbre géographe du début du xxe siècl qui constitua les premières archives de la planète, ils or contribué à l'enrichissement des connaissances géogra phiques grâce aux 18 000 photos prises simultanémen à partir d'un satellite, d'un ULM et au sol.

À la rencontre des mennonites du Paraguay

Le 5 août 1993, **Jean-Bernard Carillet et Christine Buzenet**, 25 ans, sont partis à destination du Paraguay à la rencontre des mennonites, cousins des amishs nord-américains. 3 semaines pour apprivoiser les irréductibles de Rio Verde, une colonie de 2 500 âmes, viscéralement hostiles à toute forme de progrès, vivant en vase clos, avec, pour seul horizon, la Bible et les travaux agricoles.

PARIS - LE CAP À MOTO

Parti seul le 22 juin 1992 de Paris, Nicolas Drouault, titulaire d'une bourse Yamaha, a parcouru 21 000 km à moto pour rejoindre Le Cap. Confronté à de nombreuses difficultés et en particulier, aux guerres ethniques qui l'ont obligé à changer son itinéraire, il a dû compter avec tous les types de terrains, des pistes rocailleuses de la Tanzanie au désert de sable du Sahara, avant de rallier Le Cap, le 1er novembre 1992.

L'AUTRE PARIS-DAKAR

Au cours de l'année 1993, la Guilde s'est associée à une initiative originale des "Anciens de la Casamance", retraités qui, pour avoir travaillé de nombreuses années dans cette région du Sénégal, voulaient prêter main-forte une dernière fois à sa population. Avec l'aide de Jérôme Rabe, lauréat 1993, ils ont retapé, pendant 1 an, 15 Renault 4 L destinées à 15 dispensaires de brousse, et sont partis le 2 novembre sur les routes d'Espagne, du Maroc et de Mauritanie. Au total, 20 jours de route, 2 000 km de désert, des dizaines d'ensablement, mais à l'arrivée des bonnes sœurs qui dansent de joie.

Le Tibet à VTT

Hélène Viort et Christophe Mariette ont traversé à vélo, en autonomie totale et sur plus de 3 000 km, la partie la plus désertique du Tibet : le Changtang. Partis de Kashgar le 9 juillet 1993, ils ont emprunté des pistes en très mauvais état, et franchi des cols à plus de 5 000 m pour atteindre les hauts plateaux. Durant ce périple de 3 mois et demi, ils ont dû réparer leurs vélos avec des fils de fer et des boîtes de conserves, résister à un froid de -20 °C, et porter des sacs de 50 kg chargés d'eau et de nourriture. Ils ont gagné Katmandou, Népal, le 15 novembre 1993.

LE LIVRE GUINNESS DES RECORDS

LA GUILDE EUROPÉENNE DU RAID

CHRONIQUES PYGMÉES DU CAMEROUN

Joana de Freville et Bart Giovacchini, peintre, ont partagé durant 5 mois la vie quotidienne d'un groupe de Pygmées nomades Babinga, au cœur de la grande forêt congolaise, et ont tenté une expérience inédite de communication par le biais de la peinture. De juin à décembre 1992, ils ont parcouru en pirogue et à pied, depuis Ouesso, au-dessus de l'équateur, les régions forestières et marécageuses de la Likouala et de la Sangha, zones frontalières du sud du Cameroun où se retranchent quelques groupes pygmées nomades. Grâce aux toiles et dessins rapportés, plusieurs expositions auront lieu dès novembre 1994 dans le but de faire connaître le patrimoine artistique des populations pygmées, que la déforestation et la sédentarisation privent de leurs traditions et menacent de disparition.

LA CHAÎNE DE L'HIMALAYA

Partis le 15 juillet 1990 de Srinagar avec 2 chevaux de selle et 1 poney, Hervé Le François, 36 ans et Christine Pauchard, 23 ans, ont traversé la chaîne de l'Himalaya dans sa longueur, soit 3 000 km, jusqu'au Népal. Pendant 6 mois, ils ont franchi le Cachemire, les vallées tibétaines puis celle du Gange et sont arrivés à Katmandou le 28 février 1991. En septembre 1994, ils sont repartis en selle pour le toit du monde, à la découverte des sources du Mékong, à la rencontre des peuples qui bordent ses rives. Un périple de 4 200 km.

LA ROUTE MANDARINE

Du Vietnam au Cambodge à vélo

Virgile Bertrand a traversé, seul, le Vietnam et le Cambodge à VTT, de Hanoi jusqu'à Angkor. Ce périple long de plus de 2 000 km, achevé le 14 septembre 1992, fut l'occasion de découvrir sous l'angle des réalités quotidiennes, 2 pays de l'ancienne Indochine.

SUR LES TRACES DU DIEU VICTOR

Passionnés par l'histoire et les voyages, Éric Renault, Frédéric Forestier et Éric de Bantel, se sont fixés pour objectif de retrouver au Vietnam la trace de Victor Hugo. Déifié, le poète français prit définitivement sa place au sein de la religion Caodaï en 1935, lorsqu'elle lui décerna les honneurs divins et l'inscrivit dans la Légion des Génies. Cette expédition qui s'est déroulée du 27 novembre au 26 décembre 1992, s'est organisée autour des différents sites représentatifs de l'activité des adeptes, dont les dirigeants, prétendent les Annamites, ne seraient aujourd'hui que la réincarnation de plusieurs Victor Hugo. Ce périple les a conduits à travers Hanoi, Hué, Ho Chi Minh, où ils ont pu voir, dans certains oratoires, le portrait du poète, jusqu'à Phnom Penh au Cambodge.

Les steppes mongoles

Le projet "les Fils du Loup bleu" est né de la rencontre entre Marianne Coineau et Clotilde Frappier, qui décidèrent de réaliser un rêve commun : chevaucher au milieu des steppes mongoles et comprendre comment, depuis l'époque de Gengis Khan, les nomades ont pu conserver leur mode de vie et une grande partie de leurs traditions intacts. C'est pour répondre à ces questions que durant les 3 mois de l'été 1993, elles sillonneront à cheval une petite région du nord-ouest de la Mongolie, Zavkhan Aïmak, et vivront au rythme de ces peuplades.

1
L'ESPRIT D'AVENTURE

L'expédition Polar Lys, composée des frères Pierre et Frédéric Vernay et de Jean-Yves Lapaix en compagnie de deux chevaux de race canadienne, la jument Prunelle, 8 ans, et le jeune hongre Valentin, 3 ans, a établi un record de latitude en effectuant une expédition de 100 jours sur l'île Cornwallis dont elle fit le tour. L'expédition dura du 18 avril au 1er juillet 1990 et atteignit comme point le plus au nord, le cap Gell, 75° 39' nord.

VOYAGES A PIED

COURSES ET MARCHES

LES PLUS GRANDS VOYAGEURS

■ Parke G. Thompson, d'Akron, Ohio, EU, Giorgio Ricatto, de Turin, Italie, et John Clouse, d'Evansville, Indiana, EU, ont visité tous les pays souverains et tous les pays non souverains ou autres territoires à l'exception d'un, qui existaient à la fin de 1991 (voir chapitre *Institutions, article « Pays »*). Il reste à Thompson et Ricatto à visiter les îles Heard et MacDonald, archipel australien du sud de l'océan Indien, tandis que Clouse doit encore se rendre aux îles de Canton et d'Enderbury, dans l'océan Pacifique.

■ Le couple le plus voyageur est certainement le docteur Robert Becker et sa femme Carmen, de East Northport, New York, EU. Ils ont visité tous les pays souverains, sauf l'Irak, et il leur manque seulement huit des pays non souverains ou autres territoires à leur palmarès.

<u>1ers tours du monde à pied</u>
■ L'Américain George Schilling est censé être la 1re personne à avoir fait le tour du monde à pied, du 3 août 1897 à 1904, soit en 7 ans.
Le premier tour du monde vérifié revient à l'Américain David Kunst, né en 1939, entre le 20 juin 1970 et le 5 octobre 1974, soit en 4 ans et 3 mois.

TOURS DU MONDE

***Par les pôles* ■**
Sir Ranulph Fiennes et Charles Burton, de l'expédition britannique Trans-Globe, partirent de Greenwich, Londres, le 2 septembre 1979 en direction du pôle Sud (*photo avec le prince Charles*), qu'ils rejoignirent le 17 décembre 1980, puis vers le pôle Nord, qu'ils atteignirent le 11 avril 1982. Ils étaient de retour à Greenwich le 22 août 1982 après avoir parcouru plus de 56 000 km en un peu moins de 3 ans.

***Par l'hémisphère Nord en courant* ■**
Le 27 mai 1987, le Français Djamel Balhi quitte Paris pour accomplir le tour du monde en courant par l'hémisphère Nord. Il est de retour à Paris le 16 février 1989, après avoir parcouru 27 000 km en 1 an et 9 mois, avec une moyenne de 80 km par jour. Il est passé par l'Europe, le Pakistan, l'Inde, la Chine, la Corée, le Japon et les États-Unis.

Course la plus longue sans arrêt
Le Suédois Bertil Järlaker, né en 1936, a parcouru 568 km en 121 h 54 mn, du 26 au 31 mai 1980, à Norrköping, Suède, en courant pendant 95 % du temps.

■ Il a fallu 10 ans, du 6 avril 1968 au 8 avril 1978, à l'Argentin Tomás Carlos Pereira, né le 16 novembre 1942, pour traverser 5 continents et parcourir 48 000 km.

■ Steven Newman, de Bethel, Ohio, EU, a parcouru le monde en 4 ans, du 1er avril 1983 au 1er avril 1987, soit 36 200 km, 20 pays, 5 continents.

Paralysé
Le Canadien Rick Hansen, né en 1957, paralysé des membres inférieurs après un accident de voiture en 1973, a parcouru 40 074 km, à travers 4 continents et 34 pays, en fauteuil roulant. Il est parti de Vancouver le 21 mars 1985 et y est rentré le 22 mai 1987.

Pôle Sud-pôle Nord
L'e Britannique George Meegan, né le 2 octobre 1952, a marché 30 431 km. Parti d'Ushuaïa, le point le plus méridional de l'Amérique du Sud, le 26 janvier 1977, il est arrivé à Prudhoe Bay, dans le nord de l'Alaska, 2 426 jours plus tard, le 18 septembre 1983.

Tour du monde en auto-stop ▸
Alexandre Fuzeau, Parisien de 27 ans, est le premier autostoppeur à réaliser un tour du monde en passant par l'ex-URSS et la Chine. Parti d'Angleterre en juin 1993, il a traversé toute l'Europe de l'Est avant de franchir le continent asiatique. Son voyage s'est terminé aux États-Unis en octobre 1993 après avoir parcouru 61 000 km, visité 28 pays et testé 869 voitures.

Tour du monde à 3 ans et demi
La Française Edith Mollier, de Modane, est partie pour faire le tour du monde, le 30 juin 1991, de Paris, avec sa fille Sandy, 3 ans et demi. Via New York, Los Angeles, Papeete, Mooréa, Bora-Bora, les îles Marquises, Auckland, Nouméa, Sydney, Jakarta, Bali, Singapour et Moscou, Edith et Sandy revinrent à Paris après un voyage de 10 mois, « à la routarde », avec un sac à dos de 10 kg pour deux.

TRAVERSÉES

Sahara d'est en ouest
L'ethnologue français Philippe Frey, passionné de nomadisme, a réalisé une première : la traversée du Sahara, le plus grand désert du monde, de la mer Rouge à l'océan Atlantique, en solitaire, accompagné de 2 chameaux chargés de porter l'intendance. Parti de Marsa-Alam, Égypte, le 8 septembre 1990, il rejoint Jrei-Da, Mauritanie, le 12 juin 1991, après avoir parcouru 9 000 km en 9 mois de marche via le nord du Tchad et le désert de Libye. Sa moyenne journalière était de 50 km à pied et à dos de chameau.

Sahara du nord au sud
Le Français Gérard Vacher, né le 22 août 1944 à Lyon, a parcouru, entre le 7 mai 1985 et le 30 janvier 1986, 4 765 km en 116 jours de course, d'Alger à Abidjan via le Mali et la Côte-d'Ivoire. Sa moyenne journalière était de 41,07 km.

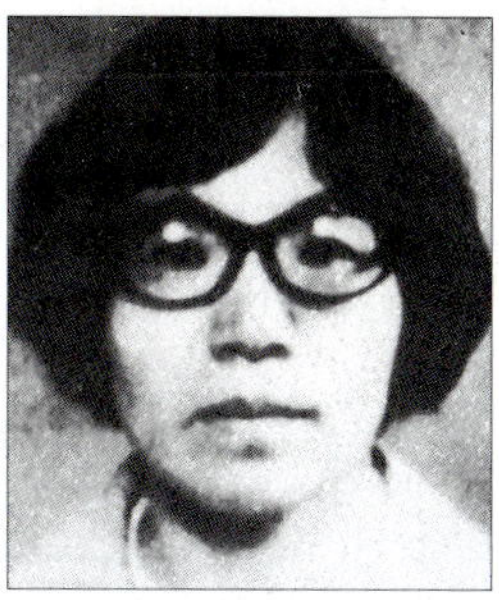

Désert du Kalahari
Après sa traversée du Sahara, le Français Philippe Frey, après une initiation de 5 mois aux techniques de survie des Bushmens, ou Bochimans, est parti le 15 juillet 1992 du Botswana pour traverser le désert du Kalahari et rejoindre l'Afrique du Sud. Avec le Bochiman Simon, dit « la Tortue », ils ont traversé 1 200 km, sans aucun point d'eau, en 25 jours, vivant de cueillette et de chasse.

Amérique du Nord
L'Américain Sean Maguire, né le 15 septembre 1956, est parti le 6 juin 1978 de la rivière de Yukon, au nord de Livengood, Alaska, pour rejoindre Key West, Floride, le 9 avril 1979. Il a mis 307 jours pour parcourir 11 791 km.

San Francisco-New York
L'Américain Frank Giannino Jr., né en 1952, a établi le meilleur temps de la traversée des États-Unis, 4 990 km, en 46 jours 8 h 36 mn, du 1er septembre au 17 octobre 1980.

Arizona
Du 9 au 14 octobre 1988, le Français Roland Somogyvary a parcouru, en solitaire et en autosuffisance, 600 km en 6 jours de Las Vegas, Nevada, à Phœnix, Arizona, EU.

Australie
L'Australien Ron Grant, né le 15 février 1943, effectua le tour de l'Australie, 13 383 km en 217 jours 3 h 45 mn, du 28 mars au 31 octobre 1983.

La Grande Muraille de Chine
■ Voir le chapitre Architecture, « *Les constructions les plus vastes* ».

La plus longue distance en une année
L'Italienne Tina Maria Stone, née à Naples, le 5 avril 1934, partie d'Irwin, Californie, EU, a parcouru 24 890 km au cours de l'année 1983.

Paris-Bangkok ■
Le Français René Flinois, 35 ans, parti de Paris le 23 mars 1987, atteignit Bangkok, Thaïlande, le 18 avril 1989. Sur les 36 000 km de son parcours, René Flinois a effectué 17 000 km à pied, chargé de son sac à dos.

Origines ■
Bien que des objets datant de l'âge du bronze, IIe millénaire av. J.-C., aient été retrouvés au sommet du Riffelhorn, Suisse, 2 927 m, l'alpinisme n'a une histoire précise qu'à partir de 1854. Certains exemples isolés d'ascensions remontent cependant au XIIIe siècle. Les Atacamenans avaient construit des tables de sacrifice proches du sommet andin du Llullaillaco, 6 723 m, à la frontière Chili-Argentine, vers 1490.

MONT EVEREST

Première ■
La première ascension de l'Everest (Sagarmatha, en népalais), 8 846 m, a été réussie le 29 mai 1953 à 11 h 30 par le Néo-Zélandais Edmund Percival Hillary, né le 20 juillet 1919, et le sherpa Tenzing Norgay (1914-1986). Cette ascension se fit par le sommet sud, 8 750 m.

Le plus rapide ■ ◂
L'alpiniste français Marc Batard, né en 1952, réussit le 26 septembre 1988, seul, sans appoint d'oxygène, à gravir le plus haut sommet du monde en un temps record : 22 h 29 mn.

La première femme ■
La Japonaise Junko Tabei, 35 ans et mère de famille, née le 22 septembre 1939, a atteint le sommet avec oxygène, le 16 mai 1975.

En style alpin et sans oxygène ■ *Le 8 mai 1978, Reinhold Messner a réussi, avec l'Autrichien Peter Habeler, né le 22 juillet 1942, la première ascension sans oxygène, par la voie du col sud.*

Les premiers Français à l'Everest ■ *Les premiers Français à avoir atteint le sommet de l'Everest sont Pierre Mazeaud, Jean Afanassieff et Nicolas Jaeger ; c'était le 15 octobre 1978.*
La première Française est Christine Janin, qui, le 5 octobre 1990, à 16 h 45, a atteint les 8 846 m de l'Everest.

Ascension en solitaire ■
L'Italien Reinhold Messner, né le 17 septembre 1944, a été le premier à réussir l'ascension entière en solitaire le 20 août 1980.

Le plus âgé ■
L'Américain Richard Bass, né le 21 décembre 1929, a atteint le sommet de l'Everest à l'âge de 55 ans et 130 jours, le 30 avril 1985.

Le plus grand nombre d'ascensions
Le sherpa Ang Rita, né en 1947, a gravi 7 fois l'Everest, en 1983, 1984, 1985, 1987, 1988, 1990 et 1992, sans utiliser d'oxygène.

La première hivernale
Une expédition polonaise a réussi pour la première fois, par une température de -40 °C, un 8 000 m en hiver en 1979.

Les expéditions les plus nombreuses
■ *Une expédition américa-no-soviéto-chinoise conduite par l'Américain James W. Whittaker a mené 20 personnes au sommet entre le 7 et le 10 mai 1990.*
■ *Le 10 mai 1993, pour commémorer le 40e anniversaire de la première de Hillary et Tenzing, ce sont 37 alpinistes issus de 7 équipes différentes qui se retrouvent sur le toit du monde.*

Les bivouacs les plus hauts ■
Les Britanniques Douglas Scott et Dougal Haston ont bivouaqué dans un trou creusé dans la neige à 8 747 m d'altitude, sur le sommet sud de l'Everest, dans la nuit du 24 septembre 1975.
La première femme britannique, sur ce même sommet, fut Rebecca Stephens, le 17 mai 1993.
Deux Japonais, Hironobu Kamuro (1951-1983) et Hiroshi Yoshino (1950-1983), ont bivouaqué à 8 800 m d'altitude sur l'Everest, dans la nuit du 8 au 9 octobre 1983, mais aucun des deux n'a survécu.

Marathon le plus austral
Les 3 Bretons Philippe Nédelec, Patrick Le Bougeant et Philippe Balcon ont couru le 27 janvier 1993 le marathon le plus austral. Foulant difficilement les pistes gelées des îles Crozet, ils ont couvert une distance de 42,195 km en seulement 4 h 03 mn et ce malgré des rafales de vent atteignant 65 nœuds.

PREMIÈRES DE L'HIMALAYA

SOMMET	ALTITUDE		DATE	VOIE/CONDITIONS	ALPINISTES	TEMPS
EVEREST	8 846 m	Au sommet	29-05-1953	Arête S.-E.	Hillary - GB, Norgay - Népal	420 j
		Plus rapide	26-09-1988	Sans oxygène	Batard - France	22h29'
		Français	15-10-1978		Mazeaud, Afanassieff, Jaeger	
		Hivernale	17-02-1980	-50 °C- vents 150 km/h.	Cichy, Wielicki - Pologne	
		Solitaire	20-08-1980	Sans oxygène-Col N.	Messner - Italie	
		Femme	16-05-1975		Tabei - Japon	
		Française	6-10-1990		Janin	
		Skis	27-09-1992	Sommet S. 8 770 m	Tardivel - France	
K2	8 611 m	Au sommet	31-07-1954	Arête des Abruzzes S.-E.	Compagnoni, Lacedelli - Italie	70 j
		Plus rapide	4-07-1986	En solitaire	Chamoux - France	23h00'
		Femme	23-06-1986		Rutkiewicz - Pologne	
		Française	23-06-1986		Barrard	
KANCHENJUNGA	8 598 m	Au sommet	25-05-1955	Face S.-O.	Brown, Band - GB	47 j
		Solitaire et Français	17-10-1983	Face S.-O.	Beghin	
LHOTSE	8 511 m	Au sommet	18-05-1956	Face O.	Luchsinger, Reiss - Suisse	45 j
MAKALU	8 481 m	Au sommet et Français	15-05-1955	Arête N.-O.	Couzy, Terray	47 j
DHAULAGIRI	8 167 m	Au sommet	15-05-1960	Arête N.-E.	Exp. suisse : Forrer, Diemberger…	52 j
		Femme	6-05-1982		Vivijs - Belgique	
		Français	18-05-1980	Face N.-E.	Ghilini - Exp. internationale	
		Plus rapide	9-05-1990	Aller-retour	Wielicki - Pologne	22h
		Hivernale	13-12-1982	Arête N.-E.	Koizumi, Wangkhu - Japon	
MANASLU	8 163 m	Au sommet	9-05-1956	Versant N.-E.	Imanishi, Gyaltsen - Japon	50 j
		Femme	4-05-1974		Nakaseko, Uchida, Mori - Japon	
		Français	7-10-1981	Face O.	Beghin, Müler	
		Solitaire	25-04-1972		Messner - Italie	
CHO OYU	8 153 m	Au sommet	19-10-1954	Arête O.	Tichy - Autr., Passang - Népal	31 j
		Surf des neiges	11-09-1988		Gouvy - France	
		Monoski	11-09-1988	Première femme à 8 000 m	Périllat - France	
NANGA PARBAT	8 125 m	Au sommet	3-07-1953	Arête E.	Buhl - Exp. germano - autrichienne	42 j
		Femme et Français	27-06-1984	Versant Diamir	Lilianne Barrard	
		Français	27-06-1984	Versant Diamir	Maurice Barrard	
		Solitaire	9-08-1978	Versant O.	Messner - Italie	
ANNAPURNA	8 078 m	Au sommet et Français	3-06-1950	Face N.	Herzog, Lachenal	18 j
		Femme	15-10-1978		Komarkova, Miller - EU	
		Skis	Print. 1980		Morin - Exp. française	
HIDDEN PEAK (GASHERBRUM I)	8 068 m	Au sommet	5-07-1958	Arête E.-S.	Schoening, Kauffmann - EU	36 j
		Femme	Print. 1982		Saudan - Suisse	
		Français	15-07-1980	Face S.-O.	Barrard, Narbaud	
BROAD PEAK	8 047 m	Au sommet	9-06-1957	Face O.	Buhl - Exp. autrichienne	28 j
GASHERBRUM II	8 035 m	Au sommet	7-07-1956	Arête S.-E.	Larch, Moravec, Willenpart	
		Française	6-08-1981		Janin	
XIXABANGMA	8 013 m	Au sommet	2-05-1954	Arête N.	Ching - Exp. chinoise	47 j

PREMIÈRES DES SOMMETS DES AUTRES CONTINENTS

SOMMET	ALTITUDE		DATE	VOIE/CONDITIONS	ALPINISTES	CONTINENT
ACONCAGUA	6 960 m	Au sommet	12-01-1897	Face N.	Zurbriggen - Suisse	Sud-Américain
		Français	1954	Face S.	Bernardini, Denis, Dagory…	
		Femme	7-03-1940		Bance-Link -	
		Hivernale	15-09-1953		Huerta, Godoy, Vasalla -	
McKINLEY	6 194 m	Au sommet	7-06-1913		Stuck, Karsten, Tatun - EU	Nord-Américain
KILIMANDJARO	5 895 m	Au sommet	3-10-1889		Meyer de Leipzig, Purtscheller - All.	Africain
ELBROUS	5 642 m	Au sommet	14-07-1874	Face occidentale	Knubel, Sottaev - GB	Européen
VINSON	5 140 m	Au sommet	30-01-1966		Clinch, Schoeninh - EU	Antarctique
		Français	11-01-1991		Frachon, Rigaux	
		Française	1992		Janin	
CARSTENZ	5 030 m	Au sommet	13-11-1962	Face N. arête O.	Harrer, Temple, Kippar, Huizenga	Océanie
		Solitaire	1972		Messner - Italie	

LES RECORDS D'ENCHAÎNEMENT

4 faces nord ■ Le Français Jean-Marc Boivin (1950-1990) a mis 17 h pour enchaîner 4 faces nord : aiguille Verte (descente en parapente), Droites, Courtes et Grandes Jorasses, aidé par une aile delta, le 17 mars 1986.

3 faces nord ■ Le Français Christophe Profit a enchaîné, en 41 h, les 12 et 13 mars 1987, les faces nord des Grandes Jorasses, de l'Eiger et du Cervin, en solitaire et sans aide.

ACONCAGUA

Première ■
L'Aconcagua, 6 960 m, est le point culminant de tout le continent américain. C'est le 12 janvier 1897 que le guide suisse Mattias Zurbriggen réussit son ascension.

Les premiers Français ■
En 1954, une expédition française, avec Bernardini, Denis, Dagory, Lesueur, Paragot et Poulet, va réaliser la première ascension de la face sud de l'Aconcagua, face réputée pour ses grandes difficultés rocheuses et glaciaires. Certains d'entre eux reviendront avec des gelures très graves aux pieds et aux mains.

Le plus rapide aller-retour à pied ■
Le 23 février 1992, le lieutenant français Giot, du groupe militaire de haute montagne, a réalisé l'ascension de l'Aconcagua, Argentine, en partant de l'hôtel refuge de Plaza de Mulas, 4 300 m, soit un dénivelé de 2 660 m, et est redescendu en courant à son point de départ, bouclant l'aller-retour en 5 h 57 mn 59 s.

MONT BLANC

Premières ■
En 1760, le savant suisse H.-B. de Saussure offrit une récompense à qui réussirait l'ascension du mont Blanc. Michel Gabriel Paccard (1757-1827), médecin à Chamonix, et Jacques Balmat (1762-1834) ont réussi la première ascension, le 8 août 1786.
Marie Paradis fut la première femme en 1808.
Mlle Straton réalisa la première hivernale, en 1876.
H. Mylins fut le premier à descendre le mont Blanc à skis en 1904.

BENOÎT CHAMOUX

K2 Le plus rapide
Benoît Chamoux est à ce jour le seul alpiniste au monde à avoir réussi l'ascension du K2, Nanga-Parbat et Broad-Peak, en moins de 24 h à chaque fois.

Le plus grand nombre de sommets atteints
Avec 11 sommets de plus de 8 000 m à son actif, Benoît Chamoux, Savoyard de 32 ans, détient le record du plus grand nombre de sommets atteints dans la chaîne de l'Himalaya.

L'ascension la plus rapide

Le 21 juillet 1990, le coureur de marathon suisse Pierre-André Gobet a gravi en courant le mont Blanc, 4 807 m, en 3 h 38 mn, réalisant l'aller-retour en 5 h 10 mn 14 s.

Le Français le plus rapide ■
Le Grenoblois Laurent Smagghe a escaladé le mont Blanc en 5 h 29 mn le 21 juillet 1989.

GRANDES JORASSES

Première ■
La pointe Walker, 4 208 m, a été escaladée pour la première fois, le 30 juin 1868, par H. Walker, M. Anderegg, J. Jaun et J. Grange.

La 1re femme

Catherine Destivelle est la seule femme à avoir réussi en solo et en hiver l'escalade des 1 208 m de la voie royale des Grandes Jorasses. Elle atteint l'éperon nord de la pointe Walker (4 208 m), le 10 février 1993, en 58 h 15 mn.

AIGUILLE VERTE

Première ■
La première escalade de l'aiguille Verte, 4 121 m, a été réalisée le 29 juin 1865 par E. Whymper, C. Almer et F. Biner.

LES DRUS

Premières ■
Grand Dru, 3 754 m, 12 septembre 1878, C. Dent, J. Walker, A. Burgener, K. Maurer. Petit Dru, 3 733 m, 29 août 1879, J. E. Charlet-Straton, P. Payot, F. Folliguet.
L'alpiniste français Marc Batard a ouvert une nouvelle voie. Il lui aura fallu 19 jours pour vaincre la mythique face ouest des Drus, 3 754 m. L'ascension était de 1 100 m, il progressait chaque jour de 90 m seulement. À son arrivée, le 20 avril 1992, il décide de baptiser cette voie « Lionel André ».

La plus rapide ■
Catherine Destivelle a escaladé le pilier Bonatti, le 11 octobre 1990, en 4 h 10 mn.

Première en solitaire des Drus

L'Italien Walter Bonatti, né le 22 juin 1930, a le premier escaladé en solitaire l'éperon sud-ouest de l'aiguille du Dru, dans le massif du Mont-Blanc, en 1955. Il lui fallut 6 jours, du 17 au 22 août, et 5 bivouacs. Cet éperon — 800 m d'ascension verticale — porte aujourd'hui le nom de pilier Bonatti.

Premières

Kilimandjaro
C'est en octobre 1889 que Hans Meyer de Leipzig et Ludwig Purtscheller vont réussir la première ascension du mont Kibo à 5 895 m.

L'Elbrous
La première ascension indiscutable de l'Elbrous, 5 642 m, Caucase, plus haute montagne de l'Europe, eut lieu le 14 juillet 1874 et fut accomplie par des Anglais.

La pyramide Carstenz
En 1962, H. Harrer, le vainqueur de l'Eiger, réussit le premier l'ascension du mont Carstenz, 5 030 m, en Nouvelle-Guinée.

Annapurna
Le premier alpiniste à avoir réussi l'ascension de l'Annapurna, 8 078 m d'altitude, est le Français Maurice Herzog, né en 1919, chef d'une expédition dans l'Himalaya, Népal, en 1950.

EIGER

Premières ■
L'Eiger, Suisse, 3 970 m, est une montagne à 3 arêtes. La face ouest fut choisie par Barrington en 1858.

Le Nordwand, une des grandes faces nord des Alpes, fut escaladé pour la première fois en 1938 par H. Heckmair, W. Vorg, H. Harrer et F. Kasparek. La première hivernale eut lieu en 1961 avec T. Hiebeler, W. Almberger, A. Kinshofer et A. Mannhardt.
L'Eiger a la réputation d'être une montagne maudite, « mangeuse d'hommes », plus de 35 alpinistes y ont laissé leur vie.

CERVIN

Premières ■
Le Cervin, Suisse, 4 478 m, a été escaladé la première fois le 14 juillet 1865 par Michel Croz, conduisant une équipe qui comprenait E. Whymper, C. Hudson, D. R. Hadow, lord F. Douglas et P. Taugwalder père et fils, exploit qui couronna 5 années de tentatives infructueuses.

La face nord-ouest (Zmutt) fut vaincue en 1879.
La face sud-est (Furggen), très escarpée avant le sommet, défia toutes les tentatives jusqu'en 1941.

Hivernale ■
La première hivernale, extrêmement difficile, eut lieu en 1894.

Première femme

La première femme ayant réussi l'ascension en solitaire et en hiver de la face nord de l'Eiger est la Française Catherine Destivelle, 32 ans, le 9 mars 1992. Partie à 6 heures du matin, elle est au sommet 17 h plus tard.

Première hivernale

Catherine Destivelle réalise en solo le 11 mars 1994 un des plus beaux exploits d'alpinisme féminin : elle est la première à réussir l'ascension hivernale de la face nord du Cervin (4 478 m).

PREMIÈRES DU MASSIF DU MONT-BLANC

SOMMET	ALT.	RECORD ou 1re	DATE	VOIE/CONDITIONS	ALPINISTES	TEMPS
MONT BLANC	4 807 m	Au sommet	8.08.1786	Voie N. Versant français	Dr Paccard, Balmat - France	18h30'
		Femme	1838	Portée	Marie Paradis - France	
		Sans guide	14.08.1855		Hudson, Kennedy, Smyth, Ainslie - EU	
		Femme	1868	Non-portée	Henriette d'Angeville + guides - France	
		Hivernale	1876		Mlle Straton	
		Premier à skis	1904		H. Mylins	
		Le plus âgé	3.08.1933	79 ans	Henri Brulle - France	
		Solitaire	1971	Pilier du Brouillard	E. Jones	
		La plus jeune	28.08.1975	8 ans	Cristel Bochatay - France	
		Plus rapide	21.07.1990		P.-A. Gobet - Suisse	3h 38'- AR: 5h 10'
		Nombre d'ascensions	1947-1981	520 (36 en un an)	René Tournier - France	
		Nombre de 1res	1974-1985	12 sur le mont Blanc	Patrick Gabarrou - France	
Grand Pilier d'Angle ou pilier Bonatti		Au sommet	17.08.1955	Bonatti-Gobbi	Bonatti - Italie	6 j
		Plus rapide	11.10.1990		Cath. Destivelle	4h 10'
GRANDES JORASSES Pointe Walker	4 208 m	Au sommet	30.06.1868	Face S.	Walker, Anderegg, Jaun, Grange	
		Hivernale	30.01.1963	Face S.	Bonatti, Zapelli - Italie	
Éperon Walker	4 208 m	Au sommet	4.08.1938	Face N.	Cassin, Esposito, Tizzoni - Italie	2j
		Plus rapide	07.1952	Face N.	Bernardini, Dufranc	14h
		Français	16.07.1945	Face N.	Rebuffat, Frendo	
		Solitaire	1968	Face N.	Gogna	
		Hivernale	02.1971	Face N.	Desmaison, Gousseault	
		Femme	10.02.1993	Face N.	Cath. Destivelle	58h 15'
AIGUILLE VERTE	4 121 m	Au sommet	29.06.1865	Couloir Whymper	Almer, Biener, Whymper	
GRAND DRU	3 754 m	Au sommet	12.09.1878	Versant S.-O.	Burgener, Dent, Walker, Maurer	
		Hivernale	1975	Face O. directissime	Malinovski, Pietukowski, Wach, Wolff	
PETIT DRU	3 733 m	Au sommet	29.08.1879	Arête S.-O.	Charlet-Straton, Folliguet, P. Payot	
		Solitaire	1955	Pilier S.-O.	Bonatti	
		Hivernale	1957	Face O.	Desmaison, Couzy	

Sur tous les continents

Le premier ■
Le Canadien Patrick Morrow, né le 18 octobre 1952, est le premier homme à avoir gravi les plus hauts sommets de chaque continent : en Afrique, le Kilimandjaro, 5 895 m ; en Antarctique, le Vinson, 5 140 m ; en Asie, l'Everest, 8 846 m ; en Europe, l'Elbrous, Caucase, 5 642 m ; en Amérique du Nord, le McKinley, 6 194 m ; en Amérique du Sud, l'Aconcagua, 6 960 m ; et, en Nouvelle-Guinée, la pyramide Carstenz, 5 030 m, qu'il gravit le 7 mai 1986.

La première femme ■
La Japonaise Junko Tabei, première femme à avoir escaladé l'Everest (voir p. 11), a également réalisé l'ascension du mont Blanc, du Kilimandjaro, de l'Aconcagua et du McKinley et a terminé son tour des plus hauts sommets du monde, le 19 janvier 1991, à 51 ans, par le Vinson.

Le premier Français ■
Le guide de haute montagne Jean-Pierre Frachon, 44 ans, est le 4e au monde et le premier Français à avoir réussi l'ascension des « 7 sommets » : l'Elbrous (mars 1988), l'Everest (sept. 1988), l'Aconcagua (janvier 1989), le Kilimandjaro (janvier 1990), le mont Vinson (janvier 1991), le McKinley (mai 1990), et la pyramide Carstenz le 27 novembre 1991.

▲ *Chez les dames, Christine Janin a été la première Française à réussir le même exploit. Elle avait commencé avec l'Everest en 1990, et elle a gravi les six autres difficultés dans la seule année 1992, terminant par l'Aconcagua, le 25 décembre.*

Calcutta-Everest
L'Australien Timothy John McCartney-Snape, né en 1956, est parti à pied du niveau de la mer — une baie proche de Calcutta, Inde — le 5 février 1990 et a atteint le sommet le 11 mai 1990 après 1 200 km de marche.

LE FUJI À 99 ANS

Le Japonais Teiichi Igarashi, né le 21 septembre 1886, a escaladé le mont Fuji, 3 776 m, le 20 juillet 1986, à l'âge de 99 ans et 302 jours.

Alpinistes les plus jeunes ■
Un groupe de jeunes Français de 13 à 17 ans, 7 filles et 5 garçons sélectionnés parmi les ski-études de Savoie, est monté au Mera Peak, Himalaya, Népal, 6 414 m, le 2 mai 1991, pour redescendre à skis. Le projet a été conçu par Philippe Bonano et Michel Folliet. Son objectif était de skier sur l'Everest.

HONNEUR AUX GUIDES

Dans le couple client-guide, les honneurs de la postérité restent trop souvent au client. De Michel Croz, sur cette photo, au sherpa Tenzing Norgay, c'est grâce à tous ces guides et porteurs qu'ont pu se réaliser toutes les grandes premières de l'alpinisme.

MESSNER-14

En solitaire
L'Italien Reinhold Messner a gravi les 14 sommets de plus de 8 000 m du monde (qui sont tous dans l'Himalaya), tous sans l'aide d'oxygène. En réussissant, en 1982, l'ascension du Kanchenjunga, il est devenu le premier à avoir gravi les 3 plus hautes montagnes du monde, avec l'Everest et le K2 aussi à son palmarès.

VOYAGES A PIED
ESCALADES

La plus belle école ■
La forêt de Fontainebleau, à 50 km de Paris, offre 3 000 rochers d'escalade, grès parfois quartzifié. Ceux-ci n'atteignent que quelques mètres de hauteur, 18 m au maximum pour la Dame-Jeanne, mais leur difficulté technique est très grande. Fontainebleau est reconnue comme étant la plus difficile école d'escalade du monde.

Falaises les plus difficiles
La falaise du Saussois, 70 m de haut, à 200 km de Paris, est la plus difficile de France. Il s'agit d'un calcaire à trous très raide. On y dénombre 220 voies du 4e au 8e degré de difficulté.

Le Français Patrick Edlinger réussit, au printemps 1987, la première escalade de la falaise calcaire de 50 m de haut dite « la Femme blanche », monts de Ceüse, Gard. C'est l'une des ascensions les plus difficiles sur l'échelle de valeurs, elle n'a jamais été répétée.

Quant à Jérôme Rochelle, un Marseillais de 28 ans, il a réalisé une performance sans précédent en escaladant en mai 1993 neuf falaises de calanques en 18 h.

VOYAGES A PIED

SKI

Traversée des Alpes et des Pyrénées ■
Le Français Michel Demling, né en 1958, traverse, aller et retour, en 4 mois et 7 jours, du 5 janvier 1988 au 12 mai 1988, les Alpes à ski de randonnée, en solitaire, avec pour seul bagage un sac à dos de 35 kg. Parti de Chamonix, il traverse la chaîne par le sud, en passant par la Suisse et l'Italie, il effectue son demi-tour à Mallnitz, Autriche, et revient par le nord.
Il s'élance le 28 janvier 1989, pour une traversée des Pyrénées d'est en ouest, à ski de randonnée. Il lui faudra 4 mois pour réussir cette première.

Ski alpin : première descente de l'Annapurna ■
Ce sont 7 Français qui ont réalisé cette première au cours du printemps de l'année 1979 : B. Germain et 6 de ses coéquipiers : L. Adiais, M. Berquet, J.-L. Georges, B. Renard, H. Sigayret et Y. Morin, décédé au cours de la descente.

Ski alpin : la plus longue descente à ski

Le 25 mars 1994, le Canadien Mark Jones, 37 ans, a réalisé la plus grande descente à ski de l'histoire de la glisse. Lancé à plus de 100 km/h sur les pentes les plus abruptes du domaine des Grand-Montets à Argentière, Chamonix, il a dévalé 64 km de dénivelés, soit 51 descentes successives, non-stop, en 12 h 30 mn, se reposant et se ravitaillant dans la benne de remontée. ▼

Le 17 avril 1987, le Français J.-M. Boivin a encore reculé les limites du ski extrême, dans les Alpes, en enchaînant 5 hauts sommets alpins : les faces sud du Moine et des Drus, le couloir Whymper à la Verte, la nord-est des Courtes, et la face sud des Grandes Jorasses. ■

Monoski

Première femme à plus de 8 000 m ■
La Française Véronique Périllat est la première femme à avoir réalisé la descente en monoski d'un sommet de plus de 8 000 m d'altitude ; le 11 septembre 1988, elle réussit, la descente du Cho-Oyu, Népal, 8 153 m.
Les Grandes Jorasses ■
En 1984, les Français Tony Bernos et Dominique Radique réalisent la première descente en monoski de la face sud des Grandes Jorasses.

Les dix plus hauts volcans du monde

De 1988 à 1992, Philippe Reuter a effectué les premières descentes à ski des dix plus hauts volcans du monde, situés entre 6500 m et 6909 m d'altitude, dans la cordillère des Andes.

Le plus grand dénivelé

Le 3 avril 1994, Yves Salvatori, Saint-Jean-de-Maurienne, Savoie, a parcouru 20160 m de dénivelé positif-négatif en ski-alpinisme en 24 heures. Il a gravi 14 fois les 720 m de dénivelé depuis la station du Corbier jusqu'au sommet du Mont Corbier, situé à 2266 m d'altitude.

SURF

Himalaya

Le Français Bruno Gouvy a réussi, le 11 septembre 1988, une première en surf : la descente du Cho-Oyu, Népal, 8 153 m.

Enchaînement 3 faces en moins de 24 h

Le mardi 21 avril 1987, le Français Bruno Gouvy enchaîne en surf des neiges la face est du Cervin, l'Eiger et la face sud des Grandes Jorasses, ceci en moins de 24 h.

Enchaînement : ski, surf, monoski

Le Français Tony Bernos atterrit le 28 avril 1988 en parachute au sommet de l'aiguille Verte, descend de ses 4 121 m d'altitude à skis ; se fait larguer sur les Grandes Jorasses, dont il descend la face sud à monoski ; enfin, après s'être posé sur le mont Blanc en parapente, il dévale sa face nord en surf.

Pierre Tardivel

L'altitude la plus élevée

Le 27 septembre 1992 le Français Pierre Tardivel effectuait la première descente à skis de l'Everest depuis le sommet sud, 8 770 m, ce qui lui permet d'être aujourd'hui le skieur le plus haut du monde.

Descente la plus abrupte

Le 1er juin 1990, il descendait la pente la plus abrupte du monde, le « Pain de sucre du Tour », célèbre face nord des aiguilles de Chamonix dans le massif du Mont-Blanc.
Trois ans plus tard, le 7 août 1993, il réussit la descente du couloir ouest de l'aiguille du Midi et ajoute une première de plus à son palmarès qui en comptait déjà 42.

DESCENTES EN RAPPEL

Montagne ■ L'Américain Steve Holmes, avec une équipe de 16 alpinistes, a réalisé le record de descente en rappel de 900 m, en juillet 1982, sur la face nord-ouest du pic Thor, île de Baffin, Canada.

Immeuble ■ Mick Herrick, GB, a descendu les 245,5 m de la façade de la tour nord du Rialto Building, à Melbourne, Australie, le 27 novembre 1988.

Tyrolienne : sur un fil
Dans le cadre d'une action d'insertion professionnelle menée par la ville de Marseille, Michel Frisque, Lakdar Aounallah, Bruno et Jean Tavares ainsi que Salif et Arsan Ly, tous âgés de 20 à 25 ans, ont parcouru à une hauteur de 100 m, la plus grande distance en tyrolienne, 383 m, réalisée entre deux pics rocheux dans le massif de Marseilleveyre, Bouches-du-Rhône, le 1er juin 1993. ▼

Ballon ■ Voir plus loin, dans le même chapitre, à la rubrique Acrobaties p. 30.

VOYAGES A PIED

POLES ET DESERTS BLANCS

PÔLE NORD

■ Il n'a jamais été véritablement prouvé que les deux explorateurs américains de l'Arctique, Frederick Albert Cook ▼ (1865-1940) et Robert Edwin Peary (1856-1920), aient atteint le pôle Nord. Des études récentes aboutissent à des conclusions controversées.

■ L'expédition de Wally Herbert, en 1968-1969 (voir plus loin « Traversée de l'Arctique »), a réussi à parcourir 37 km en 15 h grâce à une excellente banquise et à des traîneaux modernes. Or, Cook affirma avoir parcouru à deux reprises 42 km en une journée, tandis que Peary soutint avoir tenu la moyenne incroyable de 61 km par 24 h pendant 8 jours consécutifs.

■ L'expédition américaine conduite par Ralph Plaisted est la première à avoir atteint, de façon indiscutable, le pôle Nord par la terre. Les 4 hommes de l'équipage ont rejoint le pôle le 19 avril 1968, à 15 h, après un voyage de 42 jours sur des motoneiges.

Le 1er en solitaire en traîneau

Naomi Uemura (1941-1984), alpiniste et explorateur japonais, est le premier à avoir atteint le pôle Nord en solitaire après une traversée de la banquise arctique. Parti le 7 mars 1978 de cap Edward, île d'Ellesmere, Arctique canadien, il est arrivé le 1er mai 1978, après 725 km de route, soit une moyenne de presque 13 km par jour, dans son traîneau *Aurora* tiré par 17 chiens huskies. Il a, ensuite, quitté le pôle par avion.

Les 1ers à skis

Les premiers à avoir atteint le pôle Nord à skis sont les 7 membres de l'expédition polaire soviétique conduite par Dimitri Shpaco. Ils ont atteint le pôle le 31 mai 1979 après un raid de 1 500 km en 77 jours.

1ères femmes

F. Phipps est la première femme à avoir posé le pied au pôle Nord, le 5 avril 1971. Galina A. Lastovskaïa, née en 1941, et Lilia V. Minina, née en 1959, membres de l'équipage du brise-glace nucléaire soviétique *Arktika*, ont atteint le pôle Nord le 17 août 1977.

PÔLE SUD

Les 193 membres de l'équipage du *Resolution* (462 tonnes, capitaine James Cook, 1728-1779) et de l'*Adventure* (336 tonnes, lieutenant Tobias Furneaux) sont les premiers à avoir traversé le cercle antarctique, latitude 66° 33' S, à 39° E, le 17 janvier 1773.

Le capitaine russe Thaddeus Thaddevitch Bellingshausen (1778-1852) a aperçu la calotte glaciaire antarctique le premier, le 27 janvier 1820, à bord du vaisseau *Vostok*. C'est l'explorateur danois Carsten Egeberg Burchgrevink qui le premier débarque sur le continent antarctique, au cap Adare, en 1894.

Par la banquise

Le 14 décembre 1911, à 11 h, une expédition norvégienne de 5 membres dirigée par Roald Amundsen (1872-1928) conquit pour la première fois le pôle Sud par la banquise, 2 779 m d'altitude avec la glace, 102 m pour le lit rocheux. Ils étaient parvenus, à bord du *Fram*, dans la baie des Baleines et, de là, avaient marché 53 jours avec des traîneaux conduits par des chiens pour atteindre péniblement leur but.

Des estimations ultérieures ont montré qu'Olav Bjaaland et Helmer Hanssen ont probablement frôlé le pôle réel de 400 à 600 m. Les deux autres membres de l'expédition étaient Sverre Hassell, mort en 1928, et Oskar Wisting, mort en 1936.

Les premiers piétons de l'Antarctique ■

Le 11 janvier 1987, 3 Britanniques ont atteint le pôle Sud après avoir parcouru en 2 mois, à skis et en tirant des traîneaux, les quelque 1 400 km qui séparent l'extrémité orientale de l'île de Ross (point de départ de l'aventure) du pôle Sud. Ils sont les premiers « piétons » à avoir réussi ce raid depuis la malheureuse expédition de Scott en 1912.

La première femme

La première femme à avoir foulé le sol du continent antarctique est Karoline Mikkelsen, le 20 février 1935. Aucune femme ne s'est rendue au pôle Sud avant le 11 novembre 1969 : ce jour-là, les Américaines Lois Jones, Eileen McSaveney, Jean Pearson, Terry Lee Tickhill, l'Australienne Kay Lindsay et la Néo-Zélandaise Pam Young arrivèrent en avion à la station Amundsen-Scott et, de là, marchèrent jusqu'au pôle.

Antarctique à la voile

Le 12 janvier 1993, les 2 sœurs Christiane et Jacqueline Dardé mettent les voiles à destination de la Géorgie du Sud, île britannique située par 54° sud et 35° ouest au large des Malouines. Ce sera le 1er équipage féminin à naviguer en zone de convergence antarctique et à séjourner sur une île australe. ◄

LA RENCONTRE DE PEARY ET AMUNDSEN

Le 13 janvier 1913 l'Américain Robert Peary, conquérant du pôle Nord, rencontre le Norvégien Roald Amundsen, conquérant du pôle Sud.

Aux deux pôles

LE PREMIER FRANÇAIS EN SOLITAIRE

Le Français François Varigas, avec 11 chiens, a traversé la terre de Baffin, du sud au nord, entre le 28 avril 1982 et le 11 avril 1983, parcourant 8 000 km et effectuant ainsi la première longue expédition en solitaire au cœur de l'Arctique.

Les records du Dr Étienne

Pôle Nord ■ Parti le 9 mars 1986 de Ward Hunt Island, à l'extrême nord du Canada, le Français Jean-Louis Étienne est arrivé le 11 mai 1986 au pôle Nord après un périple de 63 jours et 800 km à pied et à skis de fond sur la banquise, tirant lui-même son matériel sur un traîneau. Sa meilleure journée fut de 28 km, en 10 h de marche.

Pôle Sud ■ Le Dr Jean-Louis Étienne a été le 1er Français — et le 4e homme de l'Histoire, après Amundsen, Scott et Swan — à atteindre à pied le pôle Sud. Son expédition, *Transantarctica*, a rallié le pôle le 11 décembre 1989, après 4 mois et demi et 3 090 km de marche au départ de l'extrême nord de la péninsule antarctique.

L'expédition Antarctica-Fondation Elf de Jean-Louis Étienne a pour but de rapporter des images, des informations pour l'Éducation nationale.

En décembre1993, toute l'équipe est repartie vers l'Antarctique afin d'y étudier l'Erebus, volcan en ébullition culminant à 3 794 m, le seul au monde qui possède un lac de lave permanent.

AUX DEUX PÔLES

Première visite

L'Américain Albert Paddock Crary (1911-1987) a atteint le pôle Nord à bord d'un avion Dakota le 3 mai 1952. Le 12 février 1961, il est arrivé au pôle Sud dans un véhicule à chenilles avec une expédition scientifique lancée de la base américaine McMurdo.
En 1979, 18 ans plus tard, David Porter a, lui aussi, été aux deux pôles.

Les deux pôles à pied

Robert Swan, né en 1956, atteignit le pôle Sud le 11 janvier 1986, avec l'expédition *Sur les pas de Scott*, de trois hommes, puis le pôle Nord, le 14 mai 1989, avec l'expédition *Icewalk*, de huit hommes.

Traversée de l'Arctique

Le 21 février 1968, l'expédition Trans-Antarctique britannique quitta Point Barrow, Alaska, pour arriver le 29 mai 1969 à l'archipel des Sept Iles, nord-est du Spitzberg, après une traversée de 464 jours. L'expédition accomplit 4 700 km, soit une dérive de 1 100 km par rapport à un parcours en ligne droite de 2 674 km. Cette expédition de quatre hommes et quarante chiens huskies, dirigée par Wally Herbert, 34 ans, fut la première à traverser la banquise arctique.

Traversée de l'Antarctique

Les douze membres de l'expédition dirigée par le Britannique Vivian Ernest Fuchs, né le 11 février 1908, sont partis de la base de Shackleton le 24 novembre 1957 pour atteindre, 99 jours et 3 473 km plus tard, la base de Scott, via le pôle, le 2 mars 1958, à 13 h 47 mn. Ce fut la première traversée terrestre du continent antarctique.

NORVÈGE-ANTARCTIQUE

Le Norvégien Erling Kagge a atteint le pôle Sud après avoir parcouru 1 310 km à skis en 50 jours. Parti le 17 novembre de l'île de Berkner, il a parcouru une moyenne de 26,2 km par jour. Il a rejoint le 6 janvier 1993 le pôle Sud.

Partis le 4 avril 1992 de Resolute Bay, les Français Philippe Roy et Claude Wachtel ont rejoint le pôle Nord magnétique un mois plus tard, le 8 mai. Ils ont parcouru 400 km, sans chiens ni moyens mécaniques, en tirant chacun une pulka de 90 kg (traîneau traditionnel des expéditions polaires) avec une température moyenne de -36 °C et des vents de face de plus de 50 km/h.

EXPÉDITIONS EN TRAÎNEAU

- Du 18 juin au 5 septembre 1934, les Britanniques Lindsay (1905-1981), le lieut. Godfrey, et Croft, avec 49 chiens, ont traversé le Groenland d'ouest en est, sans ravitaillement, soit 1 738 km en traîneau.
- L'expédition internationale Trans-Antarctique, 6 membres, a parcouru en traîneau une distance d'environ 3 700 km en 117 jours, du 7 novembre 1989, Patriot Hills, au 3 mars 1990, Mirnyy. Le voyage débuta à Seal Nunataks le 27 juillet 1989, mais les chiens furent envoyés en Amérique du Sud pour une période de repos avant de revenir en Antarctique. L'expédition était ravitaillée par avion.

ICE SURF

L'équipe de Ladoga 92, composée de 4 participants du Havre et de 6 participants de Saint-Pétersbourg, Russie, a remporté le record de distance en planche à voile sur glace, le 2 mars 1992. Ils ont parcouru 384 km sur le lac Ladoga, Russie, entre Ossinovetz et Oust-Vidlitsa.

La dernière grande terre froide inexplorée

Le Français Nicolas Vanier a réalisé son vieux rêve : traverser les 8 000 km de steppes de la Sibérie. De juin 1990 à novembre 1991, avec son équipe Transsibérie-Pinault, il a traversé la steppe, d'Alekgirk, à la frontière mongole, à l'océan Arctique. Seuls des modes de transport traditionnels ont été utilisés : chevaux, rennes, chiens de traîneaux.

Traversée du Groenland

La première traversée du Groenland d'est en ouest, d'Umivik à Godthaab, est due à F. Nansen, en 1888, 450 km en partie sur un plateau à 3 000 m d'altitude. Ce fut l'une des toutes premières expéditions à mettre en évidence l'avantage des skis dans les longues randonnées sur des surfaces enneigées.

Les premiers Français à pied au Groenland

Au printemps 1936, les 3 Français Robert Gessain, Paul-Émile Victor, Michel Pérez et l'archéologue danois Eigil Knuth entreprennent à pied la traversée de la calotte glaciaire du Groenland, accompagnés de traîneaux à chiens : c'est l'expédition Trans-Groenland, partie de Christianshab à la mi-mai, arrivée sur la côte est à Ammasalik 45 jours plus tard, après une terrible progression sur la neige et la glace de l'inlandsis.

Traversée à pied du Groenland

L'alpiniste italien Reinhold Messner, dit le " fou de l'Everest ", a délaissé les pentes pour entreprendre, avec son frère Hubert, la traversée à pied des étendues glacées du Groenland, -40 °C, direction sud-nord. À raison de 60 km par jour, ils n'ont mis qu'un mois et une semaine pour relier Isertok à Thule, chacun tirant un sac de 140 kg sur une distance de 2 200 km, balayée par un vent extrêmement violent, le Piteraq, soufflant jusqu'à 200 km/h.

SPÉLÉOLOGIE

1ers SPÉLÉOS

C'est au XVIe siècle en Autriche et au XVIIe en Slovénie qu'eurent lieu les premières explorations souterraines. Il faut attendre la dernière moitié du XIXe siècle pour voir naître les explorations spéléologiques à caractère scientifique.

ÉDOUARD-ALFRED MARTEL

Le véritable fondateur de la spéléologie moderne est le Français, Édouard-Alfred Martel (1859-1938) qui le 27 juin 1888 a réalisé la traversée de la grotte de Bramabiau, cette date marque symboliquement la « création » de la spéléologie. Parmi ses continuateurs figurent 2 Français : Robert de Joly (1887-1968) et Norbert Casteret (1897-1987), l'homme aux 2 000 cavités (record jamais battu).

Les plus profondes pénétrations sous terre

Le premier - 1 000 m

La barrière des 1 000 m de profondeur est franchie pour la première fois en 1956 au gouffre Berger, Isère, France. On recense aujourd'hui 41 gouffres dépassant les 1 000 m de profondeur, 37 d'entre eux sont situés en Espagne, Autriche, France, Mexique, ex-URSS, Italie.

RECORD ABSOLU

Dans la mine Western Deep Levels de Carletonville, Afrique du Sud, des mineurs sont descendus à 3 581 m, le 12 juillet 1977, par une température de 55 °C.

La plus grande descente

Le record de la plus grande descente est détenu depuis le 3 décembre 1989 par le club de spéléologie Vulcain de Lyon qui descendit à une profondeur de 1 602 m dans le gouffre le plus profond du monde, le gouffre Jean-Bernard, Haute-Savoie.

RECORD DE DESCENTE SOUS GLACE

Le 9 septembre 1989, le record du monde de descente sous glace, précédemment établi en 1986 sous la mer de glace à -110 m, est battu par les 12 membres, alpinistes, scientifiques, spéléologues, de l'expédition Inlandsis 89 au Groenland, qui ont réussi à atteindre une profondeur de -123 m.

Le siphon le plus long exploré en plongée

Le spéléologue suisse Olivier Issler a exploré le 4 avril 1991 sur 4 055 m le siphon de La Doux de Coly, Dordogne, France.

LE PLUS LONG SÉJOUR SOUTERRAIN

Le spéléologue yougoslave Milutin Veljkovic a passé 463 jours, du 24 juin 1969 au 30 septembre 1970, dans une grotte des monts Sverljig, en Yougoslavie.

LE GUEN RECORD FÉMININ

Il est français : Véronique Le Guen a passé 111 jours, du 10 août au 29 novembre 1988, dans l'aven de Valat-Nègre, Aveyron, à 82 m sous terre. Elle s'est suicidée, le 18 janvier 1990, sans qu'on puisse établir de lien entre ce geste et son record.

VOYAGES ET EXPEDITIONS À CHEVAL

Srinagar-Katmandou

Amoureux d'équitation, les 2 Français Christine Pauchard et Hervé Le François décident de rallier Srinagar, Inde, à Katmandou, Népal, avec 2 chevaux de selle. C'est une expérience inédite car les chevaux circulant dans l'Himalaya sont tous de très petite taille, d'ailleurs la plupart sont des poneys. Ils quittent Srinagar le 29 juillet 1991 chevauchant 2 juments et accompagnés d'un cheval de bât pour transporter l'intendance. Devant eux, 3 000 km à parcourir avec des passages à plus de 5 000 m d'altitude. Ils atteignent Katmandou 7 mois plus tard, le 28 février 1991.

Cercle polaire

Après un long périple de 8 000 km pendant 18 mois à cheval, en solitaire, à travers les États-Unis, les montagnes Rocheuses, le Canada et l'Alaska, le Français Thierry Posty réussit en novembre 1988 à franchir le cercle polaire pour atteindre l'océan Arctique. C'est une 1re dans l'histoire de l'équitation.

Terre de Feu-Alaska

Du 13 octobre 1984 au 1er septembre 1988, les Français Émile Brager et Marie Roesle ont parcouru 24 928 km à cheval, de la Terre de Feu à l'Alaska, traversant ainsi tout le continent américain du sud au nord.

AMÉRIQUE DU NORD

De 1771 à 1815, le prêtre méthodiste Francis Asbury, né à Birmingham, GB, a parcouru 425 000 km et prêché 16 000 sermons à travers toute l'Amérique du Nord.

AMÉRIQUE DU SUD

En 1981, les Français Jean-François Ballereau et Constance Rameaux sont partis de Buenos-Aires, Argentine, ont traversé la Pampa, les Andes, les déserts de sable de la côte péruvienne, la forêt équatoriale pour rejoindre la Colombie avec 4 chevaux.

Traversée des Andes et du désert d'Atacama

Les 2 Français Stéphane Bigo et Michèle Corson sont partis du Brésil le 25 novembre 1984 pour parcourir à dos de cheval une boucle de 8 000 km via le Paraguay, l'Argentine, le Chili, le Pérou, la Bolivie.

Ils ont ainsi traversé 2 fois les Andes, avec des passages de cols à plus de 4 800 m, passages très difficiles compte tenu de la déficience cardiaque des chevaux en haute altitude, et le désert d'Atacama au Chili. Ils rejoignent leur point de départ, le Brésil, un an plus tard, le 25 décembre 1985.

Du Cachemire à Katmandou

Les Français Christine Pauchard et Hervé Le François ont traversé la chaîne de l'Himalaya sur 3 000 km, à cheval, de juillet 1990 à février 1991. Voir complément dans la double page sur la Guilde européenne du Raid.

Paris-Jérusalem à cheval

6 000 KM ET 11 PAYS

Entre 1973 et 1974, la Française Evelyne Coquet a effectué le parcours Paris-Jérusalem à cheval, soit une chevauchée de 6 000 km à travers 11 pays, sur des sentiers de campagne pendant 9 mois, sans assistance. ◄

LES ROUTES ANCIENNES

CHAMEAU

Sur la route de la soie

En juillet 1988, 8 siècles après les caravanes des commerçants du Moyen Âge, le Français Renaud Georges et son équipe décident d'emprunter une partie de la route de la soie et des épices qui relie la Chine à l'Asie Mineure, avec 4 chameaux et un guide chamelier. Ils partent d'Urfa, Turquie, petite ville à la frontière syrienne, et terminent leur périple 40 jours plus tard à Konya, au bord du « désert salé », Turquie.

LAMA

Traversée des Andes

Les 3 Français Serge Vincenti, Jean-Yves Guéguéniat et Hervé Lamouche ont entrepris de rallier La Paz, Bolivie, au sommet de l'Aconcagua, Argentine, 3 000 km plus au sud, à pied et accompagnés de 16 lamas comme animaux de bât. Ils partent le 1er juillet 1990 et rejoignent leur objectif le 26 décembre 1990, 6 mois plus tard, leur moyenne de marche quotidienne a été de 20 à 25 km.

TOURS DU MONDE ET TRAVERSEES A VÉLO

COLS

De 1965 à 1992, Michel Verhaeghe, de Vence, Alpes-Maritimes, a franchi 4 000 cols à vélo, dont 846 à plus de 2 000 m.

Tours du monde ▸

Le Français Joseph Capeille, de Marseille, a réalisé trois tours du monde à bicyclette. Le premier, de 1977 à 1980, lui a fait visiter 38 pays en 3 ans et parcourir 42 000 km sur son vélo *L'Aventureuse*. Le deuxième, de 1981 à 1984, lui a fait parcourir 32 000 km et traverser 25 pays, sur son vélo *Liberty*. Au cours du troisième, sur La Croix du Sud, de mars 1987 à 1992, 3 ans et demi, il a effectué 55 000 km et visité 38 pays.

Le plus rapide

Jay Aldous et Matt DeWaal ont fait un tour du monde de 22 997 km, depuis Salt Lake City, Utah, EU, en 106 jours, du 2 avril au 16 juillet 1984.

Traversées

CANADA

Le Canadien Wayne Phillips a mis 14 jours 22 h 47 mn pour parcourir 6 115 km, de Vancouver à Halifax, du 13 au 28 juin 1982.

PARIS-SAIGON

Lionel Brans, de Nice, Alpes-Maritimes, a effectué ce trajet de 13 000 km en 98 jours, du 6 août 1948 au 14 novembre 1949.

INDOCHINE

Parti le 10 juillet 1992 de Hanoï, le Français Virgile Bertrand a parcouru 2 200 km à vélo à travers le Vietnam et le Cambodge. Il a rejoint le site d'Angkor le 14 septembre. ▾

Göteborg-Anvers

Parti le 6 mai 1993 de Göteborg, Suède, Richard Hervé, d'Issy-les-Moulineaux, Hauts-de-Seine, est arrivé à Anvers en Belgique le 8 juillet 1993. Il a ainsi parcouru en VTT 5 490 km en 64 jours, traversant en solitaire la Norvège, le Danemark, l'Allemagne et les Pays-Bas.

ASIE-AUSTRALIE

Stanislas Fautré et Cléo Poussier, partis en juin 1990 de Bangkok, ont parcouru le sud de la Thaïlande, Java, Bali, l'Australie et la Nouvelle-Zélande. Ils sont rentrés en août 1991, après un voyage de 12 000 km à vélo.

CHARLEVILLE-ABIDJAN

Rallier à vélo Charleville-Mézières à Abidjan, soit une balade de quelque 9 000 km, telle est la performance que le Français Dominique Lejeune, professeur d'art plastique, a réalisée. Parti le 5 décembre 1988, transportant 30 kg de bagage avec lui, il arrive à Abidjan 4 mois et 7 jours plus tard, avec une moyenne de 52 km par jour, le 12 avril 1989, malgré les conditions peu clémentes, 40 °C à l'ombre.

SANTA MONICA-NEW YORK

En 1982, Len Hadelman a effectué les 4 789 km qui séparent Santa Monica, Californie, de New York, en 9 jours 20 h 2 mn, à vélo.

MOUNTAIN BIKE

Ascension du Kilimandjaro

Nicholas et Richard Crane ont atteint le sommet du Kilimandjaro, en Tanzanie, situé à 5 895 m, sur des mountain bikes, le 31 décembre 1984.

Descente du Chimborazo

Adrian Crane, de la même famille, est descendu du plus bas sommet du mont Chimborazo, 6 267 m, jusqu'à la ville de Riobamba, Équateur, 2 750 m, le 11 mai 1986.

Everest

En décembre 1984, Olivier Callede, de Noisy-le-Grand, Seine-Saint-Denis, est monté avec sa mountain bike au Camp I, 6 100 m, situé au-dessus du col de Lho-La, 6 006 m, sur l'arête ouest de l'Everest.

VTT au Spitzberg

Les quatres Français Emmanuel Saint-Christophe, Frédéric Amanieux, Sophie Roudot et Valérie Berth ont réussi le raid le plus septentrional au monde à VTT. Ils ont, en effet, entrepris du 7 août au 25 août 1991, en hors-piste et pour la première fois, le tour de l'Isfjord, au nord-est du Groenland, afin de relier tous les points habités du Spitzberg.

Épernay-Dakar à VTT en solitaire

Bruno Vogin, 27 ans, parti d'Épernay en VTT le 1er août 1993 a rallié Dakar (8 900 km de distance) en 57 jours. Du 15 au 19 mai 1994, il a parcouru en VTT solo, 1 900 km , soit un aller-retour Épernay-Hendaye (frontière espagnole), en 96 h.

Alger-Tombouctou

Tricyclette

En janvier 1986, le Français Jean Nau, alors âgé de 55 ans, quitte Alger, Algérie, pour rejoindre Tombouctou, Mali, à 3 200 km de là, sur une tricyclette de son invention : vélo aux 3 roues dans le prolongement l'une de l'autre. Il atteint son but 80 jours plus tard sans avoir mis pied à terre durant sa progression.

New York-Los Angeles

Monocycle

Le Japonais Akira Matsushima a parcouru 5 248 km à monocycle en 1 mois et 12 jours, de Newport, Oregon, à Washington DC, EU, du 10 juillet au 22 août 1992.

Le 19 Février 1992, le Français Thierry Bouché s'est élancé, seul, de 5 500 m d'altitude sur les pentes vertigineuses de l'Aconcagua, Argentine, en monocycle tout terrain.

LES HAUTES VALLÉES DE L'HIMALAYA

800 km à VTT

Partis le 8 août 1992 de Paris, les deux frères Eric et François Brossier ont parcouru 800 km à VTT dans les hautes vallées de l'Himalaya, sur la route de la soie. Ils ont gravi environ 8 000 m de dénivelé cumulé (et descendu autant), le point culminant de leur raid, la "Shandur Pass" étant à 4 000 m d'altitude.

VITESSE ET TRAVERSEES
CHAR A VOILE

Vitesse

SUR GLACE

La vitesse la plus élevée d'un char à voile, officiellement enregistrée, est 230 km/h, réalisée par l'Américain John Buckstaff à Lake Winnebago, Wisconsin, EU, en 1938. Le vent devait souffler à 115 km/h minimum.

SUR SABLE

Bertrand Lambert, par un vent de force 7, 51 km/h, a atteint la vitesse de 151,55 km/h, sur 50 m, sur la plage de Berck, Pas-de-Calais, le 7 avril 1991.

Distance

Le Français Eric Milet, de Saint-Nazaire, Loire-Atlantique, a réalisé la première traversée du désert de Gobi, Mongolie, soit 1 183 km du 1er au 17 mai 1991, en autonomie totale. En passant 136 h 30 mn sur une planche de 23 cm de large, il a amélioré son record du monde établi en octobre 1989, lors de la traversée du Sahara, de 33 km. ▼

ALTIPLANO BOLIVIEN

Du 2 au 8 novembre 1988, les Français Christian Nau et Jean-Luc Wibaux ont traversé la Bolivie, de La Paz au lac Uru-Uru, en « train à voile » sur voie ferrée, parcourant ainsi 274 km en 7 jours.

SAHARA MAURITANIEN

Les Français Christian Nau et Jean-Luc Wibaux ont traversé le Sahara mauritanien en « train à voile » constitué de 3 wagonnets, sur 652 km de voie ferrée minière de Zouérate à Nouadhibou, en 9 jours, du 13 au 21 mars 1987.

CHRISTIAN NAU ▼

Le Français Christian Nau, 47 ans, a réussi à dépasser les 71 km/h à bord de son char à voile sur les rails du TGV Nord. Il détient ainsi depuis le 22 mars 1992 ce record de vitesse.

Train à voile

Les Français Christian Nau et Damien Chatard ont effectué en tandem la première traversée du désert de Kalahari en train à voile. Partis de Francistown le 8 octobre 1993, ils ont navigué pendant 6 jours sur les rails de la compagnie ferroviaire bostwanaise, avant de rejoindre Gaborone, terminus de la ligne.

GRANDS VOYAGES
A MOTO

TOURS DU MONDE

Le premier tour du monde en solitaire à moto

Le 8 mars 1987, le Japonais Shinji Kazama, 36 ans, a quitté l'île de Ward Hunt, Arctique canadien, sur sa moto 250 cm³ ; il a rallié le pôle Nord après 44 jours, le 20 avril 1987.

Distance ■

Le Finlandais Jari Saarelainen a parcouru au total 108 000 km à travers 43 pays. Il a quitté Helsinki, Finlande, le 1er décembre 1989 et fut de retour le 12 décembre 1991, 742 jours plus tard.

Moniika Première femme

Moniika Vega, née le 9 mai 1962, de Rio de Janeiro, Brésil, est la seule femme au monde à avoir, en solitaire, effectué un tour du monde à moto, une Honda 200 cm³.
Elle est partie de Milan, Italie, le 7 mars 1990 et était de retour le 24 mai 1991 après avoir parcouru 83 500 km dans 53 pays au total.

Paris-cap Nord À cyclomoteur

Le Français Richard Hervé a parcouru la distance Paris-cap Nord et retour, soit 10 000 km, en 60 jours, du 27 mai au 27 juillet 1991, à bord d'un cyclomoteur Jawa 210 de 49 cm³. Son chargement pesait 190 kg. Un petit drapeau français était fixé sur ▼ *son rétroviseur gauche.*

Amérique du Sud En solitaire

Didier Veracini est parti en octobre 1989, seul avec sa Ténéré, pour parcourir 65 000 km dans toute l'Amérique du Sud. En novembre 91 il rentrait en France, 26 mois de voyage avec des étapes de surf à Bahia, de prison au Brésil, d'alpinisme à l'Ojos del Salado au Chili, 6 800 m, le plus haut volcan du monde.

Afrique D'ouest en est

Les 2 Français Didier Magnin et Patrice Campigny ont réussi une grande première : la traversée d'ouest en est du continent africain à moto, de Dakar, Sénégal, à Dar es-Salam, Tanzanie, soit 10 900 km en 34 jours.

L'Afrique En solitaire du nord au sud

Parti le 3 novembre 1991 de Marseille, le Français Paul Evrard, agent technique EDF, a rejoint l'Afrique du Sud le 8 janvier 1992. Parcourant près de 15 000 km en solitaire, il a traversé avec sa Ténéré plus de 11 pays.

Paris-Tokyo à cyclomoteur

De retour de son raid Paris-Tokyo, Antoine Voulon a été l'objet d'une chaleureuse, mais restreinte manifestation de réception (son beau-frère), place de l'Opéra, le 29 mars 1954.

MOTONEIGE SKIDOO

Pôle Nord

L'Américain Ralph Plaisted et ses trois compagnons sont les premiers à avoir conquis le pôle Nord par la banquise. Ils sont arrivés le 19 avril 1968 à 15 h, après une expédition de 42 jours à bord de quatre motoneiges. Leur arrivée fut confirmée 18 h plus tard par un avion de la météorologie militaire américaine. L'équipe rentra en avion.

Antarctique

L'expédition britannique Trans-Globe, *1980-1982, composée de trois hommes à motoneige, Ranulph Fiennes, Oliver Shepard et Charles Burton, dura 66 jours, du 28 octobre 1980 au 11 janvier 1981, et couvrit un trajet de 4 185 km allant de Sanae à la base de Scott, en passant par le pôle Sud, le 23 décembre 1980.*

452 000 km

J.-C. Hunin et son épouse ont parcouru, à bord d'une Toyota Land Cruiser, 452 000 km à travers quelque 127 pays. Entre 1981 et 1990, ils ont conduit pendant 3 000 jours, soit, environ, 90% du temps pendant 9 ans.

Le tour du monde en traction avant 574 jours

Partis de Paris le 4 juillet 1988, les 2 Français Éric Massiet, Yann Vrignaud et 2 copilotes, tous âgés de 25 ans, ont réalisé en 574 jours un tour du monde au volant de 2 Citroën 11 CV. De retour à Paris le 26 janvier 1990, ils ont parcouru au total 100 000 km autour de la terre, à travers 30 pays, dont 7 600 km de pistes, 7 traversées maritimes, 8 déserts traversés et 1 251 h de conduite.

Tour du monde en 40 jours

Pilotant une Nissan Sunny, les Indiens Saloo et Neena Choudhury, de Calcutta, ont quitté New Delhi le 7 novembre 1991 et ont parcouru, en 39 jours et 20 h, 40 075 km à travers les 6 continents et 25 pays. Ils ont rejoint New Delhi le 17 décembre 1991.

Distance parcourue en 1 an et 10 jours

Deux Opel Rekord 2-litres ont couvert 573 029 km du 18 mai 1988 au 28 mai 1989, de Port Elizabeth, Afrique du Sud, au cap Nord, Norvège.

Paris-cap Nord-Paris

À bord d'une Renault 21 GTS, les Français François Meyniel et Philippe Martin, de Buc, Yvelines, ont couvert 7 361 km de Paris au cap Nord, Norvège, et retour, en 3 jours 19 h 17 mn. Cette distance a été parcourue en respectant les limitations de vitesse en vigueur des pays traversés.

Paris-Dakar

Le record de vitesse pour le parcours Paris-Dakar, 8 320 km, a été effectué par l'équipage français Franz Hummel, Jean-Pierre Frizon et Stephan Roux avec un Range Rover en 5 jours 20 h 21 mn en décembre 1988.

Paris-Bali-Paris

Dans le cadre d'un raid Paris-Bali-Paris (octobre 1983-septembre 1984), le chauffeur de taxi français Michel Bernard a effectué le parcours Djakarta-Paris en solitaire avec une Renault 4 fourgonnette non modifiée. Il a ainsi parcouru plus de 23 000 km, traversant 15 pays (le continent asiatique et l'Europe de l'Est) du 29 avril au 13 septembre 1984.

Terre de Feu-Alaska

Le Canadien Garry Sowerby et l'Américain Tim Cahill ont conduit une camionnette GMC Sierra K 35 000 à quatre roues motrices et moteur Diesel d'Ushuaïa, Terre de Feu, Argentine, à Prudhoe Bay, Alaska, EU, sur 23 720 km, en 23 jours 22 h 43 mn, du 29 septembre au 22 octobre 1987.

Cap Nord-Le Cap

La première traversée de la plus grande masse continentale, de l'extrême sud de l'Afrique au cap Nord, la pointe la plus septentrionale de l'Europe, en Norvège, fut accomplie par Richard Pape. Le Français, ayant quitté le cap Nord le 28 juillet 1955 dans une Austin 90, est arrivé au Cap, Afrique du Sud, le 22 octobre 1955. Il a ainsi parcouru la distance de 28 160 km en 86 jours.

Alger-Le Cap

Le record de vitesse pour la traversée de l'Afrique Alger-Le Cap est détenu par le Français Franz Hummel. Il lui a fallu 12 jours 8 h 45 mn en mai 1990 pour parcourir en solitaire, à bord d'un Range Rover, 13 560 km entre Le Cap et Alger, traverser 12 pays. Sa vitesse moyenne a été de 47 km/h.

Le Sahara

Les 5 autochenilles Citroën HP 10 et les 11 passagers de cette expédition dirigée par Louis Audouin-Dubreuil et Georges-Marie Haardt, sont partis de Touggourt, au nord de l'Algérie, le 17 décembre 1922 et sont arrivés le 7 janvier 1923 à Tombouctou. Les caravanes mettaient 6 mois pour rallier Touggourt à Tombouctou.

Croisière noire

Du 28 octobre 1924 au 26 juin 1925, les 2 Français Louis Audouin-Dubreuil et Georges-Marie Haardt ont traversé le continent africain à bord de 8 autochenilles ; la « Croisière noire », première traversée de l'Afrique en automobile.

LES 12 CAPITALES

Stephen Long, Andrew Nation et John Orlandi, au volant d'une Ford Granada Scorpio, ont visité les 12 capitales de l'Europe, parcourant une distance de 8 802 km en un temps record de 117 h 52 mn, entre le 2 et le 7 décembre 1992.

En véhicule amphibie

L'Australien Ben Carlin, mort en 1981, fit le tour du monde dans une jeep amphibie Half-Safe. Quand il arriva à Montréal, Canada, le 8 mai 1958, il avait parcouru 6 665 km sur terre et 15 450 km en mer et sur rivière.

NAVETTE

Le Français François Lecot (1879-1949), aubergiste à la Rochetaillée, près de Lyon, a parcouru 400 000 km en un an au volant d'une berline 11 CV Citroën 1900 cm³, 66 ch, du 22 juillet 1935 au 26 juillet 1936. Il conduisit 363 jours, sur 370, principalement entre Paris et Monte-Carlo.

Voir aussi le chapitre *Véhicules*.

Le Cap-cap Nord

Le record de vitesse fut réalisé par les Français Jacques-Marie Bourget, Franz Hummel et Jean-Pierre Frizon, qui ont parcouru 20 530 km et traversé 20 pays en 13 jours 22 h 55 mn au mois de mai 1989.

PARIS-KABOUL-PARIS EN 2 CV

Du 1er au 29 août 1970, 1 300 participants répartis dans 494 2 CV furent sélectionnés pour participer au raid Paris-Kaboul-Paris, qui se révéla un véritable phénomène de société. Deux étudiants de Pau, Jean-Philippe Drucar (21 ans) et Patrick Loustanau-Lacau (22 ans), furent les vainqueurs de cette course de 16 500 km.
4 étudiants et deux 2CV ont repris l'idée: 11 mois d'aventure, 25 000 km et 13 pays traversés. Partis en mars 1991 d'Algérie, ils ont rejoint le 28 décembre 1991 Le Cap, Afrique du Sud.

Croisière jaune

Les 2 Français Georges-Marie Haardt et Louis Audouin-Dubreuil s'élancent de Beyrouth, le 4 avril 1931, dans une nouvelle expédition Centre-Asie ou « Croisière jaune ». Ils partent avec 14 autochenilles, et prennent la direction de Pékin en deux groupes (Audouin-Dubreuil par l'Himalaya, Haardt par la Chine), qu'ils rejoignent dix mois plus tard, le 12 février 1932.

NAGE

LA MANCHE

Origines

■ Le premier homme à avoir traversé la Manche à la nage sans gilet de sauvetage a été le capitaine de la marine marchande britannique Matthew Webb (1848-1883), qui mit 21 h 45 mn pour relier Douvres, GB, à Calais, Pas-de-Calais, les 24 et 25 août 1875.

■ L'Américain Paul Boyton avait, les 28 et 29 mai de la même année, mis 23 h 30 mn entre le cap Gris-Nez, Pas-de-Calais, et l'Angleterre, avec un gilet de sauvetage.

■ Selon certaines sources, un soldat français prisonnier d'un ponton britannique, Jean-Marie Saletti, aurait nagé de Douvres à Boulogne, Pas-de-Calais, en 1815.

■ La première traversée sans gilet de France en Angleterre a été réussie le 2 août 1923, en 16 h 33 mn, par l'Italien Enrico Tiraboschi.

LA PREMIÈRE FEMME

Le 6 août 1926, l'Américaine Gertrude Caroline Ederle, née le 23 octobre 1906, nagea du cap Gris-Nez à Deal, GB, dans le temps toujours record de 14 h 39 mn.

DE 11 À 68 ANS

■ Le plus jeune nageur est le Britannique Thomas Gregory, né le 9 octobre 1976, qui a réussi la traversée cap Gris-Nez-Douvres, en 11 h 54 mn, le 6 septembre 1988, à l'âge de 11 ans et 333 jours.

■ La plus jeune est la Britannique Samantha Claire Druce, née le 21 avril 1971, qui a réussi la traversée Douvres-cap Gris-Nez, en 15 h 27 mn, le 18 août 1983, à l'âge de 12 ans et 119 jours.

■ Le plus âgé a été l'Australien Bertram Clifford Batt, né le 22 décembre 1919, qui a réussi la traversée cap Gris-Nez-Douvres, en 18 h 37 mn, les 19 et 20 août 1987, à l'âge de 68 ans et 241 jours.

■ La femme la plus âgée est la Britannique Stella Taylor, née le 20 décembre 1929, qui a effectué la traversée le 26 août 1975, en 18 h 15 mn, à l'âge de 45 ans et 250 jours.

Traversées les plus rapides

Ces records étant battus le plus souvent dans le cadre de compétitions sportives, nous les avons regroupés dans le chapitre Sports.

ALLER ET RETOUR

La première traversée aller et retour a été réussie par l'Argentin Antonio Abertondo, né en 1919, en 43 h 10 mn, les 20 et 22 septembre 1961.

Le record de l'aller et retour, 16 h 10 mn, appartient, depuis le 17 août 1987, au Néo-Zélandais Philip Rush, né le 6 novembre 1963, qui avait réussi l'aller en 7 h 55 mn. Il détient aussi le record sur 3 traversées consécutives, en 28 h 21 mn, les 17 et 18 août 1987.

Le record féminin sur l'aller et retour est de 18 h 15 mn, le 18 août 1983, par la Néerlandaise Irene Van der Laan, née le 27 décembre 1960.

Menguy le plus endurant

Le Français Daniel Menguy, né le 27 avril 1944, a réussi la traversée avec palmes de la « grande Manche » (Cherbourg-Portsmouth, 140 km), en 34 h 19 mn, du 23 au 25 juillet 1979.

Il a effectué la traversée Corse-Italie, sur 151 km, en 46 h, du 24 au 26 juin 1987.

Il détient le record de la plus longue distance, 224 km, sur le parcours Gênes, Italie - Saint-Tropez, Var, en 37 h 16 mn, du 6 au 8 septembre 1988.

NAGE

PLONGEONS

Le lecteur intéressé par le plongeon, en tant que sport, se reportera très vite au chapitre Sports, article Natation.

Les plus hauts

Le plongeon le plus haut du monde est celui du Suisse Olivier Favre, à Villers-le-Lac, Doubs, le 30 août 1987, avec 53,90 m.

Le record féminin est de 36,80 m, par l'Américaine Lucy Wardle, à Hong Kong, le 6 avril 1985.

Chutes depuis un avion

Les accidents, chutes et sauts sans parachute, ne sont pas des plongeons et sont classés dans le chapitre Véhicules, «Avions ».

LES PLUS HAUTS SUR COUSSIN

Le 13 août 1984, le cascadeur américain Dan Koko a sauté du toit de l'hôtel Vegas World, à Las Vegas, Nevada, EU, sur un coussin gonflé. L'immeuble avait 100 m de hauteur. Au sol, le coussin mesurait 6 m x 12 m x 4 m. La vitesse de Koko lors de l'impact atteignit 141 km/h.

Femme

Le 9 septembre 1979, Kitty O'Neill a fait un plongeon de 55 m sur un coussin d'air de 9 m x 18 m à Northbridge, Californie, EU.

PLONGEURS D'ACAPULCO

Les plus hauts plongeons du monde, la tête la première, sont ceux des plongeurs professionnels de La Quebrada « la cassure dans la roche », Acapulco, Mexique, qui plongent de 26,70 m, du haut du rocher dont la base s'avance de 6,40 m au niveau de l'eau. À cet endroit, la profondeur n'est que de 3,65 m et les plongeurs doivent se projeter à plus de 8 m en avant.

Raul Garcia, né en 1928, est le vétéran des 27 plongeurs du club très fermé des plongeurs d'Acapulco et a plongé plus de 35 000 fois dans sa vie.

Barbara Winters, née en 1953, fut la première femme à plonger à Acapulco, le 7 décembre 1976.

Le plus haut saut dans l'eau Le colonel suisse Harry Froboess fit un saut de 110 m dans le lac de Constance, depuis le dirigeable *Graf Hindenburg*, le 22 juin 1936.

NAGE

DESCENTES DE RIVIERES

À 44 ans, André Payraud, le nageur de l'impossible, a remporté son pari : parcourir à la nage les 650 km de la mer de Glace, Chamonix, à la mer Méditerranée. En 24 jours passés dans l'eau, sous la pluie, parfois contre des courants contraires, il aura donné 550 000 coups de palmes et nagé 126 h 30 mn. Il déclara en arrivant : « J'ai gardé la pêche jusqu'au bout ».

Descente du Gange

En octobre 1985, le Français André Payraud, de Passy, Haute-Savoie, a descendu le Gange, fleuve sacré, à la nage depuis sa source à 4 200 m au pied du glacier Gaumuck, dans l'Himalaya, jusqu'à Rishikesh, dans une eau à 0 °C (ci-dessous à droite).

Descente du Colorado

En octobre 1986, le même André Payraud a descendu les 28 rapides de Moab jusqu'au lac Powels, à la nage, soit environ 300 km.

De la Mer de Glace à la Méditerranée

André Payraud est parti le 22 septembre 1992 de Chamonix pour rejoindre 24 jours plus tard La Ciotat. Il a nagé 5 h 15 mn par jour, parcourant 27 km, soit une vitesse moyenne de 5,1 km/h sur un parcours de 650 km avec son hydrospeed et ses 380 barres énergétiques (ci-dessous à gauche).

Descente du torrent Kumbun-Kola

André Payraud a nagé à 4 620 m d'altitude dans le Kumbun-Kola, torrent de l'Everest, avec un sac de montagne bourré de chambres à air. Jamais personne n'avait nagé à une altitude aussi élevée en eaux vives.

PLONGEE SOUS-MARINE

Profondeur en apnée

■ Le 26 octobre 1991, le jeune informaticien milanais Umberto Pelizzari a atteint le record du monde avec 118 m. C'est accroché à une gueuse coulissant le long d'un câble lesté de 100 kg et équipé d'une tenue de plongeur et de palmes, qu'il a atteint les fonds du golfe de Punta Calamita, en Sicile. Il a rejoint le bateau de départ au moyen d'un ballon gonflé d'air ; l'exploit aller-retour ne demanda que 2 mn 56 s.

■ Umberto Pelizzari détient le record du monde de descente en apnée à poids constant : 67 m sans aide (ni gueuse, ni ballon pour remonter) en 2 mn 17 s.

■ En novembre 1989, le Cubain Francisco Ferreras Rodríguez, dit « Pipín », né le 28 janvier 1953, aurait plongé à 112 m de profondeur au large de Cuba.

Voir aussi le chapitre *Véhicules, article « Sous-marins »*.

ALTITUDE

Le 4 mars 1989, Frank B. Mee, John Leach et Andy McLean ont plongé à 29 m de profondeur dans le lac Donag-Tscho, Himalaya, Népal, à 4 940 m d'altitude et par une température de - 28 °C. Ils avaient dû, avant de plonger, briser la glace de 1,50 m qui recouvrait le lac.

Avec appareil respiratoire Profondeur

Les Américains John J. Gruener et R. Neal Watson ont plongé à 133 m munis d'un appareil de respiration autonome (scuba) le 14 octobre 1968 au large de Freeport, Grande Bahama.

DISTANCE

Le maître nageur Francis Bruschini, 33 ans, a parcouru à la nage, en immersion totale, 23,225 km en 24 h, le 25 mai 1991, ne reprenant son souffle que tous les 25 m au Perreux, Val-de-Marne.

6 mn 40 s de bonheur

Le record du monde de durée en apnée est détenu par Michel Bader, né en 1937, maître de conférences de physique, de Souffelweyersheim, Bas-Rhin, qui, le 26 janvier 1991, est resté 6 mn 40 s au fond d'une piscine sans inhalation préalable d'oxygène.

RECORD FÉMININ D'APNÉE

Le record féminin, 107 m, est détenu par l'Italienne Angela Bandini, née en 1961. Elle a plongé au large de l'île d'Elbe, Italie, le 3 octobre 1989, et est restée sous l'eau pendant 2 mn 46 s.

APNÉE LACUSTRE

Le 12 juillet 1992 l'apnéiste français Roland Specker est descendu à la profondeur de 48 m, dans l'eau à 4 °C du lac de Neuchâtel. La durée de la plongée a été de 1 mn 43 s. La descente s'est effectuée au moyen d'une gueuse et la remontée à la palme.

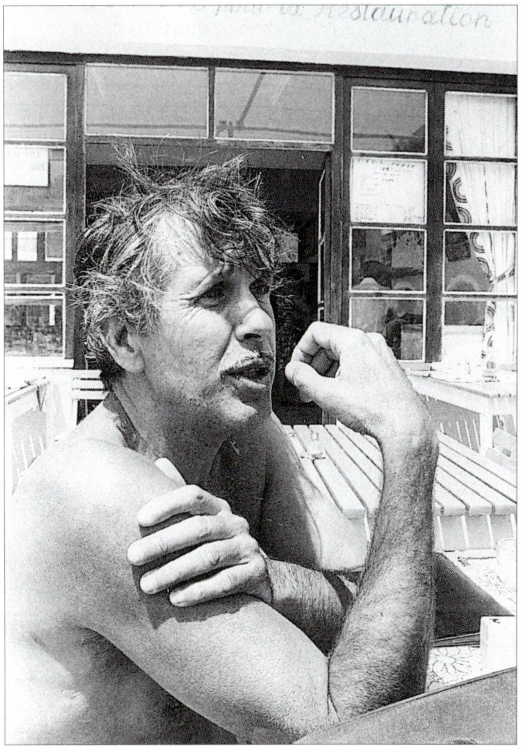

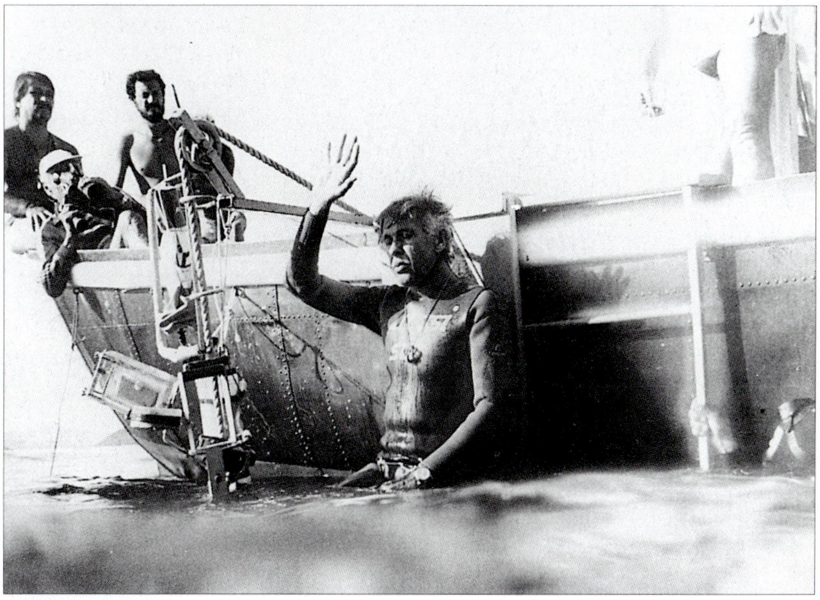

Record français de plongée en apnée : Mayol

En décembre 1983, le Français Jacques Mayol, l'« homme dauphin », qui servit de modèle au héros du *Grand Bleu*, le film de Luc Besson, a plongé à 105 m, également au large de l'île d'Elbe. Il descendit en 1 mn 44 s et remonta en 1 mn 30 s.

LES RAMEURS MERS

TRAVERSÉES DU PACIFIQUE

Première

Les Anglais John Fairfax et Sylvia Cook à bord de la barque Britannia II, *de 10,70 m, ont traversé le Pacifique de San Francisco, EU, à Hayman, Australie en 1971-1972, en 362 jours.*

Chili-îles Samoa

Le Suédois Anders Svedlund a joint le Chili aux îles Samoa en 1974, en 118 jours sur sa barque Wak Moana, *en solitaire.*

En radeau

Le Canadien Marc Modena a traversé 4 fois l'océan Pacifique en 1956, 1966, 1970 et 1973, sur un radeau de bambou de 18 m. Il a parcouru en tout plus de 185 000 km de Guayaquil, Équateur, à Ballina, Australie, en 570 jours.

En radeau de survie

Tabwai Mikaie et Arenta Tebeitabu, 2 pêcheurs de l'île de Nikunau, Kiribati, sont restés 175 jours dans leur bateau de pêche de 4 m du 17 novembre 1991 au 14 mai 1992. Ils avaient été pris dans un cyclone et ont été retrouvés 1 900 km plus loin, près des îles Samoa. Un 3e homme était avec eux, mais il est mort quelques jours avant que le radeau soit récupéré.

TRAVERSÉES DE L'ATLANTIQUE

Premières

Il est rapporté qu'en 1613 un Eskimo aurait traversé l'Atlantique depuis le Groenland, à bord d'un kayak de 3,60 m. Six déserteurs anglais ont fait la traversée de Sainte-Hélène à Belmonte, Brésil, dans un canot de sauvetage de 6 m de long, en 28 jours.

La première traversée à la rame complète a été faite par les Norvégiens Gustav Harbo et Frédérik Samuelsen à bord de la barque Fox *de 5,60 m. Partis de New York le 6 juin 1897, ils atteignirent les Scilly, GB, le 1er août, après 55 jours de traversée.*

En radeau de survie

Le SS Ben Lomond, *navire marchand britannique, fut torpillé à 900 km des rochers Saint-Paul, dans l'Atlantique, à 11 h 45, le 23 novembre 1942. Le second steward à bord, Poon Lim, de Hong Kong, dériva seul sur un radeau pendant 133 jours avant d'être récupéré par un pêcheur brésilien au large de Salinopolis, le 5 avril 1943, et fut capable de marcher en arrivant au rivage. Décoré en juillet 1943, il vit maintenant à New York.*

Le chapitre Sports, rubrique « Aviron », donnera des renseignements complémentaires aux curieux.

Cornouailles-Floride

En 1970, en 160 jours 8 h, l'Anglais Sidney Genders a traversé l'Atlantique via Antigua, à bord de la barque Khaggavisana, *de 6,02 m, en solitaire.*

TOM, LE SOI-DISANT PLUS RAPIDE

La traversée à la rame de l'Atlantique, officiellement la plus rapide, a été effectuée par Gérard d'Aboville, mais le Britannique Tom McClean, 45 ans, a revendiqué le 11 août 1987 un nouveau record de traversée de l'Atlantique à la rame en 56 jours, battant ainsi de 16 jours le record de d'Aboville. Il serait parti de Saint-Jean de Terre-Neuve le 16 juin et affirme avoir franchi Bishop's Rock le 10 août. Ce témoignage n'a cependant pas été confirmé officiellement.

L'Atlantique à skis flottants

Le Français Rémy Bricka a réussi à l'âge de 39 ans l'incroyable exploit de traverser l'Atlantique sur des skis flottants. Parti des Açores le 2 avril 1988 sans vivres et sans eau, les pieds sanglés sur des skis aquatiques de son invention (4,20 m de long en kevlar et polyester), traînant derrière lui une nacelle de survie de 300 kg, il atteint la Guadeloupe moins de 2 mois plus tard, le 31 mai 1988 après avoir parcouru 5 636 km avec une moyenne journalière de 70 à 90 km. Ne se nourrissant que de plancton, il a perdu 20 kg durant son périple.

TRAVERSÉES DE LA MANCHE

Seul en barque

Le 4 mai 1983, l'Anglais Ivor Lloyd a traversé la Manche de Douvres à Calais, soit 40 km, dans le temps record de 3 h 35 mn et... 1 s.

Kayak en solitaire

Le record de la traversée de la Manche est de 3 h 33 mn 47 s, accompli par l'Écossais Andrew William Samuel, né le 12 juillet 1937, de la baie de Shakespeare à Douvres, GB, jusqu'à Wissant, France, le 5 septembre 1976.

Kayak à deux

Le record de traversée de la Manche est de 2 h 28 mn 18 s, accompli par l'Irlandais Shawn Rice et le Sud-Africain Colin Simpkins sur un K2, le 19 juillet 1986.

Kayak à trois

Le 29 juillet 1989, 3 jeunes aventuriers, âge moyen 17 ans, M. Morvand, J.C. Merrien et M. Ali ont embarqué sur un kayak triplace, conçu spécialement pour cette traversée Manche afin de rallier victorieusement Poole, Angleterre, à Cherbourg, France, soit 154 km, en 15 h 35 mn, avec une moyenne de 10 km par heure. Le précédent record établi par 2 Français était de 23 h.

Le cap Horn en kayak

En décembre 1992, Rebecca Ridgway, 22 ans, fut la première femme à franchir le cap Horn en kayak.

LES TRAVERSÉES DE GÉRARD D'ABOVILLE

Traversée de l'Atlantique la plus rapide

Le Français Gérard d'Aboville, né en 1945, a effectué les 5 200 km de la traversée de l'Atlantique en solitaire, sur le Capitaine-Cook, *barque en bois moulé pesant 150 kg et 600 kg en pleine charge, en 71 jours 23 h. Parti du cap Cod, EU, le 10 juillet 1980, il atteignit l'île d'Ouessant, France, le 21 septembre 1980. C'est la plus rapide traversée de l'Atlantique à la rame.*

Traversée du Pacifique, Tokyo-Portland

Le Français Gérard d'Aboville, parti le 11 juillet 1991 du petit port de pêche de Choshi, à 300 km de Tokyo, a ramé 134 jours sur 10 000 km pour rallier la côte américaine à la hauteur de Portland, Oregon, le 21 novembre 1991. Sa barque, le Sector, *mesurait 8 m de long et astucieusement le siège du rameur actionnait une pompe à distiller l'eau de mer.*

Atlantique-Pacifique en 25 mn

Le Français Jean-Claude Gallienne, accompagné de ses quatre enfants et du Panaméen José Leopis, a réussi le record insolite de se baigner dans l'océan Atlantique, puis, à l'aide d'un hélicoptère pour traverser le continent américain dans sa partie la plus étroite (Panama), 25 minutes plus tard dans l'océan Pacifique, le 27 décembre 1991.

TRAVERSÉES SANS ASSISTANCE

Algérie-France

Du 1er au 14 juin 1987, le Français Yves Michel a traversé dans une barque de 4 m de long, de Skikda, Algérie, au port de Niel, presqu'île de Giens, Var, 775 km en 14 jours.

Grands Lacs-Floride

Richard H. Grant et Ernest « Moose » Lassy, ont parcouru 9 820 km, sans aide d'aucune sorte, le long de la côte est des États-Unis, des Grands Lacs jusqu'en Floride, du 22 septembre 1930 au 15 août 1931.

Paris-Istanbul

En kayak

La plus longue distance parcourue en kayak en solitaire et sans assistance est le voyage Paris-Istanbul, 11 700 km, du Français Dominique Lambert, du 3 avril 1990 au 27 novembre 1991.

LES RAMEURS

EAUX VIVES

Jean-Louis Henicque, d'Amiens, Somme, a descendu la Seine en kayak en seulement 15 jours. Parti de Saint-Germain-Source-Seine le 5 juillet 1993, il a parcouru 776 km en solitaire pour atteindre Honfleur le 20 juillet.

DESCENTE DU CONGO

En raft

Le 16 octobre 1986, au terme de 2 mois de descente du fleuve Congo, Zaïre, le Français Renaud Lavergne réussit à gagner la ville de Matadi, à l'embouchure. Il est le seul homme à avoir vaincu les dangereux rapides d'Inga.

VENEZUELA-MIAMI

En kayak

Les Britanniques Béatrice et John Dowd, Ken Beard et Steve Benson ont pagayé sur 3 490 km, du Venezuela à Miami, Floride, EU, du 11 août 1977 au 29 avril 1978, à bord de deux kayaks Klepper Aerius 20.

Canada-Brésil

En kayak

Dana et Donald Starkell, le père et le fils, ont pagayé de Winnipeg, Canada, à Belem, Brésil, en empruntant les rivières et l'océan. Ce voyage de 19 600 km, réalisé avec l'aide de porteurs, a duré du 1er juin 1980 au 1er mai 1982.

Esquimautages ■

Le Britannique Ray Hudspith, né le 18 avril 1960, a exécuté 1 000 esquimautages (se retourner dans l'eau avec un kayak et se redresser ensuite) en 34 mn 43 s, le 20 mars 1987, à Newcastle, GB.

Ski dans les « 50es hurlants »

Aux Kerguelen, le Français Hugues de Montcuit s'est fait tracter en ski nautique, le 2 février 1992 près des « 50es hurlants », au-delà de la zone de convergence sub-antarctique, dans une eau à 3 °C, à une latitude de 49° 32' S et à 69° 49' E de longitude. C'est la séance en ski nautique (bi-ski) la plus au sud jamais réalisée.

SKI NAUTIQUE

SKI BAREFOOT ET JET SKI

Le ski nautique étant aussi une discipline sportive, nous conseillons à nos amis lecteurs de se reporter au chapitre Sports.

Ski nautique

2 126 km

L'Américain Steve Fontaine a parcouru 2 126 km, du 24 au 26 octobre 1988, à Jupiter Hills, Floride, EU. C'est la plus longue distance jamais parcourue sur des skis nautiques.

Traversée de la Manche

Le Britannique Steve Butterworth a traversé la Manche en 57 mn 57 s, de New Romney, GB, à Boulogne, Pas-de-Calais, le 19 septembre 1988. Il a accompli l'aller et retour en 1 h 55 mn 8 s.

LA GRAPPE

Le plus grand nombre de skieurs tirés par un même bateau

100 skieurs ont été tirés sur une distance de 1 mille marin, 1 852 m, par le croiseur *Reef Cat,* à Cairns, Australie, le 18 octobre 1986.

BAREFOOT

■ La première personne qui aurait « skié » pieds nus, sans skis, est l'Américain Dick Pope, sur le lac Eloise, Floride, le 6 mars 1947.

■ Le record officiel de durée est de 2 h 42 mn 39 s, par l'Américain Billy Nichols, sur le lac Weir, Floride, EU, le 19 novembre 1978.

■ Le record de durée en arrière est de 1 h 27 mn 3 s 96. Il est détenu par l'Américain Steve Fontaine à Jupiter, Floride, EU, en date du 31 août 1989.

■ Le record de vitesse barefoot est de 218,44 km/h, par l'Américain Scott Michael Pellaton, né le 8 octobre 1956, sur 400 m, à Chandler, Californie, EU, en novembre 1989.

■ Le record de vitesse féminin est de 118,56 km/h, détenu par l'Australienne Karen Toms, sur la rivière Hawkesbury, Windsor, Australie, le 31 mars 1984.

■ Le record de vitesse de dos est de 100 km/h, détenu par Robert Wing, Australie, né le 13 octobre 1957, depuis le 3 avril 1982.

■ Les records de saut sont de 23,30 m par l'Américain Mike Seipel, à Jacksonville, Floride, EU, le 13 octobre 1990, et, pour les dames, de 16,50 m par l'Australienne Debbie Pugh, la même année.

◄ À son départ le 18 septembre 1993 à Albon, Val-de-Marne, Isabelle Tourde, championne de France de barefoot, a battu un record en sautant dans la Seine, corde en main, d'une hauteur de 15,07 m avant de se laisser tracter nu-pieds.

AU-DESSUS DU VOLCAN

Kayak à 5 900 m

Les Français Philippe Reuter et Marc de Lesseps et les Chiliens Sergio Burgos et Leonardo Paredes ont navigué sur le plus haut lac de cratère de la planète à 5 900 m d'altitude au sommet du volcan Licancabur au Chili, le 2 mars 1992.

PORT-GENTIL-LIBREVILLE

Jet-ski

Le 28 décembre 1991, Éric Keveik (26 ans) et Bruno Nardou (38 ans) ont parcouru sur jet-ski, Kawasaki 550 SX, en haute mer, le trajet Port-Gentil-Libreville pour l'aller et le retour, soit une distance de 300 km, en 15 h. Ils ont franchi l'équateur 2 fois.

Tiré par un hélicoptère

Le 29 juin 1986, Grégory Riffi, de Dunkerque, Nord, a parcouru 500 m à 120 km/h, barefoot, tiré par un hélicoptère.

VOILES SUR L'EAU

PLANCHE À VOILE

Stéphane Peyron

Traversée de l'Atlantique

Le Français Stéphane Peyron a traversé l'Atlantique en solitaire en 46 jours 2 h, du 10 juin au 26 juillet 1987, de New York à La Rochelle, Charente-Maritime.

Christian Marty a traversé l'Atlantique en 37 jours, de Dakar, Sénégal, à Kourou, Guyane, du 12 décembre 1981 au 18 janvier 1982. ▶

L'Italien Sergio Ferrero a mis 24 jours du 6 au 30 juin 1982, pour traverser l'Atlantique des Canaries à La Barbade, Caraïbes.

Pour la vitesse, le lecteur ira au chapitre Sports.

Origines ■

Des régates de planches ont eu lieu en 1950 en Californie. Le 27 mars 1968, les Américains Henry Hoyle Schweitzer et Jim Drake ont déposé la marque Windsurfer.

Traversée de la Manche

Le record (1 h 4 mn 33 s) a été établi le 4 juillet 1982 entre le cap Gris-Nez, Pas-de-Calais, et Douvres, GB, par le Français Arnaud de Rosnay, né le 9 mars 1946, à la moyenne de 31,3 km/h. Après une pause de 45 mn, il est retourné à Wissant, Pas-de-Calais, en 1 h 4 mn 37 s.

Le record féminin de la traversée de la Manche est détenu par la Française Sylvie Beekandt, de Wimereux, Pas-de-Calais, en 1 h 35 mn de Crossmat-Gris-Nez, Pas-de-Calais à Folkestone, GB (44,44 km), le 8 avril 1988.

Pôle Nord 1re en solitaire

Le Français Stéphane Peyron, équipé contre le froid avec chaufferettes, cagoule et combinaison de néoprène, tente le 30 juillet 1988 de Resolute Bay, Arctique canadien, de rejoindre le pôle Nord magnétique sur sa planche à voile. Au programme, 1 200 km de slalom entre les morceaux de banquise. Il est suivi par une équipe d'assistance. Le 23 août 1988, après avoir parcouru 1 000 km, le Français est bloqué par une pellicule de 3 à 6 m de glace à Crescent Island et doit abandonner... Le pôle magnétique se trouve à 150 km de là.

Véliplanchiste le plus haut

André Payraud a exercé ses talents sur le lac Kora-Schep de l'Everest, à 5 160 m, le 9 octobre 1982.

Joyeux Noël. Christian Marty traverse l'Atlantique en 37 jours, du Sénégal à la Guyane, à Noël 1981.

Traversée du détroit de Béring

Arnaud de Rosnay, qui avait aussi traversé le détroit de Béring (96 km) en août 1979, a disparu en mer le 21 novembre 1984 en voulant traverser le détroit de Formose, entre la Chine et Taiwan (environ 160 km).

ANTILLES-CAP HORN

« La route des émeraudes »

Les 2 catamarans Hobbie Cat 18 (5,5 m de long, légers et non habitables) des navigateurs français Catherine Blondy et Bernard Henry, de Neuilly-sur-Seine, partis de Pointe-à-Pitre, Guadeloupe, le 8 janvier 1989 ont atteint le cap Horn (en autonomie totale) le 28 mars 1991, but d'une expédition de plus de 18 000 km.

VOILES SUR L'EAU

BATEAUX À VOILE

ATLANTIQUE

Le 1er solitaire

L'Américain Josiah Shackford, à bord d'un sloop, traversa de Bordeaux, France, au Surinam en 35 jours, en 1786.

La 1re solitaire

L'Américaine Gladys Gradley, à bord du *Lugger* de 5,5 m, a traversé de Nouvelle-Écosse à Hope Cove, GB, en 50 jours en 1903.

Les plus petites embarcations

L'Anglais Eric Peters à bord du *Toniky-Nou*, de 1,79 m, a traversé en 46 jours l'Atlantique. Parti de Las Palmas le 25 décembre 1982, il atteignit Saint-François, Guadeloupe, le 18 février 1983.

Dans l'autre sens, l'Américain Wayne Dickinson, sur le *God's Tear* de 2,71 m, a traversé en 142 jours. Parti d'Alberton, EU, le 30 octobre 1982, il atteignit Aranmore, Irlande, le 20 mars 1983.

En Hobbie Cat

Dakar-la Dominique ■

Les Français Daniel Pradel et Tony Laurent ont traversé l'Atlantique à bord du catamaran léger *Fujicolor*, de 5,5 m. Partis de Dakar, Sénégal, le 18 novembre 1986, ils sont arrivés à la Dominique dans la nuit du 5 décembre 1986, après 17 jours 12 h.

Le passage du Nord-Ouest

Le Canadien Jeff Mac Innis a réussi la première traversée en Hobbie Cat du passage du Nord-Ouest, fatal à tant d'explorateurs polaires, depuis Inuvik, à l'embouchure de la Mackenzie, jusqu'à Pond Inlet, Terre de Baffin. La victoire est annoncée en août 1988 après 4 000 km de mer de glace parcourus.

PACIFIQUE

Le premier

Voir Carte-encadré ci-contre.

Première femme

L'Américaine Sharon Sites Adams, à bord du *Sea Sharp II*, de 9,45 m, traversa seule le Pacifique de Yokohama, Japon, à San Diego, EU, en 75 jours, en 1969.

Petite embarcation

Le *Yankee Girl*, de 3,05 m, de l'Américain Gerry Spiess, traversa de Long Beach, Californie, EU, à Sydney, Australie, en 105 jours, en 1981.

ALAIN GERBAULT

■

Le navigateur français Alain Gerbault, né à Laval en 1893, mort à Timor en 1941, a fait le tour du monde en solitaire sur son voilier de 11 m, le Firecrest, *de 1923 à 1929. Parti de Cannes, il rejoignit Le Havre après un voyage de 6 ans et 4 mois. En 1932, à bord de l'*Alain Gerbault, *il traverse l'Atlantique et atteint Tahiti par le canal de Panama en 1934. Il parcourt alors les îles du Pacifique, et notamment la Polynésie.*

Premières visites

J. Cabot	Canada	1497
C. Colomb	Cuba	1492
	St Domingue	1493
	Guadeloupe	1493
F. Magellan	Chili	1520
	Philippines	1521
V. de Gama	Zanzibar	1499

Magellan, navigateur portugais au service de l'Espagne, mena la première expédition maritime autour du globe.

TRAVERSÉES ET TOURS DU MONDE LES PLUS RAPIDES

Les records étant battus le plus souvent dans le cadre de compétitions sportives, nous les avons regroupés dans le chapitre Sports. Il en est ainsi pour les records de Bourgnon, Arthaud, Kersauson, Lamazou, Madec... On trouvera aussi dans le chapitre Sports les tableaux récapitulatifs des records de traversées océaniques et de tours du monde. L'Esprit d'Aventure et le Sport comme le rêve et la technique se rejoignent dans des tentatives qui, hier encore, restaient dans le domaine de la littérature.

Jules Verne

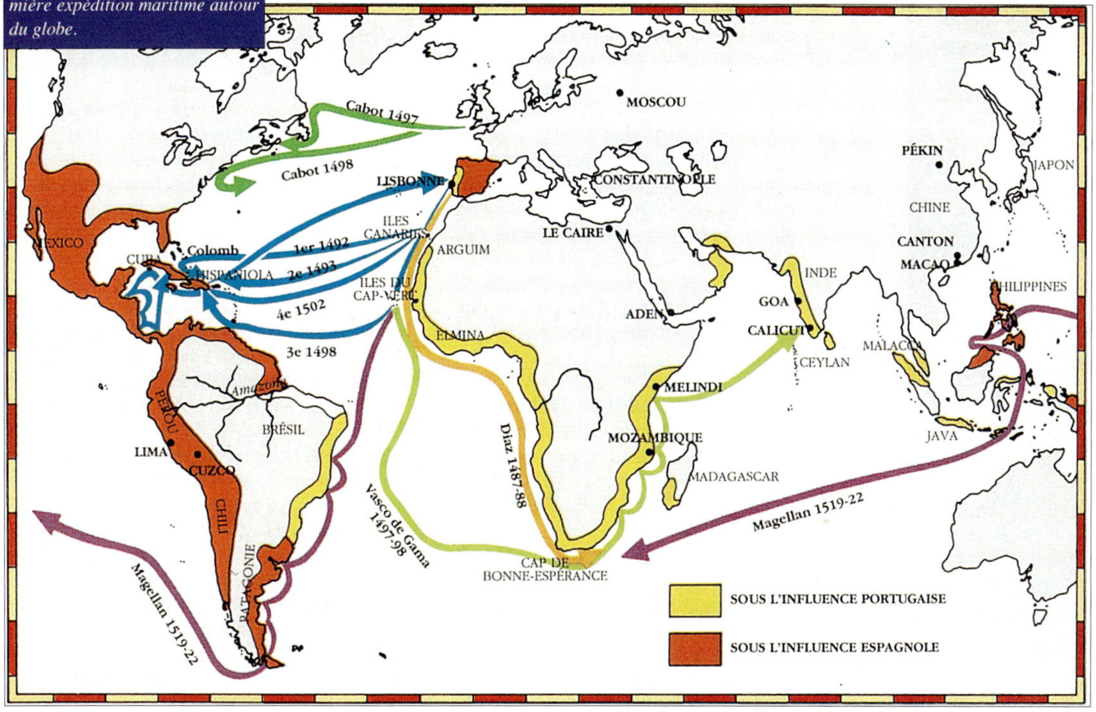

CHRISTOPHE COLOMB

La première traversée de l'Atlantique

Le Génois Christophe Colomb, parti de Palos, Portugal, pour le compte de la reine d'Espagne, le 3 août 1492, arriva 70 jours plus tard à Guanahani, sans doute l'île Watling de l'archipel des Lucayes.

FERNAND DE MAGELLAN

La première traversée du Pacifique

Fernand de Magellan (1480-1521), navigateur portugais, traversa le premier l'océan, qu'il baptisa « Pacifique », en 1520. La traversée depuis le détroit auquel il donna son nom jusqu'aux Philippines dura 3 mois.

Sur cette carte, les grandes explorations portugaises et espagnoles.

MANCHE
EN OPTIMIST À 10 ANS

Le jeune Français Vincent Lenoir n'a que 10 ans lorsqu'il part de Douvres, Angleterre, le 14 juin 1988, à bord d'un Optimist spécialement conçu à sa taille. Il rallie Calais en 4 h 57 mn.

TOURS DU MONDE
Les premiers

Peu connu est le nom d'Enrique, l'esclave malais qui fut emmené de Malacca en Europe par Magellan et l'a donc accompagné lors de son premier tour du monde (1519-1522). Quand les navires espagnols atteignirent les Philippines, Enrique sut qu'il était revenu dans son pays natal parce qu'il comprenait la langue locale. Lorsque Magellan fut tué dans les îles, Enrique quitta la flotte espagnole et on n'entendit plus parler de lui.

Le navigateur basque Juan Sebastian Elcano (1476-1526), commandait le *Victoria*, l'un des 5 vaisseaux de l'expédition. Magellan et 250 hommes moururent en route. Elcano ramena en Espagne le dernier bâtiment de celle-ci. Le *Victoria* est ainsi le premier vaisseau à avoir fait le tour du monde, avec 17 hommes. Parti de Séville en Espagne, le 20 septembre 1519, il revint à Sanlucar le 6 septembre 1522, après un tour du monde de 49 400 km.

SERVANTE TRAVESTIE

Première femme

Le mousse Baré, en réalité servante travestie de M. Commerson, fut la première femme à faire un tour du monde. À bord de *L'Étoile*, bateau assistance de *La Boudeuse* de Bougainville, ils partirent de Saint-Malo en 1766, pour un tour du monde de 3 ans. La supercherie fut découverte à Hawaï.

Première traversée du passage du Nord-Ouest

Elle a été réalisée par Roald Amundsen sur le *Gjöa* en 1906.

LA PLUS PETITE EMBARCATION

L'Anglais Shane Acton, à bord du sloop *Super Shrimp* de 5,60 m, fit un tour du monde depuis Cambridge, GB, d'août 1972 à août 1980, avec équipage.

LE PLUS AGÉ

À 67 ans, Jean Surgers de Roubaix, est le marin le plus âgé à avoir passé le cap Horn en solitaire à bord d'un monocoque.

Parti de Papeete le 29 janvier 1988, il a rallié Port Stanley, Malouines, le 5 avril 1988.

Tour du monde en solitaire

■ L'Américain Joshua Slocum partit de Newport, GB, le 24 avril 1895 pour un tour du monde de 74 000 km, via le détroit de Magellan, pour retourner au point de départ le 3 juillet 1898. Seul à bord du *Spray*, son yawl de 11,20 m, il ne savait pas nager.

■ Le premier Français et le premier Européen à avoir fait le tour du monde en solitaire est Alain Gerbault (1893-1941) sur le voilier *Firecrest*, de 1923 à 1929.

■ Via Panama, la Polonaise Krzystzyna Chojnowska, à bord du sloop *Mazurek* de 9,50 m, quitta Las Palmas le 28 mars 1976, par l'ouest pour un tour du monde de 723 jours, qu'elle termina le 21 mars 1978.

■ Via le cap Horn, la Néo-Zélandaise Naomi James partit de Dartmouth, Nouvelle-Écosse, Canada, le 9 septembre 1977, pour y revenir le 8 juin 1978 après un tour du monde de 266 jours 19 h, à bord du sloop de 16,15 m, *Express Crusader*. Naomi James était également la femme la plus rapide sur l'Atlantique, avant d'être battue par Florence Arthaud.

Sans escale

L'Anglais Robert Knox Johnston fit le premier tour du monde en solitaire, sans escale de Falmouth, GB, à Falmouth, GB, en 312 jours du 14 juin 1968 au 22 avril 1969, à bord du ketch *Suhaili*, de 10 m.

BATEAUX A MOTEUR

AEROGLISSEUR HORS-BORD CANOT PNEUMATIQUE

Aéroglisseur

Aux sources du Yang Tsé Kiang

Le 11 juin 1990, le *Neste-Enterprise*, avec un équipage de dix hommes, a atteint la source navigable du Yang Tsé Kiang, en Chine, à 4 983 m d'altitude.

Pour les records de vitesse des paquebots et autres transporteurs de passagers, voir chapitre Véhicules. Pour les records battus dans le cadre de courses, voir chapitre Sports, rubrique « Motonautisme ».

Aéroglisseur

Le plus long parcours

Un périple de 8 047 km a été effectué dans 8 pays de l'Afrique de l'Ouest par un aéroglisseur Winchester SRN6 britannique, du 15 octobre 1969 au 3 janvier 1970.

Hors-bord

France-Sardaigne

Les Français Claude Castelain et Josian Caulet de Montpellier, Hérault, partis de Frontignan, Hérault, le 9 septembre 1991 à 3 h 42, ont joint Bosa, en Sardaigne, à 540 km, le même jour à 18 h 50 à bord d'un Beneteau de 5,5 m, Flyer 5, équipé d'un moteur Yamaha 90 ch, non modifié.

Canot pneumatique

Traversée de l'Atlantique Le Français Christian Sauvage, d'Avon, Seine-et-Marne, a traversé de la Grande Canarie à Fort-de-France, Martinique, du 16 mai au 20 juin 1987, soit en 35 jours à bord d'un pneumatique semi-rigide de 4,86 m.

Marseille-Calcutta *Le chevalier d'Orgeix, en compagnie de son épouse Nathalie et de son chien Bobby, est allé fêter son 70e anniversaire à Calcutta, Inde. Ils ont établi le record absolu de voyage en canot pneumatique en parcourant les 13 000 km qui séparent Carry-le-Rouet (petit port à l'ouest de Marseille) de Calcutta, via Le Pirée, Suez, Djibouti, Aden, Bombay, du 20 juin 1990 au 15 avril 1991. Le bateau était un Sillinger de 6,3 m équipé d'un moteur Yamaha de 80 ch.*

VOYAGES EN AVION

TRAVERSEES

Le lecteur assoiffé de connaissances trouvera de plus amples renseignements dans le chapitre Véhicules, rubrique « Aviation ».

MANCHE

La première fut réalisée le dimanche 25 juillet 1909 par Louis Blériot (1872-1936) qui, ayant décollé de Calais à 4 h 41 du matin, sur son monoplan *Blériot XI*, mû par un moteur Anzani de 23 ch, atterrit près de Douvres, GB, après avoir couvert 42 km en 36 mn 30 s.

ATLANTIQUE

La première traversée aérienne de l'Atlantique nord fut effectuée du 16 au 27 mai 1919 par Albert Cushion Read (1887-1967) et son équipage sur un hydravion Curtiss de la marine américaine volant à 155 km/h entre la baie des Trépassés, Terre-Neuve, Canada, et Lisbonne, Portugal, via les Açores.

Sans escale

La première eut lieu les 14 et 15 juin 1919 entre Terre-Neuve et l'Irlande à bord d'un Vickers Vimy piloté par le Britannique John Williams Alcock et son navigateur Arthur Whitton Brown.

Atlantique en solitaire : Lindbergh

Le 79e homme à réaliser un vol transatlantique — le premier à le faire en solitaire — fut le capitaine Charles Augustus Lindbergh (1902-1974), qui décolla le 20 mai 1927 à 12 h 52 de Roosevelt Field, Long Island, New York, sur son monoplan *Spirit of Saint Louis* et atterrit le 21 mai à 22 h 21 au Bourget. Son vol de 5 810 km dura 33 h 29 mn et il gagna une récompense de 25 000 $.

À 12 ANS

Durant l'été 1988, Chris Marshall effectue à l'âge de 12 ans la traversée de l'Atlantique en monomoteur, accompagné d'un instructeur pour des raisons de sécurité.

MÉDITERRANÉE

La première fut effectuée, le 23 septembre 1913, par Roland Garros (1888-1918), à bord de son Morane-Saulnier type H, de Saint-Raphaël, Var, à Bizerte, Tunisie. Il parcourut les 760 km en 7 h 33 mn.

Tour du monde et circumnavigation

La FAI (Fédération aéronautique internationale) considère que tout vol arrivant et repartant d'un même endroit et couvrant une distance au moins égale à la longueur du tropique du Cancer, soit 36 788 km, est un tour du monde. Une circumnavigation nécessite le passage en deux points situés aux antipodes, avec un trajet minimal de 40 000 km. Des exceptions sont cependant autorisées, à condition que la longueur du vol atteigne au moins celle des tropiques du Cancer ou du Capricorne.

PACIFIQUE

Le premier vol sans escale fut réalisé par Clyde Pangborn et Hugh Herndon sur l'avion de croisière Bellanca *Miss Veedol*, entre Sabishoro, Japon, et Wenatchee, État de Washington, EU, soit une distance de 7 335 km, en 41 h 13 mn, du 3 au 5 octobre 1931.

CIRCUMNAVIGATIONS

La première

Elle fut réalisée par deux hydravions Douglas DWC de l'armée américaine, en 57 étapes. Le *Chicago* était piloté par Lowel H. Smith et Leslie P. Arnold, le *New Orleans* par Erik H. Nelson et John Harding, du 6 avril au 28 septembre 1924, partis de Seattle, Washington, EU, et y terminant leur voyage.

La première sans ravitaillement

Jeana Yeager et Dick Rutan, à bord de leur *Voyager*, spécialement conçu par Burt Rutan, frère du précédent, partirent de la base Edwards, Californie, EU, et naviguèrent du 14 au 23 décembre 1986. Leur circumnavigation dura 9 jours 3 mn 44 s ; ils couvrirent 40 213 km, à la moyenne de 186 km/h. L'avion, d'une envergure de 34 m, pouvait transporter 5 636 litres de carburant, soit 4 052 kg.

La première polaire

Elle fut réalisée par le capitaine Elgen M. Long (44 ans) dans un Piper Navajo, du 5 novembre au 3 décembre 1971. Il couvrit 62 597 km en 215 h de vol réel. La température dans la cabine tomba jusqu'à -40 °C au-dessus de l'Antarctique.

La première en monomoteur

Richard Norton et Calin Rosetti réalisèrent le premier vol circumpolaire sur un monomoteur Piper PA-46-310P Malibu. Le vol commença le 21 janvier 1987 au Bourget et s'y acheva le 15 juin 1987. Ils couvrirent 55 266 km en 185 h 41 mn de vol réel.

La première en hélicoptère

H. Ross Perot et Jay Coburn, de Dallas, Texas, EU, accomplirent, du 1er au 30 septembre 1982, à bord du *Spirit of Texas*, la première circumnavigation en hélicoptère.

Le premier tour du monde en hélicoptère en solitaire

Le premier vol en solitaire autour du monde fut réalisé par l'Australien Dick Smith du 5 août 1982 au 22 juillet 1983, sur Bell Model 206 L.

PÔLES

Les premiers à avoir vu les deux pôles :

Roald Amundsen et Oskar Wisting ont atteint le pôle Sud le 14 décembre 1911 et ont survolé le pôle Nord à bord du dirigeable *Norge* le 12 mai 1926.

Voir aussi, au début du chapitre, les 1ers à avoir vu les pôles.

La plus grande distance sans escale dans un avion d'une cylindrée inférieure à 2 litres a été parcourue par la Parisienne Janette Poujade. Le 11 septembre 1948, elle a relié Lyon-Bron à Sundsvall, Suède, soit 2 030 km en 12 h à bord d'un monoplace Starck de 460 kg et 60 ch.

Les premiers au pôle Nord

Les Soviétiques Pavel Afanassievitch Geordiyenko, Pavel Kononovitch Seneko, Mikhaïl Mikhaïlovitch Somov et Mikhaïl Yemelienovitch Ostrekin sont les premiers à avoir vraiment atteint au niveau du sol le pôle réel, latitude de 90° 0' 0" N (± 300 m), le 23 avril 1948. Ils sont arrivés et repartis par voie aérienne.

Le premier par air au pôle Sud

Le 28 novembre 1928, le commandant Richard Byrd à bord de son trimoteur *Floyd Bennett* survola le pôle Sud. En 16 h, il parcourut la distance qu'Amundsen avait mis 3 mois à couvrir à pied.

EN AVION ACROBATIES

Le lecteur intéressé se reportera utilement au chapitre Sports, rubrique « Voltige ».

BOUCLES

Le 21 juin 1980, l'Américain R. Steven Powell a effectué 2 315 boucles aux commandes d'un Ballanca Decathlon, au-dessus d'Almont, Michigan.

Le 13 juillet 1989, Johann Osterud a effectué 208 boucles inversées au-dessus de North Bend, Oregon, EU.

VRILLES

Le 28 octobre 1989, le Suisse Eric Müller, né en 1934, aux commandes d'un Extra 230, a effectué 125 vrilles plates consécutives entre 7 100 m et 200 m d'altitude.

VOL INVERSÉ

Le record de durée est de 4 h 9 mn 5 s. Il a été établi par le pilote américain John « Hal » McClain, le 23 août 1980, à Houston, Texas, aux commandes d'un Swick Taylorcraft.

La Manche sur le dos

Le 13 juin 1990, à 12 h 10, le Français Jean-Jacques Lancereau, né le 2 février 1943, décollait de l'aérodrome de Biggin-Hill, près de Londres, à bord d'un Mudry CAP 10B. À 13 h 27, après 1 h 17 mn de vol inversé, il atterrissait sur l'aérodrome du Bourget, Seine-Saint-Denis, ayant parcouru 335 km.

AVIONS LIÉS

En 1990, Marche verte, la patrouille acrobatique du roi du Maroc Hassan II, dont le leader est Jean-Pierre Otelli, a présenté à travers l'Europe un spectacle où 4 avions sont attachés par des cordes de 1,20 m à 4 m de long.

Délires aériens

Arc de Triomphe

Le 10 août 1986, le Français Albert Malret a posé son avion Rallye-Club sur l'avenue des Champs-Élysées, Paris.

Place Rouge

Le 28 mai 1987, l'Allemand Mathias Rüst, de Wedel, a posé son monomoteur Cessna 172 B sur la place Rouge, à Moscou, sans avoir été détecté par les radars soviétiques.

LA CARYATIS

Sous hélicoptère ■

Le 5 mai 1989, Nicole Durot, alias « la Caryatis », a effectué des figures acrobatiques sans aucune sécurité, sous un trapèze suspendu à un hélicoptère pendant plus de 3 mn. C'était au-dessus de Béziers, Hérault, à une altitude de 2 057 m.

Sous montgolfière ■

Nicole Durot, alias « la Caryatis », a effectué des exercices sans sécurité au trapèze sous une montgolfière à une altitude de 1 265 m, le 13 mai 1988, à Lyon, Rhône. ▼

LA MANCHE SUR LE DOS EN PATROUILLE

Le 3 juillet 1992, la patrouille acrobatique Écureuil, composée de trois avions Pitts S2A pilotés par les Français Guy Terrasson, leader, Claude Donon, équipier droit et François Robin, équipier gauche, a traversé la Manche en patrouille serrée et en vol inversé. Partie de l'aérodrome de Dunkerque, France, elle a rejoint l'aérodrome de Douvres, GB en 15 mn 28 s.

IL FAISAIT DE L'AVION DEBOUT

Dans un but humanitaire, le Français Jean Triboulloy a fait le tour de la Picardie debout sur les ailes d'un avion biplan Boeing Stearman DT 17. En 6 jours, du 21 avril au 26 avril 1992, il a parcouru 600 km, soit une moyenne de 100 km par jour.

LA PATROUILLE DE FRANCE

À Buc, près de Versailles, le 21 septembre 1913, Adolphe Pégoud, pilote chez Blériot, effectue en public la première boucle de l'histoire de l'aviation. L'acrobatie aérienne venait de naître. On lui donnera plus tard le nom de voltige aérienne. Dès lors, la voltige se perfectionnera sans cesse grâce à l'esprit inventif et à l'audace de pilotes tels que Fontval, Doret, Détroyat... pour ne citer que les plus célèbres. Créée en 1953, elle a fêté ses quarante années de légende. En formation serrée, à plus de 300 nœuds, les 8 Alphajets ne sont séparés que par 2 m de distance. Les deux pilotes solo ont des spécialités célèbres : les croisements spectaculaires et les figures à deux en vol inversé.

ULM

Vol de 7 h 31 mn

Un ULM monoplace (poids maximal 111 kg, vitesse maximale 105 km/h, *Gypsey Skycycle,* fut piloté le 3 août 1985 durant 7 h 31 mn par Anthony A. Cafaro, à Dart Field, Mayville, État de New York. Neuf ravitaillements en carburant furent effectués en vol, pour ce record de durée.

Atterrissages extrêmes

Le plus au Nord

Le 4 mai 1987, Nicolas Hulot et Hubert de Chevigny ont décollé de Resolute, Canada. Après avoir parcouru 2 330 km en 14 jours au-dessus des fjords, ils se sont posés au pôle Nord avec leurs ULM à skis, le 18 mai 1987.

LE PLUS HAUT

Afin de célébrer le bicentenaire de la première ascension du mont Blanc par Balmat et Paccard en 1786, Pascal Morel s'est posé le 2 août 1986 en ULM au sommet à 4 807 m.

Vol de 36 000 km

Parti le 29 septembre 1984 de La Ferté-Alais, Essonne, Patrice Franceschi a survolé 33 pays en 562 h. Il a parcouru à bord de son ULM Sirocco environ 36 000 km à 80 km/h de moyenne, avant de se poser le 26 mars 1987 à Saint-Cloud, Hauts-de-Seine.

En ULM sous la tour Eiffel

Le 6 novembre 1986, le Français Gérard Dance est passé en ULM sous la tour Eiffel.

L'Américain Robert Moriaty avait précédemment réalisé le même exploit le 31 mars 1984, à bord d'un petit avion de tourisme.

Saut en parachute depuis un ULM

Le Français Georges Renoux a été largué en parachute à 5 500 m d'altitude par l'ULM de Patrice Barcouda le 13 mai 1988 à Lyon, Rhône.

VOYAGES EN AVION

PARACHUTE

Voir aussi le chapitre *Sports, rubrique " Parachutisme "*. Et, pour les chutes d'avion, qui sont des accidents, on se reportera au chapitre Véhicules.

Les premiers sauts

Du haut d'une tour

Louis-Sébastien Lenormand (1757-1839) sauta en quasi-parachute, à Montpellier, Hérault, en 1783.

D'un ballon

André-Jacques Garnerin (1769-1823) sauta de 680 m au-dessus du parc Monceau, à Paris, le 22 octobre 1797.

D'un avion

Albert Berry, funambule américain, sauta le 1er mars 1912 à Saint Louis, Missouri, EU.

La première femme parachutiste fut Georgina Broadwick, qui sauta à Los Angeles, Californie, EU, le 21 juin 1913.

Mont Blanc

Les Français Jean-Pascal Oron et Dominique Jacquet furent les premiers à s'être posés au sommet du mont Blanc en parachute, après avoir été largués à 6 000 m d'altitude par un hélicoptère.

Parachutés sur les pôles

■ 6 soldats de l'armée canadienne furent les premiers à atteindre le pôle Nord en parachute le 27 avril 1974.

■ Le sergent britannique Richard Patton a sauté au pôle Sud le 25 novembre 1956.

Le plus grand nombre de personnes parachutées à partir d'un ballon

Le 12 septembre 1992, 15 personnes ont été parachutées, à partir d'un ballon à air chaud, au-dessus de la frontière qui sépare le comté de Somerset de celui du Devon, EU. Le 1er octobre 1992, 10 personnes du même groupe ont sauté en parachute simultanément d'une hauteur de 6 000 m.

Records d'altitude

Les officiers britanniques de la Royal Air Force J. de Salis et P. Lowe ont sauté de 17 100 m, le 9 avril 1958, au-dessus de Moynash, GB ; ils détiennent le record du monde.

Michel Fournier, de Gleize, Rhône, a été largué d'un aéronef à 11 300 m d'altitude, le 10 septembre 1992, à Gap, Hautes-Alpes : record de France.

IL SAUTE À 90 ANS

■ **Le 17 octobre 1993, le Français Louis Garcia a effectué avec brio un saut en tandem le jour même de ses 90 ans.**

■ **L'Américain Edwin Townsend a sauté à l'âge de 89 ans, le 5 février 1986 et la Britannique Sylvia Brett, le 23 août 1986, à 80 ans et 166 jours.**

Records du monde — Classe R (Ultra légers motorisés)

R1 (ULM)

Type	Record mondial	Pays	Titulaire	Catégorie	Date
Vitesse sur base 15-25 km	128,00 km/h	GB	Richard Meredith-Hardy	monoplace	25/08/1991
Vitesse en circuit fermé de 50 km	119,50 km/h	GB	Richard Meredith-Hardy	monoplace	25/08/1991
Distance en ligne droite sans escale	1 369,0 km	France	Bernard d'Otreppe	monoplace	06/09/1988
Distance en circuit fermé sans escale	1 071,2 km	France	Michel Serane	monoplace	05/08/1991
Temps de montée à 3 000 m	6' 32''	Belgique	Roland Coddens	monoplace	03/06/1989
Altitude	9 144 m	Australie	Eric Scott Winton	monoplace	11/03/1989
Vitesse sur base 15-25 km	124,26 km/h	France	Bruno Bouron	biplace	16/05/1993
Vitesse en circuit fermé de 50 km	122,17 km	France	Bruno Bouron	biplace	16/05/1993
Temps de montée à 3 000 m	17' 02''	GB	William Graham Dent	biplace	06/03/1993
Altitude	7 143 m	Italie	Walter Mauri	biplace	25/08/1991

R2 (ULM : hydravions)

Type	Record mondial	Nationalité	Titulaire	Lieu de décollage	Date
Distance en circuit fermé sans escale	247,5 km	France	Richard Fenwick	monoplace	22/10/1985
Vitesse sur base 15-25 km	102,25 km/h	France	Alber Ukana	biplace	06/04/1993
Vitesse en circuit fermé de 50 km	97,53 km/h	France	Alber Ukana	biplace	06/04/1993

Sauts extrêmes

Le saut du lieutenant-colonel américain H. Rankin dura 40 mn, le 26 juillet 1956, en Caroline du Nord.

■

L'officier anglais Terence Spencer a sauté dans la Baltique, à Wismar Bay, le 19 avril 1945, d'une hauteur de 10-12 m.

■

En mai 1969, dix parachutistes soviétiques, dont quatre se tuèrent, se sont posés sur le pic Lénine, 7 135 m, dans le Pamir, Tadjikistan.

■

L'Américain Dale Nelson a effectué 301 sauts, entre le 26 et le 27 mai 1988.

■

Le record féminin est détenu par l'Américaine Cheryl Stearns, avec 255 sauts réalisés à Lodi, Californie, EU, les 26 et 27 novembre 1987.

DANS LES AIRS
PARAPENTE DELTAPLANE

PARAPENTE

Depuis la plus haute altitude
Le 26 septembre 1988, l'alpiniste Jean-Marc Boivin saute en parapente du plus haut sommet du monde, le mont Everest, à 8 846 m d'altitude.

11 h 23 mn en l'air

En mai 1989, le Français Jean-Yves Faiste établit le record mondial de durée de vol en parapente : il est resté 11 h 23 mn dans les airs.

DELTAPLANE

Depuis la plus haute altitude
Le Français Jean-Marc Boivin s'est élancé de la plus haute altitude, le sommet himalayen du Gasherbrum II, 8 035 m, le 3 juillet 1985. Alpiniste et skieur téméraire, il a trouvé la mort, le 16 février 1990, à l'âge de 39 ans, en tentant de sauter en parapente du haut de la plus haute chute d'eau du monde, le Salto Angel, au Venezuela .

Largage en altitude

Le Français Bertrand Piccard et son aile delta ont été remorqués et largués par Patrice Barcouda à une altitude de 4 500 m au-dessus de Lyon, Rhône, le 12 mai 1988.

Dirigeables

Voir le Chapitre *Véhicules*.

Planeurs

Voir le Chapitre *Sports*.

Avantage considérable du parapente sur l'aile delta : il se transporte facilement dans un sac à dos. Ne pesant que 3 kg, il est possible de l'emporter dans toutes les escalades pour redescendre plus rapidement et battre de nouveaux records d'enchaînement comme Jean-Marc Boivin.

DANS LES AIRS
MONTGOLFIERES BALLONS

HISTOIRE

La première ascension

Elle fut effectuée à bord d'un ballon à air chaud inventé par le père Bartolomeu de Gusmão (1685-1724), qui s'éleva, le 8 août 1709, dans un local clos, la Casa da India, à Terreiro do Paço, Portugal.

Le premier vol captif

Les frères Joseph-Michel (1740-1810) et Étienne (1745-1799) de Montgolfier, imprimeurs, firent monter le premier ballon à air chaud le 4 juin 1783 à Annonay. Cette première « montgolfière » était dépourvue de panier.

Joseph-Michel de Montgolfier

Étienne de Montgolfier

Montgolfière

Premier vol humain

Pilâtre de Rozier et le marquis d'Arlandes ont effectué le 21 novembre 1783 le premier vol en montgolfière. Partis du château de la Muette, ils atteignirent la Butte-aux-Cailles, à l'est de Paris, après un vol de 27 mn.

DE QUOI S'AGIT-IL ?

Une montgolfière est gonflée d'air froid que l'on réchauffe avec un brûleur. Dès que l'air est réchauffé, la montgolfière s'envole. N'ayant pas de système de direction, elle évolue en fonction du vent. Pour descendre, on laisse s'échapper l'air chaud, pour monter, on réchauffe l'air avec le brûleur.
Un ballon est gonflé à l'hydrogène ou à l'hélium, pour monter on lâche du lest, pour descendre on laisse s'échapper du gaz.

RECORDS DE DISTANCE EN BALLON

Le ballon expérimental à hélium *Double Eagle V,* d'une capacité de 11 300 m³, parcourut, du 9 au 12 novembre 1981, la distance de 8 382 km, de Nagashima, Japon, à Covello, Californie, EU. Ce fut le premier vol transpacifique.

Ballon au-dessus de l'Atlantique

Les 2 Britanniques Abruzzo et Newman, accompagnés de Maxie L. Anderson, ont été les premiers à traverser l'Atlantique par le nord en ballon. Ils ont réalisé cette traversée à bord du *Double Eagle II,* de Presque Isle, Maine, EU, à Miserey, Eure, France, du 12 au 17 août 1958 en 137 h 5 mn.

Joe Kittinger, ex-officier de l'aviation américaine, fut le premier homme à effectuer en solitaire la traversée en ballon de l'Atlantique. Son *Rosie O'Grady* à hélium de 3 000 m³ s'envola de Caribou, Maine, EU, le 14 septembre 1984 et atterrit le 18 à Montenotte, Italie, ayant parcouru 5 700 km en 86 h.

BALLONS DE MESURES

Un ballon Winzen, sans pilote, de 1,35 million de m³, lancé en octobre 1972 à Chico, Californie, EU, atteignit l'altitude de 51 km. Construits par Winzen Research, Minnesota, EU, ils ont un volume gonflable de 2 millions de m³ et mesurent 300 m de hauteur. Ils ne sont pas prévus pour des passagers.

Altitude
En février 1966, Nicholas Piantanida (1933-1966), de Bricktown, New Jersey, EU, atteignit officieusement l'altitude de 37 km. Son ballon s'écrasa dans un champ de maïs de l'Iowa et il ne survécut pas.
Deux officiers de la marine américaine, Malcolm D. Ross et Victor A. Prother, détiennent le record officiel de 34,6 km, établi, le 4 mai 1961, au cours d'une ascension au départ du pont du navire *Antietam*, dans un ballon de 340 000 m³, au-dessus du golfe du Mexique.
Par inadvertance, Harold Froehlich et Keith Lang, deux savants de Minneapolis, Minnesota, EU, montèrent, en nacelle ouverte et sans équipement adapté, jusqu'à 13 km. Pendant le vol, qui dura 6 h 30 mn, le 26 septembre 1956, la température tomba jusqu'à -58 °C.

MONTGOLFIÈRE

C'est sous cette forme qu'en 1961 le ballon a connu son renouveau. Les premiers championnats du monde se sont disputés du 10 au 17 février 1973, à Albuquerque, Nouveau-Mexique, EU.

RÉUNION

Le plus grand rassemblement de montgolfières à partir d'un même point de départ, eut lieu le 15 août 1987, 128 participants décollèrent en 1 heure à Bristol, GB.

Record d'altitude en solitaire

Per Lindstrand a atteint 19,8 km, le 6 juin 1988, à bord d'un Colt 600, au-dessus du Laredo, Texas, EU.

Le fond du gouffre en montgolfière

En août 1988, près de Saint-Paul-le Jeune, en Ardèche, France, le pilote français Jean-Marie Huttois, tapissier-décorateur né en 1958, a réalisé une spectaculaire performance : il a réussi à faire descendre sa montgolfière au fond d'un gouffre dont le diamètre de 20 m est à peine supérieur à celui du ballon, afin d'aller récupérer 2 spéléologues. Ce même pilote a largué de sa nacelle un parachutiste qu'il a récupéré 2 500 m plus bas, à 1 200 m d'altitude, en juillet 1986.

VOL AU-DESSUS DU MONT-BLANC

La première traversée du massif du Mont-Blanc depuis Chamonix jusqu'au Val Ferret, en Italie, a été réalisée par les Français Jean-Louis Hocquinet, Daniel Cleyet-Marrel et Gérard Persod, le 25 octobre 1979.

Première traversée France-Corse

En juillet 1987, le Français Jean-Marie Huttois réalise la première traversée en montgolfière entre la Corse et la France.

PREMIÈRE TRAVERSÉE DU PACIFIQUE EN MONTGOLFIÈRE

Richard Branson (créateur des entreprises Virgin) et Per Lindstrand ont traversé le Pacifique à bord de leur montgolfière *Oiseau du Pacifique* de la côte sud du Japon, jusqu'au lac La Matre Yukon, au nord-ouest du Canada, en 2 jours, du 15 au 17 janvier 1991, après avoir parcouru une distance de 7 672 km. Au cours de cette traversée, le record de vitesse en montgolfière a été non officiellement établi avec une vitesse moyenne, du décollage à l'atterrissage, de 237 km/h et une vitesse de pointe de 385 km/h soutenue pendant 1 h.

RAPPEL SOUS BALLON EN VOL LIBRE

Le 28 juin 1989, le Français Pascal Barrier, de Lons-le-Saulnier, Jura, a effectué un rappel de 750 m en 1 h sous un ballon en vol libre à 1 200 m d'altitude. ▼

PREMIER SURVOL DE L'EVEREST

Les 2 ballons *Star Flyer 1* et *2*, pilotés par l'Australien Chris Dewhirst et les Anglais Andy Elson, Leo Dickinson et Eric Jones, ont réussi à survoler le mont Everest pour la première fois, le 21 octobre 1991. Ils sont partis de Gokyo, au Népal, et ont rejoint Ama Drime en ayant franchi l'Everest à une altitude de 11 000 m.

2 INSOLITE

Le lancer du rouleau à pâtisserie

Le record est un record de distance. L'élan maximum autorisé est de 2 m. La vitesse du vent doit être nulle, sinon il convient de la mesurer et de réduire la performance du candidat de 1m par tranche de 10 km/h de vitesse du vent si le jet est dans le sens du vent. Dans le cas où le candidat souhaiterait tirer face au vent, il bénéficierait d'un avantage équivalant au handicap précité.

Le 6 octobre 1991, la Société tahitienne des services publics a fabriqué une allumette de 21,28 m de long et large de 31 cm.

Michel Favrou du Cerny, du Poiré-sur-Vie, Vendée, a édifié une tour Eiffel avec 217 000 allumettes collées. Cet édifice, commencé en 1987, fut terminé en septembre 1991. Il mesure 4,71 m de haut.

Endurance et marathons

De nombreux records d'endurance ont été supprimés. Si vous avez l'intention de réaliser un « marathon », veuillez nous contacter au préalable afin que nous vous indiquions si votre spécialité est susceptible d'être homologuée.

A

ABEILLES

Jed Shaner s'est laissé recouvrir d'un manteau d'environ 343 000 abeilles pesant 36,3 kg, le 29 juin 1991, à Staunton, Virginie, EU.

ALLIANCE

À l'occasion du Salon du mariage, le 6 février 1993, la Maison de l'or, de Montbéliard, Doubs, a réalisé une alliance en or jaune et gris sertie de pierres, de 18 carats, équivalant à la taille 138.

ALLUMETTES

■ *La plus grande*
(Voir photo ci-dessus)

Constructions ■ Du 10 décembre 1987 au 30 juin 1988, René Heng, de Mulhouse, Haut-Rhin, a construit, avec exactement 455 608 allumettes, une maison haute de 2 m.

■ De juin à décembre 1989, 70 enfants de la paroisse de Vence, Alpes-Maritimes, ont construit, à l'initiative d'Horace Di Maggio, la maquette de Vence avec 306 000 allumettes.

■ Pour l'association *Les Éléments du temps passé*, Claude Dryburgh a réalisé à Souchez, le 2 novembre 1990, un ensemble minier avec 13 197 835 allumettes, 30 kg de colle, 11 kg de vernis, en 39 038 h de travail.

■ Charles Demirdjian, de Marseille, Bouches-du-Rhône, a construit avec 62 640 allumettes, une maison de style américain de 1 m x 70 cm x 60 cm entièrement meublée, dont les portes et les fenêtres s'ouvrent et se ferment à volonté.

■ Tour Eiffel
(Voir photo ci-contre)

■ Camion Peterbilt
(Voir photo ci-dessous)

AMPLIFICATEUR

Le plus grand amplificateur de guitare en état de marche mesure 2,75 m de haut, pèse 325 kg et comprend 32 haut-parleurs de 25,4 cm qui transmettent une puissance de 600 W. Il a été présenté par Saint Louis Music, de Saint Louis, Missouri, EU.

AMPOULE

Le 1er juillet 1994, Nicolas et Laura Lachkar, de Pontault-Combault, Seine-et-Marne, ont vissé, allumé, éteint et dévissé une ampoule de 60 W, calibre standard, 23 fois en 1 mn. Suite à cet effort l'ampoule a claqué.

APPLAUDISSEMENTS

BON PUBLIC

V. Eyaraman, du Tamil Nadu, Inde, a applaudi 58 h 09 mn sans s'arrêter entre le 12 et le 15 février 1988. Il a maintenu une moyenne de 3516 applaudissements à la minute, audibles à 100 m de distance.

ARBRE DE NOËL

Le plus grand arbre de Noël coupé du monde a été érigé en 1950 dans un centre commercial de Seattle, État de Washington, EU. C'était un sapin de Douglas de 67 m.

ATTELAGES DE CHEVAUX

■ Le 14 juillet 1991, Pol-Guillaume de Viesalm, Luxembourg, a conduit sur une distance de 2 200 m un attelage de 110 chevaux ardennais et belges. L'attelage, d'une longueur de 190 m, a nécessité 600 m de chaînes et 3 600 grelots.

■ *France* Le 18 mai 1992, Patrice Buchaillat, 19 ans, a mené un attelage de 22 chevaux, d'une longueur totale de 38 m. L'attelage a nécessité au total 400 m de rênes.

■ 32 chevaux de trait bichonnés, crinières tressées, sabots passés au noir, ont été dirigés, attachés en ligne, le 12 août 1990, par Abel Bizouard, de Allerey, Côte d'Or.

ATTELAGE DE CHIENS

Patrick Gambier a réalisé un attelage de 213 chiens sur la plage de Fort-Mahon Plage, Somme, le 21 avril 1991. Cet attelage traînait un petit train touristique.

B

BAGUETTES

Les Japonais utilisent 25 milliards de paires de baguettes par an pour manger. Une moyenne annuelle de 203 paires de baguettes par personne pour une population de 123 millions d'habitants.

BAIGNOIRE

RIRI, FIFI ET LOULOU SONT DANS UNE BAIGNOIRE

Trois gardiens, Riri Taylor, Fifi Smith et Lou Rogers, de la prison d'Algington, GB, détiennent le record de distance en pagayant à la main : 145 km en 24 h, les 28 et 29 mai 1983.

■ Ces mêmes gardiens avaient battu, le 26 mai 1983, le record de vitesse sur 100 m, départ arrêté, en 55 s 45, soit 8 km/h environ. La taille de la baignoire est limitée à 1,90 m.

■ *France* Voir le tableau *« Folklore et traditions »*, dans le même chapitre.

BALANCE

Claude Gendreau et Louis Jaud ont présenté au Festival des Records d'Aubigny, Vendée, une balance de Béranger longue de 2 m, large de 80 cm et de 200 kg de pesée.

BALLES DE GOLF

Le 9 février 1980 à Charlotte, Caroline du Nord, EU, Lang Martin a maintenu 7 balles de golf en équilibre à la verticale sur la tête.

BALLON

Le plus grand est un ballon de football qui mesure 2,30 m de diamètre et pèse 36,2 kg. Pour coudre ses 8 640 points, il a fallu 129,50 m de fil. Il a été confectionné par la société Mitre Sports, à Huddersfield, GB.
Voir aussi à Football-Jonglage.

BALLONS DE BAUDRUCHE

Lâcher Le 26 juin 1983, à Aubigny, Vendée, un lâcher de 212 000 ballons a été organisé, sous le patronage de la Ligue contre le cancer.

Parcours Un ballon lâché au collège Saint-Trémeur à Carhaix, Finistère, a été retrouvé à Iokku, à 150 km au nord d'Oslo, Norvège, le 30 octobre 1990 après un parcours de 2 000 km.

Gonflage Lors du Festival Grains de folie, organisé le 14 mai 1989 par le patronage laïque du Relecq-Kerhuon, Finistère, 1 000 personnes, adultes et enfants, ont gonflé avec la bouche 13 061 ballons en 13 mn.

Guirlande À l'occasion du centenaire de la CFDT, le 1er mai 1990, 600 militants de Nancy, Meurthe-et-Moselle, ont confectionné une guirlande de 20 000 ballons sur un fil électrique de 6 km de long.

Grappe L'hypermarché Rallye de Davezieux, Ardèche, a réalisé une grappe de 7 000 ballons gonflés à l'hélium, le 16 avril 1994, lors du Festival des Records l'Exploit Géant.

151 497 allumettes ont été nécessaires à Jean-Pierre Jourdain de Mereau, Cher, pour construire une semi-remorque Peterbilt de 2,92 m de long. Il a collé la dernière allumette le 10 juillet 1993, après avoir passé 1 658 h et utilisé 169 tubes de colle pour réaliser ce camion qui pèse 23 kg.

Dans le cadre du Festival international des Jeux de Cannes, la Fédération internationale de bilboquet a présenté, le samedi 13 février 1993, un bilboquet en bois de 2,22 m de haut.

La plus grande bouteille de vin de Bordeaux vide a été présentée par la ville de Rueil-Malmaison, Hauts-de-Seine, le 19 novembre 1993, à l'occasion du 3e Salon du Terroir. Elle mesure 2,80 m de haut et 0,80 m de diamètre. Son poids atteint 250 kg pour une capacité de 800 litres.

BANQUETS

MAZEL TOV

On estime que 30 000 invités assistèrent au mariage de Aharon Mordechai Rokeah et Sara Lea Lemberger, à Jérusalem, Israël, le 4 août 1993.

■ Le menu le plus cher fut servi lors du banquet de Persépolis, le 2 octobre 1971, à l'occasion du 2 500e anniversaire de l'Iran. Le repas, présidé par le shah, dura 5 h 30 mn. On y mangea des œufs de caille au caviar d'Iran, une mousse de queues d'écrevisses sauce Nantua, de l'agneau rôti, du paon farci au foie gras et des sorbets à la framboise et au champagne. Parmi les vins figurait un château-lafite-rothschild 1945.

■ France Le 18 août 1889, pour le premier centenaire de la Révolution française, 18 000 élus municipaux prirent part à un banquet au Palais de l'industrie, à Paris.

■ L'Association des restaurateurs de métier des provinces françaises a organisé le 19 mai 1992 à la Grande Halle de La Villette, Paris, un buffet de 288,80 m de long, avec 720 plats et spécialités du terroir réalisés par 295 chefs cuisiniers. Il y avait exactement 9 492 parts, que des milliers de personnes ont dégustées.

BASKET-LANCERS FRANCS

France Le Français Alan Kergourlay, de Limoges, Haute-Vienne, a réussi 7 lancers francs de basket consécutifs, le 13 avril 1994, lors du Festival des Records l'Exploit Géant, à l'hypermarché Rallye de Limoges.

BIDON DE LAIT

Le 19 juin 1993, l'association La Source-Vive, Velesmes, Haute-Saône, a fabriqué et exposé, à l'occasion de la 3e Fête du Lait, un bidon de lait d'une capacité de 7 355 litres (3,80 m de haut et 1,80 m de diamètre).

BILBOQUET

Le plus grand
(Voir photo ci-dessus)

Performance en 1 h Laurent Bigot, de Maisoncelles, Sarthe, a réussi 2 269 coups en 1 h, le 28 septembre 1989.

Performance en 1 mn Frédéric Aupaix a réussi la performance de 13 coups gagnants consécutifs en 51 s, le 8 avril 1994, lors du Festival des Records l'Exploit Géant au Casino de Marseille La Valentine, Bouches-du-Rhône.

BOÎTE À SUGGESTIONS

L'exemple le plus prolifique d'utilisation d'une boîte à suggestions est celui de John Drayton (1907-1987), de Newport, GB. Il submergea les Chemins de fer britanniques de 31 400 suggestions de 1924 à août 1987. Plus d'une idée sur sept fut adoptée et une centaine furent acceptées par les transports londoniens. En 1983, les Chemins de fer britanniques lui offrirent une pendule à carillon pour célébrer près de 60 ans de suggestions.

BOÎTES D'ALLUMETTES

Voir le tableau « Collections », dans le même chapitre.

BOOMERANG

■ La plus longue distance Le 5 juillet 1992, à Shrewsbury, GB, le Français Michel Dufayard a établi un nouveau record en faisant parcourir à son boomerang la distance de 149,12 m.

■ Dans le cadre du Téléthon 1990, Signorino Léonardi, de Villeurbanne, Rhône, a rattrapé son boomerang 1 117 fois de suite.

■ La plus longue durée de vol 2 mn 59 s 94, c'est le plus long vol de boomerang jamais enregistré. Il a été réalisé le 25 juin 1987 à Bethlehem, EU, par Dennis Joyce.

BOUCHONS DE CHAMPAGNE

Le 5 juin 1988, à New York, Heinrich Medicus a fait sauter le bouchon d'une bouteille non traitée, non chauffée, à une distance de 54 m.

Sabrage Le 24 février 1990, à Vancouver, Canada, Luke Harms a sabré 16 bouteilles de champagne en 1 mn.

Le plus grand
(Voir photo ci-dessous)

BOUGIE

■ Une bougie cylindrique de 30 m de haut et 0,72 m de diamètre a été érigée devant la mairie de Villeurbanne, Rhône, à l'initiative d'Amnesty International, le 28 octobre 1991. La bougie, maintenue verticalement par une grue, a brûlé pendant plus de 5 h.

BOUILLOTTES

Au Festival des records 1985 de Pépinster, Belgique, il n'a fallu que 19,56 s à Luc Van Lierde pour faire éclater une bouillotte en soufflant dedans. Il a ensuite fait éclater 10 bouillottes en 4 mn 15 s.

BOUTEILLES

Collections Voir tableau.

La plus grande, pleine La bouteille de vin Divin Primeur fabriquée par le Comité régional de promotion du Languedoc-Roussillon et présentée à Montpellier, Hérault, le 16 octobre 1986, mesurait 2,72 m de haut et 1,81 m de circonférence. Elle contenait 750 litres et pesait, pleine, 850 kg.

La plus grande, vide
(Voir photo ci-dessus)

La plus petite Le 13 avril 1989, le groupe Halloween de l'École supérieure de commerce de Reims, Marne, a présenté une bouteille de champagne Marie-Stuart de 5 cm de haut et d'une contenance de 2,6 cl.

BRANCARD

Deux brancardiers militaires de Calgary, Alberta, Canada, ont porté en courant, sans le renverser, leur faux malade de 63,5 kg sur 200 km, soit la distance de Paris-Deauville, en 40 h 12 mn, le 18 mai 1988.

Courses Voir tableau.

BRIQUES

■ Tony Gregory, GB, a posé 747 briques de 2 kg chacune, en 1 h, le 18 avril 1987. Cette performance a été réalisée grâce au concours de la Brick Development Ass.

■ Le 14 juin 1992, Russell Bradley, de Worcester, GB, a réussi à soulever jusqu'à sa poitrine 31 briques juxtaposées et à les maintenir dans cette position pendant 3 s.

■ Mais le record du poids de briques le plus élevé maintenu en l'air selon cette même technique est de 88,44 kg pour 20 briques, pendant 3 s également. Il est la propriété de Fred Burton, Cheadle, GB.

Courses Voir tableau.

BROUETTES

La plus grande
(Voir photo ci-dessous)

Courses Voir tableau.

Charge ■ John Sarich, de Londres, Ontario, Canada, a poussé une brouette contenant 370 kg de briques sur 74,1 m, le 19 février 1987.

■ Le 24 juillet 1988, au Festival de La Madeleine, Loire-Atlantique, le Français René Lucas a poussé une brouette contenant 10 personnes, soit 683 kg sur 25,40 m.

Endurance Voir tableau.

BÛCHERONNAGE

■ L'Américain Guy Germen est monté au sommet d'un sapin de 30,5 m et en a scié le faîte en 53,35 s, escalade comprise, en juillet 1989, à Albany, Oregon, EU. Il détient également le record de vitesse de grimper, avec un aller-retour au sommet d'un arbre de 30,5 m, en 24,82 s, réalisé lors

La société Champagne Beaumont des Crayères de Mardeuil, Marne, a commandé aux établissements Sagrera un bouchon de 1,20 m de haut et d'un diamètre de 82,5 cm. Ce bouchon pouvant boucher un flacon d'une contenance de 2 000 litres, soit l'équivalent de 2 700 bouteilles de champagne, a été exposé le 21 juin 1993 à Bordeaux.

Le 6 août 1989, les membres du foyer rural de Saint-Laurent-la-Roche, Jura, ont présenté une brouette en bois longue de 14,07 m, large de 3,50 m, haute de 5 m et pesant 1 756 kg.

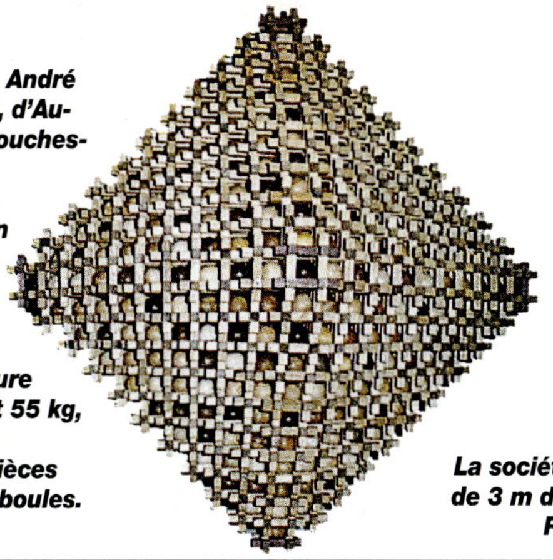

En 1992, André Gouirand, d'Aubagne, Bouches-du-Rhône, a réalisé un casse-tête en bois de 1 m d'envergure et pesant 55 kg, composé de 804 pièces et 1 534 boules.

Le plus grand canevas au demi-point du monde mesure 4,20 m de longueur sur 1,45 m. Ce travail a été réalisé par François Jorge, Paris, France, en février 1992 à l'aide de 7 184 m de fil de laine de 61 coloris, en 2 200 h.

La société Domo, d'Ivry-sur-Seine, Val-de-Marne, a fabriqué un caddy de 3 m de haut sur 1,20 x 0,80 m, le 6 avril 1994, lors du Festival des Records l'Exploit Géant, à l'hypermarché Rallye de Paris XIIIe.

du Festival des championnats du monde de bûcheronnage, à Albany, Oregon, le 3 juillet 1988.

■ Le temps record pour grimper en haut d'un palmier de 9 m, pieds nus, est de 4,88 s, réalisé par Fuatai Solo, à Sukuna Park, Fiji, le 22 août 1980.

■ José Archambeau de Sprimont, Belgique, a scié 53 rondelles à la main en 5 mn, dans un tronc d'épicéa, d'un diamètre de 15 cm.

■ Lors du Festival de Pépinster de 1987, Raymond Kockelman a découpé dans un tronc d'épicéa 51 rondelles empilées les unes sur les autres.

GRIMPER DE POTEAU

Avec accessoires Le 20 juillet 1991, à Baie-Comeau, Québec, Denis Santerre a escaladé avec ceinture et éperons un poteau de 10 m et est redescendu au sol en 27,58 s.

Sans accessoire À la même date, le même Denis Santerre, a escaladé un poteau pour faire sonner une cloche fixée à 10 m, et a retouché le sol en 15,8 s.

BUBBLE-GUM

(Voir photo ci-dessous)

BULLE DE SAVON

Le 6 juin 1988, David Stein, de New York, a soufflé dans un bâtonnet à bulles avec du liquide à vaisselle et de l'eau, et a obtenu une bulle de 15 m de long.

C

CADDY

Ménager (Voir photo ci-dessus)

CAFÉ

La société Jacobs Suchard France, Lavérune, Hérault, a transformé le 28 mai 1993, son silo de stockage en un gigantesque paquet de café. L'édifice contient 1 800 t de café, et mesure 34,5 m de haut, 18,2 m de large, 9,20 m de profondeur. Cette entreprise a nécessité 2 t de peinture, 2 000 h de travail et 60 t d'échafaudages.

CANEVAS (photo ci-dessus)

CANIF

Le Year Knife de Joseph Rodgers & Sons, à Sheffield, GB, couteliers depuis 1682, fut fabriqué en 1822 et comprenait 1 822 lames. Une lame supplémentaire fut ajoutée chaque année jusqu'en 1973, date à laquelle les couteliers renoncèrent, faute de place.

CARRÉ MAGIQUE

Le carré magique est une combinaison de nombres disposés en carré de telle façon que la somme de chacune des lignes, colonnes ou diagonales soit toujours la même.

Le 24 octobre 1991, Ralf Laue de Leipzig, Allemagne, a composé un carré magique de 2 121 cases de côté, numérotées de 1 à 4 498 641.

Le total lignes, colonnes et diagonales est de 4 770 807 720. Ce record du monde a été réalisé à l'aide de 2 micro-ordinateurs.

CARTES À JOUER

Force Voir plus loin.

Lancer Voir tableau.

Le plus grand Le 9 mars 1989, les élèves de l'École nationale des travaux publics de l'État, à Vaulx-en-Velin, Rhône, ont réalisé un jeu de 32 cartes de 1 m x 64,5 cm, qui a nécessité 15 jours de travail.

Le plus grand nombre ■ Ralf Laue, Leipzig, Allemagne, a tenu dans une seule main, 326 cartes à jouer en éventail, en laissant apparentes la valeur et la couleur de chacune d'entre elles, le 18 mars 1994.

CARTES DE CRÉDIT

La plus grande collection de cartes de crédit utilisables comprend 1 356 exemplaires. Elle appartient à Walter Cavanagh (né en 1943), de Santa Clara, Californie, EU, surnommé « Monsieur Plastique fantastique ». Il range ses cartes dans le plus long portefeuille du monde : 76,20 m de long, d'une valeur en crédit de plus de 1,6 million de $.

La plus grande En juin 1993, les élèves du lycée Here, de Nancy, Meurthe-et-Moselle, ont réalisé pour le compte du Crédit mutuel des enseignants une carte bancaire de 4,26 m de long, 2,69 m de large et 4 cm d'épaisseur. Cette carte permet, grâce à un lecteur, d'effectuer des opérations bancaires sur un distributeur construit à son échelle.

CARTES DE VŒUX

La plus grande La plus grande carte de vœux du monde mesure 14,30 m x 8,80 m. Elle a été confectionnée par des étudiants de l'université Drake, à Des Moines, Iowa, EU. Elle fut adressée le 27 septembre 1988 à Michael Ferrari, président de l'université.

France Le 19 décembre 1990, l'Association d'éducation permanente du hameau de La Wattine, Pas-de-Calais, a réalisé et fait acheminer par les services postaux français et britanniques une carte de vœux de 3,20 m x 1,03 m. Elle est arrivée à son destinataire, l'école de Selsted, Kent, GB, en 1 h 45 mn.

CARTE POSTALE

La Direction régionale de La Poste du Limousin a fait réaliser par Jacques Cinquin, artiste peintre, une carte postale de 2,80 m x 4 m. Le verso comporte un affranchissement de 100 timbres à 5 F oblitérés à la date du 2 décembre 1991 à Aubusson, ainsi que l'adresse du destinataire : M. Robert Savy, président du conseil régional du Limousin.

CASSE-TÊTE

(Voir photo ci-dessus)

CAVE À BARBE-BLEUE

La cave la plus insolite au monde est très certainement celle du potier Galip, à Aurnos, Cappadoce, Turquie. Celui-ci, depuis 30 ans environ, demande une mèche de cheveux à toutes les femmes qui viennent visiter son magasin de poteries afin de les suspendre au plafond de sa cave. Les cheveux de 80 000 femmes y sont déjà suspendus.

CERFS-VOLANTS

Le plus grand Le 18 novembre 1990, Anne Vieu, Michel Trouillet, François et Philippe Bertron et Pierre Agniel ont présenté un cerf-volant de 1 034,45 m de long qu'ils ont fait voler pendant 4 mn 3 s, à l'aérodrome de Millau-Larzac, Aveyron.

Le plus grand nombre

■ Le 18 octobre 1990, à Sakurajima, Japon, Sadao Harada et son équipe ont fait voler en ligne 11 284 cerfs-volants.

■ En France, lors du 50e anniversaire de l'aérodrome de Meaux, Seine-et-Marne, le 31 mai 1986, des enfants ont fait voler 5 000 cerfs-volants.

Durée de vol

Un cerf-volant construit par les élèves du collège Edmonds, à Long Beach, Californie, EU, a volé 180 h 17 mn.

Altitude

Une escadrille de 8 cerfs-volants a atteint 9 740 m d'altitude, le 1er août 1979, à Lindenberg, Allemagne.

Vitesse

Pete Di Giacomo a fait voler un cerf-volant à 193 km/h à Ocean City, Maryland, EU, le 22 septembre 1989.

CHAÎNES

De bois La plus longue chaîne en bois sans colle ni raccord a été réalisée par André Ferey, sculpteur sur bois à Trouville, Calvados, le 7 juillet 1993. Ses 56 maillons de 50 x 70 mm, soit une longueur de 2,30 m, ont été taillés d'un seul tenant dans un tronc de basane de 2,10 m.

De chocolat (photo ci-dessous)

D'élastiques La plus longue chaîne d'élastiques au monde mesurait 1 820 m de long. Elle avait été faite par Cathy Ushler, de Redmond, État de Washington, EU, en octobre 1987.

En juin 1985, Susan Montgomery Williams, de Fresno, Californie, a obtenu une bulle de 55,8 cm de diamètre.

Une chaîne uniquement en chocolat, constituée de 15 000 maillons et longue de 810,60 m, a été exposée dans les rues de Chécy, Loiret, le 4 avril 1993.

Le Comité des Expositions de Bordeaux, Gironde, a présenté le 30 octobre 1993, au Salon Conforexpo, un Circuit 24 de 140,29 m, constitué de 5 ensembles de pistes.

À reculons, du 11 au 20 avril 1992, Didier Prud'Homme, 28 ans, de Trouville-sur-Mer, Calvados, a parcouru les 265 km de Zagora à Foumguid, Maroc, portant un plateau, trois verres et une bouteille.

<u>De pommes de terre</u> Le 20 mars 1993, Jean-Marie Dessard, professeur à l'École d'hôtellerie de Liège, Belgique, et son équipe, ont confectionné et disposé bout à bout 2 500 maillons entrelacés de pommes de terre sur une distance continue de 210 m. Cette chaîne d'un poids de 16,5 kg a nécessité 40 kg de pommes de terre pour sa réalisation.
<u>De trombones</u> La plus longue chaîne de trombones a été réalisée le 15 août 1993 par Philippe Maynard et Steve Pettigrew, Beloeil, Canada. Elle est longue de 3 km, et elle se compose de 100 000 pièces. Elle a nécessité 200 h de travail.

CHANSONS

LE CERVEAU DE KENGEN

Le 9 octobre 1992, le Belge Didier Kengen a chanté des extraits de 169 chansons en un temps record de 13 mn 33 s.

CHARBON

<u>Extraction</u> Le record individuel d'extraction est de 221,5 t en une semaine, soit 5 descentes, à la houillère d'East Walbottle, GB. Il appartient à Jim Marley (né en 1914), qui a extrait notamment 48,3 t en 6 h en 1949.
<u>Chargement</u> Brian McArdle, Fingal, Australie, a chargé à la pelle 508 kg de charbon en 26,83 s, le 5 mars 1994.

CHÂTEAUX DE CARTES

Voir « *Pyramides* ».

CHÂTEAUX DE SABLE

<u>Le plus long</u> Le 31 mai 1991, à Myrtle Beach, Caroline du Sud, EU, plus de 10 000 personnes ont sculpté un château de sable de 26,37 km de long.
<u>Le plus haut</u> Le 26 juillet 1989, à Kaseda, Japon, 2 000 personnes ont élevé un château de sable haut de 17,12 m.

CHENILLE

■ 50 personnes aux chevilles attachées à celles des participants de devant et de derrière, ont parcouru 241,80 m, avant de tomber, le 13 avril 1994, lors du Festival des Records l'Exploit Géant au Casino d'Avignon, Vaucluse.
■ Le 23 octobre 1982, afin de démontrer qu'on peut s'asseoir sans chaise, paradoxe physique, 10 323 employés de la firme automobile Nissan se sont assis en un cercle sans support, au stade Komazawa de Tokyo.

CHÈQUES

Le 4 septembre 1992, à Leeds, Yorkshire, GB, InterMortage a présenté un chèque de 10 000 £ mesurant 21,3 m x 9,6 m.
<u>France</u> Le 21 mai 1990, les élèves de l'École nationale supérieure des arts et métiers de Lille, Nord, ont présenté un chèque paysagé du Crédit lyonnais de 3,30 m x 1,51 m. Ce chèque comportait toutes les mentions obligatoires.

CHOPE DE BIÈRE

<u>La plus grande</u> Elle a été fabriquée en 1985 à Selangor, Malaisie. Elle mesure 2 m de hauteur et peut contenir 2 796 litres.

CIGARES

<u>Le plus grand</u> ■ En février 1983, un cigare de 5 m, pesant 262 kg, a été fabriqué en 243 h par Tinus Vinke et Jan Weijmer, Pays-Bas. Ils ont utilisé 3 330 feuilles de tabac entières.
■ Le plus grand cigare en vente dans le monde est le Váldez Emperador de 35,5 cm, produit par Puros Santa Clara de San Andrés Tuxtla, à Veracruz, Mexique.
■ <u>France</u> Aldébaran, le dernier-né de la gamme Pléiades, est le plus grand et le plus cher des cigares de la SEITA. Il mesure 21,5 cm de long, 2 cm de diamètre et pèse 25 g. Il vaut 52 F pièce, ou 832 F en coffret (en cèdre massif) de 16.

CIGARETTES

<u>Les plus longues</u> sur le marché (28 cm) étaient les Head Plays, dans les années 30, aux États-Unis. Elles étaient vendues en paquet de 5 afin d'éviter la taxe fiscale.
<u>Les plus courtes</u> étaient les Lilliput (3,2 cm de long, 3 mm de diamètre) fabriquées en Grande-Bretagne seulement en 1956.
<u>Le plus ancien paquet</u> encore existant est un paquet de 25 cigarettes finlandaises Petit Canon fabriqué en 1860 par Tollander et Klärich. Il appartient à la collection Ventegodt, de même que le plus rare, le paquet letton Riga (1901), dont on ne connaît qu'un exemplaire.
<u>Les plus fortes</u> ■ Les cigarettes américaines Capstan Full Strength contiennent 24 mg de goudrons et 2,4 mg de nicotine.
■ <u>France</u> Les Gitanes contiennent 19,8 mg de goudrons et 1,46 mg de nicotine.
<u>Les moins fortes</u> ■ Ce sont les cigarettes américaines Royales Ultra légère et les Peter Stuyvesant Ultra légère avec 0,09 g de nicotine et moins de 3,5 mg de goudrons.

CIRCUIT 24

(Voir photo ci-dessus)

CLASSEURS

■ Le 15 septembre 1990, la société Esselte Dymo, Paris, a réalisé un classeur géant de 3,20 m de hauteur et 2,83 m de largeur sur une épaisseur de 0,84 m.
■ Le 2 septembre 1991, les sociétés Gaspard et Modling ont réalisé une chemise à rabats et élastiques de 2,40 m de largeur et 3,20 m de hauteur.

CLÉS

<u>La plus grande</u> Le 30 juin 1989, 15 élèves des sections métallerie du lycée professionnel régional de Montigny-lès-Metz, Moselle, ont présenté une clé de 10,20 x 2,86 m pesant 1 t. Sa fabrication a demandé 1 200 h de travail.
<u>La plus grande à sardines</u>
(Voir photo page suivante)
<u>La plus grande plate mixte</u> Théophile Boué a fabriqué, le 5 mai 1990, une clé mixte en aluminium de 1,65 m de long, de 20 cm de large et de 26 kg.

CLOUS

<u>Le plus grand</u> À partir du modèle original d'un ancien clou de mine de 8 cm de long, le talentueux cloutier Jeannot Rascle a forgé un clou géant de 1,80 m qui allie l'amour du passé au talent toujours présent des artisans.
<u>Le plus long</u> La Clouterie de Tahiti, à Papeete, Tahiti, a forgé, le 11 octobre 1992, un clou de 2,1 m de long, identique en tout point au modèle original.

COCARDE

(Voir photo ci-dessous)

COCKTAILS

(Voir photos ci-dessous)

■ Jacky Vignal, de Bordeaux, a réalisé, lors du Festival des Records l'Exploit Géant de Casino, 1 377 cocktails en 1 h, le 15 avril 1994, à l'hypermarché Rallye de Malemort, Brive, Corrèze.

COIFFURE

<u>Perruque en cheveux naturels la plus large</u> (Voir page suivante)
<u>La plus haute</u> Le coiffeur Eric Beauchamp, pour Eric B., de Paris, a réalisé une perruque recouverte à 100 % de cheveux, de 7,23 m de haut, que le mannequin Catherine Genest a pu porter sur la tête tout en se déplaçant, le 16 avril 1993.
<u>Pose de bigoudis en 1 h</u>
(Voir photo page suivante)
<u>Tresse de cheveux</u> Le 5 décembre 1992, à l'occasion du Téléthon, les 60 élèves de 1er et 2e années de l'Espace Bel-Air Formation Coiffure, Le Mans, Sarthe, ont confectionné une tresse de cheveux synthétiques de 137,11 m.

COLLECTES

■ La plus importante collecte de sous noirs en un jour a été réalisée par l'Accueillette à Roland, Québec. 483 130 pièces de 1 sou, (soit 4 831,3 $), ont été récoltées le 10 décembre 1993. Cette collecte est destinée aux jeunes sans-abri de cette province du Canada.
<u>France</u> ■ Du 6 au 16 avril 1994, lors du Festival des Records l'Exploit Géant, l'hypermarché Casino d'Arles, Bouches-du-Rhône, a organisé la plus grande collecte de pièces jaunes. 86 943 pièces pour un montant total de 7 121,95 F ont ainsi été récoltées au bénéfice de la Fondation de l'Abbé Pierre.

COLLIERS

<u>De coquillages</u> ■ Un collier de 1,482 km a été confectionné par les membres des fédérations artisanales du marché de Papeete, Tahiti, le 6 octobre 1991, avec plus de 300 000 coquillages polynésiens.
<u>De coquillettes en longueur</u> ■ Les employés du magasin Rallye, de Limoges, Haute-Vienne, ont enfilé des coquillettes sur 204 m de fil de pêche, le 16 avril 1994, lors du Festival des Records l'Exploit Géant de Casino.
<u>De coquillettes en 3 mn</u> ■ Fabienne Lecomble, de Boussenois, Côte-d'Or, a réalisé, le 16 avril 1994, lors du Festival des Records l'Exploit Géant de Casino, un collier de coquillettes de 22 cm de long en 3 mn.

Le 18 mars 1990, Jacky Vignal et 14 barmen ont réalisé 24 757 cocktails en 24 h non-stop, à Bordeaux, Gironde.

Depuis le 18 septembre 1993, l'Association des Classes-en-3 de Mably, Loire, détient le record de fabrication de la plus grande cocarde tricolore : cet ouvrage de 28,50 m de haut et 12,78 m de large pèse 1 100 kg. Sa réalisation a nécessité 256 m de ferraille, 834 m de feutrine et 1,5 km de piquage.

Delphine Jubert, pour le salon de coiffure Haircoif, a déposé sur la tête d'une cliente 389 bigoudis en une 1 h, lors du Festival des Records l'Exploit Géant de Casino, à l'hypermarché Rallye de Malemort, Brive, Corrèze, le 15 avril 1994.

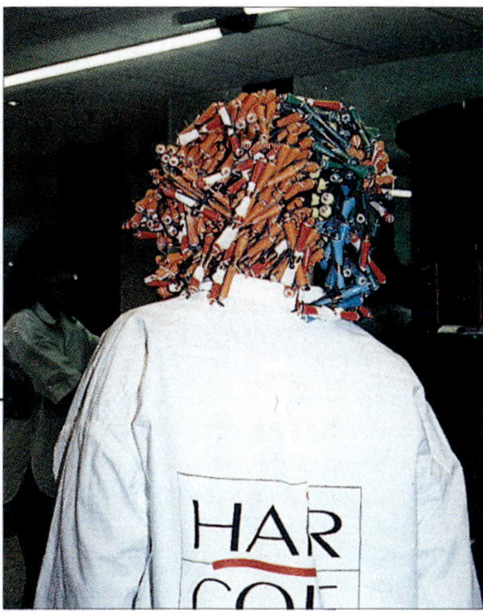

À l'occasion du Téléthon, le 3 décembre 1993, à Pau, Pyrénées-Atlantiques, Patrice Bounie a réalisé une perruque en cheveux naturels de 2,73 m de large et 7,30 m de périmètre. Cette perruque, la plus large du monde, portée par Sabrina Pique, a nécessité 75 jours de travail.

COMMERÇANT LIBRAIRE

PLUS PERSONNE NE LIT

Inscrit au registre du commerce depuis le 13 novembre 1989, pour exercer l'activité de vente de livres, Henri George, de Paris (né en 1935), n'avait pas trouvé un seul client à la date du 20 mai 1991.

CONTORSIONNISTES

■ Simon Lempereur, alias Teddy Lord's, de Roncq, Nord, a réussi à entrer dans une boîte de 45 cm de côté contenant déjà 13 bouteilles de champagne.

■ En décembre 1989, à Londres, le contorsionniste argentin Hugo Zamoratte, 1,75 m, a réussi à s'introduire, par une porte latérale, dans une bouteille de 66 cm de haut et de 45 cm de diamètre. Il appartient depuis quinze ans à la troupe du cirque Getty Cottle.

COURSES ET MARCHES

100 m ■ L'Américain Ferdie Adoboe a couru un 100 m à reculons en 14 s, le 28 juillet 1983, à Amherst, EU.

■ France Le Parisien Emmanuel Javal a couru à reculons la distance de 100 m en 28 s, le 24 janvier 1992 à Val-d'Isère, Savoie.

Marathon ■ Yves Pol, Québec, Canada, a parcouru à reculons 42 km en 3 h 57 mn 56 s, le 16 septembre 1987, à Montmagny. Il a également parcouru, suite à un pari, 200 km à reculons dans le Sahara sud-marocain à l'occasion du 1er Marathon des Sables en juin 1986.

La plus longue distance ■ Plennie Wingo, né le 24 janvier 1895, d'Abilene, Texas, a effectué à reculons les 12 875 km de la course transcontinentale de Santa Monica, Californie, EU, à Istanbul, Turquie, du 15 avril 1931 au 24 octobre 1932.

■ En 24 h Le record de distance parcourue à reculons, en 24 h, appartient à l'Américain Anthony Thornton, qui couvrit 135,2 km à Minneapolis, Minnesota, EU, les 31 décembre 1985 et 1er janvier 1986.

Courses de garçons de café ■ Lors des 24 Heures d'Arcueil, organisées les 11 et 12 octobre 1992, Francis Yard, en tenue de garçon de café et muni d'un plateau, d'une bouteille pleine et de deux verres vides, a couru sur 171,734 km en 24 h.

■ Didier Prud'Homme

(Voir photo page précédente)

23h45 : Pour varier les plaisirs et les catégories, le même Thornton, vendeur de journaux, de Minneapolis, a parcouru à l'envers 153,12 km en 23 h 45 mn sur le campus de l'université du Minnesota, du 31 décembre 1989, 12 h 30, au 1er janvier 1990, 12 h 15, afin de bien commencer l'année.

CRACHEUR DE FEU

Le 29 octobre 1986, le Britannique Reg Norris a craché une flamme d'une taille de 9,40 m.

Le 26 juillet 1992, à Beslon, Manche, Gérard Barbier a réalisé une clé à sardines de 1,41 m de long et de 0,39 m de large, 8 fois plus grande qu'une clé à sardines normale.

CRAYON

Le 26 mai 1994, l'agence Bornand + Gaeng, Montreux, Suisse, a présenté un crayon de 805 kg, mesurant 13,80 m de haut et 2,60 m de circonférence. Ce crayon géant, qui possède une mine en graphite authentique de 40 kg, a été apporté par hélicoptère et arrimé à la façade de l'agence.

CRÈCHES DE NOËL

La plus grande La crèche réalisée par Émile Holdrinet et Frédéric Juven à Lyon, Rhône, en décembre 1990, couvre une superficie de 1 000 m². Sa construction a nécessité 6 t de matériaux divers et plus de 3 000 h de travail.

La plus petite En décembre 1988, le Luxembourgeois Yves Géraud a confectionné, sur un dé à coudre, une crèche de 1 cm². Elle comprend 40 santons, 10 maisons et un sapin avec musique et éclairage incorporés.

CRÊPE

Le 9 octobre 1992, à Londres, GB, Philip Artingstall a fait sauter une crêpe 287 fois en 2 mn.

Lancer Voir le tableau *« Folklore et traditions »*.

CROCHET

■ Le 13 janvier 1981, Barbara Jean Sonntag (née en 1938), de Craig, Colorado, EU, a réalisé 4 412 points de crochet en 30 mn, soit 147 points à la minute.

■ Le 14 juillet 1986, Ria Van der Honing, de Wormerveer, Pays-Bas, a achevé au crochet une chaîne de 62,5 km.

■ France Le 13 septembre 1987, Ghislaine Dewule, d'Aubergenville, Yvelines, a tricoté une pelote de laine de 49 m en 26 mn 5 s.

TRICOTIN

Il a fallu à Marcel Le Roux, de Châlette-sur-Loing, Loiret, 7 ans et 800 pelotes de laine, pour réaliser un tricotin dit aussi « chaînette », de 40 kg et de 6,29 km.

CUISINE

Une cuisine de campagne installée par le gouvernement indien en avril 1973 à Ahmadnagar, dans le Maharashtra, où régnait la famine, préparait quotidiennement 1,2 million de repas de subsistance.

D

DACTYLOGRAPHIE

■ Du 29 mars au 9 avril 1985, à Sydney, Australie, Violet Gibson Burns a tapé à la machine électrique pendant 264 h.

■ Le plus long marathon de frappe sur une machine mécanique a duré 142 h 50 mn ; il a été remporté par M. Kanagasundaram, de Dindigul, Inde, du 25 au 31 juillet 1990. Il a tapé près de 916 000 signes.

■ Les records de vitesse atteints sur une machine mécanique (avec une pénalité de 10 mots par erreur) sont :

- en 5 mn : 176 mots/mn, par Carole Forristall Waldschlager Bechen, à Dixon, Illinois, EU, le 2 avril 1959 ;
- en 1 h : 147 mots/mn, par Albert Tangora, EU, sur une Underwood Standard, le 22 octobre 1923.

■ Le record officiel en 1 h sur une machine électrique est de 9 316 mots (40 erreurs) sur une IBM, avec une moyenne de 155 mots/mn, par Margaret Hamma, à Brooklyn, New York, EU, le 20 juin 1941.

■ Le 26 mars 1994, Les Stewart, Mudjimbab Beach, Queensland, Australie, a tapé à la machine, en toutes lettres, en 24 heures, les nombres de 1 à 820 000, sur 16 290 feuilles format A4. Son but est de parvenir au million dans le même laps de temps.

DÉBAT

Des étudiants du collège de Saint-Andrew, à Laurinburg, Caroline du Nord, EU, ont débattu le thème suivant : « On n'est bien que chez soi » pendant 517 h 45 mn, du 4 au 26 avril 1992 (voir aussi le chapitre Institutions, *« Parlements »*).

DÉMÉNAGEMENT

À l'initiative du club Progrès de Sherbrooke Inc., à Rock Forest, Québec, Canada, 100 personnes ont déménagé une maison et un appartement de 4 pièces chacun en 27 mn 27 s, le 25 novembre 1989. Les déménageurs ont utilisé 10 camions pour effectuer les 2,5 km entre le point de départ et le point d'arrivée.

DESCENTE AUX FLAMBEAUX

Le 29 décembre 1993, le Village Club du Soleil de Montgenèvre, Hautes-Alpes, a organisé la plus grande descente au flambeau jamais réalisée, réunissant 2 693 participants. Organisée au profit des Restaurants du Cœur de Coluche, cette descente au flambeau a permis de récolter 117 000 F.

DIABOLO

Le 7 avril 1990, Olivier Spinelli, 13 ans, de Rennes, Ille-et-Vilaine, a joué au diabolo pendant 10 h 01 mn, réalisant une moyenne de 7 200 lancers à l'heure.

DÎNERS EN VILLE

SURTOUT LA MOUSSE DE FRAISES

Fred E. Magel, critique gastronomique de Chicago, Illinois, EU, a mangé au restaurant 46 000 fois dans 60 pays depuis 1928. Il affirme que l'hôtel Zehnder de Frankenmuth, Michigan, EU, sert les plus grosses portions. Les plats préférés de Magel sont la langouste d'Afrique du Sud et la mousse de fraises fraîches anglaise.

DOIGTS CLAQUÉS

Le Français André Decouty, Saint-Junien, Haute-Vienne, a réussi à faire 50 claquements en 8 s 50, en les secouant.

DOMINOS

Théories ■ Le 27 janvier 1984, à Fürth, Allemagne, Klaus Friedrich, 22 ans, aligna 320 236 dominos en 31 jours, à raison de 10 h de travail par jour, puis en fit tomber 281 581 en 12 mn 57 s.

■ Le 2 janvier 1988, 30 étudiants des universités de Delft, d'Eindhoven et de Twente, Pays-Bas, ont aligné 1,5 million de dominos, dessinant les douze pays membres de la CEE. Une poussée a suffi à en faire tomber 1 382 101.

DOMPTEURS

■ En 1925, le Cpt. Alfred Schneider domptait et nourrissait, seul, 40 lions en cage.

■ Clyde Raymond Beatty s'occupait de plus de 40 tigrons simultanément. Beatty (né à Bainbridge,

Suite page 45

1

2

4

GRANDE CUISINE

ANCHOIADE ▪ 3,62 m de circonférence, 1,64 m de haut, réalisée en 56 mn, Jean-Baptiste Huyard, de Gevry, Jura, 21-4-1990.

BARBECUE

35 072 personnes à Des Moines, Iowa, EU, 21-6-1988. On a mangé 9 130 kg de porc en 5 h. New Port Richey, Floride, EU, 7-3-1986, 9 576 kg de bœuf.

BEIGNET ▪ 1,7 t, 4,9 m de diamètre, boulangeries Hemstrought et Donato, Utica, New York, EU, 21-1-1993.

BERLINGOT ▪ 56,75 kg, Foire de Carpentras, Vaucluse, 3-12-1992.

BEURRE ▪ Plaquette de 831 kg, équipe crèmerie Rallye de Saint-Brieuc, Côtes-d'Armor, le 9-4-1994.

BISCUIT ▪ 93 m², 10,67 m de diamètre, 3 000 000 de pépites de chocolat, Santa Anita Fashion Park, Arcadia, EU, 15-10-93.

BŒUF ENTIER ▪ 781 kg et 100 g cuits à la broche, Christian Falco, maître-rôtisseur, Salses, Pyrénées-Orientales, 12-06-93.

BOUILLABAISSE [1] ▪ 1,8 t, 11 variétés de poissons, Prud'homie des patrons pêcheurs de Sanary-sur-Mer, Var, 24-6-1990.

BRETZEL ▪ 14,27 m, Alain Gurtner, Hayange, Moselle, 1-5-1990.

BRIOCHE ▪ 141,2 kg, Union commerciale et artisanale du canton de Vitteaux, Côte-d'Or, 17-8-1991.
Tressée ▪ 22,22 m de long, Zogg, Genève, Suisse, 5-4-1987.

BROCHE *Bœufs* ▪ 5 bœufs entiers à la broche, soit environ 1 800 kg, association Coup de Cœur, Géant Casino de Poitiers, Vienne, le 10-4-1994.
Méchoui ▪ 52 moutons entiers cuits à la broche, Association du méchoui de Villiers-Charlemagne, Mayenne, 22-8-93.

BROCHETTE ▪ 630 m de long, Namibian Children's Home, Namibie, 21-9-1991.
France ▪ 956,7 kg, 105,45 m, CCJA de Précy-sous-Thil, Côte-d'Or, 12-08-1990.

BROYÉ (sablé) ▪ 13 m de long, 1 m de large, 100 kg, Augereau, Poitiers, Vienne, 14-05-1993.

BÛCHE DE NOËL

La plus longue. 2 877 m, 1,37 t, Gelaucourt, Meurthe-et-Moselle, 13-6-1988.

Bûche la plus lourde ▪ 5 074,50 kg, 375,01 m et 150 tronçons raccordés, Sébastien Ros, Épernay, Marne, 23-12-1989.

CAKE ▪ 18,04 m, Lemarié, Chaumont-en-Vexin, Oise, 9-9-1988.

CALISSON ▪ 225,5 kg, 0,23 x 1,74 m, Calissons du Roy René, Aix-les-Milles, Bouches-du-Rhône, le 9-4-1994.

CARAMBAR [2] ▪ 212 kg, 4,05 m de long, Vandamme-La Pie Qui Chante, Wattignies, Nord, 12-2-1993.

CARPACCIO [3] ▪ 150 m², 250 kg de viande, Bistro Romain, Piau-Engaly, Hautes-Pyrénées, 19-1-1992.

CASSOULET

2 t, Salon de la restauration, Toulouse, Haute-Garonne, 11-8-1985.

CHARCUTERIE
Andouillette ▪ 49 m de long, 50 kg (non cuite), Michel Soulié, de Jargeau, Loiret, 11-6-1989.
Boudin Blanc ▪ 1 350,61 m de long, J.-M. de Blaton, Belgique, 27-9-1987.
Noir ▪ 667,97 m, Jean-Claude Bardet, Châtillon-sur-Seine, Côte-d'Or, 03-07-93.
Boudin blanc en chapelet ▪ 1,843 km, Chambre Syndicale de la Charcuterie du Havre et de Dieppe, Seine-Maritime, 14-11-93.
Chorizo [4] ▪ 150,21 m, 120 kg, Les Roches Blanches, Cany-Barville, Seine-Maritime, 10-6-1991.
Galantine ▪ 6,40 m, 141,2 kg, Poubeau, Duchassoin, Monnet, Nevers, Nièvre, 14-3-1987.
Jambonnette ▪ 115 kg, 1,45 m de long, Géant Casino de Valence, Drôme, le 16-4-1994.
Jambon persillé [6] ▪ 357,1 kg, Association des fabricants bourguignons de jambon persillé, Dijon, Côte-d'Or, 9-11-1991.
Mortadelle [5] ▪ 2,5 m de long, 430 kg, société Berni, Verdun, Meuse, 25-3-1992.
Pâté ▪ 1 288 kg, Artisans Charcutiers Traiteurs de Nantes et de Loire-Atlantique, 8-5-1992.
Pâté en croûte ▪ 9 t, Denby Dale, GB, 3-9-1988.
France ▪ 43,38 m, 114 kg, L. Frelat, Châteauroux, Indre, 19-7-1988.
Salami ▪ 18,70 m de long, 61 cm de circonférence, 545 kg, société Bologna, à Kutztown, Pennsylvanie, EU, 13-8-1989.

6

SAUCISSE

21 km d'un seul tenant, Keith Boxleg, à Wombourne, GB, 18-6-1988. La saucisse fut préparée en 15 h 33 mn.

Saucisse à rôtir France/Suisse [7] ▪ 3,390 km d'un seul tenant, 1800 kg de viande, Rémy Butkovic et Gérard Risse, Gland, Suisse, 26-06-1993.
Saucisse de Montbéliard ▪ 72 m, Géant Casino d'Exincourt, Doubs, le 16-4-1994.
Saucisse sèche à la perche ▪ 15 m, Ludovic Boudeaud, Géant Casino de Firminy, Loire, le 16-4-1994.
Saucisse de Morteau ▪ 1,64 m, 5,9 kg, Vonin-Produits Sauget, Casiso de Pontarlier, Doubs, le 16-4-1994.
Saucisson ▪ 150 m, 100 kg, Roches Blanches, Cany-Barville, Seine-Maritime, 31-8-1988.
Saucisson Rosette ▪ 4,10 m, Charcuterie Cabrol, La Salvetat, Hérault, 26-06-1993.
Plateau de charcuteries ▪ Voir « *Étalage* » dans le même chapitre.

3

5

7

13

8

12

9

14

CHAUSSON AUX POMMES ▪ 2,06 m, C. Derennes, Nuilé-sur-Vicoin, Mayenne, 2-7-1988.

CHOCOLAT ▪ (tablette) 13 m x 8,5 m x 2,5 m, 4 t, école de pâtisserie de Barcelone, Espagne, 2-1991.

CHOUCROUTE [8] ▪ 1,5 t de choucroute cuite, 30 saucissons de 1 m, 100 kg de pommes de terre, 5 cochons de 60 kg, association La Route de la choucroute, Erstein, Bas-Rhin, 14-09-92.

COCKTAIL

5 871 litres, Cadillac Bar, San Antonio, EU, 22-11-1992.

COCA CATALANE [9] (Brioche fourrée) 3,27 m sur 1,2 m, Jean-Michel Houillons, Villelongue-de-la-Salanque, Pyrénées-Orientales, 23-06-93.

CORDELLE ▪ 240 m de long, 200 kg de pâte d'amande, 60 kg fruits secs et confits, pâtisserie Max Rabel, Draguignan, Var, 24-4-1993.

COUSCOUS ▪ 1,5 t de semoule, 200 poulets, 20 moutons, 750 kg de légumes, comité provincial du tourisme, à Agadir, Maroc, 17-2-1990. Ce couscous a été servi à 4 000 personnes.

CRÈME FRAÎCHE ▪ Pot de 350 l, Géant Casino d'Aurillac, Cantal, le 16-4-1994.

CRÊPE ▪ 12,55 m de diamètre et 3 cm d'épaisseur, Bloemfontein, Afrique du Sud, 7-3-1992. La crêpe pesait 2 068 kg, on a pu la faire sauter.
France ▪ 7,02 m de diamètre, 110 kg, association Les Métais, de La Madeleine, Loire-Atlantique, 23-7-1989.
De pommes de terre ▪ 1,915 m de diamètre, 35 kg de pommes de terre, Football Club de l'Espérance de Schorbach, Moselle, 03-07-1993.

CRIQUE ARDÉCHOISE ▪ 500 kg de pommes de terre, 4,20 m de diamètre, Ardèche Gourmande du Haut-Vivarais, Annonay, Ardèche, 20-11-1993.

CROISSANTS

15 848 croissants cuisinés en 60 h, Rocco d'Aranno, à Córdoba, Argentine, du 8 au 10-10-1988.

France ▪ 8,70 m de long, 78,5 kg, association Gâteau club de l'Ouest parisien, au Vésinet, Yvelines, pour le 4e anniversaire de la série « Pas de pitié pour les croissants » du Club Dorothée, sur TF1, 5-2-1991.

ÉCLAIR

54,38 m de longueur, à Sainte-Marie-aux-Mines, Haut-Rhin.

FRAISES ▪ Bol de 2,39 t, Joe Moss Farms, Ontario, Canada, 29-06-93.

11

FICELLE PICARDE [10] ▪ 51,58 m, 400 kg de farine, 300 œufs, 4 jambons entiers, Lycée Privé Sacré-Cœur, Péronne, Somme, 21-05-1989.

FONDUE SAVOYARDE [11] ▪ 354,5 kg de fromage, 51 000 morceaux de pain, 250 litres de vin, Les Fromageries de la Vache Qui Rit, 16-7-1992.

FOUGASSE ▪ 3,07 m, Patrice Barbotin, Rallye de Gap, Hautes-Alpes, le 8-4-1994.

FROMAGES
Brique de vache ▪ 40 kg, Nathalie Bourgin, Géant Casino de Firminy, Loire, le 16-4-1994.
Cheddar ▪ 18 t, Simon, Little Chute, Wisconsin, EU, 13-3-1988.
Chèvre ▪ 380 kg, Couturier, Pouligny-Saint-Pierre, Indre, 13-4-1990.
Emmenthal ▪ 360 kg, R. Charbonnier, Barmance, Suisse.
Fromage blanc ▪ 61,40 m, Le Chartrousin, Saint-Laurent-du-Pont, Isère, 28-8-1988.
Gruyère [12] ▪ 459,8 kg, Claude de Mercier, Cave d'affinage de Tarentaise et Géant Casino d'Albertville, Savoie, le 16-4-1994.
Morbier ▪ 30,7 kg, Arnaud-Les Trois Comtois, Géant Casino de Besançon, Jura, le 16-4-1994.
Mont d'Or ▪ 26,8 kg, Napiot, Géant Casino de Pontarlier, Doubs, le 16-4-1994.
Rondelet ▪ 485 kg, Comité des fêtes d'Olemps, Aveyron, 4-11-1988.

Plateau de fromages ▪ Voir « *Étalage* » dans le même chapitre.

FRUITS DE MER ▪ Voir ÉTALAGE dans le même chapitre.

FRUITS ▪ Voir « *Étalage* » dans le même chapitre.

GALETTE DES ROIS [13]

6,4 m de diamètre, 763 kg, La Résidence d'Or, Vienne, 28-1-1993.

GARBURE ▪ 1 291 l, 300 kg de pommes de terre, 120 kg de manchons confits, etc., Association des joueurs du Stade Gerois, Pyrénées-Atlantiques, 29-7-1991.

GÂTEAU ***Le plus long*** ▪ (millefeuilles) 1,3 km, Pidy, Ypres, Belgique, 5-9-1992.
France ▪ (forêt-noire) 308,5 m, Carrefour Chamnord, Chambéry, Savoie, 3-4-1993.
Le plus haut [14] ▪ 22,50 m de haut, 17,8 t, 50 000 œufs, Miralda, Beghin-Say et Démosthène pour le centenaire de la tour Eiffel, à Paris, 17-6-1989.
Le plus lourd ▪ 58,08 t, dont 7,35 t de glace, boulangerie EarthGrains, Fort-Payne, Alabama, EU, 18-10-1989.
Chocolatine ▪ 1 800 kg, 61,16 x 1,20 m, Géant Casino d'Avignon, Vaucluse, le 9-4-1994.
Fraisier [16] ▪ 1 680 kg, 16 m, 250 kg de fraises, Géant Casino d'Amilly, Loiret, le 15-4-1994.

GLACES

20,2 t de glace, 4,3 t de sirop, 244 kg de garniture, laiterie Palm, à Edmonton, Canada, 24-7-1988.

France ▪ 120 kg de crème glacée, société Miko, Saint-Dizier, Haute-Marne, 2-6-1993.
Cornet [15] ▪ 1,42 m, 39,8 kg, Gelsa, Lorraine Glaces, Dieue-sur-Meuse, Meuse, 20-10-1989.

10

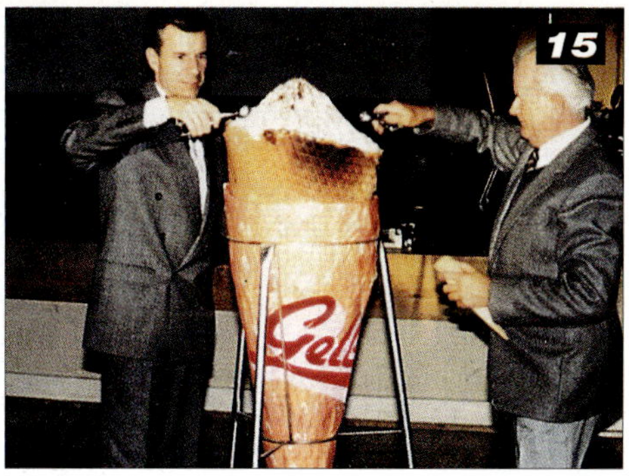

15

16

17

20

18

19

GRATIN DAUPHINOIS [17] ▪ 29,40 m², 1,4 t de pommes de terre, 700 l de lait, 300 l de crème, Union commerciale et artisanale, Montalieu-Vercieu, Isère, 6-10-1991.

HAMBURGER

2,5 t, 6,4 m de diamètre, Outgamie County Fairgrounds, Wisconsin, EU, 5-8-1989.

LAIT FRAPPÉ ▪ Milk-shake au chocolat de 7 160 litres, laiterie Smith, à Orville, Ohio, EU, 20-10-1989.

MACARON [18] ▪ 113,28 kg, diamètre 2 m, Cité technique des Grands Bois et Association Commerçants Plus, de Hayange, Moselle, 13-5-94.

MILLEFEUILLE ▪ Voir plus haut *« Gâteau le plus long »*.
France ▪ 504,40 m de long, 26 boulangers-pâtissiers de Romans et Bourg-de-Péage, Drôme, 19-6-1988.

NEM [19] ▪ 10 kg, 1 m, Géant Casino Marseille, Valmante, Bouches-du-Rhône, le 9-4-1994.

NOUGAT ▪ 12,45 m, 150 kg, Boyer, Sault, Vaucluse, 3-7-1987.
En papillotte ▪ 250 kg, Chabert et Guillot, Rallye de Montélimar, Drôme, le 6-4-1994.

NOUGATINE ▪ 206,2 kg, 18,91 m de long, foyer rural de Darcey, Côte-d'Or, 23-8-1992.

ŒUF DE PÂQUES [20] ▪ 4,7 t, 7 m de haut, l'équipe du Cadbury Red Tulip, Ringwood, Australie, 9-4-1992.
France ▪ 5,87 m de haut, 8,32 m de circonférence, 1,51 t, par les élèves du lycée hôtelier régional de Marseille, Bouches-du-Rhône, 25-3-1989.

OMELETTE

128,5 m², 160 000 œufs, Les Représentants Swatch, Yokohama, Japon, 19-03-94.

France ▪ 10,20 m de diamètre, 70 080 œufs, 100 litres d'huile, Claude Lahontan, de Bédoin, Vaucluse, 2-4-1989.

OMELETTE NORVÉGIENNE ▪ 25 m, J. Savatier, Esvres, Indre-et-Loire, 1-1-1987.

PAELLA ▪ 20 m de diamètre, Juan Carlos Galbis, Espagne, 8-3-1992. La paella a été dégustée par 100 000 personnes.

PAN BAGNAT [21] ***pain à la provençale*** ▪ 17,16 m, André Lorenzi et Jacques Paquet, Roquebrune-Cap-Martin, Alpes-Maritimes, 21-08-93.

PAIN ***Le plus lourd*** ▪ 1,4 t, l'équipe de Sasko, Johannesburg, Afrique du Sud, 18-3-1988.
Le plus long artisanal ▪ 1,6 km Roseca de Reyes, Guadalajara, Mexique, 6-1-1991.
France ▪ 14,58 m de long, cuit au feu de bois en un seul morceau, Maison de la culture et des loisirs de Gauchy, Aisne, 27-5-1990.
Au levain ▪ 75 kg, Géant Casino Laloubère de Tarbes, Hautes-Pyrénées, le 13-4-1994.
De seigle ▪ 195 kg, Boulangerie Roger d'Andres et Fils, Martigny, Suisse, 04-08-93.

PAIN AU CHOCOLAT [22]

3,80 m, 78 kg, boulangers de l'hypermarché Mammouth de Castres, Tarn, 05-10-93.

21

PAIN AUX RAISINS ▪ 2,33 m de diamètre, Saint-Jean-Brévelay, Morbihan, le 1-5-1987.

PAIN D'ÉPICES ***Le plus long*** ▪ 4,05 m, 33,5 kg, Comité des Fêtes de Saint-Aubin-sur-Loire, Loire, 01-08-93.
Le plus lourd ▪ 38 kg, 55 cm x 85 cm, Daniel Perrin, Craponne-sur-Arzon, Haute-Loire, 11-11-93.

PAIN SURPRISE [23] ▪ 67,2 kg, 1,30 m de diamètre, Pascal Hue, Longueville-les-Metz, Moselle, François Cipriano, Algrange, Moselle, et Caisse Mutuelle des Enseignants, Thionville, 13-04-94.

PATÉ ***aux pommes*** ▪ 2,74 x 1,49 m, 70 kg de pommes du Pilat, Crémeaux, Loire, 16-10-93.
De pommes de terre ▪ 93,64 m de long, 25 m de large, Société Amicale des Fêtes de Darvoy, 6-9-1992.

PÂTES [24]

411,3 kg crues, Rallye de la Sorinière, Parthenay, Deux-Sèvres, 28-6-1992.

Longueur ▪ 453 m d'un seul tenant, société Rezoli, hypermarché Univers de Montauban, Bouches-du-Rhône, le 16-4-1994.
Lasagne ▪ 3 710 kg, 21 m x 2,13 m, Banque alimentaire de Monterey, EU, 14 -10-93.

PAUPIETTE ▪ 89,70 kg, 1 300 escalopes, Union commerciale de Sablé, Sarthe, 17-9-1988.

PELLA OU TARTIFLETTE ▪ 400 kg, 3,50 m de diamètre, commune du Grand-Bornand, Haute-Savoie, 15-8-1991.

PIÈCE MONTÉE ▪ 3,4 t, 50 065 choux, 10,20 m de haut, G. Auzet, Cavaillon, Vaucluse, 6-5-1990.

PIZZA ▪ 37,40 m de diamètre, Norwood Hypermarket, à Norwood, Afrique du Sud, 8-12-1990.
France [25] ▪ 2 t, 15 m de diamètre, 250 kg de farine, 380 kg de fromage, 200 kg de jambon, UCIAL et la Dolce Vita, Laon, Aisne, 19-09-93.

PLAT GÉANT

Le chameau rôti préparé par les bédouins pour les cérémonies nuptiales est le plus gigantesque repas du monde. Le chameau, cuit entier, est farci d'un mouton, lui-même farci de poulets qui contiennent des poissons bourrés d'œufs.

POGNE DE ROMANS ▪ 84 kg, 2,40 m de diamètre, S.A. Pani, Romans, Isère, 28-04-85.

POT-AU-FEU [26] ▪ 283 kg de viande, 965 kg de légumes, association Les Métais, Saint-Lyphard, Loire-Atlantique, 25-07-93.

PURÉE ▪ 8,2 t de pommes de terre, Grand Forks, Dakota du Nord, EU, 4-9-1982. La purée fut préparée dans une bétonnière.

22

25

23

24

26

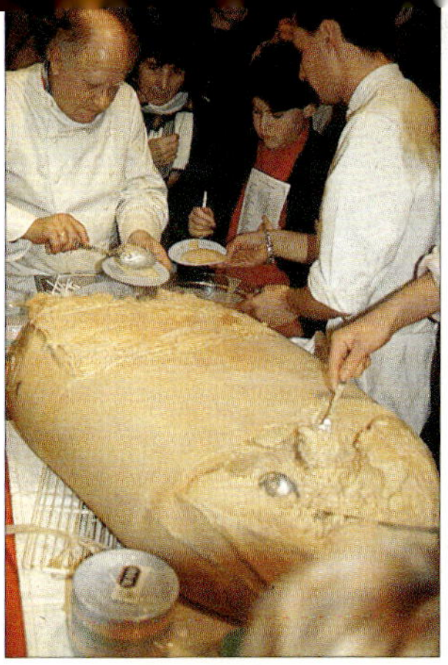
27

28

29

30

QUENELLE [27]

104,5 kg, Georges Delangle, Lyon, Rhône, 28-12-1992.

RACLETTE ▪ 2 fromages de 100 kg et de 1 m de diamètre, Téfal, Praz-de-Lys, Haute-Savoie, 20-4-1987.

RAVIOLE ▪ plaque de 126 kg, 2,62 x 1,70 m, Géant Casino de Valence, Drôme, le 16-4-1994.

RÖSTI ▪ 620 kg, restaurant d'Isenau, Suisse, 19-10-1992.

RÔTI DE CHÂTAIGNES ▪ 1,17 t dans une poêle à châtaignes géante, Aubenas, Ardèche, 5-1-1989.

RÔTI [28]

De veau ▪ *435,60 kg, 49,85 m de long, farci d'une seule pièce, Chambre syndicale de la boucherie de Loire-Atlantique, Rezé, 10-3-1991.*

De porc ▪ 60 m, 440 kg, Bruno Ghatar, Géant Casino d'Istres, Bouches-du-Rhône, le 16-4-1994.

De bœuf ▪ 11,20 m, Géant Casino d'Aurillac, Cantal, le 16-4-1994.

ROULÉ DE FROMAGE ▪ (feuilleté) 6 m de long, Géant Casino de Chenôve, Côte-d'Or, le 16-4-1994.

ROUILLE GRAULENNE ▪ 255 kg, Sauveur Guiraudou, Grau-du-Roi, Gard, 12-06-93.

SALADE *Verte* ▪ 57 t, 45 000 feuilles de laitue, 500 litres de vinaigrette, saladier de 12 m x 7 m, fermiers de King City, Californie, EU.

Pied de veau ▪ 640 kg, Groupement des commerçants et artisans ricamandois, La Ricamarie, Loire, 4-12-93.

Taboulé ▪ 510 kg, Sylvie Le Sanquer, Brest, Finistère, 27-6-1992.

SAUCISSON DE FIGUES ▪ 164,65 m, Académie de cuisine de Draguignan, Var, 11-4-1991.

SOUPE *Au choux* ▪ 5 570 kg, Comité des fêtes de Chandon, Loire, 31-8-1986.

Au pistou ▪ 2 230 l, ville de Sainte-Maxime, Var, au profit du Laboratoire de lutte contre le cancer du Pr Israël, avec le parrainage du Dr Pierre Huth, le 4-6-1988.

SOUPE À L'OIGNON [29]

1 000 litres, Foyer rural de Chauffourt, Haute-Marne, 4-8-1991.

SUCETTE ▪ 1,01 t, Stephen Spring, James Alexandrou, Sydney, Australie, 18 et 19-08-90.

Glacée, parfum citron et chocolat ▪ 6,36 t, Police Children's and Youth Club, Sisimiut, Groenland, 21-03-93.

***À la cerise* [30]** ▪ 3,98 m (manche non compris), 127 kg, Manuel Lopez, Royan, Charente-Maritime, 20-4-1991.

***Pêche et banane* [31]** ▪ 460 kg, 3 m de long, CAT Self La Fontaine, Chaource, Aube, 26-08-93.

Menthe ▪ 543,80 kg, 7,50 m (manche non compris), Bruno Delaunay et Tony Petit, Chemillé, Maine-et-Loire, 4-12-93.

SUCRE D'ORGE ▪ 1,7 t, Stephen Spring et James Alexandrou, Sydney, Australie, 18-8-1990.

France ▪ 823,5 kg, 2,10 m de long, 85 cm de large, sucre d'orge parfumé à la menthe, Confiserie Afchain SA, Cambrai, Nord, 31-5-1990.

TARTE *Aux pommes* ▪ 12,33 m de diamètre, Festival de la pomme à Rougemont, Québec, 25-8-1991.

France ▪ 59,8 kg, 1,97 x 1,44 m, Rallye Casino de Limoges, Haute-Vienne, le 16-4-1994.

Aux pommes (recouverte) ▪ 13,5 t, 12 m x 7 m, Glynn Christian, Hewitts Farm, Kent, GB, 25-8-1982.

Aux framboises ▪ 6 m², 135 kg, Y.-M. Fromentin, Le Coudray, Eure-et-Loir, 30-6-1991.

TARTES FLAMBÉES [32]

187,769 kg, 36,24 m², A. C. A. de Sainte-Marie-aux-Mines, Haut-Rhin, 10-5-1992.

Aux cerises (recouverte) ▪ 17,1 t, dont 16,6 t de coulis, 6,1 m de diamètre, Oliver Rotary Club, Canada, 14-7-1990.

Tropézienne ▪ 3,52 m de diamètre, Géant Casino de Gassin, La Foux, Var, le 16-4-1994.

TOURTIÈRE ▪ longueur de 240 cm, largeur 129 cm, Association La Pena Los Arsouillos, Aire-sur-l'Adour, Landes, 02-05-93.

TUILE [33] ▪ (Type amiénoise, en chocolat mélangé d'amandes) 4 m x 4,03 m, 146 kg, Artisans chocolatiers d'Amiens, Somme, 15-9-1991.

TRUFFE AU CHOCOLAT

123 kg, 1,83 m de circonférence, BCN, La Talaudière, Loire, 7-6-1989.

VIN CHAUD [34] ▪ 828 l dans un chaudron de 2 m de diamètre, Comité des Fêtes de Megève et Maison Grand Marnier, Haute-Savoie, 14-02-94.

YAOURT [35] ▪ Pot de 670 kg, société La Fermière, Géant Casino de Marseille, La Valentine, Bouches-du-Rhône, le 16-4-1994.

32

35

CUISINE (extrait du règlement)
Les réalisations doivent ressembler en tout à un plat existant (recette, proportions et saveur), êtres cuites en un seul morceau, et être comestibles et bonnes.

31

33

34

3

4

5

6

RECORDS DE COLLECTIONS

Catégorie	Quantité	Nom	Date
Autographes	5 192	Robert Levieuge, Château-du-Loir, Sarthe	décembre 1992
Autocollants	21 126	Pascal Maridat, Chantery, Corrèze	mai 1990
Bagues de cigares (1)	198 525	Joseph Hruby, EU	
Boîtes d'allumettes (2)	102 573, de 246 pays	Gérard Basuaux, France	novembre 1992
	2 011, de fab. française	Michel Chauveau, Teloché, Sarthe 5	juillet 1993
(étiquettes)	712 118, de 150 pays	Teiichi Yoshizawa, Japon	depuis 1925
Boîtes de fer-blanc litho.	16 452	Yvette Dardenne, Belgique 2	9 mars 1993
Bouteilles de 1890	4 246, de 97 pays	Ron Werner, EU	
Bouteilles de bière (3)	2 248, de 97 pays	Ted Shuler, EU	mai 1990
Bouteilles de Coca-Cola 1/4	1 574, de 154 pays	Michel Houche, Avignon, Vaucluse	mars 1994
Bouteilles miniatures	31 804	Georges E. Terren, EU	mai 1992
	9 601 whisky miniatures	David L. Maund, GB	juin 1992
(mignonnettes)	1 823	Michel Lewandowski, Wambrechies, Nord	avril 1994
Briquets publicitaires (4)	10 040	Franck Velut, Mesnil-Saint-Loup, Aube	mai 1993
Calendriers des postes	104, tous d'années différentes	Jeannine Pisias, Damelevières, Meurthe-et-Moselle	septembre 1993
Canettes de bière	15 000	F. Ahrens, EU	
Canettes de soda	14 258	Paul et Tom Bates, EU	
	2 017	Jérémy Boudry, France	septembre 1992
Capsules de bouteilles	70 930, de 171 pays	Helge Friholm, Danemark	depuis 1950
Cartes de crédit	1 356	Walter Cavanagh, EU	
Casquettes	11 448	Pascal Jourdain, Québec, Canada	juillet 1993
Chaussures (paires)	8 320, de 172 pays	Robert E. Kaufman, EU	avril 1989
	12 000	Imelda Marcos, Philippines	1990
Chaussures miniatures	391	Monika Crausaz-Endres, Suisse	avril 1991
Cigarettes (paquets de)	100 282, de 251 pays	Claudio Rebecchi, Italie	
Collections	285 collections différentes	Sauveur Fitoussi, Peypin, Bouches-du-Rhône	mai 1994
Cravaches	748	Jacques Dunoguiez, France	avril 1992
Cravates	10 453	Musée de Saint-Augustine, Floride, EU	1992
Cuillères à saumon	1 080 pièces	Christian Zubiolo, Pont-de-Crevant, Puy-de-Dôme	mai 1994
Étiquettes de bière	322 200	Jan Solberg, Norvège	
Étiquettes de vin (5)	72 000	Yves Jault, Suisse	
Gommes	1 819	Julie Clody, Limoges, Haute-Vienne	octobre 1993
Jeux de cartes	2 562, de toutes formes	Joseph Opferglet, Belgique	octobre 1992
Lampes de mineur	240, de 11 pays	Pierre Pronier, Grenay, Pas-de-Calais	octobre 1993
Marteaux	1 174 pièces	Marcel Dietz, Reims, Marne 3	décembre 1993
Médailles	1 952 de 1493 à 1994	Jacques Corvaisier, Château-du-Loir, Sarthe	juin 1994
Papier à cigarettes	2 336 blocs	Peter Emmens, GB	
Petites cuillères	10 000, de 81 pays	René Martin, Québec, Canada	août 1993
Photos dédicacées	2 700	Philippe Ploix, France	janvier 1994
Porte-clefs (6)	2 150, de 55 pays	Jocelyn Labelle, Canada	août 1992
Quilles	1 230	Lin Kessler, France	
Rondelles de hockey	2 320	Pierre Riopel, Canada 6	janvier 1992
Serviettes à thé	5 967	Tony Judkin, GB	
Signets	594, de 14 pays	Marie-Jeanne Gagnon, Montréal, Canada	juillet 1993
Soldats de plomb	300 000	Édouard Pemzec, France	
Sous-bocks (7)	126 700, de 152 pays	Leo Pisker, Vienne, Autriche 4	
Stylos à image mobile	300, de 13 pays	M. Zanat, France	août 1986
Stylos publicitaires	3 950, de 25 pays	Hugh Huguier, Pont-Réan, Ille-et-Vilaine	février 1994
Tasses	516	Aldéa Gaudréault, Canada	
Taille-crayons	1 407	Agathe Burelle, Canada	décembre 1991
Trèfles	39 201 à 4 feuilles	Patrick Oeuvray, Chenevez, Suisse 1	juillet 1994
	10 277 à 5 feuilles	et Pierre Schwartz, Rive-de-Gier, France	
	610 à 6 feuilles		
	109 à 7 feuilles		
	26 à 8 feuilles		
	9 à 9 feuilles		
	2 à 10 feuilles		
	4 à 11 feuilles		
	Total de 50 238 trèfles		

(1) Les collectionneurs de bagues de cigares sont des vitolphilistes.
(2) Les collectionneurs d'étiquettes sont des cumyxaphistes, les collectionneurs de boîtes d'allumettes, des philuménistes.
(3) Les collectionneurs de bière ou de tout ce qui s'y rapporte sont des tégestophiles.
(4) Les collectionneurs de briquets sont des pyrophiles.
(5) Les collectionneurs d'étiquettes de vin sont des œnosémiophilistes.
(6) Les collectionneurs de porte-clefs sont des copocléphiles.
(7) Les collectionneurs de sous-bocks de bière sont des tégestologues.
Toutes les collections supposent que chaque exemplaire est différent.

1

2

CRACHERS

■

Un cracher est la propulsion, par la bouche avec la seule aide du souffle et des muscles des joues, d'un objet dont la matière peut varier indistinctement du mou au dur.
Le candidat prendra garde à bien remiser sa langue de manière à ce qu'elle ne vienne pas entraver la trajectoire du projectile.
Les résultats, dans les championnats de cracher, dépendent de la qualité de la salivation, de l'absence de vent de travers, de la position des bras et de la coordination des mouvements du cou et du dos. Un élan de 2 m est autorisé.
En cas de vent arrière, le record ne peut être homologué.

■

Tabac
Le 4 avril 1982, lors du 5e Championnat annuel de chique, à Barstow, Californie, Randy Ober, de Bentonville, Arkansas, EU, a craché une bourre de tabac à 14,50 m.

Pépin de melon
Lee Wheelis a projeté une graine de melon à 20,96 m à Luling, Texas, EU, le 24 juin 1989.

Noyau d'abricot
Le Français Serge Fougère a réussi un jet de 15,52 m, au Festival de la Tour-Blanche, Dordogne, le 22 août 1987.

Noyau de cerise
■ La plus grande distance pour un noyau de cerise est de 22,14 m, record battu par Rick Krause, à Eau Claire, Michigan, EU, le 2 juillet 1988.
■ Au Festival des Records d'Aubigny, Vendée, les 9 et 10 juillet 1988, Serge Fougère a craché un noyau de cerise à 17,88 m.

Noyau d'olive
Le Français Christophe Maeyhieux, le 16 avril 1994, lors du Festival des Records l'Exploit Géant au Casino d'Arles, Bouches-du-Rhône, a craché un noyau d'olive à 11,40 m.

Noyau de pruneau
Le 14 avril 1994, lors du Festival des Records l'Exploit Géant au Casino de Montceau-les-Mines, Daniel Colin, de Montchanin, Saône-et-Loire, a craché un noyau de pruneau à 13,15 m.

Châtaigne
À l'occasion du Rallye de la châtaigne organisé par la ville de Villefranche-du-Périgord, Dordogne, Bruno Rabot, avec un élan de 2 m, a propulsé une châtaigne à 7,95 m, le 11 août 1991 à 14 h.

Grain de raisin
Le 14 avril 1994, lors du Festival des Records l'Exploit Géant de Casino, à Chenôve, Côte-d'Or, Laurent Petitot, de La-Chapelle-Saint-Luc, Aude, a craché un grain de raisin à 9,04 m.

À la demande de Kiss FM, le 11 octobre 1992, à Papeete, Tahiti, le décorateur Jean-Marc Poursin a réalisé un écouteur de 7,5 m de long et de 78 cm de large. Les coussinets font chacun 1,5 m de diamètre.

Les postulants à un record doivent remplir un procès-verbal selon le modèle inséré dans le *Livre Guinness des Records*. Ce procès-verbal devra être visé par un huissier ou, à défaut, par deux témoins officiels (maire, parlementaire, officier de police, agent assermenté, ou toute autre personnalité).

Suite de la page 39

Ohio, EU, le 10 juin 1903, mort à Ventura, Californie, (19 juillet 1965) fut le clou des spectacles où il apparut pendant plus de 40 ans.
■ 20 dompteurs de fauves sont morts de blessures depuis 1900.

DOSSIER SUSPENDU
(Voir photo ci-dessous)

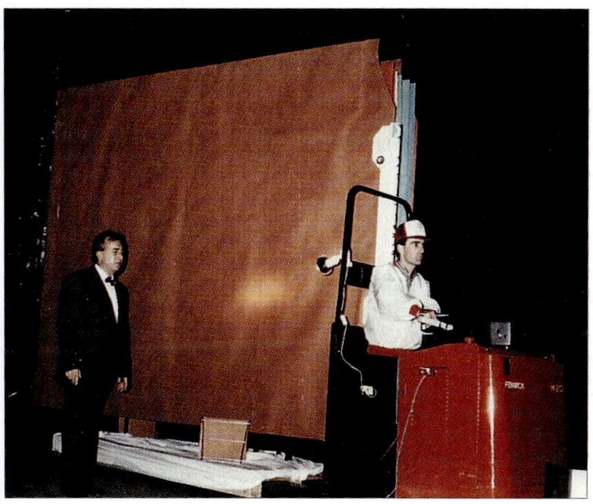

Le 15 septembre 1990, la société Esselte Dymo, Paris, a réalisé un dossier suspendu de 2,75 m de hauteur, 3,30 m de largeur et de 0,30 m d'épaisseur.

DRAGON DANSANT
Lors du Festival de Volksfeest, à Havette, Pays-Bas, 1 019 personnes ont animé, pendant 1 mn, un dragon dansant de 1 484 m le 4 septembre 1993.

DRAPEAUX
<u>Les plus anciens</u> L'Autriche, le Danemark, Malte, le Japon, Sri Lanka et le Mali possèdent les drapeaux nationaux les plus anciens.
<u>Les plus grands</u> ■ Le plus grand du monde, 126 m x 84 m, a été déployé le 9 avril 1989 à Kaohsiung, Taiwan. Il pèse 820 kg.
■ Le plus grand étendard accroché au sommet d'une hampe est à Brasília. Il s'agit du drapeau national brésilien, mesurant 70 m x 100 m.
■ <u>France</u> En juin 1990, le funambule Henrys, la société Coquard et le peintre Gilles Ranc ont réalisé un drapeau tricolore de 144 m x 70 m. Ce drapeau a nécessité 10 080 m^2 de tissu (640 kg), 3,6 km de couture et près de 130 kg de peinture pour les différents logos qui y figuraient.
■ Le peintre Bernard Romain et la société Lancelin ont déployé un drapeau tricolore de 28 000 m^2 sur la plus haute falaise d'Europe, au Tréport, Seine-Maritime, en avril 1989, pour commémorer le bicentenaire de la Révolution française. Sur une longueur de 300 m et une hauteur de 100 m, ils ont déroulé des filets de pêche et y ont fixé 10 000 petits fanions de couleur, matérialisant ainsi le drapeau français.

E

ÉCHASSES
<u>Les plus hautes</u> ■ Même munies d'un fil de fer de sécurité, ou fil Kirby, les très hautes échasses sont extrêmement dangereuses. Il faut réussir à marcher 25 pas pour être consacré « maître » des échasses.
■ Avec ses échasses en aluminium de 12,36 m de long et de 25 kg, le 9 mars 1986, au Dreamland Park de Yokohama, Japon, Eddy Wolf (« Eddy l'équilibriste »), de Loyal, Wisconsin, EU, a marché 27 pas sans se tenir aux fils de sécurité.
<u>Les plus endurants</u> ■ L'Américain Joe Bowen a parcouru 4 804 km (de Los Angeles, Californie, à Bowen, Kentucky) sur des échasses, du 20 février au 26 juillet 1980.
■ En 1891, le Français Sylvain Dornon avait marché sur des échasses de Paris à Moscou, via Vilnius, Lituanie, soit 2 945 km, en 50 étapes. Bien que Bowen ait franchi une plus longue distance, Dornon marchait plus vite.
<u>Les coureurs les plus rapides</u>
■ Le plus rapide des coureurs sur échasses est Roy Luiking, qui, le 2 juin 1991, à Didam, Pays-Bas, a parcouru 100 m en 13,14 s sur des échasses de 30,5 cm de haut.

ÉCHASSES
PLUS PRÈS DE DIEU
Sur une très longue distance, c'est le Basque Garizoain qui, en 1892, parcourut les 8 km qui séparent Bayonne de Biarritz en 42 mn, soit à la moyenne de 11,42 km/h.

ÉCOUTEUR
(Voir photo ci-contre)

ÉCRITURES MINIATURES
34 PATER NOSTER
Le 24 janvier 1968, Frederick C. Watts, de Felmingham, Norfolk, GB, écrivit 34 fois le Notre-Père (9 452 lettres) sur une surface de 2,1 cm x 1,8 cm, à peine un timbre-poste.

■ En 1926, Alfred McEwen écrivit la version anglaise du Notre-Père (56 mots) avec une pointe en diamant sur un morceau de verre de 0,04 mm x 0,02 mm.
■ Le 20 mai 1990, l'Indien Dipak Syal a réussi à écrire 813 caractères sur un seul grain de riz.

ÉLASTIQUES
Voir « *Chaînes* » dans le même chapitre.

ENVELOPPE
Le 30 novembre 1993, dix enfants du Centre Social de Montferré à Saint-Étienne, Loire, ont réalisé une enveloppe géante aux normes françaises, d'un format de 2,44 m x 1,69 m. Un facteur y a reproduit un timbre à l'échelle.

ÉQUILIBRES
SUR UN PIED
Les 17 et 18 avril 1982, N. Ravi est resté 34 h en équilibre sur un pied à Sathyamangalam, Inde. L'autre pied ne doit pas reposer sur la jambe d'appui, et on ne peut s'aider d'un objet pour maintenir l'équilibre.

■ <u>Sur une chaise</u> Le célèbre funambule Henrys a réussi, le 1er juillet 1992, un équilibre par temps de brouillard, sur les 2 pieds arrière d'une chaise, eux-mêmes en équilibre sur des verres posés sur une 2e chaise. Le tout sur l'extrême bord de la falaise de 600 m du Prekestolen, à Rogaland, en Norvège.
<u>Œufs marathon</u> ■ Le 19 janvier 1989, lors d'une manifestation au profit des « Restos du cœur », Henri Péreira, Albert, Somme, a parcouru une distance de 50 km en 4 h 28 mn, en tenant une petite cuillère sur laquelle était posé un œuf frais.

suite page 47

CIRQUE

Jongler avec 5 balles, la tête en bas en équilibre, voici l'exercice difficile réalisé en 1946 par ce jongleur en patins à roulettes.

Roberto Tabak exécutant son double saut périlleux vrillé sur une perche de 5 cm de diamètre.

LES PLUS GRANDS

Le cirque permanent Circus Circus, à Las Vegas, Nevada, EU, inauguré le 18 octobre 1968, a coûté 15 millions de $ et s'étend sur 12 000 m² recouverts d'un chapiteau en plexiglas de 28 m de haut.

■ Le plus grand cirque itinérant est le cirque Vargas, aux États-Unis, qui peut accueillir 5 000 personnes sous son grand chapiteau.

TRAPÈZE VOLANT

Tournoiements tête en bas, 1 350 par l'Américaine Sarah Denu, 14 ans, 21 mai 1983. Appuis sur un seul talon sur une barre en mouvement, Angela Revelle (Angélique), Australie, 1977.

EXERCICES À HAUTE ALTITUDE

■ Le 16 mai 1986, le Britannique Ian Ashpole a effectué des exercices au trapèze suspendu à une montgolfière, à 5 000 m d'altitude.

■ En France, Jean-Pierre Mercier en a réalisé à 2 500 m d'altitude, au-dessus de Reims, Marne, le 31 juillet 1989. Jacky Beaudière dirigeait la montgolfière.

DOUBLE SAUT PÉRILLEUX AVEC TRIPLE VRILLE

Tom Robin Edelston et le rattrapeur John Zimmerman, Circus World, Floride, EU, 20 janvier 1981.

QUADRUPLE SAUT PÉRILLEUX

Troupe Vázquez. Miguel Vázquez avec comme rattrapeur Juan Vázquez, à Chicago, Illinois, en novembre 1981.

TRIPLE SAUT PÉRILLEUX ARRIÈRE AVEC UNE VRILLE 1/2

Terry Cavaretta Lemus, au Circus Circus, Las Vegas, en 1969.

TRAMPOLINE

■ Septuple saut périlleux arrière vrillé, réception sur trampoline . Quintuple saut périlleux arrière vrillé, réception sur épaules : Marco Canestrelli, au Madison Square Garden, New York, 5 janvier et 28 mars 1979 (rattrapeur Belmonte Canestrelli).

■ Le Français Richard Tison a effectué un triple saut périlleux arrière avec triple vrille à Berchtesgaden, Allemagne, le 30 juin 1981.

PERCHE SOUPLE

Double saut périlleux vrillé sur une perche de 5 cm de diamètre : Roberto Tabak, 11 ans, à Sarasota, Floride, EU, en 1977. Triple saut périlleux vrillé : Corina Colonelu Mosoianu, 13 ans, au Madison Square Garden, New York, 17 avril 1984.

PYRAMIDE HUMAINE

■ 12 personnes (3 niveaux, 771 kg) sur un seul porteur : Tahar Douis, de la troupe Hassani, à Birmingham, GB, le 17 décembre 1979.

■ 9 personnes l'une sur l'autre (12 m), avec tout en haut Josep Joan Martínez Lozano, 10 ans, à Valls, Espagne, 25 octobre 1981.

LE PLUS VIEUX CLOWN

L'Espagnol Charlie Rivel (de son vrai nom José Andreu, 1896-1983) s'est produit pendant 82 ans, de 1899 à 1981.

JONGLEURS

7 MASSUES

Albert Petrovski (ex-URSS), 1963 ; Sorin Munteanu (Roumanie), 1975 ; Jack Bremlov (Tchécoslovaquie), 1985 ; Albert Lucas (EU), 1985 ; Anthony Gatto (EU), 1988.

5 MASSUES

Anthony Gatto (EU), 5 massues pendant 45 mn 2 s, 1985.

8 ASSIETTES

Enrico Rastelli (Italie) ; Albert Lucas (EU), 1984.

10 BALLES

Enrico Rastelli (Italie), 1896-1931 ; Albert Lucas, 1984.

12 ANNEAUX

Albert Lucas (EU), 1985.

3 OBJETS EN COURANT

■ Owen Morse (EU), 100 m en 11 s 68 et 400 m en 57 s 32, 1989.

■ Kirk Swenson (EU), 1 mile (1 609 m) en 4 mn 43 s, 1986, et 5 km en 16 mn 55 s, 1986.

■ Ashrita Furman (EU), marathon : 42,195 km en 3 h 22 mn 32,5 s, 1988, et 50 miles (80,450 km), en 8 h 52 mn 7 s, 1989.

■ Michael Hout (EU), 110 m haies en 18,9 s, 1993.

■ Albert Lucas (EU), 400 m haies en 1 mn 10,37 s, 1989.

■ Owen Morse, Albert Lucas, Tuey Wilson et John Wee (EU), 1 mile relais en 3 mn 57,38 s, 1990.

5 OBJETS EN COURANT

Owen Morse (EU), 100 m en 13 s 8, 1988.

7 BALLES DE PING-PONG AVEC LA BOUCHE

Tony Ferko (Tchécoslovaquie), 1987.

5 BALLES TÊTE EN BAS

Bobby May (EU), 1953.

DURÉE : 3 OBJETS SANS LES LAISSER TOMBER

Le Britannique Jas Angelo, pendant 8 h 57 mn 31 s, 1989.

Un des records les plus remarquables d'Henrys est le jonglage de force avec poids et surtout avec 3 faux parfaitement tranchantes, dont les lames ont 75 cm de long. Il mit cet exercice au point à l'âge de 16 ans et il reste à ce jour le seul jongleur à le présenter.

Le 3 octobre 1975, le célèbre Ashrita a jonglé 100 000 fois de suite avec 3 balles.

Gil Doyon, Shawinigan, Canada, a fabriqué un éventail de 8,48 m d'envergure et de 4,27 m de haut, le 10 mars 1991.

À l'occasion du Salon des vins et de la gastronomie, qui s'est tenu à Saint-Malo, Ille-et-Vilaine, le 6 novembre 1992, l'AMIAC a réuni et exposé 57 types de cafés verts, présentés dans des sacs de toile de jute.

LET'S DANCE

■

Les marathons de danse doivent se distinguer de la « dansomanie », qui est une affection pathologique. Le cas le plus grave fut observé à Aix-la-Chapelle, Allemagne, en juillet 1374 : des hordes d'hommes et de femmes se mirent à danser frénétiquement dans les rues sans pouvoir s'arrêter. Cela dura plusieurs heures, jusqu'à ce que les danseurs tombent d'épuisement.

■

PLUS GRANDES ET PLUS LONGUES DANSES

■ Environ 25 000 personnes ont assisté à une soirée dansante, une « sérénade au clair de lune », à Buffalo, État de New York, EU, le 20 juillet 1984, sur la musique de Glenn Miller.

■ Environ 200 000 personnes ont participé à l'Assemblée nationale de square dance (quadrille), à Louisville, Kentucky, EU, le 26 juin 1983.

■ Le plus terrible marathon de danse de l'Histoire fut remporté par Mike Ritof et Edith Boudreaux, qui dansèrent pendant 5 148 h 28 mn 30 s (pour gagner 20 000 $) au Merry Garden Ballroom de Chicago, Illinois, EU, du 29 août 1930 au 1er avril 1931. Vingt minutes de repos par heure leur étaient accordées, puis 10, puis 5, et finalement aucune. Les danseurs devaient faire des pas d'au moins 25 cm et ne pouvaient fermer les yeux que 15 secondes par heure. Le film *On achève bien les chevaux*, de Sydney Pollack (1969), évoque leur calvaire.

DANSES DE SALON

■ Les plus grands champions professionnels de danse de salon sont les Britanniques Bill et Bobbie Irvine, qui ont gagné 13 titres mondiaux entre 1960 et 1968.

■ Le compétiteur le plus âgé fut le Britannique A. J. Sylvester (1889-1989), qui prit sa retraite à l'âge de 94 ans.

FLAMENCO

Solero, de Jérez de la Frontera, Espagne, est le danseur de flamenco le plus rapide du monde. En septembre 1967, à Brisbane, Australie, alors qu'il avait 17 ans, comme pris de transe, il a donné 16 coups de talon en 1 seconde.

CLAQUETTES

■ Le record de vitesse (28 claquettes à la seconde) a été établi par Michael Flatley, de Palos Park, Illinois, EU, le 9 mai 1989. Les 31 octobre et 1er novembre 1985, à la présentation du *Livre Guinness des Records*, à Londres, Roy Castle a réalisé 1 million de claquettes en 23 h 44 mn.

■ Le plus grand nombre de danseurs de claquettes réunis pour un numéro est de 6 196, devant le magasin Macy's, à New York, le 22 août 1993.

suite de la page 45

Vitesse sur 100 m ■ Le 25 juillet 1993, lors du Festival Défis en Fête de Baie-Comeau, Canada, Simon Hébert, a parcouru une distance de 100 m en 27,15 s avec un œuf frais déposé dans une cuillère à dessert maintenue dans la bouche.

Distance ■ Le 23 mai 1992, Isabelle Van Grozier, de Tours, a parcouru, en marchant sur terrain plat et régulier, une distance de 412 m avec, dans la bouche, une cuillère à café contenant un œuf cru de poule, avant que celui-ci ne tombe.

Bouteille de lait ■ Un Américain de Jamaïca, EU, Ashrita Furman, a parcouru le 1er août 1993 une distance de 113,76 km en 18 h et 46 mn, avec une bouteille de lait en équilibre sur sa tête.

Cuillère Distance ■ Le 7 avril 1994, Sylvain Casali, de Saint-Péray, Ardèche, a maintenu une cuillère à café en équilibre sur son nez sur 396 m, à l'occasion de l'Exploit Géant Casino, à l'hypermarché de Valence, Drôme.

Cuillère Maintien ■ Le Français Patrick Richard a maintenu une petite cuillère en équilibre transversal sur son nez pendant 1 h 1 mn 20 s, le 16 avril 1994, lors du Festival des Records l'Exploit Géant de Casino à Gap, Hautes-Alpes.

Verres ■ Le Canadien Alain Ferland a pu disposer 40 verres à vin sur sa main gauche et les maintenir en équilibre le 1er avril 1993, à Laval, Canada.

ESCALADES

■ Le 26 juin 1986, le Californien Daniel Goodwin, 30 ans, a escaladé 343 des 553 m de la façade de la plus haute tour du monde, la CN, à Toronto, Canada, sans matériel de sécurité.

■ France Le 21 juillet 1980, Jean-Claude Droyer, de Paris, premier de cordée (né le 8 mai 1946), et Pierre Puiseux, de Pau, Pyrénées-Atlantiques (né le 2 décembre 1953), ont escaladé les 300 m de la tour Eiffel sans assistance mécanique en 2 h 18 mn 15 s.

■ Le 4 mai 1989, Jean-Michel Casanova, 23 ans, professionnel, a escaladé, à mains nues, les 150 m qui séparent le 2e du 3e étage de la tour Eiffel en 20 mn.

ESCALIERS 4 À 4

■ Dennis W. Martz a grimpé les 100 étages de l'hôtel Plaza de Detroit, Michigan, EU, le 26 juin 1978, en 11 mn 23 s.

■ Le record de vitesse pour grimper les 1 760 marches (342 m de hauteur) de la tour CN, à Toronto, Canada, a été établi par Brendan Keenoy, le 29 octobre 1989, en 7 mn 52 s.

■ Le 31 mars 1994, après 10 ans de vie professionnelle, Brian Davis avait escaladé 4 691 fois 334 des 364 marches de la Tour du Parlement de Londres. Soit l'équivalent de 29 ascensions de l'Everest.

■ Le 13 février 1990, l'Américain Scott Elliott a gravi les 1 575 marches de l'Empire State Building, en 10 mn 47 s.

■ Russell Gill a grimpé les 835 marches de la Rhodes State Office Tower de Colombus, EU, à 53 reprises soit un total de 44 255 marches, et une altitude parcourue de 8 141,80 m en 9 h 16 mn 24 s, le 20 février 1994. Il redescendait à chaque fois par l'ascenseur.

LES MARCHES DE LA TOUR EIFFEL

Alain Guilloteau, de Versailles, a escaladé les 1 710 marches de la tour Eiffel en 8 mn 46 s, le 8 décembre 1990.

Le record féminin a été établi par Isabelle Désert en 11 mn 38 s, à la même date.

■ France Le 2 février 1991, Pascal Balducci a gravi les 656 marches de la tour du Crédit Lyonnais, à Lyon, Rhône, en 3 mn 15 s, soit 201 marches à la minute.

■ Funiculaire de Montmartre. (Voir photo ci-dessous)

ESCALIER MÉCANIQUE

Du 17 au 21 juillet 1989, David Beattie et Adrian Simons ont monté et descendu l'escalier mécanique du Top Shop, à Londres, parcourant une distance totale de 214,34 km.

ÉTALAGES

Cafés ■ (Voir photo ci-dessus)

Charcuteries ■ 224,2 kg, 45 m², 28 variétés différentes, société Delhaise, Ottignies, Belgique, 12 septembre 1989.

Fromages ■ Un plateau de fromages de 9,8 m de diamètre, composé de 567 variétés, a été présenté par l'association malouine des techniciens en action commerciale, à Saint-Malo, Ille-et-Vilaine, le 6 novembre 1992.

Fruits de mer (Voir photo page suivante)

Fruits ■ 2 795 kg, Le Jardin de Saint-Furcy, 13-6-1992.

PRÉCISION

La précision des conditions d'homologation requise par le Bureau officiel d'homologation français et par le Bureau international d'homologation du *Livre Guinness des Records*, à Londres, GB, ainsi que le nombre croissant des demandes ne permettent pas de fournir des renseignements par téléphone. Il est donc demandé aux candidats de s'adresser au Bureau par écrit. Si le nombre de lettres et de propositions ne permet pas au Bureau d'homologation de répondre à chacune, les tentatives de record prises en considération font l'objet d'une réponse précisant les conditions à remplir ou leur validité.

René Beauvais, 31 ans, a monté et descendu pendant 16 h l'escalier qui longe le funiculaire de Montmartre, soit 102 000 marches (106 marches à la minute).

Le 3 décembre 1993, à l'occasion du Téléthon, l'imprimerie Roualet, Mardeuil, Marne, a présenté la plus grande étiquette de bouteille de champagne. Celle-ci a été conçue d'un seul tenant et mesure 1,38 m de haut pour 2 m de long.

Plateau de fruits de mer de 10 156 kg, réalisé par l'Union des commerçants de la presqu'île de Quiberon, Morbihan, 11 juillet 1993.

■ 89 variétés, Géant Casino d'Amilly, Loiret, le 16 avril 1994.

Fruits et légumes ■ Le 23 janvier 1993, la société Cledor la Provence, de Lyon, Rhône, a dressé sur le sol une carte de France en fruits et légumes de 12 m² représentant chaque région par ses propres produits. 21 450 fruits et légumes ont été nécessaires pour réaliser la carte.

Légumes ■ 165 variétés, Géant Casino d'Aurillac, Cantal, le 16 avril 1994.

Pains ■ 158 variétés, Jean-André Vergnaud, Rallye de Brest, Finistère, le 7 avril 1994.

Poissons ■ 133 variétés, M. Cauchez, Rallye de Saint-Martin-d'Hères, Isère, le 15 avril 1994.

ÉTIQUETTE

(Voir photo ci-dessus)

ÉVENTAILS

■ En janvier 1987, Wang Xianbao, de Shanghai, Chine, a fabriqué un éventail en bois finement ciselé qui mesure 3,30 m une fois déplié et 1,80 m de haut.

■ 8,48 m d'envergure.
(Voir photo page précédente)

F

FAMILLES SÉPARÉES

■ Une enquête menée par l'Armée du salut, qui dura à peine quinze jours, a permis à William James Pring (né le 4 avril 1904), de Clacton-on-Sea, GB, de retrouver, le 20 novembre 1988, après 81 ans de séparation, sa sœur Elsie May (née le 7 novembre 1897), de Southampton.

■ *France* Deux frères, Éléonor Michon (né en 1915) et René Michon (né en 1917) se sont retrouvés à Longny-au-Perche, Orne, le 25 novembre 1990, après 70 ans de séparation. Ils avaient été pris en charge par l'Assistance publique à la mort de leur père, bûcheron, alors qu'ils avaient respectivement 5 et 3 ans. Ce sont les enfants d'Éléonor qui l'avaient incité à tenter de retrouver sa nombreuse famille.

FERMETURE À GLISSIÈRE

Le 5 septembre 1989, une fermeture à glissière en acier de 2 851 m de long et de 2 565 900 dents, créée par la société Yoshida, a été posée dans le centre-ville de Sneek, Pays-Bas.

FÊTES

■ La famille royale britannique ainsi que 160 000 enfants ont assisté à la fête donnée à Hyde Park, Londres, pour l'Année internationale de l'enfant, les 30 et 31 mai 1979.

■ La plus grande fête de Noël du monde fut organisée par la société Boeing dans la salle de 65 000 places du Kingdome, à Seattle, État de Washington, EU, le 15 décembre 1979 : 103 152 personnes assistèrent aux deux spectacles présentés.

■ La plus grande fête d'anniversaire du monde a été donnée le 4 juillet 1991 à Buffalo, New York, EU, pour célébrer le 215ᵉ anniversaire des États-Unis et le 115ᵉ anniversaire du Canada. Près de 75 000 personnes y assistèrent.

FEUX D'ARTIFICE

■ Le plus grand feu d'artifice fut *Univers I*, tiré le 15 juillet 1988, lors du Festival du lac Toya, île d'Hokkaïdo, Japon. La fusée du bouquet final pesait 700 kg et avait un diamètre de 1,40 m. Elle explosa en un bouquet de 1,2 km.

■ Le 20 février 1988, au jardin Pelangi, à Johor Bahru, Malaisie, fut donné le plus long spectacle de feu d'artifice du monde, 9 h 27 mn. On utilisa 3 338 777 fusées et 666 kg de poudre à canon.

FEU DE JOIE

Allumé à Espel, dans le polder du Nord-Est, Pays-Bas, le 19 avril 1987, il se dressait sur une hauteur de 28 m. Les fagots s'empilaient sur une circonférence de 84 m à la base.

France (Voir photo ci-dessous)

FICELLE

La plus grosse pelote mesurait 3,80 m de diamètre et 12 m de circonférence et pesait 10 t. Elle avait été enroulée par Francis A. Johnson, de Darwin, Minnesota, EU, entre 1950 et 1978.

FIL D'OR

Le 19 juin 1993, le Lions Club de Saint-Dié, Vosges, a déroulé sans le casser, un fil d'or de 730 m de long, lors d'une manifestation destinée à récolter des fonds pour la cécité dans le monde.

FONTAINE DE CHAMPAGNE

Voir « *Pyramides* ».

FOOTBALL-JONGLAGE

La plus longue distance Le 10 septembre 1992, Spartak Hamiti, de Tirana, Albanie, a parcouru 18,106 km, en 4 h 29 mn 3 s, avec un ballon aux pieds, sans que celui-ci ne touche le sol.

En 5 mn Sébastien Millot a effectué 452 contacts, sans que son ballon ne touche jamais ni ses mains, ni le sol, en 5 mn, le 6 avril 1994, lors du Festival des Records l'Exploit Géant au Casino de Besançon, Doubs.

FOSSOYEUR

Johann Heinrich Karl Thieme, fossoyeur d'Aldenburg, Allemagne, a creusé 23 311 tombes durant ses 50 ans de carrière. En 1826, son remplaçant creusa sa tombe.

FOUDRE

(Voir photo page 50)

FUNAMBULES

Le plus célèbre Le plus grand funambule du XIXᵉ siècle fut le Français Jean-François Gravelet, alias Charles Blondin (1824-1897), qui traversa le premier les chutes du Niagara, sur une corde de 7 cm de diamètre, longue de 335 m et suspendue à 49 m au-dessus des chutes, le 30 juin 1859. Il fit également une traversée en portant Harry Colcord sur les épaules le 15 septembre 1860. Bien que d'autres artistes aient encore du mal à le croire, Colcord était son agent artistique.

Le plus âgé William Ivy Baldwin (1866-1953) traversa le Canyon South Boulder, Colorado, EU, sur un câble de 98 m tendu à 38 m de hauteur, le jour de son 82ᵉ anniversaire, le 31 juillet 1948.

Endurance ■ Le record du monde d'endurance en équilibre sur un câble est la propriété de Jorge Ojeda-Guzman d'Orlando, EU. Il s'est maintenu en équilibre sur un câble à 10,70 m du sol pendant 205 jours, du 1ᵉʳ janvier au 25 juillet 1993.

France ■ Le Français Henri Rechatin, dit Henrys (né en 1926) a marché sur un câble de 120 m situé à 25 m au-dessus d'un supermarché, à Saint-Étienne, Loire, pendant 185 jours, du 28 mars au 29 septembre 1973. Sa faculté de dormir sur le câble surprenait les médecins.

Camping aérien La funambule charentaise Janyck Roy, 26 ans, partenaire d'Henrys, est restée pendant 67 jours, du 1ᵉʳ novembre 1990 au 6 janvier 1991, sur une plate-forme accrochée à un câble tendu à 50 m du sol, à Albert, Somme.

Distance Le 1ᵉʳ novembre 1985, Ashley Brophy, de Neilborough, Australie, a parcouru 11,5 km en 3 h 30 mn sur un câble de 45 m tendu à une hauteur de 10 m.

Altitude Le Français Michel Menin a marché sur le plus haut fil du monde, à 1 000 m d'altitude, au-dessus des chutes Angel, au Venezuela (voir chapitre *Le ciel et la Terre*), le 1ᵉʳ mars 1988. Il réitéra cet exploit le jour suivant.

PETIT SUR UN FIL

200 000 personnes ont assisté au spectacle Tour et Fil donné, le 26 août 1989, dans le cadre des festivités du bicentenaire, par le Français Philippe Petit. Celui-ci a rallié sur 700 m le parvis de Chaillot au deuxième étage de la tour Eiffel, à Paris.

Concert en équilibre Le groupe BCBG a fait un concert rock dans la maison d'Henrys' suspendu à un cable à 25 m de hauteur, à Saint-Martin-la-Plaine, Loire, le 18 juillet 1993.

Vous connaissez un record que nous avons omis. Ecrivez-nous, merci.

Mohamed Hafid, le jongleur du Maroc.

Le 24 juin 1991, lors de la nuit de la fête de la Saint-Jean, les jeunes de l'association des Crapodiaux de Gièvres, Loir-et-Cher, ont érigé un feu de joie de 12 m de haut sur une base de 7 m. Allumé à 23 h, il a brûlé jusqu'au lendemain matin.

FOLKLORE ET TRADITIONS

Course, lancer, porter, pousser...Voir aussi tableau des crachers

Courses de baignoires (sur l'eau)	100 m	1 mn 10 s	Pragier et Salloch	Vaucluse, France	24-05-89
Course de cochons	50 m	3 mn 15 s	B. Compagnon	Aveyron, France	21-07-91
Course en sac (2 dos à dos)	50 m	36,4 s	L. Martel et M. Durand	Baie-Comeau, Canada	25-07-93
Debout sur mobylette (freinage)	à 50 km/h	arrêt en 3 m	O. de Cornois	Paris, France	01-05-91
Echasses 2 m (avec agneau vivant 10 kg)	50 m	5 mn 25	C. Voituriez	Pyrénées-Atl., France	17-07-88
Ouverture d'huîtres	100 huît.	2 mn 20 s	M. Racz	N.-Zélande	16-07-90
	1 024 huît.	1 h	P. Martin	Val-d'Oise, France	24-11-90
Lancer le plus long d'un objet inerte (anneau)	383 m		S. Zimmerman	Californie, EU	08-07-86
Lancer de béret basque	35 m		B. Glanes	Pyrénées-Atl., France	29-05-94
Lancer de botte caoutchouc (taille 42)	52,75 m		T. Rodgers	GB	09-10-78
	35,80 m		S. Hernandes	Meurthe-et-Moselle	13-06-93
Lancer de botte de foin (à la fourche, 5 kg)	15,20 m		J. Comar	Nord, France	16-06-91
Lancer de boule de neige (150 g)	61 m		P. Berod	France	03-04-88
Lancer de boule de pétanque	38,86 m		N. Sage	Bouches-du-Rhône	09-04-94
Lancer de bouse de vache (100 % organique)	81,07 m		S. Urner	EU	14-08-81
Lancer de camembert dans sa boîte	40,80 m		J. Guéaida	France	10-08-85
Lancer de camembert sans sa boîte	34,05 m		A. Voituriez	Calvados, France	22-08-90
Lancer de carotte (120 gr)	51,80 m		P. Lebailly	Beslon, Manche	19-06-93
Lancer de carte à jouer	56,40 m		K. St. George	EU	12-06-82
Lancer de charentaise (longueur)	26,50 m		P. Jensen	Loiret	13-06-93
(Record féminin)	17,43 m		M.-N. Bonnier	Nièvre	13-06-93
Lancer de cravate non nouée	33,62 m		P. Biscarat	Toulouse, France	14-04-94
Lancer de crêpe (hauteur)	8,40 m		J.-M. Duchet	Allier, France	17-04-93
Lancer de disque volant (ex-frisbee)	190,07 m		S. Ferrans	Californie, EU	02-07-88
(Record féminin)	130,09 m		A. Bekken	Californie, EU	25-06-90
(Record de France masculin)	125 m		A. Bernard	Paris, France	08-07-88
Lancer d'espadrille	33,70 m		J.-C. Meunier	Ferrières, France	12-04-94
Lancer d'oeuf cru (sans le casser)	55,80 m		D. Doise (lanceur) J.-P. Claes	Comines, Belgique	19-09-93
Lancer et rattraper de pièces de 20 c (par lots de 20 posées sur le bras)	5 000 pièces	4 mn 38 s 19	J. Klein	Meurthe-et-Moselle	12-06-93
Lancer de piolet	81,30 m		R. Cretton	Haute-Savoie	04-04-92
Lancer de pneu en hauteur (6 kg)	8,16 m		D. Tremblay	Forestville, Canada	25-07-93
Lancer de pomme de terre (80/90 g)	51,70 m		W. Marie (lanceur) et R. Ledoyen	Manche	26 07 92
Lancer de sous-bock	31,75 m		E. Gardes	France	07-07-85
Lancer de tomate (110 g)	64,20 m		X. Darrigo	Indre	22-08-93
Lancer de grain de raisin (rattrapé dans la bouche)	93,43 m		A. Chapman	EU	18-06-80
Porter de cantal (40 kg)	50 m	2 mn 31 s	L. Lavolé	Loire-Atlantique	01-03-92
Porter d'emmenthal (68 kg)	50 m	2 mn 45 s	G. Cini	Italie	01-03-92
Porter d'oranges sur 50 m	86 oranges	dans les bras	W. Girard	Clermont-Ferrand	11-04-94
Pousser de brouette	1 000 m	4 mn 48 s	Piet Pitzer	Afrique du Sud	23-05-92
Pousser de cacahuète (avec le nez)	400 m	1 h 2 mn	R. Caral	Paris	29-03-62
Pousser d'orange avec le front	50 m	42,19 s	M. Fonteneau et F. Aloizos	Nevers, France	15-04-94
Rouler de tonneau (50 kg)	50 m	4 mn 12 s	H. Bergeron	Gironde	15-10-91
Rouler de pneu (avec élan)	46,33 m		Ph. Paris	Saint-Just-le-Martel	16-04-94
Rouler de pneu (sans élan)	44,20 m		B. Paranthoen	Côtes-d'Armor	13-04-94
Sac de blé (80 kg)	200 m	58 s 3	E. Rosenberg	Vienne, France	23-05-92
Sac de charbon (50 kg)	1 012 m	4 mn 6 s	D. Jones	GB	01-04-91
Souffler de petit pois (sur carrelage)	7,28 m		R. Sauzot	Nevers, France	16-04-94
(en suspension au-dessus des lèvres)	10 s 06		L. Espirt	Chalette-sur-Loing	16-04-94

Monsieur Raymond Caral, conseiller artistique, a poussé une cacahuète avec son nez sur une distance de 400 m en 1 h 02 mn le 29 mars 1962.

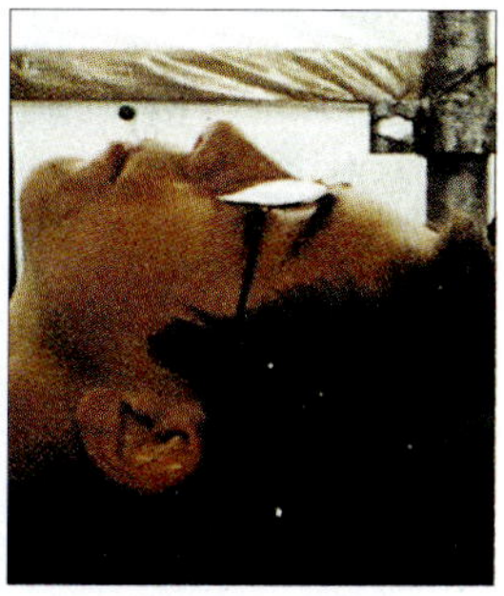

Au cours de la deuxième Fête des Records de Bazin-Nancy, le 13 juin 1993, Bernadette Trouillot a réussi à tenir au-dessus de sa bouche, sans qu'il ne la touche, un petit pois cru. Pour le faire, elle était allongée sur un lit. Son brillant record est de 6 s 43.

Exercice de lancer de rouleau à pâtisserie par Prudence Simoni, boulangère aux Sables-d'Olonne.

Un diplôme sera adressé aux Recordmen dont le record aura reçu l'agrément du Bureau Officiel d'Homologation et qui en feront la demande. L'attribution d'une Homologation de record n'implique pas obligatoirement l'inscription dans le *Livre Guinness des Records*.

De nombreux records d'endurance ou des performances jugées dangereuses ou discutables vont progressivement être supprimés. Aussi, les candidats aux marathons devront, préalablement à leur tentative, consulter le Bureau Officiel d'Homologation.

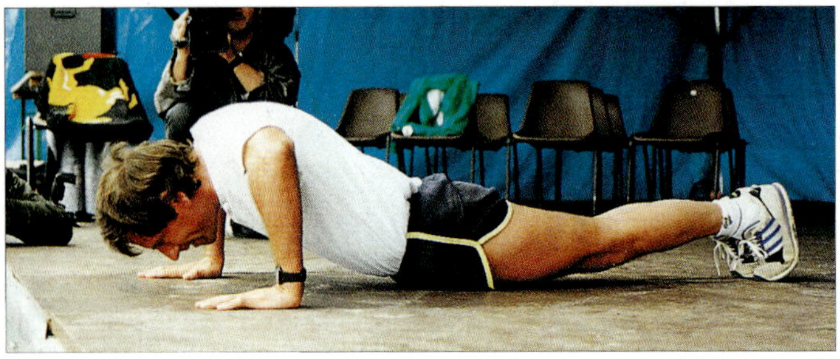

Jean-François Huette, le 13 juin 1993, à son antépénultième pompe, la 1 014 e.

Le 22 janvier 1993, Driss Gourad, Taza, Maroc, a tiré avec ses cheveux une Mercedes de 1 370 kg, sur une route goudronnée horizontale, sur une distance de 21 m en 4 mn.

Force humaine
LA GALERIE DES SUPER-COSTAUDS

SANS INTERRUPTION

Dans le cadre du Téléthon, Christophe Rolhion a effectué, départs allongé, en 58 mn, 4 000 relevés de buste en flexions croisées, sans interruption, à Limoges, Haute-Vienne.

Annuaire En juin 1991, à Nancy, Meurthe-et-Moselle, Léon Christen a déchiré de ses deux mains, un annuaire téléphonique de 952 pages.

Cartes à jouer Le Luxembourgeois Georges Christen a déchiré un paquet de 120 cartes à jouer, au Festival des Records de Pépinster, Belgique, en juin 1989.

Cheveux ■ Le 24 octobre 1991, Bernard Rouleau, de Matane, province du Québec, Canada, a attaché ses cheveux à une corde, reliée à un avion de 909 kg, qu'il a tiré sur 68 m.

■ Le 26 juillet 1993, il a halé, assis sur une chaloupe à moteur, un bateau de 15 t, relié à ses cheveux par une corde, sur une distance de 265,84 m.

Clous ■ Le 18 mars 1989, au casino de Mondorf-les-Bains, Luxembourg, Georges Christen a plié en U 368 clous de 7 mm de diamètre et de 21 cm de long en 1 h.

À la Fête des Records de Piennes, Meurthe-et-Moselle, il a plié 10 clous de 7 mm de diamètre et de 21 cm de long en 19,27 s.

■ Le 18 juin 1993, Guy Revelle de Narbonne, Aude, a mis 39,66 s pour casser en deux un clou de 7,2 mm de diamètre et 21,6 cm de long, à la seule force de ses muscles.

Cou Le 25 mars 1992, devant les 600 élèves de l'école Zénon, Soucy, Bernard Rouleau, Matane, Québec a soulevé à la force de son cou un poids de 182 kg, jusqu'à une hauteur de 30 cm.

Démolition Le 13 juin 1982, 15 membres du club de karaté le Léopard noir ont démoli à coups de pied et à mains nues une ferme en bois de 7 pièces près d'Elnora, Canada, en 3 h 18 mn.

Doigts Francis Lewis, USA, a établi en 1914 un record qui n'a jamais été égalé. Se tenant à une barre fixe par le majeur de la main gauche, il a effectué 7 tractions de suite, touchant à chaque traction la barre avec le menton.

Force basque ■ Le Basque Inaki Perrurena, Leiza, Espagne, a battu le record mondial de lever de pierre, le 6 mars 1987, en soulevant une pierre de 301 kg au POPB.

■ Au même endroit, le même jour, Joseph Goïcoextea, de Biriatou, Pyrénées-Atlantiques, a soulevé 3 fois successivement une pierre de 250 kg.

LGR

Au Festival des Records de Mahalon, Finistère, le 14 juillet 1988, Jean-Philippe Priol a tenu à bout de bras le *Livre Guinness des Records* pendant 1 h 12 mn 50 s.

■ Jacqueline Bonnet, de Paris, détient le record féminin en 35 mn 33 s, le 20 février 1993.

LGR à 2 bras Le 7 avril 1994, Sonia Lege, de Saint-Nazaire, Loire-Atlantique, a tenu à bout de 2 bras un exemplaire du *Livre Guinness des Records* pendant 49 mn 23 s, à l'occasion du Festival des Records l'Exploit Géant Casino.

LGR à 2 bras Le 14 avril 1994, Fabien Fouillet, de Nevers, Nièvre, a tenu à bout de 2 bras un exemplaire du *Livre Guinness des Records* pendant 1 h 40 mn 1 s, à l'occasion du Festival des Records l'Exploit Géant Casino.

Mâchoire ■ Le 2 juillet 1989, à Esch-sur-Alzette, Luxembourg, Georges Christen a tiré un autobus de 12,38 t sur une distance de 28,50 m.

■ Le 23 août 1987, il a empêché, par la seule force de ses dents, le décollage d'un avion Cessna de 110 CV (moteur à pleine puissance).

■ Le 31 mars 1990, à Paris, le Belge Walter Arfeuille a soulevé avec les dents à 17 cm du sol des charges d'un poids total de 281,5 kg (voir aussi le chapitre L'Homme, « Dentition »).

■ Le 24 novembre 1992, Bernard Rouleau, Matane, Québec, Canada, a tiré avec ses dents une jeep Cherokee d'un poids de 1 397 kg. Le Canadien portait une prothèse dentaire spéciale, qui lui a permis de traîner cette voiture sur une distance de 9,75 m.

LES DENTS DE MASSIS

Le 7 avril 1979, lors de l'émission télévisée The Guinness Spectacular Show, *à Los Angeles, Californie, EU, John Massis, dit « Hercule » (1940-1988), d'Oostakker, Belgique, a empêché un hélicoptère de décoller en utilisant uniquement un harnais avec un mors.*

■ *Le 7 mai 1981, à Rosny-sous-Bois, Seine-Saint-Denis, lors du Festival des exploits incroyables, John Massis a empêché une montgolfière de s'envoler en bloquant le câble avec sa mâchoire.*

■ *Le 27 juin 1984, il a tiré sur 13 m une semi-remorque portant 3 voitures d'un poids total de 16,15 t.*

Pompes ■ Jérôme Henry, de Fagnières, Marne, a effectué 149 pompes en 1 mn, le 10 octobre 1991.

■ Le 19 avril 1994, Steve Baker, Lévis, Québec, Canada, a effectué 82 pompes sur la seule main droite en 1 mn.

■ Jean-François Huette, d'Amiens, Somme, a effectué 1 016 pompes en 1/2 h, le 13 juin 1993.

Position assise à 90° Le 26 octobre 1993, Cédric Macke, Lezoux, Puy-de-Dôme, a tenu la position assise à 90° sans chaise dos au mur pendant 12 mn et 6,7 s.

Tracter d'avion David Huxley a tiré avec une seule main un Boeing 767 de 105 t, sur une distance de 24,50 m, à l'aéroport de Sydney, Australie, le 21 avril 1993.

Traction par les épaules Le 4 décembre 1993, Christian Fouarge, Morne-Rouge, Martinique, a tracté une Renault 4 L de 640 kg sur 18 km en 4 h 24 mn 41 s.

G

GAFFE

■ Voir le chapitre Institutions, *« Finances publiques »*.

GARÇON DE CAFÉ

■ Voir *« Courses et marches »* dans le même chapitre.

GLADIATEURS

L'empereur romain Trajan (53-117) organisa un combat de 4 941 couples de gladiateurs qui dura 117 jours.

PUBLIUS L'INVINCIBLE

Publius Ostorius, esclave affranchi, survécut à 51 combats, à Pompéi.

GOUTTIÈRE

Le 11 octobre 1987, Yves Lulé, de la société Dal'Alu, à Fougères, Ille-et-Vilaine, a réalisé une gouttière, sans raccord et sans soudure, de 405,75 m de long.

GRILL

Le 25 août 1990, le comité de la foire de Bernos Beaulac, Gironde, a réalisé un grill de 18,12 m de longueur, 1 m de largeur, constitué de 1 354 soudures, 588 barreaux de 8 mm de diamètre et de 1 176 trous percés.

GRIMPERS DE POTEAU

Voir *« Bûcheronage »*.

GUIRLANDES

■ À l'initiative de l'Union des commerçants hyérois, les enfants des écoles de Hyères ont

Bernard Rouleau tirant l'avion par les cheveux.

MR CHANCE

Le seul homme au monde à avoir été frappé par la foudre 7 fois est l'ancien garde forestier américain Roy C. Sullivan. Son attirance pour la foudre commença en 1942 (il perdit l'ongle de son gros orteil), se renouvela en juillet 1969 (il perdit ses sourcils), en juillet 1970 (il fut blessé à l'épaule gauche), le 16 avril 1972 (ses cheveux s'enflammèrent), le 7 août 1973 (ses cheveux s'enflammèrent de nouveau et il fut blessé aux jambes), le 5 juin 1976 (il fut blessé à la cheville). Le 25 juin 1977, on l'emmena à l'hôpital de Waynesboro, poitrine et abdomen brûlés : il avait été frappé par la foudre alors qu'il pêchait. En septembre 1983, il se donna la mort, suite à une déception amoureuse.

La classe de 2e professionnelle de boulangerie de Chatelineau, Belgique, a réalisé en mai 1992, un jeu de l'oie d'une largeur totale de 7,6 m. La longueur de la spirale formée par l'enchaînement des 63 cases mesurait 65 m.

réalisé une guirlande de poissons en papier de 3 280 m de long pour le 1er avril 1993.

■ Les enfants du Centre de loisirs de Landouge, Haute-Vienne, ont confectionné une guirlande en tissu aux couleurs du drapeau européen, de 2 200 m de long. Cette guirlande a été présentée le 18 avril 1993 en tête du carnaval de Limoges.

H

HOMME-OBUS

Le premier homme-obus fut Emilio Onra, dit maître Jean, du Cirque d'Hiver, à Paris, le 21 novembre 1875. Emmanuel Zacchini, fils du pionnier en la matière, Hugo Zacchini, fut propulsé à 55 m par un canon au cirque Barnum de New York, en 1940. Sa vitesse initiale a été estimée à 87 km/h.

Hommes-orchestres

■ Eugeni Soler, de Barcelone, Catalogne, Espagne, a conçu un tricycle à éléments mobiles surnommé « Tricimelotocus orchestralis », sur lequel il peut jouer de 50 instruments en même temps. Il en a fait la démonstration le 21 juin 1988, lors de la Fête internationale de la musique.

■ Le 27 mai 1985, à Dawlish, GB, Rory Blackwell a joué de 314 instruments en 1 mn 23 s. Le 29 mai 1989, à Dawlish, il a également joué de 108 instruments différents simultanément.

■ France À Marseille, Bouches-du-Rhône, Christian Mondésir a joué de 61 instruments différents, le 21 novembre 1986.

HORLOGE

Le 26 juillet 1992, à Beslon, Manche, Gilbert Housset a réalisé une horloge entièrement en bois, haute de 2,30 m. Le diamètre du cadran est de 88 cm, la grande aiguille mesure 44 cm, la petite, 31 cm. Cependant, le bois de l'horloge ayant travaillé, elle pose parfois quelques problèmes de fonctionnement.

HUÎTRES

■ Le 16 juillet 1990, à Invercargill, Nouvelle-Zélande, Mike Racz a ouvert 100 huîtres en 2 mn 20 s.

■ France Le 24 novembre 1990, Philippe Martin, de Montmorency, Val-d'Oise, a ouvert 1 224 huîtres en 1 h (soit 20,4 huîtres à la minute).

HISTOIRES DRÔLES

■ Du 30 août au 3 septembre 1990, le Péruvien Felipe Carbonell a raconte des histoires drôles pendant 100 h à l'hôtel Sheraton de Lima.

■ Le record en duo est de 60 h. Il revient à Derek Denniss et John Evans, à Sandton City, Johannesburg, Afrique du Sud, du 8 au 10 septembre 1988.

■ Du 29 janvier au 3 février 1990, dans le cadre d'Eurowitz 90, festival européen du rire organisé par le cabaret La Choucrouterie, à Strasbourg, Bas-Rhin, 12 531 histoires drôles ont été racontées dans 6 villes d'Alsace pendant 6 jours, entre 20 h et minuit. Un nombreux public a suivi ces spectacles.

I-J

IMMERSION

Du 14 au 23 février 1986, à Birmingham, GB, Michael Stevens est resté 212 h 30 mn dans une cuve de la marine royale britannique. Il était équipé d'un scaphandre autonome.

JEU D'ÉCHECS

(Voir photo ci-dessous)

JEU DE L'OIE

(Voir photo ci-dessus)

JOUETS

En 1982, cinq employés de la société Dessoy Jura Castor, à Moirans-en-Montagne, Jura, ont construit un jouet baptisé « le Cheval de Troie » avec des Casto Buggy. 2 000 cubes, 12 000 lamelles à trous, 2 000 triangles, 54 000 écrous et autant de boulons ont été nécessaires à sa construction, qui a duré 800 h. Haut de 7,20 m, long de 6,30 m, large de 1,90 m, il pesait 1 800 kg et pouvait abriter 25 enfants.

Le plus long ■ Un serpent en peluche de 312,1 m de long a été réalisé en octobre 1993, par les parents, les élèves et les enseignants de l'école primaire de Bucknell, GB.

L

LÂCHER DE PIGEONS

Le plus grand lâcher de pigeons a eu lieu à Beachy Head, près de Eastbourne, Sussex, GB, le 11 mai 1991. 42 500 oiseaux ont été lâchés pour l'association Save the Children, d'Eastbourne.

LANCER

Voir le tableau « *Folklore et Traditions* », plus haut.

LAVAGE DE VITRES

■ Le 5 avril 1989, à Edmonton, Alberta, Canada, Gordon Perrott a lavé trois vitres de bureau de taille standard (1 m x 1,15 m) en exactement 13,41 s. Il a utilisé un balai en caoutchouc de 30 cm et 9 litres d'eau.

■ France À Blois, Loir-et-Cher, François Vermond a lavé 60 m² de vitres de la tour Saint-Gobain en 6 mn 49 s, le 22 juin 1988.

En juillet 1985, P. Charbonne et B. Tesson ont lavé 17 500 m² de vitres en 32 h.

LEGO

■ La plus grande tour en Lego, construite à Auckland, Nouvelle-Zélande, le 22 février 1992, mesurait 19,9 m de haut. Elle était composée de 248 756 pièces.

■ France Pascal François, 27 ans, de Valras-Plage, Hérault, a construit et présenté, le 3 mars 1989, une ville fortifiée de 60 000 pièces de Lego et 45 000 briques. 2 592 h de travail ont été nécessaires à sa construction (Voir aussi le chapitre Architecture).

LIMBO

■ C'est Dennis Walston, alias King Limbo, qui détient le record du monde de limbo, avec une barre enflammée placée à 15,5 cm du sol. Il a réalisé cette performance le 2 mars 1991 à Kent, EU.

■ Le record en patins à roulettes (13 cm) a été battu pour la première fois par Denise Culp, de Rock Hill, Caroline du Sud, EU, le 22 janvier 1984.

LIT-AU-CARRÉ

■ Le lit-au-carré réglementaire se compose d'une alèse, d'un drap de dessous, d'un drap de dessus, d'un traversin, de 2 oreillers, d'une couverture et d'un couvre-lit.

■ La sœur Sharon Stringer et l'infirmière Michelle Benkel, du Royal Masonic Hospital de Londres, ont battu le record du lit-au-carré à deux en 14 s le 26 novembre 1993, à l'occasion du lancement de l'édition 1994 du *Livre Guinness des Records*, organisé à Canary Warf, Londres, GB.

■ Lit-au-carré solo Le 30 novembre1978, Wendy Wall, de Sydney, Australie, a fait un lit-au-carré, seule, en 28,2 s. Elle avait 34 ans.

LOGO

Le 22 avril 1990, sur l'esplanade du Trocadéro, à Paris, la Chambre syndicale des verreries mécaniques de France a réalisé le logo du « jour de la Terre » (un œil dont la pupille représente la Terre) avec 37 000 bouteilles de champagne vides récupérées à cet effet. Le logo avait une surface de 2 500 m².

LOGO HUMAIN

(Voir photo ci-dessous)

LOUCHE EN BOIS

Richard Sobus de la Confrérie de la Franche Louche, Commines, Nord,

Le 19 mai 1994, l'artiste américaine Leza Lidow a exposé son œuvre, intitulée le Jeu éternel ou la Bataille des sexes au Centre d'art fantastique de Gruyères, Suisse. Ce jeu d'échecs est constitué de 32 mannequins à l'échelle humaine, soit environ 1,75 m de haut plus les cornes d'un cerf pour le Roi qui étaient disposés sur un échiquier de 7,91 m de côté.

Le 11 mai 1991, à l'initiative du Club 2/3, Montréal, Québec, Canada, 6 000 marcheurs se sont placés sur un terrain de base-ball de façon à former un logo de paix de 48,75 m.

À l'occasion du 350e anniversaire de la ville de Montréal, Québec, le 14 juillet 1992, la Maison de la France a réalisé une maquette en pâtisserie représentant l'évolution historique de la ville de Montréal. Avec un diamètre de 6,50 m, cette maquette, entièrement comestible, avait une hauteur de 4,20 m et pesait 4 787 kg. Il a fallu 4 295 h de travail pour réaliser cette maquette.

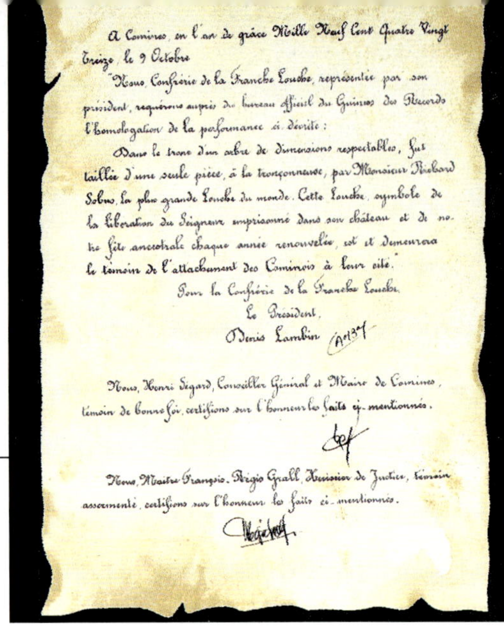

A Comines, en l'an de grâce Mille Neuf Cent Quatre Vingt Treize, le 9 Octobre

"Nous, Confrérie de la Franche Louche, représentée par son président, requérons auprès du bureau officiel du Guinness des Records l'homologation de la performance ci-décrite :

Dans le tronc d'un arbre de dimensions respectables, fut taillée d'une seule pièce, à la tronçonneuse, par Monsieur Richard Sobus, la plus grande Louche du monde. Cette Louche, symbole de la libération du Seigneur emprisonné dans son château et de notre fête ancestrale chaque année renouvelée, est et demeurera le témoin de l'attachement des Cominois à leur cité."

Pour la Confrérie de la Franche Louche,
Le Président,
Denis Lambin

Nous, Henri Ségard, Conseiller Général et Maire de Comines, témoin de bonne foi, certifions sur l'honneur les faits ci-mentionnés.

Nous, Maître François-Régis Grall, Huissier de Justice, témoin assermenté, certifions sur l'honneur les faits ci-mentionnés.

a sculpté pendant 5 jours un tronc de peuplier pour obtenir la plus grande louche en bois du monde. Achevée le 9 octobre 1993, elle mesure 6,90 m de long et 1,20 m de diamètre.

M

MACHINE À ÉCRIRE

Le premier brevet de machine à écrire fut déposé par Henry Mill en 1714, mais la première machine opérationnelle fut fabriquée par Pellegrine Turri, Italie, en 1808.

MACHINES EN BOIS

■ Romain Corbeil a réalisé, pour son atelier d'ébénisterie, 16 machines entièrement en bois. Cet atelier d'ébénisterie détient le plus grand nombre de machines en bois.

■ En 1992, Bernard Legros, Sainte-Cécile-de-Masham, Québec, Canada, a reconstruit au 1/60e la scierie à bois de son père, détruite en 1984. Cette maquette, totalement opérationnelle, a nécessité 2 136 h de travail et mesure 1,15 m de long sur 38 cm de large.

MAGICIEN

Le plus rapide est Eldon D. Wigton, alias « Dr Eldoonie », qui a réalisé 118 tours distincts en 2 mn, à Kilbourne, Ohio, EU, le 1er mars 1990.

MANÈGE

Du 21 septembre au 7 octobre 1990, à Meridan, Mississippi, EU, 14 personnes ont effectué 3 962 km sur un manège.

MAQUETTES ALIMENTAIRES

■ _Raquette_ Pascal Hue et Huberty Belot, de Longeville-lès-Metz, Moselle, ont réalisé, le 4 décembre 1990, une raquette entièrement comestible faite de pâtisserie génoise recouverte de pâte d'amande, mesurant 6,77 m de long et 2,56 m de largeur de tamis.

■ _Saint-Nicolas en Speculoos_ Le 27 novembre 1993, les pâtissiers Frans Goossens et Marc Bossuyt, ont réalisé une maquette mesurant 6,18 m de haut et pesant 150 kg.Commandé par la commune de Jette, Belgique, ce biscuit représentant le saint préféré des enfants a été dévoré sur la place Laneau en moins de 15 mn.

LE GÂTEAU D'ANNIVERSAIRE DE MONTRÉAL

(Voir photo ci-dessus)

MARCHE SUR LES MAINS

Distance ■ En 1900, l'Autrichien Johann Hurlinger a parcouru 1 400 km sur les mains, de Vienne, Autriche, à Paris. Il fit le trajet en 55 étapes quotidiennes de 10 h, atteignant une moyenne de 2,5 km/h.

Le 14 novembre 1986, au club sportif de Toda, Japon, le Coréen Shin Don-Mok a sprinté pendant 50 m sur les mains en 17,4 s.

Vitesse ■ Le record de vitesse de marche sur les mains appartient à Mark Kenny, Norwood, EU qui a parcouru 50 m en 16,93 s, le 19 février 1994.

Relais ■ Le record de vitesse du 4 x 1,6 km sur les mains est de 24 mn et 48 s, réalisé par David Lutterman, Brendau Price, Philip Savage et Danny Scannel, le 15 mars 1987, à Knoxville, EU.

MARIAGES

■ Le record de mariages monogamiques est de 27. Il est détenu par Glynn « Scotty » Wolfe, né le 25 juillet 1908 à Blythe, Californie, EU. Cet ancien pasteur anabaptiste s'est marié pour la première fois en 1927. Sa dernière femme est Daisy Delgado, née le 29 décembre 1970, dans l'île de Cebu, Philippines. La plus âgée de ses 27 épouses avait 38 ans. Il affirme avoir eu 41 enfants.

■ Le record féminin de mariages monogamiques appartient à Linda Lou Essex, d'Anderson, Indiana, EU. Elle s'est mariée 22 fois, avec 15 hommes différents depuis 1957. Elle s'est mariée pour la dernière fois en octobre 1991, quelques mois plus tard elle était déjà en instance de divorce.

■ Le record de mariages bigamiques appartient à Giovanni Vigliotto, mort en février 1991. Sous 50 identités, il a épousé 104 femmes entre 1949 et 1981, dans 27 États américains et 14 autres pays. Il a emprunté notamment les pseudonymes de Fred Jipp, né à New York le 3 avril 1936, et celui de Nikolaï Peruskov, né à Syracuse, Sicile, le 3 avril 1929. Quatre de ses victimes se trouvaient à bord du même navire, en 1968. Le 28 mars 1983, il a été condamné à 28 ans de prison pour escroquerie, à 6 ans pour bigamie et à une amende de 336 000 $ par le tribunal de Phoenix, Arizona, EU (voir aussi les chapitres _L'homme et Institutions_).

■ _France_ Eddie Barclay, né le 26 janvier 1921, s'est marié 8 fois, la première fois le 9 juillet 1945 et la dernière le 3 juin 1988. Le 1er juillet 1989, il a confirmé son 8e mariage avec Caroline Giganti, en renouvelant la cérémonie. Eddie Barclay est père de 2 enfants.

MOONERIE

(Voir photo ci-dessous)

■ _Témoin_ Le champion mondial des témoins de mariage est Ting Ming Siong, de Sibu, Malaisie, qui, en mars 1992, a rempli cette fonction pour la 737e fois depuis 1976.

■ _Le mariage le plus cher_ Le mariage de Mohammed, fils du cheikh Rachid Ben Saïd al-Maktoum, avec la princesse Salama, à Dubaï, Émirats arabes unis, en mai 1981, dura 7 jours et coûta environ 220 millions de F. Un stade de 20 000 places fut construit pour l'occasion.

■ _Entre deux mêmes familles_ Entre 1882 et 1901, les 5 fils et l'unique fille de la famille Bouffard, du Petit-Matane, Québec, Canada, ont tous épousé un membre de la famille Durette.

■ Il y a plus d'un siècle, à Plouvien, Finistère, le 29 janvier 1893, 4 enfants de la famille Quintric : Guillaume, Yves, François-Marie et Marie-Anne ont épousé 4 enfants de la famille Le Goff : Marie, Marie-Anne, Marguerie et Goulven.

■ _Le même jour, dans la même famille_ (Voir photo ci-dessous)

MESSAGE DANS UNE BOUTEILLE

Le 9 juin 1910, un message fut lancé à la mer dans une bouteille de lotion capillaire depuis le navire _Arawatta_, au large de Cairns, Queensland, Australie. Il fut retrouvé 73 ans plus tard, le 6 juin 1983, dans la baie Moreton, 1 375 km plus au sud. Ce message d'un naufragé indiquait que celui-ci avait échoué sur une île dont il ne donnait pas les coordonnées, qu'il était en bonne santé et qu'il avait un bon moral en attendant les secours avec confiance.

MINEUR

Le plus endurant fut George Stephenson, né le 21 avril 1833, qui travailla au puits William, dans une houillère de Whitehaven, GB, de 1840 (il avait alors 7 ans) jusqu'à sa retraite, 82 ans plus tard, en 1922.

MISS UNIVERS, MISS MONDE ET MISS FRANCE

■ Le premier concours de beauté international a été organisé par P. T. Barnum (le public était juge) aux États-Unis en juin 1855.

■ Le concours de Miss Monde a été créé en 1951 et celui de Miss Univers en 1952.

Sun Myung Moon, le célèbre « révérend » Moon (né en 1920), fondateur de l'Association du Saint-Esprit pour l'unification du monde chrétien, a uni 20 825 couples le 25 août 1992, à Séoul, Corée du Sud.

Le 27 juillet 1991, à La Pallu, Mayenne, Serge, Bénédicte, Marie-José et Hervé Gibon se sont mariés.

Valérie Claisse, Miss Pays de la Loire 1993, a été élue, le 28 décembre 1993, Miss France 1994.

Une chaise de bébé haute de 6,40 m a été réalisée par le décorateur Benoît Roy, de La Tronche, Isère.

Le 30 novembre 1989, Gilles Soulard, ébéniste à Cholet, Maine-et-Loire, a présenté un cintre en bois et métal de 4,65 m de long et 2,68 m de haut pesant 112 kg.

■ Les États-Unis ont gagné le concours de Miss Univers le plus grand nombre de fois (5) : 1954, 1956, 1960, 1967, 1980. Le record de pays participants est de 81 (en 1983).

■ Le Royaume-Uni détient le record de victoires (5) pour le concours de Miss Monde. Le plus grand nombre de candidates a été de 84, en novembre 1988.

MISS FRANCE

Aujourd'hui, l'élection est organisée par le Comité Miss France, présidé par Geneviève de Fontenay.

La première élection de Miss France fut organisée en 1928 par le journaliste et écrivain Maurice de Waleffe (1874-1946).

LA BÉGUM

Le titre fut attribué en 1930 à Yvette Labrousse (Miss Lyon), qui devait devenir la bégum Aga Khan III.

■ Depuis 1947, ce sont les Miss Paris qui ont été élues le plus souvent Miss France : 6 fois, en 1948, 1949, 1955, 1970, 1972, 1986. Miss Normandie a obtenu le titre 4 fois, en 1958, 1967, 1981 et 1984.

■ Miss France 1994 (Voir photo ci-dessus)

■ Les plus grandes Miss France furent Pascale Taurua (Miss Calédonie), en 1978, et Suzanne Iskandar (Miss Alsace), en 1985. Elles mesuraient toutes les deux 1,78 m.

■ Les plus petites (1,66 m) furent Sabrina Belleval (Miss Côte d'Azur), en 1982, et Sylvie Bertin (Miss Bresse-Bugey), en 1988.

Mobilier

Ampoule électrique
La société Hamaï, de Tokyo, a fabriqué une ampoule de 3 mm de long et de 0,5 m de diamètre, la plus petite du monde.

Assiette Le 29 septembre 1989, à Limoges, Haute-Vienne, Gaz de France et la société Porcelaine de Limoges ont présenté une assiette en porcelaine de 85,3 cm de diamètre et de 2,67 m de circonférence pesant 19,3 kg.

Banc Le banc le plus long du monde mesure 8,97 m de long, 74 cm de large, et 60 cm de haut. Il a été réalisé par Norimasa Yabuyamada, Toyama, Japon, entre avril et septembre 1991.

Canapé Le 4 juillet 1991, la société Martin Décoration, Genève, Suisse, a réalisé un canapé en cuir de 8,11 m de long, 1,63 m de haut et 1,77 m de profondeur.

Chaise de bébé
(Voir photo ci-dessus)

Chaise longue Un transat haut de 12,70 m et large de 7,26 m a été fabriqué en 1987 par Luigi Bernasconi, de Mendrisio, Suisse.

Cintre (Voir photo ci-dessus)

Couettes ■ 7 000 habitants du Dakota du Nord, EU, ont fabriqué, en 1989, une couette géante de 26 m x 41 m, afin de célébrer le centenaire de leur État.

■ France En octobre 1989, la Manufacture de plumes et duvets de Tournus, Saône-et-Loire, a fabriqué une couette en duvet d'oie de 13,80 m x 8,93 m (123,23 m^2) dont la fabrication a nécessité 62 kg de duvet, 275 m^2 de tissu et 120 h de travail.

Couverture L'ISPA (Institut suisse de prévention de l'alcoolisme et autres toxicomanies), de Lausanne, Suisse, a confectionné une belle couverture de 6 552 m^2, ayant nécessité au moins 150 000 carrés de laine, le 19 septembre 1992.

Hamac En juillet 1988, des artisans d'Aboland, Finlande, ont tissé un hamac de 44,40 m de long, tendu entre deux grands chênes, pour accueillir 21 personnes.

Lampe La société Lum, à Paris, a fabriqué en avril 1990 une lampe de bureau de 1,46 m de haut. Le diamètre de l'abat-jour est de 0,98 m, celui du socle ne mesure que 0,45 m.

Lampe de bureau
(Voir photo ci-dessous)

Lanterne En avril 1989, des membres du Centre international bouddhiste de la Lanterne du lotus et le personnel de l'hôtel Hilton de Séoul, Corée du Sud, ont fabriqué une lanterne de 3,70 m de haut et de 12 m de circonférence.

Lits ■ À Bruges, Belgique, le duc Philippe de Bourgogne possédait un lit large de 3,80 m et long de 5,70 m qu'il avait fait construire pour sa nuit de noces officielle avec Isabelle du Portugal, en 1430.

■ France La société Viart, de Montbrison, Loire, a présenté, le 28 mai 1987, un lit de 7,52 m x 5,52 m. Le lit est composé d'un matelas de 12 cm d'épaisseur et d'un sommier épais de 16 cm reposant sur 128 pieds en bois.

Lustre La société Kookje Lighting, de Séoul, Corée du Sud, a fabriqué un lustre de 12 m de haut pesant 10 t et muni de 700 ampoules.

Matelas Le 13 octobre 1989, la société Benoist et les Litiers de France ont confectionné un matelas en laine de 13,20 m x 8,72 m pouvant accueillir 80 personnes.

PATCHWORK

Du 4 au 12 mai 1991, un patchwork constitué de carrés de tissus, long de 248,20 m, large de 4,80 m (1 191,36 m^2) a été confectionné par l'association Cocktail surprise pour la Foire du Soissonnais.

Nappe Le 17 octobre 1990, Artex International, de Highland, Illinois, EU, a fabriqué une nappe de 457 m de long et 1,37 m de large.

Sommier La société Yves Lamouche, de Jaux, Oise, a réalisé en août 1992 un sommier à lattes de 448 kg. Sur ce sommier de 3,97 m x 5,94 m, 12 personnes peuvent s'allonger.

Table ■ Le 20 juin 1988, à Pesaro, Italie, une table de 3 km pouvant accueillir 12 000 personnes fut dressée par l'équipe de basket-ball américaine Libertas Scavolini.

■ France (Photo ci-dessous)
Tréteau Le plus grand tréteau du monde est l'œuvre de la société Rodet, Anneyron, Drôme. L'ouvrage de 3,20 m de haut et large de 2,36 m a été inauguré le 24 décembre 1993.

Vase Le plus grand vase mesure 3,40 m de haut et pèse 1,8 t. Il a été fabriqué par les Danois Aksel Krog et Jorgen Hansen, en février 1989.

MONOCLES

Alexandre Gomez, de Bourg-de-Péage, Drôme, a maintenu 2 capsules de bouteilles sur ses yeux, en monocles, pendant 26 mn, le 8 avril 1994, lors du Festival des Records l'Exploit Géant de Casino.

MONOSKI

Dans le cadre des championnats du monde d'OGNI (objets glissants non identifiés), le Club des Aigles à Orcières-Merlette, Hautes-Alpes, a fabriqué un monoski de 5,02 m. Lors de cette manifestation, 5 personnes ont procédé à la descente d'une piste de ski en nocturne de 350 m, le 3 mars 1992.

MORSE

■ Le 2 juillet 1939, lors d'un tournoi à Asheville, Caroline du Nord, EU, Ted R. McElroy a enregistré un message en morse à la vitesse record de 75,2 mots à la minute.

■ La vitesse record de transmission d'un message en morse est de 175 signes mn (équivalent à 35 mots mn), atteinte par Harry A. Turner, du corps de transmission de l'armée américaine, à Camp Crowder, Missouri, EU, le 9 novembre 1942.

Lors d'une journée portes-ouvertes, le 9 avril 1994, une équipe du lycée professionnel régional Pierre-Mendès-France, Veynes, Hautes-Alpes, a présenté une lampe de bureau géante. Haute de 2,38 m et d'un poids de 50 kg, son socle est constitué d'un tampon de wagon SNCF.

16 ouvriers et artisans des métiers du bois de Pont-de-Beauvoisin, Isère, ont dressé, du 23 au 24 juillet 1993, la plus grande table en bois. Le plateau, d'une longueur de 241,41 m était supporté par 268 pieds.

En avril 1992, Richard Sobus, de Halluin, Nord, a réalisé une navette de tisserand de 4,50 m de long.

Le 25 avril 1994, le Dr Pierre Huth (entre B. Pivot et M. Platini) a réuni 65 personnalités pour le plus grand dîner de stars donné au profit d'une œuvre en France. Au profit du laboratoire en cancérologie de Bobigny, dirigé par le Pr Israël, la manifestation a rapporté 2,5 millions de F.

MORTIER

Le 25 novembre 1991, la société Sémovim, Martigues, Bouches-du-Rhône, a fait réaliser par le marbrier Michel Altovitti un mortier géant de 900 kg, ayant une capacité de 150 l.

MOTS CROISÉS

■ René Lenghart, de Cartignies, Nord, France, a mis en chantier le 16 août 1987 un mot croisé géant et l'a achevé le 22 mai 1989. Celui-ci comporte 129 600 cases, 37 601 définitions et couvre 3,46 m^2.

MOTS FLÉCHÉS

Le 31 décembre 1989, Edmond Guigues, Lattes, Hérault, a réalisé une grille de 9 m^2 de mots fléchés, comportant quelque 22 500 cases pour 3 785 mots à l'horizontale, et 3 532 à la verticale, soit 7 317 définitions. Cette création présente deux particularités originales : il n'y a jamais deux cases de définition juxtaposées, et il existe une possibilité de présenter le problème sous la forme d'un feuilleton de 225 grilles de 10 x 10 sans solution de continuité jusqu'à l'ultime parution.

MOULIN À POIVRE

Le plus grand moulin à poivre du monde mesure 2,65 m et pèse 400 kg. Il a été conçu et fabriqué le 4 juillet 1993, par Robert Barbau à l'occasion du Festival des records des vieux métiers à Rébénacq, Pyrénées-Atlantiques, et fonctionne réellement.

MUR DE LA MORT

Le 14 août 1980, à Rüsselsheim, Allemagne, Hugo Dabbert (né le 24 septembre 1938) a effectué, en 6 h 7 mn 38 s, 6 841 tours sur un mur cylindrique de 10 m de diamètre, soit 215 km, au volant d'une Honda CM 400 T, à la moyenne de 35,2 km/h.

N

NAVETTE DE TISSERAND

(Voir photo ci-dessus)

NŒUDS

Clinton R. Bailey, 52 ans, de Pacific City, Oregon, EU, a noué les 6 nœuds scouts sur une corde en 8,1 s, le 13 avril 1977.

O

ŒUFS

Décorticage
Voir tableau « Pelures ».
Lancer
Voir tableau « Folklore ».
Course
Voir « Équilibre ».

ŒUVRES DE CHARITÉ

Le plus grand dîner de stars en France (Voir photo ci-dessus)

OMELETTE

L'Américain Howard Helmer, d'Atlanta, Georgie, EU, a fait 427 omelettes en 30 mn, le 2 février 1990.

OMNIVORE

MR LOTITO MANGETOUT

■ ***Michel Lotito, né le 15 juin 1950 à Grenoble, Isère, surnommé « Monsieur Mangetout », mange du métal et du verre depuis 1959. Après une radiographie de son estomac, des gastro-entérologues ont qualifié d'unique sa capacité à ingurgiter 1 kg de métal par jour. Voir aussi le chapitre Homme.***

■ ***Au menu depuis 1966 : 18 bicyclettes, 5 chariots de supermarché, 7 postes de télévision, 6 lustres, 2 lits, et un avion léger Cessna avalé à Caracas, Venezuela. C'est, paraît-il, la première fois dans l'Histoire qu'un cercueil avec ses poignées finit dans le ventre d'un homme.***

OUVRE-BOÎTES

(Voir photo ci-dessous)

P

PANIERS

■ L'Association du pique-nique des Moinpaux, de Xertigny, Vosges, a fabriqué le 30 avril 1992, un panier à deux anses, appelé « beaujotte », d'un diamètre de 3,10 m, et d'une hauteur de 1,30 m.

Vannerie ■ La bourgne servait autrefois à conserver les fruits séchés et les céréales. Le 30 août 1993, Maurice Vergnaud, Les Aubiers, Deux-Sèvres, en a réalisé une géante : 1,65 m de haut pour un volume utile de 800 litres. Cette bourgne a nécessité à son concepteur 390 h de tressage de paille et d'écorce de ronces séchées.

PASSAGER CLANDESTIN

Le plus intrépide fut Socarras Ramírez, qui fuit Cuba le 4 juin 1969 en se cachant dans la cavité non pressurisée du train d'atterrissage d'un DC8 Douglas de la compagnie Iberia. Il voyagea ainsi de La Havane à Madrid, soit 9 010 km.

PÂTES

PI, ROI DU SPAGHETTI

Mark Pi, roi du spaghetti a confectionné 4 096 spaghettis en 41,34 s, à Hilliard, Ohio, EU, le 15 décembre 1993, soit près de 100 spaghettis par seconde.

PATINAGE

Sous glace
(Voir photo ci-dessous)

Sauts de tonneaux Le record de saut sur patins à glace est de 8,97 m, par-dessus 18 tonneaux, par le Québécois Yvon Jolin, de Terrebonne, le 25 janvier 1981. Le record féminin, appartenant à Marie-Josée Houle, Saint-Bruno, Québec, est de 6,84 m, par-dessus 13 tonneaux, le 2 mars 1987.

PATINETTE

À l'occasion du Téléthon 1989, la mairie de Sannois, Val-d'Oise, a construit une patinette de 11,89 m. 13 personnes ont ainsi circulé dans les rues de Sannois, le 9 décembre 1989.

PATINS À ROULETTES

Distance ■ Du 6 juillet au 6 septembre 1986, 5 jeunes Français, Benoît Boyer, Jean-Pierre Le Boedec, Guillaume Rossignol, Vincent Blévin et Christophe Ratinet, ont parcouru 4 524 km sur patins à roulettes, entre Olympie, Grèce, et Saint-Brieuc, Côtes-d'Armor.

■ Partis de Saint-Sébastien-sur-Loire, Loire-Atlantique, le 1er août 1988, 29 jeunes Français âgés de 8 à 18 ans et Jean-Claude Hesse, 41 ans, ont parcouru 1 500 km sur patins à roulettes. Ils sont arrivés le 15 août 1988 à Glinde, près de Hambourg, après avoir traversé la France, la Belgique, les Pays-Bas et une partie de l'Allemagne. Ce « raid de l'amitié » a été organisé par l'Amicale laïque et le Comité de jumelage de Saint-Sébastien-sur-Loire.

Saut en hauteur Le 13 mai 1990, à Metz, Moselle, Laurent Nunenthal a effectué sur patins à roulettes un saut en hauteur sans tremplin de 1,22 m. Avec tremplin, il a sauté à 1,43 m.

Vitesse L'épreuve des 100 km sur piste a été remportée le 31 août 1985 par Philippe Le Corvec à Saint-Brieuc, en 3 h 41 mn 48 s 74.

PÉDALO

■ Le plus long voyage en pédalo a duré 103 jours. À la force des pieds, Mick Sigrist et Brad Rud ont descendu le Mississippi sur 3 582 km, de sa source, au Minnesota, jusqu'au golfe du Mexique, du 4 août au 11 novembre 1979.

■ *France* Guy Verneuil et Jacques Ringeissen ont réalisé la traversée Cap-d'Ail - Calvi en 20 h 26 mn, le 27 juillet 1991.

Le 25 juillet 1993, Patrick Ozenne (à gauche sur la photo), lors du Festival des Records de Beslon, Manche, a présenté le plus grand ouvre-boîtes du monde. Réalisé en fer, il représente 20 fois l'original couramment utilisé. Long de 1,25 m pour une largeur de 45,5 cm et une lame de 37,5 cm x 50 cm.

André Roger, le peintre le plus rapide, en compagnie des deux plus grands hommes du monde.

Avec un équipement de plongée autonome et une paire de patins à glace, Lise Desbiens, de Val-d'Or, Québec, Canada, a patiné tête en bas sous la glace au lac Wyeth pendant 65 mn.

PELURES ET RONDELLES

Concombre

■ Le 3 avril 1983, à Cologne, Allemagne, l'Anglais Norman Johnson, a découpé 264 rondelles dans un concombre de 30,5 cm en 13,4 s.

Copeau de bois

■ Le 5 septembre 1993, Franck Fogliata de Montrabé, Haute-Garonne, a réalisé un copeau de bois taillé au rabot à main, d'une longueur de 10,88 m, d'un seul tenant.

Pommes de terre

■ Le 19 septembre 1992, à Shelley, EU, Marj Killian, Terry Anderson, Barbara Pearson, Marilyn Small et Janene Utkin, ont épluché 482,8 kg de pommes de terre en 45 mn dans les règles de l'art culinaire, avec des couteaux de cuisine de modèle courant.

■ Le 29 mai 1987, lors de la fête du 350e anniversaire de la ville de Sillery, Canada, Frédéric Laroche en a épluché seul 500 kg en 4 h 30 mn.

■ À l'occasion du 20e anniversaire du MIN de Rungis, Val-de-Marne, le 15 avril 1989, 5 personnes de la société Clair frites fraîches ont épluché 160 kg de pommes de terre en 45 mn.

■ Le Français André Boudarel a obtenu une pelure de pomme de terre de 145 cm, sans rupture, dans le magasin Géant Casino de Firminy, Loire, le 16 avril 1994, lors du Festival des Records l'Exploit Géant .

Pommes

■ Le 16 octobre 1976, Kathy Wafler, de Wolcott, New York, EU, a épluché une pomme de 567 g en 11 h 37 mn, obtenant une pelure d'un seul tenant de 52,51 m.

■ Le Français Maurice Delafosse, Condé-sur-Noireau, Calvados, a pelé une pomme de 504 g en 10 h 53 mn 32 s pour obtenir une épluchure de 51,35 m, le 26 octobre 1986.

■ Le Français Joaquim Dacosta, a obtenu en 13 mn une pelure de pomme de 6,995 m, le 7 avril 1994, lors du Festival des Records l'Exploit Géant de Casino, à l'hypermarché Rallye La Ricamarie, à Saint-Étienne, Loire.

Oignons

■ Le 23 avril 1971, Harold Witcomb et Gerald Harding, aides-cuisiniers aveugles, ont épluché en 15 mn 40 kg d'oignons, à Bowyers, Trowbridge, GB.

■ Le 19 juin 1993, à Quétigny, Côte-d'Or, Jean-Michel Bussard a épluché 51,8 kg d'oignons en 30 mn.

Crayon

■ Didier Herlin, d'Antibes, Alpes-Maritimes, a réalisé, le 12 mai 1985, une pelure de crayon de 34,6 cm.

Œufs

■ Le 23 avril 1971, à Bowyers, Trowbridge, GB, deux aides-cuisiniers, Harold Witcomb et Gerald Harding, ont décortiqué 1 050 douzaines d'œufs (12 600 œufs) en 7 h 45 mn, soit un œuf toutes les 2,2 secondes. Ils étaient tous les deux aveugles.

Devant l'entrée du magasin Carrefour-Quétigny, le dynamique éplucheur Jean-Michel Bussard, a entamé une séance incroyable de 30 mn, pelant, raclant, coupant, en versant quelques larmes : 51,80 kg d'oignons.

PEINTRES

■ André Roger, né en 1934, de Mascouche, Québec, Canada, est considéré comme le peintre paysagiste le plus rapide du monde. Le 1er avril 1986, à New York, EU, il a peint 60 toiles de 50 cm x 60 cm en 57 mn.

Le 9 septembre 1987, il réalisa une toile de 2,74 m x 1,82 m en 4 mn 34 s. En septembre 1988, il réussit à peindre 1 201 toiles en 7 jours, et, entre 1988 et 1990, il transforma le boulevard traversant Terre-Bonne, Mascouche, La Plaine et Lachenaie, Québec, Canada, en un véritable musée de peintures murales en recouvrant les murs de 500 paysages différents sur une surface totale de 2 220 m². Son record de peinture à l'envers est de 5 toiles de 61 cm x 1,10 m en 12 mn, au Japon, le 13 mai 1985. Ce Canadien a également peint 2 paysages simultanément l'un de la main droite, l'autre de la main gauche, en 1 mn 20,44 s, en novembre 1991. Le format des tableaux était d'environ 4,6 x 6 cm. (Voir photo page précédente)

Caricatures ■ Le 17 octobre 1989, Émile Robin, de Genève, Suisse, a réalisé, en public, 106 caricatures en 1 h.

■ *France* En décembre 1990, Paul Lomré, artiste peintre, a réalisé en 10 mn, à l'aide d'éponges et de plumeaux, un paysage de 2,40 m x 1,40 m. Le 26 janvier 1991, il a peint à l'envers un tableau de 2,40 m x 1,40 m en 14 mn. Ce tableau a été mis aux enchères et a rapporté 7 000 F au profit de l'orphelinat mutualiste de la police nationale.

PÈRES NOËL

Le plus grand En décembre 1989, la société Art Production et quatre habitants de Vannes, Morbihan, ont construit un père Noël en bois, polystyrène et plastique haut de 16,39 m dont la fabrication a demandé 1 mois de travail.

Les plus fidèles ■ Depuis le 17 mai 1954, date de création du club récréatif Volcano Inc., à Saint-Hyacinthe, Québec, Canada, Raymond Picard se déguise tous les ans en père Noël.

■ En France, Pierre Rousset est le Père Noël, tous les ans, à Graçay, Cher, depuis 1966.

PETIT POIS

Voir le tableau « *Folklore* ».

PHOTO

(Voir photo ci-dessous)

PIÈCES

■ Le 28 avril 1990, 250 jeunes de l'ASBL, foyer familial de Charleroi, Belgique, ont réalisé un tapis de 1 137 015 pièces de monnaie anciennes couvrant une surface de 449 m².

■ Un tapis fait de 1 945 223 pièces de 1 F belge de 40,9 km de long a été étalé à Geel, Belgique, le 25 juin 1988 par les membres de Mepp-Stegeta.

■ Le 16 mars 1985, au Central City Park d'Atlanta, Georgie, EU, un alignement de 662 353 pièces de 25 cents, d'une valeur totale de 165 588,25 $, long de 16 km, était sponsorisé par la Fondation nationale du rein de l'État de Georgie.

■ Un tapis de pièces de monnaie couvrant une surface de 524,55 m² a été étalé à Avignon, Vaucluse, le 2 mai 1992 par la COSSLMA.

PINCE À LINGE

En 1992, M. Morizet, de Montauban-de-Bretagne, Ille-et-Vilaine, a fabriqué une pince à linge en bois de 3,5 m de haut et de 693kg.

PINOCCHIO

À Saint-Légier-la-Chiésaz, Suisse, le 1er juin 1991, la société Création Ribes a réalisé, à la demande de la société Andrea et Volet qui fêtait ses 10 ans d'existence, un Pinocchio géant de 9 m de haut pesant 5 t et ayant nécessité 6,606 m³ de bois.

PIPES

Concours de fumeurs William Vargo a gardé une pipe allumée (3,3 g de tabac) pendant 2 h 06 mn 39 s en n'utilisant qu'une seule allumette, lors des 27es championnats mondiaux, à Swartz Creek, Michigan, EU, en 1975.

La plus grande Dans le cadre de la manifestation Europipe 92 à Saint-Claude, Jura, les scouts de France, de Rahon, ont réalisé en mai 1992, une pipe en bois d'une hauteur de 7,30 m.

La plus petite Toujours à l'occasion de la manifestation Europipe 92, à Saint-Claude, Jura, Gilbert Guyot a réalisé une pipe démontable de 11,29 mm.

PISTOLET

Le pistolet 22LR-M100P, fabriqué par Calico, de Bakersfield, Californie, EU, possède le chargeur le plus grand : il peut tirer 103 coups de feu consécutifs.

PLANCHES À ROULETTES

Vitesse Voir chapitre « *Véhicules* ».

Saut Le record de saut en hauteur est de 1,67 m, par l'Anglais Trevor Baxter (né le 1er octobre 1962).

PLIAGE

Papier illustré Le 5 décembre 1993, lors du Salon du livre pour la jeunesse de Montreuil, 25 élèves d'une classe de CM1 de Fontaines-Saint-Martin, Rhône, ont réalisé un pliage géant avec une feuille de 64 m² (8 m x 8 m) sous la direction de Dominique Simon et des Éditions Albin-Michel jeunesse. Résultat : un panda de 3 m de haut, symbole de la protection des animaux menacés de disparition.

PLUVIOMÈTRE

Le 26 juillet 1992, à Beslon, Manche, Fernand Ozanne a réalisé un pluviomètre en tôle de 2 m de haut et d'un volume de 408 l, soit 1 443 l/m³.

POMPES

Voir « *Force Humaine* ».

POMPON

■ Le 4 décembre 1992, les scouts et guides de France de Cholet, Maine-et-Loire, ont présenté un pompon de laine de 1,77 m de diamètre et d'un poids de 169 kg.

PUZZLES

Les premiers puzzles étaient des cartes découpées , créées par John Spilsbury (1739-1769), à Londres, en 1762.

L'Office municipal de tourisme de Sully-sur-Loire a réuni, pour une photo, 2 226 personnes, le 6 septembre 1992, pour montrer le dynamisme de cette commune qui sait se mobiliser.

Le 12 juin 1989, au Mont-Saint-Aignan, Seine-Maritime, l'association Les Nids et Cætera a réalisé un puzzle de 26,50 m x 18,06 m, soit une superficie de 478,59 m² avec 297 000 pièces.

Frédéric Mugnier de l'hypermarché Rallye de Carcassone, Aude, le 8 avril 1994, lors du Festival des Records l'Exploit Géant de Casino, a réalisé une pyramide d'oranges du Maroc, calibre 3/60 de 1,68 m de haut, composée de 9 744 pièces.

Le Géant Casino de Villefranche-sur-Saône, Rhône, en association avec le Lion's Club du Beaujolais et l'association Enfance et Partage, a réalisé une pyramide de 1 800 bouteilles à 12 étages de 3,60 m de haut, le 11 avril 1994, lors du Festival des Records l'Exploit Géant.

<u>Les plus vastes</u> ■ Le 2 juillet 1992, à Marseille, Bouches-du-Rhône, le centre socio-culturel d'Endoume a réalisé un puzzle sur le thème de l'environnement de 4 783 m² et de 43 924 pièces. 14 000 personnes ont décoré les pièces de ce puzzle en forme de poisson.

■ Robert Longstaff Workshops, de Longworth, GB, a fabriqué un puzzle de 920 m² et de 187 220 pièces qui fut assemblé à Londres du 22 au 26 octobre 1990.

<u>Le plus grand nombre de pièces</u>
(Voir photo p.55)

PYRAMIDES

<u>Ananas</u> ■ L'équipe « Fruits et Légumes » de l'hypermarché Rallye de Saint-Brieuc, Côtes-d'Armor, le 16 avril 1994, lors du Festival des Records l'Exploit Géant, a réalisé une pyramide d'ananas de 4,52 m de haut, composée de 630 pièces.

<u>Boîtes de conserve</u> ■ Le Géant Casino d'Amilly, Loiret, a échafaudé une pyramide de boîtes de conserve d'une hauteur de 6,80 m, le 6 avril 1994, lors du Festival des Records l'Exploit Géant.

<u>Bouteilles</u>
(Voir photo ci-dessus)

<u>Colonne de pièces</u> ■ La colonne de pièces la plus chère valait 37 458 £ et mesurait 1,88 m de haut. Elle a été réalisée par la famille Saint Brigid, à Waterford, Irlande, le 20 novembre 1993.

<u>Canettes</u> ■ 10 élèves de l'École secondaire pour filles de Cedar, Singapour, ont érigé une pyramide de 3 795 canettes en 28 mn et 53 s, le 10 novembre 1993 à Montana Park, Singapour.

<u>Capsules de bouteilles</u> ■ Du 17 au 22 novembre 1990, une équipe de 11 personnes menée par Yevgeniy Lepechov, de Kiev, Ukraine, a construit une pyramide de 362 194 capsules.

CHÂTEAUX DE CARTES

<u>Châteaux de cartes le plus haut</u> ■ En mai 1984, John Sain, 15 ans, de South Bend, Indiana, EU, a construit un château de cartes de 68 étages, soit 5,40 m de haut.
<u>Le plus grand nombre d'étages</u> ■ Du 18 au 20 avril 1992, Bryan Berg de Spirit Lake, Iowa, EU, a construit un château de cartes de 75 étages mesurant 4,42 m de haut.

■ *En août 1992, le Français Maurice Gueguen a construit un château de cartes haut de 4,58 m.*

<u>Dominos</u> ■ David Coburn a empilé 291 dominos en équilibre sur un seul le 19 août 1988, à Miami, Floride, EU.

<u>Fontaine de champagne</u> ■ Le 18 mars 1988, au pavillon Baltard, à Nogent-sur-Marne, Val-de-Marne, Pascal Leclerc-Briant a utilisé 14 444 flûtes traditionnelles pour construire une fontaine de 50 étages et de 8,50 m de hauteur.

<u>Morceaux de sucre</u>
Base 50 x 50 cm
(Voir photo ci-dessous)
Base 10 x 10 cm ■ Miguel Antérion a construit, le 6 avril 1994, lors du Festival des Records l'Exploit Géant au Casino de Valence, Drôme, une pyramide de morceaux de sucre de 2,55 m de haut.
<u>Oranges</u> ■
(Voir photo ci-dessus)

R

RAQUETTE
Une raquette de tennis d'une longueur de 10,15 m, large de 3,80 m, a été construite à Nouméa, Nouvelle-Calédonie, par Michel Poignon, le 12 mai 1993.

RASAGE

■ Le 19 juin 1988, à Herne Bay, GB, Denny Rowe a rasé 1 994 hommes en 1 h avec un rasoir de sûreté rétractable, passant 1,8 s avec chaque volontaire et ne faisant couler le sang que quatre fois.
■ Le 10 novembre 1993, Tom Rodden, Chatham, Kent, GB, a rasé en 60 mn, 278 volontaires encore plus téméraires, puisque, cette fois-ci, il a utilisé un coupe-chou. L'exploit a eu lieu lors de l'émission de la BBC, Record Breakers. La vitesse moyenne est de 12,9 s par barbe. Seulement 7 coupures furent à déplorer.
■ <u>France</u> (Photo ci-dessous)
■ Gérard Burges, coiffeur à Prades, Pyrénées-Orientales, a impeccablement rasé un client les yeux bandés, le 12 août 1985.

REPASSAGE
■ En octobre 1988, Nigel Towning, de Grantham, GB, a repassé pendant 128 h.
■ Le record de rapidité est détenu par la Française Éliane Léveillé, qui a repassé et plié 100 mouchoirs en 17 mn 30 s (10,5 s par mouchoir) au Festival de Beslon, Manche, le 26 juillet 1987.

<u>Fer à repasser</u>
(Voir photo ci-dessous)

<u>Table à repasser</u> La plus grande table à repasser a été fabriquée par Didier Thébault, Marcel Poret et Philippe Birée, le 25 juillet 1993, à Beslon, Manche. Elle mesure 4,82 m de long pour une hauteur de 3,90 m.

REPTATION
Le 29 juillet 1988, Reg Morris, de Wasall, GB, a rampé sans s'arrêter (progression avec un des deux genoux en contact constant avec le sol) sur une distance de 45,8 km, avec une moyenne de 82 m/mn.

LE RAMPEUR

Pendant 15 mois, jusqu'au 9 mars 1985, Jagdish Chander, 32 ans, a rampé sur 1 400 km, d'Aligarh à Jamma, Inde, afin de s'attirer les bonnes grâces de Mata, sa déesse favorite.

RICOCHET
Lors du 1er championnat de France du ricochet, à Saint-Rambert-d'Albon, Drôme, Denis Perroux, de Limonest, Rhône, a réalisé le 6 septembre 1992, un ricochet sur l'eau de 48,82 m.

ROBINET
Le 11 octobre 1992, la société Cope, de Papeete, Tahiti, a réalisé un robinet de 1,7 m, dont le diamètre du bec verseur est de 33 cm. Un robinet standard est 18 fois plus petit.

ROULEAU À PÂTISSERIE
Un rouleau à pâtisserie de 3,57 m de long et d'un diamètre de 33 cm a été réalisé par le menuisier M. Feuerer, de Huttenheim, Bas-Rhin, le 18 avril 1993.

RÛCHES
Voir *« Guêpiers »* dans le chapitre Animaux.

S

SACS
■ Le 8 juillet 1989, à Aubigny, Vendée, Marcel Mercier a présenté un sac de voyage en cuir long de 2,55 m, large de 1,50 m et haut de 2,92 m dont la confection a nécessité 30 m² de cuir (7 vachettes).
■ Au Festival de Pépinster, Belgique, Anita Drapier-Lafrate a présenté un sac à main en cuir de 2 m de long et 1 m de haut ayant nécessité 12 m² de cuir.
■ À Mimet, Bouches-du-Rhône, Frédéric Deschamps a réalisé un sac en cuir de 1,62 m de haut, 1,45 m de large, le 5 mars 1990.

SANS CHAISE Voir *« Chenille »*. et position assise à 90 ° dans *« Force humaine »*.

SAVON
En juillet 1991, les ouvriers de la Société européenne de détergents, de Marseille, Bouches-du-Rhône, ont réalisé un savon de Marseille de 6 m de long, de 1,50 m de haut et pesant 21 390 kg. Ce savon géant a dû être coulé dans une benne de semi-remorque.

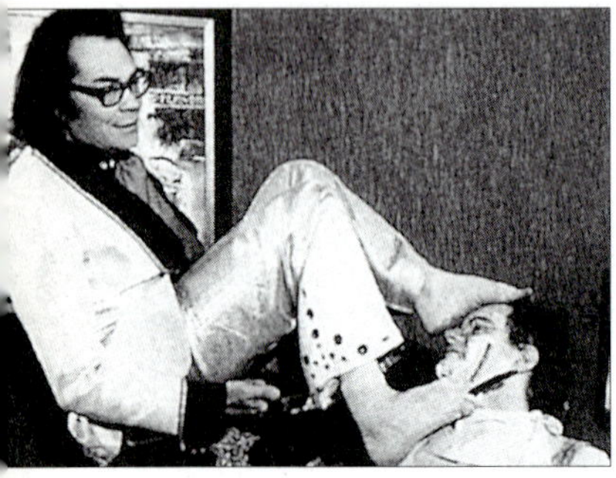

Lors d'une émission télévisée, Achille Clo d'Airoll a rasé avec les pieds un spectateur en 4 mn 10 s.

Honoré Ferigo, de Rébénacq, Hautes-Pyrénées, a fabriqué le 5 juillet 1993, un fer à repasser de 415 kg, copié sur un modèle roumain datant de 1928. Haut de 2,18 m, il a nécessité environ 350 h de travail.

Le Français Dominique Hessel, le 16 avril 1994, lors du Festival des Records l'Exploit Géant au Casino de Fontaine-lès-Dijon, Côte-d'Or, a réalisé une pyramide de 39 371 morceaux de sucre, mesurant 3,51 m de haut.

Un tournevis Tom Pouce de 59,5 cm de haut, pesant 5,940 kg, a été fabriqué par l'hypermarché Rallye de SaintBrieuc, Côtes-d'Armor, le 11 avril 1994, lors du Festival des Records l'Exploit Géant.

Lors du Festival des Records de Beslon, Manche, le 25 juillet 1993, Gaston Beaufils a cacheté une lettre avec le plus gros tampon encreur du monde. Haut de 80 cm et d'un diamètre de 27,5 cm, il représente 5 fois l'original.

Jean-Noël Sarrail, de Madière, Ariège, a réussi en août 1992, le coup le plus cher au Scrabble francophone avec un tirage D E E H P T Z, qui lui a donné un total de 1 734 points avec « déshypothéquiez ».

SAUTS DE TONNEAUX
Voir « *Patinage* ».

SCOUBIDOU
(Voir photo ci-dessous)

SCRABBLE

(Voir photo ci-dessus)

SIFFLETTE

Puissance
Voir le chapitre Homme.

Sitting

En signe de protestation contre le remembrement administratif autoritaire, Simone Caillot, d'Angoville-sur-Ay, Manche, a vécu 2 ans et demi dans une voiture, sur la place publique de Saint-Lô, du 19 juillet 1990 au 19 janvier 1993.

SOLDATS DE PLOMB
Le Club des aventuriers de Sucy-en-Brie, Val-de-Marne, a organisé les 13 et 14 mars 1993, la plus grande bataille de figurines peintes à la main. 2 568 petits soldats de 25 mm de haut, tous différents, se sont « affrontés » pendant 34 h.

STÉNO-GRAPHIE

Les records de vitesse atteints dans les conditions d'un championnat sont de 300 mots/mn (99,6 % d'exactitude) pendant 5 mn et 350 mots/mn (99,7 % d'exactitude, soit 2 erreurs insignifiantes) pendant 2 mn, par l'Américain Nathan Behrin, en décembre 1922. Behrin (né en 1887) utilisait le système Pitman, inventé en 1837.

STYLITES

■ *Nous nous sommes permis de regrouper dans cette rubrique tous les records d'immobilité ou de station prolongée.*

Les stylites sont des personnes qui s'installent au sommet d'une colonne pour se livrer à une méditation plus intense. Les stylites étaient vénérés par la foule.
Les records modernes ne peuvent être comparés à celui de saint Siméon le Jeune (v. 521-597), un ascète chrétien qui passa 45 ans de sa vie assis sur une colonne près d'Antioche, Syrie.

■ Depuis 1970, l'Indonésien Bungkas vit dans un palmier du village de Bengkes, Indonésie. Depuis 24 ans, il habite dans un nid qu'il s'est confectionné avec le feuillage et rien ni personne ne peut le persuader d'en redescendre.
■ Rob Colley est resté 42 jours 35 mn, du 13 août au 24 septembre 1992, dans un tonneau, au sommet d'un pilier de 13 m de haut dans le parc naturel de Dartmoor, Devon, GB.
■ Swami Maujgiri Maharij est resté debout, sans s'asseoir ni jamais se coucher, pendant 17 ans pour accomplir un acte de pénitence, de 1955 à novembre 1973, à Shahjahanpur, Inde. Pour dormir, il s'adossait à une planche. Il mourut en septembre 1980, à 85 ans.
■ Le fakir indien silencieux Mastram Bapu (« le père satisfait ») demeura à la même place, sur le bord de la route, dans le village de Chitra, Inde, pendant 22 ans, de 1960 à 1982.

STYLOS
■ Le stylo Caran d'Ache en or massif de 18 carats, incrusté de diamants blancs de 6,35 carats, se vend 25 995 £. Il est distribué exclusivement par Jakar International, de Londres.
■ En février 1988, un collectionneur japonais offrit la somme de 1,3 million de F pour le stylo-plume français Anémone, créé par Réden.
Il fallut plus d'un an à des artisans qualifiés pour réaliser cet objet incrusté de 600 pierres précieuses et semi-précieuses — émeraudes, améthystes, rubis, saphirs et onyx (voir aussi dans le chapitre Art et culture, « *Records de prix* »).

SURF DES NEIGES

Le 8 janvier 1989, à Fontcouverte, Savoie, cinq jeunes Savoyards, les Kiwicoco's, ont présenté un surf des neiges de 4 m de long équipé de 4 paires de fixations et pesant 27 kg.

T

TABLEAU DE FILS ET CLOUS
Le tableau *Le Sacre du Printemps*, de l'école française du XVIIIe siècle, servit de modèle à Thierry Michaux de Cormontreuil, Marne, pour composer un tableau de fils de 105 x 135 cm.

TAMPON ENCREUR
(Voir photo ci-dessus)

TAPIS ROULANT
Les 28 et 29 septembre 1991, à Saint-Étienne, Loire, Alain Poyet a parcouru 233,026 km en 24 h sur un tapis roulant (voir aussi le chapitre Sciences et technologie, « *Ingénierie* »).

TAPISSERIE
L'artiste yougoslave Frane Delale a dessiné une tapisserie de 1 242 m², l'*Histoire de l'Irak*, fabriquée par l'atelier Zivtex Regeneracija, de Zabok, ex-Yougoslavie. Achevée en 1986, elle décore à présent le mur d'un amphithéâtre de l'université de Bagdad, Irak.

TICKET
Le plus petit ticket ayant jamais existé mesurait 3 mm x 7 mm x 1 mm. Il donnait accès à l'exposition Asie-Pacifique 89, à Fukuoka, Japon. Ce ticket de céramique portait des lettres de 85 à 280 microns.

TIMBRES

Le plus rapide Le 26 septembre 1990, au cours de l'émission de la télévision britannique BBC *Record Breakers*, John Kenmuir, de Hamilton, Écosse, a léché et collé 393 timbres en 4 mn (soit 98 à la minute).
Le plus grand Fabrice Ganacheau a découpé dans quelque 914 timbres à 2,20 F les éléments lui permettant de reconstituer un seul timbre géant de 65 cm x 50 cm. Présenté au festival d'Aubigny, le poster avait réclamé 130 h de travail.
Voir aussi « *Philatélie* », dans le chapitre Affaires et Agriculture.

TOURNÉE

Le 4 juillet 1987, au bar à vin Lord Byron de Solihull, GB, Liam Fallon a payé la tournée à 1 613 personnes. C'était pour une œuvre de charité.

TOURNEVIS
(Voir photo ci-dessus)

TRÈFLES
Voir tableau « *Collections* ».

TREMPLIN

■ Le 28 février 1988, à Tampa, Floride, EU, Todd Seeley a sauté 75 m à moto.
■ En voiture, le record est de 74,70 m, détenu par Kevin Major au volant d'une Ford Escort, à Enstone Airfield, GB, le 30 octobre 1989.

TRESSES
Échalotes Il a fallu 3 018 échalotes à l'hypermarché Cédico, d'Aire-sur-la-Lys, Pas-de-Calais, pour réaliser, le 7 novembre 1992, une tresse d'échalotes de 50,30 m de long.
Ail Le 8 août 1988, Jeanne et Monique Chalard de Glaine, Puy-de-Dôme, ont confectionné une tresse d'ail de 45,33 m.
Oignons
(Voir photo ci-dessous)

TRONÇONNEUSE

La plus grande sculpture
(Voir photo ci-dessous)
La plus petite ■ Le 6 février 1993, aux Hôpitaux-Vieux, Doubs, Denis Sandona a sculpté un chevreuil de 59 mm à l'aide de ses 2 tronçonneuses standard, en 7 mn 4 s.

Le 18 septembre 1993, à Montesson, Yvelines, la société Basmaison a présenté au magasin Carrefour, une tresse d'oignons fabriquée par Amélia da Silva, de 73,10 m.

Le 3 avril 1993, à l'occasion des 30 ans d'existence de la Table Ronde de Cholet, Maine-et-Loire, la famille Lavillebiot, a présenté un scoubidou de 214,60 m de long, dont la confection a nécessité 385 h de travail et 3 200 m de drisse en nylon.

Denis Sandona, pour l'hypermarché Casino de Pontarlier, Doubs, a sculpté une pelleteuse dans une bille de séquoia de 6 m. La sculpture mesurait 5,09 m de diagonale, 3,28 m de haut, 4,44 m de large, le 16 Avril 1994, à l'occasion de l'Exploit Géant Casino.

À la demande de l'hôtel Sofitel Maeva Beach, à Papeete, Tahiti, le décorateur Jean-Marc Poursin a réalisé, le 11 octobre 1992, une valise longue de 2,8 m et large de 1,5 m.

La plus grande truelle de maçon a été réalisée par Pascal Lecuyer et Eric Leroulet, le 25 juillet 1993, à Beslon, Manche. Elle mesure 2,92 m de long et 0,50 m de large.

TRUELLE
(Voir photo ci-dessus)

TUBE DE PEINTURE

Le magasin « Le Jardin d'Eva », à Voiron, Isère, a exposé un tube de peinture géant de 5,60 m de long, d'une contenance d'environ 4 000 l et d'un diamètre de 1,20 m. Ce tube d'« huile fine Van Gogh », a été réalisé par 5 artistes pour commémorer le centenaire de la mort de Vincent Van Gogh.

TYROLIENNE
L'Anglais Jim Whitman a chanté une tyrolienne pendant 30 h, les 16 et 17 novembre 1989. Le 16 novembre 1990, il a réussi à changer 10 fois de tonalité (entre le grave et l'aigu) en 0,88 s.

V

VAGUE HUMAINE - OLA
À l'occasion de la journée Humpty-Dumpty, au forum de Montréal, Québec, le 2 février 1992, les 18 000 spectateurs et partisans du Club de hockey sur glace professionnel ont accompli le nombre record de 78 vagues consécutives.

VALISE

(Voir photo ci-dessus)

VÉLO D'APPARTEMENT
Distance en 1 mn ■ Le Français Philippe Brunet de Blaisy-Bas, Côte-d'Or, est titulaire, depuis le 4 avril 1993, du record du monde de la plus grande distance parcourue en 1 mn après 23 h 33 mn 5 s de course, avec 1,170 km. Il avait déjà 1 200 km «dans les jambes».
Distance en 5 mn ■ Le 16 avril 1994, Jacques Berjoan, de Leucate, Aude, a parcouru, sur un vélo fixe d'appartement, 4,45 km, en 5 mn, à l'occasion du Festival de Records l'Exploit Géant.

VIOLON SOUS L'EAU

FILS NATUREL DE PAGANINI ET DE COUSTEAU

Pour prouver qu'il était possible de jouer du violon sous l'eau, Mark Gottlieb a interprété *Water Music*, de Haendel, dans la piscine du State College d'Olympia, Washington, EU, le 15 mars 1975.

VENTE AUX ENCHÈRES
Reg Coates a dirigé une vente aux enchères durant 60 h, du 9 au 11 septembre 1988, à Gosport, GB.

VERRES

Équilibre Voir plus haut.
Les plus grands ■ Le 27 janvier 1986, la société Cristal de Sèvres, à Vannes-le-Châtel, Meurthe-et-Moselle, a fabriqué un verre à cocktail haut de 1,70 m, de 61 cm de diamètre et d'une contenance de 150 litres.
■ À l'initiative des Comptoirs modernes, à Lagnieu, Ain, Pierre Pignat et Roger Odobez, maîtres verriers à Genas, ont fabriqué un verre à vin haut de 1,53 m et d'une capacité de 204 litres.

▲ La plus grande flûte à champagne en verre du monde est exposée aux Celliers de Pierry, Marne, et a été réalisée par la société Champagne Vincent d'Astree, à la demande de BSN Emballage. Soufflée à la bouche, le 4 décembre 1993, à l'occasion du Téléthon, elle pèse 18,5 kg pour une hauteur de 2,13 m et une contenance de 117 litres.

VÊTEMENTS

Blouson Un blouson géant style Perfecto d'une hauteur de 3,10 m et d'une envergure de 8,90 m a été réalisé par le lycée professionnel Riess, Mazamet, Tarn, le 22 mai 1991. Ce blouson est en tout point identique au modèle original.
Casquette L'Association des jeunes sportifs de l'Ousse des Bois a confectionné le 17 août 1992 une casquette de 2 m de diamètre, de 1 m de hauteur et d'une circonférence de 6,28 m.
Chapeau Dans le cadre du Festival du nouveau rire organisé au casino de Trouville, du 4 au 12 août 1990, un chapeau de paille de 8,14 m x 0,98 m, d'une circonférence de 14,20 m, a été réalisé par 245 enfants. Il a nécessité 360 h de travail.
Chaussette Le 20 mai 1990, à Liège, Belgique, le club de basket BC Saint-Louis a réalisé une chaussette tricotée à la main de 131 m de long.
Chaussons Il n'a fallu qu'un an, du 1er janvier 1992 au 31 décembre 1992, à Denise Jehl-Marot, de Paray-Vieille-Poste, Essonne, pour tricoter à la main 366 paires de chaussons pour bébés.
Chaussures ■ James Smith, fondateur de la firme James Southall, à Norwich, GB, a inventé les chaussures sur mesure en 1792.
■ Les plus petites Salvatore Mobilia, né en 1927, cordonnier à la retraite, de Saint-Nicolas, Belgique, a réalisé 400 chaussures miniatures, cousues à la main. Les plus petites mesurent 8 mm de long et 4 mm de large.
■ Les plus grandes Dans le cadre de son apprentissage pour devenir cordonnier, Frédéric Morel de Chirens, Isère, a réalisé seul une chaussure de 2,40 m de longueur et 1,40 m de haut. Il lui a fallu 1 500 heures de travail pour l'achever avant la fin de l'année 1992.
■ Les élèves et le professeur de cordonnerie des Orphelins apprentis d'Auteuil, Paris, ont fabriqué une chaussure pied gauche en cuir de 2,40 m de longueur (7 peaux de vachette), le 12 septembre 1991.
■ La société Task Force, de Bruxelles, Belgique, a réalisé une sandale en cuir de 2,72 m de long (pointure 385).

Madame Martines a confectionné, le 16 avril 1994, lors du Festival des Records l'Exploit Géant au Casino d'Arles, Bouches-du-Rhône, une chemise guardianne de 2,90 m de haut.

L'hypermarché Rallye de Saint-Brieuc, Côtes-d'Armor, a réalisé, le 6 avril 1994, lors du Festival des Records l'Exploit Géant, une marinière de 7 m de haut.

Faire la vague, ou faire la ola, consiste à faire se lever la foule des spectateurs de manière spontanée et consécutive pour que ce geste exécute un tour complet du stade. Dans le cas présent, les partisans des « Canadiens de Montréal » au nombre de 18 000, ont réalisé 78 tours de pistes : 78 vagues en 14 mn 28 s. Cette tradition d'Amérique du Sud se répand dans le monde entier.

Lucienne Gabillet a confectionné, le 9 avril 1994, lors du Festival des Records l'Exploit Géant au Casino d'Aix-Les-Bains, Savoie, un boxer short de taille 42 x 10, haut de 5,20 m.

■ *Les plus chères*

JEAN-BEDEL BOKASSA LE POINTU

Jean-Bedel Bokassa commanda des chaussures incrustées de perles d'une valeur de 85 000 $ à la maison Berluti, Paris, pour son couronnement en tant qu'empereur de Centrafrique (devenue depuis république), le 4 décembre 1977. Ce sont les chaussures les plus chères jamais vendues.

Chemise
(Voir photo ci-dessous)

Combinaisons Les combinaisons portées depuis 1982 par les équipages des navettes spatiales américaines pour travailler hors du vaisseau coûtent 3,4 millions de $ pièce.

Confection ■ Le 24 juin 1982, 65 membres de l'école de textile de Melbourne, Australie, ont confectionné un costume trois-pièces en 1 h 34 mn 33 s, de la tonte du mouton au produit fini. 2 mn 21 s ont suffi pour attraper et tondre le mouton.

■ L'équipe du Festival 1984 d'Aubigny, Vendée, a fabriqué un ensemble deux-pièces pour femme en 1 h 27 mn.

Cravate Le 9 mai 1990, la société Ranson Industrie, de Linselles, Nord, a fabriqué une cravate en polyester longue de 124,88 m, large de 2 m et pesant 118 kg.

Écharpes ■ Les habitants d'Abbeyfield Houses, GB, ont tricoté une extraordinaire écharpe de 32 km, le 29 mai 1988.

France ■ Une écharpe de 247,80 m a été réalisée, le 27 mai 1987 par Martine Dethier du magasin Phildar de Vitrolles, Bouches-du-Rhône. Elle a été tricotée au point mousse avec des aiguilles n° 4 sur une largeur de 40 cm.

La plus belle ■ Vicky Heuse, de Trooz, Belgique, a tricoté entre octobre 1992 et octobre 1993, une écharpe de 197,75 m, entièrement réalisée avec des restes de laine. Celle-ci fut ensuite morcelée en écharpes de dimensions plus habituelles et offerte à la Croix-Rouge.▼

Espadrille Armand Perez, de Mauléon, Pyrénées-Atlantiques, a réalisé en 1992 une espadrille de 2 m de long, correspondant à la pointure 300.

Faluche La plus grande faluche (béret d'étudiant) a été réalisée par l'Association générale des étudiants de Montpellier, Hérault, le 26 avril 1989. En velours noir, avec quatre crevets (tresses) en taffetas, elle mesure 6 m de diamètre.

Foulard scout La 73ᵉ Fédération des scouts catholiques de Berchem-Sainte-Agathe, Belgique, a réalisé un foulard scout de 20 m x 10 m, le 21 mars 1992.

▲*Gilet*
Un gilet 5 boutons, de 3 x 2,80 m, a été confectionné par Anne-Lise Mayeur, le 16 avril 1994, lors du Festival des Records l'Exploit Géant au Casino de Istres, Bouches-du-Rhône.

Jeans La société Lee Europe a exposé, le 30 janvier 1992, à Bruxelles, Belgique, une paire de jeans, réplique exacte du modèle 101 z, d'une hauteur totale de 23 m, d'un tour de taille de 16,80 m. Cette paire de jeans, qui a nécessité plus de 10 km de fil et 380 m x 1,50 m de tissu, d'un poids de 370 kg, a été levée à l'aide de 2 grues de manière à être présentée dans toute sa longueur.

Jupe Denise Perrault a confectionné, le 15 avril 1994, lors du Festival des Records l'Exploit Géant au Casino de Limoges, Haute-Vienne, une jupe de 4,20 m de long et de 3,88 m de tour de taille.

Maillot de bain
(Voir photo p.58)

Marinière
(Voir photo ci-contre)

Robes ■ La robe la plus chère, présentée à Paris le 23 mars 1989, a été créée par Hélène Gainville. C'est une robe de mariée brodée de diamants montés sur platine. Elle aurait été vendue 7 301 587 $ exactement (36,5 millions de F).

■ *En cheveux* Zohra Sari, d'Alger, Algérie, a confectionné en 1992, 6 robes en cheveux naturels et synthétiques qui ont été crochetés, cousus et collés sur les robes.

Sabot Lors de la Fête de la forêt, le 12 août 1990, à Saint-Quirin, Moselle, Emmanuel Kubler, bûcheron, a présenté un sabot en bois, taillé à la tronçonneuse, de 4,76 m de long, pesant 1,8 t.

Soutien-gorge ■ La boutique Danielle lingerie, de Lyon, Rhône, a confectionné un soutien-gorge à balconnets en satin blanc de 21,20 m de tour de poitrine, le 15 juin 1990.

Short Cinq étudiants du lycée Saint-Stanislas, à Carcassonne, Aude, ont fabriqué un short tricolore de 8,30 m de large à la ceinture et 12 m de haut.

Traîne Lors de son mariage à Brive-la-Gaillarde, Corrèze, le 13 février 1993, Corinne Chaminade portait une traîne de mariée de 277,6 m de long. Réalisée d'après une idée des élèves de l'école de couture Danton, cette traîne a nécessité 250 h de travail et plus de 500 Brivistes pour la porter.

Tee-shirt Le Géant Casino de Béziers, Hérault, a confectionné un tee-shirt de 10,23 m de haut et 14,54 m de large, le 16 avril 1994, lors du Festival des Records l'Exploit Géant.

Tunique Patricia Ung et Philippe Thai, de Paris, ont confectionné, le 6 avril 1994, lors du Festival des Records l'Exploit Géant de Casino, à l'hypermarché Rallye Paris Masséna, une tunique de 3 m de haut.

VOILIERS

329 voiliers du club marin de Dublin, Irlande, ont été amarrés dans le port de Dun Laoghaire le 14 juin 1987. Ils formaient un double anneau qui évoquait la forme d'un tournesol.

Y

YO-YO

■ Le yo-yo est un jouet de la Grèce antique : on le trouve représenté sur une coupe de 450 av. J.-C. C'était également une arme de combat de 1,8 kg, avec une lanière de 6 m, utilisée dans la jungle des îles Philippines au XVᵉ ou au XVIᵉ siècle.

■ Le terme signifie « viens-viens ». Bien qu'on trouve son image dans un livre de 1891, sous une forme différente, ce jouet n'a fait fureur qu'en 1926, lorsqu'il fut introduit aux États-Unis par Donald F. Duncan, de Chicago, Illinois, EU.

■ Le 14 octobre 1990, à Boston, Massachusetts, EU, Eddy Mc Donald, de Toronto, Canada, a effectué 21 663 boucles en 3 h. Le 14 juillet 1990, à Cavendish, île du Prince-Édouard, Canada, il avait établi un record de 8 437 boucles en 1 h.

■ Un yo-yo mesurant 3,17 m de diamètre et pesant 407 kg a été conçu par des élèves ingénieurs de l'école de Stockport, GB, pour les établissements J.N. Nichols. Le yo-yo, lancé le 1ᵉʳ août 1993, d'une grue de 57,5 m, est descendu et remonté 4 fois.

Ces mini-chaussures, toutes cousues main, sont l'œuvre du cordonnier belge Salvatore Mobilia : les plus petites ne mesurent que 8 mm de long et 4 mm de large.

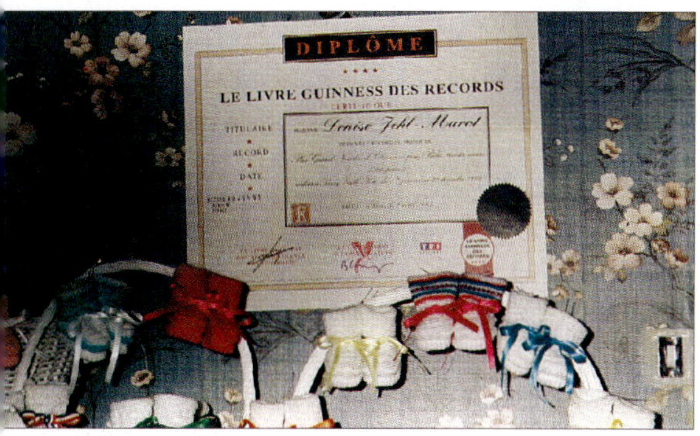

La sympathique réputation de fantaisie et d'imagination du Livre Guinness des Records incite les talents à relever les défis les plus originaux. Denise Jehl-Marot, en un an de travail en 1992, a tricoté 366 paires de chaussons de bébé, tous différents, demandant chacun au moins 5 h de travail en plus de son emploi salarié, sa vie familiale, etc.

ENTREZ DANS LE MONDE FASCINANT DES RECORDS

3 TOP STARS

Patricia Kaas, Cendrillon des houillères de Lorraine, est devenue en 2 ans la matérialisation du rêve de tous les adolescents de France.

Les plus gros contrats

■ Le 20 mars 1991, la firme Sony a annoncé qu'elle avait conclu avec Michael Jackson (né le 29 août 1958) un contrat de 1 milliard de $. Le chanteur a promis six nouveaux albums à Sony, pour laquelle il tournera des clips et des programmes de télévision.

■ Le 21 avril 1992, la chanteuse américaine Madonna (née le 16 août 1959), a rejoint Michael Jackson au hit-parade des super-contrats en concluant avec le groupe Time Warner, premier groupe mondial de communication, un accord pour la création d'une nouvelle société de variétés destinée à faire découvrir au public de nouveaux talents. Cet accord garantit à la chanteuse un revenu de 60 millions de $ sur 7 ans dont 5 millions de $ d'avance pour chacun de ses 7 prochains albums et 20 % des royalties sur les ventes.

■ Janet Jackson, la sœur de Michael Jackson, a, au cours du mois de mars 1991, signé un contrat de 32 millions de $ avec la société Virgin Records, pour la sortie de seulement deux disques.

POPULARITÉ

■ En mai 1985, les Beatles, un groupe de Liverpool, GB, composé de George Harrison, né le 25 février 1943 ; John Lennon, né le 9 octobre 1940, assassiné le 8 décembre 1980 ; Paul McCartney, né le 18 juin 1942 ; et Richard Starkey, alias Ringo Starr, né le 7 juillet 1940, avaient déjà vendu plus de 1 milliard de disques et de cassettes dans le monde (selon des estimations d'EMI). Ces quatre musiciens ont vendu encore des millions de disques en tant que solistes.

■ Depuis la séparation des Beatles, en 1970, les Suédois d'Abba (Agnetha Faltskog, Anni-Frid Lyngstad, Björn Ulvaeus et Benny Andersson) forment le groupe le plus populaire du monde. Ils avaient vendu plus de 215 millions de disques et cassettes en mai 1985.

TUBES

■ Le hit-parade a été créé aux États-Unis par le journal *Billboard* le 20 juillet 1940. Le premier n°1 fut *I'll Never Smile Again* (« Je ne sourirai plus »), de Tommy Dorsey (1905-1956).

UN NOUVEAU CULTE : LES OBJETS DES STARS

En Amérique, les fans payent à prix d'or les objets de leurs stars préférées. L'oscar de Vivien Leigh dans Autant en emporte le vent *a atteint la somme faramineuse de 2,9 millions de F.*

On s'arrache aussi le "négligé" de Madonna pour 103 000 F et le seul enregistrement connu des Beatles au Cavern Club en 1962 pour 143 000 F.

France

Le rêve n'a pas le même prix en France et les valeurs diffèrent. L'autoportrait de Picasso ayant appartenu à Apollinaire s'est vendu 2,1 millions de F et le passeport de Rimbaud 272 190 F. Nous avons même des fétichistes : la moto Yamaha de Coluche estimée à 155 000 F et le divan de Jacques Lacan emporté pour 98 000 F.

ROCK ET CHANSON
AUTEURS ET INTERPRETES

Scotto et Delanoé

Vincent Scotto a composé 4 012 chansons. Parmi les contemporains, Pierre Delanoé est l'auteur français qui touche les droits les plus élevés depuis 20 ans.

Les partitions les plus vendues

Trois chansons anglaises sans copyright ont déjà été vendues à plus de 20 millions d'exemplaires. Il s'agit de *The Old Folks at Home* (« Les vieux au foyer »), de Stephen Foster (1855), *Listen to the Mocking Bird* (« Écoute l'oiseau moqueur », 1855) et *The Blue Danube* (« Le Beau Danube bleu », 1867).

Quant aux chansons protégées par un copyright, les plus vendues sont *Let Me Call You Sweetheart* (« Permets-moi de t'appeler chérie »), de Whitson et Friedman (1910), et *Till We Meet Again* (« À la prochaine »), d'Egan et Whiting (1918) : plus de 6 millions d'exemplaires chacune.

Rock is Business

Chanteurs les mieux payés

■ David Bowie a été payé 1,5 million de $ pour un seul concert, en Californie, le 26 mai 1983.

■ La même somme fut également versée aux quatre musiciens du groupe Van Halen.

■ La tournée mondiale de Michael Jackson (septembre 1987-décembre 1988) lui rapporta plus de 124 millions de $ (environ 744 millions de F). Il s'agit de son bénéfice brut et non pas de son cachet.

■ Les Beatles sont le groupe qui a décroché le plus de n° 1, avec 20 titres différents sur 45-tours et 15 sur 33-tours. Ils ont le record de la meilleure pré-vente de disque avec leur 45-tours *Can't buy me Love*, dont 2,1 millions avaient été achetés au 21 mars 1964.

Les champions du Billboard

■ Les plus grands auteurs de tubes sont John Lennon (1940-1980) et Paul McCartney (né en 1942). Aux États-Unis, 32 titres de McCartney et 26 de Lennon ont été n° 1. Après eux vient Barry Gibb, des Bee Gees, avec seize n° 1 aux États-Unis.

■ Pour les femmes, le record appartient à Barbra Streisand, avec 6 albums n° 1 et 40 albums classés de 1963 à 1989.

C'est la chanteuse qui a vendu le plus de disques au monde : 30 de ses albums ont dépassé 500 000 exemplaires.

■ Elvis Presley a eu 94 albums classés dans les listes du *Billboard*, de 1956 à 1989.

Comme d'habitude

Créée en 1968 par Claude François, Jacques Revaux et Gilles Thibaut, *Comme d'habitude* a fait le tour du monde sous le titre « My Way ». Au 27 avril 1993 elle avait été enregistrée 600 fois, par les plus grands interprètes dont, dans le désordre, Frank Sinatra, Elvis Presley, Nina Hagen, Ray Charles, les Platters, les Gipsy Kings, les Sex Pistols…

LES PLUS JEUNES CHANTEURS

Jordy Lemoine, plus connu sous le nom de Jordy, est à 4 ans et demi, le plus jeune n° 1 du Top 50.

Avant lui les plus jeunes chanteurs ayant fait leur apparition au Top 50 furent Melody, à 12 ans, avec *Y'a pas que les grands qui rêvent*, n° 7 en 1989 ; Fanny, à 12 ans également, avec *L'Homme à la moto*, n° 2 en 1991.

Elsa et Vanessa Paradis furent toutes deux n° 1 à 14 ans avec, respectivement, *T'en vas pas* et *Joe le Taxi*, en 1987.

Le nom le plus imprononçable

Le chanteur Prince a décidé de se faire débaptiser, désormais il faudra le nommer par un signe cabalistique (imprononçable). Ce signe est la juxtaposition de deux symboles génétiques, masculin et féminin. Ça ne va pas être facile de hurler son nom au prochain concert !

CONCERTS

Le plus grand spectacle rock

The Wall, *la production des Pink Floyd, a rassemblé 600 exécutants à Berlin, le 21 juillet 1990, sur une scène de 168 m x 25 m. Environ 200 000 personnes suivirent la construction puis, ensuite, la démolition symbolique du mur de Berlin.*

La tournée la plus fructueuse

Steel Wheels *(Roues d'acier), la tournée des Rolling Stones à travers l'Amérique du Nord, en 1989, aurait rapporté 310 millions de $. Elle fut suivie dans 30 villes par 3,2 millions de spectateurs.*

Le plus grand nombre de spectateurs à un concert payant

180 000 spectateurs payants ont assisté au concert de Paul McCartney (né en 1942), le 21 avril 1990, au stade Maracana, à Rio de Janeiro, Brésil.

Le plus grand spectacle *son et lumière*

Le compositeur Jean-Michel Jarre a organisé un spectacle, suivi par 2 millions de spectateurs, à l'occasion de la fête du 14 Juillet 1990, à Paris.

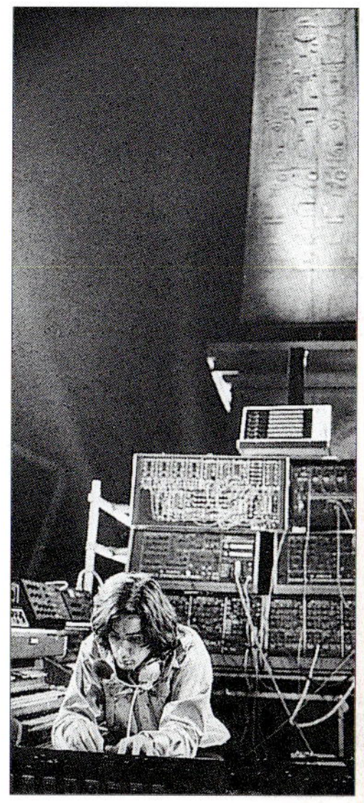

ENTRÉES LIBRES

■ 725 000 spectateurs ont assisté au Festival américain 1983, organisé par Steve Wozniak, à San Bernardino, Californie.

■ Le fameux festival de Woodstock, à Bethel, État de New York, EU, du 15 au 17 août 1969, avait rassemblé de 300 000 à 500 000 personnes.

■ Celui de l'île de Wight, GB, le 30 août 1970, avait réuni 400 000 personnes.

40 ANS DE CHANSONS

C'est en 1951 que le premier 45-tours fut pressé en France, sur résine de vinyle, à l'usine Pathé de Chatou, Yvelines. Il s'agissait d'un « simple » (deux chansons) du Rico's Creole Band.

Réuni à l'initiative du *Nouvel Observateur*, de France-Inter et de la Sacem (Société des auteurs, compositeurs et éditeurs de musique), un jury de quarante critiques musicaux a établi, en février 1991, la liste des cent 45-tours les plus marquants de ces quarante années. Le palmarès titre-interprète est le suivant :

1. Il est 5 heures, Paris s'éveille	*Jacques Dutronc*
2. Ne me quitte pas	*Jacques Brel*
3. Il voyage en solitaire	*Gérard Manset*
4. Avec le temps	*Léo Ferré*
5. Les Feuilles mortes	*Yves Montand*
6. La Vie en rose	*Édith Piaf*
7. Marcia Baila	*Rita Mitsouko*
8. Gaby, oh Gaby	*Alain Bashung*
9. Retiens la nuit	*Johnny Hallyday*
10. Je t'aime... moi non plus	*Serge Gainsbourg et Jane Birkin*

L'auteur-compositeur le plus primé est Serge Gainsbourg (1928-1991), avec 8 titres, et l'interprète le plus cité est Johnny Hallyday (5 disques).

À noter que le premier Charles Trenet *(La Mer)* arrive en 11e position, le premier Georges Brassens *(Chanson pour l'Auvergnat)* en 13e, le premier Barbara *(Dis, quand reviendras-tu ?)* en 19e, le premier Claude Nougaro *(Une Petite Fille)* en 21e et le premier Charles Aznavour *(La Bohème)* en 22e.

LES VICTOIRES DE LA MUSIQUE 1993

Les Victoires de la Musique, créées en 1985, récompensent tous les ans les meilleures créations, interprétations et réalisations musicales de langue française.

Les lauréats des 9es Victoires de la Musique de l'année 1993 sont : Alain Souchon, meilleur artiste interprète masculin ; Barbara, meilleure artiste interprète féminine ; Alain Souchon, pour la meilleure chanson, *Foule sentimentale* ; Eddy Mitchell, pour le meilleur album, *Rio Grande*.

DISQUES

Petite histoire du disque

Le 30 avril 1877, le poète et inventeur français Charles Cros (1842-1888) déposa à l'Académie des sciences le brevet du gramophone. L'appareil fut réalisé par l'Américain Thomas Alva Edison (1847-1931). Son mécanicien, John Kruesi, construisit, du 4 au 6 décembre 1877, le premier gramophone à cylindre en cire.

Le disque plat fut inventé par l'Américain Emile Berliner (1851-1921) et présenté à Philadelphie, Pennsylvanie, EU, le 18 mai 1888.

Les premiers enregistrements

La première voix enregistrée est celle de lord Stanley of Preston, gouverneur général du Canada, à l'occasion de son discours inaugural de l'Exposition industrielle de Toronto, le 11 septembre 1888. Les Archives nationales du son, à Londres, en conservent une copie.

Le baryton danois Peter Schram est le premier chanteur dont la voix ait été gravée sur un cylindre, le 5 septembre 1889, jour de son 70e anniversaire, dans le rôle de Don Giovanni.

Enregistrements sur bandes magnétiques

Avec son « télégraphone » à fils d'acier, le Danois Valdemar Poulsen (1869-1942) inventa en 1898 l'enregistrement magnétique. En 1928, l'Allemand Fritz Pfleumer fit breveter un procédé permettant de conserver le son sur bandes magnétiques.

Ces bandes furent utilisées pour la première fois aux studios Blattner, à Elstree, GB, en 1929. C'est la société allemande BASF qui inventa les bandes en plastique, entre 1932 et 1935. Il fallut cependant attendre 1950 pour que Recording Associates, de New York, les commercialise. En avril 1983, la société japonaise Olympic Optical Industry commercialisa une cassette magnétique pesant 125 g et mesurant 10,7 x 5,1 x 1,4 cm.

▼ Ringo Starr, John Lennon, Paul McCartney et George Harrison, après avoir été reçus par la reine Elizabeth, montrent les insignes de membres du Très Excellent Ordre de l'Empire Britannique qu'ils viennent de recevoir, le 26 octobre 1965.

Les premiers disques

La discothèque de la BBC compte plus de 1 million de disques, dont 5 250 sans numéro de matrice. Les plus anciens sont des cylindres de cire blanche datant de 1888. Le premier disque commercial fut réalisé en 1895.

France ■

Le plus ancien cylindre de la discothèque de Radio-France date de 1898 : c'est un extrait de *Cyrano de Bergerac* interprété par Constant Coquelin l'Aîné. Ce cylindre, de la marque Phono Cinéma Théâtre, était utilisé pour illustrer les films muets.

Les premiers best-sellers

Le premier enregistrement vendu à plus de 1 million d'exemplaires est l'aria Vesti la giubba *de l'opéra* Paillasse, *de Ruggero Leoncavallo (1858-1919), interprétée par Enrico Caruso (1873-1921). La première version, avec accompagnement au piano, date du 12 novembre 1902. La chanson* Carry Me Back to Old Virginy *(« Ramène-moi dans la vieille Virginie »), interprétée par Alma Gluck sous la marque Red Seal Victor, fut la première à dépasser le million d'exemplaires.*

Disques de jazz

■ ***Indiana* et *The Dark Town Strutters Ball* furent enregistrés sous la marque Columbia, à New York, le 30 janvier 1917, par l'Original Dixieland Jazz Band, de Dominick La Roca (1889-1961).**

■ ***Livery Stable Blues* enregistré par le même groupe le 26 février 1917 fut le premier disque de jazz commercialisé, sous la marque Victor, le 7 mars 1917.**

Collection à la pelle

Les versions jazz des Feuilles mortes

Le Français Michel Petit possède 320 versions jazz du titre *Les Feuilles mortes* (*Autumn Leaves*) sous forme de CD, cassettes et de 33-tours. Il s'agit de la plus importante collection particulière pour un titre.

Le premier disque compact qui dépassa le million d'exemplaires vendus fut *Brothers in Arms* (« Frères d'armes »), du groupe Dire Straits, en 1986.

Elton John vend sa collection de disques au profit du sida

Au cours d'une vente aux enchères à Londres, la collection personnelle d'Elton John, de 48 000 disques (dont 25 000 33-tours, et 23 000 45-tours) a atteint la somme de 1,6 million de F. Les fonds récoltés sont destinés à des œuvres associées à la lutte contre le sida. L'acquéreur, un collectionneur privé américain de Saint-Louis (Missouri), est resté anonyme.

LE KING

Bien qu'aucun chiffre officiel n'ait jamais été publié, Elvis Aron Presley (1935-1977) est certainement l'artiste qui a vendu le plus de disques au monde, détrônant Bing Crosby. Ses 45-tours ont donné 170 tubes ; ses albums, 80. Il connut dès 1956 un immense succès, qui n'a cessé depuis.

RÉCOMPENSES US

Le plus grand nombre de disques d'or de la RIAA

■ **Le premier véritable disque d'or (en fait, il s'agissait d'un disque peint en or) fut offert par RCA Victor, le 10 février 1942, au tromboniste et chef d'orchestre américain Alton « Glenn » Miller (1904-1944) pour son air *Chattanooga Choo Choo*.**

■ **Depuis le 14 mars 1958, c'est la Recording Industry Association of America (RIAA) qui attribue officiellement aux États-Unis les disques d'or (500 000 exemplaires), de platine (1 000 000) et multiplatine (2 000 000 et plus).**

■ **Sur les 5 943 récompenses de la RIAA, 1 206 singles d'or, 3 433 albums d'or, 98 singles de platine et 1 206 albums de platine, décernés au 31 décembre 1990, le record pour les groupes est détenu par les Rolling Stones qui en ont obtenu 55 (34 d'or, 15 de platine, 6 de multiplatine). Le groupe qui a reçu le plus d'albums d'or est aussi les Rolling Stones avec 34. Le groupe qui a le plus d'albums multiplatine est les Beatles avec 11 sur un total de 48 récompenses. Seul ou avec le groupe The Wings, Paul McCartney en a obtenu 27 autres (dont un avec Stevie Wonder et un avec Michael Jackson), soit un total de 75.**

■ **Elvis Presley (1935-1977), dont le nombre de 45-tours ayant dépassé le million d'exemplaires est estimé à « environ 80 », a reçu 51 récompenses entre 1958 et 1986, record absolu pour un chanteur soliste.**

BEST-SELLERS EN FRANCE

33-tours de diamant 93

En 1993, Pow Wow (pour *Regagner les plaines*), Bof (pour *Dirty Dancing*), Whitney Houston (pour *Bodyguard*), Eagles (pour *Hotel California*), Starmania (pour *Starmania extraits*), ont obtenu un disque de diamant, décerné par le Syndicat national de l'édition phonographique.

Les disques d'or, de platine et de diamant récompensent, dans les catégories "album" (vynile 33-tours, K7 et CD) et "45-tours" (vynile, K7 et CD 2 titres), les chanteurs ayant réalisé des ventes très importantes. Il faut savoir que pour avoir un disque d'or aux États-Unis, il faut avoir vendu 2 fois plus de 45-tours qu'en France.

	45-tours	33-tours
Argent	125 000	
Or	250 000	100 000
Platine	500 000	300 000
Double platine		600 000
Diamant		1 000 000

Dirty Dancing

Whitney Houston

VENTES CUMULÉES MONDIALES

45-t

White Christmas

■ *White Christmas* (« Noël blanc ») d'Irving Berlin (né Israel Bailin, 1888-1989), enregistré par Bing Crosby le 29 mai 1942, est le best-seller absolu, catégorie 45-tours. 170 884 207 exemplaires avaient déjà été vendus rien qu'en Amérique du Nord, le 30 juin 1987.

Albums

Thriller

■ En mai 1992, Michael Jackson (né le 29 août 1958 à Gary, Indiana, EU) avait déjà vendu 47 millions d'exemplaires de son album *Thriller*.

Rumeurs

■ Fleetwood Mac, avec plus de 21 millions d'exemplaires de leur album *Rumeurs* vendus en mai 1990, détiennent le record absolu pour un groupe.

Whitney Houston

■ La chanteuse Whitney Houston a totalisé, en 1985, une vente de plus de 14 millions d'exemplaires pour son album *Whitney Houston*.

N°1 DANS 28 PAYS

1re femme dans tous les hit-parades

Madonna (Madonna Louise Veronica Ciccone, née le 16 août 1959) qui a vendu plus de 11 millions d'exemplaires de son album *True Blue*, a été n° 1 dans 28 pays.

En 1986, elle devint la 1re femme à occuper la tête des hit-parades (45-t et albums), loin devant tous les autres chanteurs.

PATRICIA KAAS

Record français de ventes pendant l'année 1993

Avec plus de 1,3 million de disques vendus, l'album de Patricia Kaas, *Je te dis vous,* détient le record des ventes d'albums en 1993. ▸

LE PLUS LONGTEMPS N° 1

Dur, dur d'être bébé de Jordy est resté n° 1 pendant 15 semaines consécutives, du 17 octobre 1992 au 29 janvier 1993. Il a conquis tous les Tops européens à l'âge de 5 ans.

Voir aussi, « Les plus jeunes chanteurs », dans le même chapitre.

La danse des canards

En France, la chanson qui a connu le plus grand succès dans la décennie 1980 est *La Danse des canards*. Interprétée par le Belge J.-J. Lionel, elle fut écrite par des amateurs, le restaurateur suisse Werner Thomas pour la musique et l'employé d'hôtel belge Guy de Paris pour les paroles. Sorti en 1981 chez Déesse, le disque s'est vendu à 3,5 millions d'exemplaires en 45-t et à 350 000 en album.

Meilleure vente pour un disque document

4 millions d'ex. du disque *John Fitzgerald Kennedy : A Memorial Album*, enregistré le 22 novembre 1963, jour de l'assassinat du président, ont été vendus 99 cents pièce, en 6 jours, le 12 décembre. Le record précédent appartenait à un disque concernant aussi les Kennedy, *The First Family,* enregistré en 1962. Mais, ironie du sort, il s'agissait alors d'une satire de la famille du président assassiné.

Meilleure vente pour une musique de film

La Fièvre du samedi soir, interprétée par John Travolta, avait dépassé les 26,5 millions d'exemplaires en mai 1987.

SPEEDY DJ

Le 16 novembre 1990, John Murray, de Kirkcaldy, Écosse, a passé des extraits de 37 chansons en 2 mn, au cours de l'émission de la BBC *Record Breakers.*

Discothèque

La discothèque centrale de Radio-France comprenait en 1993, du cylindre au compact, près de 1 060 000 disques, dont 190 000 CD.

Collection privée de disques

Stan Kilarr (né en 1915), de Klamath Falls, Oregon, EU, possède environ 500 000 disques. Il s'agit vraisemblablement de la plus grande collection privée du monde.

OREILLE DE LYNX

Le Dr Arthur B. Lintgen, né en 1932, de Rydal, Pennsylvanie, EU, a la faculté unique d'identifier une musique, d'après les sillons des disques vinyle, sans en entendre la moindre note.

Le disque commercialisé le plus vite ■

81 h 15 mn après qu'elle l'eut chanté en public à The Venue, à Édimbourg, Écosse, le 21 novembre 1988, le disque *Dear God*, de la chanteuse Midge Ure, était dans les magasins.

Chanteurs ayant eu le plus grand nombre de titres au Top 50

Madonna a eu 24 titres au Top 50, dont un, *La Isla bonita,* qui y est resté 27 semaines et fut n°1 du 11 au 25 juillet 1987.

Parmi les chanteurs français, Johnny Hallyday a eu 22 titres au Top 50, mais aucun n°1.

JUKE-BOXES

C'est Louis Glass, directeur de Pacific Phonograph, qui eut l'idée du premier juke-box. Le 23 novembre 1889, il loua au Palais Royal Saloon, un bar de San Francisco, un phonographe Edison équipé d'une « boîte à sous ».
Il installa quatre tuyaux pour amplifier le phonographe et, pour 5 cents, les clients pouvaient écouter une chanson de 2 mn. L'appareil eut un énorme succès et, en 1939, 300 000 juke-boxes diffusaient déjà 30 millions de disques par an.

LE PLUS PETIT DISQUE

Six chansons ont été enregistrées le 26 janvier 1923 par HMV à Hayes, GB, sur des disques de 3,3 cm de diamètre : ils étaient destinés à la maison de poupées de la reine Marie. Environ 92 000 de ces disques miniatures ont été gravés, dont 35 000 de l'hymne *God Save the King*.

Le premier récital d'accordéon français en Chine

Le 31 août 1990, Guy Vivier a été le premier Français à avoir donné un récital d'accordéon en Chine. Il a joué durant 1 h 45 mn à Pékin et à Shanghai.

Henri Langlois

ORIGINES

Les premiers films furent réalisés par Louis Aimé Augustin Le Prince (1842-1890). On dit qu'il organisa vers 1885-1887 une projection de silhouettes assez floues, sur un mur blanchi à la chaux, à l'Institut des sourds de Washington Heights, à New York.

Le film le plus ancien

Le film le plus ancien encore existant fut tourné par Louis Aimé Augustin Le Prince, en octobre 1888, dans la propriété de son beau-père, Joseph Whitley, à Leeds, GB. Il avait pour support des bandes de papier sensibilisé de 5,5 cm de largeur. La caméra tournait alors à 10-12 images par seconde.
Les premières projections publiques commerciales eurent lieu le 14 avril 1894, au Kinetoscope Parlor, à New York. Les spectateurs purent voir 5 films (pour 25 cents), projetés par une double rangée de 5 kinétoscopes mis au point par William Kennedy Laurie Dickson (1860-1935), assistant de Thomas Alva Edison (1847-1931).

GUITARES

La plus chère

Une guitare électrique Fender Stratocaster ayant appartenu à Jimmy Hendrix (1945-1970) a été vendue 180 000 £ chez Sotheby's, à Londres, le 25 avril 1990.

La plus grande

La guitare la plus grande a été réalisée par les élèves du lycée de Jasonville, Indiana, EU, en 1991.
Elle mesure 12 m de haut et 5 m de large et pèse 446 kg. Cette guitare nécessite pour être utilisée la présence de 6 joueurs et 6 amplis.

CINEMA FILMS

Films parlants les plus anciens

Eugène Lauste, né à Paris en 1857, fut le premier à enregistrer à la fois l'image et le son sur une pellicule. Il fit breveter son invention le 11 août 1906 et réalisa ensuite, en 1910, à Londres, un appareil de projection.
La première projection publique d'un film parlant utilisant le procédé Tri-Ergon eut lieu au cinéma Alhambra, à Berlin, Allemagne, le 17 septembre 1922.
Le premier film parlant français est *Les Trois Masques* d'André Hugon, sorti en 1929.

Ciné Premières

Porno

Dès 1908, le film français *À l'écu d'or ou La Bonne Auberge* montrait des scènes pornographiques.

Western de long métrage

C'est le film *Arizona*, de Lawrence B. McGill, EU, qui fut projeté en 1913.

Science-fiction

C'est le film danois *Un voyage vers Mars* (1919).

La première séance publique

La première séance publique de cinéma sur écran eut lieu au 44, rue de Rennes, à Paris, le 22 mars 1895. On y projeta La sortie des ouvriers des usines Lumière, *un film tourné sans doute en août ou septembre 1894, à Lyon, par les frères Auguste (1862-1954) et Louis (1864-1948) Lumière.*

La première séance publique payante

Un petit court métrage intitulé Young Griffo contre Battling Charles Barnett *fut présenté le 20 mai 1895 à New York à un public ayant payé sa place.*

Cendrillon

Fleuves

Le film le plus long

Le film anglais *The longest most meaningless movie in the world* fut présenté dans sa version originale de 48 h à la Cinémathèque française en octobre 1970.
Le film le plus long exploité commercialement est *Berlin Alexanderplatz,* de l'Allemand Rainer Werner Fassbinder. Le film dure 15 h 21 mn, il fut projeté dans son intégralité au cinéma Vista, à Hollywood, Californie, EU, les 6 et 7 août 1983.
Comment Yukong déplaça les montagnes, de Joris Ivens (1976), dure 12 h 43 mn et il est le plus long film français.

Les plus longues séries

Les films d'arts martiaux qui racontent les aventures de Huang Fei-Hong, héros du XIXe siècle, ont débuté en 1949 avec *The true story of Huang Fei-Hong.* En 1992, *Once upon a time in China 2,* était le centième de la série.
La série de films japonais *Tora-San*, commencée en août 1969 avec *Tora-San I,* en était, en décembre 1992, à *Tora-San XLVI* (46). Kiyoshi Atsumi (né en 1929) a gardé le rôle principal dans tous les films. C'est la plus longue série de films avec le même acteur.

REMAKE

Le plus long intervalle entre une première version et un remake de la même histoire avec le même acteur jouant le même rôle est de trente-quatre ans : les deux films en question sont *The Day you leave me* et *El dia que me quitas* avec Tito Lusiardo dans le rôle principal.

Thème bateau

Cendrillon, de Charles Perrault, a inspiré 69 films depuis 1898 (y compris dessins animés, comédies musicales, ballets et même films pornographiques).

SHERLOCKS

Sherlock Holmes, créé par Arthur Conan Doyle (1859-1930) a été porté 197 fois à l'écran, de 1900 à 1990. Le rôle a été tenu par 72 acteurs.

DRACULAS

Dans les films d'horreur, c'est le comte Dracula, créé par l'écrivain irlandais Bram Stoker (1847-1912) qui a le plus inspiré les cinéastes. Le comte — ou ses descendants — apparaît dans 162 films (109 pour son rival, la créature de Frankenstein).

NAPOLÉONS

Parmi les personnages historiques, Napoléon a été interprété 172 fois (12 films en 1912), et Jésus, 135.
Voir aussi Acteurs, *plus loin dans le même chapitre.*

Le plus longtemps à l'affiche

Le Sang d'un poète, de Jean Cocteau, est resté à l'affiche d'un cinéma de New York, EU, de 1938 à 1953 sans interruption, soit pendant 15 ans.
Emmanuelle, de Just Jaeckin, a été projeté au Paramount City Triomphe, sur les Champs-Élysées, à Paris, du 26 juin 1974 au 26 février 1985, soit pendant 10 ans et 8 mois.

SHAKESPEARE

William Shakespeare a inspiré 274 versions fidèles (ou presque) de ses pièces, 31 versions modernes et d'innombrables parodies. Hamlet a fait l'objet de 41 versions.

VINGT-TROIS ANS APRÈS

Il y eut 23 ans entre *Psychose I* et *Psychose II* : Richard Franklin signa en 1983 la suite du célèbre film qu'Alfred Hitchcock avait réalisé en 1960. C'est toujours l'acteur Anthony Perkins qui incarne le même personnage.

Le titre le plus court

Z est le titre de film, de Costa-Gavras, le plus court de l'histoire du cinéma. Sorti le 14 mars 1969, il avait réalisé, en juin 1994, 701 872 entrées.

Le titre le plus long

Mais qu'est-ce que j'ai fait au bon Dieu pour avoir une femme qui boit dans les cafés avec les hommes ? Le film de Saint-Hamon a eu une carrière plus courte que son titre : sorti le 6 août 1980, il a totalisé , en 8 semaines,130 336 entrées, sur Paris et sa périphérie.

Collection de films

La Division cinématographique de la bibliothèque du Congrès de Washington, EU, contient plus de 80 000 titres qui s'échelonnent sur une période de 95 ans.

LES 151 ADAPTATIONS DE WALLACE

Les œuvres d'Edgar Wallace (1875-1932) ont fait l'objet de 151 adaptations cinématographiques.

La Cinémathèque de Henri Langlois

Créées en 1968, les Archives du film du Centre national de la cinématographie comptaient 131 000 titres en janvier 1993. Fondée en 1936 par Henri Langlois et Georges Franju, la Cinémathèque française possède environ 40 000 titres, dont 20 987 ont été répertoriés au 30 avril 1993.

Le plus long monologue

Le plus long monologue dans un film dramatique dure 20 mn, il est dit par Edwige Feuillère dans *L'Aigle à deux têtes* de Jean Cocteau (1953). Photo: avec Jean Marais.

CENSURE

Première officielle

Le premier texte officiel de censure date du 4 novembre 1907 : une ordonnance du Conseil municipal de Chicago, EU, interdit « l'exploitation des films obscènes et immoraux ».

Le pays le plus censeur

En dehors de l'Arabie Saoudite, où le cinéma est complètement interdit, le pays pratiquant la censure la plus sévère est l'Émirat de Dubaï, dans le golfe Persique, qui a interdit plus de 2 400 films, auxquels il est reproché, pour la plupart, d'être obscènes, anti-musulmans ou favorables aux juifs.

Abolition de la censure

Le premier pays à avoir aboli la censure cinématographique fut la Russie en 1917 sous le gouvernement d'Alexandre Kerenski, elle fut cependant rapidement rétablie en 1922.
C'est le Danemark qui, dans les années 70, prit l'initiative d'abolir à nouveau la censure. La Belgique demeure un cas unique, dans la mesure où ce pays n'a jamais exercé de censure vis-à-vis du public adulte.

Le film interdit

Make them die slowly (EU, 1983), annoncé comme « le film le plus violent de tous les temps », est interdit dans 31 pays.

FILMS FRANÇAIS PRÉFÉRÉS DES AMÉRICAINS

Les 9 films français des 30 dernières années ayant réalisé les meilleurs scores aux États-Unis, en fonction de leurs recettes distributeurs, sont dans l'ordre :
La Cage aux folles (1979),
Z (1969),
Un homme et une femme (1966),
Emmanuelle (1975),
Cousin, cousine (1976),
Jean de Florette (1987),
Manon des sources (1987),
Cyrano de Bergerac (1991),
Nikita (1991).

HIT-PARADE

La Grande Vadrouille **(France, 1966), de Gérard Oury, a été vu par 17 226 000 spectateurs, depuis sa sortie. C'est le record mondial absolu.**

Viennent ensuite *Il était une fois dans l'Ouest* (Italie, 1969) : 14 797 000 spectateurs et *Les Dix Commandements* (États-Unis, 1958): 14 212 000 spectateurs.

Le best-seller du marché français en 1992 est *Basic Instinct,* qui a totalisé 4 462 000 entrées.

L'Arme fatale III **arrivait en deuxième position, avec 4 222 000 entrées (à comparer avec l'année 1989, où *L'Ours,* de Jean-Jacques Annaud, avait totalisé 9 058 000 entrées).**

PRODUCTIONS

La production française 93

152 films ont été produits en France en 1993, dont 67 intégralement français, 34 à majorité française, 36 à majorité étrangère et 15 films bénéficiaires du fonds Europe centrale et orientale.

La distribution la plus importante

Jurassic Park réalisé par Steven Spielberg détient le record de la plus grande distribution en France. La première semaine de sa sortie, il était à l'affiche dans 500 salles de cinéma.

Recettes les plus élevées

■ *E.T.*, l'extraterrestre, de Steven Spielberg, sorti en première mondiale au Festival de Cannes, en mai 1982, a rapporté environ 700 millions de $ à travers le monde (vidéocassettes comprises). Le budget du film était de 10 millions de $.

■ *Indiana Jones et la Dernière Croisade*, également de Steven Spielberg, sorti en juillet 1989, avait rapporté, 12 jours après sa sortie, 77 millions de $.

■ Le record pour un seul jour de projection est détenu par *Jurassic Park*, qui rapporta 18 millions de $ le 12 juin 1993, soit 100 millions de F.

LE PLUS GROS SCORE D'AFFLUENCE

Le chevalier et son gueux, Jacquouille la fripouille, sortis tout droit du Moyen Âge, ont ranimé le cinéma français.
Avec 13 131 437 entrées, *Les Visiteurs* est le plus gros succès cinéma jamais vu depuis celui de *La Grande Vadrouille*. Okay.

■ Avec *Jurassic Park*, Steven Spielberg a réalisé 50 159 460 $ soit 282 millions de F de recettes dans 2 404 salles en Amérique du Nord.

Film muet

Le film muet ayant rapporté le plus d'argent est *La Grande Parade* de King Vidor sorti en 1925, dont les recettes mondiales s'élevèrent à 22 millions de $.

Pertes

Hudson Hawk (États-Unis, 1991), produit par la Columbia, avec Bruce Willis dans le rôle principal, a coûté 65 millions de $, en a rapporté 8 en Amérique du Nord et pas grand-chose, si ce n'est rien, dans le reste du monde.

Le film le plus cher

En coût de production uniquement, *Cléopâtre*, de Joseph L. Mankiewicz (1963), avec Elizabeth Taylor et Richard Burton, a coûté, à l'époque, 44 millions de $, ce qui équivaut à 200 millions de $ en 1993.

LES LONGS MÉTRAGES LES MOINS CHERS

The Shattered Illusion (« L'illusion brisée »), produit en 1927 par Victorian Film Productions, a coûté 300 £. Le tournage a duré 12 mois et comportait une scène de naufrage.

■

Roberto Rodriguez, un jeune Hispano-Américain de 24 ans, a réalisé le film le moins cher, *El Mariachi* avec un mini-budget de 7 000 $ soit 39 375 F. Sorti le 29 septembre 1993 sur nos écrans, ce long métrage a été tourné en 14 jours. Le coût moyen d'un film américain est de 15 millions de $ soit 84 375 000 F.

Les droits les plus élevés

Le 20 janvier 1978, Columbia a acheté 9,5 millions de $ les droits d'adaptation cinématographique de la comédie musicale *Annie*, de Charles Strouse.

Le plus grand nombre de caméras utilisées

160 cadreurs furent envoyés sur le front pour tourner le documentaire soviétique *Une journée de guerre* (1942).
La scène de la bataille navale dans le *Ben Hur* de Fred Niblo (EU, 1925, muet) fut tournée par 48 caméras.

En 1990, l'Inde, qui est le plus gros producteur de films du monde, a produit 948 longs métrages et la production annuelle de ce pays a dépassé 700 films chaque année depuis 1979.

Les plus grands décors

Un forum romain de 400 m x 230 m conçu par Veniero Colosanti et John Moore a été construit en 1964, près de Madrid, sur un site d'une vingtaine d'hectares, pour le tournage du film *La Chute de l'Empire romain*, production de Samuel Bronston. 1 100 ouvriers ont assemblé 170 000 dalles de ciment, élevé 6 km d'escaliers en béton, 601 colonnes et quelque 350 statues, et construit 27 bâtiments grandeur nature. Le chantier a duré 7 mois.

Le plus grand décor intérieur jamais construit pour un film a été la piste d'atterrissage de l'Ovni dans *Rencontres du troisième type*, de Steven Spielberg (1977). Le décor, haut de 27 m, long de 137 m et large de 76 m, fut installé dans un hangar de l'aéroport de Mobile, Alabama, EU. La structure nécessita 6,4 km d'échafaudages, 2 740 m² de toile de nylon et 1 570 m² de fibre de verre.

LE FILM FRANÇAIS LE PLUS CHER

Germinal, de Claude Berri, avec entre autres Gérard Depardieu et Renaud, a un budget de 180 millions de F. Le coût moyen d'un film français en 1993 a été de 20 millions de F. La sortie de *Germinal* en 1993, au même moment que celle de *Jurassic Park* a symbolisé le combat entre le cinéma américain et le cinéma français.

Le décor le plus cher du cinéma français

C'est celui du film du réalisateur Leos Carax, qui, pour *Les Amants du Pont-Neuf*, sorti sur les écrans en octobre 1991, a reconstitué entièrement le Pont-Neuf pour un coût de 35 millions de F.

LE PRIX DE TERMINATOR II

Au cours de ces dernières années, où les superproductions ne demandent plus les mêmes budgets de production qu'à l'époque des Majors, le film le plus coûteux a été Terminator II, avec Arnold Schwarzenegger, sorti sur les écrans en 1991. Il a coûté 95 millions de $ à Caralco Pictures, y compris le salaire de la star qui, croit-on, s'élevait à 15 millions de $. La promotion et la publicité ont coûté 20 millions de dollars.

REALISATEURS ET ACTEURS

MAQUILLAGE

78 maquilleurs ont travaillé au film américain *La Planète des singes* (1968) pour un budget total de 1 million de $.

Les plus longs travaux de maquillage

Pour tourner *L'Homme tatoué* (EU, 1969), l'acteur américain Rod Steiger accepta une séance de 10 h, menée par 9 maquilleurs, pour se faire « tatouer » entièrement le torse, puis une séance d'une journée pour les mains et le bas du corps.

Pendant le tournage d'*Elephant Man,* de David Lynch (1980), l'acteur John Hurt subissait 7 h de maquillage par jour pour se voir transformé en monstre souffrant d'éléphantiasis. C'était une si pénible épreuve qu'il n'arrivait plus à se nourrir.

PEPLUM

32 000 costumes ont été réalisés pour *Quo Vadis ?* (1951).

Le plus grand nombre de costumes pour un même rôle

Elizabeth Taylor portait 65 costumes dans *Cléopâtre*, de Joseph L. Mankiewicz (1963). Les costumes, dessinés par Iren Sharaff, ont coûté 130 000 $.

Le long exercice de King Vidor

King Vidor (1894-1982) pratiqua son art pendant 67 ans. Il débuta en 1913, avec The Tow, Hurricane in Galveston, *comédie sur les courses automobiles ; son dernier film fut un autre court métrage, un documentaire sur la peinture intitulé* The Metaphor *(1980). C'est la plus longue carrière d'un réalisateur.*

Les costumes les plus chers

Le manteau de zibeline de Constance Bennett, dans *Madame X*, a été estimé à 50 000 $.

Le costume le plus cher réalisé pour un film fut la tenue en vison et paillettes que portait Ginger Rogers dans *Lady in the dark.* Il coûta 35 000 $ à Paramount.

FÉTICHISME

Les escarpins ornés de rubis de Judy Garland dans *Le Magicien d'Oz* (1939) ont été adjugés 165 000 $, le 2 juin 1988, chez Christie's, à New York.

Les plus longues carrières de réalisateurs

C'est celle de King Vidor (voir encadré ci-dessus).

Le Français Abel Gance (1889-1982) a eu une carrière de 60 ans, depuis *La Digue* (1911) jusqu'à *Bonaparte et la Révolution* (1971).

LES RÉALISATEURS LES PLUS ÂGÉS

Joris Ivens

Joris Ivens (né aux Pays-Bas en 1898, mort en 1989) a dirigé la production franco-italienne *Le Vent* en 1988, à l'âge de 89 ans. Son premier film, *De Brug*, date de 1928.

George Cukor

George Cukor (1899-1983) est le réalisateur qui a travaillé le plus longtemps à Hollywood. En octobre 1980, à l'âge de 81 ans, il fut choisi par MGM pour diriger *Riches et célèbres*, avec Jacqueline Bisset et Candice Bergen.

Abel Gance

Le Français Abel Gance avait 81 ans lorsqu'il dirigea *Bonaparte et la Révolution.*

ACTEURS

Le premier

M. Clerc, le jardinier de Mme Lumière, à Lyon, jouait son propre rôle dans *L'Arroseur arrosé* (1895).

Générations d'acteurs

La famille anglaise Redgrave compte quatre générations d'acteurs. Roy Redgrave (1872-1922) a débuté à l'écran en 1911. Sir Michael Redgrave a épousé l'actrice Rachel Kempson. Leurs filles, Vanessa et Lynn, et leur fils, Corin, travaillent tous les trois dans le cinéma. Les filles de Vanessa — Joely et Natasha — et celle de Corin — Jemma — ont fait le même choix, et on les a déjà vues dans plusieurs films.

LA FAMILLE BRASSEUR

Claude Brasseur (né en 1936), fils de Pierre Brasseur et d'Odette Joyeux, a déclaré lui-même : « Dans ma famille il n'y a que des comédiens depuis 1820. Ma grand-mère était une jeune première de théâtre et mon grand-père était figurant au théâtre Sarah-Bernhardt ».

RÔLES

Le plus grand nombre

L'Américain Tom London (1883-1963) interpréta près de 2 000 rôles de 1903 à 1959.

Dans un seul film

- L'acteur anglais Rolf Leslies interpréta 27 rôles dans le seul et même film *Sixty years a queen* (GB, 1913).
- L'acteur américain Lupino Lane a également tenu 24 rôles dans le seul film *Only me* (EU, 1929).

FAUX CHARLOT

Aucun acteur n'a été aussi souvent incarné par d'autres comédiens que Charlie Chaplin. Leslie Henson fut le premier à interpréter le rôle de Chaplin dans une satire de James Barrie *The Real Thing at last* (GB, 1916). Huit autres acteurs suivirent, dont Robert Jr Downey en 1992, dans *Chaplin*, de Richard Attenborough.

LE PLUS GRAND NOMBRE DE PREMIERS RÔLES

John Wayne (1907-1979) a joué dans 153 films, de 1927 à 1976. Il a tenu le premier rôle 142 fois.

Les plus longues carrières

- *L'Allemand Curt Bois (1900-1991) a commencé sa carrière à l'âge de 8 ans dans* Der Fidele Bauer. *Il l'a achevée avec* Les Ailes du désir *en 1988.*
- *L'Américaine Lilian Gish a tourné pendant 75 ans, de 1912 (19 ans) à 1987 (94 ans).* ▼

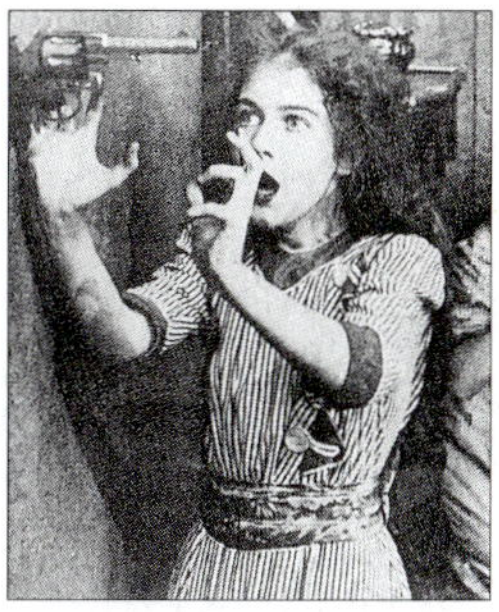

STUDIOS

Les plus grands studios de cinéma sont ceux de Universal, à Hollywood, Californie. Implantés sur 170 ha, ils comptent 561 bâtiments et 34 plateaux de prise de son.

Studios de France

Les Studios de France, à La Plaine-Saint-Denis, Seine-Saint-Denis, comptent 7 plateaux d'une superficie totale de 5 070 m².

Les Studios 91, à Saint-Germain-lès-Arpajon, Essonne, ont 6 plateaux, pour un total de 5 000 m².

Plateau 007 de Pinewood

Le plateau 007, aux studios de Pinewood, GB, construit en 1976 pour le tournage d'un James Bond, *L'Espion qui m'aimait*, mesure 102 m x 42 m x 12 m. Il pouvait contenir 4,5 millions de litres d'eau et abriter un pétrolier plus 3 sous-marins nucléaires.

Le plateau des Studios Éclair

Le plus grand plateau se trouve aux studios Éclair, à Épinay-sur-Seine (Seine-Saint-Denis). Il mesure 1 500 m².

Accident

Le 15 mars 1931, pendant le tournage de *The Viking,* il y eut 27 morts dans l'explosion du navire viking, au large de Terre-Neuve, Canada.

La plus vieille actrice

L'AUTRE JEANNE

La plus vieille actrice est Jeanne Calment, née en 1875, qui, à l'âge de 114 ans en 1990, a joué son propre rôle dans le film canadien *Vincent et moi*. C'est la dernière personne encore vivante à avoir connu Vincent Van Gogh.

Le plus grand nombre de figurants
Environ 300 000 figurants ont participé à la scène des funérailles dans *Gandhi*, de Richard Attenborough (GB, 1982).

Les plus grandes distributions

Jours de trahison, un film tchécoslovaque de 1972, comptait 260 interprètes.
Le générique de *Napoléon*, de Sacha Guitry (1954), comportait 101 noms, mais il y avait quelque 300 rôles parlants.

Petits...

Mickey Rooney mesure 1,60 m. La star française du muet, Max Linder, ne mesurait que 1,57 m.

...et grands

L'acteur américain Christopher Lee mesure 1,96 m. Clint Eastwood ne mesure, lui, « que » 1,95 m.

Les acteurs le plus souvent mariés

Mickey Rooney s'est marié 8 fois, tout comme Lana Turner.
Elizabeth Taylor s'est également mariée 8 fois, dont 2 fois avec Richard Burton. À l'occasion de son 8e mariage, l'actrice s'est offert une véritable cérémonie de star, son coût global a dépassé 2 millions de $ ... 170 000 $ ont été dépensés en fleurs. ▼

CINEMA

RECOMPENSES

OSCARS

Décernés pour la première fois le 16 mai 1929, aux États-Unis, par l'Académie des arts et des sciences du cinéma, les oscars doivent leur nom à Oscar Pierce, originaire du Texas, EU.

■ *C'est Walter (dit Walt) Elias Disney (1901-1966) qui, avec 20 statuettes et 12 plaques ou certificats (certains posthumes), a reçu le plus de récompenses.* ◄

■ *Katharine Hepburn, née en 1909, est la seule à avoir remporté 4 oscars, pour* Morning glory *(1933),* Devine qui vient dîner *(1967),* Un lion en hiver *(1968) et* La maison du lac *(1981). Elle fut nominée 12 fois.* ▼

■ *Quinze acteurs ont reçu 2 oscars pour des rôles principaux: Ingrid Bergman (1945 et 1956), Marlon Brando (1955 et 1973), Gary Cooper (1942 et 1953), Bette Davis (1936 et 1939), Olivia De Havilland (1947 et 1950), Sally Field (1980 et 1985), Jane Fonda (1972 et 1979), Jodie Foster (1989 et 1992), Dustin Hoffman (1980 et 1989), Vivien Leigh (1940 et 1952), Fredrick March (1933 et 1947), Luise Rainer (1937 et 1938), Elizabeth Taylor (1961 et 1967), Spencer Tracy (1938 et 1939).*

■ *Édith Head (1907-1981) a reçu 8 oscars pour ses costumes.*

■ *Le film le plus récompensé a été* Ben Hur *(1959), de William Wyler, qui rafla 11 oscars.* All about Eve *(1950), de Joseph L. Mankiewicz, fut « nominé » 14 fois et obtint 6 oscars.*

■ *Le réalisateur le plus primé a été John Ford, avec 4 oscars (1935, 1940, 1941 et 1952).*

■ *Tatum O'Neal, née le 5 novembre 1963, est la plus jeune actrice à avoir remporté un oscar pour son rôle dans* Paper moon *en 1974, à l'âge de 10 ans. Shirley Temple, née le 23 avril 1928, obtint un oscar spécial en 1934, à 6 ans.*

■ *George Burns (né en 1896), avait 80 ans quand il reçut, en 1976, un oscar pour son rôle dans* Ennemis comme avant, *de même que Jessica Tandy (née le 7 juin 1909), pour* Miss Daisy et son chauffeur, *en 1990.*

■ *Le plus grand nombre de nominations a été obtenu par Spencer Tracy et Laurence Olivier (9). Ce dernier n'a reçu qu'un oscar, en 1948.*

■ *Le seul comédien français à avoir obtenu un oscar est Simone Signoret, pour* Room at the top *(Les chemins de la haute ville), en 1960. Charles Boyer a été nominé 4 fois, en 1937, 1938, 1944 et 1961.* ▼

Les acteurs les mieux payés

1-JACK NICHOLSON, pour son rôle du Joker dans ***Batman*** (1989), a touché plus de 60 millions de $ sous forme de pourcentage sur les recettes.

2-MARLON BRANDO a perçu la somme de 18,5 millions de $ pour une apparition de 9 mn dans ***Superman*** (1978). ▲ ▲

3-KEVIN COSTNER a été en 1991 l'acteur le mieux payé au monde, il a gagné 60 millions de $ avec ***Danse avec les loups*** (où il était à la fois acteur et réalisateur) et il a touché un cachet de 8 millions de $ pour ***Robin des bois.***

4-BARBRA STREISAND est l'actrice la mieux payée. On lui a offert 5 millions de $ pour ***Nuts.*** En 1991 elle a touché 6 millions de $ pour son film ***Le Prince des marées.*** ▼▼

5-ARNOLD SCHWARZENEGGER a touché le cachet le plus élevé : 15 millions de $ pour ***Last action Hero.***

6-MACAULAY CULKIN, né le 28 août 1980, est l'enfant le mieux payé. Il a touché 1 million de $ à l'âge de 11 ans, pour le film ***My Girl*** en 1991. En 1992 pour ***Maman, j'ai encore raté l'avion***, le jeune garçon a perçu 5 millions de $ (sans compter le pourcentage sur les recettes).

French stars

GÉRARD DEPARDIEU pour son rôle dans ***1492 Christophe Colomb*** a touché 10 millions de F en 1992. ▼

ISABELLE ADJANI détient le même record pour le film ***Toxic Affair.*** C'est également l'actrice française qui a obtenu le plus de césars. ▼

CÉSARS

Décernés pour la première fois en 1976, les césars sont des statuettes imaginées par le sculpteur César. Ils sont attribués aux films et aux acteurs élus par l'ensemble de la profession.

■ *Les films les plus primés sont* Le Dernier Métro, *de François Truffaut, et* Cyrano de Bergerac, *de Jean-Paul Rappeneau, qui ont obtenu 10 césars, respectivement en 1981 et 1991.* ▲

■ *Gérard Depardieu a été nommé 13 fois parmi les meilleurs acteurs.*

■ *Miou-Miou a été nommée 7 fois et a obtenu le césar 1 fois (*La Dérobade, *1980).*

■ *Bertrand Tavernier a été nommé 10 fois comme meilleur réalisateur et a obtenu le césar en 1976 pour le film* Que la fête commence!

■ *Les records de récompense individuelle sont détenus par Isabelle Adjani, 3 fois meilleure actrice (*Possession, *1982,* L'Été meurtrier, *1984,* Camille Claudel, *1989), et par Michel Serrault, 2 fois meilleur acteur (*La Cage aux folles, *1979,* Garde à vue, *1982), tout comme Philippe Noiret (*Le Vieux Fusil, *1976,* La Vie et rien d'autre, *1990) et Gérard Depardieu (*Le Dernier Métro, *1981 et* Cyrano de Bergerac, *1991).*

CÉSARS 1994

Meilleur film :	*Smoking, No smoking*, d'Alain Resnais
Meilleure actrice :	Juliette Binoche, *Bleu*
Meilleur acteur :	Pierre Arditi, *Smoking, No smoking*
Meilleur réalisateur :	Alain Resnais, *Smoking, No smoking*

OSCARS 1994

Meilleur film :	*La Liste de Schindler*, de Steven Spielberg
Meilleure actrice :	Holly Hunter, dans *La Leçon de piano*
Meilleur acteur :	Tom Hanks, dans *Philadelphia*
Meilleur réalisateur :	Steven Spielberg, pour *La Liste de Schindler*
Meilleur film étranger :	*Belle Époque*, de Fernando Trueba

CANNES 1994

Palme d'Or :	*Pulp Fiction*, de Quentin Tarantino
Grand prix du jury :	*Vivre*, de Zhang Yimou
(ex aequo)	*Soleil trompeur*, de Nikita Mikhalkov
Meilleure actrice :	Virna Lisi, dans *La Reine Margot*
Meilleur acteur :	Ge You, dans *Vivre*
Meilleur réalisateur :	Nanni Moretti, pour *Journal intime*

Le film néo-zélandais *La leçon de piano*, œuvre originale et forte, a obtenu la Palme d'Or ex æquo de Cannes 1993. De gauche à droite, Harvey Keitel, la réalisatrice Jane Campion, Holly Hunter, meilleure actrice, et Sam Neill. ▼

CINEMA SALLES

Les premières

Le premier bâtiment construit exclusivement pour la projection de films semble être une salle d'Atlanta, Georgie, EU, édifiée en octobre 1895. On y montrait le « phantoscope » de C. F. Jenkins.

Le premier cinéma français est le cinématographe Lumière, ouvert en 1897 au 6, boulevard Saint-Denis, à Paris X^e^, et devenu aujourd'hui le Pathé-Journal. On y projette des films classés X.

GRAND CINÉMA

■ Le Radio City Music Hall de New York, inauguré le 27 décembre 1932, avait 5 945 places (5 874 aujourd'hui).

■ Le Kinépolis, inauguré en 1988 à Bruxelles, compte 24 salles pour un total de 7 000 places.

Construit en 1931 puis détruit, le Gaumont Palace, place de Clichy, à Paris, pouvait accueillir jusqu'à 6 000 spectateurs.

■ Aujourd'hui, la plus grande salle est le Grand Rex, à Paris, qui a 2 800 places. À sa fondation, en 1932, le cinéma Rex comptait 5 000 places. En 1993, le Grand Rex a accueilli le nombre record de 1 262 420 spectateurs. C'est la salle française la plus fréquentée.

NOMBRE DE SALLES PAR PAYS PAR HABITANT

■ Dans la république de Saint-Marin, on trouve une salle pour 3 190 habitants (soit 7 cinémas au total).

■ Aux États-Unis, ce rapport est de 1 cinéma pour 11 000 habitants.

■ L'Arabie Saoudite (8 millions d'habitants) n'a aucun cinéma. La projection publique de films y est interdite, car « contraire à la religion islamique ».

■ La ville qui possédait le plus de salles fut New York: 986 en 1913. Aujourd'hui, c'est Tokyo qui possède le plus de cinémas : plus de 600.

■ Au 1er janvier 1993, on comptait 4 402 écrans en France métropolitaine, soit 1 pour 12 500 habitants.

Affiche de cinéma

Le 8 décembre 1989 a été vendue à l'hôtel Drouot, à Paris, l'affiche originale du film *Metropolis*, de Fritz Lang (1927), au prix de 131 000 F. Aucune vente d'affiche de cinéma n'avait jusqu'alors dépassé 100 000 F. C'est le seul exemplaire connu à ce jour de l'œuvre de Boris Bilinsky.

Fréquentation

En septembre 1987, le ministre chinois de la Culture a annoncé que les salles de cinéma nationales avaient accueilli 21 milliards de spectateurs en 1986 (soit 21 séances par personne dans l'année).

France ■

En 1993, on a enregistré 133,3 millions d'entrées dans les cinémas français, dont 34,6 % pour des films français et 57,1 % pour des films américains. Le recul est très net par rapport à l'année record de 1947, qui a enregistré 423,7 millions de spectateurs.

Le spectateur le plus assidu

Entre 1953 et mars 1991, le Gallois Gwilym Hughes a vu 20 064 films, soit une moyenne de 528 par an.

La plus petite cabine de projection

La plus petite cabine de projection est celle du cinéma Le Malamock, à l'Ile-Tudy, Finistère. Elle mesure 2 m de long, 1,50 m de large et 1,70 m de haut.

CINÉMA-RATHON

À l'occasion du centenaire du cinéma, un cinémarathon de 250 h a été organisé au cinéma Parallèle de Montréal, Canada: 136 films ont ainsi été projetés sans interruption du 11 au 22 juin 1992.

ÉCRANS GRANDS

■ Un écran de 90 m x 10 m fut utilisé à l'Exposition universelle de Paris, en 1937. Ouvert le 12 juin 1992, le Grand Écran, salle Gaumont située à Paris dans le centre commercial Italie 2, possède un écran de 24 m x 10 m de large.

■ Au Futuroscope, parc d'attractions à Jaunay-Clan, près de Poitiers, Vienne, un écran de 600 m² (24,5 m x 24,5 m) a été installé dans une salle pouvant accueillir 400 cinéphiles. ▼

Écran sphérique

La Géode de la Cité des sciences de La Villette, à Paris, possède un écran de 1 000 m² de surface (26 m de diamètre). La Géode a accueilli 9 500 spectateurs en 1993.

Cette salle de 357 places est la salle à écran sphérique la plus fréquentée du monde et la salle la plus fréquentée de France.

3. TOP STARS

4 MÉDIAS

TELEVISION
EMISSIONS

PREMIÈRES FRANÇAISES

Spectacle de variétés

Le 5 juin 1947 fut retransmis en direct du Théâtre des Champs-Élysées, à Paris, un gala organisé par Aimée Mortimer.

1er Reportage

L'arrivée du Tour de France cycliste fut donnée en direct, depuis le Parc des Princes, le 25 juillet 1948. Le reportage était animé par Jacques Sallebert.

1er JT

Le 29 juin 1949 fut diffusé, sous la direction de Pierre Sabbagh, le premier journal télévisé, qui retransmettait, en différé, cinq fois par semaine, les péripéties du Tour de France.

Le journal débuta officiellement le 2 octobre 1949 ; il durait chaque jour 15 mn et présentait des reportages filmés et des photos.

Première émission en couleurs

Elle fut diffusée le 1er octobre 1967, à 14 h 15. Il n'y avait alors que 1 500 possesseurs d'un téléviseur couleurs.

ÉMISSIONS PRÉFÉRÉES DES FRANÇAIS

Selon un sondage effectué par la Sofres en 1993, *Ushuaïa*, TF1, est l'émission préférée des Français (46 % des personnes interrogées s'expriment en sa faveur). Viennent ensuite *Thalassa*, France 3 (36%), *Trente millions d'amis*, TF1 (35 %) et *La Marche du siècle*, France 3 *(34 %)*.

6-14 ans

En 1993, le Club Dorothée est l'émission préférée des enfants. Grâce à Dorothée, A B Productions peut se targuer d'être le premier producteur du secteur jeunesse en France. Les nouvelles productions, telles les séries *Hélène et les Garçons, Le Miel et les Abeilles, Premiers Baisers,* remportent tous les suffrages.

L'émission la plus longue

La chaîne GTV 9 de Melbourne, Australie, a retransmis intégralement la mission lunaire Apollo XI, pendant 6 jours 19 h 18 mn, du 19 au 26 juillet 1969.

TÉLÉTHON

Le téléthon organisé aux États-Unis, le 4 septembre 1989, par l'acteur Jerry Lewis a recueilli 78 438 573 $ (450 millions de F) de promesses de dons.

France

Lors de l'édition du *Téléthon France 2*, en 1993, l'Association française contre la myopathie a recueilli, en 30 heures, 358 930 312 F.

LABEL HÉLÈNE

Avec ou sans les garçons, Hélène Rolles étonne par son énergie. Outre la série quotidienne sur TF1, elle aligne aussi des disques, des concerts, et même un livre : « Je m'appelle Hélène, évidemment ».

ÉMISSIONS LES PLUS DURABLES

■

Meet the Press, la grande émission d'information du réseau américain NBC, a débuté le 6 novembre 1947. Elle existe encore.

Depuis 1949, plus de 150 000 épisodes de *Bozo le clown* ont été diffusés tous les jours, sur 150 chaînes, aux États-Unis et dans le monde entier.

France ■

Le Jour du Seigneur, créé par le père Raymond Pichard, dominicain, le dimanche 9 octobre 1949, est toujours diffusé sur France 2, le dimanche, de 10 h 30 à midi. L'émission a fêté ses 44 ans en 1993.

La Séquence du spectateur, de Claude Mionnet, commença le 20 septembre 1953 et termina sa carrière, sur TF1, le 11 février 1989, après 35 ans et 5 mois d'existence.

L'émission de débats la plus ancienne est *Les Dossiers de l'écran*, créée par Armand Jammot le 6 avril 1967, avec le film *Les Maudits* et un débat intitulé « Les criminels nazis sont toujours parmi nous ». L'émission prit fin le 6 août 1991, sur France 2 et a duré 24 ans.

7 sur 7, TF1, détient le record de longévité pour une émission politique. La première émission fut retransmise le mardi 8 septembre 1981. Depuis le 9 janvier 1983, *7 sur 7* est diffusée en direct tous les dimanches à 19 h et présentée par Anne Sinclair seule, depuis 1987.

Le plus long plan : 8 h 35 mn

La chaîne câblée Paris-Première a diffusé pendant 8 h 35 mn, dans la nuit du 22 au 23 février 1990, la même et unique image du journaliste Marc Jampolsky lisant 451 des 650 pages du roman *Le Pendule de Foucault,* de l'Italien Umberto Eco. Le journaliste, qui protestait ainsi contre l'impossibilité d'obtenir une interview du « maestro » accaparé par les grandes chaînes nationales de télévision, était assis devant le véritable pendule, exposé au musée du Conservatoire national des arts et métiers, à Paris. Ce programme constitue le plus long plan unique de l'histoire de la télévision et aussi la plus longue émission silencieuse.

La spectatrice la plus assidue
Depuis la création de l'émission *Dimanche Martin* en 1977, Claire Delavault a assisté à 641 de ses enregistrements .

TELEVISION CHAINES

NOMBRE DE CHAÎNES

Les États-Unis possèdent 1 241 stations sur les 8 250 existant dans le monde.

France

La France compte quant à elle 10 chaînes hertziennes (6 nationales et 4 locales) auxquelles s'ajoutent 9 chaînes câblées et 21 canaux locaux. En 1992, 4,6 millions de foyers sont raccordés au câble (dont 790 000 seulement sont abonnés).

La première station régionale

Celle de Lille fut inaugurée le 25 avril 1950. On dénombrait alors 3 794 récepteurs sur le territoire national .

La chaîne la plus regardée

TF1 a obtenu 41 % de l'audience totale en 1993, précédant France 2 avec 24,7 %, France 3 avec 14,6 %, M6 avec 11,2 % Canal + avec 4,9 % et Arte avec 0,9 %,. Les autres chaînes réalisent 2,7 % d'audience.

LA CHAÎNE RECORD

Le 23 février 1992

■ ***Ce dimanche-là, TF1 a battu des records d'audience à l'occasion de la cérémonie de clôture des jeux Olympiques d'Albertville à 19 h 00. Avec 16 millions de téléspectateurs, TF1 a réalisé une audience de 32,3 %.***

■ ***Ce même jour, le journal télévisé de 20 h, présenté par Claire Chazal, fut le journal télévisé le plus regardé de l'année, avec une audience de 30,9%.***

■ ***La soirée se termina en beauté avec la diffusion du film*** **L'Ours**, ***de Jean-Jacques Annaud, suivi par plus de 16 millions de téléspectateurs. Par la même occasion, ce fut le film le plus regardé de l'année.***

AUDIENCE RECORD

■ ***TF1 a quelques spectateurs d'avance : le match éliminatoire de la Coupe d'Europe France-Bulgarie, le 17 novembre 1993 a rassemblé 14 millions de supporters, soit 27,6 % d'audience.***

■ ***Le film*** **Les liaisons fatales** ***a été fatal à 25,8 % des spectateurs, le 7 novembre 1993.***

Jeux télévisés

Le plus grand nombre de participants

Un jeu télévisé sur la chaîne japonaise NTV, le 31 décembre 1983 a rassemblé 80 799 personnes dans la All Japan High School.

Gain record

Depuis le lancement du *Millionnaire* le 30 septembre 1991 et au 10 mars 1993, 217 personnes ont gagné 1 million de F à la télévision (dont 189 en 1992). À ce jour, 2 594 personnes ont gratté 3 « TV », ce qui leur a permis d'aller tourner la roue sur le plateau du *Millionnaire* (voir aussi le chapitre Affaires et Agriculture).

TELEVISION TELESPECTATEURS

Temps passé à regarder la télévision

En juin 1988, on a pu calculer que, à 18 ans, un jeune Américain avait déjà été le témoin d'au moins 26 000 meurtres télévisés. Les enfants américains de 2 à 11 ans passent en moyenne 31 h 52 mn par semaine devant le poste — 4 h 33 mn par jour.

France ■

Les Français (15 ans et plus), en 1993, ont consommé en moyenne 3 h 07 mn de télévision par jour. Les enfants de 4 à 14 ans l'ont regardée 2 h 01 mn par jour. Les femmes sont plus assidues que les hommes et regardent le petit écran 15 minutes de plus en moyenne par jour. Paradoxalement, selon un sondage effectué en 1991 par Médiamétrie, 65 % des Français se disaient d'accord avec l'affirmation selon laquelle « on est pris pour des imbéciles à la télévision ».

Les périodes de plus grandes audiences

En 1993, le jour où les Français regardent le plus la télévision est le dimanche (3 h 42 en moyenne). Cette durée d'écoute est minimale le mercredi (sauf pour les enfants), le jeudi et le vendredi. Le temps passé devant la télévision varie également selon la période de l'année. L'écoute atteint un maximum en hiver, en novembre, décembre, janvier, février (environ 3 h 30) et un minimum en juin, juillet, août, septembre (2 h 45).

Les plus fortes audiences

On a estimé à 2,5 milliards le nombre de téléspectateurs ayant suivi les 23es jeux Olympiques de Los Angeles, EU, qui se sont déroulés du 27 juillet au 13 août 1984. Les jeux Olympiques d'hiver d'Albertville de février 1992 ont été suivis par plus de 2 milliards de téléspectateurs à travers le monde.

En ce qui concerne les émissions sportives, le 27 mai 1991, à l'occasion de la finale de la Coupe d'Europe des clubs de football, Olympique de Marseille-Etoile rouge de Belgrade, TF1 a réalisé 35 % d'audience soit 17,5 millions de téléspectateurs (Voir aussi «La chaîne record» dans le même chapitre).

L'émission de variétés *Le grand Bluff* présentée par Patrick Sébastien le 26 décembre 1992 à 20 h 40 a réalisé une audience de 17,5 millions de personnes, soit 35 %. ▼

France ■

Le système Médiamat mis en place par Médiamétrie permet de savoir combien d'individus ont regardé telle ou telle émission.

LA PLUS GROSSE PART DE MARCHÉ

■ ***Le Juste Prix*, diffusé sur TF1 tous les jours à 12 h 25, perçoit 50% de part de marché. Près d'une personne sur deux regardant la télévision à cette heure-là suit ce jeu.**

■ ***Que le meilleur gagne*, (France 2, lors de la diffusion à 20h50) se place juste derrière avec 48,9% des parts de marché.**

Télécommande et zapping

Depuis l'arrivée de la télécommande, la publicité n'est plus autant suivie à la télévision. En décembre 1993, 84,4 % des foyers étaient équipés d'une télécommande. Au passage de la pub, 36% regardaient une autre chaîne et 30% faisaient autre chose.

9 ANS DE SA VIE

Au cours de sa vie, un Français passe plus de temps devant la télévision (environ 9 ans) qu'au travail (environ 8 ans). De même, un enfant scolarisé consacre plus de temps au petit écran (environ 900 h par an) qu'à l'école (800 h de classe par an). Enquête réalisée en 1993.

LES RECORDS 1993

■ Le foot est à l'honneur : le 26 mai 1993, à l'occasion de la finale de la Coupe d'Europe Marseille-Milan, TF1 a réalisé 32,2 % d'audience, soit 16,5 millions de téléspectateurs.

■ L'hommage à Patrick Roy, le 18 février 1993, au journal de 20 heures, sur TF1, a ému 14,5 millions de spectateurs, soit 28,3 % d'audience.

■ Le jeu *Que le meilleur gagne*, spécial Resto du Cœur, diffusé le 2 janvier 1993 sur France 2 , présenté par Nagui, a été suivi par 25,6 % d'audience.

■ *Rain Man*, diffusé le 2 février 1993 sur France 2, a réalisé 17,2 % de taux d'enregistrement magnétoscope devant *Crocodile Dundee II* avec 15,7 %, le 18 janvier 93 sur TF1 et *La Gloire de mon père*, obtenant 14,4 %, le 5 octobre 93 sur TF1.

TELEVISION PRESENTATEURS

Les revenus les plus élevés

BILL COSBY ▶

Bill Cosby, l'animateur du *Cosby Show,* émission de télévision américaine qui combine le feuilleton et les variétés, a gagné 115 millions de $ en 1990 et en 1991. C'est l'équivalent d'un salaire horaire de 140 000 F.

JOHN WILLIAM

L'animateur de l'émission *The Tonight Show,* John William (dit Johnny) Carson (né en 1925), aurait signé avec la chaîne NBC un contrat qui lui assure 5 millions de $ par an pour une heure d'antenne quatre fois par semaine.

Michel Drucker

Selon le magazine *Capital,* Michel Drucker est l'animateur d'émission de variétés qui percevait le plus gros salaire (300 000 F) pour son émission Star 90.

Le plus chevronné de France

Jean-Claude Narcy (né le 16 janvier 1938) a présenté plus de 5 000 journaux télévisés, sur toutes les chaînes et à tous les horaires, depuis le 16 avril 1961.

TELEVISION COUTS

PRODUCTION LA PLUS CHÈRE

The Winds of War (Les Vents de la guerre), une saga en sept épisodes sur la Seconde Guerre mondiale, produite par Paramount pour la chaîne ABC, a coûté 42 millions de $. Son tournage a duré 14 mois. Le dernier épisode fut retransmis le 13 février 1983.

France ■

En mars 1993, la facture de chaque épisode de *Maigret* (diffusé sur France 2 le vendredi à 20 h 50) s'élevait à 10 millions de F.

Un reality show comme *Les Marches de la gloire* (le vendredi sur TF1 à 20 h 45) coûte 4 fois moins cher et est suivi par plus de téléspectateurs (8,15 millions contre 6,9 millions pour *Le Commissaire Maigret*). ▼

DROITS LES PLUS CHERS

Diffusion

La European Broadcast Union (EBU) a accepté de payer 250 millions de $ (1,3 milliard de F) pour les droits de diffusion des jeux Olympiques d'Atlanta en 1996. Aux Jeux de Barcelone, 160 millions de F avaient été versés.

Adaptation

En novembre 1991, un groupe d'investisseurs américains et européens, représentés par CBS, a payé 8 millions de $ pour les droits télévisés de *Scarlett,* la suite du roman de Margaret Mitchell, *Gone With The Wind*, écrit par Alexandra Ripley.

Emissions sportives

FLAMBÉE DES PRIX

Avec l'entrée en jeu d'une chaîne spécialisée et codée (Canal +) ainsi que la privatisation de TF1, les tarifs de retransmissions sportives ont flambé. TF1 a payé 70 millions de F la finale Milan AC / Olympique de Marseille(le prix à payer pour un match était de 200 000 F en 1978 et de 5 millions de F en 1990). France 2 a payé 100 millions de F la retransmission du Tour de France (regardée par 4 millions de téléspectateurs) et du Paris-Dakar. Le tournoi de Roland-Garros connaît la même poussée des prix. En 1992, le prix de la retransmission est de 40 millions de F par édition auxquels s'ajoutent plus de 10 millions de F de frais de production. Enfin, TF1 a acheté 45 millions de F les droits de retransmission en direct de 16 Grands Prix de Formule 1.

Les animateurs de télévision les plus aimés des Français.

■

En novembre 1992, les 6 animateurs de télévision les plus aimés des Français étaient Jean Roucas (51 % de popularité et 87 % de notoriété), Bruno Masure (47 %, 99 %), Nicolas Hulot (47 %, 91 %), Anne Sinclair (46 %, 100 %), Bernard Pivot (44 %, 98 %) et François De Closets (44 %, 88 %). Viennent ensuite Nagui en 11e position (37 %, 56 %), Antoine de Caunes en 13e position (35 %, 90 %) et Christophe Dechavanne à la 19e place (33 %, 99 %).

Christophe Dechavanne ▼

Jean Roucas ▲

BÉBÊTE MAIS RENTABLE

Coût téléspectateur en France

***Le Bébête Show*, de Stéphane Collaro, Jean Amadou et Jean Roucas, diffusé tous les jours à 19 h 50, est l'émission qui revient le moins cher. Le coût téléspectateur est de 0,01 F (soit un centime !). Le coût téléspectateur le plus élevé est celui de l'émission d'information *24 Heures*, (diffusée le samedi sur Canal + à 12 h 35) d'un montant de 7,66 F (*Capital*).**

TELEVISEURS ET VIDEO

Le plus grand nombre de TV

Plus de 500 millions de foyers dans le monde sont équipés d'au moins un poste de télévision.

États-Unis

Ce sont les États-Unis qui en possèdent le plus : 60 % des 90 millions de foyers équipés ont au moins deux postes.

Chine

Cependant, en février 1988, l'agence de presse Chine nouvelle a annoncé que la Chine possédait 100 millions de téléviseurs et 600 millions de téléspectateurs.

France

Il y avait, en janvier 1991, environ 23 900 000 téléviseurs couleurs et 2 997 000 postes noir et blanc, soit à peu près 27 millions au total.
En décembre 1993, 95 % des foyers étaient équipés en téléviseurs. Parmi eux, 97,6 % possédaient une télé couleur, 31,7 % d'entre eux étaient multi-équipés et 60,7 % avaient un magnétoscope.

Le plus grand écran

La société Sony a présenté dès 1985 un écran géant de 40 m x 25 m, baptisé *Jumbotron*, qui fut l'une des curiosités de l'Exposition internationale de Tsukuba, près de Tokyo. Beaucoup d'appareils, comme le plus grand ou le plus petit téléviseur, au point techniquement, ne sont pas commercialisés.

LE PLUS GRAND TÉLÉVISEUR

Le plus grand téléviseur du monde a été mis au point par André Allouche et la société France Production Événement en décembre 1992. Il mesure 2,47 m de longueur, 1,86 m de hauteur et 3,08 m de diagonale. Il est également entièrement démontable. Cette nouvelle technologie permet de recevoir les chaînes satellites, hertziennes, vidéo et informatiques.

Les premiers enregistrements sur vidéocassette

Alexander M. Poniatoff a réalisé, en 1956, le premier enregistrement sur vidéocassette. Le processus a été baptisé Ampex (d'après les initiales de son inventeur, plus « ex » pour « excellence »). Le premier magnétoscope domestique fut présenté le 24 juin 1963, dans le studio des informations de la BBC, à Londres. C'était un Telcan, conçu par Norman Rutherford et Michael Turner, de la société Nottingham Electronic Valve.

Saisie record de cassettes pirates

France ■

Plus de 2 000 vidéocassettes contrefaites ont été saisies le 5 février 1993 dans trois vidéoclubs en Ariège. Cette prise record représente un préjudice de 1,6 million de F.

EMISSIONS

La première émission

Le 24 décembre 1906, Reginald Aubrey Fessenden (1868-1932) diffusa la première émission publique. Elle comprenait notamment un largo de Haendel. L'émetteur était fixé sur une antenne de 128 m, érigée par la Compagnie nationale de signalisation électrique, à Brant Rock, Massachusetts, EU. Dès novembre 1900, Fessenden avait réussi à transmettre des paroles, mais avec beaucoup de distorsion.

L'émission programmée depuis le plus longtemps

Le Muppet Show est l'émission de télévision la plus regardée dans le monde, on estime à 235 millions le nombre de téléspectateurs dans 106 pays en août 1989.

France

En 1921, le général Ferrié inaugura des programmes réguliers depuis l'émetteur militaire de la tour Eiffel. Un sapeur météorologiste donnait le bulletin météo et les cours de la Bourse.
En 1922, Émile Girardeau, directeur de la Société française radioélectrique, obtint l'autorisation de fonder une station privée, Radiola, *qui diffusait des informations et de la musique. Sa vedette était le célèbre speaker Radiolo (Marcel Laporte).*

STOP OU ENCORE

Plus forte écoute en France

En 1993 l'émission de radio la plus écoutée en France est Stop ou encore, *sur RTL suivie par 4 898 000 Français.*
Près de 10,7 % de la population écoutent ainsi cette émission le samedi matin.

LES PLUS PETITS TÉLÉVISEURS

L'écran du bracelet-montre-télévision de Seiko, lancé le 23 décembre 1982 au Japon, mesure 3 cm et ne pèse que 80 g. Avec le récepteur et l'écouteur, l'appareil (noir et blanc) pèse 320 g et coûte 108 000 yens (5 700 F).
La plus petite et la plus légère télévision couleurs lancée au Japon par Casio en juillet 1992 mesure 60 mm de haut, 24 mm de large et 91 mm de diagonale. Elle pèse 168,5 g avec la batterie et son écran mesure 35 mm. Son coût est de 1 500 F.

ÉDITION EN MOINS DE 6 H

La mise en vente la plus rapide

La cassette du mariage du prince Andrew et de Sarah Ferguson, le 23 juillet 1986, produite par Thames Video Collection, était en vente 5 h 41 mn après le départ des jeunes mariés pour leur lune de miel.

France

Émissions de radio les plus durables

37 ANS La *Tribune des critiques de disques* **commença en 1946 sur Paris-Inter et, transférée sur France-Musique, se poursuivit jusqu'en 1983. Elle a donc duré 37 ans.**

36 ANS **L'émission la plus ancienne encore diffusée est** *Le Jeu des 1 000 F*, **créé par Henri Kubnick (1913-1991) le 16 avril 1958. Animée aujourd'hui par Lucien Jeunesse, sur France-Inter, elle a fêté en 1994 son 36e anniversaire. Le 20 mai 1990, le banco est passé de 1 000 à 2 000 F, le superbanco restant à 5 000 F.**

29 ANS *La Famille Duraton*, **créée sur Radio-Cité le 13 janvier 1937, termina sa carrière sur Radio-Luxembourg en 1966, après 29 ans d'existence.**

28 ANS **Le** *Pop Club*, **émission de José Artur, qui débuta sur l'antenne France-Inter le 4 octobre 1965, se poursuit aujourd'hui quotidiennement depuis le restaurant Fouquet's (il s'est interrompu 1 an, entre septembre 1987 et septembre 1988). Le** ***Pop Club*** **a donc aujourd'hui 28 ans, en tenant compte de l'interruption.**

RADIO

STATIONS

Le plus grand nombre de stations

En avril 1985, les États-Unis comptaient le nombre record de 9 555 radios autorisées.

France ■

Au 31 août 1991, on comptait 1 800 radios locales privées autorisées par le Conseil supérieur de l'audiovisuel.

Écoute

D'après un sondage fait en 1990, l'audience globale de la station américaine BBC World Service, dont le programme est transmis en 38 langues, serait de 120 millions d'auditeurs réguliers.

France ■

D'après une enquête de Médiamétrie effectuée en décembre 1993, la radio la plus écoutée était RTL, qui comptait une audience cumulée de 18 % d'auditeurs âgés de 15 ans et plus. Elle précédait Europe 1 (11,7 %), France-Inter (11 %) et NRJ (10 %). Les auditeurs de RTL ont écouté cette station en moyenne 2 h 36 mn par jour, du lundi au vendredi. En 1993, les Français écoutent en moyenne la radio quotidiennement 3 h, du lundi au vendredi.

Le plus grand nombre d'appels

Le 27 novembre 1974, la station WCAU, de Philadelphie, Pennsylvanie, EU, a reçu 388 299 appels pendant une émission de 5 h sur l'astrologie.

LE PLUS HAUT TAUX D'ÉCOUTE

Des sondages effectués dans 90 pays ont montré qu'en 1993 le taux d'écoute de la BBC World service, en 39 langues, était de 130 millions d'auditeurs (réguliers).

LE PLUS FORT TAUX D'APPEL

La radio FM Osaka 85.1 à Osaka au Japon a reçu un total de 8 091 309 appels pour une loterie par téléphone. Le prix était 100 000 yens (5330 F), avec une possibilité de gagner toutes les heures pendant 20 minutes et ce 10 heures par jour. Le maximum d'appels enregistrés, en une journée de loterie, a été de 1 540 793 le 23 juin 1993.

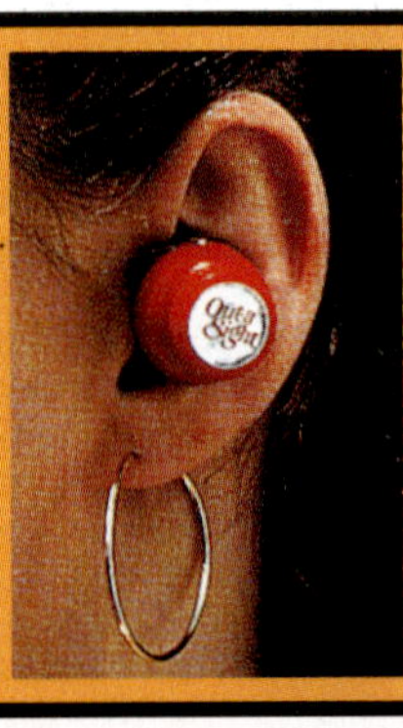

La radio la plus petite

Le modèle-écouteur RP-1070 de Toshiba mesure 9 cm x 5,5 cm x 1,3 cm et pèse 70 g, piles comprises. Il n'est pas plus gros ni plus lourd qu'une boucle d'oreille.

PRESSE

JOURNAUX

Les plus anciens

■ Il existe encore un exemplaire d'une brochure publiée à Cologne, Allemagne, en 1470.

■ Le journal officiel suédois, *Post Och Inrikes Tidningar,* est publié depuis 1645 par l'Académie royale des lettres de Suède.

Premiers journaux français

Nouvelles ordinaires

Dès le milieu de janvier 1631, une feuille parisienne hebdomadaire paraissait sous le titre *Nouvelles ordinaires de divers endroits.* Elle fut absorbée par *La Gazette*, lancée le 30 mai 1631 par Théophraste Renaudot, qui avait obtenu un privilège royal.

La Gazette

La Gazette devint l'organe officieux du gouvernement. Louis XV lui donna un caractère officiel, et elle parut deux fois par semaine, sous le nom de *Gazette de France*, à partir du 1er janvier 1762. Au XIXe siècle, elle fut l'un des principaux organes royalistes. Elle cessa de paraître le 30 septembre 1915, après 284 ans et 4 mois d'existence.

Le Journal de la Corse

Le journal le plus ancien encore existant est *Le Journal de la Corse,* quotidien créé en 1815. Aujourd'hui, c'est un journal d'informations bihebdomadaire, imprimé à Ajaccio à 3 500 exemplaires.

Le plus grand

Le plus grand format fut celui d'un numéro du journal américain *The Constellation,* en 1859. Il mesurait 1,30 m x 89 cm.

SUNDAY NEW YORK TIMES

Le plus lourd

Le 5 août 1987, le *Sunday New York Times,* qui paraît tous les dimanches, atteignit le poids de 6,350 kg.

Le plus volumineux

En janvier 1992, Honk Kong Toys a publié le magazine le plus volumineux, comportant 1 356 pages, pour un coût de 100 $ H.K.

JO du 28 mars 1993

Le Journal officiel du 28 mars 1993 avait 400 pages et pesait 375 g. Au moment des élections législatives et en prévision d'un changement de gouvernement, tous les textes en retard ont été publiés dans ce numéro, in extremis.

LE PLUS GRAND NOMBRE DE JOURNAUX

Le 1er février 1989, il existait 1 642 quotidiens de langue anglaise aux États-Unis, pour une diffusion totale de 62,7 millions d'exemplaires. Le nombre record — 2 202 quotidiens — fut atteint en 1910.

Le record suédois

Le pays où on lit le plus de journaux est la Suède : 580 exemplaires vendus pour 1 000 habitants.

Collection

L'association Égérie, de Veretz, Indre-et-Loire, a rassemblé 313 journaux français et étrangers tous différents et tous datés du même jour, 5 avril 1991.

Le Sunday New York Times, *l'hebdomadaire américain du dimanche, est généralement épais de plus de 5 cm.*

France

Plus de 40 000 titres sont imprimés en France, y compris les bulletins paroissiaux et municipaux, la presse associative et administrative, les journaux d'annonces gratuits.

La presse éditée par les professionnels, en 1992, compte 2 990 titres (94 quotidiens + 23 quotidiens publiés le dimanche, 888 hebdomadaires, 1 172 mensuels, 783 trimestriels et 30 autres).

L'ensemble représente environ 8 milliards d'exemplaires par an.

Les nouvelles publications de 1993

Selon les chiffres des Nouvelles Messageries de la presse parisienne, 128 nouvelles publications ont vu le jour entre le 1er janvier et le 1er septembre 1993.

Chaque nouveauté tire environ à 65 000 exemplaires et en vend 20 000.

Le plus petit

Le Daily Banner, de Roseburg, Oregon, EU, était imprimé sur des pages de 7,6 cm x 9,5 cm. Les numéros datés des 1er et 2 février 1876 existent encore.

BD LA PLUS LUE

P*eanuts*, de Charles Schulz, la BD qui raconte les aventures du petit Charlie Brown et de son chien Snoopy, a été publiée dans plus de 2 000 journaux dans 68 pays et en 26 langues depuis octobre 1950. Schulz a gagné 28 millions de $ en 1989 et 26 en 1990.**

L'amateur de bande dessinée se reportera au chapitre Arts et Culture, l'article « Album BD».

PRESSE
ARTICLES

La rubrique la plus durable

Eric Hardy a tenu pendant 65 ans, jusqu'en 1992, la rubrique hebdomadaire d'histoire naturelle au *Daily Post* de Liverpool.

La chronique la plus suivie

En 1987, la chronique d'Ann Landers, née en 1918, a été reprise par plus de 1 200 journaux aux États-Unis. Elle était lue par environ 90 millions de lecteurs.

Bande dessinée

La plus ancienne ■

The Yellow Kid (Le Gamin jaune) a été publiée pour la première fois dans le *New York Journal* le 18 octobre 1896.

Les coquiles du Times

Dans le numéro du *Times* de Londre du 22 aout 1978, on a relevé 97 coquille sur 14 cm d'un seule collaune en page 19.

ERRATUM

Dans son tirage du 27 janvier 1991, le quotidien anglais The Observer *publie, à l'occasion du bicentenaire de la mort de Mozart un erratum plutôt inhabituel… Il corrige un article publié 199 années plus tôt, daté du 25 décembre 1791, concernant la mort du compositeur. Cet article attribuait la nationalité allemande au musicien et datait sa mort au 15 décembre 1791.*

L'erratum était rédigé en ces termes : « ***Nous sommes dorénavant en état de vous affirmer que le compositeur est décédé le 5 décembre et qu'il était de nationalité autrichienne. À l'occasion du 200e anniversaire de sa mort, nous prions la famille de bien vouloir accepter nos excuses pour l'erreur commise par notre journal.*** *»*

BASTIEN BRENOT, 8 ANS, RÉDACTEUR EN CHEF

■

Bastien Brenot, Le Bouscat, Gironde, est rédacteur en chef depuis 1990 (il était alors âgé de 8 ans), d'un mensuel de son invention, déposé à la Bibliothèque nationale et portant le titre de Le Mini journal du petit collège.

PRESSE
TIRAGES

Les quotidiens les plus lus

Komsomolskaïa Pravda

La *Komsomolskaïa Pravda*, le journal des Jeunesses communistes en URSS (fondé en 1925), tirait à près de 22 millions d'exemplaires par jour en mai 1990.

Yomiuri Shimbun

Le quotidien japonais *Yomiuri Shimbun*, créé en 1874, qui touche aujourd'hui 24,6 % des 40 millions de foyers japonais, tire en moyenne (édition du matin et du soir) 14 millions d'exemplaires par jour (chiffre de janvier 1994). Ainsi, 4,3 foyers japonais lisent ce journal. Le quotidien emploie 7 998 personnes et compte 132 agences locales.

Ouest-France

Le plus grand quotidien régional est *Ouest-France*, dont la diffusion moyenne en 1992 a été de 794 058 exemplaires, lus par 2 505 000 lecteurs.

Le Figaro

Le premier quotidien national est *Le Figaro*, 422 602 exemplaires.

Le Monde

Le quotidien national le plus lu est *Le Monde*, qui avait 1 630 000 lecteurs en 1992 (pour une diffusion de 368 072 exemplaires).

Le premier quotidien français tiré à 1 million d'exemplaires

Le *Petit Journal*, publié à Paris, atteignit ce tirage en 1886. Il coûtait 5 centimes, et son supplément illustré 15 centimes.

Le prix de la liberté de la presse

En 1993, d'après le Syndicat international des journalistes, 63 journalistes sont morts en accomplissant leur métier, dont 30 en Europe. Depuis juin 1991, 32 journalistes ont été tués dans le conflit qui déchire l'ex-Yougoslavie. Depuis 1969, on dénombre la mort de 915 journalistes.

L'année 1991 a été annoncée par le Comité international de protection des journalistes, à New York, comme étant l'année record, avec 66 tués. C'est un chiffre record depuis la création du comité en 1981.

LES MAGAZINES RECORDS DU MONDE

En 1974, l'hebdomadaire américain de télévision *TV Guide* fut le 1er journal de l'histoire de la presse à vendre 1 milliard d'exemplaires en un an.

Le magazine américain *Reader's Digest*, créé en février 1922, compte 41 éditions en 17 langues. Il tire à 28 millions d'exemplaires chaque mois, dont 16,25 millions aux États-Unis.

Parade, un supplément en couleurs, est distribué avec 333 journaux du dimanche aux États-Unis. En juillet 1990, il avait une diffusion de 35 millions d'exemplaires.

BEST-SELLERS DE LA PRESSE FRANÇAISE

Le périodique le plus lu est* Télé 7 jours*, avec une diffusion moyenne de 3 279 680 exemplaires et 10 711 000 lecteurs, en 1992.

Le n° 1 des journaux féminins est* Femme actuelle*, avec une diffusion de 1 795 337 exemplaires et 7 925 000 lecteurs.

Le « news magazine » le plus lu, en 1992, est* Paris-Match*, avec une diffusion de 861 846 exemplaires et 3 029 000 lecteurs.

Le n°1 des mensuels est* Géo*, avec 590 516 exemplaires et 4 628 000 lecteurs.

PUBLICITE
MESSAGES, SPOTS ET AFFICHES

Le média le plus efficace

Les distributeurs jugent la télévision comme étant le média le plus efficace pour faire connaître un produit (90 %), devant l'affichage, la presse magazine et la radio (sondage TF1-1992).
Sur les 40 000 heures de programmes diffusés par l'ensemble des chaînes, françaises en 1991, 1 400 heures ont été consacrées à la publicité (250 000 messages publicitaires contre 72 000 en 1985).

LE PLUS FIDÈLE

Jos Neel, un magasin de vêtements de Macon, Georgie, EU, fondé en 1880, passe la même annonce, en haut à gauche de la page 2 du Macon Telegraph, *depuis le 22 février 1889.*

ANNONCEURS

Nestlé

En 1993, la société qui a le plus investi en publicité est Nestlé, avec 889 millions de F.

Renault, Peugeot, Procter, Citroën

Viennent ensuite Renault Automobiles avec 868 millions de F, PSA Peugeot Automobiles 771 millions de F, Procter and Gamble, l'américain, 723 millions de F et PSA Citroën avec 709 millions de F.

Les ministères

L'État, tous ministères confondus, a dépensé, en 1992, 445 millions de F pour 67 campagnes de communication, soit une augmentation de 32,8 % par rapport à 1991.

Le premier message publicitaire en France

C'est le 1er octobre 1968 que la première chaîne a diffusé ses premiers spots de 30 s, pour Régilait et pour Boursin.

Forget me not

Les marques françaises Peugeot et Citroën figurent parmi les quatre premières sociétés qui investissent le plus dans les campagnes publicitaires... pour qu'on ne les oublient pas.

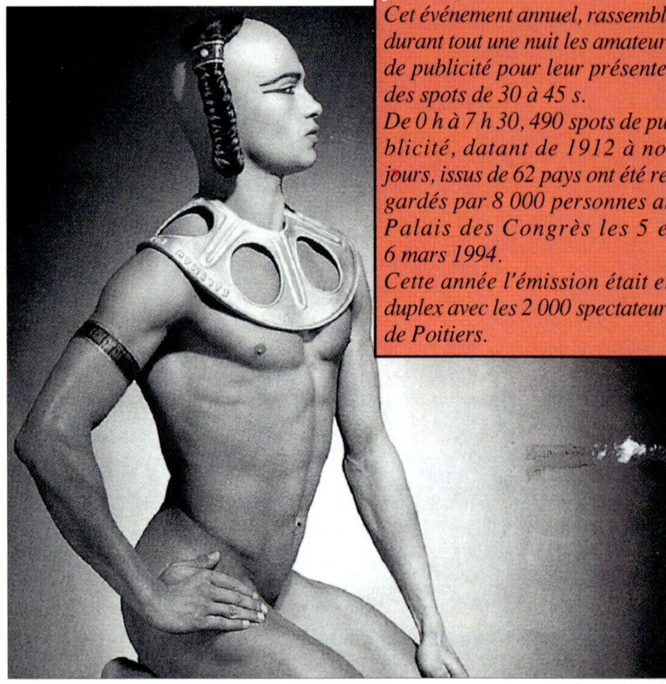

La Nuit des publivores

Cet événement annuel, rassemble durant tout une nuit les amateurs de publicité pour leur présenter des spots de 30 à 45 s.
De 0 h à 7 h 30, 490 spots de publicité, datant de 1912 à nos jours, issus de 62 pays ont été regardés par 8 000 personnes au Palais des Congrès les 5 et 6 mars 1994.
Cette année l'émission était en duplex avec les 2 000 spectateurs de Poitiers.

Collectionneur de spots

Jean-Marie Boursicot possède 410 000 spots publicitaires de cinéma et de télévision, datant de 1904 à nos jours. Il a commencé sa collection à l'âge de 10 ans et vit de sa passion depuis 12 ans.

Pages de publicité

Le Business Week *a vendu, dans un numéro d'octobre 1989, 830 pages de publicité.*

ELLE EST BONNE, PAT

En 1973, pendant le tournage d'un spot publicitaire avec la comédienne Pat Coombs, on a dû faire 28 prises parce que, a-t-elle expliqué, « chaque fois qu'on arrivait à la dernière phrase, je ne me rappelais plus le nom du produit ».

PUBLICITE
ENSEIGNES ET PANNEAUX

ENSEIGNE LA PLUS GRANDE

Citroën

L'enseigne la plus visible jamais érigée était la publicité électrique « Citroën » sur la tour Eiffel. Allumée le 4 juillet 1925, elle se voyait à 38 km à la ronde. Elle était en 6 couleurs et éclairée par 250 000 ampoules alimentées par 90 km de câbles électriques. La lettre « N », qui termine le mot « Citroën », entre le 2e et le 3e étage, mesurait 20 m de haut. L'enseigne fut démontée en 1936. On n'a jamais fait plus grand depuis.

ENSEIGNES AU NÉON

M

La lettre « M » installée sur le Great Mississippi River Bridge s'étend sur 549 m et contient 200 ampoules de haute intensité.

Marlboro

La plus grande enseigne au néon mesure 64 m x 16 m ; elle a été construite pour les cigarettes Marlboro à Hung Hom, Kowloon, Hong Kong, en mai 1986. Elle contient 10,6 km de tubes au néon et pèse environ 113 t.

ENSEIGNE ANIMÉE

La plus grande du monde semble être celle qui décore le Circus Circus Hotel, à Reno, Nevada, EU. Elle s'appelle *Topsy le Clown,* mesure 39 m de haut et pèse 41 t. Elle est éclairée par 2,25 km de tubes au néon. Son sourire s'étale sur plus de 4 m de largeur.

La plus grande affiche

Elle a été réalisée par les membres de la chambre de commerce junior de la ville de Sendai, Japon, le 18 août 1991, elle mesure 20 000 m².

ENSEIGNE PLACÉE LE PLUS HAUT

C'est le sigle « I » (*Je*, en anglais), installé au sommet du First Interstate World Center Building, à Los Angeles, Californie, EU, bâtiment de 73 étages et de 310 m de haut.

Espace

Contre 500 000 $, Columbia a acquis le droit auprès d'une filiale de la NASA de faire figurer le titre du prochain Schwarzenegger sur le fuselage d'une fusée. D'habitude, les télés ne retransmettent pas les lancements de vols non habités, mais dans ce cas elles devraient faire une exception.

La plus petite annonce publicitaire

L'agence G2R a réalisé la plus petite publicité de vente par correspondance. Elle mesure 8 mm sur 9 mm et a été publiée en juin 1992 dans les magazines *Actuel*, *VSD*, *L'Echo des Savanes*, *Gai Pied* et *Communication CBN.*

PUBLICITE TARIFS

Presse

En janvier 1990, une publicité en quadrichromie sur la quatrième de couverture du journal américain *Parade* coûtait 492 900 $. Le prix d'une page intérieure dans ce journal était de 421 400 $.

Les ressources publicitaires de l'édition américaine du *Reader's Digest* atteignirent le record de 14 716 551 $ en novembre 1982.

Le plus haut budget pour un seul message publicitaire s'est élevé, le 7 novembre 1988, à 3 851 684 $. Walt Disney Productions annonçait dans le magazine *Time* le 60e anniversaire de Mickey.

La dernière page en quadrichromie du numéro du samedi d'*Ouest-France* coûtait 789 136,78 F le 4 mai 1994, et une page intérieure en noir et blanc le même jour coûtait 642 899 F. Le tarif publicitaire le plus élevé dans un quotidien national est de 419 900 F H.T. pour la page 3 ou dernière du *Figaro* en noir et 503 900 F H.T. en couleurs.

Pour les périodiques, une double page en quadri de *TV-Magazine* coûte 738 500 F et une page intérieure 365 800 F H.T.

Télévision

Pour la retransmission de la finale de la XVIe édition du championnat de football américain, le Super Bowl, le 27 janvier 1991, sur la chaîne ABC, les 30 secondes de publicité ont coûté 800 000 $. Le match a été suivi par 127 millions de téléspectateurs.

France

Les 30 secondes les plus chères sont celles qui passent sur TF1 le mardi à 21 h 40, en coupure du film du mardi soir. Elles coûtent 520 000 F. À l'occasion de la finale de la Coupe d'Europe de football Marseille-Belgrade, le 29 mai 1991, la régie publicitaire de TF1 a vendu exceptionnellement quatre « espaces » au tarif de 800 000 F les 30 secondes.

Panneaux publicitaires

Le plus grand panneau publicitaire connu mesure 145 m x 24 m. Il a été érigé pour Ford-Espagne par la société de publicité Bassat-Ogilvy. Il est placé dans les arènes Monumental de Barcelone, Espagne.

L'agence Pile ou Pub, de Toulouse, Haute-Garonne, a installé, sur le sol de la place du Capitole, un panneau de 42 m x 20 m. Le slogan était : « Hermès, bravo Toulouse ! ». Hermès est la navette spatiale européenne. ▼

Radio la plus chère

Sur RTL, les 30 secondes publicitaires du jeudi et du vendredi, dans la tranche horaire 7 h-7h30, valent 54 700 F.

Vers la dissolution de l'Assemblée nationale
Les élections législatives les 21 et 28 juin ?

ouest france

Premier socialiste élu à l'Elysée au suffrage universel

Mitterrand président

Giscard d'Estaing : 47,93
Mitterrand...... : 52,07
Forte participation : 86 %

Le nouveau président : « Seule la communauté nationale entière pourra répondre aux exigences du temps présent »

Victoire indiscutable

Paris la joie, Paris la fête
Manifestation d'enthousiasme à Rennes

Ce numéro d'Ouest-France a été tiré à 1 003 428 exemplaires

Giscard : « Je continuerai à défendre les intérêts essentiels de notre pays »

Chirac : « J'appelle à se rassembler tous ceux qui sont attachés aux valeurs de liberté et de progrès qu'incarne la Ve République »

Marchais : « Nous sommes prêts à assumer toutes nos responsabilités »

LE CACHET LE PLUS ÉLEVÉ

On a annoncé en mars 1988 que Pepsi-Cola avait proposé 70 millions de F à Michael Jackson pour apparaître dans quatre spots publicitaires.

(Voir le chapitre Top Stars, « Variétés »).

Combien de temps un véritable artiste réfléchit-il avant de se lier à une importante campagne publicitaire ? Pepsi-Cola, Barilla, Slim-Fast, Chanel, ont su réduire considérablement ces temps de réflexion.

5 ART ET CULTURE

Ce tableau est l'une des innombrables vues de Venise par Canaletto. Il a été vendu aux enchères, le 15 décembre 1993, plus de 72 millions de F, à Paris. C'est le record de prix pour une peinture ancienne vendue en France.

Pablo El Prolífico

Pendant une carrière de 78 ans, l'Espagnol Pablo Picasso (1881-1973) a exécuté environ 13 500 peintures ou dessins, 100 000 lithos ou gravures, 34 000 illustrations de livres et 300 sculptures ou céramiques. L'ensemble de son œuvre est estimé à 5 milliards de F.

Pour une peinture du XXe siècle, le record de vente a été atteint chez Sotheby's, New York, le 9 mai 1989, pour Yo Picasso *(1901), autoportrait du peintre espagnol Pablo Picasso, qui a été adjugé 47,8 millions de $.*

PEINTURE GENERALITES

Les plus anciennes peintures

■ L'art figuratif le plus ancien — paléolithique supérieur, période aurignacienne, environ 25 000 ans — a laissé sa marque sur des blocs rocheux découverts principalement dans les grottes de la Ferrassie, Dordogne, ils sont aujourd'hui conservés au musée des Eyzies, Dordogne. Ces blocs de pierre, parfois peints à l'ocre rouge, sont gravés de figures animales et de symboles féminins.

■ On a découvert, sur un site datant du premier âge de pierre, à Bilzingsleben, près d'Erfurt, Thuringe, Allemagne, des morceaux d'os gravés de motifs géométriques. Il pourrait s'agir des œuvres d'art les plus anciennes du monde. Elles datent de 350 000 ans.

La peinture la plus restaurée

Pour la fresque *La Cène* (1495-1497) du couvent Sainte-Marie-des-Grâces, à Milan, Léonard de Vinci utilisa un matériau peu orthodoxe contenant de l'huile et du vernis. En 1517, son œuvre commença à se détériorer. Depuis, elle a été restaurée 6 fois, un record.

Les plus grandes

■ Le peintre français Jean Lafitte-Pigassou a déposé à plat dans un champ, le 24 mai 1992 à Castelnaudary, Aude, un tableau d'une surface de 1 ha. Pour couvrir de façon non figurative la toile de 10 000 m^2, pesant 5,5 t et mesurant 200 m de long sur 50 m de large, il aura fallu 3 t de peinture et 500 h de travail.

MONA LISA

La Joconde, de Léonard de Vinci (1452-1519), se trouve au Louvre, à Paris. Elle devait être assurée 600 millions de F lorsqu'elle franchit l'Atlantique pour une exposition à New York et à Washington, du 14 décembre 1962 au 12 mars 1963. Mais les primes étaient si élevées qu'il apparut moins coûteux de prendre d'exceptionnelles mesures de sécurité, et le tableau ne fut pas assuré. Le tableau, peint entre 1503 et 1507, mesurant 77 cm x 53 cm, représenterait soit Mona (diminutif de *Madonna*) Lisa Gherardini, femme du Florentin Francesco del Giocondo, soit Constanza d'Avalos, maîtresse de Jules de Médicis, surnommée la Joconde. En 1517, François Ier l'acheta 4 000 florins d'or, soit 15,3 kg d'or (1 kg d'or valait, le 1er juin 1994, 69 800 F), pour décorer sa salle de bains.

LE PREMIER FAUX En 1496 Michel-Ange commença à faire des copies de sculptures gréco-romaines. Une de ces copies (aujourd'hui perdue) fut vendue comme antiquité, on la considère comme le premier faux connu.

■ Parmi les tableaux anciens, le plus grand s'intitule *Le Paradis*. Il est signé Jacopo di Robusti, dit le Tintoret (1518-1594), et Domenico, son fils (1565-1637). Il mesure 22 m de long et 7 m de haut (154 m^2), et compte 350 personnages. Il se trouve sur le mur est de la salle du grand conseil du Palais des Doges, à Venise, Italie, où il fut peint entre 1587 et 1590. On peut en voir une esquisse au Louvre, à Paris.

■ *La Fée Électricité*, tableau réalisé par Raoul Dufy (1877-1953) pour le pavillon de l'Électricité de l'Exposition universelle de 1937, à Paris, est un panneau de 60 m x 10 m (600 m^2) qui est conservé au Musée d'Art moderne de la Ville de Paris.

■ La plus grande peinture exposée au Louvre est *Les Noces de Cana*, de Véronèse. Exécuté en 1562-1563, le tableau est entré au musée en 1798. Il mesure 9,90 m x 6,66 m (65,93 m^2).

■ *Midvinterblot*, peinture réalisée par le peintre suédois Carl Larsson entre 1911 et 1915, mesure 13,5 m x 3 m (40,5 m^2). Elle a été adjugée 880 000 £ chez Sotheby's, à Londres, le 25 mars 1988.

Valeur du $ en F : source FMI

1982	:	*6,56 F*	*1987*	:	*6,01 F*
1984	:	*8,74 F*	*1989*	:	*6,38 F*
1985	:	*8,98 F*	*1991*	:	*5,64 F*

VINCENT VAN GOGH

Le 27 juillet 1890, Vincent Van Gogh se suicide en se tirant une balle dans la poitrine. Six semaines auparavant, pour conjurer l'angoisse qui l'envahissait, il peint le portrait du docteur Gachet, son médecin et ami amateur d'art, qui l'avait recueilli à Auvers-sur-Oise. Le 15 mai 1990, à New York, un industriel japonais, Ryoei Saïto, achète ce tableau, de 66 x 57 cm, 82,5 millions de $. C'est le prix le plus cher jamais payé pour un tableau. Cf n°1.

■

La vente du tableau *Les Iris*, en 1987, pour 53,9 millions de $ a marqué l'envolée de l'engouement pour le peintre. Cf n°3.

PEINTURE

LES PRIX, LES ENCHERES

N°1

449 MILLIONS DE F

Le 15 mai 1990, chez Christie's, à New York, le Portrait du docteur Gachet, *du peintre hollandais Vincent Van Gogh, a été acheté 82,5 millions de $, frais compris, par M. Kobayachi, pour le compte de Ryoei Saïto, deuxième fabricant de papier japonais. Le tableau, une huile sur toile de 66 cm x 57 cm, fut peint par Van Gogh en 1890, six semaines avant son suicide. Le docteur Paul-Ferdinand Gachet était médecin à Auvers-sur-Oise, où il avait soigné et accueilli le peintre.*

N°2

425 MILLIONS DE F

Le deuxième tableau le plus cher du monde est Le Moulin de la Galette *de Renoir.*

N°3

324 MILLIONS DE F

Le magnat australien Alan Bond a acquis en 1987 chez Sotheby's le tableau Les Iris, *de Vincent Van Gogh, au prix de 53,9 millions de $. Sotheby's lui a fait crédit de 27 millions de $.*

N°4

300 MILLIONS DE F

Puis vient Les Noces de Pierrette *de Picasso. Voir « Records français ».*

Pour une peinture du XXe siècle, le record de vente est détenu par Picasso, voir encadré page précédente.

DU VIVANT DE L'ARTISTE

Le 8 novembre 1989, chez Sotheby's, à New York, Interchange, *œuvre abstraite de l'Américain d'origine néerlandaise Willem de Kooning (né en 1904), s'est vendue 20,68 millions de $. Peint en 1955, le tableau a été acheté par une société japonaise.*

RECORDS FRANÇAIS

■

Le tableau le plus cher d'un peintre français est Le Moulin de la Galette, *de Pierre-Auguste Renoir (1841-1919). Cette toile de 1876 s'est vendue 78,1 millions de $, frais compris (environ 430 millions de F), chez Sotheby's, à New York, le 17 mai 1990, devenant ainsi le deuxième tableau le plus cher du monde.*

■

La peinture la plus chère jamais vendue en France est Les Noces de Pierrette *(1905), de Pablo Picasso, qui a atteint 300 millions de F (plus 15 millions de F de frais), à Drouot-Montaigne, Paris, le 30 novembre 1989.*

■

La peinture ancienne la plus chère vendue en France est le Retour du Bucentaure le jour de l'Ascension, *de l'Italien Canaletto (1697-1768) : adjugé 72 266 700 F par Me Jacques Tajan, à l'hôtel Georges-V, le 15 décembre 1993.*

■

Le prix record pour la peinture contemporaine, c'est Umbria vera *(1952), de l'Italien Alberto Burri (né en 1915) : le tableau s'est vendu 16 millions de F, à Enghien-les-Bains, Val-d'Oise, le 21 novembre 1989.*

■

La vente la plus chère est celle de 86 tableaux modernes provenant de la collection de Mme Bourdon et de divers amateurs, à l'hôtel Drouot, Paris, le 25 mars 1990 : elle a produit le total record de 634 millions de F. Parmi ces toiles, la plus chère, La Belle Épicière *(1918), d'Amedeo Modigliani (1884-1920), s'est vendue 63 millions de F.*

DESSIN

Jardin de fleurs, *un dessin à l'encre noire de Vincent Van Gogh, s'est vendu, le 14 novembre 1990, chez Christie's, à New York, 8,36 millions de $, frais compris. Cette œuvre de 61 cm x 49 cm a été composée par l'artiste à Arles, Bouches-du-Rhône, en août 1888.*

PORTRAIT MINIATURE

Le record est de 352 000 £. Il s'agit de la somme payée par la galerie Alexander, de New York, le 7 novembre 1988, chez Christie's, à Londres, pour l'acquisition d'un portrait de 5,4 cm de haut exécuté par l'Américain d'origine irlandaise John Ramage (1748-1802) représentant le premier président américain, George Washington.

GRAVURE

Une gravure de Rembrandt (1606-1669) datant de 1655, Le Christ présenté au peuple, *a été adjugée l'équivalent de 5,6 millions de F chez Christie's, à Londres, le 5 décembre 1985.*

PEINTURE

FRESQUES, BANDEROLES ET ŒUVRES GEANTES

Les fresques les plus anciennes

Elles ont été découvertes par James Malaart, en 1961, à Çatal Höyük, dans le sud de l'Anatolie, Turquie. Elles représentent des léopards d'argile en relief et datent de 6200 av. J.-C.

SILHOUETTES DE NAZCA

Dans la vallée de Nazca, à 300 km au sud de Lima, Pérou, des lignes droites (dont l'une de 11,2 km de long), des formes géométriques et des silhouettes d'animaux et de plantes ont été tracées sur le sol. Elles remonteraient à une époque située entre 100 av. J.-C. et l'an 600 de notre ère. On ignore précisément leur signification ; sans doute avaient-elles une fonction religieuse, astronomique, ou même économique, dans une civilisation qui n'est pas très bien connue. Observées pour la première fois en 1928 d'un avion, ces marques sont considérées comme les plus grandes œuvres d'art du monde.

LES PLUS GRANDES FRESQUES

■ L'œuvre de Jean-Marie Pierret couvre une superficie de 13 500 m² sur la tour de refroidissement de la centrale nucléaire de Cruas, Ardèche. C'est la plus grande fresque du monde.

■ La plus longue court sur 500 m de mur à l'hôpital royal pour enfants de Liverpool, GB. Elle couvre une superficie de 1 668 m².

La plus grande banderole artistique

La plus grande banderole sur fibre de verre tressée mesure 4 388,6 m de long sur 1 m de large. Elle a été réalisée le 19 juin 1993, par 2 500 enfants de Saint-Étienne-du-Rouvray, Seine-Maritime.

La plus grande banderole publicitaire

La plus grande banderole publicitaire a été réalisée le 16 avril 1994, lors du Festival des Records l'Exploit Géant de Casino, par M. Bougerolles, de Saint-Godens, Tarn-et-Garonne. Elle mesure 270,70 m de long sur 2,5 m de large.

LA BANDEROLE DES ENFANTS DE VILLERS-SUR-MER

■

La plus grande banderole multicolore sur tissu mesure 3 160 m de long sur 1,20 m de large. Elle a été achevée le 14 août 1991 par les 3 000 enfants de la plage de Villers-sur-Mer, Calvados, qui pendant 3 journées entières ont laissé libre cours à leur imagination en peignant à l'aide de pinceaux, de leurs pieds ou de leurs mains.

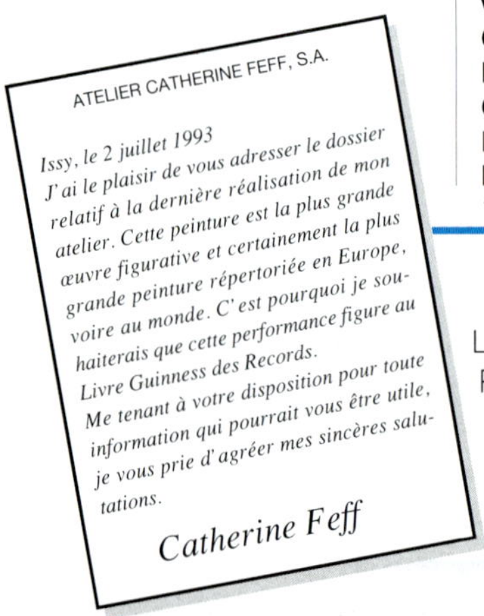

ATELIER CATHERINE FEFF, S.A.

Issy, le 2 juillet 1993
J'ai le plaisir de vous adresser le dossier relatif à la dernière réalisation de mon atelier. Cette peinture est la plus grande œuvre figurative et certainement la plus grande peinture répertoriée en Europe, voire au monde. C'est pourquoi je souhaiterais que cette performance figure au Livre Guinness des Records.
Me tenant à votre disposition pour toute information qui pourrait vous être utile, je vous prie d'agréer mes sincères salutations.
Catherine Feff

Le plus grand trompe-l'oeil

Le château de Stadtschloss, à Berlin, symbole de l'ancienne Prusse, a été rasé en 1950. Pour l'exposition « Il était une fois... le Stadtschloss », la société française Atelier Catherine Feff a déployé une bache de 8 500 m², sur laquelle était peinte en trompe-l'œil la façade du château.

SCULPTURE

RECORDS GENERAUX

Voir aussi le chapitre Architecture.

Les plus anciennes

■ Les fouilles de François Bordes (1919-1981) sur le site de Pech-de-l'Aze, commune de Carsac-Aillac, Dordogne, ont mis au jour, en 1973, un fragment de côte de bovidé long de 15 cm présentant des traits difficiles à interpréter. C'est la plus ancienne (105 000 ans) gravure sur os actuellement connue.

■ Une plaquette d'ivoire incurvée (« chu ingo ») enduite d'ocre rouge, découverte sur le site de Tata (paléolithique moyen moustérien), en Hongrie, daterait, d'après la méthode thorium-uranium, de 100 000 ans.

■ Les premières sculptures connues appartiennent à la culture aurignacienne (d'après le nom d'un village de Haute-Garonne, du paléolithique supérieur, entre 30 000 et 25 000 ans). On y inclut les « vénus » autrichiennes ainsi que les nombreuses figurines du nord de l'Italie et du centre de la France.

■ Une figurine de 6,3 cm de long représentant un cheval, sculptée dans une défense de mammouth, découverte dans la grotte de Vogelherd, Bade-Wurtemberg, Allemagne, daterait du magdalénien (entre 14 000 et 9 500 ans).

Les plus grandes

Les cavaliers de la montagne de Pierre

Un bas-relief de 5 000 m² représentant, à cheval, l'homme politique américain Jefferson Davis (1808-1889) et les généraux Robert E. Lee (1807-1870) et Thomas J. Jackson (1824-1863) a été sculpté sur l'une des parois de la montagne de Pierre, près d'Atlanta, EU. L'artiste, Roy Faulkner, passa 8 ans et 174 jours sur la montagne, armé d'un chalumeau, aidé du sculpteur Walter Kirtland Hancock, pour réaliser, entre 1963 et 1972, ces personnages de 27,40 m de haut.

Tarapacá

Sur une colline proche de Tarapacá, Chili, une statue de 100 m de haut sculptée à même la pierre a été découverte en août 1968.

Sculptures en métal

Powerful est la plus grande sculpture en métal jamais réalisée. Construite par l'Indien Sudhir Deshpand en février 1990, elle pèse 27 t et mesure 17 m.

Mobile de Calder

Cascade blanche, un mobile d'Alexander Calder (1898-1976), pèse 8 t et mesure 30 m de haut. Il fut installé, les 24 et 25 mai 1976, à la Banque fédérale de réserve de Philadelphie, EU. Les premiers mobiles de Calder ont été exposés en France en 1932.

LES PRIX

LE BRONZE LE PLUS CHER

Faune dansant, un bronze du sculpteur hollandais Adrien de Vries (vers 1545 ou 1560-1626), s'est vendu 6,82 millions de £ (environ 68 millions de F) chez Sotheby's, à Londres, le 7 décembre 1989.
Les propriétaires précédents, un couple anonyme de Brighton, GB, l'avaient acheté 100 £ dans les années 50 et le gardaient comme élément de décoration dans leur jardin.

Du vivant de l'artiste ▸
Le 21 mai 1982, *Reclining Figure*, de Henry Moore (1898-1986), sculpture en bois d'orme de 1,90 m, a atteint la somme de 1 265 000 $ chez Sotheby's, à New York.

Sculpture la plus chère vendue en France

L'Enlèvement d'Hélène par Pâris (1627), groupe en bronze du sculpteur italien Jean-François Susini, est la sculpture la plus chère jamais vendue en France : 21 millions de F par Me Tajan, à l'hôtel George-V, à Paris, le 15 avril 1989. Elle mesure 70 cm de haut, 41 cm de large et 38 cm de profondeur.

MOBILE LE PLUS CHER

L'œuvre d'Alexander Calder, *Constellation*, a atteint un prix record de 1 817 500 de $ (plus de 10 millions de F) chez Sotheby's, à New York, le 10 novembre 1993 (voir aussi *le mobile le plus grand* dans le même chapitre).

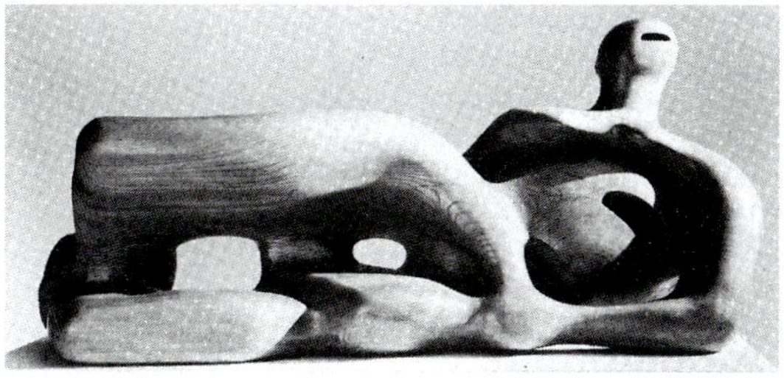

Reclining figure, de Henry Moore, sculpture en bois de 1,90 m.

L'œuvre la plus chère d'un sculpteur français : 60 millions de F

Le peintre français Edgar de Gas (dit Degas), 1834-1917, commença à sculpter avant 1870 et réalisa la très belle *Petite Danseuse de quatorze ans* en 1881. Cette sculpture, le plus célèbre de ses bronzes, a été vendue 10 120 000 $ (environ 60,3 millions de F), le 10 mai 1988, chez Sotheby's, à New York. C'est l'œuvre d'un sculpteur français qui obtint le prix le plus élevé, c'est aussi la seule sculpture que l'artiste exposa de son vivant.

ANTIQUITES ET OBJETS DE COLLECTION

Aiguilles

■ *On a découvert des aiguilles en os sur des sites de l'aurignacien (30 000 av. J.-C.).*
■ *Au musée de l'Aiguille de Forge Mill, GB, on peut admirer une aiguille de 1,85 m de long destinée à coudre des boutons de matelas dans le sens de la longueur.*

Cruches en argent

■ *Deux cruches en argent de 242 kg, 1,60 m de haut et 2,50 m de circonférence, pouvant contenir 8 000 litres, ont été fabriquées en 1902 par l'orfèvre Gorind Narain pour le maharadjah de Jaïpur, Inde (1861-1922).*

Drapeaux

■ *Le plus ancien, datant de 3000 av. J.-C. a été trouvé en 1972 à Khabis, Iran. C'est un carré de métal de 23 cm de côté représentant un aigle, deux lions, une déesse, trois femmes et un taureau.*

Mosaïques

■ *En 1981, l'artiste plasticien Deverne a réalisé une mosaïque de 2 500 m², sur l'espace central des « Miroirs », siège social de la compagnie Saint-Gobain et de la société Rhône-Poulenc, à la Défense, près de Paris.*
■ *À l'Université nationale du Mexique, à Mexico, une mosaïque couvre les murs de la bibliothèque centrale. Les deux plus grands murs ont chacun une surface de 1 203 m². Les mosaïques représentent des scènes de l'époque précolombienne.*

Tapis

■ *Le plus ancien tapis connu est en laine à poils noués. Il mesure 1,8 m² et date des IVe-IIIe siècles av. J.-C. Il fut découvert par l'archéologue soviétique Sergueï Ivanovitch Rudenko en 1947 sur le site de Pazyryk, Sibérie méridionale. Il est actuellement conservé au musée de l'Ermitage, à Saint-Pétersbourg, Russie.*
■ *Le tapis tissé le plus finement présente 576 nœuds au centimètre carré. Cinq ouvrières sélectionnées parmi 3 000 spécialistes l'ont tissé pour la société Ozipek Halicilik, de Hereke, Turquie. Il a fallu cinq ans pour terminer ce Trésor de Hereke, qui fut vendu à la société japonaise Gandhara Carpet en mars 1988.*
■ *Le plus beau tapis jamais tissé est connu sous le nom de Printemps de Khusraw, confectionné pour la salle d'audience du palais des Sassanides, à Ctésiphon, Mésopotamie, aujourd'hui Irak. Il mesurait à peu près 650 m² et était constitué de fils de soie et d'or et incrusté d'émeraudes. Il fut mis en pièces par des pillards en 635. Sa valeur était estimée à 100 millions de £.*

Tapisseries

■ *Les plus anciennes sont trois tapisseries provenant de la tombe du pharaon égyptien Thoutmès IV. Elles datent donc de 1483-1411 av. J.-C.*
■ *La broderie* Overlord, *en 34 panneaux de 2,40 m x 90 cm chacun, commandée par lord Dulverton à l'École royale de couture de Londres, a été achevée en 1979. L'ouvrage aurait réclamé 100 ans de travail à une seule personne.*

Tapisserie de Bayeux

La broderie dite « tapisserie de Bayeux » est exposée dans un musée qui lui est entièrement consacré : le Centre Guillaume Le Conquérant, Bayeux, Calvados. Elle fut semble-t-il commandée par l'évêque de Bayeux, Odon de Conteville (v. 1036-1097), demi-frère de Guillaume, afin d'être exposée dans la cathédrale de Bayeux quinze jours par an. C'est une bande de toile de 70,34 m de long, haute de 50 cm environ, qui relate la conquête de l'Angleterre par les Normands en 58 tableaux. Au XVIIIe siècle, les historiens, par goût de romantisme, l'ont attribuée à tort à la reine Mathilde, femme de Guillaume.

Tissus

Le plus vieux tissu aurait été découvert à Canonu, sur le Tigre, en Turquie, par des équipes universitaires d'Istanbul et de Chicago. Il s'agit d'une pièce constituée de fils de lin, mesurant 8 cm sur 4 cm, entourant le manche en corne d'un outil.

France ■ *Des fragments de tissus trouvés dans les eaux du lac de Paladru, à Charavines, Isère, par le Centre de documentation de la préhistoire alpine révèlent que le plus vieux tissu français daterait de la fin de la période du néolithique (2500 av. J.-C).*

Vase

■ *L'expert chinois en céramique Chingwah Lee, de San Francisco, Californie, a estimé à 60 millions de $ un vase Kang Hsi à 4 faces mesurant 99 cm. Cette pièce unique est conservée dans la chambre forte d'une banque de Phoenix, Arizona, EU.*

Verrerie

■ *Les plus anciennes traces d'objets en verre, en France, remontent à 2150 av. J.-C., comme le montre une perle de parure découverte par Jean Courtin, en 1966, dans une tombe de Roaix, Vaucluse. Son ancienneté a été confirmée par le carbone 14.*
■ *Le plus bel exemple dans l'art de la verrerie est sans doute le vase en verre dit « de Portland », qui date de la fin du Ier siècle av. J.-C. ou du Ier siècle de notre ère. Fabriqué en Italie, il se trouvait dans la famille Barberini, de Rome, depuis au moins 1642.*
La duchesse de Portland l'acquit en 1792, mais, le 7 février 1845, alors qu'il était exposé au British Museum, il fut brisé par un visiteur.
■ *Les plus anciens verriers d'art. La famille italienne Barovier exerce son activité à Murano, commune de Venise, depuis 1295. Son premier verrier, sur lequel il existe une notice historique, se nommait Jacobello.*
En 1450, Angelo Barovier était connu comme le plus grand maître de son temps, produisant pour la première fois le « cristal de Venise ». Aujourd'hui, la verrerie est dirigée par un autre Angelo Barovier et par son fils Jacopo, 20e génération dans la lignée.

LE LOUVRE

Le plus grand musée du monde

Le musée du Louvre, à Paris, couvre une superficie de 151 190 m² répartis en 51 690 m² pour les expositions, 22 300 m² pour l'accueil, et 77 200 m² réservés aux services techniques. Inauguré le 18 novembre 1993, c'est le plus grand musée du monde. L'aménagement des ailes Sully et Denon prévu pour 1996-97 agrandira encore la surface d'exposition pour l'amener à 60 700 m². Le musée possède 400 000 objets et en a exposé plus de 24 000 dans 301 salles en 1993.

Il a enregistré cette année-là 3 353 309 entrées payantes et reçu 4 919 702 visiteurs.

L'ERMITAGE

L'Ermitage, à Saint-Pétersbourg, Russie, est le musée qui possède le plus grand nombre d'œuvres. Il couvre une superficie de 75 000 m² et compte 322 salles. L'Ermitage possède 3 millions d'objets d'art.

Le Musée national d'Art moderne

Le Musée national d'Art moderne, au Centre national d'Art et de Culture Georges-Pompidou, à Paris, possède 34 100 œuvres (5 800 peintures, 2 800 sculptures, 14 600 dessins, etc.). Il a accueilli 988 938 visiteurs en 1993. Le Centre lui-même est le monument le plus visité de France (voir le chapitre « Institutions »).

Le plus petit musée

Le musée d'Albaret-Sainte-Marie, Lozère, aménagé dans un ancien four banal, a 12,80 m² de superficie. Une cinquantaine d'œuvres y sont exposées (blasons, maquettes et objets anciens).

Fondation Paul Getty

En janvier 1974, la fondation John Paul Getty, de Malibu, Californie, a reçu une dotation initiale équivalant à 7 milliards de F. Sa dotation annuelle, pour les acquisitions, est aujourd'hui de 1 milliard de F. La fondation possède 38 galeries.

LE CENTRE POMPIDOU

Le Musée national d'Art moderne, avec 988 938 visiteurs en 1993, contre 1 052 594 en 1992, reste le monument français le plus visité.

LE TRADUCTEUR LE PLUS RAPIDE

■

Du 4 au 7 juin 1980, Salim Wakim, écrivain, historien et traducteur professionnel, a traduit 70 000 mots d'anglais en arabe, soit 240 pages dactylographiées en 72 h.

LES ORIGINES

On suppose que la faculté de parler serait liée à des changements physiologiques de la taille du larynx alors qu' Homo erectus *se transformait en* Homo sapiens sapiens. *La découverte récente d'un hyoïde (os situé à la partie antérieure du cou, au niveau du plancher de la bouche) dans une grotte du mont Carmel, Israël, indique que l'homme de Néandertal pouvait parler il y a 60 000 ans.*

Langues les plus complexes

On retiendra ces cas extrêmes : le chippewa, parlé par les Indiens du Minnesota, EU, avec ses 6 000 formes verbales ; le haida des Indiens d'Amérique du Nord, qui possède 70 préfixes ; le tabassaran, langue parlée au Daghestan, province d'Azerbaïdjan, qui utilise 48 formes nominales ; et l'eskimo, qui a 63 formes de temps présent et dont certains mots peuvent avoir jusqu'à 252 inflexions.

Les langues les plus parlées

N°1 : le chinois

La langue la plus utilisée dans le monde est le chinois mandarin. Elle est parlée par 68 % de la population de la Chine, soit environ 1 milliard de personnes. Cette prétendue « langue nationale » (guóyu) est une forme standardisée du chinois du Nord tel qu'on le parle dans la région de Pékin. Le 11 février 1958, un alphabet (Hanyu Pinyin), de 58 lettres a été adopté.

N°2 : l'anglais

Après le chinois, la langue la plus répandue est l'anglais, langue maternelle de 350 millions de personnes. Près de 1,5 milliard de Terriens l'utilisent comme deuxième ou troisième langue.

N°3 : le français

Au sommet de la francophonie de novembre 1991, on a recensé 200 millions de francophones à travers les 5 continents. Dans 45 États et 20 régions associées, le français est la langue officielle ou administrative (unique ou non). Il faut constater que l'utilisation du français tend à diminuer régulièrement, au profit de l'anglais.

En chinois, le dictionnaire en 40 volumes Zhongwen Da Zidian *recense 49 905 caractères. Le quatrième « son » du i, i⁴, a 84 significations, qui peuvent aller de « robe » à « hoquet », en passant par « licencieux ». Dans la langue écrite, il existe 92 caractères différents pour le i⁴.*

Bavard et nez bouché en chinois

Le caractère écrit le plus complexe, *xie*, se dessine avec 64 traits. Il signifie « bavard ». Le plus complexe dans la langue courante est *nang*, qui se dessine avec 36 traits et veut dire « nez bouché ».

Les polyglottes les plus célèbres

■ Il paraît impossible pour un être humain de parler couramment plus de 20 ou 25 langues ni d'en apprendre plus de 40 au cours de sa vie.

■ Les polyglottes les plus célèbres furent le cardinal italien Mezzofanti (1774-1849), qui parlait couramment 26 ou 27 langues, le professeur danois Rask (1787-1832), l'Anglais sir John Bowring (1792-1872) et le Néo-Zélandais Harold Williams (1876-1928), qui maîtrisaient 58 langues.

■ À l'époque contemporaine, le polyglotte le plus remarquable fut le Français Georges-Henri Schmidt (1914-1990). Il dirigea le département de terminologie aux Nations unies de 1965 à 1971. Dans l'édition 1975 du ***Who's Who in the United Nations***, on lui attribuait « seulement » 19 langues : à l'époque, il ne trouvait pas le temps de rafraîchir ses connaissances dans les 12 autres langues qu'il maîtrisait.

■ Le plus grand polyglotte vivant est Derick Herning (né en 1932), de Lerwick, îles Shetland, GB. Il a gagné en 1990 le premier concours « Le Polyglotte d'Europe », organisé en Belgique. Ce professeur de lycée pratique 23 langues.

■ Powell Alexander Janulus (né en 1939) a déjà traduit 41 langues dans l'exercice de ses fonctions de traducteur officiel à la cour de justice de la Colombie-Britannique, à Vancouver, Canada.

Les pays les plus riches en langues

■

Parmi les 4 500 langues et dialectes dénombrés dans le monde, près de 845 sont parlés en Inde.

■

L'isolement de ses nombreuses vallées fait de la Papouasie-Nouvelle-Guinée le pays du monde possédant le plus grand nombre de langues : 869 langues sont chacune utilisée par plus de 4 000 personnes.

LE MOT LE PLUS LONG

JAPONAIS[1]
Chi-n-chi-ku-ri-n
12 lettres. Ce mot d'argot désigne une très petite personne.

ESPAGNOL
Superextraordinarisimo
22 lettres. Très extraordinaire.

FRANÇAIS
Anticonstitutionnellement
25 lettres.

CROATE
Prijestolonasljednikovica
25 lettres. Femme d'un héritier présomptif.

ITALIEN
Precipitevolissimevolmente
26 lettres. Aussi vite que possible.

PORTUGAIS
Inconstitucionalissimamente
27 lettres. Le plus anticonstitutionnellement.

ANGLAIS
Floccipaucinihilipilification
29 lettres. Le fait de juger une chose sans valeur.

ISLANDAIS
Haecstaréttarmalaflutningsmaôur
31 lettres. Avocat à la cour suprême.

RUSSE
Ryentgyenoelyektrokardiografichyeskogo
33 caractères cyrilliques, 38 lettres latines. Radioélectrocardiographe.

HONGROIS
Megszentségtelenithetetlenségeskedéseitekért
44 lettres. Pour vos actions improfanables.

HOLLANDAIS[2]
Kindercarnavalsoptochtvoorbereidingswerkzaamheden
49 lettres. Activités de préparation d'un défilé de carnaval pour enfants.

TURC[2]
Çekoslovakyalilastirabilemediklerimizlerdenmisiniz
50 lettres. N'appartenez-vous pas à ce groupe de personnes dont on pensait qu'elles ne pouvaient pas être tchécoslovaquisées ?

MOHAWK[3]
Tkanuhstasrihsranuhwe'tsraaksahsrakaratattsrayeri'
50 lettres. L'éloge de la malveillance de la réjouissance du repérage de la maison est bon.

ALLEMAND[2][4]
Donaudampfschiffahrtselectrizitaetenhauptbetriebswerkbauunterbeamtengesellschaft
80 lettres. Le club des officiels subordonnés du bureau principal de gestion des services électriques des bateaux à vapeur du Danube.

SUÉDOIS[2]
Nordöstersjökustartilleriflygspaningssimulatoranläggningsmaterielunderhallsuppföljningssystemdiskussionsinläggsförberedelsearbeten
130 lettres. Travail préparatoire pour la contribution au débat sur le maintien d'un système de soutien du dispositif de simulateur de vol de l'aviation faisant partie de l'artillerie installée sur la côte nord-est de la Baltique.

1. Des dépôts de brevets contiennent parfois des mots composés un peu longs. Un exemple extrême est ce mot de 13 « kana » qui se translittère en 40 lettres : *kyûkitsûrohekimenfuchakunenryôsekisanryô*, la quantité cumulative de combustible condensé sur le mur en face du passage de l'admission d'air.
2. Les mots composés que l'on invente ne sont limités que par l'imagination. On ne les trouve pas dans les dictionnaires usuels.
3. Le mohawk est une langue indienne d'Amérique du Nord. Des concaténations longues sont très typiques dans cette langue. Ceci en est un excellent exemple.
4. Le plus long mot usuel du dictionnaire allemand est : *Rechtsschutzversicherungsgesellschaften* (39 lettres), qui désigne les compagnies d'assurances fournissant une protection légale.

Verbes irréguliers
Le plus petit nombre
L'espéranto, la langue créée en 1887 par le médecin et linguiste polonais Ludwik Zamenhof (1859-1917), ne comporte aucun verbe irrégulier. Il est parlé (selon des estimations fondées sur le nombre de livres, disques et cassettes vendus) par environ 6 millions de personnes.
Le volapük, autre langue internationale, inventée plus tôt par Johann Martin Schleyer (1831-1912), utilise aussi une syntaxe absolument régulière.

Le plus grand nombre
L'anglais en compte 283, dont une trentaine ont été formés en ajoutant simplement un préfixe.

A, partout
On ne connaît aucune langue qui n'utilise pas la voyelle A.

VOCABULAIRE DES FRANÇAIS
Un francophone extrêmement cultivé connaît 100 000 mots. Un francophone moyen n'en connaît pas plus de 25 000 dans le langage courant, et n'en utilise que 5 000. Avec les composés techniques, la langue française pourrait compter 1 million de mots.

LANGUES
MOTS

MOTS LES PLUS LONGS
Ils sont nés de l'agglutination de plusieurs mots.
Ainsi le Grec Aristophane donne-t-il en un seul mot de 182 lettres, dans sa comédie *L'Assemblée des femmes*, écrite en 392 av. J.-C., une recette de fricassée agrémentée de 17 ingrédients doux et amers.
Un « mot » composé de 195 caractères en sanskrit (qui se transcrirait en 428 lettres dans l'alphabet romain) décrit la région près de Kanci, Tamil Nadu, Inde. Ce mot apparaît dans l'œuvre de Tirumalamba,reine de Vijayanagara, au XVIe siècle.
Le mot le plus long de la langue française, *anticonstitutionnellement*, compte 25 lettres.

LE MOT ANGLAIS SET
Le mot anglais *set* a 58 significations en tant que substantif, 126 en tant que verbe et 10 en tant qu'adjectif participe. C'est le mot qui a le plus grand nombre de significations: 194.

PALINDROME
Le palindrome est un mot qui se lit indifféremment de gauche à droite et de droite à gauche. *Saippuakivikauppias*, le mot finnois de 19 lettres qui veut dire « marchand de soude caustique », est le plus long palindrome connu. Certains fonts baptismaux grecs et turcs portent l'inscription circulaire de 25 lettres ***NIYONANOMHMATAMHMONANOYIN***, signifiant : « Ne lave pas seulement (mon) visage, mais aussi (mes) péchés. »

COMPOSITION PALINDROME
La composition palindrome la plus longue contient quelque 100 000 mots. Elle a été imaginée par Edward Benbow, de Bewdley, GB. Elle commence par : « Al, sign it, lover...! » et se termine, bien entendu, par : « ... revolting, Isla ».

Dr Awkward and Olson in Oslo, est le roman palindrome le plus long. Il contient 31 594 mots. Il a été écrit par le New Yorkais Lawrence Levine en 1986.

ABRÉVIATION LA PLUS LONGUE
SKOMKHPKJCDPWB désigne un organisme malais, le Syarikat Kerjasama Orang orang Melayu Kerajaan Hili Perak Keran Jimat Cermat Dan Pinjammeminjam Wang Berhad.
C'est-à-dire Société coopérative d'épargne et de crédit du gouvernement du peuple malais du Bas-Perak, à Teluk Anson, État de Perak, Malaisie de l'Ouest. En abrégé : Skomk.

Le nom complet de la ville de Los Angeles, Californie, est en réalité : El Pueblo de Nuestra Señora la Reina de los Ángeles de Porciuncula. Il compte 55 lettres, mais on le réduit habituellement à 2, LA, c'est-à-dire à 3,63 % de sa longueur.

ACCENTS
Le mot hongrois *újjáépítésére*, qui signifie « pour sa reconstruction », s'écrit avec six accents.

Français ■
Deux mots comptent cinq accents : *hétérogénéité* et *Héréhérétué*, nom d'un atoll situé à 500 km au sud-est de Tahiti, dans le Pacifique.

LOURD DE SENS
■
Le mot *mamihlapinatapai*, de la langue des habitants de la Terre de Feu (extrême sud du continent sud-américain), est redoutablement difficile à traduire. Il signifie « échange de regards en espérant que chacun va offrir de faire quelque chose que les deux personnes désirent mais ne veulent pas faire ».

La Disparition
■
La lettre « e » étant la voyelle la plus utilisée en français, écrire un texte sans un seul « e » semble être une gageure impossible. C'est pourtant la règle que s'est fixée l'écrivain français Georges Perec pour rédiger en 1989 un roman de 226 pages, *La Disparition*, dans lequel, sans aucune faute d'orthographe, ni néologisme, cette voyelle a disparu.

ALPHABETS

Le premier
Le plus ancien exemple d'écriture alphabétique a été découvert à Ougarit (actuellement Ras Shamra, en Syrie). Il s'agit d'une tablette de 32 caractères cunéiformes datant de 1450 av. J.-C.

Le plus long
L'alphabet cambodgien compte 74 lettres, mais certaines sont tombées en désuétude.

Le plus court
L'alphabet utilisé pour écrire le rotokas, langue parlée dans le centre de l'île de Bougainville (la plus grande des îles Salomon, en Mélanésie), ne compte que 11 lettres (*a, b, e, g, i, k, o, p, r, t et u*).

Consonnes
L'oubykh, langue du Caucase, ex-URSS, compte 80 ou 85 sons consonantiques. Le rotokas ne compte que 6 consonnes.

Voyelles
Le sedang, langue du Vietnam central, utilise 55 voyelles. L'abkhaze, langue du Caucase, n'en possède que 2.

Français
Le mot ***oiseau*** comprend les 5 premières voyelles. ***Abracadabrant*** compte 5 ***a*** ; **dégénérescence**, 6 ***e*** ; **indivisibilité**, 6 ***i*** ; ***tumultueux***, 4 ***u*** et ***odontostomatologie***, 6 ***o***.

LES LETTRES LES PLUS PETITES
En avril 1990, les lettres I, B, M, composées de 35 atomes de xénon, ont été gravées sur un cristal de nickel à l'aide d'un instrument appelé « microscope à balayage ». Elles forment un logo de 1,27 nm de long (1 nanomètre vaut 1 milliardième de mètre). Cet exploit, réalisé au centre de recherches d'IBM à San José, Californie, EU, a demandé 22 h à ses auteurs, les physiciens Donald Eigler et Erhard Schweizer (voir le chapitre Sciences et technologie).

Les lettres les plus grandes
Voir le chapitre Médias, « Enseignes et panneaux géants ».

La lettre la plus ancienne
La lettre O n'a pas changé de forme depuis sa première apparition, dans l'alphabet phénicien, vers 1300 av. J.-C.

NOMS ET PRÉNOMS

Voir aussi le chapitre Homme, article « Arbre généalogique ».

LE PLUS ANCIEN
C'est celui d'un roi de l'époque prédynastique de Haute-Égypte (avant 3050 av. J.-C.). Ce nom est représenté par le hiéroglyphe du scorpion. Il devait se prononcer « Sekhen ».

LES PLUS COURTS
La simple lettre O est un nom très répandu en Corée. Ce nom figure aussi 52 fois dans les annuaires téléphoniques américains et 12 fois en Belgique. Toutes les autres lettres de l'alphabet sont également utilisées comme noms de famille aux États-Unis, sauf le Q.

Français
Le nom de famille français le plus court, en français, est la simple lettre O. Le représentant le plus illustre de cette lignée fut le marquis François d'O (1535-1594), favori du roi Henri III, surintendant des Finances.

LE PLUS PORTÉ
Le nom chinois Chang est porté par environ 11 % de la population chinoise. Il y a donc à peu près 112 millions de Chang. C'est le nom le plus répandu.

LES MARTIN
D'après une étude de l'Insee, le nom de famille le plus courant en France est Martin, devant Lefèvre ou Lefebvre, Bernard et Thomas.

KEVIN ET MARINE
D'après *La Cote des prénoms* de Guy Desplanques et Philippe Besnard, parue aux éditions Balland, le prénom masculin le plus porté au 1er janvier 1994, en France était Michel (690 000 personnes), devant Jean (628 000 personnes) et Pierre (561 000 personnes). Chez les femmes, c'est Marie qui l'emporte (391 000), devant Monique (373 000) et Françoise (365 000 personnes).
Les prénoms le plus fréquemment donnés aux enfants nés dans les années 1990-1992 sont Kevin (3,5 %), Thomas (2,6 %) Alexandre et Maxime (2,3%) pour les garçons et Marine et Élodie (2,2 %), Laura (2,1 %) et Julie pour les filles.

DERNIER À COUP SÛR
Aux États-Unis, la volonté de figurer le dernier dans l'annuaire a donné lieu à la fabrication de noms étonnants. Un des exemples les plus remarquables se trouve dans l'annuaire de San Francisco, où le dernier abonné est un certain M. Zachary Zzzzzzzzzra.

TOLLY
Le major L.S.D.O.F. (Leone Sextus Denys Oswolf Fraudatifilius) Tollemache-Tollemache de Orellana-Plantagenet-Tollemache-Tollemache était appelé « Tolly » à l'école. Il avait le nom le plus long ayant jamais existé. Né le 12 juin 1884, il mourut d'une pneumonie le 20 février 1917.

LES 139 PRÉNOMS
John et Margaret Nelson de Chesterfield, GB, ont donné à leur fille Tracy (née le 13 décembre 1985) 138 autres prénoms. En novembre 1986, le service d'état civil accepta d'enregistrer les prénoms de l'enfant sur un document distinct de l'acte de naissance.

ALFONSO ETC.
Alfonso de Borbón y Borbón (1866-1934), arrière-arrière-petit-fils du roi d'Espagne Charles III, portait 94 prénoms.

RHORO
Le prénom le plus long accepté sur un certificat de naissance est celui de Rhoshandiatellyneshiaunneveshenk Royaanfsquatsiuty Williams, fils de M. et Mme James Williams, domiciliés à Beaumont, Texas, EU, né le 12 septembre 1984.

NOMS DE LIEUX

LES PREMIERS
Les premiers noms de lieux connus datent de 3600 av. J.-C., époque présumérienne. Ce sont par exemple Kish, Ur et Attara, aujourd'hui en Irak.

France
LUGDUNUM
Les plus anciens noms de lieux sont antérieurs au peuplement celtique, mais on en perd la trace. Les plus anciens noms attestés par les textes sont d'origine celtique (1500-500 av. J.-C.). On les connaît sous leur forme latine, par exemple *Lugdunum* (Lyon) ou *Virodunum* (Verdun).

Noms de lieux le plus long et le plus court

BANGKOK
Bangkok, en thaï Phra Nakhon (« la Ville Capitale ») ou Krung Thep (« Cité des Anges »), capitale de la Thaïlande, s'appelle officiellement Krungthep Mahanakhon, abréviation de : ***Krungthep Mahanakhon Bovorn Ratanakosin Mahintharayutthaya Mahadilokpop Noparatratchathani Burirom Udomraatchanivetmahasathan Amornpiman Avatarnsathit Sakkathattiyavisnukarmprasit*** (167 lettres, mais la version la plus littéraire en comporte 175).

Les noms de lieux les plus longs

L'ENDROIT DE L'HOMME AUX GROS GENOUX
Le nom le plus long existant désigne un lieu-dit : ***Taumatawhakatangihangakoauauotamateaturipukakapikimaungahoronukupokaiwhenuakitanatahu*** (86 lettres), c'est le nom d'une colline de 305 m d'altitude, située dans l'île du Nord, Nouvelle-Zélande. En maori, ce mot signifie : « L'endroit où Tamatea, l'homme aux gros genoux, qui a dévalé, escaladé et avalé des montagnes, connu sous le nom de Mange-Terre, a joué de la flûte pour sa bien-aimée. »

France
Les villages de ***Saint-Rémy-en-Bouzemont-Saint-Genest-et-Isson***, Marne, et ***Saint-Germain-de-Tallevende-la-Lande-Vaumont***, Calvados, comptent chacun 38 lettres.

Y Dans de très nombreux pays, les noms de lieux d'une lettre sont courants. En France, le village d'Y, près de Nesle, Somme, est ainsi nommé depuis 1241.

Leeuwarden, Leywarden, Leeuwardhen...
Leeuwarden, aux Pays-Bas, s'est écrit de 225 façons depuis 1046.

Sur un grain de riz
Surendra Apharaya de Jaipur, Inde, a réussi à graver 1 749 noms de pays et de régions sur un grain de riz le 19 mai 1991.

DOCUMENTS LES PLUS ANCIENS

Premières traces d'écriture

Poterie yangshao

Sur une poterie yangshao de la région du Paa-t'o, datant de 5000 à 4000 av. J.-C. découverte en 1962 près de Xian, dans la province du Shanxi, Chine, on a déchiffré des idéogrammes symbolisant les chiffres 5, 7 et 8. Il s'agit de la langue écrite la plus ancienne du monde.

■

Jetons d'Iran

Cependant, des « jetons » datant de 8500 av. J.-C. ont été découverts à Tepe Asiab et à Ganji-é-Dareh, Tepe, Iran.

■

Dharani

Le rouleau, ou sutra, Dharani, *imprimé sur des tablettes en bois fut découvert dans les fondations de la pagode de Pulguk Sa, à Kyongju, Corée du Sud, le 14 octobre 1966.*

Il date, au moins, de l'an 704.

■

Sutra Diamond

Le British Museum, à Londres, conserve un fragment du Dunhuang, *sutra découvert en 1907 dans le nord-ouest de la Chine, sur le site dit des « caves des Mille Bouddhas ». Une partie de ce trésor est un parchemin de 5 m de long, le sutra Diamond (« diamant »), qui daterait du « 14e jour de la 4e lune de l'an 9 de Hsien Thung », soit l'an 868. Il serait imprimé avec de la berberine, teinture obtenue en faisant bouillir de l'écorce de chêne-liège.*

Tablette sumérienne

Le plus ancien document médical connu est une tablette sumérienne en argile découverte à Nippur (actuellement en Irak) et datant de 2100 av. J.-C. Elle est conservée au musée de l'université de Philadelphie, Pennsylvanie, EU. Elle donne des détails sur la fabrication d'onguents et d'emplâtres à partir d'écailles de tortue écrasées, d'une plante appelée nagasi, de sel et de moutarde.

■

Vieux papier

Du papier, dont on estime qu'il a été fabriqué entre 71 av. J.-C. et l'an 21, a été découvert dans le nord-ouest de la Chine, cent ans avant la date présumée de son invention.

■

Le premier texte en langue romane

Voir encadré, ci-contre : Le Serment de Strasbourg.

■

Les plus anciens autographes

SIGNÉ : ADU SCRIBE

Le plus ancien autographe que nous possédions a été relevé sur une tablette d'argile à Tell Abu Sâlâbîkh, Irak. Tracé en caractères cunéiformes, il date de 2600 av. J.-C. Un scribe qui s'appelait A-du avait ajouté « dub-sar » après son nom, ce qui se traduit par « Adu, scribe ».

SIGNATURE SUR PAPYRUS

La première signature sur papyrus est celle du scribe Amen-'aa, 2130 av. J.-C. On peut la voir aujourd'hui dans le musée de Saint-Pétersbourg, Russie.

Le plus ancien acte royal français

Le plus ancien acte émanant d'un roi de France dont on conserve l'original est un document signé du monogramme de Clotaire II (584-628). Cet acte, en latin, écrit en cursive mérovingienne sur papyrus, confirme une donation faite à l'abbaye de Saint-Denis. Il fut rédigé, à Étrépagny, aujourd'hui Eure, entre le 14 juin et le 15 juillet 625.

Les premières cartes géographiques

Une tablette en argile représentant le cours de l'Euphrate dans le nord de la Mésopotamie (aujourd'hui Irak) date de 2250 av. J.-C.

La première carte imprimée connue date de 1115 et représente l'ouest de la Chine.

CARTES ANCIENNES FRANÇAISES

Hormis les schémas qu'on trouve dans des manuscrits dont certains remontent au IXe siècle, les premières cartes utilitaires sont des cartes marines du bassin méditerranéen.

La plus ancienne connue, conservée à la Bibliothèque nationale, est d'origine génoise et date de la fin du XIIIe siècle.

■

Le plus ancien globe occidental connu est celui de Martin Behaim (1492), conservé à Nuremberg, Allemagne. C'est un globe qui ne comprend pas l'Amérique, découverte cette année-là. La meilleure copie se trouve à la Bibliothèque nationale, à Paris.

■

La plus ancienne carte de France exécutée par un Français est celle d'Oronce Fine. Elle date de 1525.

■

La plus ancienne carte régionale (1539) est celle du diocèse du Mans, réalisée par Macé Ogier.

Bibles

Les plus anciens textes bibliques se trouvent sur deux amulettes en argent datant de 587 av. J.-C. découvertes sous l'église écossaise de Jérusalem en 1979. Il s'agit des versets 22 à 27 du chapitre VI du livre des Nombres.

Le musée du Vatican, à Rome, conserve le Codex vaticanus, *écrit en grec avant l'an 350. Il s'agit de la Bible complète la plus ancienne connue.*

Bible en français

La plus ancienne Bible manuscrite complète en français date de 1226. La première Bible imprimée en français a été faite à Lyon vers 1473 par l'imprimeur Guillaume Le Roy pour le compte de Barthélemy Buyer.

Encyclopédies

La plus ancienne

La première encyclopédie date de 370 av. J.-C. On la doit au philosophe grec Speusippe (393-339 av. J.-C.), le neveu de Platon.

France

En 1266 Brunetto Latini rédigea la première encyclopédie écrite directement en français. Diderot et d'Alembert furent les créateurs de la première encyclopédie imprimée en 1751-1777.

Premiers livres imprimés

En 1967, un livre de recherches sur les filigranes a signalé l'existence d'un exemplaire de grammaire latine Donatus imprimée sur papier vers 1450.

Le premier document imprimé à mentionner une date véritable est une bulle papale de 1454 imprimée par Gutenberg.

Le plus ancien livre imprimé dont nous connaissons de manière certaine la date de fabrication est un psautier achevé le 14 août 1457 par Johann Fust (1400-1466) et Peter Schöffer (1425-1502) — qui fut le principal collaborateur de Gutenberg.

France Le premier livre imprimé publié en France (à Paris), par Ulrich Gering, Martin Krantz et Michael Friburger, date de 1470. Il s'agit des Epistolae, *en latin, de Gasparino Barzizza.*

Le premier livre imprimé en français est les Chroniques de France, *éditées à Paris par Pasquier Bonhomme en 1476. Cet ouvrage reprenait un livre d'histoire médiévale, les* Chroniques de Saint-Denis, *rapportant les règnes des rois de France depuis le XIIe siècle.*

La première foire du livre

La première foire du livre est celle de Leipzig, qui fut instituée en 1545. Il y a donc 450 ans.

LE PREMIER LIVRE ENTIER IMPRIMÉ LA BIBLE À 42 LIGNES DE GUTENBERG

Il est admis que la Bible dite « à 42 lignes » (par page) de Gutenberg a été le premier livre entier imprimé mécaniquement. Elle fut publiée vers 1454 à Mayence, Allemagne, par Johann Henne zum Gensfleisch zur Laden, dit Gutenberg (v. 1398-1468).

LE PREMIER LEXIQUE

■

Vers 1300, un lexique à l'usage des marchands qui travaillaient avec l'Orient fut publié par les Génois. On y trouvait des mots latins, perses et coumans. Ce lexique avait pour fonction d'aider les négociants à mieux comprendre « le langage parlé et utilisé par les Tatars, les Perses, les Chaldéens, les Mèdes et Cathays ».

Le Serment de Strasbourg

Le Serment de Strasbourg (842) est le premier texte connu en langue romane (langue d'oïl), qui allait devenir le français. Deux des petits-fils de Charlemagne, Charles le Chauve et Louis le Germanique, font un serment d'assistance mutuelle contre leur frère Lothaire. La Bibliothèque nationale en possède une copie manuscrite du Xe siècle.

RECORDS DE TAILLE

Collection

■ Les 1 112 volumes du ***British Parliamentary Papers*** ont été publiés entre 1968 et 1972. La collection complète pèse 3,3 t et coûte 55 000 £. Il faudrait six ans pour la lire, à raison de dix heures par jour. Il fallut utiliser la peau de 34 000 chèvres indiennes pour la reliure des 500 collections.

Encyclopédies

L'***Enciclopedía universal ilustrada europeo-americana***, publiée par J. Espasa et fils, Barcelone et Madrid, comprend 105 000 pages. Depuis 1935 paraît un supplément annuel. La collection, en 1983, coûtait 2 325 $ et comprenait 104 volumes.

■

La plus grande encyclopédie de l'Histoire fut le ***Yongle Dadiam*** (« Le grand trésor du règne de Yung-lo »).
Elle se composait alors de 22 937 chapitres manuscrits, dont 370 existent encore, en 11 095 volumes. Elle fut écrite par 2 000 lettrés entre 1403 et 1408.

France

La plus grande encyclopédie est l'***Encyclopædia universalis***. Elle compte 6 200 entrées dans le corpus et 16 000 notices dans le thésaurus, 22 400 articles, 30 volumes et 31 412 pages, ce qui représente 250 millions de signes typographiques.
Quelque 4 000 auteurs ont participé à sa rédaction. Depuis sa création en 1968, plus de 500 000 collections ont été vendues. Leur impression a nécessité l'emploi de plus de 32 000 t de papier et de 1 000 t d'encre.

CARATINI

De 1968 à 1975, le philosophe et encyclopédiste français Roger Caratini a rédigé seul les 23 volumes de l'***Encyclopédie Bordas***, soit 200 millions de signes. Ses manuscrits et notes empilés atteindraient la hauteur de la tour Eiffel.

DICTIONNAIRES

■ Le ***Dictionnaire allemand*** des frères Jacob et Wilhelm Grimm, commencé en 1854, ne fut achevé qu'en 1971, soit 117 ans plus tard. Il contient 34 519 pages en 33 volumes.
Le ***Nouveau Dictionnaire Grove de la musique et des musiciens***, publié à Londres, en février 1981, par MacMillan, contient plus de 22 millions de mots et 4 500 illustrations. C'est le dictionnaire spécialisé le plus grand du monde.
■ Le ***Grand Larousse universel***, en 15 volumes, avec 1 688 pages, 202 520 entrées (105 700 noms communs et 96 760 noms propres), 25 886 illustrations (12 600 photos, 1 106 cartes, ainsi que 12 180 dessins) et 132 millions de signes. La première édition est parue entre 1982 et 1985. 1 000 auteurs y ont collaboré.

Pierre Larousse

INDEX

Le douzième index des ***Chemical Abstracts***, « Abrégés de chimie », achevé en décembre 1992, ne comprend pas moins de 35 137 626 articles, 215 880 pages, 115 volumes. Il pèse 246,7 kg.

ROMANS-FLEUVES

Le roman de Louis Farigoule (1885-1972), dit Jules Romains, *Les Hommes de bonne volonté* a été publié en 27 volumes entre 1932 et 1946.

■

Le roman japonais *Tokuga-Wa Ieyasu*, de Sohachi Yamaoka, paru en feuilleton dans la presse quotidienne japonaise depuis 1951, est enfin achevé. Il sera publié en 40 volumes.

POÈMES

■ ***Manas***, l'épopée folklorique kirghize, publiée en 1958, compte plus de 500 000 vers.
■ ***Prométhée, dialogue des vivants et des morts***, poème du Canadien Roger Brien (né à Montréal en 1910), est composé de 456 047 vers, écrits entre 1964 et 1981. Hormis ce poème, Brien a écrit 497 000 vers en français en plus de 90 œuvres publiées.

Le plus grand livre

Le ***Super Book***, un livre d'or fabriqué en 1976 à Denver, Colorado, EU, mesure, ouvert, 2,75 m x 3,07 m ; il a 300 pages et pèse 250 kg.

Cartes géographiques géantes

■

La carte géante en relief de la Colombie-Britannique, Canada, réalisée par George Challenger et son fils Robert entre 1945 et 1953, mesure 575 m². Elle est exposée au musée national de Vancouver, Canada.

■

Une carte peinte sur le sol de 1 381 m² a été réalisée en 1992 par Richard Fishman, de South Euclid, EU.

■

À l'occasion de son cinquantenaire, l'Institut géographique national (IGN) a présenté, du 13 au 19 juin 1990, dans le hall de la gare de l'Est, à Paris, la plus grande carte de France jamais réalisée. Elle a été obtenue par l'assemblage des 2 000 cartes IGN de la « série bleue », à l'échelle 1/25 000, et mesurait 40 m x 40 m. Il a fallu 8 km de double ruban adhésif pour la coller au sol.

Le livre le plus épais

En juin 1988, Christian Lacour, libraire et éditeur à Nîmes, Gard, a fabriqué un livre de 1,04 m x 0,72 m constitué de 1 000 pages et pesant 118 kg.

Mini-livre

Old King Cole, une histoire pour enfants publiée, en mars 1985, à 85 exemplaires par The Gleniffer Press of Paisley, Écosse, mesure 1 mm x 1 mm. Il faut une aiguille pour en tourner les pages.

Le journal intime

Le plus long

Le colonel Ernest Loftus, de Hararé, Zimbabwe, commença son journal intime le 4 mai 1896, à l'âge de 12 ans, et ne cessa de l'écrire jusqu'au jour de sa mort, le 7 juillet 1987, à l'âge de 103 ans et 178 jours.

Postes

MISSIVES DE GÉANTS

La plus grande carte postale

À l'occasion du centenaire de la carte postale française, le Club cartophile de Cagnes-le-Loup a fait réaliser par les éditions Gilletta, de Nice, Alpes-Maritimes, une carte postale de 2,03 m x 3,03 m, qui a été affranchie puis acheminée par les services postaux de Cagnes-sur-Mer, le 15 avril 1989.

La plus grande lettre

Lors du Téléthon 1990, la ville et la poste de Draveil, Essonne, ont organisé l'expédition, par la poste, de la plus grande lettre. Elle mesurait 4 m x 5 m.

LES 20 000 ALEXANDRINS DU BARDE DE SCAËR

Le poète français Jean-François Rampont, de Scaër, Finistère, avait écrit, au 9 novembre 1992, 40 000 alexandrins de son poème ***Poème***, dont il continue la rédaction.

Livres miniatures

■ En 1880 a été imprimé un livre de messe de 20 mm x 12 mm qui appartient aujourd'hui à Alfred Laoureux, de Pépinster, Belgique.
■ Jacques Delmail, de Moreil, Somme, possède un Coran de 20 mm x 17 mm. Ce livre écrit à la main au début du XIXe siècle contient, sur 571 pages, 114 sourates en arabe.

■ Les éditions Le Clou, Montpellier, Hérault, produisent et diffusent une série de 12 livres, reliés cuir et façonnés à la main, de 120 pages, mesurant 27 mm x 22 mm.
■ Le 6 juin 1994, pour commémorer les 50 ans du Débarquement, les Editions Pailler, Barcelone, Espagne, ont fabriqué un livre anniversaire aux mêmes dimensions. Cet éditeur espagnol a également produit au même format deux autres livres miniatures : la *Légende de saint Jorai* et *Les Vins de France*.

Écritures Bouddhistes

Les inscriptions gravées sur 729 plaques de 1,50 m x 1,05 m, dans la pagode de Kuthodaw, au sud de Mandalay, Birmanie, contiennent l'intégralité des écritures bouddhistes. Elles furent gravées entre 1860 et 1868.

VH N'A PAS DE TEMPS À PERDRE AVEC L'INTENDANCE

En 1862, Victor Hugo (1802-1885), réfugié et pressé de savoir comment son roman *Les Misérables* se vendait, écrivit tout simplement à son éditeur anglais, Hurst and Blackett : « ? ». La réponse fut : « ! ».

LETTRES À L'ÉPOUSE INFIRME

Pendant ses déplacements à l'étranger, Uichi Noda, ancien vice-ministre des Finances et ministre de la Construction du Japon, a écrit 1 307 lettres (5 millions de caractères) à sa femme Mitsu, qui était infirme, de juillet 1961 à mars 1985. Les lettres ont été publiées en 25 volumes de 12 404 pages.

Qui l'a lue ?

L'*Upper Dauphin Sentinel*, de Pennsylvanie, EU, a publié dans huit numéros consécutifs, d'août à novembre 1979, une lettre de 25 513 mots adressée au journal par John Sultzbaugh, de Lykens, Pennsylvanie, EU.

BILL AIME HELEN QUI AIME BILL

Le révérend anglais Canon Bill Cook et sa femme Helen of Diss, ont échangé 6 000 lettres durant leur séparation, de mars 1942 à mai 1946.

PAUVRE FACTEUR

En 1974, le joueur de baseball américain Hank Aaron (né en 1934) reçut environ 900 000 lettres. Il avait battu le record de home runs (établi en 1927) du fameux « Babe » Ruth. Un tiers de ses correspondants le couvraient d'injures.

LA LETTRE LA PLUS ATTENDUE

Un soldat britannique aurait reçu des lettres d'amour avec 50 ans de retard. Toutes celles que sa femme lui avait envoyées alors qu'il participait en juin 1944 à la bataille de Normandie auraient été retrouvées au fond d'un placard, à Curcy-sur-Orne, Calvados, et acheminées à leur destinataire avec le plus grand retard qu'un courrier ait jamais atteint.

LITTÉRATURE PRIX RECORDS

Manuscrits complets

Le manuscrit le plus cher jamais vendu est un bestiaire illustré du XIIIe siècle vendu le 29 novembre 1990 chez Sotheby's à Londres, pour une somme de près de 3 millions de £.

■

Le 12 décembre 1980, l'Américain Armand Hammer a acheté 2,2 millions de £ chez Christie's, à Londres, le *Codex de Leicester* (1507) de Léonard de Vinci, manuscrit enluminé de 36 pages traitant de cosmologie.

ÉVANGÉLIAIRE

Un évangéliaire manuscrit en latin en 2 volumes avec enluminures, composé vers 1515, s'est vendu à l'hôtel Drouot, à Paris, le 20 novembre 1985, 8 802 300 F. Il a été acquis par la Bibliothèque nationale.

Livres imprimés

■ L'*Ancien Testament* de la Bible de Gutenberg, imprimée à Mayence, Allemagne, vers 1454 est le livre imprimé qui a atteint le record de coût. La société japonaise Maruzen l'a acheté 5,39 millions de $, le 22 octobre 1987, chez Christie's, à New York.

■ Le livre moderne le plus cher est la reproduction de la série complète de gravures ornithologiques *Les Oiseaux d'Amérique*, de John James Audubon (1785-1851), publié par Abbeville Press. Son prix est de 15 000 $.

FLEURS DU MAL

Un volume des *Fleurs du mal* (1857), de Charles Baudelaire, dédicacé au peintre français Eugène Delacroix et illustré de dessins de la main de Baudelaire et d'aquarelles de Lucien Lévy-Dhurmer, a été vendu 1 437 900 F, le 20 mars 1985, par Me Jacques Tajan.

Document

Le 3 mars 1990, chez Sotheby's, à New York, l'un des 23 exemplaires connus de la Déclaration d'indépendance des États-Unis, imprimée à Philadelphie, Pennsylvanie, en 1776 par Samuel T. Freeman & Co, a été acheté 1 595 000 $ par Halph Geoffrey Newman, de Chicago, Illinois, pour le compte d'un client anonyme.

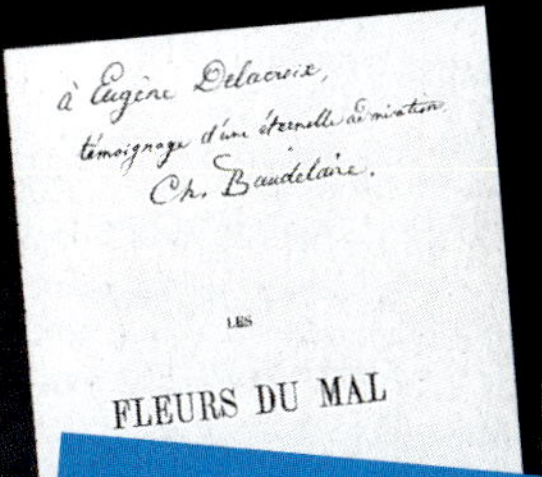

LES ÉVANGILES DE HENRI LE LION

■

Prix record pour un livre (manuscrit)

Le 6 décembre 1983, chez Sotheby's, à Londres, *Les Évangiles de Henri le Lion*, duc de Saxe, manuscrit de 226 pages mesurant 34,3 cm x 25,4 cm enluminé sur 41 pages par le moine Herimann, de l'abbaye de Helmershansen, vers 1170, ont été vendus 8,14 millions de £.

ATLAS

Une copie du *Cosmographia* de Ptolémée, a été adjugée pour 1 925 000 $, chez Sotheby's, à New York, le 31 janvier 1990.

Allez voir aussi le tableau des Ventes aux enchères, p. 96.

Lettres autographes

■ Le 5 décembre 1991, chez Christie's, New York, une lettre datée du 8 janvier 1863, écrite par le président américain Abraham Lincoln interdisant de critiquer la proclamation d'émancipation de l'esclavage, a été vendue 748 000 $ (environ 4 200 000 F).
■ Une lettre de Ronald Reagan, faisant l'éloge de Frank Sinatra, a été vendue aux enchères 12 500 $, le 22 janvier 1981, à la galerie Hamilton. C'est le prix le plus élevé jamais payé pour une lettre signée par une personne vivante.
■ 26 450 £ (environ 230 000 F), c'est le prix payé par un admirateur de la « Divine », David Wolskowsky, le 8 juin 1993, chez Sotheby's, à Londres, pour 66 lettres que Greta Garbo avait adressées à son amie la scénariste Salka Viertel.

Signé Marlowe

Il n'existe qu'un exemplaire connu de la signature du dramaturge anglais Christopher Marlowe (1564-1593). Elle se trouve dans les archives du comté de Kent, GB, sur un testament de 1583.

Signé par 10 présidents

Le seul document portant les signatures de dix présidents des États-Unis est une lettre adressée originellement par le président F.D. Roosevelt à M. Richard C. Corbyn, de Dallas, Texas, en date du 26 octobre 1932. Par la suite, cette lettre fut signée par Herbert Hoover, Harry Truman, Dwight Eisenhower, Gerald Ford, Lyndon Johnson, Jimmy Carter, Ronald Reagan et George Bush. Richard Nixon a signé une première fois avec un tampon officiel puis, après une nouvelle demande, il a signé de sa propre main.

LE PÈRE NOËL

Depuis 32 ans, en France, le père Noël reçoit chaque année les lettres que lui envoient les enfants du monde entier. Il habite Libourne, Gironde, où le courrier lui parvient. Pour répondre aux 700 000 lettres reçues en 1993, il s'est fait aider par une équipe de 43 pères Noël adjoints.

AUTEURS

LES PLUS FÉCONDS

■ Au cours de son œuvre, Charles Harold St John Hamilton, alias *Frank Richards* (1876-1961), a écrit près de 75 millions de mots.

■ Le dramaturge espagnol *Felix Lope de Vega* (1562-1635) a écrit notamment quelque 1 800 comédies et 400 drames religieux (seules 500 pièces de lui nous sont parvenues).

■ Le Polonais *Joseph Ignace Kraszewski* (1812-1887) a écrit plus de 600 volumes (romans et œuvres historiques).

■ Le Japonais *Soho Tokutomi* (1863-1957) a mis 35 ans pour écrire les 42 468 pages des 100 volumes de son histoire du Japon.

■ *Kathleen Lindsay* (Mme Mary Faulkner, 1903-1973), de Somerset West, province du Cap, Afrique du Sud, a publié 904 romans. Elle a utilisé dix pseudonymes.

■ L'Indien *Baboorao Arnalkar* (né le 9 juin 1907) a publié, de 1936 à 1984, 1 092 nouvelles ainsi que plusieurs livres de littérature non romanesque.

■ La romancière anglaise *Enid Mary Blyton* (1898-1968) a écrit 600 à 700 histoires pour enfants, traduites en 165 langues (voir aussi la rubrique « Les œuvres les plus diffusées », dans le même chapitre).

Auteur le mieux payé

En 1958, Mme Deborah Schneider, de Minneapolis, Minnesota, EU, participa à un concours destiné à trouver le meilleur slogan publicitaire pour les voitures Plymouth. Elle écrivit un message de 25 mots. Il y eut 1,4 million de participants. Elle gagna un prix de 500 $ payables chaque mois pendant toute sa vie. Si on lui accorde une durée de vie normale, chaque mot devrait lui rapporter 12 000 $. En 1991, elle avait déjà gagné 8 000 $ par mot.

AVANCES SUR DROITS

En janvier 1989, Belfond a versé 1 million de $ à l'agent d'Alexandra Ripley pour son roman *Scarlett.* C'est le plus fort à-valoir payé par un éditeur français.

La plus forte avance pour un seul livre est de 14 millions de $ (70 millions de F) qui auraient été payés en août 1992 par Berkeley Putnam pour les droits nord-américains de *Without Remorse* (« Sans pitié ») de Tom Clancy.

Le célèbre écrivain de romans d'horreur Stephen King (né le 21 septembre 1947), auteur de nombreux best-sellers, a touché le 9 février 1989 une avance de 26 millions de £ pour la publication de ses quatre prochains livres.

Stephen King

Agatha Christie

RECORDS FRANÇAIS DE FÉCONDITÉ LITTÉRAIRE

Alexandre Dumas père a écrit 260 livres. Honoré de Balzac a créé 2 000 personnages et Émile Zola en a imaginé 1 200. Saint-Simon a fait le portrait de 8 500 personnages. Sacha Guitry a écrit 125 pièces de théâtre. Voltaire et George Sand ont écrit plus de 20 000 lettres chacun. Victor Hugo a composé 153 837 vers. L'écrivain belge Georges Simenon est l'auteur francophone le plus fécond.

Honoré de Balzac

Sacha Guitry

150 millions de F d'à-valoir

En mai 1992, l'écrivain anglaise Barbara Taylor Bradford a signé avec l'éditeur Harper Collins un contrat de 17 millions de £ pour une série de trois romans dont le premier a été publié en 1994. On estime à plus de 40 millions le nombre de romans de Barbara Taylor Bradford publiés à travers le monde (dans 82 pays, en 26 langues).

Le plus jeune écrivain français contemporain

Marianne Paulot est le plus jeune écrivain de France de ces dernières années. En novembre 1990, elle a publié chez Belfond, à l'âge de 14 ans et demi, son premier roman: *L'Envolée*. Marianne avait commencé à écrire à 12 ans. En janvier 1992, âgée de 15 ans, elle publie chez le même éditeur un nouvel ouvrage intitulé *La Bouche d'ombre.*

BEST-SELLERS

Agatha Christie

L'Anglaise Agatha Christie (1890-1976) a vendu environ 2 milliards d'exemplaires de ses 78 romans policiers, traduits en 44 langues. Les droits d'auteur et les droits dérivés de son œuvre sont estimés à 25 millions de F par an.

■

STALINE

Le 13 mars 1953, les Soviétiques annoncèrent que 672 058 000 exemplaires des œuvres de Staline (1879-1953) avaient été vendus ou distribués en 101 langues.

■

En langue française

Voir encadré Simenon.

■

DARD

Frédéric Dard (né en 1921) a vendu, sous son nom ou sous le pseudonyme de San-Antonio, environ 200 millions de ses romans, policiers et non policiers.

Pour être un homme, mon fils

If... (traduction française : *Pour être un homme*... ou *Si*...), de Joseph Rudyard Kipling (1865-1936), publié pour la première fois en 1910, a été traduit en 27 langues (en français par André Maurois) et, selon Kipling lui-même, « figure dans assez d'anthologies pour vous en dégoûter ».

L'auteur le plus âgé

En mars 1971, les éditions Johnson ont publié le roman *Portrait de ma jeunesse victorienne*, d'Alice Pollock (1868-1971) de Haslemere, Surrey, GB. Elle avait 102 ans et 8 mois.

France Maurice Genevoix (1890-1980), a écrit *Trente mille jours* en 1979 à l'âge de 89 ans.

BIO FLEUVE

Les plus longues biographies sont les deux *Winston Churchill*, par son fils Randolph d'une part, avec 4 832 pages, et par Martin Gilbert avec 19 100 pages d'autre part, terminée en 1992.

SIMENON

L'AUTEUR LE PLUS LU EN LANGUE FRANÇAISE est l'écrivain belge Georges Simenon (1903-1989). D'après l'Unesco, 600 millions d'exemplaires de ses ouvrages ont été vendus à travers le monde (en 1992, on comptait 3 500 traductions, en 47 langues), dont 100 millions en France. Sous son nom, Simenon a écrit, de 1928 à 1981, 222 ouvrages (80 Maigret, 117 autres romans et 22 récits autobiographiques) et plus de 150 nouvelles. Sous divers pseudonymes, il a également écrit plus de 200 romans, 950 articles et reportages, 150 contes et nouvelles et près d'un millier de contes galants. Il écrivait un roman populaire de 20 000 lignes au rythme spectaculaire de 80 à 100 pages par jour.

BARBARA CARTLAND

L'auteur le plus vendu aujourd'hui est la Britannique Barbara Cartland : 650 millions d'exemplaires de ses 583 romans, traduits en 30 langues, ont été vendus, dont 25 millions en France.

Elle a écrit en moyenne 23 romans par an (un tous les quinze jours) durant les dix-neuf dernières années.

LES ŒUVRES LES PLUS DIFFUSEES

Les ouvrages les plus largement diffusés

LA BIBLE

L'ouvrage le plus largement diffusé dans le monde est la Bible, qui est traduite en 337 langues, et même, pour certains passages, en 2 062 langues. (Lénine n'a été traduit qu'en 222 langues.) On estime que, de 1815 à 1975, 2,5 milliards d'exemplaires de la Bible ont été imprimés.

LE PETIT LIVRE ROUGE

Il semble bien que 800 millions d'exemplaires du *Petit Livre rouge* de Mao Zedong aient été vendus ou distribués entre juin 1966 et septembre 1971. À l'époque, chaque Chinois était tenu d'en posséder un.

Roman-feuilleton

L'écrivain français Georges J. Arnaud a consacré 12 années à l'écriture du roman-feuilleton le plus long du monde *La Compagnie des glaces*. C'est une saga de 62 volumes, soit 11 000 pages au total, publiée au rythme de 5 ou 6 romans par an. Le premier a été publié en 1980, le 62e et dernier est paru le 9 mars 1992.

Sur les listes

■ Le livre qui a figuré le plus longtemps sur la liste des best-sellers du quotidien américain *The New York Times* est *The Road Less Travelled*, de Scott Peck, qui y est resté 258 semaines, jusqu'au 2 octobre 1988.

■ *A Brief History of Time*, de Stephen Hawking, né le 8 janvier 1942, est resté 212 semaines sur la liste des best-sellers du *Sunday Times*, jusqu'au 30 mai 1993.

■ *The Country Diary of an Edwardian Lady*, d'Edith Holden (1871-1920), est resté n°1 sur la liste des best-sellers du *Sunday Times*, durant 64 semaines. Traduit en 13 langues, le livre s'est vendu à plus de 3 millions d'exemplaires.

ROMAN N°1
La Vallée des poupées

28 712 000 exemplaires du roman de Jacqueline Susann (1921-1974) *La Vallée des poupées*, publié en 1966, se sont vendus dans le monde. Les six premiers mois, les éditions Bantam en avaient vendu 6,8 millions.

Albums BD

TINTIN

Les Aventures de Tintin, du Belge Hergé, ▼ 1907-1983, de son vrai nom Georges Rémi, d'où son pseudonyme, tiré de ses initiales, R.G.), ont été vendues à plus de 180 millions d'exemplaires à travers le monde, traduites en 45 langues. Elles se composent de 22 albums, et d'un 23e, inachevé.

ROMAN N°2
Autant en emporte le vent

Autant en emporte le vent, de Margaret Mitchell, publié en 1936, a atteint les 28 millions d'exemplaires vendus.

Romans best-sellers français : voir encadré.

ASTÉRIX

L'ouvrage de BD le plus vendu en France est *Astérix chez les Belges* (1979), de René Goscinny et Albert Uderzo, chez Dargaud. À la fin de 1992, il s'en était vendu 3,3 millions d'exemplaires. Depuis l'origine (1961), les aventures d'Astérix se sont vendues, tous albums confondus, à 250 millions d'exemplaires, dont 91 millions d'exemplaires en France.▼

JAMAIS SANS MA FILLE

3 382 000 exemplaires (librairie, clubs, poche) de *Jamais sans ma fille*, de Betty Mahmoody, chez Fixot, avaient été vendus au 1er juin 1993. ▶

Édition Jeunesse

LE CLUB DES CINQ

La romancière anglaise Enid Blyton, 1898-1968, a vendu 500 millions d'exemplaires des aventures du Club des Cinq (voir aussi « Les auteurs les plus féconds » dans le même chapitre).

LA COMTESSE DE SÉGUR

L'œuvre de la comtesse de Ségur, 1799-1874, s'était vendue au total, fin 1993, à 30,3 millions d'exemplaires dans la Bibliothèque rose.

JULES VERNE

L'œuvre de Jules Verne, 1828-1905, plus de 100 ouvrages, s'était vendue à 13 millions d'exemplaires dans la Bibliothèque verte.

LE LIVRE GUINNESS DES RECORDS

Le best-seller mondial n°1 copyrighté

Le livre le plus vendu dans le monde, copyrighté, (par opposition à la Bible, au *Petit Livre rouge* et autres ouvrages dont la diffusion est en grande partie gratuite) est *Le Livre Guinness des Records*. Rédigé par les frères jumeaux (nés en 1925) Norris McWhirter et Ross McWhirter, il fut publié pour la première fois en octobre 1955. Traduit en 43 langues, il s'était vendu, en mai 1994, à 76 millions d'exemplaires.

Gestations littéraires les plus longues

■ *Le Dictionnaire allemand* (*Deutsches Wörterbuch*) commencé par les frères Grimm en 1854 a été achevé en 1971 (voir plus haut « Les plus grands dictionnaires »).

■ *Acta sanctorum*, commencé par Jean Bolland en 1643, est un livre sur l'histoire des saints, jour après jour, suivant l'ordre du calendrier. Le mois de novembre n'a été écrit qu'en 1925 et une introduction pour le mois de décembre a été publiée en 1940.

Les meilleures ventes en france en 1993

Catégorie	Titre	Auteur	Editeur	Ventes
Roman	Le Rocher de Tanios	Amin Maalouf	Grasset	310 000
Essai et document	La lettre d'un chien à François Mitterrand au nom de la liberté d'aboyer	Jean Montaldo	Albin Michel	300 000
Poche	Germinal	Emile Zola	Le Livre de Poche	310 000
	Les Nuits Fauves	Cyril Collard	J'ai Lu	302 000
Divers	Guide Rouge Michelin		Michelin	420 000
Beaux Livres	Chefs-d'œuvre de la Fondation Barnes		Gallimard-Electra/RMN	185 000

Best-sellers français-fiction

Bien que les chiffres fournis par les maisons d'édition soient parfois approximatifs ou exagérés pour des raisons commerciales ou publicitaires, on peut établir la liste suivante des ventes des romans français les plus lus, toutes éditions confondues, clubs et poche compris :

Titre	Date de parution	Auteur	Ventes
Caroline chérie	1947	Cécil Saint-Laurent, pseudo de Jacques Laurent	7 millions
L'Étranger	1942	Albert Camus	6,5 millions
Le Petit Prince	1946	Antoine de Saint-Exupéry	5,8 millions
La Peste	1947	Albert Camus	5,3 millions
Le Silence de la mer	1942	Vercors, pseudo de Jean Bruller	4,3 millions
Le Lion	1958	Joseph Kessel	4,2 millions
Le Grand Meaulnes	1913	Alain-Fournier	4 millions
Vol de nuit	1931	Antoine de Saint-Exupéry	3,7 millions
La Condition humaine	1933	André Malraux	3,5 millions
Germinal	1885	Émile Zola	3,2 millions
À la recherche du temps perdu	1913-1927	Marcel Proust (ensemble de sept romans)	8 millions
La Bicyclette bleue, 101 avenue Henri-Martin, Le diable en rit encore,		Régine Deforges (trilogie)	6,3 millions

EDITEURS, LIBRAIRES ET IMPRIMEURS

Éditeur le plus ancien
La Cambridge University Press n'a pas cessé d'exister depuis 1584. L'Université reçut une lettre de patente royale pour l'imprimerie et la vente de tous types de livres le 20 juillet 1534.

ÉDITEURS DEPUIS 1676

Berger-Levrault, la plus ancienne maison d'édition, dont le siège est à Nancy, Meurthe-et-Moselle, a pour origine une imprimerie fondée à Bâle, Suisse, en 1476, par Bernard Rihel, dont un héritier est encore aujourd'hui PDG de l'entreprise. On peut consulter tous ses livres de comptes depuis 1676. La maison porte le nom de Berger-Levrault depuis 1866.

Éditeur le plus productif

- *Hachette Livre comprend 22 maisons d'édition (dont Grasset, Fayard, Stock, etc.). Il a publié, au total, 4 093 nouveautés en 1993 (dont 400 titres d'éducation) et vendu 77 millions de volumes.*
- *Le Livre de poche, filiale de Hachette Livre a vendu 18 620 000 exemplaires à lui seul, en 1993.*
- *L'édition française dans son ensemble a publié en 1992, tous genres confondus, 38 616 titres (nouvelles éditions et réimpressions).*

Lacour-Ollé, libraires

La famille Lacour-Ollé se consacre à la vente des livres depuis 1791, d'abord par le colportage, puis par un commerce de librairie en 1869. À ce jour, 35 personnes de cette famille, sur 8 générations, ont exercé cette activité.

Le plus grand composteur typographique
Le 5 décembre 1991, Louis-Joseph Chérasse, de Clermont-Ferrand, Puy-de-Dôme, a présenté un composteur typographique de 3,11 m de longueur, 25,20 cm de largeur et d'un poids de 9,9 kg. ▼

Le plus gros tirage

Le premier tirage du nouvel annuaire du téléphone de l'Allemagne réunifiée, édité par la Bundespost allemande était de 42,3 millions d'exemplaires. Imprimé le 1er juillet 1993, cet annuaire fut distribué à 36,3 millions de foyers et bureaux.

IMPRIMERIES

Les plus anciennes
On pense que Laurens Janszoon Coster (1370-1450) de Harlem, Hollande, a été le premier à imprimer des ouvrages à l'aide de blocs de bois dès 1440.

L'imprimerie Oudin, de Poitiers, Vienne, n'a jamais cessé de fonctionner, sous différents noms, depuis 1517.

L'imprimerie la plus ancienne aux mains d'une même famille est l'imprimerie Aubanel, qui est également maison d'édition, à Avignon, Vaucluse, fondée en 1744 par Antoine Aubanel et transmise depuis de père en fils. Le PDG actuel, Laurent Théodore-Aubanel, est le 6e représentant de la lignée.

Les plus importantes
La société R.R. Donnelley and Sons, de Chicago, Illinois, EU, fondée en 1864, possède 100 usines, bureaux et centres de distribution à travers le monde. Son chiffre d'affaires annuel est de 3,9 milliards de $.

La plus grande imprimerie en un seul lieu est l'imprimerie nationale des États-Unis, fondée en 1861 à Washington. Elle couvre 13,92 ha au sol. On y donne 1 464 bons à tirer chaque jour et 42 276 t de papier y sont utilisées par an.

LA VIE ÉDIFIANTE DE L'ARCHEVÊQUE DE BRÊME

Un livre allemand sur l'archevêque de Brême, publié en 1609, fut emprunté au collège Sidney Sussex, à Cambridge, GB, en 1667 ou 1668, par le colonel Robert Walpole. Il fut retrouvé par le Pr John Plumb dans la bibliothèque de la marquise de Cholmondeley, à Houghton Hall, Norfolk, et rendu avec un retard de 288 ans. Aucune amende ne fut exigée.

BIBLIOTHEQUES

La plus ancienne
La première collection d'archives appartenant au roi d'Assyrie Assurbanipal (668-627 av. J.-C.). Il possédait des tablettes d'argile retraçant l'histoire de son peuple depuis la dynastie d'Agode, quelque 23 siècles av. J.-C.

Les plus grandes bibliothèques

- La bibliothèque du Congrès des États-Unis, fondée le 24 avril 1800, sur la colline du Capitole, à Washington, possède 101,4 millions de publications diverses, dont 26 millions de volumes imprimés, rangés sur 925 km de rayonnages. Elle s'étend sur 26 ha.
- La plus grande bibliothèque municipale du monde se trouve à New York, sur la Ve Avenue, à hauteur de la 42e Rue. Fondée en 1895, elle couvre 4,8 ha entre son bâtiment principal et ses 82 annexes. Elle abrite au total, rangés sur 148 km de rayonnages, quelque 13 887 774 volumes, 381 645 cartes ainsi que 18 349 585 manuscrits.
- En France, la plus grande bibliothèque est la Bibliothèque nationale : voir encadré.
- La plus grande bibliothèque municipale est celle de Lyon. Fondée en 1972, elle possède 1 649 599 documents et couvre une superficie de 27 000 m².

LA BIBLIOTHÈQUE NATIONALE

La Bibliothèque nationale compte 12 millions de volumes imprimés, sur 110 km de rayonnages, 100 000 volumes manuscrits, 700 000 feuilles de cartes, 10 000 atlas, 44 globes anciens, 20 000 ouvrages de référence géographiques.
Elle est également riche de 15 millions d'images (gravures, estampes, photos), de 500 000 titres de journaux et revues, de 800 000 monnaies, médailles, camées, etc., de 2 millions de documents musicaux, de 900 000 documents sur le son, de 3 millions de documents sur les arts du spectacle.
Par décret du 3 janvier 1994, la BN a fusionné avec l'Établissement public chargé de la construction de la Bibliothèque de France (voir chapitre Architecture). La BN continuera son activité jusqu'en 1995, date à laquelle les fonds de son patrimoine culturel seront transférés sur le site de Tolbiac.

LES PLUS GRANDES LIBRAIRIES

En longueur de rayonnage
La librairie W. & G. Foyle, de Londres, possède le plus grand nombre de titres en stock et la plus grande longueur de rayonnages (48 km) du monde. Sa superficie est de 7 044 m².

En superficie
La librairie Barnes & Noble, sur la Ve Avenue, à New York, est la plus étendue, avec une superficie de 14 330 m². Elle a 20,7 km de rayonnages.

France
***La Fnac** possède des librairies dans ses 44 magasins — 39 en France, 4 en Belgique et 1 en Allemagne. En France, les livres y occupent une surface totale de vente de 20 000 m². La plus grande librairie est celle de la Fnac-Forum des Halles, à Paris, qui s'étend sur 1 846 m²; elle dispose de 180 000 titres et de 800 000 volumes en stock. La Fnac a ouvert en 1992 une nouvelle surface (430 m² de librairie), avenue des Ternes, à Paris.*

***Le Furet du Nord**, fondé en 1936, à Lille, Nord, couvre 8 000 m² et expose 170 000 titres et 650 000 volumes en stock.*

LITTERATURE

ACADEMIE FRANÇAISE

Histoire

L'Académie française a été créée en 1635 par le cardinal de Richelieu, afin de conserver et d'améliorer la langue française. Elle compte quarante membres, appelés les « Quarante » ou encore les « Immortels », élus (à vie) par cooptation.

En 1795, elle a été regroupée, au sein de l'Institut de France, avec quatre autres académies : l'Académie des beaux-arts, l'Académie des sciences, l'Académie des sciences morales et politiques, l'Académie des inscriptions et belles-lettres. Depuis 1806, ces cinq académies ont leur siège au palais de l'Institut, situé quai Conti, sur la rive gauche de la Seine, à Paris. C'est dans la chapelle de ce palais, célèbre pour sa coupole, qu'ont lieu les cérémonies de réception des nouveaux membres de l'Académie française. Celle-ci se consacre surtout à la rédaction et à la mise à jour d'un dictionnaire dont la 1re édition date de 1694. Cet ouvrage en est aujourd'hui à sa 9e édition. En 1992 a été publié le 1er volume regroupant les lettres A à Enz. Deux autres volumes sont prévus d'ici la fin du siècle. Pour la première fois dans l'histoire du dictionnaire de l'Académie, les définitions sont précédées d'indications étymologiques. Par rapport à la 8e édition (1935), le 1er volume de la 9e édition compte 6 000 entrées nouvelles, et en tout 10 000 mots.

L'Académie française décerne également plusieurs prix littéraires ou autres (Grand Prix du roman, Grand Prix Paul-Morand, etc.) ; on en a dénombré 143, dont le Prix Patouillard, décerné à des domestiques qui l'auront mérité par leur dévouement à leurs maîtres.

P. Angremy

Le plus jeune académicien

Le marquis Armand de Coislin (1635-1702) fut élu en 1652 à l'âge de 16 ans et demi. Comme lui, sous l'Ancien Régime, 23 académiciens furent élus à moins de 20 ans. Cependant, il s'agissait d'élections à titre honorifique.

Junior

Les importantes fonctions diplomatiques de Jean-Pierre Angremy n'ont pas empêché l'écrivain Pierre-Jean Rémy (son pseudonyme), d'être élu le 16 juin 1988 à 51 ans. Il est aujourd'hui à l'âge de 56 ans le plus jeune académicien.

L'académicien le plus âgé

Le physicien Jean-Baptiste Biot (1774-1862) fut élu en 1856, à l'âge de 82 ans.

M. Yourcenar

Doyen d'âge

Le philosophe Henri Gouhier, élu le 15 février 1979, a eu 94 ans le 5 décembre 1992. Il est le doyen actuel de l'Académie française.

Immortel trente-cinq jours

Le poète Charles-Pierre Colardeau (né en 1732) ne siégea que 35 jours parmi les Immortels. Élu en mars 1776, il mourut le mois suivant.

3 536 séances

Le maréchal de Richelieu (1696-1788), neveu du cardinal, siégea 68 ans à l'Académie française, de 1720 à sa mort. Il est vrai qu'il avait été élu à un âge fort précoce : 24 ans.

Le doyen

Henri Troyat, né en 1911, siège à l'Académie française depuis 1959. Il est le plus ancien de l'Académie.

E. Zola

Un fauteuil pour deux

Le fauteuil de Thierry Maulnier (1909-1988) a été attribué au bout de 4 élections et au 3e tour à José Cabanis en 1990.

La première femme académicienne

La première femme parmi les Immortels fut la romancière d'origine belge Marguerite Yourcenar (1903-1987), élue le 6 mars 1980.

Les académiciennes

Aujourd'hui, deux femmes siègent à l'Académie française : l'helléniste Jacqueline de Romilly, élue le 24 novembre 1988, et l'historienne Hélène Carrère d'Encausse, élue le 14 novembre 1990.

Les plus opiniâtres

Le vicomte de Venel, bien que 30 fois candidat, de 1955 à 1978, n'a jamais été élu. Émile Zola, après 24 refus, renonça.

MUSIQUE CLASSIQUE

INSTRUMENTS

Les plus grands instruments

ORGUES

■ L'instrument de musique le plus grand et le plus puissant jamais construit est un orgue de 1930 (*l'Auditorium Organ*) qu'on peut entendre à Atlantic City, New Jersey, EU. Il ne fonctionne pas entièrement aujourd'hui. Cet instrument possédait deux consoles (l'une de sept claviers, et l'autre, mobile, de cinq). Avec ses 1 477 jeux et ses 33 112 tuyaux de 5 mm à 19,50 m de longueur, il jouait aussi fort que 25 fanfares, sur une gamme de 7 octaves.

■ L'orgue le plus grand du monde en parfait état est le *Grand Court Organ*. Il se trouve dans le magasin Wanamaker de Philadelphie, EU. Installé en 1911, il a été agrandi jusqu'en 1930. Il a 6 claviers et 30 067 tuyaux dont un gravissimo de 19,50 m.

■ Le plus grand orgue d'église se trouve dans la cathédrale de Passau, Bavière, Allemagne. Achevé en 1928 par D.F. Steinmeyer, il possède 16 000 tuyaux et 5 claviers.

■ Le *Golden Spirit*, un orgue de 7 000 watts (diffusés par 700 enceintes) de Robert A. Nye, conçu par Henry N. Hunsicker, est l'orgue électronique le plus puissant du monde. On l'entendit pour la première fois le 9 décembre 1988 à Trump's Castle, à Atlantic City, New Jersey, EU.

LES ORGUES DE SAINT-SULPICE

L'orgue *Cavaillé Coll* (1862) de l'église Saint-Sulpice, à Paris, compte 118 jeux, 7 000 tuyaux et 5 claviers. ▼

Origines de la musique

À Istallóskö, Hongrie, et en Moldavie, sur des sites du paléolithique supérieur (25 000 av. J.-C.), on a découvert des phalanges perforées pouvant servir de flûtes.

■ *On pense que l'histoire de la musique commence au IIIe millénaire av. J.-C., période où les cloches jaunes (huang zhong) des temples chinois ont pour la première fois des tonalités musicalement harmonieuses.*

■ *La plus ancienne notation musicale connue a été découverte en 1966-1967 par le Dr Duchesne-Guillemin, sur le site de Nippur, Sumer (aujourd'hui Irak). Il s'agit d'une gamme heptatonique gravée sur une tablette d'argile qui doit dater de 1800 av. J.-C.*

Le Pantaléon de Georges Noël

Le pantaléon, instrument à cordes frappées, de Georges Noël (1767) avait 270 cordes et 4,6 m² de surface. Il avait été baptisé par Louis XIV, du nom de son inventeur Pantaleon Ebenstreit.

Pour Gabriel

■

En 1924, l'Américain Arthur Ferris, d'Ironia, New Jersey, EU, prétendant avoir reçu une commande de l'archange Gabriel, construisit une contrebasse de 4,26 m de haut. Les notes les plus basses se « ressentaient » physiquement, plus qu'elles ne s'entendaient.

Pianos

CRISTOFORI
Construit en 1720, à Florence, par Bartolomeo Cristofori (1655-1731), de Padoue, Italie, le plus ancien pianoforte se trouve actuellement au Metropolitan Museum of Art de New York.

STEINWAY 1888
Le 26 mars 1980, chez Sotheby's, à New York, un Steinway de 1888 s'est vendu 390 000 $. L'acheteur n'était pas musicien.

Violoncelle

STRADIVARIUS *CHOLMONDELEY*
Le *Cholmondeley*, fabriqué en 1698 par le luthier Antonio Stradivari, dit Stradivarius (1644-1737), de Crémone, Italie, a été vendu 682 000 £ chez Sotheby's, à Londres, le 22 juin 1988. ▼

Violons

STRADIVARIUS *MENDELSSOHN*
Le stradivarius *Mendelssohn* (1720) a été vendu 902 000 £ (environ 9 millions de F) chez Christie's, à Londres, le 21 novembre 1990. C'est le prix le plus élevé jamais payé lors d'une vente aux enchères pour un instrument de musique. L'acquéreur serait un musicien professionnel dont l'identité n'a pas été révélée.

STRADIVARIUS *ALARD*
On dit que le violon *Alard* fabriqué par Stradivarius (1644-1737) a été vendu par contrat privé, au prix de 1,2 million de $, par W.E. Hill à un acheteur de Singapour en 1982.

Stradivarius (Antonio Stradivari, 1644-1737) vécut 93 ans et produisit 635 violons, il en reste 500 aujourd'hui.

INSTRUMENTS GÉANTS

Piano
Construit en 1935 par Charles H. Challen & Son, de Londres, ce piano à queue mesure 3,55 m de long et pèse 1,25 t. La force de tension de la corde la plus grave, qui mesure 3 m, est de 30 t.

Violoncelle
Le luthier Christian Urbita, de Cordes, Tarn, et les compagnons ébénistes de Saint-Éloi, de Toulouse, Haute-Garonne, ont fabriqué un violoncelle de 8,50 m de haut et 2,64 m de large, pesant environ 1 t.

Cor alpin
Un cor alpin construit par Peter Wutherich (né en Suisse, mais vivant à Boise, Idaho, EU) mesure 47 m et pèse 103 kg.

Guitares
Voir le chapitre Top Stars.

Tuba
Un cirque d'Afrique du Sud possède un tuba de 2,28 m de haut, avec 11,80 m de tuyaux et un pavillon de 1 m de diamètre. Ce tuba-contrebasse fut construit pour une tournée mondiale de l'orchestre du compositeur américain John Philip Sousa (1854-1932) vers 1896 ou 1898.

Tambour
Un tambour de 3,96 m de diamètre construit par la société Supreme Drum, de Londres, a été entendu au Royal Festival Hall, à Londres, le 31 mai 1987.

■

INSTRUMENTS MINIATURES

Piano
Une maquette au huitième d'un Knabe de 1910 a été construite par Emil J. Cost. On peut jouer sur cette petite merveille de 19 cm x 8,6 cm x 16,5 cm.

Violon
Maurice Brayas, luthier à Saint-Étienne, Loire, a fabriqué en 1945 un violon de 3,2 cm de long qui fut primé au concours international de lutherie de La Haye, Pays-Bas.

Violoncelle
Le luthier Christian Urbita, de Cordes, Tarn, et les Compagnons ébénistes de Saint-Éloi, de Toulouse, Haute-Garonne, ont fabriqué un violoncelle de 2,8 cm de long.

Trompette
Le 6 septembre 1989, à Cœuvre, Suisse, Maurice Bernard a présenté une trompette en ut *aigu de 15 cm de long, avec une embouchure de 11 cm.*

Accordéon
Le Parisien Pierre Berton possède un accordéon de 20 cm x 20 cm qui pèse 1,1 kg. Il lui a fallu 14 mois pour le fabriquer.

COMPOSITEURS ET ŒUVRES

Les 2 000 œuvres de Telemann ▲
L'Allemand Georg Philipp Telemann (1681-1767) fut le compositeur le plus fécond de l'Histoire. Il a écrit plus de 2 000 œuvres, dont près de 1 000 suites d'orchestre, ainsi que des opéras. Il était considéré de son vivant comme le plus grand compositeur allemand.

Haydn : 104 symphonies
L'Autrichien Joseph Haydn (1732-1809) composa, entre autres, 104 symphonies, 68 quatuors à cordes, une soixantaine de sonates pour pianoforte, 14 messes, 47 lieder, 13 opéras italiens, 5 ou 6 opéras allemands pour marionnettes.

WOLFGANG AMADEUS
L'Autrichien Wolfgang Amadeus Mozart ▶ (1756-1791) a composé un millier d'opéras, opérettes, symphonies, sonates pour violon, divertissements, sérénades, motets, concertos pour piano et autres instruments, quatuors à cordes et autres pièces de musique de chambre, messes et litanies, dont seulement 70 furent publiés avant sa mort, survenue à l'âge de 35 ans. Mozart écrivit son opéra La Clémence de Titus *(1791) en 18 jours. Trois chefs-d'œuvre symphoniques, la symphonie n° 39, en* mi *bémol majeur, la symphonie n° 40, en* sol *mineur, et la symphonie n° 1, dite* Jupiter, *en* ut *majeur, auraient été composés en 42 jours, pendant l'année 1788.*

MOZART : 8 MILLIONS DE CD EN 1 AN
À l'occasion de l'anniversaire du bicentenaire de la mort du célèbre compositeur en 1991, Philips Classics a enregistré 180 disques compacts rassemblant toutes les œuvres de Mozart, représentant 200 heures de musique. Il a été vendu, au cours de l'année 1991, 40 000 exemplaires de l'intégrale de Mozart à travers le monde soit au total 8 millions de disques compacts.

La plus grande lignée de musiciens
La plus grande lignée de musiciens est celle de la famille Bach : 76 furent connus en tant que musiciens (dont 53 portant le prénom Jean). Parmi eux, le plus connu est sans aucun doute le compositeur Jean-Sébastien Bach (1685-1750). Cinq de ses enfants furent des musiciens et des compositeurs accomplis.

Les plus longues symphonies
La Symphonie n° 3, *en* ré *mineur, de l'Autrichien Gustav Mahler (1850-1911), écrite en 1896, requiert, outre l'orchestre au grand complet, un contralto, une chorale de femmes et une chorale de jeunes garçons. L'œuvre entière dure 1 h 40 mn (dont 30 à 36 mn uniquement pour le premier mouvement).*
La Symphonie n° 2, *dite* Gothique, *composée entre 1919 et 1922 par William Havergal Brian (1876-1972), dure 1 h 45 mn. Elle fut jouée par plus de 800 musiciens (4 orchestres de cuivres) au Victoria Hall de Hanley, GB, le 21 mai 1978. Brian a aussi écrit une œuvre fondée sur le* Prométhée délivré *de Shelley qui dure 4 h 11 mn, mais la partition complète a disparu depuis 1961.*
La symphonie Victoire en mer, *écrite par Richard Rodgers et arrangée par Robert Russel Bennett pour la chaîne de télévision américaine NBC, en 1952, durait 13 heures.*

Well-Tuned
The Well-Tuned Piano, *« Le Piano bien accordé », de La Monte Young, joué pour la première fois à New York le 28 février 1980, dura 4 h 12 mn. C'est la pièce pour piano la plus longue.*

Le Boléro : l'œuvre la plus jouée

D'après la Sacem, le Français Maurice Ravel (1875-1937) grâce à son œuvre le Boléro *est le compositeur le plus populaire et le plus joué sur la planète ; au moins une fois tous les quarts d'heure (voir aussi le chapitre Top Stars).*

INTERPRÈTES

Vieux pianistes

■ *La pianiste roumaine Cella Delavrancea (1887-1991) a donné son dernier récital à l'âge de 103 ans.*

■ *Le pianiste norvégien Reida Thommesen (1889-1986) jouait dans des cafés plus de 30 heures par semaine alors qu'il était nonagénaire.*

■ *Le plus vieux pianiste encore en vie est le Polonais Mieczyslaw Horszowski, né en juillet 1892, qui joua devant l'empereur d'Autriche François-Joseph à Vienne, Autriche, en 1899.*

Vieux violons

■ *Rolland S. Tapley a pris sa retraite de l'orchestre symphonique de Boston après y avoir joué pendant 58 ans : de février 1920 au 27 août 1978.*

■ *Yannis Pipis (né en 1889), de Nicosie, Chypre, violoniste folklorique professionnel depuis 1912, continue de jouer à plus de 100 ans.*

LE DOYEN

Le plus âgé des musiciens encore en activité est une femme, Jennie Newhouse, née le 12 juillet 1889. Elle est depuis 1920 l'organiste de l'église de Saint-Boniface, Angleterre.

Enfant prodige

La jeune pianiste Helen Huang s'est produite, au début de l'année 1992, à l'âge de 9 ans, avec l'orchestre de chambre d'Israël. Helen est née au Japon de parents chinois, elle vit aux États-Unis.

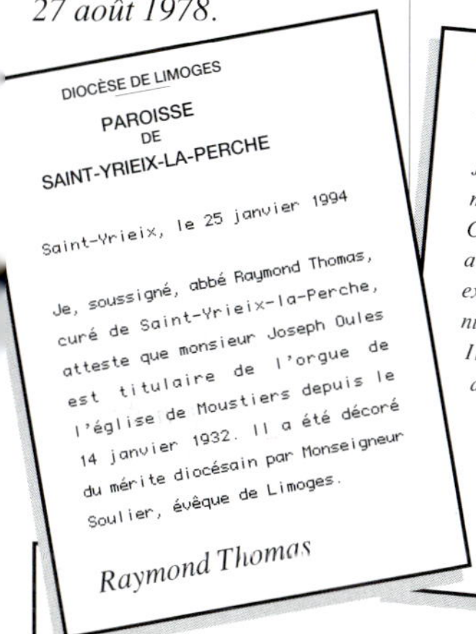

DIOCÈSE DE LIMOGES

PAROISSE
DE
SAINT-YRIEIX-LA-PERCHE

Saint-Yrieix, le 25 janvier 1994

Je, soussigné, abbé Raymond Thomas, curé de Saint-Yrieix-la-Perche, atteste que monsieur Joseph Oules est titulaire de l'orgue de l'église de Moustiers depuis le 14 janvier 1932. Il a été décoré du mérite diocésain par Monseigneur Soulier, évêque de Limoges.

Raymond Thomas

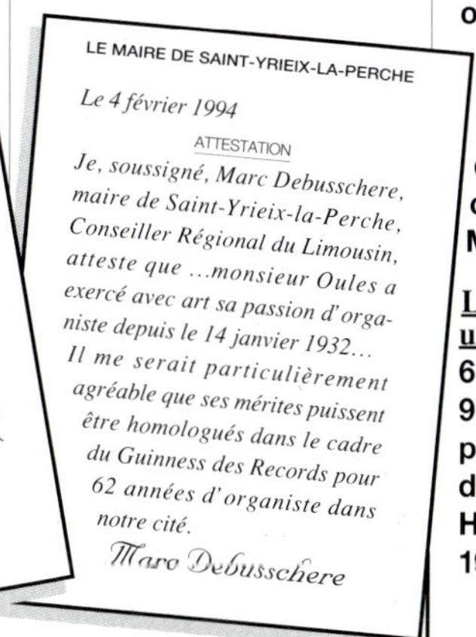

LE MAIRE DE SAINT-YRIEIX-LA-PERCHE

Le 4 février 1994

ATTESTATION

Je, soussigné, Marc Debusschere, maire de Saint-Yrieix-la-Perche, Conseiller Régional du Limousin, atteste que ...monsieur Oules a exercé avec art sa passion d'organiste depuis le 14 janvier 1932...
Il me serait particulièrement agréable que ses mérites puissent être homologués dans le cadre du Guinness des Records pour 62 années d'organiste dans notre cité.

Marc Debusschere

Le record de Joseph Oules

Joseph Oules, né le 2 février 1910, est l'organiste de l'église du Moustiers, Saint-Yrieix-la-Perche, Haute-Vienne, depuis 1932.

MANUSCRITS MUSICAUX

Chez Sotheby's, à Londres, le 22 mai 1987, le marchand londonien James Kirkman a acheté pour 2 585 000 £ un volume relié de 508 pages (21,6 cm x 16,5 cm) de neuf symphonies complètes de Mozart écrites de la main du compositeur.

Le record pour un unique manuscrit musical est de 11 millions de F. C'est le prix qu'a atteint, chez Sotheby's, à Londres, le 6 décembre 1991, la copie manuscrite de la *Sonate pour piano en sol mineur*, opus 90, du compositeur allemand Ludwig Van Beethoven (1770-1827).

La France a récupéré pour le compte de la Bibliothèque nationale le manuscrit du *Boléro* de Ravel, conservé jusqu'alors par un particulier aux États-Unis. La vente s'est faite à Drouot, pour 1,8 million de F en avril 1992.

ORCHESTRES ET CHEFS

Le plus ancien toujours existant

L'orchestre symphonique de la Gewandhaus de Leipzig, Allemagne, fut fondé en 1743. Il est toujours en activité.

GRANDS ORCHESTRES

■ **Le 17 juin 1872, Johann Strauss fils (1825-1899) dirigea un orchestre de 987 instruments (dont 400 premiers violons) avec un chœur de 20 000 chanteurs à l'occasion du Jubilé pour la paix dans le monde, à Boston, Massachusetts, EU.**

■ **Le 28 juin 1964, un orchestre de 20 100 musiciens s'est produit au stade Ullevaal, à Oslo, Norvège.**

■ **Le 14 décembre 1991, un orchestre de 2 000 instruments composé de 53 orchestres du Mexique, du Venezuela et de l'ex-URSS, a donné un concert classique à Mexico.**

Le plus grand orchestre universitaire

6 017 personnes (dont 927 majorettes) dirigées par Odd Aspli se sont produites à l'aéroport de Hamar, Norvège, le 27 juin 1993.

Chef d'orchestre depuis 1935

L'orchestre symphonique de Cork, Irlande, est dirigé par Aloys Fleischmann depuis 1935.

Liberace et Paderewski

L'Américain Wladziu Valentino Liberace (1917-1987) gagnait plus de 2 millions de $ par saison (26 semaines). En 1954, il a touché le cachet record de 138 000 $ pour un concert unique au Madison Square Garden de New York.

■

Ignace Jean Paderewski (1860-1941), qui fut aussi Premier ministre de Pologne en 1919-1920, amassa, durant sa carrière, une fortune estimée à 5 millions de $. Rien que pendant la saison 1922-1923, il gagna 500 000 $.

Le chef incontournable

L'Autrichien Herbert von Karajan (1908-1989) a dirigé l'orchestre philharmonique de Berlin pendant 35 ans, de 1956 à sa démission, en 1989, peu avant sa mort. Il a enregistré 800 œuvres majeures.

Le plus grand nombre de spectateurs

Le 5 juillet 1986, l'Indien Zubin Mehta a dirigé l'orchestre philharmonique de New York devant 800 000 spectateurs sur la pelouse de Central Park, à New York. Le concert était donné gratuitement à l'occasion des festivités du centenaire de la statue de la Liberté.

CHŒURS

60 000 personnes ont chanté à l'unisson pour la finale d'un concours de chœurs à Breslau, Allemagne (aujourd'hui Wroclaw, Pologne), le 2 août 1937.

France

Le 6 décembre 1989, à Soissons, Aisne, l'association des enfants du Téléthon a organisé une chorale de 1 311 chanteurs, qui ont repris à l'unisson leur chanson *Lève-toi, lève-toi*.

L'interprétation la plus tardive

Il s'est écoulé 191 ans entre le moment où Mozart écrivit, le 3 mars 1791, sa Pièce d'orgue pour une horloge, fugue fantaisie en fa mineur *(K 608), et l'exécution de cette œuvre, le 9 octobre 1982, au festival de Glyndebourne, GB.*

Le plus grand orchestre de France

Le 26 août 1993, lors du concert final des 10e Orchestrades Européennes de Brive, Corrèze, Marcel Landowski a dirigé un orchestre symphonique réunissant 1 107 jeunes musiciens et 159 choristes. C'est le plus grand orchestre s'étant jamais produit en France.

Orchestre de flûtistes

Le 15 mai 1993, Jacqueline Bidon, responsable du groupe instrumental des Écoles publiques de Cavaillon, Vaucluse, a réuni dans l'école des Ratacans 190 flûtistes, enfants âgés de 10 à 11 ans. Ils ont interprété ensemble des morceaux classiques et modernes à la flûte à bec. ▼

Orchestre de guitaristes

423 guitaristes, élèves de René Gilbert, se sont réunis en même temps sur la scène du Palais des Sports de Sherbrooke, Canada, le 30 mai 1992.

5. ART ET CULTURE

Opéra le plus long

L'opéra *Les Hérétiques*, de l'Américain d'origine hongroise Gabriel von Wayditch (1888-1969), dure 8 h 30 mn.

L'opéra de 5 h 15 et celui de 4 h 30

Les Maîtres Chanteurs de Nuremberg, de l'Allemand Richard Wagner (1813-1883), est le plus long des opéras du répertoire traditionnel. La compagnie Sadler's Wells l'a interprété en 1968 dans sa version intégrale de 5 h 15 mn.

Les Troyens (1864), d'Hector Berlioz (1803-1869), sur un poème de Virgile, dure dans son intégralité 4 h 30 mn. Il est souvent donné en deux parties, *Les Troyens à Carthage* et *La Prise de Troie*.

OPÉRA LE PLUS COURT

L'opéra le plus court est *The sands of time* (Les plages du temps) de Simon Rees et Peter Reynolds. Joué pour la première fois le 27 mars 1993, à Glam, GB, il dura 4 mn 9 s. Il fut interprété le 14 septembre 1993, en 3 mn 34 s.

L'immolation de Brunehilde

Le solo de la scène d'immolation de Brunehilde, dans *Le Crépuscule des dieux*, de Richard Wagner, dure 14 mn 46 s.

Rosine à 15 ans

Ginetta Gloria La Bianca, née à Buffalo, État de New York, EU, le 12 mai 1934, a interprété le rôle de Rosine dans *Le Barbier* de Séville, de Rossini, à l'Opéra de Rome, à 15 ans et 361 jours. Elle avait chanté Gilda, dans *Rigoletto*, de Verdi, à Velletri, 45 jours plus tôt.

Vieux ténors

Le ténor Giovanni Martinelli interprétait le rôle de l'empereur Altoum dans *Turandot*, de Puccini, à Seattle, État de Washington, EU, le 4 février 1967, à l'âge de 81 ans.

Le chanteur japonais Danshi Toyotake (1891-1984) à l'âge de 91 ans chantait toujours le *Musume Gidaya* (chanson traditionnelle japonaise).

Il a commencé sa carrière à 7 ans et l'a exercée pendant 81 années.

L'empereur a adoré

Selon le *Dictionnaire Oxford de l'opéra*, à la première du *Mariage secret*, de Cimarosa, jouée en 1792, l'empereur d'Autriche-Hongrie Léopold II fit rejouer l'œuvre entièrement.

Les chanteurs les mieux payés

La fortune d'Enrico Caruso (1873-1921), le célèbre ténor italien, était estimée à 9 millions de $. Celle d'Amelita Galli-Curci, la soprano colorature italo-espagnole (1889-1963), à 3 millions de $.

Les plus grands théâtres lyriques et les plus grands décors.

Voir la rubrique Théâtres, « Salles ».

Ventes de disques. *Voir la rubrique « Disques », dans le chapitre Top stars.*

Entrechat douze

La figure de ballet « entrechat douze », qui consiste à croiser et décroiser cinq fois les pieds au cours du même saut, a été réussie en 0,71 s par Wayne Sleep, pendant l'émission de la BBC *Record Breakers*, le 7 janvier 1973.

GRANDS JETÉS

Le 28 novembre 1988, Wayne Sleep a exécuté 158 grands jetés en 2 mn à Gateshead, GB.

89 BIS

Margot Fonteyn (1919-1991) et Rudolf Noureïev (1938-1993) ont été rappelés 89 fois pour leur interprétation du *Lac des cygnes* à Vienne, Autriche, en octobre 1964.

Le plus grand nombre de danseurs

En 1962, une production du Coster Ballet de Londres, sous la direction de Lillian Rowley, au Royal Albert Hall de Londres, a mis sur scène 2 000 danseurs.

1 H 07 MN D'APPLAUDISSEMENT POUR PAVAROTTI

Le 24 février 1988, l'Italien Luciano Pavarotti (né en 1935) a été rappelé 165 fois: le public de l'Opéra de Berlin l'applaudit pendant 1 h 7 mn pour son rôle de Nemorino, dans *L'Élixir d'amour*, de Gaetano Donizetti.

LES 121 FOUETTÉS RONDS DE JAMBE EN TOURNANT

Dans la chorégraphie du *Lac des cygnes*, de Piotr Ilitch Tchaïkovski (1840-1893), il faut exécuter 32 fouettés ronds de jambe en tournant. La danseuse néo-zélandaise Rowena Jackson, née en 1925, a exécuté 121 de ces pirouettes à Melbourne, Australie, en 1940.

Les plus anciens

On trouve dans les tragédies grecques jouées en l'honneur des dieux (essentiellement de Dionysos) les origines du théâtre européen. Les premiers amphithéâtres datent du Ve siècle av. J.-C.

■ Le premier théâtre en pierre, construit à Rome en 55 av. J.-C., pouvait accueillir 40 000 spectateurs.

■ En France, de nombreux amphithéâtres de l'Antiquité romaine existent encore, comme ceux de Lyon, de Fréjus, d'Orange, d'Arles, etc.

Le plus ancien théâtre couvert

Le théâtre olympique de Vicence, Italie, dessiné par Andrea di Pietro dalla Gondola, dit Palladio, 1508-1580, est le plus ancien théâtre couvert du monde encore intact. Commencé 3 mois avant la mort de Palladio, il a été achevé en 1583 par son élève Vincenzo Scamozzi (1552-1616).

Premiers théâtres en France

■ Le premier théâtre fixe semble être le théâtre des Confrères de la Passion (1402) aménagé dans les locaux de l'hôpital de la Trinité jusqu'en 1548, date à laquelle les Confrères de la Passion s'installèrent dans l'ancien hôtel des ducs de Bourgogne jusqu'en 1676.

■ L'Odéon (édifié en 1782), l'Opéra-Comique (1783), le théâtre du Palais-Royal (1784) ont été détruits ou incendiés, puis reconstruits sur leur site d'origine.

■ La Comédie-Française, créée en 1680, occupe son théâtre actuel depuis 1799.

■ Le théâtre le plus ancien existant encore dans son état d'origine est le théâtre des Variétés, à Paris IIe. Inauguré le 24 juin 1807, il avait été construit en 5 mois par Marguerite Brunet, la Montansier (1730-1820). Il compte 924 places.

Les plus grands

■ Le plus grand bâtiment utilisé comme théâtre est le *Rendmin da hui tang*, « Palais des congrès du peuple », qui se trouve sur le côté ouest de la place Tiananmen, à Pékin. Achevé en 1959, il couvre une superficie de 5,2 ha et peut accueillir 10 000 spectateurs.

■ Le plus grand théâtre (construit dans ce but) est le *Perth Entertainment Centre*, à Perth, Australie. Achevé en 1976, il dispose d'une scène de 1 148 m² et peut accueillir 8 003 spectateurs.

■ Le plus grand théâtre lyrique est la salle du *Metropolitan Opera*, au Lincoln Center, à New York, achevée en septembre 1966 et qui coûta 45,7 millions de $. Elle contient 3 800 places pour une profondeur de 137 m (voir aussi « La plus grande scène », dans la même rubrique).

■ L'*Opéra de Chicago*, Illinois, EU, installé dans un immeuble de 42 étages sur Wacker Drive, est le théâtre lyrique le plus haut du monde.

■ Le théâtre de *La Scala*, à Milan, Italie, et *Le Bolchoï* de Moscou ont tous deux 6 étages de balcons.

LES PLUS GRANDES SCÈNES

■ La scène du Ziegfeld Room, à Reno, Nevada, EU, mesure 53,60 m de large. Elle est équipée de trois ascenseurs pouvant hisser chacun 65,3 t ou 1 200 figurants.

■ La scène du Metropolitan Opera, au Lincoln Center, à New York, mesure 70 m de large et 45 m de profondeur (voir aussi « Les plus grands théâtres » dans le même chapitre).

■ Pour la France, la plus grande scène demeure celle du théâtre national de l'Opéra de Paris (dit Palais Garnier): elle a 48,5 m de large et 26 m de profondeur (ou 45 m si l'on ouvre le foyer de la danse).

Ouverture du cadre de scène

L'ouverture du cadre de scène de l'Opéra Garnier mesure 9 m de haut et 15 m de large, celle du Châtelet mesure 8,50 m de haut et 13,80 m de large.

Profondeur de scène

L'Opéra Bastille a une profondeur de scène de 90 m.

LE PLUS GRAND AMPHITHÉÂTRE ANTIQUE

Avec ses 87 000 places, le Colisée de Rome, construit en l'an 80, couvre 2 ha. De forme elliptique, il mesure 187 m dans sa plus grande longueur et 156 m dans sa plus grande largeur. Son périmètre était de 524 m et sa hauteur de 48,50 m.

Les plus grandes salles de théâtre de France

La grande salle de l'Opéra de la Bastille, à Paris, a été inaugurée le 13 juillet 1989. Le théâtre, dont l'ouverture a eu lieu le 17 mars 1990, s'élève à 48 m au-dessus du niveau de la rue et s'enfonce à 21 m sous le sol. La grande salle compte 2 700 places et l'Opéra possède aussi une salle modulable de 600 à 1 000 places. La scène a une largeur variable qui peut atteindre 19,50 m.

Le Palais Garnier est le plus grand théâtre lyrique à l'italienne. Sa création remonte à Louis XIV, qui fonda en 1669 l'Académie royale de musique et de danse. L'édifice actuel, construit par l'architecte Charles Garnier (1825-1898), fut inauguré le 5 janvier 1875. Il s'étend sur 11 237 m² (175 m x 125 m). Il comprend 5 dessous de scène et 12 étages de cintres pour une hauteur totale de 60 m. La salle compte 1 970 places sur 5 étages. L'Opéra gère un fonds de plus de 50 000 costumes.

Le plus grand théâtre classique (à l'italienne) est le Châtelet, à Paris, qui compte 2 003 places. La salle actuelle date de 1862.

Le Piccolo, inauguré en 1970, qui se trouve Juliusstrasse, à Hambourg, Allemagne, n'a que 30 places, c'est le plus petit théâtre.

LE DÉCOR D'AÏDA

Le plus grand décor du monde bâti pour un opéra : la société Les Bâtisseurs d'éphémère et la société Layher ont construit pour *Aïda*, l'opéra de Verdi, présenté au Palais Omnisports de Paris-Bercy, du 4 au 19 mai 1993, un décor de 50,20 m de largeur, 22 m de hauteur et 76 m de longueur réparti sur 3 niveaux.

BOEING BOEING

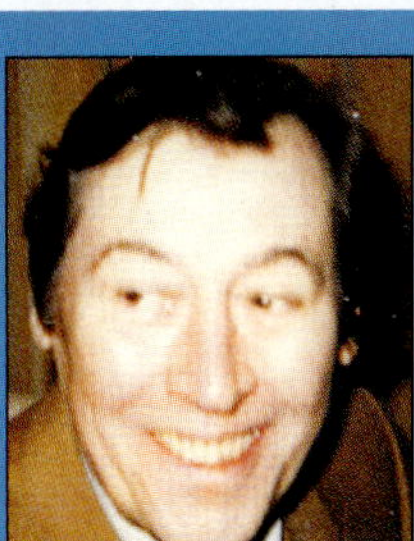

La pièce Boeing Boeing *de l'auteur français Marc Camoletti a été jouée à Londres, dans les théâtres Duchess et Apollo, totalisant 2 035 représentations consécutives, au 11 avril 1991.*

Les acteurs qui tinrent le plus longtemps le même rôle

■ Kanmi Fujiyama (né en 1929) a tenu le rôle principal dans la troupe comique Sochiku Shikigeki pendant 10 288 représentations, de novembre 1966 à juin 1983.

■ Kanzaburo Nakamura (né en 1909) a joué dans 806 pièces de kabuki entre novembre 1926 et janvier 1987. Comme chaque pièce de ce genre (théâtre classique japonais) dure 25 jours, il a donc donné 20 150 représentations.

■ Odette Barrois. *Voir encadré ci-contre.*

THEATRE PIECES

Fours

■ THE INTIMATE REVUE, *« La Revue intime », a été jouée une seule fois — le 11 mars 1930 — au théâtre Duchess, à Londres. À cause des changements de décor, prenant jusqu'à 20 mn chacun, la direction dut supprimer sept scènes pour que le final puisse avoir lieu avant minuit.*

■ CARRIE *Le plus grand échec pour un spectacle théâtral fut la comédie musicale* Carrie, *montée par la Royal Shakespeare Company : après cinq représentations sur Broadway, elle dut être retirée de l'affiche le 17 mai 1988. Elle a coûté 7 millions de $.*

■ HANNIBAL *La première pièce de Marivaux, la tragédie* Hannibal *(1720), abondamment sifflée, n'a pu être jouée que 3 fois et n'a jamais été remontée depuis.*

■ LES BURGRAVES *En 1843, la pièce* Les Burgraves, *de Victor Hugo, conspuée par les spectateurs, n'a pas dépassé la 33ᵉ.*

SUCCÈS

■ THE MOUSE TRAP, *« La Souricière », d'Agatha Christie (1890-1976), fut représentée pour la première fois le 25 novembre 1952, au théâtre des Ambassadeurs , à Londres. Après la 8 862ᵉ représentation, c'est le théâtre Saint-Martin, voisin, qui l'accueillit (à partir du 25 mars 1974). Pour la 15 402ᵉ représentation, le 25 novembre 1989, on fêta les 37 ans du spectacle. La 16 000ᵉ fut donnée le 6 mai 1991. À cette date, plus de 9 millions de spectateurs avaient déjà vu* The Mouse-trap.

■ GOLD IN THE HILLS, *« De l'or dans les collines », de J. Frank Davis, est à l'affiche du théâtre de Vicksburg, Mississippi, EU, au moins une fois chaque saison depuis 1936.*

■ LA CANTATRICE CHAUVE *et* LA LEÇON. *Voir encadré.*

■ TARTUFFE, *de Molière, est la pièce la plus jouée de la Comédie-Française: depuis 1669, sur la scène de ce prestigieux théâtre, elle a été jouée au 11 juin 1993, 3 014 fois.*

Le spectateur le plus assidu

Entre 1956 et 1987, le Dr Howard Hughes (né en 1902), professeur à Fort Worth, Texas, EU, a assisté à 6 136 spectacles.

LA PIÈCE LA PLUS LONGUE

LE SOULIER DE SATIN *(1943), de Paul Claudel a été montée en 1987 au théâtre de Chaillot, par Antoine Vitez, pour des représentations de 9 h 40 mn. Les rôles principaux étaient tenus par Robin Renucci et Ludmila Mikaël.*

FESTIVAL FRINGE

Le Festival Fringe d'Édimbourg, Écosse, qui se déroule chaque année depuis 1947, est le plus grand festival artistique du monde. En 1990 (du 12 août au 1er septembre), 537 troupes ont donné 9 504 représentations de 1 103 spectacles.

Festival d'Avignon

Le Festival d'Avignon 1993 a rassemblé 58 spectacles, 1 908 représentations, dont 1 474 d'un spectacle qui a eu lieu toutes les 10 mn de 10 h à 21 h pendant 22 jours, et 113 116 spectateurs.

THEATRE INTERPRETES

L'acteur le plus jeune

Le plus jeune comédien est Bogdan Sytchev, né le 8 décembre 1992, il participa à 30 représentations, du 28 avril au 30 mai 1993, lors du IIᵉ Festival Italien d'Aujourd'hui, au théâtre de la Mare du Diable, à Paris. ▶

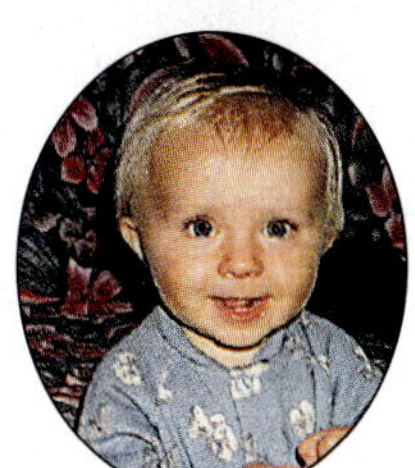

Doublure la plus longue

Nancy Sheabrooke prit sa retraite le 12 mars 1994, à l'âge de 79 ans, de la compagnie ***The Mousetrap***, après avoir été la doublure de « Mrs Boyle » pendant 15 ans et 6 240 représentations.

COMPOSITIONS

Entre 1951 et mars 1989, l'Américaine Jane Leighton a tenu 3 385 rôles au théâtre, au cinéma et à la télévision.

La Cantatrice chauve & La Leçon

Créée aux Noctambules le 11 mai 1950, La Cantatrice chauve, *d'Eugène Ionesco, est jouée sans interruption au théâtre de la Huchette, à Paris, depuis le 16 février 1957.*

Au même programme se donne également, depuis cette date, La Leçon, *également d'Ionesco, qui fut créée le 17 février 1951 au Théâtre de Poche. On a donné, le 31 mai 1994, 38ᵉ année, le 12 000ᵉ représentation. Eugène Ionesco est mort le 28 mars 1994, le jour de la 11 944ᵉ. Odette Barrois, Simone Mozet et Nicolas Bataille (également metteur en scène) jouent dans* La Cantatrice chauve, *d'Eugène Ionesco, depuis sa création, le 11 mai 1950. Ils ont fêté le 44ᵉ anniversaire de leur rôle le 11 mai 1993, au théâtre de la Huchette.*

ANTIQUITÉS ET OBJETS D'ART DIVERS : RECORDS DE

D'autres objets d'art ne figurant pas dans ce tableau sont classés à leur rubrique.

ACCESSOIRES DE TOILETTE ■ *Une cuvette en or de 22 carats fabriquée par Paul Storr en 1797 d'après les dessins de Humphrey Repton: 950 400 £, Christie's, Londres, 11 juillet 1985.*
■ *Un pot de chambre en argent pesant 935 g, frappé aux armes du deuxième comte de Warrington et signé David Willaume: 9 500 £, Sotheby's, Londres, 14 juin 1984.*

AFFICHE ■ *Une affiche publicitaire réalisée pour l'Exposition universelle de Vienne de 1902 par Koloman Moser (1868-1918) s'est vendue 620 000 F chez Christie's, à Londres, le 1er avril 1985.*

ARGENTERIE ■ *Un plat circulaire en argent dessiné par Paul de Lamerie en 1736, a été vendu 1,4 million de £, Christie's, Londres, le 22 mai 1991.*

BAROMÈTRE ■ *Fabriqué pour le roi Guillaume III en 1760, il a été vendu 341 000 £,Christie's à Londres, le 5 décembre 1991.*

BIJOUX ■ *La vente des bijoux de la duchesse de Windsor (1896-1986), le 3 avril 1987, Sotheby's, Genève, a rapporté 320 millions de F.* ■ *Un pendentif constitué d'un diamant bleu et d'un diamant jaune, Christie's: 15,7 millions de F, le 15 novembre 1990.* ■ *Un ornement de corsage de la Belle Époque datant de 1912, de la collection Cartier adjugé le 16 mai 1991 chez Christie's à Genève, 15 524 190 F.* ■ *Une bague en or ornée d'un diamant de 16 carats, adjugée à Paris 7,5 millions de F.* ■ *Deux pendants d'oreille piriformes en diamants de 58,6 et 61 carats: 3,1 millions de £, Sotheby's, Genève, 14 novembre 1980.*

■ *Une chevalière d'homme en or ornée d'un rubis de 10,35 carats: 10 millions de F, 19 juillet 1988.*

BOÎTE À MUSIQUE ■ *Une boîte à musique suisse fabriquée pour un prince persan en 1901: 20 900 £, Sotheby's, Londres, 23 janvier 1985.*

BOUTEILLE ■ *Une bouteille bleu de cobalt, créée vers 1860 par Isabella Glassworks, du New Jersey, EU: 26 400 $, à Boston, Massachusetts, 7 octobre 1989.*

BRIQUET ■ *Un briquet en or 18 carats pesant 1,6 kg et représentant un phare sur une île d'améthyste fut vendu 37 500 £ par Alfred Dunhill, à Londres, en 1986.*

CANNE ■ *Une canne octogonale en ivoire de baleine, décorée par Scrimshanders en 1845: 24 200 $, Sotheby's, New York, 1983.*

CARTES À JOUER ■ *Un jeu acquis par le Metropolitan Museum of Art de New York: 143 352 $, Sotheby's, Londres, le 6 décembre 1983.*

CÉRAMIQUE ■ *Un cheval chinois de la dynastie Tang (618-906): 3,74 millions de £, Sotheby's, Londres, 12 décembre 1989.*

CHEMINÉE ■ *Une cheminée du salon ovale de Mme du Barry provenant du pavillon de Louveciennes, a été adjugée par Me Jacques Tajan 5 millions de F dans les salons de l'hôtel George-V, à Paris, le 5 décembre 1989.*

COIFFURE ■ *En novembre 1981, le musée d'État de l'Alaska, EU, a acheté pour 66 000 $ un casque de cérémonie des Indiens Tlingits datant de 1600.*

COUVERCLE ■ *Un couvercle représentant une « Dame orientale avec serviteur noir »: 3 960 £, Phillips, Londres, 7 janvier 1987.*

COUVERTURE ■ *Une couverture des Indiens Navajos (vers 1852): 115 500 $, Sotheby's, New York, 22 octobre 1983.*

CUILLÈRES ■ *Une cuillère en argent fabriquée en 1905 par l'Autrichien J. Hoffmann: 17 600 £, Sotheby's, Londres, 28 avril 1983.* ■ *Un ensemble de treize cuillères Henri VIII « apôtre » (manche décoré d'une figure d'apôtre) ayant appartenu à lord Astor of Hever: 120 000 £, Christie's, Londres, 24 juin 1981.*

Valeur du $ en F :
source FMI

1982	:	6,56 F
1987	:	6,01 F
1984	:	8,74 F
1989	:	6,38 F
1985	:	8,98 F
1991	:	5,64 F
1994	:	5,62 F

DÉ À COUDRE ■ *Un dé en or du XVIe siècle, qui aurait appartenu à la reine Elizabeth I, s'est vendu, le 13 décembre 1992, pour la somme de 18 000 £, chez Philipps en Angleterre.*

DENT ■ *En 1816, une dent ayant appartenu à Isaac Newton (1643-1727) a été vendue à Londres 730 £. L'acquéreur, un gentilhomme, la fit monter sur une bague et la portait tout le temps.*

ÉPÉE ■ *L'épée d'officier de la Marine royale du duc de Windsor, qui lui avait été offerte par le roi George V en 1913: 823 045 £, Sotheby's, Genève, 3 avril 1987.*

ESPACE, OBJETS
Première vente d'objets situés sur une autre planète ■ *Le 11 décembre 1993, chez Sotheby's, New York, un américain a acheté pour 68 500 $ (environ 400 000 F), un véhicule lunaire soviétique, Lunakhode-1, resté sur la lune.*
Le vice-président de Sotheby's s'est félicité alors, de n'avoir pas promis d'en faire la livraison. Au cours de cette vente, consacrée aux objets témoins d'une autre planète, la combinaison spatiale de Leonov, 1er homme à avoir effectué une sortie dans l'espace, a été adjugée 255 500 $ (environ 1 500 000 F).
L'ensemble des 216 objets vendus a rapporté près de 7 millions de $, et comprenait, entre autres, une collection de timbres spatiaux, adjugée à 1 725 $ (environ 10 000 F), 3 cailloux lunaires : 442 500 $ (environ 2 500 000 F), et un télégramme de 4 pages de Krouchtchev à Gagarine transmis par Brejnev : 68 500 $ (environ 400 000 F).

FUSIL ■ *Un fusil à pierre fabriqué pour Louis XIII, vers 1615, sans doute par Pierre Le Bourgeois (mort en 1627), de Lisieux, Calvados : 125 000 £, Sotheby's, Londres, 21 novembre 1972.*

GLOBE TERRESTRE ■ *Une copie du Cosmographia de Ptolémée, vendue 1 925 000 $, chez Sotheby's, New York, le 31 janvier 1990.*

GOLF ■ *Un club de golf écossais, datant de 1700 : 92 400 £, Sotheby's, Espagne, 13 juillet 1992. Une balle de golf datant de 1849: 19 250 £, Phillips, Edimbourg, Allemagne, 14 juillet 1992.*

ICÔNE ■ *Une icône fabriquée à Novgorod, Russie, au XVIe s.,* Le Jugement dernier*: 150 000 $, Christie's, New York, 17 avril 1980.*

INSTRUMENT SCIENTIFIQUE ■ *Un astrolabe de 1559 en cuivre hollandais doré (34 cm), réalisé par Walter Arsenius: 385 000 £, Christie's, Londres, 29 septembre 1988.*

JADE ■ *Une boucle de ceinture et un pendentif en forme de masque d'origine chinoise (époque des Royaumes combattants): 396 000 $, Sotheby's, New York, 6 décembre 1983.*

JOUET MÉCANIQUE ■ *Une reproduction en fer-blanc, peinte à la main, d'un dévidoir « Charles »: machine utilisée au siècle dernier par les pompiers pour la lutte contre les incendies. Cette pièce, construite en 1870, a été vendue le 14 décembre 1991 chez Christie's à New York 231 000 $.*

LAMPE ■ *Une lampe Art nouveau en forme de trois fleurs de lotus, signée Daum et Majorelle: 1 780 000 $, Sotheby's, New York, 2 décembre 1989.*

LIT ■ *Un lit de 1930 en laque noire, signé Jean Dunand: 49 668 £, Christie's, New York, 2 octobre 1983.*

LUSTRE ■ *Un lustre en argent massif de la maison de Hanovre, provenant de la collection de Hubert de Givenchy, adjugé 20 millions de F, par Christie's, à Monaco, le 4 décembre 1993.*

MACHINE À ÉCRIRE ■ *Une Guhl & Harbeck de 1890: 9 900 £, Christie's, Londres, 10 août 1989.*

MIROIR ■ *Une glace datant du XVIIIe siècle en bois plaqué de corne verte, d'écaille brune, d'argent et de vermeil, travail d'Augsbourg, adjugée 5 833 200 F, le 11 novembre 1984, par Me Jacques Tajan à Monaco.*

MOBILIER ■ *Un meuble à tiroirs « Badminton » du XVIIIe siècle, appartenant au duc de Beaufort, s'est vendu chez Christie's, à Londres, 8,58 millions de £, le 5 juillet 1990.* ■ *Un coffret à bijoux (époque Louis XV) ayant appartenu à Marie-Antoinette, en placage de bois de rose orné de 9 plaques de porcelaine de Sèvres, estampillé Carlin, a été adjugé par Me Tajan, le 7 novembre 1991 à Paris, 23 687 000 F. C'est le meuble français le plus cher du monde.*

OISEAU EMPAILLÉ ■ *Un grand pingouin empaillé (Alca impennis), 57 cm de haut, en plumage d'été, capturé en Islande vers 1820 : 9 000 £, Sotheby's, Londres, mars 1971, achat du Muséum d'histoire naturelle d'Islande. Le grand pingouin était un oiseau de mer coureur de l'Atlantique nord, espèce exterminée par les chasseurs: le dernier individu a été vu à Eldey, Islande, en 1844.*

OURS EN PELUCHE ■ *Un ours fabriqué par Steiff, Allemagne, vers 1920: 55 100 £, Sotheby's, Londres, 19 septembre 1989.*

POT DE CHAMBRE ■ *Voir Accessoires de toilette.*

POUPÉE ■ *Une poupée en biscuit de Kämmer et Reinhardt datant de 1909: 90 200 £, Sotheby's, Londres, 16 février 1989.*

PRESSE-PAPIERS ■ *Un presse-papiers en verre bleu fabriqué vers 1850 à Pantin, aujourd'hui Seine-Saint-Denis: 143 000 $, Sotheby's, New York, 2 décembre 1983.*

REVOLVER ■ *Un colt calibre 45, portant le numéro de série : 1, datant de 1873 et ayant appartenu à l'armée américaine, a été adjugé pour 242 000 $ (environ 1 500 000 F), chez Christie's, à New York, le 14 mai 1987.*

SCULPTURE ■ *Un ornement de jardin en bronze, Le faune dansant sculpté par Adrien de Vries (1545-1626), vendu 6,82 millions de £, le 7 décembre 1989, Sotheby's, Londres.*

SEAUX ■ *Une suite de quatre seaux à rafraîchir, en vermeil, gravés aux armes royales d'Angleterre sur une face, et aux armes ducales à l'opposé, poinçonnés par l'orfèvre Paul Storr, 1807, a été vendue par Me Jacques Tajan, à Monaco, le 15 mars 1993, pour la somme de 1 443 000 F.*

PRIX EN VENTES PUBLIQUES

Par exemple : Peinture, Collections, Voitures, Philatélie...

SOLDAT DE PLOMB ■ *Une rarissime figurine de 7 cm représentant le colonel des gardes gallois : 1 200 £, Phillips, Londres, 9 septembre 1987.* ■ *Une figurine représentant Rudolf Hess : 3 375 £, Londres, 23 avril 1991.*

STYLO À PLUME ■ *Un stylo Parker Swastika model 53 USA : 187 000 F, Salon international du stylo à plume ancien, Genève, 25 avril 1992.* ■ *Le Royal, stylo en or massif, pavé de 4 200 diamants, coûtait en janvier 1994, 500 000 F. Fabriqué artisanalement par Mont-Blanc, ce stylo, le plus cher du monde, exige un délai de livraison de 6 mois.*

TABATIÈRE ■ *Une tabatière en or ornée de diamants, de rubis et d'émeraudes ayant appartenu au roi de Prusse Frédéric II le Grand (1712-1786) : 1 155 250 £, Sotheby's, Genève, 17 novembre 1992.*

TAPIS ■ *Un tapis persan, 8 m x 4 m, fabriqué vers 1590 à Tabriz ou Kachan : 1 million de $, achat du Metropolitan Museum of Art de New York en 1946.* ■ *Aux enchères : Un tapis persan du XVIIe siècle s'est vendu 441 500 de £ (environ 3 800 000 F) chez Christie's, à Londres, le 29 avril 1993.* ■ *Un tapis Louis XV de la Savonnerie : 3,8 millions de F, Christie's, Monte-Carlo, juin 1989.*

TAPISSERIE ■ *Un fragment d'une rare tapisserie suisse tissée près de Bâle, vers 1430 : 638 000 £, Christie's, Londres, 3 juillet 1990. Acheté par le marchand suisse P. Kleiner.*

VASE ■ *Un vase d'Émile Gallé (47 cm de haut) présenté à l'Exposition universelle de 1900 : 203,4 millions de yens (7,7 millions de F), Tokyo, 20 novembre 1990.*

VERRE ■ *Une tasse romaine en verre du IIIe s. (17 cm de diamètre et 10 cm de haut) : 520 000 £, Sotheby's, Londres, 4 juin 1979.*

VOITURE ■ *Nicholas Harley a vendu une Bugatti de 1931 type Royale Sports Coupé by Kellner pour 15 millions de $, le 12 avril 1990, à la société Meitec Corporation du Japon.* ■ *Le commissaire priseur Hervé Poulain, spécialisé dans les voitures anciennes, a vendu, le 4 juin 1985, au Palais des Congrès, à Paris, une Hispano-Suiza, pour 1,1 million de F.*

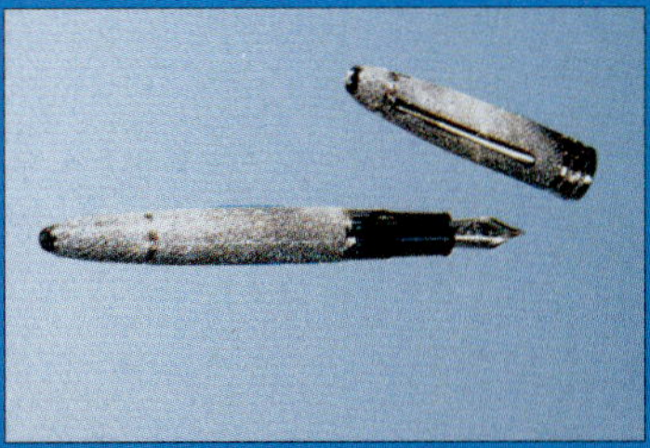

PHOTO GENERALITES

Origines

La première mention d'une photographie sur verre, prise par un appareil photo, apparaît dans une lettre écrite le 19 juillet 1822 par le physicien français Nicéphore Niepce (1765-1833). Il s'agit de la photo d'une gravure sur cuivre du pape Pie VII, prise à Gras, près de Chalon-sur-Saône, Saône-et-Loire. Cette photo fut redécouverte à Londres, en février 1952, par le spécialiste de l'histoire de la photo Helmut Gernstein, après six ans de recherche.

Première photo aérienne

La première photographie aérienne a été prise en 1858 par Félix Tournachon, dit Nadar (1820-1910), à bord d'un ballon volant au-dessus de Villacoublay, aujourd'hui Yvelines. ◄

PHOTOS LES PLUS CHÈRES

Stieglitz

■ Une photo d'Alfred Stieglitz, intitulée *Georgia O'Keefe : a portrait with symbol*, et représentant les mains du sujet, munies de dés à coudre, s'est vendue chez Christie's, à New York, 398 500 $ (environ 2 300 400 F), le 8 octobre 1993. C'est le prix le plus cher payé pour toute photo originale individuelle vendue aux enchères.

Man Ray

■ Le tirage en noir et blanc de Man Ray représentant le visage d'une femme parsemé de larmes en verre et datant de 1930 s'est vendu chez Sotheby's, à Londres, 122 500 £ (1 000 000 F), le 7 mai 1993. ◄

APPAREILS PHOTO

Le plus grand des appareils industriels jamais construits est le Rolls-Royce de 27 t commandé en 1956 et appartenant maintenant à BPCC Graphics, de Derby, GB. Il mesure 2,69 m de haut, 2,51 m de large et 14 m de long.

L'objectif est un Cooke Apochromatic f/16, de 1,60 m de focale. Cet appareil fonctionne toujours.

Le plus petit. En dehors des appareils destinés à la microchirurgie cardiaque et à l'espionnage, le plus petit appareil commercialisé est le Petal japonais. Il mesure 2,9 cm de diamètre et 1,6 cm d'épaisseur. Il a une focale de 1,2 cm.

APPAREIL LE PLUS CHER

L'appareil photo qui s'est vendu le plus cher aux enchères est celui du sultan du Maroc Abdul-Aziz. Fabriqué en or par A. Adam & Cie en 1901, il a été adjugé chez Christie's, à Londres, 39 600 £ (environ 350 000 F), le 25 novembre 1993.

Objectif

Construit par Pilkington Special Glass, de Saint Asaph, GB, il a 8,45 m de focale, 1,37 m de diamètre et pèse 215 kg. Il permet de lire un texte manuscrit à 12 m de distance. Il se trouve au musée national britannique de la photo, du film et de la télévision, à Bradford.

Le plus rapide

Un appareil pour la recherche laser, fabriqué par le laboratoire Blackett, de l'université de Londres, peut enregistrer 33 milliards d'images par seconde.

Nikon et Leica

La société japonaise Nikon mettait en vente en mai 1992 une gamme complète de matériel photographique, soit 29 appareils, 90 objectifs et 659 accessoires. Elle valait environ 1,5 million de F.

L'appareil photo qui s'est vendu le plus cher aux enchères est un Leica R6, adjugé 26 400 £ chez Christie's, à Londres, le 9 novembre 1989.

Le négatif le plus long

Le 6 mai 1992, T. Bleich a photographié les 3 500 spectateurs d'un concert donné à Austin, Texas, EU. Il avait utilisé un objectif Turner-Reich avec une focale de 26,7 cm et un appareil Kodak 10-Cirkut. Le négatif de cette photo mesure 7,125 m de long et 25,4 cm de haut.

LE PERSONNAGE LE PLUS POPULAIRE

Selon une étude américaine réalisée en 1990, Mario est plus connu aux États-Unis que Mickey Mouse. Une autre étude menée en France par Europe 1 en décembre 1991, portant sur les héros favoris des enfants a montré que Mario se place en tête avec Patrick Bruel et Mac Gyver. Super Mario est le seul personnage de jeu vidéo devenu le sujet principal d'un film à gros budget *Super Mario Bros*.

1 MILLION D'EXEMPLAIRES

Le premier jeu vendu à un million d'exemplaires est *Legend of Zelda* sur NES (Nintendo Entertainment System) en 1985. Les deux millions d'exemplaires sont atteints l'année suivante.

100 MILLIONS D'EXEMPLAIRES

Le jeu le plus vendu mondialement est Mario avec 100 millions d'exemplaires vendus, toutes aventures confondues, entre 1983, date de sa mise en vente, et 1993.

MEILLEURE VENTE ANNUELLE

La plus forte vente en une année revient à Super Mario Bros 3, lancé en 1990, qui a trouvé 7 millions d'acquéreurs l'année de sa mise en vente.

MEILLEURE VENTE JOURNALIÈRE

Le jeu le plus vendu en une journée est *Dragon Quest 5* créé par ENIX pour Nintendo avec 1 300 000 exemplaires le jour de sa sortie en août 1992. Ce même jour, une boutique spécialisée au centre de Tokyo découvrit à l'heure d'ouverture 10 000 personnes formant une queue gigantesque de 5 kilomètres de long.

PIRATAGE

Les pays en tête du piratage sont, d'après une étude menée par l'European Leisure Publishers Association en 1992, l'Italie et l'Espagne avec 83 % de disquettes frauduleuses.

LE PLUS GRAND NOMBRE D'APPELS SUR HOT LINE

« SOS Nintendo » créée en mars 1989 aide chaque jour 10 000 joueurs, avec des pointes à 25 000 appels. Le 28 décembre 1992, lendemain de Noël, la hot line avait enregistré 49 072 appels.

PREMIERS JEUX

■ Le premier jeu vidéo est un jeu de tennis inventé par Willy Higinbotham sur l'écran de son oscilloscope en 1958 : le court est une ligne horizontale sur laquelle rebondit un petit cercle représentant une balle. Ne songeant pas au succès d'une telle invention, Willy Higinbotham ne le brevèta pas.

■ Le premier jeu vidéo accessible au public reste le VCS 2000 plus connu sous le nom de *Pong* créé par Nolan Bushnell en 1972. Deux joueurs se renvoient une balle carrée à l'aide de deux raquettes, deux rectangles blancs bougeant uniquement de haut en bas grâce à des manettes placées sur une tablette. Nolan Bushnell décide de commercialiser son invention, il crée à cette intention la société Atari qui réalisera en 1973 un chiffre d'affaires de 3,2 millions de $. En deux ans 100 000 jeux de *Pong* parsèment les États-Unis.

LA PREMIÈRE CONSOLE

En 1975 *Pong* est accessible sur une petite console que l'on branche directement sur son téléviseur.

JEUX

Les premières consoles étaient adaptées à un seul jeu. En 1979 Atari règle ce problème grâce à la console VCS 2600 : les jeux sont désormais stockés sur des cartouches interchangeables.

1RE CONSOLE NINTENDO

La première console Nintendo, la Famicom (Family Computer System) est commercialisée en 1983. Plus de 6,5 millions d'unités sont vendues en 1985.

CRÉATION EN SOLO

La plus grande performance de réalisation revient au programmeur américain Eric Chahi qui a mis au point le jeu d'action et d'aventure *Another World* vendu à quelque 550 000 exemplaires depuis sa sortie en 1992. Ce jeu fut adapté sur de nombreuses consoles telles la Mega drive, la Super Nintendo (sous le nom de *Out of the world*) et la 3DO.

PLUS GROS CHIFFRE D'AFFAIRES

■ Nintendo domine le marché de la console et du jeu vidéo avec un chiffre d'affaires de 32 milliards de F de mars 1992 à mars 1993. Il représente 70 % du marché mondial et 65 % du marché français avec un chiffre d'affaires de 3,5 millions de F. Avec un bénéfice record de 8 milliards de F en 1993, Nintendo s'est hissé à la 3e place des multinationales japonaises, juste derrière Toyota et la compagnie de télécommunications Nippon Telegraph and Telephone (NTT).

■ L'autre géant nippon est Sega qui réalise un chiffre d'affaires de 15 milliards de F en 1992 et de 1,5 milliard de F en France en 1993.

MAGAZINE

Le premier magazine de jeu vidéo est *Console +* qui tire à 150 000 exemplaires par mois en 1994.

TOUS ÉQUIPÉS

■ Le pays le plus équipé en consoles est le Japon. 60 % des foyers japonais en possèdent une.

■ Fin 1992, l'équipement des foyers français s'élevait à plus de 26 %. Lorsque le foyer est celui d'un couple avec enfants, le taux d'équipement s'élève à 65 %. Les ménages français sont les plus gros consommateurs de matériel de jeux vidéo en Europe avec un budget annuel moyen de 1 547 F en 1993.

LA PLUS CHÈRE

La console la plus chère est la NEO GEO créée par SNK (Shin Nikon Kikaku) vendue 3 490 F. La NEO GEO est une véritable borne d'arcade personnelle, elle existe en 16 ou 8 bits. Les consoles 3DO fabriquées par Matsushita Electric se vendent 800 $, environ 4 000 F, aux États-Unis.

ET LA MOINS CHÈRE

La console la moins chère est le Game Boy, console portable accessible au prix de 299 F. Fin 1992, le nombre de Game Boy s'élevait en France à 1 450 000 unités.

CONSOLE LA PLUS VENDUE

■ La console la plus vendue mondialement est la Super Nintendo, avec 15 millions d'unités achetées à travers le monde depuis 1992.

■ En France la Super Nintendo représente 60 % du total des ventes de consoles 16 bits *(Source Nielson Period, fév/mai 1993)*.

LE JEU LE PLUS CHER

Le jeu le plus cher est *World Hero 2* sur NEO GEO chez SNK (Shin Nikon Kikaku), son prix est de 1 690 F.

LE MOINS CHER

Le jeu le moins cher est *Marble Madness* sur le Game Boy, son prix est de 99 francs.

MARIO

■ En 1980, apparaît sur un petit jeu électronique individuel « Donkey Kong », un héros à moustaches, Mario, chargé de sauver une jeune femme séquestrée par un descendant de King-Kong. Depuis, le héros de Nintendo est la star des jeux de la firme, *Mario Bros*, *Super Mario Bros 1, 2* et *3*, *Marioland*... Mario a une apparence de petit homme faible, Shigeru Miyamoto, son créateur a préféré le doter d'un champignon magique qui le fait grandir à volonté plutôt que de le faire mesurer 1,80 m. *Super Mario Land 2* est maintenant mondialement le jeu le plus vendu sur console Game Boy. 4,2 millions d'exemplaires sont à ce jour en circulation.

■ En France, 20 % des possesseurs de Game Boy ont acheté ce logiciel. *Super Mario Land 2* représente à lui seul 6 % des ventes de jeux vidéo, toutes marques confondues.

CHAMPION DE FRANCE

■ Le champion de France de jeu vidéo est Vincent Noiret, d'Aubervilliers, qui, à 22 ans, a réalisé le meilleur score en un temps limité parmi les 250 000 participants du premier championnat de France organisé par Nintendo fin 1992.

■ Un camion du Super Tour Nintendo se déplaça à travers 80 villes de France pour permettre aux participants d'essayer trois jeux : un de stratégie, un d'aventure et un de rapidité. La finale eut lieu au Salon du jouet à Paris le 31 janvier 1993.

VIDEO

6 ARCHITECTURE

LES PLUS ANCIENNES CONSTRUCTIONS

ÉGYPTE HIGH TECH

Tout se passe à l'intérieur d'une pyramide haute de 30 étages et surmontée d'une lampe de 315 000 watts qui permettrait de lire son journal la nuit, cela à plus de 16 km. L'entrée est surmontée d'un sphinx haut comme 10 étages. L'ouvrage abrite un hôtel de 2 526 chambres, un atrium géant qui pourrait abriter 9 Boeing 747 et une rivière — le Nil — longue de 6 km, sur laquelle naviguent de vrais bateaux.
C'est le Luxor, à Las Vegas, Nevada, EU.

PREMIÈRE AIRE DE TRAVAIL

La plus ancienne construction humaine mise au jour est un cercle grossier fait de blocs de lave empilés irrégulièrement. Il fut découvert en janvier 1960 par l'archéologue britannique Mary Leakey, lors des fouilles du dernier niveau du site du paléolithique inférieur des gorges d'Olduvai, en Tanzanie. Si l'on en croit les objets et ossements trouvés aux environs, ce site aurait servi d'aire de travail. Il daterait de 1 750 000 ans.

Les plus anciens bâtiments en bois

L'ensemble le plus ancien de bâtiments en bois encore debout regroupe la pagode, la porte de Chumanar et le temple d'Horyu, à Nara, île de Honshu, Japon. Commencés en 670, ils furent achevés en 715. Le bois utilisé venait d'arbres de Hinok vieux de 1 000 ans.

Habitations les plus anciennes

■ *C'est en France, sur le site de Terra Amata, près de Nice, Alpes-Maritimes, que furent découverts, en octobre 1965, les vestiges des plus anciennes véritables habitations. Il s'agit de 21 huttes comportant des foyers ou des puits en galet.*
Les fouilles ont fait apparaître les traces de pieux délimitant les huttes, qui seraient vieilles d'environ 400 000 ans et d'origine acheuléenne. Entre le 28 juin et le 5 juillet 1966, une hutte entourée d'une large palissade de 15 m de long fut dégagée.

■ *On a aussi exhumé les vestiges d'une tour en pierre de 6 m de haut datant de 5 000 ans avant notre ère qui faisait partie des murailles de Jéricho, Israël, murailles dont les fondations remonteraient à 8350 av. J.-C.*

■ *On pense que les plus anciennes constructions humaines encore debout sont les temples mégalithiques de Mgarr et de Skorba, à Malte, ainsi que celui de Ggantija, dans l'île méditerranéenne de Gozo (dépendance de Malte), datant de 3250 av. J.-C.*

Château

Le château de Gomdan, qui avait 20 étages, au Yémen, fut construit avant l'an 100.

Donjon

Il subsiste à Langeais, Indre-et-Loire, le donjon de la forteresse bâtie au Xe siècle par le comte d'Anjou Foulques III, dit Nerra (« le Noir »).

La plus vieille maison de Paris ▼

Deux maisons du IIIe arrondissement se disputent le titre de plus ancienne maison de Paris. Celle du 3, rue Volta, aurait été construite vers l'an 1300, au milieu du règne de Philippe le Bel. Elle a 4 étages mais pas de cave. Cependant, son ancienneté est contestée.
On a la certitude que la maison du 51, rue de Montmorency fut construite en 1407 pour l'alchimiste Nicolas Flamel.

La plus vieille église de France

L'église de Germigny-des-Prés, Loiret, est la plus vieille église de France. Cette église carolingienne a été construite au IXe siècle.

LES PLUS HAUTES CONSTRUCTIONS
TOURS ET ANTENNES

HÔTEL

L'Hostellerie de la Croix-d'Or, à Provins, Seine-et-Marne, qui compte 7 chambres, date de 1270.

Auberge

Selon la tradition japonaise, l'auberge Hoshi, à Awazu, aurait été fondée en 717. Elle appartient toujours à la même lignée, dont le propriétaire actuel, M. Zengoro Hoshi, représente la 46e génération. L'auberge possède 100 chambres et peut accueillir 450 voyageurs. La Couronne, à Rouen, Seine-Maritime, existe depuis 1345 : c'est la plus vieille auberge française.

Restaurant

La Maison Botin, 17, rue de Cuchilleros, à Madrid, Espagne, est ouverte, depuis 1725.

PHARE

Le plus ancien est la tour de Cordouan, îlot rocheux au large de l'estuaire de la Gironde, construit entre 1584 et 1610. Son foyer se trouve à une hauteur de 63 m. Il a une portée de 41 km.

Pyramides

■ *La plus ancienne pyramide du Nouveau Monde se trouve dans l'île de la Venta, au Mexique. Construite par les Olmèques vers 800 av. J.-C., elle se dresse à 30 m de hauteur ; sa base est un carré de 128 m de côté.*

La pyramide à degrés de Djoser, à Saqqarah, Égypte, construite par l'architecte Imhotep vers 2650 av. J.-C., se dresse à 62 m de hauteur ; elle était à l'origine couverte d'un parement de calcaire de Tura. Cest la plus ancienne de toutes.

Des plus grandes aux plus petites, dans chaque catégorie.

L'antenne la plus haute

Aujourd'hui la structure la plus haute du monde est l'antenne de télévision de Fargo, Dakota, EU, de 629 m. Construite pour la chaîne 11 KTHI-TV en 30 jours, du 2 octobre au 1er novembre 1963 par 11 hommes, elle a coûté 500 000 $. De 1963 à 1974 cette tour était la plus haute du monde, elle a repris la première place après la chute partielle de l'antenne de Radio Varsovie, en 1991.
L'antenne de Radio Varsovie, à Konstantinov, à 96 km au nord-ouest de la capitale de la Pologne, a été de 1974 à 1991 la structure la plus haute du monde. Avant les travaux de rénovation en août 1991, elle mesurait 646 m de hauteur et pesait 550 t. Conçue par Jan Polak, c'est une construction tubulaire en acier, munie de 15 haubans du même métal. Commencé en juillet 1970, l'édifice a été mis en service le 22 juillet 1974. Sa hauteur est telle que quiconque s'élancerait du sommet atteindrait sa vitesse maximale avant même de s'écraser au sol.

LES PLUS HAUTES TOURS

La tour la plus haute du monde sans soutien (par opposition aux pylônes de radio) est la tour de Canadian National (CN), la société nationale des chemins de fer canadiens, à Toronto, Canada. Elle s'élève à 553 m. La construction de ce bâtiment de 130 000 t de béton armé, commencée le 12 février 1973, s'est achevée le 2 avril 1975. Elle a coûté 44 millions de $. Le restaurant tournant et surtout panoramique de 416 places, niché à 347 m, offre une vue portant sur un rayon de 120 km. La foudre frappe le sommet de la tour environ 200 fois par an (30 orages).

Tour Eiffel

La tour Eiffel fut la plus haute tour jamais construite avant l'avènement des antennes de télévision. Conçue par Gustave Eiffel (1832-1923) pour l'Exposition universelle de 1889, elle a été achevée le 31 mars 1889. Haute de 300 m (321 m aujourd'hui, avec son antenne de télévision), elle pèse 7 340 t. C'est un édifice entièrement en fer qui compte 1 792 marches et peut osciller de 13 cm par grand vent. Construite en 2 ans, 2 mois et 2 jours, elle a coûté 7 799 401,31 F de l'époque. Le 30 août 1993, elle a accueilli son 150 millionième visiteur.

Tours habitables
Tours de bureaux

La tour Sears, siège national de Sears, Roebuck and Co., située sur Wacker Drive à Chicago, Illinois, EU, s'élève à 443 m, sur 110 étages. La tour, commencée en août 1970, dépassa le World Trade Center de New York le 6 mars 1973 à 14 h 35, quand la structure métallique atteignit le 104e étage. Elle fut achevée le 4 mai 1973. Avec les deux antennes de télé, la hauteur totale est de 520 m.
Quelque 16 700 personnes travaillent dans cette tour, qui compte 104 ascenseurs, 18 escaliers roulants et 16 100 fenêtres. La superficie totale de cet édifice est de 418 000 m².

Tour Maine-Montparnasse

La tour Maine-Montparnasse, à Paris-XVe, a 209 m de haut, sur 58 étages, dont une terrasse panoramique, au 56e.

La superficie de plancher est de 90 200 m², pour les bureaux. Environ 5 500 personnes y travaillent pour une centaine de sociétés. Il y a 25 ascenseurs, dont le plus rapide a une vitesse de 6 m/s (21,6 km/h). La tour Maine-Montparnasse a accueilli 720 000 visiteurs payants en 1993.

HÔTEL LE PLUS HAUT

Avec ses 73 étages sur 226 m, le Westin Stramford, à Raffles City, Singapour, est l'hôtel le plus haut. Achevé en mars 1985, il a coûté 235 millions de $.

■ *France* L'hôtel Pullman-Part-Dieu, à Lyon, Rhône, occupe les 9 derniers étages de la tour du Crédit lyonnais, entre 145 m et 165 m au-dessus du sol.

LES PLUS HAUTS APPARTEMENTS

La tour Metropolitan, 57ᵉ Rue Ouest, à New York, s'élève à 218 m et compte 78 étages. Les 48 étages supérieurs sont des appartements.

■ *France* La tour Défense 2000, à Puteaux, Hauts-de-Seine, a 134 m de haut. Elle comprend 370 appartements sur 47 étages.

ESCALIERS EN COLIMAÇON

Le plus long escalier en spirale descend par 1 520 marches à 336 m sous terre. Il a été construit dans la mine de charbon de Mapco-White County, à Carmi, Illinois, EU, par Systems Control, en mai 1981.

L'escalier de service du funiculaire de la Niesenbahn, près de Spiez, Suisse, monte jusqu'à 2 365 m et il compte 11 674 marches.

L'escalier du temple Tai Chan, avec ses 6 600 marches taillées dans le roc des monts Shantoung, en Chine, s'élève à 1 428 m sur une distance de 8 km.

Un escalier en spirale de 217 marches s'enroule autour d'une cheminée de 63 m de haut, près de Barcelone, Espagne.

CONSTRUCTIONS DIVERSES

Cheminées

La cheminée de la centrale thermique n° 2 d'Ekibastouz, Kazakhstan, mesure 420 m de haut. Commencée le 15 novembre 1983, elle fut achevée le 15 octobre 1987 et fut opérationnelle en 1991. Son diamètre est de 44 m à la base et de 14,20 m au sommet. Elle pèse 60 000 t. (Voir aussi « Les constructions les plus vastes », dans le même chapitre).

France

La cheminée de la centrale de Provence de Charbonnages de France, à Meyreuil, Bouches-du-Rhône, est haute de 300 m. Son diamètre extérieur au sommet est de 11 m.

Cheminée la plus massive

En terme de volume intérieur, la cheminée la plus massive du monde est celle de Puentes de Garcia Rodrigez, Espagne. Construite par la société M.W Kellog Co, la cheminée mesure 350 m de haut, et est constituée de 16 m³ de béton, 1 315 t d'acier, et a un volume intérieur de 189 720 m³.

Ascenseurs

Voir le chapitre Sciences et Technologie, « Ingénierie ».

Arches

L'arche monumentale en acier inoxydable Gateway to the West, à Saint Louis, Missouri, EU, a été achevée le 28 octobre 1965 pour commémorer l'expansion vers l'Ouest après l'acquisition de la Louisiane (1803). Elle a la forme d'une parabole renversée large de 192 m à la base et haute également de 192 m. Conçue par l'architecte Eero Saarinen (mort en 1961), elle a coûté 29 millions de $.

La Grande Arche de la Défense

La Grande Arche de La Défense, à Puteaux, Hauts-de-Seine, est un « cube » de 110 m de haut. La première pierre en fut posée en juillet 1985 et l'inauguration eut lieu le 18 juillet 1989, dans le cadre des fêtes du bicentenaire de la Révolution. Elle a coûté 3,4 milliards de F, y compris les « collines » (bâtiments latéraux). Le vide intérieur de l'arche est de 90 m de haut et 70 m de large, ce qui permettrait d'y faire tenir Notre-Dame de Paris et sa flèche. L'arche repose sur 12 piles, dont les 8 centrales supportent chacune 30 000 t, soit plus de 4 fois le poids de la tour Eiffel. L'édifice pèse au total 300 000 t. Il abrite 100 000 m² de bureaux et 30 000 m² de salles d'exposition ouvertes au public, dont plus de 10 000 m² pour le toit.

Tour de réfrigération

La plus grande, achevée en 1976, est celle de l'usine nucléaire de Uentrop, Allemagne, qui culmine à 180 m.

OBÉLISQUES DRESSÉS

■

L'obélisque le plus haut du monde, de 169 m, a été construit en 1884, en l'honneur de George Washington, premier président des États-Unis, à Washington, DC, EU.

L'obélisque inachevé d'Assouan, commandé par la reine d'Égypte Hatchepsout vers 1490 av. J.-C., mesure 42 m et pèse 1 168 t.

L'obélisque d'Héliopolis, près du Caire, détient le record de longévité au même endroit. Il a été érigé sous le règne de Sénousret Iᵉʳ, vers 1750 av. J.-C.

L'obélisque de Louxor, érigé à l'entrée du temple d'Amon par le pharaon Ramsès II (XIIIᵉ siècle av. J.-C.), fut offert par le pacha d'Égypte Méhémet-Ali au roi Louis-Philippe Iᵉʳ, et dressé en 1836 au milieu de la place de la Concorde, à Paris. C'est une colonne de granit haute de 22,83 m et pesant 230 t.

LA TOUR DE PISE

Depuis sa construction au XIIᵉ siècle, la tour de Pise est frappée par la pesanteur du fait qu'elle a été édifiée au-dessus d'une nappe phréatique. Pour la première fois en 1993, on a pu constater son redressement de 9 mm. 600 tonnes de lingots de plomb ont été placés à la base de la tour afin de faire contrepoids.

COLONNES

Construite de 1936 à 1939, pour un coût de 1,5 million de $, la colonne diminuée qui commémore la bataille de San Jacinto (21 avril 1836), sur la rive du San Jacinto, près de Houston, Texas, EU, est haute de 173 m. De section carrée de 14 m de côté à la base et de 9 m de côté au niveau de la tour d'observation, elle est surmontée d'une étoile pesant près de 200 t. Construite en béton revêtu de calcaire jaune, elle pèse 32 000 t.

COLONNE DE LA GRANDE ARMÉE

La colonne de la Grande Armée, à Boulogne, Pas-de-Calais, a 53 m de haut, soit 2 m de plus que la colonne de la Bastille, à Paris.

PHARES

Le phare le plus haut est celui du cap d'Antifer, Seine-Maritime. Il s'élève à 128 m et a une portée de 53,7 km. Le plus puissant est celui de Créac'h, sur l'île d'Ouessant, Finistère, visible à 200 km de distance.

RÉVERBÈRE

Les 4 colonnes lumineuses fabriquées par Petitjean & Cie, de Troyes, Aube, et installées par Taylor Woodrow autour du complexe sportif Sultan-Qabous, à Mascate, capitale du sultanat d'Oman, se dressent à 63,50 m de hauteur.

Mâts de drapeau

Le mât érigé devant le pavillon de l'Oregon lors de l'Exposition internationale Panamá-Pacifique de 1915, à San Francisco, Californie, et taillé dans un sapin de Douglas, se dressait à 91,3 m de hauteur et pesait 47 t.

La plus haute hampe de drapeau non étayée du monde est la hampe d'acier de 86 m de haut pesant 54 t érigée le 22 août 1985 lors de l'Exposition canadienne de Vancouver, Colombie-Britannique. La société Flag Chevrolet l'a fait réinstaller dans l'enceinte de son usine, à Surrey, Colombie-Britannique, Canada.

LISTE CHRONOLOGIQUE DES RECORDS DE HAUTEUR DE CONSTRUCTIONS

HAUTEUR (m)	NOM DE L'ÉDIFICE	LIEU	MATÉRIAUX	DATE
62	Pyramide à degrés de Djoser (la + ancienne)	Saqqarah, Égypte	Calcaire de Tura	2650 av. J.-C.
91,7	Pyramide de Meidoum	Meidoum, Égypte	Calcaire de Tura	2600 av. J.-C.
104	Pyramide de Snéfrou	Dahshour, Égypte	Calcaire de Tura	2600 av. J.-C.
146,5(1)	Grande pyramide de Khéops	Gizeh, Égypte	Calcaire de Tura	2580 av. J.-C.
160(2)	Tour centrale de la cathédrale de Lincoln	Lincoln, GB	Bois et plomb	1307-1548
149(3)	Flèche de la cathédrale Saint-Paul	Londres, GB	Bois et plomb	1315-1561
142	Flèche de la cathédrale Notre-Dame	Strasbourg, France	Bois et plomb	env. 1015-1439
153(4)	Flèche de la cathédrale Saint-Pierre	Beauvais, France	Bois et plomb	
145	Flèche de l'église Saint-Nicolas	Hambourg, Allem.	Pierre et fer	1846-1847
151	Flèche de la cathédrale de Rouen	Rouen, France	Fonte	1823-1876
157	Flèche de la cathédrale de Cologne	Cologne, Allem.	Pierre	1880
169(5)	Mémorial de Washington	Washington DC, EU	Pierre	1848-1884
218	Tour Metropolitan	New York, EU	Acier et béton	
300(6)	Tour Eiffel	Paris, France	Fer	1887-1889
318	Tour Chrysler	New York, EU	Acier et béton	1929-1930
381(7)	Empire State Building	New York, EU	Acier et béton	1929-1930
443	Tour Sears	Chicago, EU	Acier et béton	1970-1973
479	Pylône TV KWTV	Oklahoma City, EU	Acier	Nov. 1954
490(8)	Pylône TV KSWS	Roswell, EU	Acier	Déc. 1956
493	Pylône TV WGAN	Portland, EU	Acier	Sept. 1959
510	Pylône TV KFVS	Cap Girardeau, EU	Acier	Juin 1960
533	Pylône TV WTVM et WRLB	Columbus, EU	Acier	Mai 1962
533	Pylône TV WBIR-TV	Knoxville, EU	Acier	Sept. 1963
547	Tour Ostankinskayatv	Moscou, Russie	Acier	1967
629	Pylône TV KTHI-TV	Fargo, EU	Acier	Nov. 1963
646(9)	Pylône de Radio-Varsovie	Plock, Pologne	Acier galvanisé	Juillet 1974

1. Hauteur initiale. Avec perte du sommet de la pyramide : 137 m.
2. Détruite lors d'un orage.
3. Frappée par la foudre et détruite le 4 juin 1561.
4. S'écroula le 30 avril 1573, peu de temps après son achèvement.
5. S'affaisse de 12,7 cm par an depuis 1884.
6. Hauteur initiale. En ajoutant l'antenne TV (1957) : 320,75 m.
7. Hauteur initiale. En ajoutant l'antenne TV (1er mai 1951) : 449 m.
8. Emporté par le vent en 1960.
9. S'affaissa le 10 août 1991. Le pylône de Fargo est depuis le plus haut du monde.

Mât d'éclairage

Un mât en béton de 50 m de haut (47 m hors sol) pesant 32 t a été réalisé à Reims, Marne, pour éclairer l'aire nord du parc des expositions des Essillards.

CHÂTEAU D'EAU

Le plus grand château d'eau du monde est l'Union, construit en 1965 dans le New Jersey, EU. Il s'élève à 64 m de hauteur pour une capacité de 9 400 hl. Il appartient à l'Elizabethtown Water Company.

PYRAMIDE

La pyramide de Quetzalcoatl (le Serpent à plumes), à Cholula, Mexique, est aussi le plus grand monument jamais construit.

Elle est haute de 54 m et sa base couvre une surface de près de 180 000 m². Son volume a été estimé à 3,3 millions de m³, pour 2,5 millions de m³ à la pyramide de Khéops (voir l'encadré « Les Sept Merveilles du monde »). La période de construction se situe entre le IIe et le VIe siècle de notre ère. Ayant servi de carrière, elle ne forme plus aujourd'hui qu'une colline.

TERTRES ARTIFICIELS

Un tertre de pierre édifié comme monument funéraire à la mémoire du roi séleucide Antiochos Ier (qui régna de 69 à 34 av. J.-C.) se dresse au sommet du Nemrud Dagi (2 494 m d'altitude), au sud-est de Malatya, Turquie orientale. Il mesure 60 m de haut et couvre une étendue de 30 000 m².

■

Le plus grand tertre d'Europe est celui de Silbury Hill, Wiltfordshire, GB. On pense qu'il nécessita le déplacement de 681 000 t de craie et qu'il fallut 18 millions d'heures de travail pour élever ce cône haut de 39 m et d'une superficie de 20 000 m² à la base. Il daterait de 2900 à 2500 av. J.-C.

PORTES GÉANTES

La plus lourde

La porte la plus lourde est celle qui mène à la salle de tir au laser du laboratoire national des radiations Lawrence, à Livermore, Californie, EU. Elle pèse 322 t et a 2,43 m d'épaisseur. Elle a été installée par Overly.

Les plus grandes

Les quatre portes du Vehicle Assembly Building, près de cap Canaveral, Floride, EU, ont une hauteur de 140 m. Ce sont les portes les plus grandes du monde.

La plus haute

Voir « Constructions de loisirs », dans le même chapitre.

À Paris-XIIe, une porte de 84 t en verre et acier a été réalisée pour fermer le parvis des nouveaux bureaux de l'Action sociale de la mairie de Paris. Il s'agit d'une façade mobile de 820 m² qui se ferme en 20 mn, mais qui peut s'arrêter sur 1 cm par détection électronique ou commande manuelle. ▶

6. ARCHITECTURE

ZIGGOURATS

La plus grande ziggourat (de l'assyrien *zigguratu*, sommet, hauteur) fut celle de Tchogha-Zanbil. Elle fut construite par le roi élamite Untash-Hupan vers 1250 av. J.-C., à 30 km de Haft Tepe, Iran. La base de cette pyramide à étages formait un carré de 105 m de côté et le 5e étage un carré de 28 m de côté, à près de 50 m au-dessus du sol.

La plus grande ziggourat conservée se trouve à Ur (actuellement la ville de Tell el-Muqayyar, en Irak). Elle a été construite par le roi sumérien Ur-Nammu (vers 2113-2096 av. J.-C.) ; sa base mesure 61 m x 45,70 m. Ses 3 étages étaient surmontés d'un sanctuaire. Ne sont aujourd'hui conservés que le premier et une partie du deuxième étage, qui se dresse à 18 m.

La tour de Babel était une ziggourat.

COLONNADES

Les 36 colonnes cannelées en marbre de l'Education Building, à Albany, État de New York, EU, sont hautes de 27,50 m. Leur diamètre à la base est de 2 m.

Les plus hautes colonnes de soutènement du monde mesurent 21 m de haut. Elles se trouvent dans la salle hypostyle du temple d'Amon, à Karnak, en face de Thèbes, sur le Nil. Elles ont été construites pendant la XIXe dynastie, sous le règne de Ramsès II, vers 1270 av. J.-C.

COLONNADE DE PERRAULT

Médecin, physicien et architecte, Claude Perrault (1613-1688), était soutenu par Colbert et par son frère Charles, le célèbre auteur des contes. Malgré l'opposition de Boileau, ce collaborateur de Le Vau, occupé à Versailles, fit accepter par Louis XIV le projet révolutionnaire de la colonnade du Louvre, longue de 175 m.

LE PLUS HAUT DONJON

Le donjon du château de Vincennes, Val-de-Marne, a 52 m de haut.

MENHIR

Le plus haut menhir jamais découvert est le Grand Menhir brisé, de 300 t, actuellement en quatre morceaux, qui se dressait à l'origine à 18 m de hauteur, à Locmariaquer, Morbihan.

JETS D'EAU

Le plus grand est celui de Fountain Hills, Arizona, EU. À pleine pression (26,3 kg/cm²) et avec un débit de 26 500 litres/mn, la colonne d'eau, haute de 170 m, pèse plus de 8 t. Quand les 3 pompes fonctionnent en même temps cette colonne d'eau peut atteindre 190 m de haut, si toutes les conditions sont réunies (pas de vent par exemple), la vitesse du jet est alors de 236 km/h (Photo de fond).

Le magnifique jet d'eau du parc de Marly-le-Roi, Yvelines, s'élève à une hauteur de 37 m et détient le record de France pour la hauteur.

La fontaine de Varsovie, construite dans les jardins du Trocadéro, à Paris, pour l'Exposition universelle de 1937, est dotée de jets d'eau horizontaux d'une portée de 55 m.

STATUES COLOSSALES

La plus grande

La statue de Maitreya (26 m), au temple du Lama, à Pékin, est la plus grande statue en bois du monde.

Les plus hautes

Une représentation en bronze de Bouddha, haute de 120 m, fut achevée à Tokyo, Japon en 1993. Cette statue, large de 35 m, et pesant 1 000 t fut construite en 7 ans, conjointement par le Japon et Taïwan.

France

Érigée en 1938 au Mas Rillier, commune de Miribel, Ain, la statue de Notre-Dame-du-Sacré-Cœur domine la vallée du Rhône et la plaine de l'Ain jusqu'aux montagnes du Bugey et de la Savoie. Haute de 38 m, elle représente la Vierge Marie portant l'Enfant Jésus et écrasant du talon la tête du Serpent.

La plus longue

Près de Bamiyan, en Afghanistan, se trouvent les restes d'un Bouddha gisant construit en blocage de plâtre. Cette statue mesurait environ 305 m de long. On estime qu'elle date du IIIe ou du IVe siècle de notre ère.

LES PLUS VASTES CONSTRUCTIONS

BATIMENTS INDUSTRIELS ET COMMERCIAUX

USINE FRANÇAISE

Inaugurée le 10 octobre 1990, la nouvelle usine d'Aérospatiale, à Colomiers, Haute-Garonne, couvre 100 000 m². Sa hauteur est de 46 m. Avec les quatre bâtiments annexes, l'ensemble s'étend sur 510 000 m² et a coûté 1 milliard de F.

Depuis janvier 1991, on y assemble les futurs Airbus A 330 et A 340.

Pentagone

Le bâtiment administratif couvrant la plus grande surface au sol est le Pentagone, à Arlington, Virginie, EU (en face de Washington, sur le Potomac). Il fut achevé le 15 janvier 1943. Il abrite l'état-major général des forces armées et le ministère américain de la Défense. Son coût a été estimé à plus de 83 millions de $. Le bâtiment est un pentagone de 281 m de côté, son périmètre est d'environ 1 405 m. Sur 5 étages il couvre une superficie de 604 000 m². Il y a 27 km de couloirs et 7 748 fenêtres à nettoyer. 29 000 personnes y travaillent quotidiennement, utilisant 44 000 téléphones connectés par 257 500 km de câbles. 220 standardistes sont nécessaires pour bien répartir les 280 000 appels quotidiens. 675 employés s'occupent des 2 restaurants, des 10 snack-bars et des 6 cafétérias.

Bibliothèque nationale de France

Démarrée en 1990, la construction de la Bibliothèque nationale de France, dont le coût prévu s'élève à 7,2 milliards de F, s'achèvera en mars 1995. Répartie sur un site de 7,5 ha situé dans le XIIIe arrondissement de Paris, sa capacité d'accueil sera de 3,6 millions de visiteurs par an. 395 km de rayonnage permettront d'aligner 10 millions de livres, conservés en magasin et quelque 820 000 volumes en libre accès. 2 salles de lecture offriront 3 590 places au total. La bibliothèque ouvrira ses portes au public le 30 octobre 1996.

Marché

Le bâtiment occupant la surface au sol la plus étendue est le marché aux fleurs de la coopérative VBA (Verenigde Bloemenveilingen Aalsmeer), aux Pays-Bas.

Ses dimensions sont de 776 m x 631 m. Sa superficie, qui était à l'origine de 343 277 m², a été augmentée en 1986 pour pouvoir atteindre 368 477 m².

Cheminée

La cheminée de la société Kellog à Puentes de Garcia Rodriguez, Espagne, a été construite avec 1 315 t de fer et 15 570 m³ de béton. Elle a un volume intérieur de 189 000 m³. (Voir aussi « Les plus hautes constructions », dans le même chapitre).

Hangars

■ *Le plus grand hangar du monde est le hangar 375 (appelé Big Texas) de la Kelly Air Force Base, à San Antonio, Texas, EU, terminé le 15 février 1956. Ses dimensions sont 610 m x 90 m x 28 m, pour une superficie de 56 120 m². Chacune de ses quatre portes mesure 76 m de large sur 18 m de haut et pèse 608 t.*

■ *La base aérienne de Delta Airlines, à l'aéroport international Hartsfield, à Atlanta, Georgie, EU, occupe un site de 566 000 m².*

Hangars en bois

Les plus grands sont les 16 hangars de l'armée américaine bâtis en 1942. Il n'en reste aujourd'hui que 8. Ils mesurent 317 m de long sur 52 m de large au sommet et 90 m de large à la base.

France

Le hangar n° 1 de l'aéroport Roissy-Charles-de-Gaulle, près de Paris, mesure 276 m de long et 132 m de large, soit 36 432 m².

Le hangar aux cotons du port du Havre, Seine-Maritime, partiellement détruit par un violent incendie en 1982, mesurait 742 m x 113 m, soit une superficie totale de 83 846 m².

Le hangar à fruits du quai de la Gironde, également au Havre, couvre, quant à lui, 28 000 m² de plain-pied.

SILOS À GRAINS

Le silo de la CGF Grain Company, à Wichita, Kansas, EU, se compose de 3 rangées de 123 réservoirs de stockage entourant le silo principal. L'ensemble mesure 828 m de long et 30 m de large. La hauteur de chaque réservoir est de 37 m pour un diamètre intérieur de 9 m, permettant le stockage de 7,3 millions d'hectolitres de blé.

Les 23 silos de City of Thunder Bay, Ontario, Canada, sur le lac Supérieur, représentent le plus grand complexe de silos du monde. Leur capacité de stockage est de 37,4 millions d'hectolitres.

STATIONS D'ÉPURATION

La Stickney Water Reclamation Plant de Chicago, Illinois, EU, inaugurée en 1940, s'étend sur 2 310 000 m². Ses réservoirs, dans lesquels se déversent les eaux usées de près de 2 193 000 personnes, ont une capacité de traitement de 1,2 million de m³ en moyenne. En 1993, 3,1 milliards de litres d'eaux usées y furent traités quotidiennement.

France *La station d'épuration d'Achères, Yvelines, traite 2,1 milliards de litres d'eaux usées par jour, en provenance de Paris et de la région ouest de Paris.*

AMBASSADE

L'ambassade de l'ex-URSS en Chine, située sur l'avenue Bei Xiao Jie, à Pékin, occupe les bâtiments de l'ancienne mission orthodoxe établie en 1728 à l'angle nord-est de la Cité interdite. Offerte à l'URSS en 1949, elle s'étend sur 182 000 m².

World Trade Center

Les tours de bureaux les plus vastes et les plus rentables sont celles du World Trade Center, à New York. Chacune des deux tours jumelles qui le constituent a une superficie de 406 000 m². La plus haute est la tour 2 (anciennement B) qui mesure 420 m. Mais, antenne de télévision comprise, la tour 1 s'élève à 521 m au-dessus du sol, soit 91 cm de plus que la Sears Tower (voir « Les plus hautes constructions », dans le même chapitre). Il y a 99 ascenseurs dans chaque tour, 43 600 fenêtres représentant une surface de 182 880 m² de vitres. 50 000 personnes y travaillent et il y a chaque jour 90 000 visiteurs.

ATELIERS GÉANTS

Le volume intérieur de l'atelier de montage principal du constructeur d'avions Boeing, à Seattle, État de Washington, EU, est de 5,6 millions de m³. Achevé en 1968, c'est le plus vaste du monde.

TOTEM KWAKIUTL

Un poteau de 53 m de hauteur a été dressé le 6 juin 1973 à Alert Bay, Colombie-Britannique, Canada. Il raconte l'histoire des Indiens Kwakiutl. Il a fallu 36 semaines de travail pour le sculpter.

HYPER HYPER

Le plus grand hypermarché de France est le Carrefour de Portet-sur-Garonne, Haute-Garonne. Il couvre une surface de vente de 25 000 m².

CENTRES COMMERCIAUX

Le plus grand du monde est le West Edmonton Mall, à Edmonton, Alberta, Canada. Inauguré le 15 septembre 1981, achevé 4 ans plus tard, il a coûté 1,1 milliard de $. Il s'étend sur 483 000 m², comprend plus de 800 magasins et 11 grandes surfaces. Un parking de 20 000 places permet d'accueillir plus de 500 000 clients par semaine. C'est le plus grand parking du monde (voir aussi le chapitre Véhicules « Stationnement et garages »).

Le plus ancien centre commercial, Roland Park, fut construit en 1896, à Baltimore, Maryland, EU.

Le centre commercial de la Part-Dieu, à Lyon, Rhône, couvre une superficie totale de plancher de 220 000 m², sur 5 niveaux, dont 110 000 m² de surface de vente. Ouvert en 1976, il compte 260 commerces et reçoit en moyenne 60 000 clients par jour. C'est le plus grand centre commercial français.

Les Quatre-Temps, à la Défense, près de Paris, ont également une surface de vente de 110 000 m². Ouvert en avril 1981, le centre compte 250 commerces et reçoit 70 000 visiteurs par jour.

Mall vient d'ouvrir dans l'État du Minnesota, aux États-Unis, un centre commercial géant de 400 000 m² où l'on peut trouver : 13 000 places de parking, 14 cinémas, 44 escaliers roulants, 15 ascenseurs, 20 restaurants et 30 maquettes géantes Lego. Ce magasin, qui pourrait abriter 20 fois la place de la basilique Saint-Pierre de Rome ou 5 fois notre Forum des Halles, a coûté 70 millions de $.

LES SEPT MERVEILLES DU MONDE

Les Sept Merveilles du monde ont été citées pour la première fois par Antipater de Sidon au IIe siècle av. J.-C. Il s'agit des jardins suspendus de Babylone, de la statue de Zeus à Olympie, du phare d'Alexandrie, du Colosse de Rhodes, du temple d'Artémis à Éphèse, du Mausolée d'Halicarnasse et des pyramides de Gizeh.

La seule restante

1 La seule des Sept Merveilles encore existante regroupe les pyramides de Gizeh, construites pour trois pharaons égyptiens de la IVe dynastie, Khéops, Kha-f-Ra (Khéphren), et Menkaure (Mykérinos), près de Gizeh, au sud-est d'Al Qahira (Le Caire), en Égypte. La plus grande, l'« Horizon de Khufu » fut achevée vers 2580 av. J.-C. A l'origine, sa hauteur était de 146,7 m (actuellement, depuis la perte de ses pierres de faîte et du pyramidion, elle mesure 137,5 m). Sa base était un carré de 230 m de côté, couvrant un peu plus de 5 ha. On estime qu'il a fallu 30 ans à 100 000 ouvriers pour empiler les 2,3 millions de blocs de calcaire nécessaires à la construction. Ils pesaient en moyenne 2,5 tonnes chacun, soit environ 5,8 millions de t pour un volume de 2,6 millions de m³. Certains blocs pesaient 15 t.

Vestiges

2 Il reste des vestiges du temple d'Artémis (Diane chasseresse), construit vers 350 av. J.-C. à Éphèse, en Turquie (détruit par les Goths en 262).

3 Il reste des éléments sculptés du Mausolée, le tombeau du satrape de Carie, Mausole, à Halicarnasse (aujourd'hui Bodrum, en Turquie), construit vers 325 av. J.-C.

Disparues

4 Les fabuleux jardins suspendus de la reine légendaire Sémiramis, à Babylone, en Irak, datant de 600 environ av. J.-C.

5 La statue de Zeus (Jupiter) sculptée par Phidias, vers le Ve siècle av. J.-C., à Olympie, en Grèce. Cette statue, disparue dans un incendie à Istanbul, était en marbre, or et ivoire ; elle mesurait 12 m de haut.

6 La statue de 35 m de haut exécutée par Charès, représentant le dieu Hélios (Soleil), appelée le Colosse de Rhodes. Sculptée vers 292-280 av. J.-C., elle fut endommagée par un tremblement de terre en 224 av. J.-C. et définitivement détruite en 672.

7 Le phare le plus ancien du monde, haut de 122 m, bâti par Sostrate de Cnide (vers 270 av. J.-C.) sur l'île de Pharos (de là vient le mot *phare*), au large d'Al-Iskandariyah (Alexandrie), en Égypte. Le phare, en forme de tour pyramidale de marbre blanc, fut détruit par un tremblement de terre en 1375.

Les plus grands bureaux français

Le ministère de l'Économie, des Finances et du Budget, 139, rue de Bercy, Paris XIIe, s'étend sur un site de 50 000 m². Il couvre une superficie de plancher de 225 000 m² et abrite 5 000 fonctionnaires. Les travaux ont duré 36 mois, entre 1985 et 1988. Le coût de la construction s'éleva à 2 milliards de F. Le bâtiment principal a 375 m de long. La distribution du courrier interne se fait par 400 wagonnets, qui circulent sur 6 km de rails.

Le siège social du groupe Bouygues, Challenger, à Saint-Quentin-en-Yvelines, Yvelines, s'étend sur 300 000 m² (140 000 m² hors œuvre), dont quelque 240 000 m² de parcs et espaces verts. 3 000 personnes y travaillent.

HALL DE RÉCEPTION LE PLUS VASTE

Le hall de réception de l'hôtel Hyatt Regency, à San Francisco, EU, mesure 107 m de long, 49 m de large et 52 m de haut, soit la hauteur d'un immeuble de 17 étages.

Le plus petit palace

L'hôtel Punta Grande, à Las Puntas, Tenerife, Canaries, a une surface totale de 600 m². Il n'y a que 4 chambres doubles donnant sur une petite terrasse, un salon, un bar-restaurant et un solarium. Le bâtiment, vieux de plus de 150 ans, a été reconstruit en 1987.

Le Star Hotel, à Moffat, Écosse, est l'hôtel le plus étroit. Il n'a que 6 m de largeur, pour 8 chambres et 2 bars.

KIDS' PALACE

En 1992 s'est ouvert à Londres le Pippa Pop-ins, un nouvel hôtel dont la particularité est d'être spécialement conçu pour les enfants: décor à la Mary Poppins, lits en forme d'animaux, mini-tables de restaurant, menus de goûters gourmands, berceuses et peluches pour s'endormir après une journée d'hésitation entre les jeux, les excursions et les cours de lecture proposés.

L'HÔTEL À ROULETTES

L'hôtel Fairmount, à San Antonio, Texas, EU, bâtiment en brique de trois étages, fut déplacé du 30 mars au 4 avril 1985 d'environ cinq rues à l'aide de 36 chariots sur pneus. Le transport des 1 451 t de l'hôtel fut assuré par l'entreprise Emmert International de Portland, Oregon, EU, pour la somme de 650 000 $. Il fallut franchir un pont, qui dut être renforcé pour l'occasion.

Grandes boîtes de nuit

Le Gilley's Club (anciennement Shelly's), construit en 1955 et agrandi en 1971, à Houston, Texas, EU, compte 6 000 places assises pour une superficie de 16 000 m².

Dans un registre plus traditionnel, la plus grande boîte de nuit du monde est le Mikado, situé dans le quartier Akasaka, à Tokyo. 1 250 hôtesses veillent sur les 2 000 spectateurs. Il est nécessaire de se munir de jumelles si l'on veut apprécier le spectacle.

Ghostland

Le Ghostland, à Larçay, Indre-et-Loire, est installé à 35 m sous terre dans des carrières creusées à partir du XIe siècle. C'est un ensemble discothèque, bar, restaurant, traiteur, couvrant une superficie totale de 2 363 m². La piste de danse s'étend sur 300 m².

LA COUPOLE

Le plus grand restaurant français

La Coupole, située boulevard Montparnasse à Paris-XIVe, compte 450 places et a servi en moyenne 1 079 couverts par jour, pendant l'année 1994, avec un jour record de 2 062 couverts.

Restaurant Le plus grand

Le Royal Dragon à Bangkok, Thaïlande, peut servir jusqu'à 5 000 clients. Les 1 200 employés se déplacent à roller-skates pour accélérer le service sur les 34 000 m². Avec 650 couverts, Sinostar, situé au Kremlin-Bicêtre, Val-de-Marne, est le plus grand restaurant chinois d'Europe.

La plus grande chaîne de restaurants

Voir le chapitre Affaires et Agriculture, rubrique « Secteurs d'activités classés par ordre alphabétique ».

Débits de boisson

La brasserie Mathäser située au 5, Bayerstrasse, à Munich, Allemagne, vend quotidiennement 48 000 litres de bière. Fondé en 1829, cet établissement peut accueillir 5 500 personnes. Détruit pendant la Seconde Guerre mondiale, il a été reconstruit en 1955.

Mais, dans les débits de bière de la commune bantoue de Soweto, Johannesburg, Afrique du Sud, où l'on boit en moyenne 27 300 litres par jour, le record munichois peut être battu certains samedis d'affluence.

Comptoirs de bar les plus longs

Le comptoir du Lulu's Road House, à Kitchener, Ontario, Canada, ouvert le 3 avril 1984, mesure 104 m de long.

Araignée & Jumbo

À l'époque de sa prospérité (1883-1920), le bar *Erikson's*, Burnside Street, à Portland, Oregon, EU, avait un comptoir de 208 m qui faisait le tour de la grande salle. Le videur de l'établissement, Edward Johnson, dit « l'Araignée », était aidé par un certain « Jumbo » Reilly, que l'on comparait à un orang-outan mal luné.

Des bars temporaires plus longs ont été montés à diverses occasions.

STATION THERMALE

La plus grande, compte tenu du nombre de chambres d'hôtel disponibles, est Vichy, dans l'Allier, qui en offre 14 000. L'eau de Vichy est célèbre depuis le XVIIe siècle.

Casino le plus grand

Le casino de l'hôtel Trump Taj Mahal à Atlantic City, New Jersey, EU, mesure 11 000 m².

LES PLUS GRANDS HÔTELS

L'hôtel-casino-parc à thème MGM de Las Vegas, EU, s'étend sur un site de 43 ha. Constitué de 4 tours de 30 étages, l'hôtel comprend 5 009 chambres, avec des suites de 550 m². Il comprend une salle de 15 200 places, un parc d'attraction de 13 ha et le plus grand casino du monde. Inauguré en 1993, il a coûté 1 milliard de $. Voir aussi « Casinos » dans le chapitre Affaires et Agriculture.

L'hôtel Rossia, à Moscou, inauguré en 1967, offrait 3 200 chambres.

Le complexe hôtelier d'Ismaïlovo, inauguré en juillet 1980 pour les jeux Olympiques de Moscou, fut conçu pour loger 9 500 personnes dans 5 000 chambres.

France Le Méridien, porte Maillot, à Paris-XVIIe, ouvert en 1972. Il compte exactement 1 025 chambres et 1 663 lits. En 1993, il a accueilli 370 000 personnes.

La plus ancienne boîte de nuit du monde

Fondé en 1843, le Bal des Anglais, situé 6, rue des Anglais, à Paris Ve, était jusqu'en 1960, date de sa fermeture, la boîte de nuit la plus ancienne du monde.

PALAIS ET CHATEAUX

Palais le plus grand non habité

■ Le palais impérial (Gu gong) de Pékin couvre 720 000 m² ; il a une forme rectangulaire de 960 m x 750 m. Le tracé de l'ensemble du palais est resté fidèle à la construction d'origine, œuvre du troisième empereur de la dynastie Ming, Yongle (1402-1424). Cependant, par suite de nombreuses restaurations, la plupart des bâtiments intérieurs datent du XVIIIe siècle. Ils se composent de 5 cours et de 17 palais. La dernière impératrice de Chine vécut jusqu'en 1924 dans celui de la Suprême Harmonie.

■ D'après des documents français, les douves qui entourent le palais impérial de Pékin ont une largeur de 49 m et une longueur totale de 3 290 m. En tout, 38 km de douves entoureraient Pékin.

Palais habités les plus vastes

■ Le château de Windsor, demeure de la famille royale du Royaume-Uni, date, pour ses parties les plus anciennes, du XIIIe siècle. Il a approximativement la forme d'un parallélogramme de 576 m x 164 m, soit environ 94 500 m².

■ Le château Saint-Emmeram, à Ratisbonne, Allemagne, de 21 460 m², compte 517 pièces. Le jeune prince Albert von Thurm und Taxis (8 ans), qui en est l'actuel propriétaire, depuis la mort de son père, Johannes, en décembre 1990, n'en utilise que 95 avec ses deux sœurs et sa mère, la princesse Gloria. Sa valeur est estimée à plus de 336 millions de DM (environ 1,1 milliard de F).

France

■ Le château de Vaux-le-Vicomte, Seine-et-Marne, propriété du comte Patrice de Vogüé, fut construit de 1656 à 1661 pour le surintendant des Finances Nicolas Fouquet. Il s'élève dans un domaine de 450 ha, dont 70 ha de parcs.

■ Le château de Brissac-Quincé, Maine-et-Loire, propriété du marquis de Brissac, construit au début du XVIIe siècle, compte 200 pièces et couvre une surface de plancher de 15 000 m².

DEMEURES LES PLUS GRANDES

■ *Biltmore House,* à Asheville, Caroline du Nord, EU, se compose de 250 pièces. Elle appartient à George et William Cecil, petits-fils de George Washington Vanderbilt II (1862-1914). La maison fut construite entre 1890 et 1895 sur un domaine de 48 160 ha.

■ *Knole,* une demeure construite par l'archevêque de Canterbury au XVe siècle et achevée par le duc du Dorset, au début du XVIIe siècle, près de Sevenoaks, Kent, GB, aurait possédé 365 pièces, une pour chaque jour de l'année. Elle appartient aujourd'hui à la compagnie d'assurances National Trust.

La plus petite

■ Une maison de pêcheur du début du XIXe siècle, à Conwy, GB, mesure 1,8 m de large, 3,10 m de haut et 2,55 m de profondeur.
Il n'y a que 2 minuscules chambres et un escalier.

Châteaux forts

■ Le plus vaste château fort ancien est celui du Hradcany, à Prague, Tchécoslovaquie, ancienne résidence royale fondée au IXe siècle et reconstruite aux XVIe et XVIIe siècles. C'est un polygone irrégulier d'environ 570 m de long sur 128 m de large. Il couvre 73 000 m².

■ Bâti entre 1748 et 1769, Fort George, à Ardersier, comté d'Inverness, Écosse, mesure 640 m de long et 190 m de large. Il s'élève sur un site de 170 000 m².

MURS

Europe

Le mur d'Hadrien, entre l'Angleterre et l'Écosse, a 120 km de long. Il fut construit de 122 à 126 par l'empereur romain Hadrien pour défendre la Bretagne d'alors contre les assauts des Pictes.

France

Le château de Chambord, Loir-et-Cher, construit sous le règne de François Ier (1494-1547), se dresse au milieu d'un domaine de 5 433 ha entièrement ceint par un mur de 32 km de long. Il a été construit avec 250 cheminées pour 440 pièces.

Terrassements

Les plus grands, avant l'ère industrielle, étaient les levées de terre linéaires servant de frontières à l'empire du Bénin, Afrique occidentale. Elles furent mentionnées pour la première fois en 1900 ; on en fit un relevé partiel en 1967. En mars 1993, on estimait que la longueur totale des travaux de terrassement était probablement de 16 000 km pour un volume de terre déplacé de 75 millions de m³.

IMMEUBLE SUR ROUES

Une entreprise de travaux publics de La Haye, Pays-Bas, a réussi, le 28 avril 1993, l'exploit de déplacer, sur roues, en 31 mn et sur 72 m, un immeuble de 18 m et de 600 t. Il a fallu creuser un trou de plus de 1 m sous les fondations de l'immeuble, afin d'y glisser une énorme plateforme équipée d'un système de suspension informatisé.

CHÂTEAU DE ROIS
Palais non habité le plus vaste de France

Le château de Versailles fut édifié en 1661 par Louis XIV, sur le site d'un ancien pavillon de chasse bâti par son père, Louis XIII, en 1624. L'ouvrage fut terminé en 1682. Le chantier avait mobilisé 36 000 ouvriers et 6 000 chevaux. La façade occidentale, longue de 580 m, est percée de 375 fenêtres. Le parc se prolonge sur 3 km, jusqu'à l'Étoile royale. Il est traversé par le Grand Canal, long de 1,6 km.

LE PALAIS DES MILLE ET UNE NUITS

Le palais Istana Nurul Iman, à Bandar Seri Begawan, capitale de l'État, appartient au sultan de Brunei. Il fut achevé en janvier 1984. Avec ses 1 788 pièces et ses 257 salles de bain, c'est le palais habité toute l'année le plus grand au monde. Le garage souterrain abrite les 110 voitures du sultan. Il aura coûté l'équivalent de 3 milliards de F.

HAREM

Les 400 pièces du harem d'hiver du grand sérail de Topkapi, à Istanbul, Turquie, furent achevées en 1589. En 1909, à la destitution du sultan Abdul Hamid II, le nombre des serviteurs était passé de 1 200 à 370 odalisques et 127 eunuques.

LES MURAILLES LES PLUS ÉPAISSES

Les murailles en brique de boue séchée du roi sumérien Ur-Nammu, à Ur (maintenant dénommée Tell el-Muqayyar, Irak), qui furent détruites par les Élamites en 2006 av. J.-C., avaient une épaisseur de 27 m.

La Grande Muraille de Chine

La Grande Muraille de Chine a, dans sa partie principale, une longueur de 3 460 km. Achevée sous le règne de l'empereur Shih Huang-di, de la dynastie des Chin (221-210 av. J.-C.), elle comprend en outre 3 530 km de tronçons secondaires et de ramifications. Sa hauteur varie de 4,50 m à 12 m et elle a jusqu'à 10 m d'épaisseur. Plus de 300 000 ouvriers l'édifièrent.
Environ 52 km de cette muraille ont été détruits depuis 1966 et une partie le fut pour faire place à un barrage, en juillet 1979.

Pour les longues marches voir chapitre Esprit d'Aventure.

LIEUX ET DEMEURES LES PLUS CHERS

Escroqueries
Monuments à vendre

■ Parmi les belles escroqueries de l'Histoire, il y a celles qui consistent à vendre un monument célèbre. Dans ce domaine, le Tchèque Victor Lustig et l'Écossais Arthur Ferguson restent les maîtres incontestés. Le premier vendit la tour Eiffel à 5 hommes d'affaires avant de s'enfuir aux États-Unis, où il tenta d'escroquer Al Capone.

■ Le second vendit la colonne de Trafalgar Square, Buckingham Palace, la tour de Big Ben et sa fameuse horloge. Il fut arrêté alors qu'il était sur le point de vendre la statue de la Liberté à un riche et naïf Australien.

BUREAUX LE PRIX DU M²

■ Le record du prix de vente au mètre carré est de 160 000 F, pour l'achat par la société japonaise Mitsukoshi de l'immeuble Lanvin, l'un des « hôtels des maréchaux », place Charles-de-Gaulle, à Paris. Le montant total de la transaction (pour 1 625 m²) s'élevait, en août 1989, à 260 millions de F.

■ Le record en masse globale concerne l'immeuble Shell, 29, rue de Berri, Paris-VIIIᵉ. Acheté 2,7 milliards de F, en février 1989, par Indosuez et Kaufman and Broad, il a été revendu après rénovation 3,73 milliards de F à un consortium japonais dont le chef de file était Kowa, en septembre 1989. Pour une superficie de 54 100 m², le prix au mètre carré était relativement modeste : environ 70 000 F.

1 MILLION DE $ LA CHAMBRE

En mai 1989, l'hôtel Bel-Air, à Los Angeles, EU, fut acquis par la société Sekitei Kaihatsu, de Tokyo, pour la somme record de 1,2 million de $ par chambre.

Location d'espace la plus chère

En janvier 1994, le Kazakhstan annonça qu'il était prêt à louer son centre spatial de Baïkonour (aire de lancement de satellites) ainsi que 3 centres d'essais militaires à la Russie, pour la somme de 115 millions de $ par an, pendant 20 ans (environ 650 millions de F).

Luxe français

Construit en 1758 sous le règne de Louis XV par le plus grand architecte de son temps, Jacques-Ange Gabriel, l'hôtel Crillon, aujourd'hui un hôtel de tourisme, situé place de la Concorde à Paris, compte 163 chambres, suites et grands appartements dont le prix s'élève pour ces derniers à 80 000 F la nuit. Ils comprennent trois salons d'apparat — Aigles, Marie-Antoinette et Batailles — ornés de tapis d'Aubusson et de cristaux de Bohême, et trois chambres décorées de boiseries peintes.

■ Au Ritz, à Paris Iᵉʳ, la « suite impériale » (deux chambres et un salon donnant sur la place Vendôme) coûtait 49 260 F par jour, en mars 1994.

■ La « suite impériale » (4 chambres, 4 salles de bains), du Carlton, à Cannes, Alpes-Maritimes, coûtait 44 000 F par jour, en mars 1994.

Villes les plus chères

Corporate Resources Group, de Genève, Suisse, étudie le coût de la vie dans 100 villes du monde (voir le chapitre Institutions, « Villes »). Il étudie aussi le coût des hôtels dans ces mêmes villes, sur la base d'une chambre individuelle dans un hôtel de luxe et en attribuant l'indice 100 à New York.

En décembre 1992, c'est à Milan, Italie (indice 169), que l'hôtellerie était la plus chère. Venaient ensuite Paris (152), Londres (138), Bruxelles (132) et Rome (129). New York (100) était 16ᵉ. C'est à Tunis (33) que l'hôtellerie était la moins chère, à critères égaux.

Appart de 60 millions de F

Le plus grand des 4 appartements situés à Rutland Gate, dans le quartier de Kensington, à Londres, et livrés en 1988, aurait été mis en vente pour une somme avoisinant 6 millions de £. Construit par YRM Architects, cet appartement de 7 pièces possède une piscine privée et donne sur Hyde Park.

DEMEURES

En 1992, la maison Batllò, construite en 1887 par Gaudi dans le centre de Barcelone, Espagne, a été vendue 500 millions de F.

LA SUITE LA PLUS CHÈRE

La suite Galactic Fantasy, à l'hôtel Crystal Palace de Nassau, Bahamas, coûte 25 000 $ par nuit. Les facilités de l'hôtel comprennent "Ursula", le robot valet de chambre, un lit et un canapé à rotation. Des grondements de tonnerre ainsi que des colonnes à vibration produisant des éclairs, activées par la chaleur corporelle, permettent de recréer une atmosphère orageuse.

Restaurant le plus coté

En 1994, il faut réserver 3 mois à l'avance pour obtenir une table chez Jamin-Robuchon, à Paris.

IMMEUBLE MEUBLE

Le Cudecom, un immeuble de 8 étages situé à Bogota, Colombie, fut déplacé de 29 m, intact, le 6 octobre 1974, par l'entreprise Antonio Paez-Restrepo & Cia pour permettre la construction d'une route. Il pesait 7 700 t.

LIEUX ET DEMEURES LOINTAINS

Voir aussi chapitre Institutions, « Villes »

Bâtiments scientifiques
Le plus septentrional

La station scientifique de recherche danoise établie en 1952 sur la terre de Peary, Groenland, se trouve à plus de 1 450 km au nord du cercle arctique. Cette station est utilisée et habitée chaque été. Des habitations d'Eskimos de 1000 av. J.-C. ont été découvertes sur ce site en 1969.

Le plus méridional

La station de recherche américaine Amundsen-Scott, au pôle Sud, fut achevée en 1957.

Centre industriel
Le plus septentrional

La petite agglomération de Yambourg, ex-URSS, a été bâtie pour développer la production d'un énorme gisement de gaz à 2 400 km à l'est de Moscou et à 180 km au nord du cercle polaire. La moyenne des températures hivernales est de - 32 °C.

Bâtiments d'habitation
Les plus élevés

On a découvert, en avril 1961, à 6 600 m d'altitude, une habitation de 3 pièces sur le mont Llullaillaco, 6 723 m, à la frontière entre l'Argentine et le Chili. Elle daterait de la fin de la période précolombienne (vers 1480).

La maison individuelle la plus chère

La maison individuelle la plus chère à la construction fut le ranch Hearst, à San Simeon, Californie, EU. Le magnat de la presse William Randolph Hearst (1863-1951) servit de modèle à Orson Welles pour son célèbre film *Citizen Kane*. Il fit bâtir son ranch entre 1922 et 1939 pour 30 millions de $.

La demeure possède plus de 100 pièces, une piscine chauffée de 32 m, une salle de réunion de 25 m de long et un garage pouvant abriter 25 voitures. L'entretien de la maison nécessitait 60 personnes à temps plein.

Les plus septentrionaux

Le lieu régulièrement habité situé le plus au nord est la station Alert du ministère canadien de la Défense, sur l'île d'Ellesmere, Arctique, par 82°30' N et 62° O.

Pic du Midi

L'observatoire du pic du Midi de Bigorre, Hautes-Pyrénées, à 2 859 m, est également habité.

Station thermale

La plus haute est Barèges, Hautes-Pyrénées, à 1 240 m d'altitude.

Restaurant le plus haut

Le restaurant de la station de ski de Chacaltaya, en Bolivie, se trouve à 5 340 m d'altitude.

PARCS FRANÇAIS

Pour sa 6e saison, le parc Astérix situé à Plailly, Oise, ouvre les portes de son village d'irréductibles Gaulois et propose de nouvelles attractions sur le thème de la Grèce antique.

Le parc d'Ermenonville a fêté en 1993 son 30e anniversaire. Pour la saison 1994, la mer de sable propose un nouveau quartier chinois, un grand corral dans le style « western » et un deuxième circuit de quads (petites motos à 4 roues).

HÔTEL DE GLACE

–3° à l'intérieur

Au cœur de la Laponie, tout près de Kiruna, la ville la plus septentrionale d'Europe, un immense igloo de 600 m² sert d'hôtel 6 mois par an. La température ambiante est de – 3 °C mais l'accueil à l'*Artic Hall* n'en est pas moins très chaleureux: on y trouve une salle de cinéma, un restaurant, un sauna, une suite nuptiale, un practice de golf... Bonne nuit bien fraîche à l'*Arctic Hall*!

Hôtel le plus haut

L'hôtel Plaza de Mulas au pied de l'Aconcagua, Argentine, a été construit à 4 350 m d'altitude en 1992.
Il comporte 150 lits et n'est accessible qu'à pied ou à dos de mule à 8 h de la ville la plus proche.

MINUS 206

La boîte de nuit le Minus 206, au bord du lac de Tibériade, en Israël, est située à 206 m au-dessous du niveau de la mer.

CONSTRUCTIONS DE LOISIRS

PARCS D'ATTRACTIONS

LE PLUS GRAND

Disney World, situé à 32 km au sud-ouest d'Orlando, Floride, EU, s'étend sur 11 332 ha. Il a nécessité un investissement de 400 millions de $. Inauguré le 1er octobre 1971, il a accueilli, en 1988, le nombre record de 22 millions de visiteurs.

Le plus fréquenté

Le parc le plus fréquenté est Disneyland, à Anaheim, Californie, EU, inauguré en 1955. Il a reçu son 250 millionième visiteur le 24 août 1985 à 9 h 52 exactement et son 300 millionième en 1989.

GRANDES ROUES

La première

Elle fut dénommée Roue Ferris, du nom de son constructeur George W. Ferris (1859-1896). Elle fut érigée en 1893 sur le site de Midway, Chicago, EU. Elle coûta à l'époque 385 000 $. Elle mesurait 76 m de diamètre et 240 m de circonférence. Elle pesait 1 087 t. Ses 36 nacelles pouvaient transporter chacune 60 personnes, soit 2 160 passagers au total. Elle fut transportée et remontée en 1904 à Saint Louis, Missouri, EU, avant d'être vendue à la ferraille pour 1 800 $.
Les Roues Ferris ont fêté en 1993 leur 100e anniversaire.

Grandes Roues de Vienne

La Riesenrad est la plus ancienne, et peut-être la plus fameuse des Roues Ferris encore en fonctionnement. Elle fut construite en 1896/97 comme les 3 autres Grandes Roues érigées en Europe à la fin du XIXe siècle par l'ingénieur anglais Walter Bassett. La Riesenrad mesure 65 m de haut et depuis sa réouverture après avoir été en partie détruite pendant la Seconde Guerre mondiale, ne comporte plus que 15 nacelles (30 à l'origine). Depuis le printemps 1992 une deuxième et plus petite Roue Ferris a été construite dans les jardins du Prater juste à proximité. On l'appelle Blumenrad.

Balançoire Escarpolette

Une escarpolette de 9 m de hauteur a été construite par Kenneth R. Mack, de Langenburg, Saskatchewan, Canada, pour le parc d'attractions Uncle Herb. La balançoire peut emporter ses quatre nacelles à 7,60 m du sol.

MONTAGNES RUSSES

Les plus rapides et les plus vertigineuses

Pour des raisons commerciales, la vitesse des wagonnets sur les montagnes russes est souvent augmentée de façon exagérée. Le circuit appelé le Fantôme d'acier, inauguré en avril 1991, dans le parc d'attractions de Kennywood, Pennsylvanie, EU, a une chute verticale de 69 m dans un ravin naturel, où les wagonnets atteignent la vitesse de 128 km/h.

LA PLUS LONGUE

Le circuit le plus long du monde est The Ultimate à Lightwater Valley, près de Ripon, GB. Il mesure 2,29 km. À Kings Island, près de Cincinnati, Ohio, EU, le circuit The Beast, long de plus de 2 km, comprend 244 m de tunnels et un grand huit de 540°. Au bas de la chute verticale de 43 m, les wagonnets atteignent la vitesse de 104 km/h.

Les plus hautes

Le Moonsault Scramble, dans le parc de Fujikyu, près du lac de Kawaguchi, Japon, s'élève à 63 m. Les wagonnets y dévalent à 105 km/h.

Le lecteur pourra se reporter au chapitre Art et Culture pour les musées, librairies, bibliothèques, salles de théâtre et opéra.

Le plus grand nombre

Le plus grand nombre de montagnes russes dans un parc d'attractions est de 11, au parc de Cedar Point, Ohio, EU. 2 des pistes sont en bois et les autres en acier.

Toboggan

Le toboggan Bromley Alpine, à Peru, Vermont, EU, a 1 400 m de long pour une dénivellation de 250 m.

Les plus grandes montagnes russes

Fabriquées en pin jaune importé des États-Unis pour 3,5 milliards de yens, culminant à 45 m du sol, et dotées de voitures en bois atteignant 100 km/h, les plus grandes montagnes russes du monde offrent vrilles hallucinantes, frissons glacials et peur bleue au parc de Nagashima, au Japon.

Village miniature

Ouvert en 1968, le parc d'attractions Legoland, près de Billund, Danemark, reproduit différents sites et monuments à l'aide de 33,5 millions de briques Lego. La statue de la Liberté de New York, par exemple, se compose de 1,4 million de cubes. Le parc s'étend sur 10 ha et accueille 1 million de visiteurs par an. C'est en 1934 que le Danois Ole Kirk Christiansen créa ce qui allait devenir l'entreprise multinationale de jouets Lego. *Cf. Insolites*. On a calculé que les enfants européens jouent 5 milliards d'heures par an avec leurs Lego.

EURO DISNEYLAND

Euro Disney, ouvert le 12 avril 1992 à Marne-la-Vallée, s'étend sur un site de 1 943 ha, soit 1/5 de la superficie de Paris, mais n'est, pour le moment, aménagé que sur 600 ha. L'équipe est constituée de 12 000 personnes ayant nécessité la fabrication d'une garde-robe de 400 000 pièces de costumes et 750 créations différentes, soit 1,8 million de mètres de tissu. Selon les estimations, si tous les filets de bœufs vendus chaque année étaient empilés, ils mesureraient 3 fois la hauteur de la tour Eiffel. De même, on pourrait remplir 300 piscines de taille moyenne des boissons non alcoolisées vendues chaque année. Il y a également 6 hôtels de 5 200 chambres et 12 167 lits, un parking de 12 000 places, un trottoir roulant de 1 km, un golf 18 trous. En avril 1993, un an après son ouverture, Euro Disney aura accueilli 11 millions de visiteurs.

LA CARTE DE FRANCE D'ÉLANCOURT

France Miniatures à Élancourt, Yvelines, qui s'étend sur un site de 20 ha, représente la France par une immense carte en relief, bordée de plans d'eau figurant les mers et océans du littoral. Près de 2 000 maquettes à l'échelle 1/30 reproduisent le patrimoine historique et culturel de la France. Les Alpes culminent à 9 m et Versailles vient sur 40 m² avec l'orangerie, les parterres d'eau, ses grilles...

SOUS LES PAVÉS JAPONAIS, LA PLAGE. SEGAIA COMPLEX.

La plus grande grande roue

La Cosmoclock 21, à Yokohama, Japon, a 105 m de haut et 100 m de diamètre. Elle comprend 60 wagonnets, chacun de 8 places.

Le monde en miniature de Pékin

Le Parc du Monde couvre une superficie de 47 ha et regroupe 106 sites et monuments d'une quarantaine de pays, dont la France, avec une tour Eiffel dans l'axe d'un magnifique Arc de triomphe.

LE LONG CORRIDOR

Dans le Palais d'Été de Pékin, Chine, le Long Corridor est une promenade couverte de 728 m, dans les jardins. Les traverses, le plafond ainsi que les piliers de côté, tout en bois, sont peints de paysages, fleurs, oiseaux et épisodes folkloriques.

La Foire d'Osaka

L'Exposition universelle d'Osaka, Japon, en 1970, qui s'étendait sur 330 hectares, a accueilli 64 218 770 visiteurs en 7 mois.

CONSTRUCTIONS DE LOISIRS

AMENAGEMENTS DE LOISIRS

TOUS TOUT NUS

- **Le centre naturiste le plus ancien est le Freilichtpark de Klingberg, Allemagne, fondé en 1903.**
- **Le plus grand centre de naturistes est le domaine de Lambeyran, près de Lodève. Il couvre une superficie de 340 ha.**
- **Le centre héliomarin du cap d'Agde, Hérault, accueille chaque année 125 000 nudistes, mais ne couvre que 90 ha.**

PLUS LONGUE PLAGE

Virginia Beach, en Virginie, EU, longe l'océan Atlantique sur 45 km et un estuaire sur 16 km. En 1991, le front de mer avait une superficie de 803 km² ; 157 hôtels et motels y étaient installés, ainsi que 2 230 campings.

Jetées

- **La plus longue promenade côtière du monde est celle de Southend Pier, à Southend-on-Sea, Essex, GB, qui s'allonge sur plus de 2 km. Inaugurée en août 1889, elle n'a été réellement terminée qu'en 1929.**
- **C'est à Atlantic City, New Jersey, EU, qu'il y a le plus grand nombre de jetées. On en comptait encore 7 au début du siècle, il n'en reste plus que 5 aujourd'hui.**

Gross camping

Au Grau-du-Roi, Hérault, le camping de l'Espiguette couvre 42 ha et peut accueillir 8 000 campeurs simultanément.

GRAND SKI

La piste la plus abrupte

La Bromley, sur la route n°11, Peru, Vermont, EU, a une longueur de 1 400 m et un dénivelé de 250 m.

650 km de pistes

Les Portes du Soleil, en Haute-Savoie, regroupent 13 stations, dont Avoriaz et Morzine, et offrent 650 km de pistes, avec 220 remontées mécaniques. C'est le plus grand domaine skiable d'Europe.

DESCENTES LES PLUS LONGUES

La descente de l'aiguille du Midi, depuis le sommet du téléphérique, Chamonix, Haute-Savoie, à travers la Vallée blanche (dénivelé de 2 759 m), mesure 20,9 km. La porte piétonne automatique installée le 7 juillet 1992 à la gare d'arrivée du téléphérique de l'aiguille du Midi, à 3 800 m d'altitude, est la plus haute du monde (voir aussi le chapitre Sciences et Technologie, « Ingénierie » et « Les plus hautes constructions » dans le même chapitre). La plus longue piste de course de descente est l'Inferno, qui mesure 15,8 km, du sommet du Schilthorn à Lauterbrunnen, Suisse. Le record en est détenu par le skieur Ueli Grossniklaus en 15' 26" 44, en 1987.

Labyrinthes

Voir le chapitre Végétaux, « Parcs et jardins ».

FOIRES ET EXPOSITIONS

VASTES FOIRES

Le centre international d'exposition de Cleveland, Ohio, EU, occupe un site de 76 ha. Le bâtiment lui-même a une superficie de 232 000 m². Il y a une gare, donc un accès direct par rails, et un parking de 10 000 places.

France

Le Parc des expositions de la Ville de Paris, à la porte de Versailles, s'étend sur 40 ha. Ses 8 halls d'exposition couvrent une superficie totale de 22 ha. Le plus grand hall est celui du parc des expositions de Bordeaux, Gironde. Long de 847 m, il occupe une superficie de 5 ha.

Les plus anciennes

France

Saint-Denis (aujourd'hui en Seine-Saint-Denis) était un important carrefour commercial dès l'époque carolingienne. Au XIe siècle y fut autorisée une foire annuelle (en juin), dite Foire du Lendit.

Expos universelles

La première

Elle fut organisée en 1851 au Crystal Palace, à Hyde Park, Londres. Elle dura 141 jours et attira 6 039 195 visiteurs.

France

La première eut lieu à Paris en 1855. Les plus célèbres furent celles de 1878 (édification du palais du Trocadéro), de 1889 (édification de la tour Eiffel, 33 millions de visiteurs), de 1900 (édification du pont Alexandre-III, du Grand et du Petit Palais), de 1937 (édification du palais de Chaillot, sur les fondations du Trocadéro). Ci-contre, papier peint de l'époque. ➤

LA DOYENNE DES FOIRES

La Foire de Paris, ouverte en 1904 au carreau du Temple, fut transférée en 1924 au Parc des expositions de la porte de Versailles. En 1994, elle a rassemblé 21 salons et 3 200 exposants dans 8 halls couverts (22 ha) et un site extérieur de 5 ha. Elle a accueilli 862 587 visiteurs en 13 jours.

La plus vaste foire de tous les temps.

La Louisiana Purchase Exposition, en 1904, fut organisée à Saint Louis, Missouri, EU, pour célébrer le centenaire de l'acquisition de la Louisiane par les États-Unis, qui l'avaient achetée à Napoléon Ier le 30 avril 1803 pour 15 millions de $. L'exposition s'étendait sur un site de 515 ha.

STADES ET SUPERDOMES

Le plus grand des plus grands

Le stade en plein air de Strahov, à Prague, Tchécoslovaquie, a été achevé en 1934. Il peut recevoir 240 000 spectateurs et jusqu'à 40 000 gymnastes lors des grandes parades.

France. Voir encadré.

Maracana de Rio

Le plus grand stade de foot

Le stade municipal de Maracana, à Rio de Janeiro, Brésil, peut accueillir 205 000 spectateurs, dont 155 000 assis. Le 16 juillet 1950, 199 854 spectateurs y ont assisté au match décisif de la Coupe du monde de football, entre le Brésil et l'Uruguay. Un fossé de plus de 2 m de large et de plus de 1,5 m de profondeur sépare les joueurs des spectateurs.

SUPERDÔME

Le plus grand stade couvert

Le Superdôme de La Nouvelle-Orléans, Louisiane, EU, d'une superficie de 5 260 000 m², mesure 83 m de hauteur et un diamètre de 207 m. Achevé en mai 1975, il a coûté 173 millions de $. 97 365 personnes peuvent s'y asseoir lors des meetings et 76 791 personnes lors des matches de football.

Stade Aztèque

Le plus grand stade abrité

Le Stade Aztèque, de Mexico, Mexique, inauguré en 1968, peut recevoir environ 107 000 personnes, presque toutes abritées.

Toronto Stadium

Le plus grand toit ouvrant

Le stade de base-ball de Toronto, possède le plus grand toit ouvrant du monde ; d'un diamètre de 207 m, il a 53 000 places assises.

COUVERTURE DE STADE LA PLUS GRANDE

■ Le « chapiteau » en verre plastifié qui recouvre le stade olympique de la ville de Munich, Bavière, Allemagne, a une superficie de 85 000 m². Il repose sur un réseau de mailles d'acier maintenu par des mâts.

■ Le toit présentant la plus grande envergure est le Superdôme de La Nouvelle-Orléans, Louisiane, EU (voir ci-contre), qui a 207 m de diamètre.

■ Quant au Texas Stadium d'Irving, Texas, EU, en forme d'ellipse, son grand axe mesure 240 m.

STADES FRANÇAIS

Parc des Princes : Le plus grand

Construit en 1972, en béton précontraint, le Parc des Princes, à Paris, peut accueillir 50 000 spectateurs assis sur une superficie totale de 60 300 m² (dont 13 500 m² de pelouse).

POPB : Le plus grand couvert

Le Palais Omnisports de Paris-Bercy, construit en 1984, à Paris, peut accueillir 17 000 spectateurs et a une superficie totale de 50 000 m² (hors œuvre).

Palais des Sports : En tôle d'aluminium

Le dôme du Palais des sports, porte de Versailles, à Paris, a 61 m de diamètre.

LIEUX DE CULTE

TOUS LES RECORDS

Les plus anciens

■ Les archéologues sont nombreux à penser que les grottes ornées du paléolithique supérieur en Europe, il y a 30 000 ans, servaient de lieux de culte.

■ C'est en Syrie orientale, à Douro-Europos (aujourd'hui Qal'at es-Salihiye), que subsiste la plus ancienne église chrétienne du monde : elle daterait de l'an 232.

L'ABBAYE DE LIGUGÉ

Saint Martin, évêque de Tours, fonda en 361 à Ligugé, Vienne, le premier des monastères français, aujourd'hui abbaye bénédictine.

Les temples les plus vastes

■ Angkor Vat, est le plus vaste. Voir encadré.

Le temple bouddhiste de Borobudur, près de Jogjakarta, Indonésie, fut construit au VIIIe siècle ; il mesure 31,50 m de haut et 123 m de côté.

■ Le temple mormon de Salt Lake City, Utah, EU, fut inauguré le 6 avril 1893. Sa superficie au sol couvre 23 505 m^2.

CATHÉDRALES

Les plus vastes

La cathédrale St. John the Divine, à New York, couvre une superficie de 11 240 m^2 et son volume est de 476 350 m^3. Sa première pierre fut posée le 27 décembre 1892, et l'édification de ce bâtiment néogothique fut interrompue en 1941. Les travaux ne reprirent réellement qu'en juillet 1979. Les New-Yorkais l'appellent « Saint-Jean l'inachevée ». La nef est la plus longue du monde, elle mesure 183 m de long, avec une voûte de 38 m de haut.

■ *Santa María de la Sede*, à Séville, Espagne, cathédrale construite de 1402 à 1519 dans le style gothique espagnol, a une superficie de 10 422 m^2. Elle mesure 126 m de long et 83 m de large ; la voûte de la nef s'élève à 30,50 m.

Saint-Pierre de Beauvais

La cathédrale Saint-Pierre, à Beauvais, Oise, a une hauteur record sous voûtes de 48,20 m. Commencée vers 1226 et jamais achevée, elle ne possède qu'un chœur et un transept.

La plus haute flèche

La flèche de la cathédrale d'Ulm, Bade-Wurtemberg, Allemagne, culmine à 161 m. La première pierre de la cathédrale fut posée en 1377, mais la flèche ne fut construite qu'en 1890.

La flèche d'église la plus haute est celle du temple méthodiste de Chicago, Illinois, EU. C'est un gratte-ciel de 22 étages, construit en 1924, surmonté d'un presbytère à 100 m, puis d'une « chapelle du ciel » à 122 m sur laquelle vient s'ajouter une flèche à 173 m au-dessus du niveau de la rue.

La flèche de Rouen

La flèche de la cathédrale Notre-Dame, à Rouen, Seine-Maritime, s'élève à 147 m. Elle fut construite de 1823 à 1876.

STRASBOURG

La flèche de la cathédrale de Strasbourg, Bas-Rhin, culmine à 142 m. Achevée en 1439, elle fut, jusqu'au XIXe siècle, la plus haute construction du monde.

BASILIQUES

Les plus grandes, voir encadré ci-dessous.

LOURDES

La grotte dite basilique Saint-Pie-X, à Lourdes, Hautes-Pyrénées, achevée en 1957 et ayant coûté plus de 20 millions de F, est longue de 200 m, et peut accueillir 20 000 fidèles.

LA PLUS LONGUE

Santa-Cruz-del-Valle-de-los-Caidos, la basilique souterraine dédiée aux morts de la guerre civile, dans la sierra de Guadarrama, à 45 km de Madrid, Espagne, mesure 260 m de long. Sa construction a duré 21 ans (1937-1958).

MINI-ÉGLISE

Union Church, à Wiscasset, Maine, EU, couvre une surface de 2,92 m^2 (2,13 m x 1,37 m).

Angkor Vat, ce qui signifie « temple de la cité », au Cambodge, couvre 162,6 ha. Il est le plus vaste du monde. Il fut construit en l'honneur du dieu hindou Vishnou par le grand roi khmer Suryavarman II, entre 1113 et 1150. Entouré d'un mur de 1 280 m de côté, il pouvait contenir 80 000 fidèles avant d'être désaffecté, en 1432.

NOTRE-DAME D'AMIENS

La plus vaste

La cathédrale Notre-Dame, à Amiens, Somme, mesure 134 m de long ; sa hauteur maximale sous voûtes atteint 42,30 m. Pour une superficie de 7 760 m^2, elle a un volume intérieur de 200 000 m^3. Elle a été construite entre 1204 et 1260 par Robert de Luzarches.

SYNAGOGUES

La construction du temple Emanu-El, dans la Ve Avenue à New York, fut achevée en septembre 1929. Il est long de 77 m et large de 45 m. Le sanctuaire même peut contenir 2 500 personnes et la chapelle attenante, Bethel, dispose de 350 places.

France

La synagogue de la Victoire, rue de la Victoire, à Paris, d'une superficie de 700 m^2, peut accueillir 1 500 personnes. Le plus ancien édifice européen connu de culte hébraïque est la synagogue-yeshiva (école) de Rouen, Seine-Maritime, construite à la fin du XIe siècle.

Pagodes les plus hautes et les plus anciennes

La pagode Phra Pathom Chedi, à Nakhon Pathom, en Thaïlande, construite pour le roi Mongkut entre 1853 et 1870, s'élève à 115 m.

La pagode de Shwedagon, à Rangoon, Birmanie, haute de 99 m, est construite sur le site d'une pagode de 8,20 m datant de 585 av. J.-C.

La pagode Sung-Yo Ssu, à Honan, la plus ancienne de Chine, fut édifiée en l'an 523 ; elle s'étage sur 15 niveaux à 12 faces.

L'objet sacré le plus précieux

Le Bouddha en or du temple Vat Trimitr, à Bangkok, Thaïlande, est sans doute le plus précieux du monde. Datant du XVe siècle, il pèse 5,5 t et mesure 3 m de haut. L'or, caché par une fine pellicule de plâtre, ne fut découvert qu'en 1954. La valeur de la statue a été estimée à quelque 200 millions de F, en mars 1992.

MOSQUÉES

La plus ancienne

Aujourd'hui largement en ruine, la mosquée al-Malawiya, à Samarra, Irak, fut construite de 842 à 852. Sa superficie était de 37 200 m^2 (239 m x 156 m).

La plus vaste

La mosquée la plus grande du monde est celle de Shah Faisal, près de Islamabad, Pakistan. La surface totale de cet ensemble est de 19 ha, avec une partie recouverte de 5 000 m^2. Il peut accueillir 100 000 fidèles dans la salle des prières et la cour, et à peu près 200 000 dans l'ensemble du complexe.

Saint-Pierre de Rome et sa sœur jumelle

■ La nef de la basilique Saint-Pierre de Rome, construite de 1506 à 1614, au Vatican, mesure 187 m de long. L'édifice couvre une superficie de 15 142 m2. Le diamètre intérieur du célèbre dôme est de 42 m et son centre se trouve à 119 m du sol. Le point le plus élevé du dôme à l'extérieur est à 132 m du sol.

■ Notre-Dame-de-la-Paix (achevée en 1989), à Yamoussoukro, Côte-d'Ivoire, réplique exacte de Saint-Pierre de Rome, est la plus grande du monde. Sa superficie est de 30 000 m2, et elle peut acceuillir 7 000 personnes. Avec sa croix d'or au sommet, elle s'élève à 158 m. Sa réalisation coûtat 100 millions de £ (environ 1 milliard de F).

LA MOSQUÉE DE PARIS

La mosquée de la rue Geoffroy-Saint-Hilaire, la plus grande de France, d'une superficie de 10 000 m², peut accueillir 2 500 personnes.

MINARETS

■ Le minaret de la mosquée Hassan II, à Casablanca, s'élève à 200 m. Le coût de la construction de cette mosquée a été évalué à 540 millions de $ (plus de 3 milliards de F).

■ Le minaret ancien le plus haut est celui de Qutb, au sud de New Delhi, Inde. Construit en 1194, il mesure 72 m.

LE 9ᵉ MINARET DE LA MECQUE

La Mosquée Sacrée de La Mecque compte neuf minarets. C'est le record mondial. ▶

LIEUX DE CULTE

CLOCHES ET VITRAUX

Les plus anciennes

Le tintinnabulum découvert dans le palais de Nemrod, à Babylone, en 1849, date de 1100 av. J.-C.

LOURDES CLOCHES

La cloche Tsar Kolokol, fondue le 25 novembre 1735 à Moscou, pèse 202 t, mesure 6,60 m de diamètre et 6,10 m de hauteur, et a une épaisseur maximale de 60 cm. La cloche est fêlée et un morceau de 11 t s'en est détaché. Depuis 1836, la Tsar Kolokol, exposée au Kremlin, à Moscou, n'a pas sonné.

La plus lourde cloche encore en service est la Mingun, à Mandalay, Birmanie. Elle pèse 90,5 t et mesure 5 m de diamètre. Cette cloche, que l'on fait sonner de l'extérieur avec un heurtoir en teck, a été fondue à Mingun, pendant le règne du roi Bodawpaya (1782-1819).

La plus lourde cloche suspendue, la Petersglocke, se trouve dans la tour sud-ouest de la cathédrale de Cologne, Allemagne. Fondue en 1923, elle mesure 3,40 m de diamètre et pèse 25,4 t.

La plus lourde cloche de France se trouve au Sacré-Cœur de Montmartre, à Paris. La Savoyarde, fondue en 1891, pèse 18,8 t. Elle a 3,06 m de haut et 3,04 m de diamètre.

GRANDS CARILLONS

Le carillon idéal possède 4 octaves (49 cloches). Le plus grand du monde est celui du mémorial Laura Spelman Rockefeller, à New York. Il est composé de 74 cloches d'un poids total de 102 t. Le bourdon qui donne le do *grave pèse 18,6 t et a un diamètre de 3,09 m. Il s'agit de la plus grande cloche accordée du monde.*

CARILLONS DE DIJON ET DE DOUAI

Les plus grands carillons sont ceux de Dijon, Côte-d'Or (63 cloches), et de Douai, Nord (62 cloches).

VITRAUX

Les plus anciens

On a disposé dans une fenêtre de l'église Saint-Paul, à Jarrow, GB, des morceaux de vitraux, découverts au cours de fouilles, qui datent du VIIIᵉ, voire du VIIᵉ siècle.

Le plus ancien vitrail complet date de la seconde moitié du XIᵉ siècle ; il se trouve à la cathédrale d'Augsbourg, Allemagne, et représente les Prophètes.

En France, le plus ancien vitrail connu et conservé représente la tête du Christ (25 cm de diamètre). Daté de 1060, il est conservé au musée de l'Œuvre-Notre-Dame, à Strasbourg, Bas-Rhin. Il aurait appartenu à une baie de l'église Saint-Pierre-et-Saint-Paul de Wissembourg, Bas-Rhin.

Les plus grands

Les vitraux de Notre-Dame-de-la-Paix, à Yamoussoukro, Côte-d'Ivoire, couvrent une superficie totale de 7 430 m^2.

Les plus hauts

Les vitraux du hall de l'hôtel Ramada à Dubaï, Émirats arabes unis, mesurent 41 m de haut.

La cloche de Saint-Jean-Baptiste de Douzevielle

La cloche de l'église romane du XIᵉ siècle Saint-Jean-Baptiste de Douzevielle, annexe de Saint-Justin, Landes, porte l'inscription de sa date de fabrication : 1031. Elle bat ainsi la cloche de Fontenailles, Yonne, conservée au musée de Bayeux.

PONTS

LES PLUS ANCIENS

Archéologie

Les Sumériens connaissaient le principe de la construction de l'arche dès 3200 avant notre ère. On a retrouvé les traces d'un pont sur le Nil qui daterait de 2650 av. J.-C.

En Turquie, à Smyrne (maintenant Izmir), subsiste le pont le plus ancien qu'il soit possible de dater. Il remonte à 850 av. J.-C. C'est un pont en pierre à une seule arche qui enjambe la rivière Meles.

En France, plusieurs ponts datent de l'époque romaine, vers le Iᵉʳ siècle apr. J.-C., notamment le pont Flavien, sur le Touloubre, à Saint-Chamas, Bouches-du-Rhône ; le pont Julien, sur le Calavon, à Apt, Vaucluse ; celui de Soumières, Gard, sur le Vidourle ; celui de Vaison-la-Romaine, Vaucluse, sur l'Ouvèze.

Le plus vieux pont de Paris

La première pierre du Pont-Neuf a été posée le 31 mai 1578 en présence de la reine Catherine de Médicis. Conçu par Baptiste Androuet du Cerceau et Guillaume Marchand pour désembouteiller le pont Notre-Dame, aujourd'hui disparu, il a été achevé en 1607 et devait porter des maisons. Ce projet fut malheureusement interdit par Henri IV, qui n'autorisa que la construction de boutiques volantes.

LES PLUS LONGS

Ponts suspendus

LE GOLDEN GATE

Le plus grand du monde
Le Golden Gate, pont suspendu, est le plus grand du monde en combinant sa longueur et sa hauteur. avec ses tours à 227 m au-dessus du niveau de l'eau. Il rejoint San Francisco et Marin County, Californie, EU.
Ouvert en 1937 avec une travée de 1 280 m, 6 voies et 2 trottoirs, sa largeur totale est de 27,5 m.

LA PLUS LONGUE TRAVÉE

Le pont de l'estuaire Humber, Humberside, GB, a la plus longue travée du monde. Elle mesure 1 410 m. Les pylônes qui soutiennent le pont mesurent 162 m et s'écartent de 36 mm de la parallèle pour compenser la courbure de la Terre. La longueur totale du pont est de 2,2 km, si l'on compte les deux travées latérales Hessle et Barton. Achevé le 18 juillet 1980, il a coûté 96 millions de £.

Il sera le plus long du monde

Le plus long pont suspendu à câbles est celui qui reliera Honshu à Shikoku, Japon. Ses travaux ont débuté en 1988 et il sera achevé en 1998. La portée la plus grande mesure 1 990 m pour une longueur totale de 3 910 m. Les tours se dressent à 297 m au-dessus de l'eau, et les deux câbles principaux mesurent 1 100 mm de diamètre. C'est à la fois le pont le plus haut et le diamètre de câble le plus gros.

La plus longue travée combinée

Le pont suspendu Minami Bisan-Seto, de cette même route a la travée la plus longue du monde, 1 100 m, combinant route et rail.

Le plus long pont combiné

Le pont ferroviaire et routier à deux niveaux Seto-Ohashi, au Japon, a été inauguré le 10 avril 1988. Il a coûté l'équivalent de 49 milliards de F et 17 vies humaines. Les véhicules acquittent l'équivalent de 280 F de péage dans chaque sens. La longueur totale (rampes d'accès et travée) est de 12,306 km, ce qui en fait le plus long pont combiné route-rail du monde.

Pont suspendu le plus grand mis en place par rotation

Le pont érigé à Ben-Ahin, près de Huy, Belgique, d'une longueur de 341 m, a été construit sur une rive de la Meuse en 1 an et demi, et fut mis en place par un système de rotation en seulement une journée, le 18 septembre 1987.

CANTILEVER

Le Pont-de-Québec, qui enjambe le Saint-Laurent, au Canada, mesure 987 m et comporte 1 voie de chemin de fer et 2 chaussées. Commencé en 1899, il a été ouvert à la circulation le 3 décembre 1917 au prix de 87 vies humaines.

France ■ Le plus long cantilever de France est le pont de Tolbiac, à Paris, sur les voies ferrées SNCF (1892-1895). Il est long de 162 m. Sa plus longue poutre mesure 84 m.

■ Le pont de Frans, Ain, sur la Saône, édifié en 1902, est long de 161,72 m. La plus grande de ses trois travées mesure 70 m.

■ Parmi les ouvrages modernes (béton précontraint et métal), le plus long est le pont Mathilde, sur la Seine, à Rouen, Seine-Maritime (1980). Il mesure 480 m et sa plus grande travée est de 145 m.

ARCHES MÉTALLIQUES

Le plus long pont à arche métallique est le New River Gorge Bridge, près de Fayetteville, Virginie, EU. Achevé en 1977, il mesure 518 m.

Arches de pierre

Le pont de Rockville, au nord de Harrisburg, mesure 1 160 m de long. Ses 48 arches en pierre pèsent plus de 195 000 t.

Pont couvert

Le plus long est celui de Hartland, Nouveau-Brunswick, Canada. Achevé en 1899, il mesure 391 m.

IL SERA LE PLUS GRAND PONT SUSPENDU FRANÇAIS

Situé à 5 km en amont du Havre, France, et en aval du pont de Tancarville (voir page suivante), le pont de Normandie sera achevé à la fin de 1994. Ouvrage de tous les records, sa travée, par exemple, mesurera 856 m, et sa longueur sera de 2 141 m. Les pylônes culmineront à une hauteur de 214 m. 6 ans de travaux et 2,1 milliards de F pour un gain de temps considérable.

PONT FLOTTANT

Le plus long est le Second Lake Washington Bridge, à Evergreen, Seattle, EU. Achevé en août 1963, il mesure 3,8 km de long, avec une partie flottante de 2,3 km. Il a coûté 15 millions de $.

Ponts ferroviaires

Le plus long est le pont Seto-Ohashi, Japon (voir « Ponts suspendus »).

France ■ Le plus long pont ferroviaire est celui de Saint-André-de-Cubzac, Gironde, qui enjambe la Dordogne. Il mesure 2 020 m.

Le plus large et le plus trapu

■ Inauguré le 19 mars 1932, le pont du port de Sydney, Australie, a 49 m de largeur. C'est le plus large des ponts de grande envergure (503 m de travée). Il porte 2 voies ferrées électrifiées, 8 voies routières, 1 piste cyclable et une voie piétonnière.

■ Le petit pont de Crawford Street, à Providence, Rhode Island, EU, a une largeur record de 350 m.

Pont piétonnier en plastique

Le plus long pont en plastique (matériaux composites) du monde a été construit après 10 années de recherches. C'est un pont suspendu pour piétons, de 113 m de long, avec une travée de 63 m qui enjambe la rivière Tay, en Écosse, GB. Son principal mérite, outre ses qualités techniques, dues à l'université de Dundee, est de transformer l'Aberfeldy Golf de 9 trous en un 18 trous.

Viaducs

Terminé le 23 mars 1969, le Second Lake Pontchartrain Causeway reliant Mandeville à Metairie, Louisiane, EU, traverse le lac Pontchartrain et mesure très exactement 38,422 km, soit 69 m de plus que le First Causeway, adjacent, achevé en 1956. Il a coûté 30 millions de $.
Le viaduc ferroviaire le plus long est le pont du Grand Lac Salé, Utah, EU, inauguré en 1904. Il permet au chemin de fer du Pacifique sud de traverser les 19 km du lac.

Le viaduc de l'île de Ré

■

Inauguré en mai 1988, le pont qui relie l'île de Ré, Charente-Maritime, au continent a une longueur totale de 3 840 m. Il a coûté 385 millions de F. C'est le plus long de France.

VITE, UN PONT

Le 17 octobre 1989, des soldats du 35e régiment d'ingénieurs, basé à Hameln, Allemagne, ont mis 8 mn 31 s pour construire un pont sur piles de 5 travées long de 8 m. Cet exploit a eu lieu à la caserne Québec, à Osnabrück, Allemagne.

PONT D'OR POUR LE LONDON BRIDGE

La plus grande antiquité jamais vendue fut le London Bridge, en mars 1968. La vente fut réalisée par Ivan F. Luckin, du Common Council of the Corporation de Londres, à la compagnie McCulloch Oil de Los Angeles, Californie, EU, pour l'équivalent de 1 milliard de F. Les 10 000 t de pierres de façade furent réassemblées moyennant 3 milliards de F à Lake Havasu City, Arizona, EU. Il fut « ré-inauguré » le 10 octobre 1971.

PONTS LES PLUS HAUTS

PONT ROUTIER

Le pont le plus haut du monde se trouve à 321 m au-dessus du niveau de l'eau. Il enjambe la Royal Gorge, où coule l'Arkansas, Colorado, EU. Construit en 6 mois (juin-décembre 1929), ce pont suspendu a une travée principale de 268 m.

France ■ **Construit en 1947, le pont de l'Artuby, qui enjambe les gorges du Verdon, Var, est situé à 180 m au-dessus du niveau de l'eau.**

Pont ferroviaire de béton et d'acier

Le viaduc des chemins de fer yougoslaves Mala Rijeka, à Kolasin, sur la ligne Belgrade-Bar, inauguré le 1er juin 1976, a 198 m de haut. C'est un pont sur piles de béton avec des travées en acier.

France ■ **Le viaduc des Fades, près de Clermont-Ferrand, Puy-de-Dôme, est construit à 132,5 m au-dessus de la Sioule.**

EN ALTITUDE

Le pont Bailey, conçu par le lieutenant-colonel S.G. Vombatkere, a été construit par une équipe de l'armée indienne en août 1982. Long de 30 m, il est situé à 5 602 m d'altitude, près de Khardung La, au Ladakh, Inde.

France ■ **Le pont ferroviaire situé à la plus haute altitude est le viaduc à sept arches qui va de Planès à la station de Mont-Louis, Pyrénées-Orientales, au-dessus du Jardo. Il passe à 1 450 m d'altitude.**

PONTS SUSPENDUS

Records de France

■ ***Le pont d'Aquitaine, sur la Garonne, à Bordeaux, Gironde, édifié en 1967, est long de 1 767 m. Il a une travée centrale de 394 m.***

■ ***La travée centrale la plus longue est celle du pont de Tancarville, Seine-Maritime. Elle mesure 608 m. Le pont lui-même, inauguré en 1958, est long de 1 410 m.***

■ ***Le plus long pont à haubans est le pont de Mindin, sur la Loire, qui relie Saint-Nazaire à Saint-Brévin, Loire-Atlantique. Il a une longueur totale de 3 356 m.***

PONTS AQUEDUCS

Aqueducs anciens
Les plus longs

■ *L'aqueduc de Carthage, aujourd'hui Tunisie, était le plus grand de l'Antiquité. Il parcourait 141 km, des sources de Zaghouan au djebel Djougar. Il fut construit par les Romains sous le règne de l'empereur Hadrien (76-138). Sa capacité était de l'ordre de 32 millions de litres d'eau par jour.*

■ *Construit en 1784, l'aqueduc d'Aguas Livres, à Lisbonne, Portugal, compte 14 arches, dont la plus haute mesure 65 m.*

France
L'aqueduc du pont du Gard

Le pont-aqueduc romain le plus ancien de France, qui traverse le Gard à Vers, près de Nîmes, a été construit vers l'an 19 de notre ère, mesure 48 m de haut et 273 m de long. La voie d'eau est supportée par 3 rangs d'arcades formant 3 ponts étagés. Le pont routier du niveau inférieur a été ajouté au XVIIIe siècle.

L'AQUEDUC MODERNE LE PLUS LONG

L'aqueduc le plus long du monde est le California State Water Project. Achevé en 1974, il mesure 1 329 km, dont 619 km sont canalisés. Ce n'est pas un aqueduc au sens classique du terme, puisqu'il sert de conduite d'eau et non de canal d'irrigation.

LE PONT LE PLUS LARGE DU MONDE

Le pont du port de Sydney, Australie, inauguré le 19 mars 1932, est le plus large du monde. Il porte 2 voies ferrées, 8 voies routières, une piste cyclable et une voie piétonnière. L'étrange silhouette en pétales de fleurs est celle du grand Opéra.

CANAUX

Les plus anciens

C'est à Mandali, en Irak, que l'on a découvert, au début de l'année 1968, les restes des plus vieux canaux du monde. Ils dateraient de 4000 av. J.-C.

France

■ Le canal de Bergues, Nord, existe depuis le IXe siècle.

LES PLUS LONGS

Le canal Beloye More Baltic, qui relie Povenets à Belomorsk, ex-URSS, parcourt 227 km avec 19 écluses. Ce canal a été achevé en 1933.

Le Grand Canal de Chine était le plus grand canal de l'Antiquité. Il reliait Pékin à Hang-Tchéou. Commencé en 540 av. J.-C., il ne fut achevé qu'en 1327. À l'époque, il mesurait 1 781 km, en comptant les tronçons de rivière canalisés. On pense qu'en 600, près de 5 millions d'hommes travaillaient sur la section du Bian. En 1950, l'envasement du canal était tel que sa profondeur ne dépassait nulle part 2 m. Depuis, il a été nettoyé, et des navires de 2 000 tonneaux l'empruntent de nouveau.

La Marne au Rhin

Construit de 1838 à 1853, le canal de la Marne au Rhin, long de 315 km, relie le bassin parisien à l'Alsace.

Il commence à Vitry-le-François, Marne, et débouche dans le port de Strasbourg, Bas-Rhin.

Le canal le plus fréquenté

Le canal pour gros tonnages le plus fréquenté du monde est le canal de Kiel, Allemagne. Il relie la mer du Nord à la Baltique. 40 000 navires l'empruntent annuellement. Viennent ensuite le canal de Suez, avec plus de 17 000 passages, soit 47 par jour. Si l'on prend en considération le tonnage, c'est le canal de Suez qui arrive en tête : 444 583 000 t en 1993/94.

Saint-Laurent

Le canal du Saint-Laurent, de 304 km, relie Montréal au lac Ontario, le long de la frontière entre les États-Unis et le Canada. Il permet à des navires pouvant atteindre 220 m de long et 8 m de tirant d'eau, soit 26 400 tonneaux, d'effectuer un parcours de 3 769 km. Venant de l'Atlantique, ils remontent l'estuaire du Saint-Laurent et traversent les Grands Lacs jusqu'à Duluth, Minnesota, EU, sur le lac Supérieur (à 183 m au-dessus du niveau de la mer). Le canal, commencé en 1954, a été inauguré le 25 avril 1959. Il a coûté 470 millions de $.

Karakoumski

Le canal Karakoumski s'étend de Haun Khan à Ashkhabad, au Turkménistan. Il a 1 200 km de longueur. En 1991, la longueur navigable est de 800 km. C'est le plus long canal d'irrigation du monde.

CANAL DE SUEZ

Le canal de Suez, en Égypte, est le canal pour gros tonnages le plus long du monde. Il relie la Méditerranée à la mer Rouge. Conçu par le comte Ferdinand de Lesseps (1805-1894), alors diplomate, il fut mis en chantier le 25 avril 1859 et inauguré dix ans plus tard, le 16 novembre 1869. Il a été fermé à la circulation de juin 1967 à juin 1975.

Long de 162 km, du phare de Port-Saïd à Suez, il a une largeur de 60 m. Sa construction a mobilisé 105 millions d'hommes dont 120 000 moururent pendant les travaux.

Le plus gros navire à l'avoir emprunté a été le *Hellas Fos*, de 414 m de long, 63 m de large, jaugeant 555 051 tonneaux. Ce record a été établi le 26 mai 1986.

Dans la nuit du 15 au 16 août 1984, le navire américain *Shreveport* a traversé le canal vers le sud dans le temps record de 7 h 45 mn. 17 000 navires empruntent annuellement ce canal, soit 47 par jour.

LE CANAL PROFOND

Le fossé du canal de Panamá, appelé « le Gaillard », a une profondeur de 82 m entre Gold Hill et Contractor's Hill. Au fond, la largeur du fossé est de 152 m. En 1911, 333 trains ont évacué chacun 363 t de déblais en un jour.

Le canal de Corinthe, Grèce, ouvert en 1893, mesure 6 km de long, 25 m de large à la surface et 8 m de profondeur. Il comprend toutefois une fosse profonde de 80 m.

FLUVIAL

Ecluse sur le canal Saint-Martin, à Paris. ►

◄ Canal reliant le Danube au Rhin, dans le sud de l'Allemagne

L'ÉCLUSE FRANÇOIS-IER DU HAVRE

L'écluse maritime du Havre, Seine-Maritime, mesure 401 m de porte à porte, 67 m de largeur de pertuis et 24 m de profondeur. Inaugurée le 27 octobre 1972, elle est accessible aux navires de 250 000 tonneaux. Elle a également le plus grand pont basculant de France, d'une portée de 74 m.

CANAUX ÉCLUSES

La plus grande

L'écluse de Berendrecht, à Anvers, Belgique, a 500 m de long, 68 m de large et une dénivellation de 13,5 m.

France ■ *L'écluse la plus grande est l'écluse du Havre. Voir encadré page précédente.*

La plus profonde non opérationnelle

Bien qu'elle ne soit pas opérationnelle, l'écluse la plus profonde est celle de Zaporozha, sur le canal du Diepr, Ukraine, qui peut élever et abaisser des berges d'une hauteur de 40 m.

Le plan incliné le plus grand

Le plan incliné de Ronquières, sur le canal reliant Charleroi à Bruxelles, en Belgique, présente un dénivelé de 69 m. Les deux caissons, équipés chacun de 236 roues, mettent 22 mn pour franchir les 1 500 m du plan incliné. C'est le plus grand ascenseur d'écluse au monde.

France ■ *Le plan incliné d'Arzviller, Moselle, a été construit sur le canal de la Marne au Rhin, pour remplacer 17 écluses. Il présente une pente à 41 % de 109 m de long. Le bac de 41 m x 5,20 m qui assure le transit le franchit en 20 mn. Autrefois, le passage des 17 écluses faisait perdre toute une journée.*

ÉCLUSE DE CARRAPATELO

L'écluse de Carrapatelo, sur le Douro, au Portugal, présente une dénivellation de 35 m. C'est la plus profonde.

RECORDS GÉNÉRAUX BARRAGES

Les plus anciens

Les barrages les plus anciens connus sont des barrages de terre à revêtement de pierre datant de 3200 av. J.-C. Ils ont été découverts en 1974 à Jawa, Jordanie, par l'École britannique d'archéologie de Jérusalem.

Les plus massifs

D'un volume de 34 milliards de m^3, le barrage de Sobradinho, construit entre 1972 et 1983 par la Companhia Hidro Electrica do Sao Francisco, sur la rivière de Sao Francisco, Brésil, a une surface de 4 200 km^2 et est long de 350 km.

France ■ Les barrages du Mont-Cenis, Savoie, et de Serre-Ponçon, Hautes-Alpes, ont les plus grands volumes de terre : 14 millions de m^3.

Grande-Dixence

Le barrage en béton le plus haut est celui de la Grande-Dixence, Suisse. Sa hauteur est de 285 m pour un volume d'accumulation de 400 millions de m^3. Son niveau maximum est de 2 364 m.

France ■ Le barrage en béton le plus haut est celui de Tignes, Savoie, sur l'Isère (180 m). Le plus haut en terre est celui de Serre-Ponçon, sur la Durance (129 m). Le plus haut en terre et en enrochement est celui de Grand-Maison, Isère (160 m).

Roselend-la-Bathie

Le barrage français le plus long en béton est celui de Roselend-la-Bathie : il mesure 804 m à son sommet. Le plus long en terre (4,2 km) est la digue située sur le bassin supérieur de Revin, Ardennes. En terre et en enrochement, c'est celui du Mont-Cenis : il mesure 1,4 km à son sommet.

Les plus grands réservoirs

■ Le réservoir artificiel le plus volumineux est celui de Bratskoïé, ex-URSS, sur le fleuve sibérien Angara ; il a un volume de 169,3 km^3 et s'étend sur 5 470 km^2.

■ Le plus grand lac artificiel du monde en surface est le lac Volta, au Ghana, formé par le barrage d'Akosombo, achevé en 1965. En 1969, le lac couvrait une surface de 8 482 km^2 pour un périmètre de 7 250 km.

■ L'achèvement en 1954 du barrage des chutes d'Owen, près de Jinja, Ouganda, sur le Nil Blanc, à la sortie nord du lac Victoria, a augmenté sensiblement le niveau de ce lac naturel en y ajoutant 270 km^3, ce qui l'a transformé en un réservoir d'une surface de 70 000 km^2 (12 % de la superficie de la France).

■ Construit pour un montant de 4 milliards de $, le barrage de Tucurui, au Brésil, de 64,3 millions de m^3, avait dès 1984 transformé le fleuve Tocantins de 2 640 km en un chapelet de lacs long de 1 900 km.

France ■ Le barrage de Serre-Ponçon, sur la Durance, achevé en 1960, est une digue en terre compacte d'une capacité totale de retenue de 1 270 millions de m^3. La retenue couvre 3 000 ha. C'est la plus grande d'Europe.

Polder

Des cinq grands polders de l'ancien Zuiderzee, aux Pays-Bas, le plus grand sera le Markerwaard. S'il est achevé, il aura une superficie de 603 km^2, mais à l'heure actuelle le projet est abandonné. Le Zuiderzee fut fermé en 1932 par une digue de 32,5 km qui le sépare de la mer des Wadden et l'a transformé en lac d'eau douce, l'Ijselmeer.

Les plus longs barrages

■ Le barrage de Kiev, sur le Dniepr, Ukraine, achevé en 1964, a une longueur de crête de 412 km.

■ Au début du XVIIe siècle, un barrage de retenue de hauteur moyenne fut construit sur le lac Hongze, dans la province de Kiangsou, en Chine. Sa longueur était alors estimée à une centaine de kilomètres.

■ Les digues les plus massives sont celles commencées en 1917 sur le Missisipi. Après les terribles inondations de 1927, le gouvernement fédéral américain a redoublé d'efforts quant à leur construction. Elles s'étendent sur 2 787 km, le long des berges du fleuve, entre Cape Girardeau et le golfe du Mexique. Leur volume de Terre est de 765 millions de m^3. Les digues des affluents du fleuve ajoutent encore 3 200 km à cet édifice. De grandes innondations de la région survenues pendant l'été 1993 ont beaucoup endommagé ces digues.

■ La plus longue digue maritime du monde est celle d'Afsluidijk. Construite en 1932, elle ferme le Zuiderzee, Pays-Bas. Longue de 32,5 km, elle se divise en deux sections. Elle a une largeur de 89 m et une hauteur de 7,50 m.

LE PLUS GRAND EN BÉTON

La construction du barrage de Grand Coulée, sur la Columbia, dans l'État de Washington, EU, a commencé en 1933. Mis en service le 22 mars 1941, il a été achevé en 1942, pour un coût de 56 millions de $. Il a une longueur de crête de 1 272 m et une hauteur de 167 m. Il a nécessité 8 millions de m^3 de béton. Son poids avoisine 19,6 millions de t. ▶

France ■ Le barrage de Roselend-la-Bathie, Savoie, a le plus grand volume en béton, 945 000 m^3.

Levées de terre

Ce sont celles du Mississippi, commencées en 1717 et considérablement agrandies par le gouvernement fédéral des États-Unis après les inondations désastreuses de 1927. Elles s'étendent sur 2 787 km le long du cours principal du fleuve, reliant cap Girardeau, Missouri, au golfe du Mexique. Elles représentent plus de 765 millions de m^3 de terrassement. Le long des affluents, il a fallu pratiquer 3 200 km de levées de terre supplémentaires. Un tronçon continu de 1 046 km relie Pine Bluff, Arkansas, à Venice, Louisiane.

Le Thames Barrier

Le Thames (Tamise) Barrier de Wollwich, près de Londres, comprend 9 digues et 10 ouvertures. Il a 6 secteurs à grille ascendante de 61 m de largeur et 4 grilles radiales descendantes de 31,50 m de largeur.

TUNNELS

Tunnels routiers les plus longs

Le tunnel le plus long est celui du Saint-Gothard, en Suisse, avec 16 km. Voir encadré en bas.

TUNNEL DU MONT-BLANC

Le plus long tunnel routier est le tunnel du Mont-Blanc, qui relie sur 11 600 m la vallée de l'Arve, Haute-Savoie, au val d'Aoste, Italie. La partie française mesure 7 640 m.

Le tunnel le plus long entièrement sur le territoire français est le tunnel Maurice-Lemaire, à Sainte-Marie-aux-Mines, Haut-Rhin, à travers les Vosges. Il mesure 6 872 m.

TUNNEL ROUTIER LE PLUS LARGE

Le tunnel routier foré à l'explosif à travers l'île de Yerba Buena, à San Francisco, Californie, EU, mesure 24 m de large, 17 m de haut et 165 m de long. Plus de 90 millions de véhicules l'empruntent sur ses deux niveaux chaque année.

TUNNEL FERROVIAIRE

Le tunnel ferroviaire de Seikan, Japon, long de 54 km, a été percé à 240 m au-dessous du niveau de la mer et à 100 m au-dessous du fond marin du détroit de Tsugaru, entre Tappi Saki, dans l'île de Honshu, et Fukushima, dans l'île de Hokkaido. Les essais sur la section sous-marine, longue de 23 km, ont commencé en 1964 et la construction en juin 1972. Le percement fut achevé le 27 janvier 1983, après avoir coûté la vie à 66 personnes. Les travaux furent terminés en mars 1988.

TUNNEL DU FRÉJUS

Le plus long tunnel ferroviaire est celui du Fréjus, Savoie. Il passe sous le col du Fréjus, 2 542 m, sur la ligne Culoz (Ain)-Modane (Savoie), entre la France et l'Italie. Inauguré le 17 septembre 1871, il constitua la première percée des Alpes. Long de 13 690 m, dont 6 907 m en France, il se situe à environ 1 200 m d'altitude.

Le plus long tunnel ferroviaire entièrement sur le territoire français est celui de Braus, sur la ligne Nice-Breil-sur-Roya, Alpes-Maritimes. Il mesure 5 939 m.

Le plus élevé est le petit tunnel du col de Rigat (121 m), sur la ligne Villefranche-de-Conflent-Latour-de-Carol, Pyrénées-Orientales, à 1 482 m d'altitude.

Tunnel d'alimentation en eau

Le plus long tunnel, toutes catégories confondues, est le tunnel d'alimentation en eau de New York City-West Delaware, commencé en 1937 et achevé en 1944. D'un diamètre de 4 m, il s'étend sur 169 km, du réservoir Rondout au réservoir Hillview, à la limite de Yonkers et de la ville de New York.

Tunnel hydroélectrique

Le forage du tunnel d'Orange-Fish Rivers, en Afrique du Sud, long de 83 km et d'un diamètre de 5,5 m, a commencé en 1967. Les travaux se sont achevés en avril 1973 pour un coût estimé à 600 millions de F.

Le projet Majes, au Pérou, prévoit le percement de 98 km de tunnels destinés à l'hydroélectricité et à l'alimentation en eau. Le barrage se situe à 4 200 m d'altitude.

EUROTUNNEL

Le tunnel sous la Manche, dont rêvèrent Napoléon — pour envahir l'Angleterre — et des dizaines d'ingénieurs, a été inauguré le 6 mai 1994 par la reine Elisabeth et le président François Mitterrand. Les voitures seront transportées à bord de trains, dans deux tunnels de 50,5 km de long, dont 38 km sous la mer, de 8,60 m de diamètre, à 40 m sous le fond du détroit du Pas-de-Calais. Le tunnel, qui relie Sangatte, Pas-de-Calais, à Cheriton, Kent, GB, en 21 à 27 mn, constitue le plus grand chantier de la planète. Les travaux, commencés le 1er juillet 1987, ont coûté environ 100 milliards de F, alors qu'ils avaient été estimés à 47,5 milliards de F. L'équilibre des comptes ne sera atteint qu'en 2004. La première jonction matérielle a été établie le 30 octobre 1990, à 20 h 25, dans le tunnel de service. Le 1er décembre 1990, à 12 h 12, Philippe Cozette, du côté français, et Graham Fagg, du côté britannique, ont percé les derniers centimètres qui les séparaient et ont pu se rejoindre. Paris, Gare du Nord, est relié à Londres, Waterloo Station, en 3 h, réduites à 2 h 15 mn en 2002.

Tunnel d'évacuation

Le TARP (Tunnels and Reservoir Plan) de Chicago, Illinois, EU, nécessitera le percement de 211 km de tunnels d'évacuation des eaux. En mars 1994, 103 km étaient opérationnels et 34 km étaient en construction. Il devra, à l'avenir, desservir 3,9 millions de personnes dans une zone de 971 km². Son coût est estimé à 3,6 milliards de $.

Tunnel de Malpas

D'une longueur de 160 m, le tunnel de Malpas, sur le canal du Midi, fut achevé en 1680. C'est le plus ancien tunnel navigable. Il permettait à des bateaux de naviguer de l'océan Atlantique à la mer Méditerranée, via la Garonne jusqu'à Toulouse, et via le canal du Midi jusqu'à Sète.

Tunnels de métro

Voir chapitre Véhicules, rubrique « Transports ferroviaires ».

Le plus long et le plus large canal-tunnel

Le tunnel du Rove, sur le canal de Marseille au Rhône, fut achevé en 1927. Il mesurait 7 120 m de long, 22 m de large et 11 m de haut. Conçu pour la navigation maritime, il fut fermé en 1963 par suite d'un éboulement.

Le tunnel navigable le plus long de France en service est le tunnel de Bony, sur le canal de Saint-Quentin, Aisne. Il a 5 670 m de long.

TUNNEL DU SAINT-GOTHARD

Le tunnel à deux voies du Saint-Gothard, long de 16 km, relie Göschenen à Airolo, en Suisse. Il a été ouvert à la circulation le 5 septembre 1980. Les travaux, commencés à l'automne de 1969, ont coûté 686 millions de francs suisses et 19 vies humaines.

RECORDS DIVERS

AUVENTS

■ Sur une surface de 17 500 m², la société Deuter, d'Augsbourg, Bavière, Allemagne, a dressé le plus grand auvent pour l'Expo Bienvenue de 1958 à Bruxelles.

■ Quinze tentes contiguës couvrant 28 400 m² ont abrité l'exposition Offshore Europe 1983, à Bridge of Don, dans le comté d'Aberdeen, Écosse.

CHAPITEAU

Dans le cadre du 27e salon professionnel de Marche-en-Famenne, Belgique, qui s'est tenu du 14 au 18 mars 1993, la société Expolux a réalisé le plus grand chapiteau du monde, en assemblant des portiques de 40 m de long qui ont couvert une surface au sol de 10 000 m².

Caves à vin

■ Les caves coopératives de Wijnbouwers-Vereeniging, connues sous le sigle KWV, se trouvent à Paarl, près du Cap, au centre de la région viticole d'Afrique du Sud. Elles couvrent une surface de 10 ha et ont une capacité de 136 millions de litres.

■ La Cienega Winery, des Vignes Almadén, à Hollister, Californie, couvre 16 ha et peut loger 37 300 fûts de chêne contenant environ 8 millions de litres de vin.

Caves à vin de restaurants
Voir chapitre Affaires et agriculture.

CLÔTURES

La clôture en fil de fer barbelé qui entoure les principales zones d'élevage de moutons en Australie pour les protéger des dingos (mammifères carnivores de la taille d'un grand renard) mesure 1,80 m de haut, s'enfonce à 30 cm dans le sol, et s'étend sur 5 531 km. Le gouvernement de l'État du Queensland a cessé de l'entretenir régulièrement en 1982, mais une section de 500 km est actuellement en cours de réparation.

La plus haute

Les écrans de sécurité de 20 m de hauteur érigés en novembre 1981 par Harrop-Allin, de Pretoria, protègent les dépôts et les raffineries de carburant de Sasolburg, en Afrique du Sud.

Miroir le plus grand

La Miroiterie de Carnoux, de La Ciotat, Bouches-du-Rhône, a réalisé, le 11 mars 1992, un miroir biseauté (un biseau de 35 mm) de 3,21 x 2,50 m.

CIMETIÈRES

Le cimetière de Rookwood, Nouvelle-Galles du Sud, Australie, s'étend sur 400 ha et abrite 967 774 sépultures. Il existe depuis 1877.

France ■ Le cimetière de Pantin, Seine-Saint-Denis, ouvert en 1886, s'étend sur 107 ha. Il abrite 199 000 sépultures.

Père-Lachaise

Le plus grand cimetière parisien, celui du Père-Lachaise, aménagé en 1804, couvre 44 ha. Il abrite 70 000 sépultures et 25 000 cases de colombarium. Le Père-Lachaise est le quatrième site touristique de Paris. Il accueille entre 3 et 4 millions de visiteurs par an.

Le plus haut

Illuminé en permanence, le grand cimetière de Santos, proche de São Paulo, Brésil, s'étend sur 10 étages et sur une superficie de 18 000 m². Il peut contenir plus de 20 000 sépultures.

Crématorium

Le plus grand du monde se trouve au cimetière de Nikolo-Arkhangelskoïe, à Moscou. Il comprend 7 incinérateurs. Achevé en 1972, il possède plusieurs « salles des adieux » pour les non-croyants.

Cercueil

Le cercueil de Walter Hudson, l'un des hommes les plus gros du monde, mesurait 224 x 137 x 102 cm, pesait 362 kg.

Sépultures

■ Le tombeau de Zheng, empereur de Chine, date de 221 av. J.-C. Il est situé sur le mont Li.

Les deux murs d'enceinte du tombeau mesurent 2 173 m x 974 m et 685 m x 578 m. On estime que 8 000 soldats en terre cuite grandeur nature y sont logés.

■ Un tombeau servant de sépulture à 180 000 soldats de la Seconde Guerre mondiale morts dans l'île d'Okinawa, Japon, a été agrandi en 1985 pour y abriter 9 000 autres dépouilles retrouvées enfouies sous les feuilles et les branches.

Épouvantail

Construit le 2 septembre 1989 par la famille Speers de Paris, Ontario, Canada, Stretch II mesurait 32 m de haut.

Fenêtres

La plus grande vitre jamais fabriquée mesurait 50 m², soit 20 m sur 2,50 m. Elle a été fabriquée par Saint-Gobain en 1958.

Les plus grandes baies vitrées du monde sont celles du CNIT, à La Défense ; elles ont une largeur de 218 m pour une hauteur de 50 m.

Fumigation contre les termites

Lors de la restauration de Mission Inn, à Riverside, Californie, en 1987, dans le but de débarrasser les bâtiments des termites, l'entreprise Fume Masters a utilisé 350 bâches pour recouvrir totalement les 6 500 m² du site.

CIMETIÈRE POUR CHIENS

Le cimetière pour chiens et autres animaux domestiques d'Asnières, Hauts-de-Seine, ouvert en 1899, s'étend sur 9 798 m². Il abrite environ 3 000 tombes. On estime que 55 000 animaux y sont enterrés, parmi lesquels une lionne, une poule, des chevaux, un singe et les chiens de Courteline et de Sacha Guitry.

Tombe du joli mouton Faust, trop bon et trop intelligent, ce chef d'œuvre de la douleur et des regrets éternels peut être visité au cimetière pour animaux d'Asnières, à côté de Paris.

5... 4... 3... 2... 1... BOOM

L'hôtel Traymore, à Atlantic City, New Jersey, EU, fut démoli le 26 mai 1972 par la Controlled Demolition de Towson, Maryland. Cet hôtel de 600 chambres sur 21 étages avait un volume intérieur de 181 340 m³.

La plus haute cheminée d'usine détruite à l'explosif est celle de la centrale de Matla, à Kriel, Afrique du Sud. Elle se dressait à 275 m de hauteur et fut abattue le 19 juillet 1981 par la Santon Steeplejack Co de Manchester, GB, et la Dykon Inc., de Tulsa, Etats-Unis.

Le 18 février 1986, les 70 000 t de béton de l'immeuble Debussy, à La Courneuve, Seine-Saint-Denis, se sont écroulées en 8 s. L'opération avait demandé 2 mois de travail préparatoire à la Société nouvelle de démolition.

PLUS GROSSE CHARGE D'EXPLOSIFS

Le 28 décembre 1992, une équipe d'ingénieurs de l'armée chinoise provoqua la destruction d'une montagne afin de permettre l'extension de l'aéroport de Zhuhai et une zone de développement économique, près de Macao. À cette fin, ils employèrent 11 300 t de TNT.

DÔMES

Le plus large dôme en pierre du monde est celui du Panthéon, construit à Rome au Ier siècle : il a 43 m de diamètre et s'élève à 21 m du sol.

Les dômes de la basilique Saint-Pierre de Rome, de la cathédrale Sainte-Marie-de-la-Fleur, à Florence, Italie, et du British Museum, à Londres, ont 42 m de diamètre.

France. Le dôme des Invalides, à Paris, a 28 m de diamètre et celui du Panthéon 20,50 m.

En béton. Le Superdôme de La Nouvelle-Orléans, Louisiane, EU, a un diamètre de 207 m (voir aussi « Stades », dans le même chapitre).

BONHOMME DE NEIGE

Le 6 novembre 1993, une équipe suisse, composée de 8 personnes de Saas Fee, finirent d'édifier, après 21 jours de travail, un bonhomme de neige de 27,50 m de haut.

GAZOMÈTRES

■ Les plus grands sont ceux de Fontaine-l'Évêque, Belgique, où des mines désaffectées ont été adaptées pour stocker jusqu'à 500 millions de m³ de gaz à pression normale.

■ Le plus grand gazomètre classique est probablement celui de Wien-Simmering, Vienne, Autriche.

Achevé en 1968, il mesure 84 m de haut et a une capacité de 300 000 m³.

Chantiers ■ *Voir chapitre Sciences et Technologie, « Ingénierie ».*

Enseignes et panneaux publicitaires ■ *Voir chapitre Médias.*

Gares ■ *Voir chapitre Véhicules, « Transports ferroviaires ».*

Jetées ■ *Voir chapitre Véhicules, « Bateaux ».*

PALAIS DE GLACE

Un palais de neige de 26,50 m de hauteur, dont les 4 structures s'étendaient sur 214 m de large, a été inauguré le 7 février 1987 à Asahikawa, île d'Hokkaido, Japon.

La plus grande construction de glace au monde est le palais édifié en janvier 1986 à Saint Paul, Minnesota, EU, lors du carnaval d'hiver. Conçu par Ellerbe Associates, il se dressait à 39 m de hauteur, l'équivalent d'un immeuble de 13 étages. 9 000 blocs de glace furent assemblés pour le construire.

Yukichian, « la Fille des neiges », a été construite, en mars 1991, par les habitants de Sumon et de Niigata, Japon. Elle a 22,20 m de haut.

Vitesse sur neige

Le cascadeur Eric Barone a atteint sur neige glacée, sur un prototype V.T.T. MBK, la vitesse de 151,5 km/h, le 23 avril 1994, en s'élançant sur la piste de kilomètre lancé des Arcs, Savoie.

BICYCLETTES GÉNÉRALITÉS

On se reportera aussi aux chapitres L'esprit d'aventure, « Voyages à bicyclette » et Sports, « Cyclisme ».

LES PREMIÈRES

■ On a attribué à Léonard de Vinci (1452-1519) ou à l'un de ses élèves la conception, en 1493, d'une machine mue par des manivelles et des pédales.

■ Le premier modèle effectivement réalisé (en 1839-1840) est dû à l'Écossais Kirkpatrick Macmillan (1810-1878). Une copie se trouve actuellement au Musée des sciences de Londres.

■ En mars 1861, Pierre Michaux et son fils Ernest construisirent à Paris le premier vélocipède.

La plus petite bicyclette

La plus petite bicyclette, aux roues de 1,9 cm de diamètre, a été conduite sur une distance de 4,10 m, par son constructeur Neville Patten de Glastone, Australie, le 25 mars 1988.

LE PLUS HAUT VÉLO

Le plus grand vélo, le Frankencycle, a été imaginé et fabriqué par Dave Moore de Rosemead, Californie, EU, le 4 juin 1989. Ce vélo possède une roue avant de 3 m de diamètre et mesure 11 m de long.

LES PLUS LONGS

Terry Thessman, de Pahiatua, Nouvelle-Zélande, a conçu et réalisé une bicyclette de 22,24 m de long pesant 340 kg, qui roula le 27 février 1988 sur 246 m.

Le plus long vélo français a été conçu par Fred Beauchêne et fabriqué par Henry Vilain, Laurent Jeanjean, Philippe Baby et Pascal Esnon. Équipé de 26 selles, 26 guidons et d'une chaîne de 38,50 m de long, il mesure 15 m. Sa roue avant a 50 cm de diamètre et sa roue arrière 1,20 m. Le 26 mai 1991, 26 sapeurs-pompiers ont parcouru, avec cet engin, 6,9 km en 1 h 50 mn.

VÉLO LE PLUS CHER

Le vélo le plus cher du monde est entièrement serti de pierres précieuses et plaqué d'or : la selle est en cuir, le cadre est orné d'émeraudes et de rubis, les pédales sont en or jaune illuminées de 56 rubis, le guidon est décoré d'or, de saphirs et de topazes. La valeur de cette bicyclette-bijou, imaginée et réalisée par le joaillier suisse Volker Rhenisch, grand amateur de bicyclettes, a été estimée à 5 millions de F.

Cascade à vélo

Le 16 juillet 1992, à Dole, Jura, Jean-Louis Demet, solidement sanglé, a descendu à vélo et à la verticale les 56 m de la tour de la basilique de Dole, en un peu plus de 6 mn. Il descend aussi toutes les facades les plus hautes.

32 km dans le noir

Le 16 mai 1992, le non-voyant, Félix Vert-Pré, du Vauclin, Martinique, a parcouru, les yeux bandés (pour confirmer sa cécité), 32 km à vélo en 1h 41mn 41 s, guidé uniquement par le bruit d'une moto qui le précédait.

Roue arrière

Le 3 octobre 1993, dans la vallée de la Thur en Alsace, Frédéric Hoffner a parcouru 23,150 km en 1 h 22 mn et 20 s sur la roue arrière de son V.T.T.

Marche arrière

Le 6 juillet 1985, le Français Robert Poggio a gravi successivement les cols du Télégraphe et du Galibier, Savoie, en marche arrière, assis sur le guidon de son vélo. Il a parcouru ainsi 35,36 km avec 2 099 m de dénivelé, sans mettre pied à terre, en 3 h 7 mn.

LE PLUS PETIT TANDEM

Le Français Jacques Puyoou, de Bordes, Pyrénées-Atlantiques, a construit un tandem de 38,5 cm de long et 19 cm de haut dont les roues ont un diamètre de 12 cm. Il le conduit avec sa femme. Il a également construit un vélo de 11 cm de long et 6,8 cm de haut dont les roues ont un diamètre de 2,4 cm (soit une pièce de 1 F).

VITESSE LESTÉ

Combinant la vitesse, la neige et les défis extrêmes, Christophe Donini, d'Annecy, déjà recordman du monde de vitesse sur un surf de série avec 160,071 km/h, a réalisé le 15 mars 1994 sur la piste de kilomètre lancé des Arcs, Savoie, un exploit sportif sans précédent. Lesté à 150 kg, il s'est élancé sur son deux roues, mi-V.T.T., mi-moto de trial sans moteur, à 2 710 m d'altitude sur une pente supérieure à 30°, passant après 900 m de course, la barre des 160 km/h.

Vitesse sur neige

Voir photo d'ouverture.

MONOCYCLES

Le plus grand

Un monocycle de 31 m de haut fut monté par Steve Mc Peak (avec un câble de sécurité). Il a parcouru 114 m à Las Vegas, Nevada, EU, en octobre 1980.

Le plus petit

Le 20 novembre 1992, à Tampa, Floride, EU, le Suédois Peter Rosendhal a conduit sur une distance de 10 m, un monocycle de 20,4 cm de haut et dont la roue avait un diamètre de 4,8 cm.

Marche arrière

Le 19 mai 1990, Peter Rosendahl a parcouru 75 km en marche arrière en 9 h 25 mn sur un monocycle dont la roue mesurait 60,96 cm.

PARADE

Le 6 août 1992, à Québec, Canada, 191 personnes sur monocycle ont parcouru 2 m en se tenant par la main. ▶

LES 3 SUISSES

■

Un tandem à trois places de 48 cm de long a été monté par les « Pédalos », trio d'acrobates bâlois, en mars 1991. ▼

RASSEMBLEMENT

■

Le 9 juin 1991, lors de la 5e édition du Tour de Montréal, Québec, Canada, 40 000 cyclistes ont parcouru 68 km.

Ascension à vélo de la tour Eiffel

■

Le 7 mai 1987, Emmanuel Savatier (18 ans) et Christophe Riondet (16 ans) ont gravi à vélo de trial les 747 marches menant au deuxième étage de la tour Eiffel, à Paris, soit une hauteur de 115,80 m, en 47 mn, sans jamais mettre pied à terre.

MONO

Le Suédois Peter Rosendahl détient le record des 100 m départ arrêté en 12"11, depuis le 25 mars 1994 et des 100 m départ lancé en 12"43 depuis le 1er juillet 1990.

MOTOS GÉNÉRALITÉS

Le lecteur intéressé par les autres performances motocyclistes se reportera aux chapitres L'esprit d'aventure, « Voyages à moto » et Sports, « Motocyclisme ».

Les premières

■ La première bicyclette équipée d'un moteur à combustion interne à quatre temps, de 264 cm³, avait un cadre en bois. Construite à Bad Cann stadt en 1885 par l'Allemand Gottfried Daimler (1834-1900), elle fut montée pour la première fois par W. Maybach (1846-1929). Elle atteignait 19 km/h et développait 0,373 kW (0,5 ch). Connue sous le nom d'Einspur, elle fut détruite dans un incendie en 1903.

■ La première production de motos en série remonte à 1894. Les fabricants étaient Heinrich et Wilhelm Hildebrand et A. Wolfmüller, de Munich. Les deux premières années, l'usine produisit plus de 1 000 motos de 1 488 cm³, bicylindres à quatre temps, à refroidissement à eau. Elles développaient 2,5 ch à 600 tours/mn.

MOTOS FRANÇAISES

Félix Millet construisit le premier deux-roues à moteur français en 1888. La première moto de série sortit en 1895 sous la marque Duncan et Suberbie. C'était la version française de la Hildebrand-Wolfmüller.

LA MOTO DE SÉRIE LA PLUS RAPIDE

Il est difficile de déterminer un record précis dans ce domaine. Cependant, on peut dire que des modèles Honda, Suzuki et Yamaha ont atteint des vitesses supérieures à 300 km/h dans certaines conditions spéciales.

■ La Kawasaki TU Atara YB6 EI peut atteindre 300 km/h.

■ La Bimota Furano est fabriquée sur commande en très petites séries (environ 30 modèles par an). Elle peut atteindre 290 km/h.

Excès de vitesse

Le 3 novembre 1990, un motard de Bourgoin-Jallieu, Isère, a été arrêté par les gendarmes alors qu'il pilotait sa Suzuki à 241 km/h sur la RN6.

LA PLUS LONGUE

Le 12 mars 1994, à Orphain en Belgique, les cinq membres de la famille Gascard se sont déplacés sur une même moto de 7,90 m hors-tout (7,05 m d'empattement). Ce deux-roues à moteur de 250 cm³, construit en 1989, peut transporter jusqu'à 13 personnes à 65 km/h.

Records de vitesse

L'Américain Donald Vesco (né le 8 avril 1939) a atteint 513 km/h sur sa moto carénée Lightning Bolt « Coup de foudre », entraînée par deux moteurs Kawasaki de 1 016 cm³, le 28 août 1978, à Bonneville, Utah, EU.

Le record du monde du kilomètre départ arrêté est de 215,8 km/h c'est-à-dire 16,68 s. Il a été battu par le Néerlandais Henk Vink, né le 24 juillet 1939, sur sa Kawasaki 984 cm³, à 4 cylindres suralimentés, à Elvington Airfields, GB, le 24 juillet 1977.

LE RETOUR DU SOLEX

Commercialisé en 1946, le solex a connu son heure de gloire en 1964, avec une production de 380 000 unités par an. Jacques Tati avait lancé la mode, Alain Duhamel l'a relancée. L'industriel hongrois Gathy Kiss vient de racheter les brevets pour reprendre la production arrêtée depuis 1988.

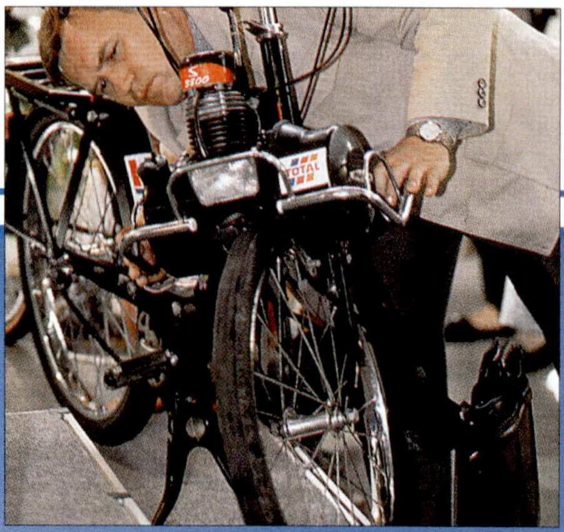

AUBUGEAU, DIENNE ET BERNAUD

Roue avant

Le Français Laurent Aubugeau, a battu, le 20 juillet 1993, le record de vitesse sur roue avant. Au guidon d'une Suzuki 1100 GSXR, il a atteint 220,54 km/h, sur le circuit Paul-Ricard du Castellet dans le Var.

Conduite à l'envers

Le 27 avril 1991, sur l'aérodrome de Chambley-Bussières, Meurthe-et-Moselle, Laurent Aubugeau, né le 20 mai 1967, a atteint 238,16 km/h en conduite à l'envers (de dos), sur sa Yamaha FZR 1000 cm³. Il détient également le record du 200 m départ arrêté de cette discipline, en 7,35 s.

Le sabot

Le Français Laurent Aubugeau a battu le record du sabot : acrobatie au cours de laquelle le motard abandonne le guidon de sa Suzuki 1 100 GSXR, équipée de commandes à l'arrière, pour se laisser tirer sur des chaussures à semelles de bois recouvertes de feuilles d'acier. Lors de cet exercice, Laurent Aubugeau a atteint la vitesse de 281,92 km/h, le 20 juillet 1993, sur le circuit Paul-Ricard du Castellet dans le Var.

Distance roue avant

Le record de distance parcourue sur la roue avant d'une moto sans que la roue arrière ne touche le sol appartient désormais à Patrick Bernaud. Ce Français, de Chambon-Feugerolles, Loire, a parcouru, le 3 octobre 1993, sur circuit, 101,3 m sur une 250 cm³.

Ski sur route

Jean-Paul Dienne, tracté sur une route, sur des skis nautiques, a atteint la vitesse record de 219 km/h.

ROUE ARRIÈRE

Vitesse

■ Le 31 mai 1994, sur le circuit Paul-Ricard du Castellet, Var, Laurent Aubugeau, sur une Suzuki GSXR 1 100 cm³, a battu le record du monde de vitesse sur roue arrière à 260,72 km/h.

■ Le 24 janvier 1993, Juanito Legrand a atteint la vitesse de 86,95 km/h sur roue arrière, à 6 personnes sur une Suzuki GSXR.

Distance

Le Japonais Yasuyuki Kudoh a parcouru 331 km sans s'arrêter sur la roue arrière de sa moto Honda TLM 220 R 216 ch, le 5 mai 1991 à l'Institut de recherche automobile du Japon, Tsukuba City, Ibaragi, Japon.

GLISSADES TRACTÉES

Sur le dos

Le 20 décembre 1987, Patrick Polesso, de Marseille, Bouches-du-Rhône, s'est fait tirer, allongé sur le dos sur une planche, par une Suzuki 1100 Katara sur 1,2 km, à 240 km/h.

Sur des skis

Sur le circuit du Castellet, Var, Jean-Paul Dienne, de Pérols, Hérault, a été tracté par une Suzuki G5XR 1100 à 219 km/h sur des skis (nautiques Reflex de saut), le 15 février 1990.

Le plus grand nombre de passagers

■ 46 membres du Mini Bike Training Club d'Illawara, Nouvelle-Galles du Sud, Australie, sont montés sur une moto de 1 000 cm³ et ont parcouru 1 mile (1,6 km) le 11 octobre 1987.

■ Le 25 juin 1984, une Harley Davidson 1 340 cm³ a porté 32 motards de l'escadron motocycliste de la garde républicaine, à Drancy, Seine-Saint-Denis.

ACROBATIES

Escalier

■ Le 12 juin 1987, au Perreux-sur-Marne, Val-de-Marne, Jean-Pierre Goy, champion du monde de trial, a escaladé et descendu 7 663 marches en 34 mn 39 s.

Saut périlleux arrière ou looping

Les deux seuls motocyclistes à avoir effectué un saut périlleux arrière à moto sont les Français Thierry Toussaint et Éric Barone. Le 17 octobre 1992, Thierry Toussaint de La Bresse, Vosges, a effectué avec succès, le premier looping. Aidé d'un tremplin, il s'est propulsé à 6 m de haut. Quant au cascadeur Éric Barone, il effectua cette acrobatie à La Garenne-Colombes, Hauts-de-Seine, le 5 juin 1993. ▲

Sauts

■ Le 28 février 1988 durant la parade du World of Wheels, à Tampa, en Floride, EU, Tood Seeley a réussi un saut en longueur à moto de 75 m.

■ Le 6 février 1977, le cascadeur Alain Prieur a sauté par-dessus 16 autobus, sur une longueur de 64,60 m, à Montlhéry, Essonne. Le 15 février 1981, à Pra-Loup, Alpes-de-Haute-Provence, il a fait un bond de 6 m de haut, par-dessus un chalet. Et en 1985, il a sauté à moto dans les gorges du Verdon, Alpes-de-Haute-Provence, et a atterri en parachute 635 m plus bas. Il s'est tué dans une cascade aérienne le 4 juin 1991.

Pyramide

Les Dare Devils de l'armée indienne ont constitué une pyramide faite de 81 hommes sur 7 motos. Réalisée sans courroies, ni harnais, ni aide d'aucune sorte, elle a parcouru une distance de 300 m le 25 janvier 1994, à Pune, Inde.

Vieux motard

Arthur Merrick Cock, d'Exeter, Devon, né le 13 juin 1895, conduit tous les jours sa moto Suzuki 125 GS Special, à 99 ans.

LA MOTO DE SÉRIE LA PLUS CHÈRE

La moto de série la plus chère est la Honda 750 NR facturée 367 500 F, en particulier parce qu'un prototype modifié de cette série détient 4 records du monde homologués en 1993 : km lancé (299,825 km/h), km lancé (299,788 km/h), 10 km départ arrêté (221,219 km/h), et le km départ arrêté avec une vitesse de 221,219 km/h.

LA PLUS VENDUE

D'après le magazine *Moto Revue*, la moto de série la plus vendue en France est la Honda 600 Transalp avec 2 258 exemplaires vendus en 1993.

Elle est devancée au hit-parade des ventes par le scooter Peugeot SV 80 (2 643 ex.) et la Yamaha SR 125 (2 336 ex.).

1 001 h non stop à moto

Les Indiens Har Parkash Rishi, Amarjeet Singh et Navjot Chadha ont conduit un scooter Kinetic Honda DX 100 cm³ pendant 1 001 h sans arrêter le moteur. Cette équipe a parcouru ainsi 30 965 km du 22 avril au 3 juin 1990.

24 h sur une mini

Les 22 et 23 avril 1991, sur le circuit Carole, à Tremblay-en-France, Seine-Saint-Denis, Eric Cendre, Franck Contion et Thierry Krafft se sont relayés sur une pocket-bike (« moto de poche ») de 37,5 cm³ pendant 24 h et ont parcouru 1 051 km.

PRODUCTION

PREMIÈRES AUTOS

■ La première maquette (60 cm de long) fonctionnant à la vapeur fut construite par le jésuite belge Ferdinand Verbiest (mort en 1687). Elle est décrite dans son *Astronomia europaea*.

Sa maquette de 1668 était sans doute inspirée de la description du moteur à turbine de Giovanni Branca, publiée dans son livre *La Macchina*, en 1629, ou bien des écrits sur les « chars à feu » de la dynastie chinoise Chu, vers 800 av. J.-C.

■ La plus ancienne automobile de taille normale fut le premier des deux fardiers militaires à vapeur construits à l'Arsenal de Paris en 1769 par Nicolas-Joseph Cugnot (1725-1804). Il atteignait une vitesse de 3,6 km/h.

Le second fardier de Cugnot, plus grand, fut terminé en mai 1771. Il est actuellement exposé au Conservatoire national des arts et métiers.

Le premier véhicule routier transportant des passagers fut une auto à vapeur pour 8 personnes construite par Richard Trevithick (1771-1883). Elle fit son premier trajet le 24 décembre 1801 à Camborne, Cornouailles, GB.

Les premières et les plus chères immatriculations

■ Ce sont les services de la préfecture de Paris qui, en 1893, inventèrent les plaques d'immatriculation, également appelées plaques minéralogiques, parce que leurs numéros sont inscrits sur les registres de l'administration des Mines.

■ Le gouvernement de Hong Kong a vendu en avril 1994, aux enchères publiques, une plaque d'immatriculation portant le seul chiffre 9. Cette plaque a été adjugée 13 millions de HK$ (environ 19 millions de F) à Albert Yeung Sau-Shing. Le 9 est considéré comme porte-bonheur, il ressemble au mot « chien » en chinois, et l'année 1994 est l'année du chien.

Production

47 955 000 véhicules ont été produits dans le monde en 1994, parmi lesquels 34 838 000 étaient des voitures. 1990 fut l'année record, avec une production de 35 277 986 voitures.

Combustion interne

■ En 1805, le Suisse Isaac de Rivaz (mort en 1828) construisit un véhicule commandé par son « moteur à explosion ».

■ Le premier véhicule à moteur à combustion interne fut construit par le Londonien Samuel Brown en mai 1826. Le véhicule, équipé d'un moteur à gaz atmosphérique de 4 ch, escalada une colline dans le Kent.

■ La première voiture à essence fut construite par l'Allemand Karl Friedrich Benz (1844-1929). Elle effectua son premier kilomètre le 4 juin 1886. Ce véhicule, à 3 roues, de 254 kg, atteignait la vitesse de 15 km/h pour une puissance de 0,85 ch.

■ Après de multiples essais infructueux, une Panhard et Levassor conçue par l'ingénieur Émile Levassor (1844-1897) effectua 20 km sans s'arrêter, en janvier 1891. C'était une voiture à quatre places disposées dos à dos, pesant 1 t, à moteur central à pétrole Daimler de 2 ch.

LES VOITURES LES PLUS RAPIDES

CATÉGORIE	KM/H	AUTO	PILOTE	LIEU	DATE
Turboréacteur :	1 019,4	Thrust 2	Richard Noble (GB)	Désert de Black Rock, Nevada, EU	4-10-1983
Moteur fusée :	1 016	Blue Flame	Gary Gabelich (EU)	Bonneville, Utah, EU	23-10-1970
Roues motrices :					
Turbine	690	Bluebird	Donald Campbell (GB)	Lake Eyre, Australie	17-07-1964
Moteur à plusieurs pistons	696,3	Speed-O-Motive-Spirit 76	Al Teague (EU)	Bonneville, Utah, EU	21-08-1991
Moteur à un seul piston	575	Herda-Knapp-Milodan	Bob Herda (EU)	Bonneville, Utah, EU	2-11-1967

VITESSE

VOITURES À ROUES NON-MOTRICES

1 190 km/h

Une performance (non officielle) de 1 190 km/h (Mach 1,01) aurait été réalisée le 17 décembre 1979 par l'Américain Stan Barrett sur un véhicule à trois roues propulsé par des fusées, le *Budweiser Rocket*, à la base aérienne Edwards, en Californie.

1 019,467 km/h

Le record officiel appartient depuis le 4 octobre 1983 au Britannique Richard Noble, qui, sur sa *Thrust 2,* Rolls Royce Avon 302 à turboréacteur, a réussi à atteindre la vitesse de 1 019,467 km/h dans le désert de Black Rock, au Nevada, EU.

1 016 km/h

Le 23 octobre 1970, Gary Gabelich, EU, a atteint sur *Blue Flame*, équipée d'un moteur au gaz naturel liquide et au peroxyde d'azote, la vitesse de 1 016 km/h, avec une pointe à 1 046 km/h non homologuée, à Bonneville, Utah, EU. Théoriquement, il aurait dû être capable d'atteindre la vitesse de 1 488 km/h.

843,323 km/h

L'Américaine Kitty Hambleton a établi le 6 décembre 1976 le record féminin de vitesse, 843,323 km/h, sur un véhicule à trois roues de 48 000 ch, à propulsion par fusée, le *Motivator*, dans le désert d'Alvard, Oregon, EU. Elle a atteint 965 km/h par moments.

621 km/h

Le Français Bob Feeler, Gonesse, Val-d'Oise, a atteint la vitesse de 621 km/h à bord de son dragster *Rocket Car* le 9 août 1988.

VOITURES À ROUES MOTRICES

Moteur turbine

Donald Campbell (1921-1967), au volant de sa *Bluebird*, a atteint 690,909 km/h, le 17 juillet 1964, à Lake Eyre, Australie. D'une longueur de 9,10 m, d'un poids de 4 354 kg, sa voiture avait été accidentée le 16 septembre 1960 à la vitesse de 580 km/h.

multipistons

L'Américain Al Teague a atteint 696,331 km/h au volant de sa *Speed-O-Motive-Spirit 76*, à Bonneville, Utah, EU, le 21 août 1991.

monopiston

L'Américain Bob Herda a réalisé 575,149 km/h, le 2 novembre 1967, à Bonneville, Utah, EU, sur sa *Herda-Knapp-Milodan*.

Le 4 octobre 1983, Richard Noble a battu le record du monde de vitesse automobile avec 1 019,4 km/h sur la *Thrust 2*. Pour le battre, il faut dépasser ce record d'au moins 1 %.

FORMULE 1

Une F1 peut atteindre en course une vitesse de pointe maximum de 330 km/h. La vitesse moyenne la plus élevée atteinte en Grand Prix est de 242,5 km/h, une performance réalisée par le coureur britannique Mansell sur une Williams- Renault, sur le circuit de Monza, Italie, le 8 septembre 1992. Lors des qualifications de ce Grand Prix, le pilote Ayrton Senna a atteint la vitesse moyenne de 257 km/h à bord de sa McLaren.

MOTEUR DIESEL

■ Le prototype Mercedes C 111/3, 230 ch, 3 litres, atteignit en octobre 1978 la vitesse de 327 km/h sur le circuit Nardo, Italie.

■ En avril de cette même année, il avait atteint la vitesse moyenne de 314,5 km/h pendant une durée totale de 12 h, cela lui a permis de battre le record de distance de 3 773,5 km en 12 h.

LA PLUS FORTE ACCÉLÉRATION

La plus forte accélération d'une voiture standard est de 0 à 96,5 km/h en 3,275 s. Elle fut atteinte par une Ford RS 200, conduite par Graham Hathaway, le 28 avril 1993 dans le comté d'Essex, GB.

La Blue Flame de Gary Gabelich, équipée d'un moteur fusée, n'avait atteint que la vitesse de 1 016,088 km/h, le 23 octobre 1970.

MOTEUR À VAPEUR

Le 18 juillet 1992, Andy Ochsner a battu le record de vitesse d'une auto à vapeur, sur sa *Waterthunder*, fabriquée par Exotic Thermo Engineering, en atteignant 343,5 km/h, à Payerne, Suisse.

Le plus long voyage

Les Anglais Harry B. Coleman et Peggy Larson ont parcouru 231 288 km et traversé 113 pays dans un Volkswagen Camper, du 20 août 1976 au 20 avril 1978.

DÉRAPAGES EXTRÊMES

■ Les marques de dérapage laissées par la voiture à réaction Spirit-of-America, pilotée par l'Américain Norman Craig Breedlove, après que celui-ci en eut perdu le contrôle, sur le Grand Lac Salé, Utah, le 15 octobre 1964, avaient près de 9,5 km de long.

■ Sur la M1 près de Luton, Beds, GB, une Jaguar a laissé, le 30 juin 1960, les plus longues marques de dérapage jamais observées sur une route publique ; elles mesuraient 290 m de long.

ROSALIE

■

En 1933, la Citroën Rosalie a réussi l'incroyable exploit de parcourir 300 000 km sans s'arrêter sur le circuit de Montlhéry. Elle a tourné pendant 133 jours à la vitesse moyenne de 93 km/h pour battre ce record Yacco.

CARACTERISTIQUES TECHNIQUES

Le coupé français Transcup-Turbo 270 ch de Venturi peut atteindre 270 km/h.

Les plus grandes voitures

■ *Voir encadré : Bugatti Royale.*

■ *Le break 505 Peugeot mesure très exactement 4,898 m de long, la Citroën CX Break mesure 4,93 m de long. Ce sont les plus grandes voitures françaises.*

LES PLUS PETITES

Parmi les voitures commercialisées en France, la plus petite 2-portes est la Mini. Elle mesure 3,05 m de longueur hors-tout, 1,43 m de largeur et 1,35 m de hauteur.

La plus petite 5-portes est la Maruti, fabriquée à New Delhi, Inde. Ses dimensions sont : 3,30 m x 1,41 m x 1,40 m.

La plus légère

Louis Borsi, de Londres, a construit et conduit une voiture de 9,5 kg, dotée d'un moteur de 2,5ch, et capable de rouler à 25 km/h.

La plus lourde

Il semble que la voiture la plus lourde actuellement construite (3 ou 4 exemplaires par an) soit la limousine russe Zil, qui pèse 3 t.

La Zil « allongée » de l'ancien président Mikhaïl Gorbatchev pèse 6 t et a un blindage de 8 cm d'épaisseur. Le moteur à 8 cylindres de 7 litres dévore 45 litres de gazole aux 100 km.

La plus longue

Jay Ohrberg, de Burbank, Californie, EU, a conçu une voiture à 26 roues longue de 30,5 m. Elle comprend une piscine avec plongeoir, un lit à eau géant et une surface où peut se poser un hélicoptère. Elle est destinée au tournage de films.

LA PLUS HAUTE

Jean-Pierre Ponthieu, de Paris, a construit, sur un châssis Renault 1956, une voiture, agréée par les Mines, haute de 2,40 m, longue de 7 m et large de 2 m. Elle pèse 2,4 t et peut atteindre 100 km/h.

LA PLUS PUISSANTE

La Jameson-Merlin, à 6 roues, propulsée par un moteur d'avion Rolls Royce V12 Merlin de 27 000 cm³, d'une puissance de 1 310 kW, se limitait à la vitesse de 300 km/h. Elle jouissait d'une autonomie de 480 km, avec des réservoirs totalisant 272 litres, et pesait 2,7 t. Elle n'existe plus aujourd'hui.

GROS MOTEURS

■ *La White Triplex, commanditée par J.H. White, de Philadelphie, Pennsylvanie, EU, fut terminée au début de 1928, après deux ans de travail. Elle pesait environ 4 t et était propulsée par 3 moteurs d'avion Liberty V 12, développant une puissance de 1 120 kW à 2 000 tours/mn.*

Elle avait été construite pour battre le record mondial de vitesse mais fut détruite dans un accident le 13 mars 1929, à Daytona, Floride, EU.

■ *La 2e voiture de série la plus puissante aujourd'hui est la Lamborghini Diablo, qui développe 366 kW (492 ch). La Pierce-Arrow 6-66 Raceabout (EU), fabriquée entre 1912 et 1918, la Peerless 6-60 (EU), construite entre 1912 et 1914, et la Fageol de 1918 avaient chacune des moteurs de 13,5 litres.*

LA BUGATTI EB 110

Voitures de série

■ *La voiture de série la plus rapide et la plus puissante du monde est la Bugatti EB 110 550 ch, qui peut atteindre la vitesse de 350 km/h. Elle vaut 3,5 millions de F.* ▼

■ *La Jaguar XJ 220 peut aussi atteindre la vitesse de 350 km/h.*

BUGATTI ROYALE

La plus grande

La Bugatti Royale de type 41, dont 6 modèles seulement furent construits à Molsheim, Bas-Rhin, par l'Italien, naturalisé français, Ettore Bugatti, à partir de 1927, avait un moteur à 8 cylindres de 12,7 litres. Elle mesurait 6,70 m de long, avec un capot de plus de 2 m. Une Bugatti Royale a été vendue en 1990 à une société japonaise pour 15 millions de $, voir le chapitre Art et culture, tableau des ventes aux enchères.

Volant géant

Le plus grand volant automobile exposé le 28 octobre 1993, à l'occasion du salon Équip'Auto 93 de Paris, par Malby Technologie, a 2 m de diamètre.

La plus endurante

Une Volkswagen Coccinelle modèle 1963 appartenant à Albert Klein, de Pasadena, Californie, EU, a parcouru 2 434 575 km au 25 janvier 1994.

La voiture la plus économique

Le 23 juillet 1993, sur le circuit de Linas, le journal Auto Plus *et l'Association des élèves de l'école d'ingénieurs de Metz (ADENIM), avec le prototype « Epare 3 », enregistraient le score de 8 centilitres aux 100 km sur une distance réelle de 1 002 km.*

Diesel

Dans cette catégorie Diesel, le record est détenu par le Français Jean-Pierre Bolzer de Amirvec, de Laval, avec 0,14 litre de carburant aux 100 km, soit l'équivalent de 711,855 km pour 1 litre, le 16 mai 1993.

CONSOMMATION

■ *La plus grande distance parcourue sans remettre de carburant est de 2 724 km. La Toyota Land Cruiser diesel de 1991, avec ses deux réservoirs de 174 litres en option, fut conduite par les Australiens Ewan Kennedy et Ian Lee. Ils effectuèrent un aller-retour, de Nyngan à Winton, Australie du 18 au 21 mai 1992. Leur vitesse moyenne était de 60 km/h.*

■ *Un véhicule, le pick-up Tempo Trax diesel, a été conduit par les Indiens Rajendra et Lal Singh, du 17 au 19 juin 1991, pendant 49 h 24 mn 25 s. La consommation moyenne a été de 6,85 litres aux 100 km.*

Essence

D'après une enquête du magazine automobile Auto-Plus *réalisée en mai 1992, la voiture capable de parcourir avec un seul plein le plus grand nombre de kilomètres est la Renault Safrane : elle a, en effet, parcouru 890 km avec un plein de 80 litres, soit une consommation moyenne de 8,99 l aux 100 km à une vitesse moyenne de 130 km/h sur autoroute.*

Les plus gros pneus

Pour des camions-bennes géants, la société Goodyear Tire and Rubber fabriqua des pneus d'un diamètre de 3,65 m. Ils pèsent 5 670 kg et coûtent 74 000 $. On pense qu'il n'est pas possible techniquement de dépasser un diamètre de 5,20 m.

AUTOS ET CAMIONS

AUTRES VEHICULES

AMBULANCES DE 18 M

Les plus grandes ambulances sont les Jumbulances Alligator destinées à conduire en vacances ou en pèlerinage à travers l'Europe les malades et les handicapés d'Across Trust. Longues de 18 m, elles sont construites en Belgique par Van Hool et équipées de moteurs Fiat. Elles peuvent transporter 44 personnes ainsi que le personnel.

Camions les plus puissants

■ **C'est un *Jet Truck Shock Wave* appartenant à Les Shockley, de Galena, Kansas, EU. Il a atteint 412 km/h en 6,3 s, le 4 juin 1989 à Mexico. Il a atteint la vitesse de 605 km/h le 18 aout 1991.**

■ **Un camion Mack Renault CS 300, 6 cylindres 9 800 cm³, a atteint la vitesse record de 201,81 km/h.**

C'est Jacques Perret, qui, le 25 mai 1991, a piloté ce camion sur la piste de l'aérodrome de Montoir-de-Bretagne - Saint-Nazaire, Loire-Atlantique.

Le plus long camion

La société Delagnes, de Toulouse, Haute-Garonne, a réalisé, en mai 1992, un camion de 373,9 m de long.

CARAVANE

La plus grande caravane munie de 2 roues, possède 2 étages, fait 20 m de long, 12 m de large, possède 8 chambres, 8 salles de bains, et 4 garages. Elle a été construite en 1990 par Cheik Hamad Bin Hamdan Al Nahuyan, de Abu, Émirats arabes unis. Les State Super Caravans, construites par Coventry Steel Caravans, GB, mesurent 18 m de long et 3,50 m de large.

Side-car

Denis Maurer, de Durlinsdorf, Haut-Rhin, a réalisé en septembre 1992, un side-car de 3 m de long et de 1,80 m de large, pesant 490 kg.

Chasse-neige

Un chasse-neige dont la lame mesure 9,80 m de longueur a été conçu et réalisé par la société Thomas Sedgwick, de Syracuse, État de New York, EU, pour être utilisé à l'aéroport international Hancock. Si la neige tombait sur 15 cm, il pourrait en dégager 6 500 m³ à l'heure.

Dépanneuse

L'International M6-23 Hulk, « le Balèze », pèse 20 t et mesure 11 m de long. Elle est basée à Scott City, Missouri, EU. Elle peut soulever plus de 295 t.

CAMION-BENNE GÉANT

Le camion-benne géant fabriqué pour l'exploitation des mines de charbon à ciel ouvert en Australie par le consortium japonais SMEC a 16,80 m de long et pèse 180 t. Ses pneus ont un diamètre de 3,50 m. La benne a une capacité de 19 m³.

Voiture électrique

La plus longue distance parcourue par une voiture à propulsion électrique avec une seule charge est de 547,014 km. Il s'agissait d'une Horlacher NA-S Spoet pilotée par Paul Schweizer. Cette voiture, conçue par Horlacher AG de Möhlin, Suisse, roula sur les routes publiques de Zurich à Genève via Berne et Lausanne, le 4 mars 1992.

Engin autotracté

La pelle mécanique *Big Muskie* de Bucyrus Erie pèse 10 890 t. Elle a 148 m de long, 46 m de large et 67 m de haut, avec une benne d'une capacité de 325 t.

KART

En circuit fermé, un kart à moteur Honda (5 CV, 140 cm³) piloté, les 4 et 5 septembre 1983, par une équipe de 4 hommes a parcouru 1 640 km en 24 h sur le circuit d'Erbsville, Ontario, Canada.

Le record pour 48 h, 2 730 km, a été établi par un kart Yamaha RC 100 SE à moteur de 100 cm³ sur le circuit de Mount Sugarloaf, Australie, du 25 au 27 mars 1983.

Pompe à incendie

L'autopompe Oshkosh (60 t) a une puissance de 860 ch. Elle est utilisée contre les incendies d'avion et peut déverser 190 000 litres de mousse en 2 minutes et demie.

Taxis

■ Le plus grand parc de taxis est celui de Mexico, qui en compte 60 000.

■ En juin 1994, le quota de taxis autorisé à Paris était de 14 900 véhicules.

90 000 F au compteur

Le trajet le plus long officiellement enregistré est de 23 196 km, le compteur marquant la somme de 70 000 FIM. Mika Lehtonen et Juhani Saramies, plus le chauffeur, ont quitté Nokia, Finlande, le 2 mai 1991, pour rejoindre l'Espagne en passant par la Scandinavie. Ils ont ensuite fait le trajet retour pour rejoindre de nouveau Nokia le 17 mai 1991.

TONDEUSE

La plus grande tondeuse à gazon (18 m, 5 t) est la *Big Green Machine*, à 27 lames. Utilisée par l'horticulteur Jay Edgar Frick, de Monroe, Ohio, EU, elle fauche 4 000 m² à la minute.

Tracteur

Le plus grand tracteur est le Wide Tractive Frame Vehicle, du ministère de l'Agriculture des États-Unis, d'une valeur de 459 000 $. Il a été construit par Ag West, de Sacramento, Californie, en 1982. Son espace entre les roues est de 10 m et il pèse 22 t.

Le plus long voyage

Le Groupe des jeunes fermiers du Devon a parcouru 23 335 km en tracteur. Leur voyage, entre octobre 1990 et mars 1991, les a conduits du Devon au Zimbabwe.

Tramways

Le plus important réseau de tramways actuellement en service est celui de Saint-Petersbourg, Russie, qui compte 2 402 voitures effectuant 64 trajets sur 690 km de rails.

Le trajet le plus long relie Krefeld Sankt Tönis à Witten Annen Nord, Allemagne. Si l'on ne manque aucune correspondance, on peut parcourir les 105 km en 5 h 30 mn.

Les plus vieux tramways encore en service sont ceux du Manx Electric Railway ; ils datent de 1893 et parcourent quotidiennement une distance de 28,5 km entre Douglas et Ramsay, île de Man.

Véhicules à chenilles

Le plus massif est le *Marion*, à 8 chenilles, transportant les fusées *Saturne V* jusqu'à leur aire de lancement de cap Canaveral.

Il mesure 40 m x 34,70 m. Il pèse avec sa charge 8 165 t. Ses essuie- glace mesurent 106 cm, et sont les plus grands du monde.

Véhicule solaire

En novembre 1993, le véhicule japonais *Dream* a remporté la 3e édition de la course du World Solar Challenge, 3 013,30 km du nord au sud de l'Australie. De forme aérodynamique, long de 6 m et pesant 187,5 kg, il a maintenu pendant la course une moyenne de 84,56 km/h et effectué des pointes à 130km/h. Muni de 8 m² de surface de panneaux solaires, il disposait également d'un accumulateur destiné à stocker l'énergie solaire aux heures les plus chaudes pour la restituer en montée ou lors des passages nuageux. Le lauréat de l'édition précédente *Spirit of Biel III*, arrivé 3 h après *Dream*, améliora tout de même son record de 6 h. L'ensemble des 55 véhicules ayant participé à la course a coûté 25 millions de $. ▼

■ ***Le premier*** *Le premier omnibus municipal du monde a été inauguré le 12 avril 1903 et effectuait le trajet entre Eastbourne et Meads, Sussex, GB.*

■ ***Les plus longs*** *Ce sont les DAF Super City-Train du Zaïre (dessinés par le président Mobutu lui-même), d'un poids de 28 t, longs de 32 m, avec 110 sièges et 140 places debout. Le plus long autobus classique mesure 15 m. Construit par Van Hool, Belgique, il transporte 69 passagers.*

■ ***Le plus grand parc*** *La ville de Sao Paulo, Brésil, possède la plus importante flotte de bus avec 10 895 véhicules.*

■ ***Le parc français*** *Le parc total de la RATP est de 3 800 autobus, qui ont parcouru, en 1992, 142,3 millions de km. Chaque jour circulent, à Paris, 1 354 autobus, sur 58 lignes (et 521 km), et 2 451 autobus en banlieue, sur 176 lignes (et 1 819 km).*

■ ***La plus longue ligne*** *La compagnie de bus Group Ormeño assure un service régulier entre Caracas, Venezuela et Buenos Aires, Argentine. Le trajet est de 9 660 km au total, et dure 10 jours.*

Bus anglais

Bobby Ore, GB, a conduit sur 2 roues latérales pendant 246 m un bus à 2 étages, le 21 mai 1988.

AUTOS ET CAMIONS
PRIX ET DISTRIBUTION

VOITURES DE SÉRIE LES PLUS CHÈRES

■ En février 1992, la Rolls Royce limousine Silver Spirit Touring était commercialisée en France au prix de 2 158 500 F. Il s'en vend 2 ou 3 par an en France, et environ 300 dans le monde.

■ Pour toute la gamme Rolls Royce, dont la moins chère, la Brooklands, vaut 929 824 F, le nombre de modèles vendus dans le monde en 1992 a été de 1 378.

■ La MacLaren F1 a coûté 5 millions de F.

■ La Jaguar XJ 220 a coûté 3,3 millions de francs. 350 exemplaires devraient être construits, au rythme d'un par jour.

■ La voiture française la plus chère est le cabriolet Turbo Venturi 260 : il vaut 609 000 F. Il s'en vend chaque année une trentaine d'exemplaires en France et environ 135 dans le monde.

■ Parmi les grandes marques, la Renault Alpine A-610 Turbo vaut 416 500 F.

Voitures de collection

Voir le chapitre Art et culture, le tableau « Prix records d'objets d'art ».

Voitures anciennes

Le Musée Schlumpf de l'automobile de Mulhouse, Haut-Rhin, qui a officiellement ouvert ses portes en juillet 1982, est le plus grand musée automobile du monde ; il rassemble près de 500 très beaux véhicules de 102 marques, dont 105 Bugatti et 1 Jacquot de 1878. Le musée reçoit environ 500 000 visiteurs par an.

Les voitures les moins chères

■ Spéciales La Red Bug Buckboard de 1922, construite par la société Briggs et Stratton, de Milwaukee, Wisconsin, EU, valait de 125 $ à 150 $. Elle avait un empattement de 1,57 m et pesait 111 kg. Les premiers modèles de la King Midget étaient vendus — jusqu'en 1948 — en kit au prix de 100 $.

■ De série La Tavria, de fabrication russe, est commercialisée au prix de 34 720 F.

La Fiat Panda IE POP vaut 41 900 F.

La voiture française la moins chère est la Citroën AX 10, à 49 900 F.

La voiture la plus vendue

Avec 233 209 immatriculations en 1992, la Renault Clio est la voiture la plus vendue en France.

Rolls Royce : la plus spacieuse et la plus chère

La voiture la plus chère jamais construite fut la Lincoln Continental Executive Presidential modèle 1969 du président des États-Unis. Elle a une longueur totale de 6,56 m et un empattement de 4 m. Avec l'addition d'un blindage de 2 t, elle pèse 5,4 t. Les frais de conception, d'études et de fabrication ont été estimés à 500 000 $, mais elle est louée 5 000 $ par an. Même si ses quatre pneus étaient crevés, la voiture pourrait continuer à rouler à 80 km/h sur des disques intérieurs d'acier garnis de caoutchouc.

Avec une longueur de 6,45 m, un bar, un humidificateur de cigares et des boiseries en noyer, le cabriolet Rolls Royce Phantom VI State, mis en vente en mars 1993, vaut 17 millions de F. C'est l'automobile la plus spacieuse et la plus chère fabriquée par le constructeur britannique depuis sa fondation, en 1904.

LA VOITURE DE L'ANNÉE ET CELLE DU SIÈCLE

L'américaine Ford Mondeo a été élue voiture de l'année 1994 par un jury européen composé de 59 journalistes spécialisés. La Citroën Xantia a bien failli être la gagnante, et avec très peu d'écart, s'est retrouvée 2e au palmarès.

Le prix de la Voiture de l'année a été créé en 1964, la Mondeo en est la 31e lauréate. Les 4 lauréates précédentes étaient la Nissan Micra (1993), la VW Golf (1992), la Renault Clio (1991), la Citröen XM (1990).

Réuni par le magazine *Auto-Moto*, un jury de 100 journalistes professionnels représentant 37 pays a élu, en janvier 1991, la voiture du siècle. C'est la Volkswagen Type 1, la fameuse Coccinelle qui a été désignée. Elle précède la Ford T (née aux États-Unis en 1908) et la Citroën DS 19 (née en France en 1955). Des passionnés personnalisent leur VW.

Le même jury a désigné, en janvier 1991, Citroën comme le constructeur du siècle, avec ses fameux modèles traction avant, 2 CV, DS, BX, XM, etc. Mercedes arrive en 2e position et Ford en 3e.

COX, 2CV ET MORGAN

■

La Volkswagen Type 1 (la « voiture du peuple », plus connue sous le surnom de Coccinelle) date de 1938, elle a été construite à la demande d'Adolf Hitler par Ferdinand Porsche. Sa production se poursuit depuis 1981 au Mexique, au rythme de 470 véhicules par jour. La vingt et une millionième Coccinelle est sortie des chaînes mexicaines le 31 décembre 1991.

■

Les 2 CV Citroën ont été fabriquées à Mangualde, Portugal, jusqu'en juillet 1990.

■

La voiture la plus longue à obtenir est la Morgan 4/4 qui a fêté son 58e anniversaire le 27 décembre 1993. Construite par la compagnie Morgan Motor Car (fondée en 1910) de Malven, GB, il faut encore 6 à 8 ans d'attente.

AUTOS ET CAMIONS ACROBATIES

9

1

2

Saut en longueur

Le 15 décembre 1984, à Pommevic, Tarn-et-Garonne, le cascadeur Thierry Robin a effectué un saut de 101,17 m au volant de son Alfetta, spécialement équipée. Il a pris son élan sur 1,4 km, abordé un tremplin de 5,60 m de haut et 30 m de long et atterri sur un matelas de cartons.

Freinage

Le 18 avril 1987, Jean-Claude Marty, de Narbonne, Aude, a réussi, sur une Audi 200 Quattro, un freinage sur route à 220 km/h sur une distance de 116 m.

Tonneaux (8)

Le 30 juin 1991, à Villefranche-sur-Saône, Rhône, Christian Buchaille a effectué 68 tonneaux à bord d'une Renault 14 spécialement protégée, ne restant jamais immobilisée.

Sur deux roues

■ *Le Suédois Bengt Norberg, d'Appelbo, a conduit une Mitsubishi Colt GTI 16-soupapes sur deux roues latérales sans arrêt sur une distance de 310, 391 km, en 7 h 15 mn 50 s.*

■ *Le cascadeur Français Michel Signoret a parcouru, en 10 h 11 mn, 273 km sur deux roues, au volant d'une Opel Kadett, le 29 septembre 1990.* **(6 et 9)**

■ *Le Suédois Sven Erik Soderman a roulé le 2 août 1990 à 164 km/h sur deux roues d'une Opel Kadett.*

Glissades tractées

En duo (3) *C'est accrochés à plat ventre derrière une voiture sur le circuit du Castellet, Var, à 127 km/h, que Pascal et Véronique Dragotto, de Marseille, Bouches-du-Rhône, ont célébré leur mariage, le 20 août 1991 (voir dans ce chapitre, la rubrique « Motos »).*

Barefoot *Le 12 novembre 1989, Grégory Riffi, de Talloires, Haute-Savoie, s'est fait tracter sur le sable de la plage de Berck-sur-Mer, par une Renault 5 Turbo-II, à la vitesse de 221,63 km/h dans le cadre de l'émission* Ushuaïa. *Seul matériel, une paire de baskets.*

Sur le ventre (5 et 7) *Sur le circuit Paul Ricard, au Castellet, Var, Jean-Claude Joly s'est fait tracter à plat ventre derrière une Ferrari Testarossa, à la vitesse de 232 km/h, le 3 octobre 1988.*

■ *Le Français Pascal Dragotto, de Marseille, Bouches-du-Rhône, a parcouru 365 km sur le ventre tracté par une voiture. Équipé d'une combinaison en cuir, d'un plastron, d'un casque et de genouillères, il a effectué le trajet reliant Marseille à Lyon, du 15 au 17 octobre 1993, pour participer à la lutte contre le sida.* **(2)**

Camions

■ *Le 28 septembre 1986, le Français Patrick Bourny a parcouru 1,3 km sur les roues arrière d'un Renault R 360 de 600 ch.* **(4)**

■ *Le 16 juin 1990, le cascadeur français G. Bataille a parcouru 13,8 km sur deux roues à bord d'un Iveco 190-32 Turbo dans le tunnel du Fréjus, Savoie.*

■ *Le 13 mai 1990, à Feurs, Loire, le cascadeur Patrick Bruneton, 28 ans, a parcouru 128,80 m sur deux roues latérales d'une semi-remorque Renault Turbo de 8 t en 13,91 s, soit à la vitesse de 33,334 km/h.*

Looping en camion (1) *Le 17 septembre 1990, Patrick Bourny, de Baume-les-Dames, Doubs, a effectué avec succès un looping avec un camion muni d'arceaux semi-cylindriques fixes.*

Marche arrière

■ *Charles Creighton et James Hargis, de Maplewood, Missouri, pilotèrent leur Ford 1929 en marche arrière de New York à Los Angeles sur 5 375 km, du 26 juillet au 13 août 1930, sans jamais arrêter le moteur. Ils revinrent en marche arrière, ayant accompli 11 555 km en 42 jours.*

■ *Brian Keene et James Wright ont mené leur Chevrolet Blazer sur 14 533 km en 37 jours (août 1984) à travers 15 États des États-Unis et au Canada. Bien que le véhicule fut pourvu clairement de la mention « Bloqué en marche arrière », la police routière de l'Oklahoma enjoignit au conducteur de quitter l'État en marche arrière-arrière.*

■ *Gérald Hoagland détient le record de vitesse moyenne en marche arrière ; 806 km en Chevrolet Impala 1969 en 17 h 38 mn à New York, le 10 juillet 1976, à une vitesse moyenne de 45,72 km/h.*

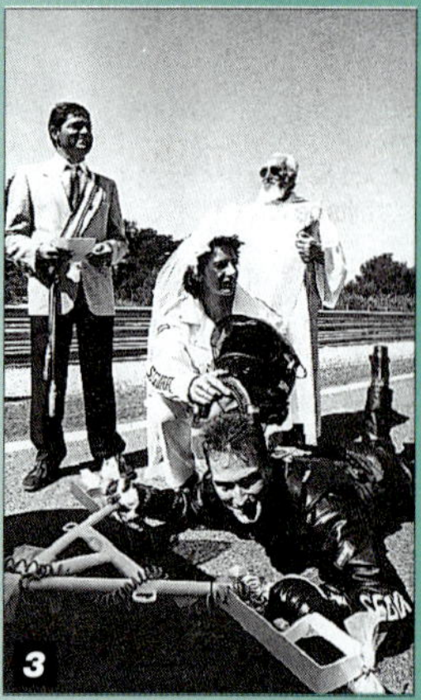
3

8

4

7

6

5

AUTOS ET CAMIONS

CONDUCTEURS RECORDS

On se reportera aussi au chapitre Institutions, le tableau « Catastrophes ».

Conducteurs chevronnés

■ Weldon C. Kocich, pilote d'essai chez Goodyear, a parcouru 5,05 millions de km du 5 février 1953 au 28 février 1986, réalisant ainsi une moyenne de 153 200 km par an. Voir aussi le chapitre Esprit d'aventure.

■ Le routier Jules Pelmoine, de Paris a parcouru 5 000 155 km, en 47 ans de carrière de 1930 à 1977. Il a ainsi réalisé une moyenne annuelle de 106 386 km.

ROY À TOMBEAU OUVERT

Né le 10 juillet 1870, Roy M. Rawlins, de Stockton, Californie, EU, reçut en juin 1974 un avertissement pour avoir roulé à 155 km/h dans une zone limitée à 90 km/h. Le 25 août 1974, l'État de Californie lui délivra un permis valable jusqu'en 1978, mais il mourut le 9 juillet 1975, la veille de son 105e anniversaire.

LE PERMIS À 91 ANS

À la mort de son mari, Mrs Maud Tull, d'Inglewood, Californie, EU, eut envie de conduire, et, à 91 ans, passa son permis. On le lui renouvela le 5 février 1976, alors qu'elle avait 104 ans.

FRANCE

M. Abel Triou, né à Angoulême, Charente, le 9 novembre 1891, a obtenu son « certificat de capacité pour la conduite des voitures à pétrole » le 24 juin 1908. Il conduisait encore le 1er janvier 1988, à l'âge de 96 ans.

DANGER

À Reno, Nevada, EU, le 29 novembre 1980, Priscilla Ford a volontairement jeté sa voiture sur un trottoir, faisant 5 morts et 25 blessés. Elle a été inculpée d'homicide volontaire.

En 20 mn, le 15 octobre 1966 à McKinney, Texas, EU, un conducteur américain de 75 ans a conduit 4 fois du mauvais côté de la route, commis 4 délits de fuite, provoqué 6 accidents et récolté 10 contraventions.

Mordechai Levy, un Américain de 23 ans se serait fait retirer son permis de conduire pour la 46e fois en six ans, le 26 avril 1994. Ce chauffard est accusé d'excès de vitesse, de non-respect systématique des feux rouges, de rouler sans assurance, et de jeter ses contraventions à la poubelle devant les policiers. Il semblerait qu'il cherche désormais à échanger sa voiture contre un vélo.

FAITES COMME LUI

Eugène François, de Charmoy-Migennes, Yonne, a conduit pendant 65 ans, parcourant plus de 3 millions de km sans aucun accident ni contravention. Au 25 août 1991, à l'âge de 85 ans, il refuse de conduire car, dit-il, « il y a de plus en plus de fous sur les routes de France ».

Jadis

Autrefois, en Égypte, il suffisait de conduire sur quelques mètres, en marche avant et en marche arrière, pour obtenir son permis de conduire.

ELLE PASSE SON PERMIS 104 FOIS

Mrs Fannie Turner (née en 1903), de Little Rock, Arkansas, EU, a passé l'épreuve écrite de l'examen à sa 104e tentative, en octobre 1978.

Accidents en chaîne

■ Le 19 octobre 1990, près de Muenchberg, Allemagne, un épais brouillard et la vitesse excessive des conducteurs ont provoqué un carambolage de 200 véhicules. 11 personnes ont été tuées et 73 blessées.

■ Le 22 novembre 1990, le brouillard a causé une série de collisions entre une centaine de véhicules, dont 15 poids lourds, sur la RN 184, à la hauteur de la zone industrielle de Saint-Ouen-l'Aumône, Val-d'Oise. Le carambolage, qui s'étendait sur 1 km, n'a fait miraculeusement que 8 blessés.

Accident de voiture

En 25 ans de carrière, de 1968 à 1993, Dick Sheppard, de Gloucester, GB, a détruit 2 003 voitures.

Succès

La voiture préférée des voleurs est la Golf GTI 16 S. En 1992, 320 000 automobiles ont été dérobées en France.

En juin 1991, le 2 CV Club de Nancy, Meurthe-et-Moselle, a procédé à la dépose et à la pose d'un moteur de 2 CV en seulement 10 mn 23 s 62.

Le samedi 16 juin 1990 au M.C.R. (magasin central de rechange), établissement militaire, huit sous-officiers français, sous la direction du lieutenant-colonel Yves Purtshet, ont démonté et remonté une jeep, en moins de trois minutes. ▲

8 038 km

■ L'Association d'automobiles de Southampton, GB, a réalisé le plus long remorquage. Elle utilisa une Land Rover pour tracter une réplique de camionnette Model T Ford sur 8 038 km de Ascot à Widmerpool, GB, du 4 au 12 mai 1993.

2 m de nylon

■ Sa MGB étant tombée en panne près de Moscou, le Britannique Eddie McGowan, de Chipping Warden, fut remorqué sur 2 343 km, de Moscou à Berlin-Ouest, par un seul câble en nylon de 2 m, du 12 au 17 juillet 1987.

AUTOS ET CAMIONS

GARAGES

Les plus grands parcs

■ *Le West Edmonton Mall, à Edmonton, Alberta, Canada, peut abriter 20 000 véhicules.*

■ *Le quartier de la Défense, près de Paris, possède 80 ha de parking, pour un total de 24 200 places, dont le plus grand, le PB, qui dessert le centre commercial des Quatre-Temps, compte 3 200 places.*

■ *Le plus grand parking séparé de France est le PO, à l'aéroport d'Orly, qui compte 5 602 places. L'aéroport entier en possède 10 908, réparties en 4 parkings.*

Parcmètres

C'est dans le quartier des affaires d'Oklahoma City, EU, qu'on installa, le 19 juillet 1935, le premier parcmètre. Il avait été inventé par Carl C. Magee.

Garages

■ *Le plus grand garage privé a été construit près de Bombay pour la collection de 176 voitures appartenant à Pranlal Bhogilal (né en 1939).*

■ *Le KMB Overhaul Centre, à Hong Kong, est le plus grand centre de réparation et d'entretien. Conçus pour les autobus à impériale, ses quatre étages occupent 47 000 m².*

204 pompes

■

C'est à Djeddah, Arabie Saoudite, que se trouve réuni le plus grand nombre de pompes à essence sur une seule station : 204.

■

Le poste à essence le plus élevé est exploité par l'Indian Oil Corporation à Leh, Ladakh, Inde, à 3 658 m d'altitude.

ROUTES RÉSEAUX

Kilométrage

Au 1er janvier 1991, les États-Unis avaient 6 244 497 km de routes carrossables.

France

Au 31 décembre 1993, la France comptait 908 212 km de routes (28 212 km de routes nationales, 354 000 km de routes départementales et 526 000 km de voies communales). Elle comptait aussi 7 834,5 km d'autoroutes (dont 5 947 km à péage).

Via Romana

Il existe partout des voies romaines en France. La plus ancienne est la voie Domitienne (via Domitia), qui allait du col du Perthus, à la frontière franco-espagnole actuelle, au Rhône. C'est Cicéron qui, le premier, a fait connaître son nom, dans son *Pro Fonteio*, plaidoirie en faveur de Fonteius, gouverneur de la Gaule narbonnaise. La RN 9, puis la RN 113, puis la RD 999, entre Nîmes et Beaucaire, Gard, suivent sensiblement son tracé ou le recoupent en divers points.

Borne

En 1949, on a découvert près de Leucate, Aude, une borne milliaire romaine installée par le proconsul Domitius Ahenobarbus vers 120 av. J.-C. Cette borne a permis de dater la voie Domitienne.
Elle est aujourd'hui conservée au musée de Narbonne, et une réplique a été placée sur l'aire des Cabanes de La Palme, en bordure de la RN 9, au sud de Sigean, Aude.

A13, PREMIÈRE AUTOROUTE

Le premier tronçon d'autoroute (aujourd'hui A13) fut ouvert en 1946, sur 22 km, entre Saint-Cloud, aujourd'hui Hauts-de-Seine, et Orgeval, aujourd'hui Yvelines.

LA PLUS LONGUE AUTOROUTE

L'autoroute panaméricaine va du nord-ouest de l'Alaska à Santiago, Chili, se prolonge vers l'est jusqu'à Buenos-Aires, Argentine, et se termine à Brasilia, Brésil. Il reste cependant des interruptions, au Tapón del Darién, Panamá, et aux marais d'Atrato, en Colombie. Elle mesure plus de 24 140 km.

ROUTES LARGES

La route la plus large dans le monde est la Monumental Axis, qui s'étend sur 2,4 km de la place Municipale à la place des Trois - Pouvoirs à Brasilia, Brésil. Construite en 1960, elle compte 6 voies dans chaque sens et mesure 250 m de large.

La San Francisco-Oakland Bay Bridge Toll Plaza compte 23 voies de circulation desservant le pont d'Oakland, Californie, EU.

Altitudes

Un tronçon de 13 km de piste entre Khaleb et Hsin Chi-fu, au Tibet, Chine, se trouve, en deux points, à plus de 6 000 m d'altitude.
La plus haute route carrossable (longue de 1 180 km) relie le Tibet au sud-ouest du Xinjiang, Chine. Achevée en octobre 1957, elle franchit des cols à plus de 5 680 m d'altitude.

- 393 m

La route longeant la mer Morte, Israël, est à 393 m au-dessous du niveau de la mer.

3 469 m

La route qui passe par le pic de Veleta, dans la sierra Nevada, Espagne, conduit l'automobiliste à 3 469 m, par une montée de 36 km.

Record de France

La route reliant Jausiers, Alpes-de-Haute-Provence, à Saint-Étienne-de-Tinée, Alpes-Maritimes, passe à proximité de la cime de la Bonette, à 2 802 m.

Les rues ■ Pour connaître tous les records de rues, reportez-vous vite au chapitre Institutions, « Villes ».

ROUTES CIRCULATION

LES PLUS INTENSES

■ Le tronçon de route à la circulation la plus dense est celui de l'Interstate 405 (nationale de San Diego) qui traverse Orange County, Californie, EU. Aux heures de pointe, un tronçon de 1,5 km voit passer 25 000 véhicules/h.

■ Le pont Howrah, long de 457 m, qui traverse la rivière Hooghly, à Calcutta, Inde, est le pont le plus fréquenté du monde. En plus de 57 000 véhicules par jour, il voit passer un nombre incalculable de piétons.

■ C'est Hong Kong qui connaît la plus forte densité de circulation dans le monde. Au 1er janvier 1992, elle comptait 468 000 véhicules motorisés pour 1 600 km de voies carrossables, soit un espace de 4,65 m par véhicule.

■ Selon les statistiques publiées par *Auto Plus*, 1,2 milliard de kilomètres de route sont parcourus chaque jour en France, entraînant la consommation quotidienne de 96 millions de litres de carburant.

■ Le confluent de l'autoroute A4 (autoroute du Sud) et du boulevard périphérique de Paris, voit passer plus de 245 000 véhicules par jour (en moyenne annuelle, 1993).

Porte de la Chapelle

Le confluent de l'autoroute A1, de la RN1 et du boulevard périphérique, porte de la Chapelle, à Paris, voit passer plus de 45 000 véhicules par jour (en moyenne annuelle).

Bouchons

À Paris, en 10 ans, leur nombre a subi la hausse phénoménale de 400 %. 7 millions d'heures sont perdues chaque jour dans les embouteillages : une perte économique équivalant à la production économique journalière de la ville de Lyon. En outre, la région parisienne concentre 83 % des embouteillages de France.

Les plus longues routes de France

■

De la frontière belge, Nord, à Menton, Alpes-Maritimes, on peut parcourir sur 1 299 km le plus long parcours nord-sud sans quitter l'autoroute.

La plus longue autoroute portant le même nom est l'A 10 (Aquitaine), de Paris à Bordeaux, sur 579 km.

La route la plus longue de France est la RN 7, qui s'étend sur 971 km de Paris à la frontière italienne (près de Menton). Elle rejoint la Méditerranée en passant par les auberges de Bourgogne, les caves du Beaujolais, les « bouchons » lyonnais et les cafés de Provence pour atteindre les pins et les cigales de la Côte d'Azur.

L'enfer du samedi 2 août 1975

■

Le samedi 2 août 1975, à 11 h du matin, l'ensemble du réseau routier français était bloqué par 600 km de bouchons. Le quart de la RN 10, entre Tours et l'Espagne, était immobilisé. Cette journée mémorable donna naissance à « Bison futé », le plan de coordination de la circulation aux périodes de vacances.

■

Un embouteillage de 200 km a paralysé l'autoroute Nuremberg-Berlin, Allemagne, entre Schwabach, Bavière, et Hermsdorfer, Thuringe, dans la nuit du 31 octobre au 1er novembre 1990. Depuis l'unification de l'Allemagne, le 3 octobre 1990, la circulation a considérablement augmenté entre l'ouest et l'est du pays.

TRANSPORTS FERROVIAIRES TRAINS ET LOCOMOTIVES

LES PREMIERS TRAINS

■ Dès 1550, on utilisait dans les mines d'Alsace et d'Angleterre des wagons roulant sur des rails en bois.

■ La première locomotive à vapeur fut construite en 1803 par l'ingénieur anglais Richard Trevithick, mais on n'a pas la preuve qu'elle marchait. Son deuxième spécimen fonctionna au pays de Galles, le 22 février 1804.

■ La première locomotive à vapeur opérationnelle et commercialisée fonctionna à Leeds, GB, en 1812. La première ligne à utiliser régulièrement la traction à vapeur fut ouverte le 27 septembre 1825, de Shildon à Stockton, GB.

■ Le premier service régulier pour passagers fut inauguré dans le Yorkshire le 3 mai 1830.

■ La première ligne électrifiée, d'environ 300 m, fut créée par Siemens à l'Exposition de Berlin, le 31 mai 1879.

LES PREMIERS EN FRANCE

■ C'est en mai 1827 que circula, entre Andrézieux et Saint-Étienne, Loire, sur 21 km, le premier véhicule sur rails, destiné au transport du charbon. Sur la même ligne, le 1er octobre 1828, toujours pour le transport du charbon, eut lieu la première mise en service officielle d'un convoi tracté par des chevaux sur des rails en fonte.

■ Le premier essai d'un transport de voyageurs eut lieu en mai 1831, entre Givors et Grand-Croix, sur la ligne Saint-Étienne-Lyon.

■ Le premier transport officiel de voyageurs eut lieu le 1er mars 1832, sur la ligne Andrézieux-Saint-Étienne, à l'aide de véhicules appelés « cadres » empruntant à la fois le rail avec une traction par locomotive et la diligence.

■ Le 26 août 1837 fut inaugurée la première ligne ouverte au trafic voyageurs entre Paris et Saint-Germain-en-Laye (terminus en gare du Pecq).

■ La première traction électrique (en courant continu de 650 V) fut testée en avril 1900 sur la ligne Paris-Invalides-Les Moulineaux.

VOIES FERREES

Trains de marchandises

Sur le parcours Sishen-Saldanha, en Afrique du Sud, a circulé, les 26 et 27 août 1989, un train de 7,3 km de long pesant 69 393 t (sans les locomotives). Il comprenait 660 wagons, chargés chacun de 105 t, un wagon-frein, 9 locomotives électriques de 50 kw et 7 locomotives diesel réparties sur sa longueur. Il a parcouru 861 km.

La plus puissante locomotive à vapeur

La n° 700, équipée d'un moteur de 6 cylindres triplex, réalisée par Baldwin Locomotive Works en 1916 pour les chemins de fer de Virginie, EU, avait une force de traction de 75 434 kg.

TRAIN DE VOYAGEURS LE PLUS GRAND

Le train de voyageurs le plus grand mesurait 1 733 m. Ses 70 wagons étaient traînés par une locomotive électrique et son poids total était de 2 786 t. Ce train de la Compagnie belge des chemins de fer parcourut le 27 avril 1991, 62 km en 1 h 11 mn 5 s.

Charges

Elles n'ont d'autre limite que la capacité du matériel roulant. Le plus gros wagon du monde est le Schnabel, pesant 336 t (capacité de 800 t, 36 essieux, 92 m de long). Il a été construit par Krupp, Allemagne, pour une société américaine de chemins de fer, en mars 1981.

201 KM/H À LA VAPEUR

■

Le Mallard britannique fut le plus rapide des trains à vapeur : il atteignit en 1938 la vitesse de 201 km/h.

L'ÉGLISE SUR LE RAIL

La plus forte charge jamais transportée par rail est l'église Notre-Dame d'un poids de 10 860 t, construite en 1548 dans le village de Most, en Tchécoslovaquie, et déplacée en 1975 parce qu'elle se trouvait au milieu d'un gisement de charbon en cours d'exploitation. On la déplaça de 730 m à une « vitesse » de 2 m à l'heure. L'opération dura 4 semaines et coûta 90 millions de F.

TRAINS LES PLUS RAPIDES

La plus grande vitesse jamais atteinte par un véhicule sur rails est de 9 851 km/h (Mach 8). C'est un « train-traîneau » à fusées sans équipage qui l'a réalisée, sur une voie ferrée de 15 km, à White Sands Missile Range, Nouveau-Mexique, EU, le 5 octobre 1982.

Le train pour voyageurs le plus rapide au monde est le TGV-Atlantique français, qui, lors d'essais le 18 mai 1990, a atteint la vitesse de 515,3 km/h, entre Courtalain, Eure-et-Loir, et Tours, Indre-et-Loire. La « rame 325 » est composée de 2 motrices et 3 voitures.

LES PLUS LONGUES VOIES

■ Le Transsibérien, qui relie Moscou à la ville de Nakhodka, en Sibérie extrême-orientale, parcourt 9 438 km. Le trajet comporte 97 arrêts et dure 8 jours 4 h 25 mn.

■ Les travaux de la ligne Baïkal-Amour (3 145 km), commencés en 1938 par des forçats, furent repris en 1974, et la ligne fut mise en service le 27 octobre 1984. Il fallut déplacer ainsi 382 millions de m^3 de terre et construire 3 901 ponts.

■ La voie ferrée du Paris-Vintimille a 1 121 km de long.

ÉCARTEMENT

Parmi les normes standard utilisées, la plus grande distance entre les rails est de 1,7 m pour le Portugal, l'Espagne, l'Inde, etc. En revanche, dans le Norfolk, GB, certains rails ne sont distants que de 260 mm.

LE PLUS LONG RÉSEAU

Ce sont les États-Unis qui, avec un total de 273 048 km de voies ferrées, possèdent le plus long réseau ferroviaire du monde.

France

La SNCF exploitait, en 1993, 34 647 km de lignes.

7. VEHICULES

LES LIGNES DE L'EXTRÊME

La plus haute altitude

Elle est atteinte sur la ligne de Morococha des chemins de fer péruviens, à La Cima, à 4 818 m au-dessus du niveau de la mer.

La plus basse altitude

La ligne qui emprunte le tunnel de Seikan, entre les îles de Honshu et de Hokkaido, Japon, passe à 240 m au-dessous de la mer, dans le détroit de Tsugaru. C'est le 13 mars 1988 que fut inauguré ce tunnel, long de 54 km.

En Europe

La ligne de plus basse altitude est celle du tunnel sous la Manche reliant les côtes françaises et anglaises, qui passe à 127 m au-dessous du niveau de la mer.

La plus longue ligne droite ferroviaire

La Trans-Australian, des Australian National Railways, en Australie, est rectiligne, mais non plane, sur 478 km.

JAPON

■

En 1992, la société des chemins de fer du Japon oriental a transporté 16 306 000 passagers par jour, ce qui lui a rapporté un total de 18,8 milliards de $.

■

Parmi les objets laissés dans les trains cette année-là, on a dénombré 377 712 parapluies, 141 200 vêtements, quelque 143 761 livres et 89 799 porte-monnaie.

La délinquante Marie-Edith

La Française Marie-Edith, 36 ans, doit 2 800 000 F d'amendes impayées à la SNCF pour avoir parcouru 2 300 000 km sans billet (elle parcourt quotidiennement, sur les lignes SNCF, 200 km environ).

Distance record

Le 22 septembre 1991, Christian Nau est parti de la gare de Lyon, à Paris, à 12 h, pour y revenir 23 h 35 mn plus tard, ayant parcouru la distance record sur rail de 3 682 km.

LE PLUS GRAND NOMBRE DE PAYS EN 24 H

Alison Bailey, Ian Bailey, John English et David Kellie ont pu traverser 10 pays en train du 1er au 2 mai 1993.
Partis de Hongrie, ils traversèrent ainsi la Slovaquie, la République tchèque, l'Autriche, le Liechtenstein, la Suisse, la France, le Luxembourg, la Belgique et les Pays-bas en 22 h 10 mn.

TRANSPORTS FERROVIAIRES MÉTROS

Réseaux

Avec le réseau de Toulouse inauguré en juin 1993, il y a à cette date, 68 réseaux dans le monde.

Le plus ancien
La première section du métro de Londres (alors à traction à vapeur), entre Farringdon Street et Edgware Road, fut ouverte le 10 janvier 1863.

Le plus long
Le métropolitain de Londres compte 408 km de voies pour 273 stations.

469 stations

Le métro de New York, dont la première section fut mise en service le 27 octobre 1904, compte 469 stations. Il s'étend sur 380 km de voies et transporte 5 millions de voyageurs par jour.

LONG QUAI

Le quai de la station State Street Center, Chicago, Illinois, EU, mesure plus de 1 km.

Le métro parisien

■ La première section fut inaugurée le 14 juillet 1900 entre Porte-de-Vincennes et Porte-Maillot (ligne électrifiée). Le réseau du métro parisien, au 31 juin 1993, comptait 200 km de voies pour 370 stations réparties sur 13 lignes principales et 2 secondaires.

■ En 1993, le métro a transporté 1,777 milliard de voyageurs. Le RER a transporté 361 millions d'usagers sur un réseau de 115 km et 65 stations.

■ En 1993, la station Saint-Lazare a accueilli 29 millions de voyageurs ; 112 000 usagers la fréquentent par semaine, dont 21 700 aux heures de pointe, entre 8 h et 9 h, c'est la station la plus fréquentée.

■ La plus profonde est la station Abbesses ; les rails sont situés à 36 m au-dessous du niveau de la chaussée.

Le VAL premier métro automatique

Le VAL, à Lille, Nord, inauguré le 25 avril 1983, est le premier métro entièrement automatique du monde. Construit par Matra, il circule sur un réseau de 24 km à la vitesse de pointe de 80 km/h (35 km/h, arrêts compris). D'autres VAL sont en service depuis le 1er novembre 1991, comme l'Orlyval, qui relie l'aéroport d'Orly à la ville d'Antony, Hauts-de-Seine.

38 KM À MOSCOU

La ligne du métro de Moscou entre Medvedkovo et Bittsevski mesure 38 km de long. Elle a été achevée en 1990.

FRANCE

Balard-Créteil

La ligne 8 (Balard-Créteil-Préfecture) du métro parisien mesure 22 km de long. Elle compte 37 stations.

Porte-des-Lilas-Gambetta

La ligne 3 bis (Porte-des-Lilas-Gambetta) est la plus courte : 1,3 km et 4 stations.

Grand Central

La plus grande gare est Grand Central Terminal, à New York, construite entre 1903 et 1913, qui couvre 19 ha sur deux niveaux, avec 41 voies au niveau supérieur et 26 au niveau inférieur.
En moyenne, plus de 550 trains, transportant 200 000 voyageurs, l'utilisent chaque jour.

Gare du Nord

La gare du Nord, à Paris, est la plus grande gare de voyageurs de France. Elle couvre 13 ha en surface (bureaux non compris) et 2,5 ha de gare souterraine. Elle compte 21 voies grandes lignes et 10 voies banlieue ; 766 trains la fréquentent chaque jour.

Les plus anciennes

■ La gare de Liverpool, à Manchester, GB, fut inaugurée le 15 septembre 1830. C'est en partie un musée.

■ L'embarcadère du Paris-Saint-Germain, qui se trouvait entre l'actuelle gare Saint-Lazare et le pont de l'Europe, à Paris, fut inauguré en 1837.

■ La première gare définitive, celle de Saint-Lazare, fut mise en service en 1841.

SAINT-LAZARE

La gare Saint-Lazare, à Paris, est fréquentée, chaque jour, par quelque 432 000 voyageurs sur le réseau banlieue, 29 000 sur le réseau grandes lignes. ▼

4 786 m

La gare de Condor, en Bolivie, sur la ligne Río Mulato-Potosí, est située à 4 786 m d'altitude.

1 592 m

La gare de Bolquère-Eyne, dans les Pyrénées-Orientales, se trouve à 1 592 m d'altitude.

ATTENTE À PÉKIN

Les quatre salles d'attente de la gare de Pékin, Chine, inaugurées en septembre 1959, peuvent accueillir 14 000 personnes.

Quai de Khargpur
Le quai de la gare de Khargpur, au Bengale-Occidental, Inde, mesure 833 m de long.

Parcours complet du métro *Le 1er avril 1988, les étudiants Christophe Grouhel et Lionel Laroche ont parcouru l'ensemble des 366 stations du métro parisien en 13 h 42 mn. Ils ont ainsi effectué 300 km, à bord des voitures et à pied, à la vitesse moyenne de 21,9 km/h.*

Modélisme À la Saline royale d'Arc-et-Senans, Doubs, 8 clubs de modélisme ferroviaire se sont associés pour confectionner les maquettes de presque toutes les gares de Franche-Comté (19 au total). Le réseau avait 130 modules, 200 m de long et 1 km de rails. Des trains, répliques exactes des convois francs-comtois, ont roulé sur ce réseau pendant 2 jours, les 3 et 4 juin 1989.

LE PLUS FRÉQUENTÉ

Le métro de Moscou transporte 3,3 milliards de passagers par an. Il compte 227 km de voies, 141 stations et 3 500 wagons. De 1935 à 1991 le prix du billet est resté inchangé, à 5 kopecks. Il est passé, début 1992, à 3 roubles. Au 6 juillet 1993, il coûtait 10 roubles.

NAVIRES DE GUERRE

Pour plus de records, le lecteur pourra se reporter aux chapitres L'Esprit d'aventure, et Sports, « Motonautisme-Voile ».

CUIRASSÉS

■ Le *Missouri* et le *Winconsin*, de la marine des États-Unis, sont les plus gros navires de ce type. Long de 270 m, ils ont un déplacement en pleine charge de 58 000 t, et peuvent atteindre la vitesse de 35 nœuds. Doté d'un blindage de 36 cm d'épaisseur, le *Missouri* a neuf canons de 406 mm pouvant tirer jusqu'à 40 km des obus de 1 t, à raison de deux coups par minute. Ces canons sont entrés en action dans la nuit du 3 au 4 février 1991, pendant la guerre du Golfe. Ils n'avaient plus ouvert le feu depuis la guerre de Corée (1950-1953). Le *Missouri* fut mis en service le 11 juin 1944. C'est sur son pont en teck que fut signée la reddition du Japon, le 2 septembre 1945. Deux navires de la même classe, le *New Jersey* et l'*Iowa*, sont en réserve.

■ Les cuirassés japonais *Yamato* (achevé le 16 décembre 1941 et coulé au sud-ouest de l'île de Kyushu, Japon, par les avions américains le 7 avril 1945) et *Musashi* (coulé dans la mer des Philippines par onze bombes et seize torpilles le 24 octobre 1944) furent les plus gros cuirassés jamais mis en service. Chacun avait un déplacement en pleine charge de 70 000 t, une longueur totale de 263 m, une largeur au fort de 38,70 m et un tirant d'eau de 11 m en pleine charge. Ils étaient armés de neuf canons de 460 mm dans trois tourelles triples. Chaque canon, long de 23 m, pesait 165 t et tirait des obus de 1 450 kg.

Le plus ancien bateau blindé

Le *Warrior*, de la Marine royale britannique, restauré et exposé depuis 1987 à Portsmouth, fut construit dans les chantiers de la Tamise, à Blackwall, en 1860. Bâti en métal et en teck, il était propulsé par une machine à vapeur de 932 kW et équipé d'un gréement complet de voiles.

TURBINE

Le premier navire à turbine a été conçu par Sir Charles Parsons (1854-1913), et construit à Wallsend-on-Tyne, GB. Il mesurait 30 m de long pour un déplacement de 45,2 tonneaux. Mû par des turbines à vapeur d'une puissance totale de 2 000 ch, il atteignit, dès sa mise à l'eau en 1897, la vitesse de 34,5 noeuds. Il est encore visible de nos jours à Newcastle-upon-Tyne, GB.

LE *TERRIBLE*

Le destroyer français le *Terrible*, de 2 830 t, a atteint en 1935 la vitesse de 45,25 nœuds (83,8 km/h). Construit à Blainville-sur-Orne, Calvados, il était propulsé par quatre chaudières Yarrow à petits tubes et deux turbines à engrenages Rateau, développant 100 000 ch. Il fut mis hors service fin 1957.

Foch, Clem *et* Charles-de-Gaulle

Mis à flot le 23 juillet 1960 et admis au service actif pendant l'été 1963, le porte-avions *Foch* est le plus grand des navires de guerre français de tous types, tout comme le porte-avions *Clemenceau*. Ils mesurent tous les deux 266 m de long et 51 m de large et ont un déplacement en pleine charge de 33 500 t. 40 avions peuvent être transportés par chacun de ces deux géants, qui atteignent la vitesse de 60 km/h. Chacun des deux porte-avions est servi par 2 250 hommes.

En 1998, le *Clemenceau* sera remplacé par le porte-avions à propulsion nucléaire *Charles-de-Gaulle*, qui a subi une première mise à flot technique, à Brest, le 20 décembre 1992. D'une longueur hors-tout de 261,50 m et d'une largeur de 64,36 m, la surface de son pont d'envol est de 12 000 m² (contre 8 800 m² pour le *Foch* et le *Clem*). Son déplacement en pleine charge est de 38 000 t.

Emballage

Pour sa mise à flot, le porte-avions *Charles-de-Gaulle* a été entièrement emballé dans un tissu tricolore de 35 000 m² (238 m de long x 31 m de large x 75 m de haut). Il a été dévoilé en 10 mn le 7 mai 1994.

LE COLBERT

Excepté les porte-avions, le plus grand navire de guerre était le croiseur lance-missiles *Colbert*, 191 m de long, 11 300 t de déplacement en pleine charge. Ce croiseur anti-aérien, mis en vente en mai 1959 et retiré du service de la Marine nationale le 24 mai 1991, a été remorqué de Toulon à Bordeaux où il est ouvert aux visites publiques. Le dernier cuirassé français, le *Jean-Bart*, lancé en 1940, mesurait 244 m de long.

LA CLASSE *NIMITZ*

Les plus grands porte-avions

Les bateaux de guerre ayant le plus gros déplacement en pleine charge sont les porte-avions américains de la classe Nimitz *:* Nimitz, Dwight-D.-Eisenhower, Carl-Vinson, Theodore-Roosevelt, George-Washington *et* Abraham-Lincoln. *Les deux derniers ont un déplacement de 102 000 t. Ils ont une longueur de 332,9 m et un pont d'envol de 1,8 ha. Leur vitesse atteint les 56 km/h. Ils sont commandés par quatre turbines à engrenages à vapeur à énergie nucléaire, d'une puissance de 260 000 ch. Ils doivent se réapprovisionner au bout d'environ 1 450 000 km. Deux autres navires de cette classe sont en construction : le* John-C.-Stennis *et le* United-States. *L'*Enterprise*, avec ses 336 m, est le plus long bateau de guerre jamais construit.*

602 APPONTAGES

Le groupe aéronaval n° 6 de la flotte américaine du Pacifique a procédé à 602 appontages sur le *Matanikau*, le 25 mai 1945, entre 8 h et 17 h, à la fin de la guerre contre le Japon.

Le bateau de guerre le plus rapide
Voir, plus loin, la rubrique « Aéroglisseurs ».

L'épave de Dokhos

La plus ancienne épave est celle d'un navire de commerce des Cyclades, repéré au large de l'îlot de Dokhos, non loin de l'île grecque d'Hydra. Elle date de 2450 av. J.-C. (à 250 années près). Cette découverte a été faite en 1975.

Une épave d'environ 2 400 ans est en cours d'exhumation dans le cratère d'un volcan en activité de la côte nord de la Sicile. Le bateau renferme une importante quantité de poteries grecques classiques.

La plus grande épave. Energy Determination, *grand pétrolier de 321 186 t, explosa et se cassa en deux dans le détroit d'Ormuz, golfe Persique, le 12 décembre 1979. Bien que vide au moment de l'accident, la valeur de la coque était estimée à 58 millions de $.*

Origines

On pense que les aborigènes étaient déjà en mesure de traverser le détroit de Torres, entre la Nouvelle-Guinée et l'Australie, soit une distance d'au moins 70 km, 55 000 ans av. J.-C. Ils utilisaient vraisemblablement des pirogues doubles, ancêtres de nos catamarans. La plus ancienne représentation d'un bateau est controversée. On l'attribue à d'éventuels dessins rupestres de bateaux en peaux de bêtes du mésolithique, à Hognipen, Norvège (8 000 à 7 000 av. J.-C.), mais aussi à Minateda, Espagne (7 000 à 3 000 av. J.-C.) et à Kobystan, URSS (8 000 à 6 000 av. J.-C.). La plus ancienne flotte connue date d'environ 3000 av. J.-C., elle a été découverte en 1991 à Abydos, Égypte. Elle est constituée de 12 bateaux funéraires mesurant chacun 18 m de long. Une pagaie de 45 cm de long a été trouvée en 1948 à Star Carr, site du North Yorkshire, GB. Datée d'environ 7 600 av. J.-C., elle se trouve au musée d'archéologie de Cambridge, GB.

L'arche de Noé

On notera que la longueur de l'arche de Noé, selon la Bible, était de 300 coudées, soit environ 150 m.

Les premiers bateaux à vapeur

La propulsion par machine à vapeur fut maîtrisée pour la première fois en 1783, quand le marquis Claude François de Jouffroy d'Abbans (1751-1832) remonta une partie de la Saône, près de Lyon, sur le *Pyroscaphe*, vapeur à aubes de 180 t.

Le remorqueur *Charlotte-Dundas* fut le premier vaisseau à moteur efficace. C'était un bateau à roues à propulsion arrière construit en 1801 pour le canal de Forth and Clyde, en Écosse, par William Symington (1763-1831). Il utilisait une machine à vapeur à condensation et à double action construite par James Watt (1736-1819).

Le plus vieux bateau à vapeur en activité est le bateau à roues *Skibladner*, qui fait la navette sur le lac Mjosa, Norvège, depuis 1856.

La plus ancienne embarcation

C'est une sorte de pirogue creusée dans du bois de pin, découverte à Pesse, Pays-Bas, datant de 6315 av. J.-C. (à 275 années près) et actuellement exposée au musée provincial d'Assen.

Les plus anciennes embarcations d'Europe, découvertes à l'occasion des travaux de fondation de la grande Bibliothèque nationale sur le site de Bercy, à Paris, ont 6 500 ans, elles datent de 4300 à 3600 av. J.-C. Les fouilles ont mis au jour 3 pirogues de chêne mesurant 5 m de long.

Le plus ancien bateau existant

Il s'agit d'un canoë en bois, destiné à la pêche aux anguilles, de 8 m de long et de 75 cm de large, daté d'environ 4490 av. J.-C. et découvert à Tybrind Vig, sur l'île de Fünen, en mer Baltique.

SOUS-MARINS

Classe Typhon

Les plus grands sous-marins sont les sous-marins nucléaires russes de la classe Typhon, connus sous le nom de code Oscar. *Le lancement du premier dans le chantier naval camouflé de Severodvinsk, sur la mer Blanche, fut annoncé par l'Otan le 23 septembre 1980. Ils sont censés avoir un déplacement en plongée de 26 500 t. Ils mesurent 170 m hors tout et sont armés de 20 missiles SS NX 20, à 7 têtes et de 8 900 km de portée. Six navires de cette classe sont actuellement en service.*

VITESSE

Les sous-marins nucléaires soviétiques de la classe Alfa *ont une vitesse maximale de 83,4 km/h.*
Grâce à l'utilisation d'un alliage de titane, on estime qu'ils peuvent plonger à 762 m. Un satellite espion américain survolant le chantier naval de Leningrad, le 8 juin 1983, a montré qu'ils avaient été « prolongés » jusqu'à une longueur de 80 m.

Les plus grands sous-marins français
Dernier des six sous-marins nucléaires lanceurs d'engins (SNLE), l'*Inflexible* est le plus impressionnant. Mis en service le 1er avril 1985, il est doté de 16 missiles M4, à têtes multiples, et de 4 tubes lance-torpilles. Long de 128,70 m, large de 10,60 m, il a un déplacement en plongée de 8 940 t, une vitesse supérieure à 20 nœuds (37 km/h) et peut plonger à plus de 2 000 m.
Le premier sous-marin nucléaire, le *Redoutable*, a été lancé à Cherbourg, Manche, le 29 mars 1967 et admis au service actif, avec ses missiles opérationnels, le 1er décembre 1971.
Septième sous-marin nucléaire lanceur d'engins (SNLE) français, le *Triomphant*, rejoindra en 1996 la Force océanique stratégique (FOST). Il sera long de 413,8 m, large de 12,50 m avec un déplacement en plongée de 14 000 t et une vitesse de 25 nœuds. Il aura 50 km de tuyauterie et 300 km de câbles et sera doté de 16 missiles M45 d'une portée supérieure à 5 000 km, à têtes nucléaires multiples.

Sous-marins les plus profonds

■ *Le* Sea Cliff, *sous-marin de la Marine américaine pesant 30 t, a atteint la profondeur de 6 000 m en mars 1985.*
■ *La plongée la plus profonde a été réalisée dans la fosse des Mariannes, à 400 km au sud-ouest de l'île de Guam (océan Pacifique). Le bathyscaphe de la Marine américaine* Trieste, *conçu en Suisse, manœuvré par le Suisse Jacques Piccard (né en 1914) et par le lieutenant américain Donald Walsh, atteignit 10 917 m de profondeur à 13 h 10 le 23 janvier 1960. La pression de l'eau était de 1 183 kgf/cm² et la température de 3 °C. La descente a duré 4 h 48 mn et la remontée 3 h 17 mn.*

Le sauvetage sous-marin le plus profond
Roger R. Chapman, 28 ans, et Roger Mallinson, 35 ans, restèrent bloqués 76 h dans le Pisces III *lorsque celui-ci sombra par 480 m de profondeur, à 240 km au sud-est de Cork, Irlande, le 29 août 1973. Le* Pisces III *fut ramené à la surface le 1er septembre par le* John-Cabot.

Matériels

■ *Le 20 mai 1972, le bathyscaphe américain* Trieste II *a récupéré du matériel électronique par 5 000 m de profondeur, au large d'Hawaï.*
■ *Le sauvetage le plus profond réalisé par des plongeurs fut celui de l'épave du croiseur britannique* Edinburgh, *coulé par 245 m de fond le 2 mai 1942 dans la mer de Barents, au large du nord de la Norvège, à l'intérieur du cercle arctique. Douze plongeurs descendirent à bord d'une cloche du navire* Stephaniturm *(1 446 tonnes) pendant 32 jours, du 17 septembre au 18 octobre 1981 ; 460 lingots d'or (seul sauvetage de l'intégralité d'une cargaison à ce jour) furent récupérés.*

43 JOURS EN SIMULATION

En novembre 1992, dans le cadre de l'opération Hydra 10 dirigée par la Comex, 3 plongeurs, Serge Icart, Régis Peilho et Théo Mavrostomos ont tenté de battre le record de plongée simulée dans un caisson, détenu depuis 1981 par des Américains. Serge Icart et Régis Peilho ont atteint la profondeur de 701 m, et Théo Mavrostomos a battu le record en atteignant, le 20 novembre 1992, au bout de 18 jours, la profondeur de 701 m, où il a séjourné pendant 3 heures. Les plongeurs ont respiré de l'« hydréliox », mélange d'hydrogène (2 à 2,5 %), d'hélium et d'oxygène. L'opération a duré 43 jours (dont 24 de décompression).
Le 28 février 1988, 6 plongeurs (4 de la Comex et 2 de la Marine française) étaient descendus à 520 m dans la fosse de Cassisdaigne, Bouches-du-Rhône, dans le cadre de l'expérience Hydra 8. Ils respiraient aussi de l'hydréliox et l'un d'eux, Patrick Raude, était sorti du caisson. Son corps avait subi une pression de 52 kg au cm².
Arnaud de Nechaud de Feral (né en 1956) a battu le record de durée en restant 73 jours, du 9 octobre au 21 décembre 1989, dans un caisson de saturation simulant une profondeur de 300 m et une pression de 30 bars. L'expérience Hydra 9, de portée industrielle, était conduite à Marseille, au centre d'essai de la Comex. Voir aussi le chapitre Esprit d'aventure.

MARINE MARCHANDE

Tonnage mondial

■ Au 31 décembre 1993, la flotte de commerce mondiale comptait 80 655 navires, représentant au total 458 millions de tonneaux de jauge brute.
■ À la fin de 1993, la plus grande flotte marchande du monde (en tonnage) naviguait sous pavillon de Panama, représentant 57,6 millions de tonneaux de jauge brute.
■ Le plus grand constructeur de navires en 1992 a été Hyundai, en Corée du Sud, qui a totalisé 28 bateaux et 1,85 million de tonneaux de jauge brute.
■ Le plus gros propriétaire de bateaux est le groupe japonais NYK, dont la flotte représentait 27,9 millions de tonneaux de jauge brute le 1er février 1993.

Sous-marins civils

■ Le *Saga*, lancé le 16 octobre 1987 par la Comex et l'Ifremer, mesure 28,70 m de long et a une autonomie en plongée de 241 km. C'est le plus grand sous-marin commercial jamais lancé.
■ Construit à des fins scientifiques en 1986 pour l'Ifremer, le *Nautile* peut plonger à 6 000 m de profondeur. Il mesure 8 m de long, 2,70 m de large et 3,45 m de haut.

■ Au 1er janvier 1993, quelque 221 navires de commerce naviguaient sous pavillon français, représentant au total 3,8 millions de tonneaux de jauge brute et 5,9 millions de tonnes de port en lourd. Au 1er décembre 1992, la France occupait le 27e rang mondial et le 6e rang européen.

LES PLUS GRANDS PÉTROLIERS

■ Le plus grand bateau en service, tous types confondus, est l'*Hellas-Fos* (ex-*Prairial*, voir encadré « *Monstres des mers* ») de 555 051 t de port en lourd et de 254 582 tonneaux de jauge brute, pétrolier à turbine à vapeur construit en 1979. Il naviguait sous pavillon grec, pour le compte de la Bilinder Marine Corporation d'Athènes jusqu'en avril 1991, date à laquelle il a été désarmé. Il est depuis cette date ancré au port du Pirée, à Athènes.
■ Le *Jahre Vicking* (anciennement *Happy-Giant*), de 564 750 t de port en lourd, a une longueur hors tout de 458 m, une largeur au fort de 69 m et un tirant d'eau de 24,61 m. Il a été « allongé » (« jumboïsé ») en 1980 par Nippon Kokan, qui y a ajouté une demi-coupe au maître de 81 m. Le bateau fut attaqué le 22 décembre 1987, au large de l'île de Larak, dans le golfe Arabo-Persique, par des Mirage irakiens et fut sévèrement endommagé le 14 mai 1988 au cours d'une autre attaque. Sa réparation à Singapour et à Dubaï, Émirats arabes unis, a coûté 60 millions de $. Il reprit du service sous son nouveau nom en novembre 1991. Un nouveau moteur Diesel remplace ses turbines à vapeur et réduit son port en lourd à 420 000 t.

MARÉES NOIRES

■ La plus grande marée noire
Le 19 juillet 1979, la collision, au large de Tobago, des pétroliers *Atlantic Express* et *Aegan Captain* provoqua le déversement de 300 000 t de pétrole dans les Caraïbes.
■ Le 24 mars 1989, l'*Exxon Valdez* a heurté un récif en Alaska et déversé 50 000 t de pétrole sur 7 000 km² (voir encadré page suivante).

LA PLUS GRANDE MARÉE NOIRE VOLONTAIRE

Le 19 janvier 1991, le président irakien Saddam Hussein ordonna le déversement dans le Golfe Persique d'environ 81 600 t de pétrole provenant du terminal de Sea Island, Koweit, et de 7 pétroliers.

MONSTRES DES MERS

Entre 1976 et 1979, les Chantiers de l'Atlantique, à Saint-Nazaire, Loire-Atlantique, livrèrent les quatre plus grands pétroliers du monde (plus de 550 000 t de port en lourd) : deux (le *Batillus* et le *Bellamya*) commandés par Shell-France et deux (le *Pierre-Guillaumat* ▶ et le *Prairial*) commandés par la Compagnie nationale de navigation. Depuis, les trois premiers ont été mis à la casse. Le quatrième est devenu l'*Hellas-Fos* (voir ci-contre). Aujourd'hui, le plus grand pétrolier battant pavillon français est le *Lanistes*, lancé au Japon en 1975. Long de 344 m, large de 56 m, avec 311 896 t de port en lourd, il appartient à Shell-France.

LE PLUS GRAND CARGO

Le cargo norvégien de marchandises sèches *Berge-Stahl*, de 364 767 t de port en lourd, a été construit en Corée pour l'armateur norvégien Sig Bergesen. D'une longueur de 343 m, d'une largeur au fort de 63,50 m, il a été lancé le 5 novembre 1986.

Chalands

Les plus grands chalands rouliers sont quatre chalands de la classe El Rey, de 16 700 t et de 177 m de long.
Construits par FMC, de Portland, Oregon, EU, ils sont affrétés par Crowley Maritime, de San Francisco. Ils fonctionnent entre la Floride et Porto Rico. Leurs trois niveaux peuvent accueillir jusqu'à 376 camions semi-remorques.

La plus grande baleinière-usine

La *Sovietskaya-Ukraina* (32 034 tonneaux de jauge brute, 46 738 t de port en lourd) a été terminée en octobre 1959. Elle a une longueur de 218 m et une largeur au fort de 26 m.

Porte-conteneurs

C'est en 1955 que prit naissance la technique du porte-conteneurs, lorsque le pétrolier *Ideal-X* fut transformé par l'Américain Malcolm McLean. Il ne portait des conteneurs que sur le pont. Les douze porte-conteneurs construits en Corée pour United States Lines, en 1984-1985, peuvent transporter 4 480 conteneurs de 6 m de long.
Ils ont 57 075 tonneaux de jauge brute. Ils s'appelaient : *American-Alabama*, *American-California*, *Illinois*, *Kentucky*, etc. Suite à l'effondrement financier des United States Lines, leur flotte fut vendue et les douze bateaux se nomment maintenant *Sea-Land-Atlantic*, *Sea-Land-Achiever*, *Commitment*, *Integrity*, etc.

France

Construit en 1973 en Allemagne, le porte-conteneurs *Korrigan* peut transporter 2 960 conteneurs standard. Long de 289 m, large de 32 m, avec 57 304 tonneaux de jauge brute et 48 850 t de port en lourd, il appartient à la Compagnie générale maritime.

LES PLUS GRANDS PAQUEBOTS

■ Le *Monarch of the Seas* (74 000 tonneaux de jauge brute) livré en 1991 par les Chantiers de l'Atlantique de Saint-Nazaire, France, est le plus grand paquebot de croisière du monde, il peut accueillir 2 800 passagers et vogue dans la mer des Caraïbes pour le compte de la Royal Caribbean Cruise Line.

■ Le *Norway* (76 000 tonneaux de jauge brute, longueur totale 316 m) peut accueillir 2 022 passagers et 900 personnes d'équipage. C'est le nouveau nom du célèbre paquebot *France*, construit en 1961, et rebaptisé après son rachat par le Norvégien Knut Kloster, en juin 1979. Ordinairement basé à Miami, Floride, EU, il effectue des croisières aux Caraïbes.
Rénové à l'automne de 1990, il a été doté de deux nouveaux ponts.

Remorqueurs jumeaux en Manche

Les remorqueurs jumeaux *Abeille-Flandre* et *Abeille-Languedoc* ont une longueur de 63,45 m et une largeur de 14,40 m. Ils pèsent environ 1 600 t et ont une puissance de 23 000 ch. Ils sont affectés à la surveillance de la Manche.

CAR-FERRIES

Les plus grands

Les *Silja-Serenade* et *Silja-Simphony* de 56 000 tonneaux de jauge brute, sont entrés en service, en mer Baltique, entre Helsinki et Stockholm, en 1991. Ils mesurent 203 m de long et 31,50 m de large, et transportent 2 500 passagers et 450 voitures.

FRANCE

Le *Danielle-Casanova*, 165 m de long et 27,40 m de large, peut transporter 2 436 passagers et 800 véhicules. Lancé en 1989 par les Chantiers de l'Atlantique, il appartient à la SNCM, et assure des services en Méditerranée, essentiellement vers la Corse.

Le plus rapide

Le *Finnjet* (24 065 tonneaux de jauge brute), à turbine à gaz, construit en 1977, navigue, entre Helsinki, Finlande, et Travemunde, Allemagne. Il peut dépasser la vitesse de 30 nœuds (55,5 km/h).

CONSTRUCTION NAVALE LA PLUS RAPIDE

Le programme de construction de 2 742 liberty-ships, sur 18 chantiers, commença le 27 septembre 1941, en pleine Seconde Guerre mondiale. Les chantiers Kaiser, à Portland, EU, posèrent la quille du liberty-ship n° 440, nommé* Robert-E.-Peary*, le 8 novembre 1942 ; il fut lancé le 12 novembre et mis en service le 16 novembre, 4 jours, 15 h et 30 mn plus tard. Il fut démoli en 1963.

25 000 CHEVAUX

Le remorqueur soviétique *Nikolaï-Tchiker* (SB-131) et le *Fotiy-Keylov* (SB-135) ont une puissance de 25 000 ch et une capacité de remorquage de 291 t à pleine puissance. Ils mesurent 99 m de long et 19 m de large.

1 067,5 MILLIONS DE FRANCS D'INDEMNITÉS

Le 16 mars 1978, le pétrolier Amoco-Cadiz naviguant sous pavillon libérien et appartenant à la société Amoco International Oil, filiale de la Standard Oil of Indiana, s'échoua en face de Portsall, Finistère, et répandit 220 000 t de pétrole brut sur 340 km de littoral breton. La marée noire détruisit localement 90 % de la faune marine. La procédure qui a suivi la catastrophe s'est conclue en avril 1992 ; la société Amoco International Oil a été condamnée à verser 230 millions de F d'indemnités aux syndicats mixtes bretons et 1 067,5 millions de F à l'État français avant le 30 juin 1992. Le 5 mai 1992, 14 ans après la marée noire, les communes ont touché leur indemnisation (voir chapitre Affaires et Agriculture l'article « Assurances »).

7. VEHICULES

FERRY-BOATS

Le *Klaipeda*, le *Vilnius*, le *Mukran* et le *Greifswald* sont en service en mer Baltique, entre les ports de Klaipeda, Lituanie, ex-URSS, et Mukran, Allemagne.

Ils mesurent chacun 190 m de long et 91,86 m de large, pour un port en lourd de 11 700 t. Ils peuvent transporter 103 wagons de 15 m de long, et parcourir 273 miles (506 km) en 17 h.

HÉLICE DE 11 M

C'est Kawasaki Heavy Industries qui a construit le 17 mars 1982, pour le transporteur de marchandises en vrac *New-Harvest*, la plus grande hélice de propulsion à trois pales, de 11 m de diamètre.

HYDROFOIL

Embarcation à ailes portantes

Le *Plainview*, de 65 m de longueur, fut lancé par Lockheed Shipbuilding and Construction, de Seattle, État de Washington, EU, le 28 juin 1965. Sa vitesse de croisière est de 92 km/h. Trois hydrofoils Supramar PTS 150 Mk III, de 165 t, transportent 250 passagers à une vitesse de croisière de 75 km/h entre Malmö, Suède, et Copenhague, Danemark, à travers l'Oresund. Ils ont été construits par Westermoen Hydrofoil, à Mandal, Norvège.

On a signalé en ex-URSS un vaisseau à ailes portantes de 500 t pouvant transporter 900 t.

Bateau fluvial

Le *Mississippi-Queen*, de 116 m de longueur, dessiné par James Gardner, de Londres, fut armé le 25 juillet 1976 à Cincinnati, Ohio, EU. Il se trouve actuellement en service sur le Mississippi.

GALÈRE

Le plus grand bateau à rames

La galère géante de type catamaran *Tessarakonteres*, à trois niveaux, était propulsée par 4 000 rameurs.

Elle fut construite sous Ptolémée IV vers 210 av. J.-C., à Alexandrie, Égypte. Elle mesurait 130 m, et chaque rame, manœuvrée par 8 hommes, mesurait 38 coudées, soit environ 19 m.

Dragueur

Le *Prins-der-Nederlanden*, de 143 m de longueur et de 10 580 tonneaux de jauge brute, peut draguer 20 000 t de sable jusqu'à une profondeur de 35 m en moins de 1 h.

BRISE-GLACE

Le *Rossiya* soviétique, de 23 460 t et de 148 m de longueur, commandé par des moteurs nucléaires de 75 000 ch, fut terminé à Leningrad en 1985.

Un brise-glace polaire de classe 8, de 194 m de longueur et de 100 000 ch, a été commandé par le gouvernement du Canada en octobre 1985.

Le plus grand bateau transformé en brise-glace, par la Humble Oil, fut le *Manhattan*, de 307 m de longueur, qui devint un brise-glace de 152 400 t, avec une proue blindée de 20 m de longueur. Il fit une expédition aller-retour dans l'Arctique canadien à travers le passage du Nord-Ouest, du 24 août au 12 novembre 1969.

C'est le Norvégien Roald Amundsen qui franchit le premier ce passage par voie maritime, lors de son expédition sur le sloop de pêche au phoque *Gjöa*, le 11 juillet 1906.

LA PIROGUE LA PLUS LONGUE

La pirogue de guerre maori *Nga-Toki-Matawhaorua*, de 35,7 m de long et de 20,3 t, fut creusée dans du bois de Kauri à Kerikeri Inlet, Nouvelle-Zélande, en 1940, pour un équipage d'au moins 70 hommes.

Le « bateau-serpent » ou *Nadubhagom*, de 41 m de long, construit à Kerala, Inde méridionale, a un équipage de 109 rameurs et 9 barreurs.

PRIVÉS

Le yacht privé non royal, *Nabila*, a 86 m de longueur, et son prix initial était de l'ordre de 29 millions de $. Il fut vendu en septembre 1987 par le sultan de Brunei à l'homme d'affaires new-yorkais Donald Trump (né en 1946) à peu près au même prix et rebaptisé *Trump-Princess*. Son premier propriétaire avait été le magnat saoudien Adnan Khashoggi, qui y installa un pont d'envol d'hélicoptère et une salle d'opération.

Le yacht privé non royal *Alexander*, ancien ferry transformé en yacht en 1986, mesure 122 m de long.

Bateaux-phares

La plus ancienne station équipée d'un bateau-phare est la Newarp, en mer du Nord, au large de Great Yarmouth, GB, depuis 1791. Un bateau-phare Nore fut installé dans l'estuaire de la Tamise dès 1732.

La plus grande épave

Le pétrolier *Energy-Determination* (312 186 t de port en lourd) explosa et se cassa en deux dans le détroit d'Ormuz le 12 décembre 1979. On estimait sa valeur à 58 millions de $.

Le plus important transport d'épaves fut effectué en 1979 par Smit Tak International, qui, en 20 mois, évacua de la baie de Bantry, Irlande, les débris du pétrolier français *Bételgeuse* (120 000 t).

Bois

Le plus lourd

Le Richelieu, de 102 m de longueur et de 8 660 t, fut lancé à Toulon, Var, le 3 décembre 1873.

Le plus long

Le Rochambeau, anciennement baptisé Dunderberg, construit à New York entre 1867 et 1872, avait une longueur hors tout de 115 m.

LE YACHT DU ROI D'ARABIE

L'équipement du yacht royal *Abdul-Aziz*, appartenant au roi d'Arabie Saoudite, de 147 m de longueur, construit au Danemark, fut terminé le 22 juin 1984 aux chantiers Vosper, à Southampton, GB. En 1987, on avait estimé sa valeur à plus de 100 millions de $.

BATEAUX VOILIERS

FRANCE-II

Le plus grand

***France-II* (5 806 tonneaux de jauge brute), lancé à Bordeaux, Gironde, en 1911, était un cinq-mâts à coque d'acier (gréé en carré sur 4 mâts et à voiles auriques sur le mât arrière). Il mesurait 128 m hors tout. Bien que conçu principalement comme voilier, avec un gréement de perroquet, il fut aussi équipé de deux machines à vapeur, supprimées en 1919. Il fit naufrage au large de la Nouvelle-Calédonie le 12 juillet 1922.**

SEPT MÂTS

Le seul schooner à sept mâts fut le *Thomas-W.-Lawson*, de 115 m et de 5 218 tonneaux de jauge brute, construit à Quincy, Massachusetts, EU, en 1902. Il s'échoua au large des îles Sorlingues, Cornouailles, le 15 décembre 1907.

Les plus grands voiliers

Le *Sedov*, lancé en 1921 et utilisé en URSS pour l'instruction des marins, a 109 m de long, 15 m de large et une surface de voile de 4 192 m².

Le seul très grand vaisseau de ligne survivant est le *Victory*, de la Marine royale britannique, armé de 104 canons.

Mis en chantier à Chatham, Kent, le 23 juillet 1759, il fut construit avec le bois de 2 200 chênes. Il ramena le corps de l'amiral Nelson de Gibraltar à Portsmouth 44 jours après avoir servi victorieusement comme vaisseau amiral à la bataille de Trafalgar, le 21 octobre 1805.

En 1922, on le conduisit au dock n° 2 (le plus ancien bassin de radoub au monde), à Portsmouth. Sa longueur de cordage (gréements dormants et courants) est de 31 km.

Le plus vieux voilier en service

Le *Maria-Asumpta* (anciennement le *Ciudad-de-Inca*), construit en Espagne près de Barcelone en 1858, a été restauré en février 1981 et est utilisé pour des tournages de films, des publicités, des régates et des cours de voile. Il mesure 30 m hors tout, et il a été pris en charge par l'association des amis du *Maria-Asumpta*, de Lenham, Maidstone, Kent, GB.

ART DE LA JONQUE

Les plus grandes

- **La jonque *Cheng-Ho*, construite vers 1420, navire amiral de la flotte de 62 galions de l'amiral chinois Cheng Ho, avait un déplacement de 3 150 t. On évalue sa longueur à 164 m et on pense qu'elle était équipée de 9 mâts.**
- **En 1161 existait une jonque fluviale de 110 m de longueur équipée de roues à aubes.**

■ Vers 280, une « forteresse flottante » carrée de 183 m de côté, construite par Wang Jun sur le Yang-Tsé-Kiang, prit part aux combats sur le fleuve Chin-Wu.

■ Les jonques actuelles ne dépassent pas une longueur de 52 m, même pas celles des commerçants du Chiangsu.

Voiles

On utilise la voile comme moyen de propulsion depuis 3500 av. J.-C.

La plus grande mâture jamais utilisée fut celle du navire de guerre britannique *Temeraire*, terminé à Chatham, Kent, le 31 août 1877 et démoli en 1921. La grand-vergue et la vergue de misaine mesuraient 35 m de long. La voile de misaine représentait 1 555 m de toile et pesait 2 t. La surface totale de voile était de 2 322 m².

MODÉLISME NAVAL

Raymond Monseigne, de Talence, Gironde, a réalisé une superbe maquette du *Soleil Royal*, le plus beau bateau du règne de Louis XIV. Cette maquette, entièrement faite à la main, mesure 2,34 m de long et pèse 48 kg. Elle a nécessité plus de 4 000 h de travail.

Le plus grand mât

Le *Velsheda*, voilier britannique de classe J, possède le plus grand mât unique connu dans le monde : de la quille à la pomme de mât, il mesure 52 m. Construit en 1933, il a un déplacement de 145 t et une surface de voile de 696,75 m².

LE PLUS GRAND PAQUEBOT À VOILE

Le *Club-Med I*

Livré en 1989 par les Ateliers et chantiers du Havre, Seine-Maritime, ***Club-Med I*** (14 359 tonneaux de jauge brute) est le plus grand paquebot à voile du monde. Long de 187 m et large de 20 m, il possède 5 mâts en aluminium de 50 m de haut supportant 2 800 m² de voilure en Dacron commandée par ordinateur. Il effectue des croisières en Méditerranée l'été et aux Caraïbes l'hiver et peut accueillir 425 passagers pris en charge par 198 officiers et employés. Son petit frère jumeau, le ***Club-Med II,*** a été lancé en octobre 1992.

Aéroglisseur géant ■ Le SRN 4 *Mark III*, aéroglisseur civil d'origine britannique, pèse 305 t, est long de 56 m et peut transporter 418 passagers et 60 voitures.

BATEAUX
AEROGLISSEURS

LES PREMIERS ESSAIS DE GLISSE

Le véhicule sur coussin d'air (ou aéroglisseur) fut conçu en 1954 par l'ingénieur britannique Christopher Sydney Cockerell (né le 4 juin 1910).

Le premier vol en aéroglisseur eut lieu sur un appareil de 4 t, le *Saunders-Roe SR-NI*, à Cowes, île de Wight, GB, le 30 mai 1959. Muni d'un moteur turbo Viper de 680 kg de poussée, il atteignit une vitesse de 126 km/h en juin 1961.

Le premier service régulier d'aéroglisseur eut lieu à travers l'estuaire de la Dee, en Écosse, sur un engin Vickers-Armstrong VA-3 pour 24 passagers, à une vitesse de 110 km/h, entre juillet et septembre 1962.

Le plus grand aéroglisseur français

Construit en 1978, l'aéroglisseur *Jean-Bertin* a 49,70 m de long et file 45 nœuds (83 km/h).

Navire de guerre le plus rapide

L'aéroglisseur militaire expérimental SES-100B, de la marine américaine, de 23,70 m et 100 t, a atteint 91,9 nœuds (170 km/h), le 25 janvier 1980, dans la baie de Chesapeake, Maryland, EU. C'est le navire de guerre le plus rapide du monde.

Traversée de la Manche

Un SRN 4 Mark II, *The Swift*, de la classe Mountbatten affrété par Hoverspeed a effectué le trajet Douvres-Calais en 24 mn 8 s le 1er septembre 1984.

Voir aussi le chapitre Esprit d'aventure.

BATEAUX
TRAVERSÉES OCÉANIQUES

Les records de traversée avec équipage ou en solitaire se trouvent au chapitre Sports tableau « Voile »

Atlantique premières

■ La première croisière d'un paquebot à production continue de vapeur et équipé de distillateurs fut effectuée par le *Sirius* (714 t), de Queenstown (actuellement Cobh), Irlande, à Sandy Hook, New Jersey, EU, en 18 jours et 10 h, du 4 au 22 avril 1838.

■ La première traversée de l'Atlantique par un navire à moteur — et non par un navire à voile avec moteur auxiliaire — prit 22 jours en avril 1827, de Rotterdam, Pays-Bas, aux Antilles, par le *Curaçao*. C'était un bateau en bois à aubes de 438 t construit à Douvres, GB, en 1826, et acheté par le gouvernement néerlandais pour le service postal des Indes occidentales.

■ C'est le navire britannique *Rhadamanthus* qui effectua, en 1832, de Plymouth à la Barbade, la première traversée uniquement à la vapeur (avec des pauses pour dessaler l'eau de la chaudière).

La plus rapide traversée du Pacifique

Elle a été effectuée, de Yokohama, Japon, à Long Beach, Californie, EU, 4 840 milles (8 960 km), en 6 jours, 1 h et 27 mn (du 30 juin au 6 juillet 1973) par le porte-conteneurs *Sea-Land-Commerce* (50 315 t), avec une vitesse moyenne de 33,27 nœuds (62 km/h).

Traversée de la Manche la plus rapide en catamaran

Le catamaran *Sea-Cat* de la compagnie française Hoverspeed a traversé la Manche, le 15 octobre 1991, entre Douvres et Calais, en 34 mn 23 s : une vitesse moyenne de 37,87 noeuds, environ 70 km/h.

LA QUÊTE DU RUBAN BLEU

Distinction mythique récompensant le navire ayant réalisé la meilleure vitesse moyenne plutôt que la traversée de l'Atlantique la plus rapide entre l'Europe et les États-Unis. Le bateau italien *Destriero*, dessiné par Donald Blount, concepteur de bateaux ultra-rapides pour la marine américaine, a remporté le Ruban bleu après avoir réalisé la traversée dans un temps record : 58 h 34 mn. Durant la course, sa vitesse moyenne était de 98,32 km/h.

Financé par Giovanni Agnelli et Karim Aga Khan, *Destriero*, est un bolide de 50 000 ch pouvant atteindre des vitesses de pointe de 130 km/h. Il est piloté par l'ancien directeur technique de Ferrari, Cesare Fiorio.

Pour les traditionalistes, qui estiment que le Ruban bleu devrait être décerné aux lignes régulières, le Ruban bleu est toujours détenu par l'*United States* (alors de 52 000 tonneaux de jauge brute, actuellement de 38 200). Lors de son premier voyage, de New York au Havre, puis à Southampton, GB, en 1952, il réalisa une vitesse moyenne de 35,59 nœuds (66 km/h) pendant 3 jours, 10 h et 40 mn (du 3 au 7 juillet) sur un trajet de 5 465 km, entre le phare d'Ambrose, État de New York, et le phare de Bishop Rock, îles Sorlingues, Cornouailles, GB. Durant cette traversée, les 6 et 7 juillet 1952, il parcourut la plus grande distance jamais couverte par un navire en 24 h, à savoir 868 milles (1 609 km), donc à une vitesse moyenne de 36,17 nœuds (67 km/h). La plus grande vitesse atteinte, avec ses moteurs de 240 000 ch, fut de 38,32 nœuds (71 km/h), lors de pointes réalisées les 9 et 10 juin 1952.

1 nœud = 1 mille par h — 1 mille = 1 852 m

ANNÉE	BATEAU, NATIONALITÉ	TEMPS	VITESSE MOYENNE	
1838	*Great Western*, GB	294 h	10,20 nœuds	19 km/h
1840	*Britania*, GB	240 h	10,56 "	19,5 km/h
1856	*Persia*, GB	217 h 45'	13,82 "	26 km/h
1907	*Lusitania*, GB	118 h 53'	23,61 "	44 km/h
1929	*Bremen*, All.	110 h 30'	27,92 "	52 km/h
1935	*Normandie*, F	99 h 28'	30,31 "	56 km/h
1938	*Queen Mary*, GB	92 h 42'	31,69 "	59 km/h
1952	*United States*, EU	82 h 40'	35,59 "	66 km/h
1992	*Destriero*, Ital.	58 h 34'	53,07 "	98,3 km/h

BATEAUX

PORTS

Le plus actif

Avec un trafic de marchandises de 292,5 millions de t en 1991, le port de Rotterdam, Pays-Bas, est le premier du monde. Il a une superficie de 100 km² et 122 km de quais. Hong Kong est le premier port du monde pour le trafic de conteneurs. (6,35 millions en 1991).

Marseille

Marseille, Bouches-du-Rhône, avec un trafic de marchandises de 87,3 millions de t en 1993, est le premier port de France et le troisième d'Europe, après Rotterdam et Anvers, Belgique (100 millions de t). Le Havre, Seine-Maritime, est le deuxième port français, avec 54,9 millions de t en 1993.

Les plus grands

Le port de New York-New Jersey a 1 215 km de quais navigables (dont 474 km à New Jersey) sur une superficie de 238 km². Il peut abriter 391 navires (dont 261 cargos) avec une surface totale de hangar de 170,9 ha.

Brise-lames

Celui qui protège le port de Galveston, Texas, EU, le South Breakwater, en granit, a 11 km de long. Voir aussi chapitre Architecture.

Cale sèche

Avec une capacité de construction navale de 1,2 million de t de port en lourd, la cale sèche n° 1 d'Okpo, dans l'île de Koje, Corée du Sud, mesure 530 m de long et 131 m de large. Elle a été achevée en 1979. Les portes du bassin, d'une hauteur de 14 m et d'une épaisseur de 10 m à la base, sont les plus grandes du monde.

France

La forme n° 10 du port de Marseille, Bouches-du-Rhône, mesure 465 m de long et 85 m de large. Elle peut recevoir des navires de 800 000 tonneaux.

Jetée

La jetée du port de Damman, en Arabie Saoudite, s'enfonce dans le golfe Arabo-Persique sur une distance de 11 km. Elle a été commencée en juillet 1948 et achevée le 15 mars 1950. Le site fut ultérieurement aménagé pour devenir, en 1980, le Port du roi Abdul-Aziz. 39 postes d'amarrage en eau profonde s'y intègrent. La levée d'origine, considérablement élargie, et le port s'étendent sur 13 km.

Quai

Le quai Hermann-du-Pasquier, au Havre, Seine-Maritime, d'une longueur de 1 524 m, fait partie d'un bassin fermé. Celui-ci a une profondeur d'eau constante de 9,80 m.

AVIONS

LES PREMIERS VOLS

Le premier « plan rationnel » d'une machine volante fut publié en 1717 en Suède par Emanuel Swedenborg (1688-1772).

Moteur à réaction

On attribue sa conception au Français Marconnet (né en 1909), au Roumain Henri Coanda (1886-1972), ainsi qu'au Français Maxime Guillaume qui eut, en 1921, l'idée d'un turboréacteur.

Le premier moteur à réaction fut testé par la société British Power Jets, le 12 avril 1937, selon les plans de Frank Whittle (1907-1988).

Le premier vol en avion à réaction fut réalisé le 27 août 1939 à Marienehe, Allemagne, sur un Heinkel He-178 piloté par le capitaine Erich Warsitz.

Vols supersoniques

Le premier fut réalisé le 14 octobre 1947 sur un avion Bell XS-1 (*Glamorous Glennis*) piloté par Charles Elwood Yeager (né en 1923) au-dessus de la base aérienne militaire Edwards, à Muroc, Californie, EU, à une vitesse de 1 078 km/h (Mach 1,015) et à une altitude de 12 800 m.

LA PREMIÈRE MACH 1

La Française Jacqueline Auriol, née en 1917, belle-fille de l'ancien président de la République française Vincent Auriol, est la seule femme brevetée pilote d'essai en France (1955) et la première femme à avoir franchi le mur du son. Elle a battu en 1963 le record de vitesse féminin avec une moyenne de 2 030 km/h sur 100 km à bord d'un Mirage III-R.

Mach

Le nombre de Mach (du nom du physicien autrichien Ernst Mach, 1838-1916) est le rapport d'une vitesse à celle du son. (La vitesse du son dans l'air, à 0 °C, est de 332 m/s.) Mach 1 est ainsi égal à 1 224,67 km/h au niveau de la mer, par une température de 15 °C, et est censé avoir une valeur constante de 1 061,81 km/h dans la stratosphère, c'est-à-dire au-dessus de 11 000 m.

Premier Mach 1 français

Le commandant Roger Carpentier franchit le premier le mur du son, le 12 novembre 1952, aux commandes d'un Mystère 2.

Premières traversées
Voir chapitre L'esprit d'aventure.

Les premiers décollages des plus lourds que l'air

Le premier vol fut réalisé le 9 octobre 1890 à Gretz-Armainvilliers, aujourd'hui Seine-et-Marne, sur un appareil plus lourd que l'air, baptisé « avion » (d'après le latin *avis*, « oiseau »), par le Français Clément Ader (1841-1925). Il vola, à une dizaine de centimètres d'altitude sur 50 m, à bord de son *Éole* (dieu des Vents chez les Grecs), commandé par un petit moteur à vapeur d'alcool développant 20 ch. L'exploit, controversé, n'eut que deux témoins.

Le premier vol enregistré officiellement d'un avion à moteur fut celui d'Orville Wright (1871-1948), près de Kitty Hawk, Caroline du Nord, EU, le 17 décembre 1903 à 10 h 35. Son avion, le *Flyer I* ▲, avait un moteur de 12 ch à transmission par chaîne. Il vola pendant 12 s sur une distance de 36 m, à une hauteur de 2,50 m à 3,50 m. Son frère, Wilbur, et quatre autres personnes contrôlèrent cet exploit. Orville et Wilbur Wright étaient célibataires, estimant « ne pouvoir entretenir à la fois une femme et un avion ».

CARACTERISTIQUES TECHNIQUES

LE PLUS LONG

Le *Piasecki Heli-Stat*, d'une valeur de 34 millions de $, comportant un fuselage en alliage léger et en matériaux composites, fut présenté le 26 janvier 1984 à Lakehurst, New Jersey, EU. Destiné à l'administration forestière américaine, il avait une longueur totale de 105 m et devait transporter jusqu'à 20 t de charge. Il s'écrasa le 1er juillet 1986.

Le plus lourd

L'Antonov ukrainien An-225 Myira (« Rêve ») pèse 600 t. Il « enleva » le 22 mars 1989 une charge de 156 t jusqu'à une altitude de 12 410 m. L'appareil, piloté par le capitaine Aleksandr Galunenko et un équipage de 7 pilotes, effectua le trajet Kiev-Leningrad-Kiev sans escale, soit 2 100 km, en 3 h 47 mn.

LES PLUS PETITS

■ Le *Bumble Bee Two*, conçu par l'Américain Robert H. Starr, avait 2,64 m de longueur, 1,68 m d'envergure et pesait 180 kg à vide. Le 8 mai 1988, il vola à 120 m d'altitude, à la vitesse maximale de 305 km/h, mais s'écrasa et fut totalement détruit.

■ Le plus petit bimoteur est le Colomban MG 15 Cricri (dont le 1er vol eut lieu le 19 juillet 1973). Il a une envergure de 4,9 m et mesure 4 m de long. Il est propulsé par deux moteurs de type JPX PUL de 15 ch.

Bombardier

le plus large

Le Convair B-36 J, de 185 t, avait aussi la plus grande envergure, avec 70,1 m, mais il n'est plus en service. Sa vitesse maximale était de 700 km/h.

Le plus lourd bombardier

Le quadriréacteur russe Tupolev 60 est le plus gros bombardier du monde, avec une masse maximum au décollage de 275 t.

AVION ÉLECTRIQUE

Le MB-E1 est le premier avion à propulsion électrique, à moteur Bosch de 10,7 ch alimenté par des batteries Varta au nickel-cadmium. D'une envergure de 12 m, il a une longueur de 7 m et pèse 400 kg. Il a été conçu par le constructeur de modèles réduits Fred Militky et fit son premier vol le 21 octobre.

OIE PIMPANTE

Le 2 novembre 1947, l'hydravion Hughes H4 Hercules dénommé *Spruce Goose* (« Oie pimpante ») s'éleva à 21 m sur une distance de 915 m, pendant un vol expérimental, au large de Long Beach, EU.

Cet appareil, d'une valeur de 40 millions de $, comportait 8 moteurs, pesait 193 t, avait une longueur de 67 m et l'envergure record de 98 m. Il était piloté par son constructeur, le milliardaire américain Howard Hughes (1905-1976).

Ce fut son seul et unique vol. Parmi les avions classiques, l'Antonov An-124 ukrainien a une envergure de 73 m (alors que celle du Boeing 747-400 est de 65 m).

AVIONS DE LIGNE

Le plus vieux

■ Un avion de ligne Douglas DC 8, mis en service en 1959, fonctionnait toujours en 1994, après 35 ans d'activité.

Les plus grands

■ L'avion de ligne à la plus grande capacité est le Boing 747-400, qui entra en service pour Northwest Airlines le 26 janvier 1989. Il a une envergure de 64,5 m, une autonomie supérieure à 12 500 km, et une capacité de 567 passagers.

■ Le Boeing 747 « Jumbo Jet » effectua son premier vol le 9 février 1969 et entra en service le 22 janvier 1970. Il peut transporter 560 passagers, à une vitesse de 970 km/h. Son envergure est de 60 m, sa longueur de 70 m.

■ Une version étendue de l'avion de ligne MD-11 de McDonnell Douglas est à l'étude et devrait pouvoir accueillir 515 passagers dans la cabine principale et 96 sur le pont « panoramique », à l'avant des ailes.

■ Lors de l'opération « Salomon », qui commença le 24 mai 1991, 1 087 juifs éthiopiens furent évacués de Falasha vers Israël, sur un Boeing 747 de la compagnie El Al.

■ L'avion européen Airbus A 330 compte 335 places, sa configuration maximale est de 440 sièges.

24 TONNES INDÉTECTABLES

Le F-117A, de l'armée de l'air américaine, est invisible sur les écrans des radars chargés de le détecter. C'est un monoplace de 13,20 m d'envergure, de 20 m de long, pesant 24 t. Une soixantaine d'exemplaires ont été construits. Chacun a coûté 43 millions de $. Mis en service en octobre 1983, il n'a pu être photographié qu'en avril 1990.

SOLAIRE

Le Solar Challenger (14 m d'envergure), conçu par Paul McCready et son équipe, fit son premier vol le 20 novembre 1980. Le 7 juillet 1981, piloté par l'Américain Steve Ptacek, il fut le premier avion de ce type à traverser la Manche. Décollant de Pontoise, Val-d'Oise, il couvrit le trajet de 262 km jusqu'à Manston, GB, en 5 h 23 mn à une altitude maximale de 3 350 m.

Force humaine

Le 23 avril 1988, Kanellos Kanelopoulos mène à la seule force de ses mollets son avion à hélice d'une envergure de 34,1 m entre la Crète et l'île de Santorin, Grèce, parcourant la distance de 119 km en 3 h 56 mn. Malgré un atterrissage un peu brutal, il est le premier Grec à avoir réalisé le rêve de voler de ses propres ailes…

7 m de diamètre

L'hélice Garuda de l'avion Linke-Hofmann RII construit à Breslau, Allemagne (actuellement Wroclaw, Pologne), qui volait en 1919, avait 7 m de diamètre. Elle ne tournait qu'à 545 tours/mn.

Avion privé

Air Force One, un Boeing 747, le palace volant dont dispose le président des États-Unis, est évalué à 1,1 milliard de F. Dans cet avion, on peut trouver une suite avec salle de bains, deux bureaux, un mini-hôpital, 6 ordinateurs, 90 téléphones, une salle de cinéma et des frigos pouvant contenir quelque 2 000 repas.

Boeing 747 Records insolites

Boutonneux

Les tableaux de bord des Boeing 747 ont de 365 à 971 interrupteurs et témoins lumineux, selon les modèles.

Lourd

Les bagagistes d'un 747 chargent ou déchargent 38 500 kg de bagages (environ 3 400 valises) en moins de 7 mn.

Complexe

La construction du premier 747 a exigé 70 000 dessins d'ingénieurs.

2,27 millions de tours du monde

En service depuis le 21 janvier 1970, les 747 avaient transporté en septembre 1993 plus de 1,4 milliard de passagers et survolé plus de 29 milliards de km.

Haut

La hauteur de la queue d'un 747 (19,41 m) équivaut à celle d'un immeuble de 6 étages.

Les plus vastes

■ Le *Super Guppy*, d'Aerospacelines, a une soute de 1 410 m³ (33 m de long et un fuselage cylindrique de 7,60 m de diamètre). Il pèse 80 t au décollage. Son envergure est de 48 m, sa longueur de 43 m.

■ L'avion soviétique Antonov An-124 Ruslan a une soute d'un volume utile de 1 014 m³ et un poids maximal au décollage de 405 t. Il est propulsé par 4 turboréacteurs assurant une vitesse de croisière de 850 km/h à 12 000 m d'altitude et un rayon d'action de 4 500 km. Une version spéciale « poids lourd », baptisée An-225, a été conçue avec un fuselage plus important donnant un volume utile de 1 190 m³. Une nouvelle section centrale des ailes supporte deux moteurs supplémentaires, donnant une poussée évaluée à 140 t. Ayant initialement volé le 21 décembre 1988, l'avion a servi au transport de la navette spatiale soviétique *Buran* pour la première fois le 13 mai 1989 (voir aussi, « L'avion le plus lourd »).

La plus lourde charge commerciale aéroportée

Un Antonov 124 Ruslan, dessiné par l'Ukrainien Antonov et affrété par la compagnie britannique Air Foyle a emporté dans sa soute une charge commerciale de 140 t. 10 janvier et le 14 janvier, 3 transformateurs électriques de 42 t chacun ont ainsi voyagé de Barcelone, Espagne, en Nouvelle-Calédonie.

VOLS

VOLS RÉGULIERS

Les plus longs

■ Le plus long vol commercial sans escale, en km, est celui qui relie New-York, EU, à Johannesbourg, Afrique du Sud, sur une distance de 13 060 km, en 14 h 25 mn.

Il est exploité par les compagnies South African Airways et American Airlines.

■ La plus longue durée pour un vol sans escale est de 14 h 50 mn. Il s'agit du vol Los Angeles-Sydney (12 050 km) d'United Airlines et de Qantas (l'une des deux compagnies aériennes nationales australiennes). Il est assuré par un Boeing 747 SP (Special Performance).

RECORDS DES AVIONS DE LIGNE

Tour du monde le plus rapide
En 32 h 49 mn, le Concorde d'Air France est parti de Lisbonne, Portugal, via Saint-Domingue, Acapulco, Honolulu, Guam, Bangkok et Bahrein, pour célébrer le 500e anniversaire de la découverte du Nouveau Monde les 12 et 13 octobre 1992. Voir aussi Avions de ligne, dans le même chapitre.

Tour du monde le plus rapide sur ligne régulière
Compte tenu des horaires des compagnies d'aviation, le plus rapide tour du monde fut celui effectué par l'Anglais David Springbett, né le 2 mai 1938. Parti de Los Angeles le 8 janvier 1980, vers l'est, il parcourut 37 124 km pour retourner à Los Angeles le 10 janvier 1980, 44 h 6 mn après.

Tour du monde par les antipodes sur ligne régulière
L'Anglais Michael Bartlett est parti de Londres le 4 mars 1993. En passant par le point diamétralement opposé, Titree Point, Nouvelle-Zélande, il est revenu à Londres après 87 h 40 mn.

Paris-Londres le plus rapide
Le 24 septembre 1983, le Britannique David Boyce ne mit que 38 mn 58 s pour relier les deux capitales, distantes de 344 km. Il utilisa une moto et un hélicoptère pour gagner Le Bourget à partir du centre de Paris, puis un avion à réaction jusqu'au Kent, enfin un hélicoptère jusqu'au centre de Londres.

Londres-New York le plus rapide
Le 8 février 1982, David Springbett et David Boyce partirent du centre de Londres et rejoignirent New York, avec le Concorde et des hélicoptères, en 3 h 59 mn 44 s.

Autonomie la plus grande
L'Airbus A340 World Ranger, parti du Bourget le 16 juin 1993, a effectué un tour du monde en 48 h 22 mn 6 s. Lors du vol retour, le record d'autonomie pour un avion a été battu avec 18 545 km de vol sans escale, entre Auckland, Nouvelle-Zélande, et Paris. Lors de ce vol l'avion a consommé 134,8 t de carburant.

CIRCUMNAVIGATION ■ Strictement parlant, un tel vol nécessite le passage en deux points situés aux antipodes, avec un trajet minimal de 40 007 km. Des exceptions sont cependant autorisées, à condition que la longueur du vol atteigne au moins celle des tropiques du Cancer ou du Capricorne (36 787 km).

De 58 secondes à 5 minutes
Le vol régulier de Loganair entre Westray et Papa Westray (îles Orcades, au nord-est de l'Écosse) est assuré depuis 1967 par un avion bimoteur à 10 places. Bien qu'il soit programmé pour une durée de 2 mn, le capitaine Andrew D. Alsop l'a effectué en 58 s par vent favorable. Alaska Airlines assure le vol régulier le plus court par avion à réaction, un Mc Donnel Douglas MD-80, entre San Francisco et Oakland, Californie, EU. La durée du vol, pour ce trajet de 20 km, est en moyenne de 5 mn.

Chutes

■ Le 26 janvier 1972, l'hôtesse de l'air yougoslave Vesna Vulovic est tombée de la queue du DC-9 qui avait explosé au-dessus de Ceska Kamenice, ex-Yougoslavie, d'une hauteur de 10 160 m. Elle est restée 27 jours dans le coma et 16 mois à l'hôpital.
■ Le lieutenant soviétique Chesov, éjecté de son *Iliouchine R*, est tombé de 6 700 m d'altitude en chute libre dans un ravin enneigé. Il s'en est tiré avec une fracture du bassin et plusieurs blessures à la colonne vertébrale.
■ Le sergent Nicholas S. Alkemade, 21 ans, de la RAF, s'est relevé indemne d'une chute de 5 485 m. Le 23 mars 1944, il a sauté sans parachute de son bombardier en flammes au-dessus de l'Allemagne. Sa chute a été amortie par un pin et s'est achevée sur un tapis de neige de 45 cm d'épaisseur.
■ En août 1993, son parachute principal et celui de secours s'étant emmêlés, Kint Freemantle, parachutiste débutant, aurait effectué une chute libre de 1 100 m près de Napier en Nouvelle-Zélande. Arrivé à une vitesse estimée entre 50 et 70 km/h dans une mare de 1 m de profondeur, il s'est relevé avec seulement une petite égratignure. Son instructeur inquiet, Tim Russel, ne lui avait pourtant donné qu'une chance sur un milliard de s'en sortir.
■ L'appelé du contingent français Didier Dahran, lors d'un exercice de saut en parachute à Castelsarrasin, Tarn-et-Garonne, s'est vu aspiré par un courant ascensionnel jusqu'à une altitude de 7 000 m. Les officiers présents l'ont vu alors disparaître dans un nuage.

AVIONS
LES PLUS GRANDES VITESSES

ENGINS SPATIAUX PROPULSÉS

■ *Propulsé par une fusée à oxygène liquide et ammoniaque, le X-15A-2, de North American Aviation, fit son premier vol le 25 juin 1964. Les matériaux du fuselage lui permirent de supporter une température de 1 650 °C. Piloté par le pilote William J. Knight (né en 1930), de l'armée de l'air américaine, il atteignit la vitesse de 7 274 km/h (Mach 6,7) le 3 octobre 1967.*
■ *Une autre version plus ancienne, pilotée par Joseph A. Walker (1920-1966), atteignit, le 22 août 1963, l'altitude de 107 km. Le programme fut suspendu en octobre 1968.*
■ *La navette* Columbia, *de la Nasa, fut lancée de cap Canaveral, Floride, EU, le 12 avril 1981. Elle était commandée par John W. Young, de la marine américaine, et pilotée par Robert L. Crippen. Le coût du programme (entrepris en 1972) avait été de 10 milliards de $.*
À 26 715 km/h, Columbia *pulvérisa tous les records. Descendue de l'altitude de 122 km et ayant subi une température de 2 160 °C, elle atterrit, pesant alors 97 t et à la vitesse de 347 km/h. Elle détient le record de durée dans l'espace pour les navettes : 10 jours 2 h 38 s depuis sa 33e mission, STS 32 Spacelab 1, avec 6 hommes d'équipage, le 9 janvier 1990.*

Altitude
Discovery *atteignit l'altitude record pour une navette de 532 km lors de son premier vol, le 24 avril 1990.*

Charge
Pour sa part, Discovery *STS 41 porta et plaça en orbite une charge record de 132 912 kg le 6 octobre 1990 (voir aussi le chapitre Sciences et technologie).*

Avion à réaction
Le Lockheed SR-71, avion de reconnaissance de l'armée de l'air américaine (dit Blackbird*), fit son premier vol le 22 décembre 1964. Il détient le record de vitesse (voir encadré page suivante). Il pouvait voler à 30 000 m d'altitude. Son envergure était de 17 m, sa longueur de 33 m et il pesait 76 t au décollage. Il avait un rayon d'action de 4 800 km à Mach 3 et à 24 000 m d'altitude. Il fut construit à 32 exemplaires. Il a effectué son dernier vol le 6 mars 1990, après 26 ans de service. L'entretien de la flottille (350 millions de $ par an) était devenu exorbitant. Lors de cet ultime vol,* Blackbird *a battu le record de vitesse de la traversée des États-Unis, côte est à côte ouest (4 500 km), en 1 h 08 mn et 17 s, à 3 398 km/h. Début 1988, l'armée américaine réalisait secrètement un avion atteignant Mach 5 (6 115 km/h) à une altitude dépassant 30 000 m.*

RECORDS INSOLITES

■ *Chaque année, des enfants naissent à bord des avions. La passagère la plus âgée fut l'Américaine Jessica S. Swift, qui, en décembre 1981, effectua un trajet Vermont-Floride, EU, à l'âge de 110 ans et 3 mois.*
■ *Le 15 mars 1994, à bord d'un avion de combat CF-18 des forces canadiennes, le Canadien Gérald Lagrave a volé en vitesse supersonique à l'âge de 91 ans. Il est né le même jour que Charles Lindbergh.*

Le passager le plus éclectique
Le Britannique Edwin A. Shackleton, de Bristol, a volé dans 502 types d'appareils. Il reçut le baptême de l'air en mars 1943, puis voyagea en hélicoptère, en ULM, en ballon à gaz et à air chaud.

plus jeunes et les plus vieux pilotes
■ La Californienne Katrina Mumaw est la plus jeune pilote de chasse. *À l'âge de 11 ans, elle a franchi le mur du son à bord d'un Mig-29 qu'elle pilotait, le 16 juillet 1994.*
■ *L'Américaine Vicki Van Meter, élève de 6e à Meadville, Maine, a joint Augusta, Maine, à l'Écosse, le 7 juin 1994, traversant l'Atlantique, à l'âge de 12 ans, aux commandes de son Cessna 210. Encouragée, au décollage, par le vice-président américain Al Gore, elle était accompagnée par son instructeur Curt Arnspiger. Elle avait déjà un record à son palmarès : celui de la plus jeune pilote ayant réussi la traversée des États-Unis d'est en ouest.*
■ *Le pilote américain Tony Aliengena, âgé de 9 ans, seul à bord de son Cessna 210 a relié, le 30 mars 1988, la côte ouest, Santa Anna, Californie, à la côte est, Bedford, Massachusetts.*
■ *Le 14 juillet 1988, l'Américain Christopher Marshall, âgé de 11 ans, posa son Mooney 252 sur les pistes du Bourget à Paris. Il avait décollé une semaine auparavant de San Diego, Californie, traversant les États-Unis et l'Atlantique.*
■ *Le Britannique Stanley Wood (né le 22 septembre 1896) de Shoreham-by-Sea, Sussex, a piloté un Warrior le 7 juin 1993, à l'âge de 96 ans. Il effectua son premier vol pendant la Première Guerre mondiale, sa carrière couvre donc plus de 80 % de l'histoire de l'aviation.*

France
■ *En 1982, le lycéen français, Thierry Dalgrande, âgé de 15 ans a décroché avec succès son « permis de voler » à l'aéroclub d'Agen. Le 8 novembre 1977, Albert Savoy (né le 22 février 1895) pilota pour la première fois un PPL, à 82 ans et 8 mois.*
■ *Roger Nibodeau (né le 20 juillet 1912) a obtenu son brevet de pilote professionnel d'hélicoptère le 28 juin 1990, à l'âge de 77 ans et 11 mois. Voir le record officiel dans la rubrique « Hélicoptères ».*

Le plus grand nombre de vols transatlantiques
Entre mars 1948 et le moment de sa retraite, le 1er septembre 1984, le commandant de bord de la compagnie américaine TWA Charles M. Schimpf effectua 2 880 vols transatlantiques, environ 6,4 par mois.

Le plus grand nombre d'heures de vol
Comme pilote John Edward Long a, entre le 1er mai 1933 et le 1er mai 1994, accumulé 59 300 heures de vol, soit l'équivalent de 7 ans dans les airs.
Comme passager Le Britannique Fred Finn a effectué en juin 93 son 704e vol à bord du supersonique Concorde. Il a volé sur une distance totale de 17 138 000 km.
Comme hôtesse de l'air La Française Nicole Meneveux a volé sur Concorde à une vitesse supersonique 4 637 h, de juillet 1976 à avril 1992.

Le plus grand nombre d'avions pilotés
Le pilote d'essai de la Marine des États-Unis James B. Taylor (1897-1942) a volé dans 461 types d'avions en 25 ans de carrière.

Planeurs les plus nombreux remorquages
Pierre Mitard, né le 2 mai 1910, à Bordeaux, Gironde, a assuré 12 653 remorquages de planeurs en 32 années d'activité, jusqu'en 1987. Il avait alors plus de 77 ans. Il a continué de piloter jusqu'à l'âge de 80 ans.

Le parcours le plus long avec un seul billet
Vendu pour 4 500 $ à M. Bruno Leunen, de Bruxelles, en décembre 1984, pour un voyage de 85 623 km sur 80 lignes aériennes, avec 109 escales. Le billet mesurait 12 m de long.

Le vol le plus long sans ravitaillement
Robert Ferry, à bord d'un Hughes YOH-6A, a couvert le 6 avril 1966, la distance qui sépare Culver City, Californie, EU, de Ormond Beach, Floride, EU, soit 3 560 km.

Le couple le plus âgé
Le couple français André (72 ans) et Mireille (68 ans) Sallé, de Cabourg, Calvados, ont fêté leurs Noces d'or et le baptême de l'air de madame, lors d'un seul vol le 14 juin 1990.

AVION DE COMBAT

L'avion de chasse soviétique Mig-25 Mikoyan *fut repéré par radar alors qu'il volait à environ Mach 3,2 (3 395 km/h).*
Quand il est armé de 4 gros missiles air-air, sa vitesse tombe à Mach 2,8 (2 969 km/h). C'est un monoplace de 24 m de longueur et 14 m d'envergure ; il pèse 37 t au décollage.

BIPLAN

Le Fiat CR42B italien, à moteur Daimler-Benz de 1 010 ch, atteignit 520 km/h en 1941. Un seul exemplaire fut construit.

Bombardiers

■ Le Mirage IV de Dassault peut voler à Mach 2,2 (2 300 km/h) à 11 000 m d'altitude.

■ Le FB-111A à géométrie variable de General Dynamics a une vitesse maximale de Mach 2,5.

■ Le Tupolev Tu-22M, connu par l'Otan sous le nom de « Backfire », est supposé atteindre Mach 2, mais pourrait en réalité approcher Mach 2,5.

AVION À MOTEUR À PISTONS

■ *Le Tupolev 95/142 propulsé par 4 moteurs de 15 000 ch entraînant 4 paires d'hélices contrarotatives a atteint la vitesse de 925 km/h.*

■ *Le 12 mars 1978, le capitaine John A. Smith battit le record de vol en solitaire, de Gander, Terre-Neuve, à Gatwick, GB, en 8 h 47 mn 32 s, sur un Rockwell 685. Sa vitesse moyenne fut de 426,7 km/h.*

AVIONS À HÉLICE

L'avion de transport soviétique Tupolev 114 turbopropulsé a atteint la vitesse record de 877 km/h sur des trajets commerciaux. Conçu sur le modèle du bombardier Tu-95 (nom de code de l'Otan : « Ours »), il a 4 moteurs de 15 000 ch.
Le prototype de combat de la marine américaine Republic XF-84H avait une vitesse de pointe programmée de 1 080 km/h. Il vola le 22 juillet 1955, mais sa construction fut abandonnée.

Vols transatlantiques

■ *James V. Sullivan et Noel F. Widdifield parcourent le 1er septembre 1974, sur un Lockheed SR-71A, le trajet New York-Londres (5 570 km) dans le temps record de 1 h 54 mn 56 s. Leur vtesse moyenne — réduite par le ravitaillement en carburant en vol — fut de 2 908 km/h.*

Avions de ligne

Le premier à Mach 2,2

L'avion supersonique Concorde *fit son premier vol le 2 mars 1969.*
Il avait une capacité de 128 passagers et sa vitesse de croisière pouvait atteindre Mach 2,2 (2 300 km/h). Il vola effectivement à Mach 1,05 le 10 octobre 1969 et dépassa Mach 2 le 4 novembre 1970. Le 21 janvier 1976, il devint le premier avion civil supersonique de ligne. Le 14 avril 1990 il battit le record de vitesse sur le parcours New York-Londres en 2 h 54 mn 30 s.

Le plus rapide

Le Tupolev TU-144 a atteint, le 31 décembre 1988, la vitesse record de 2 587 km/h, soit Mach 2,4. Sa vitesse commerciale normale est de Mach 2,2. Le Tupolev 144 est entré en service le 26 décembre 1975 et a toujours été utilisé comme avion de fret et postal.

Voir aussi dans le chapitre L'esprit d'aventure, « Voyages en avion ».

LE RECORD DE L'OISEAU NOIR

Le record officiel de vitesse pour un avion est de 3 529,56 km/h et appartient depuis le 28 juillet 1976 à Eldon W. Joersz et George T. Morgan, sur un Lockheed SR-71 A ***Blackbird***, au-dessus de la base aérienne militaire de Beale, Californie, EU, sur une distance de 25 km. À l'occasion de son dernier vol, il est aujourd'hui hors service, il a traversé les États-Unis en 1 h 08 mn 17 s.

CHANDELLES

■ Une version spécialement préparée du Sukhoï SU 27 soviétique, le Sukhoï P 42 a atteint l'altitude de 12 000 m en 56,542 s.
■ Le Soviétique Alexandre Fedotov a atteint l'altitude de 35 000 m en 4 mn 11 s, aux commandes d'un Mig-25 Mikoyan, après avoir décollé de Podmoscovnoe, Russie, le 17 mai 1975.

AVIONS HELICOPTERES

Les premiers

Léonard de Vinci (1452-1519) conçut le premier l'idée d'un hélicoptère. On suppose néanmoins que les Chinois avaient fabriqué auparavant des hélicoptères miniatures en tant que jouets. Le Français Paul Cornu construisit en 1907 un hélicoptère, qui vola 20 secondes le 13 novembre 1907, mais le premier appareil à fonctionner réellement fut le Focke-Achgellis, qui effectua son premier vol en 1936.

Le plus rapide

John Trevor Eggington avec son copilote Derek J. Clews, a atteint la vitesse de 400 km/h, au-dessus du Somerset, GB, le 11 août 1986, aux commandes d'un hélicoptère de Westland Lynx.

MIL MI-12

Le Mil Mi-12 soviétique (nom de code de l'Otan : « Pigeon voyageur »), était mû par 4 turbopropulseurs de 6 500 ch. Son envergure était de 67 m d'une extrémité à l'autre des pales. Il mesurait 37 m de long et pesait 103 t. Un prototype fut présenté lors d'une exposition à Paris en 1971, mais il n'entra jamais en service.

Minicoptères

■ L'hélicoptère ultra-léger d'une place, Seremet WS-8, fut construit au Danemark en 1976. Propulsé par un moteur de 35 ch, son poids à vide était de 53 kg. Le diamètre de ses pales était de 4,5 m.

Les plus grandes altitudes

Le 21 juin 1972, un SA 315B *Lama* d'Aérospatiale piloté par Jean Boulet a atteint l'altitude de 12 442 m au-dessus de Istres, France.
Le plus haut atterrissage eut lieu à 7 500 m, sur l'Himalaya, lors d'une démonstration du SA 315 B, en 1969.

■ Le R22, conçu et produit en série par l'ingénieur californien Frank Robinson, est le plus léger (375 kg à vide) et le moins cher de tous les hélicoptères commercialisés dans le monde. Une centaine de ces appareils biplaces volent en Europe.

Lourd lourd

Le 3 février 1982, à Podmoscovnoe, Russie, un hélicoptère Mil M1-26 souleva à 2 000 m un chargement total de 57 t.

Record de vitesse

Selon l'Aérospatiale, l'hélicoptère *Le Dauphin* AS 365X a battu, le 25 novembre 1991, sous le contrôle de la FAI, le record du monde de survol en atteignant 371 km/h, brisant ainsi de 31 km/h le précédent record établi par l'hélicoptère américain S67.

Circumnavigation

Ross Perot Jr et Jay Coburn ont réussi la première circumnavigation en 29 jours 3 h 8 mn 13 s en septembre 1982, de Dallas, Texas, EU.

Solitaire

L'Australien Dick Smith est parti de Fort Worth, Texas, EU, le 5 août 1982, à bord d'un Long Ranger III, pour revenir le 22 juillet 1983, après avoir parcouru 56 742 km.

SUPER ROGER

Voir tableau Aviation Records Insolites.

42 vols en 24 h

Le 13 juin 1990, le Britannique Michael Bartlett a effectué 42 vols en 13 h 33 mn, sur la compagnie Héli Transport, de Nice, Alpes-Maritimes, entre Nice, Sophia Antipolis, Monaco et Cannes.

LE DRAGON DE TITANE ET D'ALUMINIUM

Le Dragonfly, conçu par les frères Castiglioni et fabriqué par la société italienne CRAE Spa, est le plus petit hélicoptère du monde : il ne pèse que 230 kg (structure en titane et aluminium), mesure 2 m de haut et 5,2 m de long, son moteur de 130 ch lui autorise une vitesse de 110 km/h. Vendu environ 450 000 F, il peut être piloté sans licence de pilotage ni plan de vol car il ne vole qu'à 200 m d'altitude.

AVIONS HYDRAVIONS

LE PLUS RAPIDE

■ L'hydravion le plus rapide jamais construit était le Seamaster Martin XP6 M-1 de la Marine américaine. Propulsé par quatre moteurs de fusée, ce mouilleur de mines des années 1955 à 1959 pouvait atteindre la vitesse de 1 040 km/h.

Le M-10 détient les 12 records existants pour des hydravions à réaction, tel le record d'altitude, de 14 962 m, battu le 9 septembre 1961 au-dessus de la mer d'Azov.

Record à 31 t

En septembre 1946, l'hydravion Martin JRM-2 *Mars*, de la Marine américaine, établit un record de chargement, avec 31 t.

AIR CHAUD

Le record d'altitude à 3 159 m est détenu par le dirigeable à air chaud Cameron D-38, piloté le 27 août 1982 par l'Australien R.W. Taaffe au départ de Cunderdin, Australie occidentale. Le record de distance (93 km) est détenu par le Suédois Oscar Lindstrom depuis le 20 mars 1988, à bord d'un Colt AS 56.

AVIONS DIRIGEABLES

LE PREMIER À VAPEUR

Il fut inventé en 1851 par l'ingénieur français Henry Giffard (1825-1882). L'appareil était propulsé par une machine à vapeur et un injecteur de vapeur qui porte son nom. Long de 44 m, il vola pour la première fois le 24 septembre 1852.

Les plus grands RIGIDES

Le dirigeable allemand *Graf-von-Zeppelin II* (LZ 130), de 214 t, d'une longueur de 245 m et d'une capacité de 200 000 m³, effectua son vol inaugural le 14 septembre 1938 et fut démantelé en avril 1940. Son jumeau, le *Hindenburg*, était plus long de 1,70 m.

NON RIGIDES

Le ZPG 3-W, de la marine américaine, avait une capacité de 42 937 m³ et mesurait 123 m de long et 26 m de diamètre. Son équipage se composait de 21 personnes. Il effectua son premier vol le 21 juillet 1958, mais fut perdu en mer en juin 1960. Le *Sentinel 5 000*, dirigeable de reconnaissance mis à l'étude par la marine américaine, devrait avoir une capacité de 70 864 m³.

Le plus grand nombre de passagers

Le dirigeable *Akron*, de la Marine américaine, transporta 207 passagers en 1931. Le record transatlantique est de 117 passagers, en 1937, sur le *Hindenburg* allemand.

RECORDS DE DISTANCE

Graf-von-Zeppelin

La Fédération aéronautique internationale a homologué le record de distance en ligne droite pour dirigeables de 6 384 km, établi par le *Graf -von -Zeppelin* allemand, entre le 29 octobre et le 1er novembre 1928.

De Yambol à Khartoum

Le zeppelin L59 allemand vola de Yambol, Bulgarie, à Khartoum, Soudan, et retour, du 21 au 25 novembre 1917, couvrant ainsi au moins 7 250 km.

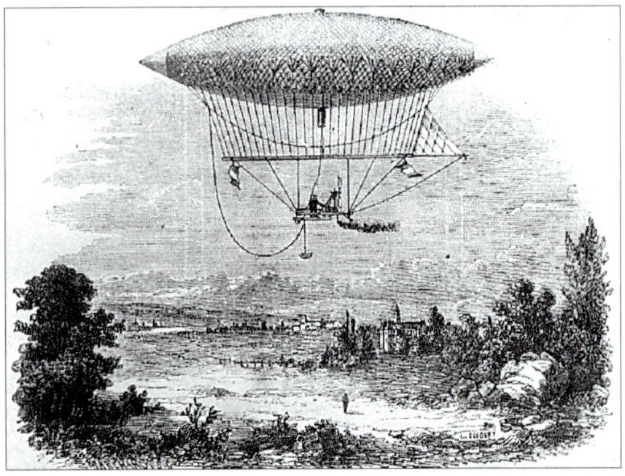

Record de durée

Le vol le plus long enregistré pour un dirigeable flexible (sans escale de ravitaillement) est de 11 jours 12 mn. Il a été réalisé sur un appareil de catégorie ZPG-2 construit par Goodyear pour la Marine américaine. L'appareil partit de South Weymouth, Massachusetts, EU, le 4 mars 1957, pour atterrir à Key West, Floride, EU, le 15 mars, après un vol de 15 205 km.

PARACHUTISME BALLONS MONTGOLFIERES

Le lecteur intéressé pourra se reporter aux Chapitres Esprit d'aventure et Sports, pour plus d'informations.

AVIONS

MAQUETTES D'AVIONS

Altitude, vitesse et durée de vol

Les maquettes téléguidées de l'Américain Maynard L. Hill atteignirent, le 6 septembre 1970, l'altitude de 8 208 m. ▼

Poids mouche

Poids : 0,1 g. « Tractée » par un taon, la maquette conçue par Don Emmick, à Seattle, État de Washington, EU, le 24 juillet 1979, a volé 5 mn.

1 239 km

Gian-Maria Aghem a couvert la distance record en circuit fermé de 1 239 km, le 26 juillet 1986.

Vitesse

L'Australien W. Sitar a atteint la vitesse record de 390,92 km/h, le 10 juin 1977.

Une maquette téléguidée de Maynard L. Hill, vola 33 h 39 mn 15 s, le 1er octobre 1992.

Un modèle d'intérieur appartenant à l'Américain J. Richmont vola, le 31 août 1979, 52 mn 14 s.

Avion solaire

Jean-Pierre Scholtknecht a réussi à faire voler une maquette d'avion fonctionnant à l'énergie solaire pendant 10 h 43 mn 51 s à Wetzlar, Allemagne, le 10 juillet 1991.

Collection la plus chère

La collection d'un amateur constituée dans les 50 dernières années et comportant un millier de maquettes représentant plus de 200 compagnies aériennes à travers des modèles allant de 1946 à 1993, en bois, métal, résine, plastique aux échelles 1/50e à 1/600e, s'est vendue, le 21 janvier 1994, à Drouot, Paris, 178 980 F.

40 ANS DE PASSION

Gérard Pinel, de Paris, a reconstitué, en 40 ans de passion, toute l'histoire des aéronefs, de 1783 à nos jours, en 1 850 maquettes et dioramas à l'échelle de 1,5 mm/m.

Hydravion amphibie, Canadian CL 215. Pompiers de Marignane.

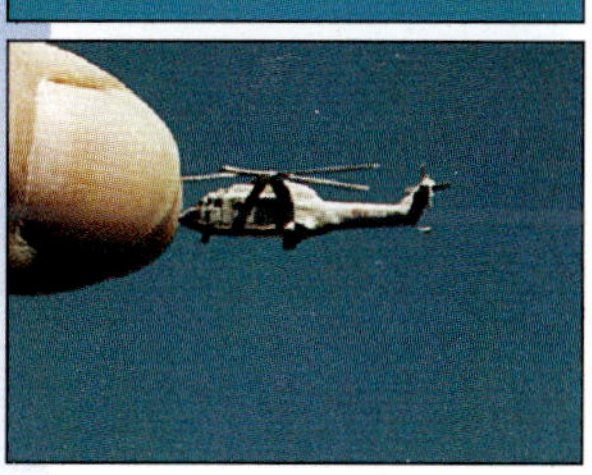

Hélicoptère Puma, type MK1. Armée de terre française.

AVIONS

AEROPORTS

Les plus grands

■ C'est l'aéroport international Roi-Khaled, à Riyad, Arabie Saoudite, qui s'étend sur 225 km², sa tour de contrôle de 81 m est aussi la plus haute du monde.

■ Le plus grand terminal du monde est celui de l'aéroport Roi-Abdul-Aziz, à Djeddah, Arabie Saoudite : il couvre 1,5 km².

■ Le terminal aéroportuaire le plus grand du monde est celui de l'aéroport international de Hartsfield, Atlanta, EU. Inauguré le 21 septembre 1980, sa surface au sol est de 23 ha, en expansion.

En 1993, cet aéroport a accueilli 47 751 000 passagers et a utilisé 145 portes d'embarquement. Sa capacité est de 75 millions de personnes. Une nouvelle section du terminal dont l'ouverture est imminente, augmentera le nombre des portes d'embarquement pour l'amener à 179.

■ L'aéroport Charles-de-Gaulle, à Roissy-en-France, Val-d'Oise, s'étend sur 31 km² et celui d'Orly, Val-de-Marne, sur 15,5 km².

Héliport de 5 km²

Le plus grand héliport était celui d'An Khe, Vietnam du Sud, qui lors de la guerre du Vietnam pouvait recevoir 434 hélicoptères et mesurait 6 km².

PASSAGERS

■ Les États-Unis possèdent le trafic aérien le plus important du monde. Chaque année, plus de 450 millions de passagers utilisent des vols réguliers.

■ Selon *Aéroport magazine*, l'agglomération de New York, avec ses 3 aéroports (Kennedy, La Guardia et Newark), a accueilli en 1993 quelque 72 387 201 passagers, record du monde.

En 1993, l'aéroport international de Chicago, Illinois, était le plus fréquenté avec un total de 65 091 168 passagers embarqués à bord des 869 208 vols, soit un atterrissage ou un décollage toutes les 37 s.

Héliport le plus fréquenté

L'héliport le plus fréquenté est celui de Morgan City, Louisiane, EU. Il sert de base à 46 hélicoptères reliant des plates-formes pétrolières dans le golfe du Mexique.

MOUVEMENTS D'AVIONS

D'après *Aéroport magazine*, les records sont détenus par la ville de New York, avec 1 063 211 mouvements (départs et arrivées) en 1993, et par l'aéroport O'Hare de Chicago, avec 859 208 mouvements.

France

En 1993, Paris-Charles-de-Gaulle a enregistré 303 710 mouvements et l'aéroport d'Orly, 204 552, soit un total de 508 602 mouvements pour Paris, 7e rang mondial et 2e rang européen.

Fret

L'aéroport John-Fitzgerald-Kennedy, à New York, a traité 1 282 584 t de marchandises en 1993, ce qui donne également à la ville de New York la première place mondiale, avec 1 954 115 t.

France

En 1993, Paris a traité 934 815 t (270 229 t pour Orly et 664 586 t pour Roissy), occupant la 7e place dans le monde et la 3e en Europe, après Francfort, Allemagne (1 143 113 t), et Londres (1 105 762 t).

Haut...

L'aéroport de Lhassa, la capitale du Tibet, Chine, se trouve à 4 363 m d'altitude.

...et bas

■ Le terrain d'atterrissage le plus bas est celui d'El Lisan, Jordanie, sur la côte est de la mer Morte, à 360 m au-dessous du niveau de la mer. Durant la Seconde Guerre mondiale, des hydravions Short C-class de BOAC opéraient cependant à partir de la surface de la mer Morte, à 394 m au-dessous du niveau de la mer.

■ L'aéroport international le plus bas est celui de Schiphol, près d'Amsterdam, Pays-Bas. Il se trouve à 4,50 m au-dessous du niveau de la mer.

Voie la plus utilisée

■ La ligne régulière Paris-Londres est utilisée par plus de 3,4 millions de passagers chaque année, soit une moyenne de 4 700 passagers par jour, par trajet.

■ La voie aérienne intercontinentale la plus empruntée est la ligne Londres-New York. 2,25 millions de passagers l'ont empruntée en 1991-1992.

TRAFIC

Avec un total d'environ 51,5 millions de passagers en 1993, Paris occupe la 7e place dans le monde, derrière New York, Chicago, Londres, Tokyo, Los Angeles et Dallas, et la 2e en Europe (l'aéroport d'Orly a accueilli 25,3 millions de passagers et Charles-de-Gaulle, 26 millions). Source *Aéroport magazine*.

Pistes les plus longues

■ La piste de la base aérienne Edwards Air Force Base mesure 11 km (dont 4,5 km bétonnés). Elle a été tracée dans le lit du lac asséché de Rogers, à Muroc, Californie, EU. L'ensemble du centre d'essais aéronautiques s'étend sur 168 km². En cas d'urgence, une piste d'atterrissage auxiliaire de 19 km est utilisable le long du lit du lac.

■ La plus longue piste d'atterrissage d'un aéroport civil est celle de Pierre van Ryneveld, à Upington, Afrique du Sud, qui mesure 5 km.

■ La piste n° 4 de l'aéroport d'Orly est longue de 3,650 km. Les pistes n° 1 et 2 de l'aéroport Charles-de-Gaulle mesurent l'une et l'autre 3,6 km.

■ La piste la plus méridionale mesure 1,6 km de long et se trouve à Ushuaia, Argentine (54°48'S). Elle permet d'assurer toute l'année des vols réguliers vers quatre autres villes d'Argentine, y compris la capitale Buenos Aires.

Aéroports privés

Parmi les aéroports très peu desservis par les compagnies aériennes, le plus actif est celui de Van Nuys, Californie, EU, qui a enregistré en 1989, 492 936 mouvements d'avions, dont moins de 1 % en provenance de compagnies aériennes. La zone d'atterrissage la plus active fut la base aérienne de Bien Hoa, au Sud-Vietnam, qui, en 1970, prit en charge 1 million d'atterrissages ou de décollages.

Le plus éloigné d'un centre urbain

L'aéroport de Viracopos, Brésil, est situé à 96 km de São Paulo.

DOWNTOWN

■ L'aéroport de Hong Kong se trouve au cœur de l'agglomération de Kowloon, sur le continent.

■ Celui de Gibraltar se trouve à 800 m seulement du centre de la ville.

■ Berlin-Tempelhof est à 2 km de l'avenue Unter-den-Linden.

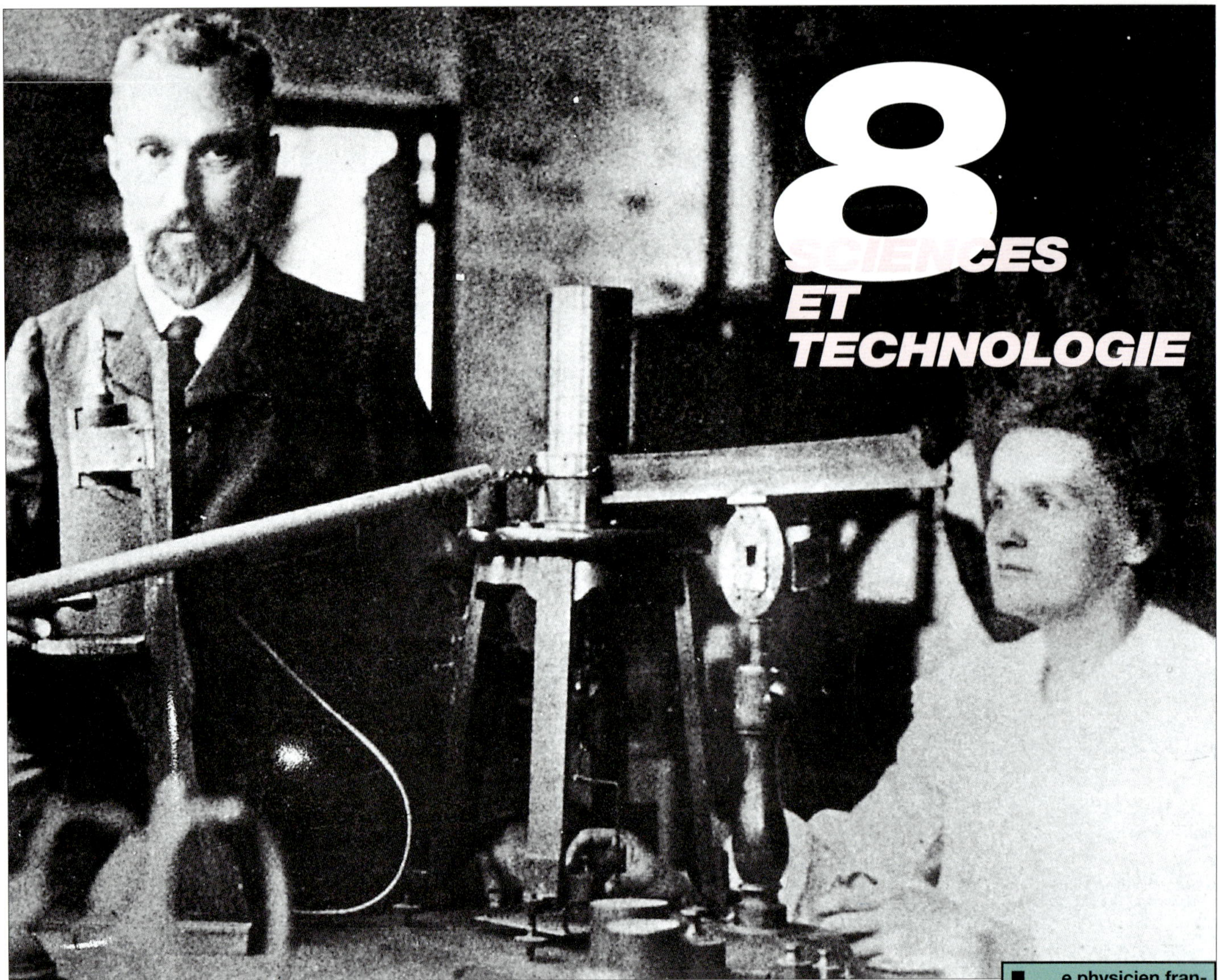

Le physicien français Pierre Curie, à la suite de la découverte de la radioactivité par Henri Becquerel, se consacre avec sa femme Marie, née Sklodowska, à l'étude de ce phénomène.
En 1903, ils partagent leur prix Nobel de physique avec Becquerel.

CHIMIE

LES PARTICULES SUBNUCLEAIRES

L'UNIVERS, LA MATIÈRE, LA CHIMIE

L'Univers entier est constitué de matière qui évolue de manière assez diverse, dans des formes tout aussi diverses et dans des états également divers dans un immense espace vide. La science de base qui s'occupe de la matière est la chimie qui a des branches spécialisées et fait appel à d'autres sciences.

Les infiniment petits
Par toute une série d'observations, le physicien a classé les nouvelles particules élémentaires en leptons dont l'électron, le muon et leurs neutrinos, les ensembles bayrons, neutrons, protons, hyperons, les différents mesons ; à part se trouvent le photon et le graviton, des regroupements symétriques de certaines particules appelés hadrons.
256 particules sont regroupées et classifiées selon certaines lois mathématiques en bosons et en fermions. Les savants se sont demandé s'il n'y avait pas des éléments plus petits servant de base à toute cette structure. À toutes les particules chargées électriquement correspondent des particules de charges opposées constituant l'antimatière.

Les plus lourdes

Le boson Z°, détecté en mai 1983 au Cern à Genève, a une masse de 91,17 GeV. C'est la plus lourde des particules stables.
La plus lourde des combinaisons de particules instables est un hadron (upsilon 6S) de 11,02 GeV et d'une durée de vie de 8,3 x 10^{-24} s, découvert à l'université de Cornell à Ithaca, EU (le V est équivalent à 1,8 x 10^{-34} g).

LA PLUS LÉGÈRE

Le graviton 7,6 x 10^{-67} g.

La plus stable

Le proton avec une durée de vie de 3,1 x 10^{32} années.

LES 1 087 ÉLECTRONS CONNUS

Toute la matière connue sur la Terre, à l'intérieur et au-delà, est constituée d'éléments chimiques. On estime qu'il y a 1 087 électrons dans l'Univers connu. Le nombre total d'éléments existant naturellement est de 94, comprenant, à la température ordinaire, 2 liquides, 11 gaz et 81 solides (parmi lesquels 72 métaux). Le 4e état de la matière, baptisé « plasma », est composé d'électrons chargés négativement et d'ions positifs. Il représente 99 % de toute la matière visible.

La brique de base de toute la matière

Se demandant s'il y avait des éléments minuscules servant de base à la structure de la matière, les savants ont imaginé puis mis en évidence les quarks, qui sont à ce jour considérés comme l'infiniment petit, la brique de base de toute la matière. Il y en aurait 6, associés par paires et baptisés: en haut et en bas*(up and down)*, étrange et charme *(strange and charm)*, sommet et fond *(top and bottom)*.

La plus lourde
C'est le quark sommet *qui est le plus lourd, avec une masse de 150 GeV.*

La plus légère
Parmi les quarks, le quark en haut *est le plus léger, avec une masse de 6 MeV.*

La plus réfractaire
Le carbure de tantale, ne fond qu'à 3 990 °C, soit 120 °C de plus que le carbone.

La moins stable
Le boson Z° a une durée de vie de 2,65 x 10^{-25} s.

LA SUBSTANCE LA PLUS ABSORBANTE

Le service de recherche du ministère de l'Agriculture des États-Unis a mis au point le 16 août 1974 le « H-span » ou Super-Absorbant, composé de 50 % d'amidon, 25 % d'acrylamide et 25 % d'acide acrylique, qui peut, lorsqu'il est traité avec du fer, retenir une quantité d'eau égale à 1 300 fois son propre poids.

CHIMIE

LES 109 ELEMENTS

La plus petite quantité de matière possédant des propriétés connues et caractéristiques, c'est l'atome. On sait qu'il y en a 94 à l'état naturel et 15 éléments artificiels. L'atome est composé d'un centre appelé le noyau, lui-même constitué par l'association de protons et de neutrons et à la périphérie par des électrons. C'est le nombre de protons du noyau qui caractérise l'atome et les propriétés observées, à l'échelle humaine.

BARRIÈRE NATURELLE
la plus petite

C'est le cortège d'électrons qui entoure le noyau d'hydrogène avec un diamètre de 1 x 10^{-7} mm. Ce cortège empêche deux noyaux de s'approcher. Il faut une très haute température pour éliminer ce cortège; les deux noyaux peuvent alors s'approcher, se coller l'un à l'autre en formant un noyau plus lourd avec dégagement d'une immense quantité d'énergie. C'est le principe de la fusion nucléaire.

LA PLUS PETITE QUANTITÉ DE MATIÈRE

On a longtemps considéré que c'était l'atome qui veut dire « non-sécable », qui était la plus petite quantité de matière dans l'absolu. En fait, l'atome est la plus petite quantité de matière cohérente, c'est l'assemblage de base. Chaque atome différent a des propriétés qui lui sont propres et qui le caractérisent. Il y a 94 atomes à l'état naturel. Maintenant on sait que l'atome est décomposable en un noyau central autour duquel gravitent les électrons négatifs. Le noyau est lui-même composé de protons positifs et de neutrons neutres. La plus petite quantité de matière serait le graviton, avec une masse de 7,6 x 10^{-67}, il s'agit d'une particule subnucléaire.

Le plus petit et le plus léger atome

C'est l'hydrogène, il n'a qu'un proton et un électron. Dans un gramme d'hydrogène, il y a 6 x 10^{23} atomes. Il faudrait en aligner 10 millions bout à bout pour avoir 1 mm. Il y a deux variantes qui comportent l'une un neutron dans le noyau, c'est le deutérium ou hydrogène lourd, et une autre qui comporte deux neutrons, c'est le tritium.

Des corps qui ont le même nombre de protons et un nombre différent de neutrons sont des isotopes. C'est le nombre de protons qui définit les caractéristiques chimiques d'un atome.

L'ATOME LE PLUS GROS

À l'état naturel c'est un isotope de l'uranium, environ 240 fois plus lourd que l'atome d'hydrogène, c'est à dire 4 x 10^{-22} g.
Pour des raisons très précises, les scientifiques ont cherché à créer des atomes plus lourds. L'uranium, par exemple, a 9 isotopes, qui peuvent, dans certaines conditions, se couper en atomes plus petits en libérant une grande quantité d'énergie. Ce phénomène est la désintégration ou fission nucléaire. C'est le principe de base des réacteurs nucléaires et de la bombe atomique.

LAVOISIER
Le premier grand chimiste moderne

Le Français Antoine Laurent de Lavoisier (1743-1794) a ouvert la voie à la chimie moderne. Il a prouvé la composition de l'air, la composition de l'eau, il a mis en évidence les phénomènes de combustion contre toutes les théories antérieures et les a reliés à la digestion, à la respiration et à la transpiration.
Il eut une pensée scientifique universelle, avec des ouvertures sur l'agronomie, la physiologie, la météorologie, la physique, la biologie et la botanique. Il fut aussi un brillant financier, mais il refusa le poste de ministre des Finances. C'est sa fonction de fermier général collecteur d'impôt qui lui valut l'échafaud le 8 mai 1794.

La molécule la plus légère
C'est le résultat d'assemblages d'atomes. La plus légère est la molécule d'hydrogène constituée de 2 atomes d'hydrogène, qui sont les atomes les plus légers. Elle pèse donc 2 fois le poids d'un atome d'hydrogène, c'est-à-dire 3,33 x 10^{-24} g.

Autres particules
Des atomes éventuels possédant des protons négatifs et des électrons positifs seraient de l'antimatière. Il y a de très nombreuses particules autres que celles décrites ci-dessus. Leur étude est du domaine de la physique nucléaire. Les savants en découvrent régulièrement : 256 ont été identifiées.

Les éléments les plus stables et les moins stables

La théorie de « grande unification » des forces électromagnétiques faibles et fortes prédit que le proton n'est pas stable. Néanmoins, des expériences effectuées en 1986 montrent que la durée de vie du mode de désintégration le plus probable a une limite inférieure de 3,1 x 10^{32} années. Les particules les moins stables observées (ou de plus courte durée de vie), durent 1,6 x 10^{-24} s.

LA PLUS ÉPHÉMÈRE

La particule ayant la plus courte durée de vie est le boson Z° qui ne vit que 2,65 x 10^{-25} s.

Le gaz de combat le plus puissant

Le VX, environ 300 fois plus toxique que le phosgène ($COCl_2$) employé pendant la Première Guerre mondiale, a été mis au point par l'organisme de défense chimique expérimentale, à Porton Down, GB, en 1952. Les brevets, pris en 1962 et publiés en février 1974, indiquent qu'il s'agit de l'éthyl S-2 diisopropylaminoéthyl-méthylphosphonothiolate. La dose mortelle est de 10 mg-mn/m^3 en aérosol ou 0,3 mg/m^3 par voie orale.

Supercyanure

Le TCDD (2,3,7,8-tétrachlorodibenzo-p-dioxine) est 150 000 fois plus mortel que le cyanure, à raison de 3,1 x 10^{-9} moles/kg.

Senteur la plus chère

La société Jovan de Chicago a mis sur le marché en 1984 une eau de Cologne « Andron » qui contient une trace d'androsténol, phéromone dont le prix est de 97 $/g.

L'ÉLÉMENT LE PLUS CHER

Le Californium (Cf), élément artificiel, était commercialement disponible en 1970 à 5 000 F le microgramme (soit 5 milliards de F le gramme).

Substance naturelle la plus sucrée

Le talin, obtenu à partir d'appendices présents sur les graines d'une plante d'Afrique de l'Ouest (*Thaumatococcus daniellii*), est une substance qui peut sucrer 1 500 fois plus que le sucre de canne.

La substance la plus écœurante
Parmi les 17 000 odeurs recensées jusqu'ici, la plus désagréable peut se discuter, mais l'éthylmercaptan (C_2H_5SH) et le butylsélénomercaptan (C_4H_9SeH) se disputent la première place, chacune ayant une odeur rappelant un mélange de chou pourri, d'ail, d'oignon, de toast brûlé et de transpiration d'homme.

Fleur d'Aisselle de Jean Peste

Un parfum aux essences chimiques d'aisselles et d'aîne, a été mis au point par le Dr George Dodd, biochimiste britannique, dans le but de stimuler le désir sexuel.

Solide le moins dense
C'est un aérogel à base de silice où des brins de silicones sont assemblés autour de poches d'air. Le plus léger ne pèse que 0,005 g/cm^3 (environ 0,020 g/cm^3 pour les mousses légères pour coussinages). Il est produit par Lawrence Livermore Laboratory en Californie, EU. L'utilisation principale est pour la collecte dans l'espace de micrométéorites et des poussières présentes dans les queues des comètes.

LE PARFUM LE PLUS CHER

Les prix de vente dépendent plus des coûts commerciaux que de celui des ingrédients. Le parfum le plus cher est Joy de Patou : le flacon en baccarat de 30 ml vaut 5 200 F. Le flacon en verre de 76 ml, vaut 3 900F, à Paris en 1992. Il faut savoir que 10 600 fleurs de jasmin et 28 douzaines de roses sont nécessaires pour réaliser une once de parfum Joy.

LA PLUS VIEILLE ÉNIGME MATHÉMATIQUE

Elle a été trouvée sur un papyrus égyptien d'environ 1 600 ans av. J.-C., plus tard transcrite sous cette forme : « En allant au marché, j'ai rencontré un homme avec 7 épouses. Chacune avait 7 sacs. Chaque sac contenait 7 chats et chaque chat avait 7 petits. » Petits, chats, sacs et épouses, combien allaient au marché ?

La réponse aujourd'hui paraît simple.

Réponse : 2 801

LA DISCRÉDITATION DE SIR ARTHUR

Le nombre supposé le plus précis en physique

Après de nombreuses années de réflexion, l'astronome et physicien anglais sir Arthur Eddington (1882-1944), annonça en 1938 qu'il y a exactement : 15 747 724 136 275 002 577 605 653 961 181 555 468 044 717 914 527 116 709 366 231 425 076 185 631 031 296,00 protons dans l'Univers et le même nombre d'électrons. Malheureusement pour Arthur Eddington, personne n'a jamais accepté ce calcul bien trop précis, qui est maintenant discrédité. Il faut dire qu'en 1916, grâce à une étude de l'équilibre radiatif des étoiles, il avait pu déterminer leur masse, leur température centrale et leur constitution interne. Cette théorie a des conséquences importantes que l'expérience a vérifiées.

LES 109 ÉLÉMENTS : RECORDS ET EXTRÊMES

Il y a 94 éléments naturels. À l'heure actuelle, on a découvert 15 éléments transuraniens (éléments 95 à 109) parmi lesquels 10 seulement sont incontestés.

LES PLUS COURANTS

Terre ■ Fer (Fe) 36 % de la masse totale.
Lithosphère ■ Oxygène (O) 46,6 % en poids, découvert en 1771 par Scheele (Allemagne-Suède).
Atmosphère ■ Azote (N), 78,08 % en volume, découvert en 1772 par Rutherford (GB).
Extraterrestre ■ Hydrogène, 90 % de toute la matière dans l'univers, 70,68 % de la matière du système solaire, découvert en 1776 par Cavendish (GB).

LE PLUS RARE (des 94)

Astate (At), 0,16 g dans la croûte terrestre, découvert en 1940 par Corson (EU). L'isotope naturel astate 215 découvert en 1943, n'existe qu'à raison de 4,5 nanogrammes.

Le gaz le plus rare dans l'atmosphère est le radon, présent à raison de 6×10^{18} parties par million (ppm), ce qui représente 2,4 kg pour toute l'atmosphère. Certaines régions granitiques en présentent des quantités plus importantes.

LES PLUS LÉGERS

Globalement ■ Hydrogène (H), 0,00008989 g/cm³ et 0,0871 g/cm³ à l'état solide à -260 °C.
Métal ■ Lithium (Li), 0,5334 g/dm³, découvert en 1817 par Arfwedson (Suède).

LE PLUS DENSE

Osmium (Os), 22,59 g/cm³, découvert en 1804 par Tenant (GB).

LE GAZ LE PLUS LOURD

Radon (Rn), 0,01005 g/cm³, découvert en 1900 par Dorn (Allemagne).

LE PLUS RÉCENT

Unniloctium ou élément 108 (Uno). Nom provisoire : IUPAC. Découvert en 1984 par G. Munzenberg (Allemagne) et à l'Institut de recherches Dubna, à Moscou. Un seul atome d'unnilennium a été fabriqué en bombardant du bismuth par des ions de fer, au laboratoire GSI de Darmstadt (RFA), le 29 août 1982. Il possède la plus haute masse atomique (266) et le plus haut numéro atomique (109). Les Soviétiques prétendent avoir observé la formation d'un isotope de masse 276 de l'élément 110 (nom provisoire « Ununnilium », symbole Uun).

LE PLUS PUR

Hélium 4 (^{4}He), 2 pour 10^{15} (1978). Découvert en 1868 par Lockyer (GB) et Janssen (France). Identifié sur Terre par Ramsay (GB) en 1895.

LE PLUS DUR

Carbone (C), variété allotrope diamant, valeur de dureté Knoop : 8000. Découverte préhistorique.

LE PLUS TOXIQUE

Radium 224 (^{224}Ra), isotope naturel 17 000 fois plus toxique que le plutonium 239. Découvert en 1898 par P. et M. Curie et G. Bémont (France).

LE PLUS DUCTILE

1 g d'or (Au) peut être étiré sur 2,4 km. Connu avant 3000 av. J.-C.

LE PLUS CHER

Californium (Cf), vendu en 1970 au prix de 10 $ le microgramme. Découvert par Seaborg (EU) en 1950.

STABILITÉ

Le plus stable ■ La désintégration double bêta du tellure 128. Durée de demi-vie de $1,5 \times 10^{24}$ ans. Découvert en 1782 par Reichenstein (Autriche). Le record de désintégration alpha est détenu par le samarium 148, avec 8×10^{15} ans, et celui de désintégration bêta par le cadmium 113, avec 9×10^{15} ans.
Le moins stable ■ Le lithium 5 a une durée de vie de $4,4 \times 10^{-22}$ s. Découvert en 1950 par Arfwedson (Suède).

ISOTOPES

Le plus grand nombre ■ 37 : Césium (Cs), découvert en 1860 par Bunsen et Kirchoff (Allemagne).
Le plus petit nombre ■ 3 (vérifié) : hydrogène (H) découvert en 1776 par Cavendish (GB).

LA PLUS GRANDE RESISTANCE A LA TRACTION

Bore (B) : 5,7 GPa. Découvert en 1808 par Gay-Lussac et Thénard (France) et H. Davy (GB).

POINTS DE FUSION ET D'ÉBULLITION

Le plus bas *Non métallique* ■ Hélium 4 (^{4}He), – 272,375 °C sous une pression de 24,985 atmosphères (2 532 kPa) et – 268,928 °C. Découvert en 1868 par Lockyer (GB) et Janssen (France).
Le gaz monoatomique hydrogène (H) est supposé être un gaz superfluide non liquéfiable.
Métallique ■ Mercure (Hg), – 38,836 °C/356,661 °C. Connue depuis la préhistoire.
Le plus élevé *Non métallique* ■ Le graphite-carbone se sublime directement en vapeur à 3 704 °C et peut être observé sous forme liquide au dessus de 4 730 °C et à une pression de 100 atmosphères.
Métallique ■ Tungstène (W), 3 420 °C/5 860 °C. Découvert en 1783 par J.-J. et F. d'Elhuyar (Espagne).
La plus petite différence observée entre un point de fusion et un point d'ébullition est celui du gaz néon (Ne) : 2,542 °C, entre -248,594 °C et -246,052 °C.

POINT DE DILATATION

Le plus élevé *Négatif* ■ Plutonium (Pu), – $5,8 \times 10^{-5}$ cm/cm/°C, entre 450 °C et 480 °C (allotrope découvert en 1953). Découvert en 1940 par Seaborg (EU).
Le plus bas *Positif* ■ Carbone sous forme diamant, $1,0 \times 10^{-6}$ cm/cm/°C (à 20 °C).
Le plus élevé *Métal* ■ Césium (Cs), $9,7 \times 10^{-5}$ cm/cm/°C (à 20 °C).
Solide ■ Néon (Ne), $1,94 \times 10^{-3}$ cm/cm/°C (à – 248,59 °C). Découvert en 1898 par Ramsay et Travers (GB).

NOMBRES
GÉNÉRALITÉS

Les plus grands nombres

■ Le plus grand nombre accepté en lexicographie dans le système des puissances de 10 est le centillion, utilisé pour la première fois en 1852. Il s'agit de la centième puissance de 1 million, soit 1 suivi de 600 zéros.

■ Le plus grand nombre en dehors du système décimal est le nombre bouddhiste asankhyeya, qui vaut 10^{140} et a été mentionné dans des travaux jaïns aux environs de 100 av. J.-C.

■ Le nombre 10^{100} est appelé un googol. Le nombre 10 élevé à la puissance d'un googol est appelé un googolplex. On peut se faire une idée de la taille de ces grands nombres lorsqu'on sait que le nombre d'électrons de l'univers observable, dans certains modèles, n'excède pas 10^{87}.

■ Le plus grand nombre jamais utilisé dans une démonstration mathématique est une borne supérieure publiée en 1977 et connue sous le nom de nombre de Graham. Il concerne les hypercubes bichromatiques et ne peut être exprimé sans faire appel à la notation « flèche », introduite par Knuth en 1976.

Le plus grand nombre factorisé

Des scientifiques utilisant 400 calculateurs connectés ont trouvé les facteurs d'un nombre de 100 chiffres.
Le calcul a pris 26 jours et met en danger la sécurité de nombreux systèmes modernes de cryptage.

Nombres premiers

Un nombre premier est un entier positif, autre que 1, qui n'est divisible, en donnant comme résultat un nombre entier, que par 1 et par lui-même, par exemple 2, 3, 5, 7 ou 11. Le plus petit nombre premier est donc 2.

Le plus grand nombre premier connu est composé de 258 716 chiffres. Il est donc suffisamment long pour remplir 21 pages du *Livre Guinness des Records.* Découvert en 1994 par une équipe de mathématiciens du centre de recherche Cray du Minnesota, EU. La notation mathématique de ce nombre est $2^{859\,433}-1$, c'est-à-dire 2 multiplié par lui-même 859 433 fois moins un. Les nombres écrits sous cette forme sont connus sous le nom des nombres premiers de Mersenne, du nom du père Marin Mersenne (1588-1648), un abbé français qui passa des années à la recherche de nombres premiers de ce type.

PLUS PETIT NOMBRE NON PREMIER

Le plus petit nombre non premier, ou nombre composite — en dehors de 1—, est 4.

Nouvelle constante universelle

L'étude de la turbulence de l'eau, du temps et d'autres phénomènes chaotiques a révélé l'existence d'une nouvelle constante universelle, le nombre de Feigenbaum, du nom de son inventeur. Sa valeur approximative est 4,669201609102990.

LA DÉMO LA PLUS LONGUE

La preuve de la classification de tous les groupes simples finis s'étend sur plus de 14 000 pages dans environ 500 articles de journaux mathématiques auxquels ont contribué plus de 100 mathématiciens sur une période de plus de 35 ans.

10 JOURS POUR « OUI OU NON »

Le vingtième nombre de Fermat, $2^{2^{20}}+1$, a été testé en 1986 avec un superordinateur Cray-2 pour savoir s'il s'agit d'un nombre premier. Après 10 jours de calculs, la réponse fut non.

EULER

Le mathématicien le plus prolifique

Le mathématicien suisse Léonhard Euler (1707-1783) a été si prolifique que ses productions faisaient encore l'objet de premières publications 50 ans après sa mort. Ses écrits, imprimés depuis 1910, occupent 75 volumes de type dictionnaire.

GOOGOL, 9 ANS

■

Le terme a été suggéré par le neveu, âgé de 9 ans, du mathématicien américain Edward Kasner, mort en 1955. Le nombre 10^{100} est appelé un googol.

LA MULTIPLICATION DE FADDA

■

En juillet 1989, Michel Fadda, de Guenviller, Moselle, a mis au point un programme informatique grâce auquel il a pu multiplier deux nombres de 2 200 chiffres chacun ; le résultat obtenu, après un calcul de 25 h, est un nombre de 44 000 chiffres. Il aurait fallu à un être humain 150 ans de calcul et une dizaine d'heures pour lire le résultat.

LE THÉORÈME DE FERMAT

Le problème mathématique le plus difficile à résoudre

Le théorème de Fermat a engendré le plus grand nombre de mauvaises démonstrations jamais publiées pour un théorème. Pierre de Fermat (1601-1665), inspira des siècles de vaines recherches lorsqu'il inscrivit son théorème en marge d'un cahier, ajoutant : « J'ai une démonstration admirable pour ce théorème, mais la marge est trop étroite pour la contenir ». En juin 1993, Andrew J. Wiles de l'Université de Princeton, EU, annonça qu'il avait enfin trouvé une démonstration de ce théorème, mais en décembre de la même année , il déclara qu'il devait encore terminer un calcul qui n'était pas encore complété. Nombreux sont ceux qui attendent avec impatience le résultat de ses investigations.

Les plus anciennes mesures

■ La première mesure de poids connue est le bequa de la période Amratian de la civilisation égyptienne, aux environs de 3800 av. J.-C. Elle a été trouvée à Naquada, Égypte. Les poids sont cylindriques, avec des extrémités rondes, de 188,7 à 211,2 g.

■ L'unité de longueur utilisée par les constructeurs de tombes mégalithiques du nord de l'Europe de l'Ouest, environ 3 500 ans av. J.-C., semble valoir 83 cm. C'est le Pr Alexandre Thom (1894-1985) qui est l'auteur de cette découverte.

8. SCIENCES ET TECHNOLOGIE

DU YOCTO AU YOTTA

■

Lorsqu'ils ont affaire aux grands nombres, les scientifiques utilisent les puissances de 10 pour éviter de trop nombreux zéros. Par exemple, 19 160 000 000 000 km s'écrit 1,916 x 10^{13} km. De même, un très petit nombre, par exemple 0,0000154324 g, s'écrit 1,54324 x 10^{-5} g. De tous les préfixes utilisés devant les nombres, le plus petit est yocto (du grec *octo*, « huit »), symbole *y*, indiquant 10^{-24} d'une unité. Le plus grand est *yotta*, c'est-à-dire 8 groupes de 3 zéros, symbole Y, indiquant 10^{24}.

IL Y A 600 MILLIONS D'ANNÉES, LA TERRE TOURNAIT AUTOUR DU SOLEIL EN 425 JOURS

Mesure du temps

Par suite des variations de la durée du jour, dont on estime qu'il croît de façon irrégulière au taux moyen d'une milliseconde par siècle à cause de l'effet de marée lunaire, la seconde a été redéfinie. Au lieu d'être la 86 400e partie du jour solaire moyen, on définit, depuis 1967, la seconde de temps éphéméride comme étant équivalente à 9 192 631 770 ± 20 cycles de la transition hyperfine de l'atome de césium 133 non perturbé par des champs externes.

La plus grande variation diurne observée a été de 10 millisecondes, le 8 août 1972, par suite du plus violent vent solaire enregistré en 370 ans d'observations.

L'exactitude du standard de fréquence à césium approche 8 x 10^{-14}, à comparer avec 2 x 10^{-13} pour le laser hélium-néon stabilisé sur le méthane et 6 x 10^{-13} pour le maser à hydrogène.

La plus grande mesure de temps est le kalpa, dans la chronologie hindoue. Elle équivaut à la durée de vie de Brahma, soit 311 040 milliards d'années (68 500 fois plus long que l'âge estimé de la Terre).

En astronomie, une année cosmique est la période de rotation du Soleil autour de la Voie lactée, c'est-à-dire 223 millions d'années.

Au crétacé inférieur, il y a 85 millions d'années, la Terre tournait autour du Soleil plus vite qu'aujourd'hui, en 370,3 jours par an, alors qu'à l'ère cambrienne, il y a 600 millions d'années, on estime que l'année comprenait 425 jours.

Best-seller chez les insomniaques

Un livre publié en 1940 contient 370 démonstrations du théorème de Pythagore, dont l'une est due au président des États-Unis d'Amérique, James Abram Garfield (1831-1881).

Nombres parfaits

Un nombre est appelé parfait s'il est égal à la somme de ses diviseurs autres que lui-même, par exemple : 1 + 2 + 4 + 7 + 14 = 28.
Le plus petit nombre parfait est 6 (= 1 + 2 + 3).
Tous les nombres parfaits ont une relation directe avec les nombres premiers de Mersenne. Ainsi, le plus grand connu, et 33e découvert jusqu'ici, est $(2^{859433}-1) \times 2^{859433}$. Il possède en tout 517 430 chiffres (suffisamment pour recouvrir 41 pages du *Livre Guinness des Records*) et est dérivé du plus grand nombre premier de Mersenne (voir aussi « nombres premiers »).

La température la plus élevée

Les températures produites au centre d'une bombe à fusion thermonucléaire sont de l'ordre de 300 à 400 millions de degrés Celsius. Parmi les températures contrôlables la valeur la plus élevée obtenue en laboratoire est d'un peu plus de 200 millions de degrés Celsius, dans le réacteur Tokamak du JET (Jet European Torus) à Abingdon, Oxfordshire, GB, lors de la plus puissante réaction de fusion jamais réalisée, obtenant une puissance de 1,8 MW avec un débit de 6,3 x 10^{17} neutrons/s, le 15 novembre 1991.

La température la plus basse

Le zéro absolu sur l'échelle de Kelvin, 0 °K, correspond à – 273,15 °C. (La température de fusion de la glace, 0 °C, vaut 273,15 °K). La plus basse température atteinte est de 28 x 10^{-10} °K, en avril 1993, au Low Temperature Laboratory de l'université de technologie de Helsinki, Finlande à l'aide d'un cryostat à désaimantation nucléaire.

La plus basse température cinétique (température du mouvement des atomes) est égale à 2,5 millionièmes de degré. Elle a été obtenue par une équipe de l'École normale supérieure de la rue d'Ulm, à Paris.

Les pressions les plus élevées

■ Une pression continue de 1,7 Mbar (170 GPa) a été atteinte dans la presse hydraulique géante à faces en diamant du laboratoire de géophysique de l'Institut Carnegie, à Washington, en juin 1978. Ce laboratoire a annoncé la solidification de l'hydrogène à une pression de 57 kilobars, le 2 mars 1979.

■ Si l'on réussit à l'obtenir, l'hydrogène métallique est censé être blanc argent, mais mou, avec une densité de 1,1 g/cm^3. La pression nécessaire pour atteindre cette transition est estimée, par H. K. Mao et P. M. Bell, à 1 Mbar à 25 °C.

L'ÉCHO LE PLUS LONG

L'écho le plus long dans un bâtiment dure 15 s. On l'entend quand on ferme la porte de la chapelle du mausolée de Hamilton, Lanarkshire, Écosse, construite entre 1850 et 1855.

■ En utilisant des méthodes dynamiques et des vitesses de choc atteignant 29 000 km/h, des pressions momentanées de 75 millions d'atmosphères (7 000 GPa) ont été obtenues en 1958.

La plus grande machine à mesurer

La société italienne DEA, le n°1 mondial des systèmes et des équipements de mesure tridimensionnel, a réalisé, pour la société américaine d'aéronautique Lockheed, une machine de 40 m de long destinée à effectuer le contrôle tridimensionnel des fuselages et des ailes d'avion. Baptisée Bêta 2416, cette machine a coûté 800 000 $.

Projection

■

La vitesse la plus élevée à laquelle un objet solide visible a été projeté est de 150 km/s. Il s'agissait d'un disque en plastique, au laboratoire de recherches navales, à Washington, EU.

La balance la plus sensible

Le modèle 4108 de la société Sartorius fabriqué à Göttingen, Allemagne, est capable de peser des objets jusqu'à 0,5 g avec une précision de 0,01 µg, soit 0,00000001 g, à peine un peu plus du soixantième du poids de l'encre de ce point final.

MACROBOUTEILLE

■

Le 26 septembre 1992, une équipe conduite par le maître verrier Steve Tobin, à l'occasion d'une fête de leur corporation à Milville, New Jersey, EU, a soufflé une bouteille de 2,3 m de haut et d'une capacité de 712 litres.

TROIS, QUATORZE ET QUELQUES

Pi est le joyau des géomètres : c'est le nombre qui mesure le rapport entre le diamètre, la circonférence et la surface d'un cercle. Pour déterminer la valeur de Pi, le mathématicien Archimède proposa de construire des polygones réguliers, respectivement circonscrits et inscrits au cercle, et d'en faire croître le nombre des côtés. La première valeur exacte à 7 chiffres (3,141592) n'a été publiée que 18 siècles plus tard par Adrien Metius, en 1625.

Le plus grand nombre de décimales avec lequel π a été calculé est de 2 260 321 336. Ce nombre a été obtenu par David et Gregory Chudnovsky, de l'université Columbia, à New York, EU, qui utilisaient un superordinateur fait par eux en 1991.

En 1897, l'Assemblée d'Indiana prit la décision légale n° 246 décrétant que π vaut de jure 4.

En 1853, William Shanks a publié son calcul de π avec 707 décimales. Quatre-vingt-douze ans après, en 1945, on a découvert qu'en fait les 180 derniers chiffres étaient tous faux.

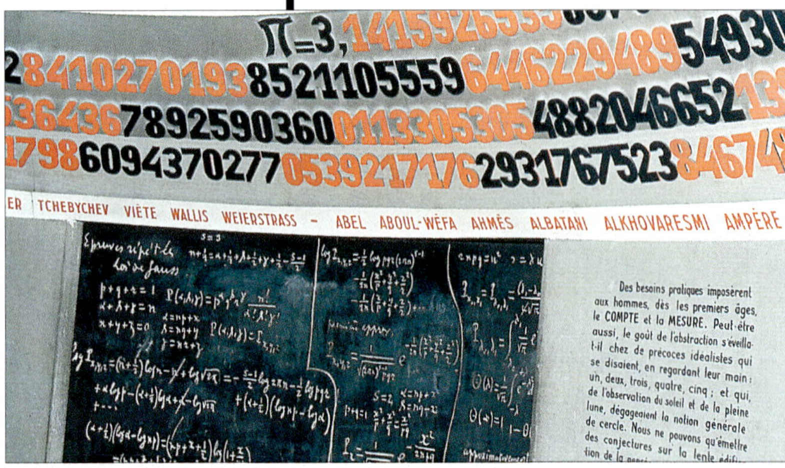

Les Indiens sans chiffres

Les Nambiquaras du Mato Grosso, au Brésil, n'ont aucun système de numérotation. Ils possèdent néanmoins un verbe qui signifie « ils sont identiques ».

Un cheveu coupé en 3 000, dans le sens de la longueur

■

La machine tournante à diamants du laboratoire national Lawrence, à Livermore, Californie, a coûté 13 millions de $. On a annoncé en juin 1983 qu'elle est capable de diviser un cheveu humain 3 000 fois dans le sens de la longueur.

MICROPIPETTE

■

Les objets les plus pointus sont des tubes de micropipettes en verre utilisés pour des travaux intracellulaires sur des cellules vivantes. Kenneth T. Brown et Dale G. Flaming, du département de physiologie de l'université de Californie, à San Francisco, ont réalisé des pointes biseautées d'un diamètre extérieur de 0,02 micron et d'un diamètre intérieur de 0,01 micron. Elles sont 340 fois plus petites que le plus petit tube de nickel et 6 500 fois plus fines qu'un cheveu humain.

LE PETIT TROU

Un trou d'un diamètre de 3,16 Å (3,16 x 10^{-10} mm) a été réalisé sur une surface de bisulfure de molybdène par le Dr Wolfgang Heckl de l'université de Munich et par le Dr John Maddocks de l'université de Sheffield, le 17 juillet 1992 à l'université de Munich, par une méthode chimique utilisant un foret à mercure.

La plus grande chambre à bulles

La chambre à bulles du laboratoire Fermilab de Batavia, EU, d'un diamètre de 4,57 m, a une capacité de 33 000 l d'oxygène liquide maintenus à une température de -247 °C. Cette chambre possède un aimant supraconducteur de 3 teslas de puissance.

La plus rapide centrifugeuse

Les ultracentrifugeuses ont été inventées par Theodore Svedberg (1884-1971) en Suède en 1923. La vitesse de rotation la plus élevée obtenue par l'homme et la vitesse la plus élevée pour un objet sur Terre est de 7 250 km/h. Elle a été atteinte en 1975 par une fibre de carbone tournante de 15,2 cm, sous vide, à l'université de Birmingham, GB.

Le verre le plus fin

Le verre type D 263 a une épaisseur de 0,025 mm et maximale de 0,035 mm. Fabriquée par Deutsche Spezialglas A.G. de Grüenplan en Allemagne, il est utilisé pour des équipements électroniques et médicaux.

Le courant électrique le plus puissant

Si l'on déclenchait simultanément les 4 032 capacitifs constituant le dispositif capacitif Zeus, au laboratoire scientifique de Los Alamos, Nouveau-Mexique, EU, on produirait, pendant quelques microsecondes, deux fois plus de courant qu'il ne s'en produit partout ailleurs sur Terre.

LA FRÉQUENCE LA PLUS ÉLEVÉE

■ La fréquence la plus élevée mesurée directement est celle de la lumière jaune-vert à 520,2068085 THz (un térahertz correspond à 1 million de millions de cycles par seconde) pour la composante O de la transition 17-1 P (62) de l'iode 127.

■ La fréquence mesurée la plus élevée dans la métrologie de précision est celle de la lumière verte à 582,491 703 THz pour la composante b_{21} de la transition R(15) 43-0 de l'iode 127.

■ Néanmoins, depuis la décision du 20 octobre 1983 de la Conférence générale des poids et mesures (CGPM) de définir exactement le mètre (m) en fonction de la vitesse de la lumière (c) de telle façon que *le mètre est la distance parcourue par la lumière dans le vide pendant un intervalle de temps égal à 1/299 792 458 de seconde*, la fréquence (f) et la longueur d'onde l sont parfaitement interchangeables par la relation fl = c.

COEFFICIENT DE FROTTEMENT LE PLUS FAIBLE

Le coefficient de frottement statique et dynamique le plus faible de tous les solides est d'environ 0,04. C'est celui du polytétrafluoroéthylène ($[C_2 F_4]n$) appelé PTFE, équivalant à celui de la glace fondante sur de la glace fondante. Produit en quantité industrielle pour la première fois par E. I. Du Pont de Nemours et Cie en 1943, il est commercialisé aux États-Unis et en France sous le nom de Téflon. Dans la centrifugeuse de l'université de Virginie, EU, un rotor de 13,6 kg, suspendu magnétiquement, a tourné à 1 000 tours/s dans un vide de 10^{-5} mm de mercure. Il ne perd qu'un tour par seconde par jour, continuant à tourner pendant des années.

La plus faible viscosité

C'est celle de l'hélium liquide près du zéro absolu. Elle est si faible que, selon l'Institut de technologie de Californie en 1957, elle n'est pas mesurable.

PREMIÈRE AMPOULE

C'est en 1901 qu'une ampoule de 5 watts à filament de carbone fabriquée par la société Shelby Electric, à Livermore, Californie, EU, a fourni pour la première fois de la lumière. (Une ampoule électrique dure en moyenne 750 à 1 000 h.)

Le rayon laser le plus puissant

Une équipe franco-américaine de l'université du Michigan a réussi à produire un rayon laser dont la puissance délivrée pendant une fraction de seconde (environ 1 pico= 10^{-12} s) était de 55 terawatts (tera= 10^{12}), soit 100 fois l'ensemble du courant électrique produit par les États-Unis en 1992.

FLASH

L'impulsion lumineuse la plus courte

Charles Shank et ses collègues des laboratoires AT & T dans le New Jersey, EU, ont réussi en 1985 à produire une impulsion lumineuse de 8 femtosecondes (8×10^{-15} s).

Champs magnétiques

Le champ magnétique continu le plus intense atteignait 35,3 ± 0,3 teslas au laboratoire de l'aimant Francis Bitter, à l'Institut de technologie du Massachusetts, EU, le 26 mai 1988. Il a nécessité l'usage d'un aimant hybride avec des pièces polaires en holmium.

Le champ magnétique le plus faible mesure 8×10^{-15} teslas dans la chambre fortement blindée du même laboratoire. Il est utilisé par David Cohen dans ses recherches sur les très faibles champs magnétiques engendrés dans le cœur et le cerveau.

LE PLUS PETIT OBJET ARTIFICIEL

Le microscope à balayage dit "à effet tunnel", capable de traiter des objets de la taille de l'atome, a permis d'obtenir une pyramide de trois étages de 7, 3 et 1 atome.
En janvier 1990, D.M. Eigler et E.K. Schweizer, du centre de recherches d'IBM, ont utilisé un microscope à effet tunnel pour écrire les trois lettres du nom IBM à l'aide d'atomes de xénon, disposés sur une surface de nickel.

L'AIMANT LE PLUS LOURD

L'aimant de l'Institut de physique nucléaire de Dubna, près de Moscou, utilisé pour le synchrophasotron de 10 GeV, mesure 60 m de diamètre et pèse 36 000 t.

Électro-aimant

L'électroaimant appartenant au LEP du Cern a la taille d'un immeuble de 4 étages et comporte plus de métal que la tour Eiffel. Son poids total est de 7 810 t.

TENSION

■

La différence de potentiel la plus grande jamais atteinte en laboratoire a été de 32 ± 1,5 millions de volts, par National Electrostatics, à Oak Ridge, Tennessee, EU, le 17 mai 1979.

FAISCEAUX LASER

■ *La première illumination d'un autre corps céleste que la Terre a été réalisée le 9 mai 1962, lorsqu'un faisceau de lumière a été réfléchi, avec succès, par la Lune, en utilisant un laser (amplification de la lumière par émission stimulée de rayonnement) relié au télescope de 122 cm de l'Institut de technologie du Massachusetts, EU.*
La tache lumineuse mesure environ 6,4 km de diamètre sur la Lune. Ce dispositif laser a été suggéré en 1958 par l'Américain Charles Townes (né en 1915, prix Nobel de physique). Un tel éclair de flash de 1/5 000 de seconde peut percer un trou à travers un diamant, par vaporisation à 10 000 °C.
■ *Le laser Nova, au laboratoire Lawrence de Livermore, Californie, EU, a obtenu une énergie de 100 kJ à 1,06 micron et une énergie de 40 kJ à 0,35 micron.*

Accélérateurs de particules les plus puissants

■ Le synchrotron à protons de 2 km de diamètre du laboratoire national Fermi, à Batavia, Illinois, EU, est le « briseur d'atomes » à l'énergie la plus élevée du monde. Le 14 mai 1976, une énergie de 500 GeV (gigaélectronvolts) a été atteinte pour la première fois.

■ Le 13 janvier 1987, une énergie dans le repère du centre de masse de 1,8 TeV (1,8 x 1012 eV) a été obtenue en faisant entrer en collision des faisceaux de protons et d'antiprotons.

■ Il a fallu 1 000 aimants supraconducteurs maintenus à la température de – 268,8 °C par la plus grande usine de liquéfaction d'hélium. Cette usine, opérationnelle depuis avril 1980, débite 4 500 litres d'hélium liquide à l'heure.

■ Le CERN a réussi à faire entrer en collision des faisceaux de protons et d'antiprotons dans son supersynchrotron à protons, près de Genève, Suisse, le 10 juillet 1981. Cela revenait à bombarder une cible fixe avec des protons ayant une énergie de 150 TeV (ou 150 000 GeV). Ce site recouvre le plus grand instrument scientifique du monde. Le CERN, près de Genève, Suisse, possède 2 accélérateurs de particules, dont un synchrotron à protons, ici matérialisés par les cercles.

BRUIT QUI TUE

Le bruit le plus violent produit en laboratoire atteignait 210 décibels ou 400 000 watts acoustiques. Ce record appartient à la Nasa, qui testait un lit de béton et d'acier pour la fusée *Saturne V*, avec des fondations de 18 m de profondeur, au centre de vol spatial Marshall, à Huntsville, Alabama, EU, en octobre 1965. Ce bruit pouvait percer des trous dans des matériaux solides et s'entendait à 150 km de distance.

LA NOTE LA PLUS ÉLEVÉE

Un faisceau laser frappant un cristal de saphir a produit un son de 60 GHz (gigahertz, soit 60 milliards de hertz), en 1964, à l'Institut de technologie du Massachusetts, EU.

La chambre la plus morte

■

La « chambre morte » du laboratoire Bell Telephone System, à Murray Hill, New Jersey, EU, mesure 10,6 m x 8,5 m. Cette chambre, la plus anéchoïque du monde, élimine 99,98 % du bruit réfléchi.

Vide

Les vides obtenus par la société IBM au centre de recherches Thomas J. Watson, à Yorktown Heights, New York, en octobre 1976, dans un système cryogénique avec des températures descendant jusqu'à – 269 °C, sont de l'ordre de 10^{-14} torr. Si l'on compare les molécules à des balles de tennis, c'est comme si ces balles, placées pour commencer à 1 m les unes des autres, se retrouvaient distantes de 80 km.

MICROSCOPES

■ Le microscope à balayage à effet tunnel, inventé au laboratoire de recherches IBM de Zurich, Suisse, par les chercheurs Gerd Binnig et Henrich Rohrer, tous les deux prix Nobel 1986, a un pouvoir d'agrandissement de 100 millions. Il peut résoudre au centième le diamètre d'un atome (3×10^{-10} m). La quatrième génération de ce microscope à effet tunnel est censée être de la « taille du bout d'un doigt ».

■ En utilisant la microscopie à effet de champ, les pointes des sondes des microscopes à effet tunnel ont été dessinées en forme pour se terminer par un seul atome, les trois dernières couches constituant la plus petite pyramide artificielle, avec 7,3 et 1 atomes.

MISTER
Le plus petit robot du monde

Développé par Seiko Epson Corporation en 1992, et baptisé « Monsieur », le plus petit robot du monde, primé à l'International Contest for Hill Climbin Micromechanismes, a un volume inférieur à 1 cm^3 et pèse 1,5 g. Sensible à la lumière, il est fait de 97 pièces de montre, soit l'équivalent de 2 montres. Lorsqu'il est chargé, il peut atteindre la vitesse de 11,3 mm/s pendant 5 mn.

Microphone puce

Le Pr Ibrahim Kavrak, de l'université Bogazici, à Istanbul, Turquie, a mis au point en 1967 un microphone pour une nouvelle technique de mesure de la pression dans un écoulement fluide. Ce micro répond à des fréquences s'étendant entre 10 Hz et 10 KHz et mesure 1,5 mm x 0,7 mm.

LA LUMIÈRE LA PLUS BRILLANTE

Les sources artificielles les plus brillantes sont des impulsions « laser » créées, en 1987, au laboratoire national de Los Alamos, Nouveau-Mexique, EU, par Robert Graham. Un flash ultraviolet durant une picoseconde (10^{-12} s) est amplifié jusqu'à une énergie de 5×10^{15} watts.

De toutes les sources brûlant de façon continue, la plus puissante est un arc à argon sous haute pression de 313 kW, produisant une lumière équivalant à 1,2 million de bougies. Il a été réalisé par la société Vortek Industries de Vancouver, Canada, en mars 1984.

Le projecteur le plus puissant a été fabriqué pendant la Seconde Guerre mondiale par la société General Electric au centre de recherches Hirst, à Wembley, Londres. Il produisait 600 kW et son arc avait une luminance de 46 500 candelas/cm^2 et une intensité maximale de 2,7 milliards de bougies à partir de son miroir parabolique de 3 m de diamètre.

■ **Le gisement de gaz d'Ucha, dans les Pyrénées-Atlantiques, découvert en 1970, se trouve à 4 460 m de profondeur. Le gisement de pétrole de Lavergne, Lot, découvert en 1962, se trouve à 3 190 m de profondeur.**

FORAGE MARITIME

■ **Le forage le plus profond dans le lit marin, réalisé par le navire *Joide S Resolution* du Projet de forage profond américain, a été de 2 000 m, à l'est du Pacifique équatorial, en 1991.**

■ **Le site le plus profond est maintenant à 7 034 m sous la surface, atteints en mai 1978 dans la fosse des Mariannes, océan Pacifique, par le *Glomar-Challenger*.**

Jaillissement de pétrole

■ Le 26 août 1956, le puits n° 5, à Alborz, près de Qom, en Iran, explosait. Un jaillissement de pétrole non contrôlé s'éleva jusqu'à une hauteur de 52 m, libérant ainsi l'équivalent de 120 000 barils par jour, à une pression de quelque 62 055 kPa. Il fut obturé au bout de 90 jours de travail par B. Mostofi et Myron Kinley, du Texas.

■ Le forage de pétrole Lake View n° 1, en Californie, aurait fourni 125 000 barils pendant ses 24 premières heures de fonctionnement, le 15 mars 1910.

MARÉES NOIRES

L'éruption du puits mexicain Ixtoc 1, le 3 juin 1979, a déversé dans le golfe du Mexique au moins 500 000 t de pétrole (et même 1 million de t, d'après certaines estimations). L'écoulement n'a pu être colmaté qu'au bout de 9 mois et demi, le 24 mars 1980.

Pour les accidents de pétroliers se reporter au chapitre Véhicules, rubrique « *Bateaux* ».

L'explosion, en janvier 1991, pendant la guerre du Golfe, des réservoirs du terminal pétrolier de Mina al-Ahmadi, au Koweït, et de trois pétroliers ancrés à proximité a déversé dans le golfe Arabo-Persique de 350 000 à 700 000 t de pétrole.

FORAGES ET MINES

GÉNÉRALITÉS

Forage dans la banquise

En atteignant le 12 juillet le socle rocheux du Groenland, à 3 028,8 m de profondeur, le forage profond de la calotte glaciaire du Groenland va fournir aux glaciologues des archives inestimables du climat de la Terre au cours des 200 000 dernières années.

PUITS CREUSÉ

En mars 1962, à la mine de Buffelsfontein, Afrique du Sud, on creusa un puits de 381 m aux dimensions standard de 8 m de diamètre dans le temps record de 31 jours.

Le plus grand souterrain

La mine de San Manuel, Arizona, EU, appartenant à la société Magma Copper, comprend 570 km de tunnels.

LE FORAGE LE PLUS PROFOND

■ **La pénétration humaine la plus profonde de la croûte terrestre est un forage d'exploration géologique près de Zapolarny, péninsule de Kola, ex-URSS, commencé en 1970. En avril 1990, une profondeur de 12 124 m était dépassée. L'avancement s'est ralenti, de façon compréhensible, jusqu'à 500 m par an au fur et à mesure que l'objectif de 15 000 m en 1995 se rapprochait. La tête de forage est montée sur une turbine commandée par une pompe à boue. La température à 12 km de profondeur était déjà de 210 °C.**

■ **Les Allemands ont entrepris en octobre 1986 le forage du trou Erbendorf, en haute Bavière. La profondeur prévue est de 14 km pour un projet de 1,5 milliard de F.**

CHAMP PÉTROLIFÈRE

La compagnie des pétroles Shell a mis en exploitation, en décembre 1993, un puits à 872 m de profondeur, dans le Golfe du Mexique. Entre le 8 novembre 1982 et le 4 janvier 1983, le navire américain *Discoverer-Seven-Seas* a effectué, pour le compte d'une association des compagnies pétrolières Total, Elf-Aquitaine et Esso-France, un forage destiné à améliorer la connaissance des fonds marins de la Méditerranée. Il a atteint la profondeur de 1 714 m, au sud-ouest de Marseille, Bouches-du-Rhône.

■

PLATE-FORME DE PAMPO

La plate-forme pétrolière de Pampo, dans le bassin de Campos, Brésil, construite et exploitée par Petrobrás pèse 24 100 t. Ouverte dans les années 70, elle couvre 3 000 m^2 et produit 30 000 barils par jour. Elle atteint la profondeur de 115 m sous l'eau.

■

LA PLUS HAUTE PLATE-FORME PÉTROLIÈRE

Le puits n° 20 du champ pétrolifère de Marlim, exploité par Petrobrás, mis en exploitation en juillet 1992, atteint la profondeur de 625 m sous le niveau de la mer. Ce puits extrait 38 000 barils par jour.

FLAMME

La plus grande flamme de gaz a brûlé à Gassi Touil, Sahara algérien, du 13 novembre 1961 au 28 avril 1962. Le jet montait à 137 m et la fumée à 182 m. Il finit par être éteint par le célèbre « pompier volant » américain « Red » Adair (né en 1932), qui utilisa 245 kg de dynamite. Ses honoraires se seraient élevés à 1 million de $, plus les frais.

PUITS D'EAU

Le forage aquifère le plus profond du monde est le Stensvad Water Well 11-W1 de 2 331 m percé par Great Northern Drilling dans le comté de Rosebud, Montana, EU, en octobre et novembre 1961.

Le puits de vapeur géothermique de la société Thermal Power, dont le forage a commencé dans le comté de Sonoma, Californie, atteint 2 752 m.

Le plus ancien puits artésien d'Europe peut se voir à Lillers, Pas-de-Calais. Découvert accidentellement par les moines de l'ancien couvent dominicain, il date de 1126. La source qui l'alimentait est aujourd'hui épuisée. Les puits artésiens doivent leur nom à la province de l'Artois, où l'on trouve les premiers puits de l'Occident.

LA SEULE MINE D'OR D'EUROPE

La plus ancienne et la plus importante de France est la mine de Salsigne, Aude. Découverte en 1908 et fermée en 1992 elle produisait 2 t par an. La France possédait les seules mines d'or d'Europe occidentale, pour une production annuelle de 2 à 3 t.

FORAGES ET MINES

GISEMENTS

Le plus ancien

On peut dater d'au moins 40 000 ans le gisement d'hématite (minerai de fer rouge, le plus répandu) de la caverne du Lion, près de Ngwenya, au Ngwane (ou Swaziland).

Le plus profond

À Western Deep Levels, près de Carletonville, Afrique du Sud, on extrait l'or à une profondeur de 3 700 m, par une température de 55 °C.

Le forage le plus rapide

Pendant le forage de quatre puits dans le comté de McMullen, Texas, EU, la société Harkins a réussi à creuser sur 10 477 m en un mois (juin 1988).

LA PLUS GRANDE CARRIÈRE

S'étendant sur 7,2 km², la carrière de Bingham Canyon, Utah, EU, a produit 3,3 milliards de t de pierres depuis l'origine.

CODE MINIER

Octroyée le 27 février 1227 aux mineurs de la terre d'Hierle (aujourd'hui répartie entre les départements du Gard et de l'Hérault), cette charte, conservée aux archives de la ville de Nîmes, fut rédigée par Raymond de Peyraube, notaire à Ganges, Hérault. Elle précisait les droits du seigneur, les droits et les devoirs du mineur, dans une région où, dès l'époque gallo-romaine, on exploitait le cuivre (à Arrigas, Gard).

ARGENT

Les plus anciennes mines d'Europe se visitent à Melle, Deux-Sèvres. Elles étaient activement exploitées à l'époque carolingienne et peut-être dès le IIe siècle. L'activité minière s'arrêta vers l'an 1000, puis les mines, abandonnées et oubliées, furent redécouvertes en 1830.

CHARBON

■ **Le puits d'exploration le plus profond** En août 1983, on a atteint 2 042 m près de Thorez, dans le bassin houiller du Donbass, ex-URSS.

■ **Mine à ciel ouvert** À Fortuna-Garsdorf, près de Bergheim, Allemagne, le gisement de lignite couvre une superficie de 21 km² en surface et atteint 325 m de profondeur.

■ **France** Le charbon fut exploité dès le XIIIe siècle, dans les affleurements de Saint-Étienne, du Creusot, d'Alès, de Graissessac et de Carmaux, par des galeries à flanc de coteau ou par des puits équipés d'un treuil en bois.

La dernière mine encore en exploitation, située à Oignies, Pas-de-Calais, a fermé définitivement le 21 décembre 1990.

CUIVRE

■ **Le plus ancien** À Dyfed, Pays de Galles, GB, on a découvert un gisement de cuivre qui aurait été exploité vers 1700 av. J.-C.

L'étoile de l'espoir

La pépite Holtermann, trouvée le 19 octobre 1872 dans la mine Star of Hope, à Hill End, Nouvelle-Galles du Sud, Australie, contenait environ 100 kg d'or et était encastrée dans une dalle d'ardoise de 285 kg.

■ **Le puits à l'air libre le plus profond** À Bingham Canyon, près de Salt Lake City, Utah, EU, le puits atteint 800 m.

■ **Le plus long** Au Chili, un puits en sous-sol mesure 1 600 km.

FER

La plus grande mine du monde est celle de Lebedinski, dans la région de Koursk, ex-URSS. Elle a déjà produit 20 milliards de t d'un minerai à 45-60 %.

OR

■ **La plus grande mine** Rand Proprietary Mines, à Boksburg, Transvaal, Afrique du Sud, s'étend sur 4 900 ha.

■ **La plus riche** Crown Mines, au Transvaal, Afrique du Sud, a produit 49,4 millions d'onces d'or fin (1 400 t) depuis le début de son exploitation.

■ **La plus productive** La mine du Muruntau, en Ouzbékistan, produit, selon des estimations occidentales, 80 t d'or par an.

■ **La plus grosse pépite pure** La pépite Holermann Nugget, a produit 99,8 kg d'or. Voir encadré ci-dessous.

URANIUM

Le puits à ciel ouvert de Rio Tinto Zinc, à Rossing, Namibie, a permis l'extraction de 5 000 t d'oxyde d'uranium.

PLOMB

Le plus grand gisement (10 % de la production mondiale) est celui de Viburnum Trend, dans le sud-est du Missouri, EU.

TALC

Le groupe des Talcs de Luzenac, Ariège, est le premier producteur mondial, avec 500 000 t par an. Il exploite le gisement de Trimouns, à 1 800 m d'altitude.

PLATINE

Les mines de Rustenburg, au Transvaal, Afrique du Sud, produisent 28 t par an.

TUNGSTÈNE

La plus grande mine du monde est celle d'Union Carbide, à Mount Morgan, Californie, EU. Elle produit 2 000 t par jour.

La plus grande mine d'or du monde se trouve à Boksburg, Afrique du sud, et s'étend sur 4900 ha. Indiens du Brésil, sur cette photo, ou Africains, seul l'espoir fait vivre.

La première centrale nucléaire produisant de l'électricité fut ERR-1, aux États-Unis, le 20 décembre 1951.

MACHINES À VAPEUR

Les plus anciennes

Denis Papin (1647-1714) ➤ discerna le premier la force de la vapeur d'eau. Il réalisa en 1690 sa fameuse « marmite », ancêtre de notre Cocotte-minute.

La plus vieille

■ La plus vieille machine à vapeur en bon état de marche est la machine Smethwick construite en 1779 par James Watt. Installée sur le canal Smethwick, GB, jusqu'en 1891, elle est maintenant au Musée des sciences et de l'industrie de Birmingham, où elle est régulièrement remise en marche pour le public.

La plus grande

■ La plus grande machine à vapeur à un seul cylindre a été conçue par Matthew Loam, de Cornouailles, GB, et réalisée par la fonderie Hayle en 1849, pour une installation de drainage du sol à Haarlem, Pays-Bas. Le cylindre a un diamètre de 3,65 m, si bien que chaque passage, également de 3,65 m, élève 60 t d'eau.

La plus économique

■ La machine de Taylor, construite par Michael Loam pour United Mines, Gwennap, Cornouailles, GB, en 1840, n'employait que 1,7 livre de charbon par cheval-vapeur de puissance par heure.

PETROLE

En 1993, le premier producteur du monde était l'Arabie Saoudite, qui a produit 8,2 milliards de barils par jour.

En 1990, la France a produit 3,017 millions de t de pétrole.

Gisements

Le plus grand champ pétrolifère du monde est celui de Ghawar, en Arabie Saoudite. Il s'étend sur 240 km x 35 km et renferme 6,5 milliards de t de réserves.

Le gisement le plus productif de France est celui de Chaunoy, Seine-et-Marne, découvert en 1983. Il a fourni 686 000 t en 1993.

GAZ

Le premier producteur mondial est l'ex-URSS, qui a produit 811,5 milliards de m³ en 1991.

En 1990, la France a produit 4,3 milliards de m³ de gaz.

Gisements

Le plus grand gisement de gaz naturel du monde est celui d'Ourengoï, Sibérie occidentale. Ses réserves sont estimées à 7 000 milliards de m³, soit trente fois celles de Lacq.

Le gisement de Lacq-Profond, Pyrénées-Atlantiques, découvert en 1951, a produit près de 3 milliards de m³ en 1993.

NUCLÉAIRE

La première pile nucléaire a été construite sur un court de squash désaffecté à Stagg Field, université de Chicago, Illinois, EU. Elle « divergea » à 15 h 25 le 2 décembre 1942.

CENTRALES

Ce sont les Etats-Unis qui possèdent le plus de centrales nucléaires (109). Elles produisent 98 729 MW/h, soit 29,8% de la production mondiale de ce type d'électricité.

La plus grande

La centrale de Fukushima, Japon, est la plus grande du monde. Elle possède 10 réacteurs pour une puissance de 9 096 MW.

La première centrale nucléaire française

Ce fut G 1 Marcoule, à Chusclan, Gard. Sa construction commença en janvier 1956, et elle fut mise en service deux ans plus tard. La plus grande est celle de Gravelines, Nord, mise en service le 13 mars 1980. Sa puissance utile est de 2 785 MW, mais elle peut développer une puissance maximale de 5 460 MW.

Réacteur

■ La centrale B1 de Chooz, France, aura une capacité de production de 1 455 MW. La construction débuta en 1982, et la première tranche de production fut mise en service en 1991.

Énergie de fusion

■ Au JET (Joint European Torus), à Culham, GB, on a atteint, le 10 octobre 1988, une température de 100 millions de degrés Celsius.

CENTRALES D'ÉNERGIE

■ La plus grande station d'énergie en fonction est celle du barrage de Grand Coulée, sur la Columbia, État de Washington, EU. Elle fournit une puissance hydroélectrique de 7 400 MW (mégawatts). Elle est entrée en service en 1942.

■ La centrale d'Itaipú, sur le Paraná, à la frontière du Brésil et du Paraguay, a commencé à fournir de l'énergie le 25 octobre 1984 et atteint une puissance de 13 320 MW. Le cours du Paraná a été dévié sur 2 km pour édifier le barrage, haut de 196 m.

L'électricité produite sert à l'approvisionnement en énergie du sud-est du Brésil (voir aussi le chapitre Architecture « Barrages »).

■ La plus grande centrale thermique du monde est le complexe d'Ekibastouz, Kazakhstan, qui fonctionne depuis mai 1982.

■ La plus grande centrale thermique de France est celle de Cordemais, Loire-Atlantique. Mise en service en 1970, sa puissance est de 2 479 MW.

■ La plus grande centrale hydraulique de France est celle de Serre-Ponçon, Hautes-Alpes, construite sous le barrage du même nom. Elle produit 1 670 millions de kWh par an. Le plus grand générateur d'énergie éolienne est le prototype de Corbières, Aude. Sa puissance est de 750 kW.

ÉNERGIE SOLAIRE

■ *Le plus grand four solaire du monde est Luz, dans le désert Mojave, Californie, EU. Il comprend les neuf plus grands systèmes d'électricité solaire du monde et produit 354 MW.*

■ *Le système d'énergie solaire de Packerland Packing, usine de Bellevue, Green Bay, Wisconsin, EU, terminé en janvier 1984, possède 5 256 collecteurs de 1,21 m x 2,43 m couvrant 28 985 m². Il produit une énergie qui peut s'élever à 4,22 millions de joules par mois.*

■ *Le four solaire d'Odeillo, Font-Romeu, Pyrénées-Orientales, achevé en 1968, a une puissance de 1 MW. La température maximale au centre est de 3 800 °C. Son grand miroir parabolique se compose de 9 500 glaces et couvre 2 000 m².*

Les plus grandes réserves de pétrole

L'Arabie Saoudite a des réserves de pétrole, les plus grandes du monde, estimées à 35 milliards de t. Comme ce pays a eu une production de 320,7 millions de tonnes en 1990, ces réserves équivalent à environ 100 ans de production au rythme actuel.

WEEK-END EN ASCENSEUR

C'est bien involontairement que Graham Coates a établi son record du monde, en restant coincé 62 h dans un ascenseur de Brighton, Sussex, GB, du 24 au 26 mai 1986.

Six personnes (trois hommes et trois femmes) sont restées enfermées 18 h, du samedi 20 janvier 1990, 21 h, au dimanche 21 janvier, 15 h, dans un ascenseur de Saint-Brieuc, Côtes-d'Armor. Ils quittaient un vernissage lorsque l'ascenseur est tombé en panne dans l'immeuble vide.

Batterie
La batterie plomb-acide de Chino Californie, EU, est conçue pour une capacité de 40 MWh. Elle servira à absorber des pointes de consommation sur le réseau.

Le plus grand baromètre
Un baromètre à eau de 12 m de hauteur a été construit, en 1987, par Bert Bolle, conservateur du Musée du baromètre, à Maartendijk, Pays-Bas.

Chaudière
Les plus grandes chaudières, commandées aux États-Unis à la société Babcock et Wilcox, ont une puissance de 1 330 MW, mettant en jeu l'évaporation de 4,2 millions de kg d'eau par heure.

Turbines
■ Hydrauliques Prévues pour une puissance de 815 MW, les plus grandes turbines hydrauliques ont été mises en place par Allis-Chalmers à la troisième centrale de Grand Coulée, État de Washington, EU. Elles ont un diamètre de 9,70 m, un rotor de 407 t et un arbre de 317 t.

■ À gaz La plus grande turbine à gaz est le modèle GT 13 E de Brown Boven, dont la puissance de sortie maximale est de 140 MW. La première machine de ce type a été installée aux Pays-Bas pour augmenter de plus de 46 % la puissance (500 MW) fournie par la centrale d'énergie à vapeur Hemweg 7.

■ La plus petite turbine à gaz est celle construite par Geoff Knights de Londres. Il s'agit d'une turbine à ailettes, autoalimentée, d'une longeur de 5 cm, et tournant à 50 000 tours /minutes. Elle a fonctionné pour la première fois le 4 février 1989.

■ Turbopompe La plus grande pompe réversible a été réalisée par Allis-Chalmers pour le projet du comté de Bath, Virginie, EU. Elle atteint une puissance maximale de 457 MW en turbine. Elle peut refouler sur une hauteur de 393 m. Le rotor a un diamètre de 6,3 m et une vitesse de rotation de 257 tours/mn.

Moulins à eau
Il existe des moulins à eau pour moudre le grain à Priston Mill, près de Bath, Avon, GB, depuis des temps antérieurs à l'invasion de l'Angleterre par les Normands. Le plus ancien connu date de 931.

Moulin à marée
Le 12 novembre 1989, le moulin à marée d'Eling, GB, a fait tourner sa roue à eau pendant 16 h 07 mn en une journée. C'est le seul moulin encore en état de marche à utiliser la puissance des marées pour la production régulière de farine complète.

LES TOUTE PREMIÈRES MACHINES

Les dâlu sont des systèmes d'élévation d'eau dont on sait qu'ils étaient déjà en usage chez les Sumériens, 3 500 ans av. J.-C. Ils sont donc encore plus anciens que les *saqiyas*, sur le Nil.

MOULINS À VENT

■ ***Les plus anciens*** Les premiers moulins à vent de l'Histoire servaient à moudre le grain en Mésopotamie au VIIe siècle av. J.-C.

■ ***Le plus haut*** Le plus grand moulin à vent est celui de la distillerie Saint Patrick de Dublin, GB. Il mesure 42 m de haut et n'est plus en service.

Le plus grand moulin à vent en service est celui de Noord Molen à Schiedan, Pays Bas, avec une hauteur de 33,33 m.

■ ***Les plus grands*** La première éolienne de 3 000 kW était une turbine de 150 m de haut, construite par la société Grosse Windenergie-Anlage en 1982 sur la côte frisonne de l'Allemagne. Commencée en mars 1984 sur la côte nord d'Oahu, Hawaï, EU, l'installation GEC MOD-5A développe avec ses hélices de 122 m une puissance de 7 300 kW lorsque le vent atteindra 50 km/h.

Le plus grand en Europe est le Dijkpolder en Maasland, Pays-Bas, construit en 1718, il a 29 m d'envergure d'un bout d'aile au bout opposé.

INGENIERIE RECORDS

Machine la plus lente
Une machine pour l'industrie nucléaire, permettant de tester la corrosion sous contrainte, a été construite par Nene Instruments, à Wellingborough, GB. Elle peut être contrôlée à la « vitesse » de 1 milliardième de millimètre par minute (10^{-15} m/mn), soit l'équivalent de 1 m en 2 milliards d'années.

Câbles
British Ropes, à Wallsend, Northumberland, GB, a fabriqué les 4 câbles les plus long du monde, chacun mesurant 24 km. Ces câbles ont un diamètre de 3,5 cm et pèsent chacun 108,5 t. Ils ont été commandés par CEGB (l'équivalent britannique d'EDF) pour être utilisés dans la construction de la ligne de 2 000 MW qui traverse la Manche.

■ **Les plus gros** Ce sont ceux utilisés pour le pont en cours de construction de Akashi-Kaikyo, qui reliera les îles de Honshu et de Shikoku, Japon. Commencé en 1988, il doit être achevé en 1998. Les deux câbles principaux ont un diamètre de 1,1 m.

■ **Les plus lourds** Les câbles les plus lourds du monde, pesant chacun 130 t, sont utilisés dans les puits des mines d'or de Western Deep Levels, Afrique du Sud.

■ **Les plus résistants** Les câbles fabriqués par la société Scan Rope de Norvège ont un diamètre de 394 mm et résistent à une charge de 7 028 t. Ils furent utilisés pour des installations d'implantation off shore.

Chaînes de convoyage
La plus grande chaîne de convoyage d'un seul tenant est longue de 29 km. Installée par Cable Belt, de Camberley, GB, elle se trouve en Australie.

Le convoyeur le plus long du monde relie sur 100 km la mine de phosphate de Bucraa au port d'El-Aiun, au Maroc. Construit par Krupps, il fut terminé en 1972. Composé de 11 chaînes successives, il fonctionnait à 4,5 m/s, mais est aujourd'hui arrêté.

Panne de courant

La plus importante panne de courant de l'Histoire a touché 7 États du nord-est des États-Unis et l'Ontario, au Canada, les 9 et 10 novembre 1965. Environ 30 millions de personnes, réparties sur 270 000 km2, étaient plongées dans le noir. On ne dénombra que deux victimes. À New York, le courant cessa à 17 h 25 et ne fut pleinement rétabli qu'au bout de 13 heures. Une autre panne de courant, de 52 mn, à New York, le 13 juillet 1977, a coûté 1 milliard de $, pillages compris.

ASCENSEURS

36 km/h
Les ascenseurs les plus rapides du monde sont les express se hissant jusqu'au 60e étage de l'immeuble Sunshine 60 (240 m), à Tokyo, Japon. En service depuis le 5 avril 1978, ils ont été construits par la société Mitsubishi. Ils atteignent une vitesse de 10 m/s, soit 36 km/h.

65 km/h
Des vitesses verticales beaucoup plus élevées sont atteintes dans les puits de descente des mines. Un monte-charge, dans un puits de 2 072 m de profondeur, appartenant à Western Deep Levels, en Afrique du Sud, fonctionne à la vitesse de 65 km/h.

276 m
L'ascenseur de la tour Eiffel, à Paris, mis en service en juin 1889, s'élève jusqu'à 276 m. Il faut cependant changer de cabine au 2e étage de la tour (à 115 m).

21,6 km/h
Le plus rapide des 25 ascenseurs de la tour Montparnasse, à Paris, celui qui dessert la terrasse panoramique, s'élève d'une traite au 56e étage (200 m) en 33 s, à la vitesse de 6 m/s (21,6 km/h).

USINE MARÉMOTRICE DE LA RANCE

La première et la plus grande usine marémotrice du monde est celle de la Rance, Ille-et-Vilaine, mise en service le 26 novembre 1966, sur l'estuaire de ce fleuve de 100 km qui se jette dans la Manche. Construite en cinq ans pour 420 millions de F, elle produit 550 millions de kWh par an.

Le barrage, de 804 m de long, contient 24 turboalternateurs. Elle fonctionne dans les deux sens de la marée.

Chariot élévateur

La société suédoise Kalmar LMV a fabriqué, en 1985, dix chariots élévateurs capables de soulever des charges de 80 t. Ils furent conçus pour manœuvrer le grand oléoduc libyen.

Concasseur

Conçu et construit par la société Dragon-Babbitless, de Fontaine, Isère, le concasseur en service à la mine de charbon à ciel ouvert de Sainte-Marie, près de Carmaux, Tarn, est l'un des plus grands du monde. Il est constitué de trois modules d'une capacité de 3 000 t/h, acceptant des blocs de 1,6 m de diamètre. Chaque module, haut de 20 m, pèse environ 400 t.

Craqueur catalytique

La raffinerie Bayway, de la société Exxon, à Linden, New Jersey, EU, possède le plus grand craqueur catalytique du monde. Sa capacité journalière est de 19 millions de litres.

Drague

Les Ateliers de l'Oural, à Sverdlovsk, ex-URSS, possèdent une drague d'une portée de 100 m et un chariot d'une capacité de 24 m^3.

La drague mobile la plus grande du monde est Big Muskie, une Bucyrus-Erie de 4 250 W, d'un poids total de 11 820 t munie d'un chariot de 168 m^3 de capacité sur une portée de 94 m. Il s'agit de la plus grande machine terrestre mobile du monde. Elle est actuellement en service sur le site de Muskingum, dans la mine de charbon Central Ohio, aux États-Unis.

Écrous

Les plus gros écrous jamais fabriqués pèsent 4,8 t. Ils ont un diamètre extérieur de 1,32 m et un filetage de 63,5 cm. Connus sous le nom d'« écrous Pilgrim », ils sont fabriqués par Pilgrim Moorside, à Oldham, Lancashire, GB, pour être utilisés sur les montants d'une grande presse de forge.

Trottoir roulant

Le plus grand du monde est celui du Neue Messe Center, à Düsseldorf, Allemagne. Il a 225 m de long.

France Le plus grand trottoir roulant est celui de la station de métro Montparnasse-Bienvenüe 3, à Paris. Il est long de 181,78 m et large de 1,12 m. Circulant à quelque 3,096 km/h, il peut transporter jusqu'à 11 000 personnes à l'heure. Il fut mis en service le 25 juillet 1968.

CHANTIER LE PLUS HAUT

À l'aiguille du Midi (3 847 m) dans le massif du Mont-Blanc, un chantier de protection contre les éboulements rocheux a débuté le 15 juin 1992. Le travail en altitude entraîne un essoufflement rapide chez l'homme, une baisse de puissance des machines et surtout un accès au site de travail difficile (héliportage).

Excavateur

L'excavateur à roues à godets de la mine à ciel ouvert de lignite de Hambach, Allemagne, pèse 13 000 t. Long de 210 m et haut de 82 m, il débite 200 000 m^3 par journée de travail de 20 h. Sa roue maîtresse a une circonférence de 68 m, avec des godets de 5 m^3.

Forgeage

La plus grande pièce jamais forgée est un arbre de générateur de 16,80 m de longueur et de 204 t construit par Bethlehem Steel Corporation, Pennsylvanie, EU, en octobre 1973.

Grues

Les deux grues les plus puissantes se trouvent à bord du navire semi-submersible *Micoperi-7000* (190 m de longueur et 89 m de largeur). Elles sont en service pour la société italienne Officine Meccaniche Reggiane. Chacune a une capacité de levage de 6 895 t.

Grue flottante Dénommée Brabo, la grue flottante la plus puissante du monde peut soulever 800 t. Elle est en exploitation dans le port d'Anvers, Belgique.

Grue mobile La grue *Rosenkranz K 10001* de 810 t, dont la capacité de levage est de 1 000 t, mesure, flèche comprise, 202 m. Dix camions sont nécessaires à son déplacement, chacun étant limité à un poids par essieu de 118 t et à une longueur de 23 m.

Flèche Le bateau-grue *Taklift-4* de la compagnie maritime Smit International, de Rotterdam, Pays-Bas, a une flèche de 95 m.

Grue-portique La grue-portique *Rahco*, construite par R.A. Hanson Disc, au barrage de Grand Coulée, EU, pour la troisième centrale, a une portée de 28 m. Lors d'un test en 1975, elle a pu soulever une charge de 2 200 t. Elle a hissé le rotor d'un générateur, d'un poids de 1789 t, avec une précision de 0,8 mm.

Haut fourneau

Le plus grand haut fourneau du monde a une contenance de 5 245 m^3 et un diamètre au creuset de 15 m. Il est installé aux usines d'Oita, île de Kyushu, Japon, et a été terminé en octobre 1976. Sa capacité de production annuelle est de 4 341 300 t.

France Le haut fourneau n° 4 des usines sidérurgiques Solac, à Dunkerque, Nord, a un volume intérieur de 4 615 m^3 et un volume utile de 3 850 m^3. Sa hauteur est de 86 m et son diamètre au creuset de 14,20 m. Sa production annuelle est de 3 650 000 t.

Imprimante

L'imprimante la plus rapide du monde est le système électrosensible de Radiation Inc., au laboratoire des radiations Lawrence, de Livermore, Californie. Elle peut imprimer 30 000 lignes de 120 caractères alphanumériques chacune à la minute.

Lignes à haute tension

La plus grande portée La ligne à haute tension qui possède la plus grande portée traverse le fjord Sogne, Norvège, entre Rabnaberg et Fatlaberg. Fournie en 1955 par Whitecross, de Warrington, Cheshire, GB, et mise en place par A. S. Betonmast, d'Oslo, Norvège, elle est longue de 4 888 m et pèse 12 t. En 1967, deux autres

LEVAGE RECORD

La plus grande opération de levage de l'histoire industrielle est le relèvement du complexe pétrolier off-shore Ekofisk, en mer du Nord, par suite du tassement du fond de la mer. Long de 1,6 km, Ekofisk compte 8 plates-formes pesant 40 000 t. Les 17 et 18 août 1987, ce complexe a été surélevé de 6,50 m par 122 vérins hydrauliques commandés par ordinateur.

ESCALIERS ROULANTS

Le terme d'escalier roulant (escalator) a été enregistré aux États-Unis le 28 mai 1900, mais le premier « escalier incliné » mobile fut installé sur la jetée de Coney Island, New York, en 1896, par Jesse W. Reno (1861-1947).

L'escalier roulant du métro de Saint-Pétersbourg, Russie, à la station Place-Lénine, a 729 marches et une dénivellation de 60 m.

Le plus long du monde est un escalier extérieur en quatre parties, à Ocean Park, Hong Kong. Il a une longueur totale de 227 m et une dénivellation de 115 m.

Le plus grand escalier roulant français relie le quartier industriel de la plaine de l'Eure aux quartiers d'habitation du Haut-Graville et de Frileuse, au Havre, Seine-Maritime. Il se compose de 356 marches profondes de 0,96 m et larges de 1,06 m, pour une longueur totale de 178 m sur une pente à 38 %. La durée de l'ascension est de 4 à 6 mn. Mis en service le 27 mai 1928, l'escalier peut transporter 600 passagers à l'heure.

Le record de confort a été atteint au centre commercial de Kawasaki, Japon. Les clients fatigués y disposent d'un escalier roulant de 83 cm de haut.

lignes à grande résistance à la traction, en acier et aluminium, d'une longueur de 4 878 m et pesant 33 t, fabriquées par Whitecross et BICC, ont été mises en place au même lieu.

La plus haute La ligne à haute tension la plus haute du monde traverse le détroit de Messine, Italie. Elle est supportée par un pylône de 205 m, côté sicilien, et par un pylône de 224 m, côté calabrais, séparés de 3 627 m.

France Le pylône le plus haut, 120 m, se trouve, sur la ligne longeant la Seine, entre Le Havre, Seine-Maritime, et Rougemontier, Eure, à 2 km en amont du pont de Tancarville.

Les voltages les plus élevés
Les tensions transportées les plus élevées sont de 1,33 million de volts sur 1 970 km dans la liaison Pacific Inter, aux États-Unis. Les lignes à haute tension d'Ekibastuz, au Kazakhstan, sont prévues pour 2 400 km de distance, avec une capacité de 1,5 million de volts.

France La tension maximale transportée en France est de 400 000 volts.

Moteurs de bateau

Cinq moteurs Diesel du modèle 12 RTA 84 ont été construits par Sulzer et Frères, Winterthur, Suisse, pour des bateaux porte-conteneurs de la compagnie American President Lines. Chaque moteur de 12 cylindres fournit un maximum de puissance de 41 920 kW (57 000 ch) à 95 tours/mn.

OLÉODUCS

■

Le premier oléoduc du monde, de 5 cm de diamètre, fut posé à Oil Creek, Pennsylvanie, EU, en 1863. Il fut saccagé par des « luddites » (groupes d'ouvriers qui détruisaient les machines, qu'ils accusaient de provoquer le chômage).

Le plus long oléoduc pour pétrole brut relie Edmonton, Alberta, Canada, à Buffalo, État de New York, EU, sur une distance de 2 850 km. Treize stations de pompage entretiennent un flux de 31 millions de litres par jour.

Le pipeline transsibérien reliant Tuimazy à Irkoutsk, via Omsk et Novossibirsk, devrait mesurer finalement 3 700 km. La première section, de 48 km, a été ouverte en 1957.

Gazoducs Le plus long gazoduc terrestre traverse le Canada, depuis 1974, sur une distance de 9 100 km. Son diamètre est de 1,07 m.

Le gazoduc européen Tinmen-Tchéliabinsk-Moscou-Brandebourg couvre 4 330 km.

Commencé en novembre 1982 et achevé en juillet 1983, le gazoduc de gros calibre reliant Ourengoï-Ouzgorod à l'Europe de l'Ouest s'étend sur 4 450 km. Sa capacité est de 32 milliards de m³ par an.

Le pipeline sous-marin le plus long du monde, pour le gaz naturel, relie sur 425 km la plate-forme de l'Union Oil à Rayong, Thaïlande. Il fut inauguré en septembre 1981.

Eau La plus longue conduite d'eau du monde couvre une distance de 560 km, de Perth aux gisements aurifères de Kalgoorlie, Australie. Construite en 1903, elle a progressivement été rallongée de 5 fois sa dimension initiale.

Le plus productif De Prudhoe Bay à Valdez, le pipeline de l'Alaska couvre 1 280 km. D'un diamètre de 1,20 m, il transporte jusqu'à 2 millions de barils de brut par jour.

Pipeline All American, dans la région de Santa-Maria, Californie, EU.

PELLETEUSE

La pelleteuse Marion 6360, d'une portée maximale de 72 m, peut charger à 46 m de hauteur. Son godet a une capacité de 160 m³. Fabriquée par Marion Power Shovel Company, Ohio, EU, en 1964, elle pèse 11 000 t et nécessite 20 moteurs électriques fournissant une puissance totale de 45 000 ch pour faire fonctionner son bras de 67 m de long. Elle est utilisée dans la mine de charbon à ciel ouvert située près de Percy, Illinois, EU, par Arch Mineral Corporation.

Pompe à béton

Le record de distance sans relais est de 1 520 m pour la construction d'un réseau d'égouts en Bavière, Allemagne. Le pompage du béton a été possible grâce aux tuyaux flexibles de très haute résistance à l'abrasion, réalisés par la société française Kleber Industrie.

RADAR

La plus grande des trois installations du système américain d'alerte précoce Ballistic Missile Early Warning System (BMEWS) est située près de Thulé (Groenland), à 1 500 km du pôle Nord. Achevée en 1960, elle a coûté 500 millions de $. Ses stations sœurs sont, l'une au cap Clear, Alaska, EU, terminée en 1961, l'autre à Fylingdales Moor, North Yorkshire, GB, terminée en juin 1963.

La plus grande installation à vocation scientifique est le réseau au sol de 84 000 m² de Jicamarca, Pérou.

Réservoirs de pétrole

Les cinq réservoirs de stockage de 1,5 million de barils construits pour Aramco à Ju'aymah, Arabie Saoudite, ont 22 m de hauteur et 117 m de diamètre.

TÉLÉPHÉRIQUES

■

Le téléphérique le plus long du monde est celui de la Compagnie minière de l'Ogooué, ou Comilog, construit de 1959 à 1962 pour la mine de manganèse de Moanda, au Gabon. Long de 76 km, il possède 858 pylônes, 2 800 chariots et 155 km de câble passant sur 6 000 poulies.

Pour les passagers, c'est le téléphérique de Merida, au Venezuela, qui détient le record. De Merida (1 640 m d'altitude) au sommet du pic Espejo (4 768 m), il franchit une dénivellation de 3 128 m. Il se divise en 4 sections, comprenant 3 changements de voiture pendant la montée de 12,8 km, qui s'effectue en 1 heure. Les deux bennes travaillent selon le principe des pendules. Le câble porteur est fixe et les bennes sont tractées par trois câbles mus par un moteur de 230 ch. Elles ont une capacité de 45 passagers et se déplacent à 9,7 m/s (35 km/h).

▲

Le téléphérique de l'aiguille du Midi, à Chamonix, Haute-Savoie, a été mis en service en 1957. Il relie Chamonix, sur 5 093 m, en deux tronçons, au sommet de l'aiguille, à 3 845 m d'altitude.

Le téléphérique d'une seule portée le plus long relie sur 4 km la vallée de Coachella au mont San Jacinto (3 300 m), Californie.

Transistor le plus rapide

■

Un transistor capable de commuter 230 milliards de fois par seconde a été mis au point par l'université d'État d'Illinois, le 5 octobre 1986.

Mini thermomètre

Frederich Sachs, biophysicien à l'université de l'État de New York, a mis au point un ultramicro-thermomètre pour mesurer la température d'une seule cellule vivante. La pointe a un diamètre de 1 micron, environ 1/50 du diamètre d'un cheveu humain.

Vent de 555 km/h

Le plus grande soufflerie du monde fonctionne au centre de recherches Ames de la Nasa, à Moutain View, Palo Alto, Californie, EU. Son tunnel de 12 m x 24 m est alimenté par 6 moteurs de 22 500 ch qui produisent un vent de 555 km/h.

Presses

Les deux machines de production les plus puissantes du monde sont deux presses de forge américaines. La presse Loewy, dans une usine louée par la société Wyman-Gordon à l'US Air Force, pèse 9 300 t et s'élève à 35 m, dont 20 sont enfouis sous le niveau de travail. Opérationnelle depuis octobre 1955, elle a une capacité de 43 900 t. L'autre presse similaire se trouve à l'usine de l'Aluminum Company of America, à Cleveland, Ohio, EU.

En septembre 1990 ABB métallurgie a fourni à Mercedes Benz AG à Sindelfinger, Allemagne la plus puissante presse pour l'emboutissage de pièces métalliques. C'est une Quintus d'une puissance de 150 000 t (près de 9 000 autocars). Sa table de pressage est de 2 x 4 m.

En France, une presse de même modèle de 120 000 t de puissance a été livrée par ABB en 1988 à Lebranchu SA, Paris.

INGENIERIE

ORDINATEURS

Les plus anciens

■ Le premier calculateur électronique programmable comportait 1 500 tubes. Le Colossus, conçu par Max H. A. Newman (1897-1985), fut construit par T.H. Flowers. Il fut mis en service en 1943, à Bletchley Park, GB, pour décrypter la machine à coder allemande Enigma. Il dérivait du concept de machine programmable d'Alan Turing (1912-1954) publié en 1936. Le secret entourant la machine Colossus fut levé le 25 octobre 1975.

■ Le premier calculateur à programme enregistré fut le Mark I de l'université de Manchester, GB, qui contenait le tube cathodique à mémoire Williams (breveté le 11 décembre 1946). Son premier programme a fonctionné pendant 52 mn le 21 juin 1948.

■ Les ordinateurs progressèrent énormément avec l'invention du transistor à contact ponctuel par John Bardeen et Walter Brattain, en juillet 1948, et du transistor à jonction par R. L. Wallace, Morgan Sparks et William Bradford Shockey, au début de l'année 1951. Le concept de circuit intégré qui a conduit à la microminiaturisation a été publié pour la première fois par Geoffrey W. A. Dummer le 7 mai 1952, à Washington. Le microcalculateur fut réalisé entre 1969 et 1973 par M. E. Hoff, de la société Intel, grâce à la production du microprocesseur 4 004.

Mémoire en circuit intégré

La barrière du mégabit en un seul circuit intégré a été franchie en février 1984 avec la fabrication d'un circuit intégré de 1 024 kilobits (1 million de circuits élémentaires) pas plus grand qu'une tête d'épingle et aussi fin qu'un cheveu humain. Il a été conçu par quatre sociétés japonaises : Hitachi, NEC, NTT Atsugi Electrical Communications et Toshiba. Toshiba a entrepris la fabrication de circuits à large échelle d'intégration (VLSI) en arséniure de gallium, commutant en 80 picosecondes (8 x 10-11 s).

La plus grande calculatrice

En 1989, la société Texas Instruments France, sise à Villeneuve-Loubet, Alpes-Maritimes, a réalisé une calculatrice de démonstration et de promotion de 1,40 m de long, 75 cm de large et 13 kg, réplique exacte des calculatrices Galaxy 10 et Galaxy Junior, toutes deux vendues dans le commerce.

La puce la plus rapide

Elle a été mise au point par DEC, de Maynard, Massachusetts. Elle a une puissance de 64 bits. Elle atteint 200 MHz, soit 3 fois plus que les ordinateurs personnels (66 MHz). Cette puce Alpha a la même puissance que le Cray 1, premier super-ordinateur vendu 7,5 millions de $ en 1976.

CRAY

L'ordinateur le plus puissant et le plus rapide

C'est le Y-MP C 90, de Cray Research, Minneapolis, Minnesota, EU. Il est à refroidissement liquide et sa mémoire a une capacité de 2 gigabits (1 gigabit = 1 milliard de bits). Il atteint la vitesse de 16 000 millions d'opérations à virgule flottante par seconde. Le prix d'une installation de milieu de gamme est de 30 millions de $.

Un calculateur « massivement parallèle » en hypercube comportant 1 024 processeurs en parallèle a été mis au point par le Sandia National Laboratory, Nouveau-Mexique, EU, le 18 mars 1988. Il permet de résoudre des problèmes en les fractionnant en plusieurs parties dont il cherche les solutions simultanément. Il est 1 019 fois plus rapide qu'un ordinateur conventionnel.

En mai 1988, NEC (Nippon Electric Company) a annoncé un programme de recherches de l'équivalent de 16 milliards de F dont l'ambition est de créer un ordinateur de 5e génération capable de lire l'écriture manuelle et de comprendre la parole dans plusieurs langues.

France Seize entreprises utilisent un système Cray, notamment EDF, Aerospatiale, Renault, Peugeot, Michelin.

Roulement

Le roulement le plus lourd, pièce circulaire en acier monobloc, a été fabriqué par la société RKS, filiale SKF, d'Avallon, Yonne, le 1er juillet 1991. Il pèse 37,35 t et mesure 6,13 m de diamètre.

TOUR

Le plus grand tour a 38 m de long et pèse 416 t.
Construit par Waldrich Siegen, Allemagne, en 1973, pour la Compagnie d'électricité d'Afrique du Sud, à Rosherville, il peut produire des pièces de 300 t et de 5 m de diamètre (hauteur équivalente à deux étages).

Transformateurs

Les plus grands transformateurs monophasés du monde sont prévus pour 1,5 million de kVA (kilovolt-ampères). Huit sont en service à l'American Electric Power Service Corporation.
France Les plus grands en service ont une puissance de 600 000 kVA.

VANNE

La plus grande vanne papillon du monde a un diamètre de 9,75 m et pèse 170 t. Conçue par Boving and Co., Londres, elle fonctionne sur le banc d'essai de moteur de l'Air Force Base du Tennessee, EU.

Balancier

Le balancier le plus long du monde est celui de l'horloge à eau de l'immeuble Shinjuku NS, à Tokyo. Il mesure 22,50 m.

INGENIERIE

HORLOGERIE

Horloges

■ Les plus anciennes *La première horloge mécanique dotée d'un mécanisme d'échappement a été construite en Chine, en 725, par Yi Xing et Liang Lingzan.*
L'horloge en état de marche sans cadran la plus ancienne du monde, celle de la cathédrale de Salisbury, GB, date d'au moins 1386. Elle a été restaurée en 1956 après avoir donné l'heure pendant 498 ans et fait tic-tac plus de 500 millions de fois.
On a supposé que l'horloge à poids de la cathédrale de Wells, GB, pouvait dater d'environ 1335, mais seul le cadre en fer est d'origine.

L'horloge de Beauvais

■

L'horloge astronomique de la cathédrale Saint-Pierre, à Beauvais, Oise, fut construite entre 1865 et 1868. Composée de 90 000 pièces, elle mesure 12,10 m de haut, 6,1 m de large et 2,70 m de profondeur.

■ *La montre en fer de Peter Henlein fut fabriquée à Nuremberg, Allemagne, vers 1504.*
■ *Les premières montres-bracelets, celles de Jacquet-Droz et Leschot, à Genève, Suisse, datent de 1790.* ▶

Les plus grandes
■ *L'horloge Timepiece, un cube de 15,50 m de côté, est suspendue au sommet des 5 étages du bâtiment International Square, à Washington. Commandée par ordinateur, précise au centième de seconde, elle pèse 2 t. Elle est illuminée par 122 m de tubes au néon et utilise 460 m de câblage. Douze tubes à sa base s'allument pour donner les heures et les minutes.*
■ *L'horloge, conçue par le sculpteur John Safer, indique également la position du Soleil à son zénith dans 12 villes du monde.*
■ *La grande aiguille de l'horloge florale (21 m de diamètre) du Rose Building, à Hokkaido, Japon, mesure 8,50 m. Fabriquée par Seiko, elle est en place depuis juin 1988.*
■ *L'horloge à quatre faces la plus grande du monde est sur l'immeuble de la société Allen-Bradley, à Milwaukee, Wisconsin, EU. Le cadran de chaque face a un diamètre de 12,30 m. L'aiguille des minutes mesure 6 m.*
■ *La plus grande horloge à une seule face est l'horloge octogonale de l'usine Colgate, à Jersey City, New Jersey, EU. Elle a un diamètre de 15,20 m et une grande aiguille de 8,30 m.*

Pendule géante

Une pendule d'une hauteur de 2,20 m, large de 1,16 m et pesant 1,2 t, a été réalisée par la manufacture de l'Épée, Sainte-Suzanne, Doubs. Sa fabrication, entièrement artisanale, a nécessité 3 000 h de travail. Elle a été exposée au Carrousel du Louvre à Paris, le 21 mars 1992.

Montres monuments

Une montre Swatch de 162 m de long et de 20 m de diamètre fabriquée par Tomàs Feliu, a été exposée sur l'immeuble de la Banque de Bilbao, Madrid, du 7 au 12 décembre 1985. La montre Eta du pavillon de la Suisse, à l'Expo 86 de Vancouver, Canada, mesurait 24 m de haut et pesait 35 t.

PACKARD ET CALIBRE 89

Les montres les plus chères

La montre de poche la plus prestigieuse est *Heaven at Hand* « le paradis à portée de main », connue des spécialistes sous le nom de *Packard*. Fabriquée en 1922 par Patek Philippe pour le magnat de l'automobile James Packard, c'est la plus extraordinaire montre « complexe » du monde. Elle fut rachetée par la société Patek Philippe en septembre 1988 pour l'équivalent de 7,5 millions de F. Pour satisfaire les désirs excentriques de Packard, Patek Philippe avait réalisé une carte céleste en émail qu'il logea dans l'un des boîtiers en or. Elle montrait les mouvements du ciel lorsqu'il se déplaçait au-dessus de la maison de Packard, à Warren, Ohio, EU.

Le record de prix de vente aux enchères pour une montre est de 16 millions de F (4,5 millions de francs suisses) : il s'agit d'une Patek Philippe baptisée *Calibre 89*, composée de 1 728 pièces, acquise chez Habsburg Feldman, de Genève, Suisse, par un acheteur sud-américain anonyme, le 9 avril 1989 (ci-dessus).

Mesure du temps la plus précise

Les garde-temps les plus précis du monde sont deux masers installés en 1964 au laboratoire de recherches navales, à Washington. Ils fonctionnent à la fréquence de transition de l'atome d'hydrogène, 1 420 450 751 694 Hz. Exactitude: 1 s pour 1,7 million d'années.

CADRAN SOLAIRE

Un cadran solaire d'une surface de 3 878 m², conçu par Shin Minohara fut construit sur la place Keihanna Interaction, Kyoto, Japon en 1991.

<u>France</u> Le mont Saint-Michel a été transformé en cadran solaire en 1988.

LES PLUS PETITES MONTRES

Les montres "Deux Lignes", créées en 1929, fabriquées par Jaeger-Lecoultre, Suisse, sont équipées d'un mouvement à 15 rubis et ne mesurent que 14 mm de long et 4,85 mm de large et contiennent 74 pièces d'horlogerie. Le mouvement et le boîtier pèsent moins de 5 g, le mouvement et le cadran : 1g.

■

Les Montres Antima SA, Bienne, Suisse, ont fabriqué une montre de poche en or, avec mouvement analogique à quartz, de 12,73 mm de diamètre, 4,73 mm d'épaisseur et d'un poids de 6 g.

LA PLANETARIUM COPERNICUS

La seule montre-bracelet qui indique l'heure, le jour, les phases de la Lune, les positions astronomiques du Soleil, de la Terre et des planètes connues à l'époque de Copernic est baptisée Planetarium Copernicus. Fabriquée par Ulysse Nardin, Suisse, de façon entièrement mécanique, elle représente l'univers de Ptolémée et indique les « coordonnées astrologiques » à n'importe quel moment.

Une version spéciale de la montre Planetaria 65 a été fabriquée dans une coupe de la météorite trouvée par l'explorateur américain Robert Edwin Peary au cap York, Groenland, en 1897.

Les montres les plus précises

■

L'horloge Olsen, façonnée en 10 ans pour l'hôtel de ville de Copenhague, Danemark, comprend plus de 14 000 pièces. Son mécanisme fonctionne de 570 000 façons. Le mouvement du pôle céleste mettra 25 753 ans à effectuer une révolution complète. C'est le mécanisme le plus lent du monde. Sa précision est d'une demi-seconde en 300 ans.

L'horloge atomique fabriquée par Hewlett Packard est commercialement disponible pour 54 000 $, depuis 1991, c'est la montre la plus précise non mécanique. Exploitant la technologie du cesium, le système est de la taille d'un ordinateur de bureau et varie de 1 s pour 1,6 million d'années.

La montre la plus chère commercialisée

Présentée en décembre 1990, la montre-bracelet 1735 de Blancpain vaut 3,8 millions de F. Elle tient son nom de l'année de naissance de la célèbre fabrique horlogère suisse. Bien que dépourvue de diamants ou de pierres précieuses, la 1735 doit son prix au fait que, pour la première fois, elle réunit dans un seul boîtier en platine de 4 cm de diamètre et de 1,4 cm de hauteur les six mouvements de maîtrise de l'horlogerie. Entièrement fabriquée à la main, en série très limitée, elle se compose de 740 pièces.

INGENIERIE
TELEPHONE

Nombre de lignes

Les États-Unis possédaient, fin 1992, 144 056 700 lignes téléphoniques. Il y en avait environ 575 millions dans le monde. Monaco compte le plus grand nombre de lignes par habitant, soit 1 004 pour 1 000 habitants. Tokyo est la ville du monde la mieux pourvue en lignes. Elle en possédait 5 511 000 à la même date.

Appels

Le record d'appels est détenu par les États-Unis, avec environ 502,8 milliards d'appels par an.
En 1992, la durée des communications entre les États-Unis et le Canada a été équivalente à 3,7 milliards de minutes, soit 7 300 ans.
<u>France</u> Au 1er janvier 1993, on comptait 30 millions de lignes téléphoniques, (dont 4 millions en liste rouge). La France est le 4e opérateur mondial de télécommunications.

Cartes téléphoniques

Les premières cartes téléphoniques en plastique furent celles parues à Rome en 1976. Le prix le plus élevé payé pour une carte est de 28 000 £, en 1992, pour la première carte éditée au Japon.

MINITEL

Au 1er janvier 1993, la France était équipée de quelque 6 272 000 Minitel, qui ont enregistré 1,5 milliard d'appels en 1992, soit 110 millions d'heures dont 23 millions pour le 11 (760 millions d'appels). Il y a plus de 21 000 services télétel au 1er avril 1993.

Maxi Fax

Le Wide Fax 36, fabriqué par Wide Com Group d'Ontario au Canada, peut transmettre et recevoir des documents allant jusqu'à 91 cm de large.

Mini Fax

L'appareil multi-fonctions portable Pagentry créé par la société Real Time Strategies, peut envoyer des fax. Il mesure 76 x 127 x 19 mm et pèse 142 g. L'appareil NEC envoie et reçoit les documents A4 (format standard de papier à lettre), mesure 300 x 210 x 38 mm, et pèse 2,1 kg.

RÉSEAUX DE CÂBLES

■ Le câblage Anzcan mesure 15 151 km. Il relie, sous les mers, Port Alberni, Canada, à Auckland, Nouvelle-Zélande, et Sydney, Australie, via les îles Fidji et l'île de Norfolk. Il a coûté l'équivalent de 2,3 milliards de F.

■ Le câble en fibre optique entre Marseille et Singapour (achevé fin 1993) mesure 19 000 km, pèse 38 000 t et permet 15 000 communications simultanées. Il dessert, sur son passage, Afrique du Nord, Sicile, Grèce, Turquie, Égypte, Djibouti, Arabie, Inde. Le câble est moins coûteux que le satellite sur les grandes distances.

COMBINÉS

■ Le plus petit a été créé par Zbigniew Rozanek of Pleszew, Pologne, en septembre1992. Ses dimensions sont de 67 x 19 x 28 mm.

■ Le plus grand a été présenté aux Pays-Bas, le 16 septembre 1988, à l'occasion du 80e anniversaire de Centraal Beheer, une compagnie d'assurances dont le siège se trouve à Apeldoorn. Parfaitement opérationnel, il mesure 2,70 m de haut et 6 m de long ; il pèse 3,5 t. L'écouteur, de 7,10 m, doit être hissé par une grue.

Le plus grand standard

Celui du Pentagone, le siège des services de défense américains, à Washington, possède plus de 34 500 lignes, avec plus de 1 million d'appels quotidiens à travers 322 000 km. Voir aussi le chapitre Architecture,« Les constructions les plus vastes ».

ANNUAIRES

Le plus vite lu serait celui de Knippa, Texas, qui recense 221 abonnés sur 2 pages. L'annuaire d'Anguilla (île britannique des Petites Antilles du Nord) n'avait, en 1972, que 26 numéros.

L'annuaire 1992 de Paris (petit format) est le plus gros du monde, mais il se compose de trois volumes. Il a 4 063 pages blanches. Les trois volumes des pages jaunes (professions) de Paris comptent 2 897 pages. L'ensemble de ces 5 volumes comporte donc 6 960 pages.

Catastrophe spatiale

Sur 170 tentatives de vols spatiaux, au 18 avril 1994, on compte de nombreux accidents. Le plus tragique entraîna la disparition de 7 astronautes (5 hommes et 2 femmes) à bord de Challenger, *le 28 janvier 1986. La navette explosa 73 s après le décollage, à 14 300 m d'altitude.*

L'engin spatial le plus éloigné

■ Lancée de cap Canaveral, Floride, la sonde *Pioneer 10* a croisé, le 17 octobre 1986, l'orbite moyenne de la planète Pluton, alors distante de 5,9 milliards de km.

Elle file dans l'espace à 49 000 km/h. En l'an 34593, elle passera au plus près de l'étoile Ross 248, située à 10,3 années-lumière de la Terre.

■ *Voyager 1*, qui se déplace plus vite, sera un jour encore plus éloigné de la Terre que *Pioneer 10*. Cet engin transporte une plaque destinée à une communication éventuelle avec des êtres extraterrestres. Elle représente un homme et une femme, ainsi que, d'une façon imagée, la provenance de l'engin spatial dans notre système solaire. Elle montre comment notre Soleil se situe par rapport à des pulsars dont la vitesse de rotation est indiquée par un code numérique binaire.

Les lois de la physique gouvernant les trajectoires des satellites artificiels ont été énoncées par Isaac Newton (1642-1727) dans son ouvrage *Philosophiae naturalis principia mathematica (Principes mathématiques de la philosophie naturelle)*. Cet ouvrage, commencé en mars 1686, fut publié en juillet 1687.

PREMIER SATELLITE ARTIFICIEL

Il fut envoyé dans l'espace à partir du cosmodrome de Baïkonour, Kazakhstan, dans la nuit du 4 octobre 1957. Ce satellite de forme sphérique, *Spoutnik 1*, *« Camarade voyageur »*, officiellement baptisé *Satellite 1957 alpha 2*, d'un diamètre de 58 cm, pesait 83 kg.

PREMIER SATELLITE HABITÉ

Vostok 1, lancé le 12 avril 1961, fut le premier vol habité. Youri Alexeïevitch Gagarine fut de retour 115 mn plus tard, il quitta son vaisseau avant l'atterrissage pour descendre en parachute.

SVETLANA

Svetlana Savitskaya est la première femme à avoir effectué une marche dans l'espace, le 25 juillet 1984.

ALLO, LONDRES ?... ICI, LONDRES.

Un appel téléphonique autour de la Terre, sur une distance estimée à 158 850 km, a été effectué le 28 décembre 1985, depuis la Royal Institution à Londres et retour, pendant une conférence de Noël donnée par David Pye, professeur de zoologie au Queen Mary College de Londres.

Le règlement international des télécommunications veut qu'un seul satellite de communications soit utilisé à la fois. Cette règle a été temporairement suspendue, si bien que les deux satellites géostationnaires Intelsat, l'un au-dessus de l'océan Indien, l'autre au-dessus du Pacifique, ont pu être employés. Les deux standardistes, Anieka Russell et Alison Risk, durent subir un retard de 530 millisecondes pendant leur conversation.

Les premiers dans l'espace

■ Le premier homme à se livrer à une « activité extra-véhiculaire », c'est-à-dire à travailler en dehors d'un vaisseau spatial, fut le Soviétique Alexis A. Leonov (né le 20 mai 1934), à bord de *Vostok 2*, le 18 mars 1965.

■ Le capitaine Bruce McCandless (né le 8 juin 1937), de la Marine américaine, fut le premier à effectuer une sortie dans l'espace sans être relié au vaisseau. Il se trouvait à bord de la navette *Challenger*, à 264 km au-dessus de Hawaï, le 7 février 1984.

INGENIERIE FUSEES

Les plus anciennes

Des fusées à usage militaire, propulsées par de la poudre à canon, sont décrites en Chine par Tseng Kung Liang en 1042. Cette forme primitive de fusée fut connue en Europe vers 1250.

■ Le premier usage guerrier de la fusée à poudre remonte à 1245, à Haugzhou, Chine.

■ Le premier lancer de fusée à carburant liquide (brevetée le 14 juillet 1914) fut effectué par R. H. Goddard ▼ (1882-1945) à Auburn, Massachusetts, EU, le 16 mars 1926. Sa fusée atteignit une altitude de 12,50 m et parcourut une distance de 56 m.

La plus longue portée

Le 16 mars 1962, Nikita Khrouchtchev, alors président du Conseil des ministres d'URSS, annonça à Moscou que l'URSS possédait une fusée « totale » d'une portée de 30 000 km, soit les trois quarts de la circonférence de la Terre, et donc capable d'atteindre n'importe quelle cible dans n'importe quelle direction.

PROCHE DU SOLEIL

L'engin spatial *Helios B*, s'est approché, le 16 avril 1976, à 43,4 millions de km du Soleil. Il transportait des instruments américains et allemands. La distance de la Terre au Soleil est de 150 millions de km. Mercure, la plus proche planète, est à 60 millions de km.

Energia

■ Une fusée soviétique, lancée pour la première fois du cosmodrome de Baïkonour le 21 février 1969, avait une poussée de 4 620 t, mais elle explosa 70 s après son décollage.

■ La fusée soviétique *Energia* pèse 2 400 t à pleine charge. Sa poussée est de 3 483 t. Elle a été lancée du cosmodrome de Baïkonour le 15 mai 1987. Capable de placer une charge de 105 t en orbite basse autour de la Terre, elle mesure 59 m de haut pour un diamètre maximal de 26 m. Elle est composée d'un étage central possédant 4 moteurs à oxygène et à hydrogène liquides. Il s'agit des premiers moteurs cryogéniques utilisés par les Soviétiques. Quatre fusées d'appoint ou « boosters » utilisent 170 moteurs à oxygène liquide et à kérosène.

■ Une version est également prévue avec 6 fusées d'appoint, qui pourrait mettre en orbite basse 180 t ou emporter 32 t sur la Lune ou bien encore 27 t vers Vénus ou vers Mars.

10 sorties

Le cosmonaute soviétique Aleksandr Serebrov, né le 15 février 1944) a effectué 10 marches durant 2 missions en 1990 et 1993. Au 18 avril 1994, 87 personnes avaient effectué 115 marches dans l'espace.

8 H 29 MN

Le 13 mai 1992, Pierre Thuot, Rick Hieb et Tom Akers, à partir du vaisseau américain *Endeavour STS 49*, ont « marché » dans l'espace 8 h 29 mn. Kathryn Thornton, à partir de *Endeavour STS 49*, est sortie 7 h 49 mn, le 14 mai 1992.

Le premier cosmonaute

Le premier vol homologué par la FAI fut celui de Youri Alexeïevitch Gagarine (1934-1968) sur *Vostok 1*, le 12 avril 1961. Le décollage eut lieu à

Vitesses **La plus grande vitesse pour quitter l'attraction terrestre fut 54 614 km/h, atteinte par le vaisseau spatial américain *Ulysse* après lâcher de la navette spatiale américaine *Discovery*. C'était le 7 octobre 1990 à l'occasion de l'installation de *Discovery* sur orbite solaire, via Jupiter.**

VOLS SPATIAUX

Baïkonour à 6 h 07 TU et l'atterrissage, près d'Engels, dans la région de Saratov, Russie, 1 h 48 mn plus tard. Ce vol atteignit l'altitude de 327 km pour une distance parcourue de 40 868 km et une vitesse maximale de 28 260 km/h. Le colonel Gagarine a trouvé la mort dans un accident d'avion le 27 mars 1968. Jean-Loup Chrétien, né le 20 août 1938, fut le premier Français à effectuer un vol spatial, à bord d'un vaisseau soviétique *Soyouz*, du 24 juin au 2 juillet 1982.

D'après la définition de la Fédération aéronautique internationale (FAI), fondée en 1905, l'espace commence à une altitude de 100 000 m.

VALENTINA

La première femme en orbite autour de la Terre fut la Soviétique Valentina Vladimirovna Terechkova (née le 6 mars 1937), qui prit son envol à bord de *Vostok 6*, à 9 h 30 TU, le 16 juin 1963. Elle atterrit à 8 h 16 le 19 juin, après un vol de 2 jours 22 h 50 mn. Elle avait effectué 48 orbites (1 971 000 km). Au 18 avril 1994, 24 femmes ont été dans l'espace (20 Américaines, 2 Soviétiques, une Anglaise et une Canadienne).

LES ASTRONAUTES LES PLUS ÂGÉS

■ L'Américain Vance Brandt avait 59 ans quand il commandait la navette *Columbia* lancée le 2 décembre 1990.

■ L'Américaine Shannon Lucid avait 50 ans lorsqu'elle s'envola à bord de *Columbia*, en octobre 1993.

LES PLUS JEUNES

■ Le Soviétique Gherman Stepanovitch Titov avait 25 ans et 329 jours lorqu'il s'envola à bord de *Vostok 2*, le 6 août 1961.

■ La plus jeune femme est la Soviétique Valentina Vladimirovna Terechkova (née le 6 mars 1937), qui prit son envol à bord de *Vostok 6*, à 26 ans, le 16 juin 1963 (voir aussi « La première femme dans l'espace » *Valentina*, dans le même chapitre).

LONGS VOLS

■ Vladimir Titov et Musa Manarov se sont envolés vers la station spatiale *Mir*, à bord de *Soyouz TM 4*, le 21 décembre 1987. Ils ont atterri à bord de *Soyouz TM6*, 1 an plus tard exactement, en compagnie du Français Jean-Loup Chrétien , près de Djezkazgan, Kazakhstan. Leur vol a duré 365 jours 22 h 39 mn 47 s. Ce record sera battu le 9 janvier 1995 par Valeriy Poliyakov qui fut envoyé sur *Mir*, le 8 janvier 1994, pour un vol de 430 jours.

■ Le voyageur de l'espace qui a la plus longue expérience est le Soviétique Musa Manarov. Il a volé pendant 541 jours 31 mn 10 s en deux missions, en 1987-1988 et 1990-1991. Le 4 novembre 1994, Valeriy Poliyakov, qui a déjà volé pendant 240 jours lors d'une mission en 1988-1989, aura une plus longue expérience encore.

Au 18 avril 1994, parmi la totalité des vols habités, il y eut 92 Américains et 77 Russes.

De gauche à droite : Alexandre Serebrov, Leonid Popov, Svetlana Savitskaia..

PROGRESSION DES RECORDS D'ALTITUDE

ALT. (en km)	VÉHICULE SPATIAL	LIEU	DATE
1,4	Une fusée de 7,6 cm	Hackney, Londres, GB	Avril 1750
2	Fusée à carburant solide, R. Tiling	Osnabruck, Allemagne	Avril 1931
3,1	"07" à carburant semi-liquide	Nakhabino, Russie	16/07/1935
84,4	Fusée A4 (Allemagne) ou « V2 »	Peenemünde, Allemagne	3/10/1942
environ 136	Fusée A4 (Allemagne)	Heidelager, Pologne	Début 1944
190	Fusée A4 (Allemagne)	Heidelager, Pologne	Milieu 1944
393	Bumper 5 (EU)	White Sands, EU	24/02/1949
1 097	Jupiter C (EU)	Cap Canaveral, EU	20/09/1956
plus de 1 300	Test de missile intercontinental R-7	Tiuratam, URSS	Août 1957
plus de 4 345	Farside 5 (4 étages) (EU)	Atoll d'Eniwetok	20/10/1957
113 770	Pioneer 1-B, test lunaire (EU)	Cap Canaveral, EU	11/10/1958
346 480 000 (1)	Luna 1 ou Mechta	Tiuratam, URSS	2/01/1959
389 450 000 (1)	Mars 1	ex-URSS	1er/01/1962
5 900 000 000 (2)	Pioneer 10 (EU)	Cap Canaveral, EU	2/03/1972

(1) Apogée en orbite solaire. (2) Distance au moment du croisement de l'orbite de Pluton.

■ L'Américaine Shannon Lucid a volé 34 jours 22 h 52 mn.

Nombre de vols

L'Américain John Watts Young (né en 1930) accomplissait son sixième vol spatial, le 8 décembre 1983, lorsqu'il renonça à commander le laboratoire STS 9 de *Columbia*, après une carrière dans l'espace de 34 jours 19 h 42 mn 13 s.

L'Américaine Shannon Lucid a effectué 4 vols spatiaux au cours de sa carrière.

L'équipage le plus nombreux

Huit astronautes (dont une femme) ont pris part à la 22e mission de la navette spatiale, sur *Challenger 9*, le 30 octobre 1985. Ce vol transportait le laboratoire allemand D1. La mission, commandée par Hank Warren Hartsfield, dura 7 jours 44 mn 51 s.

La première photo

Les premières photographies de la face cachée de la Lune ont été prises par *Luna III*, à 6 h 30, le 7 octobre 1959, d'une distance de 70 400 km et ont été retransmises sur la Terre d'une distance de 470 000 km.

Conquête de la Lune

Le premier homme à marcher sur la Lune fut l'Américain Neil Alden Armstrong (né le 5 août 1930). Il commandait la mission *Apollo 11*. Quittant le module lunaire *Eagle*, il posa le pied sur la mer de la Tranquillité à 2 h 56 TU, le 21 juillet 1969.

Les toilettes les plus chères ■ Composées de 450 pièces, elles sont installées dans la navette spatiale de la Nasa *Endeavour* et valent plus de 160 millions de F. La conception de ces toilettes utilisées en apesanteur posait beaucoup de problèmes...

Le premier véhicule extraterrestre

■ Le premier véhicule muni de roues à atterrir sur la Lune fut *Lunokhod 1*, le 17 novembre 1970. Piloté depuis la Terre, il parcourut 10,5 km sur des pentes pouvant atteindre 30° dans la mer des Pluies. Il ne cessa de fonctionner que le 4 octobre 1971.

■ Les records de distance et de vitesse sur la Lune sont détenus par le véhicule Rover du vol *Apollo 16*, qui a parcouru 33,8 km et atteint 18 km/h en descente.

22 h sur la Lune

L'équipage d'*Apollo 17* (Eugene Cernan et Harrison Schmitt) a travaillé sur le sol lunaire pendant 22 h 05 mn. Il a recueilli la quantité record de 114,8 kg de roches et de sol. Cette mission, la plus longue des missions lunaires, a duré 12 jours 13 h 51 mn, du 7 au 19 décembre 1972.

Altitude

■ *Apollo 13*, dont la mission faillit mal tourner, s'approcha le 15 avril 1970, à 1 h 21, à 254 km de la surface lunaire, soit 400 171 km de la Terre. L'équipage était composé de James Arthur Lovell Jr (né le 25 mars 1928), de Fred Wallace Haise Jr (né le 14 novembre 1933) et de John L. Swigert (1931-1982).

■ La plus grande altitude atteinte par une femme est de 600 km. L'astronaute Kathryn Thorn (née le 17 août 1952) se trouvait à bord de *STS 61*, le 10 décembre 1993.

Vitesse

■ La vitesse la plus élevée à laquelle aient voyagé des êtres humains est de 39 897 km/h. Le module de commande d'*Apollo 10* voguait alors à 122 km d'altitude, le 26 mai 1969. L'équipage était composé de Thomas Patten Stafford (né le 17 septembre 1930), de John Watts Young (né le 24 septembre 1930) et d'Eugene Andrew Cernan (né le 14 mars 1934).

■ La vitesse la plus élevée atteinte par une femme, Kathryn Sullivan, est de 28 582 km/h, sur *ST 531 Discovery*, le 29 avril 1990.

Le plus lourd et plus grand objet dans l'espace

■ Le troisième étage de la fusée *Saturne V* du vol *Apollo 15* pesait 140 530 kg avant de rallier son orbite d'attente autour de la Terre, le 26 juillet 1971.

■ *Explorer 49*, lancé le 10 juin 1973, ne pesait que 200 kg mais déployait des antennes de 450 m d'une extrémité à l'autre.

En groupe

■ 12 hommes se sont trouvés simultanément dans l'espace en 3 occasions.

■ Le 2 décembre 1990 : 7 astronautes américains à bord de la navette *Columbia*, lancée ce jour-là, 3 cosmonautes (dont un journaliste japonais) dans le vaisseau soviétique *Soyouz TM-11* et 2 autres cosmonautes sur la station orbitale *Mir*.

■ Les 23 et 24 mars 1992 : 6 Américains et un Belge dans la navette américaine *Atlantis*, 2 cosmonautes soviétiques dans la station *Mir* et 2 Soviétiques et un Allemand sur *Soyouz TM-14*.

■ Le 31 juillet 1992 : 4 cosmonautes de la CEI et un Français à bord de la station orbitale *Mir* et 5 Américains, un Suisse et un Italien dans la navette américaine *Atlantis STS46*. Ce jour-là un autre record est battu : 5 pays avaient simultanément des cosmonautes dans l'espace.

9 AFFAIRES ET AGRICULTURE

Le Salon de l'agriculture a été créé en 1964. Il est chaque année le théâtre du concours général agricole créé en 1870. Répartis sur 100 000 m² d'exposition dans 4 bâtiments, le Salon 1994 offrait près de 5 000 animaux. Pour les entretenir et les soigner, il a fallu entreposer 200 t de paille et 80 t de foin, ce qui finit par donner 800 m³ de fumier.

ENTREPRISES

GENERALITES

L'industrie la plus ancienne

La plus ancienne industrie connue est la taille du silex en vue de la fabrication d'outils tranchants et de haches. Elle se pratiquait déjà en Éthiopie il y a 2,5 millions d'années.

L'échange de pierres rares et d'ambre, premier signe connu d'une activité commerciale en Europe, remonte à 28 000 ans.

L'agriculture est souvent considérée comme « la plus ancienne industrie du monde », bien que rien ne permette d'affirmer que l'homme cultivait la terre avant 11 000 av. J.-C.

La société la plus ancienne

La société suédoise Stora Kopparbergs Bergslags, de Falun, existe depuis le XIe siècle. Destinée à l'extraction et au travail du cuivre, elle est mentionnée pour la première fois dans des textes de 1288.

FRANCE

La Manufacture royale de glaces de France, fondée en 1685 et réunie en 1695 à la Manufacture des glaces du faubourg Saint-Antoine, fut transformée en société anonyme en 1830, sous le nom de Compagnie de Saint-Gobain. C'est aujourd'hui la 10e société industrielle française et la 45e européenne. Son activité s'est considérablement étendue, notamment aux produits chimiques.

LES ACTIFS LES PLUS IMPORTANTS

La société à l'actif le plus élevé de tous les temps fut le groupe américain Bell System, qui englobait notamment American Telephone and Telegraph (AT&T) et ses filiales.

D'après son bilan consolidé, le groupe possédait, le 31 décembre 1983, date de son éclatement en huit sociétés distinctes, un actif total de 150 milliards de $.

Bell System possédait plus de 142 millions de téléphones et comptait au total 1 036 000 employés. Trois millions d'actionnaires détenaient un portefeuille en actions de 59,4 milliards de $; 20 109 actionnaires assistèrent à l'assemblée générale d'avril 1961, record jamais égalé depuis.

Actuellement, c'est le géant General Motors qui totalise l'actif le plus élevé : 133,6 milliards de $ en janvier 1993. Il comptait alors quelque 750 000 employés.

Voir plus loin pour les records de General Motors.

La première firme à avoir atteint le milliard de dollars à son actif est United States Steel Corporation (maintenant USX Corporation). Elle possédait, lors de sa création par fusion en 1902, un actif de 1,5 milliard de $.

BÉNÉF

Le bénéfice net annuel maximal jamais réalisé par une entreprise s'élève à 7,6 milliards de $. C'est la compagnie American Telephone and Telegraph qui a réalisé ces profits, entre le 1er octobre 1981 et le 30 septembre 1982.

La société française ayant le chiffre d'affaires le plus élevé

Elf-Aquitaine

Avec un chiffre d'affaires de 210 milliards de F en 1993, la société pétrolière Elf-Aquitaine est la première entreprise industrielle de France. En 1993, Elf-Aquitaine a affiché un résultat net de 1,1 milliard de F contre 6,2 milliards en 1992.

Le plus grand nombre d'employés

Les chemins de fer indiens employaient 1 654 066 personnes en 1992.

En Europe, le Service national de santé du Royaume-Uni comptait 1 217 000 fonctionnaires le 31 mars 1990.

La faillite la plus importante

C'est le fils de Robert Maxwell, le patron de presse décédé en 1991, qui a connu la plus grande faillite mondiale, avec des dettes atteignant les 406,8 millions de £. L'annonce a suivi une audience privée à la Grande Cour de justice, où les liquidateurs de Bishopsgate Investment Management Company ont démontré que des millions de £ provenant des fonds pour les retraites des employés ont été détournés. Kevin Maxwell doit donc répondre des accusations de vol qualifié, conspiration et escroquerie pour un montant de 135 millions de £.

France

En 1986, Usinor-Sacilor a enregistré une perte de 12,5 milliards de F. En 1992, Bull (matériel informatique) a accusé une perte de 4,7 milliards de F.

ACHAT DE NABISCO

La société Kohlberg Kravis Roberts a offert 21 milliards de $, le 24 octobre 1988, pour racheter RJR Nabisco (90 $ par action). Le 1er décembre, l'offre atteignit 109 $ par action, soit 25 milliards de $ au total.

La dette la plus importante

Le plus grand empire immobilier du monde, Olympia and York, celui des frères canadiens Reichmann, supportait en 1992 une dette consolidée record de 18 milliards de $.

LES MARQUES STARS

Réalisée par la société Landor, filiale du groupe publicitaire américain Young & Rubicam, la première enquête internationale sur la notoriété des marques a demandé un an de travail. Dix mille consommateurs ont été interrogés aux États-Unis, au Japon et dans neuf pays européens. Les résultats, publiés en octobre 1990, font apparaître que les dix marques mondiales les plus connues sont, dans l'ordre, Coca-Cola, Sony, Mercedes, Kodak, Disney, Nestlé, Toyota, McDonald, IBM et Pepsi-Cola. La première marque française, Chanel, n'arrive qu'en 40e position et précède Dior (46e), Bic (60e), Cardin (68e), Michelin (69e), Yves Saint Laurent (74e), Cartier (85e) et Renault (93e).

France ■
La même enquête permet également de savoir quelles sont les marques les plus connues dans chaque pays. En France, le palmarès est dans l'ordre : EDF-GDF, France 2, Vittel, la SNCF, La Poste, Sony (première marque étrangère), Peugeot, Philips, Évian et Orangina. Selon *Cosmetic news*, les parfums leaders en France en 1993 sont, pour les parfums féminins, *Chanel n°5*, de Chanel et *Eau Sauvage*, de Christian Dior, pour les hommes. Les couturiers les plus en vogue sont Jean-Paul Gaultier pour les femmes et Gianni Versace pour les hommes.

GENERAL MOTORS PREMIÈRE

Chiffre d'affaires

Aujourd'hui, selon la revue américaine *Fortune*, la société d'automobiles General Motors, de Detroit, Michigan, EU, avec 133,6 milliards de $ de chiffre d'affaires en 1993, est la première société du monde.

On compte, à travers le monde, 570 sociétés (dont 272 aux États-Unis) ayant un chiffre d'affaires supérieur à 10 milliards de F. Parmi les 100 premières entreprises mondiales ayant le plus gros chiffre d'affaires, 33 sont américaines, 16 sont japonaises et 12 sont françaises.

Pertes

En 1992, General Motors a enregistré le déficit le plus important : 23,5 milliards de $. Ce montant comprenait aussi la somme consacrée aux retraites et aux assurances-santé des employés, soit 21 milliards, somme qui fut révélée à cause des nouvelles mesures prises par les services comptables américains.

Actifs

Voir article page ci-contre.

MONDE DU TRAVAIL

SOS MÉDECIN

En juin 1980, le Dr Paul Aston, 32 ans, du service d'anesthésie de l'hôpital General Brikenhead, GB, a effectué une semaine de travail de 142 heures, avec un taux moyen de sommeil de 3 h 42 mn 51 s par jour. Selon lui, la semaine en question fut particulière, mais pas inhabituelle. Certains internes doivent assurer par contrat 110 heures de travail par semaine, ou bien être disponibles 148 heures.

Une belle carrière

Le Japonais Chigechiyo Izumi, l'homme qui vécut le plus longtemps, 120 ans et 237 jours (voir chapitre L'homme, rubrique « Longévité ») a travaillé pendant 98 ans, de 1872 à 1970, année où il prit sa retraite, à l'âge de 105 ans. Il travaillait dans une plantation de canne à sucre.

Et toujours avec le sourire

Mme Laure Bertault, née le 17 juin 1895, est la commerçante toujours en activité la plus âgée. Elle accueille avec le sourire les clients dans sa boutique de vannerie dans le village de Mer, dans le Loir-et-Cher, France. Elle était âgée de 98 ans au 1er janvier 1993.

RETRAITÉE LA PLUS JEUNE

Thérèse Omer, employée pendant plus de 15 ans à la Caisse des dépôts et consignations, est partie à la retraite le 10 avril 1992, à l'âge de 36 ans.

SYNDICATS

Le Syndicat des travailleurs du complexe agro-industriel, en ex-Union soviétique, comptait 15,2 millions de membres au 1er janvier 1993. La Fédération des syndicats soviétiques comptait, elle, en 1990, 140 millions d'adhérents, soit 95 % de la population active.

CGT

La France compte 4 grands groupes de syndicats : CGT, CGT-FO, CFDT et CFTC
La CGT, fondée le 23 septembre 1895, est la plus ancienne organisation syndicale. Si l'on se réfère aux chiffres officiels communiqués en février 1992, lors du 44e congrès, la CGT est le premier syndicat de France, avec environ 855 000 adhérents. Le syndicat CGT-FO compte 750 000 adhérents. En ce qui concerne le taux de syndicalisation, l'estimation la plus basse, compte tenu des problèmes d'évaluation des effectifs, serait au mieux de 11 %. La Suède est le pays qui enregistre le plus fort taux de syndicalisation : 86 %

LE PLUS PETIT SYNDICAT

Le syndicat qui compte le plus petit nombre d'adhérents est le Sheffield Wool Shear Workers, avec seulement 16 membres.

JJDMU

Le syndicat de la bijouterie Jewelcase and Jewellery Display Makers Union (JJDMU), GB, créé en 1894, fut dissous par son secrétaire général Charles Evans le 31 décembre 1986. La proposition fut acceptée par Fergus McCormack, le seul membre encore vivant.

LE NOM DE SYNDICAT LE PLUS LONG

Il s'agit de l'Association internationale des marbriers, dont le siège est à Washington. Elle se nomme International Association of Marble, Slate and Stone Polishers, Rubbers and Sawyers, Tile and Marble Setters' Helpers and Marble Mosaic and Terrazzo Workers' Helpers, ou IAMSSPRSTMSHMMTWH.

Les premiers conflits sociaux

En 1153 av. J.-C., des ouvriers ont réclamé une amélioration de leur régime alimentaire et de leurs conditions de travail à Thèbes, Égypte.

À MANGER ! À MANGER !

La première grève répertoriée s'est déroulée à Rome vers 309 av. J.-C. : un chef d'orchestre grec nommé Aristos décida de cesser le travail jusqu'à ce qu'il obtienne des pauses-repas au cours de ses concerts, pour ses musiciens et pour lui-même.

33 ANS DE GRÈVE

Elle a duré 33 ans, au Danemark, et prit fin le 4 janvier 1961. Elle concernait l'embauche des employés coiffeurs de Copenhague.
L'usine de matériel de plomberie de la société Kohler, de Sheboygan, Wisconsin, EU, a été paralysée par la plus longue grève industrielle connue. Elle a duré d'avril 1954 à octobre 1962. On pense qu'elle a coûté environ 12 millions de $ au syndicat United Automobile Workers' Union, qui la soutenait.

LA GRANDE GRÈVE DE MAI 68

□

Les événements de mai 1968, en France, qui avaient commencé au sein de l'Université, se propagèrent dans l'ensemble de la société. Le 13 mai, les syndicats appelèrent à la grève générale. Les usines furent occupées. À partir du 20 mai, on comptait 10 millions de grévistes. Le travail ne reprit que progressivement, à la mi-juin.

L'EMPLOI

MÉTRO BOULOT DODO

La durée légale de la semaine de travail est de 39 h (7 h 38 mn par jour, 5 jours par semaine). D'après l'Insee, les non-salariés travaillent en moyenne 8 h 55 mn par jour. La durée annuelle moyenne pour l'ensemble des travailleurs est de 1 683 h.

RECHERCHE D'EMPLOI

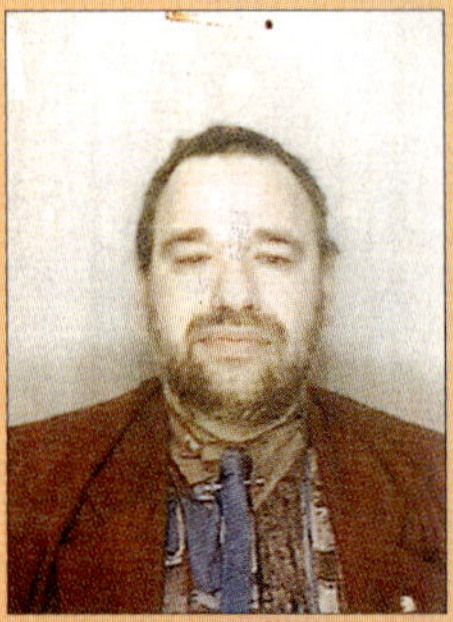

Le 13 avril 1994, Gérard Colin, Oyen, Isère, a comptabilisé l'envoi de 1 126 lettres de candidature avec CV, et le même nombre de réponses négatives. Cet ingénieur opiniâtre est à la recherche d'un emploi depuis 3 ans.

EMPLOYEUR FRANÇAIS

LE PLUS GRAND NOMBRE D'EMPLOYÉS

1 195 622 personnes étaient inscrites au budget 1993 du ministère de l'Éducation nationale, dont 72% d'enseignants.

La Poste est l'entreprise publique française qui totalise le plus grand nombre d'employés : en 1993, 300 000 salariés travaillaient pour son compte à travers toute la France.

Dans le secteur privé, c'est la société Alcatel-Alsthom, avec un effectif de 213 400 personnes.

ENDURANCE

La carrière française la plus longue

Henri Biaré a travaillé aux établissements Dalle et Lecomte, de Bousbecque, Nord, du 1er avril 1882 au 30 septembre 1949, soit 67 ans et 6 mois dans la même entreprise.

L'indéracinable Guénaël

Au 8 mars 1994, Guénaël Le Norcy, Noyal-Pontivy, Morbihan, avait travaillé pendant 20 années consécutives à Loudéac, Côtes-d'Armor, dans les mêmes locaux qui ont accueilli 7 sociétés distinctes, lesquelles ont toutes employé durant toutes ces années M. Le Norcy en qualité de dessinateur industriel .

DURÉE DU TRAVAIL

Dans les pays développés, en 1992, c'est au Japon qu'on a travaillé le plus: 2 165 h par an en moyenne, et c'est en Allemagne que l'année de travail est la plus courte : 1 560 h.

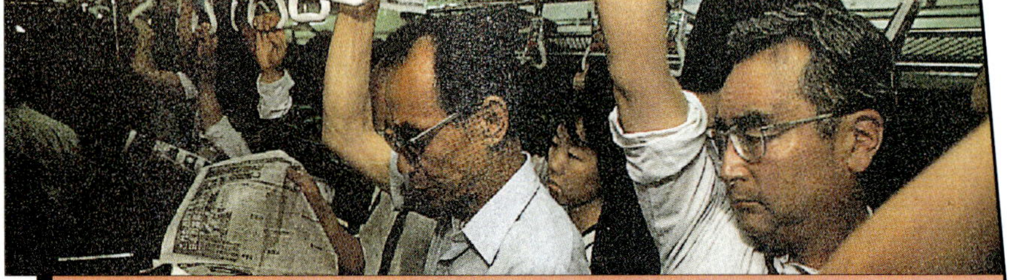

FARNIENTE

LES PAYS LES PLUS TOUCHÉS PAR LES GRÈVES

D'après l'Institut de l'économie de Düsseldorf, Allemagne, les États-Unis ont perdu, entre 1981 et 1988, 11 millions de jours de travail pour cause de grève. Dans la même période, c'est l'Italie qui arrive en tête des pays européens, avec 9,5 millions de jours de grève. La France en comptait 1,2 million. En 1992, l'Espagne a totalisé 650 jours de grève pour 1 000 salariés. La France n'en a compté que 19.

CHÔMAGE

Le pays industrialisé le moins touché est le Japon, qui enregistre un taux de chômage de 2,3 % de la population active. En décembre 1973, la Suisse ne comptait que 81 chômeurs sur 6,6 millions d'habitants.

ANPE

En France, depuis que les statistiques sur le chômage existent, c'est-à-dire depuis 1955, la meilleure année fut 1957 : on ne comptait alors que 180 000 chômeurs, soit 0,9 % de la population active. En mars 1994, le nombre de chômeurs a été évalué par l'Insee à 12,4 % de la popoulation active. 1 actif sur 8 est désormais demandeur d'emploi, soit 1,5 million d'hommes et 1,6 million de femmes. Pratiquement toutes les classes d'âge et catégories socio-professionnelles ont été touchées par cette hausse sans précédent, et particulièrement les jeunes, qui enregistrent un taux de chômage de 27,7 %.

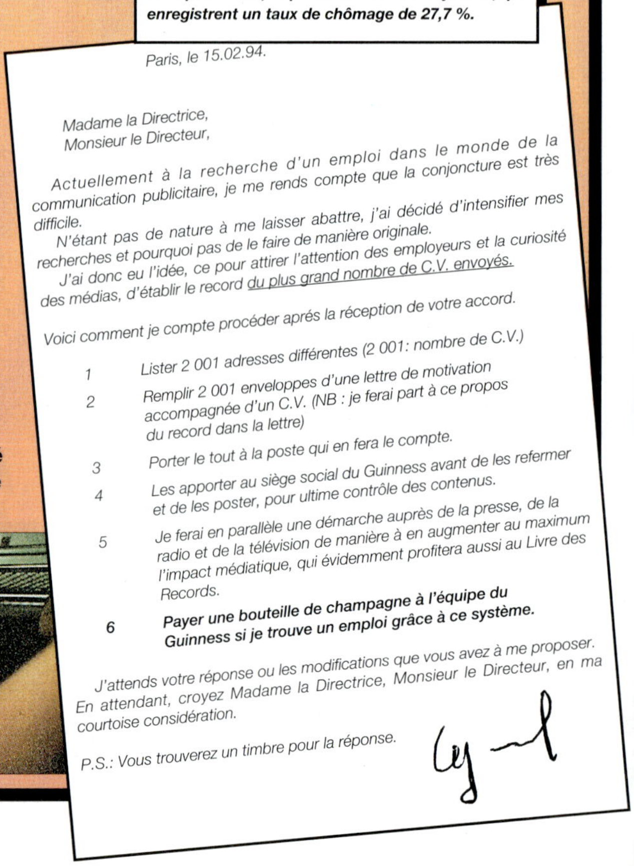

Paris, le 15.02.94.

Madame la Directrice,
Monsieur le Directeur,

Actuellement à la recherche d'un emploi dans le monde de la communication publicitaire, je me rends compte que la conjoncture est très difficile.

N'étant pas de nature à me laisser abattre, j'ai décidé d'intensifier mes recherches et pourquoi pas de le faire de manière originale.

J'ai donc eu l'idée, ce pour attirer l'attention des employeurs et la curiosité des médias, d'établir le record du plus grand nombre de C.V. envoyés.

Voici comment je compte procéder après la réception de votre accord.

1 Lister 2 001 adresses différentes (2 001: nombre de C.V.)
2 Remplir 2 001 enveloppes d'une lettre de motivation accompagnée d'un C.V. (NB : je ferai part à ce propos du record dans la lettre)
3 Porter le tout à la poste qui en fera le compte.
4 Les apporter au siège social du Guinness avant de les refermer et de les poster, pour ultime contrôle des contenus.
5 Je ferai en parallèle une démarche auprès de la presse, de la radio et de la télévision de manière à en augmenter au maximum l'impact médiatique, qui évidemment profitera aussi au Livre des Records.
6 **Payer une bouteille de champagne à l'équipe du Guinness si je trouve un emploi grâce à ce système.**

J'attends votre réponse ou les modifications que vous avez à me proposer. En attendant, croyez Madame la Directrice, Monsieur le Directeur, en ma courtoise considération.

P.S.: Vous trouverez un timbre pour la réponse.

SECTEURS D'ACTIVITE

AÉRONAUTIQUE

Boeing, de Seattle, État de Washington, EU, a réalisé, en 1993, un chiffre d'affaires de 25,3 milliards de $. La société emploie 134 400 personnes à travers le monde.
Cessna Aircraft Company, basée à Wichita, Kansas, EU, a fabriqué, depuis 1911, 178 000 avions. En 1991, la société a réalisé un chiffre d'affaires de 818 millions de $.

France

La société Aerospatiale a réalisé, en 1992, un chiffre d'affaires de 52,2 milliards de F. Elle employait 46 000 personnes.

ASSURANCES

La compagnie possédant le plus gros volume d'assurances au monde était la Metropolitan Life Insurance Co. de New York, EU, avec un chiffre record de 1 240 milliards de $ par an en 1993. La Prudential Insurance Company of America de Newark, New Jersey, EU, a le plus gros actif consolidé, totalisant 218 milliards de $ en 1993.

La plus grande association indépendante est Blue Cross and Blue Shield (EU). C'est une assurance hospitalière qui compte 65,8 millions d'adhérents. En 1993, elle a distribué 62 milliards de $ de bénéfices.

France

UAP est le n° 1 de l'assurance, avec un total des primes de 140,5 milliards de F en 1993 et un effectif de 69 850 personnes dans le monde.

ASSURANCE-VIE

La plus grosse police d'assurance jamais souscrite a atteint le montant de 100 millions de $. Elle a été souscrite par une société de loisirs sur la vie d'un dirigeant. Cette police a été vendue par Peter Rosenberg, de Londres, et a été négociée par Shel Bachrach, de la compagnie Albert G. Ruben & Co. Inc., de Beverly Hills, EU, et Richard Feldman, de l'agence Feldman, East Liverpool, EU, avec 9 autres compagnies pour couvrir le risque.
Les plus grosses indemnités versées à un seul individu ont été touchées par Mme Linda Mullendore. Elle a reçu 18 millions de $ le 14 novembre 1970, après l'assassinat de son mari, un fermier de l'Oklahoma, EU. Il avait payé, en 1969, 300 000 $ de primes.

AUTOMOBILE

La plus grande firme automobile du monde, et également, le premier groupe mondial tous secteurs confondus, est General Motors, de Detroit, Michigan, EU. Ses activités sont internationales. Elle produit non seulement des véhicules et des pièces détachées, ce qui représente son activité principale, mais aussi des matériaux destinés à la défense et à l'industrie aérospatiale. C'est également une société de services en informatique et communication.
En 1993, elle a réalisé, toutes activités internationales confondues, un chiffre d'affaires de 133,6 milliards de $. La même année, 750 000 employés se sont partagé 28,8 milliards de $ de salaires.

France

Renault a longtemps été la première entreprise française, tous secteurs confondus. En 1992, avec un chiffre d'affaires de 179,4 milliards de F, elle est passée au deuxième rang, derrière Elf-Aquitaine, et a produit 2 041 830 voitures. 146 604 employés travaillaient pour Renault en 1992.

La plus grande usine

L'usine Volkswagen de Wolfsburg, Basse-Saxe, Allemagne, est la plus grande du monde. Elle emploie 61 000 salariés et produit 4 600 véhicules par jour. Les bâtiments s'étendent sur 150 ha. L'usine est construite sur un site de 760 ha. Il y a 70 km de voies de chemin de fer.

AVIATION

LA PLUS ANCIENNE COMPAGNIE AÉRIENNE NATIONALE

La compagnie néerlandaise KoninklijkeLuchtvaart-Maatschappij NV (KLM), créée le 7 octobre 1919, assura son premier vol régulier (Amsterdam-Londres) le 17 mai 1920.

Les plus grandes compagnies aériennes

La compagnie soviétique Aeroflot, créée en 1923, fut la plus importante de tous les temps. En 1991, elle a employé 600 000 personnes, transporté 139 millions de passagers avec 20 000 pilotes. Elle possédait une flotte de 147 000 avions, en comptant les hélicoptères et les avions de brousse, qui empruntaient 1 million de voies aériennes réparties sur 11 fuseaux horaires.
Suite à l'écroulement de l'empire soviétique, la plus grande compagnie aérienne privée est désormais American Airlines. Elle a transporté en 1992 plus de 86 millions de passagers.
La compagnie allemande, Lufthansa, possède le réseau aérien le plus étendu (942 000 km).

France

Le groupe Air France est l'un des grands groupes de transport aérien mondiaux. En 1993, il comptait 225 avions qui ont transporté plus de 32 millions de passagers et plus de 651 000 t de fret. Son chiffre d'affaires consolidé a été de 55,2 milliards de F. Ces chiffres placent le groupe Air France au 4e rang mondial et au 3e rang européen pour le transport de passagers et au 3e rang mondial et 2e européen pour le transport de fret.

AVOCATS

En terme d'effectifs, le plus gros cabinet du monde est Baker et McKenzie, de Chicago, Illinois, EU, fondé en 1949. Il emploie 1 651 juristes (540 associés et 10 700 collaborateurs) dans 28 pays. C'est également le plus important cabinet en terme de facturation avec un chiffre d'affaires de 512 millions de $ en 1993.

167 morts mais 836 millions de $

À la suite de l'explosion de la plate-forme pétrolière Piper Alpha, en mer du Nord, le 6 juillet 1988, les assurances ont dû payer 836 millions de $. Une fuite de gaz dans la chambre de compression située sous les dortoirs avait provoqué une série de déflagrations puis l'explosion de toute la plate-forme. Parmi les 232 personnes à bord, il n'y eut que 65 survivants.

L'AMOCO-CADIZ

Les communes bretonnes sinistrées par l'échouage du pétrolier *Amoco-Cadiz*, le 16 mars 1978, qui avait répandu 220 000 t de pétrole brut (voir aussi le chapitre Véhicules, rubrique « Bateaux »), ont réclamé, à Chicago, en avril 1986, 693 millions de F à la société Standard Oil, pendant que l'État français réclamait 428 millions. De nombreuses polémiques s'ensuivirent. Le montant des indemnités accordées par le juge Frank McGarr augmenta, puis diminua. Le procès s'est enfin conclu en avril 1992. La société Standard Oil a été condamnée à verser 230 millions d'indemnités aux syndicats mixtes bretons et 1 067,5 millions de F à l'État français avant le 30 juin 1992.

BÂTIMENT ET TRAVAUX PUBLICS

Le groupe français Bouygues est le leader mondial du secteur de la construction, BTP et routes, avec un chiffre d'affaires de 59,7 milliards de F en 1993. Avec les sociétés mises en équivalence (SAUR et TF1), son activité totale s'élève à 75,5 milliards de F. Il emploie 87 000 personnes.

BOISSONS NON ALCOOLISÉES

Pepsico, New-York, USA, a pris la tête des fabricants de boissons en 1993, avec un chiffre d'affaires de 25 milliards de $, à comparer aux 14 milliards réalisés par Coca-Cola, Atlanta, USA. Cependant, Coca-Cola reste la boisson la plus populaire du monde, avec 506 millions d'unités consommées chaque jour dans 195 pays, soit 46% du marché mondial. Le Coca fut inventé en 1886 par le Dr John S. Pemberton, d'Atlanta, Georgie, EU. Il le commercialisa d'abord pour ses propriétés fortifiantes.

La plus petite brasserie en France

Au bar O'Neil, rue des Canettes, à Paris, on fabrique sur place une bière pur-malt. Cette brasserie a produit 90 400 litres de bière en 1993.

BRASSERIE

La brasserie Weihenstephan, à Freising, près de Munich, Bavière, Allemagne, a été fondée en 1040. C'est la plus ancienne du monde. Anheuser-Busch, dont le siège est à Saint Louis, Missouri, EU, est le plus grand complexe de brasseries à l'échelle mondiale. Il en compte 12 aux États-Unis. En 1992, il a vendu 10,18 milliards de litres de bière, record de production annuelle atteint par une brasserie. Les plantations du complexe Saint Louis couvrent 40,5 ha et ont une capacité de production de 1,53 milliard de litres. La plus grande brasserie sur un seul site est Coors Brewing, de Golden, Colorado, EU. Elle a vendu 2,26 milliards de litres de bière en 1992.

France

La brasserie Kronenbourg a été fondée en 1664 par Jérôme Hatt. En 1945, la production de Kronenbourg était d'environ 80 000 hl. En 1993, elle atteignait 1,03 milliard de litres en France et 2,6 milliards de litres dans le monde.

CABINETS D'AUDIT ET DE CONSEIL

Arthur Andersen est désormais le n°1 mondial de l'audit, avec 6,071 milliards de $ de chiffre d'affaires en 1993, détrônant ainsi KPMG qui occupait cette place depuis trois ans.

France

Le premier cabinet par le chiffre d'affaires est KPMG-Fiduciaire de France: 2,17 milliards de F en 1993. KPMG Peat Marwick est aussi le premier cabinet d'experts-comptables en Europe, avec un chiffre d'affaires de 1,7 milliard de F en 1993.

CHANTIERS NAVALS

20 millions d'unités de jauge brute ont été produites dans le monde en 1993, sans compter les bateaux de pêche ou de plaisance de moins de 100 unités. Le Japon était le premier pays producteur, avec 9,1 millions d'unités de jauge brute (45 %), devant la Corée du Sud, avec 3,4 millions (21,7 %).

En 1993, le chantier Daewoo Shipbuilding & Heavy Machinery Ltd de Corée du Sud, était le premier producteur mondial. Il a livré 13 navires totalisant 1,55 million d'unités de jauge brute.

France

Les derniers grands chantiers navals sont ceux de l'Atlantique, à Saint Nazaire, filiale du groupe Alcatel-Alsthom, qui se sont rendus célèbres avec leurs grands paquebots (*Normandie* et *France*) et leurs pétroliers de 500 000 t. Les chantiers du Havre, plus petits, ont construit les deux voiliers livrés au Club-Med. Au 1er janvier 1994, le carnet de commades français était de 15 navires, pour 617 000 gt.

COGNAC

Le plus grand négociant

Hennessy est le premier négociant au monde. Il a vendu, en 1993, le nombre record de 2,4 millions de caisses, soit 28,9 millions de bouteilles (99 % sont destinées à l'exportation), ou encore 20 millions de litres. Son chiffre d'affaires était de 5,9 milliards de F.

Le plus ancien

Le plus ancien producteur est la maison Augier, fondée en 1643.

COCA COLA

D'après une enquête sur la notoriété des marques, Coca-Cola est la marque la plus connue internationalement. 506 millions de bouteilles se sont vendues chaque jour dans le monde en 1993. Pourtant, la lutte est serrée avec Pepsi, qui est à la 10e place de l'enquête de popularité et a le record du chiffre d'affaires.

Voir article Boissons non alcoolisées.

CHAMPAGNE

Les marques françaises de champagne représentent la totalité du marché mondial, avec en 1993, 229 millions de bouteilles de champagne expédiées à travers le monde (France comprise).

Le plus ancien

La maison Ruinart, à Reims, Marne, a été fondée en 1729.

La plus grande société

Moët et Chandon, d'Épernay, Marne, est le n° 1 mondial. Faisant partie du groupe LVMH, il commercialise 3 marques: Moët et Chandon, Ruinart et Mercier. Son chiffre d'affaires global a été de 2,3 milliards de F en 1992. Il a vendu 24 millions de bouteilles (soit plus de 20 millions de litres), dont 19 millions de bouteilles pour Moët et Chandon seul.

COMMISSAIRES PRISEURS

Les plus anciens

La plus ancienne société de commissaires-priseurs spécialisée dans le domaine de l'art est la Stockholms Auktionsverk de Suède, qui fut créée le 27 février 1647.

Les plus importants

La plus importante société est Sotheby's de Londres et New York. Fondée en 1744, elle ne s'intéressa d'abord qu'au marché des livres. Son grand rival, Christie's, organisa sa première vente aux enchères d'œuvres d'art en 1766. En 1989, le chiffre d'affaires de Sotheby's était de 2,9 milliards de $. Les ventes de New York ont atteint le chiffre record de 360,4 millions de $ en mai 1990.

France

Avec un chiffre d'affaires de 460 millions de F, l'étude Jacques Tajan, à Paris, conforte sa place de leader français des ventes aux enchères publiques. La vente la plus spectaculaire a été *Le retour du Bucentaure*, peint par Canaletto en 1734, adjugée pour le prix record de 73 millions de F (voir chapitre Art et Culture).

COMPTABLES

La société de comptables et de consultants qui a réalisé le meilleur chiffre d'affaires en 1993 est Arthur Andersen & Co Sc, avec un revenu mondial de 6,071 milliards de $. À ce titre, elle détrône KPMG Peat Marwick Mclintock qui reste cependant, avec 73 000 employés répartis dans 124 pays, le plus gros cabinet en terme d'emplois. (voir aussi « Cabinets d'audit et de conseil », dans le même chapitre).

Le plus grand cabinet d'avocats français

Le cabinet Fidal, à Paris, réunissait 961 avocats et stagiaires au 30 septembre 1993.

MC DONALD

RESTAURATION

« À la mode végétarienne »

Les fameux fast-food McDonald's ont leur siège à Oak Brook, Illinois, EU. Ils ont été créés le 15 avril 1955 par Ray A. Kroc (1902-1984), qui racheta l'affaire des frères McDonald. En 1937, Mac McDonald ouvre avec son frère Dick son premier « restaurant rapide en voiture » à Pasadena, Californie. Il est mort en 1971. En date du 3 décembre 1992, la chaîne McDonald's comptait en propre ou sous licence 13 093 restaurants dans 60 pays. La totalité des ventes s'élevait en 1992 à 21,9 milliards de $.

Le premier McDonald's dans un pays de l'Est s'est ouvert le 31 janvier 1990 à Moscou. Le succès fut tel que les Moscovites endurèrent de bon cœur, sous la protection des soldats, une queue de 3 h. Il est vrai qu'ils y sont habitués...

McDonald's a en 1992 été la première chaîne de fast-food à ouvrir un restaurant en Chine populaire : il se situe sur la place Tien Anmen, à Pékin, se nomme Maldangiano en chinois, a une surface totale de 2 600 m² et a une capacité de 700 places, soit 7 fois celle d'un McDonald's ordinaire aux États-Unis.

En 1995, McDonald's projette de s'installer en Inde. Afin de respecter les habitudes alimentaires des consommateurs pour la plupart végétariens, ses hamburgers ne comporteront pas de viande de bœuf.

COMMUNICATION

Le groupe américain Time-Warner est le n° 1 mondial, avec, en 1991, un chiffre d'affaires de 67 milliards de F.

France

Le groupe Matra-Hachette est n° 2 en Europe et n° 5 dans le monde, après Time-Warner (EU), News Corp (EU), Bertelsmann (Allemagne) et Capital Cities/ABC (EU). Groupe Hachette comprend environ 300 sociétés et édite 76 journaux et magazines (environ 800 millions d'exemplaires par an). En 1993, son chiffre d'affaires a été de 55 milliards de F. Il employait 46 000 personnes. Groupe Hachette est le n° 1 mondial pour les encyclopédies et les produits d'éducation.

COSMÉTIQUES

Le groupe français L'Oréal est le n° 1 mondial, avec, en 1993, un chiffre d'affaires mondial de près de 50,9 milliards de F (7,4 milliards de $).

DISTILLERIES

La plus grande distillerie mondiale est United Distillers, Glasgow, Écosse, appartenant au groupe Guinness. Elle vend 53,6 millions de caisses de différentes marques d'alcool par an. C'est aussi la société qui a le chiffre d'affaires le plus important : 701 millions de £ en 1993. C' est la plus grande distillerie de whisky. Elle produit environ 144 millions de bouteilles par an, dont la plus grande partie est exportée. Les marques de scotch et gin les plus vendues, c'est-à-dire Johnnie Walker, Red Label et Gordon's, appartiennent aussi à United Distillers.

La plus ancienne

Old Bushmills Distillery, Co., Antrim, Écosse, sous licence depuis 1608, affirme avoir commencé à produire en 1276.

DISTRIBUTION

Le n° 1 mondial est Sears Roebuck, de Chicago, Illinois, EU, fondé en 1886. Le groupe possède 206 000 magasins à travers le monde. En 1989, il a réalisé un chiffre d'affaires de 31,6 milliards de $ et possédait 1 731 points de vente et 1 769 revendeurs indépendants.

France

Carrefour est le n° 1 français de la distribution, avec un chiffre d'affaires, en 1993, de 139,3 milliards de F, devant Promodès (137,5) et Leclerc (119,3). Le groupe, qui compte 114 hypermarchés totalisant une surface de vente de près de 1,14 million de m², mise sur une expansion internationale qui lui permettrait d'avoir plus de surfaces à l'étranger qu'en France. Dès 1995, Carrefour sortira une gamme de PC sous sa propre marque « Firstline ».

EAU

Avec la mise en commun des activités des groupes Perrier (acquis en 1992), Vittel et Blaue Quellen, Nestlé Sources International, créée en 1993, est le n°1 mondial de l'eau embouteillée. Sa production d'eau minérale a atteint 6 milliards de litres et son chiffre d'affaires s'est élevé à 11 milliards de F. Le groupe regroupe 55 marques à travers le monde, dont les plus connues sont Contrexeville, Hépar et Vittel.

Les Français boivent environ annuellement 110 litres d'eau minérale par personne.

ÉDITION

C'est au Danemark, petit pays de 5 millions d'habitants, que sortent, proportionnnellement, le plus de nouveaux titres par an, avec 10 750 parutions en 1993.

La Belgique est le pays qui édite le plus grand nombre d'œuvres littéraires (40 %) par rapport à la production totale.

ÉPICERIE

La plus grande chaîne d'épicerie du monde est Wal-Mart de Bentonville, EU, créée en 1962 par Sam Walton. Au 31 janvier 1994, elle a réalisé un chiffre d'affaires de 67,3 milliards de $ dans 2 308 supermarchés et superettes. Voir les familles les plus riches dans le même chapitre.

GRANDS MAGASINS

La chaîne Woolworth possède, dans le monde, plus de 8 300 détaillants, qui ont rapporté 9,6 milliards de $ en 1993.

Frank Winfield Woolworth a ouvert son premier magasin (The Great Five Cent Store) à Utica, EU, le 22 février 1879.

Le grand magasin le plus vaste est Macy's, à New York. Il a une superficie de 203 000 m² ; quelque 14 000 employés y vendent 400 000 articles. En 1990, le chiffre d'affaires total de Macy's (qui compte 150 magasins) était de 7,3 milliards de $. Quand Rowland Hussey Macy ouvrit sa boutique d'articles de fantaisie, sur la VIe Avenue, le 27 octobre 1858, il enregistra 11,06 $ de ventes à la fin de la première journée.

ON Y TROUVE TOUT

En France, le magasin qui a la plus grande surface de vente est la Samaritaine à Paris, 50 206 m², tandis que les Galeries Lafayette réalisent le plus gros chiffre d'affaires, 3,4 milliards de F en 1993. Le groupe Printemps est au premier rang mondial avec 15 magasins implantés à l'étranger.

HÔTELLERIE

Le groupe américain Hospitality Franchise Systems est le n°1 mondial. Il possède 3 413 hôtels qui comprennent au total 354 997 chambres.

France

En juillet 1994, le groupe Accor, n°1 de l'hôtellerie en France, s'est allié avec l'américain Carlson pour créer le premier réseau mondial d'agences de voyages, loin devant American Express désormais à la seconde place. Carlson Wagonlit Travel compte 4 000 agences, 25 000 employés répartis dans 125 pays et réalise un chiffre d'affaires de 71 milliards de F.
Accor seul emploie 144 000 personnes et compte 2 200 hôtels dans 132 pays, regroupés sous 47 enseignes (dont Sofitel, Novotel, Mercure, Lenôtre, Courtepaille, etc...) Ses ventes ont atteint 29,11 milliards de F en 1993. Accor est aussi le n°2 européen de la restauration avec 6 milliards de F de chiffre d'affaires réalisés en 1993, le n°1 mondial étant Mc Donald's (voir l'encadré « Restauration » dans le même chapitre).

INFORMATIQUE

IBM (International Business Machines), Armonk, EU, est la plus grosse société de matériel informatique. Avec un actif net de 453 milliards de F et un chiffre d'affaires de 34 miliards de F, elle emploie 267 196 personnes (contre 407 000 en 1986). En 1994, elle a perdu 43 365 millions de F, la plus grosse perte jamais enregistrée.

France

La société IBM-France est le n° 1 de l'informatique en France, avec un chiffre d'affaire de 36,7 milliards de F en 1992 et 18 500 emplois.

INTÉRIM

Le plus grand groupe d'agences d'intérim est Manpower, avec un chiffre d'affaires mondial de 3,5 milliards de $.

JOUET

Le plus grand magasin de jouets est Hamleys, fondé en 1760 à Londres, GB. Son espace couvre plus de 4 000 m² et 6 étages. Pendant les fêtes de fin d'année, ses effectifs atteignent 400 personnes.

PAPIER

International Paper of Purchase, New York, EU, est le plus gros producteur de papier, de matériaux fibreux et de produits en bois, avec un chiffre d'affaires de 13,5 milliards de $ en 1992. Il emploie 70 500 personnes.

PÊCHE

Le 28 août 1986, le navire de pêche norvégien *Flömen* à réussi à prendre d'un seul coup de filet plus de 120 millions de poissons, d'un poids total de 2 471 t, en mer de Barents, dans l'Arctique.
Le chalutier islandais *Videy* a effectué une pêche totale de 37 897 t, à Hull, GB, le 11 août 1986. Ce coup de filet lui a rapporté la somme record de 278 798 £.
D'après la FAO (Organisation des Nations unies pour l'agriculture et l'alimentation), la première nation dans ce domaine en 1991 était la Chine, avec 13,3 millions de t de poissons pêchés par an, suivie par le Japon (9,3) et l'ex-URSS (9,2).

PHARMACIE

Chaîne de pharmacies

La plus grande au monde est Rite Aid Corporation de Shiremanstown, Pennsylvanie, EU, qui avait, en 1993, 2 439 filiales. La Wallgreen Coq of Deerfield, Illinois, EU, a moins de magasins, mais réalise plus de ventes, avec 8,3 milliards de $ en 1993.

France

Rhône-Poulenc-Rorer, filiale santé de Rhône-Poulenc, est le n° 1, avec un chiffre d'affaires mondial en 1993 de 4 milliards de $.

PUBLICITÉ

Le groupe britannique WPP, de Londres, avec 18,1 milliards de $ d'ordres en 1990, est le premier du monde.
La plus grande agence est l'agence Dentsu, de Tokyo, avec 9,7 milliards de $ d'ordres en 1990.
Le plus grand annonceur est Unilever (Pays-Bas), qui a dépensé 1,74 milliard de $ en publicité en 1990, sans compter les frais de catalogues.

France

En 1993, Euro-RSCG a réalisé une marge brute de 1,6 milliard de F, ce qui place le groupe en tête du secteur, devant Publicis (1,1 milliard) et BDDP Groupe (716,8 millions).
Voir aussi le chapitre *Médias, « Publicité»*.

TABAC

Les Grecs sont les plus gros fumeurs de la Communauté européenne.
En 1992, ils ont fumé 7,52 cigarettes par habitant et par jour. Les Français, avec 4,63 cigarettes, ne viennent qu'en 5ᵉ position.
France La Société nationale d'exploitation industrielle du tabac et des allumettes (Seita) est le seul fabricant français (11 usines). Elle exploite 207 marques, tous produits confondus. Elle a réalisé, en 1993, un chiffre d'affaires de 13,8 milliards de F. Elle a vendu 42,3 milliards de cigarettes en 1993, soit 45 % du marché en France, le reste étant des cigarettes importées. Les Français ont également fumé 1,3 milliard de cigares, dont 656 millions de la Seita.
Il y a 37 500 bureaux de tabac en France.

RELATIONS PUBLIQUES

La première agence du monde est Burson Marsteller, dont le siège se trouve à New York.
En 1988, elle a touché 154 millions de $ d'honoraires.
Hill and Knowlton compte le plus grand nombre de bureaux dans le monde : 68, dont 1 à Pékin.

SIDÉRURGIE

Le premier producteur est la firme japonaise Nippon Steel. Elle a produit 28,7 millions de t d'acier brut en 1990 et emploie 54 062 salariés.
Le record pour une seule usine appartient à Pohang Iron & Steel, de Corée du Sud, avec 9 millions de t d'acier brut en 1988.

France

Le n° 1, Usinor-Sacilor, est également la 8ᵉ entreprise industrielle française. Elle a produit 25,8 millions de t d'acier et réalisé 75,4 milliards de F de chiffre d'affaires en 1993. Elle emploie 53 500 personnes en France et 68 000 dans le monde.

TÉLÉCOM

En reprenant les activités de Fiat dans le domaine des télécommunications, la société française Alcatel-Alsthom est devenue, le 4 octobre 1990, le n° 1 mondial du secteur.

Service minitel

Lors du salon Servipoles qui s'est tenu le 4 février 1994 à Épinal, Vosges, Denis Odin a créé pour la société Point Ball Evasion, un service minitel complet et personnalisé en 3 mn 42 s.

TROC À GRANDE ÉCHELLE

En juillet 1984, l'Arabie Saoudite a troqué 36 millions de barils de pétrole, d'une valeur de 9 milliards de F, contre 10 Boeing 747 destinés à Royal Saudi Airlines.

VENTE AUX ENCHÈRES

General Motors de Detroit, EU, a racheté la compagnie aérienne de Howard Hughes pour un montant de 5 milliards de $ en juin 1985. Voir aussi encadré pages précédentes.

BARBIE SUPERSTAR

La fameuse poupée Barbie, créée par Mattel il y a 35 ans, est actuellement le jouet le plus vendu au monde. En 1993, année de son entrée au musée Grévin, habillée pour l'occasion par Dior et coiffée par Alexandre de Paris, plus de 80 millions de barbies ont été vendues, dont 4,5 millions en France, soit 1 poupée achetée chaque seconde. L'acquisition de Fisher Price en 1993 et de Spear (père du célèbre Master Mind) en 1994, devrait permettre à Mattel de devenir le leader mondial du jouet, devant Hasbro.

LUXE

On a estimé, en 1991, à 300 milliards de F la part de l'industrie du luxe sur le marché mondial. Le groupe français LVMH (Louis Vuitton-Moët-Hennessy) est le n° 1 mondial de l'industrie de luxe. Il a réalisé en 1993 un chiffre d'affaires de 23,8 milliards de F.

VENTE PAR CORRESPONDANCE

Les États-Unis occupent la première place mondiale pour la vente par correspondance. La France est au second rang, avec un chiffre d'affaires de 45 milliards de F en 1992. La Redoute (filiale du groupe Pinault-Printemps) domine largement ce secteur et a réalisé en 1992, un chiffre d'affaires de 9,6 milliards de F.

PIGEON VOYAGEUR

La Blanche Porte , société située à Tourcoing, Nord, est la première entreprise de V.P.C à avoir reçu une commande (un lot de 2 chemises), par le biais d'un pigeon voyageur.

MONNAIE
GENERALITES

PIÈCES DE MONNAIE

Les plus anciennes

Les statères d'électrum du roi de Lydie Gygès, 670 av. J.-C.

Les plus anciennes datées

Antiquité : les tétradrachmes d'argent « A » frappées à Messine, Sicile, 494 av. J.-C.
Ère chrétienne : les 6 pièces de l'évêque de Roskilde, Danemark, MCCXXXIV (1234).

La plus lourde

La pièce de 10 dalers en cuivre frappée en Suède en 1644 : 19,7 kg.

La plus légère et la plus petite

La pièce en argent népalaise de 1/4 de jawa, qui date de 1740 : 2 mg.

Les plus rares

Nombreux spécimens uniques, par exemple la pièce en or du royaume d'Aksoum, Éthiopie, qui se trouve à la Bibliothèque nationale, Paris.

Les plus chères

La pièce de monnaie la plus chère fut la Double Eagle Ultra High Relief de 20 $ en or vendue 1 500 000 $ à un investisseur privé le 9 juillet 1990 à New York, EU.

Un ensemble de pièces américaines de 1804 et 1834, dit « du roi de Siam », vendu 3 190 000 $ à Beverly Hills, Californie, le 28 mai 1990.

La première rencontre, à Stockholm, en 1974, de la pièce de monnaie la plus lourde et de la plus légère.

Les plus anciens billets de banque

Les Chinois inventèrent le papier-monnaie dès 812. Ils en répandirent l'usage à partir de 970. C'est à Stockholm, Suède, qu'ont été émis les premiers billets de banque (banco-sedler), en juillet 1661. Le plus ancien billet conservé est un billet de 5 dalers émis le 6 décembre 1662.

Les plus grands et les plus petits billets

■ Le plus grand billet jamais émis était un billet chinois de 1 guan utilisé sous la dynastie Ming, de 1368 à 1399. Il mesurait 22,8 cm x 33 cm.
■ Le plus petit billet national mis en circulation était un billet de 10 bani émis, en 1917, par la Banque centrale de Roumanie. La partie imprimée ne mesurait que 2,7 cm x 3,8 cm.
■ Parmi les *Notgeld* allemands, les plus petits étaient des carrés de 1,8 cm de côté. Il s'agissait des billets de 1 à 3 pfennigs de Passau (1920-1921).

Grosses coupures

Le plus gros billet de banque en circulation est un billet de 10 000 $ à l'effigie de Salmon Portland Chase (1808-1873) émis par la Banque de réserve fédérale des États-Unis. On n'a imprimé aucune de ces coupures depuis juillet 1944, et il n'en reste que 348 en circulation.
En 1969, le Trésor américain a annoncé qu'aucun billet d'une valeur de plus de 100 $ ne serait désormais émis.

PETITES COUPURES

L'Indonésie émet des billets de 1 sen, soit un centième de roupie.
Le sen peut valoir quelque chose comme 0,00003 F. Sa valeur d'échange, début 1993, était de plus de 30 000 pour 1 F.

COLLECTION DE BILLETS

Chris Boyd, de New Malden, Surrey, GB, a accumulé des billets de banque de 210 pays en 3 ans (il a commencé sa collection en 1990). Pour les collections, voir aussi le tableau dans le chapitre Insolite.

Collection de pièces la plus chère

La collection de pièces américaines et coloniales de la famille Garrett, qui en avait fait don à l'université John Hopkins, a été vendue pour la somme de 25 235 360 $.

La plus longue chaîne de pièces

La plus longue totalisa 48,89 km de long et 1 886 975 pièces. Elle a été faite par les Friends of the Samaritans au Great Park, Windsor, Berkshire, GB, le 16 août 1992.

Tas de pièces

Le tas de pièces le plus cher avait une valeur totale de 12 646 361 $ et était fait de 1 000 298 pièces de monnaie américaines. Il a été monté par le Y.W.C.A de Seattle-King County Washington, EU, le 28 mai 1992.

FINANCES PUBLIQUES

■

Se reporter au chapitre Institutions

HÔTEL DES MONNAIES

Le plus grand

Celui du Trésor américain, construit entre 1965 et 1969 à Philadelphie, EU, s'étend sur 4,65 ha. Il émet annuellement 15 milliards de pièces. Trois équipes se relaient sept jours sur sept. Une nouvelle machine permet de frapper les pièces à grande vitesse. Elle a porté le rendement à 40 000 pièces par heure.

LES CHÈQUES LES PLUS IMPORTANTS

Un chèque de 1 425 millions de £ (environ 14,25 milliards de F) a été signé le 11 juillet 1989 par D. Gareth Jones, trésorier et directeur général adjoint de l'Abbey National Building Society, et par Jonathan Nicholls, trésorier adjoint. Ce chèque représentait un paiement par l'Abbey National Building Society, en voie de liquidation, en faveur de la nouvelle société créée, l'Abbey National.
Un chèque plus important, d'un montant de 4 176 969 623,57 $, fut tiré le 30 juin 1954. Mais il s'agissait d'un chèque interne du Trésor américain.

Le plus petit

Le plus petit hôtel des monnaies au monde appartient au plus petit État du monde. C'est le quartier militaire de l'Ordre souverain de Malte, situé dans la Cité de Rome.

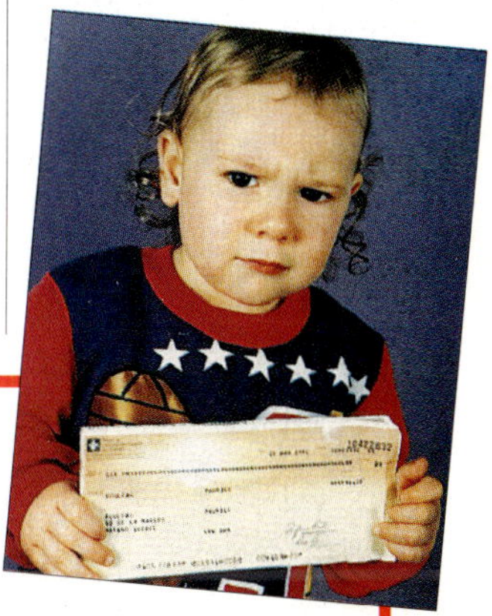

LE PLUS JEUNE BÉNÉFICIAIRE D'UN CHÈQUE

Le 28 avril 1992, le jeune Maurice Rouleau, alors âgé de 17 mois, a reçu un chèque de la régie de l'Assurance maladie de 6,27 $ canadiens.

TRÉSORS ENFOUIS ET ENGLOUTIS

En 1714, on a découvert à Brescello, près de Modène, Italie, un trésor de 80 000 aurei (pièces d'or romaines). Ces pièces avaient été enfouies vers 37 av. J.-C. Le plus grand nombre de pièces jamais exhumées est de 150 000. Elles constituaient le trésor de Bruxelles, mis au jour en 1908.

Le 27 mai 1905, le cuirassé russe *Amiral-Nakimov*, de 8 524 tonneaux, sombrait par 60 m de fond au large de l'île japonaise de Tsushima. Le trésor que l'on a récupéré s'élève à environ 10 milliards de F en pièces d'or et lingots de platine. Cette découverte est la plus importante de tous les temps. On estime à la même valeur le trésor du *San-José*, qui coula en 1708 au large de la Colombie. Des plongeurs s'emploient à le récupérer depuis août 1984.

Le plus grand trésor englouti accidentellement a sombré en 1715 avec la flotte espagnole au large de la Floride, EU. Une estimation raisonnable de son contenu atteindrait les 60 millions de pièces, dont la moitié a été retrouvée juste après l'événement par les autorités espagnoles. Des 30 millions restants, il est probable qu'environ 500 000 pièces ont été retrouvées par des plongeurs. Les 29,5 millions restants sont vraisemblablement encore au fond de la mer, attendant d'être repêchés.

UN CENTIME

Georges Coureau, Auffray, Seine-Maritime, a reçu en juin 1976, juin 1977 et juin 1979 un chèque de 0,01 F pour participation aux bénéfices d'une société de Rouen.

COLLECTE POUR UNE ŒUVRE DE BIENFAISANCE

■ L'opération Sport Aid, conçue par Chris Long et organisée par Bob Geldof pour collecter de l'argent contre la faim dans le monde, se déroula le 25 mai 1986 dans 277 villes de 78 pays. Elle a rapporté plus de 670 millions de F. 20 millions de coureurs y ont participé.

■ 24,7 milliards de $ canadiens, c'est le plus gros montant récolté lors d'une course de charité. Le Canadien Terry Fox (1958-1981) a couru, avec une jambe artificielle, de Saint John's à Thunder Bay durant 143 jours. Du 12 avril au 2 septembre 1980, il a parcouru 5 373 km.

TRÉSOR LE PLUS LOURD

43 tonnes d'or, c'est en terme de poids le plus gros trésor. Il se trouvait à bord du White Star Liner HMS *Laurentic* qui a été miné en 1917 et a coulé par 40,2 m de fond au large de Fandd Head, Donegal, Irlande. Des 3 211 lingots d'or, 3 191 ont été retrouvés depuis par la Royal Navy.

BOURSE
GÉNÉRALITES

ORIGINES

C'est au XVe siècle que l'institution de la Bourse prit naissance, dans les villes commerçantes de France, d'Allemagne, d'Italie et des Flandres. Elle trouva son nom, dit-on, à Bruges, Belgique, dans l'hôtel des banquiers Van den Burse, dont l'enseigne était ornée d'un écusson comportant trois bourses. En 1487, Anvers, héritant de la fortune de Bruges, vit sa Bourse devenir la première d'Europe occidentale. En 1561 fut fondée la Bourse d'Amsterdam, qui se substituera à celle d'Anvers. En France, c'est en 1549 qu'apparurent les Bourses de Lyon — la plus ancienne et longtemps la plus importante — et de Toulouse. La Bourse de Paris fut réglementée le 24 septembre 1724.

La Bourse française

Il y a 7 Bourses en France, à Paris, Marseille, Lyon, Lille, Bordeaux, Nantes et Nancy, qui recensaient 1 487 émetteurs en 1992, pour une capitalisation boursière globale de 5 125 milliards de F. Le volume de transactions (pour l'ensemble) a été de 4 987 milliards de F en 1992.

Les actions les plus chères

Le 22 avril 1993, une seule action de Moeara Enim Petroleum valait 50 586 £.

France

En 1992, une seule action de la société Grand Marnier valait 65 000 F.

BOURSE AMÉRICAINE

Dow Jones

Le Dow Jones est l'indice de la Bourse de New York, institué le 8 octobre 1896. Il s'établit sur la moyenne des cours d'une sélection de 30 valeurs industrielles à la clôture d'une journée d'échanges.

HAUSSE

Le 29 décembre 1993 marque un record historique pour le Dow Jones, l'indice a, en effet, franchit la barre des 3 000 points en clôturant la séance à 3 794,3 points.

BAISSE

La Dépression avait fait plonger l'indice de 381,71 au 3 septembre 1929 à son taux le plus bas, c'est-à-dire 41,22 le 2 juillet 1932.

US Stock Exchange

608 148 710 actions ont été échangées, le 20 octobre 1987. L'ancien record du 29 octobre 1929 (le « mardi noir » du fameux Krach), où 16 410 030 actions avaient été échangées, n'a pas été battu avant avril 1968.

De septembre 1929 à juin 1932, 74 milliards de $ furent perdus en titres boursiers.

Volume des transactions

Il y a 138 Bourses dans le monde. La plus importante est celle de Tokyo (fondée en 1878), qui a enregistré un volume de transactions record de 1 450 milliards de $ en 1989. La Bourse de New York (fondée en 1792), à Wall Street, a enregistré un volume de transactions de 957 milliards de $ la même année et celle de Londres 608,5 milliards de $.

La perte annuelle des valeurs la plus importante a été de 210 milliards de $, en 1974.

Le record de hausse en un jour a été battu le 21 octobre 1987, avec 186,84 points.

Le record de baisse en une journée est de 508 points (22,6 %), le 19 octobre 1987.

La plus grande transaction de l'histoire de la Bourse de New York a porté sur un « paquet » de 48 788 800 actions à 10 $ de Navistar International.

Elle eut lieu le 10 avril 1986 et mit en jeu la somme de 487 888 000 $.

En mars 1991, le marché des valeurs a atteint le montant record de 3 200 milliards de $.

1,15 million de $, c'est le prix le plus cher pour une place au New York Stock Exchange. Le prix le plus bas a été payé en 1942 : 17 000 $.

LA PERTE PERSONNELLE LA PLUS LOURDE

Ray A. Kroc, président de McDonald's, a perdu 65 millions de $ le 8 juillet 1974 **(voir plus haut l'article « Restauration »).**

L'émission la plus importante

Le 11 décembre 1990, les 12 sociétés régionales d'électricité du Royaume-Uni ont été privatisées et vendues à 5,7 millions d'actionnaires pour 12,75 millions de demandes et pour un montant total de 5,2 milliards de £.

EXXON

LA COTE LA PLUS ÉLEVÉE

En mars 1994, la valeur en Bourse de la société Exxon of Irving, Texas, EU, a atteint les 77,4 milliards de $.

Le cabinet d'agents de change le plus grand

Merrill Lynch, Pierce, Fenner & Smith, fondée le 6 janvier 1914 à New York, était jadis la plus grande association du monde.

Elle comptait 124 associés. Elle s'est transformée en société en 1959. La nouvelle société créée, Merrill Lynch & Co., emploie environ 40 000 personnes.

RECORDS DE LA BOURSE DE PARIS

Calculé par la Compagnie des agents de change (CAC), l'indice CAC 40 est la moyenne de l'indice de 40 sociétés choisies parmi les 100 premières capitalisations.

L'indice CAC 40 fut mis en vigueur en 1988, avec une base de 1 000 fixée au 31 décembre 1987. Il a enregistré le record de 2 331,33 points le 11 janvier 1994.

BEAUX COMME CRÉSUS

Il reste 29 monarques dans le monde, mais la plus grande partie de leur fortune se compose de biens nationaux, et non de biens personnels. Le plus riche parmi les monarques est Hassanal Bolkiah Muizzaddin Waddaulah (né en juillet 1946), sultan de Brunei, minuscule État (5 765 km²) de la côte nord-ouest de l'île de Bornéo. Il s'est lui-même nommé Premier ministre, ministre des Finances et ministre de l'Intérieur le 1er janvier 1984. Sa fortune, évaluée en 1993 à 37 milliards de $, provient originairement des puits de pétrole mais aujourd'hui ce sont les investissements à l'étranger qui lui rapportent le plus. Pour fêter son 25e anniversaire d'accès au trône, il a conduit un char en or, tiré par 40 hommes, dans les rues de sa capitale.

Le seul autre décamilliardaire, parmi les citoyens « privés », était le Japonais Taikichiro Mori, propriétaire de biens immobiliers, mais il a légué sa fortune de 13 milliards de $ à ses deux fils Minoru et Akira, qui continuent dans la même voie à faire fructifier le capital immobilier de leur père.

Le citoyen « privé » qui s'est le plus enrichi est John Werner Kluge, âgé de 78 ans, qui détient 95 % de la Metromedia Co, EU. Ayant commencé comme serveur à la cantine de la Columbia University à 7 $ par semaine, il est aujourd'hui à la tête d'une fortune estimée en 1993 à 8,8 milliards de $. De quoi se payer à nouveau 7 $ par semaine pendant 24 millions d'années.

La reine Elisabeth est l'une des femmes les plus riches du monde, mais elle ne paie ni impôts ni taxes d'habitation. En avril 1993, la fortune de la Couronne était évaluée à 11,7 milliards de $. Sa fortune personnelle a été évaluée, en avril 1993, par *Fortune*, à 11,7 milliards de $.

LEON

Leon Hirsch, administrateur en chef de US Surgical, fut le directeur le plus payé en 1991. Il a reçu 118 millions de $, dont 109 millions de primes. Si on ne compte pas les primes, le patron le plus payé en 1991 fut Anthony Tony O'Reilly, président de la société Heinz, qui a reçu 75 millions de $. Cette somme inclut un salaire de 1,1 million de $ et des primes de 71,5 millions allouées 10 ans avant et touchées en 1991, et donc considérées comme revenus par le fisc américain.

France

D'après *l'Expansion*, le patron le mieux payé de France est Pierre Suard, PDG d'Alcatel-Alsthom, troisième entreprise industrielle française. Versée par la société mère et par plusieurs de ses filiales, sa rémunération annuelle, en 1994, est de 13 millions de F (1,08 million de F par mois).

Patron de l'année

Noël Goutard, patron de Valeo, a été désigné manager de l'année 1994 par le magazine *Le Nouvel Economiste*, pour avoir hissé l'entreprise au 1er rang européen.

HONORAIRES LES PLUS ÉLEVÉS

Le conseiller le plus cher du monde est Harry D. Schultz. Ses bureaux se trouvent à Monte-Carlo et à Zurich, Suisse. Ses honoraires se montent à 2 400 $ l'heure en semaine et à 3 400 $ le week-end. Il donne aussi des consultations par téléphone de 5 mn à 200 $ (40 $ la minute). Il publie une lettre, *The International Harry Schultz's Letter*, qui se vend à 50 $ l'exemplaire, un abonnement à vie vous en coûtera 2 400 $.

GENERALITES

L'estimation de la fortune personnelle des gens très riches se heurte à de multiples difficultés. Ceux-ci ne coopèrent pas volontiers et ne sont pas toujours capables d'évaluer précisément leurs biens. John-Paul Getty (1892-1976) n'a-t-il pas dit : « Qui peut compter ses millions n'est certainement pas milliardaire » ? Le terme de millionnaire *fut inventé en 1740 et celui de* milliardaire *en 1861. Le premier multimillionnaire en dollars fut Cornelius Vanderbilt (1794-1877), qui laissa 100 millions de $ à sa mort. Les premiers milliardaires furent John Davison Rockefeller (1839-1937), Henry Ford (1863-1947) et Andrew William Mellon (1855-1937). Selon le magazine américain* Forbes, *il y avait 47 milliardaires en 1993 et 358 en 1994.*

La femme la plus riche

L'esthéticienne C.J. Walker, née Sarah Breedlove (1857-1919), de Delta, EU, est considérée comme la première self-made millionnaire femme. Orpheline noire, elle a fondé sa fortune sur un salon de coiffure.

LILIANE B

Propriétaire de 28 % de L'Oréal (n° 1 mondial des cosmétiques), de 30 % de Cosmair (filiale américaine de L'Oréal) et de 4 % de Nestlé, Mme Liliane Bettencourt, héritière d'Eugène Schueller, fondateur de L'Oréal, est la personne la plus riche de France. Sa fortune était évaluée par *Fortune* en juin 1993, à 3,4 milliards de $. Mais, à l'échelle mondiale, Mme Bettencourt n'est que 46e.

UN MILLION DE FRANCS DE L'HEURE

Le gouvernement américain a indiqué que Michael Milken, ancien responsable du département investissements à hauts risques de la banque new-yorkaise Drexel-Burnham-Lambert, avait perçu, en traitements et primes, la somme de 550 millions de $ en 1987, soit l'équivalent de 230 millions de F par mois. (Pour un salarié français qui travaille 169 h par mois, cela équivaudrait à 1,3 million de F l'heure.) Michael Milken était le créateur des *junk bonds*, ces obligations « pourries » à hauts risques et hauts rendements qui ont alimenté la vague des OPA et des restructurations sauvages des sociétés dans les années 80. Il a été condamné, le 21 novembre 1990, à 10 ans de prison ferme et à une amende record de 200 millions de $, sentence la plus sévère jamais prononcée dans le cadre d'un scandale financier. Milken avait plaidé coupable pour six chefs d'accusation, dont ceux de manipulation de titres, complicité de fraude fiscale et délit d'initié. En mai 1989, il avait démissionné de Drexel-Burnham-Lambert, aujourd'hui en faillite, après y avoir travaillé pendant 19 ans.

■ L'acteur Jackie Coogan (1914-1984) a été la personne la plus jeune à posséder 1 million de $. Il partageait avec Charlie Chaplin (1889-1977) le rôle principal du film *The Kid*, réalisé en 1921. ■ Shirley Temple (née le 23 avril 1928) avait accumulé une fortune de plus de 1 million de $ avant l'âge de 10 ans.

PHILATÉLIE

Premiers timbres
Mis en vente le 6 mai 1840, GB. 1 penny, noir, reine Victoria. 68 158 080 imprimés. France. Mis en vente le 1er janvier 1849. 20 centimes, noir, Cérès. 41,7 millions d'exemplaires.

Les plus chers
2,5 millions de $. Lettre affranchie à l'aide des 2 célèbres "Post Office" de l'île Maurice, 1847, à l'effigie de la reine Victoria : 1 penny, vermillon et 12 cents, bleu. Achetée en moins d'une minute à David Feldman, pour le compte d'un acheteur anonyme, Hotel International de Zurich, Suisse, le 3 novembre 1993.
1,3 million de £. 1 penny noir du 2 mai 1840, acheté à Harmers, Lugano, Suisse, pour le compte d'un acheteur japonais, le 23 mars 1991.

Le plus cher aux enchères
1,1 million de $. Lot de 4 timbres de 24 cents avec l'image inversée d'un avion, EU, 1918. Christie's, New York, 12 octobre 1989.
Pour un timbre : 850 000 £. 3 skilling-banco jaune (au lieu de vert) de Suède qui a appartenu entre autres au roi Carol de Roumanie. Acheté à David Feldman, Zürich, Suisse, par un industriel suédois, le 19 mai 1990.

Prix record pour une collection complète
6,7 millions de £. 183 pages de la célèbre collection "île Maurice" achetée à David Feldman par l'industriel japonais Hiroyuki Kanai, Zurich, Suisse, le 3 novembre 1993.

Les plus grands timbres
Édition spéciale : 24,7 cm x 7 cm. Chine, 1913. Format standard : 16 cm x 11 cm. 75 cents, îles Marshall, 30 octobre 1979.

Le plus petit
8 mm x 9,4 mm. 10 cents et 1 peso, province de Bolivar, Colombie, 1863-1866.

Le plus grand achat
Collection Marc Haas de 3 000 timbres américains et seings pré-postaux jusqu'en 1869 : 11 millions de $. Achetée par Stanley Gibbons International, Londres, 1979.

La plus grande valeur faciale
100 £. George V rouge et noir, Kenya, 1925-27.

La plus petite valeur faciale
3 000 pengös. Hongrie, 1946. L'extraordinaire inflation de l'époque faisait que 15 000 milliards de pengös valaient 1 centime français.

Les timbres les plus rares
Exemplaires uniques : Guyane britannique 1 cent, noir sur magenta, 1856 ; Suède, 3 skilling-banco, jaune par erreur, 1855.
Les timbres du receveur des postes de Boscawen, New Hampshire and Lockport.

La plus grande collection
Suite à des annonces dans la presse et à la radio, Henri Péreira, de La Boisselle, Somme, a réuni, en 37 mois de collecte, 1 000 587 timbres différents envoyés de plus de 100 pays .

Le plus jeune milliardaire

La plus jeune des 101 personnes les plus riches du monde en 1993 était William Gates, 37 ans, cofondateur de Microsoft, de Seattle, Washington, dont le système MS/DOS a permis le fonctionnement de 72 millions des 90 millions d'ordinateurs américains. Gates avait 20 ans lorsqu'il a créé son entreprise en 1976, et il est devenu milliardaire en 11 ans. Sa fortune est estimée par *Fortune* en juin 1993, à 6,7 milliards de $.

DANTE LE FASCINANT

Le Dr Ronald Dante a reçu la somme de 3 080 000 $ pour des conférences sur l'hypnothérapie pendant 2 jours, les 1er et 2 juin 1986, à Chicago, Illinois, EU. Il enseignait 8 h par jour et a ainsi gagné 192 500 $ l'heure.

Familles les plus riches

Les Walton

Propriétaires du premier groupe mondial de distribution, Wal-Mart (67,3 milliards de $ de chiffre d'affaires), la fortune des Walton est estimée à 23,5 milliards de $. Les Mars, qui ont bâti leur empire financier sur des barres chocolatées, arrivent en seconde position, avec 14 milliards de $.

Les Du Pont

On pense que la valeur totale des actifs contrôlés par les quelque 1 600 membres de la famille Du Pont est d'environ 150 milliards de $. La famille Du Pont quitta la France pour s'établir aux États-Unis le 1er janvier 1800. Le capital de Pierre Du Pont (1730-1817) permit à son fils Éleuthère Irénée Du Pont de créer sa société américaine d'explosifs.

Les Dassault

La famille Dassault (Madeleine, veuve de Marcel Dassault et ses deux fils, Serge et Claude) possède 8 milliards de F. Mme Bettencourt, seule, reste plus riche.

Golden handshake

Selon le magazine *Business Week* (numéro du mois de mai 1989), F. Ross Johnson aurait reçu 53,8 millions de $ en quittant la présidence du groupe RJR Nabisco, en février 1989. C'est ce que les Américains appellent une *golden handshake* « poignée de main en or ».

SCHIFFER

À 22 ans, Claudia Schiffer, égérie du célèbre couturier Karl Lagarfeld, est le mannequin le mieux payé au monde. 60 000 F pour une séance photo, 100 000 F pour un défilé Chanel et un contrat avec Revlon qui lui rapportera 60 millions de F à la fin de la campagne publicitaire.

LA DOT DE LA PETITE PATINO

En 1929, Elena Patino, fille du magnat bolivien de l'étain Simón Iturbi Patino (1861-1947), reçut 8 millions de £ de dot. La fortune de son père était alors évaluée à 125 millions de £.

PENSION LA PLUS LONGUE

Millicent Barclay, née le 10 juillet 1872, 3 mois après la mort de son père, le colonel William Barclay, devait avoir droit à une pension du fonds militaire Madras jusqu'au jour de son mariage. Elle mourut vieille fille le 26 octobre 1969, ayant touché la pension pendant 97 ans et 3 mois.

ÉMIRS ARABES

Ce sont les dirigeants des Émirats, ceux qui n'ont pas renoncé à leur titre, qui possèdent les plus gros revenus, issus de l'encaissement des royalties par baril de pétrole. Le Cheikh Zayid Ibn Sultan an-Nuhayan, né en 1918, chef de l'État des Émirats arabes unis, a droit à environ 9 milliards de $.

Les plus honnêtes gens

Jim Priceman, 44 ans, caissier adjoint chez Doft & Co Inc., renvoya le 6 avril 1982 une enveloppe contenant 37,1 millions de $ en bons au porteur à A. G. Becker Inc., de New York. Il l'avait trouvée devant le 110, Wall Street. Les Becker lui donnèrent 250 $ de récompense. On les acclama pour leur bon cœur.

Lowell Elliott, 61 ans, trouva dans sa propriété de Peru, Indiana, EU, la somme de 500 000 $, qu'il restitua à ses propriétaires. Cet argent avait été « perdu » en juin 1972 par un pirate de l'air qui s'échappait en parachute.

Grosses donations

Le magnat japonais Ryoichi Sasakawa, président de la Fondation de l'industrie de construction navale japonaise, fit des donations pour un total de 644 milliards de yens (23 milliards de F) au cours des années 1962-1988. Dans l'histoire de la philanthropie, la plus grosse donation privée fut celle de la collection d'art appartenant à l'éditeur américain Walter Annenberg, évaluée à 1 milliard de $. En mars 1991 il a annoncé qu'il léguerait sa collection au Metropolitan Museum of Art de New York, EU.

Elle mangeait son porridge froid afin d'économiser le combustible

Si l'on considère l'avarice comme le rapport entre les biens disponibles et les dépenses, alors Henrietta (Hetty) Howland Green, née Robinson (1835-1916), détient le record de tous les temps en la matière. Son compte bancaire présentait un solde positif de plus de 31,4 millions de $. Pourtant, on dut amputer son fils d'une jambe, car elle avait perdu un temps précieux à essayer de trouver une clinique gratuite. Elle mangeait son porridge froid afin d'économiser le combustible. Elle vivait dans une propriété de 95 millions de $.

COURSES DE CHEVAUX

Origines

En 1865, Joseph Oller inventa en France le principe du pari mutuel ; en 1868, il déposa le brevet d'un totalisateur indiquant le total des enjeux sur chaque cheval. Le 2 juin 1891, le Parlement vota une loi instituant le principe du pari mutuel. Seul le pari mutuel sur l'hippodrome (PMH) était autorisé. Le 16 avril 1930, le législateur autorisa les sociétés de courses à enregistrer les paris hors des hippodromes : le PMU (pari mutuel urbain) était créé. Le 22 janvier 1954, André Carrus inventa le tiercé.

Les sociétés de courses organisent plus de 16 000 courses par an en France.

COMBIEN ON PARIE ?

On évalue à 67 milliards de $ le montant annuel des paris sur les courses de chevaux à travers le monde. Le 1er opérateur de paris hippiques est le Japan Racing Association, Japon, avec 157,9 milliards de F de paris traités en 1992. Le PMU français est au 4e rang mondial avec 34,7 milliards de F de chiffre d'affaires, derrière le Japon, les États-Unis et le Royaume-Uni.

Le plus grand nombre de gagnants

Le tiercé du 31 mars 1984, à Enghien, Val-d'Oise, a été touché, dans l'ordre exact et dans un ordre différent, par un nombre record de 2 729 727 parieurs. L'ordre d'arrivée était 9-6-4.

TIERCÉS

Non payé

Le 21 avril 1957, personne ne trouva le tiercé couru à Auteuil (20-18-19). S'il y avait eu un gagnant, il aurait touché la somme record de 324 598 F pour une mise de 2 F à l'époque.

Payé

Le 4 juillet 1991 à Évry, l'arrivée 14-15-9 rapporta 232 648,20 F pour une mise de 6 F.

Quarté plus

Il fut créée le 5 juillet 1987. Le gain record est de 4 020 974,40 F, pour une mise de 8 F, à Auteuil, le 18 avril 1993.

Quinté plus

Il fut inauguré le 12 septembre 1989. Le gain record est de 10 225 107 F, pour une mise de 10 F.

Un seul parieur trouva l'ordre exact d'arrivée (8-11-2-7-1) du 12 septembre 1992, qui se courait sur l'hippodrome de Vincennes.

Gain record

Le 3 avril 1990, un parieur de Bordeaux, Gironde, a touché la plus grosse somme jamais versée dans l'histoire du PMU : 14 221 690 F. Il avait trouvé l'ordre exact d'arrivée du quinté plus, à Vincennes (Prix Baucis), 17-7-2-10-8, en jouant 100 F.

La plus forte mise sur un cheval en France

Pour le prix d'Amérique à Vincennes en 1989 près de 7,2 millions de F ont été joués en pari simple sur le cheval "Ourasi", vainqueur des 4 précédents Prix d'Amérique. Ce sont les plus forts enjeux en pari simple jamais enregistrés sur un cheval dans l'histoire des courses françaises.

RECORD DE RECETTE

Pour la course du Prix d'Amérique « Starpin's », le 31 janvier 1993, le montant des enjeux maximum tous paris confondus était de 220 848 488 F.

BANQUÉS ILLICO

En France, 65 milliards de F ont été dépensés en 1992 dans les courses de chevaux, loteries et jeux instantanés, nouvelle génération de jeux arrivés en 1989.

LE MILLIONNAIRE

Les Français ont la fièvre du grattage; une démangeaison qui coûte cher, plus de 23 milliards de F pour le Millionnaire, jeu favori des Français, lancé le 30 septembre 1991 et vendu à 22 millions d'exemplaires chaque semaine, soit 2,3 milliards de billets émis depuis 3 ans. Le Morpion, son digne homologue, arrivé sur le marché en mai 1994, a déjà contaminé 142,6 millions de joueurs. (voir aussi le chapitre Médias, rubrique « La somme la plus élevée gagnée à la télévision »).

JEUX ET PARIS

LOTO

GROS LOT

Pour 28 F joués, Marie-Thérèse Barre de Aigues-Mortes, Gard, âgée de 82 ans, a gagné la somme record de 59 767 890 F au second tirage du 1er janvier 1994 (12-17-30-33-38-39/31). Elle a déclaré vouloir s'acheter un nouveau poste de télévision et donner le reste à ses enfants.

Depuis la création du Loto, le 19 mai 1976, 273 joueurs ont gagné plus de 10 millions de F (au 30 décembre 1993).

Nombre de bulletins gagnants

Le 19 septembre 1979, il y eut 96 grilles gagnantes à 6 bons numéros. Pour un seul tirage, le 19 mai 1982, il y a eu 5 071 232 gagnants. Le 26 juin 1993, au second tirage, il y eut 103 gagnants.

SUPER-CAGNOTTE

Le samedi 29 septembre 1990, la super-cagnotte s'élevait à 119 683 665 F. Elle a été gagnée par trois joueurs, qui ont touché environ 40 millions de F chacun.

LOTO SPORTIF

Ancienne formule

Pour les pronostics sur 16 matches de football, le record de gain est de 14 464 721 F, touché, le 4 août 1986, par un parieur de Grasse, Alpes-Maritimes, qui avait joué une grille à 1 080 F.

Nouvelle formule

Depuis que les pronostics portent sur 13 matches, le record appartient à un joueur de la Guadeloupe : 6 945 144 F, le 22 février 1989.

Le plus grand casino du monde est celui de l'hôtel *MGM Grand* de Las Vegas qui comporte aussi les rues de 7 villes reconstituées : Paris, Casablanca, Londres, Amsterdam (sur cette photo) etc...

JEUX ET PARIS

CASINOS

Las Vegas

Le casino du grand hôtel MGM à Las Vegas, Nevada, EU, couvre une surface de 15 930 m² et comprend 4 salles de jeu, 3 500 machines à sous, 165 tables de jeu et divers bars et salons. Voir aussi « le plus grand hôtel » dans le chapitre Architecture.

DIVONNE

Le plus grand casino est celui de Divonne-les-Bains, Ain, créé en 1891 et dont le bâtiment actuel fut inauguré le 3 juillet 1955. Les salles de jeu couvrent une superficie de 2 500 m². Le casino possède 250 machines à sous et 33 tables de jeu (boule, roulette, black jack, punto banco). Il a réalisé, en 1993, un produit brut des jeux de 80 millions de F pour les jeux de table et de 194 millions de F pour les machines à sous. Il a accueilli 866 000 joueurs. Le 8 janvier 1994, le casino a décroché le record européen des jackpots progressifs, en réglant à une cliente, la somme de 8 609 559,50 F pour une mise de 15 F.

MACHINES À SOUS

Le 10 juillet 1989, une Parisienne, qui a voulu garder l'anonymat, a gagné le jackpot record de 1 508 617 F au casino de Deauville, Calvados.

LOTO

Il a été créé le 19 mai 1976 par la Loterie nationale, qui a fêté le 19 mai 1994 les 18 ans du Loto. Depuis sa création, plus de 18 milliards de bulletins ont été validés, soit 255 bulletins toutes les 15 s. Aujourd'hui, 1 Français sur 2 joue au moins une fois par an au Loto. ▶

LES PLUS VIEUX

En 1973, on a découvert à Godin Tepe, en Iran, des indices de l'existence du vin 3500 ans av. J.-C. Des fouilles révélèrent les restes d'une jarre sumérienne contenant une grande tache rouge. Les résultats de l'analyse de cette tache ont démontré la présence d'acide tartrique, une substance naturellement abondante dans les grappes de raisin.

Le cognac le plus ancien qui ait été bu

Un cognac 1789 a été dégusté par l'œnologue Jacques Puisais grâce à un orifice pratiqué dans le bouchon. Mise en vente pour le bicentenaire de la Révolution, à Monte-Carlo, en mai 1989, la bouteille a atteint le prix record de 90 000 F.

CHAMPAGNE

Il a été consommé à la maison Perrier-Jouët, à Épernay, Marne, en décembre 1986. Il s'agissait d'un brut 1825 bouché au chanvre et à la cire. Il était parfaitement conservé et présentait un cordon de bulles. Il en reste 2 bouteilles.

LES PLUS CHERS

Une bouteille de château-lafite 1787 s'est vendue 105 000 £ (environ 1 million de F), le 4 décembre 1985, chez Christie's, à Londres. Son prix se justifiait notamment par la présence des initiales de Thomas Jefferson (1743-1826), troisième président des États-Unis. En novembre 1986, son bouchon, rendu très sec par l'exposition à la lumière, tomba dans le vin, le rendant inconsommable.

Une 1/2 bouteille de château-margaux 1784 s'est vendue 180 000 F chez Christie's lors du Vinexpo de Bordeaux, Gironde, en juin 1987.

Verre le plus cher

8 600 F pour un verre de beaujolais nouveau, c'est le prix payé par Robert Denby au bar le Pickwick's, Beaune, pour le premier verre de la cuvée 1993, le 18 novembre 1993.

CHAMPAGNE

Deux magnums de Krug collection 1969 et 1973 ont été achetés 10 500 F, le 26 juin 1987, à la vente aux enchères Vinexpo, à Bordeaux, Gironde, par l'expert australien Brett Crittenden.

BORDEAUX

Une bouteille de mouton-rothschild 1946, portant l'étiquette de la Victoire, s'est vendue aux enchères 23 000 F, à Monte-Carlo, en novembre 1989.

Le verre de beaujolais

Chaque année, une nouvelle compétition a lieu lors de la découverte du Beaujolais nouveau : acheter aux enchères, le droit de goûter le vin le premier. En 1992, Patrick Thiébaut, pour la modique somme de 8 500 F avait eu ce privilège. Pour 1993, voir ci-dessous.

Dans un restaurant

Le restaurant la Tour d'Argent (voir aussi « La plus grande cave à vin ») propose à sa carte une bouteille de 75 cl pétrus 1961 à 35 260 F, tandis que le verre de grand-champagne Louis Philippe 1840 de la maison Dor vaut 2 435 F. Sur la carte il y a aussi un jéroboam (+ de 3 l) château-margaux 1928 à 77 700 F.

Le restaurant Lucas Carton, à Paris, vend à côté du pétrus 1947 à 25 000 F, une 1/2 bouteille de vin hongrois, le tokaij essencia 1953 pour 18 000 F.

La collection la plus chère

Le 6 mai 1990, à Monte-Carlo, 100 millésimes de château-yquem (de 1858 à 1980) ont été adjugés 950 000 F (plus 57 000 F de frais). L'acheteur était un Américain.

PORTO

Un porto Cuinta do Noval Nacional 1931 a été acheté 5 900 $ par un restaurateur des Bahamas, en août 1988.

WHISKY

Une bouteille de Glenfiddich âgée de 50 ans a été vendue au prix de 45 200 £ à un homme d'affaires italien anonyme lors d'une vente de charité.

Alcools les plus forts

Durant l'indépendance de l'Estonie (1918-1940), un alcool de pomme de terre contenait 98 % d'alcool. L'État avait le monopole de sa diffusion. Aujourd'hui, dans 31 États des États-Unis, la boisson Everclear (95 % d'alcool) est vendue par la Compagnie américaine de distillation, « essentiellement comme base de cocktails maison ».

Rhum

Le rhum Royal Navy, vendu depuis 1655, contenait 79 % d'alcool avant 1948. Il a été retiré de la circulation en mars 1990.

Bière

La bière "Uncle Igor's Famous Falling Over Water" brassée par Ross Brewing, Bristol, Avon, GB, a un volume d'alcool de 21°.

TONNEAUX

Les plus anciens

Les hospices civils de Strasbourg, Bas-Rhin, possèdent dans leurs caves (fondées en 1395) deux fûts de 1472. Les fûts renferment toujours du vin datant partiellement de cette époque. Ce liquide, qui titre environ 7 degrés, a la couleur du vieil armagnac. On le sert dans les grandes occasions.

Le plus grand

Le plus grand foudre de vin en chêne du monde appartient aux Caves Cusenier à Thuir, Pyrénées-Orientales.

Sa construction, commencée en 1935, a duré 15 ans. Sa capacité est de 10 002 hl.

CAVES À VIN

La plus grande

Le célèbre restaurant la Tour d'Argent, à Paris, possède la cave la plus grande et la plus riche du monde.

En août 1993, elle conservait 400 000 bouteilles. Parmi ses vins les plus prestigieux, la Tour d'Argent possède 10 bouteilles de château-gruaud-larose 1870, dont le prix est de 10 520 F à la carte, et un cognac grand champagne Café anglais 1830, qui se vend 2 000 F le verre. Parmi les bouteilles exposées au musée du restaurant se trouvent une fine champagne clos-du-griffier 1788 et une centaine de vins du siècle dernier dont le palmier 1850 et le château-lafite Rothschild 1875, par exemple.

Vignes et vignobles

VIGNE LA PLUS PRODUCTIVE

Plantée en 1842 à Carpinteria, Californie, elle produisait 7 t de raisin par an, voire 9 t certaines années. Elle est morte en 1920.

En mai 1984, à Santiago, Chili, une seule grappe de raisin noir sans pépin (thomson rouge) a été pesée au poids de 9,4 kg.

Le pied de vigne le plus productif

Dominique Bettin, viticulteur à Port-Sainte-Marie, Lot-et-Garonne, possède un pied de vigne (muscat de Hambourg), qui a produit à lui seul 2 000 grappes de raisin en septembre 1992.

LE PLUS GRAND VIGNOBLE

Il s'étend le long de la Méditerranée, entre Rhône et Pyrénées, dans les départements de l'Hérault, du Gard, de l'Aude et des Pyrénées-Orientales, sur une surface de 540 000 ha.

PRODUCTION FRANÇAISE

La production française en 1993 a atteint 53 700 000 hl pour un vignoble de 855 000 ha. En 1992, la France avait connu une production record avec quelque 65 500 000 hl pour une superficie totale de 913 538 ha. Le chiffre d'affaires de la production viticole s'élève à 38,7 milliards de F en 1993.

L'Hérault, premier producteur pour l'ensemble des départements, a produit 11 365 789 hl en 1987, année record, sur 127 900 ha. En 1993, la production du Languedoc-Roussillon, première région pour le vin, a atteint 20 000 000 hl pour une superficie de 120 538 ha.

Pour le vignoble d'appellation d'origine contrôlée, la Gironde détient le record, avec 7 030 312 hl en 1992 sur 113 055 ha.

Le 1er propriétaire récoltant de France, la Compagnie des Salins du Midi et des Salines de l'Est, possède 1 700 ha de vignoble dans le Languedoc. Son vin le plus connu est le listel.

Vignoble le plus septentrional

C'est celui de Sabile, Lettonie, à la latitude de 57° N.

Vignoble le plus méridional

C'est celui de la région d'Otago, île du Sud, Nouvelle-Zélande, à la latitude de 45° S.

AGRICULTURE

ORIGINES

■ On estime qu'environ 21 % de la surface mondiale des terres est cultivable. On n'en cultive pourtant que 7,6 %. En 1971, des fouilles effectuées sur le site de Nok Nok Tha, Thaïlande, ont mis en évidence que l'on cultivait déjà les plantes à l'époque de la culture hoàbinhienne, vers 11000 av. J.-C. Mais il est probable que les hominidés ne comptaient ni sur la culture des plantes ni sur la domestication des animaux pour survivre. Il est possible que le renne (*Rangifer tarandus*) ait été domestiqué dès 18000 av. J.-C.

■ Un site villageois découvert vers Nineveh, Irak, daté provisoirement de 9000 av. J.-C., a mis en évidence l'existence d'activités agricoles. Le premier indice de culture de maïs provient de prélèvements de sédiments du lac Ayauchi, à côté du Rio Santiago, l'affluent du fleuve Amazone, datés d'au moins 5300 ans av. J.-C.

■ Le riz était cultivé en Chine vers 5000 av. J.-C., à Hemudu, près de Shanghai.

■ Les premiers animaux à avoir été domestiqués pour fournir de la nourriture furent probablement les descendants de la chèvre sauvage (*Capra hircus*), dont il existait des troupeaux à Asiah, Iran, vers 7700 av. J.-C. Des traces des premiers moutons (*Ovis aries*), vers 7200 av. J.-C., ont été retrouvées à Argissa Magula, Thessalie, Grèce. Sur ce même site, on a également repéré des cochons (*Sus domestica*) et des bœufs (*Bos primigenius = taurus*) de 7000 av. J.-C.

■ La date la plus ancienne que l'on puisse avancer pour le cheval (*Equus caballus*) est 4350 av. J.-C., d'après les fouilles de Dereiska, Ukraine, ex-URSS. Mais il semble que des chevaux aient été élevés dans le sud de la France à une époque antérieure à 30 000 ans.

■ On a découvert en Indonésie les traces des premiers élevages de poulets datant de 6000 av. J.-C. Dès 5900-5400 av. J.-C., ils s'étaient multipliés dans toute la Chine du Nord. Cela a été confirmé par une datation au carbone 14 des ossements trouvés sur le site néolithique de Peiligang, près de Zhengzhou, ainsi qu'à Wu'an Cishan et Tengxian Beixin.

EPSON, JELTJE FARM ET CAMPANULE

SALON DE L'AGRICULTURE 1994

Le Salon de l'agriculture a été créé en 1964. Il est chaque année le théâtre du concours général agricole créé en 1870. Répartis sur 100 000 m² d'exposition dans 4 bâtiments, le Salon 1994 présentait près de 5 000 animaux. Pour les entretenir et les soigner, il a fallu entreposer 200 t de paille et 80 t de foin, ce qui finit par donner 800 m³ de fumier.

Taureau le plus lourd

Epson, un charolais né le 9 avril 1989, appartenant à Thierry Baudoin, de Clazay, Deux-Sèvres, est le champion du Salon international 94 avec ses 1 420 kg.

La meilleure vache laitière

Née en 1984, Jeltje Farm, une vache prim'holstein appartenant à l'entreprise Le Portail, en Vendée a produit 11 618 kg de lait en 305 jours, soit près de 38 kg par jour. De la même race, la championne 94, Blevi, née le 1er novembre 1986, appartenant à monsieur Tiha, de Saint-Georges, Moselle, a produit à sa meilleure lactation 11 224 kg, soit 37 kg par jour.

La vache la plus lourde

Campanule, une maine-anjou née en 1987 et appartenant à Daniel Ploquin, de Freigne, dans le Maine-et-Loire, pesait 1 216 kg en 1993.

BOVINS

■ *Le plus grand élevage de bovins du monde est celui d'Anna Creek, Australie-Méridionale, qui appartient à la famille Kidman. Il s'étend sur 30 000 km², soit l'équivalent de 23 % de la superficie de l'Angleterre. Il est constitué de plusieurs propriétés, dont la principale* Strangeway, *couvre à elle seule 14 000 km². Jusqu'en 1915, c'était le ranch Victoria River Downs, dans le Territoire-du-Nord, Australie, qui arrivait en tête, avec une superficie de 90 650 km².*

■ *L'Inde est le pays qui a le plus grand cheptel, avec une estimation de 271,4 millions de têtes, le total mondial étant de 1 milliard de têtes.*

■ *Les plus gros producteurs de lait sont les États-Unis, avec une production de 68,7 millions de tonnes en 1993.*

MOUTONS

■ *Le plus grand élevage est celui de Commonwealth Hill, dans le nord-ouest de l'Australie-Méridionale. Un troupeau de 60 000 à 70 000 moutons y pâture (sans compter 24 000 kangourous importuns) sur une superficie de 10 567 km² protégée par 221 km de clôtures.*

■ *Sir William Stevenson possède une propriété de 16 579 ha, Lochinver Station, en Nouvelle-Zélande. En 1993, son cheptel de moutons s'élevait à 127 406 têtes. Le plus gros producteur de moutons est l'Australie, avec un total de 147,1 millions de têtes en 1992.*

France ■ *En décembre 1992, le cheptel ovin comptait 10,5 millions de têtes dont 6,8 millions de brebis.*

PORCS

On élève à la ferme de Sljeme, en Yougoslavie, 300 000 cochons par an. La Chine est le plus gros éleveur mondial de pourceaux, avec 384,2millions de têtes, le total mondial étant de 754,3 millions.

France ■ *En décembre 1992, on dénombrait 12,6 millions de porcins. Le cheptel s'est accru de 4 % en 1993.*

POULETS

■ *D'après la FAO, la population mondiale de poulets était de plus de 8 milliards en 1985, soit une moyenne de 1,6 poulet par habitant de la Terre. Les États-Unis sont les premiers producteurs mondiaux de viande de poulet, avec 15 millions de tonnes de poulets élevés en batterie par an.*

■ *La ferme de Croton Egg, Ohio, EU, compte 4,8 millions de poules. Elles pondent 3,7 millions d'œufs par jour.*

■ *En 1993, le premier producteur d'œufs est la Chine, où 215 milliards d'œufs ont été pondus.*

France ■ *En 1993, le cheptel français de poulets s'élevait à 288, 7 millions.*

Dindes

Le plus gros éleveur de dindes est Bernard Matthews, de Great Witchingham, Norfolk, où 2 500 personnes s'occupent de 10 millions de dindes.

AGRICULTURE

FERMES

LES PLUS GRANDES PROPRIÉTÉS TERRIENNES

C'est le gouvernement des Etats-Unis qui est le plus gros propriétaire terrien, avec un total de 295 millions d'ha. Le gouvernement de l'ex-URSS possédait sans doute le terrain du pays entier (à l'exception peut-être des terrains sur lesquels se trouvaient les ambassades étrangères), c'est-à-dire un total de 22,4 millions de km².

LES PLUS PETITES

L'Electricity Trust of South Australia est propriétaire d'un terrain à Adélaïde, Australie, mesurant juste 2,5 cm de côté soit 6,25 cm².

LES PLUS GRANDES FERMES

■ *Ce sont les fermes collectives (kolkhozes) d'ex-URSS. Au nombre de 235 500 en 1940, il n'en restait plus que 26 900 en 1988, couvrant une superficie totale cultivée de 169 millions d'ha. Certaines peuvent dépasser les 25 000 ha.*

■ *La ferme de Laucidio Coelho, près de Campo Grande, Mato Grosso, Brésil, avait en 1901 une superficie de 870 000 ha (l'équivalent d'un carré de 93 km de côté). Il possédait 250 000 têtes de bétail à sa mort, en 1975.*

UN COCHON CHÂTRÉ

Big Bill, un porc châtré croisé polonais-chinois, était si gros que son ventre touchait terre. Sa carrière s'arrêta en 1933, quand W.J. Chappall, son propriétaire, eut un accident de voiture alors qu'il se rendait à la Foire mondiale de Chicago pour l'exposer. Le porc se cassa la jambe. W.J. Chappall préféra abréger les souffrances de l'animal. Il l'emmena dans un garage de Jackson, Tennessee, où on lui administra une dose mortelle de chloroforme. On eut alors la curiosité de prendre ses mesures. Il pesait 1 157 kg, pour 1,52 m au garrot et 2,74 m de longueur totale. Il fut naturalisé et exposé à Weekly County, Tennessee, jusqu'en 1946. À cette date, des forains l'achetèrent et l'emportèrent. On n'a jamais retrouvé sa trace.

LE PLUS GRAND CHAMP À LA VILLE

Le Centre national des jeunes agriculteurs a transformé, le 24 juin 1990, les Champs-Élysées, à Paris, en un immense champ de blé. Produit par Marcel Fleury, maraîcher de la plaine de Montesson, Yvelines, le blé fut transporté dans 400 camions, puis déchargé par 1 500 agriculteurs qui recouvrirent les Champs de 10 000 palettes (soit 1,2 ha de blé). Le blé fut ensuite entièrement moissonné.

LES PLUS CHERS

Taureau

Le 9 septembre 1974, D.C. Basalo, de Burlingame, Californie, a vendu 2,5 millions de $ Joe's Pride, un taureau beefalo (3/8 bison, 3/8 charolais, 1/4 hereford).

Vache

En 1985, une vache holstein s'est vendue 1,3 million de $ à East Monpelier, Vermont, EU.

Mouton

450 000 $ australiens, c'est le prix le plus élevé pour un mouton. Il a été acheté en Australie en 1989.

Laine

Le 23 février 1989, une firme textile japonaise, Fujii Keori, d'Osaka, a acheté une balle de laine superfine de Tasmanie 3 000 dollars australiens le kilo.

Porc

E.A. Olson et Phil Bonzio ont acheté Bud, un barrow métissé, au prix de 56 000 $, le 5 mars 1983. Il appartenait à Jeffrey Roemisch, de Hermleigh, Texas, EU.

Cheval

Le 16 octobre 1917, Farceur, étalon belge de 7 ans, a été vendu 47 000 $ à C.G. Good, d'Ogden, Iowa, EU.

Chèvres

Le 25 janvier 1985 un bouc angora de Waitangi, de Nouvelle-Zélande, a été vendu pour 140 000 $ néo-zélandais.

Mangeurs d'œufs

Les Francais ont, en 1993, consommé 265 œufs par an et par personne, contre 300 au Japon, le record étant détenu par les Israéliens, avec 345.

Coton

La superficie totale de terrain utilisée pour la production de coton est de 33,6 millions d'ha, avec une production totale estimée à 90,5 millions de balles de coton de 217,72 kg chacune. Le premier pays producteur de coton est la Chine, avec une production de 22 millions de balles.

Céréales

La superficie totale de terrain utilisé pour cultiver des céréales en 1990-1991 était de 128,2 millions d'ha pour une production de 472 millions de tonnes, dont 88 millions produites par la Chine sur une superficie de 21 millions d'ha.

France ■ *En 1993, la production céréalière a atteint 55,7 millions de tonnes, en recul de 8 % par rapport à 1992, année record.*

Avoine

La production mondiale d'avoine en 1990-1991 était de 42,8 millions de tonnes. L'ex-URSS en produit la majeure partie, soit 17,5 millions de tonnes.

France ■ *En 1993, la production a atteint 7,03 millions de quintaux.*

BLÉ

La superficie mondiale de culture du blé est estimée à 230 millions d'ha, avec une production de 590,1 million de tonnes. Le plus gros producteur est l'ex-URSS, qui produit 108 millions de tonnes, avec une superficie de 47,5 millions d'ha.

France ■ *En 1993, la production de blé s'élevait à 284,9 millions de quintaux.*

Champ de blé

Le plus grand champ de blé clos était situé au sud-ouest de Lethbridge, Alberta, Canada. En 1951, il s'étendait sur 14 160 ha.

MANGEURS DE PAIN

***Les Grecs** sont les plus gros mangeurs de pain en Europe : ils en consomment 91 kg par an et par habitant (250 g par jour). **Les Suisses**, 24 kg, en consomment le moins. **Les Français**, avec 45 kg, sont au milieu de l'échelle.*

Orge

Pour la saison 1991, l'étendue totale des champs d'orge a été estimée à 73,2 millions d'ha, avec une production de 181,5 millions de tonnes. Le plus gros producteur mondial d'orge est l'ex-URSS, dont la production est estimée à 57 millions de tonnes. Gordon Rennie, d'Edington Mains, Chirnside, GB, a réussi à obtenir 12,2 t/ha de rendement d'orge d'hiver le 2 août 1989.

France ■ *En 1993, la France a produit 7,03 millions de quintaux d'orge.*

Riziculture

Clearwater Rice, de Clearbrook, Minnesota, EU, est la plus grande rizière d'un seul tenant du monde. On y cultive une variété de riz sauvage (Zizania aquatica) sur une superficie de 800 ha. La récolte de 1986 a été la plus abondante. Elle s'est élevée à 261 t de riz.

La superficie totale de terrain utilisé pour la culture du riz est de 146,8 millions d'ha. Le plus gros producteur mondial est la Chine, avec un rendement estimé à 185 millions de tonnes pour 32,7 millions d'ha.

HOUBLON

Le plus gros cultivateur de houblon du monde est la John Haas Inc., qui comprend des fermes en Idaho, Oregon et Washington, EU, Tasmanie, Australie, et dans le Kent, GB, couvrant un total de 2 089 ha. Le plus grand champ couvre 649 ha et se trouve près de Toppenish, Washington, EU.

Champignonnière

La plus grande appartient à la société Moonlight Mushroom, fondée en 1937. C'est une mine de calcaire désaffectée, en Pennsylvanie, EU, qui abrite cette fructueuse culture. La firme emploie plus de 1 106 personnes. Elles travaillent dans un dédale de galeries souterraines de 225 km de long. On y produit annuellement 24 500 t de champignons. En 1994, les Français sont les plus gros consommateurs. Ils en mangent en moyenne 3,17 kg par personne et par an.

Travaux agricoles

Labour

Maurice Donvalle, habitant le Finistère, détient le record mondial de labour avec 86 ha labourés en 24 h le 4 septembre 1992. Le matériel utilisé se composait d'un tracteur Case IH Magnum de 230 ch et d'une charrue Huard.

FENAISON

La plus grande meule de foin a été faite le 3 septembre 1982 par Nick et Tom Parsons à Cuckoo Pen Barn Farm, GB. En tout, la meule de foin mesurait 45,7 x 9,7 x 18,2 m de haut et pesait 711 tonnes.

Moissonneuse-batteuse

En 1989, Philip Baker, de West End Farm, GB, a moissonné 165,6 tonnes de blé en 8 jours en utilisant une Massey Ferguson.

CHEESE

■ Les Grecs sont les premiers consommateurs de fromage, juste avant les Français, qui, en 1991, en ont mangé 23 kg par personne et par an.
■ Les États-Unis sont les premiers producteurs : 2,9 millions de t par an.
■ Il existe 450 fromages dans le monde. La France en produit à elle seule 240 variétés. Cependant, certains fromages ne diffèrent que par leur ville d'origine, leur emballage et leur forme.

165 MOISSONNEURS

L'Association des moissons de Monthodon, Indre-et-Loire, et d'Authon, Loir-et-Cher, présidée par Claude Guillon, a moissonné le 20 août 1994 un champ de 25 ha avec 165 moissonneuses simultanément.

Christian Hurault, d'Ingré, Loiret, a traversé le Sahara en moissonneuse-batteuse. Parti d'Orléans le 28 décembre 1989, il est arrivé à Tessalit, Mali, le 25 janvier 1990, ayant roulé à la vitesse moyenne de 16 km/h.

Il semble que certains prix d'adjudication élevés résultent d'une complicité entre l'acheteur et le vendeur. Cela leur permet d'augmenter la valeur des espèces concernées. D'autres prix sont des opérations publicitaires sans rapport avec les prix réels du marché.

Grosse vache

Les plus lourds

La race la plus lourde est la chianini, qui a été amenée en Italie à l'époque pré-romaine. Les taureaux issus de cette race pèsent en général plus d'une tonne et peuvent atteindre 1,90 m au garrot. La dépense entraînée pour les nourrir menace cette race en Europe, mais les fermiers américains sont encore motivés pour continuer l'élevage.
Le bœuf holstein-durham Mount Katahdin, qui fut exposé par A.S. Rand, du Maine, EU, entre 1906 et 1910, pesait plus de 2 t. Il mesurait 1,88 m au garrot et 4 m de tour de poitrail. Il est mort en 1923 dans l'incendie de son étable.

Petits bœufs

La plus petite race de bœufs domestiques est la race ovambo de Namibie, Afrique australe. En moyenne, les bœufs et les vaches adultes pèsent respectivement 225 kg et 160 kg.

Veaux

Les plus lourds

Un veau de 102 kg est né en 1961 à Rockhouse Farm, Bishopston, GB, d'une mère de race frisonne. Le 28 mai 1986, la vache holstein de Sherlene O'Brien, de Henryetta, Oklahoma, EU, a mis bas un veau parfaitement formé de 122 kg. Hélas, il était mort-né.

Le plus léger

Une génisse de 5,4 kg est née le 5 mars 1992 à la ferme de Pat et Eileen Dugan de Towner, Dakota du Nord, EU.

Petit taureau

Le 6 octobre 1991 est né le taurillon le plus léger à la ferme Utz, de Madison, État de Virginie, EU. À sa naissance, il pesait 13,8 kg.

Vieille Bertha

La vache Big Bertha, née le 17 mars 1944, de race dremon, appartenant à Jerome O'Leary, de Blackwatersbridge, Rép. d'Irlande, est morte le 31 décembre 1993, à 3 mois de ses 50 ans.

La vache mère

En avril 1993, une vache de 11 mois appartenant à la famille Campagnie, de Dunkerque, a donné naissance à un veau, après 9 mois de gestation.

Porcs vietnamiens

Stefano Morini, de San Golo d'Enza, Italie du Nord, a réussi à obtenir la race mini-maialino après dix années d'expérimentation sur des porcs ventrus vietnamiens.
Les porcelets ainsi obtenus pèsent 400 g à la naissance et 9 kg à l'âge adulte.

Plus grand mouton

Le plus grand mouton était un bélier suffolk nommé Stratford Whisper qui pesait 247,2 kg en mars 1991. Il mesurait 1,09 m de haut et appartenait à Joseph et Susan Schallberger de Boring, Oregon, EU.

Le gros de Bellac

À Bellac, Haute-Vienne, un bélier croisé mérinos pesait 170 kg en 1988.

Les plus petits moutons

La race de soay, qui ne se trouve plus que dans l'île de Hirta, Écosse, produit des moutons adultes de 25 kg.

Vieille maman

Au pays de Galles, une brebis métisse de 28 ans a donné naissance à un bel agneau au printemps 1988. Elle avait déjà mis bas plus de 40 fois. Elle est morte le 24 janvier 1989 juste avant son 29e anniversaire.

Vieille chèvre

Aphrodite (1975-1993) appartenant à Katherine Whitwell, de Moulton, GB, est morte le 23 août 1993, à l'âge de 18 ans et 1 mois après avoir donné naissance à 26 chevreaux (dont 5 fois des triplés et 1 fois des quadruplés).

AGNEAUX

Les plus lourds

■ Un agneau de 17,5 kg est né en 1975 à Clearwatert, Kansas. Il n'a pas survécu.

■ Un autre agneau de même poids est né le 7 avril 1975, à Howard, Dakota du Sud. Mais il est mort peu après.

■ Le 13 avril 1990 est né à Belton Estate, près de Grantham, GB, dans une ferme tenue par la famille Les Baker, un agneau toujours en vie pesant 12,7 kg à sa naissance.

Le plus léger

Le plus léger pesait 900 g à sa naissance (en juin 1991), son jumeau pesait 1,3 kg. Ils appartiennent tous les deux à Jeanette Fox, de Barthomley, GB.

NAISSANCES MULTIPLES

Bovins

Le 25 avril 1964, une vache nommée Liubik aurait mis bas 7 veaux, à Mogilev, ex-URSS. Le 27 juillet 1980, une vache frisonne a donné naissance à 6 veaux à Te Puke, Nouvelle-Zélande. L'un était mort-né et les cinq autres n'ont vécu que quelques jours. On rapporte que 5 veaux vivants sont nés en 1928 chez T. G. Yarwood, de Manchester, GB.

Big Bertha (17 mars 1944-31 décembre 1993) a mis bas 39 veaux au cours de son existence. Voir aussi « Vieille Bertha » dans le même chapitre.

Soender Jylland's Jens, taureau danois pie noir, a engendré 220 000 descendants par insémination artificielle jusqu'à sa mort, à l'âge de 11 ans, en 1978.

Cochons

La moyenne des portées est de 11.

Le 21 septembre 1993, une truie appartenant à Mr et Mme Ford, propriétaires de la ferme Eastfield House, Melbourne, GB, a donné naissance à 37 porcelets. Sur les 36 cochonnets nés vivants, 33 ont survécu. En février 1955, une truie wessex appartenant à Mlle E.C. Goodwin, de Leigh, GB, avait donné naissance à 34 porcelets, dont 30 étaient mort-nés.

■ Une truie de la race large white appartenant à H.S. Pedlingham a eu 385 petits en 22 portées de décembre 1923 à septembre 1934.

France ■ Le 3 janvier 1984, à Rostrenen, Côtes-d'Armor, une truie issue d'un croisement avec une lignée chinoise a mis bas 24 porcelets, tous vivants.

Moutons

■ Des octuplés sont nés en juin 1956, chez D. Jones, ainsi qu'à Buckton, GB, en mars 1981, chez Ken Towse. Aucun n'a survécu.

■ Le 4 septembre 1991, une brebis de la ferme Partnership de Manawahi, Nouvelle-Zélande, a mis bas 8 agneaux (5 mâles et 3 femelles), tous vivants.

■ Le 2 novembre 1992, Rainbeau Dallas, une chèvre toggenburg a mis bas des sextuplés à Saint Isidore, Canada, chez Denise Poirier-Rivard. Tous étaient vivants.

Production de lait de vache

La vache au nom peu flatteur de N° 289, de M. Maciel, à Hanford, Californie, a donné, pendant son existence, 211 025 kg de lait (jusqu'au 2 mai 1984). Le record en une seule lactation (max. : 365 jours) est de 25 247 kg de lait.

Il est détenu depuis 1975 par une vache holstein de Rochester, Indiana. Le record en un jour est de 109,3 kg, réalisé par une vache de Cuba, Urbe blanca, le 23 juin 1982.

Chèvres à lait

■ Osory Snow-Goose, à G. Jameson, Leppington, Nouvelle-Galles-du-Sud, Australie, a donné 3 500 kg de lait au cours de 1977.

■ Snowball, la chèvre de Don Papin Tipton, Californie, a eu une période de lactation de 12 ans et 10 mois entre 1977 et 1989.

Pur beurre

■ Une vache holstein américaine nommée Breezewood Patsy Bar Pontiac a donné quelque 7 425 kg de beurre en 10 ans, 10 mois, 26 jours.

■ Le record sur un an est de 1 418 kg. Il est détenu par Roybrook High Ellen, une holstein appartenant à M. Yashuhiro Tanaka, de Tottori, Japon.

Mr Love, trayeur

Joseph Love, de Kilifi Plantations Ltd, Kenya, a obtenu en trayant à la main 30 vaches, 531 litres de lait.

Julitha, peloteuse

La plus longue pelote de laine a été filée à la main par Julitha Barber, de Bull Creek, Australie, en mars 1989. Elle mesurait 553 m.

Hausen, plumeur

Ernest Hausen (1877-1955), de Fort Atkinson, EU, fut le champion incontesté du plumage. Le 19 janvier 1939, il mit 44 s pour un sujet.

AGRICULTURE

VOLAILLE

POULETS

Les plus lourds

■ La race la plus grosse est la white-sully, que M. Grant, de West Point, Californie, a obtenue en croisant pendant sept ans de gros poulets rhode-island-reds avec d'autres variétés. En janvier 1973, un énorme coq de cette nouvelle race pesait 10 kg. Il était si agressif qu'il tua deux chats.

■ Le plus grand coq s'appelait Big Snow, il pesait 10,5 kg en juin 1992 avec une hauteur au garrot de 84 cm. Il appartenait à Ronald Alldridge, de Deuchar, Australie. Big Snow est mort le 6 septembre 1992.

Œufs

■ Le plus lourd pesait 450 g. Il contenait deux jaunes et avait une coquille double. C'est une poule white-leghorn qui l'a pondu, à Vineland, New York, EU, le 25 février 1956.

■ L'œuf le plus grand mesurait 31 x 23 cm, contenait 5 jaunes et pesait 340 g. Il a été pondu en 1896 par une black-minorca, à Mellor, GB.

Œufs de France

Le plus gros Le record est un œuf de 202 g, pondu par une estaires, appartenant à Bernard Dedours, éleveur amateur de Maisnil-lès-Ruitz, Pas-de-Calais, le 7 mars 1994. (Photo de fond).

Le plus petit L'œuf le plus petit mesurait 1,8 cm x 1,4 cm et pesait 1,21 g. C'est une poule naine appartenant à Cyril Lebrun, de Jargeau, Loiret, qui l'a pondu le 15 mai 1990.

NONUPLÉS

Diane Hainsworth, de Mount Morris, New York, EU, prétend que l'une de ses poules a pondu un œuf qui renfermait neuf jaunes. On aurait également trouvé neuf jaunes dans un œuf de Kirghizie, ex-URSS, en août 1977.

Rase-mottes

Sheena, le coq nain de basse-cour qui appartient à Bill et Bob Knox, a volé sur 200 m le 31 mai 1985, à Parkesburg, Pennsylvanie, EU.

Poule prolifique

Une poule white-leghorn a pondu 371 œufs en 1 an, au cours d'une expérience menée en 1979 à l'université du Missouri, EU.

SUPER CANE

Une cane aylesbury appartenant à Annette et Angela Butler, de Princes Risborough, GB, a pondu 457 œufs en 463 jours, dont 357 de façon ininterrompue. Cette cane est morte en 1986. Une autre cane de cette même race appartenant à un éleveur irlandais a pondu chaque année pendant 25 ans. Elle est morte à 28 ans.

Dindon le plus lourd

Le plus gros poids enregistré pour un dindon est 39,09 kg pour un dindon nommé Tyson élevé par Philip Cook, de Peterborough, GB.

OIES

Le plus gros œuf

Le plus gros œuf d'oie pesait 680 g, mesurait 34 cm de diamètre en long pour 24 cm de large. Il a été pondu le 3 mai 1977 par une oie blanche nommée Speckle appartenant à Danny Brandenberg, de Goshen, Ohio, EU. Le poids moyen d'un œuf varie entre 283 et 340 g.

Épices et condiments

Le condiment le plus cher

Le Cà Cuong, une sécrétion provenant des coléoptères du Nord-Vietnam, est le condiment le plus cher. À cause de la guerre, le prix a atteint les 100 $ pour 28 grammes avant que l'approvisionnement ne soit arrêté.

La racine la plus chère

La racine du *Panax quinquefolium* provenant de la Chine, connue pour ses vertus aphrodisiaques, a atteint le prix de 23 000 $ par once à Hong Kong en 1979. La production totale n'a pas dépassé les 4 kg par an. Une importante revue médicale américaine a qualifié ses effets d'« empoisonnement corticostéroïdal ».

L'épice la plus chère

Le safran d'Espagne tiré de l'étamine du crocus est la nourriture la plus chère. Chez Harrods, à Londres, cette épice se vend 244 £ les 100 g. Cependant, elle a été vendue 400 £ les 100 g au marché de Riyad, Arabie Saoudite, en 1985.

L'épice la plus forte

On pense que l'habanero, appartenant à la famille des capsiums et provenant surtout du Mexique et des Caraïbes, est la plus forte de toutes les épices. Un seul petit gramme est détectable dans 200 kg de sauce douce !

LES TONTONS TONDEURS

■ La plus grande vitesse de tonte a été atteinte par Alan McDonald, qui a tondu à la machine 805 moutons en 9 heures à Waitnaguru, Nouvelle-Zélande, en décembre 1990. Il a aussi réussi à tondre à la main 353 agneaux en 9 heures en février 1989.

■ Un costume trois-pièces a été effectué en 1 h et 34 mn et 33 s 42 par 65 membres du College of Textile de Melbourne, Australie, en juin 1982. La capture et la tonte ont pris 2 mn 21 s, le cardage, le filage, le tissage et la couture ont occupé le temps restant.

■ On a récupéré 24,5 kg de laine sur un mouton mérinos qui s'était perdu pendant cinq ans dans la forêt domaniale de Benambra, Nouvelle-Galles du Sud, Australie. Quand on l'a retrouvé, sa toison mesurait 46 cm de long.

■ *France* En 1985, près de Manosque, Alpes-de-Haute-Provence, on a tondu 12 kg de laine sur un mouton de 3 ans. La tonte moyenne est de 3 kg.

10
CIEL ET TERRE

L'UNIVERS
GALAXIES

DÉFINITION

Notre galaxie, la Voie lactée (bande blanche formée d'étoiles qui forme une trace sur la voûte céleste de notre galaxie) est seulement l'une des 10 milliards de galaxies existantes.

Son diamètre apparent est de 75 000 années-lumière, sa masse est 4 x 10^{11} celle du Soleil, et elle se situe actuellement à 26 100 années-lumière du centre de celui-ci. Elle fait partie du Groupe local de galaxies, qui se déplace à 2,3 millions de km/h dans une direction de 44° par rapport au centre de l'amas de la Vierge. Les galaxies ont tendance à se rassembler en amas dans l'Univers, elles forment à elles toutes un Groupe local. Le nôtre est composé de notre galaxie ainsi que de 23 autres.

LA PLUS GRANDE

En novembre 1989, les américains Margaret Geller et John Huchra, annoncèrent la découverte d'un « Grand Mur » dans l'espace. Il s'agit d'une concentration de galaxies ayant la forme d'une membrane fripée dont les dimmensions minimum sont de 280 x 800 millions d'années-lumière et la profondeur de 23 millions d'années-lumière.

Les corps célestes les plus lointains

L'existence de galaxies extérieures à notre Voie lactée fut

QUELQUES DONNÉES

Un consensus s'est établi aujourd'hui pour fixer l'âge de l'Univers à 14 + ou - 3 éons (1 éon = 1 milliard d'années). Les galaxies sont des structures de l'Univers composées d'environ 100 milliards d'étoiles. Il en existe 10 milliards.

ANNÉE-LUMIÈRE

Distance parcourue par la lumière (à une vitesse de 299 792,458 km/s ou 1 079 252 848,8 km/h dans le vide) pendant une année tropicale (365,24219878 jours solaires en temps moyen). Cette distance équivaut à 9 460 milliards de km, exactement 9 460 528 405 000 km. On utilisa cette unité pour la première fois en mars 1888 et sa valeur précise fut arrêtée en octobre 1983.

MAGNITUDE

Mesure de la lueur stellaire telle que la lumière d'une étoile de magnitude donnée ait un rapport de 2,511886 avec celle d'une étoile de la magnitude supérieure. Dans le cas de corps célestes exceptionnellement brillants, tels que Sirius, Vénus, la Lune (magnitude – 12,71) ou le Soleil (magnitude – 26,78), on donne à la magnitude une valeur négative.

MOUVEMENT PROPRE

Composante du mouvement d'un astre dans l'espace qui, à angle droit avec la ligne de vision, révèle un changement apparent de la position de l'étoile dans la sphère céleste.

Sources radios quasi-stellaires ou... quasars

On pense que les sources radios quasi-stellaires (appelées « quasars ») sont les centres actifs de galaxies lointaines et se manifestent par des sortes de points extrêmement lumineux. On en connait plus de 7 200 qui comprennent l'objet le plus lumineux de l'univers : le quasar HS 1946 + 7658, qui a une luminosité visuelle 1,5 x 10^{15} supérieure à celle du Soleil. Découvert en 1991, le spectre lumineux de ce quasar tend vers le rouge de 3,02 et se situe donc à 12,4 milliards d'années-lumière.

suggérée en 1789 par William Herschel (1738-1822). On les définit d'abord comme des « univers-îles ». C'est en 1838 qu'on mesura pour la première fois un objet extérieur à notre système solaire. Il s'agissait de 61 du Cygne, dont la distance fut alors évaluée à 6 années-lumière de la Terre par l'astronome allemand F. Bessel. Les distances ne cessèrent d'augmenter au fil du temps.
Aujourd'hui, le corps céleste le plus lointain identifié se nomme QSO 0051-279. Il se trouve à 13,1 milliards d'années-lumière de notre planète. C'est l'équipe de l'observatoire de Siding Spring, Australie, qui l'a détecté, en novembre 1987.

PULSARS

Ils sont constitués des résidus d'une étoile après son explosion. Ils tournent à une vitesse phénoménale et engendrent des ondes radio qui balayent l'espace. Jocelyn Burnell (née en 1943) a la première observé une source radio émettant des pulsations ou « pulsar », à laquelle on donna d'abord le nom de CP 1919, puis le nom actuel de PSR 1919 + 21. Cette découverte fut annoncée le 24 février 1968 à l'observatoire de radioastronomie Mullard, en Grande-Bretagne.
Parmi les pulsars dont on a pu calculer la vitesse de rotation, le plus rapide est le pulsar PSR 1937 + 214, découvert en novembre 1982. Il se trouve dans la constellation mineure de Vulpecula (« Petit Renard »), à 16 000 années-lumière, et possède une période de pulsation de 1,5578064883 millisecondes (soit une vitesse de rotation de 642 tours/s).
Des observations préliminaires suggèrent que le nouveau pulsar apparu après l'explosion en 1987 d'une supernova (étoile super massive de plus de 3,5 fois la masse solaire) dans le Grand Nuage de Magellan (voir aussi « La supernova la plus brillante et la plus ancienne », dans le même chapitre) a une vitesse de rotation initiale de 1 968,629 tours par seconde. Le pulsar dont le taux de décélération est le plus lent est PSR 1855 + 09, découvert en décembre 1985, avec seulement 2,1 x 10^{-20} s/s, ce qui en fait l'horloge stellaire la plus précise.

L'explosion du quasar PKS 0558-504, observée le 13 novembre 1989 par une équipe américano-japonaise, a libéré en 2 minutes autant d'énergie que le fait le Soleil en 340 000 années.

L'OBJET LE PLUS LOINTAIN

Visible à l'œil nu

La galaxie d'Andromède (magnitude 3,47), ou Messier 31, fut repérée d'Allemagne par Simon Marius (1570-1624). C'est une galaxie spirale en rotation, distante de la Terre d'environ 2,3 millions d'années-lumière (2,18 x 10^{19} km).
Cependant, il est possible qu'un œil excellent, dans des conditions d'observation optimales, puisse apercevoir Messier 33, dans la constellation du Triangle (magnitude 5,79), une nébuleuse spirale distante de 2,5 millions d'années-lumière.

■ Il demeure une controverse quant à l'interprétation de la vitesse d'évasion des quasars. On arrive à des vitesses supérieures à celle de la lumière (théorie dite de la vitesse lumière finie). En août 1989, des observations faites grâce au télescope de l'observatoire du mont Palomar, Californie, EU, ont permis d'annoncer que le quasar PC 1158 + 4635 a un décalage vers le rouge record de $z = 4{,}73$. En posant le principe d'un « horizon observable », où la vitesse de régression est très proche de la vitesse de la lumière, à 14 milliards d'années-lumière, soit 1,32 x 10^{23} km, ce quasar serait distant de plus de 13,2 milliards d'années-lumière.

■ Il apparaît que le rayonnement fossile à 3 K (encore appelé « sifflement primordial »), découvert en 1965 par Arno Penzias et Robert Wilson, des laboratoires Bell, se déplace à une vitesse égale à 99,9998 % de la vitesse de la lumière. Ces deux astronomes ont fait une étude sur une antenne de radioastronomie. Quelle que soit l'orientation de l'antenne, ils obtenaient une onde radio correspondant à une température de 2,7 kelvins (unité de mesure de la température qui fait référence au 0 absolu).
C'est la température la plus basse concevable dans notre physique actuelle (correspondant à – 273° centigrades). Le rayonnement lié à cette température est le rayonnement fossile du Big Bang.

■ L'étude du spectre infrarouge rapproché réalisée par Richard Elston, George H. et Marcia J. Rieke, à partir d'avril 1987, à l'observatoire Steward de l'université de l'Arizona, a révélé l'existence de deux protogalaxies floues et très sombres. Ces protogalaxies se trouvent apparemment situées au-delà des quasars les plus éloignés. On a suggéré en février 1988 qu'elles pourraient avoir un décalage vers le rouge de $z = 6$, mais cela n'a pas encore été confirmé.

Définition

Les étoiles sont des astres qui brillent de leur propre lumière. Elles sont indépendantes du Soleil et produisent elles-mêmes leur énergie. La luminosité des astres est calculée en magnitude.

L'ÉTOILE DU CHIEN

Sirius A (Alpha canis majoris), également baptisée l'étoile du Chien, est apparemment la plus brillante des 5 776 étoiles visibles dans le ciel à l'œil nu. Sirius A se trouve dans la constellation du Grand Chien ; sa magnitude est de –1,46. Cette étoile est visible en hiver dans l'hémisphère Nord. Distante de 8,64 années-lumière, Sirius brille 24 fois plus que le Soleil. Son diamètre est de 2,33 millions de km et sa masse est de 2,14 fois celle du Soleil. Sa sœur de faible luminosité, la naine blanche Sirius B, a un diamètre de seulement 10 000 km, mais est 350 000 fois plus lourde que la Terre. C'est la naine blanche la plus proche. La magnitude de Sirius devrait atteindre un maximum de – 1,67 vers l'an 61000.

La plus faible

Située à 117 années-lumière, l'étoile naine brune GD 165B (associée à l'étoile naine blanche GD 165A) a une luminosité 10 000 fois inférieure à celle du Soleil. Sa luminosité visuelle est 8 millions de fois inférieure à celle du Soleil. Sa découverte fut annoncée par E.E. Becklin et B. Zuckerman en septembre 1988.

Etoiles à neutrons

Les étoiles à neutron, dont le diamètre n'excède pas 10 à 30 km, peuvent atteindre des masses trois fois supérieures à celles de notre Soleil. Les trous noirs, qui sont eux, des effondrements d'astres ou d'étoiles, et dont la manifestation visible est une distorsion de l'espace-temps à leur voisinage, atteignent des masses supérieures à celles de 10 soleils, pour des diamètres de 60 km.

La plus petite et la plus légère

■ L'étoile naine blanche, compagne du pulsar PSR 1957 + 20, découverte en 1988, a une masse de 0,02 fois celle du Soleil. Elle continue de s'évaporer. Les naines brunes ont une masse de 0,05 fois celle du Soleil alors que les étoiles normales (celles qui subissent une fusion d'hydrogène continue) ont une masse supérieure à 0,08 fois celle du Soleil.
■ La très pâle étoile RG 0058,8-2807, découverte en avril 1983, a une masse de 1,4 % de celle du Soleil.

Le système solaire

Le système solaire, avec ses neuf principales planètes, ses 61 satellites, ses astéroïdes et ses comètes, est situé à la périphérie de notre galaxie, la Voie lactée. En moyenne, sa distance par rapport au centre de la galaxie est de 29 700 années-lumière, avec une excentricité orbitale de 0,07 (dans une ellipse, l'excentricité orbitale est égale au rapport entre le petit axe et le grand axe). Il est distant du centre de la galaxie de 27 700 années-lumière et atteindra la distance minimale (périgalacticon) de 27 600 années-lumière dans environ 15 millions d'années.
■ La galaxie a un diamètre de quelque 70 000 années-lumière. Ainsi, l'étoile la plus éloignée se trouvera à 66 700 années-lumière quand le système solaire sera le plus loin du centre de la galaxie (apogalacticon). Actuellement, les étoiles les plus éloignées se trouvent à 62 700 années-lumière de nous.
■ La vitesse orbitale du Soleil et d'un grand nombre d'étoiles avoisinantes est en moyenne de 792 000 km/h.
■ Un nuage de sodium entourant Jupiter s'étendant sur 400 fois le rayon de cette planète (soit 285 000 km) représente la plus grande structure du système solaire.

LA PLUS GRANDE ET LA PLUS MASSIVE

L'étoile variable Êta de la Carène, qui se trouve dans la nébuleuse Carina de notre galaxie, à 9 100 années-lumière, a une masse au moins 200 fois supérieure à celle du Soleil.

L'étoile Bételgeuse (dans la partie supérieure gauche de la constellation d'Orion), à 310 années-lumière, a un diamètre de 700 millions de km, 500 fois supérieur à celui du Soleil. On a découvert en 1978 qu'elle était entourée non seulement d'une « coquille » de poussières, mais également d'un halo gazeux ténu de 8,5 x 10^{11} km de diamètre, 1 100 fois plus grand que celui de l'étoile elle-même. La lumière qui nous provient de Bételgeuse fut émise en 1680.

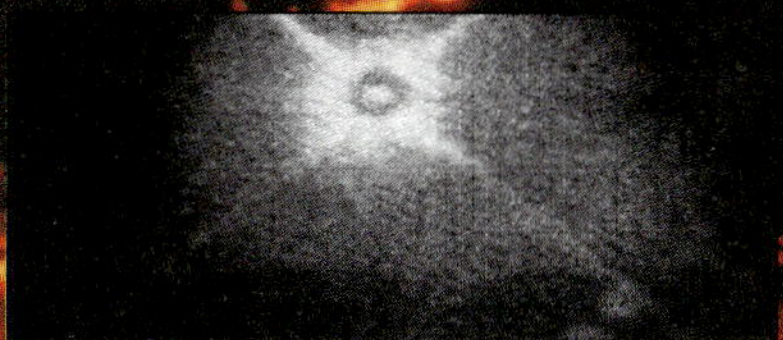

L'étoile Bételgeuse est 400 fois plus grande que notre système solaire. Cette photo a pu être prise grâce à cet appareil photo, dont le procédé fut mis au point par le laboratoire de Los Alamos, Mexique.

TROU NOIR

L'astronome, mathématicien et physicien français Pierre Simon de Laplace (1749-1827) a, le premier, ébauché le concept de corps extrêmement dense. Le terme de « trou noir », appliqué aux étoiles qui, par la gravité, se sont complètement effondrées sur elles-mêmes, fut utilisé pour la première fois le 29 décembre 1967 par le Pr John Archibald Wheeler.

La première identification probante d'un trou noir fut annoncée en décembre 1972 dans l'étoile binaire Cygnus X-1, source de rayons X.

Le cas le plus représentatif fut signalé en janvier 1983 : il s'agit de LMC X-3, dont la masse est 10 fois celle du Soleil, avec un diamètre de seulement 5,9 km.

On a calculé, en octobre 1983, la masse du trou noir NGC 4151, au centre de la galaxie de Seyfert : plus de 2 x 10^{35} t, soit de 50 à 100 millions de fois la masse du Soleil.

NGC 6240, dans la constellation d'Ophiucus, est le plus gros trou noir jamais suspecté. Il concentre une masse équivalente à 100 milliards de soleils, comparable à la masse de toutes les étoiles de la Voie lactée, mais dans un volume 10 000 fois plus petit. Il se situe à 300 millions d'années-lumière.

LES ÉTOILES LES PLUS PROCHES

La très faible Proxima du Centaure, découverte en 1915, se trouve à 4,22 années-lumière de la Terre.
L'« étoile » la plus proche visible à l'œil nu est Alpha du Centaure (à 4,35 années-lumière), qui a une magnitude apparente de – 0,29. Elle fut découverte en 1752 par Nicolas L. de Lacaille (1713-1762). En l'an 29700, cette étoile binaire atteindra la distance de 2,84 années-lumière et devrait alors être la deuxième étoile par sa luminosité, avec une magnitude de – 1,20.

Les étoiles les plus anciennes

Découvertes en janvier 1991, dans le halo au dessus de la Voie lactée, les étoiles les plus anciennes de la galaxie auraient été formées 1 milliard d'années après le Big Bang. On en connait 70, mais il se peut qu'on en découvre 500.

La plus ancienne de la Voie lactée

CS 22 876-32, située dans le halo globulaire à 1 700 années-lumière, dans la constellation du Sculpteur, aurait 15 milliards d'années.

FLASH

L'astre le plus lumineux

■ *Le quasar BR 1 202-07 rayonne comme un million de milliards de soleils à 12 milliards d'années-lumière. Il a été découvert en mars 1991 par les astronomes de l'université de Cambridge et de l'Observatoire royal de Greenwich, GB. La distance a été mesurée par le télescope de 2,50 m de Las Palmas, aux Canaries.*

■ *Si l'on pouvait observer toutes les étoiles à la même distance, la plus lumineuse serait l'étoile variable Êta de la Carène (voir « La plus grande et la plus massive », dans la même rubrique), qui a aujourd'hui une luminosité 6,5 millions de fois supérieure à celle du Soleil, mais qui était 10 fois plus lumineuse lorsqu'elle atteignit sa luminosité maximale, en 1843.*

■ *L'étoile observable la plus lumineuse est l'étoile hypergéante Cygnus OB2 n° 12, située à 5 900 années-lumière, avec une magnitude absolue de – 9,9, et qui est donc 810 000 fois plus lumineuse que le Soleil.*

■ *Il est possible que l'étoile supergéante IV b 59, située dans la galaxie voisine de Messier 101, ait autant d'éclat.*

■ *L'étoile la plus pâle détectée à ce jour est GD 165 B, récemment découverte (voir « La plus faible », dans la même rubrique) : elle a une luminosité inférieure à 0,00001 fois celle du Soleil. Sa brillance, telle qu'on peut l'observer, est 8 millions de fois plus faible que celle du Soleil.*

SUPERNOVA LA PLUS BRILLANTE

SN 1006 fut observée, croit-on, en avril 1006, près de Beta lupi. Elle brilla pendant deux ans et atteignit une magnitude de – 9 à – 10. On pense que son résidu est la source radiomagnétique G.327,6 + 14,5, distante de 3 000 années-lumière. Cette source est un phénomène d'ondes radio lié au magnétisme engendré par les astres en rotation.
D'autres supernovae sont apparues en 1054, en 1604, en 1885 et, le plus récemment, le 23 février 1987, lorsque Ian Shelton aperçut la supernova appelée – 69 202, dans le Grand Nuage de Magellan, à 170 000 années-lumière. Cette supernova était visible à l'œil nu lorsqu'elle atteignit son éclat maximal en mai 1987.

Constellations

La plus grande des 88 constellations est la constellation de l'Hydre, qui couvre 3,16 % du ciel et contient au moins 68 étoiles visibles à l'œil nu (à la magnitude 5,5).
La constellation du Centaure, neuvième par la surface, embrasse cependant 94 étoiles visibles. ▶
La constellation de la Croix du Sud est la plus petite, avec une surface égale à seulement 0,16 % de la totalité du ciel.

La plus fantastique éruption stellaire

Détectée en Chine puis au mont Hopkins, Arizona, EU, sur l'étoile binaire V 711 Tau, elle a été 100 millions de fois plus intense qu'une éruption solaire classique, dispersant 10 fois plus d'énergie qu'un Soleil entier.

Planètes stellaires

On doit examiner avec précaution toutes les « découvertes » de systèmes planétaires. En effet, on semble confondre ces systèmes avec d'autres corps stellaires sombres et de petite taille connus sous le nom de « naines brunes ». Ce sont des étoiles avortées, trop froides pour déclencher la fusion de l'hydrogène. Parmi les neuf candidates possibles présentées en août 1988 par Bruce Campbell, Gordon Walker et Stephenson Yang, de l'université de Victoria, Colombie britannique, Canada, le cas le plus prometteur semble être celui d'une planète d'une masse égale à une fois et demie celle de Jupiter gravitant autour de l'étoile lumineuse 36 Ursae majoris A, dont la période orbitale est de trois ans.

L'UNIVERS

COMÈTES

Définition

Les comètes sont des corps célestes très petits qui gravitent autour du Soleil.

Plus près

Le 1er juillet 1770, la comète de Lexell, filant à une vitesse de 38,6 km/s (par rapport au Soleil), s'approcha à moins de 1,2 million de km de la Terre. La Terre est passée pour la dernière fois dans la traînée laissée par la comète de Halley en mai 1910.

Rarissime

Le parcours de la comète de Delavan de 1914 n'a pu être précisément déterminé. Son retour n'est pas attendu avant 24 millions d'années.
La plus longue rotation d'une comète est de 958 ans. Il s'agit de la comète de Gale 1894.

Grandes comètes

La queue de la comète la plus brillante, la Grande Comète de 1843, s'étirait sur 330 millions de km. La chevelure de la comète de Holmes de 1892 avait un diamètre de 2,4 millions de km.

Vu et revu

De toutes les comètes du système solaire dont on enregistre périodiquement la venue, la comète d'Encke, identifiée pour la première fois en 1786, est celle qui revient le plus fréquemment : tous les 1 206 jours (3 ans et 111 jours). Seuls 8 de ses 63 retours ont échappé aux astronomes. Son intensité est de plus en plus faible. Sa plus petite distance par rapport au Soleil est de 51 millions de km et sa vitesse, alors, est de 250 000 km/h.

Un bébé de quelques millions d'années

Découvert à Hawaï dans NGC 1 333 de la constellation de Persée, à 1 100 années-lumière, l'embryon d'étoile Iras 4 serait né il y a seulement quelques millions d'années.

Les plus anciennes observations

Les plus vieux documents attestant de l'existence des comètes datent du VIIe siècle av. J.-C.
On estime à 2 millions le nombre des comètes, dont la vitesse varie de 1 150 km/h dans l'espace lointain à 2 millions de km/h à proximité du Soleil. On a pu observer réellement 700 orbites de comètes se déplaçant dans l'espace.

Le Pape Calliste III, qui a excommunié la comète de Halley en 1456.

Les apparitions successives de la comète de Halley sont avérées depuis 240 av. J.-C. Elle fut décrite pour la première fois dans la Chronique de Nuremberg, en l'an 684 de notre ère.

▲ Edmund Halley (1656-1742) fut le premier à annoncer son retour, ce qui advint effectivement le jour de Noël de l'année 1758, seize ans après la mort de l'astronome anglais. Dans la nuit du 13 au 14 mars 1986, la sonde européenne Giotto (lancée le 2 juillet 1985) s'approcha à 540 km du noyau de la comète de Halley. Giotto a pu établir qu'il mesurait 15 km de long et qu'il avait la teinte du velours noir.

L'UNIVERS
LE SOLEIL

Voir aussi la rubrique « Terre », dans le même chapitre.

DÉFINITION

Dans la classification des étoiles, le Soleil est une naine jaune de type G2, bien que sa masse de 1,9889 x 10^{27} t, soit 332 946 fois plus grande que la masse de la Terre et qu'elle représente plus de 99 % de la masse du système solaire. Le diamètre du Soleil — 1 392 140 km — induit une densité d'à peine 1,408 fois celle de l'eau. Le Soleil a une température d'environ 15 400 000 K (kelvins) en son centre et une pression de 25,4 kPa dans le noyau ; il brûle 564 millions de t d'hydrogène par seconde pour les transformer en 560 millions de t d'hélium, ce qui représente une production d'énergie de 3,85 x 10^{26} watts. Il perd ainsi, chaque seconde, 4 millions de t de sa masse, transformées en énergie. Mais, à ce rythme, il ne perd qu'un cinq millième de sa masse en 3 milliards d'années.

TACHES SOLAIRES

Pour être visible à l'œil nu protégé, une tache solaire doit avoir une superficie d'au moins 1,3 milliard de km². La plus grosse tache solaire fut observée le 8 avril 1947 dans l'hémisphère austral. Elle avait une superficie de 18 milliards de km², une longueur maximale de 300 000 km et une hauteur maximale de 145 000 km. Les taches solaires paraissent plus sombres, car elles ont une température inférieure de 1 500 °C à la température de surface du reste de l'astre solaire, qui est de 5 507 °C. En octobre 1957, on parvint à dénombrer 263 taches, record absolu depuis le début de l'observation systématique de ces phénomènes, en 1755 (le précédent record était de 239 taches observées en mai 1778). En 1943, une tache solaire persista pendant 200 jours, de juin à décembre.

L'UNIVERS
PLANÈTES

DÉFINITION

À la différence d'une étoile, une planète n'émet pas de rayonnement propre. En raison des distances considérables des étoiles, aucune planète n'a encore pu être observée à l'extérieur du système solaire. Les 9 planètes principales (y compris la Terre) sont des corps qui gravitent autour du Soleil selon des orbites déterminées. On cherche toujours la dixième planète.

PLANÈTE LA PLUS FROIDE

Bien que l'on ne connaisse qu'approximativement la température de la surface de Pluton, sa composition suggère qu'elle doit être similaire à celle de Triton (satellite de Neptune) et être de - 235 °C. C'est la plus basse température pour un corps du système solaire.

La plus proche de la Terre

Vénus gravite parfois à seulement 41 360 000 km de la Terre, alors que Mars s'en trouve au mieux éloignée de 55 680 000 km.

LA PLUS PETITE ET LA PLUS LOINTAINE

La découverte de Pluton, à l'observatoire Lowell, à Flagstaff, EU, par Clyde William Tombaugh (né le 4 février 1906), fut annoncée le 13 mars 1930. Son diamètre est de 2 280 km et sa masse vaut 0,00021 fois celle de la Terre. Son satellite Charon fut observé pour la première fois le 22 juin 1978 à l'observatoire de la marine américaine, à Flagstaff.

Charon a un diamètre de 1 186 km. Leur distance moyenne au Soleil est de 5 914 millions de km, et leur révolution de 248,54 ans. À cause de l'excentricité de leur orbite, elles sont momentanément plus proches du Soleil que Neptune du 23 janvier 1979 au 15 mars 1999.

Toutefois, on a découvert le 14 septembre 1992, la comète 1192 QB_1, qui se trouve à une distance de 6 557 millions de km. Le 28 mars 1993, fut annoncée l'existence probable d'un objet encore plus lointain : 1993 FW qui ne s'approcherait jamais du Soleil à moins de 6 305 millions de km.

La plus rapide

Mercure, qui gravite autour du Soleil à une distance moyenne de 57 909 200 km, accomplit sa révolution en 87,9686 jours, ce qui lui donne la vitesse moyenne en orbite de 172 248 km/h.

La plus chaude

Grâce aux mesures effectuées par des sondes de surface soviétique (*Venera*) et américaine (*Pioneer*), on a calculé que la température à la surface de Vénus est d'environ 460 °C.

Montagnes et profondeurs

Le mont Olympe (anciennement Nix Olympica), dans la région Tharsis de la planète Mars, a un diamètre de 500 ou 600 km et culmine à environ 26 km (à 3 km près) au-dessus de la plaine avoisinante. C'est le plus grand volcan connu du système solaire.

Vénus a un canyon (à 1 600 km de son équateur) long de 400 km et profond de 6,4 km.

La montagne de glace de Miranda, l'une des lunes d'Uranus, est haute de 5 200 m.

La plus brillante et la plus pâle

Des 5 planètes observables à l'œil nu de la Terre, la plus brillante est de loin Vénus (qui est également la plus proche), dont la magnitude maximale est de – 4,4. Découverte le 13 mars 1781 par William Herschel à l'aide d'un télescope, Uranus est à la limite de la visibilité avec une magnitude de 5,5. Pluton a le plus pâle éclat, avec une magnitude de 15.

La plus venteuse

Selon l'analyse à l'ordinateur des photos prises par la sonde américaine Voyager 2, *fin août 1989, c'est sur Neptune que les vents soufflent le plus fort. Ils y atteignent des vitesses de 2 500 km/h.*

Maquette à l'échelle

Elle fut inaugurée le 29 novembre 1986 par le musée du Futur, à Falun, Suède. On installa dans le musée une maquette de la Terre de 1,3 cm de diamètre. On plaça le Soleil (diamètre 1,5 m) et les autres planètes (dont le diamètre variait de 3,5 mm à 14 cm) dans la ville voisine de Borlange, à 15 km de là. Le musée Victoria, à Melbourne, Australie, accueillit Proxima du Centaure, l'étoile la plus proche du Soleil.

Saturne flotte

La densité de la Terre vaut en moyenne 5,515 fois celle de l'eau. La densité de Saturne est égale à 1/8 de celle de la Terre, soit 0,69 fois celle de l'eau, ce qui veut donc dire que si l'on avait un aquarium suffisamment grand pour y plonger Saturne, cette planète flotterait.

RENCONTRE AU SOMMET DES 7

La conjonction (rencontre) la plus spectaculaire des 7 autres principaux astres du système solaire, en dehors de la Terre (le Soleil, la Lune, Mercure, Vénus, Mars, Jupiter et Saturne) eut lieu le 5 février 1962, lorsqu'ils se trouvèrent tous les 7 dans un espace réduit de la voûte céleste. Cette conjonction fut visible lors d'une éclipse de Soleil dans la région du Pacifique. C'est le 5 mai 2000 que se reproduira une telle conjonction.

JUPITER

La plus grosse des 9 planètes est Jupiter, dont le diamètre à l'équateur est de 142 984 km et le diamètre aux pôles de 133 708 km. Sa masse vaut 317,828 fois et son volume 1 323,3 fois ceux de la Terre. Elle a également la période de rotation la plus courte : le jour jupitérien ne dure en effet que 9 h 50 mn 30 s dans la région équatoriale.

L'UNIVERS
ASTÉROÏDES

Définition

Les astéroïdes sont de petites planètes.

NOMBRE

On estime qu'il y a environ 45 000 astéroïdes, bien qu'on ait calculé l'orbite de seulement 6 100 d'entre eux. La plupart se trouvent en orbite entre Mars et Jupiter dans une ceinture que l'on appelle la ceinture d'astéroïdes.

Distances extrêmes

La plupart des astéroïdes se trouvent en orbite entre Mars et Jupiter, leur distance moyenne du Soleil varie entre 20,89 millions de km, pour l'astéroïde Phaethon 3200, proche d'Apollo, découvert le 11 octobre 1983, et 7 131 millions de km, pour 1992 QB1. La plus petite approche de la Terre fut de 150 000 km pour l'astéroïde 1993 KA_2, le 20 mai 1993, quelques heures avant sa découverte.

Le plus grand

L'astéroïde 1 Cérès (le premier découvert, le 1er janvier 1801) a un diamètre équatorial de 959 km et un diamètre polaire de 907 km.

Le plus petit

L'astéroïde 1993 KA_2 a un diamètre de 5 m.

Le moins lumineux

1993 KA_2 est aussi l'astéroïde le plus pâle avec une magnitude absolue de 29.

Visible à l'œil nu

L'astéroïde 4 Vesta (découvert le 29 mars 1807) a un diamètre de 520 km. Sa magnitude absolue est de 3,16 et sa magnitude apparente vue de la Terre est de 5.

L'UNIVERS SATELLITES

DÉFINITION

Les satellites sont des corps qui gravitent autour d'un astre de masse prépondérante, en particulier autour d'une planète.

Le plus grand et le plus petit nombre
Sauf Vénus et Mercure, toutes les planètes ont des satellites. Saturne en possède 18. La Terre et Pluton n'en ont qu'un. Tout le système solaire en compte 61.

GRAND ET PETIT

Ganymède, troisième satellite de Jupiter, est 2 fois plus lourd que notre Lune et a un diamètre de 5 268 km.
Deïmos, satellite de Mars, bien que de forme irrégulière, a un diamètre moyen de 12,5 km.

- 235 °C
La température à la surface de Triton, satellite de Neptune, est de –235 °C. C'est le corps le plus froid de tout le système solaire. Cependant, la température de Pluton et de son satellite Charon n'a pas encore été mesurée.

Distances extrêmes
La distance d'un satellite avec sa planète mère varie des 9 377 km séparant Phobos du centre de Mars aux 23,7 millions de km séparant Jupiter de Sinope, son 9e satellite.

RÉCEMMENT DÉCOUVERT

Le satellite le plus récemment découvert est le satellite de Saturne, Pan (Saturne XVIII), découvert sur 11 photographies prises par Voyager 2 *au cours de son approche de Saturne en août 1981. Sa découverte fut annoncée le 16 juillet 1990. Son diamètre est de seulement 20 km. Les astronomes Marouf et Tyler prévoient l'existence de 2 autres satellites de Saturne.*

L'UNIVERS LA LUNE

Définition

La Lune est la plus proche voisine de la Terre dans l'espace et son seul satellite naturel. Elle a un diamètre moyen de 3 475 km et une masse de 7,348 x 10^{19} t, soit 0,0123 fois la masse de la Terre. Sa densité est donc égale à 3,344 fois celle de l'eau. La Lune tourne en orbite autour de la Terre à une distance moyenne de 384 399 km séparant leurs centres respectifs. Toutefois, le centre de la masse est décalé de 1,8 km en direction de la Terre par rapport au centre théorique.

Les deux astres furent les plus proches l'un de l'autre au cours de ce siècle (plus petit périgée) le 4 janvier 1912 (356 375 km). Ils ont été les plus éloignés l'un de l'autre (plus grand apogée) le 2 mars 1984, à une distance de 406 711 km.

La période orbitale (ou mois sidéral) est de 27,321661 jours, ce qui donne une vitesse orbitale de 3 683 km/h.

Origines

La théorie de l'« impact géant », qui prévaut actuellement pour expliquer l'origine de la Lune, expose que celle-ci fut formée au bord extérieur de la « limite rocheuse de la Terre » (à environ 18 500 km du centre de la Terre) à partir des débris provenant de la collision fulgurante entre la Terre et une planète de la taille de Mars.

Les échantillons de roches et de sols lunaires les plus anciens rapportés sur Terre par les astronautes des programmes américains *Apollo* ont le même âge que les plus vieilles météorites (4,5 milliards d'années) et laissent donc à penser que cette collision a eu lieu au tout début de la formation du système solaire.

Températures de lune

Lorsque le Soleil se trouve à la verticale de l'équateur de la Lune, à midi en été, la température y atteint 117 °C. Au coucher du Soleil, la température chute à 14 °C, et elle descend à – 163 °C après la tombée de la nuit.

MAQUETTE DE LUNE

Luc Simard et Michel Gareau ont réalisé, à l'échelle, à partir de cartographies, une maquette de la lune de 2 m de diamètre.
Cette reproduction, achevée le 20 mai 1992, et qui compte 1 600 des plus importants cratères, est exposée au Centre Astrologique de Dolbeau, Canada.

Fréquences

Le plus grand nombre d'éclipses potentielles pendant une année est de 7, comme ce fut le cas en 1935, où se produisirent 5 éclipses du Soleil et 2 de la Lune, et en 1982 (4 solaires et 3 lunaires). Le plus petit nombre possible est de 2 éclipses — toutes deux du Soleil — ce qui se produisit en 1944 et en 1969.

CRATÈRE

59 % seulement de la surface lunaire est visible directement de la Terre du fait de sa « rotation captive », c'est-à-dire de l'égalité entre la période de rotation et la période orbitale.

Le plus grand cratère visible en totalité est la plaine de Bailly, ceinturée de murs, orientée vers le pôle Sud de la Lune. Il a un diamètre de 295 km et ses parois s'élèvent à 420 m.

La mer Orientale, qui se trouve en partie sur la face cachée, a un diamètre de plus de 960 km.

Le cratère le plus profond est celui de Newton : on estime que son plancher se trouve à 8 850 m au-dessous de sa ceinture extérieure.

LES MONTS

En l'absence d'un « niveau de la mer », les altitudes lunaires sont mesurées par rapport à une sphère de référence. Sur cette base, la plus grande hauteur escaladée par l'un des douze astronautes américains qui posèrent le pied sur la Lune fut atteinte dans les collines de Descartes, à 7 830 m, le 27 avril 1972, par John Watts Young et Charles M. Duke Jr., au cours de la mission Apollo 16.

La face cachée

La sonde spatiale soviétique Luna II toucha le sol lunaire pour la première fois dans l'Histoire le 14 septembre 1959, à 0 h 2 mn 24 s, près de la mer de la Sérénité. Les premières images de la face cachée de la Lune furent prises par la fusée soviétique Luna III, le 7 octobre 1959 à partir de 6 h 30 du matin, d'une altitude de 70,4 km au-dessus de la Lune. Elles furent transmises à la Terre d'une distance de 470 000 km (voir aussi le chapitre Sciences et technologie, « Conquête de la Lune »).

L'UNIVERS ECLIPSES

Définition

Une éclipse est l'occultation d'un astre par un autre. On a une éclipse de Lune lorsque la Lune passe dans la pénombre de la Terre, et une éclipse de Soleil lorsque la Lune passe entre le Soleil et la Terre et l'occulte.

5 mars 1223 av. J.-C.

La plus ancienne
On aurait observé des éclipses de Lune dès 3450 av. J.-C. et des éclipses de Soleil dès 4200 av. J.-C.
La plus ancienne éclipse solaire totale est mentionnée sur une tablette d'argile retrouvée en 1948 dans les ruines de l'ancienne ville d'Ougarit (aujourd'hui en Syrie).
De nouveaux calculs faits en 1989 laissent à penser qu'elle témoigne de l'éclipse du 5 mars 1223 av. J.-C.

7 MN DE NOIR COMPLET

La durée maximale possible d'une éclipse du Soleil est de 7 mn 31 s. La plus longue éclipse mesurée eut lieu le 20 juin 1955 (7 mn 8 s) et fut observée des Philippines. Une éclipse de 7 mn 29 s devrait se produire le 16 juillet 2186 au milieu de l'Atlantique et sera alors la plus longue éclipse observée en 1 469 ans.

La durée d'observation d'une éclipse peut être prolongée par son observation d'un avion qui se déplace en même temps que l'éclipse. Ce fut le cas le 30 juin 1973, à partir du Concorde ; une éclipse fut observée pendant 72 mn. La plus longue durée pour une éclipse de Lune est de 104 mn, et l'événement s'est produit plusieurs fois.

L'UNIVERS METEORITES

La vieille Krahenberg

Une étude datant de 1981 laisse apparaître que la plus vieille météorite est la météorite Krahenberg, âgée de 4,6 milliards d'années (à plus ou moins 20 millions d'années près). Elle précéderait le système solaire d'environ 70 millions d'années. On a annoncé, en août 1978, que les grains de poussière de la météorite Murchison (qui tomba en Australie en septembre 1969) étaient aussi antérieurs au système solaire.

FRAGMENTS DE MÉTÉORITES

La plus grosse tectite (fragment de météorite) dont on ait publié les caractéristiques pèse 3,2 kg. Elle fut découverte en 1932 à Muong-Nong, Laos. Elle se trouve aujourd'hui à Paris, au musée du Louvre.
On pense que les huit tectites SNC, ainsi nommées d'après les lieux où on les trouva (à Shergotty, Inde ; Nakla, Égypte ; et Chassigny, Haute-Marne), proviendraient de la planète Mars.

PAS DE CHANCE

De tous les temps, la seule personne a avoir été blessée par une météorite, est Ann Hodges, Sylacauaga, EU. Le 30 novembre 1954, une météorite de 4 kg, mesurant 18 cm a transpercé le toit de sa maison et l'a frappée au bras. Le docteur Moody D. Jacobs qui l'a examinée l'a déclarée indemme de toute contusion, mais elle a finalement été hospitalisée à cause de tout le bruit fait autour de son aventure.

LES PLUS GROSSES MÉTÉORITES

■ La plus grosse météorite, conservée en un seul morceau, répertoriée, fut découverte en 1920 à Hoba West, près de Grootfontein, Namibie : il s'agit d'un bloc d'environ 59 t, mesurant 2,7 m de long et 2,4 m de large.

■ La plus grosse météorite exposée dans un musée (le planétarium Hayden, à New York), est la météorite Cape York, pesant 30,9 t. Elle fut découverte en 1897 par l'expédition Robert Edwin Peary (1856-1920), près de Cape York, sur la côte ouest du Groenland. Elle était connue des Eskimos sous le nom d'Abnighito.

■ Le plus gros fragment de météorite rocheux retrouvé à ce jour pèse 1,77 t et provient d'une pluie de météorites qui s'abattit sur Jilin (Kirin), Chine, le 8 mars 1976.

■ 6 tonnes de masses météoritiques, sous forme de micrométéorites, parviennent sur le sol terrestre par jour. Mais, à ce rythme, il faudra 2 milliards d'années pour obtenir une couche de 6 cm.

COLLISIONS D'ASTÉROÏDES

On a calculé que quelque 2 000 collisions d'astéroïdes avec la Terre se sont produites lors des 600 derniers millions d'années. On a répertorié 102 impacts de collisions, ou astroblèmes.

Le cratère de 240 km de diamètre et de 800 m de profondeur, à Wilkes Land, Antarctique, serait dû à une météorite de 13 milliards de t, entrée en collision avec la Terre à une vitesse de 70 800 km/h.

En décembre 1970, des savants soviétiques ont signalé l'existence d'un astroblème de 95 km de diamètre et d'une profondeur maximale de 400 m dans le bassin de la Popigaï.

Sur la côte est de la baie de Hudson, Canada, en face des îles Nastapoka, se trouve une sorte de cratère ou d'astroblème de 442 km de diamètre.

L'un des cratères les plus grands et les mieux conservés est le cratère de Coon Butte (meteor crater) ou de Barringer, découvert en 1891 près du canyon du Diable, à Winslow, nord de l'Arizona, EU. Il a un diamètre de 1,2 km et une profondeur de 175 m, avec un parapet surplombant de 50 m la plaine avoisinante. On estime qu'une masse de 2 millions de t de fer et de nickel et de 70 m de diamètre creusa ce cratère 25 000 ans av. J.C.

Le cratère cryptovolcanique de Vredefort Ring (diamètre 42 km), au sud-ouest de Johannesburg, Afrique du Sud, est également d'origine météoritique.

Le cratère Nouveau-Québec (anciennement cratère Chubb), au Canada, signalé la première fois le 20 juin 1943, a une profondeur de 404 m et une circonférence de 11 km.

MÉTÉORES

Un météore est le phénomène lumineux dû à l'entrée d'une météorite dans l'atmosphère terrestre.

La plus grande apparition de météores

Elle eut lieu dans la nuit du 16 au 17 novembre 1966. Cette pluie d'étoiles filantes, appelée léonides, était associée au passage de la comète Temple-Tuttle, dont le retour survient tous les 33 ans. Le maximum de météores dénombrés fut visible entre la partie occidentale de l'Amérique du Nord et la partie orientale de la Russie. On a calculé que le 17 novembre 1966, à partir de 5 h du matin, il est passé 2 300 météores par minute dans le ciel de l'Arizona, EU, pendant une période de 20 mn.

LA PLUS GRANDE EXPLOSION

Le 30 juin 1908, à 0 h 17 mn 11 s, temps universel, se produisit une mystérieuse explosion d'une puissance de 12,5 mégatonnes dans le bassin de la Podkamennaïa Tunguska, à 64 km au nord de Vanavar, Sibérie (par 60°55' N et 101°57' E). On en attribua successivement la cause à une météorite (1927), à une comète (1930), à une explosion nucléaire (1961) et enfin à l'antimatière (1965). L'explosion dévasta une région d'environ 4 000 km² et le choc fut ressenti jusqu'à 1 000 km de distance. La théorie aujourd'hui en faveur suggère qu'il s'agissait de la désintégration finale des débris rocheux d'un astéroïde, à une altitude de 10 000 m, se déplaçant à une vitesse hypersonique.

L'UNIVERS

OBSERVATION

Le télescope le plus performant

Le télescope (NTT) de l'Observatoire européen austral ESO, à la Silla, dans les Andes chiliennes, a un diamètre de 3,50 m et pèse 110 t. Sa résolution est de 0,7 s à 0,3 s (0,3 s correspond à un détail de 500 m sur la Lune). Il atteint la magnitude 20 pour 10 s de pose.

Télescope Schmidt, le plus grand

Le principe du télescope Schmidt est de pouvoir photographier un champ d'observation très large, ce qui, en astronomie, est d'un intérêt considérable. Le télescope Schmidt de l'observatoire Karl Schwarchild de Tautenberg, Allemagne, possède un miroir sphérique de 2 m, une ouverture focale de 134 cm et une longueur focale de 4 m. Il a été mis en service en 1960.

Réflecteur sub-millimétrique

Le télescope James Clerk Maxwell de Mauna Kea, Hawaii, EU, possède un miroir primaire de 15 m de diamètre. Il est utilisé pour l'étude de la partie submilimétrique (entre 0,3 et 1,00 mm) du spectre électromagnétique. Les données de ses observations sont traduites en chiffres et non pas en images.

FRANCE

Le télescope du pic du Midi de Bigorre, Hautes-Pyrénées, à 2 877 m d'altitude, a un miroir de 2 m de diamètre. Il a été mis en service en 1979.

Télescope solaire

Le plus grand télescope solaire, installé à Kitt Peak, Arizona, EU, a un miroir principal de 2,1 m.

Le plus ancien observatoire

À Athènes, vers 100 av. J.-C., la « tour des vents » d'Andronicus était un bâtiment octogonal (toujours debout) muni de huit cadrans solaires visibles de loin dans toutes les directions. Au sommet de la tour, une statue de Triton tournait au gré du vent.

Aurores polaires

Nuages luminescents

Ces nuages, du fait de leur présence en altitude, restent longtemps éclairés par le Soleil après que celui-ci se soit couché. On pense qu'ils se composent de cristaux de glace ou de poussières météoritiques. Les observations régulières effectuées à des altitudes de 85 km en Europe occidentale ne datent que de 1964 : le phénomène fut observé 43 nuits en 1979 et 15 nuits en 1970.

Le plus puissant radiotélescope
Celui du Pico Veleta en Andalousie, Espagne, pèse 800 t, les parties mobiles ne pesant que 500 t. Son antenne a un diamètre de 30 m. Elle est constituée de 420 panneaux d'aluminium sur monture azimutale. Sa résolution est de 11 s à 1,3 mm.

Télescope le plus ancien
Bien qu'on ait la preuve que les savants arabes avaient compris très tôt le pouvoir grossissant des lentilles, ces dernières furent employées pour la première fois à la fabrication d'un télescope en Angleterre par Roger Bacon (1214-1292).

RADIOASTRONOMIQUE
En octobre 1986, des radioastronomes ont pour la première fois relié le centre d'études spatiales de la Nasa, à Tidbinbilla, Australie, les stations « suiveuses » d'Usuda et de Kashima, au Japon, et le satellite TDRS en orbite géostationnaire. Ce système engendre un radiotélescope d'un diamètre de 27 523 km (soit 2,16 fois le diamètre de la Terre).

Observatoire le plus haut
L'observatoire de l'université de Denver, Colorado, EU, ouvert en 1973, est situé à 4 300 m. Il comprend principalement un télescope réflecteur de 61 cm.

LA PLUS GRANDE INSTALLATION TERRESTRE

La plus grande installation radiotélescopique sur Terre est le télescope VLA (« very large array » : très grand déploiement) de la Fondation scientifique nationale américaine, à 80 km de Socorro, dans la plaine de San Agustín, Nouveau-Mexique, EU. Il a la forme d'un Y dont chacune des branches, longue de 21 km, est pourvue de 27 antennes mobiles (de 25 m de diamètre) montées sur rail. Inauguré le 10 octobre 1980, il a coûté 78 millions de $.

HUBBLE

Le télescope spatial Hubble a été placé sur orbite à 600 km d'altitude par la navette américaine Discovery, le 24 avril 1990. Ce télescope, le plus coûteux de tous les appareils scientifiques jamais construits (2,1 milliard de $) mesure 13 m de long, 4,20 m de diamètre et pèse 11 t. Il possède un miroir de 2,40 m de diamètre et de 826 kg.
Un défaut de son miroir a limité les performances du télescope. À l'occasion d'une mission de navette spatiale, une « lentille correctrice » a été posée par les astronautes sur l'œil malade de Hubble afin de lui rendre la vision qui lui permet d'atteindre les confins de l'Univers, à 14 milliards d'années-lumière.

Planétariums
LE PLUS ANCIEN

L'ancêtre des planétariums est le globe pivotant de Gottorp, construit vers 1660 au Danemark par Andreas Busch, sur les directives d'Olearius, mathématicien à la cour du duc Frédéric III de Holstein. D'une circonférence de 10,50 m, il pèse environ 3,5 t. Il est aujourd'hui conservé à Saint-Pétersbourg.

LE PLUS GRAND

Celui de Miyazaki, au Japon fut achevé le 30 juin 1987. Il possède un dôme de 27 m de diamètre.

RADIOTÉLESCOPE PARABOLIQUE

Le plus ancien

C'est celui utilisé par Karl Jansky, des laboratoires Bell, à Holmdel, New Jersey, EU, qui a détecté pour la première fois des ondes radioélectriques émises par les corps célestes en 1931 à l'aide d'une antenne pivotante à ondes courtes de 30 m de long.

Le plus grand du monde

Le système ionosphérique partiellement orientable d'Arecibo, à Porto Rico, a été achevé en novembre 1963, il a coûté 9 millions de $. La parabole a un diamètre de 300 m et couvre une superficie de 7,48 ha. Sa sensibilité fut multipliée par 1 000 et sa portée étendue à la limite de l'univers observable (15 milliards d'années-lumière) grâce à l'adjonction de nouvelles plaques d'aluminium, pour un coût de 8,8 millions de $. Il fut de nouveau mis en service le 16 novembre 1974.

Le plus grand de France

Le radiotélescope décimétrique de Nançay, Cher, (photo) se compose de deux surfaces indépendantes. La première est un miroir plan mobile autour d'un axe horizontal constitué de 10 panneaux indépendants de 20 m de large et 40 m de haut pesant chacun 40 t. La seconde est un miroir « sphérique » de 300 m de long et 35 m de haut qui reçoit et concentre l'énergie captée par le miroir plan. La superficie totale des deux surfaces est de 7 000 m². C'est l'un des plus grands instruments radioastronomiques du monde. Il fonctionne 24 heures sur 24, 365 jours par an.

LA TERRE
STRUCTURES ET DIMENSIONS

QUELQUES DONNÉES POUR COMPRENDRE LA TERRE

■ **La Terre tourne autour du Soleil selon une orbite elliptique, entre 147 091 000 km de distance (périhélie) et 152 097 900 km (aphélie). La distance moyenne est de 149 598 023 km. Sur la base d'une circonférence orbitale de 939 886 500 km et d'une période orbitale (année sidérale) de 365,256366 jours, on peut fixer la vitesse orbitale moyenne à 107 220 km/h. Elle varie entre 105 450 km/h (à l'aphélie) et 109 030 km/h (au périhélie). La distance moyenne entre le centre de la Terre et celui du Soleil, telle qu'elle a été définie en 1938, est de 149 597 871 km.**

■ **Vieille de 4 540 millions d'années, la Terre n'est pas une sphère parfaite, mais un sphéroïde aplati aux pôles. Son diamètre aux pôles, 12 713,505 km, est inférieur de 42,769 km à celui de l'équateur (12 756,274 km). Elle est légèrement en forme de poire, le rayon du pôle Nord mesurant 45 m de plus que celui du pôle Sud. L'équateur a également une forme légèrement elliptique, son grand axe (situé à environ 37° O) mesurant 139 m de plus que son petit axe. Les grands écarts de cet ellipsoïde sont dus à une protubérance de 73 m en Papouasie-Nouvelle-Guinée et à une dépression de 105 m au sud de Sri-Lanka (ex-Ceylan), dans l'océan Indien.**

■ **La plus grande circonférence de la Terre est de 40 075,012 km à l'équateur, sa circonférence au méridien étant de 40 007,858 km. On estime la superficie de la Terre à 510 065 500 km². Sa période de rotation axiale, c'est-à-dire le jour sidéral, est de 23 h 56 mn 4,0989 s en temps moyen.**

■ **La masse de la Terre a été calculée pour la première fois en 1774 par l'Écossais Nevil Maskelyne (1732-1811). On pense aujourd'hui qu'elle est de l'ordre de 5,974 x 10^{21} t et que sa densité vaut 5,515 fois celle de l'eau. Son volume est d'environ 1 083 207 000 000 km³.**

■ **La Terre attire 400 t de poussières cosmiques par an.**

Voir aussi la rubrique « Continents » dans le même chapitre.

MERS ET OCÉANS

On évalue la surface terrestre recouverte par les eaux (hydrosphère) à 362 033 000 km², soit 70,98 % de la surface totale. La profondeur moyenne de l'hydrosphère était autrefois estimée à 3 795 m, mais des recherches récentes tendent à ramener ce chiffre à 3 729 m. Le poids total de cet élément liquide est de l'ordre de 1,41 x 10^{18} t, soit 0,024 % du poids total du globe terrestre. On pense que le volume des océans occupe 1 349 930 000 km³, alors que le volume des réserves d'eau douce est de 35 millions de km³.

OCÉANS

Le plus petit
L'océan Arctique couvre une surface de 13,2 millions de km². Il est constitué d'un ensemble de mers qui s'étendent du pôle Nord au cercle polaire arctique (66° 33', latitude nord). Sa profondeur moyenne est de 1 038 m.

Le plus grand

Le Pacifique représente 45,9 % de tous les océans du globe, sans compter les mers voisines, et couvre une surface de 166 241 700 km². La profondeur moyenne y est de 3 940 m. La distance navigable la plus courte entre deux points sur cet océan est de 17 550 km, de Guayaquil, Équateur, à Bangkok, Thaïlande.

Le point océanique le plus éloigné de la terre

Il se trouve dans le Pacifique sud, à environ 48° 30' S et 125° 30' O ; il est à 2 670 km de la terre la plus proche, c'est-à-dire les îles Pitcairn et Ducie et le cap Dart, dans l'Antarctique. Ce point est au milieu d'un cercle liquide de 22 421 500 km², soit 5 000 000 km² de plus que le pays le plus grand du monde, la Russie.

Le point océanique le plus profond

Le point océanique le plus profond de la planète fut localisé pour la première fois en 1951 par le vaisseau hydrographique britannique *Challenger*, dans la fosse des Mariannes, océan Pacifique. La mesure, obtenue par sondage à spectre large, fixa la profondeur à 10 863 m.
Des expéditions ultérieures ont donné des profondeurs légèrement plus importantes. Celle du vaisseau hydrographique soviétique *Vitiaz*, en 1957, révéla une profondeur de 11 034 m.
Le 23 janvier 1960, le bathyscaphe *Trieste* de la marine américaine descendit au fond de la fosse des Mariannes, à 10 916 m.
En 1984, l'expédition japonaise du *Takuyo* révéla une profondeur de 10 924 m (à 10 m près).
Un objet en métal, comme par exemple une boule en acier de 1 kg, jeté dans l'eau au-dessus de cette fosse, mettrait environ 64 mn pour toucher le fond, où la pression hydrostatique est supérieure à 1 250 bars.
En France, la profondeur au large d'Antibes atteint 1 500 m en un endroit situé dans la zone des 4 milles marins (7 à 8 km) bordant le territoire métropolitain.

Le point océanique le plus méridional

Il se trouve à 85° 34' S et 154° O, à la pointe du glacier Robert Scott (à 490 km du pôle Sud).

et le plus septentrional

C'est le pôle Nord, à 90°.

MERS

La plus petite

La mer Morte mesure 75 km sur 15 km de large. Cette mer fermée se trouve sur la frontière entre Israël et la Jordanie. Ses eaux se situent au fond de la dépression de Ghor, à environ 400 m au-dessous du niveau de la mer.

La plus grande

C'est la mer de Chine du Sud, qui couvre une superficie de 2 974 600 km², juste avant la Méditerranée, 2 969 000 km².

Le bras de mer le plus long

Le loch Fyne, sur la côte occidentale de l'Écosse, pénètre de 60,5 km à l'intérieur des terres.

Montagne sous-marine

La montagne sous-marine, près de la fosse des Tonga, entre les îles Samoa et la Nouvelle-Zélande, fut découverte en 1953. Elle s'élève à 8 690 m au-dessus du fond marin et son sommet culmine à 365 m au-dessous de la surface.

Les plus grandes baies

La baie de Hudson, dans le nord du Canada, s'étend sur 12 268 km, pour une superficie de 1 233 000 km². La superficie de la baie du Bengale est de 2 172 000 km².

Le fjord le plus long

Le fjord Nordvest, qui forme un bras du Scoresby Sund, dans la partie est du Groenland, pénètre de 313 km à l'intérieur des terres.
Le plus long fjord norvégien est le fjord Sogne, qui pénètre à l'intérieur des terres sur une distance de 204 km, de l'île de Sogneoksen à la pointe du bras de mer de Lusterfjord, à Skjolden. Sa largeur varie de 2,4 km à 5,1 km et son point le plus profond est à 1 308 m.
Le plus long fjord danois est le Limfjorden, qui s'étend sur 160 km.

1 544 000 km² de golfe

Le golfe du Mexique a 1 544 000 km² de superficie et un littoral s'étirant sur 5 000 km, de Cape Sable, Floride, EU, à Cabo Catoche, Mexique.

On préfère la mer Rouge pour aller se baigner

La température de l'eau à la surface de la mer varie de – 2 °C dans la mer Blanche à 36 °C en été dans les parties peu profondes du golfe Arabo-Persique. La température normale de la mer Rouge est de 22 °C.
La plus haute température relevée, en 1985, dans un océan, est de 404 °C, pour une source à environ 480 km au large de la côte occidentale des États-Unis. Des sondes opérant à distance ont pu relever la température de la source, l'eau de celle-ci ne se transformant pas en vapeur grâce au poids du liquide qui la surplombe.

L'eau la plus limpide

La mer de Weddell, par 71° S et 15° O, au large de l'Antarctique, possède les eaux les plus limpides du monde. Le 13 octobre 1986, on a pu voir un disque « Secchi », de 30 cm de diamètre, à une profondeur de 80 m, d'après les mesures effectuées par des chercheurs néerlandais de l'Institut allemand Alfred-Wegener. Une telle clarté correspond à ce que les scientifiques considèrent comme la clarté caractéristique de l'eau distillée.

DÉTROITS

Le plus long

C'est le détroit de Tartarie, entre l'île de Sakhaline et la côte de Sibérie extrême-orientale. S'étirant sur 800 km, il est donc légèrement plus long que le détroit de Malacca, entre la Malaisie et Sumatra (780 km).

Les plus larges

Le détroit de Drake, entre les îles Diego Ramírez, Chili, et les îles Shetland du Sud, Antarctique, a 1 140 km de largeur maximale.
Le détroit de Davis, entre le Groenland et la terre de Baffin, Canada, a une largeur minimale de 338 km.

Le plus étroit

Le détroit navigable le plus étroit se trouve entre l'île égéenne d'Eubée et le continent grec. La distance entre les deux rives n'est que de 40 m, à Chalcis.

Voie navigable la plus longue

La voie navigable transcontinentale la plus longue mesure 10 682 km, et relie la mer de Beaufort, située au nord du Canada, au golfe du Mexique.

Bouches de Bonifacio

Les bouches de Bonifacio, entre la Corse et la Sardaigne, sont larges de 10 km en leur point le plus étroit.

VAGUES

Les plus hautes

Dans la nuit du 6 au 7 février 1933, alors qu'il se trouvait à bord du navire américain *Ramapo* se rendant de Manille, Philippines, à San Diego, Californie, et qu'un ouragan faisait rage, le lieutenant Frederic Margraff a calculé qu'une vague qu'il avait observée mesurait 34 m.
La plus grande vague mesurée à l'aide d'instruments avait 26 m de haut ; elle fut observée le 30 décembre 1972 par le navire britannique *Weather-Reporter* dans l'Atlantique nord, par 59° N et 19° O.
Le 9 juillet 1958, un glissement de terrain a provoqué une vague haute de 500 m, déferlant à 150 km/h le long de la baie Lituya, Alaska, EU.

VAGUES SISMIQUES

Le tsunami - souvent appelé par erreur raz de marée et provenant du mot japonais signifiant « vague » (nami) et « inondation » (tsu) - le plus haut des temps modernes, s'est formé au large de l'île d'Ishigaki, Japon, le 24 avril 1771. Il projeta un bloc de corail de 750 t à plus de 2,5 km ; selon les observations, il déferla à une vitesse de 790 km/h.

Le plus haut tsunami déposa des sédiments jusqu'à une altitude de 375 m et se serait formé il y a 105 000 ans. Il s'est brisé sur la côte de l'île Lanai, Hawaï.

ROCHES

Les plus vieilles

■ Des roches découvertes en mai 1984, par Samuel Bowring, à 320 km au nord de Yellowknife, Canada, ont été scientifiquement datées en juin 1989 à 3,962 milliards d'années.

■ Des minéraux encore plus anciens ont été identifiés, qui ne sont cependant pas des roches.

■ C'est le cas de cristaux de zircon découverts en août 1984 à 700 km au nord de Perth, Australie, et vieux, exactement, de 4,276 milliards d'années. Ce sont les plus anciens fragments de la croûte terrestre jamais découverts.

■ En France, la plus ancienne zone de subsidence (affaissement lent d'une partie de l'écorce terrestre sous le poids des sédiments) se trouve dans l'est du pays. Ses dépôts affleurent en Lorraine.

■ Les mouvements de subsidence successifs qui ont constitué le sol français actuel se sont dirigés par la suite de l'est vers le centre et le sud-ouest.

La plus grande roche

Le célèbre rocher monolithique d'Uluru (Ayers Rock) s'élève à 348 m et mesure 2,5 km x 1,6 km. Il se trouve à 400 km au sud-ouest d'Alice Springs, Territoire du Nord, Australie. ***Photo en fond.***

On a calculé en 1940 que la Gran Piedra (« Grande Pierre »), un culot volcanique situé dans la sierra Maestra, à Cuba, pesait 61 355 t.

On évalue généralement l'âge de la Terre à 4,5 milliards d'années (à 40 millions d'années près). Aucune roche ayant atteint ce grand âge n'a toutefois été trouvée jusqu'ici, les évolutions géologiques les ayant probablement toutes détruites.

CONTINENTS

Continent primitif

De nombreux faits scientifiques laissent à penser qu'il y a près de 300 millions d'années la Terre avait une surface émergée qui se composait d'un seul et même continent primitif de 150 millions de km² appelé aujourd'hui Pangée (il est même possible que de super-continents antérieurs à Pangée aient existé). Il se serait divisé, il y a environ 190 millions d'années (pendant la période jurassique), en deux énormes continents : l'un, appelé Laurasie, comprenait l'Eurasie, le Groenland et l'Amérique du Nord ; l'autre, appelé Gondwana, comprenait l'Afrique, l'Arabie, l'Inde, l'Amérique du Sud, l'Océanie et l'Antarctique. Le pôle Sud se trouvait apparemment dans la région du Sahara jusqu'à la période ordovicienne, il y a 450 millions d'années. Par conséquent, le Sahara, à présent l'une des régions les plus chaudes du monde, était à l'époque l'une des plus froides.

LE PLUS GRAND CONTINENT

41,25 % de la surface de la terre, ou 210 400 000 km², sont recouverts par des masses continentales dont environ les deux tiers (148 021 000 km², soit 29,02 % de la surface terrestre) sont émergés avec une hauteur moyenne de 756 m au-dessus du niveau de la mer. La masse continentale euro-asiatique est la plus vaste, avec une superficie de 53 698 000 km², y compris les îles. La masse continentale afro-eurasienne, artificiellement séparée par le canal de Suez, couvre une superficie de 84 702 000 km².

Centre de l'Europe géographique

L'IGN situe le centre de l'Europe physique — celle qui s'étend de l'Atlantique à l'Oural — à Purnuskis, village de Lituanie, à 20 km au nord de Vilnius.

LE PLUS PETIT CONTINENT

Le continent australien a une superficie de 7 618 493 km². Ce continent, lorsqu'on y ajoute la Tasmanie, la Nouvelle-Zélande, la Papouasie-Nouvelle-Guinée et les îles du Pacifique, est parfois appelé Océanie.

Péninsule

La plus grande péninsule du monde est l'Arabie, avec une superficie de 3 250 000 km².

Le point du globe le plus éloigné de la mer

Il se situe par 46° 16,8' N et 86° 40,2' E, dans le désert de Dzoosotoyn Elisen, au nord du Xinjiang, la province chinoise à l'extrême nord-ouest du territoire. Localisé en 1986 par des chercheurs britanniques, ce point se trouve à 2 648 km de la mer ouverte la plus proche.

Le centre de l'Europe des Douze

Voir le chapitre Institutions, « Le centre de l'Europe ».

NOMBRIL DE LA FRANCE

L'IGN le situe à Nassigny, Allier, exactement au lieu-dit La Brande-de-Murat, en incluant la Corse dans les calculs. Si l'on exclut la Corse, le centre se trouve au lieu-dit La Coucière, sur la commune de Vesdun, Cher.

ÎLES

Groenland

Si l'on exclut l'Australie, généralement considérée comme une masse de terre continentale, la plus grande île du monde est le Groenland, avec une superficie d'environ 2 175 000 km². Le Groenland se compose en fait de plusieurs îles recouvertes d'un manteau de glace sans lequel il aurait une superficie de 1 680 000 km².

LE PLUS GRAND ARCHIPEL

L'Indonésie a la forme d'un croissant de 5 600 km de long. Elle comprend plus de 17 000 îles.

Île de sable

La plus grande île de sable du monde est l'île de Fraser, dans le Queensland, Australie, qui a une dune longue de 120 km.

La plus grande entourée d'eau douce

C'est l'île de Marajo, Brésil, (48 000 km²), dans l'embouchure du fleuve Amazone.

La plus grande île du monde à l'intérieur des terres (c'est-à-dire une île entourée de rivières) est l'île de Bananal, Brésil (20 000 km²).

La plus grande île à l'intérieur d'un lac est l'île de Manitoulin (2 766 km²), dans la partie canadienne (État d'Ontario) du lac Huron.

L'ÎLE DE BEAUTÉ

La Corse, dite l'île de beauté, est la plus grande île française. Longue de 185 km et large de 85 km, elle a une superficie de 8 720 km².

COURANTS

Le plus grand

Le courant circumpolaire antarctique, ou courant des vents d'ouest, fut mesuré en 1982 dans le détroit de Drake, entre l'Amérique du Sud et l'Antarctique.

Son débit est de 130 millions de mètres cubes par seconde. Sa largeur varie de 300 à 2 000 km et la vitesse de son débit d'écoulement en surface a été mesurée à 0,75 km/h.

Le raz Blanchard

Le courant le plus fort qui traverse le raz Blanchard, détroit large de 16 km séparant le cap de la Hague, au nord-ouest de la presqu'île du Cotentin, et l'île anglo-normande d'Aurigny, au nord de Jersey, atteint une vitesse de 10 nœuds (18 km/h).

Les plus forts

Les courants les plus puissants du monde sont les rapides de Nakwakto, dans le Slingsby Channel, Colombie-Britannique, Canada (51° 5' N et 127° 30' O). Ils peuvent se déplacer à 30 km/h.

MARÉES

Les marées exceptionnelles sont dues aux forces de gravitation de la Lune et du Soleil sous l'influence de leur périgée, de leur périhélie et de leur syzygie. L'influence des vents et de la pression atmosphérique peut superposer un élément supplémentaire de « houle ». La configuration de la côte et celle du fond marin peuvent accentuer ces forces. L'intervalle normal entre les marées est de 12 h 25 mn.

Marées records françaises

On a observé des écarts de 14,53 m entre marée haute et marée basse à Cancale, Manche, les 3 mars 1900 et 14 mars 1918.

Les 9 et 10 mars 1993, à Saint-Malo, on a pu observer un écart de 12,94 m.

Les plus grandes marées

Elles se produisent dans la baie de Fundy, qui sépare la péninsule de Nouvelle-Écosse, Canada, du Maine (l'État situé à l'extrême nord-est des États-Unis) et de la province canadienne du Nouveau-Brunswick. La pointe de Burncoat, dans le bassin de Minas, Nouvelle-Écosse, enregistre l'écart moyen entre marée haute et marée basse de 14,50 m.

On a observé en 1953 un écart de 16,60 m pour des sources situées dans le bassin de Leaf, baie d'Ungava, Québec, Canada.

Les marées les plus faibles

Les marées sont pratiquement inexistantes à Tahiti, dans le Pacifique, de même qu'en beaucoup d'endroits de la mer Baltique et en mer Noire.

ICEBERGS

Les plus grands et les plus hauts

Le plus grand iceberg antarctique répertorié était un iceberg de forme tabulaire de plus de 31 000 km^2 (335 km de long, 97 km de large, et donc plus grand que la Belgique). Il fut repéré, le 12 novembre 1956, par le navire américain ***Glacier***, dans le Pacifique sud, à 240 km à l'ouest de l'île de Scott.
L'île de glace T 1, d'une épaisseur de 61 m et d'une superficie de 360 km^2, découverte en 1946, fut suivie pendant 17 ans.
Le plus haut iceberg jamais étudié mesurait 167 m ; il fut signalé en 1958 au large du Groenland occidental par l'équipage du brise-glace américain ***East-Wind***.
L'iceberg A 24, appelé Druzhana, grand comme la Bretagne avec 13 000 km^2, s'est séparé du glacier oriental de l'Antarctique en 1986 et dérive. Il se déplace de 5 à 15 km par jour et, après 6 ans, a déjà parcouru plus de 2 000 km, passant au large des Orcades et de la Georgie du Sud, avant de se diriger vers l'Afrique du Sud. Il a fondu et ne mesure plus que 6 000 km^2 (superficie comparable à celle de la Corse). Sa hauteur est de 500 m, dont seulement 60 m émergent de l'eau.

L'iceberg arctique le plus méridional

Il fut signalé en avril 1935 dans l'Atlantique par un navire météorologique de la marine américaine, par 28° 44' N et 48° 42' O.

L'iceberg antarctique le plus septentrional

Ce fut un résidu d'un iceberg plus important repéré le 30 avril 1894 dans l'Atlantique par le navire *Dochra* par 26° 30' S et 25° 40' O.

La plus éloignée de la terre

■ C'est l'île Bouvet (presque entièrement recouverte par une calotte glaciaire), découverte le 1er janvier 1739 dans l'Atlantique sud par le Français Bouvet de Lozier. Elle se trouve par 54° 26' S et 3° 24' E. Cette dépendance norvégienne inhabitée est à environ 1 700 km de la terre déserte de la Reine-Maud, dans l'Antarctique est.

■ L'archipel habité le plus éloigné de la terre est Tristan da Cunha, découvert en mars 1506 dans l'Atlantique sud par l'amiral portugais Tristão da Cunha. L'île principale a une superficie de 98 km^2. Son premier résident fut Thomas Currie, qui s'y installa en 1810. Elle fut annexée par le Royaume-Uni le 14 août 1816. Après son évacuation en 1961 (à cause de son activité volcanique), 198 insulaires y revinrent en novembre 1963.

■ La terre habitée la plus proche est l'île de Sainte-Hélène (où mourut Napoléon, qui y était prisonnier des Anglais), à 2 435 km au nord-est. Le continent le plus proche, l'Afrique, est distant de 2 740 km.

Le pic rocheux le plus haut

La pyramide de Ball, dans le Pacifique, a 561 m de hauteur, mais sa longueur n'est que de 200 m. Elle fut escaladée pour la 1ère fois en 1965.

La terre la plus septentrionale

Uffe Petersen, de l'Institut danois de géodésie, a observé le 26 juillet 1978 l'îlot d'Oodaq, d'un diamètre de 30 m, au large de la terre de Perry, Groenland. Il se trouve à 706 km du pôle Nord, par 83° 40' N et 30° 40' O.

La terre la plus méridionale

Le pôle Sud, à la différence du pôle Nord, repose sur une surface terrestre. La station sud-polaire Amundsen-Scott y fut construite en 1957, à une altitude de 2 855 m. Elle se déplace, faisant corps avec le manteau de glace, de 8 à 9 m par an suivant une direction de 43° O. Elle fut remplacée en 1975 par une nouvelle installation.

L'île la plus récente

L'île la plus récente est l'îlot de Pulau Batu Hairan, au nord de l'île de Bornéo, qui fut signalé le 14 avril 1988. Une semaine après, sa hauteur avait doublé, elle couvre à présent une superficie de 0,77 ha et son point culminant se trouve à 3,1 m.

L'atoll le plus grand

L'atoll de Kwajalein, dans les îles Marshall, Pacifique central, est formé d'une barrière de corail, longue de 283 km, enserrant un lagon de 2 850 km^2. L'atoll possédant la plus grande surface terrestre est l'atoll Christmas, dans les îles de la Ligne, Pacifique central. Il couvre une surface de 649 km^2, dont 321 km^2 de terre. Sa colonie principale, baptisée Londres, n'est qu'à 4 km d'un autre campement baptisé Paris.

Le récif le plus long

La grande barrière de récifs au large du Queensland, nord-est de l'Australie, a une longueur de 2 027 km. Une grande partie située entre Cooktown et Proserpine fut détruite, de 1959 à 1971 puis de 1979 à 1991, par l'étoile de mer couronne d'épines (*Acanthaster planci*).

Les grottes les plus profondes

Profondeur	Nom	Pays
1 602 m	*Réseau Jean-Bernard*	*France*
1 508 m	*Shakta Pantjukhina*	*Ex-URSS*
1 441 m	*Sisterna del Trave*	*Espagne*
1 353 m	*Sistema Huautla*	*Mexique*
1 219 m	*Schwersystem*	*Autriche*
1 215 m	*Complesso Fighiera Corchia*	*Italie*
1 198 m	*Veliko Fbrego*	*Yougoslavie*
1 159 m	*Anou Ifflis*	*Algérie*
1 020 m	*Siebenhengste System*	*Suisse*

CAVERNES ET GROTTES

La plus longue

Le réseau de grottes le plus étendu dans le monde se trouve sous le parc national de la Grande Caverne (Mammoth Cave), Kentucky, EU. Il fut découvert en 1799. Le 9 septembre 1972, une équipe d'exploration menée par le Dr. John P. Wilcox réalisa la jonction entre le réseau Mammoth Cave et le réseau Flint Ridge Cave. L'ensemble est maintenant long de 560 km.

Le réseau Félix-Trombe

Le réseau Félix-Trombe, également appelé système de la Coume d'Hyouernède, au sud-ouest de Toulouse, Haute-Garonne, s'étend sur 90 km.

Le salon Sarawak

La plus vaste salle souterraine du monde est la salle Sarawak, au parc national de Gunung Mulu, État de Sarawak, Malaisie. Elle fut découverte et explorée en 1980 par l'expédition anglo-malaise Mulu. Longue de 700 m, elle a une largeur moyenne de 300 m et une hauteur en tout point supérieure à 70 m. On pourrait y construire une ville d'une vingtaine de blocs d'immeubles.

Et la salle à manger de La Verna

La salle de La Verna, au gouffre de la Pierre-Saint-Martin, Pyrénées-Atlantiques, a 270 m de longueur, 250 m de largeur et 180 m de haut.

Le plus profond

Le gouffre Jean-Bernard, à proximité de Samoëns, Haute-Savoie, dans le massif du Folly, est le plus profond du monde. Il n'est pas encore exploré entièrement. En 1989, le groupe Vulcain a atteint la profondeur de 1 602 m.

Stalactite

La plus longue est une stalactite soutenue par un mur et tombant du plafond jusqu'au sol sur 59 m dans la caverne de Nerja, près de Málaga, Espagne.
Les plus longues stalactites du monde tombant dans le vide sans aucun support mesurent 10 m et se trouvent dans la grotte de Janelao, à Minas, Brésil.

Stalagmite

Dans l'aven Armand, gouffre du causse Méjean, Lozère (ouvert au public depuis 1927), se dresse une stalagmite haute de 32 m. Une autre stalagmite, située dans la grotte de Krásnohorská, Slovaquie, mesure elle aussi 32 m de haut.
On considère que la plus grande stalagmite dans une grotte est le pilier du Dragon volant (39 m), dans la grotte des Neuf Dragons (Daji Dong), à Guizhou, Chine.

CHUTES D'EAU

Les plus hautes

Le Salto Angel, au Venezuela, sur un bras de la rivière Carrao (affluent du río Caroni), présente une chute mesurant au total 979 m. Les chutes Angel reçurent leur nom du pilote américain Jimmie Angel (décédé le 8 décembre 1956), qui les consigna dans son livre de bord le 16 novembre 1933. C'est Sánchez de La Cruz, en 1910, qui le premier signala ces chutes, connues jusqu'alors des Indiens sous le nom de Churun-Meru. On trouve dans le cirque de Gavarnie, Hautes-Pyrénées, des chutes atteignant une hauteur de 422 m.

Les plus grandes

En fonction du débit annuel moyen, ce sont les chutes Inga sur le bas Zaïre, un ensemble de rapides représentant une chute de 96 m, pour un débit moyen de 43 000 m^3/s et dont le débit maximal peut être de 81 000 m^3/s.
On a calculé qu'il y a quelque 5,5 millions d'années, lorsque le bassin méditerranéen commença à se remplir des eaux de l'Atlantique, via le détroit de Gibraltar, il se forma une chute d'eau 26 fois plus importante que les chutes d'Inga et peut-être haute de 800 m.

Les plus larges

Les chutes Khône (d'une hauteur de 15 m à 21 m), au Laos, s'étendent sur une largeur de 10,8 km, avec un débit moyen de 42 500 m^3/s.

EVEREST

Dans une région appelée tout d'abord Chu-mulang-ma sur une carte de 1717, à la frontière entre le Tibet et le Népal, un sommet de 8 846 m au-dessus du niveau de la mer, dans la partie orientale de l'Himalaya, fut longtemps considéré comme le plus haut sommet du monde. Il avait été mesuré en 1856, on le baptisa mont Everest, du nom du colonel sir George Everest (1790-1866), contrôleur général des Indes.
Le statut de l'Everest comme montagne la plus haute du monde demeura inchangé pendant 131 ans, mais il fut remis en question par l'existence du K2 (anciennement Godwin Austen), également connu sous les noms de Dapsang ou de Chogori, dans le nord du Cachemire, au Pakistan.
Le 6 mars 1987, l'expédition américaine K2 annonça que ses mesures par satellite indiquaient une altitude comprise entre 8 858 m et 8 908 m, en contradiction avec le chiffre de 8 611 m (datant du XIXe siècle, et seul chiffre officiel jusqu'alors), d'une part, et avec l'altitude de 8 760 m avancée au XXe siècle d'autre part. Le 13 août 1987, pourtant, les Chinois réaffirmèrent leurs hauteurs de 8 848 m pour l'Everest et de 8 611 m pour le K2. Le 23 octobre 1987, le Conseil pour la recherche à Rome a annoncé que de nouveaux relevés par satellite avaient rendu sa première place à l'Everest, avec 8 863 m, et avaient rétrogradé le K2 à 8 607 m.

ALPES-PYRÉNÉES-CORSE

- Le mont Blanc, Haute-Savoie, dont l'altitude est très précisément de 4 808,4 m, est également le plus haut sommet d'Europe. En effet, si l'Elbrous culmine à 5 642 m, dans la chaîne du Caucase, les géographes ne sont pas d'accord entre eux pour décider si cette partie de l'ex-URSS se trouve en Europe ou en Asie.
- Dans les Pyrénées, le pic de Vignemale, Hautes-Pyrénées, culmine à 3 298 m.
- Le plus haut col, celui du Géant, à 3 369 m, est une dépression du massif du Mont-Blanc entre la vallée de l'Arve (Chamonix) et la vallée de la Doire (Courmayeur). Le tunnel routier du Mont-Blanc est creusé sous le col.
- Le point culminant de la Corse est le Monte Cinto, 2 710 m, avec des neiges éternelles.

Les plus hautes montagnes francophones

Le Signal de Bautrange, 694 m, dans les Ardennes belges est le point culminant de la **Belgique**.
Le mont Rose (Dufourspitze), 4 634 m, est le plus haut sommet de **Suisse**.
Le mont Logan, 6 054 m, dans les monts Saint-Elias, au sud-ouest du Yukon est le plus haut sommet du **Canada**.
Dans les montagnes Rocheuses canadiennes, le plus haut sommet est le mont Robson, 3 956 m.

Records intéressants et instructifs

- **La montagne dont le sommet est le plus éloigné du centre de la Terre est le pic de Chimborazo, Équateur, dans les Andes (6 267 m). Il est éloigné du centre de la Terre de 2 150 m de plus que le sommet de l'Everest.**
- **La montagne la plus élevée sur l'équateur est le volcan Cayambe (5 790 m), en Équateur, à 77° 58' O. Un alpiniste se tenant au sommet se déplace à 1 671 km/h par rapport au centre de la Terre, du fait de la rotation du globe terrestre.**
- **La plus haute montagne insulaire du monde est le pic Jaya (anciennement appelé pyramide de Carstensz, puis pic Sukarno), dans l'île d'Irian Barat, Indonésie. Il s'élève à 4 884 m.**
- **Ngga Pulu, lui aussi situé dans l'île d'Irian Barat, s'élève à 4 861 m. En 1936, il s'est élevé jusqu'à 4 910 m, avant la fonte des neiges.**

Perspectives

On a pu voir, grâce au réfléchissement de la lumière, la ville de Vatnajökull (2 118 m), Islande, depuis les îles Féroé, Danemark, distantes de 550 km.
En Alaska, on a pu voir le mont McKinley (6 193 m) du mont Sanford (4 949 m), distant de 370 km. Le mont McKinley, qui reçut ce nom en 1896, était appelé Denali (le « Grand ») dans la langue indienne athabascane d'Amérique du Nord : c'est la plus haute montagne des États-Unis.

La plus "haute"

- Mauna Kea « montagne blanche », point culminant de l'île d'Hawaï, est la plus « haute » montagne du monde si on la mesure de sa base sous-marine (6 000 m), dans la fosse hawaïenne, à son sommet. Elle totalise alors 10 205 m de hauteur dont 4 205 m au-dessus du niveau de la mer.
- L'Aconcagua (6 960 m), un volcan des Andes (Argentine) qui est le plus haut sommet d'Amérique, est situé à environ 11 830 m au-dessus de la plaine abyssale du Pacifique, profonde de 4 900 m, ou à 13 055 m au-dessus de la fosse Pérou-Chili, qui se trouve à 290 km dans le Pacifique sud.

La plus grande montagne

- Sur la terre ferme, c'est l'Himalaya-Karakoram (« pierre noire »), qui abrite 96 des 109 sommets dépassant 7 315 m.
- Le mot Himalaya vient du sanskrit him, « neige », et alaya, « maison ».
- La cordillère des Andes est l'une des plus grandes chaînes montagneuses, elle s'étend sur 7 600 km.
- La plus grande des chaînes montagneuses est cependant la cordillère sous-marine de l'océan Arctique et de l'Atlantique, qui s'étend sur 65 000 km du golfe d'Aden au golfe de Californie, à une altitude moyenne de 4 200 m au-dessus du fond de l'océan.

LE PLUS GRAND PLATEAU

Le plateau tibétain, en Asie centrale, couvre une superficie de 1 850 000 km², à une altitude moyenne de 4 900 m.

La paroi la plus abrupte

Au-dessus de la vallée de Hunza, Pakistan, le mont Rakaposhi (7 788 m) s'élève de 5,99 km sur une distance horizontale de 10 km, avec une dénivellation de 31°. La face nord-ouest du Half Dome, d'une largeur de 975 m, dans le parc national de Yosemite, en Californie, se dresse sur une hauteur de 670 m sans jamais s'écarter de plus de 7° par rapport à la verticale.

Des cas extrêmement rares

LES PLUS PROFONDES-LES PLUS GRANDES LES PLUS NOIRES

La fosse des Mariannes, située à – 11 034 m n'étant pas considérée comme une dépression, le lit rocheux situé dans la fosse sub-glaciale de Bentley, Antarctique, se trouve à 2 538 m au-dessous du niveau de la mer.
La plus grande dépression sous-marine est une partie du fond marin de la région nord-ouest du Pacifique où la profondeur moyenne est de 4 600 m.
La dépression la plus profonde visible de la terre ferme est formée par le rivage de la mer Morte, qui se trouve maintenant à 400 m au-dessous du niveau de la mer, le point le plus profond de la mer est à 728 m au-dessous du niveau de la mer. Le niveau de ce lac très salé baisse à raison de 35 cm par an.
La partie la plus profonde du lit du lac Baïkal, en Sibérie, se trouve à 1 181 m au-dessous du niveau de la mer.
Le bassin de la mer Caspienne, située dans les républiques d'Azerbaïdjan, de Russie, du Kazakhstan et du Turkménistan et dans le nord de l'Iran, couvre une superficie de plus de 518 000 km², dont 371 800 km² pour le lac lui-même.
La Prikaspiskaïa Nizmennost, qui se trouve autour du tiers septentrional du lac et qui s'étend à l'intérieur des terres sur une distance allant jusqu'à 450 km, constitue la partie terrestre la plus importante de cette dépression.

Vous connaissez un record dans le monde ou devant chez vous. Faites-le connaître, écrivez-nous.

FLEUVES - DELTAS - MARAIS

Les plus longs

Les deux fleuves les plus longs du monde sont le Nil (Bahr el-Nil), qui se jette dans la Méditerranée, et l'Amazone (Amazonas), qui se jette dans l'Atlantique sud. Le cours du Nil, du Burundi à l'Égypte, est long de 6 670 km, selon les mesures effectuées par M. Devroey (Belgique) avant la disparition de quelques kilomètres de méandres causée par la formation du lac Nasser, au sud du grand barrage d'Assouan.

La véritable source de l'Amazone fut découverte en 1971, par Loren McIntyre et se trouve être un ruisseau, appelé Laguna McIntyre, dans les Andes péruviennes. La longueur du fleuve est approximativement de 6 750 km.

France La Loire, qui prend sa source à 1 408 m d'altitude, au mont Gerbier-de-Jonc, Ardèche, coule sur une longueur de 1 012 km et traverse 12 départements avant de se jeter dans l'Atlantique.

Le plus grand bassin

C'est celui de l'Amazone. Couvrant une superficie d'environ 7 045 000 km², il compte quelque 15 000 affluents et sous-affluents, dont 4 mesurent plus de 1 500 km.

France Le bassin de la Loire couvre une superficie de 115 200 km² (environ 1/5 du territoire français). Il est parfois le théâtre des crues catastrophiques de ce fleuve au régime très irrégulier.

L'affluent le plus long

Le Madeira se jette dans l'Amazone en aval de Manaus, Brésil. Il mesure 3 380 km et n'est dépassé en longueur que par 17 fleuves dans le monde.

France Le Lot coule sur 480 km avant de se jeter dans la Garonne, près d'Aiguillon, Lot-et-Garonne.

Le sous-affluent le plus long

C'est le Pilcomayo (1 600 km), en Amérique du Sud, un affluent du Paraguay (2 200 km), qui est lui-même un affluent du Paraná (3 300 km).

L'estuaire le plus long

L'estuaire de l'Ob, ou Obi, souvent pris par les glaces, au nord de la Russie, est long de 885 km. Sa largeur dépasse les 80 km.

France L'estuaire de la Seine s'étend sur 114 km, distance qui sépare Caudebec, Seine-Maritime, où naît cet estuaire, du Havre, où le fleuve se jette dans la Manche. La Seine est longue de 776 km.

Le fleuve D

Le plus petit fleuve du monde possédant un nom est le D, à Lincoln City, Oregon, EU. Il relie le lac du Diable à l'océan Pacifique sur une longueur officielle de 37 m.

La Veules, en Seine-Maritime, est le plus petit fleuve de France : 1 100 m seulement séparent sa source de l'endroit où elle se jette dans la Manche. Sa précédente longueur, 1 175 m, a progressivement diminué du fait de son aménagement pour l'irrigation des cressonnières avoisinantes.

Le plus grand delta

Le delta commun du Gange et du Brahmapoutre, dans le golfe du Bengale, Inde, couvre une superficie de 75 000 km².

France Le delta du Rhône s'étend sur une superficie de 750 km² ; il se compose du Petit Rhône (à l'ouest) et du Grand Rhône. Ce delta se déplace vers le sud à raison de 67 m par an en moyenne.

Le débit le plus important

L'Amazone déverse en moyenne 120 000 m³ d'eau par seconde dans l'océan Atlantique. En période de crue, ce débit peut s'élever à 200 000 m³/s. La partie inférieure de l'Amazone, longue de 1 450 km, a une profondeur moyenne de 17 m et une profondeur maximale de 124 m. Le débit de l'Amazone est 60 fois plus important que celui du Nil.

France Le débit maximal de la Garonne peut atteindre 8 000 m³/s. On a également observé, en 1856 et en 1866, des débits exceptionnels de 7 200 m³/s pour la Loire.

Fleuve souterrain

En août 1958, on a trouvé par radio-isotopes la trace d'un fleuve caché coulant sous le Nil dont le volume annuel moyen est 6 fois supérieur à celui du Nil, avec 500 milliards de m³.

Fleuve sous-marin

On a découvert en 1952 un fleuve sous-marin de 300 km de large, connu sous le nom de courant de Cromwell, qui coule vers l'est en longeant l'équateur sur 5 650 km, à 400 m de la surface du Pacifique. Son volume est 1 000 fois celui du Mississippi.

Le plus grand marais

La plus grande étendue marécageuse au monde est le Gran Pantanal, au Brésil. Il couvre une superficie évaluée à 109 000 km².

France Le Marais poitevin s'étend sur environ 81 500 ha, dont 16 500 ha de marais mouillés dans l'ouest de la France, sur l'Atlantique, essentiellement dans les départements de Vendée, de Charente-Maritime et des Deux-Sèvres. C'est un ancien golfe marin d'où émergent quelques îlots de calcaire jurassique — sites des villages. Son assainissement fut entrepris, au XIIe siècle, par les abbayes.

MASCARETS

7,50 m de hauteur

Parmi les 60 mascarets répertoriés dans le monde, le plus grand est celui du Quiantong Jiang, qui se jette dans la baie de Hangzhou, Chine orientale. Lors des marées de printemps, la vague atteint une hauteur supérieure à 7,50 m et une vitesse de 13 à 15 nœuds (24 à 27 km/h). On l'entend déferler à une distance de 22 km.

Le mascaret qui descend annuellement le Mekong (en Asie) atteint parfois une hauteur de 14 m.

À l'embouchure de l'Amazone, le mascaret du canal du Nord, large de 16 km, est le plus grand en volume.

Adieu Léopoldine

Le plus grand mascaret de France était celui de la Seine, près de Quillebeuf, Eure, célèbre pour avoir emporté la fille de Victor Hugo, Léopoldine, et son mari, à Villequier, Seine-Maritime, en 1853. L'aménagement de l'estuaire de la Seine a fait complètement disparaître ce mascaret.

Dordogne Garonne

Le mascaret produit par la confluence de la Dordogne et de la Garonne remonte sur 60 km.

LACS ET MERS INTERIEURS

La plus grande mer intérieure

La mer Caspienne, dans l'Azerbaïdjan, la Russie, le Kazakhstan, le Turkménistan et l'Iran, est longue de 1 225 km. Elle couvre une superficie de 371 800 km². Dans sa partie iranienne, elle couvre 143 200 km² et devient le Darya-ye-Khazar. Sa profondeur maximale est de 1 025 m et sa surface est à 28,5 m au-dessous du niveau de la mer. Son volume d'eau est estimé à 89 600 km³.

Le lac le plus profond

Le lac Baïkal,en Sibérie (1 485 m d'altitude), a 620 km de long et entre 32 et 74 km de large ; il atteint 1 637 m à son point le plus profond (crevasse d'Olkhon).

Titicaca

Le plus haut lac navigable du monde, le lac Titicaca, à cheval sur le Pérou et la Bolivie, se trouve à 3 811 m au-dessus du niveau de la mer. Il a une superficie d'environ 8 285 km² (4 790 km² au Pérou et 3 495 km² en Bolivie) une longueur de 160 km et une profondeur maximale de 370 m.

On peut trouver des lacs plus hauts dans l'Himalaya, mais la plupart sont pris par les glaces et n'existent donc que d'une manière intermittente. Une étude de la région réalisée en 1984 a révélé un lac de 1,6 km de long appelé Panch Pokhri à 5 414 m d'altitude.

France Le lac Tourrat, Hautes-Pyrénées, se trouve à 2 620 m au-dessus du niveau de la mer.

Les plus grands lacs

Le lac Supérieur, l'un des grands lacs de l'Amérique du Nord, couvre une superficie totale de 81 350 km² : 53 600 km² aux États-Unis (États du Minnesota, du Wisconsin et du Michigan) et 27 750 km² au Canada (province de l'Ontario). Il se trouve à 180 m au-dessus du niveau de la mer.

Le lac d'eau douce le plus grand par son volume est le lac Baïkal, en Sibérie orientale, avec environ 23 000 km³.

En France, le lac du Bourget, Savoie, couvre une superficie de 45 km² et a une profondeur maximale de 145 m.

La partie française du lac Léman, lequel se trouve à cheval sur la France et la Suisse, s'étend sur 200 km². Le lac a une profondeur maximale de 310 m.

Le plus grand lac dans un lac

Le lac Manitou (106,42 km²) se trouve dans l'île Manitoulin (2 766 km²), qui est elle-même la plus grande île située au milieu d'un lac, à savoir la partie canadienne du lac Huron. Celui-ci abrite un certain nombre d'autres îles.

Lac souterrain

Dans la grotte de Drachenhauchloch, en Namibie, se trouve sans doute le plus grand lac souterrain du monde. Il fut découvert en 1986. En avril 1991, sa superficie fut évaluée à 2,61 ha, la surface du lac à 66 m sous la terre et sa profondeur à 84 m.

Étang français

L'étang de Berre, Bouches-du-Rhône, couvre une superficie de 156 km².

Lagon

Le lagon des Canards (lagoa dos Patos), à l'extrême sud du Brésil, a une longueur de 280 km et s'étend sur une surface de 9 850 km².

ARCHES

La plus longue arche de formation naturelle est la Landscape Arch, dans le parc national des Arches, à 40 km au nord de Moab, Utah, EU. Cette arche de grès s'étend sur 88 m et s'élève à 30 m au-dessus du plancher du canyon.

CANYONS

Les plus grands

Le Grand Canyon du fleuve Colorado, dans le centre de l'Arizona septentrional, aux États-Unis, s'étend de la Marble Gorge aux Grand Wash Cliffs sur 446 km. Sa largeur est de 16 km et sa profondeur atteint environ 1,6 km.

Sous-marin

Le canyon sous-marin du bassin du Labrador est long de 3 440 km.

Les plus profonds

Le plus profond canyon sous-marin découvert à ce jour est à 40 km au sud d'Esperance, Australie occidentale : large de 30 km, il s'enfonce à 1 800 m.

Vallée la plus profonde

La vallée de Tsangpo a une profondeur de 5 075 m, là où elle contourne l'Himalaya, à l'est du Tibet, et avant que le fleuve ne change son nom en Brahmapoutre.

AVALANCHES

Bien qu'on n'ait pu en observer que rarement, les plus grandes avalanches naturelles ont lieu dans l'Himalaya, mais on n'a publié aucune estimation de leur volume.
On a calculé que 3,5 millions de m^3 de neige sont tombés lors d'une avalanche dans les Alpes italiennes en 1885.
On pense que l'avalanche qui a déferlé le 18 mai 1980, à 400 km/h, à la suite de l'éruption du mont Saint-Helens (État de Washington, EU), a, quant à elle, déplacé 2,8 milliards de m^3 de neige.
En France une avalanche estimée à 2,5 millions de m^3 de neige a eu lieu le 14 février 1955 à Chamonix, Taconaz, Haute-Savoie.

DUNES

Les plus hautes dunes de sable du monde mesurées à ce jour sont celles de la mer de sable d'Issouane N'Tifernine, à l'est de la partie centrale de l'Algérie (26° 42' N, 6° 43' E). Elles s'étendent sur 5 km et atteignent une hauteur de 465 m.

La dune du Pilat

La grande dune du Pilat, en Gironde, France, a 105 m de hauteur.

DÉSERTS

Près de 1/8 de la surface du globe est aride et recueille des pluies inférieures à 25 cm par an. Le Sahara, en Afrique du Nord, est le plus grand désert du monde. Dans ses plus grandes dimensions, il mesure 5 150 km d'est en ouest et entre 1 280 et 2 250 km du nord au sud. Sa superficie est de 9,2 millions de km^2. L'altitude y varie de 132 m au-dessous du niveau de la mer (dépression de Qattâra, Égypte) à 3 415 m (mont Emi Koussi, Tchad). Dans l'ouest du Sahara, la température diurne peut varier de 45 °C. Elle peut atteindre, dans les déserts, 82 °C.

FALAISES

Les falaises de la côte nord de l'île de Molokai, dans l'archipel de Hawaï, descendent de 1 010 m vers la mer, avec une dénivellation moyenne de 55°.

4,78 KM DE GLACE

Le 4 janvier 1975, un avion américain de recherches dans l'Antarctique mesura par sonar une épaisseur de glace de 4,78 km, par 69° 9' 38" et 135° 20' 25" E (à 400 km au large de la terre de Wilkes).

PERGÉLISOL (PERMAFROST)

En février 1982, aux abords arctiques du fleuve Viluy, en Sibérie, on a mesuré un permafrost (c'est-à-dire un sol perpétuellement gelé) de 1 370 m de profondeur.

GLACIERS

On a calculé que 13,6 millions de km^2, soit 9,7 % de la surface du globe terrestre, sont en permanence pris par les glaces.
Le plus long glacier du monde est le glacier Lambert, découvert en 1956 par l'équipage d'un avion australien dans le territoire antarctique australien. Il est large de plus de 64 km et long d'au moins 700 km. Sa partie supérieure est connue sous le nom de glacier Mellor. Avec le prolongement du glacier Fisher, le Lambert forme un passage continu de glace d'environ 800 km de long.
Le plus long glacier himalayen est le Siachen (75,5 km), dans le massif du Karakoram, bien que le Hispar et le Biafo se rejoignent pour former un passage de glace long de 122 km.
Le glacier de première importance à avancer le plus rapidement est le Quarayaq, au Groenland, qui se déplace à une moyenne de 19 m par jour.
La mer de Glace, dans le massif du Mont-Blanc, Haute-Savoie, couvre une superficie de 55 km^2. Si l'on y ajoute le glacier du Géant, elle est longue de 14 km. Cependant, elle régresse d'année en année.

Le Sahara, en Afrique du Nord, est le plus grand désert du monde. Ici, les plaines sableuses du Ténéré au Niger, à l'ouest du Sahara.

MIRAGES

En 1913, Donald B. MacMillan signala un gigantesque mirage dans l'Arctique, par 83° N et 103° O. Ce type de mirage, connu sous le nom de *fata morgana*, avait « l'apparence de collines, de vallées, de sommets enneigés s'étendant sur au moins 120° à l'horizon », une vision que Peary avait déjà confondue avec Crocker Land 6 ans auparavant.
Le 17 juillet 1939, un mirage du Snaefellsjokul (1 437 m), en Islande, fut aperçu en mer à une distance de 550 km.

La falaise du cap Canaille, à Cassis, Bouches-du-Rhône, surplombe la Méditerranée de 362 m.

PHENOMENES NATURELS

SÉISMES

■ On estime qu'il y a chaque année environ 500 000 perturbations sismiques ou microsismiques, dont 100 000 peuvent être directement ressenties et 1 000 occasionnent des dégâts.

L'échelle la plus couramment utilisée pour mesurer les tremblements de terre est l'échelle de magnitude de Richter (1954), du nom du géophysicien américain Charles Richter (1900-1985). Elle se base sur l'amplitude des ondes de surface, généralement pendant une période de 20 s.

■ On a enregistré en Indonésie, en 1933, 1934 et 1943, les hypocentres les plus profonds, à 720 km.

■ Les magnitudes les plus grandes enregistrées sur l'échelle de Richter sont de 8,9, mais l'échelle ne donne pas une image fidèle des très grands tremblements de terre, supérieurs à 8, pour lesquels il est préférable d'utiliser le concept de moment sismique, élaboré par K. Aki en 1966. On peut aussi utiliser un moment et calculer sa magnitude, d'après la méthode inventée en 1977 par Hiroo Kanamori.

Les plus grands

■ Le plus grand séisme enregistré sur cette dernière échelle est le séisme chilien du 22 mai 1960, qui avait une magnitude de moment de 9,5, mais seulement une magnitude de 8,3 sur l'échelle de Richter.

■ Le séisme qui se produisit dans le midi de la France le 11 juin 1969, à 21 h 15, atteignit une magnitude de 9 sur l'échelle de Kanamori. Son épicentre se trouvait dans l'arrière-pays niçois, et il fut ressenti dans une zone allant de Barcelone, Espagne, à Lyon, Rhône, faisant 44 victimes.

■ Pour les plus grandes catastrophes, telles que le séisme chilien de 1960, l'énergie libérée est supérieure à 1 000 joules.

■ Le séisme qui a touché le 13 avril 1992, à 3 h 20, une partie des Pays-Bas, de la Belgique, de l'Allemagne et le nord de la France jusqu'à Paris, a duré une vingtaine de secondes et a atteint 5,8 sur l'échelle ouverte de Richter. Son épicentre se situait à proximité de Maastricht, Pays-Bas.

VICTIMES

■ Le séisme qui secoua chaque ville du Proche-Orient et de la Méditerranée orientale vers mai 1201 aurait coûté la vie à plus de 1 million de personnes. Cela semble être une exagération, car on compte parmi les victimes celles qui moururent de la famine l'année suivante. Une estimation plus raisonnable donne le chiffre de plus de 30 000 victimes.

■ On peut davantage se fier au nombre de 830 000 morts lors du séisme prolongé (ti chen) dans les provinces chinoises du Shensi, du Shansi et du Honan, en 1556.

■ Le plus grand nombre de morts à l'époque contemporaine résulta du séisme de magnitude 7,9 qui détruisit la ville de Tangshan, en Chine orientale, le 27 juillet 1976, à 3 h du matin, heure locale. Un premier chiffre, publié le 4 janvier 1977, indiqua 655 237 morts et fut plus tard révisé à la hausse pour atteindre 750 000. Mais, le 22 novembre 1979, l'agence de presse Chine nouvelle réduisit, de manière inexplicable, le chiffre à 242 000.

DÉGÂTS MATÉRIELS

À Tokyo et à Yokohama 575 000 habitations furent détruites lors d'un séisme de magnitude 8,2 sur l'échelle de Kanamori, le 1er septembre 1923. Dans la baie de Sagami, le fond de la mer s'effondra de 400 m. Le nombre total officiel des personnes mortes ou portées disparues à la suite de ce séisme et des feux qui s'ensuivirent est de 142 807.

PITON DE LA FOURNAISE

Le piton de la Fournaise, sur l'île de la Réunion, est le plus grand et le plus important volcan français en activité. Il culmine à une altitude de 2 366 m. ▶

VOLCANS

Il existe 1 343 volcans en activité, dont une grande partie se trouve dans les océans. La plus grande concentration se trouve en Indonésie, qui en compte quelque 200.

Le nom de volcan vient de l'île de Vulcano, maintenant éteinte (qui tire elle-même son nom du dieu romain du feu, Vulcain), au nord de la Sicile.

KRAKATOA

La plus grande explosion volcanique

■ Hormis celle de l'île de Santorin, en mer Égée, au nord de la Crète, vers 1600 av. J.-C., l'explosion la plus catastrophique fut celle, le 27 août 1883, de l'îlot de Krakatoa, entre Java et Sumatra, Indonésie ; 163 villages furent rayés de la carte et 36 380 personnes tuées par la vague qui en résulta. Des pierres ponces furent projetées à 55 km de hauteur et la poussière retomba à 5 330 km de distance dix jours plus tard.

■ L'explosion, enregistrée 4 heures plus tard sur l'île de Rodríguez, distante de 4 776 km, fut décrite comme le « rugissement de canons de gros calibre ». On l'entendit sur 1/13 de la surface du globe. On évalua la puissance de l'explosion à 26 fois la puissance libérée lors de l'explosion expérimentale de la plus grosse bombe H.

■ Pourtant, le cataclysme de Santorin fut sans doute 3 fois plus dévastateur.

La plus grande éruption

■ Le volume total de matières projetées lors de l'éruption du Tambora, un volcan de l'île de Sumbawa, en Indonésie, du 5 au 10 avril 1815, était de 150 à 180 km^3. L'énergie de cette éruption qui abaissa la hauteur de l'île de 1 250 m (de 4 100 à 2 850 m) fut de 8,4 x 10^{19} joules. Un cratère de 8 km de diamètre se forma, et plus de 90 000 personnes furent tuées ou moururent de famine. À titre de comparaison, il est probable que l'éruption de Santorin libéra de 60 à 65 km^3 de matières diverses, et celle du Krakatoa, 20 km^3.

■ On pense que 14 x 10^9 t de pierre ponce furent projetées à 700 km/h par l'éruption du Taupo, en Nouvelle-Zélande, vers l'an 130. L'éruption rasa 16 000 km^2 (environ 26 fois la superficie dévastée par l'avalanche du mont Saint-Helens). Près de 20 % du volume 30 milliards de t pierre ponce projetées par cette éruption, la plus violente de toutes celles répertoriées, retomba dans un périmètre de 200 km.

■ En juin 1991, le Pinatubo, aux Philippines, a vomi entre 14 et 15 km^3 de dépôts et ses panaches de gaz (ressemblant à des nuages atomiques) ont atteint une hauteur de 30 km.

■ En 48 h, le Pinatubo a rejeté 18 millions de t de dioxyde de soufre (plus que tous les volcans de la Terre en une année). On a assisté alors à l'un des plus grands déplacements de personnes, plus d'un million.

COULÉE DE LAVE

Un mélange de lave « pahoehoe » (des solides se présentant sous la forme de cordes tordues) et de lave « aa » se déversa sur une distance de 65 à 70 km, lors de l'éruption du Laki, Islande, en 1783.

La plus longue coulée de lave préhistorique connue est la coulée de basalte de Roza qui s'écoula, en Amérique du Nord, il y a 15 millions d'années, et qui avait une longueur record de 300 km et une superficie de 40 000 km^2.

LES TREMBLEMENTS DE TERRE LES PLUS VIOLENTS

Échelle de Kanamori	Échelle de Richter	Lieu	Date
8,8	8,6	Équateur	31.01.1906
9	8,25	Kamtchatka, URSS	4.11.1952
9,1	7,75	Aléoutiennes, EU	9.03.1957
9,2	8,4	Alaska, EU	28.03.1964
9,5	8,3	Chili	22.05.1960

LE PLUS GRAND VOLCAN ACTIF

Mauna Loa (« montagne longue »), à Hawaï, a un dôme long de 120 km et large de 50 km. Son flot de lave couvre plus de 5 125 km^2 de la superficie de l'île mais sa superficie totale est de 42 500 km^2 dont plus de 80% n'apparaissent pas à la surface . Son cratère, Mokuaweoweo, s'étend sur 10 km^2 et a 150 à 180 m de profondeur. Il s'élève à 4 170 m d'altitude et sa base est à environ – 5 000 m, dans le fond de l'océan Pacifique. Il entre en éruption tous les quatre ans et demi en moyenne depuis 1843. Il n'y en a plus eu depuis 1984.

Le volcan en activité le plus haut
L'Ojos del Salado (qui laisse échapper des fumerolles), à la frontière entre le Chili et l'Argentine, culmine à 6 887 m.

Le volcan éteint le plus haut
Le Cerro Aconcagua (sentinelle de pierre), dans les Andes argentines, a une hauteur de 6 960 m.
On trouve dans le Massif central, sur une superficie de 2 500 km^2, nombre de volcans éteints, dont le stratovolcan (résultant de l'empilement de formations éruptives successives) du Cantal, au milieu duquel se trouvent le plomb du Cantal (1 855 m) et le puy Griou (1 694 m) en son cœur.

Le volcan le plus septentrional
Le mont Beeren (2 276 m), sur l'île de Jan Mayen (par 71°5' N), dans la mer du Groenland, est entré en éruption le 20 septembre 1970 ; les 39 habitants de l'île (tous des hommes) durent être évacués. La montagne marine Ostenso (1 775 m), qui se trouve à 556 km du pôle Nord, par 85° 10' N et 133° O, a eu une activité volcanique.

Les volcans les plus méridionaux
Le mont Erebus (3 794 m), sur l'île de Ross, Antarctique (77° 35' S), est un massif volcanique découvert le 28 janvier 1841 par James Clark Ross.

Cratère le plus large
La caldeira, ou cratère volcanique, la plus grande du monde est celle du Toba, à Sumatra, Indonésie : elle couvre une superficie de 1 775 km^2.

VOLCANS SOUS-MARINS
Localisés sur une zone de 180 000 km^2, à 3 200 km à l'ouest de l'Amérique du Sud, 1 133 volcans sous-marins ont été découverts par des chercheurs américains. Il s'agit là de la plus forte concentration de volcans sous-marins connue à ce jour. Ces volcans, dont 200 d'entre eux semblent être encore en activité, atteignent des altitudes qui varient de 600 à 2 000 m.

GEYSERS

Le geyser du Waimangu (« eau noire » en langue maori), en Nouvelle-Zélande, a jailli au cours de l'année 1903 à une hauteur supérieure à 460 m ; cependant, depuis la violente éruption du 1er avril 1917 à 6 h 20, qui tua 4 personnes, il n'est plus en activité. Le plus haut geyser en activité est le Steamboat Geyser du parc national de Yellowstone, Wyoming, EU. Dans les années 80, il entra en éruption à des intervalles allant de 19 jours à plus de 4 ans ; il jaillit à des hauteurs maximales de 60 m à 115 m. C'est du « geyser géant » (en sommeil depuis 1955), également dans le parc national de Yellowstone, que jaillissait la plus grande quantité d'eau, estimée à plus de 30 000 hl. Le Geysir « source jaillissante », près du mont Hekla, Islande, a donné son nom à tous les autres geysers ; il jaillit par moments à 55 m. ▲

LE TEMPS

Les records météorologiques concernent en grande partie les 150 ou 170 dernières années, puisque les données relatives aux périodes précédentes sont à la fois rares et peu fiables. Des thermomètres enregistreurs furent utilisés dès 1820. C'est à l'observatoire de Radcliffe, à Oxford, GB, que l'on fait des observations ininterrompues depuis la période la plus reculée (1815), bien que des compilations permettent aux Chinois d'affirmer que l'année 903 av. J.-C. connut un très mauvais hiver.

NIVEAU D'OZONE
Le plus bas niveau d'ozone, a été enregistré le 12 octobre 1993, au-dessus du pôle Sud, à une valeur de 91 unités Dobson (DU). Ceci se compare à la valeur de 300 DU considérée comme adéquate pour protéger la Terre des rayonnements ultraviolets provenant du Soleil et pour maintenir l'équilibre biologique. Le plus grand épuisement d'ozone a eu lieu au printemps en Antarctique, et au 23 août 1993, la mesure de 276 DU indiquait une perte d'environ 2/3 de l'ozone en deux mois. Le trou de la couche d'ozone fut découvert en 1985, et un trou de la taille des États-Unis fut créé à la suite des événements du printemps 1993.

IL N'Y A PLUS DE SAISONS
Le lieu où l'on a enregistré la température la plus égale sur une courte période est Garapan, sur l'île Saipan, îles Mariannes, océan Pacifique. En neuf ans, de 1927 à 1935 inclus, la plus basse température relevée fut 19,6 °C (le 30 janvier 1934) et la plus haute 31,4 °C (le 9 septembre 1931), ce qui donne un écart de 11,8 °C entre les extrêmes. Entre 1911 et 1990, l'île brésilienne de Fernando de Noronha a connu sa température la plus basse le 27 février 1980, avec 17,7 °C, et son maximum les 3 mars 1968, 25 décembre 1972 et 17 avril 1973 avec 32,2 °C, soit un écart de 14,5 °C.

Le plus froid
Polus Nedostupnosti, le « pôle du Froid » (78 °S, 96 °E), dans l'Antarctique, a une température moyenne annuelle évaluée à – 58 °C.
La température moyenne la plus basse mesurée est de – 57 °C, à Plateau Station, dans l'Antarctique.

La plus haute température sous abri
Elle a été enregistrée le 13 septembre 1922 à El-Azizia, Libye (111 m d'altitude), à 58 °C, sous abri, c'est-à-dire à l'ombre.

Les plus grands écarts de température
■ On les enregistre autour du « pôle de l'Inaccessible » sibérien, dans l'est de la Russie. Les températures de Verkhoïansk (par 67°33' N et 133°23' E) ont connu des écarts de 105 °C, passant de – 68 °C à 37 °C.
■ La plus grande variation de température relevée pendant une journée est de 55,6 °C : on enregistra le 23-24 janvier 1916 à Browning, Montana, EU, une chute de 7 °C à – 49 °C.
■ La hausse la plus phénoménale eut lieu le 22 janvier 1943 à Spearfish, Dakota du Sud, EU, où la température grimpa (en l'espace de 2 mn) de 27,2 °C, passant de – 20 °C à 7 h 30 du matin à 7 °C à 7 h 32.

Records français

CHALEUR
On a relevé à Toulouse, Haute-Garonne, une température de 44 °C, le 8 août 1923. En 1993, c'est au Luc, Var, qu'il a fait le plus chaud : 39 °C le 6 août.

FROID
Le 3 janvier 1971, on a relevé à Mouthe, Doubs, la température de – 35 °C.
En 1993, l'analyse communiquée par Météo Consult indique que, c'est à Reims, Marne, qu'il a fait le plus froid : – 12 °C, le 21 février.

L'ENDROIT LE PLUS FROID
■ Une température record de – 89,2 °C fut enregistrée le 21 juillet 1983 à Vostok, station soviétique de l'Antarctique, à 3 419 m d'altitude.
■ L'endroit le plus froid habité en permanence est le village sibérien d'Oïmiaken (4 000 habitants), par 63°16' N et 143°15' E, à 700 m d'altitude. La température y est descendue à – 68 °C le 6 février 1933. Des chiffres non officiels ont donné plus récemment la température de – 72 °C.

L'ENDROIT LE PLUS CHAUD
■ Selon les températures relevées sur une période de 6 ans, de 1960 à 1966, l'endroit le plus chaud du monde est Dallol, en Éthiopie, où la température moyenne est de 34 °C.
■ Dans la vallée de la Mort, en Californie, des températures maximales de 49 °C furent enregistrées pendant 43 jours consécutifs, du 6 juillet au 17 août 1917.
■ À Marble Bar, en Australie occidentale, où la température maximale enregistrée est de 49 °C, on a relevé, du 30 octobre 1923 au 8 avril 1924, pendant 162 jours consécutifs, des températures maximales supérieures à 38 °C.
■ En 1946, à Wyndham (également en Australie occidentale), la température a atteint ou dépassé 32 °C pendant 333 jours.

LES TEMPÉRATURES LES PLUS ÉLEVÉES

(records successifs)

53 °C	Ouargla, Algérie	27 août 1884
54,4 °C	Amos, Californie, EU	17 août 1885
56,7 °C	Vallée de la Mort, Californie, EU	10 juillet 1913
58 °C	Al'Aziziyah (El-Azizia), Libye	13 septembre 1922

La température de 60 °C enregistrée en août 1953 à Delta, Mexique, n'est pas officiellement reconnue à l'heure actuelle du fait d'une surexposition aux radiations. La température de 58 °C, record officiel pour le Mexique, fut relevée le 11 août 1933 à San Luis, Sonora, mais n'est pas internationalement reconnue.

La rumeur veut que la ville de Coimbra, Portugal, ait connu en septembre 1933 une pointe de chaleur monstrueuse, la température ayant grimpé à 70 °C pendant 2 mn ; cette rumeur reste toutefois largement infondée.

LES TEMPÉRATURES LES PLUS BASSES

– 58,3 °C	Baie de Floeberg, Ellesmere, Canada	1852[1]
– 68 °C	Verkhoïansk, Sibérie, ex-URSS	3 janvier 1885
– 68 °C	Verkhoïansk, Sibérie, ex-URSS	5/7 février 1892
– 68 °C	Oïmiaken, Sibérie, ex-URSS [2]	6 février 1933
– 73,5 °C	Pôle Sud, Antarctique	11 mai 1957
– 86,7 °C	Sovietskaïa, Antarctique	9 août 1958
– 87,4 °C	Vostok, Antarctique	25 août 1958
– 88,3 °C	Vostok, Antarctique	24 août 1960
– 89,2 °C	Vostok, Antarctique	21 juillet 1983

1. En 1750, M.V. Lomonosov a, pour la première fois, relevé près de Moscou la température qui fait geler le mercure, c'est-à-dire - 40 °C.
2. La population y était, en 1986, de 4 000 habitants ; c'est l'endroit habité le plus froid du globe.

La durée d'ensoleillement la plus longue

La moyenne d'ensoleillement annuel à Yuma, Arizona, EU, est de 90 %.

La ville de Saint Petersburg, en Floride, a connu 768 jours d'ensoleillement consécutifs, du 9 février 1967 au 17 mars 1969.

Toulon

La ville de Toulon, Var, a connu un ensoleillement record de 3 144 h (soit 131 jours) pendant l'année 1961.

La durée d'ensoleillement la plus courte

Au pôle Sud, il n'y a aucun ensoleillement pendant 182 jours de l'année, le chiffre étant de 176 jours au pôle Nord.

En France, la ville de Rostrenen, Côtes-d'Armor, n'a bénéficié, en 1958, que de 1 243 h (soit 52 jours) d'ensoleillement.

Haute atmosphère

La température la plus basse relevée dans l'atmosphère est de – 173 °C, à environ 90 km d'altitude.

Le 13 décembre 1967, la fusée Skua releva au-dessus de South Uist, Écosse, un courant d'air se déplaçant à 656 km/h, à 47 km d'altitude.

Les pluies les plus intenses

Il est difficile de relever le niveau des précipitations sur de très courtes périodes, mais on considère que les plus fortes pluies des temps modernes furent enregistrées le 26 novembre 1970 à Barst, Guadeloupe, avec 38 mm en 1 mn.

Les chutes de pluie les plus importantes

Des précipitations record de 1 870 mm se sont abattues en 24 h (les 15 et 16 mars 1952) à Cilaos (à 1 200 m d'altitude), sur l'île de la Réunion, dans l'océan Indien. Cela équivaut environ à 7 554 t de pluie par ha.

Sur la durée d'un mois, le record est de 9 300 mm en juillet 1861, à Cherrapunji, Inde. Le record pour une année est également détenu par Cherrapunji, avec 26 461 mm de pluie tombée entre le 1er août 1860 et le 31 juillet 1861.

Le plus grand nombre de jours de pluie

Dans les îles Hawaï, à Kauai, le mont Wai-'ale-'ale (1 569 m), connaît plus de 350 jours de pluie par an.

Record de précipitations annuelles

■ En métropole, le record des précipitations annuelles est détenu par le mont Aigoual, Lozère (1 567 m d'altitude), où il est tombé 4 017 mm de pluie pendant l'année 1913.

■ Le record pour une journée appartient au lieu-dit La Llau, sur la commune du Tech, Pyrénées-Orientales, où il est tombé 840 mm de pluie le 18 octobre 1940. Ce chiffre est cependant encore au-dessous de la réalité. En effet, l'usine qui enregistrait les données pluviométriques fut dévastée par une crue à 19 h, et les mesures cessèrent.

Le lieu le plus humide

Si l'on se base sur la moyenne annuelle des pluies, l'endroit le plus humide du monde est Mawsyrnam, en Inde, avec 11 873 mm de précipitations par an.

Sans pluie

La moyenne annuelle des pluies dans le désert d'Atacama, Chili, est quasiment nulle.

La sécheresse la plus longue

Le désert d'Atacama, Chili, a connu une sécheresse de quelque 400 ans, jusqu'en 1971. ▼

Marseille, Bouches-du-Rhône, a connu une sécheresse de 97 jours du 6 juillet au 10 octobre 1906.

Température humidité

Le service météorologique des États-Unis utilise un indice particulier « température-humidité » (ITH) égal à 2/5 de la somme des températures (sèches et humides) relevées sur un thermomètre à ampoule + 15. On a ainsi relevé en deux occasions un ITH de 98,2 dans la vallée de la Mort, en Californie, le 27 juillet 1966 (48 °C et 31 % d'humidité) et le 12 août 1970 (47 °C et 37 %).

Nuages de taille exceptionnelle

Le plus haut nuage de forme standard est le cirrus, qui avoisine les 8 200 m, mais la rare formation nuageuse d'apparence nacrée atteint parfois 24 500 m. Le cirrus est composé presque exclusivement de cristaux de glace d'une température de – 40 °C ou moins.

Le nuage le plus bas est le stratus, qui se trouve à 460 m. L'amas de nuages sombres le plus haut est le cumulonimbus, qu'on a parfois observé à 20 000 m, sous les tropiques.

GROS GRÊLONS

Des grêlons de 1 kg, tombés le 14 avril 1986 dans le district de Gopalganj, Bangladesh, ont tué 92 personnes.

France

Le 11 août 1958, à Strasbourg, Bas-Rhin, il est tombé, lors d'un violent orage, des grêlons dont le plus gros pesait 972 g.

La plus grande vitesse d'un vent de surface

■ On a relevé le 12 avril 1934 au mont Washington (1 916 m), New Hampshire, EU, un vent soufflant en surface à 371 km/h.

■ Le vent le plus rapide mesuré lors d'une tornade souffla à 450 km/h, le 2 avril 1958, à Wichita Falls, Texas.

■ La plus grande vitesse d'un vent à basse altitude a été enregistrée à 333 km/h, à la base de Thulé (44 m), Groenland, le 8 mars 1972.

VENTOUX

Le 19 novembre 1967, le vent a soufflé à 320 km/h sur le mont Ventoux, Vaucluse, 1 912 m d'altitude. Le froid et le vent excessifs détruisant régulièrement les installations météorologiques, les mesures ont été interrompues à la fin des années 60.

L'endroit le plus venteux

Sur la terre du Roi George-V, dans l'Antarctique, les rafales atteignent couramment 320 km/h.

LES PLUS IMPORTANTES CHUTES DE NEIGE

31,10 m de neige sont tombés à Paradise, sur le mont Rainier, État de Washington, EU, pendant une période de 12 mois, du 19 février 1971 au 18 février 1972.

Pour une seule chute de neige, le record est de 4,80 m, sur le mont Shasta Ski Bowl, Californie, EU, du 13 au 19 février 1959.

Pour une période de 24 h, un record de 1,93 m a été établi à Silver Lake, Colorado, EU, les 14 et 15 avril 1921.

La plus grande hauteur de neige au sol a été de 11,46 m, en mars 1911, à Tamarack, Californie.

LES PLUS LONGS BROUILLARDS MARINS

Les brouillards marins — avec une visibilité inférieure à 900 m — persistent pendant des semaines sur les Grand Banks, à Terre-Neuve, Canada, avec une moyenne supérieure à 120 jours par an.

PRESSION BAROMÉTRIQUE

La pression la plus élevée relevée à ce jour, 1 083,8 mbar (millibars), fut enregistrée le 31 décembre 1968 à Agata, Sibérie.

La pression barométrique la plus basse, 870 mbar, fut relevée le 12 octobre 1979 à Typhoon Tip, à 480 km à l'ouest de Guam, dans l'océan Pacifique (par 16° 44' N et 137° 46' E).

POLLUTION

Pollution de l'air

4 facteurs contribuent majoritairement à la pollution de l'atmosphère :
- Le dioxide de soufre (45 % de ces émissions proviennent des activités industrielles, 29 % des centrales électrothermiques, 15 % du chauffage et 11 % des transports).
- Les émissions de poussières
- Le gaz carbonique
- La production d'oxydes d'azote (1,8 million de t) constituent le tiers restant.

L'amende la plus importante

Le 2e groupe aérospatial américain, United Technologies, a été condamné à verser une amende de 30 millions de F pour non respect des lois sur l'environnement.

Poubelles

Quelque 150 millions de t de déchets industriels sont produits en France chaque année. La production française annuelle d'ordures ménagères devrait atteindre 20 millions de t en 1995, soit 450 kg par personne. Le gaspillage représente une part non négligeable des déchets. Sur 63 kg de pain achetés en moyenne en 1988, chaque Français en a jeté 9,5 kg. 385 000 t de pain sont donc passés du four du boulanger directement à la poubelle. (Voir aussi Dépots d'ordures dans le chapitre Institutions.)

Déchet le plus cher du monde

8 millions de F le kg. C'est le prix qu'ont payé en décembre 1993 les États-Unis à la Russie pour l'achat d'1 kg de plutonium 238 destiné à la Nasa. Le marché qui portait sur 40 kg du métal est sans précédent, le commerce du plutonium étant rigoureusement interdit. Si la difficulté n'est pas d'en acquérir mais bien au contraire de s'en débarrasser, ce métal radioactif extrêmement dangereux devrait permettre aux chercheurs américains d'alimenter en énergie divers engins spatiaux pour expérimenter dans l'espace la radioactivité.

Production

Chaque année, la France extrait 3 t de plutonium des 300 combustibles irradiés que la Cogema retraite. Au niveau m dial, la quantité de plutonium 238 pourrait atteindre 1 500 t c l'an 2 010.

L'un des plus gros chantiers de réhabilitation de sites pollués

En 1982, sur les bords de l'Orge, à Sermaise dans l'Essone, équipe de nettoyeurs a déterré, sur 5 000 m², 300 fûts de 200 li de déchets liquides ou pâteux, enfouis depuis plus de 15 ans. milliers de mètres cube de terre contaminée, contenant jusc 40 % d'hydrocarbures ont été retournés, révélant des traces de (polychlorobiphényles), polluants majeurs de l'environnement.

Pollution de l'eau

En 1993, environ 2 670 000 Français ont bu une eau non conforme aux normes de sar publique. Dans les Deux-Sèvres, la teneur en nitrate a avoisiné les 100 mg par litre, soit le double de la norme européenne en vigueur.

Etang de Berre

Le plus grand plan d'eau d'Europe est également l'étang de France le plus pollué

LES PLUS GROS POLLUEURS DU MONDE PAR LE TYPE DE POLLUTION

EU	Gaz carbonique (CO2)	21,8 t/ha/an
EU	Soufre (SO2)	21 millions de t/an
EU	Oxyde d'azote (NO2)	19,8 millions de t/an
ex-URSS	Risques nucléaires	23 centrales
Brésil	Déforestation	3,65 millions de t/an
Japon	Pêhe intensive	12 millions de t/an
EU	Déchets industriels	760 millions de t/an
Europe	Pollution de l'eau par les engrais	228 kg/ha cultivé/an

LA PLUS HAUTE TROMBE

Elle fut observée le 16 mai 1988 au large d'Eden, Nouvelle-Galles du Sud, Australie. Un théodolite effectuant des mesures à partir du rivage évalua sa hauteur à 1 528 m. Elle avait à peu près 3 m de diamètre.

TONNERRE D'OUGANDA

Le tonnerre a grondé en moyenne 251 jours par an à Tororo, Ouganda, entre 1967 et 1976.

ORAGES

Entre les latitudes 35° N et 35° S, on enregistre à peu près 3 200 orages par période nocturne de 12 h. Certains d'entre eux s'entendent jusqu'à 30 km de distance.

FOUDRE

La longueur visible des éclairs est très variable. Dans les régions montagneuses, lorsque les nuages sont à très basse altitude, l'éclair peut mesurer moins de 90 m de long. Sur un relief non accidenté, avec de très hauts nuages, l'éclair atteint parfois 6 km. On a même mesuré des éclairs de 32 km dans les cas les plus extrêmes. Le cœur intensément lumineux du fuseau de l'éclair est extrêmement étroit. Des scientifiques éminents avancent que son diamètre ne mesure que 1,2 cm. Ce cœur est entouré d'une enveloppe ou couronne électrique (décharge incandescente) qui peut mesurer de 3 à 6 m de diamètre.

La vitesse d'un éclair varie de 160 à 1 600 km/s pour le faisceau conducteur (le premier éclair) et atteint jusqu'à 140 000 km/s (près de la moitié de la vitesse de la lumière) pour la puissante décharge envoyée en retour.

Chaque année, plus d'1 million d'impacts de foudre sont relevés en France. Si la foudre occasionne de nombreux dégâts et incendies, elle tue aussi tous les ans 20 à 40 personnes.

Lors d'un terrible orage sur Vaison-la-Romaine, Vaucluse, le 22 septembre 1992, Météorage a enregistré 62 000 impacts de foudre (voir aussi chapitre insolite).

PIERRES PRECIEUSES ET PIERRES FINES

DIAMANTS

Les plus gros

3 106 carats

Découvert le 23 janvier 1905 dans la « Premier Mine », à Pretoria, Afrique du Sud, il se nomme le *Cullinan*, du nom de sir Thomas Cullinan, découvreur de la mine.

Diamant taillé : 530,2 carats

Une pierre précieuse en forme de poire et dotée de 74 facettes, la *Star of Africa*, fut séparée du diamant *Cullinan* par Jak Asscher, puis polie à Amsterdam en 1908 par Henri Koe. Elle se trouve maintenant sertie sur le sceptre royal de la couronne britannique.

Diamant bleu : 136,25 carats

Le *Queen of Holland*, découvert en 1904, a été taillé par F. Freedman & Co. à Amsterdam, Pays-Bas. Il fut exposé à Paris en 1925 et vendu à un maharaja indien. Son actuel possesseur est inconnu.

Diamant vert : 41 carats

Le *Dresde* est actuellement au Green Vaults, à Dresde, Allemagne.

Le plus petit

0,0001022 carat

D. Drukker & Zn NV, d'Amsterdam, Pays-Bas, ont taillé un brillant à 57 facettes d'un diamètre de 0,22 mm.

La couleur la plus rare

Rouge

Le plus gros est une pierre pure de 5,05 carats trouvée en 1927 à Tichtenburg, Afrique du Sud. Elle se trouve maintenant aux États-Unis, dans une collection privée.

Les diamants les plus chers

12 760 000 $

C'est à ce prix que s'est vendu, chez Sotheby's, à Genève, le 14 novembre 1990, un diamant blanc à 11 facettes en forme de poire d'une pureté exceptionnelle. Ce diamant de 101,84 carats portera désormais le nom de son acquéreur, le joaillier libanais établi en Suisse Robert Mouawad.

Prix record / carat

Le prix record par carat est de 926 315 $ pour un diamant rouge violacé de 0,95 carat chez Christie's, à New York, le 28 avril 1987.

Diamant brut

Un diamant brut non taillé fut acheté au prix record de 10 millions de $ par Chow Tai Fook, de Hong Kong, le 4 mars 1989.

Diamant rose : 6 959 700 $

Il s'est vendu chez Christie's, à Londres, GB, le 20 juin 1990.

Diamant bleu : 5 500 000 $

D'un poids de 19,41 carats, il s'est vendu chez Christie's, à New York, EU, le 23 octobre 1990.

Diamant jaune : 3 762 000 $

Le *Golden Drop* (Goutte d'or) en forme de poire, pesant 18,49 carats, s'est vendu chez Christie's, à Londres, GB, le 20 juin 1990.

Diamant gris : 641 100 $

Pesant 17,79 carats, il s'est vendu chez Christie's, à Genève, Suisse, le 16 novembre 1989.

Diamant vert : 396 000 $

Pesant 2,02 carats, il s'est vendu chez Christie's, à New York, EU, le 19 octobre 1988.

JADES

Le plus gros

Un bloc de jade de 577 t a été trouvé par Max Rosequist dans le territoire canadien du Yukon en juillet 1992.

RUBIS

LES PLUS GROS

8 500 carats

Le joaillier James Kazanjian, de Beverly Hills, Californie, a exposé, en juillet 1985, un corindon rouge de 14 cm de haut.

À étoile : 6 465 carats

L'Eminent Star, sûrement d'origine indienne, appartient à Kailash Rawat de l'Eminent Gems Inc. de New York. Le cabochon ovale laisse apparaître une étoile animée à 6 branches et mesure 109 x 90,5 x 58 mm.

À étoile double : 1 370 carats

Une pierre précieuse polie en cabochon, le Neelanjali, appartenant à G. Vidyaraj, de Bangalore, Inde, laisse apparaître douze branches d'étoile ; elle mesure 7,6 cm de haut et 5 cm de diamètre.

LES PLUS CHERS

4 620 000 $

Une bague en rubis et diamant réalisée par Chaumet, à Paris, et pesant 32,08 carats, s'est vendue chez Sotheby's, à New York, le 26 octobre 1989.

Le prix record par carat pour une bague en rubis est de 227 300 $, la pierre pesait 15,97 carats et fut vendue par Sotheby's, à New York, le 18 octobre 1988.

ÉMERAUDES

La plus grosse émeraude taillée : 86 136 carats

Ce béryl naturel fut trouvé à Carnaiba, Brésil, en août 1974.

La plus chère : 3 080 000 $

Un collier de 12 émeraudes et diamants de 108,74 carats , réalisé par Cartier en 1937 à Londres, s'est vendu chez Sotheby's, à New York, le 26 octobre 1989.

Une bague en émeraude et en diamant, pesant 19,77 carats s'est vendue 2 126 667 $, chez Sotheby's, à Genève, les 2 et 3 avril 1987, à la vente des bijoux de la duchesse de Windsor.

PERLES

La plus grosse

6,37 kg

La perle de Lao Tseu (dite également perle d'Allah) fut découverte à Palawan, Philippines, le 7 mai 1934, dans une palourde géante. Elle mesure 24 cm de long et 14 cm de diamètre. Elle fut acquise aux enchères pour 200 000 $ par Peter Hoffman et Victor Barbish, le 15 mai 1980.

La plus chère

864 280 $

La perle en forme de poire appelée la *Régente*, de 302,68 grains (un grain est égal à 0,20 g), fut vendue le 12 mai 1988 chez Christie's, à Genève, Suisse.

SAPHIRS

Les plus gros

Gravé : 2 302 carats

Il s'agit d'un corindon $(A_{12}\ O_3)$ découvert en 1935 à Anakie, Queensland, Australie, et gravé à l'effigie d'Abraham Lincoln. Il est conservé à la Fondation Kazanjian de Los Angeles, Californie.

À étoile : 9 719,5 carats

Cette pierre appelée *Lone Star* fut taillée à Londres en novembre 1989. Elle appartient à Harold Roper.

Le plus cher

2 791 723 $

Cette pierre de 62,02 carats montée sur une bague en saphir et diamant s'est vendue chez Sotheby's, à Saint-Moritz, Suisse, le 20 février 1988.

TOPAZES

La plus grosse

22 892,5 carats

American Golden Topaz, de forme rectangulaire, taillée en arêtes vives et dotée de 172 facettes pour une largeur totale de 15 cm, est exposée depuis le 4 mai 1988 à l'Institut Smithsonian, à Washington.

AMBRE

La plus grosse

15,25 kg

L'« ambre de Birmanie » se trouve au muséum d'histoire naturelle de Londres.

OPALES

La plus chère

196 000 $

***Jupiter Five*, une opale non polie, pesant 5,27 kg, s'est vendue à Genève, Suisse, le 15 novembre 1990.**

Les plus grosses

26 350 carats

Nommée *Jupiter Five*, elle a été trouvée en juillet 1989 à Coober Pedy, Australie.

Taillée : 3 749 carats

***Galaxy* est la plus grande opale taillée. Elle a été extraite d'une mine du Brésil en 1976.** ▶

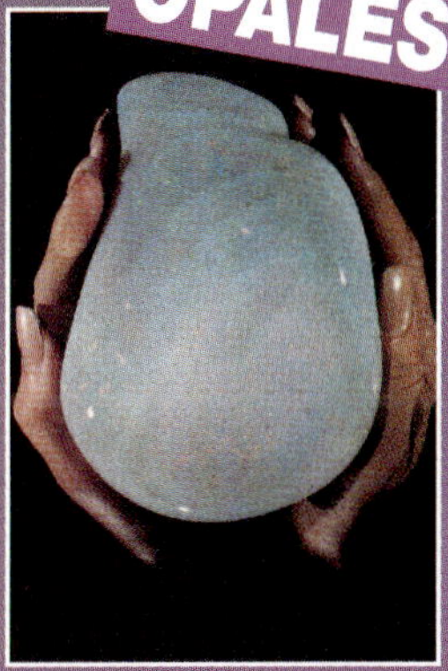

Noire : 1 520 carats

Nommée *Empress of Glengarry*, elle a été trouvée le 4 février 1972 à Lightning Ride, Australie.

11 VÉGÉTAUX

La société Cledor la Provence, de Lyon, a réalisé la plus grande carte de France en fruits et légumes.

VÉGÉTAUX GÉNÉRALITÉS

Le plus gros organisme

Découvert en décembre 1992, le plus gros organisme est un réseau de trembles (Tremuloides populus) *poussant dans les montagnes de l'Utah, EU. Une racine unique a engendré un organisme recouvrant 43 ha et pesant environ 6 000 t.*

LES PLUS VIEILLES PLANTES

King Clone, le plus vieux clone connu de la « plante à créosote » actuelle (Larrea tridentata)*, a été trouvé en Californie, EU. En février 1980, le Pr Frank C. Vasek a estimé que ce spécimen avait 11 700 ans. Il est possible que certains lichens de plus de 50 cm de diamètre soient aussi vieux.*

En 1981, des scientifiques néerlandais ont estimé que les lichens de l'Antarctique dépassant 10 cm de diamètre devaient être vieux d'au moins 10 000 ans.

La plus haute plante

Si l'on exclut les arbres (Voir l'encadré ci-contre), le record de la plus haute plante appartient à un bambou thorney (Bambusa arundinacea) *coupé en novembre 1904, à Pattaji, Travancore, Inde, qui mesurait 37 m.*

Les plus rares

Chaque année, on redécouvre des plantes que l'on croyait disparues. Nombre d'entre elles ne se trouvent qu'en un seul lieu de la planète. Il n'existe plus qu'un seul spécimen femelle d' Encephalartos woodii, *ayant un peu la même allure que les palmiers, qui existe depuis 65 à 225 millions d'années. Il est conservé aux jardins botaniques royaux de Kew, Surrey, GB. Cette plante est du même genre que l'* Encephalartos altensteinii, *elle aussi conservée dans les mêmes jardins. (Voir « le plus vieux pot » dans le même chapitre)*

Pennantia baylisiana, *un arbre découvert en 1945 sur l'île des Trois-Rois, Nouvelle-Zélande, n'existe qu'à l'état femelle et ne peut fructifier.*

LE PLUS GRAND CHAMPIGNON

En mai 1992, une pousse de champignon parasite Armillaria ostoyae, *de plus de 700 ans, a été découverte. Elle s'étend sur une surface de 600 ha, dans les forêts de l'État de Washington, EU.*

PREMIÈRES TRACES DE JARDINS

Les vertus médicinales des plantes étaient déjà connues de l'homme de Néanderthal, en Mésopotamie, dans l'Irak actuel, il y a 60 000 ans.

Les premières traces d'un jardin, vers 3000 av. J.-C., se trouvent en Égypte. Elles évoquent une sorte de palmeraie, au milieu de canaux d'irrigation et de bassins décoratifs.

Les plantes les plus septentrionales

Le pavot jaune (Papaver radicatum) *et le saule arctique* (Salix arctica) *survivent à une latitude de 83° N. Cela dit, le saule y est bien rabougri.*

Les plantes les plus méridionales

Des lichens ressemblant à Rhinodina frigida *ont été découverts, en 1965, dans la région des montagnes de Horlick, Antarctique, par 86° 9' S et 131° 14' O et, en 1971, dans le canyon de Moraine, par 86° 9' S et 157° 30' O.*

Le 11 mars 1981, on a découvert, en Antarctique, la plante qui fleurit le plus au sud, Deschampsia antarctica. *Elle pousse sur l'île Refuge, par 68° 21' S.*

La plus haute altitude

En 1955, on a trouvé à 6 400 m d'altitude, sur le mont Kamet (7 756 m), Inde, des spécimens d' Ermania himalayensis *et de* Ranunculus lobatus.

La plus grande profondeur

En octobre 1984, les Américains Mark et Diane Littler ont trouvé au large de l'île de San Salvador, aux Bahamas, une algue brune poussant à - 270 m, profondeur record à laquelle les rayons du Soleil sont filtrés à 99,9995 % ; il y fait un noir total.

RACINES

En Afrique du Sud, un figuier sauvage possède des racines qui s'enfoncent à 120 m sous le sol d'Echo Caves, près d'Ohrigstad, Transvaal.

Un seul plant de seigle d'hiver (Secale cereale) *peut produire 623 km de racines dans 0,05 m³ de terre.*

HERBES

La plus envahissante des mauvaises herbes (Salvinia auriculata) *est une plante aquatique qui forme un tapis à la surface de l'eau. En 1959, elle fut découverte lors du remplissage du lac artificiel Kariba, sur le Zambèze, Afrique centrale. En l'espace de onze mois elle avait étouffé 200 km², et en 1963 elle couvrait 1 000 km².*

Les mauvaises herbes terrestres les plus redoutables sont la laîche, l'herbe des Bermudes, l'herbe de Barnyard, le riz de la brousse, le gratteron, les herbes de Johnson, de Guinée et de Cogon.

La croissance la plus rapide

Certaines des 45 espèces de bambou peuvent grandir de 90 cm par jour.

L'arbre le plus volumineux

Le plus grand arbre est un séquoia géant (Sequoiadendron giganteum), connu sous le nom de « General Sherman», du Parc national des séquoias, Californie. Il culmine à 84 m et la circonférence de son tronc (à 1,40 m du sol) est de 25,3 m. On a calculé qu'on pourrait fabriquer avec son bois 5 milliards d'allumettes. Son feuillage est bleu-vert ; son écorce brun-rouge peut atteindre 61 cm d'épaisseur. Il doit peser, racines comprises, environ 2 000 t, bien que son bois soit relativement léger (288 kg/m^3).

La graine d'un séquoia ne pèse que 5 mg. L'arbre adulte se développe donc 1 300 milliards de fois par rapport au poids de sa graine.

Voir aussi le tableau « Records de fruits, légumes et fleurs » dans le même chapitre.

La plus envahissante

*La plus grande surface couverte par un ensemble d'organismes provenant de la reproduction végétative d'un même individu, une airelle sauvage (*Gaylussacia brachyera*, du nom du physicien français Louis Joseph Gay-Lussac), a été observée pour la première fois en 1796. On a découvert le 18 juillet 1920 une surface de 40 ha envahie par cette plante près de la rivière Juniata, en Pennsylvanie, EU.*

La plus petite plante à fleurs et à fruits

*La lentille d'eau fleurie d'Australie (*Wolffia angusta*), découverte en 1980, ne mesure que 0,6 mm de long et 0,33 mm de large. Elle pèse environ 0,00015 g et ses fruits, qui ressemblent à de miniscules figues, pèsent 0,00007 g.*

La floraison la plus ancienne

Le plus vieux fossile d'une plante à fleurs (120 millions d'années) présente des empreintes ressemblant à celles du poivrier. Il a été trouvé en 1989 près de Melbourne, Australie.

Le plus vieux pot

*Aux jardins botaniques royaux de Kew, Surrey, GB, vit encore, dans un pot, un exemplaire unique d'*Encephalartos altensteinii* rapporté d'Afrique du Sud en novembre 1775. (Voir aussi « les plus rares » dans le même chapitre).*

Le plus grand pot

Le plus long pot mesure 260 m. Appartenant à la ville de Zurich, Suisse, il serait décoré de 1 000 pieds de géraniums.

Collection de plantes vivantes
Le Dr Julian A. Steyermark (mort le 15 octobre 1988), du jardin botanique du Missouri, à Saint Louis, EU, possédait une collection sans égale de 138 000 espèces.

GRANDS CACTUS

*Le saguaro (*Cereus giganteus *ou* Carnegiea gigantea*), que l'on trouve en Arizona, en Californie et au Mexique, a une verte colonne cannelée surmontée de branches qui font penser à des candélabres. Un spécimen, mesuré près de Gila Bend, Arizona, EU, a des branches s'élevant à une hauteur de 17,67 m.*
En avril 1978, on a mesuré à Cave Creek, Arizona, un cactus sans piquant de 24 m. En juillet 1986, une tempête l'arracha alors qu'il devait être âgé de 150 ans.

MOUSSES

*La plus petite mousse est la microscopique « mousse pygmée » (*Ephemerum*). La plus grande est la mousse des ruisseaux (*Fontinalis*), dont les filaments mesurent jusqu'à 90 cm de long.*

ALGUES

La plus longue ■ La plus grande espèce d'algue est le varech géant du Pacifique (*Macrocystis pyrifera*). Si cette algue ne dépasse jamais 60 m, elle peut cependant pousser de 45 cm par jour.

La plus profonde ■ Voir la rubrique « *Records généraux* », dans ce chapitre.

La croissance très rapide des plantes aquatiques est démontrée par la culture dans des lacs artificiels de *Salvinia auriculata*. Cette algue a couvert 500 km^2 du lac Kariba en exactement 13 mois.

Dimensions

Les plus grandes fleurs sont celles du lys parasite nauséabond (*Rafflesia arnoldii*), qui s'accroche aux vignes sauvages de la jungle du Sud-Est asiatique. Elles ont 90 cm de diamètre et 2 cm d'épaisseur et peuvent peser jusqu'à 7 kg. Elles portent bien leur nom : elles sentent vraiment mauvais. Un specimen mesurant 91 cm de large et pesant 7 kg, n'a été vu que par les rares personnes qui étaient suffisamment courageuses pour l'approcher.

La plus grande fleur de France

La plus grande fleur est le nénuphar blanc à l'état sauvage, qui mesure 15 cm de diamètre.

Inflorescence
■ La plus grande inflorescence connue est celle de *Puya raimondii*, un rare membre monocarpien bolivien de la famille des broméliacées. Sa panicule se dresse à plus de 10 m et mesure 2,5 m de diamètre. Chacune des inflorescences porte 8 000 fleurs blanches.
■ Un épi d'agave, à Berkeley, Californie, EU, mesurait, en 1974, près de 16 m de long.

PLANTES À FLEURS

La plus grande, la glycine géante de Chine (*Wisteria sinensis*) plantée à Sierra Madre, Californie, EU, en 1892, a maintenant des branches de 152 m de long. Elle couvre 0,4 ha et pèse 22 t. Pendant sa floraison, qui dure cinq semaines, elle se couvre de 1,5 million de fleurs que 30 000 visiteurs viennent admirer.

Le plus haut pétunia

Bernard Lavery, de Pontyclun, GB, a cultivé un pétunia qui a atteint, en 1993, une hauteur de 4,20 m.

Croissance la plus rapide

Un spécimen d'*Hesperoyucca whipplei*, de la famille des liliacées, a grandi en juillet 1978 de 3,65 m en 14 jours, à Tresco Abbey, îles Scilly (ou Sorlingues), petit archipel britannique de la Manche, soit une croissance de 26 cm par jour.

Le plus grand rhododendron

Sur le mont Japfu, Inde, certains rhododendrons arborescents écarlates (*Rhododendron arboreum*) atteignent une hauteur de 20 m.
Un *Rhododendron giganteum*, au Yunnan, Chine, aurait mesuré 27,5 m de haut. Seul est conservé un morceau du tronc.

LA PLUS GRANDE AZALÉE

Paulette Baudoin, de Montcoutant, Deux-Sèvres, possédait une azalée qui, en mai 1991, atteignait 3,36 m de circonférence et un diamètre de 1,08 m.

ROSIER

Un rosier arborescent, Lady Banks, de Tombstone, Arizona, EU, possède un tronc de 1 m de diamètre ; il mesure 2,8 m de haut et couvre une surface de 500 m^2. Il est soutenu par 68 tuteurs. Cent cinquante personnes peuvent s'asseoir sous sa tonnelle. L'origine de ce rosier est une bouture importée d'Écosse en 1884.

LA ROSE DU GENDARME

Le gendarme Jean-Paul Robin, de Châtellerault, Vienne, a cultivé dans son jardin une rose trémière (*Althaea*) qui mesurait au 29 juillet 1993, 4,15 m de haut. ➤

Le plus grand dahlia

Le 21 novembre 1990, le dahlia d'André Guéry, employé au service des espaces verts de Nantes, Loire-Atlantique, mesurait 8,23 m de haut.

TOURNESOL

Le tournesol le plus fleuri appartient à Sylvain Le Roch, de Cholette, Loiret: il possédait, le 30 juillet 1991, 60 fleurs sur une tige de 2,10 m de haut.

En août 1992, le pied de tournesol d'Henri Mathieu, d'Is-sur-Tille, Côte-d'Or, a produit 32 fleurs.

LA FLORAISON LA PLUS LENTE

Le rare *Puya raimondii*, découvert en 1870 à 4 000 m d'altitude en Bolivie, est la plante la plus lente à fleurir, et la plus grande des herbacées. La panicule apparaît lorsque la plante atteint l'âge de 80 à 150 ans. En 1958, on en a planté dans le jardin botanique de l'université de Californie un spécimen près du niveau de la mer. Elle n'a fleuri qu'en 1986, à l'âge de 28 ans ; elle mesurait alors 7,60 m. Elle est morte aussitôt après la floraison.

TOURNESOLS

■ Un tournesol de 7,76 m de haut a été élevé par le Hollandais M. Heijms, de Oirschot, en 1986.
■ Le 1er octobre 1985, le tournesol de Joseph Aye, de Plan-du-Var, Alpes-Maritimes, mesurait 5,15 m de haut.
■ En 1985, Michael Lenke, de Lake Oswego, Oregon, EU, a fait pousser, grâce aux techniques de culture des bonsaïs, un tournesol de 5,6 cm de haut.

La plus grande pâquerette

Le 25 octobre 1993, Carlo Luigi Barabino, de Corsier, Suisse, a cueilli lors d'une promenade dans la campagne grimaudoise, Var, une pâquerette dont la tige mesurait 67 cm de long.

Énorme fuchsia

Le 12 septembre 1989, le service municipal des espaces verts de La Courneuve, Seine-Saint-Denis, a présenté 3 pieds de fuchsia (variété Beacon) d'une hauteur de 4,55 m et d'une circonférence totale de 5 m.

COMPOSITION FLORALE

■ Le 13 avril 1994, lors du Festival des Records l'Exploit Géant de Casino, 20 personnes de l'encadrement de l'hypermarché Casino de Toulouse-Nord, Haute-Garonne, ont réalisé un arc de triomphe de 36 000 roses rouges.▼
■ Le jardin botanique de Montréal a réalisé une composition florale, en forme d'arbre de Noël, de 9 m de haut, composée de 1 200 poinsettias, le 2 décembre 1993.

LES PLUS GRANDS BOUQUETS

Le 27 mai 1988, la société Castorama, à Mérignac, Gironde, a réalisé un bouquet de 51 908 œillets, haut de 7 m et large de 6 m.
Le 20 juillet 1993, la commune de Précy-sous-Thil, Côte-d'Or, a réalisé un bouquet champêtre composé de 37 255 tiges présentant au total 186 275 fleurs.

La plus longue guirlande

Le 27 mai 1985, les habitants du village de Good Easter, Essex, GB, ont construit en 7 h une guirlande de 2,12 km de long.
***France* ■ Le 11 septembre 1988, le Club des Riopontins, à Riorges, Loire, a réalisé une tresse fleurie de 4,14 m.**

Botte de poireaux

Monsieur Galy a réalisé une botte de 5 548 bruns de poireaux, de 9,11 m de circonférence, le 16 avril 1994, lors du Festival des Records l'Exploit Géant au Casino de Fontaine-lès-Dijon. ▼

FILETS DE CITRONS

L'hypermarché Rallye de Saint-Brieuc, Côtes-d'Armor, a réalisé, le 16 avril 1994, lors du Festival des Records l'Exploit Géant de Casino, une guirlande de 400 filets de citrons d'une longueur de 92,40 m.

VILLE FLEURIE

Fin mai 1991, la ville de Sainte-Geneviève-des-Bois, Essonne, a réalisé une composition florale de 11,05 m de haut, 25,60 m de long, 14,60 m de large, soit 453,50 m² de surface fleurie composée de 130 107 fleurs.

VEGETAUX ORCHIDEES

LA PLUS RARE

On ne connaît qu'un seul exemplaire vivant de *Denbrobium bronckartii*, originaire du Vietnam. Le jardin botanique qui l'abrite préfère rester dans l'anonymat.

La plus chère

Une orchidée appelée Rosanna Pinkie a été vendue 4 500 $ aux États-Unis en 1952.

Les plus grandes

Certains spécimens de *Grammatophyllum speciosum*, originaire de Malaisie, peuvent atteindre 7,60 m de haut.
Un spécimen de *Galeola foliata,* de la famille de la vanille, fleur poussant dans la forêt de Queensland, Australie, mesurait 15 m.

La plus haute tige

L'orchidée Mary Waldraff (*Luddemania pescatorei*) a une tige pendulante de 60 cm sous la plante. Il n'en existe qu'un exemplaire en Europe.

Fleurs

L'orchidée qui possède la plus grande fleur est *Paphiopedilum sanderianum,* qui fut découverte en 1886 en Malaisie. À l'état sauvage, ses pétales peuvent mesurer 90 cm de long. Une plante de cette espèce, qui pousse dans le Somerset, GB, a eu, en 1991, 3 fleurs, dont certains pétales mesurent 122 cm.

Les fleurs de *Platystele jungermannoides*, d'Amérique centrale, mesurent 1 mm de diamètre, ce sont les plus petites.
L'orchidée *Grammatophyllum wallisii* à Kingsteignton, GB, a donné, en 1982, 557 fleurs.

GRAMINÉES
La graminée la plus cour est le chiendent (Cyno dactylon). L'hybride Ca sélectionné en 1966, p pousser de 15 cm par jour ses stolons peuvent mesu 5,5 m de long.

VEGETAUX GRAINES

LA PLUS GROSSE

C'est la noix de coco de mer, ou noix des Seychelles (Lodoicea sechellarum)*, qui ne pousse qu'aux îles Seychelles, océan Indien. Le fruit est une graine unique pouvant peser 20 kg.*

LA PLUS PETITE

Chez l'orchidée épiphyte, plus de 1,2 million de graines ne pèsent que 1 g.

Les plus anciennes

Les graines de lupin arctique (Lupinus arcticus)*, trouvées en juillet 1954 dans la boue gelée de Miller Creek, au Yukon, Canada, sont sans doute les plus anciennes. On les a fait germer en 1966 et, grâce aux méthodes de datation par le carbone 14, on a évalué leur âge à 10 000 ans, voire 15 000.*

L'ENGRAIS MIRACULEUX

Louis Grandchamps, grâce à un engrais miraculeux de la société Algoflash, de Château-Renault, Indre-et-Loire, accumule les records :
Le plus grand **chrysanthème** de 8,32 m de circonférence possédant 815 fleurs.
Le plus grand **géranium zonale** de 5,06 m de haut et un **géranium-lierre** d'une circonférence de 6,40 m.
Le plus grand **philodendron** de 2,87 m de haut et de 10,38 m de circonférence. Une feuille prise au hasard mesurait, le 17 octobre 1989, 1,41 m de long et 96 cm de large.
Le plus grand **alocasia**, de 12,43 m de circonférence, d'environ 380 kg et de 3,15 m de haut.

RECORDS DE FRUITS ET LÉGUMES

Les records de France sont inscrits en maigre.

Fruit/Légume	Poids/Taille	Cultivateur	Lieu	Année
Ail	**1,19 kg**	**R. Kirkpatrick**	**Eureka, Californie, EU**	**1985**
Ananas	**10 kg**	**R. Simete**	**Mata Utu, îles Wallis**	**1990**
Asperge	**1,22 m**	A. Weber	Village-Neuf, Haut-Rhin	1987
Betterave potagère	**17,5 kg**	**G. Wheeler**	**Holbury, GB**	**1992**
	6 kg	R. Mourat	Allex, Drôme	1985
Carotte	**7 kg**	**I. Scott**	**Nelson, Nouvelle-Zélande**	**1978**
	3,1 kg	R. Drochon	Thouarce, Maine-et-Loire	1987
Céleri	**20,9 kg**	**B. Lavery**	**Llanharry, Mid Glam, GB**	**1990**
Chou	**56,2 kg**	**B. Lavery**	**Llanharry, Mid Glam, GB**	**1989**
	22 kg	M. Eonet	Orbec, Calvados	1981
Chou-fleur	**6,02 kg**	B. Mathevet	Lot-et-Garonne	1988
Chou rouge	**19 kg**	**R. Straw**	**Staveley, Derbys, GB**	**1925**
Citrouille	**379,20 kg**	**N. Craven**	**Ontario, Canada**	**1993**
Citron	**3,88 kg**	**C. et D. Knutzen**	**Whittier, Californie, EU**	**1983**
	720 g	Clovis Mouilleau	Saint-Jean-de-Monts, Vendée	1994
Concombre	**9,1 kg**	**B. Lavery**	**Llanharry, Mid Glam, GB**	**1991**
Courge	**250,24 kg**	**L. Stellphlug**	**Rush, New York, EU**	**1990**
	2 m	M. Toth	Tarn	1985
Courgette	**80 kg**	B. Kawucha	Lorris, Loiret	1986
Courgette de Turquie	**2,05 m**	A. Olivier	Carignan, Gironde	1992
Fève	**59,3 cm**	**T. Currie**	**Jedburgh, Borders, GB**	**1963**
	59,3 cm	**M. Adrian**	**Irvine, Strathclyde, GB**	**1982**
Fraise	**231 g**	**G. Anderson**	**Folkestone, Kent, GB**	**1983**
Haricot d'Espagne	**100,3 cm**	**J. Taylor**	**Shifnal, Shrops, GB**	**1986**
Haricot	**109 cm**	**F. Etheridge**	**Rocky Mount, EU**	**1993**
Melon cantaloup	**28,12 kg**	**G. Daughtridge**	**Rocky Mt., N.-Caroline, EU**	**1991**
Oignon	**5,05 kg**	**R. Holland**	**Cumnock, Strathclyde, GB**	**1992**
Olive	**10 g**	K. Ripoll	Villeneuve-lès-Av., Gard	1986
Olive noire de Nice	**8,6 g**	H. Bergeron	Nice, Alpes-Maritimes	1993
Pamplemousse	**2,97 kg**	**J. et A. Sosnow**	**Tucson, Arizona, EU**	**1984**
Pastèque	**118,84 kg**	**B. Carson**	**Arrington, Tennessee, EU**	**1990**
Poire	**1,4 kg**	M. Malou	Garonne	1981
Poireau en pot	**5,5 kg**	**P. Harrigan**	**Linton, Northumberland, GB**	**1987**
Poireau	4,7 kg	L. Lurot	Fontenay-le-Comte, Vendée	1975
Pomme	**1,43 kg**	**Famille Miklovic**	**Caro, Michigan, EU**	**1992**
	740 g	J. Guibal	Saint-Julien-de-la-Nef, Gard	1992
Pomme de terre	**13,5 kg**	**O. Ben Salad**	**Kurayyat, Jordanie**	**1992**
Pomme de terre (pied)	**2,73 m**	M. Lesein	Paris	1982
Potiron	74 kg	D. Geille	Charleville-Mezières, Ardennes	1993
Radis	**12,73 kg**	**B. Lavery**	**Llanharry, Mid Glam, GB**	**1990**
Raisin (grappe)	**9,4 kg**	**Bozzolo y Perut**	**Santiago, Chili**	**1984**
Rhubarbe	**2,67 kg**	**E. Stone**	**Woodyates, Wilts, GB**	**1985**
Rutabaga	**22,11 kg**	**A. Foster**	**Alnwick, Northumb, GB**	**1980**
Tomate	**3,51 kg**	**G. Graham**	**Edmond, Oklahoma, EU**	**1986**
	1,6 kg	R. Wernert	Drussenheim, Bas-Rhin	1993
Tomate (pied)	**16,3 m**	**G. Graham**	**Edmond, Oklahoma, EU**	**1985**

RECORDS DE FLEURS

FLEUR	TAILLE	CULTIVATEUR	LIEU	ANNÉE
Alocasia	**3,15 m**	L. Grandchamps	Chât.-Renault, Indre-et-Loire	1992
Azalée (circ.)	**3,36 m**	P. Baudoin	Montcoutant, Deux-Sèvres	1991
Chrysanthème	**8,32 m**	L. Grandchamps	Chât.-Renault, Indre-et-Loire	1991
Dahlia	**8,23 m**	A. Guéry	Nantes, Loire-Atlantique	1990
Fuchsia	**4,55 m**	Municipalité	La Courneuve, S.-St-Denis	1989
Géranium	**5,06 m**	L. Grandchamps	Chât.-Renault, Indre-et-Loire	1991
Lilas blanc	**3,6 m**	A.-M. Pescayre	Quétigny, Côte-d'Or	1992
Pâquerette (tige)	**66 cm**	J.-C. Giordan	La Colle-sur-Loup, Alp.-Mar.	1990
Pétunia	**4,16 m**	**B. Lawrence**	**Windham, New York, EU**	**1985**
Philodendron	**339,5 m**	**F. Francis**	**Univ. Massachusetts, EU**	**1984**
	13,86 m	L. Grandchamps	Chât.-Renault, Indre-et-Loire	1992
Rosier	**500 m^2**	**Municipalité**	**Tombstone, Arizona, EU**	**1992**
Rosier grimpant	**4,8 m**	M. Scali	Argentiére, Haute-Savoie	1994
Tournesol	**7,76 m**	**M. Heijms**	**Oirschot, Pays-Bas**	**1986**
	5,15 m	J. Aye	Saint-Martin-du-Var, Alp.-Mar.	1985

VEGETAUX
FRUITS ET LEGUMES

Le plus nourrissant
L'analyse de 38 sortes de fruits crus (et non secs) régulièrement consommés a révélé que l'avocat (*Persea americana*) était le plus riche, avec 163 calories pour 100 g. L'avocat, probablement originaire d'Amérique centrale et du Sud, contient les vitamines A, C et E, ainsi que 2,2 % de protéines.

Le moins nourrissant
Le concombre *(Cucumis Sativus)* ne contient que 16 calories pour 100 g.

Le plus mangé
En 1993, la pomme de terre a détrôné les autres légumes dans l'assiette des français. Avec, par ordre décroissant de préférence : la Charlotte, la Roseval (ex-aequo avec les pommes de terre roses), la Belle de Fontenay et la Bintje.

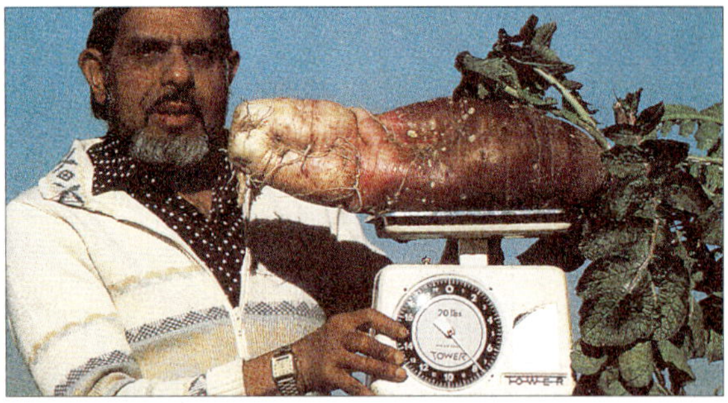

LA FÊTE DU CITRON
Lors de la Fête du citron, qui a fêté en 1993 se 60 ans, les jardins de Biovès, à Menton, Alpes Maritimes, s'ornent de magnifiques et gigantesques sculptures: pas moins de 120 t d'agrumes fixés par 500 000 élastiques et plus de 10 000 fleurs ont été nécessaires pour composer ces créations fruitées.

▲ *La plus grosse tomate française de René Wernert, Drussenheim, Bas-Rhin, récoltée en août 93, pesait 1,6 kg.*

SUPER-TOMATE
***F**ruit d'un travail de 8 années entrepris par un laboratoire californien de biotechnologie, la tomate McGregor est le premier aliment génétique modifié mis sur le marché : elle possède en effet un gène supplémentaire qui ralentit son pourrissement. « Super-tomate » peut donc être cueillie mûre, rouge et savoureuse, sans poser de problème de conservation.*

Clovis Mouilleau détient le record de France du plus gros citron, 720 g, depuis avril 1994.

VEGETAUX
FEUILLES

Les plus grandes feuilles
■ Ce sont celles du raphia (*Raphia ruffia*) des îles Mascareignes (Maurice et la Réunion), dans l'océan Indien, et celles du palmier d'Amazonie (*Raphia toedigera*), qui pousse en Amérique du Sud et en Afrique. Elles peuvent mesurer 20 m de long, avec des pétioles qui atteignent parfois 4 m.

■ Les plus grandes feuilles sans division sont celles d'*Alocasia macrorrhiza*, que l'on trouve à Sabah, dans l'est de la Malaisie. En 1966, on a découvert un spécimen dont une feuille mesurait 3 m de long et 2 m de large, pour une surface de 3,2 m².

FEUILLAGE
On ne s'est guère employé à dénombrer les feuilles des arbres afin d'établir lequel en possède le plus. Un grand chêne peut en compter 250 000 et un cyprès de 45 à 50 millions.

Trèfle blanc à 14 feuilles
Le 16 juin 1975, près des chutes Sioux, Dakota du Sud, EU, Randy Farland a découvert un trèfle blanc (*Trifolium repens*) à 14 folioles.

Trèfle rouge à 14 feuilles
Un trèfle rouge (*Trifolium pratense*) à 14 folioles a été trouvé le 22 juin 1987 par Paul Haizlip à Bellevue, État de Washington, EU (voir aussi pour les trèfles à 4 feuilles, ou plus, le chapitre Insolite, « Records de collections »).

HABITS DE FEUILLES
À l'occasion du festival floral « Châteaux en fleurs », Dominique Caradec, de Clohars-Fouesnant, Finistère, a réalisé en juillet 1992, une robe, un chapeau et une ombrelle constitués de feuilles de camélias et de magnolias. 2 000 feuilles ont été nécessaires pour la réalisation de la seule robe, le chapeau et l'ombrelle en comptent environ 500.

VEGETAUX
FOUGERES

La famille des fougères comprend plus de 6 000 espèces. La fougère arborescente de Madagascar est l'une des plus grandes du monde.dont la plus grande est la fougère arborescente (Alsophila excelsa) de l'île de Norfolk, dans le Pacifique sud, qui peut atteindre 18 à 25 m de hauteur.

Fougérissime
*Le 10 janvier 1991, à Atéou, Nouvelle-Calédonie, J.-P. Laclau, forestier, a découvert une fougère arborescente (*Cyathea novae caledoniae*) de 28 m.*

■ Les plus petites fougères
Les plus petite fougères sont Hecistopteris pumila, *d'Amérique centrale, qui possède des frondes de 1,2 cm de long et* Azolla caroliniana *des États-Unis, qui a des feuilles plus petites encore.*

LE REGNE DES PROTISTES

Les protistes sont des organismes vivants unicellulaires, soit végétaux (protophytes), soit animaux (protozoaires). Ils ont été découverts au microscope en 1676 par le naturaliste hollandais Antonie Van Leeuwenhoek, de Delft (1632-1723).

Les plus grands

Les protozoaires les plus volumineux furent des foraminifères calcaires. À l'éocène moyen, en Turquie, ils pouvaient mesurer 22 cm de diamètre. Le plus grand protozoaire vivant, une espèce de *Stannophyllum* en forme d'éventail, peut atteindre 25 cm de long, mais il est moins volumineux que le précédent.

Les plus petits protophytes

Le diamètre d'une algue microscopique à flagelles, *Micromonas pusilla*, est de 2 microns (2 millièmes de mm).

SPEEDY

Le protozoaire *Monas stigmatica* peut parcourir 40 fois sa longueur en 1 s. Le plus rapide humain (Burrell, 100 m en 9 s 85) parcourt un peu plus de 5 fois sa taille en 1 s.

Reproduction par scissiparité

Le protozoaire *Glaucome*, qui se reproduit par scissiparité, se dédouble toutes les trois heures. En une journée, il peut engendrer 8 générations et avoir 256 descendants.

Le grand champignon, que le personnage de la photo met en évidence en se faisant étroit, est un Rigidoporus ulmarius qui a été découvert dans la forêt de Kew, Angleterre. Sa croissance n'est pas terminée, comme le montre la photo, et sa circonférence dépasse déjà 4 mètres.

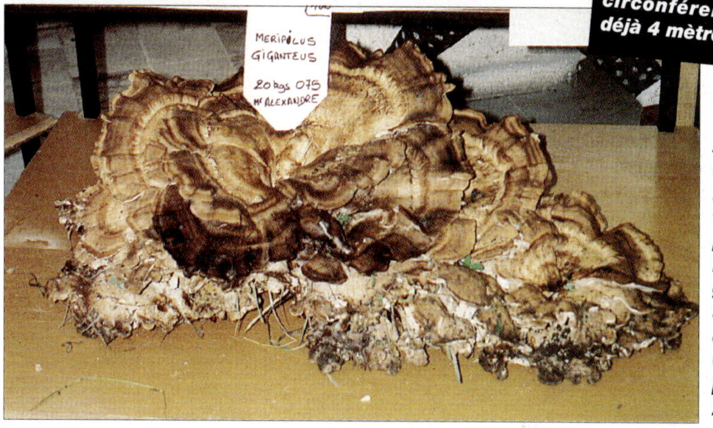

Le 16 octobre 1992, Bernard Alexandre, de Vernaison, Rhône, a trouvé un polypore Meripilus giganteus de 3,38 m de circonférence. Ce géant pesait 20,075 kg.

LE REGNE DES CHAMPIGNONS

Gigantesques

Voir aussi « Généralités », dans le même chapitre.

*Le 24 août 1987, Jean-Guy Richard, de Montréal, Canada, a trouvé une vesse-de-loup (*Calvatia gigantea*) de 2,64 m de circonférence et pesant 22 kg.*

Le plus grand champignon trouvé sur un arbre est un spécimen de Rigidoporus ulmarius *poussant sur un orme mort, près de Kew, Surrey, GB. Le 28 décembre 1989, il a été mesuré à 1,47 m x 1,21 m, pour une circonférence de 4,09 m.*

LA FRANÇAISE LA PLUS VÉNÉNEUSE

*C'est l'amanite phalloïde (*Amanita phalloides*), commune en France, responsable de 90 % des cas de morts par absorption de champignons vénéneux. De 6 h à 15 h après son absorption, on observe des vomissements, des délires, des évanouissements, et enfin la mort. Le pape Clément VII (1478-1534) fut l'une de ses victimes.*

LE REGNE DES PROCARYOTES

■ *Les procaryotes sont des organismes dont le noyau cellulaire n'est jamais entouré d'une membrane nucléaire, mais est mêlé au cytoplasme.*

■ *En Europe, la première trace de vie est datée de 4 milliards d'années. C'est un micro-organisme en forme de quartier d'orange,* Kakabekia barghoorniana, *découvert au pays de Galles en 1964.*

BACTÉRIES

Première observation

Le premier homme à avoir observé une bactérie fut, en 1675, le naturaliste hollandais Antonie Van Leeuwenhoek (1632-1723).

Les plus anciennes

Des bactéries, vieilles de 3 à 4 millions d'années, ont été découvertes en 1991 dans la mer du Japon.

Les plus petites des entités indépendantes

L'organite *Mycoplasma laidlawii*, découvert en 1936 dans des égouts, a un diamètre de 0,1 micron.

La souche H 39 a un diamètre maximal de 0,3 micron et pèse environ 10^{-16} g. Ainsi une baleine bleue de 200 t pèse-t-elle 2 x 10^{24} fois plus.

GROSSE BACTÉRIE

Une bactérie gigantesque, nommée *Epulopiscium fishelsoni*, a été découverte en 1993 au large des côtes australiennes. Pratiquement visible à l'œil nu, car elle mesure 0,5 mm, cette bactérie habite le corps d'un poisson chirurgien avec lequel elle vit, semble-t-il, en symbiose.

Encore vivantes

En 1991, des bactéries vivantes ont été découvertes dans la carcasse d'un mastodonte (ancêtre de l'éléphant) dans l'Ohio, EU, certainement mort il y a plus de 12 000 ans. D'après certaines marques de lances dans les côtes, ce squelette constitue, de plus, la première preuve qu'un animal préhistorique a été tué de la main de l'homme.

LE BACILLE LE PLUS RAPIDE

Le bacille (bactérie en forme de bâtonnet) *Bdellovibrio bacteriovorus* effectue 100 rotations par seconde. Il peut parcourir 50 fois sa longueur (2 microns) en 1 s. Un sprinter accomplissant le même exploit devrait courir à 320 km/h, ou un nageur traverser la Manche en 6 mn.

COSTAUD

La bactérie *Micrococcus radiodurans* peut supporter des radiations atomiques de 6,5 millions de röntgens, soit 10 000 fois la dose suffisante pour tuer un homme.

VIRUS

Le plus long

Dimitri Ivanovsky (1864-1920) observa le premier des virus filtrants en 1892, mais c'est Martinus Willem Beijerink (1851-1931) qui en confirma la nature en 1898. Ils sont maintenant définis comme l'agrégat infectieux et potentiellement pathogène de deux ou plusieurs composants chimiques.

Le plus long est *Citrus tristeza*, en forme de bâtonnet, dont les particules mesurent 0,02 mm.

Les plus petits virus

Ceux des nucléoprotéines, telles que le satellite du tabac, *Necrosis virus*, ont des particules sphériques de 17 nm de diamètre (le nanomètre vaut 1 milliardième de mètre). En février 1982, l'université de Californie a annoncé l'existence possible d'un nouvel organisme submicroscopique infectieux, mais ne contenant pas d'acide nucléique, le prion.

Les viroïdes (noyaux d'ARN non recouverts d'une enveloppe protéinique) sont encore beaucoup plus petits que les virus. Ils ont été découverts en 1972 par l'Américain Theodor O. Diener.

Le poison le plus violent

La rickettsiose, maladie également appelée fièvre Q, peut être inoculée par un seul organisme appelé rickettsi, obligatoirement inoculé par un parasite (par exemple une tique), bien qu'elle ne soit fatale que dans 1 cas sur 1 000.

Environ 10 germes de *Francisella tularensis* (appelée auparavant Pasteurella tularensis) peuvent provoquer la tularémie, également surnommée maladie alcaline, maladie de Francis ou fièvre de la mouche du cerf. Cette maladie est mortelle 1 fois sur 100.

Dans l'espace En avril 1967, la Nasa a rapporté la découverte de bactéries à 41 km d'altitude.

ARBRES ET BOIS

Le plus gros arbre

Voir la rubrique « *Généralités* », dans le même chapitre.

FRANCE

Le plus gros arbre de France est un platane d'Orient. Il a une circonférence de 7,05 m, pour une hauteur de 35 m. On le trouve au parc Monceau à Paris.

El Árbol del Tule, Oaxaca, Mexique, est un cyprès de Montezuma (*Taxodium mucronatum*) qui mesure 36 m de haut et avait, en 1982, une circonférence de 35,80 m à 1,50 m du sol.

GROS TRONCS

Un châtaignier (*Castanea sativa*) appelé « Castagno dei cento cavalli » (« châtaignier aux cent chevaux »), sur les pentes de l'Etna, en Sicile, avait 58 m de circonférence en 1770 et 1780. Il est aujourd'hui fendu en trois parties.

Certains baobabs (*Adansonia digitata*) pourraient mesurer 43 m de circonférence.

Le baldaquin formé par les 1 175 racines aériennes du figuier banian (*Ficus benghalensis*) du jardin botanique de Calcutta, Inde, a 412 m de circonférence. L'arbre couvre une surface de 1,2 ha. Il fut planté avant 1787.

La croissance la plus rapide

Hormis le bambou, qui est non pas un arbre mais une graminée à tige ligneuse, la plus rapide croissance connue est celle du spécimen d'*Albiia falcata* planté le 17 juin 1974 à Sabah, Malaisie, qui a poussé de 10,80 m en 13 mois. Un arbre de la même espèce planté le 24 février 1975, également à Sabah, est l'arbre qui a atteint le plus rapidement 30 m : en 5 ans et 4 mois.

La forêt la plus prolifique du monde est une plantation d'eucalyptus (*Eucalyptus grandis*) à Aracruz, Brésil. Chaque année, la forêt croît de 70 m^3 par hectare.

La croissance la plus lente

La rapidité de croissance dépend largement des conditions climatiques, mais certaines espèces telles que l'if ou le buis ont une croissance toujours lente. Charles M. Peters, qui a mesuré au Mexique chaque année entre 1981 et 1986 un spécimen de *Dioon edule*, a constaté qu'il ne grandissait que de 0,75 mm par an. Il a également observé un spécimen de 120 ans qui mesurait 10 cm.

VIEUX GINKGO

La plus ancienne espèce encore vivante est *Ginkgo biloba*, arbre apparu en Chine il y a 160 millions d'années, au jurassique. Sur le mont Fulaï, en Chine, un ginkgo de plus de 3 000 ans continue à produire des fruits.

L'ANTIQUE D'ALLOUVILLE

Le chêne d'Allouville-Bellefosse, Seine-Maritime, au centre du village, devant l'église, aurait 1 200 ou 1 300 ans. Il a donc été planté à l'époque de Charlemagne. Haut de 25 m, il a un tronc creux de 15 m de circonférence qui abrite deux chapelles.

Il n'en reste qu'un ■ Le palmier de Mauritanie (*Hyophorbe amaricaulis*) n'est plus connu que par un seul spécimen, au jardin botanique de Mauritanie.

Il ne reste plus qu'un caféier de l'espèce *Ramosmania heterophylla*. Il est au jardin botanique royal de Londres et mesure 13 cm.

LE PLATANE DE BUFFON

▲

En 1785, le célèbre naturaliste Georges-Louis Leclerc, comte de Buffon, 1707-1788, a planté au Jardin des plantes, à Paris, un platane, *Platanus orientalis*, il y a 209 ans.

ARBRES GÉANTS

Le Dr A. C. Carder estime que le plus grand arbre mesuré jusqu'à présent fut un eucalyptus australien (*Eucalyptus regnans*) de Watts River, Victoria, Australie. En 1872, il était haut de 132 m. On suppose qu'un eucalyptus de la même espèce aurait atteint plus de 140 m en 1885, également dans l'État de Victoria.

Vivants ■

Un séquoia (*Sequoia sempervirens*) haut de 111 m se trouve à Humboldt County, Californie, EU.

Parmi les feuillus, *Eucalyptus regnans* peut atteindre plus de 140 m. Un spécimen, mesuré à Styx Valley, en Tasmanie, a une hauteur de 95 m.

France ■

Au Russey, Doubs, trois sapins pectinés respectivement de 53 m, 51 m et 50,5 m de haut, ont vraisemblablement été plantés vers 1694 et seraient donc âgés de 300 ans.

LE PLUS GRAND ARBRE DE PARIS

C'est un platane de l'avenue Foch, XVIe arrondissement, qui mesure 42 m de haut.

LES PLUS VIEUX

■ Le plus vieil arbre connu fut un pin bristlecone (*Pinus longaeva*) qui poussait à 3 300 m d'altitude sur le versant nord-est du mont Wheeler, Nevada, EU. Il avait 5 100 ans.

Les Canadair déversent des tonnes d'eau sur les incendies. Chaque été, en France, 35 000 ha de forêt sont détruits par le feu.

■ Le plus vieil arbre vivant est un pin bristlecone surnommé Mathusalem. Il vit depuis 4 700 ans sur la face californienne des montagnes Blanches.

■ Les spécialistes estiment qu'un pin bristlecone a une vie potentielle de 5 500 ans et un séquoia de Californie de 6 000 ans. (Aucune cellule ne vit plus de 30 ans.)

Le plus isolé

On suppose que l'arbre le plus isolé est un épicéa, arbre unique de l'île de Campbell, Antarctique. Son voisin le plus proche se trouve à 145 km, sur les îles Auckland, Nouvelle-Zélande.

Les plus grandes forêts

Ce sont les forêts de conifères du nord de la Russie. Entre la latitude 55° N et le cercle polaire, elles s'étendent sur 1,1 milliard d'ha (soit 25 % des forêts de la planète).
Les mélèzes sibériens occupent 38 % de cette surface. La forêt couvre 34 % du sol soviétique. La plus grande forêt tropicale est celle d'Amazonie, qui s'étend sur 330 millions d'ha.

TOUS DES CHÊNES

En 1993, le chêne recouvre 5 022 000 ha du territoire français. Son essence domine les autres, car 38 % des arbres de notre pays sont des chênes.

BOIS

Le plus lourd

Le bois de fer *(Olea laurifolia)*, appelé aussi sidéroxylon, a une densité de 1,49 et pèse 1 490 kg/m^3.

Les plus légers

Aeschynomene hispida, de Cuba, a une densité de 0,044 et pèse seulement 44 kg/m^3.
Le balsa (*Ochroma pyramidale*), un bois très léger utilisé pour les maquettes, a un poids variant de 40 à 380 kg/m^3.
La densité du liège est de 240 kg/m^3.

LES BOIS LES PLUS CHERS

On brûle du garou de Thaïlande acheté 3 000 F le kg dans certaines mosquées des Émirats arabes.
Dans l'océan Indien, les îles d'Amboine produisent un bois très recherché en ébénisterie : la loupe d'Amboine, qui vaut entre 1 000 F et 1 200 F le kg.

La plus longue avenue bordée d'arbres

■ Voir le chapitre Institutions, « *Villes* ».

LA FORÊT FRANÇAISE

La forêt recouvre, en 1993, 14 millions d'ha sur une superficie totale de 55 millions d'ha. La surface forestière représente 25 % de la superficie de la France, c'est la plus grande de la CEE.
Le plus grand massif forestier est celui des Landes de Gascogne, qui s'étend sur 1,15 million d'ha. Cette forêt artificielle, plantée au XIXe siècle, est également la plus grande d'Europe. Le chêne pédonculé recouvre 55 % de sa surface, mais l'espèce la plus répandue est le pin maritime, à 78%.
Orléans, Loiret, possède la plus importante forêt domaniale, près de 35 050 ha. L'espèce qui y est dominante est le chêne (45 % de la surface).
En moyenne, 40 000 ha de forêt sont détruits par le feu chaque année en France. En 1976, année de la grande sécheresse, plus de 88 000 ha ont brûlé. En 1992, 5 200 feux ont détruit 18 180 ha de forêt, dont les 2/3 en Corse.
Avec 34 235 sujets, les platanes seraient les plus représentés dans les rues de la capitale. Mais l'on peut aussi compter 13 533 marronniers, 7 953 sophoras, 7 764 tilleuls, 5 356 érables, 2 361 robiniers, 2 340 frênes, 2 124 cédrelas et 1 339 ormes, soit 77 005 arbres.

PARCS ET JARDINS

LE PLUS GRAND PARC

Le grand parc national du Nord-Est du Groenland couvre une superficie de 972 000 km². Inauguré en 1974 et agrandi en 1988, la plus grande partie du territoire est recouvert par la glace. Y vivent de nombreuses espèces protégées de la flore et de la faune, tel l'ours polaire, le bœuf musqué et de nombreux oiseaux prédateurs.

France ■

Le parc naturel national des Écrins (créé en 1973), à cheval sur l'Isère et les Hautes-Alpes, s'étend sur 918 km². Celui des Cévennes (créé en 1970), sur 910 km².

Le parc des volcans d'Auvergne (créé en 1977) s'étend sur 3 480 km². C'est un parc naturel régional, où la réglementation est moins stricte.

LA PLUS HAUTE HAIE

La haie de hêtres de Meikleour, plantée en 1746 dans le Perthshire, GB, est taillée à 26 m de hauteur. Elle a une longueur de 550 m.

La plus grande haie d'ifs

Elle se trouve dans le parc d'Earl Bathurst, GB. Plantée en 1720, elle mesure 155 m de long, atteint 11 m de haut et sa base a une épaisseur de 4,5 m. Il faudrait vingt jours de travail à un homme seul pour la tailler.

La plus grande réserve de chasse

C'est le parc national d'Etosha, en Namibie. Créé en 1907, il couvre de nos jours une superficie de près de 100 000 km².

LE PLUS PETIT PARC NATIONAL

Le parc national de Port-Cros recouvre 694 ha de zone terrestre et 1 800 ha de zone maritime.

LABYRINTHES

Le plus grand labyrinthe ayant jamais existé a été construit en septembre 1993 dans un champ de maïs au Lebanon Valley College, Pennsylvanie, EU. En forme de stégosaures, il mesurait 152 m de long et couvrait une surface de 11 700 m². Il a été démonté en novembre 1993.

La plus ancienne représentation d'un labyrinthe que l'on puisse dater se trouve sur une tablette en argile provenant de Pylos, en Grèce. Elle remonterait à environ 1220 av. J.-C., époque où la cité fut détruite par les Doriens.

Le plus grand labyrinthe de haies d'arbustes au monde est celui de Ruurlo, Pays-Bas. Construit en 1891 en hêtres, il mesure 8 740 m².

Le labyrinthe qui a le plus long sentier est Longleat, près de Warminster, Wiltfordshire, GB. Il offre 3 km de sentiers bordés de 16 180 ifs. Inauguré le 6 juin 1978, il mesure 6 612 m².▼

ZOOS

On estime à 757 le nombre de zoos qui jalonnent notre planète. 350 millions de personnes les visitent chaque année.

LES PREMIERS ZOOS

La plus ancienne collection d'animaux avait été constituée par Shulgi, dignitaire de la IIIᵉ dynastie sumérienne d'Ur (vers 2100 av. J.-C.), à Puzurish, dans le sud-est de l'Irak actuel.

Le zoo le plus ancien que l'on connaisse fut construit en 1752 par l'empereur d'Allemagne François Iᵉʳ (1708-1765) pour sa femme Marie-Thérèse, à Schönbrunn, près de Vienne, Autriche.

BERLIN

Le zoo de Berlin est le plus grand d'Europe: il abrite environ 1 488 espèces et 10 887 spécimens.

VINCENNES

Le parc zoologique de Paris, dit « zoo de Vincennes », compte près de 1 200 animaux, au 21 mars 1994, dont 600 mammifères (de 85 espèces) et 600 oiseaux (de 82 espèces). Il couvre 15 ha et a accueilli 900000 visiteurs en 1993.

ZOOS SANS GRILLES

Le premier zoo qui n'exposait pas ses animaux derrière des barreaux fut celui de Stellingen, près de Hambourg, Allemagne, créé en 1907. Des fosses profondes et de grands enclos y remplacent les cages traditionnelles.

Parmi les parcs de semi-liberté, la réserve africaine du château de Thoiry, Yvelines, créée en 1967, s'étend sur 450 ha, où vivent 800 animaux.

MÉNAGERIE DU JARDIN DES PLANTES

Le plus ancien zoo français est celui du Muséum national d'histoire naturelle, au Jardin des Plantes, à Paris, dont la ménagerie a été créée en 1793.
En 1994, on dénombrait 1 200 animaux d'environ 222 espèces. En 1993, la ménagerie a accueilli 500 000 visiteurs.

LA RÉSERVE DU CHÂTEAU DE THOIRY

Il y a 26 ans, en mai 1968, Paul de La Panouse, en créant la réserve africaine du château de Thoiry, révolutionna l'acclimatation et la présentation des animaux sauvages et exotiques. Pour la première fois en France, les visiteurs roulaient avec leur voiture, comme en Afrique, au milieu des lions en liberté. Pour la première fois au monde et hors de leur pays d'origine, 200 herbivores africains de 20 espèces vivaient, ensemble et sur un même territoire, les comportements instinctifs de leur vie sociale et tribale.

En prenant à bord 800 animaux exotiques, dont beaucoup d'espèces en voie de disparition, le vaisseau Château de Thoiry est devenu à la fois une arche de Noé moderne et un jardin écologique. En 1971, Paul de La Panouse avait inventé une passerelle qui permettait aux visiteurs de traverser à pied, en allant d'arbre en arbre, le territoire des tigres. Dernièrement, les visiteurs ont pu découvrir le premier tunnel de verre sur 60 mètres.

En 1974, pour sauver le château de ses ancêtres à Thoiry, le vicomte de La Panouse a mis en place le Safari Parc de Peaugres en Ardèche. À l'occasion de ses 20 ans, le Safari Parc acclimate et présente deux espèces en voie de disparition : un couple de petits pandas et des oryx. Il offre à ses visiteurs une animation qui est une première mondiale : un tunnel de verre, où nagent des poissons-serpents, qui s'ouvre sur un labyrinthe à miroirs.

La jungle africaine de Sigean

La réserve de Sigean, entre Narbonne et Perpignan, abritant plus de 2 400 animaux de 157 espèces sur 205 ha, a vu naître 3 086 petits en 15 ans. 330 000 visiteurs viennent admirer les espèces les plus rares: pélicans à dos rosé, guépards, lycaons, pythons molures...

DELPHINARIUMS

Les dauphins et les orques

Le dauphin passe pour le plus intelligent des animaux et pour l'un des plus affectueux. Son cerveau est comparativement aussi développé que celui de l'homme.
Bien que leur réputation historique en fasse des monstres terrifiants et des mangeurs d'homme, les orques semblent être dotées d'une intelligence et d'une sensibilité exceptionnelles. Elles peuvent comprendre et communiquer de manière étonnante et encore mystérieuse avec l'homme. L'orque est le mammifère qui a le cerveau le plus gros.

LE PLUS ANCIEN

Le Marineland de Floride, EU, créé en 1938, se trouve à 30 km au sud de Saint Augustine. 26,3 millions de litres d'eau de mer approvisionnent quotidiennement les deux réservoirs principaux, l'un rectangulaire (30 m de long sur 12 m de large et 5,5 m de profondeur), l'autre circulaire (71 m de circonférence et 3,6 m de profondeur). Ils contiennent au total 3,2 millions de litres. Ces réservoirs sont des reconstitutions parfaites du milieu marin. On y trouve même des récifs coralliens et une épave de navire.

Les bassins du Marineland d'Antibes

Marineland d'Antibes, Alpes-Maritimes, avec ses deux bassins de 8 500 et 1 800 m^3, pour 7 ha de superficie totale, est le plus grand d'Europe. Créé en 1970, il a accueilli 900 000 visiteurs en 1993, venus y admirer 50 mammifères marins. Shouka, le premier bébé orque d'Europe à naître en milieu artificiel, a vu le jour le 25 février 1993, au Marineland d'Antibes. Un mois plus tard, elle pesait 130 kg et mesurait près de 2,5 m.

AQUARIUMS

EPCOT ET MONTEREY BAY

Les plus grands aquariums

Ouvert en 1986 au Centre Epcot, en Floride, EU, le Living Seas Aquarium contient au total 23,6 millions de litres d'eau. Il présente 3 000 poissons de 65 espèces.

Ouvert en 1984 en Californie, EU, le Monterey Bay Aquarium présente 6 500 spécimens de 525 espèces (flore et faune) dans ses 95 réservoirs. Il contient au total 3,3 millions de litres d'eau.

AQUARIUM NAUSICAÀ DE BOULOGNE-SUR-MER

Avec ses 1 500 m^3 d'eau (1 500 000 litres) en circulation et plus de 6 000 poissons, issus de 400 espèces en provenance de tous les océans du monde, depuis le cercle polaire jusqu'à l'équateur, le Centre national de la mer, Nausicaà, situé à Boulogne-sur-Mer, premier port de pêche français, est le plus grand aquarium de France. Au sein de l'exposition, le bassin d'essais d'Ifremer, avec une infrastructure comparable à une soufflerie d'avion, reproduit la force des courants d'avancement sur le fond de la mer, grâce à la veine d'eau la plus rapide d'Europe (2 m^3/s). Le seul aquarium des requins contient 600 000 litres d'eau.

12 ANIMAUX

QUELQUES STARS

En haut, Cartouche, 16 kg, à M. et Mme Quinton.
En bas de gauche à droite, Himmy, à terre, le plus gros, 21 kg, Poussy, 18 kg, à Patrick Dubourcq et Pompon, 12 kg, à Véronique Gautherot.

ANIMAUX GENERALITES

On ne peut plus s'entendre

L'animal le plus bruyant du monde est le singe hurleur (*Alouatta*) d'Amérique centrale et du Sud. Les mâles ont une structure osseuse élargie au niveau du haut de la trachée qui permet au son de se répercuter. Leurs cris effrayants ont été décrits comme intermédiaires entre l'aboiement d'un chien et le braiment d'un âne, mais d'une intensité mille fois supérieure. Ils peuvent se faire entendre jusqu'à 16 km de distance.

Lorsqu'elles communiquent entre elles, les baleines bleues émettent des vibrations à basse fréquence de 188 décibels. Elles peuvent s'entendre à 850 km de distance. Ce sont les sons les plus puissants émis par une créature vivante.

LES PLUS CHERS

Les animaux les plus coûteux sont les chevaux élevés pour la course (voir tableau page 217 et Hippisme, chapitre Sports).

Chacun son rythme

La palourde des hautes mers (*Tindaria callistisormis*), de l'Atlantique nord, met un siècle à atteindre une longueur de 8 mm. Aucune espèce animale n'a une croissance plus lente.

Le meilleur des régimes

Pendant les 7 mois qu'une mère baleine bleue (*Balaenoptera musculus*) passe à allaiter son petit, elle perd 25 % de son poids.

La moitié de l'humanité pour un moustique

Les animaux les plus dangereux (à l'exception de l'homme) sont les parasites du genre *Plasmodium*, porteurs de la malaria, que transportent les moustiques du genre *Anopheles*. Si l'on exclut les guerres et les accidents, ils sont sans doute responsables de la moitié des décès humains. D'après les estimations de 1993 de l'Organisation mondiale pour la santé, ils sont responsables chaque année de la mort de 1,4 à 2,8 millions de personnes.

Baisse-toi un peu que je t'embrasse

■ La différence la plus étonnante entre un mâle et une femelle de la même espèce a été relevée chez un ver marin (*Bonellia viridis*). La femelle peut mesurer jusqu'à 1 m, tandis que le mâle le plus petit mesure 1 mm.

■ Le polymorphisme sexuel est très accentué chez les pinnipèdes, notamment chez les éléphants de mer. Le mâle mesure 4 à 5 m alors que la femelle ne mesure que 2 à 3 m.

SCARABÉES RHINOCÉROS
Les plus forts

Les animaux les plus forts (en fonction de leur taille) sont les plus grands scarabées, que l'on trouve principalement sous les tropiques. Lors d'une expérience, un scarabée rhinocéros (*Dynastinae*) a supporté sur son dos 850 fois son poids, alors qu'un éléphant ne peut transporter que 25 % du sien. Un hanneton (*Geotrupes stercorosus*) a réussi à déplacer une charge de 80 g (400 fois son poids) et à en soulever une de 100 g. L'homme peut déplacer jusqu'à 17 fois son poids.

RECORDS DE LONGÉVITÉ

28 ans — **55 ans** — **70 ans** — **72 ans** — **88 ans** — **152 ans**

L'ESPÈCE LA PLUS RÉCEMMENT DÉCOUVERTE

Après la découverte en 1990 du singe-lion tamarin à face noire, inconnu jusqu'alors, une nouvelle espèce de primate, le Rio Maués marmouset, *Callithrix mauesi*, a été signalée en 1992 au Brésil. Bien qu'aperçu pour la première fois en 1985, ce marmouset n'a été considéré comme une nouvelle espèce que 7 ans plus tard.

Le Brésil est le berceau de 25 % des espèces de primates connues dans le monde (68 espèces au total).

DENT DE REQUIN

Le laboratoire d'études marines de Birmini, Bahamas, a montré qu'un requin noir de 2 m de long (*Carcharhinus obscurus*) peut exercer une force de 60 kg entre ses mâchoires, soit une pression de 3 t/cm² au bout des dents.

Animaux en voie de disparition

■ **D'après les dernières estimations du Fonds mondial pour la nature, il y avait, au début de l'année 1992, 5 047 espèces animales connues menacées de disparition : 728 mammifères, 1 064 oiseaux, 191 reptiles, 63 amphibiens, 762 poissons et 2 239 invertébrés.**

■ **En France, selon le Fonds mondial pour la nature, une soixantaine d'espèces animales sont aujourd'hui menacées de disparition : 49 mammifères (chauves-souris non comprises), 13 oiseaux, 12 reptiles et 13 amphibiens.**

Mort apparente

*En 1846, deux spécimens d'escargots du désert (*Eremina desertorum*) ont été exposés comme morts au British National Museum, GB, collés sur un présentoir. Quatre ans plus tard, en 1850, le personnel du musée, ayant l'impression que l'un des escargots était toujours vivant, le retira de son présentoir et le plaça dans un bac d'eau tiède. L'escargot se mit à bouger et finit par se nourrir. Cette résistante petite créature vécut encore deux années avant de retomber dans une profonde torpeur et de finalement trépasser...*

Ce coq peut sentir la femelle vierge à 11 km

Des expériences allemandes de 1961 ont révélé qu'un paon de nuit mâle (*Eudia pavonia*) pouvait détecter à 11 km de distance les sécrétions hautement alcoolisées ($C_{16}H_{29}OH$) d'une femelle vierge. Celle-ci n'en porte pourtant que 0,0001 mg.

Régénération

L'éponge (*Porifera*) possède le pouvoir de régénération le plus extraordinaire de tout le règne animal : elle peut recréer la totalité de son corps à partir d'un minuscule fragment de celui-ci. Si une éponge est pressée à travers une gaze très fine, chaque partie de son corps revit de façon autonome.

GLOUTON CHAMPION

La larve du papillon de nuit polyphemus d'Amérique du Nord (*Antheraea polyphemus*) consomme l'équivalent de 86 000 fois son poids de naissance dans les 56 premiers jours de sa vie. Ce qui équivaudrait, pour un bébé humain de 3 kg, à la consommation de 258 t de nourriture.

L'OUÏE LA PLUS FINE

Grâce à leur faculté d'entendre les ultrasons, les chauves-souris ont l'ouïe la plus développée de tous les animaux terrestres. Les vampires (*Desmodontidae*) et les chauves-souris frugivores (*Pteropodidae*) perçoivent des fréquences allant de 120 à 210 kHz (la limite de perception d'un humain adulte est de 20 kHz, mais celle du dauphin — *Delphinus delphis* — est de 280 kHz).

LES PLUS GRANDS YEUX

Le calmar géant de l'Atlantique possède les plus grands yeux de tous les animaux du monde, espèces disparues comprises. Le spécimen de 2 t observé dans la baie de Thimble Tickle avait des yeux de 40 cm de diamètre. A peu près la largeur de ce livre lorsqu'il est ouvert (voir aussi « Les plus grands invertébrés », dans le même chapitre).

POUX PARTOUT

De longs et rigoureux calculs ont démontré qu'un seul puceron du chou (*Brevicoryne brassicae*) peut donner naissance en un an à une masse de descendants pesant 822 millions de t, soit plus de trois fois le poids total de la population humaine. Heureusement, leur taux de mortalité est tout aussi considérable.

BANDES DE JEUNES

Horde sauvage

Les chiens de prairie à queue droite (*Cynomys ludovicianus*) de l'ouest des États-Unis et du nord du Mexique forment les plus grandes hordes. Une unique colonie découverte en 1901 se déployait sur une surface de 380 km de long et de 160 km de large. Elle regroupait environ 400 millions d'individus.

La plus grande concentration animale

La plus grande concentration animale jamais observée a été un incroyable essaim de sauterelles des montagnes Rocheuses (*Melanoplus spretus*) qui traversa le Nebraska, EU, entre le 15 et le 25 août 1875. D'après un scientifique local, qui observa leur mouvement pendant 5 jours, les sauterelles couvraient une surface de 500 000 km². Même en supposant que ce scientifique ait multiplié son estimation par deux (une grande partie des sauterelles ne volent pas la nuit), les sauterelles se seraient déployées sur 257 000 km², soit approximativement la superficie de la Grande-Bretagne.

On a calculé que l'essaim contenait au moins 12 500 milliards d'insectes, représentant un poids de 25 millions de t. Ce fléau disparut mystérieusement en 1902 et n'est jamais réapparu depuis.

L'espèce la plus nombreuse

Sur les 1 390 992 espèces connues dans le monde, d'après le Fonds mondial pour la nature, en 1989, les insectes et autres arthropodes étaient divisés en 874 161 espèces.

DIPLODOCUS

Terribles lézards

*C'est en 1824 que le premier dinosaure fut scientifiquement décrit comme un grand lézard fossile (*Megalosaurus bucklandi*). Les ossements de ce carnivore bipède avaient été découverts avant 1818 par des ouvriers, dans une carrière d'ardoise, près de Woodstock, Oxfordshire, GB. Ils avaient ensuite été transportés au muséum d'Oxford. Ce n'est qu'en 1842 que ces géants récemment exhumés furent baptisés dinosauriens (littéralement « terribles lézards », du grec* deînos *: terrible et* saura *: lézard).*

DISPARITION

Aucune des théories expliquant la disparition des dinosaures n'est pleinement satisfaisante. L'une d'elles avance qu'il y a 65 millions d'années un astéroïde heurta la Terre, déclenchant une activité volcanique intense qui produisit des pluies acides mortelles pendant 10 000 ans.

Le plus grand Reptile marin

LE PLIOSAURE À PETIT COU

Un pliosaure à petit cou, *Kronosaurus queenslandicus*, du début du crétacé (il y a 135 millions d'années), qui vivait en Australie, avait un crâne de 3 m de long et une gueule dans laquelle étaient plantées 80 grosses dents. L'animal mesurait plus de 15 m de long.

Les plus anciens dinosaures

■ *Le fossile d'un reptile surnommé Lizzie le lézard fut trouvé sur le site de Scotland par Stan Wood en mars 1988. Ce reptile de 20,32 cm de long doit avoir 340 millions d'années. Lizzie a été baptisé officiellement* Westlothiana lizziae *en 1991.*

■ Eoraptor lunensis, *dont un squelette a été découvert en 1993 en Argentine, date de 230 millions d'années.*

■ Herrerasaurus, *que l'on connaît par un squelette presque complet découvert en 1989 dans les contreforts des Andes, en Argentine, est censé dater de 230 millions d'années. Il doit son nom à Victorino Herrera, un « chasseur de fossiles » qui avait découvert des fragments d'os quelques années auparavant.* Herrerasaurus *était un carnivore de 2 m à 2,50 m de haut, pesant plus de 100 kg.*

■ *D'autres dinosaures primitifs, du jurassique, sont connus à partir de restes incomplets trouvés au Brésil, en Argentine, au Maroc, en Inde et en Écosse.*

■ *En France, les premiers dinosaures sont apparus à l'ère jurassique, il y a 160 millions d'années, et se sont éteints il y a environ 65 millions d'années. On a trouvé une vingtaine d'espèces dans notre pays.*

Poids limites

Les plus gros sauropodes semblent avoir pesé de 50 à 100 t, ce qui n'est pas forcément le poids maximal d'un vertébré terrestre. Des calculs théoriques laissent penser que certains dinosaures ont pu approcher les 120 t. Au-dessus de ce poids, les membres auraient dû être tellement massifs pour soutenir l'animal qu'il n'aurait pu se déplacer.

Les plus grands vertébrés de tous les temps

LE GRACILE LÉZARD À BRAS

Les brachiosaures (« lézards à bras ») vivaient il y a 150 millions d'années en Afrique et en Amérique du Nord. L'espèce la plus grande et la plus grosse dont nous possédions un squelette entier est le gracile *Brachiosaurus* (*Giraffatitan*) *brancai* du célèbre site de Tendaguru, en Tanzanie. Ses restes furent exhumés entre 1909 et 1911 par une expédition allemande. Il est exposé au Muséum d'histoire naturelle de Berlin. Il mesure 22,20 m de longueur totale et 6 m de hauteur au garrot. La tête, dressée, se trouve à 14 m du sol. Il devait peser entre 30 et 40 t. ▼

***Brachiosaurus altithorax*, de l'ouest du Colorado, EU, était de taille semblable, mais plus massif : il devait peser entre 35 et 55 t. Une description, cependant incomplète, a été faite des 3 grands sauropodes du plateau d'Uncompahgre, ouest du Colorado.**

Le corps de *Dystylosaurus edwini*, découvert en 1979, est soutenu par une unique et énorme vertèbre. C'est sans doute un brachiosauridé, comme *Ultrasaurus macintoshi*, découvert la même année. Ce dernier avait, semble-t-il, un corps de 35 m de long.

En 1985, les ossements du « plus gros dinosaure connu » furent déterrés près d'Albuquerque, Nouveau-Mexique, EU. Selon un paléontologue du muséum d'histoire naturelle du Nouveau-Mexique, ce sauropode officieusement surnommé « lézard séisme » (*Seismosaurus*) mesurait de 39 à 47 m de longueur totale et pesait au moins 50 t.

Le brachiosaure (ce qui signifie « lézard à bras ») fut le plus grand vertébré de tous les temps. Il pouvait mesurer de 20 m à 30 m de long.

50 M DE LONG

Supersaurus vivianae *mesurait environ 48 m de longueur totale, alors que* Breviparopus *atteignait la taille incroyable de près de 50 m, ce qui fait de lui le plus long vertébré répertorié.*

N'oublions cependant pas que ces estimations sont seulement fondées sur des empreintes.

En France, les fragments d'un sauropode découverts en 1969, près de Melun, Seine-et-Marne, ont permis d'estimer sa hauteur à 4 m.

Les plus petits

JOLIE MÂCHOIRE

Compsognathus *(« jolie mâchoire »), du sud de l'Allemagne, et un fabrosauridé herbivore du Colorado, EU, mesuraient chacun 75 cm de la gueule au bout de la queue, et pesaient environ 7 kg.*

France

Un seul spécimen de cœlurosaure, Compsognathus corallestris, *a été découvert en France. C'est le plus petit des dinosaures, 1,10 m de long pour 70 cm de haut.*

Les plus rapides

Les empreintes peuvent donner une indication de la vitesse à laquelle se déplaçaient les dinosaures. Une série de traces, découverte en 1981, au Texas, établit qu'un dinosaure carnivore « galopait » à 40 km/h. Certains ornithomimidés (« dinosaures-autruches ») étaient encore plus rapides. Dromiceiomimus, *de la fin du crétacé, trouvé au sud de l'Alberta, Canada, pouvait probablement, malgré ses 100 kg, vaincre une autruche à la course, avec une vitesse maximale de plus de 70 km/h.*

Les plus grands

Le Roi tyran

Le plus grand dinosaure carnivore est Tyrannosaurus rex, *qui régnait il y a 70 millions d'années sur des terres devenues maintenant le Montana, le Wyoming et le Texas (EU), l'Alberta et le Saskatchewan (Canada). Un spécimen reconstitué à l'aide de plusieurs squelettes de ce monstrueux bipède nocturne, au Muséum d'histoire naturelle de New York, mesure 5,60 m de haut. Sa longueur totale est de 10,60 m, et il devait peser 5,7 t. Il n'était pourtant peut-être pas complètement adulte. En effet, l'os de la mâchoire supérieure d'un autre tyrannosaure, au musée de paléontologie de l'université de Californie, est de 29 % plus long (90 cm). Cette mâchoire devait appartenir à un théropode de 14 m pouvant peser 12 t.* ▶

Le Terrible crocodile

Deinosuchus riograndensis *(« terrible crocodile ») vivait il y a 75 millions d'années dans les lacs et les marais du Texas actuel. Des fragments de squelette trouvés au parc national Big Bend, Texas, indiquent que l'animal devait mesurer 16 m de long.*

L'énorme gavial Rhamphosuchus *du nord de l'Inde mesurait 15 m, il y a 2 millions d'années ;* Sarcosuchus imperator, *du Niger, mesurait, lui, 14 m.*

LES PLUS GROSSES TORTUES

■ La tortue marine Stupendemys geographicus vivait il y a environ 5 millions d'années. Des paléontologues de l'université Harvard ont découvert en 1972, dans le nord du Venezuela, des restes fossilisés révélant que cette tortue mesurait 3 m, avec une carapace de 2,20 m ou 2,30 m, et pesait 2 t.

■ Geochelone (= Colossochelys) atlas vivait il y a environ 2 millions d'années dans ce qui est maintenant le nord de l'Inde, la Birmanie, Java, les îles Célèbes et Timor. En 1923, des restes fossilisés de cette tortue préhistorique furent découverts près de Chandigarh, dans les monts Siwalik, Inde. L'animal mesurait environ 2,50 m et pesait plus de 800 kg.

AMPHIBIEN

Prionosuchus plummeri, une sorte de gavial, vivait il y a 270 millions d'années. En 1972, on a découvert au Brésil les fragments de l'ossature d'un spécimen. En 1991, sa longueur totale a été estimée à 9,30 m d'après les 1,6 m de longueur de son crâne.

Lézards et serpents

Le plus bête de tous

Le lézard plat, Stegosaurus, qui parcourait en courant le Colorado, l'Oklahoma, l'Utah et le Wyoming, EU, il y a environ 150 millions d'années, mesurait 9 m de longueur totale et pesait 1,75 t. Cependant, il avait un cerveau de 70 g, de la taille d'une noix, à peine 0,004 % de son poids total. Le cerveau d'un éléphant représente 0,074 % de son poids total, et celui d'un homme 1,88 %.

Les serpents les plus longs

Gigantophis garstini, une sorte de python, habitait il y a 38 millions d'années l'Égypte actuelle. Des fragments de sa colonne vertébrale et un morceau de mâchoire découverts au Fayoum, Haute-Égypte, indiquent une longueur de 11 m.

Un autre fossile d'un serpent gigantesque datant de l'éocène moyen a été découvert au Mali. Les premières estimations, de 23 m de longueur, étaient probablement exagérées. On pense aujourd'hui que ce serpent mesurait 9 m.

Serpent à plumes

La plus grande créature volante

Il y a 70 millions d'années, la plus grande créature volante, le ptérosaure Quetzalcoatlus northropi (« serpent à plumes ») hantait le ciel du Texas, du Wyoming et du New Jersey (EU), de l'Alberta (Canada), du Sénégal et de la Jordanie. Des ossements découverts en 1971 au parc national Big Bend, dans l'ouest du Texas, indiquent que ce reptile volant devait avoir une envergure de 11 à 12 m et peser plus de 100 kg.

Des chercheurs italiens ont découvert les restes d'un ptérosaure, dans les régions montagneuses du nord-est du Brésil. Les paléontologues Franco Vecchia et Giancarlo Ligabue estiment que ces restes datent d'environ 110 millions d'années. L'envergure d'une des ailes est de 10 m.

L'œuf du lézard à hautes crêtes

Hypselosaurus priscus (« lézard à hautes crêtes »), un titanosaure de 12 m de long qui vivait il y a 80 millions d'années, a sans doute pondu les plus gros œufs de tous les temps. Certains exemplaires trouvés, en octobre 1961, dans la vallée de la Durance, en Provence, auraient mesuré, reconstitués, 30 cm de long et 25 cm de diamètre, soit une capacité de 3,3 litres.

Un œuf fossilisé ayant probablement appartenu à un sauropode, lézard à hautes crêtes, de type hypselosarus, a été vendu chez Christie's, à Londres, le 2 juillet 1992, pour la somme de 5 500 £ (environ 46 000 F).

MAMMIFÈRES LES PLUS GRANDS

■ C'était un rhinocéros à long cou et sans corne, Paraceratherium (= Baluchitherium), qui vagabondait il y a 35 millions d'années dans l'ouest de l'Asie et en Europe (Yougoslavie). Une reconstitution de cet animal, exposée au Muséum d'histoire naturelle de New York, mesure 5,4 m de hauteur au garrot et 11,3 m de longueur.

Ce spécimen devait peser environ 20 t. Les os de ce gigantesque herbivore furent découverts en 1907-1908 dans les collines de Bugti, est du Baluchistan, Pakistan.

■ L'éléphant des steppes Mammuthus (Parelephas) trogontherii errait, il y a 1 million d'années, sur des terres qui correspondent à l'Europe centrale. Des fragments de squelette ont été trouvés à Mosbach, Allemagne. Ils indiquent que l'animal mesurait 4,5 m au garrot.

■ Le plus grand primate, le gigantopithèque (Gigantopithecus) vivait au pléistocène moyen dans le Vietnam du Nord et la Chine méridionale actuels.

Les mâles mesuraient environ 2,80 m de haut et pesaient 270 kg.

LES PLUS GRANDS OISEAUX

Dromornis stirtoni, une énorme créature ressemblant à une autruche, vivait il y a 11 millions d'années dans le centre de l'Australie. Des os de pattes fossilisés découverts près d'Alice Springs en 1974 indiquent que cet oiseau coureur devait mesurer 3 m de haut et peser 500 kg.

Le gigantesque vautour *Argentavis magnificens* vivait il y a environ 6 millions d'années en Argentine. Des restes fossilisés ont été découverts en 1979 dans un site à 160 km de Buenos Aires. L'oiseau avait une envergure de 7 m à 7,5 m et pesait 120 kg.

Le grand moa *(Dinornis maximus)* de Nouvelle-Zélande était encore plus grand (3,5 m), mais ne pesait qu'environ 230 kg.

LE RETOUR DU MOA

Disparu depuis près de deux siècles, ce qui pourrait bien être un moa a été aperçu le 22 janvier 1993 par trois randonneurs qui exploraient la région de Cragieburn, dans le sud de la Nouvelle-Zélande. C'est un oiseau de 2 m de haut avec de grosses cuisses recouvertes de plumes, un cou de 1 m et une petite tête, semblable à une autruche préhistorique, qui a fui devant les marcheurs médusés. S'il s'agit bien d'un moa, ce serait aussi extraordinaire que si un aurochs vivant était signalé en France…

L'OISEAU LE PLUS VIEUX

Découvert en Bavière, Allemagne, un oiseau fossile a été daté de 175 millions d'années. Cet *Archeopteryx lithografica* avait des dents.

LE PLUS GRAND POISSON

Aucun poisson préhistorique découvert jusqu'à présent ne surpasse le plus grand des poissons actuels. Pourtant, on a longtemps pensé, d'après des études sur les dents fossilisées, que le grand requin (Carcharodon megalodon) qui abondait dans les mers à l'ère du miocène, il y a 15 millions d'années, mesurait 24 m. Les estimations modernes ne lui accordent plus que 13 m.

Libellule

La libellule Meganeura monyi vivait il y a 300 millions d'années. Des restes fossilisés (empreintes des ailes) découverts en France, à Commentry, Allier, attestent une envergure de 70 cm.

LE PLUS GRAND MAMMIFÈRE MARIN

Le serpentiforme Basilosaurus (Zeuglodon) cetoides vivait il y a 50 millions d'années dans des mers qui couvraient alors l'Arkansas et l'Alabama, EU. Il mesurait jusqu'à 20 m de long.

COU

Le plus long

Le sauropode Mamenchisaurus, du Sichuan, province de la Chine centrale, vivait à la fin du jurassique. Aucun vertébré n'a jamais eu un si long cou : il mesurait 11 m, soit la moitié de la longueur totale de l'animal.

DINOSAURE BIPÈDE À BEC DE CANARD

Les plus grandes empreintes

En 1932, on a découvert près de Salt Lake City, Utah, EU, les empreintes gigantesques d'un hadrosaure (ou dinosaure bipède à bec de canard). Elles mesuraient 1,36 m de long et 80 cm de large. D'autres empreintes, de 1 m de large, ont été mesurées dans le Colorado et en Utah.

Les plus grandes empreintes de brachiosaures mesurent parfois 1 m de large pour les pattes de derrière.

GÉNÉRALITÉS

Serres et griffes

Les thérizinosauridés (« lézards faucheurs ») de la fin du crétacé, qui vivaient dans le bassin du Nemegt, au sud de la Mongolie, possédaient les plus grandes griffes de tous les animaux ayant existé. Celles de Therizinosaurus cheloniformis *mesuraient jusqu'à 90 cm de long. Ces griffes en faucilles étaient probablement destinées à attraper et à déchiqueter des victimes massives. Pourtant, ces créatures dotées d'un petit crâne et se nourrissant de termites n'avaient presque pas, voire pas du tout, de dents.*

En janvier 1983, William Walker, un collectionneur de fossiles, a découvert dans une carrière d'argile, près de Dorking, Surrey, GB, un os de serre de 30 cm de long. Une équipe du Muséum d'histoire naturelle de Londres a poursuivi les fouilles et révélé que l'animal devait être un spinosaure de 3 m à 4 m de haut. Une caractéristique le distinguait des autres thérapodes : il avait 128 dents, au lieu de 64. Cet animal étrange est considéré comme la plus importante découverte du siècle faite en Europe. Il a été baptisé Baryonyx walkeri *(« griffe lourde »).*

Un crâne de 3 m

Ce fut celui des grands iguanes cératopsidés. Le grand iguane Torosaurus *(« lézard taureau »), était un herbivore de près de 8 m de longueur totale et qui pouvait peser jusqu'à 8 t ; son crâne mesurait 3 m de long et pesait 2 t. Il arpentait des terres qui vont du Montana au Texas, EU.*

BOIS

■ *Le cerf géant préhistorique (*Megaloceros giganteus*) qui vivait 8 000 ans av. J.-C. dans le nord de l'Europe et de l'Asie, avait les plus longs bois de tous les animaux connus. Ceux d'un spécimen découvert dans un marais irlandais avaient plus de 4 m d'envergure, ce qui suppose une taille au garrot de 1,80 m et un poids de 500 kg. (Voir aussi « Trophées de chasse, défenses, cornes et bois », dans le même chapitre.)*

DÉFENSES

■ *L'éléphant* Palaeoloxodon antiquus germanicus *vivait il y a 300 000 ans dans le nord de l'Allemagne. Les défenses d'un mâle adulte mesuraient 5 m de long.*

■ *La plus lourde défense fossilisée pèse 150 kg, avec une circonférence maximale de 90 cm. Elle est conservée au Muséum d'histoire naturelle de Milan, Italie. Le spécimen (en deux fragments) mesure 3,60 m de long.*

■ *La plus lourde paire de défenses fossilisées appartenait à un grand mammouth de Colombie* (Mammuthus columbi)*, qui mesurait 4 m de hauteur. Conservée au Muséum de Lincoln, Nebraska, EU, elle pèse 226 kg. Les défenses mesurent 4,20 m pour l'une et 4,15 m pour l'autre. (Voir aussi « Trophées de chasse, défenses, cornes et bois », dans le même chapitre ainsi que le tableau du classement par points.)*

Kitti, les plus petits

■

Les chauves-souris de Kitti (*Craseonycteristhonglongyai*), en voie de disparition, également appelées chauves-souris bourdons, sont confinées dans 21 grottes de calcaire bordant la rivière Kwae Noi, près de Kanchanaburi, Thaïlande. Elles forment une population totale de 2 000 individus. Adultes mâles et femelles ont une envergure de 16 cm et pèsent de 1,75 g à 2 g.

Les pachyures étrusques (*Suncus etruscus*), également appelées «musaraignes étrusques», vivent le long des côtes méditerranéennes et, plus au sud, dans la province du Cap, Afrique du Sud. Elles mesurent de 3,6 cm à 5,2 cm sans la queue, cette dernière ayant une longueur de 2,4 cm à 3 cm. Leur poids varie de 1,5 à 2,5 g.

Les plus gros poissons

■ La baleine bleue (*Balaenoptera musculus*), appelée également rorqual, est le mammifère le plus gros et le plus lourd de la planète. Le plus grand spécimen connu était une femelle de 33,58 m échouée en 1909 à Grytviken, Georgie du Sud (une île dépendant des Malouines). Une autre femelle, de 190 t et 27,60 m de long, a été capturée le 20 mars 1947 par des baleiniers soviétiques. Sa langue pesait 4,3 t et son cœur 700 kg.

■ Les nouveau-nés mesurent entre 6,5 m et 8,6 m de longueur et peuvent peser jusqu'à 30 t. L'ovule fécondé d'une baleine est à peine visible. D'une fraction de milligramme au tout début, son poids atteint 30 t en un peu moins de 2 ans (les 11 mois de gestation et les 12 premiers mois de la vie du baleineau), soit 30 milliards de fois le poids initial.

■ La pêche a dramatiquement décimé l'espèce. Les baleines bleues étaient environ 200 000 à 300 000 avant la pêche industrielle. En mars 1994, il n'en restait plus que 1 000 dans l'Atlantique nord 1 500 à 2 000 dans le Pacifique nord et environ 10 000 dans l'hémisphère Sud. On estime qu'au début du siècle il devait y en avoir 220 000.

■ La baleine bleue surnommée « Queen Victoria », aperçue plusieurs fois dans la mer de Bering depuis 1987, est supposée mesurer 45 m.

Les mammifères marins les plus rapides

L'orque (*Orcinus orca*) est le plus rapide de tous les mammifères marins. Le 12 octobre 1958, dans le Pacifique est, on a estimé à 30 nœuds (55 km/h) la vitesse d'un mâle de 6 à 7 m de long. On a enregistré une vitesse similaire pour le marsouin de Dall (*Phocoenoides dalli*).

LES GRANDS FRANÇAIS

■ Le plus gros mammifère terrestre vivant actuellement en France est Siam, éléphant d'Asie pesant 5,5 t, haut de 3,50 m au garrot. Ses défenses pèsent entre 35 et 40 kg chacune, et mesurent environ 1,70 m. Il est arrivé au zoo de Vincennes, à Paris, à l'âge de 17 ans. Il a aujourd'hui 46 ans. Siam est sûrement un des plus beaux spécimens du monde vivant en captivité.

■ Liouc, girafe mâle de 24 ans, née au zoo de Vincennes, à Paris, le 7 juin 1969, mesure 4,90 m. Une girafe mâle, de race masaï, entrée en 1929 au zoo de Vincennes et morte en 1935, mesurait 5,50 m.

Les très gros mammifères terrestres

■

*L'éléphant d'Afrique (*Loxodonta africana*) mâle pèse en moyenne 5,7 t pour une taille à l'épaule de 3,20 m.*

■ Le plus lourd spécimen connu était un mâle abattu le 7 novembre 1974 à 40 km au nord-est de Mucusso, dans le sud de l'Angola. Couché sur le flanc, il mesurait 4,16 m du sommet de l'épaule à la base du pied avant, soit environ 4 m debout. Dans sa longueur totale (queue et trompe allongées) il mesurait 10,67 m. La circonférence de sa patte antérieure était de 1,8 m et son poids total de 12,24 t.

■ Le plus grand éléphant mâle connu a été tué le 4 avril 1978 par le chasseur néerlandais J. M. A. Oosterveen, au sud de Sesfontein, Damaraland, Namibie. L'animal aurait tué 11 personnes et endommagé une grande étendue de cultures avant d'être mis hors d'état de nuire. Couché sur le flanc, il mesurait 4,42 m du sommet de l'épaule à la base du pied avant, soit environ 4,21 m debout. Sa longueur totale était de 10,38 m et la circonférence de sa patte antérieure de 1,57 m. Ce spécimen pesait environ 8 t.

■

Les éléphants du désert de Damaraland sont les plus grands de tous, leurs pattes étant proportionnellement plus longues que celles des autres espèces. Ils pèsent en moyenne 8 t. En voie de disparition, ils n'étaient plus que 84 en août 1981.

■

D'après le Fonds mondial pour la nature, en mars 1992, il ne restait environ que 600 000 éléphants en Afrique centrale et de l'Est. Depuis octobre 1989, l'éléphant d'Afrique est classé en annexe 1 de la convention de Washington (interdiction de le tuer et de commercialiser l'ivoire). L'éléphant d'Asie figure dans cette catégorie depuis la création de la convention, le 3 mars 1973. L'éléphant d'Asie a disparu d'Asie Mineure, d'une partie de la Chine et de l'Inde. Il n'en resterait que 4 200 et son espèce reste menacée par le braconnage et sa capture pour les zoos et les cirques.

LES PLUS HAUTS MAMMIFÈRES

■ La girafe (*Giraffa camelopardalis*) ne fréquente plus que les régions des savanes arides et des semi-déserts du sud du Sahara.

■ La plus grande girafe jamais identifiée était un mâle du Kenya (*G. camelopardalis tippelskirchi*) surnommé George. Elle fut accueillie au zoo de Chester, GB, le 8 janvier 1959. Ses « cornes » touchaient le toit du bâtiment des girafes, à 6 m de hauteur, lorsqu'elle eut atteint l'âge de 8 ans. George mourut le 22 juillet 1969.

■ Certains chasseurs se flattent d'avoir tué en Afrique des mâles de 7 m, ce qui paraît peu vraisemblable.

■ Liouc, voir encadré page précédente.

Les plus petits mammifères marins

■ Le plus léger mammifère entièrement marin est probablement le dauphin de Commerson (*Cephalorhynchus commersonii*), connu aussi sous le nom de jacobite. Il vit au large de la pointe méridionale de l'Amérique du Sud. D'un échantillon de 6 spécimens adultes, on a pu déduire que le poids de ce dauphin varie entre 23 et 35 kg.

■ La loutre de mer (*Enhydra lutris*), qui séjourne dans le Pacifique nord, a une taille et un poids similaires (de 25 à 38 kg).

2 000

D'après le Fonds mondial pour la nature, il ne resterait en 1994, que 2 000 rhinocéros d'Asie (ils étaient 65 000 en 1970). Au total, les 5 espèces d'Asie et d'Afrique ne représentent plus que 10 000 individus.

AÏ, TOUT MOU

L'aï, ou paresseux (*Bradypus tridactylus*), de la forêt brésilienne, a une vitesse moyenne au sol de 2 m/mn (soit 120 m à l'heure). Mais il est plus rapide dans les arbres, où il peut foncer jusqu'à 4,50 m/mn (270 m à l'heure). Par comparaison, l'escargot de jardin peut parcourir 50 m en 1 heure, et la tortue, 250 m.

La plus longue hibernation

Le petit écureuil de Point Barrow, Alaska (*Spermophilus parryi barrowensis*), hiberne 9 mois sur 12. Les 3 autres mois, il se nourrit, se reproduit et fait des provisions dans son terrier. Parfois, pour se distraire, il fait du ski nautique ou du jet ski.

Les gros dormeurs

Certains tatous *(Dasypodidae)*, certains opossums *(Didelphidae)* et certains paresseux (*Bradypodidae*) passent jusqu'à 80 % de leur vie à dormir ou à somnoler. A l'inverse, le marsouin de Dall *(Phocoenoides dalli)*, paraît-il, ne dort jamais.

Vieux de la vieille

■ L'homme (*Homo sapiens*) est le seul mammifère à pouvoir atteindre l'âge de 120 ans (voir chapitre L'Homme).

■ L'éléphant d'Asie (*Elephas maximus*) le suit, avec une longévité maximale de 80 ans. Une femelle dénommée Modoc est morte à l'âge de 79 ans, le 17 juillet 1975, au parc zoologique de Santa Clara, Californie. Elle était arrivée d'Allemagne en 1898, alors qu'elle avait 2 ans.

■ On prétend que Prem Prosad, éléphant royal du Népal, mort le 27 février 1985, était âgé de 81 ans, mais il est probable qu'il n'en avait que 65 ou 70.

■ Le célèbre Rajah, éléphant mâle de Sri Lanka qui, depuis 1931, ouvrait la procession annuelle de Perahera, à travers Kandi, transportant la dent sacrée de Bouddha, est mort le 16 juillet 1988 au même âge supposé de 81 ans.

Les plongées extrêmes

Le 14 octobre 1955, un cachalot *(Physeter catodon = macrocephalus)* mâle a été trouvé à 1 134 m de profondeur, sa mâchoire prisonnière d'un câble sous-marin reliant Santa Elena, Équateur, à Chorillos, Pérou. A cette profondeur, la pression exercée sur la surface du corps du cétacé était de 11 583 kPa. En 1970, des scientifiques ont mesuré, en localisant les claquements émis par les cachalots, qu'ils pouvaient descendre jusqu'à 2 500 m de profondeur.

Cependant, le 25 août 1969, un cachalot fut pris à 160 km au sud de Durban, Afrique du Sud, après être resté sous l'eau pendant 1 h 52 mn. On trouva dans son estomac 2 requins avalés une heure plus tôt. Ces requins étaient des *Scymnodon*, une espèce que l'on ne trouve qu'au fond de la mer. Or, à cette distance des terres, la profondeur de l'Océan est de 3 200 m sur un rayon de 50 à 70 km, ce qui conduit à penser que le cachalot peut descendre jusqu'à 3 000 m, et qu'il est alors plus pressé par le temps que par la pression elle-même.

Le mammifère vivant le plus haut

Le yak du Tibet et du massif du Sichuan, en Chine (*Bos grunniens*), grimpe parfois jusqu'à 6 100 m d'altitude pour paître.

31 PETITS DU TANREC

La plus grande portée connue d'un mammifère sauvage est celle d'un tanrec sans queue (*Tenrec ecaudatus*) découvert à Madagascar. Cette femelle a mis bas une portée de 31 petits, dont 30 survécurent. La portée moyenne normale du tanrec est de 12 à 15 petits. Les femelles peuvent en allaiter jusqu'à 24.

Jeune mère

La lemming femelle (*Lemmus lemmus*) de Scandinavie peut engendrer à l'âge de 14 jours. Son temps de gestation est de quelque 20 jours, et les portées de ce petit rongeur varient de 1 à 13 petits. Ce sont également des animaux très prolifiques. On a rapporté le cas d'un couple qui avait engendré 8 portées en 167 jours, après quoi le mâle mourut, sans doute d'épuisement.

VITE

Sur une courte distance, le guépard, ou léopard chasseur (Acinonyx jubatus), des grandes plaines de l'Afrique de l'Est, de l'Iran, du Turkménistan et de l'Afghanistan, atteint, lorsqu'il court sur un terrain qui s'y prête, une vitesse maximale approchant les 100 km/h. On a évoqué, pour les guépards, des vitesses de 115, 135 voire 145 km/h, mais elles sont très probablement exagérées.

En 1937, à Londres, on a chronométré sur une piste ovale de 345 yards (316 m), destinée aux courses de lévriers, la vitesse d'un guépard femelle. Sur trois tours (près de 1 km), elle a atteint, sans être à sa vitesse maximale, 70 km/h (contre 72 km/h pour le cheval de course le plus rapide). Elle avait pourtant du mal à négocier les virages.

L'animal terrestre le plus rapide sur des distances de plus de 1 km est l'antilope américaine à cornes (Antilocapra americana), qui vit dans l'ouest des États-Unis. On a observé chez certains spécimens des vitesses moyennes de 56 km/h sur 6 km, de 67 km/h sur 1 600 m et de 88,5 km/h sur 800 m.

Le Dr Kertesz, dentiste, a procédé le 6 février 1993 au Marineland d'Antibes, Alpes-Maritimes, à une terrible opération : le plombage d'une canine de Tanouk. Son client, une orque mâle de 3 t et de 8 m de long, né en Islande, s'est laissé faire sans le moindre signe d'impatience. Il pourra continuer à mâcher ses 70 kg de maquereaux et de harengs quotidiens.

Voir chapitre « Végétaux ».

TROUPEAUX

■ Des troupeaux de springboks, une espèce d'antilope d'Afrique du Sud (*Antidorcas marsupialis*), se formèrent au XIXe siècle pendant la migration qui traversa les grandes plaines de l'ouest de l'Afrique du Sud. En 1849, John Fraser observa l'un de ces troupeaux nomades, qui mit 3 jours à traverser Beaufort West, dans la province du Cap.

■ Un autre troupeau qui aurait compté 10 millions de têtes a été aperçu en 1888 près de Nels Poortje, dans la même région.

■ En juillet 1886, on a observé à Karree Kloof un troupeau qui se déployait sur une zone de 24 km de large et 160 km de long.

Voir aussi Records généraux dans le même chapitre.

GESTATIONS

Vite fait bien fait

La gestation de l'opossum de Virginie (*Didelphis marsupialis*), celle du crabier (*Chironectes minimus*), également appelé opossum d'eau, vivant dans la moitié nord de l'Amérique du Sud, et celle du chat marsupial d'Australie (*Dasyurus viverrinus*) durent 12 ou 13 jours, voire 8.

La plus longue

L'éléphant d'Asie (*Elephas maximus*) a une gestation qui dure de 609 jours (un peu plus de 20 mois) à 760 jours, soit plus de 2 fois et demie la durée d'une grossesse humaine.

Rarissimes

Les mammifères marins les plus rares

Depuis 1967, les baleines sont théoriquement protégées par un décret de la Commission baleinière internationale. Mais les pays n'appartenant pas à cette commission (comme Panamá, Taiwan, la Corée du Sud et les Philippines) font fi de cet accord. Un embargo assez vague a été instauré au début de la saison 1985-1986 sur les produits dérivés des baleines, mais le Japon, la Norvège et l'Islande continuent de massacrer certaines espèces (Balaenoptera acutorostrata, Balaenoptera physalus et Balaenoptera borealis) *sous prétexte de recherches scientifiques. En 1988, l'Islande a capturé 78 baleines, et le Japon 300 dans les mers du Sud. La Commission baleinière internationale (CDI), le 27 mai 1994, a interdit la chasse aux cétacés dans une bonne partie de l'hémisphère Sud tout autour de l'Antarctique, et dans l'ensemble de l'océan Indien. L'instauration de ce sanctuaire couronne de succès un des combats les plus symboliques des écologistes et notament de Green Peace, depuis 1977.*

La baleine à bec de Longman (Indopacetus pacificus) *n'est connue que par 2 crânes, l'un découvert en 1922 près de MacKay, Queensland, Australie, l'autre en 1955 près de Mogadiscio, Somalie.*

Le marsouin (Phocoena sinus) *n'a été vu dans aucune mer du monde depuis 1980 ; il est possible qu'il se soit éteint. Des centaines de milliers d'individus ont été tués par la pêche au filet durant les 45 dernières années.*

Les mammifères terrestres les plus rares

Un certain nombre de mammifères ne sont connus que par un seul spécimen. Ainsi, parmi les 200 espèces de chauves-souris, la chauve-souris frugivore (Neopteryx frosti), *identifiée en 1938 à Tamalanti, îles Célèbes, Indonésie.*

Le thylacine, loup marsupial de Tasmanie (Thylacinus cynocephalus), *est probablement éteint depuis la mort, le 7 septembre 1936, du dernier spécimen en captivité, au zoo de Beaumaris, à Hobart, Tasmanie, Australie. En juillet 1982 un garde forestier aurait aperçu l'un de ces marsupiaux carnivores dans la lumière des phares de sa voiture. Mais, depuis, aucun spécimen de cette espèce n'a été repéré.*

Le loup rouge (Canis rufus) *du sud-est des États-Unis s'est éteint dans son milieu naturel au début des années 1970. Cependant, l'US Fish and Wildlife Service en détient encore 50 spécimens, dont certains ne sont pas génétiquement purs. En juin 1988, deux couples de loups relâchés en Caroline du Nord, après avoir été protégés par un vaste programme de reproduction en captivité, ont eu des petits.*

OURS

En 1960, l'Américain Arthur Dubs, de Medford, Oregon, a abattu dans la région polaire de Kotzebue Sound, au nord-ouest de l'Alaska, un ours polaire mâle qui aurait pesé 1 t. En avril 1962, ce spécimen de 3,38 m de hauteur (empaillé debout sur ses pattes arrière) a été exposé à la Foire internationale de Seattle, État de Washington, EU, mais on manque de détails sur cet animal.

NOUNOURS DES PYRÉNÉES

Il y aurait actuellement 8 ou 9 ours bruns vivant encore en France dans les vallées d'Aspe et d'Ossau, Pyrénées occidentales, entre 1 500 et 1 700 m. En 1957, ils étaient encore 70.

Ourson est mort vieux

En 1991, un ours brun d'Amérique, baptisé Ourson, est mort à l'âge de 69 ans au zoo du jardin du Hamma d'Alger, a indiqué le responsable du zoo, le Dr Fayçal Haffaci. Un ours normal vit deux fois moins longtemps (30 ans environ).

D'après le Fonds mondial pour la nature, il y aurait environ 25 000 ours blancs autour du pôle Nord.

BELETTE NAINE

La belette polaire (*Mustela rixosa*), appelée aussi belette naine, se divise en quatre espèces qui habitent les régions polaires. La plus petite est *Mustela rixosa pygmaea*, de Sibérie. Un adulte mesure en moyenne de 18 à 21 cm et pèse de 35 à 70 g.

Chat moucheté

Le chat moucheté (*Felis rubiginosa*) du sud de l'Inde et de Sri Lanka est le plus petit membre de la famille des chats. La longueur moyenne d'un mâle adulte varie de 64 à 71 cm (sa queue mesurant entre 23 et 25 cm), pour un poids moyen d'environ 1,3 kg.

Tigre de Bali, de Java et caspien

Le nombre de tigres à l'état sauvage, estimé à 100 000 en 1900 est tombé à 6 500.
Le tigre de Bali, le tigre de Java et le tigre caspien ont désormais disparu.

GORILLA GORILLA

Les plus grands singes

Le gorille des plaines (*Gorilla gorilla graueri*), que l'on trouve dans les forêts de l'est du Zaïre et du sud-ouest de l'Ouganda, mesure 1,75 m de haut et pèse 165 kg.

Le gorille des montagnes (*Gorilla gorilla beringei*), qui vit dans les chaînes de montagnes volcaniques de l'ouest du Ruanda, du sud-ouest de l'Ouganda et de l'est du Zaïre, a des proportions similaires. Il mesure en moyenne 1,72 m et pèse 155 kg. La plupart des plus grands spécimens capturés sont de cette espèce. D'après le Fonds mondial pour la nature, cette espèce serait la plus menacée, il n'en resterait que 200 à 300 individus.

Le plus grand gorille sauvage jamais observé était un mâle des montagnes qui mesurait 1,88 m du sommet de la tête aux talons. Il fut abattu en 1920 à l'est du Congo belge (aujourd'hui Zaïre) par T. Alexander Barns.

Colossus (né en 1966), le plus grand gorille en captivité, vit au zoo de Gulf Breeze, Floride, EU. Il mesurerait 1,88 m de haut et pèserait 261 kg, mais nous n'avons pas pu vérifier ces chiffres.

Un gorille des plaines de l'ouest du Zaïre appelé Baltimore Jack avait des jambes particulièrement longues pour un gorille. Il était arrivé en 1956 au zoo de Baltimore, Maryland, EU, et fut ensuite vendu à celui de Phoenix, Arizona, EU. On a longtemps prétendu qu'il mesurait 1,91 m de haut, mais sa taille réelle était d'environ 1,75 m ; il pesait 126 kg. Il est mort en 1972.

Le gorille en captivité le plus lourd fut un mâle des montagnes appelé N'gagi, mort le 12 juillet 1944, à l'âge de 18 ans, au zoo de San Diego, Californie, EU. Son poids maximal fut, en 1943, de 310 kg. A sa mort, il pesait 288 kg. Il mesurait 1,72 m et était très fier de son tour de poitrine record de 1,98 m.

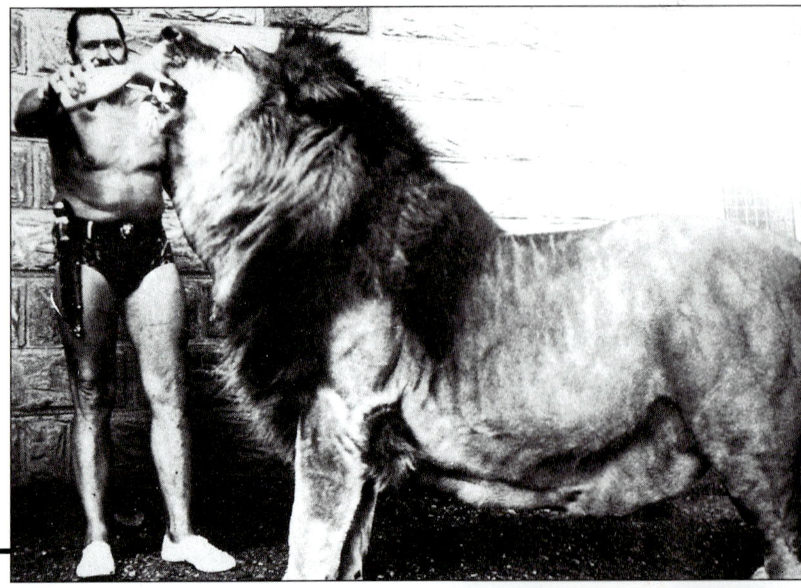

LES PLUS GRANDS FÉLINS

- Le tigre de Sibérie (*Panthera tigris altaica*), un fauve protégé également connu sous le nom de tigre de Mandchourie, est l'espèce la plus grande de la famille des chats (*Felidae*). Un mâle ordinaire mesure 3,15 m de long de la tête au bout de la queue étirée, environ 1 m de haut au garrot, et pèse environ 265 kg.
- En 1950, un mâle de 384 kg a été abattu dans les montagnes de Sikhote Alin, ex-URSS septentrionale.
- En novembre 1967, l'Américain David Hasinger, de Philadelphie, Pennsylvanie, a abattu dans le nord de l'Uttar- Pradesh, Inde, un tigre du Bengale (*Panthera tigris tigris*) gigantesque. De la tête au bout de la queue, et en tenant compte des courbes du corps, cet animal mesurait 3,37 m de long et pesait 389 kg (un mâle de cette espèce mesure habituellement 2,82 m et pèse 190 kg). Il est aujourd'hui exposé à Washington, à l'Institut Smithsonian, le Musée d'histoire naturelle américain.
- Un tigre de Sibérie de 9 ans appelé Jaipur est le plus grand tigre en captivité et le plus lourd spécimen parmi les félins. Son maître est la dompteuse Joan Byron-Marasek, de Clarksburg, New Jersey, EU. Jaipur mesure 3,32 m de long et a battu son record de poids en octobre 1986, avec 423 kg.
- Un lion d'Afrique (*Panthera leo*) mesure en moyenne 2,70 m de long et 1 m de haut au garrot et pèse 180 kg. Le spécimen le plus lourd de cette espèce a été abattu en 1936 à Hectorspruit, Transvaal, Afrique du Sud, par Lennox Anderson. Il pesait 313 kg.
- Simba, un lion à crinière noire, né au zoo de Dublin en 1959, pensionnaire du zoo de Colchester, Essex, GB, était censé peser 375 kg en juillet 1970. ▲
- Cubanacan, un tigron (croisement d'un tigre et d'une lionne) adulte mâle du parc zoologique d'Alipore, à Calcutta, Inde, pèserait au moins 360 kg. Il mesure 1,32 m de haut au garrot (1,10 m pour le lion Simba) et 3,50 m de longueur totale.
- Baïkal, tigre de Sibérie né au zoo de Ravensden, GB, et arrivé à l'âge de 6 mois, le 7 novembre 1985, au parc zoologique de Saint-Martin-la-Plaine, Loire, mesure 3,25 m de long de la tête à l'extrémité de la queue et 1,25 m au garrot.

Les tigres étaient considérés comme des animaux nuisibles car tueurs d'hommes. Il a fallu de nombreuses années de parties de chasse pour que l'espèce tende à disparaître et que des photos comme celle ci-contre deviennent choquantes.

1,80 m, 230 kg

Platon, gorille de 230 kg et 1,80 m, est né en 1972, au Congo. Il a été sauvé de la mort et transféré à l'âge de 5 ans, en 1977, au parc zoologique de Saint-Martin-la-Plaine, Loire.

LES VIEUX SINGES

■ Le plus vieux primate dont l'âge ait été vérifié était un chimpanzé (*Pan troglodytes*) dénommé Gamma, mort au Centre de recherches d'Atlanta, Georgie, EU, à l'âge de 59 ans et 5 mois, le 19 février 1992.

■ Un orang-outan (*Pongo pygmaeus*) dénommé Guas, est mort à l'âge de 59 ans, le 9 février 1977, au parc zoologique de Philadelphie, Pennsylvanie, EU. Quand il fut capturé le 1er mai 1931, il avait déjà au moins 13 ans.

■ Le plus vieux gorille femelle connu était Carolyn, née en 1939, qui a vécu au parc zoologique de New York (Bronx Zoo) et qui est morte le 27 septembre 1986, à l'âge de 47 ans.

Les plus rares

Alors que l'on croyait, en 1970, que le lémurien à nez large de Madagascar (*Hapalemur simus)* avait disparu, un groupe de 60 à 80 individus a été découvert en 1986 dans une forêt isolée près de Ranomafana, au sud-est de l'île, par une expédition de l'université Duke, de Durham, Caroline du Nord, EU.

Le singe-lion doré (*Leontopithecus chrysopygus)*, qui ne survit plus que dans deux zones de la forêt de l'État de São Paulo, Brésil, est aussi sur le point de disparaître. On ne comptait en 1986 que 75 à 100 survivants.

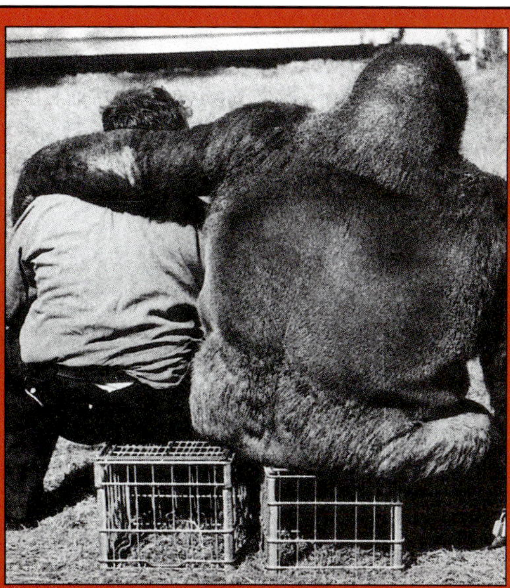

Le gorille est le plus grand des primates, il peut mesurer jusqu'à 1,90 m.

Le plus grand singe non anthropoïde

Le mandrill, grand singe d'Afrique équatoriale de l'Ouest (*Mandrillus sphinx*), pèse couramment plus de 45 kg.

Le vieux gibbon

Le gibbon baptisé Yoyo, incarcéré en 1937 au zoo de Vincennes alors qu'il était déjà adulte, est mort en 1981. Il a donc vécu plus de 50 ans.

LE DERNIER VENU

Une 15e et nouvelle espèce de ouistiti est connue depuis le début de l'année 1993. Découverte par le biologiste Marco Schwartz, en forêt amazonienne, il aura fallu attendre 8 ans pour que *Callithrix nausei* soit connu du grand public. Ce ouistiti a une fourrure brune, une choupette à l'oreille, mesure 20 cm et pèse 400 g.

MARMOUSET

Le ouistiti mignon ou marmouset (*Cebuella pygmaea*) du bassin amazonien supérieur et le lémure-souris (*Microcebus murinus*) de Madagascar mesurent environ 25 cm de long et pèsent de 50 à 70 g pour les ouistitis mignons et de 45 à 80 g pour les lémures-souris.

Le singe-musaraigne (*Ptilocercus lowii*) de Malaisie, mesure environ 28 cm et pèse de 35 à 50 g.

PINNIPEDES

LE PHOQUE MARBRÉ ET SES COUSINS

Le phoque marbré (*Phoca hispida*) des régions polaires, ses cousins le phoque du lac Baïkal (*Phoca sibirica*) et le phoque de la mer Caspienne (*Phoca caspica*), en ex-URSS, sont les pinnipèdes les plus petits. Les mâles adultes mesurent environ 1,70 m de longueur pour un poids maximal de 130 kg. Les femelles atteignent à peu près deux tiers de ces mensurations.

Pinnipède le plus grand

Il s'agit d'un mâle baptisé « Stalin » de la Géorgie du Sud qui pèse 2 662 kg et mesure 5,10 m, recensé par des membres du British Antartic Survey (Expédition britannique d'exploration de l'Antarctique), le 14 octobre 1989.

Au chaud dans l'Antarctique

En 1977, le nombre total des phoques crabiers (*Lobodon carcinophagus*) de l'Antarctique était estimé à 15 millions d'individus.

COURSE ENTRE PHOQUE CRABIER ET LION DE MER

Un lion de mer de Californie a réussi à atteindre une vitesse de pointe de 40 km/h dans l'eau. Sur terre, le plus rapide des pinnipèdes est le phoque crabier, qu'on a chronométré à 20 km/h.

Le vieux Jacob

Les plus vieux

On a estimé à 46 ans l'âge d'un phoque femelle gris abattu le 23 avril 1969 à Shunni Wick, dans les îles Shetland, GB.

Jacob (1901-1942), phoque gris du zoo de Skansen, à Stockholm, Suède, fut le plus vieux phoque vivant en captivité.

COLONIE D'OTARIES

Les otaries à fourrure des îles Pribilof, appelées aussi otaries à fourrure d'Alaska (*Callorhinus ursinus*) sont au nombre de 1,7 million.

Phoques moines ou lions de mer ?

La dernière fois que l'on a aperçu un phoque moine des Caraïbes (*Monachus tropicalis*), c'était en 1952, le long du banc de sable de Serranilla, au large de la côte de la presqu'île du Yucatán, Mexique En 1974, on a aperçu deux de ces phoques près des bancs de Cay Verde et de Cay Burro, au sud des Bahamas, mais des recherches entreprises en 1979 sont restées infructueuses. Les phoques signalés pourraient n'avoir été que des lions de mer de Californie (*Zalophus californianus*), échappés de leur captivité, déjà entraperçus plusieurs fois dans le golfe du Mexique.

D'après le Fonds mondial pour la nature, il ne resterait que 500 à 600 phoques moines d'Hawaï (*Monachus schauinslandi)*.

PLONGÉES LES PLUS PROFONDES

En mai 1988, une équipe de l'université de Californie observa, au large d'Año Nuevo Point, Californie, les capacités de plongée de l'éléphant des mers du Nord (*Mirounga anguistirostris*). Une femelle a plongé jusqu'à 1 250 m, une autre est restée 48 mn sous l'eau.

Des expériences similaires entreprises par des scientifiques australiens sur les éléphants des mers du Sud enregistrèrent une plongée de 1 135 m et des périodes sous l'eau de presque 2 h.

Le mieux adapté à la plongée est le phoque de Weddell (*Leptonychotes weddelli*). Il effectue régulièrement des plongées de plus de 1 h à 600 m, chaque plongée profonde étant précédée d'une plongée exploratoire de 15 mn. Ses globules rouges sont les plus riches en hémoglobine, laquelle possède la plus grande capacité à transporter de l'oxygène. C'est son sang qui possède le meilleur taux d'utilisation de ce gaz.

L'ÉLÉPHANT DE MER

Les plus grands pinnipèdes

L'éléphant de mer austral (*Mirounga leonina*), qui habite les îles australes subantarctiques, est la plus grande des 34 espèces connues de pinnipèdes. Un mâle adulte mesure en moyenne 5 m du bout du museau à l'extrémité des nageoires caudales. Sa circonférence peut atteindre plus de 3,5 m et son poids est d'environ 2,3 t.

Le plus grand spécimen mesuré avec précision était un mâle tué le 28 février 1913 à Possession Bay, Georgie du Sud (île dépendant des Falklands). Il mesurait 6,5 m après dépeçage (sa taille initiale devait être de 6,85 m) et pesait environ 5 t. Les femelles adultes sont bien plus petites : leur taille moyenne est de 3 m et leur poids d'environ 680 kg.

Otaries à fourrure disparues ?

Les plus rares
Il ne resterait, en 1994, plus que 500 otaries à fourrure des îles de Guadalupe *(Arctocephalus townsendi).*

La plus grande colonie
Dans le Pacifique nord, il y a environ 200 000 morses. La population mondiale est estimée, en 1992, à 250 000 têtes.

La plus faible colonie
Il n'y aurait que 5 000 morses dans la mer des Laptev, mer de l'océan Arctique située entre la côte de la Sibérie, la presqu'île de Taïmyr et l'archipel de la Nouvelle-Sibérie.

MORSES LES PLUS GROS

Ils appartiennent aux populations du Pacifique nord (*Odobenus rosmarus divergens*). Ils pèsent de 900 kg à 1,5 t pour les mâles et de 600 kg à 1 t pour les femelles. Ceux de l'Atlantique nord (*Odobenus rosmarus*) ont un poids inférieur de 10 %.

MAMMIFÈRES MARSUPIAUX

Kangourous de 2,45 m

*Les kangourous rouges mâles (*Macropus rufus*) du centre, du sud et de l'est de l'Australie mesurent, adultes, 2,45 m de l'extrémité de la tête à celle de la queue, 2,13 m de haut et pèsent jusqu'à 85 kg.*

SOURIS NAINE ET PLATE

*Le planigale d'Ingram (*Planigale ingrami*) est une souris rare, à tête plate, qui vit dans le nord et le nord-ouest de l'Australie. Un mâle adulte mesure environ 6 cm de long, sans la queue — également de 6 cm. Il pèse de 4 à 5 g. Le planigale nain mesure 1 cm de moins.*

Vieux

*Un wombat (ou phascolome) à narines poilues (*Vombatus ursinus*) est mort le 20 avril 1906, au zoo de Londres, à l'âge de 26 ans et 22 jours.*

RECORDS DE VITESSE

Un kangourou géant femelle adulte a battu le record de vitesse des marsupiaux, avec 64 km/h. Un gros kangourou rouge mâle est mort d'épuisement après avoir parcouru 1 500 m à 56 km/h de moyenne. Il était de toute évidence trop lourd pour maintenir une telle vitesse sur cette distance.

Tout fripé, mais déjà si tendre

Charly, ce charmant bébé kangourou, est élevé avec amour par Frederich, le gardien du zoo de Hambourg, où il est né. Frederich, un célibataire endurci, est obligé de lui donner un biberon toutes les deux heures, de jour comme de nuit. « Le cinéma, le bistrot, tout cela est terminé pour moi, je suis maintenant consigné aux tâches ménagères.» Il espère que Charly, adulte, après tous les soins de mère qu'il lui a prodigués, atteindra 1,60 m et 80 kg.

LES BONDS DE KANGOUROUS

Sauts

- *Un kangourou géant en captivité surpris par une pétarade de voiture a sauté sans mal une barrière de 2,44 m de haut.*
- *Un kangourou rouge poursuivi par des chasseurs a sauté par-dessus un tas de bois haut de 3,10 m.*
- *Au cours d'une chasse, en 1951, en Nouvelle-Galles du Sud, Australie, un kangourou rouge femelle a fait une série de bonds dont l'un a atteint 12,80 m de long.*

MAMMIFÈRES RONGEURS

Le plus grand
Le cabiai (*Hydrochoerus hydrochaeris*) des régions tropicales de l'Amérique du Sud, également nommé « cochon d'eau », mesure près de 1 m de long et pèse jusqu'à 113 kg (pour un gros spécimen gardé en cage).

Le plus petit
La souris pygmée d'Amérique (*Baiomys taylori*), qui vit au Mexique, dans le sud de l'Arizona et au Texas, ne mesure guère plus de 10 cm de long et pèse 7 ou 8 g.

Le plus rare
Le hutia de Garrido (*Capromys garridoi*), qui habite l'îlot Cayo Maka, Cuba, et le petit hutia terrestre (*Capromys sanfelipensis*), qui vit sur l'îlot de Juan García, au sud de Cuba, sont les rongeurs les plus rares du monde. Depuis sa découverte, en 1970, le second n'a plus été aperçu nulle part.

Le plus vieux
Un porc-épic de Sumatra (*Hystrix brachyura*) détient le seul record plausible de longévité, avec 27 ans et 3 mois. Il est mort le 12 janvier 1965 au parc zoologique de Washington.

Le plus précoce
Le campagnol, ou rat des champs (*Microtus agrestis*), se reproduit à partir de l'âge de 25 jours. Les femelles ont plus de 17 portées de 6 à 8 petits par an.

MAMMIFÈRES INSECTIVORES

Les plus gros : les hérissons

Le gymnure (*Echinosorex gymnurus*), également connu sous le nom de gymnure de Raffles, que l'on trouve en Birmanie, en Thaïlande, en Malaisie, à Sumatra et à Bornéo, a une longueur de corps qui varie entre 25 et 45 cm, plus une queue de 20 cm. Il peut peser jusqu'à 1,5 kg.

Le hérisson européen (*Erinaceus europaeus*) est bien plus court (entre 20 et 30 cm), mais certains spécimens bien nourris et à qui on a pu imposer des repos réguliers ont pesé jusqu'à 1,9 kg.

LE PLUS PETIT : LA MUSARAIGNE

Le plus petit insectivore est une musaraigne, le pachyure étrusque (*Suncus etruscus*). (Voir « Kitti, les plus petits ».)

TANREC DE 16 ANS

Un hérisson tanrec (*Echinops telfairi*), né au zoo d'Amsterdam en 1966, puis envoyé au zoo de Jersey, îles Anglo-Normandes, y est mort le 27 novembre 1982, à plus de 16 ans.

CHAUVES-SOURIS

Les plus grandes

Les chauves-souris sont les seuls mammifères volants. Elles appartiennent à l'ordre des chiroptères, dont on connaît 950 espèces. Celle qui a la plus grande envergure est la chauve-souris de Bismarck (*Pteropus neohibernicus*), que l'on trouve dans l'archipel Bismarck, Mélanésie, et en Nouvelle-Guinée.

Un spécimen de 1,65 m d'envergure est empaillé au Muséum d'histoire naturelle de Washington, EU. Certaines chauves-souris, non mesurées, ont probablement une envergure de 1,80 m.

Toute petite petite

C'est la chauve-souris de Kitti (voir « Kitti, les plus petits »).

Une seule de chaque

Ces trois espèces ne sont connues que par un seul spécimen : la chauve-souris frugivore (*Neopteryx frosti*), de Tamalanti, île des Célèbes (1938-1939) ; *Paracoelops megalotis*, de Vinh, au Vietnam (1945) ; et *Latidens salimalii*, du sud de l'Inde (1948).

LA PLUS VIEILLE

Il a été rapporté qu'une petite chauve-souris brune femelle (*Myotis lucifugus*) est morte aux États-Unis, en 1987, à l'âge de 32 ans.

L'ouïe la plus fine

Si vous n'avez pas bien compris, reportez-vous aux records généraux, en début de chapitre.

20 millions de chauves-souris

La plus grande concentration de chauves-souris se trouve dans la grotte de Bracken, à San Antonio, Texas, EU, où 20 millions de chauves-souris du Mexique (*Tadarida brasiliensis*) se rassemblent après leur migration annuelle.

La plus profonde descente sous terre

Une petite chauve-souris brune a été vue dans une mine de zinc de l'État de New York, à 1 160 m sous terre. La mine sert de refuge à un millier de membres de cette même espèce, qui se contente généralement de descendre à 200 m de profondeur.

Ce sont toutes des murins

Le murin est une chauve-souris du genre *Myotis*. La moitié des chauves-souris vivant en France appartient à ce genre, qui peuple d'ailleurs le monde entier. Vue de près, cette petite bête a vraiment un air de famille avec son cousin le vampire.

VAMPIRES

Le 11 janvier 1994, un kit anti-vampire a été adjugé 12 000 $ (environ 68 000 F) chez Sotheby's, New York, pour permettre à son superstitieux propriétaire de dormir tranquillement. Ce coffret contenait, entre autres, un crucifix en ivoire avec pistolet caché à l'intérieur, un flacon de poudre d'ail, une bible et un télescope pour repérer les vampires.

AIDÉE PAR LE VENT

Il n'est évidemment pas facile de mesurer la vitesse d'une chauve-souris. Une chauve-souris du Mexique (*Tadarida brasiliensis*) a atteint la vitesse de 50 km/h, sans doute aidée par le sens du vent. Une expérience a eu lieu aux États-Unis dans un tunnel artificiel, avec 17 espèces ; 4 seulement réussirent à dépasser les 20 km/h.

ANTILOPES

Élans géants

L'élan géant ou élan de Derby (*Taurotragus derbianus*) est très rare. On ne le trouve qu'en Afrique de l'Ouest et en Afrique centrale. Il peut dépasser les 900 kg et mesurer plus de 1,80 m.

L'élan du Cap (*Taurotragus oryx*), d'Afrique australe et de l'Est, a la même hauteur au garrot, 1,80 m, mais n'est pas tout à fait aussi lourd. Un élan de 1,65 m, tué en 1937 au Malawi, pesait cependant 943 kg.

UN VIEIL ADDAX

Un addax (*Addax nasomaculatus*) a atteint l'âge de 25 ans et 4 mois. Il est mort le 15 octobre 1960 au zoo de Chicago, Illinois, EU.

LES PETITES ANTILOPES

L'antilope royale, la plus petite

L'antilope royale adulte (*Neotragus pygmaeus*), d'Afrique de l'Ouest, ne mesure au garrot que 25 ou 30 cm et pèse environ 3,5 kg, soit la taille d'un gros lièvre brun (*Lepus europaeus*).

Dik-dik du sel, la plus légère

Le dik-dik du sel (*Madoqua saltina*), du nord-est de l'Éthiopie et de Somalie, ne pèse que 2,5 kg adulte et mesure environ 35 cm au garrot.

ORYX D'ARABIE

L'oryx d'Arabie (*Oryx leucoryx*) a été sauvé de l'extinction grâce à un programme d'élevage en captivité au zoo de San Diego, Californie, EU, et de remise en liberté contrôlée dans le désert d'Oman en Jordanie, où leur population atteint au moins 150 individus en 1994.

CERVIDÉS

TROPHÉES

On nomme trophées les parties non consommables des grands mammifères que les chasseurs conservent à titre de souvenir. Il s'agit principalement des cornes, des bois, des crânes et des peaux. La qualité des trophées est évaluée selon différents critères qui prennent en compte certaines mesures de longueur, épaisseur, envergure, poids, etc. On remarquera que ces records sont pour la plupart historiques. En effet, tous ces animaux « de chasse » décimés au cours du XXe siècle par l'inconscience de l'homme sont aujourd'hui protégés.

CHASSE

En 1987, on comptait en Europe 6 500 000 chasseurs dans les 12 pays de la Communauté. La France arrivait en tête, avec 1 800 000 chasseurs. En 1994, ils ne sont plus que 1 630 000.

Le plus grand cerf

Le plus grand cerf est l'élan d'Alaska (*Alces alces gigas*). Un mâle adulte mesure 1,83 m au garrot et pèse 500 kg. En septembre 1987, un mâle mesurant 2,34 m de la tête au bout de la queue et pesant environ 800 kg fut abattu dans le territoire du Yukon, Canada. Certains cerfs auraient atteint, sans certitude, un poids de 1,2 t et une taille de 2,60 m au garrot.

LES PETITS

Le poudou du Nord (*Pudu mephistopheles*), que l'on trouve en Équateur et en Colombie, mesure, adulte, de 33 à 35 cm au garrot et pèse 7 ou 8 kg.

Le plus petit ruminant est le chevrotin (*Tragulus javanicus*), que l'on trouve en Asie du Sud-Est, à Sumatra et à Bornéo. Il n'a pas de bois, mesure, adulte, de 20 à 25 cm au garrot et pèse en moyenne 3 kg.

Le vieux Bambi

Un cerf rouge (*Cervus elaphus scoticus*) nommé Bambi, appartenant à la famille Fraser, de Kiltarlity, Écosse, est né le 8 juin 1963. Il a aujourd'hui 31 ans.

LE PLUS RARE

Jusqu'à très récemment, le muntjac de Féa (*Muntiacus feae*) ne comptait que 2 spécimens, capturés à la frontière entre la Birmanie et la Thaïlande. En décembre 1977, le zoo de Dusit, à Bangkok, a reçu une femelle, puis 2 autres en 1981 et, enfin, 3 mâles et 3 femelles importés du Tibet, entre février 1982 et avril 1983.

TROPHEES DE CHASSE, DEFENSES, CORNES ET BOIS

Le commerce international de l'ivoire, cause essentielle du massacre des éléphants d'Afrique et de leur disparition, a été suspendu en octobre 1989 par la Convention internationale sur le commerce des espèces menacées. Mais cette interdiction n'est pas unanimement respectée. Plusieurs pays ont, en effet, refusé de signer la convention et la bafouent ouvertement.

DÉFENSES

Les plus grandes

Les défenses d'éléphant les plus longues (à l'exception des éléphants préhistoriques) appartenaient à un éléphant du Zaïre. Elles sont conservées à Bronx Park, le zoo de New York. La défense droite mesure 3,49 m, en tenant compte de la courbe, et la gauche 3,35 m. Elles pèsent ensemble 133 kg.

Les plus lourdes

Le British Museum d'histoire naturelle expose une paire de défenses ayant appartenu à un vieil éléphant mâle abattu en 1897 au pied du mont Kilimandjaro, Kenya. À l'origine, les défenses pesaient l'une 109 kg pour 3,11 m de long, l'autre 102 kg pour 3,18 m, ce qui donnait un poids total de 211 kg. Elles ne pèsent plus aujourd'hui que 200 kg. Une défense présentée à l'Exposition universelle de 1900, à Paris, pesait 117 kg.

Éléphant d'Asie

Obtenues lors d'une chasse du roi George V aux Indes, en 1921, les défenses de cet éléphant pèsent 73 et 72,6 kilos.

Hippopotame

La plus longue défense d'hippopotame connue mesure 1,63 m. Elle provient d'un spécimen du Kenya, tiré par F. J. Jackson en 1909.

CORNES

Les plus longues

*L'animal terrestre doté des plus longues cornes est l'arni (buffle d'Asie) de l'Inde (*Bubalus arnee = Bubalus bubalis*). Un gros mâle tué en 1955 avait des cornes d'une taille totale de 4,24 m, d'une pointe à l'autre, en tenant compte de la courbe extérieure du front.*

*La plus longue corne isolée, mesurant 2,06 m, appartenait à un bœuf d'Ankole (*Bos taurus*) vivant au lac Ngami, Botswana.*

La plus grande envergure des cornes atteint 1,63 m. Il s'agit du trophée d'une femelle obtenu en Tanzanie, en 1946, par M. H. Cabrera.

Grand koudou

La plus longue corne, chez cette grande antilope africaine, atteint 1,76 m. Originaire d'Afrique du Sud, trophée de P. G. Rous, 1916.

Élan de Derby

Longueur record de 1,33 m pour une corne d'un trophée, obtenu en 1985 en Centrafrique, par L. Casey.

Oryx géant

Longueur record de 1,23 m pour une corne d'un trophée obtenu en 1981, au Botswana, par W. J. Ray.

Rhinocéros noir

Le plus grand trophée appartient au Service de la faune de Tanzanie. Longueur de la corne de devant : 1,20 m.

BOIS

Les plus grands

Les bois sont des os ramifiés du front des cervidés mâles qui tombent et repoussent un peu plus chaque année. Les plus grands mesurent 2 m et pèsent avec le crâne 40 kg. Ils appartenaient à un cerf abattu, en octobre 1987, en amont de la rivière Stewart, au Yukon, Canada. Ils sont actuellement exposés au Field Museum de Chicago, Illinois, EU.

(Voir aussi « Bois et défenses des animaux disparus », dans le même chapitre, ainsi que le tableau de classement par points.)

Caribou

Le bois le plus long mesure 1,67 m et provient d'un trophée chassé au Québec en 1980 par J. Campnell.

Élan géant

Envergure extérieure de 2,29 m pour un trophée obtenu par N. W. Garwood en 1964 en Alaska, EU.

RECORDS DE TROPHÉES DE CHASSE

en **Europe** et en France

TROPHÉE	DATE	LIEU	CHASSEUR	POINTS[1]
Cerf	**1988**	**Bulgarie**	**C. Ivanov**	**273,60**
	1987	Aube	F. de Feinsilber	226,81
Chevreuil	**1982**	**Suède**	**C. J. Stejernwärd**	**246,96**
	1984	Oise	M. Fournier	197,72
Mouflon	**1991**	**Tchécos.**	**-**	**252,45**
	1980	Hérault	J. Antomattei	226,85
Daim	**1991**	**Hongrie**	**-**	**233,11**
	1984	Haute-Saône	A. Bourdin	196,29
Sanglier	**1986**	**Bulgarie**	**T. Jivkov**	**158,20**
	1960	Meurthe-et-Mos..	J. Vuillaume	130,40
Chamois	**1934**	**Roumanie**	**N. Hesshaimer**	**141,10**
	1984	Isère	G. Penin	125,55
Isard	**1926**	**Htes-Pyrénées**	**G. Sarrat**	**114,47**

1 Pour les grands animaux d'Europe, on utilise la méthode du Conseil international de la chasse et de la conservation du gibier, qui attribue, en fonction des mesures, des points dits « points CIC » et permet donc de déterminer des records pour chaque espèce.

CHEVAUX

Le plus vieux

La dépouille entière d'un alezan découverte, en automne 1993, dans le territoire du Yukon, Canada, et datée au carbone, aurait 26 000 ans.

Le cheval, mort dans le lit d'une rivière, puis recouvert de terre, a échappé à la décomposition par cet isolement à l'oxygène de l'air. Cette découverte modifie la connaissance des chevaux de l'époque glaciaire que l'on représente toujours petits avec une crinière et une queue courtes, alors que celles de l'animal du Yukon étaient longues et blondes.

Les chevaux les plus rares

Le cheval de Przewalski a disparu vers 1970 sur les steppes séparant la Sibérie de la Mongolie. Il n'existe plus de troupeau sauvage. En 1992, il en reste encore 700 en captivité dans 70 jardins zoologiques. Ce sont les descendants des 11 chevaux capturés entre 1899 et 1901. La dernière jument sauvage a été capturée en 1947.

France

En 1989, 3 chevaux de Przewalski ont été placés en semi-captivité dans un enclos du Parc national des Cévennes, en Lozère.

Un compagnon depuis 6 000 ans

Les premières domestications de chevaux remontent à 6 000 ans, dans l'actuelle Ukraine. Les chasseurs du néolithique apprivoisaient les chevaux pour leur viande et leur lait.

LES CHEVAUX LES PLUS AGÉS

Old Billy

Le plus vieux cheval a sans doute été Old Billy, né en 1760 et mort le 27 novembre 1822, à l'âge de 62 ans. Ce cheval du Lancashire, GB, était probablement issu d'un croisement. Son crâne est conservé au Muséum d'histoire naturelle de Manchester, et sa tête, empaillée, garnie de belles fausses dents, est exposée à celui de Bedford, GB.

Tango Duke

Le pur-sang de course le plus âgé fut le hongre châtain Tango Duke, né en 1935. Il appartenait à Mme Carmen J. Koper, de Barongarook, Victoria, Australie, et mourut le 25 janvier 1978, à l'âge de 42 ans.

Poney de 54 ans

Le plus vieux poney, né en 1919 et mort à 54 ans, fut élevé dans une ferme du centre de la France.

Les plus forts

■ *On raconte que deux shires, pesant ensemble 1 590 kg, tirèrent sur une distance de 400 m, le long d'une route gelée, une masse de 131 t chargée sur un traîneau. Cela se serait passé le 23 février 1893, près d'Ewen, Michigan, EU. En fait, les chiffres étaient exagérés et le chargement, qui contenait 50 troncs de pins, ne devait peser qu'environ 42 t.*

■ *Tito, né le 12 août 1981, cheval de trait ardennais belge, appartenant à Georges Paquay, de Noville, Belgique, a remporté l'épreuve de traction du Trophée international du cheval de trait, en tirant sur une distance de*

60 m, une charge de 1 420 kg (16 personnes et un traîneau), lors du Salon international de l'agriculture 1994.

- *Le 23 avril 1924, un hongre shire nommé Vulcain exerça une force de 29,5 t sur le dynamomètre de l'exposition de l'Empire britannique, à Wembley.*
- *Le même jour, une paire de shires tirèrent une charge de 51 t, le maximum enregistré par le dynamomètre.*
- *Terrifiés par l'orage, le 18 juillet 1994, 43 chevaux se sont précipités dans le vide du haut d'une falaise, à Saint-Julien-en-Quint, Drôme. Ce phénomène déjà observé chez des moutons et des bovins était sans précédent pour des chevaux.*

La population équine mondiale est évaluée à 75 millions d'individus.
En France, on dénombrait 368 830 chevaux en 1988, alors qu'ils ne sont plus que 334 855 en 1991. Le lecteur intéressé se reportera aussi aux chapitres *Sports* et *Affaires et Agriculture*.

GRAND ÂNE ET PETITE ÂNESSE

Le 11 août 1991, à la fête aux ânes de Villavard, Loir-et-Cher, a été présenté l'âne Seva, né en 1984, qui mesurait 1,54 m au garrot.
L'ânesse Verveine de Biard, née en 1987, mesurait, elle, 78,5 cm au garrot.

Mules
Les plus grandes mules sont Apollo, née en 1977, et Anak, née en 1976. Elles appartiennent à Herbert L. Mueller, de Columbia, Illinois, EU. Apollo mesure 1,96 m et pèse 998 kg, Anak mesure 1,91 m et pèse 925,2 kg.

Les records de prix pour des animaux

Espèce	Prix	Acheteur	Date
Poulain : Seattle Dancer	13 100 000 $	Robert Stangster, EU	23-07-1985
Chien : Pékinois	32 000 £	Clarice A. Cross, GB	1907
Chat : Singapour	10 000 $	Carl Mayes, EU	1988
Pigeon :	850 000 F	Industriel japonais	13-08-1991
Coquillage : *Cypraea fultoni*	24 000 $	Dr M. Raybaudi, Italie	?
	6 600 $	Collectionneur, EU	06-1987

Le plus vieux cheval français

47 ANS

En France, L'Ours, cheval camarguais appartenant à Marius Coulomb, de La Roque-d'Anthéron, Bouches-du-Rhône, est mort le 6 avril 1993, à l'âge de 47 ans.

DU PLUS GRAND AU PLUS PETIT CHEVAL

De Sampson à Citrouillette

Le plus grand fut un hongre shire appelé Sampson, puis Mammouth, élevé par Thomas Cleaver, de Toddington Mills, GB. Ce cheval, né en 1846, mesurait 2,19 m ; on dit qu'il pesait 1 524 kg...
Le falabella d'Argentine fut obtenu par 70 ans de croisements effectués au sein d'un groupe de chevaux de petite taille découverts dans le sud du pays. La plupart des spécimens adultes mesurent moins de 76 cm de haut et pèsent de 36 à 45 kg.
Le 30 novembre 1975, le Dr T. H. Hamison, du centre vétérinaire de Spartenburg, Caroline du Sud, EU, certifia que Little Pumpkin, « Petite Citrouille », étalon né le 15 avril 1973 et appartenant à J. C. Williams Jr., d'Inman, Caroline du Sud, mesurait 35,5 cm de haut et pesait 9 kg.

Le pur-sang le plus grand

Tritonis, hongre pur sang canadien, appartenant à Christopher Ewing de Southfield, EU, est le plus grand cheval qui ne soit pas un cheval de trait. Ce cheval, mort en septembre 1990, à l'âge de 7 ans, mesurait 1,98 m et pesait 950 kg.

Il y a 400 millions de chiens dans le monde.
Le pays qui en possède le plus est les États-Unis : 52 millions.
En France, on en compte 10,6 millions : ce qui représente un taux de possession de 37 %.

LES PLUS PETITS

Les yorkshires nains, les chihuahuas et les caniches toys sont les plus petits chiens du monde. Ils peuvent ne peser, adultes, que 453 g.
Le plus petit chien au monde était un yorkshire terrier pas plus gros qu'une boîte d'allumettes. Il appartenait à M. Arthur F. Marples, de Blackburn, Lancashire, GB. Ce chien microscopique mesurait 6,3 cm au garrot, et 9,5 cm de longueur, de la pointe du museau à la racine de la queue. Il ne pesait — c'est à peine croyable — que 113 g. Il est mort à l'âge de 2 ans, en 1945.
Le plus petit chien vivant est une yorkshire terrier nommée Summeran Thumberlina, née le 5 janvier 1992. Elle appartient à Maureen Howes, de Stourport on Severn, GB. Elle mesure 20,3 cm de longueur totale, 14 cm au garrot et pesait 567 g en mai 1993.

Chien d'aveugle

Une femelle labrador retriever, Cindy Cleo, née le 20 janvier 1971, a passé 14 ans et 8 mois de sa vie à guider son maître, M. Aron Barr, de Tel-Aviv, Israël. Elle est morte le 10 avril 1987.

L'INESTIMABLE

En 1907, Ch'êrh of Alderbourne, un célèbre pékinois, coûta un manque à gagner de 32 000 £ à sa maîtresse, Mme Clarice Ashton Cross, d'Ascot, Berkshire, GB. Celle-ci déclina en effet l'offre d'achat du magnat américain John Pierpont Morgan. Le financier ne se découragea pas et proposa alors un chèque en blanc. De nouveau, il lui fut retourné.

L'HÉRITIER

Le legs le plus important fait en faveur d'un chien est d'un montant de 15 millions de £, que Miss Ella Wendel, de New York, laissa en 1931 à son caniche Toby.

Les plus prolifiques

Lena, femelle fox-hound appartenant à W.N. Ely, d'Ambler, Pennsylvanie, EU, a eu, le 19 juin 1944, une portée de 23 chiots qui ont tous survécu.
Les 6 et 7 février 1975, Careless Ann, femelle saint-bernard appartenant à Alice Rodden, de Lebanon, Missouri, EU, a mis bas 23 chiots, dont 14 ont survécu.
Shalimar Bootsie, une femelle danoise appartenant à Mme Marjorie Harris, de Little Hall, près de Colchester, Essex, GB, a eu elle aussi une portée de 23 chiots, dont 16 ont survécu.
Le reproducteur le plus zélé, Low Pressure, surnommé Timmy, un lévrier de concours né en septembre 1957 et appartenant à Mme Bruna Amhurst, de Londres, a battu tous les records de paternité. De décembre 1961 à sa mort, le 27 novembre 1969, il avait engendré 2 414 petits, auxquels s'ajoutent 600 chiots « officieux »...

PORTÉE DE 23 CHIOTS

Diana, une femelle dogue allemand appartenant à Joël Canapale, de Tancua, Jura, a eu, le 25 mai 1991, une portée de 23 chiots.

Le doyen

Le chien le plus vieux
Né en novembre 1962, Pataud, bâtard de griffon noir, est décédé à 29 ans et 5 mois en avril 1991. Il appartenait à M. Jean-Claude Le Moal, de Rai, Orne. Pataud détient le record mondial de longévité pour un chien.

LES PLUS GRANDS CHIENS

Les chiens domestiques (*Canis familiaris*) les plus lourds sont le saint-bernard et le mastiff anglais. Les mâles de ces deux races pèsent de 75 à 91 kg à l'âge adulte.
Le chien le plus grand et le plus lourd est Alcama Zorba de La Susa, un mastiff anglais, né le 26 septembre 1981, appartenant à Chris Eraclides, de Londres. En novembre 1989, ce super-poids lourd mesurant 94 cm au garrot pesait 155 kg. Il n'a pourtant pas d'excédent de graisse et suit un régime strict. Son tour de poitrail est de 1,49 m, son tour de cou de 95 cm, et sa longueur totale de 2,53 m (queue incluse). ►

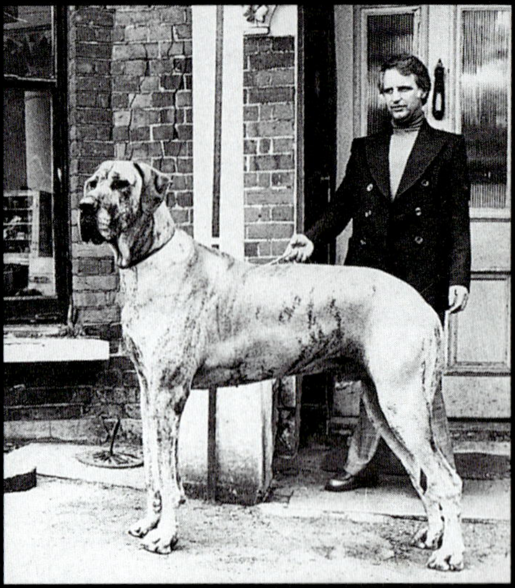

Ce sont les dogues allemands et les lévriers irlandais qui sont les chiens les plus grands. Ils mesurent plus de 1 m au garrot.

Le plus grand dogue allemand fut Shamgret Danzas, né en 1975, appartenant à Peter Comley, de Milton Keynes, GB. Ce chien mesurait 1,05 m au garrot (1,06 m lorsque son poil était hérissé), et son poids maximal fut de 108 kg. Il est mort le 16 octobre 1984.
Broadbridge Michael (1920-1929), un lévrier irlandais appartenant à Mme Mary Beynon, de Sutton-at-Hone, Kent, GB, mesurait 1 m à l'âge de 2 ans.
◄Ness, un dogue allemand noir né en 1978, mesure 0,92 m au garrot pour 80 kg. C'est le plus grand chien de France.

Les sauts les plus hauts

Le berger allemand Volse, appartenant à Philippe Clément, d'Aix-en-Provence, Bouches-du-Rhône, a battu le record du saut au-dessus d'un mur lisse, à Avignon, Vaucluse, en novembre 1989. Il a franchi 3,58 m.

■

Le record de saut en hauteur appartient à Stag, levrier bâtard de 18 mois, appartenant à M. et Mme P. R. Matthews, de Redroth, GB, qui, le 27 septembre 1993, sauta, sans le toucher, un mur de 3,72 m de haut. Il y parvint sans aide d'aucune sorte, lors de la fête campagnarde annuelle de Cotswold, GB.

SAUTS LES PLUS LONGS

En 1849, Bang, un lévrier qui coursait un lièvre à Brecon Lodge, GB, réussit dans son élan un saut de 9,14 m de long (le record pour un kangourou est de 12,80 m). Bang franchit une barrière de 1,40 m, atterrit sur un chemin et, malgré la fracture d'une phalange, parvint enfin à attraper sa proie.

France

Le berger belge Castro, appartenant à Gérald Caldès, de Caumont, Vaucluse, a battu le record de saut en longueur avec élan avec un saut de 6,94 m, le 24 novembre 1990. ▼

STARS

MOUSSELINE

La chienne française Mousseline Saint-Didier, appartenant à Guy David, de Oisseau-le-Petit, Sarthe, est le silky terrier le plus titré. Elle a remporté 8 titres de championnats nationaux et internationaux. Avec le vocabulaire des concours, elle nous révèle les secrets de sa réussite.

Mousseline Saint Didier-David

Cher Livre Guinness des Records,

C'est bien volontiers que je livre mes secrets, les plus intimes, à vos lecteurs. Voici les raisons de ma réussite :

Mes mâchoires sont fortes, mes dents régulières et non écartées. Mes incisives supérieures s'adaptent bien sur les inférieures. Mes lèvres sont serrées et nettes.

Ma tête est forte, et de caractère terrier. Elle est modérément large entre les oreilles.

Mon crâne est plat et ma fine touffe est soyeuse et ne tombe pas sur mes yeux. Mes yeux sont petits, ronds et aussi foncés que possible. Mes oreilles sont petites, en forme de V, fines, hautes sur le crâne et droites ; entièrement exemptes de long poils.

Mon nez est noir. Mes pieds sont petits, pieds de chat, bonnes soles, doigts bien fermés. Mes ongles sont noirs ou très foncés. J'aime que ma queue soit coupée, et je la porte droite, mais pas trop gaie. Ses poils sont coupés.

En ce qui concerne mon arrière-main, j'ai les cuisses bien développées, les grassets bien tournés et les jarrets bien coudés. Comme il se doit, ces derniers sont bien descendus et parallèles.

Quant à mon avant-main, j'ai les épaules fines et bien en arrière, s'adaptant aux avant-bras bien angulés, mes coudes ne sont tournés ni en dehors, ni en dedans. Mes membres antérieurs ont une ossature ronde et raffinée, ils sont droits, sans aucune souplesse dans les paturons.

Mon corps : j'ai le dos droit, les côtes bien sorties s'étendant jusqu'aux reins qui sont forts. Ma poitrine a une profondeur et une largeur moyenne.

Je mesure approximativement 23,5 cm au garrot, et mon poids le plus désirable est de 3,5 à 4,5 kg.

Pour ce qui est de mon poil, j'ai la robe fine et brillante, de texture soyeuse.

La longueur de mes poils de derrière les oreilles à l'attache de la queue doit être de 12,5 à 15 cm de long. Seules les extrémités de mes pattes sont exemptes de longs poils.

Bien à vous,

Mousseline

STARS

Fergie

Le bulldog français (ex-britannique) Fergie, de son vrai nom Bonifacio's Fernando of Sandean, appartenant à Hélène Denis, de Amanvillers, Moselle, a reçu le Pedigree d'or, à Longchamp, Paris, en 1992. Bien que très laid pour certains, c'est le plus beau de tous car il a été sacré Champion des champions de France, devant 5 000 autres chiens de 200 races différentes.

Djumbo

Djumbo, dogue allemand bleu mâle, né le 5 mai 1988, appartenant à Nicole Dantand, éleveur à Thonon, Haute-Savoie, possédait au 7 janvier 1994, 25 titres nationaux et internationaux.

STARS

LES TUEURS DE RATS

BILLY LE BORGNE

Entre 1820 et 1824, Billy, bull-ratier de 11 kg, tua 4 000 rats en 17 h. Un exploit d'autant plus incroyable qu'il était borgne. Son plus beau record fut de tuer 100 rats en 5 mn 30 s, le 23 avril 1825, dans Tufton Street, Londres. Il est mort le 23 février 1829, à l'âge de 13 ans.

JENNY LIND LA ROUGE

Jenny Lind, femelle bull-terrier, est aussi connue pour ses prouesses de ratier. Le 12 juillet 1853, elle tua 500 rats en moins de 3 h, dans Old Crosshall Street, à Liverpool, GB. Elle nettoya complètement l'endroit en 1 h 36 mn.

DRESSEURS

Barbara Woodhouse (1910-1988), de Rickmansworth, GB, a dressé 19 000 chiens entre 1951 et 1985.

Le dresseur le plus rapide est Will Markham, de Coventry, GB, qui a réussi à dresser 140 chiens en 6 h 55 mn le 3 décembre 1989.

SNIFFEURS DE DROGUE

Les bergers malinois Rocky et Barco, nés en 1984, travaillent le long de la frontière sud du Texas. Rien qu'en 1988, ils ont été les instigateurs de 969 saisies de drogue, pour un montant total de 182 millions de $. Les trafiquants de drogue mexicains ont mis leur tête à prix 30 000 $. Rocky et Barco ont été promus au grade de sergent-major et portent toujours leurs galons lorsqu'ils sont en service.

STARS

Cendrillon del Sol Lleban

Cendrillon del Sol Lleban, un carlin femelle né le 18 septembre 1987, appartient à Jeanine Mortal, éleveur à Meillant, Cher. Elle a obtenu en 1989 le titre de championne à la Mondiale de Copenhague, Danemark, et le titre de championne de France. Elle détient 20 certificats d'aptitude au championnat international.

STARS

Clayfield's Mon Ami

Clayfield's Mon Ami, une femelle berger allemand appartenant à Neal, Sharon, Buffy et Holly Leas, de West Des Moines, Iowa, EU, est le seul chien à avoir remporté 10 championnats sur 4 continents, de 1975 à 1987.

Braeburn's Close Encounter

Braeburn's Close Encounter, une femelle scottish-terrier née le 22 octobre 1978, appartenant à Sonnie Novick, de Plantation Acres, Floride, EU, a remporté le plus grand nombre de titres, 203, dans des championnats toutes catégories.

CHIENS LES PLUS RARES

Le 18 mars 1988, on ne comptait plus que 70 chinooks (terriers américains sans poils), 68 d'entre eux appartenant à Willie et Edwin Scott, de Trout, Louisiane, EU.

Pisteurs

En 1923, le colley BOBBIE se perdit alors qu'il était avec ses maîtres en vacances à Wolcott, Indiana, EU. Il revint chez lui 6 mois plus tard, après avoir parcouru 3 200 km. Ce chien fut ensuite identifié par des personnes qui s'étaient occupées de lui pendant son voyage ; on put en déduire qu'il avait traversé l'Illinois, l'Iowa, le Nebraska, le Colorado et enfin les montagnes Rocheuses en plein hiver.

En 1925, SAUER, doberman dressé par l'inspecteur de police Herbert Kruger, parcourut seul 160 km, en Afrique du Sud, pour retrouver un voleur en fuite.

En 1989, FIDO, berger allemand de 7 ans, a parcouru 1 500 km en 2 ans pour retrouver son maître parti vivre en Espagne. Il s'est enfui de Mons, en Belgique, où il avait été donné à une autre famille, pour rejoindre Gijon, en Espagne.

Le berger malinois REX, âgé lui aussi de 7 ans, s'est échappé d'un camp de dressage dans le Gard, pour retrouver son maître en Moselle après 7 mois.

8,3 millions de chats vivent en France. 29 % des foyers en possèdent un. Ce sont les États-Unis qui en comptent le plus : 55 millions.

LES PLUS GRANDS CHATS

Parmi les 330 espèces de chats, les plus lourds sont les mâles ragdolls, qui pèsent de 7 à 9 kg.

Pour la majorité des chats domestiques (*Felis catus*), le poids moyen des mâles adultes est de 4 kg et celui des femelles de 3,2 kg. Les femelles opérées et les mâles castrés ont tendance à être plus gros.

Himmy : 21 kg

Le plus gros chat domestique connu était un mâle tigré castré nommé Himmy. Il appartenait à Thomas Vyse, de Redlynch, Queensland, Australie.

Il est mort d'insuffisance respiratoire, le 12 mars 1986, à l'âge de 10 ans et 4 mois. Il pesait alors 21 kg pour 96,5 cm de longueur totale ; son tour de cou mesurait 38 cm, son tour de taille 84 cm.

Pompon : 12 kg

Pompon, chat mâle appartenant à Véronique Gautherot, de Lure, Haute-Saône, pesait, en septembre 1992, 12 kg pour 95 cm de longueur totale.

Les petits Singapour

La plus petite race de chats domestiques est le singapour, aussi appelé gouttière de Singapour. Les mâles adultes pèsent en moyenne 2,7 kg et les femelles 1,8 kg.

Tinker Toy, appartenant à Katarina et Scott Forbes, de Taylorville, Illinois, EU, mesure 7 cm au garrot et 19 cm de long.

Foxette et Tiggy souricières

Au 10 mars 1994 Foxette et Tiggy, 2 chattes appartenant à Lloret Ball, de Saverne, Bas-Rhin, avaient attrapé quelque 481 souris depuis le 1er août 1992.

VIEUX CHATS

■ Les chats vivent en général plus longtemps que les chiens. Un mâle entier bien nourri et confortablement élevé atteint en général de 13 à 15 ans. Une femelle élevée dans les mêmes conditions vit de 15 à 17 ans. Les mâles castrés et les femelles opérées vivent en moyenne 1 ou 2 ans de plus.

■ Puss, tigré appartenant à Mme T. Holway, de Clayhidon, GB, célébra le 28 novembre 1939 ses **36 ans.** Il mourut le lendemain.

■ Un cas plus récent et mieux documenté est celui de Ma, femelle tigrée appartenant à Mme Alice Saint George Moore, de Drewsteignton, GB. Cette chatte a été piquée le 5 novembre 1957, à l'âge de 34 ans.

LES PLUS VIEUX JUMEAUX

Les plus vieux chats de la même portée étaient Bear et Bubbles, nés le 17 octobre 1963, appartenant à Diane Pheps, de Dearborn, Michigan, EU. Bubbles est mort le 29 avril 1985, à l'âge de 21 ans et 6 mois, et Bear a été piqué le 28 décembre 1985, à l'âge de 22 ans et 2 mois. Tous deux avaient des poils longs et des origines persanes.

VIEUX MITSOU

Mitsou, chat de gouttière roux zébré né en septembre 1965, a fêté ses 28 ans en 1993. Il appartient à Ginette Bernaben, de La Turballe, Loire-Atlantique, qui le nourrit au poisson car il n'a plus de dents.

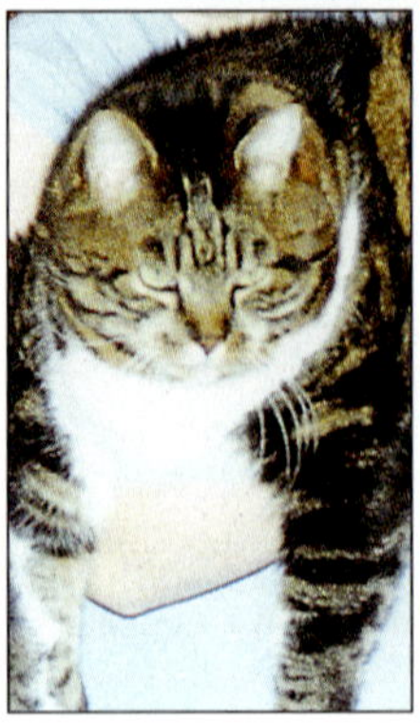

Poussy

Le plus gros français

Poussy, mâle, appartenant à Patrick Dubourq, de Margny-lès-Compiègne, Oise, est le plus gros chat français. En mai 1994, à l'âge de 9 ans, il pesait 18 kg pour 90 cm de longueur totale.

19 D'UN COUP

Le 7 août 1970, Tarawood Antigone, une birmane chocolat de 4 ans, a mis au monde une portée de 19 chatons. Malgré la césarienne, 4 d'entre eux étaient mort-nés. Sa maîtresse, Mme Valerie Gane, de Church Westcote, GB, a déclaré que ce surnombre résultait d'une incompatibilité entre la jeune birmane et le mâle à moitié siamois qui l'avait couverte. Parmi les 15 chatons survivants, il y avait 14 mâles et seulement une femelle...

Les meilleures reproductrices

À Bonham, Texas, EU, Dusty, une femelle tigrée née en 1935, a mis bas, sa vie durant, 420 chatons. Elle eut sa dernière portée (d'un chaton seulement) le 12 juin 1952, à l'âge de 17 ans.

En mai 1987 la chatte Kitty, appartenant à George Johnstone, de Croxton, GB, a eu sa dernière portée, à l'âge de 30 ans. Ses deux ultimes chatons firent d'elle la mère féline la plus âgée. Elle a eu en tout 218 chatons. Elle est morte en juin 1989.

Gaston Rebuchat

Le 6 septembre 1950, un chaton de 4 mois appartenant à Joséphine Aufdenblatten, de Genève, Suisse, a suivi un groupe d'alpinistes jusqu'au sommet du mont Cervin (4 478 m), dans les Alpes Pennines.

Les plus gros lapins

Le plus gros lapin domestique (*Oryctolagus cuniculus*) est le géant de Flandres. Adulte, il pèse de 7 à 8,5 kg ; lorsqu'il est étiré, sa longueur totale, du bout des pattes avant à celui des pattes arrière, est de 90 cm. On a enregistré dans cette race des poids allant jusqu'à 11,3 kg.

En avril 1980, une lapine à oreilles pendantes française de 5 mois, pesant 12 kg, a été exposée à la foire de Reus, en Catalogne, Espagne.

Le lapin de garenne pèse en moyenne 1,5 kg. Le plus lourd, un spécimen de 3,8 kg, a été tué le 20 novembre 1982 par Norman Wilkie, de Markinch, Écosse.

Les plus petits

Les lapins nains polonais et néerlandais pèsent, adultes, de 900 g à 1 kg.

En 1975, Jacques Bouloc, de Coulommiers, Seine-et-Marne, a créé une nouvelle race de lapins nains pesant 400 g adultes.

Les plus prolifiques

Les meilleurs reproducteurs parmi les races domestiquées sont les lapins blancs de Nouvelle-Zélande et les lapins de Californie. Ils produisent, leur vie durant, 5 ou 6 portées de 8 à 12 lapereaux par an.

Un lapin de garenne produit quant à lui 5 portées de 3 à 7 lapereaux par an.

Le plus gros lièvre

En novembre 1956, un lièvre d'Europe pesant 6,8 kg a été abattu près de Welford, Northamptonshire, GB. Le lièvre adulte moyen pèse 3,5 kg.

LES PLUS LONGUES OREILLES

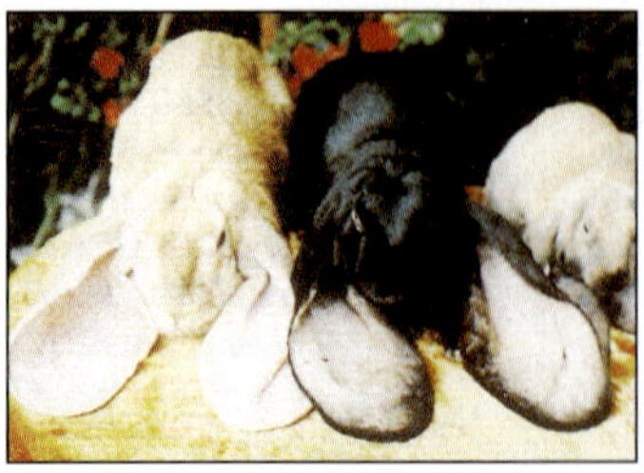

Ce sont celles des lapins à oreilles pendantes. Elles peuvent mesurer jusqu'à 60 cm de long et 15 cm de large.

En 1901, le capitaine Youden présenta en Grande-Bretagne un spécimen dont les oreilles mesuraient 77 cm. L'histoire ne dit pas si les oreilles étaient naturellement grandes ou si elles avaient été allongées par des poids, car elles laissaient apparaître de vilaines varices...

Le lapin noir anglais Sweet Majestic Star, aux oreilles pendantes, appartenant à Therese et Cheryl Seward, d'Exeter, Devon, GB, avait des oreilles de 72,4 cm de long et 18,4 cm de large. Il est mort le 6 octobre 1992. Les oreilles de son petit-fils, Sweet Regal Magic, ont les mêmes dimensions.

CHATS FIDÈLES

Minette, âgée de 11 ans, a parcouru environ 350 km entre les départements du Var et du Rhône. Elle a marché 20 jours pour retrouver ses maîtres en août 1991.

Blanchette a parcouru 700 km en 4 mois pour la même raison en septembre 1990.

MORT AUX RATS

Une femelle écaille de tortue, Towser, née le 21 avril 1963, appartenant à la distillerie Glenturret, près de Crieff, Écosse, a attrapé durant sa vie environ 28 900 souris. Ce qui fait une moyenne de 3 souris par jour jusqu'à sa mort, le 20 mars 1987.

RECORDS GÉNÉRAUX

Selon une étude du Fonds mondial pour la nature, le nombre d'espèces d'oiseaux en voie de disparition est passé de 290 à plus de 1 000 durant les dix dernières années, essentiellement par la faute de l'homme.

Les plus lourds

L'oiseau volant le plus lourd est l'outarde de Kori (*Ardeotis kori*), un échassier d'Afrique du Nord-Est et méridionale, et la grande outarde *(Otis tarda)* d'Europe et d'Asie. Certaines outardes de Kori tuées en Afrique du Sud pesaient jusqu'à 19 kg ; on a aussi parlé d'un cas unique de spécimen mâle de 21 kg, trop lourd pour voler, tué en Mandchourie.

Le cygne muet (*Cygnus olor*) peut atteindre 18 kg en de rares occasions. Il est rapporté de Pologne, le cas d'un mâle pesant 22,5 kg qui perdit temporairement sa facilité de voler.

Le condor des Andes (*Vultur gryphus*) est l'oiseau de proie le plus lourd. Les mâles pèsent de 9 à 11 kg. Un condor de Californie (*Gymnogyps californianus*) aurait atteint 14 kg. Il est maintenant empaillé à l'Académie des sciences de Californie, à Los Angeles. Cette dernière espèce est relativement plus petite que le condor des Andes et dépasse rarement 10,4 kg.

Envergures

■ Avec ses 3,15 m, ailes déployées, pour un mâle adulte, l'albatros hurleur (*Diomedea exulans*) des mers du Sud a l'envergure la plus importante de tous les oiseaux encore vivants. Un très vieux mâle de 3,63 m d'envergure a été capturé le 18 septembre 1965, en mer de Tasmanie, par les membres d'une expédition faisant route vers l'Antarctique. On a évoqué au sujet de cette espèce des envergures pouvant atteindre 4,22 m, mais sans preuves à l'appui.

■ Le seul autre oiseau qui puisse prétendre à une envergure approchant les 3,35 m est la cigogne marabout *(Leptoptilus crumeniferus)* d'Afrique tropicale, qui ressemble fort à un vautour.

Les plus petits
Le petit colibri d'Hélène

Le plus petit oiseau du monde est le colibri d'Hélène (*Mellisuga helenae*), qui vit à Cuba et dans l'île des Pins (Mélanésie). Les mâles adultes mesurent 5,7 cm de longueur totale. La moitié de cette taille comprend le bec et la queue (les femelles sont plus grosses). Son poids est de 1,6 g, alors que le plus gros papillon de nuit, le sphinx (*Sphinx ligustri*), pèse 2,4 g.

■ Le plus petit oiseau de proie pèse 35 g. C'est un fauconnet de Bornéo (*Microhierax latifrons)*, dont la taille est celle d'un moineau.

■ Le plus petit oiseau marin est le pétrel nain (*Halocyptena microsoma*), qui se reproduit sur les petites îles du golfe de Californie, au nord-ouest du Mexique. Les adultes pèsent 30 g et mesurent environ 15 cm.

En France, l'oiseau le plus petit est le roitelet huppé (*Regulus regulus*), dont le poids varie entre 4,5 et 5 g.

Les plus nombreux
OISEAUX SAUVAGES

Le tisserin, ou quéléa à bec rouge (*Quelea quelea*), des régions les plus arides de l'Afrique, au sud du Sahara, compte une population adulte de 1,5 milliard d'individus. Chaque année, au moins 1 milliard de ces « criquets à plumes » sont éliminés, mais l'espèce n'est pas en danger. Un seul groupe de ces oiseaux compte, au Soudan, 32 millions d'individus.

OISEAUX MARINS

Le plus répandu est sans doute le minuscule pétrel de Wilson (*Oceanites oceanicus)*, qui se reproduit sur le continent antarctique et sur les îles environnantes. Aucun chiffre n'a été publié concernant cet oiseau, mais il doit exister par centaines de millions.

Les autruches nous regardent de haut

Les oiseaux les plus grands

L'autruche d'Afrique (*Struthio c. camelus*) vit en petit nombre dans le sud de l'Atlas, du haut Sénégal et du Niger jusqu'au Soudan et à l'Éthiopie centrale. Les mâles de ces oiseaux coureurs peuvent mesurer jusqu'à 2,74 m de haut et peser plus de 156 kg. Les femelles sont plus petites.

OISEAUX RARES

Le gobe-mouches de Guam (*Myiagra freycineti*) et le pigeon-paon roux (*Rhipidura rufifrons*), également de Guam, ont été aperçus pour la dernière fois en 1985. Il est possible que ces espèces soient éteintes.

Le râle de Guam (*Rallus owstons*) n'a été signalé que trois fois depuis 1985.

On n'a aucune nouvelle du pivert impérial (*Campephilus imperiali*) du Mexique depuis 1958, date à laquelle il a été aperçu près de la frontière entre Sonora et Chihuahua. Il aurait été aperçu en 1977 au sud-ouest de Chihuahua, mais sans certitude.

La colombe socorro (*Zenaida graysoni*), originaire de l'île de Socorro, au large de la côte ouest du Mexique, ne se trouve maintenant plus qu'en captivité.

Le hibou itombwe ne compte plus qu'un seul spécimen, trouvé endormi en 1951, dans les hautes herbes des monts Itombwe, à l'est du Zaïre.

D'après une étude faite, en mars 1991, par le Fonds mondial pour la nature, le pigeon rose de l'île Maurice est en train de disparaître. Il n'en reste que 24.

La perruche à longue queue est elle aussi menacée, il n'en reste que 8, en majorité des mâles.

L'oiseau le plus rare semble bien être le moineau gris du littoral (*Ammospiza nigrescens*). Il était originaire de Titusville Marshes, Floride, EU. Son dernier représentant connu (un mâle) est mort le 16 mai 1987 à Disney World, Orlando, Floride. On a congelé des échantillons de ses tissus dans l'espoir qu'un jour les progrès de la génétique permettront de le ressusciter.

En France, une des espèces les plus menacées est le faucon crécerellette (*Falco naumanni*), que l'on trouve dans la plaine de la Crau, Bouches-du-Rhône.

Certaines espèces deviennent particulièrement rares : l'aigle de Bonelli, dont moins de 30 couples seulement subsistent dans l'arrière-pays méditerranéen, le balbuzard, avec 5 couples en France continentale, le râle des genêts, le gypaète barbu, etc.

Les plus rapides des êtres vivants

Le plus rapide de tous les êtres vivants est le faucon pèlerin (*Falco peregrinus*), dont la vitesse en piqué peut atteindre 350 km/h sous un angle de 45°.

Le martinet à gorge marron d'Asie (*Hirundapus giganteus)* peut également atteindre des vitesses de 250 à 300 km/h.

Le martinet à gorge blanche d'Asie (*Hirundapus caudacutus*) et le martinet à ventre blanc des Alpes (*Apus melba)* sont également très rapides (170 km/h) pendant les vols de parade nuptiale.

Le vol le plus lent

À peu près la moitié des oiseaux ne peuvent dépasser 64 km/h en vol régulier à altitude constante. La petite bécasse d'Amérique (*Scolopax minor*) a été chronométrée pendant les vols de la saison des amours à une vitesse de 8 km/h, sauf quand elle pique.

La petite bécasse eurasienne (*Scolopax rusticola*) vole aussi à 8 km/h.

PORTÉES RECORDS

Espèce	Race	Nombre	Propriétaire	Date
Chat	Birman/Siamois	19	Mrs V. Gane, Kingham, Oxf., GB	7.08.1970
Chien	Fox-hound	23	W.N. Ely, Ambler, Pennsylvanie, EU	19.06.1944
Chien	Saint-Bernard	23	R./A. Rodden, Lebanon, Miss., EU	6/7.02.1975
Chien	Danois	23	Mrs Harris, Little Hall, Essex, GB	06.1987
Chien	Dogue allemand	23	Joël Canapale, Tancua, Jura	25.05.1991
Lapin	Néo-zél. blanc	24	J. Filek, Cap-Breton, Canada	1978
Cochon d'Inde		12	Spécimen de laboratoire	1972
Hamster	Doré	26	L./S. Miller, Baton Rouge, Louis., EU	28.02.1974
Souris	Grise	34	Marion Ogilvie, Blackpool, GB	12.02.1982

LE COLIBRI EST UN VENTILATEUR

Le colibri à huppe d'or (*Heliactin cornuta*) d'Amérique du Sud tropicale bat des ailes 90 fois par seconde.

Les vols les plus longs

La plus longue distance couverte par un oiseau bagué est de 22 530 km. La sterne arctique (*Sterna paradisea)* qui détient ce record fut baguée le 5 juillet 1955 à Kandalaksha Sanctuary, sur la côte de la mer Blanche, alors qu'elle n'était qu'un oisillon. Le 16 mai 1956, un pêcheur la captura vivante à 13 km au sud de Fremantle, Australie. L'oiseau avait volé plein sud, traversant l'Atlantique, contournant l'Afrique, puis franchissant l'océan Indien. Il ne vécut pas assez longtemps pour entreprendre le voyage de retour.

En 1990, 6 albatros hurleurs (*Diomedea exulans*) ont été munis de radioémetteurs par Pierre Jouventin et Henri Weimerskirch, du CNRS. Ils ont ainsi pu être suivis par satellite au-dessus de l'océan Indien. Il s'avère qu'ils ont parcouru entre 3 600 et 15 000 km d'un seul vol, maintenant une vitesse moyenne de 55 km/h.

IL VOLAIT LES YEUX FERMÉS

Le vol le plus haut

La plupart des oiseaux migrateurs volent à des altitudes relativement basses, moins de 100 m. Seules quelques dizaines d'espèces volent au-dessus de 1 000 m.

Le 29 novembre 1973, un vautour de Ruppell (*Gyps ruppellii*) entra en collision avec un avion de tourisme au-dessus d'Abidjan, Côte-d'Ivoire, à 11 277 m. C'est le seul exemple fiable relevé à une si haute altitude. Le choc endommagea l'un des réacteurs de l'appareil, qui put cependant se poser sans problème. Un assez grand nombre de plumes étaient restées accrochées dans le réacteur pour permettre au muséum d'histoire naturelle des États-Unis d'identifier sans aucun doute l'animal. Une telle altitude est cependant tout à fait exceptionnelle pour cette espèce, qui vole rarement au-dessus de 6 000 m.

COMBIEN DE TEMPS VIT UN OISEAU ?

■ Un cacatoès à huppe jaune *(Cacatua galerita)* dénommé Cocky est mort au zoo de Londres en 1982, à plus de 80 ans. Le zoo en avait fait l'acquisition en 1925 auprès d'un gentleman qui le possédait depuis 1902, alors qu'il était déjà adulte.

■ On affirme qu'un mâle de grue blanche de Sibérie (*Crus leucogeranus*) nommé Wolfe aurait vécu 82 ans à la Fondation internationale pour les grues, à Baraboo, Wisconsin, EU. Mais l'âge de cette grue, qui serait née en 1905 dans un zoo suisse, n'a pas été scientifiquement vérifié. Elle est morte en 1988 après avoir cassé son bec en essayant de chasser un visiteur qui s'approchait de sa cage.

■ En octobre 1991, un condor des Andes, baptisé Hector, détenu au zoo du jardin d'essai du Hamma d'Alger a fêté ses 100 ans. Le responsable du zoo, le Dr Fayçal Haffaci, a expliqué sa longévité par sa constitution physique (3,6 m d'envergure et une vingtaine de kg), mais aussi par son alimentation et le microclimat dans lequel il vit. D'après lui, les condors ne vivent pas plus de 50 ans.

■ Le plus vieil oiseau marin bagué est un albatros royal femelle (*Diomedea epomophora)* nommé Grandma, qui pondit un œuf en novembre 1988, à l'âge de 60 ans, à Taiaroa Head, près de Dunedin, Nouvelle-Zélande. Elle avait été baguée pour la première fois en 1937 alors qu'elle était déjà une adulte féconde. Or ce genre d'oiseau ne peut se reproduire avant l'âge de 9 ans. Depuis 1937, elle a élevé 10 petits et en a adopté 3 autres. Son compagnon, Green White Green, est âgé de 47 ans. Des longévités de 80 ans ne sont pas rares chez les albatros.

Deux flamants et leur fils adoptif

Deux flamants roses, mâles, du zoo de Rotterdam, vivant en couple se désespéraient de n'avoir pas de petit. Leurs tentatives infructueuses pour voler un œuf ont attendri la direction du zoo qui finit par leur en offrir un qu'ils couvèrent en se relayant pendant un mois. Et à présent que leur enfant est né, ils se conduisent en parents modèles.

18 mn sous l'eau

Une équipe de scientifiques américains a relevé chez une dizaine de manchots empereurs (*Aptenodytes forsteri*) des plongées de 265 m de profondeur à Cap Crozier, Antarctique. L'un des manchots est resté 18 mn sous l'eau.

Les plus longues plumes

■ Elles appartiennent au coq de Phoenix, ou onagadon (une variété du coq bankiva *Gallus gallus*). Ce gallinacé est élevé depuis le milieu du XVIIe siècle dans le sud-ouest du Japon. En 1972, le coq de M. Masasha Kubota, de Kochi, île de Shikoku, était paré d'une queue dont les plumes mesuraient 10,60 m de long.

■ Parmi les oiseaux volants, le faisan huppé (*Rheinhartia ocellata)* d'Asie du Sud-Est a une queue de 1,73 m de long et 13 cm de large.

■ Les plumes de la queue du faisan vénéré (*Syrmaticus reevesi*) de Chine septentrionale et centrale peuvent exceptionnellement atteindre 2,40 m.

L'œuf minimum

Le colibri verveine (*Mellisuga minima*) de Jamaïque pond les plus petits œufs du monde. On en a trouvé 2 spécimens mesurant moins de 1 cm de long et pesant 365 mg pour l'un et 375 mg pour l'autre.

Les couvaisons les plus longues

Il faut généralement attendre de 75 à 82 jours pour assister à l'éclosion d'un œuf d'albatros hurleur.

Un œuf de lupoa ocellé (*Leipoa ocellata*) d'Australie a mis 90 jours à éclore, alors qu'il lui suffit habituellement de 62 jours.

Les couvaisons les plus courtes

*Celles du pic épeiche (*Dendrocopus major*) et du coucou à bec noir (*Coccyzus erythropthalmus*) sont de 10 jours.*

Les becs les plus longs

Le bec du pélican d'Australie (*Pelicanus conspicillatus*) mesure de 35 à 50 cm de long.

Le bec le plus long par rapport à la taille de l'oiseau est celui du colibri des Andes (*Ensifera ensifera)*, que l'on trouve du Venezuela à la Bolivie : il mesure 10 cm de long, alors que le corps de l'oiseau lui-même (sans la queue) n'atteint pas cette taille.

Acuité visuelle

Les oiseaux de proie (*Falconiformes)* ont la plus grande acuité visuelle de tous les animaux volants. Les yeux des espèces les plus grandes sont aussi larges que les yeux humains, mais leur acuité est le double de celle de l'homme. On a calculé qu'un grand aigle peut localiser un objet de 3 à 8 fois plus loin que l'homme. Ainsi un aigle royal (*Aquila chrysaetos*) peut-il repérer de jour, par temps clair, un lièvre de 50 cm à une distance de 3 km et un faucon pèlerin peut-il distinguer un pigeon à une distance de plus de 8 km.

En 1977, des expériences effectuées à l'université de Birmingham, GB, sur la chouette hulotte (*Strix aluco*) ont révélé qu'elle voyait parfaitement bien à la lumière du jour et que son acuité visuelle n'était alors qu'à peine inférieure à celle de l'homme.

CERVELLE EN BOUILLIE

Des scientifiques américains ont observé que le bec du pic à tête rouge (*Melanerpes erythrocephalus*) frappe l'écorce d'un arbre à une vitesse de 21 km/h. Ce qui veut dire qu'au moment où la tête revient en arrière le cerveau subit une décélération d'environ 10 *g*.

Ils ne touchent pas terre

■ *La sterne fuligineuse (*Sterna fuscata*) peut rester de 3 à 10 ans en vol après avoir quitté le nid de son enfance. Elle ne rejoint la terre que pour se reproduire.*

■ *Le martinet noir (*Apus apus*) peut rester en l'air 2 ou 3 ans. Il dort, boit, mange et même s'accouple en vol.*

NOMBRE DE PLUMES

■ On a pu compter les plumes d'un cygne siffleur (*Cygnus columbianus*), et on en a trouvé 25 216, dont 20 177 sur la tête et le cou uniquement.

■ Un colibri à gorge rubis (*Archilochus colubris*) n'en avait que 940.

LES PLUS GROS ŒUFS

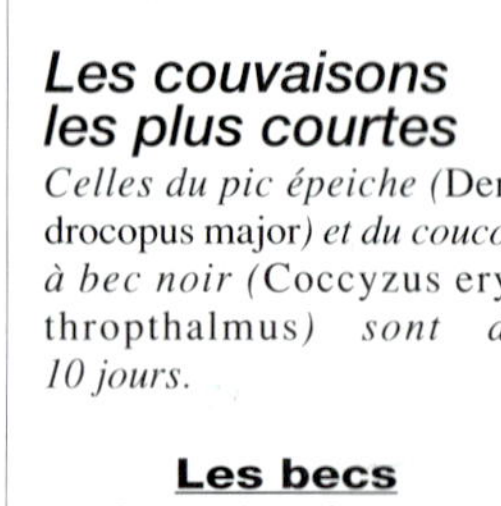

Un œuf d'autruche (*Struthio camelus*) mesure en moyenne de 15 à 20 cm de haut pour un diamètre de 10 à 15 cm et pèse environ 1,7 kg, soit le poids de deux douzaines d'œufs de poule. Il faut 40 mn pour le faire cuire à la coque. Bien que la coquille n'ait que 1,5 mm d'épaisseur, l'œuf peut supporter un poids de 127 kg.

Le 28 juin 1988, une autruche de 2 ans croisée de deux espèces (*Struthio c. camelus* et *Struthio c. australis*) a pondu un œuf record de 2,3 kg au kibboutz Ha'on, Israël.

Les becs les plus petits

Ils appartiennent aux martinets (*Apodidae*) et, en particulier, aux martinets nains (*Collocalia esculenta),* qui n'ont pour ainsi dire pas de bec.

Observateurs d'oiseaux

Phoebe Snetsinger, de Webster Groves, Missouri, EU, est le meilleur observateur d'oiseaux. En 1994, il avait déjà observé et recensé 7 530 des 9 700 espèces connues, ce qui représente plus de 74 % du total connu. Le 30 novembre 1986, les 2 Kenyans Terry Stevenson, John Fanshawe et Andy Roberts localisèrent 342 espèces en 24 h au cours d'une compétition d'observation d'oiseaux au Kenya.

Peter G. Kaestner, de Washington, a été la première personne à voir au moins une espèce de chacune des 159 familles d'oiseaux qui peuplent notre planète. Il a atteint son but le 1er octobre 1986, en localisant la dernière famille qui lui manquait.

Depuis, le Dr Ira J. Abramson, de Miami, Floride, le Dr Martin H. Edwards et Harvey Gilston ont aussi réussi cet exploit.

OISEAU VENIMEUX

Le seul oiseau venimeux connu à ce jour est le Pitohui de Nouvelle-Guinée, identifié en 1992. La peau, les plumes et les organes internes de cet oiseau orange vif et noir contiennent de l'homobatrachotoxine, similaire à la batrachotoxine du kokoï

Voir aussi « De quoi tuer 1 500 personnes », dans le même chapitre.

Le pigeon le plus cher

Le 13 août 1991, Jean-Luc Van Roy, entrepreneur belge de 56 ans, habitant à Ronse, près de Tournai, au sud de la Belgique, a vendu son meilleur pigeon, Play-Boy, 850 000 F à un important industriel japonais.

PETIT NID

Les plus petits nids sont construits par les colibris (*Trochilidae*). Ceux du colibri verveine (*Mellisuga minima*) ne sont généralement pas plus grands que la moitié d'une noix et ceux du colibri abeille guère plus profonds qu'un dé à coudre.

LES PLUS GRANDS NIDS

Les monticules construits par les lupoas ocellés (*Leipoa ocellata*) d'Australie leur servent de couveuse. Ils peuvent mesurer jusqu'à 4,57 m de hauteur et 10,60 m de diamètre. Le poids total de l'édifice peut atteindre 300 t, et il peut contenir 300 m³ de matériaux, essentiellement de la terre.

Près de Saint Petersburg, Floride, EU, un couple d'aigles pygargues à tête blanche (*Haliaeetus leucocephalus*) a construit un nid mesurant 2,90 m de large et 6 m de profondeur, peut-être avec l'aide de leurs successeurs. Son poids fut évalué à 2 t, en 1963.

L'aigle royal (*Aquila chrysaetos*) construit également des nids gigantesques. En 1954, on en a trouvé un en Écosse de 4,57 m de profondeur. Il avait été habité pendant 45 ans.

OISEAUX APPRIVOISES

Les premiers domestiqués

L'oie cendrée *(Anser)* a été domestiquée au néolithique, il y a 10 000 ans, dans le sud-est de l'Europe et en Asie Mineure.

LA VIE LA PLUS LONGUE

Excepté l'autruche, qui peut vivre jusqu'à 68 ans, l'oiseau domestiqué le plus endurant est l'oie, qui peut fêter ses 25 ans. Le 16 décembre 1976, George, le jars de Florence Hull, de Thornton, Lancashire, GB, est mort à l'âge de 49 ans et 8 mois. Il avait éclos en avril 1927.

L'oiseau en cage qui vit le plus longtemps est le canari *(Serinus canaria*). Joey, un canari mâle appartenant à Mme K. Ross, de Hull, GB, qui avait été acheté à Calabar, au Nigeria, en 1941, est mort le 8 avril 1975, à 34 ans.

La plus vieille perruche ondulée *(Melopsittacus undulatus)* était une femelle du nom de Charlie. Elle appartenait à Mlle J. Dinsey, de Londres. Elle est morte le 20 juin 1977, âgée de 29 ans.

Titinne

Titinne, tourterelle mâle née en 1956 et appartenant à Marguerite Duhamel, de Muille-Villette, Somme, est morte en juillet 1990, à l'âge de 35 ans.

Sa grosse caille

Lors de la fête de la caille à Mache, Vendée, le 29 juillet 1990, Guy Grellier a exposé sa caille, (*Coturnix coturnix*), pesant 470 g et mesurant 20 cm de long et 40 cm d'envergure.

Les bavards

Un certain nombre d'oiseaux sont réputés pour leur capacité à reproduire la parole. Le perroquet gris d'Afrique (*Psittacus erythacus*) est maître en la matière.

Une femelle nommée Prudle a gagné 12 ans de suite, de 1965 à 1976, le prix du meilleur perroquet parleur au National Cage and Aviary Bird Show de Londres. Riche d'un vocabulaire de 800 mots, elle a pris sa retraite sans avoir essuyé aucune défaite.

« Puck », perruche appartenant à Camille Jordan de Petaluna, Californie, EU, possédait au 31 janvier 1993, un vocabulaire de 1 728 mots.

REPTILES CROCODILES

Crocodile nain

Le crocodile nain d'Osborne (Osteolaemus osborni)*, qui vit en amont du fleuve Congo, Afrique occidentale, ne dépasse pas 1,20 m de long.*

LES CROCOS LES PLUS RARES

La population de l'alligator sauvage de Chine (Alligator sinensis)*, dans les provinces de Zhejiang et Jiangsu, qui est actuellement protégée, est estimée en 1994 à quelques centaines d'individus. Bien que son élevage en captivité soit un succès, l'alligator ne peut être réintroduit dans la nature, à cause de la destruction de son habitat. Son extinction en dehors de la captivité est attendue avant la fin du siècle.*

VIEILLES PEAUX DE CROCOS

En 1991, une femelle alligator du Mississippi, EU, baptisée Jacqueline, détenue au zoo du jardin d'essai du Hamma d'Alger, est morte à l'âge de 99 ans et 8 mois.

Une femelle alligator d'Amérique (Alligator mississippiensis)*, incarcérée le 5 juin 1914 au zoo d'Adélaïde, Australie, alors qu'elle avait 2 ans, est morte le 26 septembre 1978, à l'âge de 66 ans.*

Une femelle de la même espèce, dénommée Smiley, a vécu jusqu'à l'âge de 65 ans à l'aquarium du Musée de la marine de Göteborg, Suède. Elle est morte de froid en 1987, le chauffage électrique qui alimentait son plan d'eau étant tombé en panne.

LES PLUS GRANDS REPTILES DU MONDE

Le crocodile marin (*Crocodylus porosus*) est le plus grand reptile du monde. On le trouve en Asie du Sud-Est, dans l'archipel malais, en Indonésie, dans le nord de l'Australie, en Nouvelle-Guinée, au Vietnam et aux Philippines. Les mâles adultes mesurent en moyenne de 4 à 5 m de long et pèsent de 400 à plus de 500 kg. ▼

De nos jours, il reste 4 crocodiles marins de plus de 6 m. Protégés, ils vivent dans la réserve de Bhitarkanika, dans la province d'Orissa, Inde orientale. Le plus grand d'entre eux mesure 7 m.

EN CAPTIVITÉ

Le plus grand crocodile gardé en captivité mesure 6 m de long et pèse 1 115 kg. Né le 10 juin 1972, il est issu d'un croisement entre un crocodile marin et un crocodile du Siam. Il se nomme Yai et vit dans la célèbre Crocodile Farm and Zoo (réserve d'élevage) de Samutprakarn, en Thaïlande.

LEZARDS ET TORTUES

Le plus gros lézard

Le varan de Komodo *(Varanus komodoensis)*, des îles de l'Indonésie, pèse 60 kg. L'adulte mâle mesure jusqu'à 2,25 m de long.

Le plus gros spécimen, fut présenté à un zoologiste américain en 1928 par le sultan de Bima. En 1937, on l'exposa au parc zoologique de Saint Louis, Missouri, EU. Il avait alors atteint 3,10 m et pesait 166 kg.

Le plus long

C'est le mince varan de Salvadori (*Varanus salvadori*), qui vit en Nouvelle-Guinée. Certains mesurent jusqu'à 4,75 m, mais la queue représente 70 % de cette longueur.

54 ANS

Un orvet (*Anguis fragilis*) mâle, vivant depuis 1892 au Musée zoologique de Copenhague, Danemark, est mort en 1946, à plus de 54 ans.

Le lézard le plus rapide

C'est le cnémidophore à 6 raies (*Cnemidophorus sexlineatus*). Un spécimen a été chronométré à la vitesse de 29 km/h, près de McCormick, Caroline du Sud, EU, en 1941.

Les plus petits

- **Le minuscule gecko (*Sphaerodactylus parthenopion*), originaire de l'île de Virgin Gorda, l'une des îles Vierges britanniques, est probablement le plus petit lézard au monde. On ne connaît que 15 spécimens de cette espèce, dont quelques femelles gravides, découverts entre le 10 et le 16 août 1964. Les 3 plus grosses femelles mesuraient 1,8 cm, plus une queue de même longueur.**
- **Il est possible qu'une autre variété de gecko, *Sphaerodactylus elasmorhynchus*, soit plus petite.**
- **Le seul spécimen connu est une femelle apparemment adulte qui mesurait 1,7 cm, plus une queue de même longueur. Elle a été trouvée le 15 mars 1966 parmi les racines d'un arbre, dans la région ouest du massif de la Hotte, à Haïti.**

Les plus grosses tortues marines

La plus grande tortue marine vivante est la tortue luth (*Dermochelys coriacea)*, qui est semi-sphérique. L'adulte pèse 450 kg, mesure en moyenne de 1,83 m à 2,13 m de l'extrémité du bec à celle de la queue, la carapace comptant pour 1,50 m à 1,70 m. L'envergure des nageoires avant peut atteindre 2,15 m.

La plus grande tortue luth connue est un spécimen trouvé mort sur la plage de Harlech, pays de Galles, GB, le 23 septembre 1988. Elle mesurait 2,91 m de longueur totale, avait 2,77 m d'envergure et pesait 961 kg. Elle est aujourd'hui conservée au Muséum de Cardiff.

TERRESTRES

La plus grosse tortue terrestre est la tortue éléphantine d'Aldabra (*Geochelone gigantea*) des îles Aldabra, dans l'océan Indien, introduite en 1874 dans l'île Maurice et aux Seychelles. Un mâle connu sous le nom d'Esmeraldo, habitant depuis longtemps l'île aux Oiseaux, Seychelles, pesait 670 kg en novembre 1992.

Mini Lepi kempii

La plus petite tortue marine du monde est *Lepidochelys kempii,* dont la carapace mesure 50 cm ; elle ne pèse pas plus de 36 kg.

LA TORTUE LA PLUS RAPIDE

La plus grande vitesse atteinte à la nage par un reptile quel qu'il soit est de 35 km/h. C'est une tortue luth effrayée qui a accompli cet exploit.

LA TORTUE FOUGUEUSE

Une expérience menée récemment aux Seychelles a prouvé qu'une tortue géante mâle, même attirée par une femelle, ne peut se déplacer à plus de 370 m/h. Ce spécimen avait couvert une distance de 5 m en 48,6 s.

La plongée la plus profonde

En mai 1987, une tortue luth (*Dermochelys coriacea*) a plongé à 1 200 m, au large des îles Vierges, Petites Antilles. L'expérience a été conduite par le Dr Scott Eckert grâce à un enregistreur de pression posé sur la carapace.

La plus rare

C'est la tortue émyde (*Pseudemydura umbrina*), espèce aujourd'hui protégée : 20 ou 25 spécimens vivent en liberté dans la réserve d'Ellen Brook and Twin, près de Perth, Australie, et 22 au zoo de Perth.

L'histoire du chevalier de Fresnes et de sa compagne aveugle de 152 ans

En 1766, le chevalier de Fresnes présenta à la garnison de Port-Louis, île Maurice, une tortue qu'il rapportait des Seychelles. Cette tortue mâle de Sumeire (*Testudo sumeirii*) a vécu plus de 152 ans. Aveugle depuis 1908, elle fut tuée accidentellement en 1918.

La plus vieille tortue dont on ait suivi régulièrement l'évolution était une tortue méditerranéenne (*Testudo graeca*) qui a vécu 116 ans.

La plus vieille tortue marine officiellement recensée était une tortue de mer (*Macrochelys temminckii*) du zoo de Philadelphie, Pennsylvanie, EU. Elle est morte accidentellement le 7 février 1949, à l'âge de 58 ans, 9 mois et 1 jour.

SERPENTS

Les plus longs

Articulé ou réticulé

Le python réticulé *(Python reticulatus*), d'Asie du Sud-Est, d'Indonésie et des Philippines, dépasse fréquemment 6,25 m de long. En 1912, un spécimen de 10 m a été tué dans l'île Célèbes, Indonésie.

La couleuvre de Montpellier

La couleuvre de Montpellier (*Malpolon monspessulanus*), que l'on trouve dans le sud de la France, peut atteindre 2,50 m de long.

Venimeux

Le cobra (*Ophiophagus hannah*) d'Asie du Sud-Est et des Philippines mesure de 3,65 m à 4,57 m de long. En avril 1937, un spécimen de 5,54 m fut capturé près de Fort Dickson, en Malaisie. Enfermé au zoo de Londres, il y grandit encore pour atteindre 5,71 m.

Petit Fil

Le serpent fil (*Leptotyphlops bilineata*), reptile rarissime que l'on trouve en Martinique, à la Barbade et à Sainte-Lucie, Petites Antilles, ne mesure que 10 cm.

Naine mais mauvaise

La vipère naine de Namaqua (*Bitis schneider*), qui vit en Namibie, mesure en moyenne 20 cm de long à l'âge adulte.

LOURDS ET VENIMEUX

Le serpent venimeux le plus lourd est sans doute le serpent à sonnettes du sud-est des États-Unis (*Crotalus adamanteus*). On en a trouvé un spécimen de 2,40 m de long qui pesait 15 kg. Un adulte moyen mesure de 1,50 m à 1,80 m et pèse de 5,5 à 7 kg.

La vipère du Gabon (*Bitis gabonica*) des forêts humides tropicales est probablement plus grosse, mais elle mesure en moyenne de 1,20 m à 1,50 m et ne dépasse jamais 2,10 m. On a mesuré 2 femelles à jeun dont les mensurations respectives étaient de 1,83 m et 11,3 kg pour la première, et de 1,74 m et 8,2 kg pour la seconde.

Chaque année, des centaines de personnes se retrouvent dans un village de montagne en Turquie. Sa rivière est fréquentée par des serpents d'eau à qui l'on attribue des pouvoirs thérapeutiques.

LE PLUS VIEUX SERPENT

Un boa (*Boa constrictor constrictor*) joliment dénommé Popeye, pensionnaire du zoo de Philadelphie, Pennsylvanie, EU, est mort le 15 avril 1977, à l'âge de 40 ans, 3 mois et 14 jours.

LE PLUS RAPIDE

Le mamba noir *(Dendroaspis polylepis*) de l'est de l'Afrique tropicale peut atteindre, en terrain plat, des vitesses de pointe de 16 à 19 km/h sur de courtes distances.

En captivité

Colossus, python réticulé femelle mort le 15 avril 1963 au zoo de Highland Park, Pennsylvanie, EU, mesurait 8,68 m de long et pesait 145 kg.

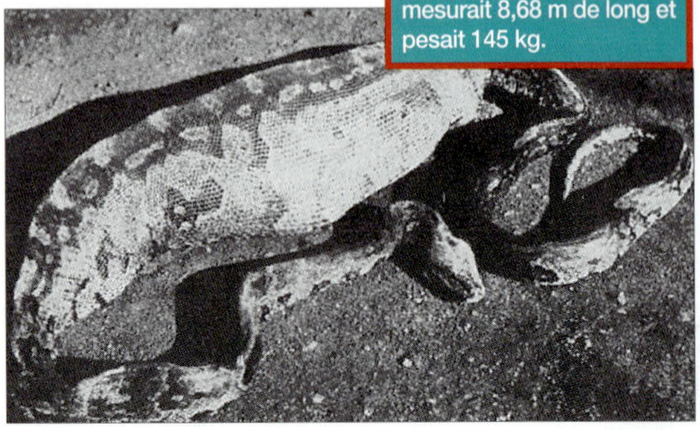

Les serpents les plus lourds.
L'anaconda (*Eunectes murinus*) d'Amérique du Sud tropicale et de l'île de la Trinité pèse 2 fois plus lourd qu'un python réticulé de même taille.
Une femelle tuée au Brésil en 1960 mesurait 8,45 m de long pour une circonférence totale de 1,10 m, ce qui a permis d'évaluer son poids approximativement à 230 kg.
La longueur moyenne d'un anaconda adulte est de 5,50 m à 6 m.

Les plus longs crochets

La vipère du Gabon (*Bitis gabonica*), extrêmement venimeuse, a les plus longs crochets de tous les serpents. Ceux d'un spécimen de 1,83 m mesuraient 5 cm.
Le 12 février 1963, au zoo de Philadelphie, Pennsylvanie, EU, une vipère du Gabon en pleine dépression s'est planté les crochets dans le dos et en est morte. Elle s'était en fait perforé un organe vital et n'était pas morte, contrairement à ce qu'on avait prétendu, d'auto-empoisonnement.

Boa en voie de disparition

C'est le boa squameux (*Casarea dussumieri*) de Round Island, à l'ouest de l'océan Indien. En 1983, 58 spécimens ont pu être recueillis, marqués, puis relâchés. 9 autres spécimens sont pensionnaires du zoo de Jersey, îles Anglo-Normandes.
Le boa de Round Island (*Bolyeria multicarinata*) n'est connu que par deux spécimens recueillis au cours des quarante dernières années ; il s'est probablement éteint en 1980.

Aspic

Le serpent le plus venimeux est une sous-espèce de la vipère aspic (*Aspis zinnikeri*), de 2 à 4 fois plus dangereuse que *Vipera aspis aspis*. On la trouve dans le Gers et les Pyrénées. Elle se distingue par son venin blanc. Ci-dessous, spécimen à deux têtes, découvert par Yann Maloberti, de Courpières, Pas-de-Calais.

LES PLUS VENIMEUX

- Le serpent marin *Hydrophis belcheri* crache un venin 100 fois plus toxique que celui du taïpan d'Australie (*Oxyuranus scutellatus*). Ce serpent abonde autour du récif d'Ashmore, dans la mer de Timor, au nord-ouest de l'Australie.
- Le serpent terrestre le plus venimeux est *Parademansia microlepidotus*, à écailles lisses, qui habite aux alentours du fleuve Diamantina et des bassins de drainage de Cooper's Creek, Queensland, Australie. Ce serpent, qui mesure 2 m, crache un venin 9 fois plus toxique que celui du serpent-tigre (*Notechis scutatus*) du sud de l'Australie et de Tasmanie. Sur un spécimen de cette espèce on a recueilli 110 mg de venin, qui suffiraient à foudroyer 125 000 souris. Heureusement, aucun homme n'a jusqu'à présent été victime d'une blessure mortelle causée par ce serpent.
- C'est au Sri Lanka que l'on rencontre le plus important taux de mortalité dû à des morsures de serpents : environ 800 personnes y sont tuées chaque année par des reptiles ; 95 % d'entre elles sont mordues par *Bungarus caeruleus,* par le cobra de Sri Lanka *(Naja naja naja)* et par la vipère de Russell *(Vipera russelli pulchella)*.

DE QUOI TUER 1 500 PERSONNES

Le plus foudroyant des poisons connus est la batrachotoxine, un dérivé, découvert en 1973, des sécrétions cutanées du kokoï (*Phyllobates terribilis*), que l'on trouve dans l'ouest de la Colombie. Ces sécrétions sont 20 fois plus venimeuses que celles de n'importe quel autre amphibien (il faut porter des gants épais pour toucher cet animal). Un kokoï adulte contient 2 mg de poison, de quoi tuer 1 500 personnes. Curieusement, cette espèce est la proie du serpent mangeur de grenouilles (*Leimadophis epinephelus*), qui semble insensible à son venin.

Voir aussi « Oiseau venimeux », dans le même chapitre.

AMPHIBIENS
GÉNÉRALITÉS

SALAMANDRE GÉANTE DE CHINE

La salamandre géante de Chine (*Andrias davidianus*) vit dans le nord-est, le centre et le sud de la Chine.
Un adulte mesure en moyenne 1,14 m de long et pèse de 25 à 30 kg. Un spécimen attrapé dans la province du Hunan mesurait 1,80 m et pesait 65 kg.

Tout petit amphibien

La minuscule grenouille de Cuba (*Sminthillus limbatus*) mesure à peine 1,2 cm de long.

LA VIEILLE SALAMANDRE GÉANTE DU JAPON

Une salamandre géante du Japon (*Andrias japonicus*) est morte à l'âge de 55 ans, en 1881, au zoo d'Amsterdam.

La grenouille la plus rare
On ne connaît que 5 spécimens de la grenouille d'Israël (*Discoglossus nigriventer*), qui vit aux abords du lac Huleh, Israël.

La gestation la plus longue

Celle de la salamandre noire des Alpes (*Salamandra atra*), qui est vivipare, peut durer jusqu'à 48 mois dans les Alpes suisses, entre 800 m et 3 000 m d'altitude. En basse altitude, sa gestation dure de 24 à 26 mois.

Les hauts et les bas

Un crapaud commun a été trouvé à 8 000 m d'altitude, dans l'Himalaya, mais aussi à 340 m de profondeur, dans une mine de charbon.

LE PETIT BUFO

Le crapaud *Bufo taitanus beiranus,* originaire du Mozambique, est le plus petit de tous les crapauds. Les plus grands d'entre eux mesurent à peine 2,4 cm.

Et son ami le gros Bufo

Le crapaud marin (*Bufo marinus*), originaire d'Amérique du Sud tropicale et importé au Queensland, Australie, pèse en moyenne 450 g.
Le crapaud marin appartenant à Hakan Forsberg, de Akers Styckebruck, Suède, pesait 2,65 kg et mesurait 38 cm, en mars 1991.

LES COMPÉTITIONS SONT OUVERTES

Les compétitions de saut de grenouilles sont invariablement le cumul de 3 sauts. Le record de saut en longueur, un triple bond de 10,30 m, est détenu par Santjie, grenouille à nez pointu d'Afrique du Sud (*Ptychadena oxyrhynchus*).

La plus grosse grenouille
C'est la grenouille goliath (*Conraua goliath*) du Cameroun et de Guinée-Équatoriale.
Un spécimen capturé en avril 1989 dans le fleuve Sanaga, Cameroun, par Andy Koffman, de Seattle, État de Washington, EU, mesure du museau à la base de l'épine dorsale 36,8 cm (87,6 cm pattes étirées). Elle pesait 3,6 kg le 30 octobre 1989.

Médecine

Incroyable panoplie des grenouilles qui va des médicaments contre l'infarctus, l'herpès, ou les furoncles, aux poisons les plus violents... Stars dans cet univers, les magnifiques grenouilles amazoniennes Dendrobates sécrètent un antalgique 200 fois plus puissant que la morphine. Depuis longtemps utilisée par les Indiens d'Amérique du Sud pour enduire les pointes de leurs flèches, cette étrange molécule intéresse vivement les médecins : grâce à elle, la pharmacologie va peut-être faire... un bond de grenouille.

Grands poissons de mer

Requin-baleine

*C'est le requin-baleine (*Rhinocodon typus*), que l'on trouve dans les eaux chaudes des océans Atlantique, Pacifique et Indien. Le plus gros spécimen a été capturé le 11 novembre 1949 au large de l'île de Baba, Pakistan. Il mesurait 12,70 m, son corps avait une circonférence de 7 m à l'endroit le plus ventru et il pesait environ 15 t.*

OS DE POISSONS

*Le plus grand poisson à squelette osseux (*Pisces*) est le régalec (*Regalecus glesne*), également appelé « roi des harengs ». On le trouve dans toutes les mers du monde. En 1885, on pêcha au large de Pemaquid Point, Maine, EU, un spécimen de 7,60 m pesant 272 kg.*

Le 18 juillet 1963, une équipe de scientifiques du laboratoire marin Sandy Hook a aperçu un autre régalec nageant au large d'Asbury Park, New Jersey, EU, dont elle a estimé la taille à environ 15 m.

*Le poisson osseux le plus lourd est le poisson-lune (*Mola mola*), que l'on trouve dans toutes les mers tropicales, subtropicales et tempérées.*

Le 18 septembre 1908, un spécimen fut accidentellement heurté par le vapeur Fiona *au large de Sydney, Nouvelle-Galles du Sud, Australie, et remorqué jusqu'à Port Jackson. Il mesurait 4,26 m et pesait 2 235 kg.*

Les plus grands poissons d'eau douce

■ *C'est un poisson rare, le silure géant (*Pangasianodon gigas*). Jadis, le poisson-chat géant, ou silure glane (*Silurus glanis*), le dépassait en taille. Au XIXe siècle, en Russie, on a observé des spécimens de 4,60 m de long pour 336 kg. De nos jours, un silure dépassant 1,83 m et 90 kg est considéré comme un très grand spécimen.*

■ *L'arapaima (*Arapaima glanis*), qui fréquente l'Amazone et d'autres fleuves d'Amérique du Sud, est souvent tenu pour le plus grand poisson d'eau douce. Un spécimen adulte mesure en moyenne 2 m pour un poids de 70 kg.*

Le plus grand spécimen contrôlé de façon fiable mesurait 2,48 m et pesait 147 kg. Il fut pêché en 1836 dans le rio Negro, au Brésil.

■ *En septembre 1978, une perche du Nil (*Lates niloticus*) de 188 kg a été prise au filet dans le lac Victoria, Kenya.*

Les plus petits poissons de mer

*Le gobie (*Trimmatom nanus*) de l'archipel des Chagos, dans l'océan Indien, est à la fois le plus petit poisson marin et le plus petit vertébré. Des mesures effectuées sur 92 spécimens par le service de recherches des forces armées britanniques ont révélé qu'un adulte mâle mesure en moyenne 8,5 mm de long et une femelle 9 mm.*

LE MANGEUR D'HOMMES

*Le plus grand des poissons carnivores (excepté les mangeurs de plancton) est le grand et rare requin blanc (*Carcharodon carcharias*), dit « mangeur d'hommes ». Les adultes mesurent environ 4,50 m de long et pèsent de 520 à 770 kg (les femelles sont plus grosses que les mâles). Certains spécimens ont dépassé ces tailles : en juin 1978, on a capturé un requin blanc de 6,20 m pesant 2 268 kg, au large des Açores.*

REQUIN-PÈLERIN

Un requin-pèlerin mâle pêché dans la nuit du 21 novembre 1810 au large du port de Dieppe, Seine-Maritime, mesurait 9,52 m de long et pesait 8 t. Il fut acheté par le Muséum d'histoire naturelle de Paris et naturalisé. On peut le voir actuellement dans la collection.

BRAVO, CLAUDE

Le 3 juin 1990, M. Claude Marcelle a pêché dans la Saône, près de Belleville, Rhône, un silure de 2,05 m et 55 kg. Le combat a duré 40 mn.

France

Un silure glane pêché le 11 août 1986 dans la Seille, affluent de la Saône, mesurait 2,20 m de long et pesait 52 kg.

*Le plus léger de tous les vertébrés, et de tous les poissons qu'un pêcheur puisse attraper, est le gobie des îles Samoa (*Schindleria praematurus*), qui mesure de 1,2 cm à 2 cm de long. Adulte, ce poisson ne pèse parfois que 2 mg.*

Les plus petits poissons d'eau douce

*Le gobie nain (*Pandaka pygmaea*), un poisson sans couleur, pratiquement transparent, vit dans les cours d'eau et les lacs de l'île de Luzon, Philippines. Les mâles adultes ne mesurent que 7,5 mm à 1 cm de long et ne pèsent que 4 ou 5 mg.*

*Le plus petit des poissons commercialisés est le gobie sinarapan (*Mistichthys luzonensis*). Ce poisson, menacé de disparition, ne se trouve plus que dans le lac Buhi, île de Luzon, Philippines.*

Un mâle adulte mesure de 1 cm à 1,3 cm. Une tranche panée de poisson séché de 450 g, que l'on trouve sur les marchés locaux, peut contenir 70 000 gobies sinarapan.

Les plus grandes longévités

L'observation en aquarium est encore trop récente pour permettre d'établir avec certitude quelle espèce vit le plus longtemps.

*Il semblerait qu'il s'agisse de l'esturgeon (*Acipenser fulvescens*) d'Amérique du Nord. Une étude effectuée entre 1951 et 1954 sur un échantillon de 966 spécimens pêchés dans le lac Winnebago, Wisconsin, EU, a révélé, grâce à ses anneaux de croissance, que le plus vieil esturgeon était un mâle de 2 m âgé de 82 ans qui grandissait encore.*

*La perche marine (*Notothenia neglecta*) de l'Antarctique, dont le sang contient un antigel naturel, pourrait, croit-on, vivre jusqu'à 150 ans.*

On a annoncé en 1974 que l'examen des anneaux de croissance d'une femelle koi (sorte de carpe) dénommée Hamako vivant dans un plan d'eau à Higashi Shirakawa, Japon, indiquait un âge de 228 ans. Pourtant, l'âge maximal de cette espèce est estimé à « plus de 50 ans ».

Les vies les plus courtes

Les poissons qui vivent le moins longtemps sont probablement quelques espèces de la famille des cyprinodontidés trouvées en Afrique et en Amérique du Sud : elles vivent environ 8 mois.

Le plus prolifique

*Le poisson-lune (*Mola mola*) pond plus de 30 millions d'œufs à chaque frai.*

Le moins prolifique

Tropheus moorii, *du lac Tanganyika, en Afrique orientale, pond 7 œufs ou moins par frai.*

PETITS MAIS ENCOMBRANTS

*L'espèce la plus répandue dans toutes les mers du monde est sans doute la cyclothone (*Cyclothone elongata*), qui mesure 8 cm.*

Le poisson le plus cher

*Le poisson le plus cher est l'esturgeon russe (*Huso huso*). Une femelle de 1 227 kg pêchée en 1924 dans la rivière de Tikhaïa Sosna fournit 245 kg d'un caviar de première qualité qui vaudrait aujourd'hui près de 2 millions de F dans le commerce !*

LES PLUS VENIMEUX

*Le poisson-pierre (*Synanceidae*) des eaux tropicales des océans Pacifique et Indien, et plus particulièrement* Synanceja horrida, *qui possède les plus grosses glandes venimeuses de tous les poissons, peut être mortel par simple contact des épines de ses nageoires, qui contiennent un neurotoxique puissant.*

Piranhas

Les piranhas des genres Serrasalmus, Pygocentrus *et* Pygopristis *vivent dans les eaux stagnantes des grandes rivières d'Amérique du Sud. La moindre créature blessée dans l'eau est sûre d'être leur proie.*

Le plus électrique

L'anguille électrique** (Electrophorus electricus) **des fleuves du Brésil, de Colombie, du Venezuela et du Pérou peut émettre une décharge de 650 volts, suffisante pour assommer un homme, mais généralement utilisée pour immobiliser ses proies.

Le 19 septembre 1981, plus de 300 personnes ont été dévorées par des piranhas dans le port d'Obidos, au Brésil. Le cargo qui les transportait avait coulé en accostant.

20 000 LIEUES SOUS LES MERS

En 1970, le Dr Gilbert L. Voss, du navire américain de recherches scientifiques *John-Elliott*, a pris dans l'Atlantique, au fond de la fosse de Porto Rico (8 366 m), un *Bassogigas profundissimus* de 16,5 cm. Ce poisson était seulement le cinquième brotulidé jamais attrapé.

Le Dr Jacques Piccard et le lieutenant Don Walsh, de la marine américaine, affirment avoir vu, du bathyscaphe *Trieste*, le 24 janvier 1960, lors d'une plongée à 10 917 m, dans la fosse des Mariannes, Pacifique ouest, une sorte de sole d'environ 33 cm, qu'ils identifièrent comme un *Chascanopsetta lugubris*. Le témoignage est cependant contesté par certains spécialistes, qui continuent de penser que le vertébré qui vit le plus loin de la surface est le *Bassogigas*.

Poissons les plus rapides

- *La vitesse d'un poisson dépend de sa taille et de la température de son corps. Le voilier cosmopolite (*Istiophorus platypterus*) est considéré comme le poisson le plus rapide sur de courtes distances.*
- *Des expériences menées au Long Key Fishing Camp, Floride, EU, ont permis de relever des vitesses de 110 km/h sur une distance de 100 m (le guépard atteint 100 km/h).*
- *Certains pêcheurs américains certifient avoir rencontré des thons (*Thunnus thynnus*) qui filaient à plus de 100 km/h. Pourtant, la plus grande vitesse scientifiquement calculée pour cette espèce est de 70 km/h, sur un sprint de 20 s.*

RECORDS DU MONDE DE PÊCHE A LA LIGNE
en eau douce et en eau de mer

POISSON	NOM SCIENTIFIQUE	POIDS EN KG	PÊCHEUR	LIEU	DATE
Arapaima	*Arapaima glanis*	147	-	Brésil	1836
Barracuda	*Sphyraena barracuda*	37,64	Hackett	Niger	1952
Bar	*Dicentrarchus labrax*	9,40	Bayle	Stes-Maries-de-la-Mer	1986
Black Bass	*Micropterus salmooides*	10,09	Perry	Georgie, EU	1932
Bonefish	*Albula spp.*	8,61	Batchelor	Afrique du Sud	1962
Brochet	*Esox lucius*	25	Louis	Allemagne	1986
Carpe	*Cyprinus carpio.*	34,35	Van der Gugten	France	1987
Dorado	*Salminus spp.*	23,30	Giudice	Argentine	1984
Espadon	*Xiphias gladius*	536,15	Marron	Chili	1953
Espadon voilier	*Istiophorus platypterus*	100,24	Stewart	Santa Cruz, Équateur	1947
Esturgeon	*Acipenseridae tran.*	212, 28	Pallotta	Californie, EU	1983
Liche	*Lichia amia*	17,10	Matthews	Afrique du Sud	1988
Mahseer	*Barbus tor*	43,09	Howitt	Inde	1984
Marlin noir	*Makaira indica*	707,61	Glassell, Jr.	Pérou	1953
Marlin bleu Pac.	*Makaira nigricans*	624,14	Beaubien	Hawaï, EU	1982
Marlin bleu Atl.	*Makaira nigricans*	581,51	Martin	Iles Vierges	1977
Marlin rayé	*Tetrapturus audax*	224,10	Boniface	Nouvelle-Zélande	1986
Marlin blanc	*Tetrapturus albidus*	82,50	Coser	Brésil	1979
Muskellonge	*Esox masquinongy*	31,72	Lawton	New York, EU	1957
Permit	*Trachinotus falcatus*	23,35	Kenney	Floride, EU	1978
Poisson-tigre	*Hydrocyon spp.*	44	Houtmans	Kinshasa, Zaïre	1988
Requin mako	*Isurus spp.*	505,76	Guillantou	Ile Maurice	1988
Requin blanc	*Carcharodon carcharias*	2 268	-	Açores	1978
Saumon Atl.	*Salmo salar*	35,89	Henriksen	Norvège	1928
Saumon Chinook	*Oncorhynchus tshawytscha*	44,11	Anderson	Alaska, EU	1985
Saumon Chum	*Oncorhynchus keta*	14,51	Thynes	Alaska, EU	1985
Saumon Coho	*Oncorhynchus kisutch*	15,08	Lifton	New York, EU	1989
Saumon pink	*Oncorhynchus gorbuscha*	5,69	Lee	Alaska, EU	1974
Saumon Sockeye	*Oncorhynchus nerka*	6,88	Roach	Alaska, EU	1987
Silure glane	*Silurus glanis*	55	Marcelle	Saône	1990
Tarpon	*Megalops atlanticus*	128,36	Salazar	Venezuela	1956
Truite Fario	*Salmo trutta*	16,30	Cavaglia	Argentine	1952
Truite arc-en-ciel	*Oncorhynchus mykiss*	19,10	White	Alaska, EU	1970
Thon rouge	*Thunnus thynnus*	679	Fraser	Canada	1979
Truite de lac	*Salvelinus namaycush*	29,48	Daunis	Canada	1970
Requin-pèlerin	*Cetorhinus maximus*	370	Gaudreault	Canada	1992

Sélection de records ratifiés par l'IGFA (International Game Fish Association).

CRUSTACÉS

Les plus grands marins

Le crabe-araignée géant sanschouo, ou crabe échassier *(Macrocheira kaempferi)*, des eaux profondes au large de la côte sud-est du Japon, mesure 25 cm x 30 cm ; l'envergure de ses pinces est de 2,40 m à 2,70 m. Un spécimen record de 18,6 kg avait des pinces d'une envergure de 3,70 m.

Eau douce

En 1991, une écrevisse (*Astacopsis gouldi*) trouvée dans une rivière en Tasmanie, Australie, mesurait 61 cm de long et pesait environ 4 kg.

HOMARD EUROPÉEN

Le plus gros crustacé des eaux européennes est le homard européen ou homard commun (*Homarus vulgaris*), qui pèse environ 1 kg.
En mars 1988, un pêcheur amateur a pris un gigantesque homard de 10 kg au large de la côte ouest de l'île Floroe, Norvège.
Le plus gros crabe des eaux européennes est le tourteau (*Cancer pagurus*). En 1895, un spécimen de 6,4 kg dont la seule carapace mesurait 28 cm de long fut attrapé au large des Cornouailles.

Les plus petits

Les puces d'eau du genre *Alonella* mesurent moins de 1/4 de mm. On les trouve dans les eaux françaises.
Le plus petit homard est le homard du Cap (*Homarus capensis*), Afrique du Sud. Il mesure de 10 à 12 cm de longueur totale.

Vieux homards

Les gros homards américains (*Homarus americanus)* peuvent vivre jusqu'à l'âge de 50 ans.

La plus grande profondeur

En novembre 1980, l'équipe du vaisseau de recherches américain *Thomas-Washington* a trouvé un crustacé amphipode par 10 500 m de fond, dans la fosse des Mariannes, Pacifique ouest.
On a également découvert des amphipodes et des isopodes dans les Andes équatoriales, à une altitude de 4 053 m.

Rassemblement de 10 millions de tonnes

Le plus important rassemblement de crustacés était un énorme amas de krill (*Euphausia superba)* qui devait peser 10 millions de t. Il a été observé en mars 1981, dans l'Antarctique, par des scientifiques américains.

HOMARD AMÉRICAIN

*Le homard américain, également appelé homard de l'Atlantique nord (*Homarus americanus*), est le plus lourd de tous les crustacés. Le 11 février 1977, un spécimen de 20 kg mesurant 1,06 m de l'extrémité de la queue au bout de la plus grande pince fut pêché au large de la Nouvelle-Écosse, Canada, et vendu à un restaurant new-yorkais.*

ARACHNIDES

La plus petite araignée

La plus petite araignée connue est *Patu marplesi*, de la famille des symphytognathides, que l'on trouve dans les îles Samoa occidentales, océan Pacifique.
En janvier 1965, un mâle a été trouvé sous de la mousse, à 600 m d'altitude, à Madolelei, île d'Upolu. Il mesurait 0,4 mm en tout, ce qui représente un point sur cette page.

La plus commune

L'araignée-crabe de la famille des thomisidés se trouve partout dans le monde.

La plus rare

La plus insaisissable des araignées est une mygale très rare du genre *Liphistius* qui vit en Asie du Sud-Est.

LES PLUS VIEILLES ARAIGNÉES

Les araignées qui vivent le plus longtemps sont les mygalomorphes (tarentules et espèces voisines). Une femelle théraphosidée attrapée au Mexique en 1935 a vécu 26 ou 28 ans.

Araignée-soleil

L'araignée-soleil à longues pattes, du genre *Solpuga*, vit dans les régions arides semi-désertiques de l'Afrique et du Moyen-Orient. Elle se nourrit de geckos et d'autres lézards et peut atteindre une vitesse de 16 km/h.

Les plus dangereuses

Les araignées du genre *Phoneutria*, que l'on trouve au Brésil, et plus particulièrement *Phoneutria fera,* possèdent le neurotoxique le plus puissant de tous les arachnides. Ces araignées extrêmement agressives s'introduisent souvent dans les logis pour se cacher dans les placards ou les chaussures. Si on les dérange, elles mordent sauvagement plusieurs fois. Des centaines d'accidents causés par cette espèce sont enregistrés chaque année. Heureusement, un antidote a été mis au point, et seuls les enfants de moins de 7 ans demeurent vulnérables.

Toiles de maîtres

L'orbe tisserane du genre *Nephila* tisse des toiles aériennes qui peuvent mesurer jusqu'à 5,70 m de circonférence.

Toiles de débutants

Les *Glyphesis cottonae* tissent des toiles qui ne couvrent que 5 cm^2.

SCORPIONS

Il existe 1 200 espèces de scorpions. Le plus grand de tous est l'« empereur » tropical *Pandinus imperator*, de Guinée. Les mâles adultes mesurent en moyenne une vingtaine de centimètres, de l'extrémité des pinces à celle de la queue. Un scorpion attrapé le 14 septembre 1869 dans la région de Madras, Inde, mesurait 24,7 cm de long. Il est conservé au Muséum d'histoire naturelle de Bombay. Un autre spécimen, trouvé pendant la Seconde Guerre mondiale, dans le village de Krishnarajapuram, ouest du Bengale, était encore plus grand : 29 cm de long.

LE PLUS PETIT

Microbothus pusillus, des côtes de la mer Rouge, mesure entre 1 cm et 1,5 cm.

Le plus venimeux

Le scorpion jaune de Palestine (*Leiurus quinquestriatus*), dont l'habitat s'étend des régions de l'est de l'Afrique du Nord à la mer Rouge, n'injecte heureusement qu'une très petite quantité de venin, rarement suffisante pour tuer un homme. En revanche, des accidents mortels sont survenus chez des enfants âgés de moins de 5 ans.

ARAIGNÉES

La plus grande araignée du monde est la mygale *Theraphosa leblondi* des forêts côtières humides du Surinam, de la Guyane française et de la Guyane britannique. Des individus isolés ont été aperçus au Brésil et au Venezuela.
En avril 1965, l'expédition Pablo San Martín, à Río Cavro, Venezuela, captura un mâle gigantesque, de 28 cm d'envergure.
En février 1985, Charles J. Seiderman, de New York, a capturé au nord de Paramaribo, Surinam, une énorme araignée femelle de 26,7 cm d'envergure. Son corps mesurait 10 cm de long et ses crochets 2,5 cm ; elle pesait 122 g. Elle est morte en janvier 1986, au cours d'une mue difficile.
En France, la plus grande araignée est la lycose de Narbonne (*Lycosa tarentula*), qui mesure de 2,5 cm à 3 cm de long.
On dénombre 1 500 espèces d'araignées en France.
Sur cette photo, André Leetz et ses amies les mygales, dont il fait l'élevage.

Star Araignée

L'araignée la plus célèbre du monde est morte le lundi 18 octobre 1993 au zoo de Londres, à l'âge de 22 ans. Belinda avait tenu ses rôles les plus remarqués dans un James Bond, *Docteur No*, et dans *Indiana Jones et le Temple maudit* . Cette araignée, arrivée du Mexique en 1978 s'était vite fait remarquer par sa gentillesse et sa docilité. Elle était aussi utilisée dans le traitement par l'hypnose des phobies et spécialement de l'arachnophobie. Pesant 45 g et mesurant 17 cm d'envergure, elle se nourrissait d'une sauterelle toutes les 3 semaines.

Les plus anciens

Découvert dans des roches de l'Ouest australien en 1991, le plus ancien insecte connu date de 420 millions d'années.

INSECTES GÉANTS

Le phasure géant (*Pharnacia serratipes)* d'Indonésie est le plus grand insecte du monde.

Certaines femelles atteignent 33 cm. Les plus grands insectes du monde sans les antennes sont les scarabées hercules (*Dynastes hercules*) d'Amérique centrale et du Sud. Ils peuvent mesurer jusqu'à 20 cm, plus de la moitié de la taille comprenant cependant une corne placée sur le prothorax.

Le plus grand

Le plus grand est le *Pharnacia Kirbyi,* insecte-bâton des forêts tropicales de Bornéo. Le plus long spécimen connu est au Musée d'histoire naturelle de Londres et mesure 32,8 cm, pattes non comprises. Sa longueur totale est de plus de 50 cm. En milieu naturel, cette espèce est souvent trouvée avec des pattes en moins, car elles sont si longues, qu'elles sont facilement prisonnières lorsque cet incoote mue.

COLÉOPTÈRE

Le plus grand insecte en France est le coléoptère lucane ou cerf-volant (*Lucanus servus)*, dont la longueur dépasse parfois 10 cm et qui pèse jusqu'à 50 g.

LES PLUS LOURDS

■ Le plus lourd des insectes est le scarabée goliath (famille des scarabéidés), d'Afrique équatoriale. Les plus grands membres de cette famille sont *Goliathus regius*, *Goliathus goliathus* (ou *Goliathus giganteus*) et *Goliathus druryi.*

Les mâles adultes mesurent environ 11 cm de l'extrémité des antennes à la base du corps (les femelles sont plus petites) et pèsent de 70 g à 100 g.

■ Le scarabée éléphant (*Megasoma*), d'Amérique centrale et des Antilles, a le volume le plus impressionnant, mais le thorax et le sternum sont construits plus légèrement, ce qui donne l'avantage du poids au goliath.

Les plus petits

Ce sont les coléoptères aux ailes frangées de soies de la famille des trichoptérygidés, qui peuvent mesurer à peine 0,25 mm, de même que les hyménoptères parasites de la famille des mymaridés. Ils sont plus petits que certains protozoaires (animaux unicellulaires).

Le pou sangsue mâle (*Enderleinellus zonatus*) à jeun, ainsi que la guêpe parasite *(Caraphractus cinctus)* peuvent peser 0,005 mg. Les œufs de la guêpe parasite pèsent chacun 0,0002 mg.

Les plus rapides au sol

Les grands cafards tropicaux (*Dictyoptera*), qui mesurent 3 cm, peuvent se mouvoir à 5,5 km/h, soit 50 fois leur longueur par seconde.

Accélération

Le scarabée à ressort *(Athous haemorrhoidalis)*, un scarabée commun d'Europe, subit une accélération de 400 *g* quand il saute en l'air pour échapper à ses prédateurs. Un spécimen mesurant 1,2 cm et pesant 40 mg a sauté à une hauteur de 30 cm. On a calculé que son cerveau avait supporté, à la fin du saut, une décélération maximale de 2 300 *g*.

47 ANS DANS LES ESCALIERS

Les insectes qui vivent le plus longtemps sont les buprestes xylophages (*Buprestidae*).

Le 27 mai 1983, un spécimen de *Buprestis aurulenta* a finalement quitté l'escalier de M. W. Euston, de Prittlewell, Essex, GB, où il était resté à l'état larvaire pendant 47 ans.

CIGALE

La cigale mâle (famille des *Cicadidae)*, si familière à la Provence, produit un bruit qui s'entend à 400 m de distance.

LE PLUS RAPIDE BATTEMENT D'AILES

Le minuscule moucheron du genre *Forcipomyia* bat 62 760 fois des ailes à la minute (1 046 fois par seconde). Lorsqu'on lui rogne le bout des ailes, les battements s'accélèrent. Un moucheron aux ailes tronquées a atteint 133 080 battements/mn (2 218 par seconde). Le cycle de contraction-détente musculaire est de 0,00045 s ou 1/2222 s. C'est le mouvement musculaire le plus rapide jamais mesuré.

Le plus lent battement d'ailes

Les ailes du machaon (*Papilio machaon)* ne battent que 300 fois par minute, ou 5 fois par seconde. Un insecte bat ordinairement des ailes de 460 à 636 fois par minute (7 à 10 fois par seconde).

La plus grande termitière

En 1968, W. Page a photographié en Somalie une termitière de plus de 8,70 m de haut.

MYRIAPODES

Les plus grands

Graphidostreptus gigas, d'Afrique, et *Scaphistostreptus seychellarum*, des Seychelles, dans l'océan Indien, peuvent mesurer jusqu'à 28 cm de long et 2 cm de diamètre.

■

Le plus petit

C'est une espèce britannique, *Polyxenus lagurus*, qui mesure de 2 à 4 mm.

■

Le plus grand nombre de pattes

Illacme plenipes, de Californie, possède 375 paires de pattes.

■

Le plus rapide

Le scrutigère (*Scutigera coleoptrata*) du sud de l'Europe peut se déplacer à une vitesse de 1,8 km/h.

Records de vitesses et de puissance

En 1926, des scientifiques ont prétendu qu'un œstre du daim (*Cephenemyia pratti*) pouvait atteindre une vitesse de 1 300 km/h quand il volait à une altitude de 4 000 m. Des expériences récentes ont établi que ces chiffres étaient fort exagérés. Si cela était vrai, l'œstre aurait développé une puissance de 1,1 kW et aurait dû consommer l'équivalent de 1,5 fois son poids de nourriture chaque seconde pour avoir l'énergie nécessaire. Sans oublier que l'animal aurait été écrasé par la pression de l'air et consumé par le frottement.

■

On sait aujourd'hui que la vitesse maximale soutenue par un insecte est de 40 km/h, que ce soit pour l'œstre du daim, les sphinx (*Sphingidae*), les taons (*Tabanus bovinus*), ou certains papillons tropicaux (*Hesperiidae*).

■

La libellule d'Australie (*Austrophlebia costalis*) peut, sur de courtes distances, atteindre des pointes de 58 km/h.

LIBELLULES

La plus grande

Megaloprepus caeruleata, d'Amérique centrale et du Sud, peut mesurer 20 cm de long, pour une envergure atteignant jusqu'à 12 cm.

La plus petite

Agriocnemis naia, de Birmanie, dont un spécimen est conservé au Muséum d'histoire naturelle de Londres, a une envergure de 1,7 cm et mesure 1,8 cm de long.

PETITE MOUCHE BLEUE AUX YEUX ROUGES QUI APRÈS L'AMOUR DEVIENT AVIDE DE SANG

La lucilie bouchère est une petite mouche bleue aux yeux rouges, originaire d'Amérique centrale. Son nom scientifique, *Cockliomyia hominivorax*, « dévoreuse d'hommes », explique qu'elle sème la terreur. Après l'accouplement, elle devient avide de sang chaud et se niche sur la moindre plaie — par exemple, le cordon ombilical d'un nouveau-né. Le 17 juillet 1990, la FAO (Organisation pour l'alimentation et l'agriculture) a voté un programme d'étude et de lutte de 117 millions de $.

GROSSES PUCES

Les siphonaptérologues ont recensé 1 830 variétés de puces, dont la plus grosse connue est *Hystrichopsylla schefferi*, qui fut décrite à partir d'un spécimen trouvé en 1913 dans un nid de castors de montagne (*Aplodontia rufa*), à Puyallup, État de Washington, EU. Les femelles mesurent jusqu'à 8 mm de long, ce qui représente le diamètre d'un crayon.

UN SAUT DE 130 FOIS SA TAILLE

La puce ordinaire *(Pulex irritans)* remporte tous les records de sauts.

En 1910, lors d'une expérience effectuée aux États-Unis, une puce libre de sauter à sa guise a effectué un bond de 33 cm de long et de 20 cm de haut. En sautant à des hauteurs 130 fois supérieures à sa taille, la puce est soumise à une accélération de 200 *g*.

Papillon ridiculosa

Parmi les 140 000 espèces de lépidoptères, la plus petite est *Stigmella ridiculosa,* des îles Canaries, qui a une envergure de 2 mm et mesure également 2 mm de long.

De Bougainville pour 7 500 F

Ornithopteria (Troides) allotei, de Bougainville, îles Salomon, n'est apparemment représenté que par une douzaine de spécimens.
Un mâle de la collection de C. Rousseau-Decelle a été vendu aux enchères 7 500 F le 24 octobre 1966, à Paris.

LES PLUS GRANDS PAPILLONS

■ **Le papillon reine-alexandra (*Ornithoptera alexandrae*) ne se trouve que dans la plaine de Popondetta, en Papouasie-Nouvelle-Guinée. Les femelles ont parfois une envergure de 28 cm et pèsent 25 g.**

■ **Le plus grand papillon de nuit, mais pas le plus lourd, est l'hercule de nuit (*Cosdinoscera hercules*) d'Australie tropicale et de Nouvelle-Guinée.**
La surface de ses ailes peut couvrir jusqu'à 260 cm², pour une envergure de 28 cm. En 1948, une femelle de 36 cm d'envergure a été capturée près du bureau de poste de la ville côtière d'Innisfail, Queensland, Australie. Ce papillon se trouve maintenant dans la collection Oberthur.

■ **L'octuelle (*Thysania agrippina*), papillon de nuit rarissime vivant au Brésil, peut avoir une envergure de 31 cm. C'était le cas d'une femelle, capturée en 1934, de la collection du Canadien John G. Powers.**

France

Le grand paon de nuit (*Saturnia pyri*) peut atteindre 16 cm. Certains bombyx (*Samia cynthia*) approchent ces dimensions.

LA REINE DES PAPILLONS VOYAGE

La plus grande migration

Une reine des papillons (*Danaus plexippus*) a été marquée et relâchée par Donald Davis près de Brighton, Ontario, Canada, le 6 septembre 1986. Elle a été recapturée, le 15 janvier 1987, 3 432 km plus loin, près d'Angangueo, Mexique. Cette distance a été obtenue en traçant une ligne entre l'endroit où elle a été libérée et celui où elle a été rattrapée, mais la distance parcourue peut très bien être le double.

LE PLUS GRAND ÉLEVAGE DE PAPILLONS

La réserve de Stratford-upon-Avon, GB, abrite 2 000 papillons exotiques. Le volume total des aires de vol est de plus de 4 000 m³.

Bien rangés, bien ordonnés, les insectes naturalisés font l'objet de collections passionnées. Dans les mains de ce spécialiste, quelques spécimens de l'insecte le plus lourd (*Goliathus goliathus*), sur sa droite deux *Thysania agrippina*, papillons de nuit rarissimes aux ailes les plus grandes.

LES GUÊPES

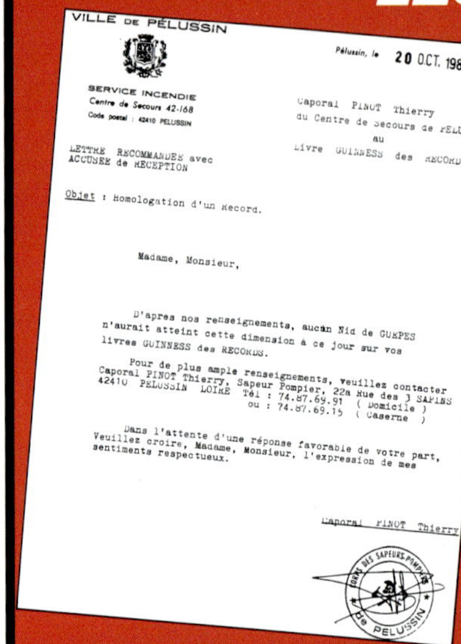

VILLE DE PÉLUSSIN

Pélussin, le 20 OCT. 1989

SERVICE INCENDIE
Centre de Secours 42-168
Code postal : 42410 PELUSSIN

Caporal PINOT Thierry
du Centre de Secours de PELUSSIN
au
Livre GUINNESS des RECORDS

LETTRE RECOMMANDEE avec
ACCUSEE de RECEPTION

Objet : Homologation d'un Record.

Madame, Monsieur,

D'apres nos renseignements, aucun Nid de GUEPES n'aurait atteint cette dimension à ce jour sur vos livres GUINNESS des RECORDS.

Pour de plus ample renseignements, veuillez contacter Caporal PINOT Thierry, Sapeur Pompier, 22a Rue des 3 SAPINS 42410 PELUSSIN LOIRE Tél : 74.87.69.91 (Domicile)
ou : 74.87.69.15 (Caserne)

Dans l'attente d'une réponse favorable de votre part, Veuillez croire, Madame, Monsieur, l'expression de mes sentiments respectueux.

Caporal PINOT Thierry

CORPS DES SAPEURS-POMPIERS de PELUSSIN

Le plus grand guêpier

Les sapeurs-pompiers de Pélussin, Loire, ont trouvé un nid de guêpes de 67 cm x 62 cm et pesant 3 kg, le 8 mars 1990.

Le plus lourd

Le 30 décembre 1990, le sapeur-pompier Pierre Tabouret, récupéra sous la charpente d'une maison à Veynes, Hautes-Alpes, un guêpier pesant 3,457 kg.

Collection

Depuis 20 ans, Gérard Gagnon, de Laverlochère, Québec, Canada, collectionne les nids de guêpes ; au 29 janvier 1993, il en possédait 288.

ANIMAUX PRIMITIFS

ÉTOILES DE MER

La plus lourde

Thromidia catalia, du Pacifique ouest, possède cinq bras. Un spécimen recueilli au large de l'îlot Amédée, en Nouvelle-Calédonie, le 14 septembre 1969, puis amené à l'aquarium de Nouméa, pesait environ 6 kg, pour une envergure de 63 cm.

Une étoile de 9 mm

Patiriella parvivipara, découverte par Wolfgang Zeider en 1975 sur la côte ouest du lac Eyre, en Australie méridionale, mesure à peine 9 mm de diamètre.

Mangeuse de corail

L'étoile d'épines (*Acanthaster planci*) des océans Pacifique et Indien et de la mer Rouge peut détruire de 300 à 400 cm² de corail par jour.

AU FOND DE LA MER

En 1962, l'équipage du navire de recherches soviétique Vitiazine a découvert dans la fosse des Mariannes, Pacifique ouest, un spécimen de *Porcellanaster ivanovi* par 7 584 m de fond.

1,38 m : 70 g

Midgardia xandaros a la plus grande envergure des 1 600 espèces d'étoiles de mer connues. Vers la fin de l'été 1968, un spécimen fut recueilli, dans le sud du golfe du Mexique, par l'équipe du bateau de recherches scientifiques de l'université A & M du Texas, l'*Alaminos*. Il mesurait 1,38 m de l'extrémité d'un bras à celle du bras opposé. Le diamètre de son disque central ne mesurait cependant que 2,6 cm. Il pesait 70 g une fois séché.

MÉDUSE

La plus grosse

*C'est la cyanée arctique géante (*Cyanea capillata arctica*), du nord-ouest de l'Atlantique. L'une d'elles, échouée dans la baie du Massachusetts, EU, mesurait 2,30 m de diamètre ; ses tentacules s'étendaient sur 36,5 m.*

À pleins poumons

*Un poumon de mer (*Rhizostoma pulmo*) de 87 cm pesant 20 kg a été capturé au large de La Rochelle, Charente-Maritime, en juillet 1982, dans l'océan Atlantique.*

En décembre 1982, au large d'Hendaye dans les Pyrénées-Atlantiques, un pêcheur a pris dans son chalut 20 t de Rhizostoma pulmo.

La plus petite

On trouve communément des petites méduses de 2 cm de diamètre : les gonionemus vertens.

Magnifiques et mortelles guêpes marines

*Ce sont les magnifiques mais mortelles guêpes marines australiennes (*Chironex fleckeri*). Leur venin cardiotoxique a causé la mort de 66 personnes, depuis 1880, sur les côtes du Queensland, Australie. Sans assistance médicale immédiate, un homme peut être foudroyé en moins de 3 mn. Un bon moyen de se protéger est de porter un collant, ce que font maintenant les sauveteurs australiens pendant les compétitions de surf.*

Coquillages géants

■ C'est le bénitier géant (*Tridacna gigas*), des barrières de corail des océans Indien et Pacifique. En 1956, au large de l'île d'Ishigaki, Okinawa, Japon, on a capturé un spécimen gigantesque de 1,15 m et 340 kg. En 1817, une autre palourde géante fut pêchée à Tapanoeli, sur la côte nord-ouest de Sumatra. Elle est maintenant conservée à Arno's Vale, Irlande du Nord. Elle mesure 1,37 m de long et pèse 230 kg.

■ Le plus grand gastéropode est la conque marine d'Australie (*Syrinx aruanus*), dont M. Don Pisor, de San Diego, Californie, a acheté un spécimen gigantesque en novembre 1979 à un pêcheur de Kaoh-siung, Taiwan. Cette conque de 77 cm de long, 1 m de circonférence et 18 kg avait été pêchée au large de la côte ouest de l'Australie.

■ L'escargot comestible (*Helix pomatia*), cher à la gastronomie française, peut mesurer jusqu'à 10 cm et peser 85 g.

ÉPONGES

La plus volumineuse

*L'éponge à grande tête en forme de tonneau (*Spheciospongia vesparium*), des eaux des Antilles et de Floride, peut mesurer plus de 1 m de haut et 90 cm de diamètre.*

La plus haute

*La coupe de Neptune (*Poterion patera*), d'Indonésie, peut atteindre 1,20 m de haut, mais est moins épaisse.*

La plus petite

Leucosolenia blanca, *éponge très courante, mesure 3 mm de haut à la fin de sa croissance.*

La plus grande profondeur

Certaines éponges ont été trouvées par 5 637 m de fond.

Le plus grand des invertébrés

C'est le calmar géant de l'Atlantique, *Architeuthis dux.* Un monstre de 2 t s'échoua, le 2 novembre 1978, dans la baie de Thimble Tickle, Terre-Neuve, Canada.

Il existe un grand nombre d'espèces de calmars. Leur taille varie d'à peine 1,5 cm à 17,50 m, longueur d'un spécimen d'*Architeuthis longimanus* gigantesque. Le courant l'avait amené, en octobre 1887, jusqu'à la baie de Lyall, Cook Strait, Nouvelle-Zélande. Ses deux grands tentacules mesuraient chacun 15 m de long.

La plus grande pieuvre est *Octopus apollyon,* des eaux côtières du Pacifique nord. Le 18 février 1973, dans le canal de Lower Hoods, à Puget Sound, État de Washington, EU, Donald E. Hagen, un plongeur, a attrapé un spécimen énorme de 7 m et 54 kg.

OCTOPUS VULGARIS

Un poulpe (*Octopus vulgaris*) trouvé en Méditerranée au large de Toulon, Var, le 6 décembre 1974, pesait 6 kg.

LA VIEILLE PALOURDE

Arctica islandica, une palourde à coquille épaisse de l'Atlantique, est le mollusque qui vit le plus longtemps. En 1982, on a ainsi recueilli un spécimen qui comptait 220 anneaux de croissance (un anneau par an théoriquement).

Le plus dangereux

Les 2 pieuvres à liséré bleu, *Hapalochlaena masculosa* et *Hapalochlaena lunulata*, que l'on trouve près des côtes australiennes, sécrètent un poison neurotoxique si puissant que les scientifiques du laboratoire du Commonwealth, à Melbourne, Australie, considèrent qu'une seule morsure est suffisante pour paralyser, voire tuer, 7 personnes. Aucun anti-poison n'existe à l'heure actuelle, mais même, alors, il ne pourrait que très rarement agir à temps pour sauver les victimes.

Le petit coquillage

Le gastéropode univalve *Ammonicera rota,* des eaux européennes, mesure 0,5 mm de diamètre.

Le plus petit coquillage bivalve (1,2 mm de diamètre) est *Neolepton sykesi*, connu seulement par quelques spécimens trouvés au large de Guernesey, l'une des îles Anglo-Normandes, et dans l'ouest de l'Irlande.

Un gastéropode univalve Bittium mesurant 0,4 mm de long et 0,3 mm de large a été trouvé dans les îles Nansha, au large de Shanghai, Chine.

Le plus vieux

Le kuahog (*Arctica islandica*) ou clam à coquille épaisse, peut vivre jusqu'à 220 ans.

Vers de terre

Les plus longs

Le plus grand des oligochètes, ou annélides, ou vers de terre, est Microchaetus rappi, *d'Afrique du Sud. En 1937, on a trouvé, au Transvaal, Afrique du Sud, un spécimen gigantesque mesurant 6,70 m de long et 2 cm de diamètre.*

Le plus petit

Chaetogaster annandalei *mesure moins de 0,5 mm.*

Vers plats

Les plus longs

*Parmi les 550 espèces de vers plats marins (ou némertiens) le plus long est le ver lacet (*Lineus longissimus*), des eaux peu profondes de la mer du Nord. En 1864, un spécimen de plus de 55 m s'est échoué sur la côte de Saint Andrews, Écosse.*

COURSE D'ESCARGOTS

Le 20 février 1990, un escargot de jardin (*Helix aspersa)* nommé Vern a couvert, lors d'une course à Plymouth, Michigan, EU, une distance de 31 cm en 2 mn 13 s, à la « vitesse » de 8,39 m/h. Il lui aurait fallu 4 jours 23 h 28 mn pour parcourir 1 km.

Bigorneaux

À l'aide d'une fine aiguille, Sheila Bance, de Hasting, Sussex, GB, a sorti de leur coquille 50 bigorneaux, en 1 mn 30 s 55, le 7 mai 1993.

Les plus chers

La valeur des coquillages dépend moins de leur rareté que de la demande du collectionneur. Ainsi les rares spécimens pêchés au fin fond des océans sont-ils toujours ternes et peu esthétiques, et les collectionneurs ne leur trouvent guère d'attrait.

Le coquillage le plus recherché actuellement est sans doute *Cypraea fultoni,* dont deux spécimens vivants furent pêchés en 1987 par un chalutier soviétique au large du Mozambique, dans l'océan Indien. Le Dr Massilia Raybaudi, collectionneur italien, acheta à New York le plus gros des deux pour 24 000 $. L'autre se vendit 17 000 $. Un troisième spécimen de cette espèce fut acquis pour 6 600 $ en juin 1987 par un collectionneur de Carmel, Californie. Le même collectionneur acheta également la même semaine un *Cypraea teramachii* pour 6 500 $.

Un autre *Cypraea fultoni*, du Muséum d'histoire naturelle de New York, a été récemment expertisé 14 000 $.

Le lecteur curieux pourra également se reporter au tableau Records de prix dans ce même chapitre.

CORAUX

La plus grande barrière de corail du monde est le récif du Queensland, au nord-est de l'Australie. Elle s'étend sur 2 028 km et couvre une superficie de 207 000 km².

Le plus grand bloc de corail est un morceau de *Galaxea fascicularis* découvert le 7 août 1982 dans la baie de Sakiyama, au large de l'île d'Irimote, Okinawa, Japon. Il atteint 4 m de haut et 20 m de circonférence maximale.

Un corail rouge (*Corallium japonicum*), trouvé le 8 octobre 1980 au large de Penghu, Taiwan, appartenant à S. M. Mach, de Tapeï, mesure 125 cm de haut, 70 cm de large et pèse près de 105 kg. ▶

95 % DE SOI

Certains vers plats marins se dévorent eux-mêmes lorsque la nourriture se fait rare. Un spécimen placé en observation a digéré 95 % de son propre corps en l'espace de quelques mois sans en subir aucun effet dommageable. Dès qu'il eut autre chose à manger, ses tissus se régénérèrent.

13
L'HOMME

Un cas contemporain intéressant de nanisme est celui de Mohammed Gul, de New Delhi, Inde, né le 15 février 1957. Après examen à l'hôpital, nous pouvons certifier qu'il mesure 57 cm et pèse 17 kg.

ORIGINES

GENÉRALITES

Arbre généalogique

L'homme moderne (*Homo sapiens sapiens*) est une sous-espèce de l'espèce *Homo sapiens*, du genre *Homo*, de la famille des hominidés, de l'ordre des primates, de la classe des mammifères, de l'embranchement des vertébrés.

L'outil fait l'homme

Homo habilis

Les premiers représentants du genre *Homo* sont apparus en Afrique de l'Est et du Sud, il y a environ 2,5 millions d'années. On leur doit les premiers outils en pierre taillée, d'où leur nom, *Homo habilis*. L'âge le plus ancien attribué à un fossile d'*Homo habilis*, 1,9 million d'années, est celui d'un crâne découvert en 1972 au Kenya.

Les premiers outils en pierre taillée sont des instruments tranchants vieux de 2,5 millions d'années, découverts en 1976 par la Française Hélène Roche, à Hadar, en Éthiopie.

France ■ Les premiers occupants du territoire constituant aujourd'hui la France semblent être arrivés il y a près d'un million d'années. Les outils les plus anciens que nous connaissons à l'heure actuelle ont été trouvés dans la grotte du Vallonet, près de Roquebrune-Cap-Martin, Alpes-Maritimes. Il s'agit d'éclats de pierre taillée dont l'âge est évalué à environ 1 million d'années.

HOMO ERECTUS

Ce type d'*Homo*, *Homo erectus* (« homme debout »), l'ancêtre direct de l'*Homo sapiens*, fut découvert par le Néerlandais Eugène Dubois à Trinil, Java, en 1891. L'*Homo erectus* javanais fut redaté en 1994, à 1,8 million d'années.

ÉCHELLE DU TEMPS

Si l'on rapporte l'âge supposé de la Terre (4,5 milliards d'années d'après les plus récentes estimations) à la durée d'une année, les hominidés apparaîtraient, sur la grande scène du monde, le 31 décembre à 16 h 15... et les premiers habitants sur le sol actuel de la France vers 23 h 10. L'ère chrétienne commencerait à peine 14 secondes avant minuit, alors que la durée de vie d'une personne de 120 ans (voir « longévité ») ne représenterait que quelque 3/4 de seconde.

Les calculs modernes permettent de mesurer le réchauffement du Soleil : on prévoit que cette gigantesque boule de feu rendra toute vie impossible sur Terre d'ici à 5,5 milliards d'années (alors qu'une période de 1 million d'années est déjà considérée comme incommensurable). Jusque-là, il est cependant possible qu'il y ait des périodes de refroidissement.

LES PREMIERS HOMINIDÉS

■ **Caractérisés par la taille relativement grande de leur cerveau et par leur position debout, ces membres de l'ordre des primates apparaissent il y a environ 4 millions d'années.**

■ **Jusqu'à 2,5 millions d'années, les seuls fossiles d'hominidés connus sont ceux d'australopithèques (« singes du Sud »).**

■ **Des empreintes de pieds parallèles d'hominidés, qui s'étendent sur 24 m, vieilles de 3,6 millions d'années, ont été découvertes à Laetoli, en Tanzanie, en 1978, par Paul Abell et le Dr Mary Leakey. Les australopithèques pouvaient donc marcher debout. Cependant, ils ressemblaient plus aux singes qu'aux hommes. La hauteur de trois individus, que l'on croyait les plus petits, était estimée à 1,20 m.**

■ **Le plus vieux reste fossile d'un hominidé, un fragment de mâchoire comportant deux molaires de 5 cm de longueur, a été trouvé en 1984, près du lac Baringo, au Kenya ; on le date de 4 millions d'années grâce à des fossiles apparentés, et de 5,4 à 5,6 millions d'années par analyse chimique de l'environnement rocheux.**

■ **Le squelette le plus complet (40 % des ossements) d'un des premiers hominidés est celui de « Lucy », jeune *Australopithecus afarensis*. Il a été découvert, le 30 novembre 1974, par une équipe internationale codirigée par D. C. Johanson, T. Gray, Y. Coppens et M. Taieb, dans la région de l'Afar, en Éthiopie. On estime que « Lucy » avait 40 ans à sa mort, il y a 3 millions d'années. Elle mesurait 1,06 m.**

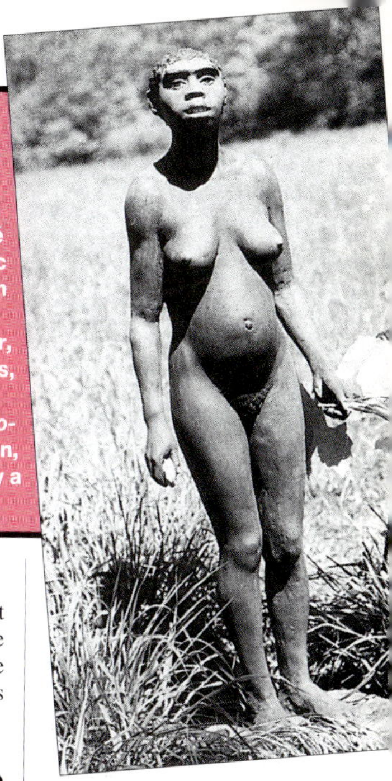

Le plus ancien squelette d'*Homo erectus* connu, qui est presque complet, est celui d'un garçon de 12 ans, mesurant 1,64 m, découvert en 1985 dans le sud du site de Nariokotome III, au Kenya.

Homo sapiens

Il apparaît il y a environ 450 000 ans, en Afrique, en Europe et en Asie. Les premières formes d'*Homo sapiens* (« homme sage ») ont été découvertes dans des sépultures dont le mobilier témoigne de rites funéraires.

Le plus célèbre de ces premiers *Homo sapiens* est sans doute l'homme de Tautavel, dont le crâne a été reconstitué à partir de restes fossiles découverts en 1971 dans la grotte de la Caune de l'Arago, Pyrénées-Orientales. On lui attribue l'âge de 450 000 ans. Les premiers hommes modernes (*Homo sapiens sapiens*) seraient apparus il y a environ 100 000 ans, au Proche-Orient et en Afrique de l'Est. À Qafzeh, en Israël, on a retrouvé des fossiles d'*Homo sapiens sapiens* d'environ 92 000 ans.

L'HOMME DE CRO-MAGNON

Notre ancêtre direct, l'homme de Cro-Magnon, *Homo sapiens sapiens* comme nous, a été découvert en 1868 dans une grotte des Eyzies-de-Tayac, en Dordogne.

L'homme de Cro-Magnon est apparu dans toute l'Europe vers 35 000 av. J.-C. Ses gravures rupestres constituent la première forme d'art manifeste.

MOMIES

La momification (du mot persan *mûm*, cire) date de 2600 av. J.-C., à l'époque de la IVe dynastie des pharaons égyptiens.

Jeune femme noble

La momie la plus ancienne est celle d'une jeune femme noble qui fut enterrée vers cette époque, sur un plateau, près de la grande pyramide de Khéops, à Gizeh. Ses restes ont été trouvés lors de fouilles, le 17 mars 1989, mais seul son crâne était intact.

WATI MUSICIEN

La plus ancienne momie intacte est Wati, un musicien de cour dont les restes, datant de 2400 av. J.-C., ont été recueillis dans la tombe de Nefer, à Saqqarah, Égypte, en 1944.

Les restes d'un crâne d'*Homo erectus* ont été découverts sur le site de Bilzingsleben, en Allemagne ; on les date de 350 000 à 400 000 ans.

MENSURATIONS

GEANTS

La taille de l'homme est déterminée par l'hormone de croissance. Elle est produite par la glande pituitaire installée au plus profond du cerveau. Une surproduction, au moment de l'enfance, peut engendrer une croissance anormale et de véritables cas de gigantisme. La taille véritable des géants est difficile à connaître, par la faute d'exagérations, ou de malhonnêtetés à caractère très commercial.

On ne peut, en fait, tenir compte que des mesures effectuées sous contrôle médical sérieux, à partir de 1870.

Malheureusement, certaines publications médicales se sont elles-mêmes laissé aller à publier des informations fantaisistes. Leur contrat interdit généralement aux géants exhibés dans les foires ou les cirques de se laisser mesurer, ce qui permet à leurs imprésarios d'en profiter pour les « grandir » considérablement.

GOLIATH

Les premiers géants

La légende selon laquelle le géant biblique Goliath (1060 av. J.-C.), champion des Philistins, que le futur roi David abattit d'un seul coup de fronde, aurait mesuré six coudées et une paume (soit 2,90 m) traduit certainement une confusion quant à l'unité de mesure utilisée, ou une exagération zélée des chroniqueurs hébreux.

L'historien juif Flavius Josèphe (né en 37 ou 38, mort en 100 de notre ère) ainsi que quelques manuscrits des Septante (la première traduction grecque de l'Ancien Testament) attribuent à Goliath la taille beaucoup plus plausible de quatre coudées grecques et une paume, soit 2,08 m.

Wadlow : 2,72 m

L'homme le plus grand, scientifiquement reconnu sans le moindre doute, a été Robert Pershing Wadlow, né le 22 février 1918, à 6 h 30 du matin, à Alton, Illinois, EU.

Le 27 juin 1940, le Dr C. M. Charles, professeur d'anatomie à la faculté de médecine de Saint Louis, Missouri, et le Dr Cyril McBride constatèrent, en mesurant Robert Wadlow, une taille de 2,72 m et une envergure (d'une main à l'autre, bras ouverts) de 2,88 m.

18 jours plus tard, le 15 juillet 1940, à 1 h 30, Robert Wadlow mourait dans un hôtel de Manistee, Michigan, des suites d'une blessure infectée.

Sa croissance trop rapide avait rendu la partie inférieure de ses jambes peu sensible, et un appareil orthopédique mal adapté l'avait profondément blessé à la cheville droite.

À la fin de sa vie, Robert

CROISSANCE DE ROBERT WADLOW

Pesant 3,850 kg à la naissance, Robert Wadlow a vu sa courbe de croissance suivre une évolution anormalement rapide dès l'âge de 2 ans, à la suite d'une opération chirurgicale. À 17 ans, il souffrit d'une grave grippe et d'une infection du pied. Lorsqu'il mourut, à 22 ans, sa croissance n'était pas terminée.

ÂGE (ans)	TAILLE (m)	POIDS (kg)	ÂGE (ans)	TAILLE (m)	POIDS (kg)
5	1,63	48	15	2,32	152
8	1,83	77	16	2,40	170
9	1,89	82	17	2,45	143
10	1,96	95	18	2,53	-
11	2,00	-	19	2,58	218
12	2,10	-	20	2,61	-
13	2,18	116	21	2,65	223
14	2,26	137	22	2,72	199

Wadlow grandissait encore, et il aurait probablement pris 2 cm supplémentaires s'il avait vécu un an de plus. Le jour de ses 21 ans, il atteignit son poids record, 223 kg. À sa mort, il était redescendu à 199 kg. Ses pieds mesuraient 47 cm (pointure 71), et ses mains, du bout du majeur jusqu'au poignet, 32,4 cm. Il fut enterré dans un cercueil de 3,28 m de long, 81 cm de large et 76 cm de profondeur.

Géants français

Dusurc

Au XVIIIe siècle, on exhibait dans les foires un géant français, Cornélius Dusurc, qui mesurait, disait-on, 2,39 m ; mais le chiffre est sans doute exagéré.

Les Hugo

En revanche, les célèbres jumeaux Baptiste et Antoine Hugo, nés en 1878 à Saint-Martin-Vésubie, Alpes-Maritimes, également artistes forains et grandes vedettes de l'Exposition universelle de 1900, à Paris, furent officiellement mesurés à, respectivement, 2,29 m et 2,28 m. Ils pesaient 200 kg. ▶

Le plus grand Français aujourd'hui

Aujourd'hui, le plus grand Français vivant est Jean-Marie Hamel, né en 1950, qui s'entraînait à l'Institut national des sports. La Fédération française de basket le mesura à 2,20 m.

La taille moyenne des Français

La taille moyenne des jeunes Français, telle qu'on l'a enregistrée dans les centres de sélection du service national, est, en 1992, de 1,76 m (pour un poids moyen de 66,5 kg). En 1948, d'après les publications de Trémolières et de Boulanger de 1950, la taille moyenne était de 1,68 m pour un poids de 61 kg.

En 1988, celle des jeunes Françaises était de 1,64 m, pour un poids moyen de 56,7 kg.

Les réserves concernant les tailles réelles des géants s'appliquent également aux nains. De même qu'une taille de 2,70 m paraît être une limite humaine, on ne conçoit pas une taille inférieure à 55 cm, quelle que soit la forme de nanisme (la taille moyenne d'un nouveau-né « normal » est de 46 à 50 cm). Il faut noter que l'âge des enfants nains est très souvent exagéré par les impresarios.

LES DOUZE GRANDS

Voici une liste des seuls autres cas de gigantisme (outre Robert Wadlow), recensés avec fiabilité, d'hommes et de femmes. Pour sept d'entre eux, le gigantisme fut accompagné d'acromégalie, une maladie qui entraîne également un développement anormal du nez, des lèvres, de la langue, de la mâchoire inférieure, des mains et des pieds. Ces troubles sont causés par une surproduction hormonale due à une hypertrophie de l'hypophyse, une glande située à la base du cerveau.

JOHN WILLIAM WOGAN (1871-1905), Gallatin, Tennessee, EU : 2,64 m [1]
JOHN F. CARROLL (1932-1969), Buffalo, État de New York, EU : 2,63 m [2]
PARIMAL CHANDRA BARMAN (1964-1992), Dhara, Bangladesh : 2,60 m [3]
VÄINÖ MYLLYRINNE (1909-1963), Helsinki, Finlande : 2,51 m [4]
DON KOEHLER (1925-1981), Denton, Montana, EU : 2,49 m [5]
BERNARD COYNE (1897-1921), Anthon, Iowa, EU : 2,49 m [6]
SULAIMAN ALI NASHNUSH (1943-1991), Tripoli, Libye : 2,47 m [7]
ZENG JINLIAN (1964-1982), Yujiang, Chine : 2,47 m [11]
PATRICK COTTER (O'BRIEN) (1760-1806), Kinsale, Irlande : 2,46 m [8]
« CONSTANTINE » (1872-1902), Reutlingen, Allemagne : 2,46 m [9]
GABRIEL ESTAVAO MONJANE (1944-1990), Monjacaze, Mozambique : 2,46 m [10]
SANDY ALLEN (1955), Chicago, EU : 2,32 m [11]

1. Mesuré en position assise, incapable de se tenir debout à cause d'une ankylose des genoux et des hanches. Il pesait seulement 79 kg.
2. Ce chiffre prend en compte une importante cyphoscoliose (ou double scoliose), et indique donc la taille qu'il aurait eue, si sa colonne vertébrale avait été droite. Il fut mesuré debout, à 2,45 m, le 14 octobre 1959. Peu de temps avant sa mort, il ne mesurait plus que 2,34 m.
3. Son anormale croissance a débuté à l'âge de 9 ans. Il a été admis à Saint Bartholomew's Hospital, à Londres, GB, en octobre 1991 pour suivre un traitement afin de stopper sa croissance.
4. À 21 ans, il mesurait 2,22 m ; sa croissance reprit vers la quarantaine et, à sa mort, il mesurait 2,47 m. En 1931, il fut pesé à 197 kg.
5. Ce fut à l'âge de 10 ans que sa croissance entama une courbe anormale. Sa sœur jumelle mesure 1,75 m, son père 1,87 m et sa mère 1,77 m.
6. Géant eunuque (syndrome du faucheux), il fut réformé en 1918, alors qu'il mesurait 2,36 m. Il était encore en pleine croissance à sa mort.
7. Une opération pour stopper sa croissance anormale fut entreprise avec succès, à Rome, en 1960. Il est mort d'un arrêt du cœur.
8. Sa taille fut établie avec certitude le 19 décembre 1972, après exhumation et mesure de son squelette.
9. Eunuque. Sa taille n'est qu'une estimation, ses jambes ayant été amputées à la suite d'une gangrène. Lui-même prétendait mesurer auparavant 2,59 m.
10. Ses dernières mesures ont été prises en mai 1987. Il est mort en 1990 à la suite d'une chute.
11. Dans cette liste des plus grands humains, nous avons inclus 2 femmes, Zeng Jinlian, qui fut la plus grande femme de tous les temps, et Sandy Allen, qui est la plus grande femme vivante, aujourd'hui.

CHANNA 2,32 m

Le plus grand être humain vivant au monde est Mohammed Alam Channa, 40 ans, originaire du Pakistan, qui mesure 2,32 m. Il a été homologué officiellement le 24 avril 1992, après le décès de Chandra Barman, qui mesurait 2,60 m. Si on ne trouve pas de cas semblables dans le monde occidental, c'est que la médecine a les moyens techniques de soigner ces dérèglements glandulaires. **Voir aussi La plus grande femme du monde.**

Gabriel Estavao Monjane, du Mozambique, mesurait 2,46 m. En 1988, il fit la connaissance de l'Américain Pernitsh, 399 kg.

Les femmes les plus grandes

Les cas de gigantisme sont plus rares chez les femmes, même si certaines atteignent des tailles impressionnantes.

Zeng

La plus grande femme connue fut la Chinoise Zeng Jinlian (1964-1982), née dans le village de Yujiang, dans la province du Hunan. Mesurée de façon anthropométrique à sa mort, elle atteignait 2,47 m, taille qu'elle aurait véritablement eue de son vivant si sa colonne vertébrale n'avait été déformée par une grave scoliose qui l'empêchait de se tenir debout. Sa croissance anormale débuta dès l'âge de 4 mois ; à 4 ans, elle mesurait déjà 1,56 m (1,63 m pour Robert Wadlow à 5 ans) ; à 13 ans, elle atteignait 2,17 m. Ses mains mesuraient 25,5 cm, ses pieds 35,5 cm. Ses parents, ainsi que son frère, étaient de taille normale.

ELLA

L'Américaine Ella Ewing (1875-1913), de Gorin, Missouri, EU, était réputée mesurer 2,49 m, taille largement exagérée : à 23 ans, elle mesurait 2,24 m, et tout au plus 2,28 m à sa mort.

LE PLUS GRAND COUPLE

La Canadienne Anna Hanen Swan (1846-1888), à qui la légende attribuait une taille de 2,46 m, mesurait en fait 2,27 m. Elle épousa le 17 juin 1871, à Londres, l'Américain Martin Van Buren (1845-1919), de Whitesburg, Kentucky, EU, qui mesurait lui-même 2,19 m. Ainsi formaient-ils le plus grand couple du monde.

LA PLUS GRANDE FEMME DU MONDE

SANDY ALLEN : 2,32 M EX-AEQUO CHANNA

L'Américaine Sandy Allen est née le 18 juin 1955 à Chicago, Illinois, EU. C'est dès sa naissance (elle pesait 2,950 kg) que commença sa croissance exceptionnelle. À 10 ans, elle mesurait 1,90 m ; à 16 ans, 2,16 m. Elle fut opérée avec succès de l'hypophyse le 14 juillet 1977. Elle mesure aujourd'hui 2,32 m, pèse 210 kg et chausse du 50. Sur cette photo, on peut la comparer avec sa mère, qui mesure 1,69 m, et son demi-frère, âgé de 12 ans.

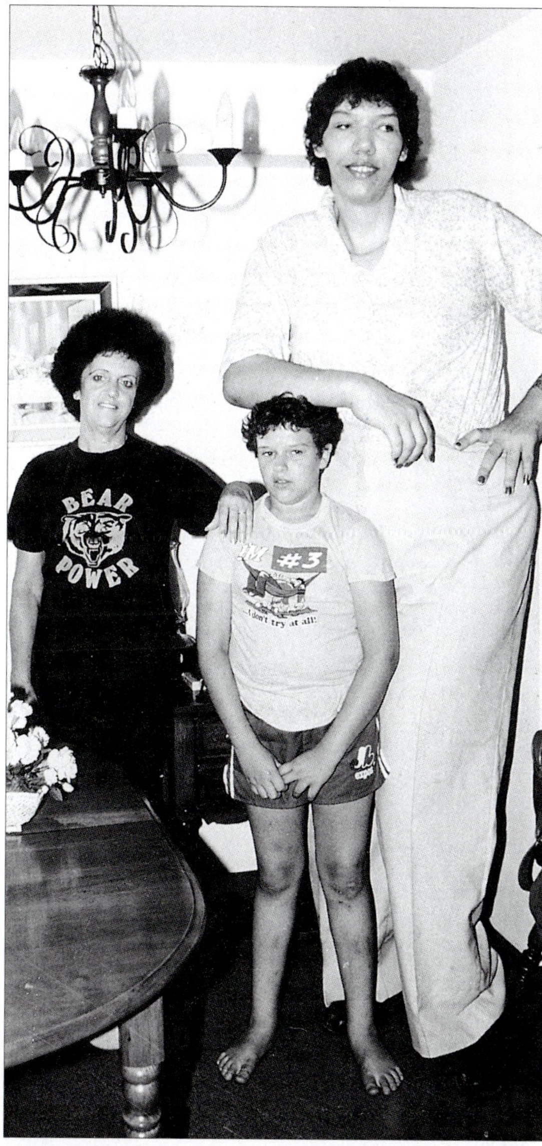

LES JUMEAUX LES PLUS GRANDS AUJOURD'HUI

HOMMES

Avec 2,23 m chacun, Michael et James Lanier, nés le 27 novembre 1969, à Troy, Michigan, EU, sont les plus grands jumeaux du monde. À 14 ans, ils mesuraient 2,16 m. Leur sœur Jennifer ne mesure, elle, que 1,57 m.

FEMMES

Heather et Hedi Burge (nées le 11 novembre 1971), de Palos Verdes, Californie, EU, mesurent l'une et l'autre 1,95 m.

Plus grandes femmes vivantes

Sandy Allen

La plus grande femme du monde est actuellement l'Américaine Sandy Allen. Voir encadré.

MULIA

En avril 1986, une géante de Bornéo, Mulia (née en 1956), fut admise dans un hôpital de Surabaya, à Java, afin de subir une opération destinée à arrêter sa croissance. À 13 ans, elle mesurait 1,55 m, mais, deux ans plus tard, sa croissance prit une tournure anormale. Incapable de se tenir debout, elle dut être mesurée couchée à l'hôpital, où l'on releva une taille de 2,33 m (soit environ 2,28 m debout), pour un poids de 77 kg seulement. Aucune nouvelle d'elle n'étant parvenue après son opération, il est impossible de savoir si celle-ci a réussi ou non.

La plus grande Française aujourd'hui

Rose-Marie Scheffler, née en octobre 1962, mesure 2,02 m. Elle est basketteuse, en 1re division, à l'ASPTT Lyon.

MENSURATIONS

NAINS

LES HOMMES LES PLUS PETITS

Paul Del Rio

En 1938, le magazine américain Life *publia les mensurations d'un nain espagnol, né à Madrid en 1920, Paul Del Río, à l'occasion de sa visite à Hollywood : 48 cm, 5,4 kg. Mais son passage dans la capitale du cinéma ne fit pas grande impression dans le milieu des nains, et son poids laisse supposer qu'il devait, en fait, mesurer quelque 65 cm.*

GÉNÉRAL TOM POUCE

Le nain le plus célèbre fut incontestablement l'Américain Charles Sherwood Stratton, alias « Général Tom Pouce », né le 4 janvier 1838. Lorsqu'il signa un contrat avec Phineas T. Barnum, le fameux directeur de cirque, sa date de naissance fut changée en 4 janvier 1832, afin de faire croire qu'il mesurait 77 cm à 18 ans, alors qu'il n'en avait que 12. Il mourut d'apoplexie le 15 juillet 1883, là où il était né, à Bridgeport, Connecticut, EU, à l'âge de 45 ans, et non 51. Il mesurait 1,02 m et pesait 32 kg.

Nains vivant aujourd'hui

DJAÏL

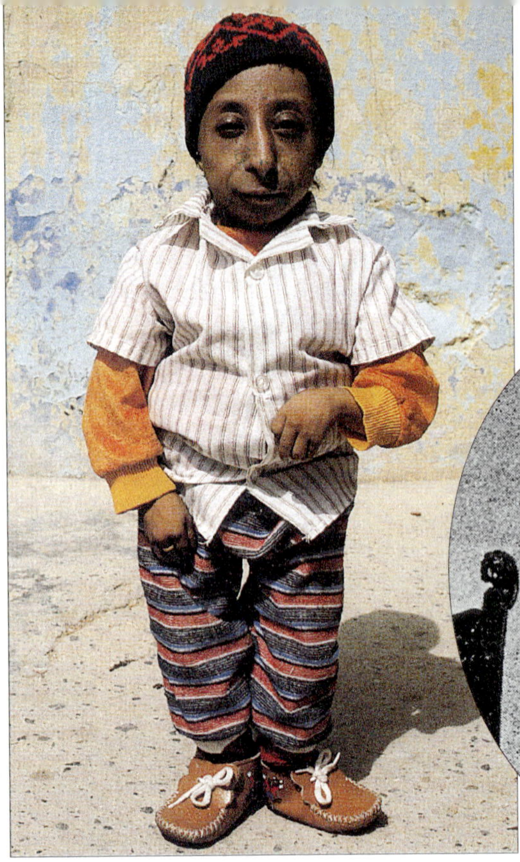

55 cm

Le cas le plus extraordinaire de nanisme est rapporté d'Algérie. D'après un certificat délivré par le Dr Abousiam, du secteur sanitaire de Barika, un jeune homme nommé Djaïl Salih (né en 1965) souffre d'un retard staturo-pondéral handicapant : il mesure 55 cm et pèse 5 kg. Il semble que Djaïl mesurait 23 cm à la naissance et qu'il ait cessé de grandir dès l'âge de 8 mois.

PRINCESSE PAULINE

La Néerlandaise Pauline Musters, surnommée « Princesse Pauline », née à Ossendrecht le 26 février 1876, mesurait 30 cm à la naissance ; à 9 ans, elle pesait 1,5 kg pour une taille de 55 cm. Elle mourut à 19 ans, le 1er mars 1895, à New York, son cœur, fragilisé par les excès d'alcool, n'ayant pas supporté la pneumonie et la méningite dont elle souffrait. Bien qu'on lui ait attribué 48 cm, un examen *post mortem* donna comme résultat 61 cm, ce qui, compte tenu de l'élongation causée par la mort, laisse supposer qu'elle mesurait en fait 59 cm, ainsi qu'un examen médical antérieur l'avait d'ailleurs observé. Elle pesait, adulte, entre 3,4 et 4 kg (soit le poids d'un nouveau-né), et ses mensurations étaient 47-48-43 cm, dénotant un net embonpoint.

NAINES STAMATOULA

En 1979, une enfant grecque de 9 ans, Stamatoula, née en septembre 1969, mesurait 50 cm et pesait 2 kg. Quand elle mourut, le 22 août 1985, au couvent Lyrion, à Athènes, elle mesurait 67 cm et pesait 5 kg.

La consultation des dossiers laisse penser qu'elle aurait été la survivante d'un couple de jumelles, et qu'elle aurait souffert du syndrome de Seckel, plus connu sous le nom de syndrome de la tête d'oiseau, car il affecte ses victimes d'un nez démesuré et d'yeux proéminents fort disgracieux.

NAINE VIVANT AUJOURD'HUI

▲ Madge Bester, née le 26 avril 1963 à Johannesburg, Afrique du Sud, ne mesure que 65 cm mais souffre d'une paralysie, due à une malformation des os, qui la confine dans une chaise roulante. Cette maladie a un caractère héréditaire ; le collagène et le calcium, improprement fixés, produisent une rigidité au niveau des os, avec pour résultat un système osseux fragile et cassant, ainsi que diverses autres malformations du squelette. Mesurant 70 cm, sa mère Winnie n'est guère plus grande, et vit aussi dans une chaise roulante.

MOHAMMED GUL

Un autre cas contemporain intéressant est celui de Mohammed Gul, de New Delhi, Inde, né le 15 février 1957. Examiné à l'hôpital de cette ville le 19 juillet 1990, il a été mesuré à 57 cm pour un poids de 17 kg. Les autres membres de sa famille sont de taille normale.

LITTLE ADRIEN STAR

Le plus petit homme français, et sans doute européen, fut Adrien Esmilaire, né le 28 octobre 1882 à Croismare, Meurthe-et-Moselle. À 16 ans, il mesurait 65 cm et pesait 9 kg. À 31 ans, il atteignit la taille maximale de 70 cm. Il devint la vedette du cirque Barnum sous le nom de scène de Little Adrien. Il mourut dans un naufrage en 1935.

Les plus petits jumeaux

Matjus et Béla Matina (1903-1935), nés à Budapest, Hongrie, mesuraient tous les deux 76 cm. Ils optèrent plus tard pour la nationalité américaine.

Vivants

■ *Les plus petits jumeaux du monde encore en vie sont John et Greg Rice, nés le 3 décembre 1951 à Palm Beach, Floride, EU, qui mesurent 86 cm.*

■ *Les plus petites jumelles sont Dorene Williams et Darlene Mc Gregor, d'Almeda, Californie, EU, nées en 1948. Elles mesurent 1,24 m.*

Naines centenaires

■ *Seules deux naines ont dépassé les 100 ans. La plus âgée fut Susanna Bakonyi, alias Princesse Susanna, née hongroise, mais qui vécut à Newton, New Jersey, EU. Elle mourut le 24 août 1984, à l'âge de 105 ans. Elle mesurait 1,01 m et pesait 17 kg.*

■ *L'autre centenaire fut Anne Clowes, de Matlock, Derbyshire, GB, qui mourut le 5 août 1784 à l'âge de 103 ans. Elle mesurait 1,14 m, et pesait 22 kg.*

NAIN DEVENU GÉANT

Adam Rainer, né à Graz, Autriche, en 1899, mesurait 1,18 m à l'âge de 21 ans. Soudain, sa croissance s'accentua anormalement et, en 1931, il atteignait 2,18 m. Cela le rendit si faible qu'il dut s'aliter pour le restant de ses jours.

À sa mort, le 4 mars 1950, à l'âge de 51 ans, il mesurait 2,34 m. Il est la seule personne médicalement connue à avoir été à la fois un nain et un géant.

LE COUPLE LE PLUS DISSEMBLABLE

Fabien Prétou, de Seyssinet-Pariset, Isère, né le 15 juin 1968 et mesurant 1,88 m, a épousé, le 14 avril 1990, Nathalie Lucius, née le 19 janvier 1966, et souffrant de dysplasie diastrophique. Elle mesure 94 cm, soit exactement la moitié de son mari.

LES POIDS LOURDS

L'homme le plus lourd

L'homme le plus gros de l'histoire médicale a été Jon Brower Minnoch (1941-1983), de Bainbridge Island, État de Washington, EU. *Voir encadré*.

L'homme le plus lourd vivant

Notre contemporain le plus lourd est T. J. Albert Jackson, de Canton, Mississippi, EU.

Il a récemment fait monter l'aiguille de la balance jusqu'à 404 kg. Son tour de taille est de 2,94 m, son tour de poitrine de 3,05 m et son tour de cou de 75 cm.

La femme la plus lourde

La femme la plus lourde au monde est Roselie Bradford (née le 27 août 1943), elle pesait 476 kg en janvier 1987 (voir « *Cure féminine* »p. 238).

Les jumeaux les plus lourds

Les frères Billy et Benny McCrary, alias McGuire, nés en 1946 à Hendersonville, Caroline du Nord, EU, eurent un poids normal jusqu'à l'âge de 6 ans, lorsqu'ils attrapèrent la rubéole. En novembre 1978, Billy pesait 337 kg, et Benny 328 kg, leur tour de taille mesurant 2,13 m. Ils étaient lutteurs professionnels, et on les présenta à 349 kg. Billy mourut d'un accident de moto, près des chutes du Niagara, Ontario, Canada, le 13 juillet 1979.

Amaigrissements masculins

■ **Paul M. Kimelman, né en 1943 à Pittsburgh, Pennsylvanie, EU, passa entre le 1er janvier et le 3 août 1967 de 216 kg à 59 kg, soit une perte de poids de 157 kg en 215 jours, une moyenne de 5,1 kg par jour.**

■ **Le Brésilien Vitorino Admercy Moreno Da Costa, 44 ans, a perdu 224 kg après un an de régime. Il est passé de 320 kg, en 1991, à 96 kg, en février 1992. Une perte d'environ 4,3 kg par semaine.**

MINNOCH STORY

Il souffrit d'obésité dès l'enfance, mais devint tout de même chauffeur de taxi. En 1963, il pesait 181 kg pour une taille de 1,85 m. En 1966, il pesait 317 kg ; en septembre 1976, 442 kg. En mars 1978, Minnoch, souffrant d'anasarque et d'insuffisances cardiaque et respiratoire, dut être transporté à l'hôpital universitaire de Seattle. Il fallut douze pompiers et un brancard improvisé pour le déplacer.

Quand il arriva à l'hôpital, treize personnes s'employèrent à le retourner dans une couche formée de deux lits attachés l'un à l'autre. Par extrapolation de ce qu'il ingurgitait et de ce qu'il éliminait, l'endocrinologue Robert Schwartz calcula qu'il devait peser plus de 635 kg lors de son admission, une grande partie de cet excès de poids étant due à une trop forte rétention d'eau causée par une congestion cardiaque. Après deux ans de régime à 1 200 calories par jour, l'eau finit par disparaître, et il put partir, ne pesant plus que 216 kg. Malheureusement, son poids augmenta de nouveau, et il dut revenir à l'hôpital un an après : il avait pris 91 kg. Lorsqu'il mourut, le 10 septembre 1983, il pesait plus de 363 kg.

En juillet 1979, Jon Brower Minnoch (1941-1983) ne pesait plus que 216 kg, ce qui signifie qu'il avait perdu, en 2 ans, 419 kg, soit 4 kg par semaine.

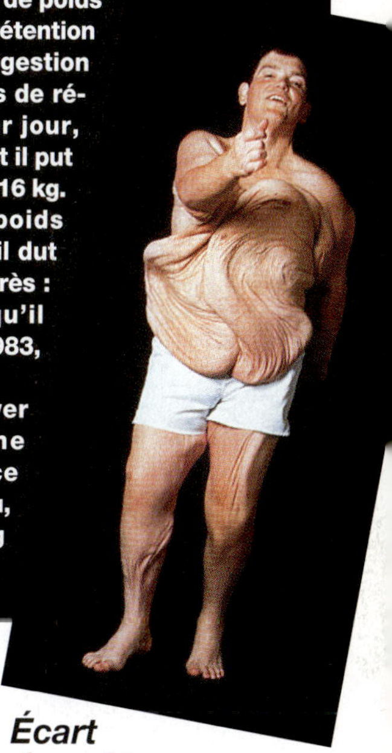

■ **L'Américain Michael Hebranko, né en 1954 à Brooklyn, New York, pesait 410 kg en juillet 1987. En 15 mois, il perdit 227 kg, et en juin 1989 il ne pesait plus que 98 kg, sa perte de poids totale se chiffrant à 312 kg en moins de 2 ans. Son tour de taille, qui était de 2,92 m, est passé à 92 cm, soit une diminution de 2 m.**

■ **Le 4 mars 1982, à New York, un chirurgien retira une masse de 67 kg de tissus adipeux dans la paroi abdominale d'un homme de 362 kg. Un palan fut nécessaire pour soulever les couches de graisse durant l'opération.**

Écart de poids dans un couple

Le plus grand écart de poids enregistré au sein d'un couple fut de 585 kg, entre Jon Brower Minnoch (*voir plus haut*) et sa femme Jeannette, qui ne pesait que 50 kg en mars 1978. Ils eurent deux fils.

Le monstre et sa femme

Le champion de sumo Konishiki, surnommé « le monstre », et sa femme Sumika Shioda ont un écart de poids de 217 kg. En effet, le champion de 28 ans avoisine les 262 kg, alors que sa femme ne pèse que 50 kg.

PEUPLES

Tutsis les plus grands

Les peuples dont la taille moyenne est la plus élevée de la planète sont les Tutsis (également connus sous le nom de Watutsis) du Ruanda et du Burundi, en Afrique centrale, et les Dinkas du Soudan. Dans le cas des Tutsis, la taille moyenne des hommes est de 1,85 m, et celle des femmes de 1,78 m.

Mbutis les plus petits

Les plus petits Pygmées sont les Mbutis de la forêt Ituri, au Zaïre, en Afrique centrale. Leur taille moyenne est de 1,37 m pour les hommes, et de 1,35 m pour les femmes.

Cure féminine

L'Américaine Roselie Bradford (voir « *La femme la plus lourde* »), est passée de 476 kg, en janvier 1987, à 128 kg, en février 1994, soit une perte de poids de 348 kg.

GAIN DE POIDS

- **En octobre 1981, Jon Brower Minnoch fut de nouveau admis à l'hôpital universitaire de Seattle : il avait pris 91 kg en 7 jours.**
- **Arthur Knorr (voir tableau « *Les super-poids lourds* ») a, durant les six derniers mois de sa vie, pris 136 kg.**
- **Doris Jones, de San Francisco, Californie, aurait pris 147 kg durant la dernière année de sa vie. Elle mourut en août 1965, à l'âge de 38 ans, elle pesait alors 306 kg pour 1,57 m.**

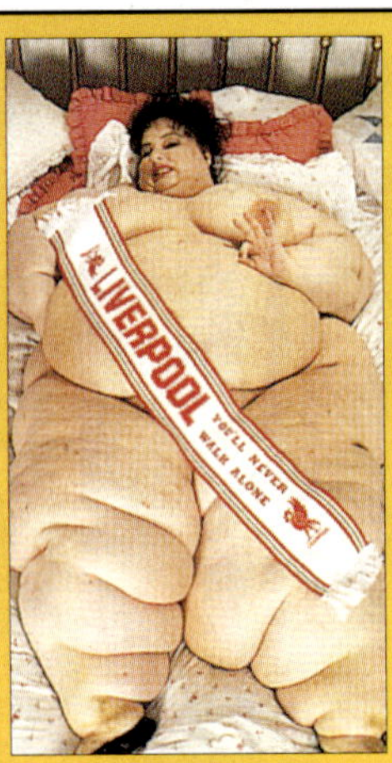

LE PLUS GROS MANNEQUIN

L'Américaine Teighlor, 37 ans, avec ses 270 kg, est le plus gros mannequin du monde. Née à Los Angeles, elle exerce actuellement à Londres.

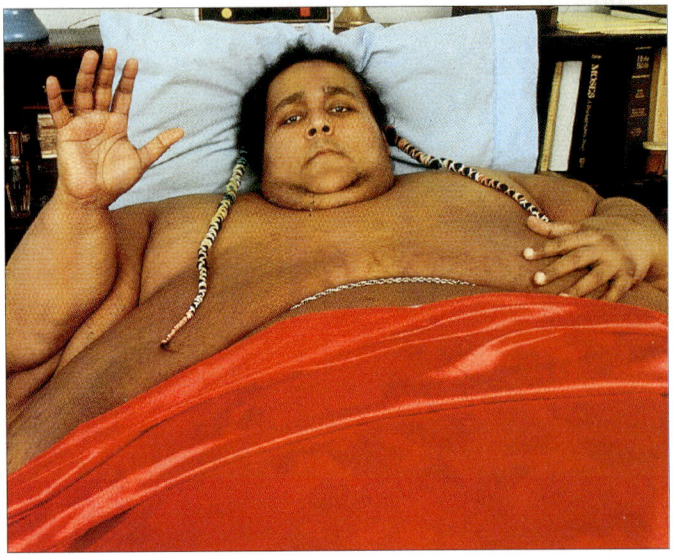

Walter Hudson a atteint le poids de 545 kg. Souffrant de boulimie depuis son enfance, il avait entrepris un régime draconien qui lui avait fait perdre 236 kg.

RÉMOND LE LOURD

En 1900, M. Rémond se prétendait « l'homme le plus lourd du monde » et offrait 1 000 F à qui dépasserait ses mensurations : 311 kg pour 2,15 m de tour de poitrine, 2,88 m de tour de taille et 98 cm de tour de cuisse. Il était né à Offlanges, Jura, en 1882. Marie Curie lui rendit visite en 1934. Il mourut l'année suivante, à 54 ans, d'une crise d'urémie.

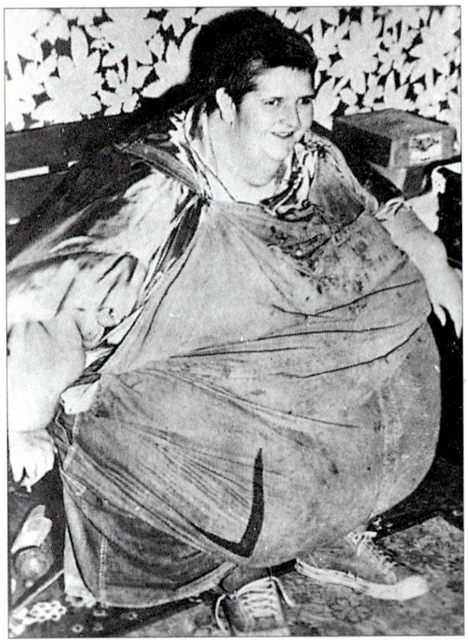

▲ Robert Earl Hugues pesait 485 kg mais mesurait, ce qui n'apparaît pas sur cette photo, 1,84 m.

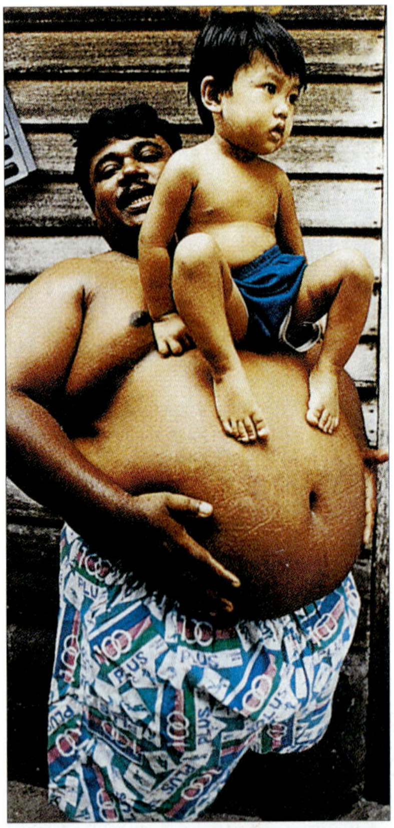

► Le Malaisien M. Awang, de Kuala Lumpur, avec son tour de taille de 1,37 m, a remporté le concours du plus gros ventre 1990.

LES SUPER-POIDS LOURDS

NOM	DATE	PAYS	TAILLE (m)	POIDS (kg)
Jon Brower Minnoch	1941-1983	EU	1,85	635
Walter Hudson	1944-1992	EU	1,78	545
Michael Walker (1)	né en 1934	EU	1,88	538
Robert Earl Hugues	1926-1958	EU	1,84	485
Mike Paterleno	né en 1958	EU	1,83	463
Mills Darden	1798-1857	EU	2,29	462
Michael Edelman	né en 1964	EU	-	457
John Finnerty	né en 1952	EU	-	453
« Big Tex »	1902-1956	EU	1,86	419
Mickey Mounds (2)	né en 1953	EU	-	413
John Hanson Craig (3)	1856-1894	EU	1,95	411
Michael Hebranko	né en 1954	EU	1,83	410
Arthur Knorr (4)	1914-1960	EU	1,85	408
T. J. Albert Jackson	né en 1941	EU	1,93	404

1. Il a battu son record de poids en 1971 à la suite d'une boulimie aiguë provoquée par des médicaments. En février 1980, il ne pesait plus que 167 kg.
2. En 1989, il ne pesait plus que 165 kg.
3. En 1858, il gagna 1 000 $ à un concours du plus joli bébé, à New York.
4. Il prit 136 kg dans les derniers mois de sa vie.

LES POIDS PLUME

Lucia Zarate

La très maigre naine Lucia Zarate (1863-1889), née à San Carlos, Mexique, ne pesait que 2,1 kg pour une taille de 67 cm à 17 ans. À la naissance, elle pesait 1,1 kg. Elle « grossit » jusqu'à 5,9 kg, à l'âge de 20 ans.

Emma Shaller

Parmi les adultes de taille normale, et mis à part les peuples qui souffrent de la faim, les poids les plus bas sont ceux de personnes souffrant d'anorexie, maladie qui peut entraîner des pertes pondérales allant jusqu'à 65 % du poids initial. Ce fut le cas d'Emma Shaller (1868-1890), qui mesurait 1,57 m, mais ne pesait que 20 kg.

Skeleton Dude

L'Américain Edward C. Hagner (1892-1962), alias Eddie Masher, également surnommé « Skeleton Dude », n'aurait pesé que 22 kg pour 1,70 m.

Claude-Ambroise Seurat

En août 1825, le tour de biceps du Français Claude-Ambroise Seurat (1797-1826), de Troyes, Aube, mesurait 10 cm, et la distance intérieure entre son dos et sa poitrine moins de 7 cm. D'après un rapport, il mesurait 1,71 m et pesait 35 kg, mais un autre rapport lui accordait 1,63 m et seulement 16 kg.

MATERNITE

Le plus grand nombre d'enfants

Madame Vassiliev

Dans une même famille, le plus grand nombre officiel d'enfants est de 69. Leur mère était la première femme de Fiodor Vassiliev (né en 1707, encore vivant en 1782), paysan de Chouïa, à 240 km à l'est de Moscou. En 27 grossesses, sa femme mit au monde, entre 1725 et 1765, seize paires de jumeaux, sept fois des triplés et quatre fois des quadruplés. Ce cas fut relevé, le 27 février 1782, par le monastère de Nikolski. Au moins 67 de ces enfants survécurent à la petite enfance (voir plus loin dans la rubrique « Naissances multiples »).

SEÑORA OLIVERA

Le 31 janvier 1989, Maria Olivera, née en 1939 à San Juan, Argentine, a donné naissance à son 32e enfant. Tous sont en vie.

MADAME DEVAUD

Madeleine Devaud (née le 19 mars 1910), d'Amure, Deux-Sèvres, a mis au monde 25 enfants (10 garçons et 15 filles) entre 1928 et 1958.

Elle a eu le dernier de ses 25 enfants, Michel, le 5 janvier 1958, à l'âge de 47 ans, 9 mois et 17 jours. Le premier, Marc, était né 30 ans auparavant, le 1er janvier 1928.

MADAME LEMOINE

Mme Lemoine, de Gravelines, Nord, a eu 23 enfants (11 filles et 12 garçons) entre 1934 et 1960.

LES MÈRES LES PLUS ÂGÉES

Le plus grand âge rapporté pour une grossesse est de 63 ans. La ménopause est la fin de l'activité reproductrice d'une femme, et survient, pour la majorité d'entre elles entre 45 et 55 ans. Toutefois la technologie permet aujourd'hui à des femmes ménopausées de redevenir fertiles. Il est donc actuellement possible pour une femme, quel que soit son âge, d'être enceinte.

DURÉES DE GROSSESSE

On a pu noter un grand nombre de grossesses variant autour de 14 mois (au lieu de 9 mois), mais l'utilisation de la pilule contraceptive, entraînant parfois une aménorrhée (absence anormale de menstruation), peut fausser ces calculs. Le magazine américain *US Medical Investigator*, du 27 décembre 1884, publia l'histoire haletante d'une grossesse de 15 mois et 20 jours. Un autre magazine évoquait, en 1751, une grossesse de 36 mois.

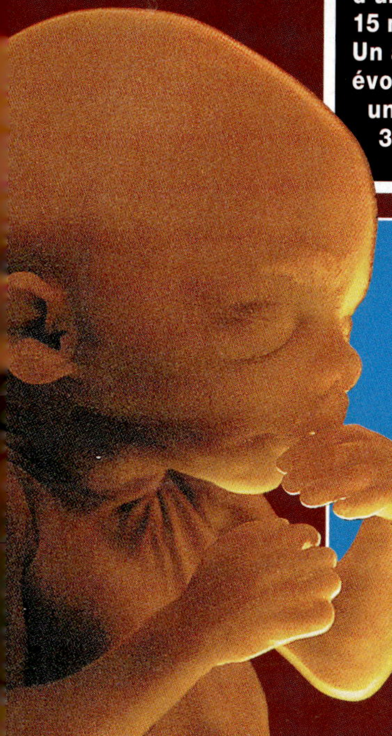

OLD MAM

D'après le *British Medical Journal* de juin 1991, une femme aurait donné naissance à son 13e enfant à l'âge de 59 ans. Elle habite à Birmingham, Grande Bretagne.

Prématurés vivants

Brenda et James Gill, d'Ottawa, Ontario, Canada, ont eu, le 20 mai 1987, un fils, James Elgin, prématuré de 128 jours, qui pesait à la naissance 624 g.

Joshua et Evan Ernsteen sont nés le 18 août 1992 à l'hôpital d'Evanston, EU, en avance de 112 jours sur leur terme.

Les plus longs intervalles entre jumeaux

Entre Diana et Monica : 36 jours

À la suite de plusieurs fausses couches, Danny Berg, née en 1953, de Rome, Italie, suivit un traitement hormonal et mit au monde, le 22 décembre 1987, une petite fille, Diana ; sa jumelle, Monica, n'est née, par césarienne, que le 27 janvier 1988, soit 36 jours plus tard. ▲

Entre Amy et Elisabeth : 18 mois

Mary Wright, 38 ans, a mis au monde Amy et Elizabeth à 18 mois d'intervalle. Les ovules avaient été fécondés par son mari en mars 1984. Elizabeth est née le 22 avril 1987, à Stoke-on-Trent, Staffordshire, GB, d'un œuf congelé pendant 29 mois.

Entre Loïc et Cedric : 46 heures

Laurence Giquel, 27 ans, a mis au monde ses jumeaux Loïc et Cédric à 46 h d'intervalle, les 27 et 29 novembre 1989, à l'hôpital Antoine-Béclère, à Clamart, Hauts-de-Seine.

NOUVEAU-NES

Les plus lourds

Les très gros bébés (plus de 4,5 kg) ont souvent des mères grandes, grosses, ou ayant des problèmes de santé tels que le diabète.

10,2 KG

Le plus lourd nouveau-né issu d'une mère bien portante fut le fils de Carmelina Fedele, d'Aversa, Italie, né en septembre 1955 au poids de 10,2 kg.

10,7 KG

La géante canadienne de 2,27 m Anna Bates (1846-1888) eut, le 19 janvier 1879, à Seville, Ohio, EU, un fils pesant 10,7 kg et mesurant 76 cm. Le bébé mourut 11 h plus tard. Son premier enfant avait été, en 1872, une petite fille mort-née de 8,160 kg.

6,18 kg

À sa naissance le 13 janvier 1993 à la maternité Arnaud-de-Villeneuve de Montpellier, Hérault, Vincent Viudez pesait 6,180 kg et mesurait 59 cm, ce qui correspond à peu près au poids et à la taille d'un enfant de 2 mois et demi.

Le plus petit nouveau-né

Une petite fille prématurée, née à l'hôpital universitaire de Loyola, Illinois, EU, pesait à sa naissance 280 g. Sa naissance a été signalée 18 mois plus tard, le 29 mai 1991.

BÉBÉ FRANÇAIS LE PLUS LÉGER

À sa naissance le 15 juillet 1992 à l'hôpital Edouard Herriot de Lyon, la petite Anne Sconza pesait 530 g et mesurait 32 cm.

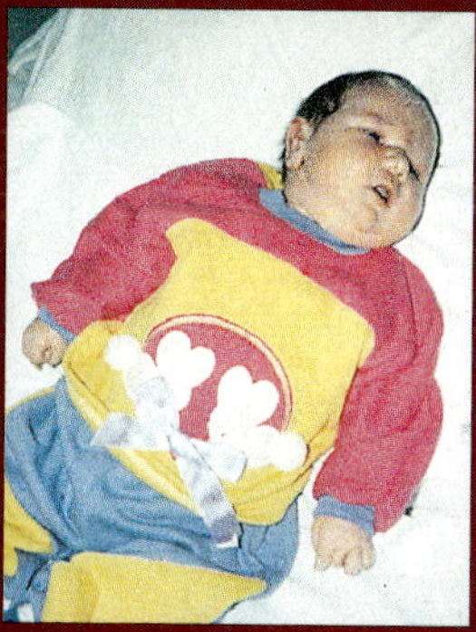

▲ Le petit Fabien Magnin, 6,11 kg à la naissance, champion 1992, battu en 1993 par Vincent Viudez.

SIAMOIS

Le terme « siamois » vient des célèbres jumeaux Chang et Eng (droite et gauche, en thaï) Bunker, nés attachés par une bande cartilagineuse au thorax, le 11 mai 1811, à Mékong, dans l'ancien Siam, de parents chinois. Ils épousèrent en 1843 deux sœurs, Sarah et Adelaide Yates, de Wilkes County, Caroline du Nord, EU, et eurent respectivement 10 et 12 enfants. Ils moururent à trois heures d'intervalle le 17 janvier 1874, âgés de 62 ans.

MACHA ET DACHA

Les formes les plus rares de siamois sont les *Dicephales tetrabrachius dipus*, soit deux têtes, quatre bras et deux jambes.

Le cas le plus connu est celui de Macha et Dacha Krivochliapovi, nées le 4 janvier 1950 en URSS. ▼

Seuls autres cas

Les seuls autres cas connus sont ceux de Nadir et Juraci Climerio de Olivera, de Santo Amaro, Bahia, Brésil ; d'une paire anonyme séparée par une opération qui dura 10 heures, le 23 juin 1977, à Washington, EU ; de Fonda Michelle et Shannon Elaine Beaver, de Forest City, Caroline du Nord, EU, nées le 9 février 1980 et séparées en février 1981.

La première séparation

La première opération de séparation de siamois réussie fut pratiquée par le Dr Jack S. Gellen, le 14 décembre 1952, à l'hôpital du Mont-Sinaï, Cleveland, Ohio, EU, sur des filles liées par le sternum.

RADICA ET DOUDICA

La plus ancienne opération de séparation de siamois fut pratiquée en 1902 par le Dr Doyen, à Paris, sur deux fillettes, Radica et Doudica, attachées par une membrane latérale au niveau du thorax. Radica mourut pendant l'intervention ; Doudica survécut 2 ans.

SOPHIE ET SONIA

En juillet 1974, le Pr Pertuiset, de l'hôpital de La Pitié-Salpêtrière, Paris, a séparé Sophie et Sonia Trinel (nées le 31 mars 1974), deux siamoises reliées par la tête. Elles vivent aujourd'hui normalement.

LES PROTÉGÉS DE JACQUES IV

Deux siamois, nés en 1490 près de Glasgow, vécurent à la cour et sous la protection du roi Jacques IV d'Écosse. Ils moururent à 28 ans, en 1518, à cinq jours d'intervalle. Le survivant erra dans le palais en pleurant ; il porta 5 jours le corps de son frère jusqu'à ce que la mort les réunisse.

Yvonne & Yvette

Les plus vieilles siamoises non séparées connues sont Yvonne et Yvette McCarther, de Los Angeles (1949-1993). Jointes par le sommet du crâne (*craniopagus*), elles ont toujours refusé d'être séparées. ▶

NATALITÉ

NAISSANCES MULTIPLES

LES PROBABILITÉS POUR QUE DES JUMEAUX VIVENT TOUS LES DEUX CENTENAIRES SONT ACTUELLEMENT DE 1 POUR 50 MILLIONS.

Le plus grand nombre de jumeaux

Madame Vassiliev

16 accouchements de jumeaux ont été enregistrés pour Mme Fiodor Vassiliev, de Chouïa, Russie (voir aussi « Le plus grand nombre de quadruplés »).

Madame Jonas

Mrs Mary Jonas (décédée en 1899), de Chester, GB, a eu 15 fois des jumeaux, à chaque fois des deux sexes.

Madame Zulu

Mme Barbara Zulu, de Barbeton, Afrique du Sud, porta trois fois des jumelles, et trois fois des jumeaux mixtes en 7 ans, de 1967 à 1973.

Madame Steynvaait

Mme Anna Steynvaait, de Johannesburg, Afrique du Sud, accoucha de deux paires de jumeaux dans un intervalle de 10 mois, en 1960.

JUMEAUX

Les plus lourds

Le 20 février 1924, Jennifer Haskin, de Fort Smith, Arkansas, EU, a mis au monde des jumeaux d'un poids total de 12,6 kg, qui ont survécu.

Les plus légers

Florence Stimson, de Peterborough, GB, a mis au monde le 16 août 1931 deux jumelles, Mary, 453 g, et Margaret, 538 g.

Les plus vieux

Eli et John

Eli Shadrack et John Meshak Phipps sont nés le 14 février 1803 à Affinghton, Virginie, EU. Eli est mort le premier, le 23 février 1911 à l'âge de 108 ans et 9 jours.

Mildred et Mary

Mildred Widman Philippi et Mary Widman Franzini, de Saint Louis, Missouri, EU, ont fêté le 17 juin 1984 leur 104e anniversaire. Mildred est morte le 4 mai 1985, 44 jours avant ses 105 ans.

Les plus vieux jumeaux vivants

Alice Maria et Emily Edith Weller sont nées le 20 avril 1888, à 15 minutes d'intervalle, à Epsom, Surrey, GB. Alice Maria est morte le 21 février 1991 à l'âge de 102 ans. Emily vit actuellement dans une maison de retraite à Brighton.

SEXTUPLÉS

Date de nais.	Nbre garçons (g) et filles (f)	Surv. après naissance	Ville et pays	Mère
2-10-1968	2 g - 4 f	?	Birmingham, GB	S. A. Thorns
25-12-1969	1 g - 5 f	5	Londres, GB	R. Letts
18-11-1983	6 f	6	Liverpool, GB	J. Walton
2-5-1984	4 g - 2 f	3	Cambridge, GB	J. Underhill
12-11-1986	3 g - 3 f	6	Londres, GB	S. Coleman
11-1-1974	3 g - 3 f	?	Le Cap, Af. du Sud	S. J. Rosenkowitz
11-1-1980	4 g - 2 f	?	Florence, Italie	R. Giannini
14-1-1989	2 g - 4 f	6	Paris, France	M.-C. Adam
19-8-1983	5 g - 1 f	?	Blankenberge, Belg.	R. v. Howe-Gadyn

LES QUADRUPLÉS LES PLUS LOURDS

Le 4 octobre 1978, Mme Ayako Takeda, de Kagoshima, Japon, a mis au monde des quadruplés (4 filles) pesant 10,4 kg.

Les deux pères de la paire

Une jeune Allemande de 17 ans a mis au monde, en avril 1990, Nadia et Patrick, deux jumeaux peu ordinaires... En effet, après une recherche en paternité demandée par la jeune mère, les tests génétiques ont démontré de façon indubitable que les 2 faux-jumeaux avaient 2 pères différents : chaque ovocyte a donc été fécondé par 2 spermatozoïdes différents.

Joséphine et Jeanne

Nées en 1888, à Ganac, Ariège, les deux sœurs jumelles Joséphine Payen et Jeanne Pujol ont fêté joyeusement leur centenaire le 8 décembre 1988.

TRIPLÉS

Le plus grand nombre

15 accouchements de triplés ont été enregistrés pour Maddalena Granata, Italie (née en 1839, encore vivante en 1886).

La rafale

Mrs James G. Duck, de Memphis, Tennessee, EU, a accouché en 2 mn de Christopher, Carmon et Bradley, le 21 mars 1977.

86 ANS

Faith, Hope et Charity Caughlin sont nés le 28 décembre 1857 à Marlboro, Massachusetts, EU. La première à mourir fut Charity, le 30 juillet 1944, à l'âge de 86 ans et 213 jours.

QUADRUPLÉS

Le plus grand nombre

Mme Fiodor Vassiliev a mis au monde quatre fois des quadruplés (cas rapporté avant 1770).

Les plus vieux

Emma, Elisabeth, Anne-Marie et Adolf Ottman sont nés à Munich, Allemagne, le 5 mai 1912. Adolf est mort le 17 mars 1992, à l'âge de 79 ans et 316 jours.

QUINTUPLÉS

On ne connaît pas de cas de plus d'une grossesse de quintuplés enregistré pour une seule mère.

Les quintuplés les plus lourds

Deux cas ont été rapportés, tous deux concernant des quintuplés pesant 11,35 kg. Il s'agit des enfants de Lui Saulien, Chekiang, Chine, nés le 7 juin 1953 et ceux de Mme Kamalammal, Pondichéry, Inde, nés le 30 décembre 1956.

NONUPLÉS

Les Brodrick

■ *Les seuls nonuplés (5 garçons et 4 filles) connus avec certitude sont ceux de Geraldine Brodrick nés le 13 juin 1971 à l'hôpital de Sydney, en Australie. Deux garçons étaient mort-nés, et un autre, Richard, mourut six jours plus tard.*

■ *Deux cas de nonuplés, tous mort-nés, ont été signalés : le 29 mai 1971, à l'hôpital universitaire de Pennsylvanie, à Philadelphie, EU ; et le 11 mai 1977, pour une mère de 30 ans à Bagherhat, Bangladesh.*

LE PLUS GRAND NOMBRE CONNU

en une seule naissance

Décaplés

Le 22 avril 1946, 2 garçons et 8 filles sont nés à Bacacay, Brésil. On a aussi signalé ce chiffre en Espagne en 1924, et en Chine le 12 mai 1936.

Quindécaplés

Le Dr Gennaro Montanino, de Rome, a fait part d'une opération effectuée le 22 juillet 1977 sur une femme de 35 ans à qui il a retiré par hystérectomie 15 fœtus de 4 mois (5 garçons, 10 filles). Cette grossesse multiple excessive était due à un traitement hormonal contre la stérilité.

NATALITE

BEBES-EPROUVETTE

Le premier

LOUISE

Lesley Brown a mis au monde par césarienne, le 25 juillet 1978, à 23 h 47, à l'hôpital d'Oldham, Lancashire, GB, le premier bébé-éprouvette, Louise, qui avait été conçue *in vitro* le 10 novembre 1977.

France

Voir encadré.

AMANDINE-VITRO

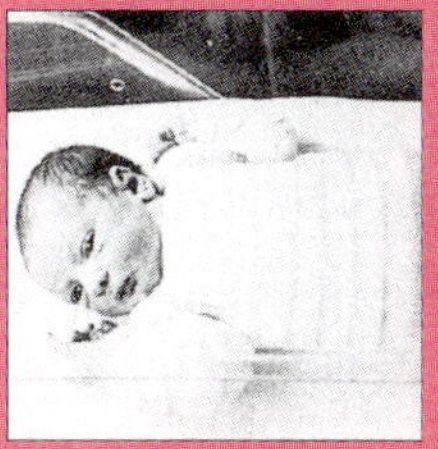

C'est le 24 février 1982, à l'hôpital Antoine-Béclère, à Clamart, Hauts-de-Seine, qu'est née Amandine. Elle pesait 3,4 kg. Le succès de cette première médicale, en France, était l'œuvre du Pr René Frydman et du biologiste Jacques Testart.

PREMIÈRES NAISSANCES MULTIPLES IN VITRO

Jumeaux

Stephen et Amanda sont nés le 5 juin 1981 à Melbourne, en Australie. Leur mère, Radmila Mays, était alors âgée de 31 ans. Amanda pesait 2,43 kg et Stephen 2,29 kg.

Triplés

Le 8 juin 1983, deux filles et un garçon sont nés à Adélaïde, Australie.

Quadruplés

Le 22 janvier 1987, Axelle, Alicia, Benjamin et Romain sont nés au centre hospitalier de Caen, Calvados.

Quintuplés

Le 26 mars 1986, Alan, Brett, Connor, Douglas et Edward Jacobsen sont nés à l'hôpital University College de Londres, GB.

LES SEXTUPLÉS FRANÇAIS

Le 14 janvier 1989, à 2 h 50 du matin, sont nés à la maternité de Port-Royal, à Paris, Gaelle, Mélanie, Doriane, Coralie, Cédric et Kevin, les seuls sextuplés français. Leurs parents, Daniel et Marie-Claude Adam, habitent Saint-Pierre-lès-Elbeuf, Seine-Maritime. Le 14 janvier 1994, les six enfants ont fêté leur cinquième anniversaire.

La mère la plus âgée à avoir subi une FIV

■

En octobre 1990, une femme âgée de 49 ans et 54 jours (née à Chypre) a mis au monde, par césarienne, une petite fille pesant 2,85 kg. L'œuf fécondé avait été placé dans l'utérus de la mère sous la surveillance du Dr Krinos Trokoudes, directeur du Pedios IVF Center à Nicosie, sur l'île de Chypre.

DOYENS ET CENTENAIRES

La longévité exacte des hommes est un sujet des plus difficiles à vérifier. Il suscite beaucoup d'excès de vanité, de supercheries, de mensonges ou de fraudes délibérées. Les allégations sont bien plus souvent faites par l'entourage des vieillards que par les vieillards eux-mêmes et le problème principal réside dans le fait que la seule preuve tangible reste l'état civil, qui, dans bien des pays, n'existait pas il y a 100 ans, comme c'est notamment le cas de la Russie, dont l'état civil n'existe que depuis 1917 (voir aussi le chapitre *Institutions*).

CENTENAIRES FRANÇAIS

Térii

L'homme qui a vécu le plus longtemps est Tériihaérétéi Taaroa, un cultivateur polynésien. Né le 14 juin 1873, sur l'île de Raïatéa — l'une des îles de la Société —, il est mort le 3 janvier 1991, à l'âge de 117 ans et 204 jours. Il était alors le doyen du monde. « Térii » avait 6 enfants, 54 petits-enfants, 129 arrière-petits-enfants et 19 arrière-arrière-petits-enfants.

Jeanne Calment

La doyenne des Français est Jeanne Calment (voir encadré « Jeanne Calment : la doyenne du monde »).

Voir aussi le chapitre *Art et culture,* rubrique « Noms et prénoms », et le chapitre *Institutions,* article « Mariage ».

RECORDS AUTHENTIQUES DE LONGÉVITÉ PAR PAYS

Pays	Âge Ans	Âge Jours	Nom	Date de naissance	Date de décès
Japon	120	237	Chigechiyo Izumi	29-6-1865	21-2-1986
France	119		Jeanne Calment	21-2-1875	
États-Unis (1)	116	88	Carrie White	18-11-1874	15-2-1991
Royaume-Uni (2)	114	274	Charlotte Hughes	1-8-1877	4-1992
Canada (3)	113	124	Pierre Joubert	15-7-1701	16-11-1814
Australie	112	330	Caroline Maud	11-12-1874	6-11-1987
Espagne (4)	112	228	Josefa Salas Mateo	14-7-1860	27-2-1973
Norvège	112	61	Maren Bolette Torp	21-12-1876	20-7-1989
Maroc	112		Mohammed el-Mokri	1844	16-9-1957
Pologne	112		Roswlia Mielczarak	1868	7-1-1981
Irlande	111	327	Katherine Plunket	22-11-1820	14-10-1932
Pays-Bas (5)	111	354	Thomas Peters	6-4-1745	26-3-1857
Afrique du Sud (6)	111	151	Johanna Booyson	17-1-1857	16-6-1968
Suède (7)	111	90	Wilhelmine Sande	24-10-1874	21-1-1986
Tchécoslovaquie	111		Marie Bernatkova	22-10-1857	10-1968*
Italie	111	12	Domenico Minervino	10-5-1880	21-5-1991
Finlande	111		Fanny Matilda Nystrom	30-9-1878	1989
Yougoslavie	110	150	Demetrius Philipovitch	9-3-1818	8-1928*
Grèce (8)	110		Tsiatoura Lambrini	1870	19-2-1981
ex-URSS (9)	110		Khasako Djougaïev	7-8-1860	8-1970*
Suisse	109	173	Suzanne Monney-Perrin	1-11-1880	22-4-1990
Belgique	108	327	Mathilda Vert.-Hellemans	12-8-1868	4-7-1977
Allemagne (10)	109	265	Maria Bramsen	4-5-1878	23-1-1988
Islande	108	45	Halldora Bjarndottir	14-10-1873	28-11-1981
Portugal (11)	108		Maria Luisa Jorge	7-6-1859	7-1967*
Malaisie	106		Hassan Bin Yusoff	14-8-1865	1-1972*
Luxembourg	105	228	Nicolas Wiscourt	31-12-1872	17-8-1978

*Était encore en vie à cette date.

1. Martha Graham est morte à Fayetteville, Caroline du Nord, le 25-6-1959, à l'âge estimé de 117 ou 118 ans. Des recherches ont démontré qu'elle était apparemment née en décembre 1844, et qu'elle aurait été, en fait, âgée de 114 ans et 6 mois. Rena Glover Brailsford est morte à Summerton, Caroline du Sud, le 6-12-1977, à l'âge supposé de 118 ans. Rosario Reina Vasquez, qui est morte en Californie le 2-12-1980, était supposée être née à Sonora, Mexique, le 3-6-1866, ce qui lui aurait accordé l'âge de 114 ans et 93 jours. Le recensement fédéral américain de 1900 pour le district de Crawfish Springs, Géorgie, enregistra un âge de 77 ans pour un Mark Trash. Si le Mark Trash né en Géorgie en 1822, qui mourut à Chattawooga, Tennessee, le 17-12-1943, était bien le même, et que l'âge attribué était exact, il aurait alors vécu 121 ans.

2. Lorsque Isabella Shepard, née à Londres, est morte le 20-11-1948 à Saint Asaph, pays de Galles, on la déclara âgée de 115 ans, mais son âge véritable était de 109 ans et 90 jours. Charles Alfred Nunez Arnold est mort le 15 novembre 1941 à Liverpool, à un âge de 112 ans estimé d'après un registre baptismal (Londres, le 10-9-1829). Elizabeth Cornish (née Veale), enterrée à Stratton, Cornouailles, le 10-3-1691 ou 1692, aurait été baptisée le 16-10-1578, soit 113 ans et 4 mois auparavant.

3. Ellen Carroll est morte le 8-12-1943 à North River, Terre-Neuve, à l'âge supposé de 115 ans et 49 jours.

4. Benita Medrana, d'Avila, est morte le 28-1-1979 à l'âge supposé de 114 ans et 335 jours.

5. Jean Michael Reysken, dont la naissance aurait été enregistrée le 11-5-1878, serait mort le 7-1-1990 à l'âge de 111 ans et 241 jours.

6. Susan Johanna Deporter, de Port Elizabeth, Afrique du Sud, décédée le 4-8-1954, aurait eu 114 ans. Sarah Lawrence, du Cap, aurait fêté ses 112 ans le 3-6-1968.

7. Mme W. Sande est née en Norvège.

8. Le certificat de décès d'Efdokia Liakon, morte le 17-11-1982 à l'âge de 118 ans et 13 jours, n'est prouvé ni par le recensement de 1971 ni par celui de 1981. L'enregistrement des naissances avant 1920 n'était en effet pas exhaustif.

9. Il y a, paraît-il, 21 700 centenaires en ex-URSS (contre 7 000 aux EU), dont 21 000 attribués à la seule Géorgie, soit 1 sur 232 individus. En juillet 1962, on prétendit que le seul village de Medini comptait 128 centenaires, des hommes pour la plupart.

10. En Allemagne (alors de l'Ouest), une femme anonyme mourut en 1979 à l'âge de 112 ans, et un homme anonyme, en 1969, à l'âge de 117 ans. Le record de longévité autrichien est de 108 ans (une femme morte en 1975).

11. Jesuina da Conceicão, de Lisbonne, serait morte à l'âge de 113 ans, le 10-6-1965.

LES CENTENAIRES

Affront à l'intelligence

Des centaines de personnes ont prétendu avoir largement dépassé les 100 ans, ou même, faisant sans hésiter affront à l'intelligence, les 200 ans ! En fait, les centenaires dépassant les 113 ans sont plus que rares. Et la plus importante longévité dont nous soyons certains ne dépasse pas les 120 ans.

Le cas Drackenberg

Nombre de « super-centenaires » (plus de 110 ans) ne sont en fait probablement que la somme de deux vies : père et fils, parents portant le même nom, ou porteurs successifs d'un même titre. Le plus connu de ces cas concerne Christian Jakobsen Drackenberg, qui serait né le 18 novembre 1626 à Stavenger, Norvège, et mort à Aarhus, Danemark, le 9 octobre 1772, à l'âge de 145 ans et 326 jours.

Pub

Un grand nombre d'autres exemples similaires ont été exploités à des fins commerciales ou même politiques. Ainsi, en mars 1960, la république socialiste fédérative soviétique de Russie s'est enorgueillie de posséder 100 citoyens âgés de 120 à 156 ans, pour une population estimée alors à 117,5 millions d'habitants. Or, d'après les recherches menées aujourd'hui sur les centenaires, il n'y a en moyenne qu'un individu sur 2 milliards qui soit âgé de plus de 115 ans.

Le plus vieil homme de la Terre

L'un des sommets de la crédulité en matière de longévité a sans doute été atteint par l'employé d'une agence de presse qui, le 15 mai 1933, transmit une dépêche en provenance de Pékin annonçant la mort de Li Chung-yun, « le plus vieil homme de la Terre ». Celui-ci était prétendument né en 1680, et donc mort à l'âge de 253 ans !

4 000 Français

Il y a plus de 4 000 centenaires en France en 1994, et il y en aura 6 000 à la fin du siècle, alors qu'il n'y en avait que 200 en 1953 et 1 000 en 1970. D'après une enquête menée par la Fondation Ipsen auprès d'un échantillon de 1 200 centenaires, 58 % d'entre eux sont en bonne ou en très bonne santé. On compte, chez les centenaires, 8 femmes pour 1 homme.

Leur secret

Leur secret ? « J'ai mené une vie régulière, sans excès, sans privation, et surtout j'ai beaucoup travaillé », disent-ils pratiquement tous.

JEANNE CALMENT : LA DOYENNE DU MONDE

Le plus grand âge certifié est celui de Jeanne Calment, 119 ans, qui est aujourd'hui la personne la plus âgée du monde. Née le 21 février 1875, elle vit, en bonne santé, à la maison de retraite du Lac, à Arles, Bouches-du-Rhône. Jeanne Calment a toujours vécu dans cette ville, où, alors qu'elle était enfant, elle a connu le peintre Van Gogh, qui venait acheter des pinceaux chez ses parents. En jouant son propre rôle dans le film de Michael Rubbo *Vincent et moi*, sorti le 13 février 1991, elle est devenue l'actrice la plus âgée du monde. Sur les conseils de son médecin, elle a arrêté cette année de fumer sa cigarette quotidienne, secret de sa longévité, au même titre que le chocolat, l'huile d'olive et le savon de Marseille. Voir aussi « Viager » dans le chapitre Institutions.

3 centenaires dans la même famille

La Canadienne de Drummondville, Québec, Alma Fontaine a fêté ses 105 ans le 16 mars 1992, sa sœur Luciana a eu 103 ans le 30 avril 1992. Leur frère Eugène a fêté ses 101 ans le 9 mars 1992. À eux trois ils totalisent 309 ans.

C. IZUMI : 120 ANS ET 237 JOURS CERTIFIÉS

Le plus grand âge certifié auquel soit parvenu un être humain est 120 ans et 237 jours. Il s'agit du Japonais Chigechiyo Izumi, habitant Asan, à Tokunoshima, une île située à 1 320 km au sud-ouest de Tokyo. Né le 29 juin 1865, il avait été enregistré en 1871, à l'âge de 6 ans, par le premier recensement japonais. Il est mort le 21 février 1986, à 12 h 15, heure locale, d'une pneumonie.

DESCENDANCE & MARIAGES

LE PLUS D'ASCENDANTS VIVANTS

Elle avait ses 19 anciens

Megan Sue Austin, née le 16 mai 1982, de Bar Harbor, Maine, EU, avait encore à cette date ses parents, ses 4 grands-parents, ses 8 arrière-grands-parents, et 5 de ses 16 arrière-arrière-grands-parents, ce qui lui faisait 19 ascendants directs.

La plus jeune arrière-arrière-arrière-grand-mère

Harriet Holmes, de New-Foundland, Canada, née le 17 janvier 1899, est devenue la plus jeune arrière-arrière-arrière-grand-mère vivante le 8 mars 1987, à l'âge de 88 ans et 50 jours.

La plus jeune arrière grand-mère

Suzanne Ferrer, de Saint-Sébastien-sur-Loire, a été grand-mère à 33 ans et arrière-grand-mère à 49 ans. Née en 1942, elle mit au monde son premier enfant en 1958. Le 23 avril 1976 (18 ans plus tard), elle était grand-mère de Stéphanie, qui eut un enfant à 15 ans, le 6 novembre 1991.

Les Capulets et les Montaigus d'Inde

En 1986, au Bangladesh, un garçon de 11 mois fut marié à une fille de 3 mois dans le but de mettre un terme à une dispute de 20 ans entre deux familles convoitant une même ferme.

GRAND-MÈRE À 28 ANS

Catherine Laillier, de Saint-Étienne-du-Rouvray, Seine-Maritime, née le 10 juin 1955, a mis au monde sa fille Nathalie à l'âge de 14 ans. Elle avait 28 ans et 11 mois quand Nathalie, alors âgée de 14 ans et 8 mois, donna naissance à un splendide bébé, Steve, le 29 mai 1984.

Plus jeune papy

Jean-Claude Védis , de Lézigné, Maine-et-Loire, était âgé de 33 ans, 8 mois et 8 jours lorsque son petit-fils Gaëtan est né, le 24 décembre 1990.

Le plus vieux père

En 1992, l'Australien Les Colley, âgé de 92 ans, a eu, avec sa seconde épouse, un petit Oswald. 72 ans séparaient cet enfant de son demi-frère.

Le Belge Laurent Rogiers, 98 ans, a rencontré, à l'hôpital d'Ostende, Madeleine, 74 ans, ils se sont mariés en octobre 1993. ▼

REPRODUCTEURS

Les enfants d'Ismaïl le sanguinaire

Dans les pays où l'on pratique la polygamie, le nombre d'enfants issus d'un même père peut être considérable. Le dernier sultan chérifien du Maroc, Moulay Ismaïl (1672-1727), dit « le Sanguinaire », aurait engendré, dès 1703, 525 fils et 342 filles ; en 1721, il aurait eu un 700e fils.

Les 139 enfants de Superpapa

Thuma Nzumakase, de Tamanday, Zimbabwe, âgé de 68 ans, avait, en juin 1990, 24 femmes et 139 enfants. Il venait d'épouser sa 24e femme, Laster, 13 ans. Ce guérisseur est surnommé « Superpapa ».

Les descendants de Samuel S. Mast

À sa mort, le 15 octobre 1992, Samuel S. Mast, de Fryburg, EU, âgé de 96 ans, avait 824 descendants directs encore en vie, dont 11 enfants, 97 petits-enfants, 634 arrière-petits-enfants et 82 arrière-arrière-petits-enfants.

L'arbre généalogique de Confucius

K'ung Fu Tzu ou Confucius (551-479 av. J.-C.), le plus célèbre philosophe et théoricien politique chinois, a, selon l'œuvre *Lunyu*, composée par la 2e génération de ses disciples, le plus ancien arbre généalogique. En effet, son ancêtre K'ung Fu Tza vécut au VIIIe siècle av. J.-C. Ses descendants à la 85e génération, Weiyi (né en 1939) et Weining (né en 1947), vivent aujourd'hui à Taiwan.

MÊMES INITIALES

La famille D

Suzette et Bernardino Ferrer, de Béziers, Hérault, ont eu, entre 1947 et 1964, 12 enfants dont le prénom porte la même initiale: la lettre D. Viennent dans l'ordre chronologique : Didier, Denise, Daniel, Dolorès, Dominique, David, Dorianne, Damien, Danielle, Désirée, Dorothée et Diane.

Nés et mariés le même jour au même endroit

C'est en évoquant leur enfance au cours d'une fête de village où ils s'étaient rencontrés que Marie-Ange Bercot et Olivier Denier se sont aperçus qu'ils étaient nés un même jour de juillet 1969, dans la même ville de Vauthiermont, Belfort, dans la même chambre de maternité du même service de la même clinique. Ils se sont mariés en juillet 1993, à la même mairie évidemment.

Généalogie

En grimpant dans son arbre généalogique, Louis Bregnard, originaire du Jura, a découvert que sa famille possède la plus longue généalogie de père en fils, ainsi que le nom de famille de métier le plus ancien. Cette dynastie d'artisans couvre 25 générations, de 1275 à 1993, la postérité du nom de famille ayant toujours été assurée par la voie du sang, depuis l'époque des Broignard qui remonte au Moyen Age, jusqu'à l'ère des Bregnard qui s'échelonne entre le début du XVIIIe siècle (1724) et la fin du XXe siècle.

La doc des Labat de Lapeyrière

Christian de Labat de Lapeyrière, Paris, possède tous les contrats de mariage de sa famille sur 14 générations en ligne masculine directe.

Les mariés les plus âgés

Les noces de Thelma et Harry

Le plus vieux marié authentifié est Harry Stevens, 103 ans, qui épousa Thelma Lucas, 84 ans, dans la maison de retraite de Caravilla, Wisconsin, EU, le 3 décembre 1984.

Famille ayant 7 générations vivantes

Augusta Bunge, née Pagel le 13 octobre 1879, du Wisconsin, EU, a appris la naissance de son arrière-arrière-arrière-arrière-petit-fils, John Bollig, le 21 janvier 1989.

RASSEMBLEMENT DE COUSINS

Christian Ferru a établi l'arbre généalogique de Jean Ferru qui vivait en 1650 et la liste de ses descendants vivants : 4 883 cousins. Il en a réuni 2 500 à Lezay, Deux-Sèvres, le 4 août 1991.

Et Minnie, 102 ans, épousa enfin son Duddley chéri

La mariée la plus âgée est Minnie Munro, âgée de 102 ans, qui épousa le 31 mai 1991 à Point Clare, Nouvelle-Galles du Sud, Australie, Duddley Reid, 83 ans.

LES HÉSITATIONS D'OCTAVIO

En juin 1969, après 67 ans de fiançailles, les Mexicains Octavio Guillén et Adriana Martínez se sont finalement passé la bague au doigt ; ils avaient tous les deux 82 ans.

NOCES D'URANIUM

Sir Temulji Bhicaji Nariman et Lady Nariman ont été mariés pendant 86 ans, de 1853 à 1940. Ces cousins avaient été unis à l'âge de 5 ans. Sir Temulji, né le 3 septembre 1848, est mort en août 1940 à Bombay, Inde, à 91 ans et 11 mois.

Lazarus Rowe, né à Greenland, New Hampshire, EU, en 1725, épousa Molly Webber en 1743. Il mourut le premier, en 1829, après 86 ans de mariage.

La femme de chambre et le jardinier

Paul (né en 1885) et Alice Nicot (née en 1892) ont été mariés pendant 79 ans et 10 mois. Leur mariage avait été célébré le 22 février 1911. Jardinier et femme de chambre, ils vivaient à Dijon, Côte-d'Or. Alice Nicot est morte en décembre 1990.

Noces d'or

Le plus grand nombre de noces d'or (50 ans de mariage) célébrées dans une même famille est de 10. Les 6 fils et les 4 filles de Joseph et Sophia Gresl, de Manitowoc, Wisconsin, EU, célébrèrent tous leurs noces d'or entre avril 1962 et septembre 1988.

Noces de béton

Ralph et Patsy Martin, de Quartzsite, Arizona, EU, se sont mariés ensemble 50 fois, depuis leur premier mariage, en 1960, au Mexique. Ils ont convolé dans chacun des États des États-Unis, sauf l'Alaska.

Trop c'est trop

Le 2 février 1984, à Milwaukee, Wisconsin, EU, Ida Stern et son mari Simon décidèrent de divorcer. Ils avaient respectivement 91 et 97 ans.

CHEVEUX
Les cheveux du yogi Mata Jagdamba (né en 1917), de Ujjain, Inde, mesuraient 4,23 m en février 1994.

MAINS, PIEDS, PILOSITE

Ongles des mains

Voir encadré.

PIEDS

Si l'on excepte les cas d'éléphantiasis, les pieds les plus grands du monde furent ceux de Robert Wadlow (né le 22 février 1918). Il chaussait du 71 et ses pieds mesuraient 47 cm, soit 17 cm de plus que la couverture du *Livre Guinness des Records*

Le plus grand nombre de doigts et d'orteils

D'après une enquête faite à Londres le 16 septembre 1926, on a rapporté le cas d'un bébé ayant 14 doigts et 15 orteils.

Le plus petit nombre d'orteils

Certains membres de la tribu Wadonno, de la vallée du Zambèze, Zimbabwe, et de la tribu Kalanga, à l'est du désert du Kalahari, Botswana, n'ont que deux orteils. Cette difformité ne les gêne pas pour marcher.

CHEVEUX

Les cheveux humains poussent d'environ 1,2 cm par mois. S'ils ne sont pas coupés, ils ne peuvent généralement pas dépasser 60 à 90 cm de longueur.

Mata Jagdamba

◄ Voir encadré ci-contre

En 1780, une paysanne polonaise de 52 ans arborait une chevelure de 3,65 m de long, coiffée à la « plica polonica »; les cheveux nattés en un enchevêtrement très serré. La natte avait une circonférence de 30 cm.

La mèche de Nelson

Le 18 février 1988, un libraire anglais a acheté 5 575 £, soit plus de 55 000 F, une mèche de cheveux ayant appartenu à lord Nelson (1758-1805).

BARBES

■ La barbe de Hans N. Langseth, né en 1846 près de Eidsroll, Norvège, mesurait 5,33 m le jour de sa mort, en 1927. Elle a été présentée à l'Institut Smithsonian, Washington, EU, en 1967.

■ Louis Coulon, mouleur à Montluçon, Allier, né le 26 février 1826 à Vandenesse, Nièvre, exhibait en 1904 une barbe longue de 3,30 m.

Femmes à barbe

Janice

Janice Deveree, née en 1842 à Bracken Co., Kentucky, EU, arborait en 1884 une barbe de 36 cm de long.

Madame Delait

La plus célèbre femme à barbe française fut Mme Delait, née en 1865 à Thaon, Vosges. Son système pileux mesurait 30 cm.

Moustache

La moustache de l'Indien Kalyan Ram Sain, mesure 3,27 m. Pour la garder soignée, il l'enduit, comme tous les champions de cette discipline, du même et incontournable mélange d'huile, de moutarde, de beurre et de crème. En temps ordinaire, il la porte enroulée autour des oreilles. ▼

La barbe de Mme Delait mesurait 30 cm.

ONGLES

Les ongles des mains poussent à la vitesse approximative d'un demi-millimètre par semaine, soit 4 fois plus vite que les ongles des pieds.

La taille totale, mesurée le 3 mars 1992, des ongles de Shridhar Chillal, né en 1937, de Pune, Inde, était de 5,2 m pour les 5 ongles de la main gauche (pouce : 1,22 m ; index : 91 cm ; majeur : 99 cm ; annulaire : 1,06 m ; auriculaire : 1,02 cm). Il a coupé ses ongles pour la dernière fois en décembre 1952. ▼

ANATOMIE ET PHYSIOLOGIE

DENTITION

Voir aussi le chapitre Insolite, article « Mâchoire ».

ÉMAIL

L'émail des dents est la seule partie du corps humain qui demeure inchangée (c'est-à-dire dont les cellules ne sont pas remplacées) la vie durant. C'est aussi la matière la plus dure du corps humain.

Le plus grand nombre de dents

Des cas de pousse, au cours de la vie, d'une troisième rangée de dents, ont été plusieurs fois rapportés.

Le cas Lison

Le cas le plus rare est celui de la Française Lison, qui aurait eu, en 1896, quatre rangées de dents.

En 1988, lors d'une consultation à l'Institut d'odontostomatologie de l'université de Dakar, Sénégal, le Dr Jean-Loup Moreau observa le cas du Sénégalais Birame Badiane, de 52 ans, qui possédait 46 dents, soit 14 dents surnuméraires.

Dents de sagesse

Le chanceux Gilles Kintzinger, d'Hyères, Var, possède 8 dents de sagesse.

DENTS DE LAIT

Les premières dents de lait apparaissent communément chez un nourrisson entre 5 et 8 mois.

DEUX DENTS POUR LE ROI

Il existe un certain nombre de cas d'enfants nés avec des dents, le plus célèbre étant le futur Louis XIV, qui naquit, le 5 septembre 1638, avec 2 dents.

LA PREMIÈRE FAUSSE DENT

On a trouvé dans des tombes étrusques des bridges dentaires datant de 700 av. J.-C.

La plus forte morsure humaine

En août 1986, Richard Hofmann, né en 1949, de Lake City, Floride, EU, a mordu avec une force de 442 kg pendant environ 2 s, soit 6 fois la force d'une morsure normale. Il participait à une expérience scientifique à l'école dentaire de l'université de Floride, EU. La mesure a été effectuée grâce à un gnathodynamomètre.

L'ANCÊTRE ITALIEN DU DR HUTH

Frère Giovanni Batista Orsenigo, dentiste à l'hôpital Fatebene Fratelli, à Rome, conservait dans trois énormes valises toutes les dents qu'il arrachait. Il exerça entre 1876 et 1904, période durant laquelle il amassa 2 000 744 dents, soit 189 dents (presque 6 dentitions complètes) par jour.

BÉBÉS À DENTS

Les molaires apparaissent habituellement vers 24 mois, mais, dans un cas relaté au Danemark en 1970, un prématuré de 6 semaines est né avec 8 dents, dont 4 dans la zone des molaires.

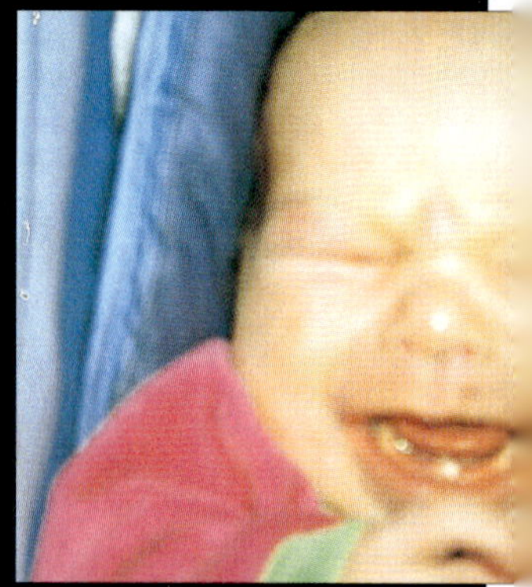

Shaun Keaney, de Newbury, Berkshire, GB, est né le 10 avril 1990, avec 12 dents.

Jérémy Sécher, né le 29 février 1992, à Saint-Mandé, Val-de-Marne, a présenté une éruption de l'incisive inférieure gauche le 7 mars 1992. ▲

JACQUES DELMAIL, ROI DE L'ÉMAIL

Jacques Delmail, de Moreuil, Somme, possède un petit dentier sculpté à partir d'une brosse à dent en os. Il comporte 28 dents et mesure 14 x 10 mm pour la partie haute et 13 x 10 mm pour la partie basse.

CHAMPION MÂCHEUR

Le Québécois Albert Vallée, du Cap-de-la-Madeleine, a porté le même dentier durant 54 ans, de 1938 à 1992.

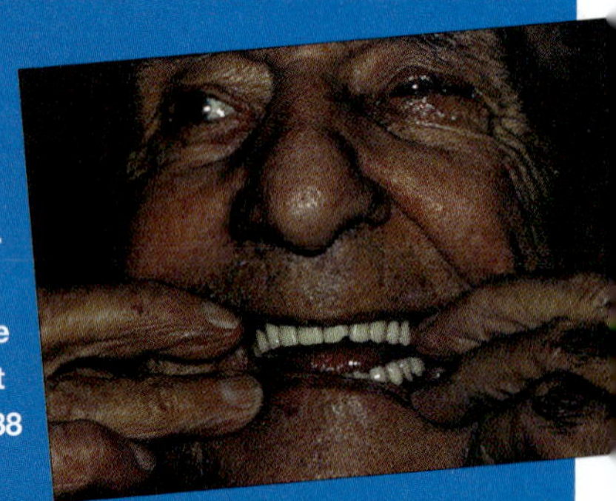

LA DENT DE NEWTON

En 1816, une dent appartenant à Isaac Newton (1643-1727) a été vendue à Londres 730 £ (soit environ 8 000 F). Elle a été achetée par un aristocrate londonien qui en fit faire une chevalière. Il faut constater que le savant Newton est beaucoup moins coté, dans la noblesse anglaise, que le terrible amiral Nelson, dont une mèche de cheveux pourtant importable ni transformable en lampe, a été achetée 55 000 F

Voir la rubrique « Cheveux » dans le même chapitre.

ANATOMIE ET PHYSIOLOGIE

VISION ET TOUCHER

L'ŒIL DU DR LEVI

L'œil humain est capable de distinguer la position relative de deux objets avec une exactitude de 3 à 5" d'arc. En avril 1984, le Dr Dennis M. Levi, du collège d'optométrie de l'université de Houston, Texas, EU, a réussi à identifier à plusieurs reprises une ligne blanche de 0,85" d'arc, ce qui correspond à une largeur de 4 mm vue d'une distance de 1 km.

SENSIBILITÉ À LA COULEUR

Les yeux humains sont capables, dans les meilleures conditions de vision et d'éclairage, de distinguer avec précision 10 millions de nuances colorées. Les plus précis des spectrophotomètres électriques ont une sensibilité à peu près équivalente à 40 % du potentiel de l'œil humain. On estime que près de 7,5 % des hommes et 0,1 % des femmes sont daltoniens.

Les cas extrêmes de monochromatie sont très rares. Le taux de daltoniens le plus élevé se trouve en Tchécoslovaquie, et le taux le plus faible chez les Indiens du Brésil et des îles Fidji.

SENSIBILITÉ À LA LUMIÈRE

En 1942, Maurice H. Pirenne, de Chicago, EU, détecta dans le noir un flash de lumière bleue de 500 nm, alors que seuls 5 quantas ou photons de lumière étaient disponibles pour être absorbés par les récepteurs de la rétine.

TOUCHER

L'extrême sensibilité de notre toucher permet à l'homme de percevoir avec le doigt une vibration de 0,02 micron d'amplitude (1 micron est égal à 1 millième de millimètre).

COMPOSITION DU CORPS HUMAIN

L'hydrogène (63 %) et l'oxygène (25,5 %) sont les plus abondants des 24 éléments qui composent le corps humain. Le carbone, l'azote, le sodium, le potassium, le calcium, le soufre, le phosphore, le fer et le zinc sont présents en quantités significatives. On trouve également des traces d'iode, de fluor, de cuivre, de cobalt, de chrome, de manganèse, de sélénium, de molybdène, de vanadium, de nickel, d'étain et de silicium.

OS

LE PLUS LONG

206 os composent le corps d'un humain adulte, sans compter les sésamoïdes (petits os du métatarse et du métacarpe). Sur un enfant, on en dénombre 300, car, pendant la croissance, certains os fusionnent en un seul. L'os de la cuisse, le fémur, est le plus long de tous, il représente 27,5 % de la taille d'un individu, et mesure 50 cm chez un homme de 1,80 m.

Le plus long fémur humain fut celui du géant allemand « Constantine », qui mourut le 30 mars 1902 à Mons, Belgique, âgé de 30 ans (voir le tableau des géants). Son fémur mesurait 76 cm. Celui de Robert Wadlow, l'homme le plus grand du monde n'en mesurait que 75.

LE PLUS PETIT

L'étrier, osselet de l'oreille moyenne, mesure de 2,6 à 3,4 mm de long et pèse de 2 à 4,3 mg.

MUSCLES

Tour de poitrine

■ Les cages thoraciques les plus développées se trouvent chez les individus souffrant d'endomorphie, une tendance à l'obésité. Le tour de poitrine de Robert Earl Hugues (voir tableau des super-poids lourds) mesurait 3,15 m.

■ Albert Jackson, l'homme vivant le plus lourd du monde, a un tour de poitrine de 3,05 m.

■ Parmi les sujets normaux, mais très musclés (mésomorphes), il est extrêmement rare de trouver un tour de poitrine supérieur à 1,40 m.

SCHWARZIE

L'acteur américain Arnold Schwarzenegger, né en 1948 à Graz, Autriche, remporta les titres de « Monsieur Univers » et de « L'homme le mieux bâti de tous les temps ». Son tour de poitrine mesure 1,16 m, ses biceps 56 cm, pour un poids de forme de 107 kg et une taille de 1,85 m.

Poitrine d'haltérophile

Le tour de poitrine le plus impressionnant de tous les hommes hypermusclés est celui de l'américain Isaac Nasser, de Greensburg, EU : on l'a mesuré à 1,88 m.

France

Le lutteur Serge Yung, né en 1968 à Hartzviller, Moselle, a un périmètre thoracique de 1,29 m. Il mesure 1,85 m.

Tour de taille

Le plus grand tour de taille jamais mesuré, 3,02 m, était celui de Walter Hudson (voir tableau des super-poids lourds) à l'époque où il pesait 545 kg.

Tailles de mouche

Catherine de Médicis

La reine Catherine de Médicis (1519-1589) prétendait avoir une taille de 35 cm. Mais peut-être la coquetterie l'emporte-t-elle ici sur l'exactitude de la mesure.

Mlle Polaire

Le plus petit tour de taille attesté chez une femme de taille normale au XXe siècle, celui de l'actrice française Mlle Polaire (de son vrai nom Émilie Marie Bouchand, 1881-1939), mesurait 33 cm.

La cure de Mlle Ethel

Ethel Granger (1905-1982), de Peterborough, GB, a fait passer son tour de taille de 56 à 33 cm entre 1929 et 1939.

Mollet

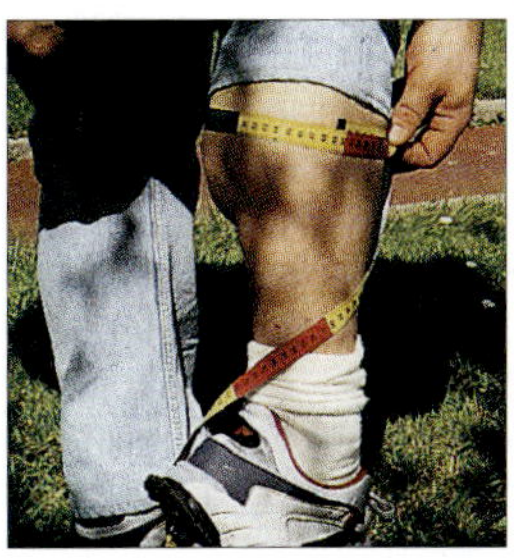

▲ Au 2 juin 1994, le mollet gauche de Jean-Manuel Montrieul, de Bricquebec, Manche, mesurait 49 cm de circonférence à froid.

■ Le mollet de Thierry Martin, de Soullans, mesurait à froid, 47,8 cm, le 2 août 1994.

■ Le mollet gauche de l'architecte parisien Olivier Vidal, mesurait au repos 43 cm de circonférence, le 6 août 1993.

Biceps

L'haltérophile américain Isaac Nasser a des biceps d'une circonférence de 73 cm, non gonflés. Voir « poitrine d'haltérophile ».

France

Les biceps de Claude-Ambroise Seurat mesuraient 10 cm (voir « Les êtres humains les plus légers »).

COUS

Les cous les plus longs sont ceux des femmes des ethnies Karens et Padangs, de Birmanie : grâce à la superposition d'anneaux de cuivre, leur cou arrive à mesurer jusqu'à 40 cm.

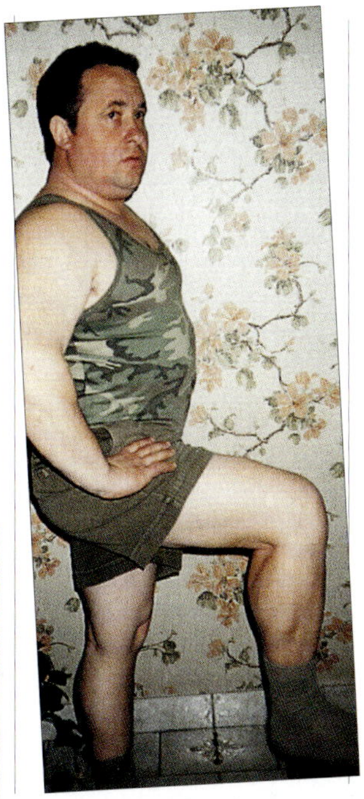

CERVEAU

Les cerveaux les plus lourds

2,3 kg

Le plus lourd cerveau connu, 2 300 g, est celui d'un homme de 30 ans, que le Dr T. Mandybur, de Cincinnati, EU, pesa en décembre 1992.

Ivan Tourgueniev

Le cerveau d'Ivan Sergueievitch Tourgueniev (1818-1883), le célèbre écrivain russe, pesait 2 012 g.

Une meurtrière

Le cerveau féminin le plus lourd que l'on connaisse, 1 565 g, était celui d'une meurtrière.

Albert Einstein

Le Pr Marian Diamond, de l'université de Californie, à Berkeley, a annoncé, le 13 février 1985, que la section 39 du cerveau d'Albert Einstein (1879-1955) possédait 72,8 % de liaisons intercellulaires en

LA MESURE DU CERVEAU

■

Grâce aux examens *post mortem*, on a pu constater que le poids moyen d'un cerveau humain masculin était de 1 370 g en 1860, (1 400 g de nos jours), mais ce poids diminue avec l'âge.

Le poids du cerveau féminin, presque égal mais légèrement inférieur à celui du cerveau masculin, augmente aussi, et, durant les dernières décennies, presque aussi rapidement. Il est passé de 1 240 g en 1860 à 1 260 g aujourd'hui.

LES MUSCLES DE L'HOMME

Le muscle fessier

Les muscles représentent en moyenne 40 % du poids total d'un corps humain. Le plus volumineux de nos 639 muscles est le *gluteus maximus*, ou muscle fessier, qui étire la cuisse.

■

Le contrôleur de l'étrier

Le *stapedius*, qui contrôle l'étrier au centre du conduit auditif, indispensable à l'ouïe, mesure à peine 1,2 mm de long.

■

L'oculaire

Le muscle de l'œil (ou oculaire) bouge plus de 100 000 fois dans une journée. La plupart de ces mouvements ont lieu durant la phase de rêve du sommeil (voir « Moments de rêve », dans le même chapitre).

moins que la moyenne. Son taux de liaisons neuroniques était de 1,12 alors que le taux moyen est de 1,93.

PETIT POIS

Le cerveau non atrophié le plus léger fut examiné en 1977 par le Dr P. Davis et le Pr G. Wright, du King's College Hospital de Londres. D'un poids de 1 096 g, il avait appartenu à une femme de 31 ans.

PRIX D'UN CRÂNE

Le crâne du philosophe et théologien suédois Emanuel Swedenborg (1688-1772) fut acheté 5 500 £ par l'Académie royale scientifique de Suède, le 6 mars 1977.

MÉMORISATION ET CALCUL MENTAL

16 000 pages En mai 1974, Bhandanta Vicitsara a récité, à Rangoon, Birmanie, 16 000 pages de textes canoniques bouddhistes.

15 000 numéros de téléphone Selon l'agence de presse Chine nouvelle, Gon Yangling, 26 ans, aurait mémorisé plus de 15 000 numéros de téléphone.

2 080 cartes à jouer Dominic O'Brien, de Guilford, Surrey, GB, a réussi, le 25 novembre 1993, à mémoriser d'un coup d'œil 2 080 cartes à jouer (40 jeux de 52 cartes) soigneusement battues ensemble. Il n'a commis qu'une seule erreur. Il a mémorisé un jeu de cartes battues ensemble en un temps record de 43,59 s à Londres, GB, le 25 février 1994. ▶

Associations date/jour De 1900 à l'an 2000, la Française Dany Sirejean (née le 17 août 1952), est capable d'associer à n'importe quelle date le jour correspondant : le 3 juin 1993, elle a ainsi répondu à 18 questions posées sur l'an 2000, en 48 s, sans jamais se tromper.

40 000 décimales de π Hideaki Tomoyori (né le 30 septembre 1932), de Yokohama, Japon, a récité de mémoire, les 9 et 10 mars 1987, 40 000 décimales de π en 17 h 21 mn, dont 4 h 15 mn de pause, à l'université de Tsukuba.

Racines treizièmes Le Néerlandais Wilhelm Klein (1912-1986) a réussi, le 7 avril 1981, à extraire en seulement 1 mn 28 s la racine treizième d'un nombre de 100 chiffres. L'expérience a eu lieu au laboratoire de physique des hautes énergies de Tsukuba, Japon.

Multiplication Le 18 juin 1980, le département informatique de l'Imperial College de Londres proposa à Mme Shakuntala Devi, d'Inde, une multiplication de deux nombres de 13 chiffres choisis au hasard : 7 686 369 774 870 x 2 465 099 745 779. Elle a réussi en 28 s à trouver, de tête, la bonne réponse : 18 947 668 177 995 426 462 773 730. Les experts en calcul mental ont refusé de croire que l'expérience avait été rigoureusement conduite.

ANATOMIE ET PHYSIOLOGIE

CELLULES

Les plus petites
Les cellules cérébrales qui se trouvent dans le cervelet ne mesurent que 0,005 mm.

Les plus grandes
Les cellules nerveuses motrices qui véhiculent un ordre de la moelle épinière jusqu'au gros orteil, par exemple une extension ou une flexion, peuvent mesurer jusqu'à 1,30 m.
Encore plus longues sont les cellules nerveuses sensitives qui rapportent la sensibilité du gros orteil, thermique (température) et algique (douleur), au cerveau, en transitant par la moelle épinière ; elles atteignent à peu près la taille de la personne.

Le renouvellement le plus rapide

Les cellules qui se trouvent dans les voies digestives (intestins) se renouvellent tous les trois jours.

MÉMOIRE IMMUNITAIRE

Les lymphocytes, qui se reproduisent régulièrement, en se transmettant leur mémoire, n'oublient jamais un ennemi. Par exemple, un homme contractant la rougeole dans son enfance pourra se défendre 70 ans plus tard contre le même virus, grâce à son système immunitaire.

ANATOMIE ET PHYSIOLOGIE

VOIX ET SONS

Les décibels mesurent les sons alors que les hertz mesurent les fréquences des ondes.

MESURE DES SONS

L'intensité des bruits et des sons est mesurée en termes de pression. La pression du plus petit son perceptible à une ouïe normale, à la fréquence la plus audible de 2 750 Hz, est de 2 x 10^{-5} pascals. Un dixième du logarithme de ce nombre est appelé décibel (dB). Un bruit de 30 dB est peu audible, la voix humaine moyenne ayant une intensité de 50 dB.

Un bruit soutenu de 150 dB cause une surdité permanente, alors qu'un bruit ponctuel dépassant 190 dB peut provoquer un choc mortel par excès de pression. Plus de 2 millions de Français sont exposés, dans les usines, à de pénibles bruits prolongés de 90 dB. Les courses automobiles peuvent atteindre 125 dB et un marteau-piqueur 130 dB.

LES VOIX LES PLUS HAUTES ET LES PLUS BASSES

Ellen Beach Yaw : mi alt altissimo

Avant le début de notre siècle, les plus hautes voix connues furent celle de l'Américaine Ellen Beach Yaw (1869-1947), qui réussit un *mi alt altissimo*, le 19 janvier 1896, au Carnegie Hall, New York, et celle de Kasper Foster (1617-1673), avec un *la* de 55 Hz (55 vibrations par s).

Le contre-contre-si *de Mado Robin*

La chanteuse d'opéra française Mado Robin (1918-1960) soutenait un *contre-contre-si* dans la scène de la folie de *Lucie de Lammermoor*, de Donizetti.

Les 7,25 octaves de Marita Günther

Depuis les années 50, les records des plus hautes ou des plus basses voix ont été largement battus. L'Allemande Marita Günther, élève d'Alfred Wolfsohn, pouvait chanter la gamme d'un piano de la plus basse à la plus haute note, soit 7,25 octaves.

LE TARZAN DU CRI

Philippe Pujolle, à gauche sur la photo, imitateur et comique a un répertoire de 103 bruits et sons. Il a battu le record de vitesse de bruitage, 25 bruits en 15mn 88 s, le 28 décembre 1990. Son cri de Tarzan record, le 7 avril 1994, à 9 h 34 du matin, a duré 42 secondes.

Les 5 octaves de Chantal Tardieu
Le 24 juillet 1988, au Festival de Beslon, Manche, Chantal Tardieu a chanté du *contre-fa dièse* au *fa dièse* grave, soit 5 octaves.

La note la plus basse de Roy Hart
Roy Hart, également élève de Wolfsohn, a pu produire des notes plus basses que la note la plus basse d'un piano.

La note la plus haute de Barry Girard
Barry Girard, de Canton, Ohio, EU, a atteint, en mai 1975, le *mi* (4 340 Hz) qui suit la note la plus haute d'un piano.

Le langage sifflé des Canariens
Une voix masculine moyenne est intelligible, en plein air et sans vent, jusqu'à 180 m de distance. Le *silbo*, langage sifflé des habitants de l'île de Gomera, Canaries, répercuté par les vallées et les montagnes, est intelligible jusqu'à 8 km de distance. Une voix humaine peut porter jusqu'à 17 km de distance lorsqu'elle est émise dans des conditions bien particulières : sur une eau calme, la nuit.

Le plus haut son perceptible
On considère que l'extrême limite est de 20 000 Hz (cycles par seconde), bien que l'on pense que les enfants asthmatiques perçoivent des sons de 30 000 Hz.

Les chauves-souris émettent des sons dont la fréquence peut atteindre 90 000 Hz.
En février 1964, l'URSS annonça des résultats d'expériences prouvant que l'on pouvait percevoir des fréquences de 200 000 Hz si l'émetteur était placé contre la boîte crânienne.

Le cri le plus fort
Simon Robinson, de McLaren Vale, Australie du Sud, a atteint 128 dB, le 11 novembre 1988. Annalisa Wray, née le 21 avril 1974, de Comber, GB, a atteint 119,4 dB, le 11 août 1992. ▲

France
Sylvia Geissert, de Sessenheim, Bas-Rhin, a atteint 114 dB. Ses filles, Marie-Claire et Florence, ont respectivement atteint 110 et 105 dB. ▼

ANATOMIE ET PHYSIOLOGIE

SANG

Les groupes sanguins
La prépondérance d'un groupe sanguin varie considérablement d'une région à l'autre. À l'échelle mondiale, c'est le groupe O qui est le plus fréquent (46 %). Mais, dans certaines régions, comme la France, le groupe A domine.
Le groupe sanguin le plus rare dans le système ABO, l'un des 14 systèmes reconnus, est le groupe « Bombay » (phénotype h-h).
Les seuls cas connus sont ceux d'une Tchécoslovaque, en 1961, et d'un frère (rhésus positif) et d'une sœur (rhésus négatif) appelés Jalbert, dans le Massachusetts, EU. Ce cas fut rapporté en février 1968.

LE SANG DE JOE THOMAS
On s'est aperçu, en août 1970, que le sang de Joe Thomas, de Detroit, Michigan, EU, possédait le plus grand nombre d'anticorps rares jamais vu, des anti-Lewis B. Une entreprise de biologie américaine lui offre 1 500 $ pour 1 litre de son sang. Le fisc américain lui réclame des impôts sur ces « liquidités ».

RECEVEUR DE 2400 DONS
Hémophile, Warren C. Jyrich, 50 ans, a dû recevoir, lors d'une opération à cœur ouvert pratiquée, en décembre 1970, à l'hôpital Michael Reese de Chicago, 1 080 litres de sang, soit l'équivalent de 2 400 dons.

La plus grande artère
L'aorte a un diamètre de 3 cm lorsqu'elle repart du cœur.

ANATOMIE ET PHYSIOLOGIE

TEMPERATURE DU CORPS

46°5 LE MATIN
Willie Jones, un Américain de 52 ans, a subi, le 10 juillet 1980 à Atlanta, Georgie, EU, une attaque due à une chaleur excessive de 32,2°C, pour un taux d'humidité de 44 %. Le jour de son admission au Grady Memorial Hospital, il affichait une température de 46,5 °C ; il y resta 24 jours.

16° le soir
Au-dessous de 35 °C, un être humain peut mourir d'hypothermie.
Le seul cas, officiellement reconnu, est celui d'un nouveau-né, retrouvé dans une maison non chauffée à Peterborough, EU, le 19 avril 1992, alors que sa température interne était tombée à 18 °C et que son pouls était descendu à 10 pulsations par minute. On a aussi rapporté trois cas d'individus dont la température interne est descendue à 16 °C.

ANATOMIE ET PHYSIOLOGIE

DROGUES

LES PLUS PUISSANTES
La drogue qui produit les effets les plus impressionnants est l'acide lysergique de synthèse (LSD 25, $C_{20}H_{25}N_{30}$), fabriqué pour la première fois en 1938 lors d'études sur le rhume banal.
L'analgésique le plus puissant est le R 33799, un dérivé de la morphine, que l'on évalua en 1978 comme 12 000 fois supérieur à la morphine.
L'interféron (une protéine produite par des cellules infectées par un virus, et qui procure une résistance à tout autre virus) vaut 10 $ le millionième de microgramme.

Alcoolémie extrême

LA JEUNE HÉBÉTÉE DE L.A.
En décembre 1982, l'université de Californie, à Los Angeles, a communiqué le cas d'une jeune femme de 24 ans, hébétée mais non inconsciente, dont le taux d'alcoolémie était de 15,1 g d'alcool par litre de sang, soit près de 19 fois le taux légal admis en France par le code de la route (0,8 g/l), et trois fois le taux théoriquement mortel. Elle put quitter l'hôpital au bout de deux jours.

Tommy Johns récidive
Tommy Johns, de Brisbane, Australie, mourut d'une tumeur au cerveau en avril 1988, à l'âge de 66 ans. Il avait été arrêté 3 000 fois pour ivresse publique (voir le chapitre Institutions « Emprisonnement »).

Guy avait 5,4 dans sa 911
Le 27 mai 1990, sur la Croisette, à Cannes, Alpes-Maritimes, un agent de change londonien, M. Guy Williams, a été arrêté alors qu'il roulait à toute allure au volant d'une Porsche 911. La prise de sang a révélé qu'il avait 5,4 g d'alcool dans le sang, alors que le seuil du coma éthylique est de 4 g.

DÉBIT DE PAROLES
Peu de gens peuvent articuler plus de 300 mots par minute. Le président John Fitzgerald Kennedy (1917-1963) était l'homme public le plus volubile. Dans un discours de décembre 1961, il dépassa cette limite. ▶

René Tramoni, de Nice, Alpes-Maritimes, a réussi à énoncer 668 mots en 1 mn, le 24 février 1989.

À l'envers
Steve Briers (GB) a récité à l'envers, le 6 février 1990, toutes les chansons de l'album du groupe Queen *Une nuit à l'Opéra*. Il a articulé les 2 343 mots en 9 mn 58 s.

MALADIES

Les plus courantes

Les maladies non contagieuses les plus courantes sont les infections de la bouche, telles que la gingivite (inflammation des gencives). Tout le monde en souffre un jour ou l'autre dans sa vie.

Dans certaines régions des tropiques, presque 100 % de la population souffre de parasites intestinaux tels qu' Enterobius vermicularis.

La plus courante des maladies contagieuses au monde est le coryza, ou rhume.

La peste noire la plus contagieuse

La « Grande Peste », ou « Peste noire », déferla d'Asie centrale vers la Chine, l'Inde et l'Europe, à partir de 1337. Elle tua, en moins d'un demi-siècle, 25 millions d'Européens et autant d'Asiatiques.

Maladies mortelles

Un certain nombre de maladies sont considérées comme obligatoirement mortelles, parmi lesquelles figure l'encéphalite rabique (la rage), une infection virale du système nerveux central. Toutefois la rage ne devrait pas être confondue avec le fait d'être mordu par un animal enragé. Avec un traitement immédiat on peut empêcher le virus de pénétrer le système nerveux et les chances de survie sont élevées.

Dans le passé, la grande pandémie connue sous le nom de Mort Noire (1347-1351), la pneumonie due à la peste, tua tous ceux qui l'attrapèrent, c'est-à-dire un quart de la population de l'Europe d'alors et 75 millions de personnes de par le monde.

LE SIDA

En juillet 1990, on a annoncé que la première victime du sida fut sans doute un marin de 25 ans mort en 1959 à Manchester, GB. Le virus du sida (syndrome d'immuno-déficience acquise) fut identifié en janvier 1983, à l'Institut Pasteur, à Paris, par les professeurs Luc Montagnier, Françoise Barré-Sinoussi et Jean-Claude Chermann.

Depuis, un autre type de virus de l'immunodéficience humaine (VIH) a été découvert : le VIH-2, surtout présent en Afrique de l'Ouest. Tous deux se transmettent de la même façon, essentiellement à l'occasion de rapports sexuels.

Au 31 janvier 1993, l'OMS (Organisation mondiale de la santé) recensait 611 589 cas de sida déclarés à travers le monde depuis 1979. Cependant, cet organisme estimait à 800 000 le nombre total de cas de sida cumulés. Au total, donc, près de 2,5 millions de personnes auraient été malades du sida depuis 1979. Quant au nombre de séropositifs, l'OMS estime qu'il est de 14 millions de personnes.

France

Au 31 décembre 1993, on dénombrait 28 807 cas de sida, dont 23 661 hommes, 4 636 femmes et 510 enfants, chiffres les plus importants d'Europe. À cette date, la maladie avait tué plus de 13 689 personnes, selon l'Inserm. Le dépistage n'étant pas obligatoire, le nombre de séropositifs ne peut être qu'estimé : l'Inserm l'évaluait, pour 1992, à 250 000 personnes.

MALADIES LES PLUS RARES

Périodiquement, la littérature médicale recense des maladies jusque-là inconnues.

Le cas Maalin

Le dernier cas de variole endémique a été observé sur le Somalien Ali Maalin, le 26 octobre 1977.

Causes de mortalité

Comme dans tous les pays industrialisés, ce sont les maladies cardio-vasculaires, puis les cancers, qui font le plus de victimes en France : en 1989 (derniers chiffres publiés par l'Inserm), 175 681 personnes (dont 54,4 % de femmes) sont mortes des suites de troubles cardiovasculaires et 143 267(dont 60,7 % d'hommes) des suites d'un cancer. Ces maladies sont la cause de plus de 50 % des décès.

MARY TYPHOÏDE

La personne la plus contagieuse

La porteuse de typhoïde la plus célèbre fut Mary Mallon, plus connue sous celui de « Mary Typhoïde », née à Graubunden, Suisse, en 1855. Arrivant aux États-Unis comme immigrante, le 11 janvier 1868, elle contamina 53 personnes à son travail (elle était cuisinière). Elle provoqua aussi, en 1903, une épidémie qui affecta 1 400 personnes à Ithaca et tua trois malades. Elle fut définitivement placée en quarantaine à l'hôpital de Riverside, en 1915. Elle y mourut, le 11 novembre 1938, d'une broncho-pneumonie.

CAS MEDICAUX EXTREMES

Arrêt du cœur

Le pêcheur norvégien Jan Egil Refsdahl (né en 1936) subit un arrêt du cœur de 4 h, le 7 décembre 1987. Passé par-dessus bord, il était tombé dans les eaux glacées au large de Bergen. Transporté à l'hôpital de Haukeland, alors que sa température intérieure avait chuté à 24 °C et que son cœur s'était arrêté de battre, il fut aussitôt branché sur un cœur-poumon artificiel habituellement utilisé pour les opérations cardiaques et revint à la vie.

Naissance *post mortem*

Une petite fille est née le 5 juillet 1983, 84 jours après que sa mère ait été déclarée cliniquement morte, à Roanoke, Virginie, EU. C'est le cas le plus long de gestation *post mortem*. Il a pu réussir grâce à une assistance de survie médicale raffinée, branchée sur la mère dès le mois d'avril.

POULS

Le nombre moyen de pulsations au repos est de 70 à 78 par minute pour un homme, et de 75 à 85 pour une femme. Cette fréquence peut monter à 200 lors d'exercices violents.

Le coma le plus long

Elaine Esposito (3 décembre 1934, 25 novembre 1978) fut opérée le 6 août 1941 de l'appendicite, à Chicago, Illinois, EU. Elle ne se réveilla jamais, et resta donc 37 ans et 111 jours dans le coma.

COMA DE 6 ANS

L'Autrichien Hans Waltraud, inconscient depuis une chute, en 1987, a repris connaissance après 6 ans de coma. Hans s'est « réveillé » le jour de son 37e anniversaire.

La plus grosse tumeur

On estime que la plus lourde tumeur pesait 148,70 kg, elle provenait d'un kyste à l'ovaire. La patiente opérée par le docteur Arthur Spohn, au Texas, en 1905 se rétablit parfaitement.

La plus grande tumeur retirée intacte mesurait 1 m de diamètre et pesait 137,60 kg. L'opération, effectuée en octobre 1991, par le professeur Katherine O'Hanlan, au centre médical universitaire de Stanford, Californie, EU, dura plus de 6 h. La patiente de 35 ans quitta la salle d'opération ne pesant plus que 95 kg. Elle est depuis tout à fait rétablie.

SOUFFLE

Le 10 août 1990, le Norvégien Inge Widar Svingen a éteint en 2 h, de son seul souffle, 25 270 bougies.

Le record féminin a été battu le 26 juillet 1986 par Sipra Ellen Lloyd, qui a soufflé 8 357 bougies à Port Lonsdale, Australie.

LE CALCUL LE PLUS GROS

Le 29 décembre 1952, un calcul de 6,3 kg a été prélevé sur une patiente de 80 ans, par le Dr Humphrey Arthure, à l'hôpital de Charing Cross, Londres.

MOMENTS DE RÊVE

Le REM

Pendant le sommeil, les moments de rêve se caractérisent par des mouvements rapides des yeux, appelés REM, décrits en 1953 par William Dement, de l'université de Chicago.

Le rêve de Carskadon

La plus longue durée de REM, 2 h 23 mn, a été enregistrée le 15 février 1967, au département de psychologie de l'université d'Illinois, sur Bill Carskadon.

Nuits sans rêve

En 1984, le Centre de recherches sur le sommeil de Haïfa, Israël, a relevé le cas d'un homme de 33 ans qui ne rêvait plus depuis que son cerveau avait été endommagé par des éclats d'obus. **(Voir aussi « Les muscles de l'homme », dans le même chapitre).**

Le plus gros fumeur Le roi Zog Ier d'Albanie (1895-1961) fumait 300 cigarettes par jour.

23 530 CALCULS

En août 1987, à l'hôpital de Worthing, Sussex, GB, le Dr Whittle Martin a prélevé 23 530 calculs biliaires sur une femme de 85 ans, qui se plaignait de vives douleurs abdominales.

La plus longue survie en poumon d'acier

Mme Laurel Nisbet (1912-1985), de La Crescenta, Californie, a vécu sans interruption avec un poumon d'acier, pendant 37 ans et 58 jours, à partir du 25 juin 1948.

Le message nerveux le plus rapide

Des expériences publiées en 1966 ont démontré que le plus rapide message transmis par le système nerveux humain « voyage » à 360 km/h. Avec l'âge, cette vitesse diminue cependant de 15 %.

Réflexes

Les réflexes les plus rapides ont été observés pendant les jeux Olympiques de 1980 chez des sprinters, lors du départ d'épreuves de vitesse : 0,120 s pour l'Allemande de l'Est Romy Müller, en demi-finale du 200 m, et 0,124 s pour le Britannique Wilbert Greaves, lors du 110 m haies.

Le temps de réflexe d'un cafard ordinaire est de 0,011 s.

Éternuements

Donna Griffith, née en 1969, de Pershore, GB, a éternué du 13 janvier 1981 au 16 septembre 1983. Elle a éternué environ 1 million de fois durant les 365 premiers jours. Elle a enfin connu sa première journée sans aucun éternuement au bout de 978 jours. La vitesse à laquelle sont projetés les postillons lors d'un éternuement peut atteindre 170 km/h.

HOQUET

La plus longue crise de hoquet perturba la vie de Charles Osborne depuis 1922. Né en 1894, à Anthon, Iowa, EU, il a hoqueté pendant 69 ans et 5 mois (l'attaque initiale est survenue alors qu'il tuait un cochon) sans que l'on ait trouvé de remède, ce qui ne l'a pas empêché de se marier deux fois et d'avoir huit enfants. En juillet 1986, il hoquetait 20 à 25 fois par minute, alors qu'au début sa fréquence était de 40 hoquets par minute, et cela jusqu'en février 1990. Il est mort le 1er mai 1991.

INSOMNIES

Des études menées sur le cycle circadien (du latin *circa* = autour *et dies* = jour) prouvent que c'est en général entre 20 h et 21 h que l'être humain est le plus en forme, et vers 4 h qu'il l'est le moins.

Le record d'insomnie volontaire a été battu entre le 14 mars et le 2 avril 1986 par le Californien Robert McDonald, qui est resté éveillé dans un fauteuil à bascule pendant 453 h 40 mn.

Certains vrais insomniaques ne trouvent jamais le sommeil profond, parfois pendant des années.

Jesús de Frutos, né en 1925, de Ségovie, Espagne, affirme n'avoir que somnolé depuis 1954.

Melvyn, tu ronfles

Des ronflements atteignant 92 dB ont été enregistrés le 29 octobre 1992, à Lyndhurst, GB. L'appareil de mesure était placé à 60 cm au-dessus de la tête de Melvyn Switzer, de Southampton, GB.

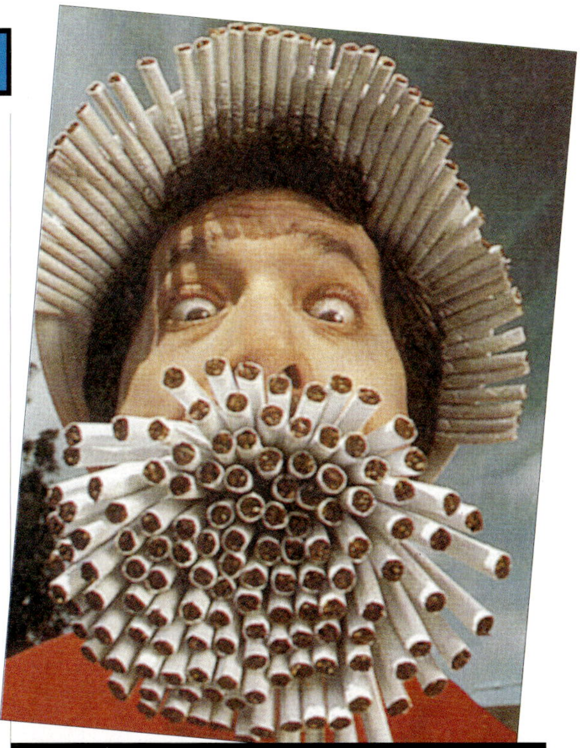

L'Américain Jim « Mouth » Pourol, non fumeur, peut fumer 143 cigarettes simultanément.

RÉSISTANCE À LA CHALEUR

■ On a observé, lors d'expériences de l'armée de l'air américaine, en 1960, que l'homme peut résister, nu, à une température en air sec de 204 °C, et, chaudement vêtu, de 260 °C. La cuisson d'un steak ne requiert que 162 °C. On peut supporter jusqu'à 140 °C dans un sauna.

■ Steven Neil Bisyak, de Redmond, Washington, EU, a organisé, le 19 décembre 1987, une marche sur des charbons ardents (841 °C) à laquelle participèrent 11 personnes.

■ Une marche de ce type a lieu chaque année au mois de mai, à Sainte-Hélène, dans le nord de la Grèce, à l'occasion de la Saint-Constantin.

LE SÉJOUR À L'HÔPITAL LE PLUS LONG

Martha Nelson est entrée au State Institute de Columbus, Ohio, EU, établissement spécialisé pour les débiles légers, en 1875. Elle est décédée en janvier 1975, dans une autre institution de l'Ohio, à l'âge de 103 ans et 6 mois, après plus de 99 ans d'hospitalisation.

QUELQUES CAS EXEMPLAIRES DE VORACITÉ

Les légères douleurs abdominales de Madame H...

Le pire cas d'absorption forcenée fut observé chez une femme démente de 42 ans, Mme H..., qui se plaignait de « légères douleurs abdominales ». Les Dr Chalk et Foucar, de l'hôpital d'Ontario, Canada, retirèrent de son estomac, en juin 1927, 2 533 objets, dont 947 épingles tordues.

Le client de l'hôpital Groote Schuur

On a extrait, en mai 1985, de l'estomac d'un homme admis à l'hôpital Groote Schuur, du Cap, Afrique du Sud, 207 objets : 53 brosses à dents, 2 antennes télescopiques, 2 rasoirs et 150 manches de rasoirs jetables.

Madame Mangeclou

Une névrosée américaine de 24 ans a avalé, un jour, une vis de porte d'hôpital mesurant 12 cm de long. Miraculeusement, celle-ci a franchi le coude du duodénum et traversé les intestins sans les encombrer, pour finalement sortir par les voies naturelles en cassant un bassin de l'hôpital...

La boule de cheveux

L'objet le plus lourd jamais extrait de l'estomac d'un être humain était une boule de cheveux pesant 2,5 kg, avalée par une démente de 20 ans. Elle fut opérée, le 30 mars 1895, dans un hôpital de Cornouailles, GB.

Michel Lotito Mangetout ▶

Michel Lotito, né le 15 juin 1950, à Grenoble, Isère, connu comme « Monsieur Mangetout », a avalé du métal et du verre depuis 1959. Les gastroentérologues qui ont radiographié son estomac ont observé qu'il pouvait absorber 900 g de métal par jour. Depuis 1966, il a ingurgité 18 bicyclettes, 5 Caddies de supermarché, 7 télévisions, 6 chandeliers, 2 lits, une paire de skis, un ordinateur et un avion qu'il avala à Caracas, Venezuela.

L'avaleur de cachets

C. Kliner (1926-1988), de Bindura, Zimbabwe, a avalé le nombre record de 565 939 cachets entre le 9 juin 1967 et le 19 juin 1988.

PIQÛRES

Samuel L. Davidson (né le 30 juillet 1912) de Glasgow, GB, s'est administré 76 500 injections d'insuline depuis 1923.

Jeûne

Les médecins estiment qu'une personne en bonne santé peut vivre 30 jours sans mettre sa santé en danger en n'avalant que de l'eau sucrée.

Le régime d'Angus Barbieri

Angus Barbieri (né en 1940), de Tayport, GB, un homme de 214 kg, a suivi en 1965, pendant 382 jours, un régime alimentaire sans nourriture solide, à l'hôpital Maryfield de Dundee, Écosse. Il n'avalait que du thé, du café, du soda, de l'eau et des vitamines. Il ne pesait plus que 80 kg à la fin du traitement.

La grève de la faim du violeur Goodwin

La grève de la faim la plus longue a été celle de Denis Galer Goodwin, emprisonné pour viol, à Wakefield, GB, qui protestait de son innocence. Refusant de se nourrir pendant 385 jours, du 28 juin 1972 au 18 juillet 1973, il a survécu grâce à une sonde passant du nez à l'estomac.

Prison autrichienne

La plus longue période sans nourriture ni eau qu'un homme ait supportée est de 18 jours. Andreas Mihavecz, 18 ans, fut oublié, le 1er avril 1979, dans une cellule du commissariat de police de Höchst, Autriche, où on l'avait enfermé à la suite d'un accident de la route. On le retrouva le 18 avril à moitié mort de faim et de soif.

Accélération

Lors de cérémonies initiatiques, les jeunes guerriers de certaines tribus du Vanuatu (anciennement Nouvelles-Hébrides) plongeaient dans le vide du haut d'une plate-forme, attachés par la cheville à une liane. Un sauteur de l'île de la Pentecôte s'est ainsi jeté, le 15 mai 1982, du haut d'une plate-forme de 24,80 m. Il atteignit une vitesse de 15 m/s (54 km/h), et la secousse d'arrivée engendra une accélération brutale de plus de 110 *g*.

Collins à 25 g

L'accélération naturelle due à la pesanteur, *g*, est de 9,78 m/s^2 au niveau de la mer, à la latitude équatoriale.
Le médecin californien Carter Collins a résisté, lors d'expériences spatiales, à une accélération soutenue de 20 *g*, avec une pointe à 25 *g*, où il a pesé 25 fois son poids.

Beeding à 82,6 g

L'accélération la plus forte jamais subie par un homme, 82,6 *g* pendant 0,04 s, a été infligée à Eli L. Beeding Jr. lors du lancement d'une fusée sur la base Holloman de l'armée de l'air américaine, au Nouveau-Mexique, le 16 mai 1958. Il dut rester trois jours à l'hôpital.

INTERVENTIONS CHIRURGICALES

L'attente de Christine

L'opération la plus « différée » fut l'ablation des amygdales de Christine Madden, née en 1959, de Ward End, GB. Opérée le 20 février 1989, elle attendait depuis 22 ans (elle en avait alors 8) que l'hôpital la convoque.

L'attente de Joan

Quant à Joan Brown, de Birmingham, GB, elle s'est inscrite sur une liste d'attente pour la même opération une première fois en 1939, puis en 1958. Elle attend toujours…

OPÉRATION DE 96 HEURES

96 h ont été nécessaires, du 4 au 8 février 1951, pour mener à bien une opération délicate sur Gertrude Levandowski, qui souffrait d'une déficience cardiaque. L'intervention a eu lieu à Chicago, Illinois, EU.

Le plus grand nombre d'opérations

Chirurgiens

■ Le Dr M.C. Modi, pionnier de la chirurgie oculaire en Inde depuis 1943, a opéré une fois 833 cataractes en une journée. En février 1993, il avait visité 46 120 villages, examiné 12 118 630 patients et pratiqué 610 564 opérations depuis le début de sa carrière.

■ Le Dr Robert McClure, né en 1901, de Toronto, Canada, a procédé durant sa carrière, entre 1924 et 1978, à 20 423 opérations majeures.

À BIENTÔT, M. ASCOUGH

Joseph Ascough (1935-1987), de Nottingham, GB, a subi sa 341e opération en septembre 1987. Depuis l'âge de 18 mois, des excroissances de chair, se formant dans sa trachée artère, l'empêchent de respirer.

Sujet Jension

Il a fallu 248 séances, réparties sur une période de six ans, jusqu'au 2 mars 1977, pour débarrasser Jens Kjaer Jension, né en 1914, de Hoven, Danemark, de 32 131 épines. Tombé dans son jardin au milieu d'un massif d'épineux, il avait été transporté inconscient à l'hôpital. Maintenant encore, il est parfois démangé par une épine qui cherche à sortir de la peau de ses jambes.

Opérés les plus âgés

Le 7 novembre 1960, James Henry Brett (1849-1961), de Houston, Texas, EU, s'est fait opérer de la hanche à l'âge de 111 ans et 105 jours.

AUTOGREFFE

À la différence des greffes, le greffon est prélevé sur le sujet lui-même.

Le 1er août 1991, le petit Français Johann, âgé de 3 ans, s'est fait arracher la joue gauche par son chien. Le Dr Moncef Kétari, de l'hôpital de Dieppe, Seine-Maritime, l'a alors opéré en urgence, ce qui a rendu l'intervention exceptionnelle.

Il a fallu, auparavant, que les pompiers aillent rechercher le morceau arraché dans l'estomac de l'animal qui, heureusement, l'avait avalé sans l'avoir mâché.

France

Né le 19 août 1886, Georges Mou s'est fait poser un pacemaker, à l'âge de 105 ans, par le Dr Claude Renner, à la polyclinique de Champigny-sur-Marne, le 30 mars 1991.

La première appendicectomie

En 1736, la première opération réussie de l'appendicite fut effectuée par Claudius Amyand (1680-1740), sergent-chirurgien du roi de Grande-Bretagne et d'Irlande, George II, qui régna de 1727 à 1760.

La 1ère anesthésie générale

■ La première opération sous anesthésie générale a eu lieu le 30 mars 1842 à Jefferson, Georgie, EU.

■ Le Dr Crawford Williamson Long (1815- 1878) utilisa de l'éther diéthylique pour procéder, sur James Venable, à l'ablation d'un kyste au cou.

TRACHÉOTOMIE

Winifred Campbell, née le 6 juillet 1902, de Wansted, Londres, a parlé, pendant 82 ans, à travers un tube d'argent placé dans sa gorge.

DOMINIQUE LARREY

Sur les champs de bataille, le chirurgien militaire Dominique Jean, baron Larrey (1766-1842) mettait à peine une quinzaine de secondes pour amputer une jambe sans anesthésie. Il accompagna Napoléon dans toutes ses campagnes jusqu'à Waterloo.

TATOO SUR TOI

■ Tom Leppard, de l'île de Srye, est l'homme le plus tatoué du monde. Il s'est fait tatouer sur environ 99,2 % de son corps, une peau de léopard, alternant des taches sombres et jaune safran.

■ Bernard Moeller, de Pennsylvanie, EU, prétendait porter 14 000 tatouages distincts en octobre 1991.

■ Walter Stiglitz, de North Plainfield, New Jersey, EU, a déclaré en avril 1989 être décoré de 5 488 tatouages, composés par six artistes.

■ La femme la plus tatouée du monde est la strip-teaseuse Kristina Kolorful, née en 1952 à Alberta, Canada. Il a fallu dix ans pour tatouer 95 % de la surface de sa peau.

Instruments chirurgicaux

■ Les plus volumineux sont les rétracteurs automatiques utilisés pour des opérations abdominales. Pesant 5 kg, ils ont été lancés en 1968 par Abbey Surgical Instruments, de Chingford, Essex, GB.

■ Certaines pinces bronchoscopiques mesurent 60 cm de long.

■ Le plus petit instrument chirurgical est le microcystotome, le plus petit couteau à pointe diamant, permettant les incisions les plus fines en microchirurgie de l'œil. La longueur de la partie qui incise est de 0,1 mm et sa largeur 0,08 mm. Cet instrument a été breveté par le Research and Technology Complex du ministère de la Santé à Moscou, Russie.

MOELLE OSSEUSE

La première greffe de moelle osseuse a eu lieu en 1977. Le Pr Gorin, chef du service d'hématologie de l'hôpital Saint-Antoine, à Paris, a pratiqué cette opération en prélevant la propre moelle du patient.

Foie

Le Pr Henri Bismuth, de l'hôpital Paul-Brousse, Villejuif, a pratiqué une transplantation du foie, le14 janvier 1974.

Poumons

Le Pr Cabrol a réalisé le 5 janvier 1987, la première transplantation des poumons avec survie prolongée.

CŒUR ARTIFICIEL

■ Le premier homme à recevoir un cœur artificiel (un Jarvik 7 conçu par le Dr Robert K. Jarvik) a été le Dr Barney B. Clark, 61 ans, de Des Moines, Iowa, EU. L'opération a été pratiquée les 1er et 2 décembre 1982 à l'Utah Medical Center, Salt Lake City, par le Dr William C. DeVries. Barney Clark mourut le 23 mars 1983, soit 112 jours après l'intervention.

■ William J. Schroeder, lui, survécut 620 jours à une telle opération, à Louisville, Kentucky, EU, du 25 novembre 1984 au 7 août 1986.

France

La première implantation d'un cœur artificiel a été réalisée par le Pr Cabrol, à la Pitié-Salpêtrière, le 10 avril1986.

Reins

■ Le 17 juin 1950, l'Américain R.H. Lawler (né en 1895) a été le premier à effectuer une transplantation rénale sur un être humain, à l'hôpital Little Company of May de Chicago, Illinois, EU.

■ La plus ancienne transplantée du monde est Kathleen Severson (née le 25 juillet 1943), qui, le 8 juillet 1964, a reçu le rein de son frère, à l'hôpital de l'université du Minnesota, EU.

France

Le 25 décembre 1952 a eu lieu une transplantation rénale entre une mère et son fils (Marius Renard), réalisée par l'équipe du Pr Jean Hamburger, à l'hôpital Necker, à Paris. La première entre faux jumeaux, a été réalisée par le Pr Hamburger, en 1959. Avec succès définitif, entre deux cousins, par le Pr Hamburger, 12 février 1962. Entre sujets non apparentés, par le Pr Hamburger, en 1965, à partir d'un organe prélevé sur un cadavre.

UTÉRUS

La première intervention *in utero* a été effectuée en 1982, par le Pr Michael Harrison de l'université de Californie de San Francisco.

France

Le 22 juillet 1991, la petite Alexandra, ayant un diaphragme défectueux, un muscle qui normalement sépare le thorax de l'abdomen, a subi une opération, la tête dans l'utérus et le reste du corps sorti.

Le Pr Bargy, les Dr Emmanuel Sapin et Yann Rouquet ont réussi cette intervention à l'hôpital parisien Saint-Vincent-de-Paul, lors d'une opération qui a duré 5 h. Alexandra est née 9 jours plus tard, elle pesait alors 1,4 kg.

TRANSPLANTATIONS MULTIPLES

Intestin grêle + gros intestin + foie + estomac + pancréas + reins

Souffrant d'une incapacité pathologique à assimiler des aliments, Laura Davies, petite fille de Manchester, avait subi à 5 ans, en juin 1992, une première greffe d'un intestin grêle et d'un foie à l'hôpital de Pittsburg, EU, spécialisé dans les transplantations de greffes multi-organes. Par suite de complications, elle fut admise une seconde fois en septembre 1993, pour une transplantation de 7 organes (foie, intestins, estomac, pancreas et reins). L'opération qui fut une première mondiale en matière de greffes simultanées, s'est malheureusement soldée par un échec car, malgré l'optimisme des médecins qui la croyaient tirée d'affaires, la petite Laura est morte 2 mois plus tard, le 12 décembre 1993.

Foie + pancréas + intestin grêle + estomac + gros intestin

Une transplantation du foie, du pancréas, de l'intestin grêle, d'une partie de l'estomac et du gros intestin a été pratiquée le 31 octobre 1987 sur Tabatha Foster (1984-1988) à l'hôpital pour enfants de Pittsburgh, EU. L'opération sur cette enfant de 3 ans et 143 jours, qui n'avait auparavant jamais avalé d'aliments solides, dura 15 h.

Cœur + poumons + foie

La première transplantation cœur + poumons + foie a eu lieu à l'hôpital Papworth de Cambridge, GB, le 17 décembre 1986. Sous la direction des Pr John Wallwork et Roy Calne, une équipe de 15 personnes a opéré pendant 7 heures Davina Thompson (née le 28 février 1951), de Rawmarsh, GB.

France

■ **Cœur + poumons + foie** : le 8 août 1990 a été annoncée la première greffe simultanée sur une jeune fille de 16 ans souffrant d'une forme grave de mucoviscidose. L'opération a été pratiquée avec succès, le 22 juin 1990, par une équipe de 19 personnes de l'hôpital Broussais, à Paris, dirigée par le Pr Alain Carpentier.

■ **Cœur + 2 poumons** : l'opération a été pratiquée par le Pr Cabrol, le 6 mars 1982.

■ **Cœur + reins** : l'opération a eu lieu le 17 octobre 1984, elle a été menée par le Pr Cabrol.

■ **Foie + reins** : la transplantation a eu lieu au centre hospitalier Albert-Michallon, Grenoble, Isère, 24 juillet 1988, sur une adolescente de 13 ans.

■ **Cœur + pancréas + reins** : CHU de Strasbourg, équipe des Pr Cinqualbre et Kieny, 20 février 1990.

■ Aujourd'hui, les transplantations d'organes atteignent un taux de survie à 1 an au moins de 86 % pour le rein, de 75 % pour le cœur et de 70 % pour le foie.

LE MALADE IMAGINAIRE

Le cas le plus sérieux de cette maladie, l'hypocondrie, qui s'appelle le syndrome de Münchhausen, aussi grave qu'évidemment incurable (désir obsessionnel de rester sous traitement médical) a été observé chez l'Irlandais William McIlroy, né en 1906. En 50 ans d'hospitalisation, il a coûté environ 2,5 millions de £ au service national de santé britannique. Durant cette période, il fut opéré 400 fois et séjourna dans 100 hôpitaux, en utilisant 22 pseudonymes. Son plus long séjour en dehors d'un hôpital dura six mois. En 1979, pour changer, il prit sa retraite dans un hospice, où il mourut en 1983.

TRANSPLANTATIONS DU CŒUR

PREMIÈRES

■ **La première transplantation cardiaque a eu lieu le 3 décembre 1967, de 1 h à 6 h du matin, à l'hôpital Groote Schuur, au Cap, Afrique du Sud. Sous la direction du Pr Christian Neethling Barnard (né le 8 octobre 1922), une équipe de 30 personnes a opéré Louis Washkansky, âgé de 55 ans. La donneuse était une femme de 25 ans, Denise Ann Darvall. Washkansky survécut 18 jours à cette opération.**

■ **Paul Holt, de Vancouver, Canada, prématuré de 6 semaines pesant 2,9 kg, a reçu un nouveau cœur à l'âge de 2 h 34 mn, à l'hôpital Loma Linda, Californie, le 16 octobre 1987.**

■ **La première transplantée à avoir mis un bébé au monde a été l'Américaine Betsy Sneith, qui eut sa petite fille Sierra (3,450 kg) le 17 septembre 1984 à l'hôpital de l'université Stanford, à Palo Alto, Californie. Elle avait été opérée en février 1980.**

■ **La première transplantation du cœur en France a été réalisée par le Pr Christian Cabrol, à l'hôpital de la Pitié-Salpêtrière, à Paris, le 28 avril 1968.**

■ **William George van Buuren, de Californie (né le 24 mai 1929), a reçu le cœur d'une personne anonyme, le 3 janvier 1970, à l'hôpital de l'université Stanford. Il a été opéré par l'équipe du Pr Norman Chumway. Il a survécu 21 ans et 10 mois à l'opération. Il est mort en novembre 1991.**

■ **Arthur F. Gay (1936-1993), a subi une transplantation du cœur le 11 janvier 1973. Il a été opéré par le Pr Richard Lower au collège médical de Virginie, EU.**

■ **Le Marseillais Emmanuel Vitria (24 janvier 1920-9 mai 1987) a survécu 18 ans et 162 jours à une transplantation cardiaque. Opéré le 27 novembre 1968, à l'hôpital Salvator de Marseille, il avait reçu le cœur d'un homme de 20 ans, Pierre Ponson. Le chirurgien qui l'avait opéré, Edmond Henry, mourut, lui, d'une crise cardiaque en 1972, à l'âge de 61 ans. ◄**

■ **À Loma Linda, Californie, EU, le Pr Leonard Bailey a greffé, le 26 octobre 1984, un cœur de babouin sur une fille de 14 jours. Elle a survécu 20 jours à l'opération.**

Le 2 mai 1994, la victoire électorale de l'ANC (Congrès national africain) sur le Parti national de Frederik De Klerk marque définitivement la transition vers une nouvelle Afrique du Sud, d'où vont disparaitre les derniers vestiges de l'apartheid. Nelson Mandela, originaire d'une famille princière du Transkei qui, après 27 ans, 6 mois et 6 jours de détention, avait été élu président de l'ANC à l'unanimité en 1991, est le premier président noir à la tête du gouvernement sud-africain.

PAYS

PAYS DU MONDE

Le monde compte 191 pays souverains, 65 pays non-souverains et d'autres territoires comme des dépendances de territoires souverains, des territoires revendiqués en Antarctique et d'autres enfin soumis à litige, soit au total 256 entités territoriales en date du 1er avril 1994.

Le Commonwealth, le plus grand ensemble politique

Le Commonwealth est une association de 51 États souverains et de leurs dépendances placés officiellement mais librement sous l'allégeance de la monarchie du Royaume-Uni. Il couvre une superficie de 30 554 000 km^2 et a une population estimée de 1 547 303 000 habitants.

PAYS LE PLUS GRAND

■ *La Russie couvre une superficie de 17 075 400 km^2 soit 11,5 % des terres émergées du globe. La Russie s'étend sur 8 000 km d'est en ouest et 4 490 km du nord au sud. Sa population est estimée, en 1993, à 148 millions d'habitants.*

■ *Les pays les plus vastes sont ensuite le Canada (9 970 610 km^2), la Chine (9 572 900 km^2), les États-Unis (9 529 063 km^2) et le Brésil (8 511 965 km^2).*

LA FRANCE

Le territoire métropolitain s'étend sur 551 602 km^2. C'est le premier d'Europe, par sa superficie, si on excepte l'ex-URSS (5,57 millions de km^2 pour la partie européenne seule).

LES PLUS PETITS PAYS

■

Créé le 11 février 1929, l'État du Vatican, ou Saint-Siège, constitue une enclave territoriale de 0,4 km^2 (exactement 44 ha), en plein cœur de Rome. Depuis 1834, la résidence officielle du grand maître de l'Ordre des chevaliers de Malte est la villa del Priorato di Malta. Celle-ci couvre 1,2 ha, sur la moins élevée des sept collines de Rome (l'Aventin, 46 m d'altitude) et jouit de l'extraterritorialité diplomatique. L'Ordre a des représentants accrédités auprès des gouvernements étrangers et est, de ce fait, quelquefois considéré comme le plus petit « État » du monde.

La principauté de Monaco — 1,9 km^2 — est le deuxième plus petit État du monde.

Le troisième, Nauru, est la plus petite République du monde, indépendante depuis le 31 janvier 1968. Située à moins de 1 degré au sud de l'équateur, dans le Pacifique occidental, c'est une île volcanique de 21,2 km^2 (10 000 habitants en 1993).

En raison de sa superficie de 5,8 km^2, Gibraltar, colonie britannique, est la colonie la moins étendue du monde.

Toutefois, l'île britannique de Pitcairn, au sud-est de l'archipel des Gambier, Polynésie française, seule île habitée d'un archipel de 4 îles, d'une superficie totale de 48 km^2, n'avait que 55 habitants à la fin de 1993.

Altitudes

■ *La république des Maldives, archipel de 300 km^2 de l'océan Indien, est le pays le plus « bas », son point culminant ne dépassant pas 2,50 m.*

■ *Le Lesotho, Afrique australe, est le pays le plus « haut » : son point le plus bas, le lit du fleuve Orange, est, en effet, situé à 1 381 m au-dessus du niveau de la mer.*

FRONTIÈRES

■ La plus longue frontière continue du monde sépare le Canada des États-Unis, sur 6 416 km (ce chiffre comprend les rives des Grands Lacs mais exclut les 2 547 km de frontière entre le Canada et l'Alaska, État américain).

■ La frontière entre les États-Unis et le Mexique est la plus fréquentée du monde. Longue de 3 110 km, elle a été franchie à 452 657 133 reprises, du 1er janvier au 30 septembre 1993 (voir plus loin « *Immigration* »).

Les plus courtes frontières

■ La frontière du Vatican, à Rome, ne mesure que 4 km.
■ La Zambie, le Zimbabwe, le Botswana et la Namibie, en Afrique, se touchent pratiquement tous les quatre en un seul point.

Le plus grand nombre
Il y a 319 frontières dans le monde. L'Afrique, à elle seule, en possède 109, chiffre record pour un continent.

Capitales les plus proches et les plus éloignées

La plus petite distance entre deux capitales de pays voisins est celle séparant Rome, Italie, de la cité du Vatican.
La plus grande distance entre deux capitales de pays ayant une frontière commune est de 4 200 km entre Moscou, Russie et Pyongyang, République démocratique populaire de Corée.

Le plus grand nombre de pays limitrophes
La Chine possède 24 000 km de frontières terrestres et compte 16 pays limitrophes : la Mongolie, la Russie, la Corée du Nord, Hong Kong, Macao, le Vietnam, le Laos, la Birmanie, l'Inde, le Bhoutan, le Népal, le Pakistan et l'Afghanistan, le Tadjikistan, le Kirghizistan et le Kazakhstan.

France
Elle compterait 20 pays voisins si l'on comprenait ses départements d'outre-mer et si l'on tenait compte de la notion d'eaux territoriales.

Le plus grand nombre de frontières maritimes
L'Indonésie possède 19 frontières maritimes.

Le plus long littoral
Le pays au plus long littoral est le Canada avec 243 800 km de côtes, îles incluses.
Monaco a le plus petit littoral avec seulement 5,6 km, non comprises les digues et les brise-lames.

Le centre de l'Europe

Le centre de gravité de la Communauté européenne est situé en France. D'après les calculs de l'IGN, il se trouve aujourd'hui dans le département de l'Allier, près du hameau de Noireterre, sur le territoire de la commune de Saint-Clément (avec une longitude de 3° 41' 39" et une latitude nord de 46° 03' 56"). Voir aussi, pour les centres géographiques, le chapitre Ciel et Terre, « Continents ».

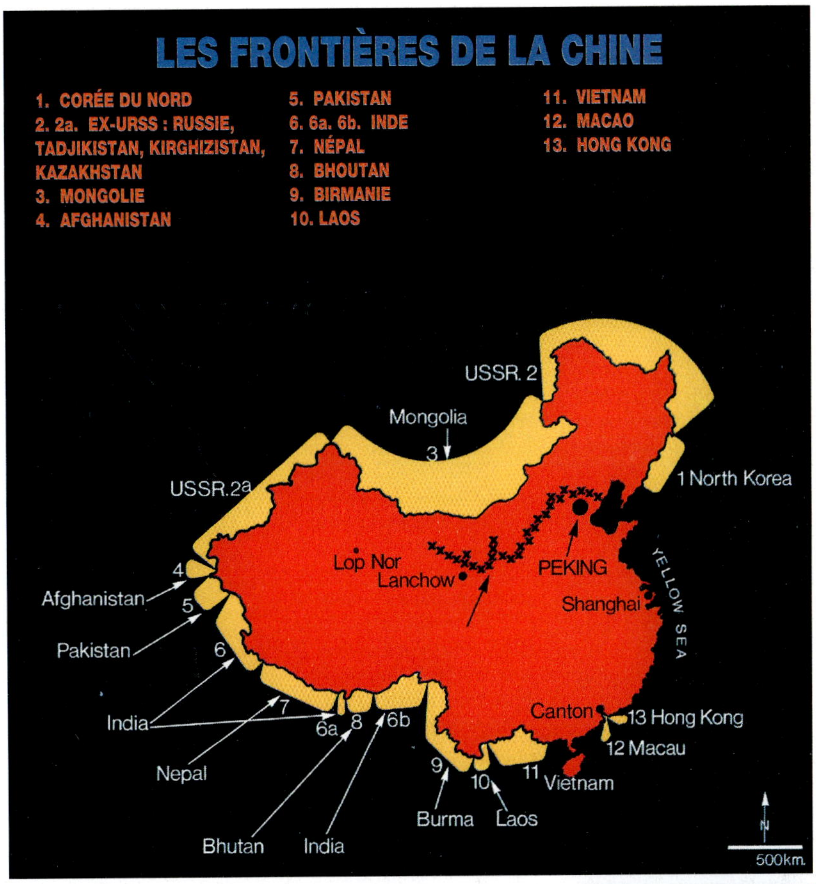

LA COURSE INDE-CHINE

■

La Chine est le pays le plus peuplé du monde. Sa population est estimée en 1993 à 1 179 467 000 habitants. Tous les ans, sa population augmente de 13,6 millions, soit 37 000 naissances par jour. Sa population est celle de la Terre il y a 150 ans. La réalisation du recensement de juillet 1990 avait mobilisé plus de 7 millions d'enquêteurs. Le recensement de 1991 n'est pas encore terminé.

■

On prévoit que la population de l'Inde, estimée à 871 200 000 habitants au recensement de mi-1991, dépassera celle de la Chine vers l'an 2050 : l'Inde pourrait compter alors 1 591 millions d'habitants contre 1 555 millions pour la Chine.

SCIENCES POLITIQUES
POPULATION

Accroissement

La population de la planète s'accroît de 256 000 personnes par jour, soit presque 178 personnes de plus chaque minute. Pour les estimations passées, présentes et à venir.
D'après une estimation de l'Ined, 5,4 millions d'enfants sont nés dans le monde à la mi-1993.

France
En 1993, 712 000 enfants sont nés, soit 1 950 naissances par jour.

PRÉVISIONS

Sur la décennie 1991-2000, Israël connaîtra le plus fort accroissement de population au monde, avec un taux annuel moyen de 2,8 % par an.
L'Égypte qui compte déjà 59 millions d'habitants devrait subir de plein fouet le boom démographique avec une naissance chaque 25 secondes, soit un taux d'accroissement annuel de près de 2,14 %.

Le pays le plus peuplé
Voir encadré ci-contre.

France
Avec ses 57 804 000 habitants, en métropole, au 1er janvier 1994, la France occupe le 3e rang en Europe, à égalité avec l'Italie, après la Russie (147 millions) et l'Allemagne unifiée (78 millions). La population des Dom-Tom est estimée à 2 millions d'habitants.

Les pays les moins peuplés
Le Vatican comptait 800 habitants en 1993. Viennent ensuite Nauru (9 000), Tuvalu (ex-îles Ellice, Polynésie, 9 000), Saint-Marin (23 000), le Liechtenstein (28 000). Voir aussi « Les plus petits pays » dans le même chapitre.

LE CINQ MILLIARDIÈME

■

Les Nations unies ont symboliquement désigné Gaspar Matej, né le 11 juillet 1987 en Yougoslavie, comme le 5 milliardième Terrien.

DENSITÉ FRANÇAISE

La densité en métropole est de 102 habitants au km², de 13 dans les Dom-Tom et de 87 pour l'ensemble.

Les plus faibles densités

L'Antarctique est occupée en permanence par des stations scientifiques depuis 1943. De nature saisonnière, sa population s'élève parfois à 2 000 habitants.
Le territoire le moins densément habité du monde est le Groenland (communauté autonome au sein du Danemark) : il comptait, en 1993, 55 700 habitants sur 2 175 600 km², soit 0,025 habitant au km², ou 1 habitant tous les 39 km².
L'État indépendant le moins densément peuplé est la Mongolie : 1,3 habitant au km² soit 2 040 000 habitants pour 1 566 500 km².

LES PLUS FORTES DENSITÉS

***Macao**, enclave portugaise en Chine du Sud, est le territoire qui a la plus forte densité de population du monde. Il comptait 378 000 habitants en 1993 sur une superficie de 21 km², soit une densité de 21 000 habitants au km².*

***La principauté de Monaco** a une population de 30 500 habitants, au recensement de 1993, sur une superficie de 1,95 km², soit une densité de 15 641 habitants au km², ce qui en fait l'État indépendant dont la densité de population est la plus élevée au monde.*

*En ce qui concerne les territoires d'une superficie d'environ 1 000 km², **Hong Kong** (1 075 km²) comptait 6 millions d'habitants en 1993, avec une densité de 5 600 habitant au km².*

*Le recensement de 1976 montra que **Mong Kok**, sur la péninsule de Kowloon, avait une densité de 252 090 habitants au km². En 1959, au plus fort de la crise du logement, on a vu une maison construite pour 12 personnes, comprenant 459 occupants dont 104 dans une pièce et 4 sur le toit.*

*Pour les pays d'une superficie de plus de 2 500 km², c'est le **Bangladesh** qui a la plus forte densité : 776 habitants au km² (115 millions d'habitants, en 1993, sur 148 383 km²).*

*L'île indonésienne de **Java**, avec une population de 112 159 200 habitants en 1993, et une superficie de 132 186 km², atteint quant à elle une densité de 848 habitants au km².*

IMMIGRATION

Les États-Unis accueillent régulièrement le plus grand nombre d'immigrants légaux. Ainsi, entre 1820 et 1992, 59 795 158 immigrants ont été admis officiellement. Un habitant sur 76 est cependant un immigrant illégal. En 1986, 1 615 854 étrangers ont été arrêtés par des patrouilles américaines sur la frontière mexicaine.

FRANCE

Selon l'Insee, la population étrangère vivant en France s'élève à 3,6 millions de personnes, soit environ 6,5 % de la population totale.
Six nationalités composent à elles seules près de 70 % des effectifs. Ce sont les Portugais (850 000), les Algériens (725 000), les Marocains (560 000), les Italiens (380 000), les Espagnols (350 000) et les Tunisiens (225 000).

TOURISME

■ *La France est le pays du monde qui accueille le plus grand nombre de touristes étrangers : 60 millions en 1993, qui ont dépensé 132,5 milliards de F.*

■ *Paris est la capitale mondiale du tourisme. Elle accueille 20 millions de visiteurs par an.*

■ *Ce sont les Allemands les plus nombreux à la visiter, suivis des Anglais, des Italiens et des Belges.*

■ *Le pays qui dépense le plus pour le tourisme est les États-Unis, avec 45,6 milliards de $ en 1991, et 39,9 milliards de $ en 1992.*

■ *Le monument le plus visité est le Centre national d'art et de culture Georges-Pompidou, à Paris, qui a enregistré, en 1990, le nombre record de 8 262 513 entrées. La tour Eiffel en a totalisé 5 698 613 la même année.*

■ *De tous les pays, les États-Unis tirent le plus de revenus du tourisme avec 53,9 milliards de $ en 1993 (environ 303 milliards de F).*

■ *Ce sont eux aussi qui dépensent le plus en vacances : les Américains ont laissé 39,9 milliards de $ à l'étranger, en 1993 (environ 220 milliards de F).*

Taux de natalité

Dans la période 1985-1990, le taux de natalité annuel pour le monde entier était de 27 ‰ (pour 1 000). D'après les Nations unies, le taux le plus élevé est celui du Malawi : 56,6 ‰ dans la période 1985-1990.
Hormis le Vatican, dont le taux de natalité est négligeable, la République de Saint-Marin enregistre le taux le plus bas : 9,5 ‰.

France

Le taux de natalité est de 12,3 ‰ en 1993.

TAUX DE MORTALITÉ

Dans la période 1985-1990, pour l'ensemble du monde, il a été évalué à 9,7 décès annuels pour 1 000 habitants. L'île de East Timor avait un taux de mortalité de 45 ‰ de 1975 à 1980. Ce taux est tombé à 21,5 ‰ de 1985 à 1990. Le taux de mortalité le plus élevé pour cette même période était celui de l'Éthiopie : 23,6 ‰ pour la période 1985-1990. Le plus faible taux de mortalité, de 1985 à 1990, était celui du Bahreïn, estimé à 3,5 ‰.

France

Le taux de mortalité est de 9,2 ‰ en 1993.

Mortalité infantile

Ce taux donne le nombre d'enfants morts avant l'âge de 1 an pour 1 000 naissances réussies. Il est évalué à 71 ‰ par an pour l'ensemble du monde. Selon l'Unicef, 13 millions d'enfants de moins de 5 ans meurent de maladies dans le monde. trois maladies sont à l'origine de 60 % de la mortalité infantile : la pneumonie (3,5 millions de morts), la diarrhée (3 millions de morts) et la rougeole (800 000 morts).
Le Japon a le taux le plus bas : 5 ‰. Le taux de mortalité infantile de l'Éthiopie a été officieusement estimé à 550 ‰ en 1969. Le taux le plus élevé est celui de l'Afghanistan, qui a été estimé à 172 ‰ pour la période 1985-1990. En Europe, le taux le plus fort était celui de la Yougoslavie : 27,3.

France

Le taux de mortalité infantile est de 6,5 ‰ (en 1994).

Accroissement naturel

Le taux d'accroissement annuel de la population mondiale (différence entre le taux de natalité et le taux de mortalité) était de 17,3 ‰ (27 – 9,7), en 1985-1990, alors qu'il culminait à 20,6 ‰ en 1965-1970.
D'après les dernières statistiques disponibles, le taux le plus élevé serait celui du Mozambique : 37,4 ‰ en 1985-1990.
La Hongrie a le taux le plus faible. Il est même actuellement négatif : – 1,7 ‰ (11,9 naissances pour 13,6 décès).

ÉMIGRATION

C'est du Mexique que proviennent le plus grand nombre d'émigrants. Environ 800 000 d'entre eux entrèrent illégalement aux États-Unis dans la seule année 1980, année record.

L'invasion de l'Afghanistan par les Soviétiques en décembre 1979 entraîna un flux de 2,9 millions de réfugiés au Pakistan et 2,2 millions supplémentaires en Iran. En 1989, le nombre des réfugiés afghans au Pakistan était de 3,6 millions.

En 1993, il y avait environ 28 millions d'émigrés à travers le monde. Le pays qui en compte le plus grand nombre est l'Iran avec 4,2 millions d'immigrés provenant principalement d'Afghanistan et d'Irak.

France

Avec seulement un total de 712 000 naissances en 1993 et 528 000 décès, le taux d'accroissement naturel est tombé à 3,1 ‰.

ESPÉRANCE DE VIE

L'espérance de vie de l'ensemble de la population mondiale est passée de 46,4 ans (1950-1955) à 63,3 ans (1985-1990). C'est au Japon qu'elle est la plus élevée : 79 ans.
L'estimation la plus basse pour la période 1985-1990 est de 39,4 ans pour les hommes en Sierra Leone et de 42 ans pour les femmes en Afghanistan.

France

L'espérance de vie est de 78,5 ans (73 ans pour les hommes, 82 ans pour les femmes). C'est la plus élevée d'Europe. L'espérance de vie moyenne des femmes des pays membres en Europe est de 82,5 ans (source Eurostat). L'espérance de vie augmente en moyenne chaque année de 1,3 an.

MARIAGES

Pour les pays dont les statistiques sont fiables, c'est l'ex-URSS qui compte le plus grand nombre de mariages : 2 776 568 en 1987 (soit un taux de nuptialité de 9,8 pour 1 000 habitants). Il semblerait que le taux de nuptialité des îles de l'océan Pacifique Northesa Mariana Islands soit de 31,2 ‰ de la population.

France

Voir encadré page suivante.

Taux de nuptialité

En Europe, le taux le plus élevé est enregistré au Portugal : 7,1 ‰, et le plus bas en France : 4,4 ‰.

CÉLIBAT

Si la France des années 1993-1994 recèle environ 8 millions d'hommes célibataires, seulement 1,7 million d'entre eux vivent véritablement seuls contre 7,3 millions de femmes, avec pour celles de plus de 50 ans, un taux de célibat record de 78 %.

LES SITES URBAINS LES PLUS PEUPLÉS

DATE	POPULATION	NOM	PAYS
27000 av. J.-C.	> 100	Dolni Vestonice	Tchécoslovaquie
8900 av. J.-C.	env. 150	Chemi Shanidar	Irak
7800 av. J.-C.	3 000	Jéricho (en arabe : Arikha)	Cisjordanie
6800 av. J.-C.	env. 5 000	Çatal Höyük, Anatolie	Turquie
3200 av. J.-C.	> 5 000	Hiérakonopolis (Nekhen)	Égypte
3000 av. J.-C.	50 000	Ourouk (dans la Bible : Erech, aujourd'hui : Warka)	Irak
2200 av. J.-C.	250 000	Our (aujourd'hui : tell el-Muqayyar)	Irak
600 av. J.-C.	350 000	Babylone	Irak
400-185 av. J.-C.	500 000	Pataliputra (aujourd'hui : Patna)	Inde
300 av. J.-C.-165 ap. J.-C.	600 000	Séleucie du Tigre	Irak
133 av. J.-C.	1,1 million	Rome (fondée vers 750 av. J.-C.)	Italie
900	1,5 million	Angkor	Cambodge
1279	1-1,5 million	Hangchow (Hangzhou)	Chine
1578	707 000	Pékin	Chine
1801	1 117 000	Londres	Royaume-Uni
1939	8 615 050	Londres	Royaume-Uni
1985	11 903 900	Tokyo	Japon
1990	19 255 000	Mexico	Mexique

MARIAGES EN FRANCE

On a recensé seulement 254 000 mariages en 1993, moins que le minimum précédent de 1987 (265 200), ce qui abaisse le taux de nuptialité à 4,4 mariages pour 1 000 habitants. Depuis 1991, la France est au plus bas niveau de la Communauté européenne.
L'âge moyen auquel on se marie est de 27 ans pour les hommes et de 25 ans pour les femmes (au lieu de 24 et 22 ans en 1972). 28,8 % des femmes nées en 1930 étaient mariées à l'âge de 20 ans contre 4,7 % des femmes nées en 1971.
De même, 80 % des femmes nées en 1953 étaient déjà mariées à 28 ans. En 1992, seulement 60 % des femmes de 28 ans (nées en 1963) étaient mariées.
Il ne faut cependant pas en déduire que les jeunes ne vivent plus en couple. 230 000 enfants (1 sur 3) naissent chaque année hors mariage. Voir aussi les chapitres L'Homme « Descendance et mariages » et Insolite « Mariages ».

DIVORCES EN FRANCE

Depuis 1980, les divorces ont augmenté de 25 % (81 156 en 1980 pour 109 000 en 1992). Un mariage sur trois débouche sur une rupture. Les ruptures se produisent surtout au cours des 4 premières années de mariage. 75 % des demandes sont effectuées par les femmes.
Les divorces sont plus fréquents à Paris, en Île-de-France et dans les grandes métropoles régionales. Ils sont rares en Bretagne, en Auvergne et en Midi-Pyrénées, régions de fortes traditions religieuse et morale.
En 1988, 88 872 divorcés se sont remariés. D'après l'Ined il y avait, en 1989, 1,5 million d'enfants dont les parents avaient divorcé ; 9 sur 10 vivaient avec leur mère.

En Europe
Presque un tiers de la population adulte féminine est constitué de femmes vivant seules.

DIVORCES
Les États-Unis détiennent le record des divorces : 1 215 000 en 1992, soit un taux de 4,7 pour 1 000 habitants (ce taux était encore plus élevé en 1979 : 5,4 ‰). En Irlande, en revanche, le taux de divorce, est de 0 ‰, le divorce étant interdit.

Automatique
QuickCourt est un ordinateur mis à la disposition des couples américains qui délivre, en 30 minutes, une procédure légale de divorce, après que les époux ont satisfait aux questions du type : êtes-vous sûrs de ne plus pouvoir vous supporter ?

Proportion hommes-femmes
En 1990, on estimait qu'il y avait 101,4 hommes pour 100 femmes dans le monde.
Dans les Émirats arabes unis, on ne compte que 48,4 femmes pour 100 hommes. L'Ukraine est le pays où l'écart est le plus grand entre le nombre des femmes et celui des hommes, puisque l'on y comptait 115,4 femmes pour 100 hommes.

France
Il y avait 105,4 femmes pour 100 hommes (28,9 millions de femmes, 27,4 millions d'hommes), en 1993, bien qu'il naisse 105 garçons pour 100 filles.

SUICIDES
■ *Le nombre journalier de suicides dans le monde est estimé à plus de 2 700.*
■ *Le pays ayant le plus fort taux de suicides est le Sri Lanka (47 pour 100 000 habitants en 1991).*
■ *En revanche, en Jordanie, on n'a officiellement enregistré qu'un suicide en 1970, et, depuis, un taux de 0,04 pour 100 000 habitants.*

France
En 1991, on a enregistré 11 502 suicides. Le nombre des tentatives est estimé à plus de 150 000. On compte que 8 221 hommes se sont suicidés contre 3 281 femmes.
Depuis 1982, le nombre des suicides dépasse celui des décès par accidents de la route. En Europe, le taux de suicide le plus élevé concerne le Danemark (40 pour 100 000 chez les hommes et 20 pour 100 000 chez les femmes), le plus faible est celui de la Grèce (respectivement 6 et 2 pour 100 000).

Toxicomanie
Selon l'Office central de répression du trafic illicite des stupéfiants (OCRTIS), il y aurait aujourd'hui en France de 120 000 à 150 000 toxicomanes, tous produits confondus.

Drogue
Un arrêt de la Cour constitutionnelle colombienne autorise depuis mai 1994 la consommation personnelle de drogue, pour des doses ne dépassant pas 20 g de cannabis, 5 g de haschisch, 1 g de cocaïne et 1 g d'hallucinogène de type LSD.

SUICIDE COLLECTIF DE GUYANA

Le 18 novembre 1978, les adeptes du Temple du peuple, fanatisés par le « révérend » Jim Jones, s'empoisonnèrent au cyanure, à Jones town, Guyana. Il y eut 913 morts.

EMPOISONNEMENT DE MASSE

Le 1er mai 1981 mourut la première des 600 victimes du scandale de l'huile de table espagnole. On découvrit, le 12 juin, que la cause de la mort de cet enfant de 8 ans était l'ingestion d'huile « frelatée ». Le procès des 38 inculpés, dont les deux fabricants, Ramón et Elias Ferrero, dura du 30 mars 1987 au 28 juin 1988. Les peines de prison des 586 chefs d'accusation demandées par les plaignants excédèrent 60 000 ans.

POPULATION MONDIALE

DATE	MILLIONS	DATE	MILLIONS
8000 av. J.-C.	env. 6	1970	3 698
An 1 de notre ère	env. 255	1975	4 080
1000	env. 254	1980	4 450
1250	416	1985	4 854
1500	460	1986 [1]	4 936
1600	579	1987	5 023
1700	679	1988	5 111
1800	954	1989	5 201
1900	1 633	1990	5 292
1920	1 862	1991	5 385
1930	2 070	1992	5 480
1940	2 295	2000 [2]	6 261
1950	2 513	2025 [2]	8 504
1960	3 019	2050 [2]	10 019

1. L'Institut démographique de Washington a annoncé que le chiffre symbolique de 5 milliards avait été atteint le 7 juillet 1986, alors que l'ONU a désigné officiellement le 11 juillet 1987 comme la « journée du 5 milliardième habitant ».
2. Estimations de l'ONU.

N.B. : Le taux d'accroissement annuel de la population mondiale a culminé à 2,06 % dans la période 1965-1970, puis est retombé à 1,74 % en 1985-1990. Vers 2025, il devrait descendre jusqu'à 0,99 %. Malgré ce taux d'accroissement en baisse, on a calculé que chaque année la population mondiale augmentait d'environ 97 millions d'individus. Les dernières projections de l'ONU, datant du 29 avril 1992, estiment que la population mondiale se stabilisera en 2150 avec 11,6 milliards d'individus.
On a calculé que 60 milliards d'individus étaient morts entre 40 000 av. J.-C. et 1990 de notre ère. La population actuelle représenterait donc environ un onzième du nombre d'êtres humains ayant jamais vécu.

SCIENCES POLITIQUES

INSTITUTIONS MEDICALES

MÉDECINS

C'est en Chine qu'on dénombre, en 1992, le chiffre record de médecins : 1 808 000.
Ce chiffre comprend les dentistes et les docteurs pratiquant la médecine chinoise traditionnelle.
C'est au Tchad qu'il y a le plus grand nombre de personnes par médecin (47 640 pour 1) contre 1 pour 324 personnes en Italie.

France

Au 31 décembre 1993, il y avait 203 707 médecins (92 046 généralistes et 111 661 spécialistes), soit 1 pour 330 habitants.

L'hôpital le moins fréquenté

L'hôpital de Veroli, ville située à 20 km de Rome, Italie, a accueilli un seul et unique malade pendant plusieurs semaines en 1991 et 1992. Le patient s'est vu prodiguer des soins par un personnel de plus de 50 médecins, infirmières et aides-soignants.

Dentistes

Le pays comportant le plus grand nombre de dentistes est les États-Unis, avec 139 404 dentistes en 1993.

France

Au 28 janvier 1994, on comptait en France 41 725 dentistes (inscrits au Conseil national de l'Ordre des dentistes).

Psy

On dénombre aux États-Unis le chiffre record de 38 285 psychiatres et 124 000 psychologues en 1994.

France

En 1993, il y avait quelque 12 000 psychiatres et 20 000 psychologues.

Hôpitaux

La maternité la plus active du monde est celle de l'hôpital Mama-Yemo, à Kinshasa, Zaïre, dans laquelle on a pratiqué 42 987 accouchements en 1972, avec une pointe record de 175 naissances en un seul jour de mai 1976.
La Chine est le pays qui compte le plus d'hôpitaux (63 101 en 1991), Nauru, le pays comportant le plus grand nombre de lits par personnes (250 pour 10 000) et le Népal le moins (2 pour 10 000).

LE PLUS GRAND HÔPITAL D'EUROPE

L'hôpital de la Pitié-Salpêtrière, à Paris, compte 2 314 lits. 7 280 personnes y travaillent. En 1993, il a admis 87 100 patients et 487 100 consultations y ont été données. Avec ses 63 services hospitalo-universitaires implantés sur un site de 33 ha et desservis par 9,5 km de rues internes, c'est le plus grand hôpital d'Europe.
Il fait partie de l'Assistance publique-Hôpitaux de Paris. Celle-ci est la plus grande organisation hospitalière d'Europe, avec 52 établissements, pour une capacité totale de 32 269 lits.

ALCOOLISME

L'alcoolisme est un état de dépendance vis-à-vis de l'alcool. Selon les individus, il se traduit par l'absorption de doses très variables. Ce qui est mesurable, c'est la consommation de boissons alcoolisées. Les statistiques fournissent des volumes exprimés en hectolitres, que l'on convertit ensuite en alcool pur.
Après avoir triplé leur consommation d'alcool pur depuis 1950, les Allemands occupent désormais la 1re place au hit-parade des buveurs d'alcool. Avec une moyenne annuelle de 12,8 litres d'alcool pur (éthanol) par habitant, chiffre gonflé par les 150 litres de bière consommés chaque année, ils détrônent les Français qui restaient en 1990 les plus gros consommateurs mondiaux avec une moyenne de 12,7 litres d'alcool pur par habitant.
En Europe (ex-URSS non comprise), la consommation moyenne annuelle par habitant est de 10,9 litres. Elle est de 5,6 litres en ex-URSS. Après l'Europe, le continent où l'on boit le plus est l'Océanie (10,6 litres), devant l'Amérique du Nord (8,1 litres).

FAMILLES DE MÉDECINS

Les huit fils et les deux filles du Dr Williams et de Beryl Waldrom, de Koncknacarra, République d'Irlande, ont tous été diplômés de l'université de médecine de Galway entre 1976 et 1990.
La famille Barcia, de Valencia, Espagne, a pratiqué la médecine pendant 7 générations depuis 1792.
Huit fils de John Robertson ont été reçus médecins entre 1892 et 1914.

VILLES

RECORDS GENERAUX

LES PLUS ANCIENNES

Jéricho, en Cisjordanie, est la plus ancienne ville fortifiée du monde. La datation au carbone 14 indique qu'elle a pu compter 2 700 habitants dès 7800 av. J.-C.
La plus ancienne capitale du monde est Damas, Syrie. L'installation humaine y remonte au IVe millénaire av. J.-C. Damas est citée dans la Bible (Genèse, XIV, 15). Son existence historique est attestée pour la première fois par les scribes du pharaon Thoutmès III, qui la conquit vers 1482 av. J.-C.

France

Marseille, Bouches-du-Rhône, a été fondée vers 600 av. J.-C., sous le nom de Massalia, par des Grecs de Phocée, une ancienne ville d'Asie Mineure (Ionie).

LES PLUS PEUPLÉES

La population de l'agglomération de Tokyo était estimée, en 1990, à 25 000 000 habitants. On estime que sa population atteindra à la fin du siècle, 28 millions de personnes.

France

Au recensement de 1990, Paris comptait quelque 2 146 900 habitants, et l'Île-de-France (Paris + 7 départements), 10 650 600.
Les villes (communes seules) les plus peuplées de France sont ensuite : Marseille (803 000), Lyon (414 000), Toulouse (359 000) et Nice (348 000).

Record d'Europe

La France a 36 551 communes. C'est le record d'Europe (ex-URSS non comprise).

Mégapolis

■ C'est en Australie, dans le Queensland, que se trouve la ville s'étendant sur la plus grande superficie : Mount Isa, 41 225 km².
■ La ville d'Arles, Bouches-du-Rhône, s'étend sur 75 893 ha (759 km²).

Ville fantôme

Au dernier recensement, Caunette-sur-Lauquet, Aude, ne comptait aucun habitant. Ce village continue pourtant à être administré par un conseil municipal élu par des habitants de Limoux ou de Carcassonne qui possèdent des terrains dans la commune.

Villes d'altitude

■ Située à 3 684 m d'altitude, Lhassa était la plus haute capitale du monde avant que le Tibet soit occupé par la Chine.
■ La Paz, capitale gouvernementale de la Bolivie, se situe à 3 631 m au-dessus du niveau de la mer.
Son aéroport, El Alto, se trouve à 4 080 m. Sucre, la capitale constitutionnelle de la Bolivie, est située à 2 834 m d'altitude.
■ La ville nouvelle de Wenchuan (5 100 m), fondée en 1955 sur la route Chinghai (province de Chine)-Tibet, au nord des monts du Tangla, est la ville la plus haute du monde (voir aussi chapitre Architecture, « Les constructions les plus éloignées »).

LA VILLE LA PLUS ANCIENNE

Jéricho avait 2 700 habitants dès 7800 av. J.-C. C'est la plus ancienne ville fortifiée du monde.

Ville la moins élevée

Le petit village d'Ein Bokek, Israël, est situé sur les rives de la mer Morte, à 393 m au-dessous du niveau de la mer (voir aussi chapitre Architecture, « Les constructions les plus éloignées »).

LA PLUS AU NORD

Le village le plus au nord s'appelle Ny Alesund (78° 55' N), petit site minier du Spitzberg occidental, sur le territoire norvégien de Svalbard. Sa population varie de 25 habitants en hiver à 100 en été.
La capitale la plus septentrionale est Reykjavik (64° 8' N), Islande, qui comptait quelque 100 850 habitants en 1992 (voir aussi chapitre Architecture, « Les constructions les plus éloignées »).

DÉPÔTS D'ORDURES

Ouvert en mars 1974, le Reclamation Plant n° 1 de Fresh Kills, Staten Island, État de New York, EU, est la plus grande décharge du monde. Elle couvre une surface de 1 200 ha et contient quelque 100 000 t d'ordures environ, y compris les 14 000 t déposées en 1993.

France

La plus grande décharge publique « non contrôlée » est celle de la ville de Marseille, qui couvre 85 ha sur le territoire de la commune de Saint-Martin-de-Crau, Bouches-du-Rhône. Chaque jour, 1 100 t d'ordures y sont déversées.
L'usine d'incinération d'Ivry, Val-de-Marne, traite, par an, 730 000 t d'ordures de la région parisienne, dont l'énergie est récupérée sous forme de vapeur d'eau et d'électricité. Elle est équipée de 2 fours d'une capacité de 50 t à l'heure chacun. S'étendant sur 600 ha, c'est la plus grande d'Europe.

La ville la plus au sud

■ *Wellington (324 600 habitants), située à 41° 17' S dans l'île du Nord, Nouvelle-Zélande, est la capitale la plus méridionale. Port Stanley (51° 43' S), dans les îles Malouines, est le centre administratif le plus méridional du monde ; il comptait 1 643 habitants en 1991 (voir aussi chapitre Architecture, « Les constructions les plus éloignées »).*

■ *Puerto Williams (environ 1 000 habitants) est situé sur la côte nord de l'île Navarino, Terre de Feu, Chili, à 1 090 km au nord de l'Antarctique.*

VILLES LES PLUS CHÈRES

Le Corporate Resources Group (CRG), de Genève, Suisse, étudie le coût de la vie dans 100 villes du monde. Ce coût est établi à partir de 151 produits et services : nourriture, alcool, tabac, vêtements, transports, sports, loisirs, etc. L'indice de base (100) est affecté à New York, EU.

En décembre 1992, la ville la plus chère du monde était Tokyo, avec l'indice 183, devant Osaka (171), Libreville, Gabon (139), Brazzaville, Congo (138), Oslo, Norvège ▶ (137), Dakar, Sénégal (132), Taipei, Chine (130), Douala, Cameroun (128), Copenhague, Danemark (128), Abidjan, Côte-d'Ivoire (127), Buenos Aires, Argentine (127), Zurich, Suisse (126), Genève, Suisse (125), Moscou, Russie (122), Vienne, Autriche (121), et Paris (119) venait en 16e position. Même Londres (110), 29e, ou Amsterdam (103), 41e, étaient plus chères que New York (100), seulement 44e. Parmi les 100 villes recensées, les deux moins chères étaient Bombay, Inde (70), et Bogota, Colombie (67).
(Voir aussi le chapitre Architecture, « Les constructions les plus chères »).

RICHESSES ET VOLUME D'ORDURES

Selon les statistiques officielles de l'Union européenne publiées par l'Eurostat en 1993, on peut établir un lien étroit entre la richesse d'une nation et le volume d'ordures ménagères qu'elle produit. Les États-Unis, avec 720 kg d'ordures par habitant et par an, seraient donc deux fois plus riches que les pays européens où la production s'élève à 350 kg.

POSTES

Les premiers facteurs ■

C'est Cyrus, s'il faut en croire Hérodote, qui, 4 000 ans av. J.-C., inventa la poste. Sur les principales voies militaires, de petits groupes se relayaient à pied pour porter les lettres de l'Etat. Le premier vrai facteur apparaît ensuite en 1760. C'est le successeur des messagers, il porte un sac de cuir impénétrable à la pluie.

Les premières boîtes aux lettres

C'est à Paris, en 1653, qu'on a installé, pour la première fois, des boîtes aux lettres, au croisement des principales artères. Elles étaient relevées trois fois par jour.

La plus grande boîte aux lettres

En juillet 1993, Gérard Barbier, de Beslon, Manche, a présenté la plus grande boîte aux lettres homologuée PTT, de 1,96 m de long, 1,515 m de large sur 1,45 m de haut, soit 5 fois l'original. Elle est entièrement réalisée en feuilles de tôle.

ST-VÉRAN

Saint-Véran, Hautes-Alpes, est la commune la plus élevée d'Europe, entre 1 990 m et 2 040 m.

LA PAZ

La Paz, capitale gouvernementale de la Bolivie, est la plus haute capitale du monde, avec une altitude moyenne de 3 631 m. Son aéroport est à 4 080 m.

La plus petite commune de France

Castelmoron-d'Albret, Gironde, s'étend sur 4 hectares, à peine plus de la moitié de la place de la Concorde, à Paris. Elle compte 62 habitants.

VILLES RUES ET AVENUES

La plus longue rue

Yonge Street, au nord et à l'ouest de Toronto, Ontario, Canada, date de la fin du XVIIIe siècle. Son premier tronçon, achevé le 16 février 1796, s'étirait sur 56 km. Prolongée maintenant jusqu'à la rivière Rainy, à la frontière de l'Ontario et du Minnesota (État américain), elle mesure officiellement 1 896 km.

France

La rue de Vaugirard, à Paris (VIe et XVe), mesure 4,360 km de long (voir « Adresses », dans le même chapitre).

La plus longue avenue

La plus longue avenue du monde est l'avenue Nikko Cryptomerie, dans la ville d'Imaichi, Japon.
Elle mesure 35,41 km de long ; 200 000 arbres la bordent.

La rue la plus courte

La ville de Bacup, Lancashire, GB, revendique pour Elgin Street, qui mesure exactement 5,18 m, le titre de rue la plus courte du monde.

France

La rue des Degrés, à Paris IIe, entre la rue de Cléry et la rue Beauregard, mesure 5,75 m de long : c'est simplement un escalier de 14 marches.

L'artère la plus large

L'Axe monumental, qui relie la place de l'Hôtel-de-Ville à la place des Trois-Pouvoirs, à Brasilia, capitale du Brésil, sur 2,4 km, est un boulevard à 6 voies, large de 250 m.

France

L'avenue Foch, à Paris XVIe, est large de 120 m.

Les rues les plus étroites

Dans le village de Ripatransone, région des Marches, Italie, le Vicolo della Virilità, « ruelle de la Virilité », est large de 43 cm. On n'y passe que de profil.

■ La rue de l'Enfer, aux Sables-d'Olonne, Vendée, mesure 44 cm de large et s'étend sur 30 m.
■ À Paris XIIe, le sentier des Merisiers mesure 87 cm.

Paris

La rue Gasnier-Guy, dans le XXe arrondissement, a une dénivellation de 17,4 %.
La rue de la Chapelle, entre le rond-point de la Chapelle et l'impasse du Gué, dans le XVIIIe arrondissement, a un trottoir large de 22,41 m.

VILLES PLACES

LA PLUS GRANDE

La place Tiananmen, « porte de la Paix céleste », à Pékin, encore appelée « le nombril de la Chine », s'étend sur 39,6 ha.

France

La place des Quinconces, à Bordeaux, Gironde, a une superficie de 12 ha : c'est la plus grande d'Europe.
À Paris, la place de la Concorde ne s'étend que sur 6,8 ha (260 m x 260 m).

La plus petite

La place Vieille, à Vence, Alpes-Maritimes, mesure 4 x 4 m et compte 3 maisons.

Adresses

■

C'est à Paris, sur le pont Notre-Dame, en 1463, que l'on a commencé à numéroter les maisons.
Celle qui porte le numéro d'adresse le plus élevé (n° 407) se trouve rue de Vaugirard, à Paris (voir « La plus longue rue », dans le même chapitre).

VILLES
MAIRIES

Le plus long mandat de maire

André Cornu (1815-1887) a été maire de Bazolles, Nièvre, pendant 72 années consécutives, de 1815 à sa mort.

Le plus grand nombre de maires pour un conseil municipal

Depuis les élections municipales des 17 et 24 mai 1992, la commune de Sémiane-Collongue dans les Bouches-du-Rhône, compte 27 élus municipaux. 5 maires siègent régulièrement aux conseils municipaux (4 anciens et le maire actuel).

Il y a en France 36 551 maires, 3 828 conseillers généraux et 1 880 conseillers régionaux.

Le doyen aujourd'hui

Pierre Affre, maire de Sem, Ariège, depuis 1953, a fêté ses 98 ans le 3 mars 1994.

Récompenses

Les Mariannes d'Or 1994 ont été attribuées aux meilleurs maires de France, le 27 mai 1994. Les maires records sont : Jacques Barrot (Yssingeaux), Jacques Blanc (La Canourgue), Michel Bosse (Dordives), Martine Buron (Châteaubriant), Charles Ceyrac (Collonges-la-Rouge), Jacques Chirac (Paris), Thierry Cornillet (Montélimar), Yves Dauge (Chinon), Jean-Paul Delevoye (Bapaume), Jean-Pierre Giran (Saint-Cyr-sur-Mer), François Paour (Saint-Bernard), Jean Puech (Rignac), Roger Quilliot (Clermont-Ferrand), Robert Rouch (Velleron) et André Santini (Issy-les-Moulineaux). Prix spécial du Jury : Robert Vigouroux (Marseille).

LE PLUS JEUNE MAIRE DE FRANCE

Éric Legrand, élu maire de Bray-Saint-Christophe, Aisne, en mars 1983, n'avait pas encore 21 ans. Il dut attendre trois mois avant de pouvoir exercer ses fonctions.

MONARCHIES
GÉNÉRALITÉS

Les plus anciennes familles régnantes

■ L'empereur du Japon, Akihito, fils de Hirohito, né le 23 décembre 1933, intronisé le 12 novembre 1990, est le 125e empereur d'une lignée issue de Jinmu-Tenno, qui régna, selon la tradition, de 660 à 581 avant notre ère, mais plus vraisemblablement de 40 à 10 av. J.-C. « Tenno », qui signifie « seigneur du Ciel », est le titre que prennent les empereurs japonais.

54 GÉNÉRATIONS

■ La reine du Royaume-Uni, Élisabeth II, née le 21 avril 1926, appartient à une dynastie dont on peut faire remonter les origines au IVe siècle à travers au moins 54 générations.

Longs règnes

■ Le pharaon égyptien Pépi II, de la VIe dynastie, monta sur le trône en 2281 av. J.-C., à l'âge de 6 ans. Son règne aurait duré 94 ans.

■ Minhti, roi d'Arakan, partie occidentale de la Birmanie, est réputé avoir régné pendant 95 ans, de 1279 à 1374.

■ Musoma Kanijo, chef du district de Nzega, au Tanganyika occidental (dans l'actuelle Tanzanie), est censé avoir régné pendant 98 ans, de l'âge de 8 ans, en 1864, à sa mort, le 2 février 1963.

LA REINE D'UNE ÉPOQUE

La femme ayant régné le plus longtemps est l'aïeule de Sa Majesté la reine Élisabeth II, Victoria, qui fut reine de 1837 à 1901 (soit pendant 64 ans). La reine Elisabeth II prit la succession au trône d'Angleterre le 6 février 1952, à la mort de son père. Aujourd'hui, elle règne toujours sur son pays (cela fait 42 ans).

France

Louis XIV devint roi en 1643, à l'âge de 5 ans. Il mourut en 1715, après 72 ans de règne. Il ne prit réellement le pouvoir qu'après la régence de sa mère, la reine Anne d'Autriche, puis le ministère du cardinal Mazarin, mort en 1661.

LES PLUS PROLIFIQUES

■ Parmi les princes monogames, le record appartient au prince Hartmann du Liechtenstein (1613-1686), qui a eu de son épouse, la comtesse Elisabeth zu Salm-Reifferscheidt (1623-1688), 24 enfants, dont 21 survécurent.

■ Le duc de Parme Robert Ier (1848-1907) a eu également 24 enfants, mais de deux épouses successives.

LE ROI LE PLUS LOURD

Le roi du Tonga, Polynésie, Taufa'ahau Tupou IV, mesure 1,90 m et pesait, en septembre 1976, 209 kg. Il dut être pesé sur la balance de l'aéroport, la seule ayant le calibre suffisant dans le pays. En 1985, le roi avait perdu du poids et ne pesait plus que 140 kg. En 1993, il avoisinait les 127 kg.

Aujourd'hui

■ Rama IX, roi de Thaïlande (de son vrai nom, Bhumibol Adulyadej), né le 5 décembre 1927, règne sur son pays depuis 1946. Le prince Rainier de Monaco (né en 1923) règne depuis1949 et le roi des Belges, Baudouin Ier (1930-1993), a eu un règne, depuis 1951, de 42 ans.

■ Norodom Sihanouk, né en 1922, est le souverain qui a accédé au trône depuis le plus de temps. Proclamé roi du Cambodge le 16 avril 1941, il abdiqua le 22 mars 1955 et remonta sur le trône le 24 septembre 1993.

Les règnes les plus courts

Le prince héritier Louis-Philippe du Portugal fut mortellement blessé à Lisbonne, le 1er février 1908, dans un attentat qui coûta aussi la vie à son père, Charles Ier. Il fut ainsi, théoriquement, roi du Portugal (Louis II) pendant 20 mn environ.

France

■ Jean Ier, fils posthume du roi Louis X, naquit le 10 novembre 1316. Il ne vécut — et ne régna — que 5 jours.

■ François II, né en 1544, succéda à son père, Henri II, en 1559, à l'âge de 15 ans. D'un tempérament maladif, il laissa l'administration de l'État à la maison de Guise. Il mourut l'année suivante.

Régence

La reine de France Blanche de Castille (1188-1252) devint régente à la mort de son mari, le roi Louis VIII, en 1226. Elle exerça la régence pour son fils Louis IX (Saint Louis) jusqu'en 1234, puis, de nouveau, de 1248 à 1252, pendant la septième croisade.

Heinrich LXXV
Le numéro le plus élevé jamais utilisé pour désigner le membre d'une famille royale fut 75, attribué au comte allemand Heinrich LXXV Reuss, de 1800 à 1801. Tous les hommes de cette famille étaient en effet baptisés Heinrich.

LOUIS XVIII
En France, le numéro le plus élevé est 18, pour le roi Louis XVIII (1755-1824).

LES MONARQUES LES PLUS ÂGÉS
Parmi les souverains modernes, c'est l'empereur du Japon Hirohito, né en 1901. Il monta sur le trône en 1926 et régna jusqu'à sa mort, le 7 janvier 1989, à l'âge de 87 ans.

Aujourd'hui, le souverain le plus âgé est Jean Taufa'ahau, du Tonga, né en 1918. **Voir aussi « le monarque le plus lourd » dans le même chapitre.**

Longévité de sang royal
■ La princesse Pauline Marie Madeleine de Croÿ (1887-1987) a été la princesse royale européenne dont la vie fut la plus longue. Elle célébra, en effet, son 100e anniversaire dans sa ville natale du Roeulx, en Belgique, le 11 janvier 1987.

■ La princesse Leonilla Bariatinski est, de tous les conjoints de monarque européen, celle qui atteignit le plus grand âge : 101 ans et 207 jours.

Elle avait épousé le prince Louis de Sayn-Wittgenstein-Sayn. Elle naquit à Moscou, le 9 juillet 1816, et mourut à Ouchy, Suisse, le 1er février 1918.

■ La reine morte au plus grand âge fut Zita, impératrice d'Autriche et reine de Hongrie, dont le mari régna de 1916 à 1918 en tant qu'empereur Charles Ier d'Autriche et roi Charles IV de Hongrie. Elle mourut le 14 mars 1989, à 96 ans et 309 jours.

France

Charles X, né à Versailles en 1757 et mort en exil à Görz, Autriche (aujourd'hui Gorizia en Italie) en 1836, vécut 79 ans. Il régna de 1824 à 1830, date de son abdication.

LE SEUL ROI ÉLU

■

Il n'y a qu'un seul État au monde où le roi soit élu. Le souverain de Malaisie est élu parmi les 9 sultans du royaume pour 5 ans. Sur cette photo, le couronnement, en 1989, d'Azlan Muhibuddin Shah, sultan de Perak, né en 1929.

Dans le monde, 46 des 191 États souverains ne sont pas des Républiques. Ils ont à leur tête, notamment, 1 empereur, 14 rois, 3 reines, 2 princes, 1 grand-duc, 2 sultans, 3 émirs, 1 monarque élu, 1 pape, 1 président choisi parmi les 7 cheikhs héréditaires, 1 chef d'Etat assimilé à un monarque constitutionnel et 2 princes non héréditaires dans un même pays.

Enfants rois
■

Le roi du Swaziland, en Afrique australe, Mswati III, 67e fils du roi Subhusa II, a été couronné le 25 avril 1986, à l'âge de 18 ans et 6 jours.

La plus jeune reine est Marguerite II de Danemark (née le 16 avril 1940). Elle a succédé à son père, Frédéric IX, en 1972.

Les Capétiens
■

La dynastie des Capétiens régna en ligne directe d'Hugues Capet, en 987, à Charles IV le Bel, mort en 1328 : 15 souverains se succédèrent pendant 341 ans. Indirectement, à travers les Valois et les Bourbons, la dynastie se prolongea jusqu'à l'abdication du roi Louis-Philippe Ier, le 24 février 1848. La durée totale du règne fut de 861 ans, si l'on omet la période de la Révolution et du Premier Empire.

REPUBLIQUES
CHEFS D'ETAT

LA PLUS ANCIENNE
Si l'on excepte les Républiques de l'Antiquité, comme Rome, la plus ancienne encore existante est la République de Saint-Marin, petit État (61 km²) enclavé dans le territoire italien, au sud de Rimini. Fondée au IVe siècle par l'ermite saint Marin, elle acquit au IXe siècle une autonomie de fait et prit le nom de République au XIIIe siècle.

CHEFS D'ÉTAT
Le plus âgé
Le président de la République italienne Alessandro Pertini (1896-1990), élu le 8 juillet 1978, démissionna le 29 juin 1985, à l'âge de 88 ans et 9 mois.

Aujourd'hui
Le président de la République dominicaine, Joaquin Balaguer, né le 1er septembre 1907, est le chef d'État en exercice le plus âgé.

FRANCE
Adolphe Thiers (1797-1877) fut élu président de la République le 31 août 1871, à l'âge de 74 ans et 4 mois. Paul Doumer (1857-1932) fut élu le 13 juin 1931, à l'âge de 74 ans et 3 mois.

Philippe Pétain (1856-1951) devint chef de l'État français à 84 ans et 2 mois.

Le plus jeune président
Né le 23 mai 1949, l'ancien président du Pérou, Alan García, élu le 14 mai 1985, prit ses fonctions le 28 juillet 1985, à l'âge de 36 ans et 2 mois.

Louis- Napoléon Bonaparte
Louis-Napoléon Bonaparte, né le 20 avril 1808, fut élu président de la IIe République le 10 décembre 1848, à l'âge de 40 ans et 7 mois ; 4 ans plus tard, il se faisait proclamer empereur.

PRÉSIDENCES
Femmes
■ Isabel Perón (née en 1931), troisième femme de Juan Perón, fut la première femme au monde à être portée à la présidence d'un pays (Argentine), le 1er juillet 1974, à la mort de son mari. Elle fut renversée par une junte militaire le 24 mars 1976.

■ Vigdis Finnbogadottir, née en 1930, présidente de la République d'Islande depuis le 30 juin 1980, est la première femme à avoir été élue démocratiquement. Elle a été reconduite dans ses fonctions en 1988.

La plus courte
Jean Casimir-Perier (1847-1907) fut élu président de la République le 27 juin 1894, après l'assassinat de Sadi Carnot. Il démissionna le 15 janvier 1895, après 6 mois et 19 jours de mandat.

Les plus longues
Franklin Delano Roosevelt (1882-1945) fut élu quatre fois de suite président des États-Unis, en 1932, 1936, 1940 et 1944.

Il exerça ses fonctions jusqu'à sa mort, le 12 avril 1945, soit pendant 12 ans 1 mois et 8 jours. Depuis, un président américain ne peut accomplir plus de deux mandats.

Le plus long mandat présidentiel
Élu le 10 mai 1981 et réélu en 1988, François Mitterrand (né en 1916) exerçait ses fonctions, en août 1994, depuis 13 ans et 3 mois.

APRÈS 27 ANS D'EXIL
Le 1er juillet 1994, le chef de l'OLP (Organisation de libération de la Palestine), Yasser Arafat, est retourné après 27 ans d'exil à Gaza. Après la défaite de la coalition des pays arabes face à Israël lors de la guerre des six jours, il avait fondé le Fatah, 1er mouvement de résistance dans les territoires occupés et fut interdit de séjour en juin 1967.

SALAIRES
Le président des États-Unis reçoit un traitement annuel imposable de 200 000 $ (environ 96 000 F par mois), et pour son « train de vie » il touche, en plus, une pension annuelle de 138 900 $.

France

En 1994, le traitement brut mensuel du président de la République française s'élève à 37 687,17 F.

Conférence au sommet
92 chefs d'État assistèrent à la conférence des Nations unies sur l'environnement et le développement qui eut lieu à Rio de Janeiro, Brésil, du 3 au 14 juin 1992.

Poignées de mains
■ Le 22 août 1993, à l'occasion de l'Exposition 93 de Taejon, Corée du Sud, le lutteur coréen Kang Ho Dong a serré 28 233 mains en 8 heures.

■ Le Président Théodore Roosevelt (1858-1919) donna 8 513 poignées de mains le 1er janvier 1907 à Washington, EU, au cours de la journée du Nouvel An de la Maison-Blanche.

RÉPUBLIQUES MINISTRES

MINISTRE À 81 ANS

Le Premier ministre nommé à l'âge le plus avancé pour la première fois fut l'Indien Morarji Ranchhodji Desai (né le 29 février 1896), qui fut désigné à ce poste en mars 1977, à 81 ans.

Le plus âgé en exercice
Le Premier ministre de la République d'Haïti, Émile Jonassaint, porté au pouvoir par la junte militaire, a été nommé premier ministre du pays en mai 1994, il est âgé de 81 ans.
Andhréas Papandreou (né le 5 février 1919) a été élu Premier ministre de Grèce en 1981 et accomplit actuellement son second mandat.

Chef d'État le plus jeune

Le Dr Mario Frick (né le 8 mai 1965) est devenu Premier ministre du Liechtenstein le 15 décembre 1993, à l'âge de 28 ans.

Laurent Fabius

Laurent Fabius (né le 20 août 1946) était âgé de 37 ans et 11 mois lorsqu'il fut nommé Premier ministre par François Mitterrand, le 19 juillet 1984.

LES PREMIÈRES FEMMES

■ Lorsque le Parti pour la liberté du Sri Lanka (Ceylan) remporta les élections générales en juillet 1960, Sirimavo Bandaranaïke (née en 1916) fut la première femme au monde à accéder au poste de Premier ministre.
■ Benazir Bhutto, née le 21 juin 1953, est devenue, le 3 décembre 1988, la première femme chef de gouvernement d'une république islamique (le Pakistan). Le 25 janvier 1990, elle est également devenue la première femme à mettre au monde un enfant pendant son mandat. Elle a été destituée le 6 août 1990.
■ À 47 ans, Tansu Ciller a été élue contre toute attente, le 13 juin 1993, à la tête du parti ultra-conservateur de la Juste Voie. Le lendemain, nommée par le président Demirel, elle devenait la première femme Premier ministre de Turquie.
■ Le 14 juin 1993, la Canadienne Kim Campbell, âgée de 46 ans, est la première femme dans l'histoire du Canada à accéder à la tête du Parti conservateur, officiellement nommée Premier ministre en remplacement de Brian Mulroney démissionnaire.
■ Margaret Thatcher, élue le 3 mai 1979 à la tête du Parti conservateur après la défaite des travaillistes, fut la première femme chef d'un gouvernement en Europe. Réélue le 9 juin 1983 et le 11 juin 1987, elle est la seule à avoir cumulé trois mandats avant de démissionner en décembre 1990.

Traitements

Le Premier ministre du Japon reçoit un traitement annuel de 38 463 360 yens qui comprend ses frais mensuels et primes, soit 160 000 F environ par mois.

LES EXERCICES LES PLUS LONGS

■ Lee Kuan Yew (né le 16 septembre 1923) est resté plus de 30 ans Premier ministre de Singapour. Au pouvoir depuis juin 1959 et reconduit 8 fois dans ses fonctions par les victoires de son parti aux élections, il a démissionné le 26 novembre 1990 et désigné lui-même son successeur. Lee Kuan Yew reste toutefois secrétaire général du parti au pouvoir et ministre d'État sans portefeuille.
■ Le maréchal Kim Il Sung (né le 15 avril 1912) a occupé la fonction de chef du gouvernement ou de chef d'État de la République populaire démocratique de Corée du Nord depuis le 25 août 1948.
■ Ministre délégué des Affaires étrangères de l'URSS à partir de 1946, ministre des Affaires étrangères le 15 février 1957, Andreï Andreïevitch Gromyko (1909-1989) fut élu à la présidence de son pays le 2 juillet 1985.
■ Piotr Lomako (1904-1990) fut nommé ministre de la Métallurgie non ferreuse de l'URSS en 1940. Il quitta ce poste à l'âge de 82 ans, le 1er novembre 1986. Il était membre du comité central depuis 1952.
■ Mary-Eugenia Charles (née le 15 mai 1919), de la Dominique, détient le record actuel, étant en poste depuis la victoire de son parti le 23 juillet 1980.

FRANCE

Georges Pompidou (1911-1974) fut Premier ministre, sous la présidence de Charles de Gaulle, pendant 6 ans, 2 mois et 26 jours, du 14 avril 1962 au 10 juillet 1968. Après la démission du général, il fut élu président de la République le 15 juin 1969.

FEMMES

■ Indira Gandhi (1917-84), d'Inde, a été Premier ministre pendant un temps record de 15 ans, en deux mandats, de 1966 à 1977 puis de 1980 à 1984).

49 MEMBRES

■

Après le remaniement du 2 octobre 1990, le gouvernement de Michel Rocard comptait 49 membres, un record sous la Ve République.

PREMIÈRE FEMME PREMIER MINISTRE

Nommée Premier ministre par François Mitterrand, le 15 mai 1991, pour succéder à Michel Rocard, Édith Cresson (née le 27 janvier 1934, à Boulogne-Billancourt) est devenue la première femme chef du gouvernement en France. Son mandat a pris fin le 2 avril 1992.

RÉPUBLIQUES PARLEMENTS

Le premier et le plus ancien

■ *La première Assemblée législative connue, Ukkim, fut celle de l'État-ville sumérien d'Ourouk (Erech dans la Bible et aujourd'hui Warka, en Irak), vers 2800 av. J.-C. Elle se composait de deux Chambres.*
■ *Le Parlement le plus ancien, l'Althing d'Islande, a été créé en 930 de notre ère à Thingvellir. À l'origine, il comprenait 39 chefs de clans locaux. Il fut aboli en 1800, puis rétabli par le Danemark en tant qu'Assemblée consultative en 1843, et législative en 1874.*

József le dinosaure

La plus longue carrière parlementaire fut celle de József Madarász (1814-1915), car elle dura 83 ans. Membre suppléant du Parlement hongrois de 1832 à 1836, il fut ensuite membre titulaire de 1848 à 1850 et de 1861 à sa mort, le 31 janvier 1915.

Parlement européen

Sur les 567 députés qui composent le Parlement européen, 66 sont Allemands et 6 sont Luxembourgeois. Le plus faible taux d'abstention pour ces élections est celui de la Belgique, en 1989, avec 7 %, mais il est vrai que les citoyens ne se rendant pas aux urnes peuvent être passibles d'une amende.
Le taux d'abstention le plus élevé est celui du Royaume-Uni avec 67,5 % en 1994. Le président du Parlement européen est élu directement par les députés, pour un mandat de 2,5 ans.
La France est le seul pays à avoir eu plus d'une présidence : Simone Veil, élue en 1979, et Pierre Pflimlin, élu en 1984.

LE PLUS GRAND

Le Congrès national du peuple de la République populaire de Chine rassemble 2 978 membres élus pour cinq ans au suffrage indirect.

France
Édouard Frédéric-Dupont, avocat, né le 10 juillet 1902, a été élu pour la première fois à la Chambre des députés le 26 avril 1936. Membre des deux Assemblées constituantes (1945-1946), il a été élu à l'Assemblée nationale en 1946, puis régulièrement jusqu'au 12 juin 1988 (sauf en 1962 et 1968). Il siège comme député du VIIe arrondissement de Paris (5e circonscription).

Les parlementaires les mieux payés

Au Japon, les membres de la Chambre des représentants et ceux de la Chambre des conseillers perçoivent, primes incluses, un traitement annuel de 23 633 565 yens, soit 100 000 F par mois.

France
L'indemnité parlementaire des députés s'élevait, au 1er février 1994, à 39 145 F brut par mois (imposable), plus une allocation mensuelle de secrétariat (non imposable) de 25 456 F. La carte SNCF en 1re classe est gratuite, ainsi que 40 aller-retour en avion et 6 autres pour n'importe quelle destination Paris-métropole. Le courrier et le téléphone ont une franchise allégée de 50 % du montant. Des prêts sont consentis à des taux variables de 0 % à 6,5%. L'indemnité des assistants parlementaires est de 25 446 F (imposable). Le président du Sénat, ainsi que celui de l'Assemblée nationale, touchent 91 940 F par mois.

Discours fleuves

■ *Le discours le plus long de l'histoire du Sénat américain fut celui du sénateur Wayne Morse (1900-1974), originaire de l'Oregon, qui les 24 et 25 avril 1953 parla pendant 22 h 26 mn sans regagner son siège.*

■ *Le sénateur du Texas, Bill Meier, prononça un discours sur les problèmes de la non-révélation des accidents industriels aux États-Unis sans s'interrompre, pendant 43 h en mai 1977 (Voir aussi le chapitre Insolite, « Débats »).*

À l'ONU
Fidel Castro, voir encadré.

VOTE DES FEMMES

■ Le territoire du Wyoming, EU, fut le premier à accorder le droit de vote aux femmes, en 1869.

■ La Nouvelle-Zélande fut la première nation à recourir au suffrage universel, en 1893.

France

Cinquantenaire du droit de vote des femmes

En 1848, la France instaure le suffrage universel masculin. Presque cent ans après, le 23 mars 1944, l'Assemblée consultative reconnaît aux femmes le droit de vote et l'éligibilité.
C'est à l'occasion des élections municipales d'avril 1945, à l'instigation du général de Gaulle, que les femmes voteront pour la première fois en France.
Le 21 octobre suivant, 33 femmes seront élues à l'Assemblée constituante et en 1947, Mme Poinso-Chapuis sera la première femme ministre dans le gouvernement Schuman.

LA LONGUE DIATRIBE DE FIDEL

■

Le discours que prononca à l'ONU, le 26 septembre 1960, le président de Cuba, Fidel Castro (né le 13 août 1927), dura 4 h 29 mn.

LE VIEUX PREMIER

Le Japonais Naruhiko Higashikumi, est le Premier ministre qui a vécu le plus longtemps.
Il est né le 3 décembre 1887 et est mort le 20 janvier 1990, à l'âge de 102 ans.
Il fut le Premier ministre de son pays après la Seconde Guerre mondiale.

JOURNÉE DE LA FEMME

À l'heure actuelle, l'égalité des droits est acquise, mais la parité dans la vie économique, sociale et politique est loin d'être une réalité. Le 21 avril 1994, les femmes représentaient 6,1 % des parlementaires, 53 % de l'électorat, 5,7 % des députés, 6 % des maires, 8,5 % des conseillers régionaux et 17 % des conseillers municipaux.

LE TRAITÉ LE PLUS ANCIEN TOUJOURS EN VIGUEUR

Le traité d'alliance anglo-portugais fut signé à Londres, le 16 juin 1373, il y a 621 ans, faisant du Portugal et de la Grande-Bretagne les plus anciens alliés.

REPUBLIQUES ÉLECTIONS

Refus de vote

■ *En Europe, c'est le demi-canton d'Appenzell-Rhodes-Intérieures, en Suisse, qui a refusé le droit de vote aux femmes le plus longtemps. Il a dû le leur accorder le 27 novembre 1990, sur décision du tribunal fédéral.*

LE PLUS VASTE SCRUTIN

Aux élections du 20 mai 1991 à la Lok Sabha (Chambre basse) indienne, 315 439 908 électeurs, sur un électorat potentiel de 488 678 993 personnes, exprimèrent leur vote. 359 partis étaient en lice. Il y avait 565 000 bureaux de vote, surveillés par 3 millions de personnes.

LE SCRUTIN LE PLUS MAJORITAIRE

En Corée du Nord, le Parti des travailleurs obtint 100 % des suffrages lors des élections générales du 8 octobre 1962.
En Albanie, le 14 novembre 1982, le candidat unique officiel (communiste) fut élu à l'unanimité moins 1 voix, soit 99,99993 % des suffrages des 1 627 968 électeurs.

Le scrutin le plus serré

■ *À Zanzibar, île de l'océan Indien qui fait aujourd'hui partie de la Tanzanie, le parti afro-shirazi remporta les élections générales du 18 janvier 1961 par 1 siège d'écart, le siège de Chake-Chake, sur l'île de Pemba, étant gagné par 1 voix d'écart.*

■ *À l'élection du commissaire au réseau routier du district sud du Mississippi, EU, le 7 août 1979, R. E. Joiner l'emporta sur W.H. Pyron par 133 587 voix contre 133 582.*

300 ET UN CANDIDATS

Pour la seule ville de Belgaum, 301 candidats se présentèrent aux élections de la province du Karnataka, Inde, le 5 mars 1985.

France

RECORDS D'ABSTENTIONS

■ *Le record des abstentions en France est de 77,43 %. Ce taux a été atteint le 3 février 1991, au second tour de l'élection législative partielle dans la 13e circonscription de Paris (XVe arrondissement). Cette élection avait été provoquée par la démission de Michèle Barzach.*

■ *Pour un premier tour, le record est de 70,42 %, taux atteint le 27 janvier 1991, à l'élection législative partielle dans la 3e circonscription du Rhône (Lyon).*
Le même jour, dans la 2e circonscription du Rhône (Lyon), le taux d'abstention avait été de 67,58 %.
Ces deux élections avaient été provoquées par les démissions respectives de Jean-Michel Dubernard et Michel Noir.

VOTES BLANCS

Les élections législatives de mars 1993 ont connu des records de votes blancs. Au 1er tour (le 21 mars), il y avait sur les 26,6 millions de votants, 25,2 millions d'exprimés, soit 1,4 million de bulletins nuls (5,2 %). Au 2e tour (28 mars), les bulletins nuls sont passés à 2,2 millions (22,8 millions de votants - 20,6 millions d'exprimés), soit 9,5 %.
À titre de comparaison, au 1er tour des élections législatives de 1988 il y a eu 2 % de bulletins nuls et, au 2e tour 3,3 %.

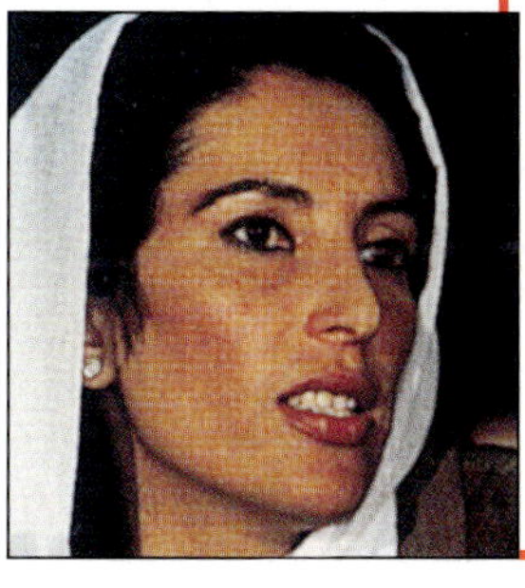

MAJORITÉ À L'ASSEMBLÉE

Aux élections législatives de mars 1993, la droite (UDF, RPR et divers droite) a remporté 484 des 577 sièges (268 en 1988). La gauche (PS et PC) n'en a obtenu que 92 (au lieu de 309 en 1988).

PLÉBISCITE POUR BENAZIR BHUTTO

■

En 1988, Benazir Bhutto a obtenu une majorité de 96,71 % des votes (82 229 voix) dans la circonscription de Larkana-III, aux élections générales du Pakistan. Le candidat suivant n'en a obtenu que 1979.

La plus vieille Constitution

Les États-Unis possèdent la plus vieille Constitution du monde toujours en vigueur. Elle fut adoptée le 21 juin 1788 et entra en vigueur le 4 mars 1789.

Le résultat annoncé le plus rapidement

Aux élections générales de 1959, le résultat de Billericay, Essex, GB fut annoncé 57 minutes après la fermeture du scrutin.

Maires

Voir dans le même chapitre la rubrique « Villes ».

LA PLUS GROSSE MAJORITÉ POUR UN CANDIDAT

Boris Eltsine, le candidat pour la circonscription de Moscou aux élections parlementaires de l'ex-URSS, a obtenu, le 26 mars 1989, 5 118 745 voix sur les 5 722 937 suffrages exprimés. Son adversaire n'a reçu que 392 633 voix.

Banque de France

En 1992, la Banque de France détenait 2 968,3 t d'or. Le record fut atteint en 1966, lorsque la France convertit ses dollars en or : les réserves s'élevaient alors à 4 654,9 t.

Revolucion Depuis 1825, date de son indépendance, la Bolivie a subi 191 coups d'État. Le dernier en date, le 30 juin 1984, fut réalisé par une soixantaine d'hommes armés, qui ont kidnappé le président Hernán Zuazo.

FINANCES PUBLIQUES
RECORDS GENERAUX

BUDGET

Le plus gros budget du monde est celui des États-Unis : en 1991, les recettes s'élevaient à 1 054,3 milliards de $ et les dépenses à 1 323 milliards de $, soit un déficit de 268,7 milliards de $. C'est le plus important déficit jamais enregistré aux États-Unis. Les prévisions du budget de l'année 1992 donnent un déficit de 399,7 milliards de $. Un budget de dépenses de 1 500 milliards de $ a été versé au Congrès le 29 janvier 1992 pour l'année fiscale 1993 (commençant le 1er octobre 1992).

Le plus important excédent fiscal a été enregistré aux États-Unis en 1947-1948. Il s'est élevé à 8 419 469 844 $.

France

L'année 1993 s'est soldée par un déficit budgétaire de 317,9 milliards de F. Sur une dépense de 100 F, l'État consacre 26,5 F aux services généraux du pays et 25,5 F à l'éducation, à la culture et à la recherche. Ces deux postes représentent la part la plus importante du budget de l'État.

D'après le projet de loi de finances 1994, l'État prévoit de dépenser 1 447,5 milliards de F. Les recettes devraient s'élever à 1 459,2 milliards de F.

PIB

Le PIB le plus élevé du monde est celui des États-Unis : 6 123 milliards de $ en 1993.

En France, le produit intérieur brut était de 6 997 milliards de F en 1993, ce qui place la France en 4e position dans le monde, après les États-Unis, le Japon et l'Allemagne.

IMPÔTS LES PLUS ÉLEVÉS

La Norvège arrive en tête des pays où le taux d'imposition est le plus élevé. En janvier 1974, le gouvernement socialiste y a supprimé le plafond des 80 %. D'après la revue *Lignings Boka*, quelque 2 000 citoyens ont ainsi payé en impôts plus de 100 % de leur revenu imposable. Le grand armateur Hilmar Reksten (1897-1980) a même été imposé à 491 %. En 1992, l'imposition sur le revenu est à 65 %.

FRANCE

Le taux d'imposition de la tranche supérieure de l'impôt sur le revenu des personnes physiques (IRPP) est de 56,8 %.

La France est le seul pays européen où un foyer fiscal sur deux échappe à l'impôt sur le revenu.

Produit intérieur brut par habitant

Les plus élevés **D'après la Banque mondiale, la Suisse était en 1992 le pays le plus riche du monde avec un PIB par habitant de 36 230 $. Elle devançait le Luxembourg (35 260 $), le Japon (28 220 $) et les quatre pays scandinaves. Les États-Unis venaient en 8e position (23 120 $) et la France occupait le 11e rang avec 22 300 $, gagnant ainsi 2 places par rapport à 1991.**

France **En 1992, le produit intérieur brut par habitant était d'environ 111 285 F.**

Les plus faibles **Le Mozambique reste le plus pauvre pays du monde avec un PIB de 60 $ par habitant, 600 fois inférieur à celui de la Suisse. Selon les experts de l'ONU, plus de 500 millions de personnes à travers le monde souffrent de sous-alimentation chronique et 17 millions ont péri, en 1990, de malnutrition ou de famine.**

Imposition de sociétés

Au 1er janvier 1994, l'Allemagne avait le taux d'imposition le plus élevé des pays de l'OCDE, 55,64 % et la Finlande le taux le plus bas, 25 %.

AIDE À L'ÉTRANGER

Entre le 1er juillet 1945 et le 1er janvier 1991, le gouvernement américain a octroyé 312,7 milliards de $ de crédits à l'extérieur. En 1990, c'est Israël qui a le plus bénéficié de cette aide : il a reçu 3 milliards de $. C'est en 1812 que les États-Unis ont donné pour la première fois de l'argent à un pays étranger. Le Venezuela, ravagé par un tremblement de terre, reçut 50 000 $. En 1989, le Japon a devancé les États-Unis. Ses programmes de développement et d'assistance aux pays étrangers s'élevaient à 8,5 milliards de $, pour 7,6 milliards de $ aux États-Unis.

BALANCE DES PAIEMENTS

Le déficit record pour une année revient aux États-Unis, avec 143,7 milliards de $ en 1987. À l'inverse, le Japon a enregistré, la même année, un excédent record de 87 milliards de $.

France

La balance des paiements accusait, en 1991, un déficit de 32,3 milliards de F. En revanche,

LA GAFFE LA PLUS LOURDE

La gaffe qui a eu les conséquences financières les plus importantes est celle du jeune multimillionnaire James Gordon Bennett, le 1er janvier 1877. Bennett arriva dans la propriété de sa timide fiancée, Caroline May, sur la Ve Avenue, à New York, à bord d'un traîneau tiré par deux chevaux. Il était en retard et visiblement aviné. En titubant, il atteignit le portail et pénétra dans le salon, où il devint le point de mire de tous les regards. Par erreur, il prit la cheminée pour un meuble sanitaire habituellement réservé à un autre usage. La famille May rompit les fiançailles, et Bennett (1841-1918) passa le reste de sa vie en vadrouille et aventures à Paris, ce qui coûta au Trésor américain un manque à gagner de plusieurs millions de $ d'impôts.

en 1992, elle avait un excédent de 168 milliards de F. Ces différences s'expliquent par des mouvements très importants de capitaux à long terme.
La balance commerciale française (exportations-importations) s'est soldée en 1993 par un excédent record de 89,6 milliards de F grâce au net recul des importations (-10,4% par rapport à 1992).

DETTE NATIONALE

Les États-Unis ont la dette nationale la plus importante du monde : 4 071 milliards de $ à la fin 1992, auxquels s'ajoutent 199,4 milliards de $ d'intérêts.

Les plus grosses dettes extérieures

La dette la plus importante contractée avec l'étranger est celle des États-Unis. Elle s'élevait, en 1991, à 443,4 milliards de $.
Parmi les pays de moindre puissance économique, la dette extérieure la plus élevée est celle du Brésil : 100 milliards de $ en 1993, soit 24 % de son PIB.
La dette extérieure de la Côte-d'Ivoire (20 milliards de $) représente 200 % de son PIB.

RÉSERVE D'OR

Les réserves mondiales d'or sont évaluées à 940 millions d'onces d'or fin en 1991.
Les États-Unis détiennent la plus grande partie de ces réserves. Fin 1990, elles s'élevaient à 261 millions d'onces d'or fin. L'once d'or fin étant estimée à 400 $, la réserve d'or américaine pourrait être évaluée à 104 millions de $ et la réserve mondiale à 376 millions de $.
Le plus grand dépôt d'or américain se trouve à Fort Knox, Kentucky, depuis 1936. L'or y est stocké sous la forme de 446 000 lingots mesurant 17,7 cm x 9,2 cm x 4,1 cm et pesant 12,441 kg chacun.
La moyenne des valeurs du lingot d'or (pesant 1 kg) était de 65 673 F, en 1993, à Paris.

LES AS DU COMBAT AÉRIEN

■ Le recordman des victoires aériennes, à l'ère de l'avion à réaction, est le capitaine Joseph Christopher McConnell, de l'armée de l'air américaine (né le 30 juin 1922). Il remporta 16 combats aériens durant la guerre de Corée (1950-1953), avant d'être tué le 25 août 1954.
■ Il est vraisemblable qu'un pilote israélien a dépassé ce nombre de victoires aériennes entre 1967 et 1970. Mais l'identité des pilotes est un secret.

Les as des deux guerres mondiales

Les as du combat aérien officiellement reconnus sont, pour la Première Guerre mondiale, le colonel français René-Paul Fonck (mort en 1953), qui abattit 75 avions, et le célèbre pilote allemand Manfred von Richthofen, qui en aurait abattu 80 (20 de ces actions sont peu vérifiables). Pendant la Seconde Guerre mondiale, le major allemand Erich Hartmann a abattu 352 avions.

La meilleure pilote de chasse fut le lieutenant soviétique Lydia Litvak (née en 1921), qui abattit 12 appareils sur le front oriental de 1941 à 1943, avant d'être tuée au combat.

BIRD

La Banque internationale pour la reconstruction et le développement (BIRD), ou « Banque mondiale », a été fondée le 27 décembre 1945. Son siège se trouve à Washington, EU. Le 30 juin 1993, elle avait un capital autorisé de 167,8 milliards de $.

FMI

Le Fonds monétaire international (FMI), dont le siège se trouve également à Washington, compte 159 membres. Son quota total de droits de tirage spéciaux se montait à 126 milliards de $ en mai 1992.

La première banque privée

La banque japonaise Dai-Ichi Kangyo est la première banque privée mondiale. En mars 1993, son bilan total s'élevait à 427,1 milliards de F.

Première banque européenne

Le Crédit agricole est la première banque européenne et la septième mondiale (derrière six banques japonaises).
En 1991, son bilan total s'élevait à 1 591 milliards de F ; ses fonds propres étaient de 91 milliards de F. Le Crédit agricole, qui totalise un bénéfice en 1991 de 4,9 milliards de F, emploie environ 73 000 personnes et a 17 millions de clients.

INFLATIONS GALOPANTES

■

En juin 1946, la Hongrie a subi une inflation catastrophique. À cette date, le pengö-or 1931 était coté à 1,3 x 10^{20} pengös-papier (le pengö était l'unité monétaire de l'époque, remplacée depuis par le forint).

Le 6 novembre 1923, il circulait en Allemagne 400 338 326 350 700 millions de marks (plus de 4 x 10^{20}). Les prix étaient alors 755 milliards de fois plus élevés qu'en 1913.
En 1993, le taux d'inflation en ex-URSS était de 12 000 %.
Le Brésil qui avait enregistré un taux journalier d'inflation de 400 % dans les années 1980, a aujourd'hui une inflation annuelle de 5 500 %.
En France, depuis la fin de la Seconde Guerre mondiale, la plus mauvaise année fut 1958, avec une inflation de 15,1 %. La plus faible inflation, en moyenne annuelle, fut enregistrée en 1953, année où les prix baissèrent de 1,2 %. En 1992, l'inflation a été de 2 %.
Le Gabon avait, en 1992, le taux d'inflation le moins important. Les prix ont même baissé de 4,2 %.

L'ordre le plus ancien

Le premier ordre connu est l'Or d'honneur, attribué en Égypte, sous la XVIIIe dynastie, vers 1440-1400 av. J.-C. Il se présentait sous la forme d'une statuette, dont un spécimen a été trouvé à Qan el-Kebri.
L'ordre le plus ancien dont les origines soient connues est l'Ordre des Hospitaliers de Saint-Jean-de-Jérusalem, fondé en 1113 en Palestine. Il ne devint un ordre militaire que vers 1140. Les Hospitaliers prirent le nom de chevaliers de Malte en 1530. L'ordre siège actuellement à Rome, mais n'est plus qu'honorifique.

Titres de noblesse

Doña María del Rosario Cayetana Fitz-James Stuart y Silva (née le 28 mars 1926), 18e duchesse d'Albe (Alba de Tormes), est la personne la plus titrée du monde. Elle porte 8 titres de duchesse, 15 de marquise, 21 de comtesse et est grand d'Espagne à 19 titres différents.

Le soldat le plus décoré

Claudius Kien-Soleillet, de Carnoux-en-Provence, Bouches-du-Rhône, né le 1er novembre 1919, détient 63 décorations françaises et étrangères, de la croix du combattant volontaire à la Interallied Distinguished Service Cross, en passant par le titre de mandarin honoraire de la cour royale du Cambodge et celui de membre de l'Ordre de la milice du Saint-Sépulcre.

Médaillé à 8 ans

Anthony Farrer, un Canadien de 8 ans, a reçu, le 23 septembre 1916, l'Albert Medal pour avoir mis en fuite un puma près du lac Cowichan, dans l'île Vancouver, sauvant la vie de Mme Doreen Ashburnham.

L'ordre de la Légion d'honneur

La Légion d'honneur, premier ordre national français, a été instituée le 19 mai 1802 par Napoléon Ier. Elle est constituée de 3 grades, chevalier, officier et commandeur, et de 2 dignités, grand officier et grand-croix.

PRIX NOBEL

LES PREMIERS

Les prix de physique, de chimie, de physiologie ou médecine, de littérature et de la paix ont été décernés en 1901, à l'instigation de l'industriel et chimiste suédois Alfred Nobel (1833-1896). Par testament, il avait instauré les cinq prix annuels destinés à récompenser les bienfaiteurs de l'humanité. Un prix Nobel de sciences économiques a été créé en 1968. Les prix Nobel sont d'un montant de 7 millions de couronnes suédoises, environ 6,44 millions de F. C'est à Stockholm, Suède, qu'a lieu la cérémonie de remise des prix de physique, de chimie, de physiologie ou médecine, de littérature et d'économie, et à Oslo, Norvège, celle du prix de la paix.

Le plus grand nombre de prix

Les États-Unis ont obtenu 210 récompenses : 71 en physiologie ou médecine, 55 en physique, 37 en chimie, 19 en économie, 18 pour la paix et 10 en littérature.

C'est la France qui a obtenu le plus grand nombre de Nobel de littérature : 12. Le premier (1901) fut décerné à Sully Prudhomme. Puis suivent Frédéric Mistral (1904), Romain Rolland (1915), Anatole France (1921), Henri Bergson (1927), Roger Martin du Gard (1937), André Gide (1947), François Mauriac (1952), Albert Camus (1957), Saint-John Perse (1960), Jean-Paul Sartre (qui refusa le prix, 1964) et Claude Simon (1985).

LAURÉATS NOBEL LES PLUS JEUNES

- Le professeur Lawrence Bragg (GB, 1890-1971) a eu le prix de physique 1915 à l'âge de 25 ans.
- Le même Bragg, avec l'AméricainTheodore W. Richards (1868-1928), a eu le prix de chimie 1914, à l'âge de 24 ans, pour ses travaux réalisés lorsqu'il avait 23 ans.
- Rudyard Kipling (GB, 1865-1936), a eu le prix de littérature 1907, à l'âge de 41 ans.
- Mme Mairead Corrigan (Irlande du Nord, née le 27 janvier 1944), a eu le prix de la paix 1976 (partagé), à 32 ans.

LAURÉAT À 87 ANS

Francis Peyton Rous (EU, 1879-1970) a partagé le prix de médecine, en 1966, à l'âge de 87 ans.

Le prix le plus précieux

Le prix annuel rapportant le plus d'argent est le prix de médecine Louis Jeantet, qui, en 1994, rapporta plus de 2 100 000 de F suisses. Il fut créé en 1986 et est destiné à apporter des fonds à la recherche biomédicale.

NOBELS MULTIPLES

3 PRIX

Le Comité international de la Croix-Rouge, Genève (fondé en 1863) a reçu le prix Nobel de la paix en 1917, 1944 et 1963 (récompense partagée cette année-là avec la Ligue internationale des sociétés de la Croix-Rouge).

2 PRIX

Linus Carl Pauling (EU, né le 28 février 1901), chimie 1954 et paix 1962 ; Marie Curie (France, 1867-1934), physique 1903 (partagé) et chimie 1911 ; John Bardeen (EU, 1908-1991), physique 1956 (partagé) et 1972 (partagé) ; Frederick Sanger (GB, né le 13 août 1918), chimie 1958 et 1980 (partagé) ; haut-commissariat des Nations unies pour les réfugiés, Genève (fondé en 1951), paix 1954 et 1981.

GUERRES

LES PLUS LONGUES

La guerre de Cent Ans, entre l'Angleterre et la France, dura en réalité 115 ans, de 1338 à 1453.

- *On pourrait aussi admettre que les neuf croisades, qui se succédèrent, de la première (1096-1104) à la neuvième (1270-1291), pendant 195 ans, ne forment qu'une seule et même guerre sainte.*

La plus courte

Elle opposa le Royaume-Uni à l'île de Zanzibar (actuellement partie de la Tanzanie) et dura de 9 h 02 à 9 h 40, le 27 août 1896. La flotte britannique adressa à Saïd Khalid, qui s'était proclamé lui-même sultan, un ultimatum l'invitant à évacuer immédiatement le palais et à se rendre. Il y fut contraint après un bombardement de l'artillerie qui dura 38 mn.

La plus coûteuse

À lui seul, le coût de la Seconde Guerre mondiale a dépassé, et de loin, celui de toutes les autres guerres historiques réunies, environ 1 500 milliards de $.

Dépenses de défense

USA

Les dépenses prévues par le gouvernement américain pour l'année fiscale 1993 s'élevaient à 258,87 milliards de $.

URSS

Les dépenses de défense de l'URSS étaient officiellement déclarées en 1993 à 8,950 milliards de roubles (134 milliards de $).

DÉPENSES MONDIALES

On estime qu'en 1992 les dépenses mondiales en armement s'élevaient annuellement à 1,213 milliards de $, soit approximativement 6,3 milliards de F.

En 1993, on comptait, à travers le monde, 24 714 000 militaires de carrière et appelés et 38 341 000 réservistes, soit au total 63 millions de soldats.

LES GUERRES LES PLUS MEURTRIÈRES

Époque moderne

- La première bataille de la Somme, du 1er juillet au 19 novembre 1916, fit le plus grand nombre jamais enregistré de victimes militaires (morts, blessés et disparus) : 1,22 million d'hommes, dont environ 600 000 soldats allemands.
- La plus meurtrière des batailles, civils compris, fut celle de Stalingrad (aujourd'hui Volgograd), ex-URSS, qui coûta la vie à environ 1,1 million de personnes et se conclut, le 31 janvier 1943, par la reddition des forces allemandes commandées par le maréchal Friedrich von Paulus.

L'armée soviétique a eu, en plus, 650 800 soldats blessés. Sur les 500 000 civils habitant la ville avant la guerre, 1 515 avaient survécu.

- L'assaut final de l'armée soviétique contre Berlin, du 16 avril au 2 mai 1945, mobilisa 3,5 millions d'hommes, 52 000 canons, 7 750 chars et 11 000 avions au total.
- En 10 ans de guerre civile en Afghanistan, l'Armée rouge a perdu 14 453 soldats. Ce fut l'intervention extérieure soviétique la plus coûteuse en vies humaines.

Dans l'Antiquité

- Les historiens modernes n'accordent guère foi aux estimations des pertes enregistrées lors des batailles de l'Antiquité, par exemple celle de Platées, en Béotie, Grèce, qui vit la victoire des Grecs sur les Perses, en 479 av. J.-C., et qui aurait fait 250 000 morts, ou celle de Catalaunum, près de Châlons-sur-Marne, dite bataille des champs Catalauniques, qui vit la victoire des Romains sur Attila, en 451, et qui aurait fait 200 000 victimes en une seule journée.
- Les Romains, plus fiables dans leurs décomptes, estimèrent à 48 200 le nombre de leurs victimes, lors de la bataille de La Canée, en 216 av. J.-C., contre 5 400 dans les rangs de leur adversaire Hannibal.

La Seconde Guerre mondiale

La plus sanglante

La Seconde Guerre mondiale (1939-1945) fut certainement celle qui coûta le plus de vies humaines. Le nombre de morts, civils et militaires, de tous pays, s'élève approximativement à 54,8 millions, dont 25 millions de morts soviétiques et 7,8 millions de civils chinois. La Pologne est le pays qui a le plus souffert de cette guerre, puisque 17 % de sa population périt, soit 6 millions de morts pour une population de 35 millions de personnes.

La Seconde Guerre mondiale fit 15,6 millions de victimes militaires, alors que la Première Guerre mondiale avait entraîné la mort de 9,7 millions de soldats, dont 1,3 million de Français.

La guerre civile la plus meurtrière

La révolte du Taiping eut lieu en Chine de 1851 à 1864. Les paysans, fidèles à la dynastie des Ming, se révoltèrent contre le gouvernement mandchou. La rébellion fut dirigée par un aliéné mental, Hung Hsiuch'üan, qui se prenait pour le frère cadet de Jésus-Christ. On estime que 20 millions de personnes périrent, dont 100 000 tuées par les forces gouvernementales au cours du sac de Nankin (19-21 juillet 1864). Ce fut la guerre civile la plus meurtrière.

POUR LE FRÈRE CADET DE JÉSUS

LES PIRES CATASTROPHES DANS LE MONDE

CLASSÉES PAR ORDRE DÉCROISSANT DU NOMBRE DE MORTS

DÉSASTRE	MORTS	LIEU	DATE
PANDÉMIE	75 000 000	Eurasie : la grande peste	1337-1375
GÉNOCIDE	35 000 000	Extermination des paysans chinois par les Mongols	1311-1340
FAMINE	30 000 000	Chine septentrionale	1959-1961
GRIPPE	21 640 000	Mondiale	1918-1919
CYCLONE	1 000 000	Îles du delta du Gange, Bangladesh	12-13 nov. 1970
INONDATION	900 000	Fleuve Huang-ho, Chine	octobre 1887
TREMBLEMENT DE TERRE	830 000	Shaanxi, Chine	février 1556
GLISSEMENT DE TERRAIN	180 000	Province du Kansu, Chine (provoqué par un séisme)	16 déc. 1920
BOMBE ATOMIQUE	155 200	Hiroshima, Japon (y compris les morts par radiation au cours de l'année suivante)	6 août 1945
BOMBARDEMENTS AÉRIENS	140 000	Tokyo, Japon	10 mars 1945
ÉRUPTION VOLCANIQUE	92 000	Tambora, Sumbawa, Indonésie	5-7 avril 1815
AVALANCHES	18 000	Yungay, Huascaran, Pérou	31 mai 1970
PAQUEBOT TORPILLÉ	7 700	*Wilhelm Gustloff*, allemand, à Dantzig, par un sous-marin soviétique S-13 (903 rescapés)	30 janv. 1945
RUPTURE DE BARRAGE	5 000	Barrage du Machhu, Morvi, Gujarat, Inde	11 août 1979
PANIQUE	4 000	Chungking, Chine, abri anti-aérien	6 juin 1941
INDUSTRIE CHIMIQUE	3 350	Union Carbide, à Bhopal, Inde	2-3 déc. 1984
SMOG (brouillard et fumées)	3 500	Londres	4-9 déc. 1952
CREUSEMENT DE TUNNEL (silicose)	2 500	Tunnel hydroélectrique de Hawk's Nest, Virginie, EU	1931-1935
INCENDIE (un seul bâtiment)	1 670	Théâtre de Canton, Chine	Mai 1845
EXPLOSION	1 635	Halifax, Nouvelle-Écosse, Canada	6 déc. 1917
COUP DE GRISOU	1 549	Houillère de Honkeiko, Chine	26 avril 1942
PAQUEBOT ACCIDENT	> 1 500	Naufrage du *Titanic*, après collision avec un iceberg, au sud de Terre-Neuve, Canada	15 avril 1912
ÉMEUTE	1 400	Taiwan, à la suite de l'arrestation d'une femme vendant des cigarettes de contrebande	mars 1947
TORNADE	1 300	Shaturia, Bangladesh	26 avril 1989
SUICIDE COLLECTIF	960	Adeptes du Temple du peuple, empoisonnement au cyanure, Jonestown, Guyana	18 nov. 1978
CHEMIN DE FER	> 800	Fleuve Bagmati, Bihar, Inde	6 juin 1981
FEU D'ARTIFICE	> 800	Mariage du Dauphin, à Paris	16 mai 1770
CATASTROPHE AÉRIENNE (civile)	583	Écrasement au sol d'un Boeing 747, Tenerife, Canaries	27 mars 1977
ANIMAL MANGEUR D'HOMMES	436	Une tigresse, à Champawat, Inde	1902-1907
TERRORISME AÉRIEN	329	Bombe à bord du Boeing 747 d'Air India, tombé dans l'Atlantique	23 juin 1985
GRÊLE	246	Moredabad, Uttar Pradesh, Inde	20 avril 1888
ROUTE	176	Explosion d'un camion-citerne dans le tunnel de Salang, Afghanistan	3 nov. 1982
PLATE-FORME PÉTROLIÈRE EN MER	167	Piper Alpha, mer du Nord	6 juillet 1988
SOUS-MARIN	130	Le *Surcouf*, éperonné par le navire de commerce américain *Thomas Lykes* dans les Caraïbes	18 fév. 1942
HÉLICOPTÈRE	61	Militaire russe, transportant des réfugiés, s'est abattu près de Lata, Géorgie	14 déc. 1992
ALPINISME	43	Pic Lénine, URSS	13 juil. 1990
RÉACTEUR NUCLÉAIRE	31	Tchernobyl, Ukraine. Décès ultérieurs provoqués par les radiations difficiles à évaluer	26 avril 1986
ASCENSEUR	23	Mine d'or de Vaal Reefs, l'ascenseur a chuté de 2 km	27 mars 1980
COURSE DE VOILIERS	19	« Fastnet ». 23 bateaux ont sombré ou ont abandonné dans une tempête de force 11	13-15 août 1979
ACCIDENT DE VOITURES	13	Carambolage près de Breda, Pays-Bas (40 blessés)	25 août 1972
ESPACE	7	Explosion en vol de la navette *Challenger*	28 janv. 1986

Attaque aérienne la plus lointaine

C'est celle entreprise par les Américains pendant la guerre du Golfe. 7 bombardiers B 52 G partis de la base de Barksdale, Louisiane, EU, le 16 janvier 1991 ont lâché des missiles de croisière contre les cibles irakiennes. Chacun a parcouru une distance de 23 000 km, soit 14 000 miles, se ravitaillant 4 fois en vol, pour une durée aller-retour de 35 heures.

INVASIONS

Par mer

Le débarquement du 6 juin 1944, en Normandie, baptisé opération Overlord, mobilisa, durant les trois premiers jours, 38 convois de 745 navires, soutenus par 4 066 engins de débarquement qui transportaient 185 000 hommes, 20 000 véhicules et 347 dragueurs de mines. L'attaque aérienne fut menée par 18 000 parachutistes largués de 1 087 avions. Les 42 divisions engagées furent soutenues par 13 175 avions de combat. En un mois, 1,1 million d'hommes, 200 000 véhicules et 750 000 t de matériel furent débarqués.

Par air

Elle fut conduite près d'Arnhem, Pays-Bas, le 17 septembre 1944, par les troupes anglo-américaines et mit en jeu 3 divisions, soit 34 000 hommes, 2 800 avions et 1 600 planeurs.

Évacuation militaire ■ La plus importante opération de ce genre fut l'évacuation, entre le 27 mai et le 4 juin 1940, par 1 200 vaisseaux, des 338 226 soldats français et britanniques encerclés sur la plage de Dunkerque, Nord. Son nom de code était opération Dynamo.

Évacuation civile ■ Après l'invasion du Koweït par l'Irak en août 1990, Air India a évacué 111 711 personnes travaillant au Koweït. À partir du 13 août et durant deux mois, 488 vols ont emmené ceux-ci en Inde.

Guerre chimique

Environ 5 000 Kurdes ont été tués par armes chimiques à Halabja, Irak, le 16 mars 1988, sur l'ordre du président irakien Saddam Hussein. La minorité kurde d'Irak était accusée d'avoir soutenu l'Iran lors de la guerre meurtrière (1 million de morts) qui opposa les deux pays pendant 8 ans (septembre 1980-juillet 1988).

FORCES ARMÉES

Les plus importantes

L'URSS comptait 3,4 millions d'hommes sous les drapeaux en 1992. Après l'éclatement de l'empire soviétique, il est difficile de faire une estimation de la taille de la future force armée russe, mais les chiffres les plus généralement cités sont de 2 millions d'hommes.
Armée chinoise. Voir encadré ci-contre.
L'armée américaine comptait 1 730 000 hommes en 1993.

FRANCE

Armée de terre, armée de l'air et marine, plus gendarmerie et section commune, comptaient au total 613 809 hommes au 1er janvier 1993 (sans tenir compte de 1 088 emplois militaires pour la défense), qui se répartissaient en 370 622 actifs, 208 647 appelés et 107 887 civils.

ARMÉE DE TERRE

D'après l'Institut international d'études stratégiques, l'armée la plus importante en nombre d'hommes est celle de la République de Chine qui compte, en 1991, 2,3 millions d'hommes.
L'armée de terre de l'ex-Union soviétique comptait environ 2 millions d'hommes en 1991 pour, sans doute, 139 divisions.

FRANCE

L'armée de terre comptait en août 1993, 103 347 actifs, 138 054 appelés et 33 970 civils, soit 275 371 personnes, 44,9 % de l'effectif total des forces armées.
Elle possède notamment 1 340 chars de bataille AMX 30 et AMX 30 B2 et 523 hélicoptères. Son budget s'élève à 34,7 milliards de F.

MUTINERIE

L'échec de l'offensive française du Chemin des Dames, en avril 1917, pendant la Première Guerre mondiale, entraîna ce qu'on appelle la crise des mutineries. Environ 600 actes collectifs d'indiscipline affectèrent 68 divisions. La répression pour les cas jugés les plus graves consista en 3 427 condamnations, dont 554 condamnations à mort (il y eut 49 exécutions effectives).

Marines

■ *La plus importante est celle des États-Unis, qui comptait 510 600 matelots et 183 000 « marines » en 1993. Elle disposait alors de 6 porte-avions nucléaires, 6 porte-avions classiques, 52 croiseurs de combat, 87 sous-marins nucléaires d'attaque, 1 sous-marin diesel d'attaque, 25 sous-marins à missile balistique, 52 croiseurs, 45 contre-torpilleurs, 59 frégates et 56 bâtiments amphibies.*

■ *La flotte de l'URSS disposait d'une force sous-marine plus importante, comprenant 250 unités (dont 55 sous-marins nucléaires d'attaque).*
Elle possédait aussi 4 porte-avions, 33 croiseurs, 26 contre-torpilleurs, 129 frégates et 80 bâtiments amphibies.

FRANCE

Au 1er janvier 1993 la marine comptait, au total, 71 298 hommes (45 650 actifs, 18 761 appelés et 6 887 civils), soit 11,6 % des effectifs de l'armée française.
Elle emploie 115 bâtiments, dont 6 sous-marins nucléaires lanceurs d'engins, 13 sous-marins d'attaque, 2 porte-avions et 44 grands bâtiments de combat de haute mer, plus 144 avions et hélicoptères de combat, dont 38 Super-Étendard d'assaut. Son budget est de 23,7 milliards de F.

3 millions de soldats chinois

■

L'armée chinoise comptait en 1993, 3 millions de soldats, et ce chiffre est en continuelle diminution.

Armées de l'air

■ *L'armée de l'air des États-Unis compta en juillet 1944 le nombre record de 79 908 appareils, et en mars 1944 celui de 2 411 294 personnes. À la mi-1992, elle employait, forces aériennes stratégiques comprises, 499 400 personnes et 8 718 appareils.*

■ *L'armée de l'air de l'URSS disposait, en 1991, de 895 000 hommes et de 11 370 appareils. Suite à l'éclatement, la Russie hérita des 6 200 avions de combat de l'ex-armée soviétique et de la majorité des autres appareils.*

FRANCE

L'armée de l'air dispose à ce jour de 95 832 hommes (55 969 actifs, 34 690 appelés et 5 173 civils), soit 15,6 % des effectifs de l'armée française.
Elle possède 450 avions de combat, 84 avions de transport aérien militaire et 102 hélicoptères. Son budget s'élève à 23,9 milliards de F.

Le plus vieux soldat

Le soldat le plus âgé de tous les temps fut probablement John B. Salling, de l'armée des Confédérés des États-Unis (sudistes), dernier survivant reconnu de la guerre de Sécession (1861-1865).
Il mourut à Kingsport, Tennessee, le 16 mars 1959, à l'âge de 113 ans et 1 jour.

La plus longue marche

Ce fut la célèbre Longue Marche entreprise en 1934-1935 par les communistes chinois sous la conduite de Mao. Pour rejoindre Yenan, où ceux-ci devaient établir leur première capitale, quelque 100 000 hommes parcoururent 10 000 km en 368 jours, dont 268 de marche effective. Ils franchirent 18 chaînes de montagnes et 24 fleuves, harcelés par le parti nationaliste Kuomintang. Il n'y eut que 8 000 survivants.

LE PLUS JEUNE SOLDAT

Le maréchal duc de Caixas (né le 25 août 1803, mort le 7 mai 1880), homme d'État brésilien, avait intégré son régiment d'infanterie en 1808, à l'âge de 5 ans.

Batailles dans les airs ou sur les mers

La bataille de Leyte
Elle fit rage dans le golfe de Leyte, aux Philippines, du 22 au 27 octobre 1944, mettant aux prises 231 navires (166 alliés et 65 japonais) et 1 996 avions de guerre (1 280 américains et 716 japonais).

La bataille du Jutland
La bataille navale du Jutland eut lieu le 31 mai 1916, au large des côtes danoises : 151 navires britanniques affrontèrent 101 navires allemands. Ces derniers réussirent à regagner leurs ports avec des pertes légèrement inférieures à celles de leurs adversaires.

La bataille de Salamine
La plus grande bataille navale de l'Antiquité opposa, à Salamine, Grèce, en septembre 480 av. J.-C., les Perses (qui perdirent au total 800 navires) et les Athéniens, victorieux (qui en perdirent en tout 380).

La bataille de Lépante
On estime que 200 000 hommes prirent part au combat. La bataille de Lépante, Grèce, qui vit la victoire de la flotte chrétienne de la Sainte Ligue (Espagne, Venise, Saint-Siège) sur la flotte turque, fit environ 33 000 morts, le 7 octobre 1571.

SIÈGES

Le plus sanglant fut le siège mis par l'armée allemande devant Leningrad, aujourd'hui Saint-Pétersbourg, ex-URSS. Il dura du 30 août 1941 au 7 janvier 1944, soit 860 jours. On estime le nombre des victimes, civiles et militaires, à 1,3 ou 1,5 million.

Le plus long siège de l'Antiquité fut soutenu à Ashdod (de nos jours en Israël). L'historien grec Hérodote (v. 484-v. 420 av. J.-C.) rapporte que le pharaon Psammétique Ier assiégea la ville durant 29 ans, entre 664 et 610 av. J.-C.

Tito était Tita

Un général de réserve, accusé d'escroquerie et d'usurpation d'identité par un tribunal de Lisbonne, a avoué être une femme. Pendant 15 ans, habillée en homme, Maria Teresinha Gomes s'est fait passer pour le général Tito Gomes, âgé de 60 ans.

La garde suisse

La garde suisse pontificale fut officiellement créée le 21 janvier 1506, mais son origine remonte au XIVe siècle. Elle est forte de 80 à 90 hommes.

ARMEE ET DEFENSE
BOMBES

LES PLUS LOURDES

Classiques

■ La bombe classique la plus lourde fut larguée par l'aviation britannique sur le viaduc de Bielefeld, Allemagne, le 14 mars 1945.

Elle pesait 10 t et mesurait 7,74 m. On l'avait baptisée Grand Slam (« grand chelem »).

■ En 1949, l'armée de l'air américaine expérimenta une bombe de près de 20 t à Muroc Dry Lake, Californie.

Atomiques

■ La plus lourde fut celle des États-Unis MK17, transportée par le bombardier B 36, au milieu des années 1950. Un poids de 19 t pour 7,37 m de long.

■ La première bombe atomique lancée par les États-Unis, sur Hiroshima, Japon, à 8 h 16, le 6 août 1945, avait une puissance de destruction équivalant à 12,5 kilotonnes de trinitrotoluène ($C_7 H_5 O_6 N_3$), ou TNT. Elle portait le nom de code de Little Boy (« petit garçon »), mesurait 3 m de long et pesait 4 t.

■ L'engin thermonucléaire le plus puissant actuellement connu est équivalent à 57 mégatonnes (57 millions de t de TNT). Il a été testé par l'URSS, en Nouvelle-Zemble, le 30 octobre 1961, à 8 h 33 TU. L'onde de choc produite fit trois fois le tour de la Terre, le premier tour s'accomplissant en 36 h 27 mn. D'après d'autres estimations, la puissance de ce dispositif variait entre 62 et 90 mégatonnes.

■ La bombe H la plus puissante expérimentée par les États-Unis s'appelait Bravo (18-22 mégatonnes). Elle explosa sur l'atoll de Bikini, au nord-ouest des îles Marshall, le 1er mars 1954.

LE PLUS PUISSANT ARMEMENT NUCLÉAIRE

En septembre 1990, l'URSS déployait 2 500 lance-missiles nucléaires, et les États-Unis, 2 246, alors que les accords Start les limitent théoriquement à 2 246. De même, les accords Start autorisaient l'URSS à posséder au maximum 10 271 têtes nucléaires et les États-Unis à en posséder 10 563, mais le nombre de têtes nucléaires réellement détenues par les deux puissances était sans doute différent.

Depuis l'éclatement de l'empire soviétique, quatre républiques de l'ancienne URSS (Russie, Ukraine, Biélorussie et Kazakhstan) détiennent l'arme nucléaire. Elles ont conclu un accord selon lequel seule la Russie resterait un « État nucléaire ».

INTIMIDATION RUSSE

Le 9 août 1961, Nikita Khrouchtchev, alors président du Conseil des ministres, déclara que l'URSS était à même de construire une bombe de 100 mégatonnes.

Il fit savoir, le 16 janvier 1963, que son pays disposait désormais d'une bombe de cette puissance. Un tel engin pourrait creuser un cratère de 100 m de profondeur et de 3 km de diamètre et engendrer une boule de feu de 14 km de diamètre.

ARMEE ET DEFENSE
CHARS

Little Willie

Le char construit par William Foster & Co., à Lincoln, GB, baptisé Lincoln n° 1, fut surnommé Little Willie ; il fut mis en service le 6 septembre 1915. Les premiers chars entrèrent en action lors de la bataille de Flers-Courcelette, Somme, le 15 septembre 1916.

Les plus lourds

■ Le Panzer Kampfwagen Maus II, construit par les Allemands, pesait 192 t. En 1945, ce char n'en était qu'au stade expérimental, et il n'a jamais été utilisé par la suite.

■ Le char le plus lourd jamais utilisé fut le « char de rupture 2C bis » de l'armée française, en 1922 ; il pesait 75,2 t et nécessitait un équipage de 13 hommes. Il transportait un obusier de 155 mm et était équipé de deux moteurs de 250 ch lui permettant d'atteindre 12 km/h.

■ Depuis 1972, le char le plus lourdement armé est le char soviétique T-72. Il dispose d'un canon à tir ultrarapide d'un calibre de 125 mm.

Char le plus rapide

Le char américain expérimental M1936 fut chronométré à 103,4 km/h lors d'essais officiels en Angleterre en 1938.

ARMES A FEU

LES PREMIÈRES

Bien qu'on ne puisse pas le prouver, on s'accorde à reconnaître que les premières bouches à feu furent construites en Chine et en Afrique du Nord vers 1250.

Des reproductions de canons anglais figurent dans un manuscrit de 1326 conservé à Oxford.

Le premier canon anti-aérien était une pièce d'artillerie montée sur un affût à angle très ouvert que les Prussiens utilisèrent contre les dirigeables français lors de la guerre de 1870.

DES OBUS DE 8 T À 46 KM

Les plus gros canons

« Schwerer Gustav », le plus gros canon jamais construit, fut utilisé par les Allemands, pendant la Seconde Guerre mondiale, au siège de Sébastopol, URSS, en juillet 1942. Son calibre était de 800 mm et son tube mesurait 29 m de long. Il pouvait tirer à 46 km des obus de 8 t. Ses vestiges ont été retrouvés en Bavière, près de Metzenhof, en août 1945.

LA GROSSE

Le célèbre canon Kaiser Wilhelm Geschütz (surnommé par les Français « la Grosse Bertha »), que les Allemands utilisèrent en mars 1918 pour bombarder Paris, avait un calibre de 210 mm et une portée théorique de 128 km.

ONAGRES

Les catapultes militaires les plus imposantes, les onagres de l'Antiquité, lançaient des projectiles pouvant peser jusqu'à 27 kg à 460 m.

Le canon le plus lourd

Construit à Perm, Russie en 1868, le plus gros canon pesait 144,1 t. Bien qu'ayant un calibre de 508 mm et un tube long de 4,6 m, il tira 300 coups lors d'essais, en utilisant des boulets de fer de près d'une demi-tonne.

Aujourd'hui

Les canons de 406 mm de l'armée américaine équipent notamment les cuirassés *Missouri* et *Wisconsin* (voir chapitre *Véhicules , « Les plus gros cuirassés »*). Ils peuvent tirer à 40 km des obus de 1 t.

PORTÉES

À Yuma, Arizona, EU, le HARP (High Altitude Research Project — projet de recherche en haute altitude) a mis au point un engin composé de deux canons jumelés de 419 mm de calibre.

Il mesure 36,40 m de long et pèse 150 t. Le 19 novembre 1966, il a lancé un projectile de 84 kg à 180 km d'altitude.

MALLETS ET LITTLE DAVID

Le Mallets, fondu en 1857 à l'arsenal de Woolwich, Londres, et le Little David, fabriqué aux États-Unis au cours de la Seconde Guerre mondiale, avaient l'un et l'autre un calibre de 914 mm mais ne furent jamais opérationnels.

LES 7 KARL

Les plus lourds mortiers

7 mortiers de 600 mm, baptisés Karl, furent construits par les Allemands pendant la Seconde Guerre mondiale. Six d'entre eux furent utilisés, à Sébastopol, URSS, en 1942, à Varsovie, Pologne, et à Budapest, Hongrie, en 1944.

Les plus grands calibres

Bombarde turque

Pendant le siège de Constantinople (Istanbul), du 12 avril au 29 mai 1453, les Turcs utilisèrent une bombarde de 8 m de long et de 1 066 mm de calibre. L'engin, tracté par 60 bœufs et 200 hommes, lançait des boulets de pierre de 500 kg.

Le Tsar Pouchka

Le « roi des canons », construit au XVIe siècle, avait un calibre de 820 mm, un tube de 5,34 m de long et pesait 39 t. Il est conservé au Kremlin, à Moscou.

LEGISLATION ET LITIGES

LES LOIS ORGANIQUES LES PLUS ANCIENNES

Le code le plus ancien que l'on connaisse fut promulgué par le roi Ur-Hammu, de la IIIe dynastie sumérienne d'Ur, vers 2110 av. J.-C.

France

L'ordonnance de Villers-Cotterêts, Aisne, signée par François Ier, le 10 août 1539, réorganisait la justice et prescrivait l'usage du français au lieu du latin dans les actes publics, officiels et de justice.

PREMIÈRES EMPREINTES DIGITALES

La première enquête qui utilisa à grande échelle le système inventé, en 1896, par l'inspecteur général de la police des Indes, Edward Henry, eut lieu en 1948. Pour traquer Peter Griffiths, on examina 46 000 empreintes digitales (soit la quasi-totalité de la population de Blackburn, GB). Il était coupable du meurtre de la petite June Devaney, 3 ans, qu'il avait enlevée d'un hôpital en laissant ses empreintes sur un biberon à côté du lit.

LE PLUS VIEUX JUGE EN ACTIVITÉ

Albert R. Alexander (1859-1966), de Plattsburg, Missouri, EU, exerça sa charge de magistrat du comté de Clinton jusqu'à sa retraite, qu'il prit à l'âge de 105 ans et 8 mois, le 9 juillet 1965.

Le juge le plus jeune

David Elmer Ward dut attendre l'âge légal de 21 ans pour exercer ses fonctions de juge en 1932, au tribunal de grande instance de Fort Myers, Floride, EU.

François Ier par François Clouet

PROCÈS FLEUVES

Au cours d'une vie

Le fonctionnaire indien Gaddam Hanumantwa Keddey a mené pendant 44 ans, 9 mois et 8 jours, de multiples actions en justice contre le gouvernement indien et l'État d'Hyderabad, afin d'obtenir de ces derniers une revalorisation de son grade et une augmentation de salaire qu'il estimait légitimes étant donné les résultats qu'il avait obtenus lors de l'examen d'entrée à la fonction publique d'Hyderabad, 44 années plus tôt. Il n'a cessé sa lutte juridique que le jour de son départ à la retraite, où il obtint en effet sa promotion et remporta le procès.

Procès de 761 ans

La décision judiciaire la plus longue à obtenir intervint à Poona, Inde, le 28 avril 1966, lorsque Balasaheb Patloji Thorat gagna une instance introduite par son ancêtre Maloji Thorat, 761 ans plus tôt, en 1205. Le procès portait sur la reconnaissance du droit de présider certaines réunions publiques et du droit de préséance dans des cérémonies religieuses.

Grand spectacle

Le procès le plus suivi fut celui du Cubain Jesús Sosa Blanco, 51 ans, inculpé du meurtre de 108 personnes. À un moment du procès, qui dura 12 h 30 (de 18 h 30 à 7 h du matin, les 22 et 23 janvier 1959), 17 000 personnes assistèrent à l'audience, dans le palais des sports de La Havane, Cuba. Condamné à mort, l'accusé fut exécuté le 18 février 1959.

La caution la plus élevée

Elle fut fixée à 5 milliards de $ par le juge J. Dominique Olcomendy, du tribunal d'instance de San Francisco, Californie, EU, et réclamée à Dorothy Toines, 25 ans, inculpée de racolage sur la voie publique, le 8 février 1988. L'accusée, qui avait plusieurs fois omis de se présenter devant le tribunal, fut dans l'incapacité de payer les 10 %, soit 500 millions de $, requis pour sa mise en liberté provisoire. Le chiffre fut donc réduit, le 25 février, par un juge du tribunal de grande instance, au montant plus abordable de 500 $. Néanmoins, l'accusée fut arrêtée à nouveau, le 21 mars 1988, pour la cinquième fois. L'avocat général eut ce commentaire : « Voyez ce qui se produit lorsque vous réduisez le montant d'une caution de 5 milliards de $. »

DOMMAGES ET INTÉRÊTS

Responsabilité civile

Le 10 décembre 1985, le juge Salomon Casseb, de Houston, Texas, EU, condamna la société Texaco à verser à la société Pennzoil le montant de dommages et intérêts le plus élevé jamais accordé (11,12 milliards de $), pour avoir, en janvier 1984, usé de manœuvres frauduleuses en vue de s'opposer à la fusion entre Getty Oil et Pennzoil. Le montant de l'indemnité fut, en définitive, ramené à 5,5 milliards de $, le 19 décembre 1987.

Premier million de $ lors d'un contentieux alloué à une personne physique

Le docteur Mark Feldman, de Floride, EU, est la première personne à avoir obtenu une somme exprimée en 7 chiffres (1 million de $) en dommages et intérêts, à la suite d'un procès concernant des complots et fraudes, contre six autres médecins, en septembre 1980.

Plus grande indemnité exigée d'une personne physique

La plus grosse somme exigée d'un individu est de 2,1 milliards de $ (13 milliards de F environ). Le 10 juillet 1992, Charles H. Keating Jr, l'ex-propriétaire de Lincoln Savings and Loans, de Los Angeles, EU, fut condamné à payer cette somme au 23 000 petits investisseurs qui avaient été escroqués par sa société.

La demande de dommages et intérêts la plus élevée pour un individu

Shiyamala Thirunayagam, 27 ans, presque entièrement paralysée à la suite d'un accident de voiture survenu le 4 octobre 1987, dans l'État de New-York, EU, a demandé 917 millions de F de dommages et intérêts. Le 27 juillet 1993, elle a fini par obtenir, de la Cour suprême, 46 millions de F à titre de *precium doloris* et 308 millions pour les frais médicaux à venir.

LÉGÈRETÉ MÉDICALE

Le 18 juillet 1986, le service de santé hospitalier de New York fut condamné par le jury de la cour suprême du Bronx à verser à Agnes Mae Whitaker 65 millions de $ pour faute professionnelle.

Gazage involontaire

Le 14 février 1989, Union Carbide et le gouvernement indien s'accordèrent pour fixer à 470 millions de $ l'indemnité totale due aux 500 000 victimes de la catastrophe de l'usine de Bhopal, Inde.

LE PRIX DE LA DIFFAMATION

■ L'ex-procureur américain Vic Feazel, de Waca, Texas, EU, prétendait avoir été calomnié par les journalistes d'une chaîne de télévision texane en 1985 et que les propos de ces derniers, jugés diffamatoires, avaient nui à sa réputation. Le 20 avril 1991, la chaîne a été condamnée à verser la somme record de 58 millions de $. Les deux parties sont cependant arrivées à un accord à l'amiable le 29 juin 1991, sans révéler publiquement le montant finalement versé.

■ Larry Flynt, directeur du magazine *Hustler*, fut condamné, pour diffamation, à verser 39,6 millions de $ à Robert Guccione, directeur du magazine *Penthouse*. Cette somme fut ramenée à 4 millions de $, en appel, le 17 avril 1980, à Columbus, Ohio, EU.

Erreur judiciaire

L'indemnité la plus élevée accordée pour emprisonnement injustifié fut de 1 935 000 $ en octobre 1989. Condamné à 15 ans de prison pour meurtre à New York, en 1979, Robert McLaughlin (19 ans) fut incarcéré pendant 6 années, de 1980 à 1986, puis relâché après que son innocence eut été prouvée.

78 MILLIONS DE $ POUR MARLE

Le mannequin Marle Hansen, 26 ans, qui eut le visage tailladé au rasoir dans les rues de Manhattan, New York, en juin 1987, se vit allouer, le 29 septembre 1987, une indemnité pour dommages corporels de 78 millions de $. Les 3 hommes condamnés pour ce forfait à des peines de prison allant de 5 à 15 ans n'ayant aucun avoir, Miss Hansen a droit, sa vie durant, à 10 % des revenus que les condamnés percevront après leur libération.

LE PRIX DU DIVORCE

■ En février 1982, la cheikha d'origine belge Dena al-Fassi, 23 ans, demanda au tribunal de Los Angeles, Californie, de lui faire attribuer par son ex-mari, le cheikh Mohammed al-Fassi, 28 ans, de la famille royale d'Arabie Saoudite, une pension alimentaire de 3 milliards de $.
Son avocat, pour justifier l'importance de la demande, s'appuya sur la fortune du cheikh, qui possédait 14 demeures rien qu'en Floride et plusieurs avions personnels. Le 14 juin 1983, l'intéressée se vit attribuer 81 millions de $ et déclara qu'elle serait très heureuse si elle réussissait à les percevoir.

■ Le plus gros règlement financier à l'occasion d'un divorce. Cette transaction conclue par les avocats de Soraya Khashoggi portait sur le versement de 5 milliards de F, plus l'attribution d'une propriété, par son ex-mari, le milliardaire saoudien Adnan Khashoggi.

■ Anne Bass, l'ex-femme du magnat du pétrole texan Sid Bass, est connue pour avoir refusé 535 millions de $, car elle jugeait cette somme insuffisante pour lui permettre de conserver le niveau de vie auquel elle était habituée.

REQUÊTE LA PLUS ÉLEVÉE

■

Une indemnité de 675 000 milliards de $ (équivalant à 10 fois la richesse globale des États-Unis), fut demandée par Walton Bader, dans une instance introduite auprès de la cour de justice de New York, le 14 avril 1971, contre General Motors et autres pour pollution des 50 États.

La plus forte amende infligée à un individu est

200 000 000 $

l'amende de 200 millions de $ (1 milliard de F) à laquelle a été condamné, le 21 novembre 1990, Michael Milken, le « roi des junk-bonds » (voir chapitre Affaires et agriculture, « Les rémunérations les plus élevées »*). C'est la plus grosse amende jamais infligée à une personne. Plus tard, il fut condamné à 10 ans de prison. Sur ce document, il sort brisé du tribunal avec son épouse, qui, contrairement à toute attente, ne l'abandonna pas.*

1,2 MILLIARD DE $ D'AMENDE POUR CONTREFAÇON

Le Night Bazar de Pat Pong à Bangkok est le paradis de la contrefaçon : Chanel, Hermès, Rolex, Lacoste, Dior, Vuitton, etc.

Le 31 août 1993, à Los Angeles, EU, la société Honeywell a été condamnée à verser 1,2 milliard de $ (environ 6,7 milliards de F) de domages et interêts à la société Litton Industries, pour exploitation illégale d'un brevet portant sur des systèmes de navigation aérienne. Litton avait entamé une procédure judiciaire en mars 1990, à la suite de quoi Honeywell opposa une demande reconventionnelle (par laquelle il voulait obtenir un avantage autre que le simple rejet de la prétention de son adversaire), 9 mois plus tard.

Viager

L'appartement de Jeanne Calment, âgée de 119 ans, a déjà coûté 850 000 F à André-François Raffray, notaire arlésien, qui l'avait acheté en viager en 1965, pensant réaliser un bon investissement. Jeanne Calment avait alors 90 ans. Désormais à la retraite, il continue de verser chaque mois à la doyenne du monde, un loyer de 2 500 F. Voir aussi dans le chapitre Homme « Longévité ».

Contrôle fiscal

De 1964 à 1994, la société de Gabriel Horreau, dont le siège social se situe à Mozé-sur-Louet, Maine-et-Loire, a fait l'objet de 6 contrôles fiscaux. Le temps de présence des inspecteurs s'est échelonné entre 60 et 347 jours, pour un total de 905 jours, soit plus d'1 mois par an d'occupation des lieux pendant 30 ans.

TESTAMENTS

Le plus long

Celui de Mme Frederica Evelyn Stilwell Cook, de Londres, ouvert le 2 novembre 1925, consistait en 4 gros volumes de 95 000 mots au total.

Le plus court

Le testament valide le plus court comportait deux mots dans sa version tchèque : « Vse zene », c'est-à-dire « Tout à ma femme ». Il fut rédigé le 19 janvier 1967 par M. Karl Tausch, de Langen, Allemagne.

TROUBLES ET CRIMES POLITIQUES

Manifestation

La plus grande manifestation a eu lieu à Shanghai, Chine, les 3 et 4 avril 1969 : 2,7 millions de manifestants, d'après les autorités chinoises, sont descendus dans la rue pour protester contre l'agression soviétique aux frontières.

PÉTITION

En 4 mois, durant l'été 1990, un total de 5 218 520 signatures furent recueillies à travers le monde pour le soutien à l'indépendance de la Lituanie de l'ex-URSS. La pétition fut présentée au président de la Lituanie, Vytautas Landsbergis, le 4 décembre 1990.

Le dissident le plus patient

Le Soviétique Benjamin Bogomolny a demandé un visa de sortie pour la première fois en 1966 et n'est arrivé à Vienne, Autriche, que le 14 octobre 1986.

LE PRIX DE LA FATWA

On évalue le coût global de la protection policière de Salman Rushdie, l'écrivain britannique condamné à mort par une « fatwa » de l'imam Khomeiny pour avoir écrit *Les Versets sataniques*, à environ 8 milliards de F. Pendant les 5 premiers mois de sa mise au secret, Salman Rushdie aurait déménagé une cinquantaine de fois.

LA LISTE DE WALLENBERG

On estime que le diplomate suédois Raoul Wallenberg a réussi à sauver de l'extermination 100 000 juifs, à Budapest, Hongrie, de juillet 1944 à janvier 1945.

Les espions les plus chers

Le KGB a versé, à partir de 1985, 2,7 millions de $ (environ 14 millions de F) au couple d'espions Rick Ames et Maria del Rosario pour connaître les secrets des Américains. Ils se sont acheté une Jaguar et une maison.

MASSACRES

À LA CHINOISE

Le plus grand massacre dont le gouvernement d'un État souverain ait accusé un autre gouvernement aurait eu lieu en Chine, de 1949 à mai 1965. Selon l'URSS, Mao Tsé-toung (1893-1976) aurait fait périr 26,3 millions de Chinois. L'accusation, radiodiffusée le 7 avril 1969, répartissait le nombre total des victimes sur quatre périodes ; 1949-1952 : 2,8 millions de victimes ; 1953-1957 : 3,5 millions ; 1958-1960 : 6,7 millions ; 1961 à mai 1965 : 13,3 millions. Le rapport Walker, publié en juillet 1971 par la commission judiciaire du Sénat américain, évaluait le nombre des victimes chinoises, depuis 1949, à un chiffre compris entre 32,2 et 61,7 millions de personnes. Du XIIIe au XVIIe siècle, trois vagues successives de massacres eurent lieu en Chine. Le nombre estimé des victimes des deux invasions mongoles de la Chine septentrionale (1210-1219 et 1311-1340) avoisine 35 millions ; quant au bandit Chang Hsien-chung (vers 1605-1647), dit « Tigre jaune », il aurait fait, à la tête de ses troupes, 40 millions de victimes dans la province du Setchouan, de 1643 à 1647.

À LA RUSSE

Le nombre des victimes de la grande purge stalinienne (1936-1938) n'a, bien entendu, jamais été publié. Cependant, une preuve de son importance est apportée par les statistiques démographiques, qui révèlent un déficit en individus dès avant le début de la guerre de 1941-1945. Le prix Nobel Alexandre Soljenitsyne (né en 1918) a avancé le chiffre de 66,7 millions de morts, victimes de la répression et du terrorisme d'État sous Lénine, Staline et Khrouchtchev entre octobre 1917 et décembre 1959.

À LA NAZIE

Les estimations chiffrent à 6 millions le nombre de juifs victimes de l'extermination, dite « solution finale » (Endlösung), ordonnée par Adolf Hitler (1889-1945) en avril 1941 et perpétrée jusqu'en mai 1945. Au camp d'Auschwitz-Birkenau, Pologne, 4 millions de personnes furent exterminées, du 14 juin 1940 au 18 janvier 1945, dans les chambres à gaz et les fours crématoires. Jusqu'à 6 000 personnes furent assassinées par jour.

À LA CAMBODGIENNE

Le plus meurtrier des génocides, s'agissant du pourcentage de la population exterminée, a été perpétré au Cambodge. Plus du tiers des 8 millions de Cambodgiens auraient été tués entre le 17 avril 1975 et janvier 1979. Sous le règne de Pol Pot, chef du gouvernement khmer rouge, les villes, la propriété et l'argent furent abolis. On pouvait être exécuté à la baïonnette ou au gourdin pour des fautes telles que s'endormir pendant la journée, poser trop de questions, jouer de la musique occidentale, être vieux et faible, être le descendant d'un « indésirable » ou tout simplement être trop bien élevé. Au centre d'interrogatoire de Tuol Sleng, on liquida jusqu'à 580 personnes par jour. Ce centre est aujourd'hui un musée.

À LA FRANÇAISE

La Terreur (ou deuxième Terreur), de septembre 1793 à juillet 1794, fut décidée par la Convention pour faire face au péril extérieur et aux menées des contre-révolutionnaires. En réalité, elle devint un instrument du pouvoir dictatorial de Robespierre. Sur 500 000 personnes incarcérées, 17 000 furent guillotinées après procès, 25 000 furent exécutées sans jugement, quelques milliers moururent en prison de faiblesse ou de maladie. La chute de Robespierre, le 9 thermidor an II (27 juillet 1794), mit fin à la Terreur.

TAUX DE CRIMINALITÉ

Brésil champion
On a dénombré au Brésil, en 1983, 104 homicides pour 100 000 habitants, soit 370 par jour.

Semaine newyorkaise
Les records de 58 homicides en une semaine (en juillet 1972) et de 15 homicides en une journée (en juin 1989) ont été enregistrés à New York. En 1990, on a recensé 2 200 homicides à New York.

Inde paradisiaque
En revanche, dans l'État indien du Sikkim, Himalaya, le meurtre est pratiquement inconnu. Dans la zone de Hunza, au Cachemire, un seul crime a été commis depuis 1900.

France
En 1992, 3 832 741 crimes ou délits ont été dénombrés en France, dont 2 456 871 vols et recels (près des deux tiers). On dénombre la même année 52 000 vols avec violence, 350 000 vols de voitures et 850 000 vols à la roulotte. 363 357 personnes ont été placées en garde à vue et, parmi elles, 80 030 ont été écrouées.
Il y a eu 1 375 870 faits élucidés (soit un taux d'élucidation de 36,75 %).

LES TRIADES

■ *Le Yamaguchi-gumi gang, au Japon, compte 30 000 membres. Il y a environ 90 000 yakusas (ou gangsters) rassemblés en plus de 3 000 groupes. Le 1er mars 1992, une nouvelle loi entra en vigueur pour combattre leurs activités, comprenant le trafic de drogue, la contrebande, la prostitution et le jeu.*

■ *On pense qu'il existe plus de 250 000 triades dans le monde entier, mais elles sont réparties en petits groupes qui se battent souvent entre eux, en concurrence pour les crimes, la prostitution, la drogue et le trafic d'armes dans certains quartiers. 100 000 triades seraient établies à Hong Kong.*

SITUATION À RISQUES

Les tsars de Russie ont été les chefs d'État les plus assassinés des temps modernes. En 200 ans, de 1718 à 1918, 4 tsars et 2 héritiers ont été assassinés. Plusieurs ont été victimes d'attentats sans succès.

LES FURIEUX

Le Thug

Il fut établi au cours du procès de Behram, Indien de la secte des Thugs, que ce dernier avait étranglé au moins 931 personnes avec son écharpe rituelle (ou ruhmal) dans l'arrondissement d'Oudh, entre 1790 et 1840. On estime qu'au moins 2 millions d'Indiens périrent rituellement des mains des étrangleurs thugs pendant l'âge d'or du culte thug, de 1550 à 1853, date de son interdiction par les Britanniques.

Teófilo

On a attribué 592 assassinats au chef de bande colombien Teófilo (« Sparks ») Rojas, 27 ans, entre 1948 et le 22 janvier 1963, jour de sa mort dans une embuscade, à Armenia, Colombie. Certaines sources lui attribuent même 3 500 assassinats pendant l'ère dite de la « violence » (1945-1962).

Le Coréen

Les 26 et 27 avril 1982, le policier sud-coréen Nou Bom-Kon, 27 ans, pris d'une ivresse éthylique confinant à la folie, tua au fusil et à la grenade 57 personnes et en blessa 35 autres. Il se supprima, pour finir, en dégoupillant une grenade entre ses jambes.

LA BARAKA DU GÉNÉRAL

■

Charles de Gaulle (1890-1970) a échappé miraculeusement à 31 tentatives d'assassinat.

DES BAINS DE SANG

■

La comtesse hongroise Erzsébet Báthory (1560-1614) détient le triste record du nombre des victimes officiellement attribuées à une seule et même criminelle, soit 650 personnes. C'étaient toutes des jeunes filles, originaires des environs de son château de Csejthe, qu'elle saignait pour se faire des bains de jouvence. Trois ans auparavant, à l'issue de son procès, elle avait été assignée à résidence dans sa chambre, où elle mourut, le 21 août 1614.

LA MAFIA

La Mafia a infiltré les pouvoirs exécutif, législatif et judiciaire des États-Unis d'Amérique.
Elle regroupe de 3 000 à 5 000 personnes appartenant à 25 « familles » autonomes placées sous l'autorité d'une « commission ». Son activité couvre aussi bien le jeu, le racket, la contrebande de cigarettes et d'alcool que l'enlèvement, le commerce de la drogue et la prostitution. Son chiffre d'affaires annuel fut évalué, en décembre 1982, à 200 milliards de $ par le journal US News & World Report, et son profit annuel à 75 milliards de $ par le procureur Rudolph Giuliani, en mars 1986.

LYNCHAGES

L'année 1901 fut l'année la plus funeste du XXe siècle aux États-Unis. On dénombra 130 cas de lynchages. En revanche, 1952 fut la première année durant laquelle aucun lynchage n'intervint dans ce pays.

Cambriolage de la villa du prince Abdel Aziz

Le 24 juillet 1980, des voleurs s'emparèrent, dans la villa, pourtant bien gardée, du prince saoudien Abdel Aziz ben Ahmed al-Thani, près de Cannes, Alpes-Maritimes, de bijoux évalués à 16 millions de $.

TRAIN POSTAL

Le célèbre hold-up du train postal Glasgow-Londres, le 8 août 1963, permit à ses auteurs de s'emparer, dans 120 sacs postaux, de 2,6 millions de £ (26 millions de F) en billets.

Détournement de fonds

Le gouvernement des Philippines fit savoir, le 23 avril 1986, qu'il avait réussi à découvrir l'origine de 860,8 millions de $ volés par l'ancien président Ferdinand Marcos (1917-1989), et par sa femme Imelda. Il fut ainsi prouvé que le montant total des détournements, depuis novembre 1965, devait être compris entre 5 et 10 milliards de $. Imelda Marcos a été acquittée à l'issue de son procès.

LE VOL DU CARGO

Le navire Orient Trader (10 639 tonneaux de jauge brute), appartenant à la société canadienne Steel Factors, fut volé le 5 juin 1966, alors qu'il était amarré sur le Saint-Laurent, à Wolfe's Cove. Muni d'une simple hache, William Kennedy avait tranché les amarres du bateau, qui dériva sans bruit jusqu'à un remorqueur qui l'attendait, toutes lumières éteintes. Il put ainsi quitter le port, en dépit de l'arrêt du trafic imposé par la grève sauvage des dockers, et faire route vers l'Espagne.

Fraude bancaire

La Banque nationale du travail, en Italie, a admis, le 6 septembre 1989, qu'elle avait été victime d'une fraude de 5 milliards de $. Voir encadré page suivante.

RANÇONS

Atahualpa

En 1532-1533, le conquistador espagnol Francisco Pizarro obtint à Cajamarca, Pérou, la rançon la plus importante de l'Histoire, en échange de la vie de l'Inca Atahualpa. La rançon consistait en une salle remplie d'or et d'argent, d'une valeur évaluée à 170 millions de $ actuels. Pizarro fit ensuite étrangler Atahualpa.

Les frères Born

Le mouvement de guérilla urbaine des Montoneros, en Argentine, accepta de libérer les frères Jorge et Juan Born, le 20 juin 1975, moyennant la remise de la plus grosse rançon des temps modernes, 1,5 milliard de pesos (360 millions de F).

38 otages japonais

Le gouvernement japonais versa 6 millions de $ pour la libération de 38 otages retenus dans un DC 8 de la compagnie JAL, à l'aéroport de Dacca, Bangladesh, le 2 octobre 1977. Le gouvernement du Bangladesh avait refusé la mise en œuvre de toute action de représailles.

RÉCIDIVISTES

- *Philippe Delandstheer, 56 ans, a été condamné 45 fois pour vol à l'étalage de bouteilles de pastis. En février 1993, il a été condamné à 3 mois de prison par le tribunal correctionnel de Lille pour avoir récidivé, mais cette fois avec du champagne.*
- *Écroué à Varces, Isère, en mai 1994, André Goana, grenoblois de 26 ans, a avoué qu'il était l'auteur de 150 cambriolages commis dans la ville en six mois.*

HOLD-UP

BEYROUTH

Le 22 janvier 1976, à Beyrouth, Liban, un commando fit sauter les voûtes de la British Bank of the Middle East, à Bab Idriss, et vida les coffres de 50 millions de $, selon l'ancien ministre des Finances, Lucien Dahadah. D'après une autre source, il s'agirait d'un montant minimal de 20 millions de $.

GENÈVE

Le 25 mars 1990, quatre individus armés se sont emparés, dans une succursale de l'Union des banques suisses, à Genève, de plusieurs dizaines de liasses de devises étrangères pesant au total 200 kg. Le montant du butin s'élevait à 35 millions de francs suisses (133 millions de F).

SAINT-NAZAIRE

L'attaque de la succursale de la Banque de France de Saint-Nazaire, Loire-Atlantique, le 3 juillet 1986, a rapporté plus de 88 millions de F à ses auteurs.

VOL D'ŒUVRES D'ART

La Joconde

La Joconde, *de Léonard de Vinci, dont le prix est inestimable, disparut du Louvre, à Paris, le 21 août 1911, et fut retrouvée en Italie en 1913, à la suite de l'arrestation de son voleur, Vincenzo Perruggia.*

Van Gogh

Le 14 avril 1991, 20 toiles dont la valeur est estimée à 500 millions de $ ont été volées au musée Van Gogh d'Amsterdam, Hollande. Elles ont été retrouvées moins de 35 mn plus tard, abandonnées dans une voiture garée en face du musée.

Musée de Boston

Dans la nuit du 17 au 18 mars 1990, deux hommes déguisés en policiers se sont introduits au musée Isabella-Stewart-Gardner, à Boston, Massachusetts, EU, et ont volé 10 toiles prestigieuses : 3 Rembrandt, 1 Vermeer, 4 Degas, 1 Manet, 1 Flinck (peintre flamand du XVIIe siècle), plus une coupe chinoise en bronze de 1200 av. J.-C. Le système d'alarme n'avait pas été branché. Le FBI a estimé le montant de ce vol sans précédent à 200 millions de $.

Musée Marmottan

Le vol, en plein jour, le 27 octobre 1985, au musée Marmottan, à Paris, de 9 toiles impressionnistes majeures — 5 Monet, 2 Renoir, 1 Berthe Morisot et 1 Narusé — fut évalué, à l'époque, à au moins 100 millions de F. Les toiles ont été retrouvées dans un appartement de Porto-Vecchio, Corse-du-Sud, le 4 décembre 1990. Parmi elles se trouvait le célèbre Impression, soleil levant, *de Monet, qui donna son nom au mouvement impressionniste.*

FRAUDE MARITIME

Au mois de décembre 1979, à Durban, Afrique du Sud, 180 000 t de brut koweïtien, chargées à bord du superpétrolier Salem, furent vendues sans autorisation au gouvernement d'Afrique du Sud. Le pétrolier devait ensuite sombrer dans des conditions mystérieuses, au large du Sénégal, le 17 janvier 1980. Le gouvernement sud-africain dut verser 148 millions de £ à la société Shell, propriétaire du navire.

FAUSSE MONNAIE PENDANT LA GUERRE

■ *La plus gigantesque opération de faux billets fut entreprise en 1940, à Berlin, par le gouvernement du IIIe Reich, sous le nom de code « Bernhard ».*

■ *140 déportés juifs du camp de concentration de Oranienburg-Sachsenhausen, Allemagne, durent fabriquer des faux billets anglais de 5 £, 10 £, 20 £ et 50 £ pour une valeur totale de 130 millions de £.*

ESCROQUERIES

Alonso Canovas, d'origine espagnole, est mort 7 fois, touchant pour chaque décès une prime d'assurance, pour un total de 6 millions de F. En falsifiant les certificats de décès et permis d'inhumer après un accident de voiture simulé, il se faisait passer pour son frère, bénéficiaire d'une assurance-vie souscrite en Espagne. Il a renouvelé cette arnaque auprès de 6 autres compagnies d'assurances.

Escroqueries informatiques

64 000 fausses polices d'assurance, d'une valeur totale de 2 milliards de $, furent « entrées » dans le système informatique de la société Equity Funding, aux États-Unis, de 1964 à 1973. Inculpé par le FBI pour avoir détourné 10,2 millions de $ d'une banque de Los Angeles, grâce à des fraudes informatiques, Stanley Mark Rifkin (né en 1946) fut arrêté le 6 novembre 1978 à Carlsbad, Californie, EU, et condamné à 8 ans de prison.

DROGUE

La prise la plus lourde reste la saisie de 2 903 t de marijuana colombienne au cours de l'opération Tiburón « requin », menée par la Drug Enforcement Administration, qui arrêta 495 personnes et arraisonna 95 bateaux. Annoncée le 5 février 1982, cette opération avait duré 14 mois.

Prise record de cocaïne

Le 28 septembre 1989, 20 t de cocaïne furent saisies dans un entrepôt de Los Angeles, Californie. Leur valeur fut estimée à 6 ou 7 milliards de $.

FRAUDE BANCAIRE

La plus grande banque italienne, la Banca nazionale del Lavoro, a admis que sa filiale américaine d'Atlanta, EU, a, sans son accord, prêté 4 milliards de $ (20 milliards de F) à l'Irak, pays soumis à l'embargo. Les deux présidents de la banque, Nerio Nesi et Giacomo Pedde, ont démissioné.

JUSTICE

PEINE CAPITALE

ANTIQUITÉ

■ La découverte de l'homme de Tollund, au Danemark, a permis de démontrer que la peine de mort existe au moins depuis l'âge du fer (vers l'an 1000 av. J.-C.).

Aujourd'hui

■ Elle subsiste dans un certain nombre de pays, parmi lesquels la Chine (des centaines de fusillés par an), l'Iran, l'Irak, l'Arabie Saoudite, la Malaisie, les États-Unis (où 38 États l'ont rétablie depuis janvier 1983, en particulier pour les crimes « les plus odieux ») et quelques pays de l'ex-URSS.

■ Le Liechtenstein a été le premier pays à abolir, *de facto*, la peine de mort, en 1798.

■ En France, la peine de mort a été abolie le 9 octobre 1981, au début du premier septennat de François Mitterrand, à l'initiative du ministre de la Justice, Robert Badinter.

Bourreaux

La famille Sanson fournit des bourreaux pendant plusieurs générations de 1688 à 1847. Charles Henri Sanson, après avoir exécuté Louis XVI, le 21 janvier 1793, démissionna en avril 1793, pris de remords, au bénéfice de son fils Henri qui exécuta près de 3 000 victimes en deux ans, pendant la Terreur de 1793 à 1794.

IGNACE GUILLOTIN

Le tristement célèbre Dr Joseph Ignace Guillotin (1738-1812), mourut de mort naturelle.

Il avait prôné, à l'Assemblée nationale, l'emploi de la machine mise au point par le Dr Antoine Louis, en 1789.

DERNIÈRE EXÉCUTION PUBLIQUE

Le criminel Eugène Weidmann fut le dernier condamné à mort à être exécuté publiquement, le 17 juin 1939, à Versailles, aujourd'hui Yvelines, à 4 h 50 du matin, en présence d'une foule nombreuse. Son bourreau, Henri Desfourneaux, eut pour successeur, en 1951, son neveu André Obrecht (1897-1983), qui, à son tour, eut son neveu par alliance, Marcel Chevalier, comme successeur, en janvier 1978.

Le dernier guillotiné en privé

La dernière exécution capitale eut lieu le 10 septembre 1977 à la prison des Baumettes, à Marseille ; le condamné était le criminel tortionnaire Hamida Djandoubi, âgé de 28 ans.

Sorcellerie

La dernière exécution légale de sorcière fut celle de Anna Goldi à Glaris, Suisse, le 18 juin 1782. On estime à 200 000 le nombre des sorcières exécutées en Europe aux XVIe et XVIIe siècles.

Pendaison simultanée

Les nazis pendirent simultanément 50 résistants grecs à Athènes, le 22 juillet 1944.

38 à la potence

Le 26 décembre 1862, près de Mankato, Minnesota, EU, le juge William J. Duly fit pendre, à la même potence, 38 Indiens accusés d'avoir assassiné des civils non armés.

Attente

54 ans ■ *Willie Jasper Darden, 54 ans, survécut au record de 6 mandats d'exécution en 14 ans. Condamné pour meurtre en 1973, il mourut sur la chaise électrique, en Floride, le 15 mars 1988.*

39 ans ■ *Sadamichi Hirasawa (1893-1987) est mort à la prison de Sendai, Japon, après avoir attendu 39 ans. Condamné en 1948 pour avoir empoisonné 12 personnes au cyanure de potassium, il mourut exécuté à l'âge de 94 ans.*

25 ans ■ *Après 25 ans d'attente, Liong Wie Tong, 52 ans, et Tan Tian Tjoen, 62 ans, furent exécutés le 31 octobre 1987 par un peloton d'exécution à Djakarta, Indonésie. Ils avaient été accusés de vol et d'assassinat.*

EMPRISONNEMENT

LE PLUS GRAND NOMBRE DE DÉTENUS

Certaines organisations pour les Droits de l'homme ont estimé qu'il y a 20 millions de prisonniers en Chine, soit 1 715 personnes pour 100 000 habitants, mais ce chiffre n'a pas été officiellement confirmé.
Parmi les pays pour lesquels il existe des statistiques disponibles, le pays à la plus forte densité de prisonniers est les État-Unis avec un taux de 455 pour 100 000.

France

Le 1er mai 1994, il y avait 57 454 détenus en France. La population carcérale était constituée de 55 038 hommes et 2 416 femmes y compris 4 649 jeunes âgés de moins de 21 ans dont 29 de moins de 16 ans. 22 617 détenus étaient des prévenus et 34 804 des condamnés. La capacité réelle des prisons étant de 47 700 places, leur taux d'occupation est de 120 %.

Emprisonnement

Le Français Henry Parot, membre de l'organisation séparatiste basque ETA et responsable d'un attentat qui avait fait 11 morts et 83 blessés le 11 décembre 1987, a été condamné par la justice espagnole à 20 siècles de prison. Ces 2 002 ans de détention sont venus s'ajouter aux 900 années requises pour un autre délit pénal.

Détention

Paul Geidel (1894-1987), groom d'hôtel à New York, fut reconnu coupable d'assassinat le 5 septembre 1911, à l'âge de 17 ans. Il fut relâché du pénitencier de Fishkill, à Beacon, État de New York, le 7 mai 1980, à l'âge de 85 ans, après avoir purgé sa peine pendant 68 ans, 8 mois et 2 jours. En 1974, il avait refusé d'être libéré sur parole.

Comparution la plus tardive

Les 3 prévenus Hugues et Solange Manao ainsi que Pascal Malacarne, accusés de meurtre, ont comparu devant les juges de la cour d'assises de la Nièvre, 17 ans après l'assassinat de Jean-Claude Noulin, le 27 décembre 1975.

À 108 ANS

Bill Walace (1881-1989) a passé 63 ans de sa vie dans l'hôpital psychiatrique Aradale, à Ararat (Australie). Il avait tué un homme dans un restaurant de Melbourne, Victoria, en décembre 1925. Ayant été jugé incapable de plaider, il fut transféré à la responsabilité du département de santé mentale en février 1926. Il resta à Aradale jusqu'à sa mort, le 17 juillet 1989, un peu avant son 108e anniversaire.

Arrestations préventives

15 617 manifestants furent arrêtés, le 11 juillet 1988, par la police sud-coréenne, par mesure de sécurité en prévision des jeux Olympiques de Séoul.

27 ANS DE PRISON : UNE LONGUE AMITIÉ

Incarcéré le 5 août 1962, Nelson Mandela a été libéré le 11 février 1990 après 27 ans, 6 mois et 6 jours de détention.
Pendant ces 27 années, James Gregory fut son gardien et est devenu, évidemment, son meilleur ami. Ses Mémoires, en préparation, sont très attendus.

384 912 ANNÉES

Le 11 mars 1972, à Palma de Majorque, Baléares, l'accusation réclama une peine d'emprisonnement de 384 912 ans contre le facteur Gabriel Grandos, 22 ans. L'inculpé avait omis de distribuer 42 768 lettres ; la peine requise représentait donc 9 ans par lettre non distribuée.

12 PEINES DE MORT

L'Américain John Gacy, meurtrier de 33 enfants et adolescents entre 1972 et 1978 dans l'Illinois, a été condamné le 13 mars 1980, à Chicago, à 12 fois la peine de mort et à 21 fois la prison à vie. Il fut exécuté le 10 mai 1994.

Kidnapping au berceau

La plus jeune kidnappée fut la petite Caroline Warton, née le 19 mars 1955 à 0 h 46. Elle fut enlevée à 1 h 15, soit 29 minutes après sa naissance, à l'Hôpital baptiste du Texas, EU, par une femme déguisée en infirmière.

Exil

Le célèbre écrivain russe Alexandre Soljenitsyne, qui avait dû quitter l'ex-bloc communiste en 1974, déchu de sa nationalité soviétique, est retourné dans son pays après 20 ans d'exil le 27 mai 1994.

PRISONS

LA PRISON DE RUDOLF HESS

La prison de Spandau, à Berlin, construite à l'origine en 1887 pour 600 prisonniers, fut utilisée pour la seule détention du criminel nazi Rudolf Hess (1894-1987) pendant les 20 dernières années de sa vie. Le coût des 105 gardiens fut estimé, en 1976, à 415 000 $ par an. La prison a été détruite en octobre 1987, deux mois après que le prisonnier se fut donné la mort. Voir également encadré ci-contre.

L'accident le plus mortel dans une prison

Dans la nuit du 20 juin 1756, à Fort William, Calcutta, Indes, 145 hommes et 1 femme furent enfermés dans une cellule de 5,5 m x 4,25 m, sur l'ordre de Surajah Dowlah, nabab du Bengale.
À 6 heures, le lendemain matin, lorsqu'on ouvrit la cellule, seuls 22 hommes et la femme étaient vivants. La plupart des 123 victimes moururent d'asphyxie ou d'écrasement de leurs os, ou de leurs organes.

Tommy Johns ne dessoûlait plus

Le plus grand nombre de comparutions

Tommy D. Johns (1922-1988) comparut devant la justice de Brisbane, Australie, le 9 septembre 1982, pour la 2 000e fois depuis 1957 pour ivresse publique. Le jour de sa mort, le 30 avril 1988, il avait subi près de 3 000 arrestations (voir aussi le chapitre Homme « Sang »).

La plus longue détention

Rudolf Hess, successeur choisi par Hitler, fut arrêté le 10 mai 1941 à Eaglesham, en Écosse, où il s'était rendu pour des raisons qui n'ont jamais été élucidées. Jugé comme criminel de guerre au cours du procès de Nuremberg, en 1945, il fut déclaré irresponsable en raison de son état mental et emprisonné à la prison de Spandau, à Berlin-Est, jusqu'à sa mort, à 93 ans, après 47 ans de cellule.

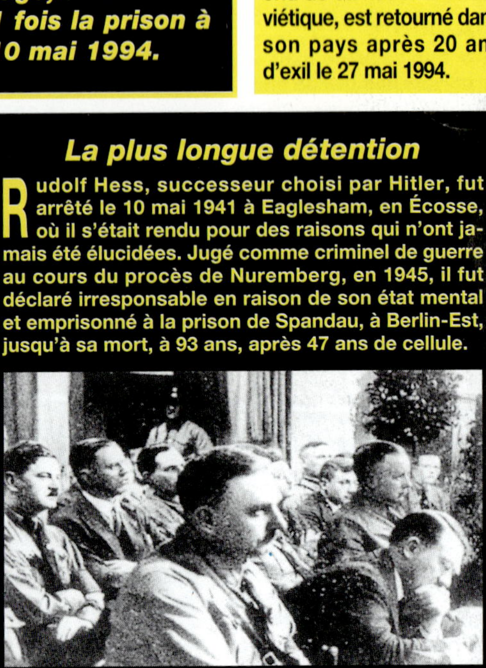

RECORDS GÉNÉRAUX

Les plus anciennes religions

L'ensevelissement des corps était déjà pratiqué il y a 60 000 ans, par l'homme de Néandertal. On en trouve des traces dans la grotte de Shanidar, au nord de l'Irak.

Le plus nombreux clergé

En 1992, l'Église catholique romaine comprenait quelque 155 cardinaux, 4 200 évêques, 1 778 évêques auxiliaires ou coadjuteurs, 403 173 prêtres et 882 111 religieuses de droit pontifical.

France

On compte, en 1994, 3 cardinaux (les deux autres sont à Rome et 1 est à la retraite), 116 évêques (avec diocèses ou auxiliaires), 24 000 prêtres rattachés à un diocèse, 6 000 religieux prêtres et 56 000 religieuses.

CAVALE

Condamné pour le meurtre de deux shérifs adjoints, en 1920, Leonard T. Frisoe fut incarcéré à la prison d'État du Nevada, EU, dont il s'évada le 15 décembre 1923. Après avoir vécu 46 ans sous la fausse identité de Claude Willis, il fut livré, le 15 novembre 1969, aux autorités de Compton, Californie, par son propre fils, alors qu'il était âgé de 77 ans.

Évasion de 11 000 détenus

En février 1979, au début de la révolution islamique en Iran, Arthur « Bull » Simons, colonel en retraite de l'armée américaine, conduisit 14 hommes à l'assaut d'une prison de Téhéran, pour libérer deux de ses compatriotes qui s'y trouvaient enfermés ; 11 000 autres détenus profitèrent de l'occasion pour s'évader.

Par le tunnel

En juillet 1971, Raúl Sendic et 105 autres guérilleros tupamaros (mouvement national de libération uruguayen) s'évadèrent d'une prison locale après avoir creusé un tunnel de 100 m de long.

Évadées 15 fois

Tatyana Mikhaïlovna Russanova, ex-citoyenne soviétique, vit aujourd'hui à Haïfa, Israël. Entre 1943 et 1954, elle s'est évadée à 15 reprises des fameux "camps de travail" institués par Staline.

LA PLUS GRANDE RÉUNION DE FIDÈLES

15 millions d'hindous se sont rassemblés, le 6 février 1989, à Allahabad, Inde, pour le pèlerinage qui s'y tient tous les douze ans.

PRIÈRE

Acharya Prem Bhikshuji (mort le 18 avril 1970) a commencé à psalmodier la prière de l'akhand Rama-Dhoon, à Jamnagar, Inde, le 31 juillet 1964, et les adeptes de sa religion continuaient encore en mai 1992.

RÉCOMPENSE

Une médaille et 877 F par sourate, soit 100 000 F pour les 14 chapitres. C'est la somme offerte par le ministre algérien des Affaires religieuses, Sassi Lamouri, à toute personne capable de réciter par cœur le Coran, livre sacré des Musulmans.

FAUSSE SŒUR

Franck Tavares, alias "sœur Margarita", a vécu dans la peau d'une nonne pendant plus de vingt ans. Âgé de 4 ans, ce bébé de sexe masculin avait été recueilli à la mort de ses parents par des sœurs appartenant au couvent de Saint-Domingue qui, depuis, l'avaient toujours considéré comme une fille jusqu'à ce qu'il enterre sa vie de garçon, débauchant au passage certaines d'entre elles et décide de partir définitivement à l'âge de 36 ans.

BUREAU DE CONTRÔLE DES MIRACLES

De 1946 à 1971, le bureau médical de Lourdes a classé 995 dossiers et retenu 74 guérisons parmi lesquelles 22 miracles ont été proclamés. Au total, sur les 6 000 cas de guérison allégués, le bureau médical a dénombré 2 000 cas de guérisons extraordinaires, non encore déclarées miracles par l'autorité ecclésiastique. Le dernier cas miraculeux de guérison a été reconnu en 1989, il s'agissait d'un cancer des os dont souffrait une fillette italienne âgée de 11 ans.

OBJET SACRÉ

L'objet sacré à la plus grande valeur intrinsèque est la statue en or représentant Bouddha, du XVe siècle, qui se trouve au temple de Wat Trimitr, à Bangkok, Thaïlande. Mesurant 3 m de haut, elle pèse environ 5,5 t. Sa valeur était estimée, en avril 1993, à 42,8 millions de $ (environ 241 millions de F). C'est seulement en 1954 que fut découvert l'or qui se trouve sous une enveloppe de plâtre.

JUDAÏSME

D'après le Centre d'études de l'université de Jérusalem il y a 12 806 000 juifs dans le monde. La plus forte communauté se trouve aux États-Unis, qui comptent environ 6 millions de juifs, dont 1,7 million à New York.

Il y a plus de 4 millions de juifs en Israël, pour une population totale de 4,8 millions d'habitants.

France

On estime qu'en France il y a 650 000 juifs.

Extrême-Orient

En Extrême-Orient, on peut cumuler les religions et être à la fois bouddhiste et shintoïste, comme au Japon, confucianiste taoïste et bouddhiste. Selon les dernières statistiques de 1990, on pouvait dénombrer 307 millions de bouddhistes, 200 millions d'animistes et 20 millions de taoïstes.

RECORDS DE PAPES

LE PONTIFICAT LE PLUS LONG

L'apôtre saint Pierre, né à Bethsaïde en Galilée fut le premier pape, élu par le Christ lui-même en 30, qui le choisit comme chef du collège apostolique. Mort en 64 à Rome, son pontificat aura duré 32 ans.

LE PONTIFICAT LE PLUS COURT

Étienne II (mort en 752). 2 jours.

LES VIES LES PLUS LONGUES

Saint Agathon (mort en 681). 106 ans (probablement exagéré). Élu en 678.

Léon XIII - Gioacchino Pecci (1810-1903). 93 ans 140 jours. Élu en 1878.

LE PLUS JEUNE PAPE ÉLU

Benoît IX (Théophylacte). Élu en 1032, à 12 ans.

LE DERNIER MARIÉ

Adrien II (avant la règle sur le célibat). Élu en 867.

LE DERNIER AVEC ENFANT

Grégoire XIII - Ugo Buoncompagni (1502-1585). Élu en 1572. Il eut un fils.

LE DERNIER NON CARDINAL

Urbain VI - Bartolomeo Prignano (1318-1389). Archevêque de Bari. Élu le 8 avril 1378.

LE DERNIER FRANÇAIS

Benoît XII - Jacques Fournier. Élu en 1334, mort en 1342. Il commença l'édification du palais des Papes, à Avignon.

LES DERNIERS NON ITALIENS

Adrien VI - Adrian Florensz Boeyens (Flamand). Élu le 9 janvier 1522.

Jean-Paul II - Karol Wojtyla (Polonais). Né en 1920, élu en octobre 1978.

L'ÉLECTION LA PLUS LENTE

Grégoire X - Teobaldo Visconti, 31 mois. Février 1269 - 1er septembre 1271.

L'ÉLECTION LA PLUS RAPIDE

Jules II - Giuliano Della Rovere. 1er tour, 21 octobre 1503.

STATISTIQUES

En matière de religion, les statistiques ne sont qu'approximatives. Les religions ne sont pas exclusives et il n'est pas rare de rencontrer des fidèles, en Orient ou en Afrique, qui en pratiquent deux ou même davantage.

Christianisme dans le monde

Le christianisme l'emporte sur toutes les religions, avec 1 833 millions de fidèles en 1992, soit 33,4 % de la population de la planète. En 1992, on dénombrait 1 026 millions de catholiques romains (baptisés).

Islam dans le monde

L'islam (musulmans) compte environ 971 millions de fidèles en 1992 : c'est la religion non chrétienne la plus importante.

Les religions en France

En 1993, la France comptait environ 40 millions de catholiques baptisés. L'islam constituait la deuxième religion, avec 3 millions de fidèles. Il y avait environ 1 million de protestants, dont 850 000 pratiquants.

Sectes

Il y a environ 100 000 sectes dans le monde dont plusieurs centaines en France.

SAINTS

Nombre de saints

La chrétienté recense 2 470 saints (dont 60 saint Jean), parmi lesquels environ les deux tiers sont évidemment italiens ou français.

LE PREMIER SAINT

Le premier, martyr chrétien exécuté 36 ans après la mort de Jésus-Christ, fut saint Étienne.

Canonisation la plus prompte

Saint Pierre de Vérone, Italie, fut canonisé le 9 mars 1253, 337 jours après sa mort, le 6 avril 1252.

Canonisation la plus tardive

Le pape Léon III mourut en 816 et ne fut canonisé qu'en 1673, 857 ans plus tard.

LE PLUS JEUNE SAINT BOUDDHISTE

Confié par ses parents dès l'âge de 4 ans à un monastère bouddhiste du Népal pour qu'il devienne prêtre, Ossian Maclise – que les moines appellent désormais Sangje Nyenpa Rinpoche – originaire du Massachusetts, fut officiellement consacré saint bouddhiste en 1976. Il avait dix ans.

Première femme rabbin à 26 ans

Pauline Bebe a pris ses fonctions de rabbin le 1er septembre 1990 à la synagogue de la rue Gaston-de-Caillavet, à Paris, à l'âge de 26 ans. Elle avait été consacrée rabbin le 8 juillet précédent au Leo Baeck College de Londres, seul séminaire rabbinique d'Europe ouvert aux femmes. En 1993, elle est toujours la seule et unique femme rabbin de France. Plus de 200 femmes aux États-Unis, une dizaine en Grande-Bretagne et 4 en Israël occupent la fonction de rabbin.

Première femme évêque

Barbara Harris a été consacrée évêque de l'Église anglicane, à Boston, Massachusetts, EU, le 11 février 1989, à l'âge de 58 ans.

Prêtrise des femmes

Un vote historique du Synode général d'Angleterre en 1993 autorise l'ordination des femmes. La prêtrise des femmes était déjà admise dans certaines des 27 Églises anglicanes autonomes des États-Unis, du Canada ou de Nouvelle-Zélande. Environ 1 300 femmes diacres anglaises étaient déjà autorisées depuis 1987 à conduire des messes, des baptêmes, des mariages ou des obsèques, à absoudre les péchés ou bénir une assemblée au nom de Dieu. Elles pourront désormais célébrer l'Eucharistie.

CLERGÉ

CARDINALATS LES PLUS TARDIFS

Mgr Georgio da Costa (né au Portugal en 1406, mort à Rome en 1508) fut promu au cardinalat à l'âge de 102 ans.

France

Mgr Henri Sonier de Lubac, né le 20 février 1896, devint cardinal le 2 février 1983, à 87 ans.

CARDINAL À 8 ANS

Luis Antonio de Borbón (né le 25 juillet 1727) devint cardinal le 19 décembre 1735, à l'âge de 8 ans et 147 jours.

LE CARDINAL CONTEMPORAIN LE PLUS JEUNE

De nos jours, le cardinal le plus jeune est Nicolas de Jesus Lopez Rodriguez, né le 31 octobre 1936 en république Dominicaine.

France

Mgr Paul Poupard, né le 30 août 1930, a été promu au cardinalat le 25 mai 1985, à l'âge de 55 ans. Il est actuellement président du secrétariat pour les non-croyants, au Vatican.

L'archevêque le plus âgé

Le plus vieil archevêque catholique romain de ces dernières années fut Edward Howard, archevêque de Portland-in-Oregon, EU (né le 5 novembre 1877), qui mourut à l'âge de 105 ans et 58 jours, le 2 janvier 1983. Il a célébré 27 800 messes.

L'évêque le plus âgé

Mgr Herbert Welch, consacré évêque du Japon et de Corée en 1916 (Église méthodiste), mourut à l'âge de 106 ans, le 4 avril 1969.

Le curé le plus âgé

Le Père Alvaro Fernández (1880-1988) servit comme curé de la paroisse de Santiago de Abres, Espagne, de 1919 à sa mort, à 108 ans.

Le cardinal le plus âgé aujourd'hui

Ignatius Gong Pin-mei, Chine, né le 2 août 1901.

Évêque à 6 mois

Le duc d'York et d'Albany, deuxième fils du roi d'Angleterre George III, fut élu, le 27 février 1764, évêque d'Osnabrück, Allemagne, à l'âge de 196 jours. Il démissionna au bout de 39 ans.

ARCHEVÊQUE DE NOUMÉA À 35 ANS

Mgr Michel Calvet, né le 3 avril 1944, archevêque de Nouméa, Nouvelle-Calédonie, a été consacré évêque le 4 novembre 1979, à 35 ans.

L'évêque de Pontoise

Mgr Thierry Jordan, né le 31 août 1943, à Shanghai, Chine, fut consacré évêque le 13 décembre 1987 (à l'âge de 44 ans) et nommé évêque de Pontoise, Val-d'Oise, le 19 novembre 1988.

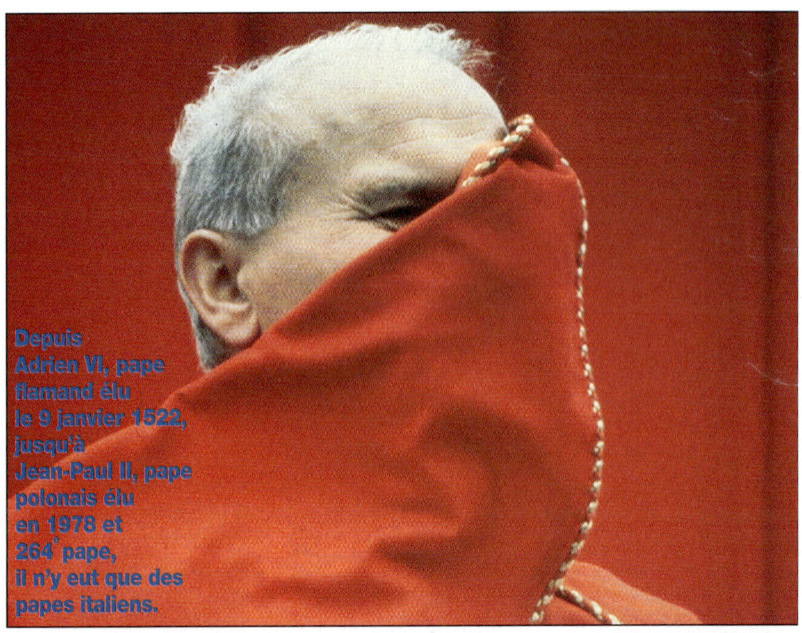

Depuis Adrien VI, pape flamand élu le 9 janvier 1522, jusqu'à Jean-Paul II, pape polonais élu en 1978 et 264e pape, il n'y eut que des papes italiens.

LES PLUS RÉCENTES CANONISATIONS DE FEMMES

Claudine Thévenet, religieuse française née à Lyon le 25 février 1823, fondatrice de la Congrégation des religieuses de Jésus-Marie destinée à l'éducation d'enfants défavorisés, morte en février 1837 fut béatifiée en 1984 par le pape Jean-Paul II. Le 21 mars 1994, le Pape l'a canonisée, en la basilique Saint-Pierre de Rome.

Teresa de Los Andes née à Santiago du Chili le 13 juillet 1900, et morte au monastère de Los Andes à l'âge de 20 ans, fut béatifiée en 1987 et canonisée par Jean-Paul II le 21 mars 1994.

RECORDS GÉNÉRAUX

Élèves, étudiants et enseignants

La France compte 14,1 millions d'élèves et d'étudiants (7,1 millions dans le primaire, 5,9 millions dans le secondaire et 1,1 million dans le supérieur). 892 302 enseignants (dont 65 % de femmes) sont inscrits au budget 1991 du ministère de l'Éducation nationale. La France compte plus de 77 000 établissements scolaires et 72 universités. L'enseignement obligatoire est apparu pour la première fois en Prusse en 1819. Il le devint en France en 1880-1881, sous l'impulsion de Jules Ferry.

Écoles

Le pays qui détient le plus grand nombre d'écoles primaires est la Chine (949 878 en 1989). Saint-Martin a le ratio le plus bas d'élèves / instituteur (5,6 élèves par instituteur). Pour le secondaire, c'est l'Inde qui possède le plus d'écoles (212 810 en 1989). Le territoire indépendant d'Australie, l'île de Keeling, a le meilleur ratio élèves / professeur (6 élèves pour un professeur).

Les meilleures Business school américaines

Selon un classement effectué en 1992 par le magazine Business Week, qui prend en considération les frais de scolarité, le nombre d'offres d'emplois par étudiant, et les appréciations des recruteurs, la meilleure Business school aux États-Unis était la Northwestern University, Kellog, suivie de l'Université de Chicago et de celle de Harvard.

Les plus anciennes universités

■ Les Sumériens, vers 3500 av. J.-C., possédaient déjà des écoles de scribes, les E-Dub-ba. La plus vieille institution d'enseignement existante, l'université de Fès, Maroc, fut fondée en 859. L'université de Bologne, Italie, la plus ancienne d'Europe, date de 1088.

■ La Sorbonne, Paris, fut fondée en 1257, par Robert de Sorbon, pour permettre aux écoliers pauvres d'accéder à l'enseignement.

Les universités les plus fréquentées

■ L'université de New York a accueilli, en 1992, 404 065 étudiants répartis sur 64 campus.

■ L'université de Rome, Italie, fondée en 1303, en comptait 184 000 en 1993.

■ L'université Paris-I (Panthéon-Sorbonne) a accueilli 38 302 étudiants au cours de l'année 1993-1994, et l'université Paris-VI (Pierre-et-Marie-Curie) en a accueilli 33 239.

■ Les 17 universités de la région parisienne, réparties sur 3 académies (Paris, Créteil, Versailles), comptaient 358 305 étudiants.

■ Lyon, Rhône, est la ville de province qui compte le plus d'étudiants : à la rentrée 1993-1994, ils étaient 80 097.

■ Toulouse, Haute-Garonne, comptait 73 453 étudiants et Aix-en-Provence, Bouches-du-Rhône, 70 941.

La plus grande université

Le bâtiment de l'université d'État Lomonosov, sur les collines Lénine (sud de Moscou), s'élève à 240 m de haut, compte 32 étages et 40 000 chambres.

Alphabétisation

Au Pakistan, seulement 29 % des enfants peuvent suivre une scolarité dont la durée varie entre 2 et 3 ans à peine. Ce très faible pourcentage d'alphabétisation est dû à la pauvreté du pays, mais surtout à la prédominance de structures féodales et tribales dans les provinces, comme le Baloutchistan où 2 % des femmes savent lire et écrire. Par comparaison, l'Inde, dont le revenu par habitant est encore plus bas, enregistre un taux de scolarisation de 68 %.

Étudiants

C'est en Inde que l'on trouve le plus grand nombre d'institutions pour l'enseignement supérieur (6 600). En revanche, c'est aux États-Unis qu'il y a le plus d'étudiants (13 711 000 en 1992, soit 5 596 étudiants pour seulement 100 000 habitants).

Les plus longues carrières

■ *Joel Hildebrand (1881-1983), professeur de physique-chimie à l'université de Berkeley, Californie, EU, fut nommé assistant en 1913 et publia son 275e mémoire de recherches, 68 ans plus tard, en 1981.*

■ *Medarda de Jesus Leon de Uzcategui, alias la Maestra Chuca, enseigne à Caracas, Venezuela, depuis 83 ans.*

BAC

457 810 jeunes Français ont été reçus au bac en 1994, en France métropolitaine, soit un taux de réussite de 73,4 %. Le bac professionnel a enregistré le plus fort taux de réussite : 76 %.

Élève itinérant

Wilma Williams, aujourd'hui Mme R. J. Horton, fréquenta 265 établissements scolaires de 1933 à 1943, suivant ainsi les tournées de ses parents, artistes de music-hall aux États-Unis.

Robert de Sorbon, grâce à son influence sur saint Louis, fonda, en 1257, à Paris, le collège qui porte son nom.

La plus grande école

L'école Rizal, à Manille, aux Philippines, comptait, à la rentrée 1992, 16 535 élèves.

Le don le plus élevé à une université

En décembre 1993, Walter Anneberg donna 500 millions de $ à l'école publique américaine, destinés à combattre la violence dans les écoles.

Le plus jeune prof

Colin Mac Laurin (1698-1746) fut élu à la chaire d'université du Marishal College, Aberdeen, EU, à l'âge de 19 ans, comme professeur de mathématiques.

LES PIC DE LA MIRANDOLE

La famille la plus diplômée

M. et Mme Harold Erickson, de Naples, Floride, EU, ont eu la chance de voir leurs 14 enfants (11 garçons et 3 filles) obtenir leurs diplômes universitaires entre 1962 et 1978.

La personne la plus diplômée

Hubert Petit, né le 16 octobre 1951, a obtenu, en 22 ans depuis son bac C en 1969, 22 titres et diplômes universitaires d'enseignements différents dont : licence ès lettres 1973, diplôme de sciences politiques 1975, médecine 1977, droit 1978, économie 1981, statistiques 1981, diplomatie 1982, écologie 1983, langues orientales 1984, premier médecin admis à l'ENA 1985, lauréat du concours d'administrateur européen 1987.

Diplômé le plus tardif

Le 12 janvier 1990, Claude Favey, né le 19 octobre 1906, a été admis au grade de docteur de l'université de droit, d'économie et de sciences sociales de Paris, à l'âge de 83 ans, 2 mois et 25 jours. Le sujet de sa thèse était « Les règles et les limites de la taxation des droits de propriété littéraire et artistique à l'impôt de succession ».

Diplômés les plus précoces

■ *À l'âge de 6 ans et 5 mois, l'Américain Michael Kearney, né en 1984, avait décroché son diplôme de fin d'études secondaires. À 6 ans et 7 mois, il était désigné comme le plus jeune étudiant pré-universitaire. L'université d'Alabama du Sud l'avait autorisé à passer, durant la session de mai 1993, des examens de 3e année d'anthropologie, à l'âge de 8 ans. Le 5 juin 1994, il a obtenu sa licence en anthropologie, à l'âge de 10 ans.*

■ *Le 13 avril 1814, le mathématicien Karl Witte obtint son doctorat de philosophie à l'université de Giessen, Allemagne, à l'âge de 12 ans.*

■ *Adragon Eastwood De Mello (né le 5 octobre 1976), de Santa Cruz, Californie, EU, obtint son titre de bachelor of arts en mathématiques de l'université de Californie le 11 juin 1988, à l'âge de 11 ans et 8 mois.*

■ *Arthur Ramiandrisoa, né le 25 août 1977 à Montpellier, Hérault, a obtenu son baccalauréat, section C, le 4 juillet 1989, à l'âge de 11 ans et 11 mois. Il est également titulaire d'une licence de mathématiques avec la mention bien depuis juin 1991, il était alors âgé de 13 ans et 10 mois. En septembre 1991, les Éditions Fixot ont publié son premier livre :* Mon école buissonnière. *À 14 ans, il a obtenu une maîtrise en mathématiques.*

Jumelles : 2 mentions TB au bac

Les jumelles Claire et Marianne Arnando ont toutes deux obtenu leur baccalauréat 1993, avec la mention très bien : l'une dans la section A, l'autre dans la section C.

LES ÉCOLES LES PLUS CHÈRES

L'École internationale de Gstaad

Les frais de scolarité d'un élève de l'École internationale de Gstaad, Suisse (fondée en 1974), s'élevaient pour l'année 1991-1992, à 300 000 FF.

L'École des arts culinaires et de l'hôtellerie d'Écully

À l'École des arts culinaires et de l'hôtellerie d'Écully (banlieue résidentielle de Lyon) créée en 1990 par Paul Bocuse, les frais de scolarité s'élèvent à plus de 270 000 F pour la scolarité complète de trois ans. Les élèves payent 68 000 F par an de frais de scolarité, auxquels s'ajoutent 1 850 F par mois de loyer pour une chambre, 2 600 F par an de demi-pension, l'achat d'une tenue de cuisine et d'une tenue de service (4 000 F) et d'une mallette de couteaux (1 600 F). Certains élèves peuvent toutefois bénéficier d'une bourse grâce à la Fondation William Saurin. C'est l'école la plus chère de France.

15

SPORTS

RECORDS GÉNÉRAUX

ORIGINES

■ Les sports sont apparus à partir du moment où la survie de l'espèce n'a plus été la seule et unique préoccupation de l'homme. Le tir à l'arc, connu en tant que moyen de chasse au mésolithique (environ 8 000 ans av. J.-C.), n'est devenu un sport organisé que bien plus tard, probablement dès 1150 av. J.-C. ; une compétition de tir à l'arc est décrite dans *L'Iliade* d'Homère, et l'on sait que les Génois en organisaient déjà en l'an 300.

■ La première compétition de lutte est datée de 2750 à 2600 av. J.-C. Des fresques datant du Moyen Empire (2050 av. J.-C.) qui représentent des jeux de balles pratiqués par des jeunes filles ont été trouvées à Beni Hasan, Égypte.

Sport de voyous joué par des gentlemen ? Par opposition au foot, sport de gentlemen joué par des voyous, ce ne sont pas les couleurs du maillot, bleu clair et blanc, qui ont inspiré cette légende, mais un vieux dicton sportif anglais.

LE CLUB LE PLUS ANCIEN

Le HAC, Havre Athletic Club, aurait été créé en 1872, par des sportifs britanniques.

LES VITESSES LES PLUS ÉLEVÉES

■ La plus grande vitesse relevée dans un sport non mécanique, 500 km/h, peut être atteinte par un homme en chute libre en position verticale. Lors de sauts en chute libre dans l'atmosphère raréfiée des hautes altitudes, on a enregistré des vitesses atteignant 1 000 km/h.

■ La balle de pelote basque, qui peut fuser à 300 km/h, atteint la plus grande vitesse de tous les jeux de balle.

■ Une balle de golf expédiée d'un tee peut atteindre la vitesse de 275 km/h.

LES ÉPREUVES QUI ONT DURÉ LE PLUS LONGTEMPS

■ Avant qu'on ne change les règles de la lutte, les combattants pouvaient maintenir une prise si longtemps qu'on a vu un combat durer 11 h 40 mn.

■ Lors d'une compétition de tir à la corde par équipes qui dura 2 h 41 mn, à Jubbulpore, Inde, le 12 août 1889, l'équipe gagnante n'avait, au bout du compte, parcouru que 3,60 m, à la vitesse moyenne de 0,00134 km/h.

LE PARCOURS LE PLUS LONG

L'événement sportif qui réclame l'effort le plus soutenu est le Tour de France cycliste. En 1926, il a duré 29 jours, pour un parcours de 5 743 km ; sa durée a récemment été réduite à 21 jours.

DÉTENTEURS DE RECORDS DU MONDE

Le plus jeune

L'Américaine Gertrude Caroline Ederle (née le 23 octobre 1906) a battu le record du monde du 880 yards (804,58 m) nage libre (en 13' 19") à l'âge de 12 ans et 298 jours, le 17 août 1919, à Indianapolis, Indiana, EU.

Le plus âgé

À l'âge de 41 ans et 71 jours, le 25 mai 1974, l'Allemand de l'Ouest Gerhardt Weidner (né le 15 mars 1933) a établi le record du 20 km marche. Il est le plus vieux recordman du monde reconnu par un organisme international.

Le plus prolifique

Le Soviétique Vassili Alexeïev (né le 7 janvier 1942) a battu 80 records du monde officiels d'haltérophilie entre le 24 janvier 1970 et le 1er novembre 1977.

CHAMPIONS OLYMPIQUES

La plus jeune des Jeux d'hiver

Aux Jeux de Lillehammer en 1994, la Coréenne du Sud Yoon-Mi-Kim a gagné le relais 3 000 m de short track à l'âge de 13 ans et 83 jours. Auparavant, la palme revenait à la Norvégienne Sonja Henie qui avait 15 ans lors de son couronnement en patinage artistique aux Jeux de Saint-Moritz en 1928.

La plus jeune des Jeux d'été

L'Américaine Marjorie Gestring (née le 18 novembre 1922) a remporté, à l'âge de 13 ans et 268 jours, le 12 août 1936, le concours de plongeon au tremplin, aux jeux Olympiques de Berlin, en 1936.

Le plus âgé

Le Suédois Oscar Gomer Swahn (1847-1927) a remporté une médaille d'or à l'âge de 64 ans et 258 jours dans l'épreuve par équipes de tir au cerf courant des jeux Olympiques de 1912.

CHAMPION DU MONDE

La plus jeune

La Chinoise Fu Mingxia est devenue championne du monde de plongeon au tremplin à l'âge de 12 ans, le 4 janvier 1991, à Perth, Australie.

LE CONCURRENT LE PLUS ÂGÉ

À l'âge de 78 ans, William Edward Pattimore (né le 1er mars 1892) a concouru au jeu de boules pour le pays de Galles, lors des Jeux du Commonwealth de 1970. Il est ainsi devenu le plus âgé des participants à quelque événement sportif international que ce soit.

LES PLUS ÉCLECTIQUES

■ Charlotte « Lottie » Dod (1871-1960) a remporté 5 fois le simple dames du tournoi de tennis de Wimbledon, de 1887 à 1893 ; en 1904, elle a gagné le championnat britannique féminin de golf ; en 1908, elle a remporté la médaille d'argent de tir à l'arc aux jeux Olympiques, auxquels elle avait déjà participé en 1900 dans l'équipe féminine de hockey.

■ L'Américaine Mildred « Babe » Zaharias (née Didrikson, 1914-1956) a remporté 2 médailles d'or (80 m haies, javelot) et 1 médaille d'argent (saut en hauteur) aux jeux Olympiques de 1932. Elle a battu les records du monde de ces 3 disciplines en 1930 et en 1932. Elle a joué durant 3 ans dans l'équipe des États-Unis de basket-ball et a détenu le record de lancer au base-ball avec 90,22 m. Passant au golf, elle a remporté le titre féminin amateur des États-Unis en 1946, et l'Open féminin en 1948, 1950 et 1954.

■ Le Britannique Charles Burgess Fry (1872-1956) a probablement été le plus éclectique de tous les sportifs masculins de haut niveau.
Le 4 mars 1893, il égalait le record du monde de saut en longueur avec 7,17 m. Il a joué en 1901 dans l'équipe d'Angleterre de football contre l'Irlande et a fait partie de l'équipe de rugby des Barbarians. Ses plus grands succès, il les a cependant remportés au cricket, restant durant 6 ans le meilleur marqueur de points d'Angleterre. C'était également un très bon pêcheur et joueur de tennis.

LES PLUS LONGS RÈGNES

■ Le Français Jacques-Edmond Barre (1802-1873) est resté durant 33 ans, de 1829 à 1862, champion du monde de jeu de paume.

■ La Britannique Alice Blanche Leigh (1855-1948) est restée championne d'Angleterre de tir à l'arc durant 41 ans, de 1881 à 1922, remportant 23 titres nationaux, dont le dernier à l'âge de 67 ans.

CHAMPIONS DES CHAMPIONS FRANÇAIS

L'athlète Guy Drut (né le 6 décembre 1950) et le cycliste Bernard Hinault (né le 14 novembre 1954) ont remporté 4 fois le titre de champion des champions français, décerné par le journal *L'Équipe*, respectivement en 1972, 1974, 1975, 1976, et de 1978 à 1981.

LES SPORTIFS LES PLUS LOURDS

■ Le lutteur professionnel américain William J. Cobb, de Macon, Géorgie, pesait plus de 360 kg.

■ Le plus lourd joueur de jeu de balle a été le footballeur américain Bob Pointer, 220 kg, membre de l'équipe de la Santa Barbara High School, Californie, EU.

LES PLUS GRANDES AFFLUENCES

■ 2,5 millions de spectateurs se rassemblent le long du parcours du marathon de New York.

■ Pendant les 3 semaines que dure le Tour de France cycliste, environ 12 millions de spectateurs sont massés au bord des routes.

En un seul lieu

Plus de 400 000 personnes se déplacent chaque année pour assister aux 24 Heures du Mans automobiles, dans la Sarthe.

Dans un stade

199 854 spectateurs payants ont assisté au match décisif de la Coupe du monde de football, Brésil-Uruguay, au stade Maracana, à Rio de Janeiro, le 16 juillet 1950.

AUDIENCE

Pour la première fois à Lillehammer, des jeux Olympiques d'hiver ont été suivis à la télévision par plus de 100 pays. Il y en avait seulement 86 pour Albertville en 1992. Pour la première fois également, des images étaient vues en direct en Afrique.

PLUS GRAND NOMBRE DE PARTICIPANTS

■ 180 000 gymnastes ont participé régulièrement aux Spartakiades, à Prague, Tchécoslovaquie, jusqu'en 1989.

■ 100 000 concurrents s'alignent chaque année au départ des 12 km de la course Examiner Bay to Breakers, à San Francisco, Californie, EU. En comptant les participants non officiels, ce nombre a même été estimé à 110 000, le 15 mai 1988.

■ Le championnat international féminin de bowling, qui s'est déroulé sur 96 jours, du 31 mars au 4 juillet 1988, à Reno-Carson City, Nevada, EU, a réuni au total 77 735 participantes.

■ **France**

Le cross du *Figaro*, à Paris, a été disputé par 36 000 concurrents, le 7 décembre 1979. C'est la plus grande épreuve française de ce genre.

LES PLUS GRANDES CATASTROPHES

■ Au moins 604 personnes ont été tuées le 26 février 1918 dans l'effondrement et l'incendie des tribunes lors de la course du Jockey Club, à Hong Kong.

■ Lors du règne d'Antonin le Pieux (138-161), les gradins de bois du cirque Maxime, à Rome, s'effondrèrent pendant un combat de gladiateurs, tuant un millier de spectateurs.

■ Le 15 avril 1989, à Sheffield, GB, 95 personnes ont été tuées lors de la bousculade précédant la demi-finale de la Coupe d'Angleterre de football, Liverpool-Nottingham.

■ Un journal soviétique a affirmé que 340 supporters avaient trouvé la mort en 1982 après un match de football à Moscou.

■ En France, en 1955, lors des 24 Heures du Mans, la Mercedes de Levegh a pris feu après une sortie de route. Le pilote et 82 spectateurs ont été tués.

LES PLUS GROS REVENUS

■ Ce sont les boxeurs professionnels qui, de tous les sportifs, touchent les plus gros gains. Tous les records ont été battus en 1989. Le boxeur américain « Sugar » Ray Leonard a gagné 29,5 millions de $, pour seulement 2 combats dans l'année.

■ En 1990, les sportifs les plus payés ont été trois boxeurs américains : James Buster Douglas (19,5 millions de $), Mike Tyson (14,8) et Evander Holyfield (7,4).

France

Le quadruple champion du monde de Formule 1, Alain Prost, a perçu 6 millions de $ de revenus en 1989. Il était alors le 6e sportif le mieux payé du monde.

À 12 ans, la plongeuse chinoise Fu Mingxia est devenue la plus jeune championne du monde de l'Histoire.

LA VITESSE LA PLUS ÉLEVÉE

Un relevé des temps partiels tous les 10 m, lors de la finale du 100 m des jeux Olympiques de Séoul en 1988, remportée en 9" 79 par le Canadien Ben Johnson (disqualifié par la suite pour dopage) devant Carl Lewis, démontre que les deux coureurs ont atteint la vitesse de pointe de 43,373 km/h, respectivement entre les 40e et 50e m et entre les 80e et 90e m (10 m en 0" 83).

De tous les jeux de balle, c'est le polo qui réclame le terrain le plus grand : 274 m de longueur maximale et 182 m de largeur maximale, soit 5 ha.

Marie-José Pérec est devenue championne d'Europe du 400 m en 1994. Déjà championne du monde en 1991 et championne olympique en 1992, elle a ainsi décroché les trois titres majeurs de sa spécialité.

Nouveau record : 9" 85. Leroy Burrell, le sprinter américain a accompli le 6 juillet 1994 à Lausanne un exploit en battant, d'un centième le record du monde du 100 m que détenait Carl Lewis depuis le 25 août 1991 aux championnats du monde de Tokyo.

ATHLÉTISME

ORIGINES

On a trouvé à Memphis, Égypte, la plus ancienne trace d'une course à pied organisée, datant d'environ 3800 av. J.-C. Les premiers jeux Olympiques précisément datés remontent à 776 av. J.-C.

TITRES OLYMPIQUES

Hommes

■ L'Américain Ray C. Ewry (1874-1937) a remporté un record absolu de 10 médailles d'or au saut en hauteur sans appel, au saut en longueur et au triple saut, en 1900, 1904, 1906 (Jeux non officiels) et 1908.

■ Avec ses deux nouvelles médailles d'or de Barcelone, en 1992, (longueur, 4 x 100 m), le sprinter américain Carl Lewis (né le 1er juillet 1961) a porté quant à lui son capital à 8 médailles d'or plus 1 d'argent). En effet, en 1984 et 1988, il était déjà le meilleur en sprint, longueur ou relais.

Femmes

4 femmes ont remporté 4 médailles d'or : la Néerlandaise Francina « Fanny » Blankers-Koen (née le 6 avril 1918), aux 100 m, 200 m, 80 m haies et relais 4 x 100 m, en 1948 ; l'Australienne Betty Cuthbert (née le 20 avril 1938), aux 100 m, 200 m, relais 4 x 100 m, en 1956, et au 400 m en 1964 ; l'Allemande de l'Est Bärbel Wöckel (née Eckert, le 21 mars 1955) aux 200 m et relais 4 x 100 m en 1976 et 1980 ; l'Américaine Evelyn Ashford (née le 15 avril 1957), aux 100 m en 1984 et 4 x 100 m en 1984, 1988, 1992.

Français

■ 9 athlètes hommes et femmes ont obtenu 10 médailles d'or : Michel Théato au marathon en 1900, Joseph Guillemot (1899-1978) sur 5 000 m en 1920, Mohammed El Ouafi (1899-1959) au marathon en 1924, Alain Mimoun (né le 1er janvier 1921) au marathon en 1956, Guy Drut (né le 6 décembre 1950) au 110 m haies en 1976 et Pierre Quinon (né le 20 février 1962) au saut à la perche en 1984.

■ Chez les femmes, Micheline Ostermeyer (née le 24 décembre 1922) au poids et au disque en 1948, Colette Besson (née le 7 avril 1946) sur 400 m en 1968 et Marie-José Pérec (née le 9 mai 1968) sur 400 m, en 1992.

La Jamaïcaine Merlene Ottey a remporté 10 médailles aux championnats du monde.

LE PLUS GRAND NOMBRE DE VICTOIRES EN UNE CÉLÉBRATION

■ Paavo Nurmi (1897-1973) a remporté 5 médailles d'or en 1924 : 1 500 m, 5 000 m, 10 000 m, 3 000 m par équipes et cross par équipes.

■ En compétition individuelle, le record est de 4 médailles d'or, par l'Américain Alvin C. Kraenzlein (1876-1928) en 1900, aux 60 m, 110 m haies, 200 m haies et saut en longueur.

LE PLUS GRAND NOMBRE DE MÉDAILLES OLYMPIQUES

Hommes

En 3 Jeux (1920, 1924, 1928), le Finlandais Paavo Nurmi a remporté 12 médailles.

Français

Alain Mimoun a remporté 4 médailles olympiques : or au marathon en 1956, argent sur 5 000 m en 1952, sur 10 000 m en 1948 et 1952.

Femmes

■ L'Australienne Shirley de la Hunty (née Strickland le 18 juillet 1925) a remporté 7 médailles en 3 Jeux (1948, 1952, 1956) : trois d'or, une d'argent, et trois de bronze. Une photo d'arrivée récemment découverte démontre qu'elle avait terminé 3e du 200 m, et non 4e, en 1948, ce qui lui confère officieusement 8 médailles.

■ La Polonaise Irena Szewinska (née Kirszenszstein le 24 mai 1946) a également remporté 7 médailles (3 d'or, 2 d'argent, 2 de bronze) en 1964, 1968, 1972 et 1976, ce qui en fait la seule femme à avoir gagné une médaille lors de 4 Jeux successifs.

RÉUNION

À la perche, le 13 février 1993 à Liévin, pour la première fois dans un concours, deux hommes ont franchi 6 m. À savoir Rodion Gataulline et Serguei Bubka.

ÂGES EXTRÊMES AUX JEUX

■ L'Américain Patrick J. McDonald (1878-1954) a remporté une médaille d'or olympique au lancer du poids de 25,4 kg (épreuve supprimée depuis) à l'âge de 42 ans et 26 jours, lors des Jeux d'Anvers, Belgique, le 21 août 1920.

■ Chez les femmes, la Roumaine Lia Manoliu (née le 25 avril 1932) a remporté le lancer du disque à Mexico, le 18 octobre 1968, à l'âge de 36 ans et 176 jours.

■ L'Américaine Barbara Jones (née le 25 mars 1937) faisait partie de l'équipe gagnante du relais 4 x 100 m le 27 juillet 1952 à Helsinki, Finlande, à l'âge de 15 ans et 123 jours.

■ L'Américain Robert Mathias (né le 17 novembre 1930) a remporté le décathlon lors des Jeux de Londres, les 5 et 6 août 1948, à l'âge de 17 ans et 263 jours.

■ L'Américain Charles Paddock, champion olympique du 100 m à Anvers en 1920, avait 20 ans et cinq jours. Il reste le plus jeune vainqueur de la course reine des Jeux.

■ Quant à l'Anglais Linford Christie, il est, depuis 1992 à Barcelone, le plus ancien champion olympique de la spécialité, puisqu'il avait alors 32 ans et 4 mois.

■ Le médaillé olympique le plus âgé, Tebbs Lloyd Johnson (1900-1984), avait 48 ans et 115 jours lorsqu'il termina 3e du 50 km marche en 1948.

■ Chez les femmes, Dana Zatopkova (née le 19 septembre 1922) a terminé 2e du concours du javelot en 1960, à l'âge de 37 ans et 348 jours.

Français

Alain Mimoun a remporté le marathon en 1956, à l'âge de 35 ans et 9 mois.

LE RECORD LE PLUS DIFFICILE À BATTRE

Le record de Jesse Owens (8,13 m au saut en longueur, établi en 1935) n'a été battu, par Ralph Boston, un autre Américain, que 25 ans après, en 1960, avec 8,21 m. Bob Beamon, qui avait battu lui-même ce record, le 18 octobre

1968, avec 8,90 m, n'a pu détenir également le record de longévité. En effet, 23 ans après, en août 1991, Mike Powell atteignit 8,95 m durant les championnats du monde de Tokyo.

CHAMPIONNATS DU MONDE

■ Les championnats du monde ont été inaugurés en 1983 à Helsinki. Ils se déroulent tous les 2 ans.
■ L'Américain Carl Lewis (né le 1er juillet 1961) y a remporté un record de 8 médailles d'or, une d'argent et une de bronze : or aux sauts en longueur, relais 4 x 100 m, 100 m, en 1983 et en 1987, les deux mêmes dernières épreuves en 1991, où il obtint aussi l'argent au saut en longueur, le bronze aux 200 mètres en 1993.
■ Le plus grand nombre de médailles remportées par une femme est de 10 par la Jamaïcaine Merlene Ottey (née le 10 mai 1960) : 2 médailles d'or (4 x 100 m et 200 m) 2 médailles d'argent et 6 médailles de bronze, entre 1983 et 1993.

CHAMPIONNATS D'EUROPE

■ Avec 6 titres, l'athlète la plus titrée est l'Allemande de l'Est Marita Koch, qui fut couronnée sur 400 m, comme dans le relais 4 x 400 m, aussi bien en 1978 qu'en 1982 et 1986.
■ Le Français Jean-Claude Nallet (né le 15 mars 1947) a obtenu 5 médailles : 2 d'or au relais 4 x 400 m en 1969 et au 400 m haies en 1971, 2 d'argent au 400 m en 1969 et au 400 m haies en 1974, 1 de bronze sur 200 m en 1966.

CHAMPIONNATS DE FRANCE

Le plus grand nombre de titres
Lucienne Velu s'imposa à 33 reprises entre 1925 et 1942, au 60 m, 80 m, 200 m, poids et disque.

Hommes
Alain Mimoun, (né le 1er janvier 1921) a remporté 32 titres entre 1947 et 1966. À savoir 8 sur 5 000, 12 sur 10 000, 6 en marathon et 6 en cross-country.

La plus âgée
Nicole Lévêque est devenue en 1994 championne de France du 10 000 m à l'âge de 43 ans.

ÂGES EXTRÊMES DES RECORDMEN DU MONDE

■ La Soviétique Marina Stepanova (née Makeïeva le 1er mai 1950) a battu à l'âge de 36 ans et 139 jours le record du 400 m haies en 52" 94, à Tachkent, URSS, le 17 septembre 1986.
■ Le plus jeune de tous les détenteurs d'un record individuel est la Chinoise Wang Yang (née le 9 avril 1971), qui battit le record féminin du 3 000 m marche en 21' 33" 8 à l'âge de 14 ans et 334 jours à Jian, Chine, le 9 mars 1986.
■ Chez les hommes, le plus jeune des recordmen est Thomas Ray (1862-1904), qui franchit 3,42 m à la perche à l'âge de 17 ans et 198 jours, le 19 septembre 1879 (avant les ratifications officielles IAAF).

LE PLUS GRAND NOMBRE DE RECORDS

Au total
■ L'Ukrainien Serguei Bubka (né le 14 décembre 1963) a battu 35 fois le record du monde du saut à la perche. Ses records ont été établis 17 fois en plein air et 18 fois en salle. Son record en salle remonte au 21 février 1993 à Donetsk où il a passé 6,15 m. En plein air, il a amélioré son record le 31 juillet 1994 à Sestrières (Italie) où il a réussi 6,14 m. Avec ce dernier saut, Bubka a donc franchi plus de 5,90 m à 80 reprises.
■ Le Tchécoslovaque Emil Zatopek en a battu 18, du 5 000 m au 30 km.

En une journée
L'Américain Jesse Owens (1913-1980) a battu 6 records du monde en 45 mn à Ann Arbor, Michigan, EU, le 25 mai 1935 : 9" 4 au 110 yards à 15 h 15 ; 8,13 m au saut en longueur à 15 h 25 ; 20" 3 au 220 yards (et 200 m) à 15 h 45 ; 22" 6 au 220 yards (et 200 m) haies à 16 h. Owens a battu 11 records du monde au total.

Français
■ Michel Jazy (né le 13 juin 1936) a battu 9 records du monde dans 5 spécialités entre le 28 juin 1961 et le 12 octobre 1966, sur 1 mile, 2 000 m, 3 000 m, 2 miles et 4 x 1 500 m. Il a également battu 17 records d'Europe et 48 de France entre 1959 et 1966 sur des distances entre 800 m et 5 000 m.
■ Chez les femmes, Micheline Ostermeyer a battu 19 records de France.

LES PLUS ANCIENS RECORDS FRANÇAIS

■ Le plus ancien record de course est celui du 2 000 m, détenu depuis 1966 par Michel Jazy, en 4' 56" 02.
■ Le plus ancien record de concours est celui du lancer du poids, détenu depuis 1973 par Yves Brouzet, avec 20,20 m.

LA COURSE LA PLUS RAPIDE

■ Le 25 août 1991, lors de la finale du 100 m messieurs des championnats du monde de Tokyo, Japon, 5 coureurs sont descendus en dessous de 10 s, battant chacun leur record personnel.
■ À cette occasion, le record du monde fut battu par Carl Lewis avec 9,86 s, et le record d'Europe par le Britannique Linford Christie en 9,92 s.

LE SAUT LE PLUS HAUT PAR RAPPORT À LA TAILLE

■ L'Américain Franklin Jacobs (né le 31 décembre 1957), mesurant 1,73 m, a sauté 2,32 m, en 1978, soit 59 cm au-dessus de sa taille.
■ Chez les femmes, l'Américaine Cindy Holmes (née le 29 août 1960), qui mesure 1,52 m, a sauté 1,83 m, en 1982, soit 31 cm de plus que sa taille.

5 000 M POUR L'ÉTHIOPIE

En réussissant 12' 56" 96 sur 5 000 m, lors du meeting d'Hengelo aux Pays-Bas, le 4 juin 1994, Hailé Gébrésilasié, déjà champion du monde du 10 000 m, a procuré à l'Éthiopie, son pays, son premier record du monde. À 21 ans, il fait donc mieux que le Marocain Said Aouita, détenteur du record depuis 1987.

Linford Christie, vainqueur du 100 m hommes, aux Jeux d'été de Barcelone, en 1992, puis au Mondial de Stuttgart en 1993, a encore été couronné meilleur Européen en 1994.

Colin Jackson, à droite, a amélioré aux championnats du monde de 1993 le record du monde du 110 m haies de 1 centième de seconde, avec un temps de 12" 91.

LA PLUS GRANDE SUCCESSION DE VICTOIRES

Le record est de 122 victoires consécutives au 400 m haies par l'Américain Edwin Moses (né le 31 juillet 1955) entre sa défaite contre l'Allemand de l'Ouest Harald Schmid (né le 29 septembre 1957) à Berlin, le 26 août 1977 et celle contre l'Américain Danny Harris (né le 7 septembre 1965) à Madrid, le 4 juin 1987. Il a, au total, sauté 7 200 000 haies.

CONCOURS

■ La Roumaine Iolanda Balas (née le 12 décembre 1936) a remporté 140 concours de saut en hauteur consécutifs de 1956 à 1967.

■ L'Américain Carl Lewis a remporté 65 concours de saut en longueur consécutivement, de 1981 à 1991, dont deux victoires aux jeux Olympiques (1984 et 1988) et deux aux championnats du monde (1983 et 1987).

■ Au lancer du disque, l'Américain Al Oerter a été couronné champion olympique à 4 Jeux consécutifs, de 1956 à 1968.

À 30 ans, l'Ukrainien Serguei Bubka a encore amélioré d'un centimètre son record du monde du saut à la perche en plein air. L'exploit a eu lieu lors du meeting de Sestrières où le quadruple champion du monde dépassait les 5,90 m pour la septième fois de la saison. Un exploit qui lui permis de recevoir la Ferrari Spider 348 promise par l'organisateur à l'athlète qui battrait ici un record du monde.

MARATHON

ORIGINES

Le marathon se court sur une distance standard de 42,195 km, depuis 1924. Le marathon a été introduit (sur une distance de 40 km) aux jeux Olympiques de 1896 pour commémorer la course du Grec Philippidès, depuis le champ de bataille de Marathon jusqu'à Athènes, en 490 av. J.-C. Le premier marathon féminin a été organisé aux États-Unis, le 27 septembre 1970.

LES RECORDS

■ Il n'existe pas de record officiel du marathon, les parcours étant d'inégale difficulté. Les records qui suivent sont les meilleurs temps réalisés lors de courses dont la distance exacte a pu être vérifiée.

<u>Hommes</u>
2 h 6' 50" par l'Éthiopien Belaineh Dinsamo (né en 1965), à Rotterdam, le 17 avril 1988.

<u>Femmes</u>
2 h 21' 6" par la Norvégienne Ingrid Kristiansen (née en 1956), à Londres, le 21 avril 1985.

<u>France</u>
2 h 10' 49" par Jacky Boxberger (né le 6 avril 1949), en 1985 ; 2 h 29' 4" par Maria Lelut, en 1991.

LES PLUS LONGUES COURSES À PIED

■ Les courses transcontinentales ralliant New York à Los Angeles de 1928 (5 500 km) et 1929 (5 900 km) furent les deux plus longues courses de tous les temps.

■ L'Américain d'origine finlandaise Johnny Salo (1893-1931), vainqueur en 1929, l'emporta en 79 jours, du 31 mars au 18 juin.

■ La plus longue course annuelle relie Sydney à Melbourne, en Australie. La distance peut légèrement varier d'année en année, mais le record est détenu par le Grec Yiannis Kouros (né le 13 février 1956), en 5 jours 2 h 27 mn 27 s, en 1989, sur une distance de 1 060 km.

LE MARATHONIEN LE PLUS ÂGÉ

■ Le Grec Dimitrion Yordanidis a participé à un marathon à l'âge de 98 ans, à Athènes, le 10 octobre 1976.

■ Le record féminin est détenu par la Néo-Zélandaise Thelma Pitt-Turner, qui a disputé un marathon en 7 h 58 mn, à l'âge de 82 ans, à Hastings, Nouvelle-Zélande.

LE PLUS GRAND NOMBRE DE COUREURS

■ 27 797 coureurs ont terminé le marathon de New York le 1er novembre 1992. Le 21 avril 1991, dans le marathon de Londres, 105 hommes ont réussi en moins de 2 h 20', et 46 en moins de 2 h 15'.

■ 9 femmes ont couru en moins de 2 h 30 mn le premier marathon olympique, à Los Angeles, le 5 août 1984.

COURIR À 5 000 M

Un marathon a été couru le 27 novembre 1987 dans l'Himalaya. Il partait de Gorak Shep, à 5 212 m, pour arriver à Namche Bazar, à 3 444 m. Le premier des 45 concurrents fut le Britannique Stewart Dutfield, âgé de 32 ans, en 4 h 53 mn 10 s.

L'édition 1989 a été remportée en 3 h 59 mn 4 s par Jack Maitland.

LE PLUS GRAND NOMBRE DE MARATHONS

L'Américain Sy Mah (1926-1988) a couru 524 marathons de 1966 à sa mort, toujours au même rythme de 3 h 30 mn chacun.

Le marathon se court sur une distance standard de 42,195 km. Le marathon de New York, qui attire 2,5 millions de spectateurs, est une illustration du succès actuel de cette spécialité.

Recordman du monde du mile le 5 septembre 1993 à Rieti, Italie (3' 44" 39) et du 3 000 m le 2 août 1994 à Monaco (7' 25" 11), l'Algérien Noureddine Morceli.

MARCHE

__Le plus grand nombre de médailles olympiques__
Les épreuves de marche sont devenues disciplines olympiques lors des Jeux officieux de 1906. L'Italien Ugo Frigerio (1901-1968) est le seul à avoir remporté 3 médailles d'or : le 3 000 m en 1920 et le 10 000 m en 1920 et 1924. Il détient aussi le record du nombre total de médailles, 4 (avec 1 de bronze au 50 km en 1932), en compagnie du Soviétique Vladimir Golubnichi (né le 2 juin 1936), qui a gagné la médaille d'or du 20 km en 1960 et 1968, celle d'argent en 1972, et celle de bronze en 1964.

LA COURSE LA PLUS LONGUE

■ Paris-Colmar est, avec un parcours d'environ 520 km, la plus longue course annuelle de marche.

■ En 1994, le Polonais Urbanowski (35 ans) a gagné en améliorant le record de l'épreuve. Il a en effet couvert les 520 km en 61 h 48', soit une moyenne de 8,422 km/h.

■ La première femme à terminer la course a été la Néerlandaise Annie Van der Meer (née le 24 février 1947), qui a fini 10e en 82 h 10 mn en 1983.

CHAMPIONNATS DE FRANCE

Gérard Lelièvre (né le 13 novembre 1951) a remporté 35 titres. ▼

CROSS

ORIGINES

La première grande course a eu lieu le 20 mars 1898 à Ville-d'Avray, aujourd'hui Hauts-de-Seine, sur 14,5 km. Elle a opposé l'Angleterre et la France.

CHAMPIONNAT DU MONDE

■ L'International, créé en 1903, est devenu championnat du monde en 1973. L'Angleterre a remporté 45 titres par équipes chez les hommes, les États-Unis et l'URSS, 8 chez les femmes. En 1988, à Auckland, Nouvelle-Zélande, le Kenya a placé 8 coureurs dans les 9 premiers.

TITRES INDIVIDUELS

■ En remportant son 5e titre mondial de cross-country à Boston, Massachusetts, le Kenyan John N'Gugi a réussi, en mars 1992, une performance unique. En effet, N'Gugi a battu ainsi l'ancien record de 4 victoires qui était codétenu par 3 coureurs (le Français Alain Mimoun, le Belge Gaston Roelants et le Britannique Jack Holden). Il est également champion olympique du 5 000 m à Séoul.

■ Chez les femmes, 5 titres ont été remportés par l'Américaine Doris Brown-Heritage (née le 17 septembre 1942), de 1967 à 1971, et par la Norvégienne Grete Waitz (née Andersen le 1er octobre 1953), de 1978 à 1981 et en 1983.

__France__
Chez les femmes, Annette Sergent a remporté 2 fois le championnat du monde, en 1987 et 1989.

__Le plus grand écart__
L'Anglais Jack Holden a gagné avec 56 s d'avance en 1934.

__Participations__
Le Belge Marcel Van de Wattyne (né le 7 juillet 1924) a couru 20 fois l'International entre 1946 et 1965. Le record féminin est de 16 participations, par la Galloise Jean Lochlead (née le 24 décembre 1946), entre 1967 et 1984.

CHAMPIONNATS DE FRANCE

Noël Tijou (né le 12 décembre 1941) a remporté 8 titres, entre 1967 et 1977, dans cette épreuve créée en 1899.

CROSS DU *FIGARO*

Le Français Jacky Boxberger (né le 6 avril 1949) a remporté 7 fois le Cross des as entre 1974 et 1983.

Le Kenyan John N'Gugi détient le record de 5 titres mondiaux en cross-country. Il est également champion olympique du 5 000 m à Séoul.

RENÉ PILLER AUX 50 KM MARCHE

**Triple champion de France du 50 km marche en 1989, 1990 et 1992, le Franc-Comtois René Piller est aussi devenu recordman du monde de la spécialité.
À Bergen, en réussissant 3 h 41' 28" 2, il effaçait des tablettes le célèbre Mexicain Gonzales.**

AUTOMOBILE

LA PLUS ANCIENNE COURSE

On court encore le RAC Tourist Trophy de l'île de Man, GB, créé le 14 septembre 1905. Le Grand Prix de France existe depuis juillet 1906. Quant à la Targa Florio, elle se court irrégulièrement depuis 1906 en Sicile.

LES PREMIÈRES COURSES

■ Il semble que la première course se soit déroulée en 1878 sur les 323 km qui séparent Green Bay de Madison, Wisconsin, EU.

■ En 1887, le marquis Albert de Dion (1856-1946) remporte la course organisée par le « Vélo-Sport » sur les 31 km correspondant à un aller-et-retour entre le pont de Neuilly et Versailles. Avec son quadricycle, il couvre la distance en 1 h 14 mn, soit une moyenne de 25,800 km/h. Il y eut ensuite, en 1894, le célèbre Paris-Rouen, où le premier prix, partagé entre Panhard-Levassor et Peugeot, permettait aux véhicules à pétrole de prendre l'ascendant sur la vapeur chère à de Dion-Bouton.

■ En 1895, Emile Levassor gagnait le Paris-Bordeaux-Paris à la vitesse moyenne de 24,15 km/h.

■ La première course en circuit fermé s'est déroulée sur 5 tours d'une piste ovale de 1 mile (1 609 m), dans le Rhode Island, EU, le 7 septembre 1896 ; elle fut remportée par A. H. Whiting, sur une Riker électrique.

LES CIRCUITS LES PLUS RAPIDES

■ La vitesse moyenne la plus élevée sur un tour, 403,878 km/h, a été réalisée le 5 mai 1979 sur l'anneau de vitesse de Nardo, Italie, par l'Allemand Hans Liebold (né le 12 octobre 1926) au volant d'une Mercedes C111-IV, voiture expérimentale équipée d'un V8 double turbo de 500 ch.

■ Le circuit routier le plus rapide était l'ancien circuit de 14,1 km de Spa-Francorchamps, Belgique. Le record du tour y fut établi le 6 mai 1973 par le Français Henri Pescarolo (né le 25 septembre 1942), qui couvrit 1 tour en 3' 13" 4 à la vitesse moyenne de 262,461 km/h au volant d'une Matra Simca MS 670 V 12 de 2 993 cm^3.

L'ARRÊT AU STAND LE PLUS RAPIDE

Il n'a fallu que 4 s à l'Américain Bobby Unser (né le 20 février 1934) pour se ravitailler en essence au 10e tour de la course des 500 miles d'Indianapolis, le 30 mai 1976.

AYRTON SENNA

Le monde de la F1 n'avait pas connu de drame depuis 12 ans, puis, ce 1er mai 1994, à Imola, lors du Grand Prix de San Marin, ce fut la catastrophe. Ayrton Senna, le triple champion du monde brésilien, se tuait au volant de sa Williams-Renault. La veille, lors des essais, l'Autrichien Roland Ratzenberger s'était également tué. Ayrton, né le 21 mars 1960, avait remporté 41 victoires en 161 Grands Prix disputés. En onze saisons de formule 1, il était devenu triple champion du monde en 1988, 1990 et 1991, et s'était par ailleurs hissé 65 fois en pole position. Sa meilleure réussite, il l'avait obtenue à Monaco où, après s'être révélé en 1984 sous la pluie, il s'était imposé à six reprises, en 1987 et de 1989 à 1993.

CHAMPIONNAT DU MONDE DE FORMULE 1

Les pilotes les plus titrés

■ Le championnat du monde des pilotes, créé en 1950, a été remporté 5 fois par l'Argentin Juan Manuel Fangio (né le 24 juin 1911), en 1951 et de 1954 à 1957.

Il s'est retiré en 1958, après avoir remporté 24 Grands Prix sur 51 départs.

France

Alain Prost (né le 24 février 1955) a remporté 4 titres mondiaux. À savoir : 3 sur MacLaren en 1985, 1986 et 1989, et 1 sur Williams-Renault en 1993.

LE PLUS GRAND NOMBRE DE VICTOIRES

Alain Prost a remporté 51 Grands Prix en 13 saisons de 1980 à 1993. Dans les 200 Grands Prix disputés, le Français a établi également un record en matière de podium puisqu'il y est monté 106 fois. Il a également marqué un total de points record de 798,5. (Voir « Participations », dans la même rubrique.)

VICTOIRES DANS UNE SAISON

■ Avec 9 victoires en 1992, Nigel Mansell a fait mieux qu'Ayrton Senna, avec 8 succès en 1988. Avec 7 victoires acquises en 1984, Alain Prost se partage la 3e place avec Jim Clark (1963) et Harold Schumacher (au 14 août 1994).

■ En 1963, l'Écossais Jim Clark, alors qu'il n'y avait que 10 Grands Prix dans la saison, avait réussi l'exploit de s'imposer déjà à 7 reprises.

PARTICIPATIONS

■ L'Italien Ricardo Patrese (né le 17 avril 1954) a pris le départ de 255 Grands Prix, de 1977 au Grand Prix de Hongrie 1993 (inclus).

■ Entre 1959 et 1992, A. J. Foyt a pris 35 fois consécutivement le départ. Un record qu'il a dû renoncer à améliorer en 1993, à 58 ans.

◁ ▼ Alain Prost.

VICTOIRES DANS UN MÊME GRAND PRIX

Le Français Alain Prost a remporté 6 fois le Grand Prix du Brésil et 6 fois le Grand Prix de France. Au Grand Prix de Monaco, Ayrton Senna avait fait aussi bien s'imposant en 1987, puis de 1989 à 1993.

"POLE POSITION"

Le Brésilien Ayrton Senna a été 65 fois le meilleur aux essais se plaçant ainsi en tête sur la grille de départ.

VICTOIRES FRANÇAISES EN GRAND PRIX

Maurice Trintignant (né le 30 octobre 1917) a gagné le Grand Prix de Monaco en 1955, première victoire française. Jean-Pierre Jabouille a triomphé en 1979 au Grand Prix de France, à Dijon, Côte-d'Or, pour le premier succès de la Renault équipée d'un moteur turbo.

TITRE POSTHUME

L'Autrichien Jochen Rindt (1942-1970) a remporté le titre en 1970, bien qu'il se soit tué au volant durant la saison.

ÂGES EXTRÊMES

__Les plus jeunes__

■ Le plus jeune champion du monde a été le Brésilien Emerson Fittipaldi (né le 12 décembre 1946), qui fut sacré le 10 septembre 1972, à l'âge de 25 ans et 273 jours.

■ Le plus jeune vainqueur d'un Grand Prix a été le Néo-Zélandais Bruce McLaren (1937-1970), qui a remporté le Grand Prix des États-Unis à Sebring, Floride, le 12 décembre 1959, à l'âge de 22 ans et 104 jours.

__Les plus âgés__

■ Le champion du monde le plus âgé a été Juan Manuel Fangio, sacré le 18 août 1957, à 46 ans et 41 jours.

■ Le vainqueur d'un Grand Prix (avant la naissance du championnat) le plus âgé a été l'Italien Tazio Nuvolari (1892-1953), qui a gagné le Grand Prix de France à Albi, Tarn, le 14 juillet 1946, à l'âge de 53 ans et 240 jours.

■ Le pilote de Grand Prix le plus âgé a été Louis Chiron (1899-1979), qui a terminé 6e du Grand Prix de Monaco, le 22 mai 1955, à l'âge de 55 ans et 292 jours.

ÉCLECTISME

Le Britannique John Surtees, né le 11 février 1934, a gagné 7 titres de champion du monde moto entre 1956 et 1960, et le titre en F1 en 1964.

CONSTRUCTEURS

■ Ferrari partage avec McLaren le record des victoires en Grand Prix avec 104 succès. Le constructeur italien les a obtenus entre 1950 et le 31 juillet 1994 ; quant à McLaren, il s'est pour sa part imposé entre 1966 et 1993.

■ En remportant 15 Grands Prix sur 16 en 1988, McLaren a exercé la plus belle domination jamais vue. Senna a remporté cette année-là 8 victoires et 3 deuxièmes places, et Prost 7 victoires et 7 deuxièmes places.

LES ARRIVÉES LES PLUS SERRÉES

■ Senna (Lotus) a battu Mansell (Williams) de 14 millièmes de seconde à l'arrivée du Grand Prix d'Espagne, à Jérez, le 13 avril 1986.

■ À l'arrivée du Grand Prix d'Italie, à Monza, le 5 septembre 1971, 61 centièmes de seconde séparaient le vainqueur, le Britannique Peter Gethin, du pilote classé 5e.

LA COURSE DE F1 LA PLUS RAPIDE

■ Le Britannique Peter Gethin a remporté le Grand Prix d'Italie, à Monza, le 5 septembre 1971, à la moyenne de 242,675 km/h, au volant d'une BRM.

■ Le tour le plus rapide lors d'une séance d'essais a été établi par le Finlandais Keke Rosberg, sur Williams-Honda, en 1' 5" 59, à la moyenne de 258,80 km/h, le 20 juillet 1985, sur le circuit de Silverstone, GB.

LA COURSE DE F1 LA PLUS LENTE

Juan-Manuel Fangio a remporté le Grand Prix de Monaco 1950 à la moyenne de 99,296 km/h, au volant d'une Alfa-Romeo.

LE CHANGEMENT DE PNEUS LE PLUS RAPIDE

Le changement de pneus le plus rapide a été réussi par l'équipe McLaren lors du Grand Prix d'Allemagne le 25 juillet 1993. Les pneus de la voiture du Brésilien Ayrton Senna ont été ôtés et remis en 4 s 81/1 000.

L'Italien Ricardo Patrese, né le 17 avril 1954, détient pour longtemps le record de participation à des Grands Prix de Formule 1. En effet, entre 1977 et 1993, il en a pas disputé moins de 255. Ci-dessous, à gauche.

500 MILES D'INDIANAPOLIS

ORIGINES

La première édition a eu lieu le 30 mai 1911.

LE PLUS GRAND NOMBRE DE VICTOIRES

3 pilotes ont remporté 4 victoires : les Américains Anthony Joseph Foyt Jr. (né le 16 janvier 1935), en 1961, 1964, 1967, 1977 ; Al Unser Sr. (né le 29 mai 1939), en 1970, 1971, 1978, 1987 ; et l'Américain Rick Mears (né le 3 décembre 1951), qui, en gagnant pour la quatrième fois Indianapolis, en 1991, a égalé le record de Foyt et d'Unser.

Records de vitesse

■ Le Néerlandais Arie Luyendyk l'a emporté le 27 mai 1990, au volant d'une Lola-Chevrolet, en 2 h 41 mn, à la moyenne de 299,3 km/h.

■ Le record sur les 4 tours de qualification est de 362,5 km/h, par le Brésilien Emerson Fittipaldi, le 13 mai 1990, au volant d'une Penske-

RALLYES

LE PREMIER ET LE PLUS LONG

■ Le plus long rallye de tous les temps (31 107 km) fut le rallye Londres-Sydney, organisé du 14 août au 28 septembre 1977, par Singapore Airlines. Il a été remporté par les Britanniques Andrew Cowan, Colin Malkin et Michael Broad au volant d'une Mercedes 280 E.

■ Le plus long rallye couru régulièrement est le Safari Rallye, disputé pour la première fois en 1953 sous le nom de Coronation Rallye, à travers le Kenya, la Tanzanie et l'Ouganda, mais aujourd'hui limité au seul Kenya. La plus longue édition, la 17e, du 8 au 12 avril 1971, se disputa sur 6 234 km. Le Safari Rallye a été remporté 5 fois par Shekhar Metha (né en 1945), en 1973, et de 1979 à 1982.

CHAMPIONNAT DU MONDE

■ Le Finlandais Juha Kankkunen (né le 19 avril 1959) a remporté 4 victoires en 1986, 1987, 1991 et 1993.

■ 3 pilotes ont remporté 2 titres du championnat du monde (créé en 1979) : l'Allemand Walter Röhrl en 1980 et 1982, l'Italien Massimo Biasion en 1988 et 1989 et l'Espagnol Carlos Sainz en 1990 et 1992. Mais c'est le Finlandais Juha Kankkunen qui détient le record avec 3 victoires en 1986, 1987 et 1991.

■ Avec 21 victoires dans des courses comptant pour le championnat, le Finlandais Juha Kankkunen devance ses compatriotes Hannu Mikkola et Markku Alen, seulement vainqueurs à 19 reprises.

■ Le plus grand nombre de victoires en une saison est la propriété de Didier Auriol (né le 18/8/1958) qui a gagné 6 courses en 1992.

■ Au niveau du championnat du monde des constructeurs, le record appartient à Lancia, 11 fois vainqueur entre 1972 et 1992.

PARIS-DAKAR

■ Le Finlandais Ari Vatanen a remporté 4 fois l'épreuve, sur Peugeot en 1987, 1989 et 1990, et sur Citroën en 1991.

■ En moto, Cyril Neveu (né le 20 septembre 1956) a triomphé 5 fois, en 1979, 1980, 1982, 1986 et 1987.

LE RALLYE DE MONTE-CARLO

■ Couru pour la première fois en 1911, il a été remporté 4 fois par 3 pilotes : le Français Jean Trévoux, en 1934, 1939, 1949 et 1951, l'Italien Sandro Munari (né en 1940), en 1972, 1975, 1976 et 1977, et l'Allemand de l'Ouest Walter Röhrl (né le 7 mars 1947), en 1980 et de 1982 à 1984, qui a gagné avec le même coéquipier, Christian Geistdorfer, mais avec 4 voitures différentes.

■ La plus petite voiture à avoir remporté le Monte-Carlo a été la Saab 851 cm³ des Suédois Erik Carlsson et Gunnar Häggbom, le 25 janvier 1962, et celle de Carlsson et Gunnar Palm, le 24 janvier 1963.

Le plus jeune participant

Jean-Laurent Pinatel (né le 12 mai 1907) avait 17 ans quand, sur une Amilcar de 1 100cm³, il participa à l'épreuve en 1925. À ce titre, il en est le plus jeune participant.

CHAMPIONNAT DE FRANCE

L'équipage Didier Auriol-Bernard Occelli a remporté 3 titres, de 1986 à 1988.

Le Finlandais Juha Kankkunen, meilleur conducteur de rallye de tous les temps, dans ses œuvres.

L'Américain Rich Mears a gagné 4 fois Indianopolis ; en 1979, 1984, 1988 et 1991. ◁

INDYCAR

Le 31 juillet 1993, lors des qualifications du Grand Prix du Michigan, à Brooklyn, l'Américain Mario Andretti (53 ans) a battu, sur Lola-Ford, le record de vitesse de l'histoire du Championnat Indycar. Il a, en effet, couvert un tour à la moyenne de 377,018 km/h.

Chevrolet. Le même jour, il a battu le record du tour, à 363,018 km/h.

Le plus grand nombre de participations

■ A.J. Foyt Jr. a pris 35 fois le départ entre 1958 et 1992. Cette dernière année, il était âgé de 56 ans.

France

Jules Goux a triomphé sur Peugeot en 1913, René Thomas en 1914 sur Delage.

24 HEURES DU MANS

ORIGINES

La première édition a eu lieu les 26 et 27 mai 1923.

DISTANCE

■ Le record de distance sur l'ancien circuit est de 5 333,72 km, par l'Autrichien Helmut Marko (né le 27 avril 1943) et le Néerlandais Gijs Van Lennep (né le 16 mars 1942), sur une Porsche 917 K (gr. 5) équipée d'un moteur à 12 cylindres à plat de 4 907 cm³, les 12 et 13 juin 1971.

■ Le record de distance sur le circuit utilisé jusqu'en 1989, 5 332 km, à la moyenne de 221,630 km/h, a été établi les 11 et 12 juin 1988 par le Néerlandais Jan Lammers et les Britanniques John Dumfries et Andy Wallace au volant d'une Jaguar XJR9.

VITESSE

■ Le record du tour a été réalisé en course par J. Olivier sur Porsche en 1971 avec une moyenne de 224,397 km/h. Avec le tracé actuel long de 13,6 km, le record du tour est détenu depuis 1991 par l'Allemand M. Schumacher, sur Sauber Mercedes, avec une moyenne de 227,125 km/h.

■ La plus grande vitesse jamais réalisée en course est de 405 km/h et a été atteinte par Roger Dorchy sur WM Peugeot P88 en 1988 dans la ligne droite des Hunaudières.

■ L'arrivée la plus serrée, entre le 1er et le 2e, date de 1966 et est de 20 m d'écart entre deux Ford.

■ L'écart le plus important enregistré est de 349,808 km entre une Bentley et une Salmson, lors de l'édition de 1927.

■ La plus belle course d'équipe : en 1957, Jaguar a aligné 5 voitures au départ. Les 5 voitures se sont classées 1re, 2e, 3e, 4e et 5e.

FRANÇAIS

Henri Pescarolo (né le 25 septembre 1942) a gagné 4 fois, en 1972, 1973, 1974 (sur Matra) et en 1984 (sur Porsche), et a participé à 28 reprises ce qui est un record.

NOMBRE DE VICTOIRES

Le constructeur allemand Porsche a remporté 13 fois les 24 Heures du Mans, en 1970, 1971, 1976, 1977, 1979, de 1981 à 1987, et en 1994. Le pilote belge Jacky Ickx (né le 1er janvier 1945) a remporté 6 victoires, en 1969, 1975, 1976, 1977, 1981 et 1982.

Les 24 Heures du Mans, la plus belle des épreuves d'endurance. Le record du tour est détenu depuis 1991 par Schumacher, avec une moyenne de 227,125 km/h.

Le Britannique Steven Redgrave aux 7 records du monde.

VITESSES EN EAU DORMANTE

■ Le record de vitesse en eau dormante (sans courant ni marée) est de 5' 27" 14 sur 2 000 m (à 22 km/h de moyenne), réalisé le 17 juin 1984 par un huit américain à Lucerne, Suisse.
■ Un huit américain du Penn AC a été chronométré en 5' 18" 8 (22,6 km/h de moyenne) sur la Meuse, en Belgique, lors des championnats de la FISA, le 17 août 1930.

BADMINTON EN FRANCE

En 10 ans, le badminton est passé du 27e au 8e rang dans la pratique des sports scolaires (UNSS). De plus, il a bénéficié de la plus importante progression dans le nombre de ses licenciés, passant de 6 100 à 20 000, soit 27 % de plus par an en moyenne.
Christian Badou (né le 4 juillet 1942) a été champion de France de 1966 à 1976. Anne Méniane (née le 11 juin 1959) a été championne de France en 1982, 1984, 1985 et 1986. Le Racing Club de France a remporté 6 titres dans les années 1980.

TRAVERSÉE DE LA MANCHE

Le 14 juillet 1989, une yolette de mer de la Société d'émulation nautique de Boulogne-sur-Mer, Pas-de-Calais, dirigée par quatre rameurs et un barreur, a traversé la Manche en 3 h 7 mn 39 s, entre Douvres, GB, et la plage de Wissant, Pas-de-Calais.

AVIRON

ORIGINES

■ On peut lire sur la stèle du sphinx d'Amenhotep II (1450-1425 av. J.-C.) que le pharaon rama sur un vaisseau durant quelques kilomètres.
■ Des régates de bateaux à rames se sont déroulées à Venise en 1300.
■ En Grande-Bretagne, la première course à la rame en couple a eu lieu dans les années 1700.

<u>Oxford-Cambridge</u>
Cette course universitaire d'aviron (créée en 1829) oppose chaque année Oxford à Cambridge, GB, sur la Tamise. Cambridge a remporté 71 des 140 éditions disputées jusqu'en 1994, contre 68 à Oxford, et une égalité en 1877, sur les 6,779 km du parcours.

JEUX OLYMPIQUES

6 rameurs ont remporté 3 médailles d'or olympiques : l'Américain John Kelly (1889-1960), père de Grace Kelly, princesse de Monaco, en skiff en 1920 et en double-scull en 1920 et 1924 ; son cousin Paul Vincent Costello (né le 27 décembre 1894), en double-scull en 1920, 1924 et 1928 ; le Britannique Jack Beresford Jr. (1899-1977), en skiff en 1924, en quatre sans barreur en 1932 et en double-scull en 1936 ; le Soviétique Viatcheslav Ivanov (né le 30 juillet 1938), en skiff en 1956, 1960 et 1964 ; l'Allemand de l'Est Siegfried Brietzke (né le 12 juin 1952), en deux sans barreur en 1972 et en quatre sans barreur en 1976 et 1980 ; le Finlandais Pertti Karppinen (né le 17 février 1953), en skiff en 1976, 1980 et 1984.

<u>Français</u>
■ Gaston Mercier et Raymond Salles, barrés par Bernard Malivoire, ont remporté la médaille d'or en deux barré en 1952, tout comme l'équipage du quatre sans barreur, en 1900, et le skiffeur Pierre Barrelet, en 1900 également.

CHAMPIONNATS DU MONDE

■ Distincts des jeux Olympiques, ils ont eu lieu à partir de 1962, d'abord tous les 4 ans, puis annuellement à partir de 1974, excepté les années olympiques.
■ 7 rameurs d'Allemagne de l'Est et 4 Italiens ont remporté 6 médailles aux championnats du monde et aux jeux Olympiques : les jumeaux Bernd et Jörg Landvoigt (nés le 23 mars 1951) ; Joachim Dreifke (né le 26 décembre 1952) ; Karl-Heinz Bussert (né le 8 janvier 1955) ; Ulrich Diessner (né le 27 décembre 1954) ; Siegfried Brietzke (né le 12 juin 1952) ; Wolfgang Mager (né le 24 août 1952) ; le deux barré des frères italiens Giuseppe (né le 24 juillet 1959) et Carmine (né le 5 janvier 1962) Abbagnale, également champion olympique en 1984 et 1988 ; et, dans les épreuves réservées aux poids légers, les Italiens Francesco Esposito (né le 4 mars 1955) et Ruggero Verroca (né le 3 janvier 1961).
Chez les femmes, Jutta Behrendt (née Hahn le 15 novembre 1960) a remporté 6 médailles d'or.
■ Trois rameurs ont remporté 5 victoires en skiff : l'Allemand de l'Ouest Michael Kolbe (né le 2 août 1953) en 1975, 1978, 1981, 1983 et 1986 ; Pertti Karppinen en 1979 et 1985, en plus de ses 3 titres olympiques (voir ci-contre) ; et l'Allemande de l'Est Christine Hahn (née Scheiblich le 31 décembre 1954), en 1974, 1975, 1977, 1978, plus un titre olympique en 1976.

<u>Français</u>
■ René Duhamel et Bernard Monnereau sont devenus champions du monde du double-scull à Lucerne en 1962. 3 titres ont été remportés par des Français lors des Mondiaux de Roudnice (Rép. tchèque) en septembre 1993. En effet, en deux sans barreuse, Hélène Cortin et Christine Gossé sont devenues championnes du monde, tout comme, en deux de couple, Yves Lamarque et Samuel Barathay, et en quatre sans barreur Daniel Fauché, Philippe Lot, Michel Andrieux et Jean-Christophe Roland.

DIVERS

■ Jean Séphériadès a remporté 5 titres français et 1 titre européen (1947) en skiff.
<u>24 heures</u>
Peter Halliday, Paul Turnbull, Mike Skerry, Belinda Goglia et Margaret Munneke, d'Australie, ont parcouru 217,6 km à la rame, les 26 et 27 janvier 1992.
<u>En skiff</u>
Luc Portes a parcouru 229,800 km en skiff en 24 h sur le lac du Bocage, à Fenouillet, Haute-Garonne, les 12 et 13 octobre 1991.

BADMINTON

ORIGINES

Un jeu similaire était pratiqué en Chine au IIe millénaire av. J.-C. Le jeu actuel aurait été développé vers 1870 au Badminton Hall d'Avon, demeure des ducs de Beaufort, ou à partir d'un jeu pratiqué aux Indes. Les premières règles modernes ont été édictées en 1876 à Puna, Inde.

CHAMPIONNATS DU MONDE PAR ÉQUIPES

■ L'Indonésie a remporté 8 victoires (1958, 1961, 1964, 1970, 1973, 1976, 1979, 1984) au championnat international masculin, la Coupe Thomas (créée en 1948).
■ Le Japon (1966, 1969, 1972, 1978, 1981) et la Chine (1984, 1986, 1988, 1990, 1992) ont remporté 5 victoires au championnat international féminin, la Coupe Uber (créée en 1956).

LA PARTIE LA PLUS BRÈVE

Lors de la Coupe Uber 1969, à Tokyo, la Japonaise Noriko Takagi a battu l'Indonésienne Poppy Tumengkol en 9 mn.

LES PLUS LONGS ÉCHANGES

Lors de la finale 1987 du championnat international d'Angleterre, le Danois Morten Frost et l'Indonésien Icuk Sugiarto ont accompli deux échanges successifs de plus de 90 coups.

NOMBRE DE VOLANTS

La violence des coups était telle que 182 volants ont été utilisés en 1 h 6 mn lors de la finale du championnat indien de 1986, où Syed Modi triompha de Vimal Kumar, 15/12, 15/12.

BASE-BALL
LANCER LE PLUS LONG

Chez les hommes, il est de 135,90 m, par Glenn Edward Gorbous, le 1er août 1957. Chez les femmes, de 90,20 m, par Mildred Ella « Babe » Didrikson (1914-1956), le 25 juillet 1931.

BASE-BALL

ORIGINES

En 1700, le révérend Thomas Wilson, de Maidstone, Kent, GB, écrivait qu'il était choquant que l'on joue le dimanche au base-ball. C'est à Hoboken, New Jersey, EU, le 19 juin 1846, que l'on a joué pour la 1re fois selon les règles de Cartwright (Alexander Joy Cartwright Jr., 1820-1892).

LE COUP DE CIRCUIT LE PLUS LONG

Le 4 juillet 1929, lors d'un match en Californie, Roy Edward « Dizzy » Carlyle (1900-1956) a réalisé un coup de circuit de 188 m.

LA COURSE LA PLUS RAPIDE

13,3 s ont suffi à Ernest Evar Swanson (1902-1973) pour faire le tour des bases à la vitesse de 29,7 km/h, en 1932, à Columbus, Ohio, EU.

LA BALLE LA PLUS RAPIDE

Lynn Nolan Ryan (né le 31 janvier 1947), de l'équipe des California Angels, a lancé sa balle à la vitesse de 162,3 km/h, le 20 août 1974, au stade d'Anaheim, Californie.

LE CLUB LE PLUS CHER

Un groupe d'investisseurs américains a offert en 1993, la somme record de 173 millions de $ pour le rachat de l'équipe des Baltimore Orioles. Le précédent record appartenait aux Seattle Mariners, avec 106 millions de $.

L'Américain Ryne Sandberg, lanceur des Chicago Cubs, a signé un contrat de 28,4 millions de $ pour 4 ans, le 2 mars 1992.

LE CLUB FRANÇAIS LE PLUS TITRÉ

Le Paris Université Club (PUC) a remporté 10 titres de champion de France.

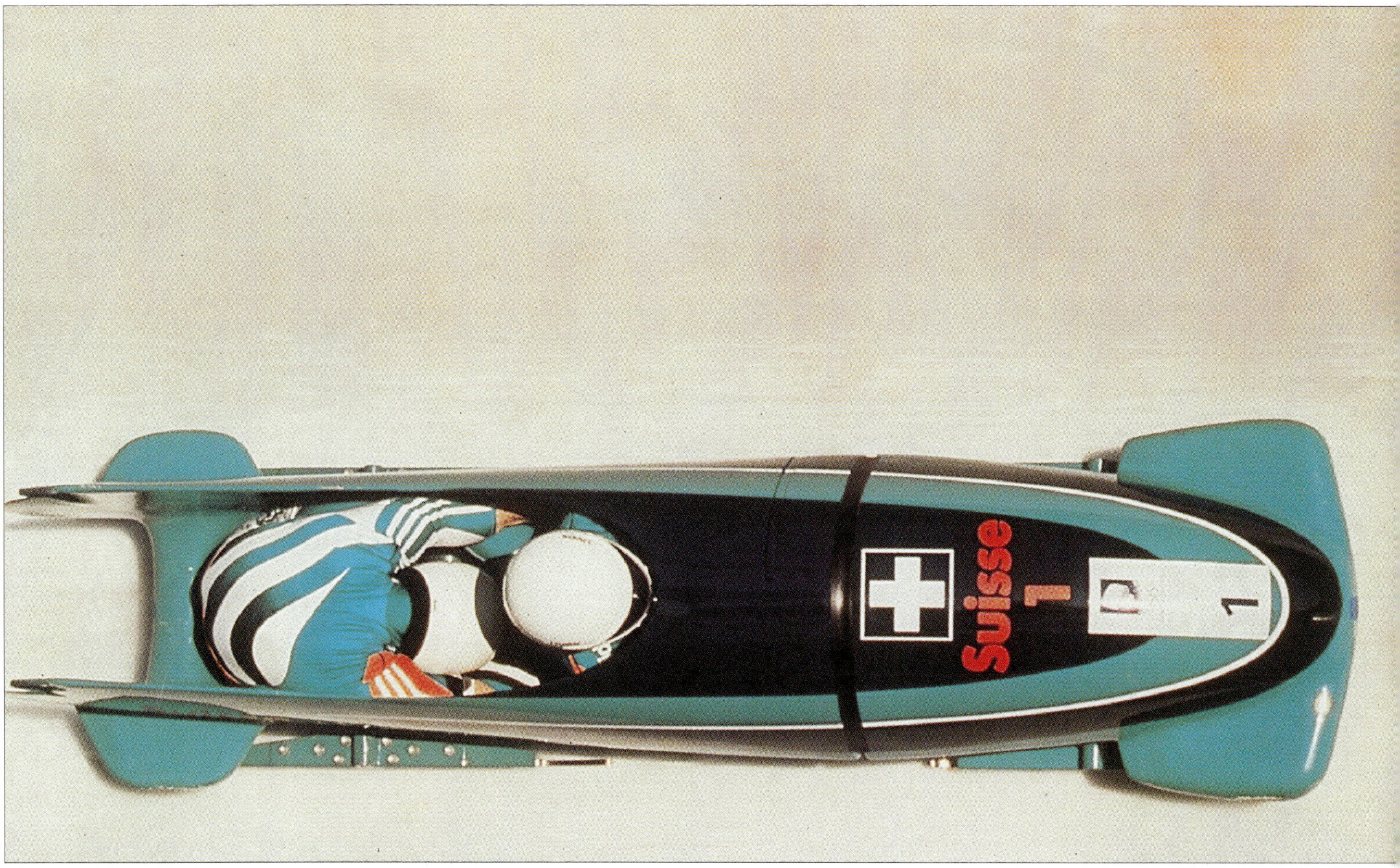

BASKET-BALL

Voir double page suivante.

BILLARD

ORIGINES

- La première mention connue d'un billard remonte à 1429, en France. Le roi Louis XI aurait eu un billard de table. Les bandes en caoutchouc ont été introduites en 1835. En 1855, à San Francisco, le Français Damon a affronté l'Américain Phelan.
- Le billard français à 3 bandes, sans trous, date quant à lui de 1878. L'Union mondiale de billard (UMB) a été fondée en 1928.

UMB

Le Belge Raymond Ceulemans (né le 12 juillet 1935) a gagné 19 titres de l'UMB : de 1963 à 1966, de 1968 à 1973, de 1975 à 1981, en 1983 et en 1985.

JOUEUR LE PLUS TITRÉ

Américain William F. Hoppe (1887-1959) a remporté 51 championnats de toutes sortes de 1906 à 1952.

BOBSLEIGH

ORIGINES

Le plus ancien traîneau connu est originaire de Heinola, Finlande, et date de 6500 av. J.-C. La première course de bobsleigh a eu lieu à Davos, Suisse, en 1889. La Fédération internationale de bobsleigh a été fondée en 1957.

Femmes

Les Bordelaises Patricia Lionel et Michèle Renard sont les premières Françaises à s'engager dans cette discipline.

LES PLUS TITRÉS

JEUX OLYMPIQUES

- **L'épreuve du bob à quatre (créée en 1924) a été remportée 5 fois par la Suisse : 1924, 1936, 1956, 1972 et 1988. L'épreuve du bob à deux (qui date de 1932) a été remportée 3 fois par la Suisse : 1948, 1980 et 1992.**
- Le record de médailles d'or pour un seul participant est de 3, par les Allemands de l'Est Reinhardt Nehmer (né le 13 juillet 1941) et Bernhardt Germeshausen (né le 21 août 1951) en bob à deux en 1976, et en bob à quatre en 1976 et 1980. L'Italien Eugenio Monti (né le 23 juillet 1928) a remporté 6 médailles (2 d'or, 2 d'argent, 2 de bronze) de 1956 à 1968. Mais dans l'absolu, jeux Olympiques, championnats du monde et d'Europe confondus, le plus titré est devenu, en 1994, le Suisse Gustav Weder. Champion olympique en bob à 2, en 1994, comme en 1992, il compte en effet 13 succès au sommet.

Championnats du monde

Le titre mondial de bob à quatre, créé en 1924, a été remporté 20 fois par la Suisse (Jeux inclus). Le titre de bob à deux a été remporté 16 fois par la Suisse. Eugenio Monti a été 11 fois champion du monde, de 1957 à 1968.

LUGE

Sur une luge, le coureur doit être assis, et non couché sur le ventre. Les compétitions officielles ont débuté en 1881, à Klosters, Suisse.

ORIGINES

- Les premiers championnats européens ont eu lieu en 1914, à Reichenberg, Allemagne, et les premiers championnats du monde à Oslo, en 1953.
- La Fédération internationale de luge a été créée en 1957, et la luge est devenue sport olympique en 1964.

LES PLUS TITRÉS

Hommes

Les Allemands de l'Est Thomas Kölher (né le 25 juin 1940) et Hans Rinn (né le 19 mars 1953) sont les deux lugeurs les plus titrés. Kölher a été champion du monde en solo en 1962, 1964 (titre olympique), 1965 et 1967, et en biplace en 1967 et 1968 (titre olympique). Rinn a été champion olympique en biplace en 1976 et 1980, champion du monde en 1977 et 1980, et champion du monde solo en 1973 et 1977.

Femmes

- L'Allemande de l'Est Margit Schumann (née le 14 septembre 1952) a remporté 5 titres mondiaux, de 1973 à 1977, y compris le titre olympique de 1976.
- L'Allemande de l'Est Steffi Walter (née le 17 septembre 1962) est la seule à avoir remporté 2 titres olympiques en solo, en 1984 et 1988.

LA PLUS GRANDE VITESSE

Le Norvégien Asle Strand a été chronométré à 137,4 km/h le 1er mai 1982, à Tandalens Linbana, Suède.

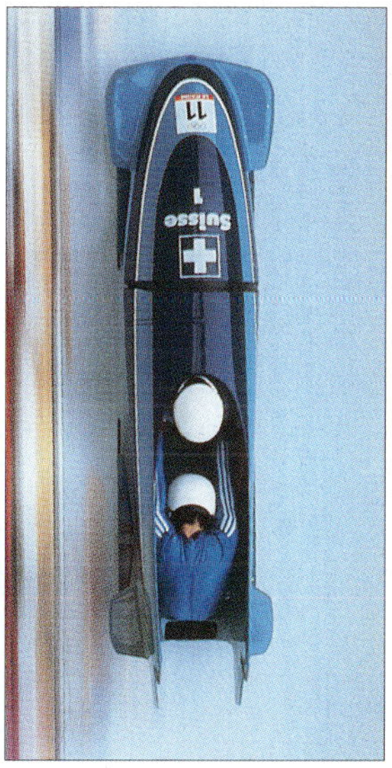

Les Suisses sont les champions incontestés de bobsleigh. Les meilleures françaises sont les Bordelaises.

Le plus titré des champions de bobsleigh est le Suisse Gustav Weder, depuis 1994. Photo en haut.

BASKETBALL

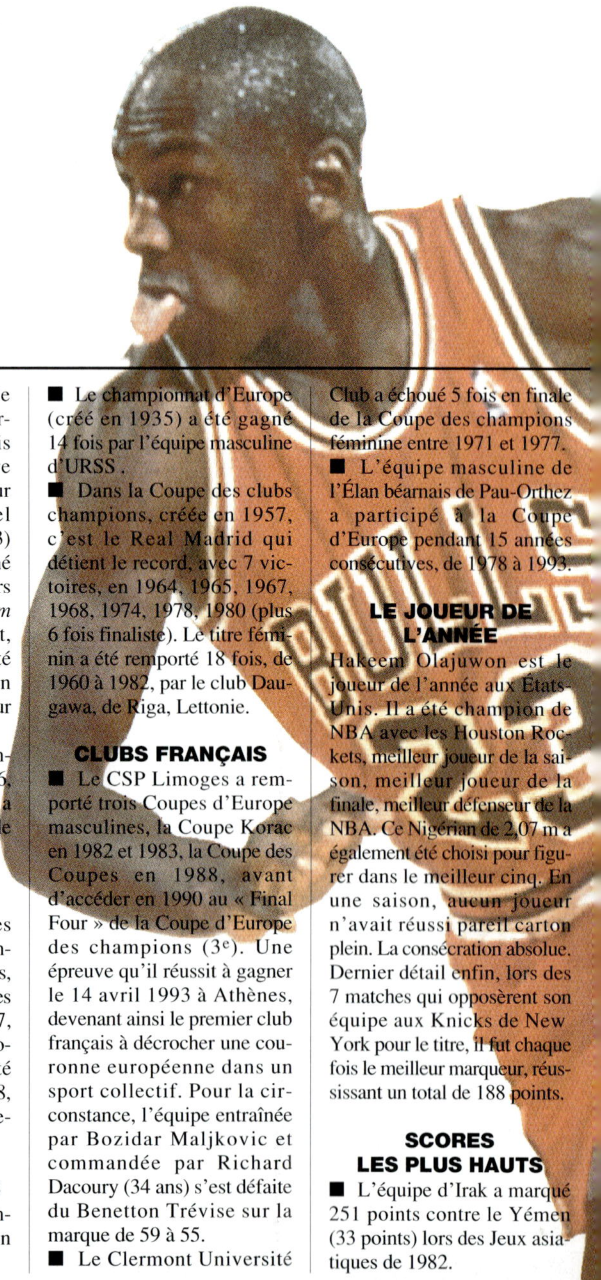

Créé aux États-Unis en 1891, pour remplacer les séances de gymnastique en salle, l'hiver, le basket-ball a été introduit aux jeux Olympiques messieurs en 1936 et aux jeux Olympiques dames en 1976 seulement.

ORIGINES

■ Le jeu de *pok-ta-pok*, très proche du basket dans son idée, était pratiqué au Mexique au Xᵉ siècle av. J.-C. Une variante de ce jeu dénommée *ollamalitzli* était jouée par les Aztèques dès le XVIᵉ siècle. Si un joueur réussissait à lancer la balle de caoutchouc dur dans un anneau en pierre, il pouvait alors réclamer leurs vêtements aux spectateurs. Le basket-ball moderne (probablement basé sur le *Korbball* germanique) a été inventé à la mi-décembre 1891 par James A. Naismith (1861-1939), à l'International YMCA College de Springfield, Massachusetts, EU. Le premier match a été disputé en 1892.

■ La Fédération internationale amateur de basket-ball (FIBA) a été fondée en 1932 ; elle a aujourd'hui supprimé le mot « amateur » de son intitulé.

TITRES OLYMPIQUES

■ Les États-Unis ont remporté 10 titres olympiques. De 1936, date de l'entrée du basket-ball aux Jeux, à 1972, l'équipe des États-Unis a gagné 63 matches olympiques consécutifs. Sa première défaite a eu lieu à Munich, en 1972, au cours d'une finale acharnée contre l'URSS, perdue 50 à 51. Les États-Unis ont remporté leur 10ᵉ titre en 1992. Cette année-là, leur équipe, forte de Michael Jordan (né le 17 février 1963) et autres Magic Johnson (né le 14 août 1959) est d'ailleurs devenue la *Dream Team* (l'équipe de rêve). En effet, les Américains ont remporté tous leurs matches avec un écart moyen de 43,5 points sur leurs adversaires.

■ Le titre féminin a été remporté 3 fois par l'URSS (1976, 1980 et 1992). Le Brésil l'a décroché à la surprise générale en 1994.

TITRES MONDIAUX

L'URSS a remporté 3 titres (1967, 1974, 1982) aux championnats du monde masculins, disputés depuis 1950, et 6 titres féminins (1959, 1964, 1967, 1971, 1975, 1983). La Yougoslavie a également remporté 3 titres masculins (1970, 1978, 1990), les États-Unis également en 1954, 1986 et 1994.

TITRES EUROPÉENS

■ Le titre féminin a été remporté 3 fois par l'URSS en 1976, 1980 et 1992.

■ Le championnat d'Europe (créé en 1935) a été gagné 14 fois par l'équipe masculine d'URSS .

■ Dans la Coupe des clubs champions, créée en 1957, c'est le Real Madrid qui détient le record, avec 7 victoires, en 1964, 1965, 1967, 1968, 1974, 1978, 1980 (plus 6 fois finaliste). Le titre féminin a été remporté 18 fois, de 1960 à 1982, par le club Daugawa, de Riga, Lettonie.

CLUBS FRANÇAIS

■ Le CSP Limoges a remporté trois Coupes d'Europe masculines, la Coupe Korac en 1982 et 1983, la Coupe des Coupes en 1988, avant d'accéder en 1990 au « Final Four » de la Coupe d'Europe des champions (3ᵉ). Une épreuve qu'il réussit à gagner le 14 avril 1993 à Athènes, devenant ainsi le premier club français à décrocher une couronne européenne dans un sport collectif. Pour la circonstance, l'équipe entraînée par Bozidar Maljkovic et commandée par Richard Dacoury (34 ans) s'est défaite du Benetton Trévise sur la marque de 59 à 55.

■ Le Clermont Université Club a échoué 5 fois en finale de la Coupe des champions féminine entre 1971 et 1977.

■ L'équipe masculine de l'Élan béarnais de Pau-Orthez a participé à la Coupe d'Europe pendant 15 années consécutives, de 1978 à 1993.

LE JOUEUR DE L'ANNÉE

Hakeem Olajuwon est le joueur de l'année aux États-Unis. Il a été champion de NBA avec les Houston Rockets, meilleur joueur de la saison, meilleur joueur de la finale, meilleur défenseur de la NBA. Ce Nigérian de 2,07 m a également été choisi pour figurer dans le meilleur cinq. En une saison, aucun joueur n'avait réussi pareil carton plein. La consécration absolue. Dernier détail enfin, lors des 7 matches qui opposèrent son équipe aux Knicks de New York pour le titre, il fut chaque fois le meilleur marqueur, réussissant un total de 188 points.

SCORES LES PLUS HAUTS

■ L'équipe d'Irak a marqué 251 points contre le Yémen (33 points) lors des Jeux asiatiques de 1982.

Michael Jordan, la star de la fameuse *Dream Team*, équipe américaine qui a survolé le sport roi de ces dernières années. Il détient aussi le record de points marqués en play-offs : 3 850 en 111 matches entre 1984 et 1993.

Lors des 7 matches qui opposèrent, en 1994, l'équipe de Hakeem Olajuwon aux Knicks de New York pour le titre, Hakeem fut chaque fois le meilleur marqueur, réussissant un total de 188 points.

■ En match de championnat national américain, les Detroit Pistons ont battu les Denver Nuggets 186 à 184, le 13 décembre 1983, soit un total de 370 points. Une prolongation avait été nécessaire, les équipes étant à égalité 145 à 145 au bout du temps réglementaire.

■ Le 11 janvier 1984, les Denver Nuggets ont battu les San Antonio Spurs 163 à 155, soit un total de 318 points dans le temps réglementaire.

__France__

■ Tours a battu Jœuf 154 à 107, le 20 mars 1976, en championnat de France.

■ Lors du tournoi de qualification olympique, en juin 1992, les États-Unis ont écrasé les Cubains 136 points à 57, créant le plus gros écart jamais réalisé à ce niveau de compétition internationale.

CHAMPIONNAT DE FRANCE

■ Le titre masculin, créé en 1921, a été remporté 15 fois par Villeurbanne entre 1949 et 1981. Alain Gilles (né le 5 mai 1945) en a gagné 8.

■ Le Clermont Université Club a gagné 13 titres féminins de 1968 à 1981, en restant invaincu de 1969 à 1973. Maryse Salloix-Dusseaulx a gagné 12 titres.

MEILLEURS MARQUEURS

__En un match__

■ Au cours d'un match du championnat national américain, le record individuel de 100 points a été réalisé par Wilton N. Chamberlain, le 2 mars 1962.

■ Jean-Pierre Staelens a inscrit 71 points pour Denain, face à Valenciennes, le 4 mars 1967, lors d'un match de championnat de France.

■ En équipe de France, Hervé Dubuisson (né le 8 août 1957) a marqué 51 points contre la Grèce, à Cherbourg, Manche, le 21 novembre 1985.

__Dans une carrière__

■ L'Américain Karim Abdul Jabbar (ex-Lewis Ferdinand Alcindor), né le 16 avril 1947, a marqué 38 887 points, dont 15 837 lancers francs, au cours de sa carrière, en 1 560 matches, de 1969 à fin 1989.

■ L'Américain Wilton Chamberlain détient la moyenne record de 30,1 points par match, pour un total de 31 419 points. Durant sa saison record, en 1962, pour Philadelphie, il a marqué 4 029 points.

■ Le Français Hervé Dubuisson a inscrit 11 606 points entre 1974 et 1993.

SÉLECTIONS

■ En équipe de France, Hervé Dubuisson a été sélectionné 254 fois en équipe de France.

■ Paoline Ekambi a été sélectionnée 254 fois chez les femmes.

LES JOUEURS LES PLUS GRANDS

Suleiman Ali Nashnush, né en 1943, aurait mesuré 2,45 m lorsqu'il jouait pour l'équipe libyenne en 1962. Le Soudanais Manute Bol, né le 16 octobre 1962, est par la taille, le plus grand joueur de basket vivant. Ce Soudanais, jouant dans l'équipe des Washington Bullets et dans celle des Golden State Warriors, mesure 2,30 m. Il fit ses débuts professionnels en 1985. ▼

__France__

Jean-Claude Lefebvre (né en 1937) mesure 2,18 m. Il a joué pour le Racing Roanne, puis pour Compiègne.

__Femmes__

La Soviétique Ouliana Semenova (née le 9 mars 1952) mesure 2,18 m et pèse 127 kg.

LE TIR LE PLUS LONG

L'Américain Bruce Morris a réussi un panier à 28 m de distance, le 8 février 1985, lors du match Marshall University contre Appalachian State University.

LANCERS FRANCS

Le record du monde du plus grand nombre de lancers francs consécutifs réussis appartient au basketteur américain Ted Saint Martin qui, le 25 juillet 1977, en a passé 2 036.

Le CSP Limoges a remporté trois Coupes d'Europe masculines, la Coupe Korac en 1982 et 1983, la Coupe des Coupes en 1988, avant d'accéder en 1990 au « Final Four » de la Coupe d'Europe des champions (3e).

PANIER LE PLUS CHER

C'est lors d'un concours de tir organisé par les Chicago Bulls que, le 14 avril 1993, Don Calhoun est devenu, à 23 ans,le plus récent millionnaire du basket américain. En effet, réussir un panier de 23 mètres lui a permis de gagner un million de $.

BOXE

John Sullivan a participé au premier championnat du monde poids lourds en 1892.

Emile Pladner

ORIGINES

Une fresque de 1520 av. J.-C. représentant des boxeurs avec des gants a été trouvée sur l'île grecque de Santorin. Les premières règles modernes ont été édictées en 1743 en Grande-Bretagne, pays où la boxe a été légalement reconnue en tant que sport conformément aux règlements mis en place après la mort sur le ring de Billy Smith, le 24 avril 1901.

LE COMBAT LE PLUS LONG

Le plus long match connu (avec gants) a opposé les Américains Andy Bowen et Jack Burke durant 7 h 19 mn (sur 110 rounds), les 6 et 7 avril 1893, à La Nouvelle-Orléans, Louisiane, EU. Il se termina par une décision de nullité.

LE COMBAT LE PLUS COURT

■ Le 4 novembre 1947, l'Américain Mike Collins envoya Pat Brownson au tapis du premier coup de poing. Le combat fut stoppé 4 s après le coup de gong, sans même que l'on prenne la peine de compter le boxeur à terre.

■ Le plus court combat mettant un titre mondial en jeu a duré 20 s, le temps qu'il fallut à Gérald Mc Clellan pour battre son compatriote Jay Bell, le 8 août 1993, à Bayamon, Porto Rico, pour le titre WBC des poids moyens.

■ Le plus court championnat du monde des poids lourds a duré 55 s, à Detroit, Michigan, EU, le 6 avril 1900, entre le vainqueur, James J. Jeffries, et Jack Finnegan.

LE PLUS GROS CHIFFRE D'AFFAIRES

Le 19 avril 1991, le championnat du monde des poids lourds qui a opposé, à Atlantic City, New Jersey, EU, les Américains Evander Holyfield (né le 19 octobre 1962), vainqueur, et George Foreman (né le 10 janvier 1949) a produit un chiffre d'affaires de 90 millions de $.

LA BOURSE LA PLUS IMPORTANTE

Le total des prix mis en jeu dans le combat pour le titre des poids lourds entre les Américains Mike Tyson (né le 30 juin 1966) et Michael Spinks (né le 22 juillet 1956), à Atlantic City, New Jersey, EU, le 27 juin 1988, a été estimé à au moins 35,8 millions de $. De cette bourse, 22 millions sont revenus à Tyson, et 13,8 millions à Spinks, qui avait été mis K.-O. au bout de 1" 31' dans le 1er round.

LES PLUS GROS GAINS EN UNE CARRIÈRE

On estime que l'Américain Muhammad Ali (né Cassius Clay le 17 janvier 1942) a accumulé, entre octobre 1960 et décembre 1981, environ 69 millions de $ en 61 combats (y compris les exhibitions), pour un total de 551 rounds.

Muhammad Ali a accumulé, entre octobre 1960 et décembre 1981, environ 69 millions de $.

LES PLUS GRANDES AFFLUENCES

■ Au total, 132 274 spectateurs payants, le 20 février 1993, assistèrent au stade Aztèque de Mexico à 4 championnats du monde. À savoir, pour le compte de la WBC, à Chavez-Haugen (super-légers), Nelson-Ruelas (super-plumes), Norris-Blocker (super-welters). Et, sous le couvert de la WBA, à Nunn-Morgan en super-moyens.

■ Le record en salle est de 63 350 spectateurs pour le match Muhammad Ali contre Leon Spinks (né le 11 juillet 1953), à La Nouvelle-Orléans, le 15 septembre 1978.

■ 135 132 spectateurs non payants ont assisté, au parc Juneau, à Milwaukee, Wisconsin, EU, le 16 août 1941, au match Tony Zale contre Billy Prior.

LES BOXEURS LES PLUS GRANDS

■ Le Roumain Gogea Mitu (né en 1914) mesurait 2,37 m (Voir l'article ci-dessous).

■ L'Américain John Rankin, qui gagna un combat en novembre 1967, à La Nouvelle-Orléans, aurait mesuré 2,23 m, de même que l'Irlandais Jim Culley, le « géant de Tipperary », connu comme boxeur et lutteur dans les années 1940.

LE BOXEUR LE PLUS LOURD

Il s'agit du même Roumain Gogea Mitu qui pesait 148 kg. Il devait décéder en 1936 à l'âge de 22 ans.

LES BOXEURS LE PLUS LONGTEMPS INVAINCUS

■ L'Américain Packey McFarland (1888-1936) a disputé, entre 1905 et 1915, une série de 97 matches sans connaître la défaite (92 victoires, 5 nuls).

■ L'Espagnol Pedro Carrasco (né le 7 novembre 1943) a remporté 83 combats entre le 22 avril 1964 et le 3 septembre 1970, s'est momentanément retiré, puis a remporté encore 9 victoires avant de perdre contre Armando Ramos, le 18 février 1972, pour le titre mondial WBC des poids légers.

LE PLUS GRAND NOMBRE DE K.-O.

■ L'Américain Archie Moore (né en 1913) a obtenu quelque 145 K.-O., entre 1936 et 1963.

■ Lamar Clark (né en 1934) a obtenu 44 K.-O. consécutifs, de 1958 au 11 janvier 1960. Le 1er décembre 1958, il a infligé 6 K.-O. en une nuit, dont 5 au 1er round, à Bingham, Utah, EU.

France

Marcel Cerdan (1916-1949), champion du monde des poids moyens du 21 septembre 1948 au 16 juin 1949, a mis 12 fois K.-O. au 1er round ses adversaires lors de sa carrière.

FEMME MANAGER

Depuis décembre 1992, la Strasbourgeoise Yvette Palatino (33 ans), ancienne championne de France de boxe française, poids coq, est devenue la première femme en Europe manager de boxe anglaise.

FEMME ARBITRE

Pour la première fois, le 22 mai 1993, à Washington, EU, le championnat du monde des lourds WBA-IBF, entre Bowe et Jesse Ferguson, a été jugé par 3 femmes : Patricia Jarman, Sheila Harmon-Amrtrin et Eugenia Williams.

L'Américain Ray « Sugar » Robinson est le seul boxeur à avoir conquis ou reconquis 4 fois le titre d'une même catégorie.

Aux États-Unis, les interruptions de combat sont meublées par des animations publicitaires. Cette photo a obtenu le prix Kodak en 1986.

CHAMPIONNAT DU MONDE DES POIDS LOURDS

Le premier combat pour le titre

Le premier championnat du monde des poids lourds disputé avec des gants en rounds de 3 mn a opposé, à La Nouvelle-Orléans, Louisiane, EU, le 7 septembre 1892, les Américains John Lawrence Sullivan (1858-1918) et James John Corbett, dit « Gentleman Jim » (1866-1933). Corbett l'a emporté en 21 rounds. Raoul Walsh en a tiré un film célèbre.

RÈGNES

Le plus long

L'Américain Joe Louis (né Joseph Louis Barrow, 1914-1981) est resté champion 11 ans et 252 jours, du 22 juin 1937, quand il mit K.-O. James Joseph Braddock, au 8e round, à Chicago, jusqu'à l'annonce de sa retraite, le 1er mars 1949. Durant cette période, il a défendu victorieusement son titre 25 fois.

Le plus court

■ Seulement 83 jours de gloire pour le champion WBA américain James « Bonecrusher » (« Broyeur d'os ») Smith (né le 3 avril 1955), du 13 décembre 1986 au 7 mars 1987.

■ Même durée exactement pour l'Américain Ken Norton (né le 9 août 1945), reconnu champion par la WBC du 18 mars au 9 juin 1978. L'Américain Tony Tucker (né le 28 décembre 1958) est resté 64 jours champion IBF, du 30 mai au 2 août 1987.

LE PLUS GRAND NOMBRE DE RECONQUÊTES

Muhammad Ali est le seul boxeur à avoir repris 2 fois le titre de champion du monde des lourds. Ali obtint son premier titre le 25 février 1964 en battant Sonny Liston. Le 30 octobre 1974, il battait George Foreman, après avoir été privé de son titre, le 28 avril 1967, par les instances mondiales de la boxe, à la suite de son refus de partir se battre au Viêt-nam. Enfin, le 15 septembre 1978, il regagnait le titre mondial WBA contre Leon Spinks, qui le lui avait ravi le 15 février de la même année.

LE PLUS LONGTEMPS INVAINCU

L'Américain Rocky Marciano (né Rocco Francis Marchegiano, 1923-1969) est le seul champion du monde des lourds à être resté invaincu durant toute sa carrière professionnelle, de 1947 à 1956. Il a gagné ses 49 combats, dont 43 par K.-O. ou par arrêt de l'arbitre.

LE PLUS VIEUX

L'Américain Jersey Joe Walcott (né le 31 janvier 1914) était âgé de 37 ans et 168 jours lorsqu'il s'empara du titre en battant par K.-O. Ezzard Mack Charles (1921-1975) le 18 juillet 1951, à Pittsburgh, Pennsylvanie, EU. Il était aussi le plus vieux détenteur du titre, à l'âge de 38 ans et 236 jours, lorsqu'il perdit son titre contre Rocky Marciano, le 23 septembre 1952.

LE PLUS JEUNE POIDS LOURD

L'Américain Mike Tyson était âgé de 20 ans et 144 jours lorsqu'il battit Trevor Berbick pour le titre WBC, à Las Vegas, Nevada, EU, le 22 novembre 1986. Il y ajouta le titre WBA en battant James « Bonecrusher » Smith le 7 mars 1987, à l'âge de 20 ans et 249 jours. Il devint champion toutes catégories en battant Tony Tucker le 2 août 1987 pour le titre IBF.

LE PLUS VIEUX CHALLENGER

Archie Moore était âgé de 42 ans 11 mois et 17 jours quand il perdit contre Floyd Patterson, titre en jeu, le 30 novembre 1956.

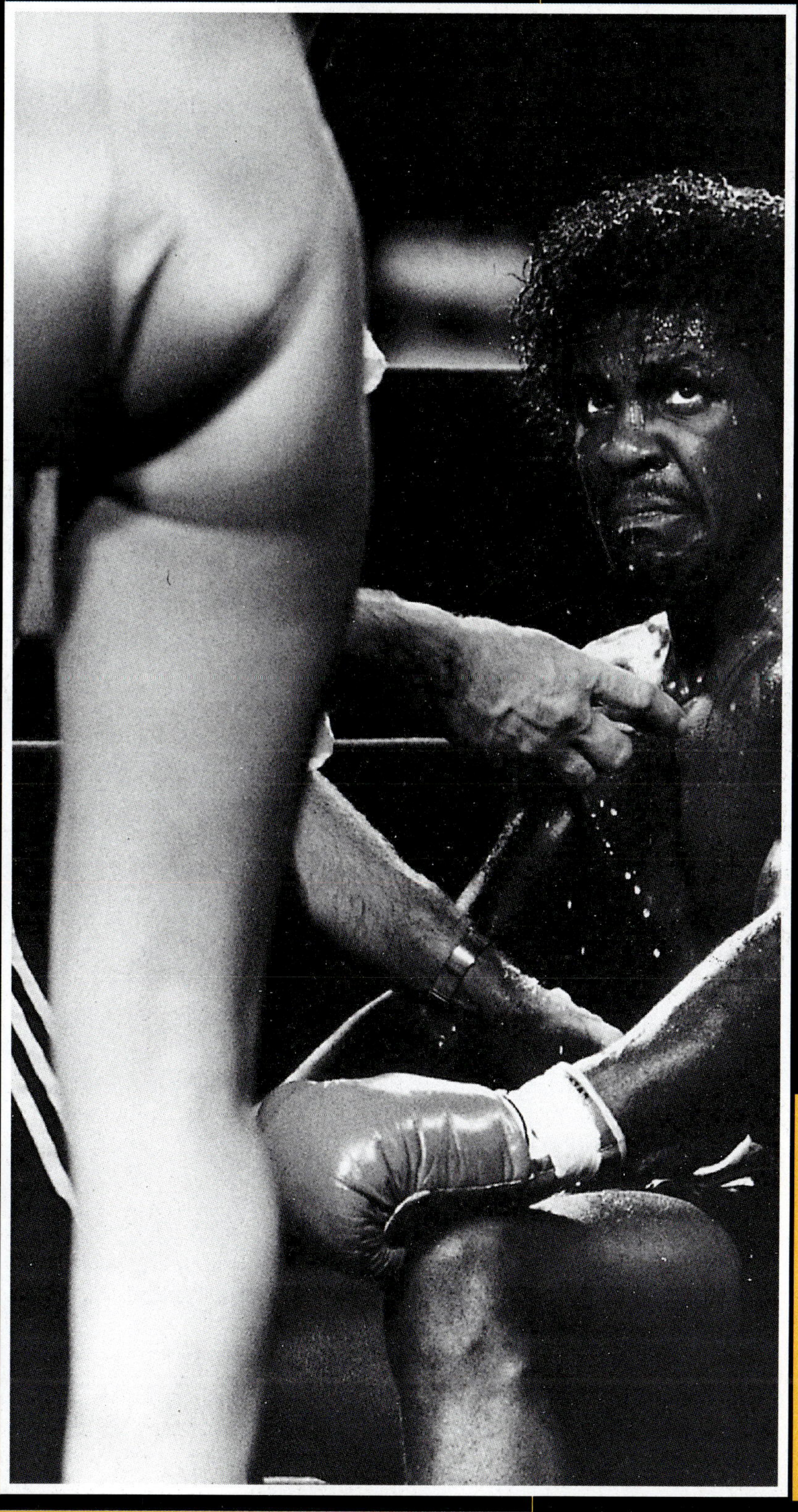

Mike Tyson, champion du monde des lourds à 20 ans et 144 jours, le plus jeune de l'Histoire.

CHAMPIONNATS DU MONDE AMATEURS

▲

Un seul boxeur a remporté 4 titres de champion du monde : le Cubain Felix Savon, catégorie lourds en 1986, 1989, 1991 et 1993.

Lors des 7e championnats du monde organisés par la Finlande, en mai 1993, Cuba est devenue la première nation à gagner 8 médailles d'or. Une razzia record, quand on sait qu'il n'y avait que 12 titres en jeu.

LE PLUS LOURD

Le poids lourd italien Primo Carnera (1906-1967) pesait 122,310 kg quand il a battu pour le titre Tommy Loughran, le 1er mars 1934. Il avait un tour de poitrine de 1,37 m et une envergure de 2,17 m.

LE PLUS LÉGER

Le Britannique Bob Fitzsimmons (1863-1917) pesait 75,650 kg lorsqu'il battit James J. Corbett, à Carson City, Nevada, EU, le 17 mars 1897.

LE PLUS VIEUX

Archie Moore, champion des lourds-légers jusqu'au 10 février 1962, date où la catégorie fut supprimée, avait alors 48 ans.

LA PLUS LONGUE CARRIÈRE

La carrière de Bob Fitzsimmons a duré plus de 31 ans, de 1883 à 1914. Il a obtenu son dernier titre mondial le 20 décembre 1905, à l'âge de 42 ans et 208 jours.

LE PLUS LONG COMBAT

Non-stop

Titre mondial en jeu, le match entre les poids légers américains Joe Gans (1874-1910) et Oscar Matthew « Battling » Nelson (1882-1954), à Goldfield, Nevada, EU, le 3 septembre 1906, s'est terminé au 42e round. Gans fut déclaré vainqueur sur un coup bas de Nelson.

CHAMPIONS DANS PLUSIEURS CATÉGORIES

■ 2 boxeurs ont remporté un titre de champion du monde dans 5 catégories de poids différentes. Le premier a été l'Américain Thomas Hearns (né le 18 octobre 1958), champion WBA des welters en 1980, WBC des super-welters en 1982, WBC des mi-lourds et des moyens en 1987. Il y a ajouté une 5e catégorie en remportant, le 5 novembre 1988, le titre des super-moyens, reconnu par une nouvelle fédération de boxe, la WBO. 3 jours après, le 8 novembre 1988, l'Américain "Sugar" Ray Leonard (né le 17 mai 1956) battait le Canadien Donny Lalonde pour les titres WBC des mi-lourds et des super-moyens, qui s'ajoutaient à ses titres des welters, super-welters et moyens. Il a mis un terme définitif à sa carrière le 9 février 1991, après sa défaite face à l'Américain Terry Norris.

CHAMPIONNAT DU MONDE : AUTRES CATÉGORIES

LE PLUS GRAND NOMBRE DE TITRES DISTRIBUÉS

68 titres mondiaux étaient en jeu en août 1990, distribués par les fédérations IBF, WBA, WBC et WBO, dans 17 catégories de poids.

LE PLUS LONG RÈGNE

Le record de Joe Louis, 11 ans et 252 jours (voir plus haut), est valable pour toutes les catégories.

LE BOXEUR LE PLUS JEUNE

Le Porto-Ricain Wilfred Benítez (né le 12 septembre 1958) était âgé de 17 ans et 176 jours lorsqu'il conquit le titre WBA des super-welters, à Porto Rico, le 6 mars 1976.

Français

Victor « Young » Perez (1911-1945) est devenu champion du monde des poids mouche à l'âge de 20 ans et 18 jours, le 26 octobre 1931.

■ Le seul boxeur à avoir détenu simultanément des titres dans 3 catégories fut l'Américain Henry « Homicide Hank » Armstrong (1912-1988), en poids plume, légers et welters, d'août à décembre 1938.

LE PLUS GRAND NOMBRE DE RECONQUÊTES

Le seul boxeur à avoir conquis ou reconquis 4 fois le titre d'une même catégorie est l'Américain "Sugar" Ray Robinson (né Walker Smith Jr., 1921-1989), qui battit l'Américain Carmen Basilio, le 25 mars 1958, pour conquérir son 4e titre des poids moyens.

DÉCHU

C'est parce qu'un test sanguin a révélé qu'il était séropositif que le Colombien Ruben Palacio a été déchu de son titre de champion du monde des poids plume WBO, en 1993 ; et ce au moment où il allait le défendre en Angleterre.

LE PLUS GROS ÉCART DE POIDS

39 kg séparaient, à Miami, le 1er mars 1934, l'Italien Primo Carnera (122 kg), vainqueur aux points, de l'Américain Tommy Loughran (83 kg), qui combattaient pour le titre mondial des lourds.

132 274 spectateurs payants, le 20 février 1993, assistèrent au combat Chavez-Haugen.

LES CHAMPIONS DU MONDE FRANÇAIS

■ 15 boxeurs sont devenus champions du monde, de Georges Carpentier (1894-1975) en poids mi-lourds, le 12 octobre 1920, à Gilbert Delé (né le 1er janvier 1961) en poids super-welters (WBA), le 23 février 1991.

■ Marcel Thil a conservé son titre des poids moyens de 1932 à 1937. Grâce à René Jacquot, en super-welters (WBC), Fabrice Bénichou en super-coq (IBF) et Taoufik Belbouli en lourds-légers (WBA), la France détenait, le 25 mars 1989, 3 titres de champion du monde.

JUMEAUX BOXEURS

Lorsque le Thaïlandais Khaokor Galaxy a remporté, le 8 mai 1988, le titre WBA des poids coq, lui et son frère Khosai, champion WBA des super-mouche depuis le 21 novembre 1984, sont devenus les premiers jumeaux champions du monde de boxe de tous les temps.

AMATEURS

LE PLUS GRAND NOMBRE DE TITRES OLYMPIQUES

■ Seuls deux boxeurs ont remporté 3 titres olympiques : le Hongrois Laszlo Papp (né le 25 mars 1926), catégorie moyens en 1948, mi-moyens en 1952 et 1956 ; et le Cubain Teofilo Stevenson (né le 23 mars 1952), catégorie lourds en 1972, 1976 et 1980.

■ Le seul à avoir remporté 2 titres lors des mêmes Jeux a été l'Américain Oliver L. Kirk, qui remporta les titres des poids coq et des poids plume, à Saint Louis, Missouri, EU, en 1904.

LE MÉDAILLÉ D'OR LE PLUS ÂGÉ

Le Britannique Richard Kenneth Gunn (1871-1961) a remporté le titre olympique des poids plume, le 27 octobre 1908, à Londres, à l'âge de 37 ans et 254 jours.

Français

Paul Fritsch (1901-1970) en poids plume en 1920, Jean Despeaux (1915-1989) en moyens en 1936, et Roger Michelot (8 juin 1912-1993) en mi-lourds en 1936 ont remporté la médaille d'or olympique.

DISTRACTION

Aux jeuxOlympiques de Barcelone 1992, l'Iranien Ali Kazemi a été déclaré vaincu sans se battre contre son adversaire pakistanais, parce que, ayant manqué son bus, il est monté sur le ring sans gants ni casque.

LICENCE

En mai 1993, le tribunal fédéral de Seattle, État de Washington, EU, a donné raison à Jennifer Mac Cleery, seize ans, qui attaquait la Fédération de boxe amateur des États-Unis, parce que celle-ci refusait de lui délivrer une licence. Désormais, elle devrait pouvoir pratiquer. Reste que son rêve - disputer les jeux Olympiques - est encore très loin.

CHAMPIONNATS DU MONDE

Voir légende page précédente.

Marcel Cerdan, le plus renommé des boxeurs français, très rapide et doué d'une grande puissance de frappe, remporte le titre mondial des poids moyens en 1948 en battant l'Américain Tony Zale. Ce Français d'Afrique du Nord avait la noblesse des grands champions et sa vie sentimentale (sa liaison avec Edith Piaf) en avait fait la coqueluche du Tout-Paris, puis de la France entière. Sur cette photo, contre Edouard Tenet (à droite), le 24 juin 1945.

Le Belge Eddy Merckx a, avec le Français Bernard Hinault, le plus beau palmarès de l'histoire du cyclisme.

PLUS LONGUE COURSE D'UN JOUR

La distance de Bordeaux-Paris a varié de 550 km à 620 km. Courue en partie derrière entraîneur, elle a vu le Belge Herman Van Springel réaliser, en 1981, la moyenne record de 47,186 km/h. Bordeaux-Paris n'existe plus depuis 1988.

CYCLISME

ORIGINES

La première course officielle sur un deux-roues fut une course de vélocipède de 2 km organisée au parc de Saint-Cloud, près de Paris, le 31 mai 1868. Elle fut remportée par le Britannique James Moore (1847-1935).

LA VITESSE LA PLUS ÉLEVÉE

Le record de vitesse à vélo est de 245,077 km/h. Cette vitesse a été atteinte, derrière une voiture faisant office de protection aérodynamique et d'« aspirateur », par l'Américain John Howard, le 20 juillet 1985, sur le Grand Lac salé, à Bonneville, Utah, EU.

Français

José Meiffret (1913-1983) a atteint 204,778 km/h derrière une Mercedes, le 12 juillet 1962, à Fribourg, Allemagne.

DERRIÈRE UNE MOTO

■ En 1 h, le record est de 122,771 km, par le Belge Léon Vanderstuyft (1890-1964), derrière moto, sur l'autodrome de Linas-Montlhéry, aujourd'hui Essonne, le 30 septembre 1928.

■ En 24 h, le record est de 1 958,196 km, par Michael Secrest, derrière moto, à Phoenix, Arizona, EU, les 26 et 27 avril 1990, soit une moyenne de 81,59 km/h.

LE PLUS GRAND NOMBRE DE TITRES

Jeux Olympiques

Le Français Paul Masson (1874-1945) a remporté 3 médailles d'or en 1896, tout comme son compatriote Robert Charpentier (1916-1966) en 1936. Le sprinter français Daniel Morelon (né le 28 juillet 1944) en a gagné 2 en 1968 et 1 en 1972 ; il a aussi remporté 1 médaille d'argent en 1976 et 1 de bronze en 1964.

CHAMPIONNATS DU MONDE SUR ROUTE

■ Le championnat du monde (créé en 1927) se dispute chaque année. 3 coureurs professionnels ont remporté 3 titres : l'Italien Alfredo Binda (1902-1986), en 1927, 1930 et 1932, les Belges Rik Van Steenbergen (né le 9 septembre 1924), en 1949, 1956 et 1957, et Eddy Merckx (né le 17 juin 1945), en 1967, 1971 et 1974.

■ Chez les amateurs, l'Italien Giuseppe Martano, en 1930 et 1932, et l'Allemand de l'Est Gustav Schur, en 1958 et 1959, ont gagné à deux reprises.

Français

■ Georges Speicher (1933), Antonin Magne (1936), Louison Bobet (1954), André Darrigade (1959), Jean Stablinski (1962), Bernard Hinault, (1980) et Luc Leblanc sont les 7 vainqueurs du championnat du monde professionnel.

■ Chez les amateurs, la France compte 7 vainqueurs : André Leducq en 1924, Octave Dayen en 1926, Henry Aubry en 1946, Jean Jourden en 1961, Jacques Botherel en 1965, Régis Ovion en 1971 et Richard Vivien en 1987.

CHAMPIONNATS DU MONDE SUR PISTE

Chez les professionnels, le Japonais Koichi Nakano (né le 14 novembre 1955) a remporté 10 titres en vitesse, de 1977 à 1986. Chez les amateurs, le Français Daniel Morelon a remporté 7 titres en vitesse : 1966, 1967, 1969, 1970, 1971, 1973 et 1975.

CHAMPIONNATS NATIONAUX

■ Costante Girardengo (1893-1978) a remporté 9 titres sur route consécutifs en Italie, entre 1913 et 1925.

■ Le Français Jean Stablinski (né le 21 mai 1932) a remporté 4 titres sur route, en 1960, 1962, 1963 et 1964.

■ Philippe Louviot (né le 14 mars 1964) est devenu champion de France en 1990,

Les championnats du monde de slalom en canoë se disputent tous les 2 ans, depuis 1949. Cette discipline est revenue au programme olympique à Barcelone, en 1992, ayant été supprimée en 1972, à Munich. Sur cette photo, le championnat du monde de 1991, en Slovénie.

CANOË-KAYAK

LE PLUS GRAND NOMBRE DE TITRES

Jeux Olympiques

■ Le Suédois Gert Fredriksson (né le 21 novembre 1919) a remporté le record de 6 médailles d'or, de 1948 à 1960, plus 1 d'argent et 1 de bronze.

■ Chez les femmes, le record est 4 médailles d'or, par l'Allemande de l'Est Birgit Schmidt (née le 25 février 1962), entre 1980 et 1992.

■ Le record au cours des mêmes Jeux est de 3 médailles d'or, par le Soviétique Vladimir Parfenovitch (né le 2 décembre 1958), en 1980, et par le Néo-Zélandais Ian Ferguson (né le 20 juillet 1952), en 1984, en kayak.

Championnats du monde

■ Si l'on inclut les jeux Olympiques, l'Allemande de l'Est Birgit Schmidt détient le record de 23 titres, entre 1978 et 1992. Chez les hommes, le record est de 13, pour le Suédois Gert Fredriksson (de 1948 à 1960), pour l'Allemand de l'Est Rüdiger Helm (né le 6 octobre 1956), de 1976 à 1983, et pour le Roumain Ivan Patzaichin (né le 26 novembre 1949), entre 1968 et 1984.

Français

■ Georges Dransart (né en mai 1924) a gagné 3 médailles aux jeux Olympiques : argent en 1956 sur 10 000 m, bronze en 1948 sur 1 000 m et 10 000 m. Gilles Zok a gagné 10 médailles (dont 8 d'or) lors des championnats du monde, entre 1977 et 1985, en descente de rivière.

■ Chez les dames, en slalom, Myriam Jerusalmi (née en 1963) est championne du monde individuelle 1989 et 1993 ; et championne du monde par équipes en 1983, 1985, 1989, 1991 et 1993. Par ailleurs elle a gagné la Coupe du monde en 1989, 1990 et 1991.

LA VITESSE LA PLUS ÉLEVÉE

■ Le kayak à quatre allemand, champion olympique à Barcelone en 1992, a couvert les 1 000 m en 2' 52" 17, soit à la vitesse de 20,90 km/h.

■ Lors des Jeux de 1988, le K4 norvégien avait couvert les 250 premiers mètres à la vitesse de 21,39 km/h.

LE RECORD D'INDURAIN

Le 2 septembre 1994, l'espagnol Miguel Indurain a battu, sur le vélodrome de Bordeaux, le record de l'heure de l'Écossais Graeme Obree. Il a parcouru 53,040 km.

56 ans après son grand-père, Raymond Louviot, vainqueur en 1934.

LES PLUS GRANDS VAINQUEURS

De 1961 à 1978, le Belge Eddy Merckx a disputé 1 800 courses et décroché 525 victoires. Entre 1937 et 1959, le champion italien Fausto Coppi (1919-1960) triomphe 158 fois sur route et 81 fois en poursuite sur piste. Uniquement sur piste, le sprinter danois Thorvald Ellegaard (1877-1954) s'imposa pour sa part à 800 reprises. Mais la palme revient au Belge Rik Van Steenbergen (né le 9 septembre 1924) qui s'est imposé à 1 053 reprises, c'est-à-dire 338 fois sur route et 715 fois sur piste.

LES DOLLARS DU VÉLO

L'Américain Greg LeMond, champion du monde 1983 et 1989, vainqueur des Tours de France 1986, 1989 et 1990, a signé avec la marque Z le plus gros contrat de l'histoire du sport cycliste : 5,7 millions de $ pour les trois saisons 1990, 1991 et 1992. Selon le quotidien *L'Équipe*, il a gagné 12,5 millions de F en 1990.

EDDY MERCKX

Le Belge Eddy Merckx a remporté 28 grandes classiques, entre 1966 et 1976. Les meilleurs Français sont Henri Pélissier (1890-1936) et Bernard Hinault, avec 9 succès chacun.

Graeme Obree dans sa tentative victorieuse de record de l'heure à Bordeaux, le 27 avril 1994. Sa position très spéciale n'est désormais plus autorisée.

COURSES DIVERSES

LE PLUS GRAND NOMBRE DE VICTOIRES DANS UNE COURSE À ÉTAPES

L'Irlandais Sean Kelly (né le 24 mai 1956) a remporté 7 fois consécutivement Paris-Nice, de 1982 à 1988.

LE PLUS GRAND NOMBRE DE VICTOIRES DANS LES CLASSIQUES

Paris-Roubaix

■ Le Belge Roger de Vlaeminck (né le 27 août 1947) a gagné 4 fois, en 1972, 1974, 1975 et 1977.

Quant à Andrei Tchmil, il est devenu, en 1994, le premier Russe à s'imposer dans la reine des classiques.

■ Gilbert Duclos-Lassalle, lauréat en 1992 et 1993, est, depuis, le plus ancien vainqueur de « l'enfer du Nord ». Il a, en effet, inscrit son nom au palmarès à 38 ans et 8 mois. Le plus ancien vainqueur de classique n'en reste pas moins Joop Zoetemelk, qui était âgé de 40 ans et 4 mois lorsqu'il enleva l'Amstel Gold Race en 1987.

Milan-San Remo

Le Belge Eddy Merckx a gagné 7 fois, en 1966, 1967, 1969, 1971, 1972, 1975 et 1976.

Bordeaux-Paris

Le Belge Herman Van Springel (né le 14 août 1943) a remporté 7 succès, en 1970, 1974, 1975, 1977, 1978, 1980 et 1981.

Tour de Lombardie

L'Italien Fausto Coppi a gagné 5 fois, de 1946 à 1949 et en 1954.

Week-end ardennais

4 coureurs ont remporté la même année les 2 épreuves du Week-end ardennais, la Flèche wallone et Liège-Bastogne-Liège : le Suisse Ferdi Kubler (en 1951 et 1952), les Belges Stan Ockers (en 1955) et Eddy Merckx (en 1972) et l'Italien Moreno Argentin (en 1991).

Grand Prix des nations

Jacques Anquetil a remporté 9 victoires, entre 1953 et 1966. Il n'a jamais été vaincu dans cette épreuve contre la montre.

LES FEMMES LES PLUS TITRÉES

■ La Française Jeannie Longo-Ciprelli, née le 31 octobre 1958, qui avait pris sa retraite à la fin de la saison 1989, a repris la compétition en 1992. Le temps d'ajouter un titre de vice-championne olympique sur route à Barcelone à une collection comportant 3 Tours de France, de 1987 à 1989, 4 championnats du monde sur route, en 1985, 1986, 1987, 1989, et 3 titres de championne du monde de poursuite sur piste. Elle détient le record de l'heure, en plein air et sur piste couverte

■ En 1990, la Française Catherine Marsal (née le 20 janvier 1971) a remporté, à 19 ans, les championnats du monde et de France, les Tours de la Communauté européenne, d'Italie, de Norvège, du Texas et de l'Aude.

Le palmarès de Jeannie Longo comporte 3 Tours de France, 4 championnats du monde sur route, 3 championnats du monde sur piste. Sur cette photo, elle est en train de battre le record du 10 km en salle à Paris, le 19 octobre 1989.

COURSES DE 6 JOURS

Le Belge Patrick Sercu (né le 27 juin 1944) a remporté 88 des 233 courses auxquelles il a participé entre 1964 et 1983.

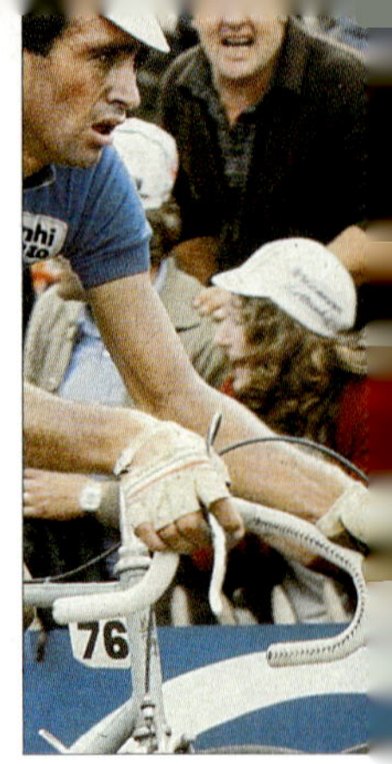

Bernard Hinault a remporté 5 fois le Tour de France en 1978, 1979, 1981, 1982, 1985. Record qu'il partage avec Anquetil et Merckx.

Le Tour de France est la plus grande épreuve cycliste du monde. Il attire chaque année sur les routes des millions de spectateurs. Créée, en 1903, par Henri Desgrange, directeur du journal *L'Auto*, l'épreuve n'avait alors que 6 étapes, séparées par plusieurs jours de repos. Le premier maillot jaune fit son apparition en 1919.

GRANDS TOURS

VAINQUEURS DES 3 TOURS

Les Français Jacques Anquetil (1934-1987) et Bernard Hinault (né le 14 novembre 1954), le Belge Eddy Merckx (né le 17 juin 1945) et l'Italien Felice Gimondi (né le 29 septembre 1942) sont les seuls à avoir remporté les Tours de France, d'Italie et d'Espagne au cours de leur carrière. Au total, Eddy Merckx a gagné 11 Tours, 5 de France, 5 d'Italie et 1 d'Espagne. Bernard Hinault en a remporté 10 : 5 de France, 3 d'Italie et 2 d'Espagne.

TOUR DE FRANCE

■ En matière de victoire finale, le record appartient à parité à Anquetil, Hinault et Merckx qui ont chacun triomphé à 5 reprises. Le premier en 1957, 1961, 1962, 1963 et 1964 ; le deuxième en 1978, 1979, 1981, 1982 et 1985 ; le troisième en 1969, 1970, 1971, 1972 et 1974.
Mais depuis 1994, ils sont dorénavant talonnés par l'Espagnol Miguel Indurain (né le 16 juillet 1964) qui a gagné la « grande boucle » 4 fois consécutivement : 1991, 1992, 1993 et 1994.

L'arrivée la plus serrée

Elle a eu lieu en 1989 : après 3 250 km et 23 jours de course, 8 secondes séparaient, sur les Champs-Élysées, le vainqueur, l'Américain Greg LeMond (né le 26 juin 1960), du Français Laurent Fignon (né le 12 août 1960).

Moyenne la plus élevée

■ La meilleure vitesse moyenne d'un vainqueur final appartient à l'Espagnol Miguel Indurain (né le 16 juillet 1964 à Villava) qui réalisa 39,504 km/h en 1992.

■ La meilleure moyenne lors d'un contre-la-montre fut réussie par l'Américain Greg LeMond, à 54,545 km/h sur les 24 km de Versailles-Paris en 1989.

■ Dans une étape en ligne, la moyenne la plus élevée a été réalisée, le 9 juillet 1993, lors de l'étape Evreux-Amiens, la sixième. Ce jour-là, le vainqueur, le Belge Johan Bruyneel (né le 23 août 1964) a couvert les 158 km au menu à 49,417 km/h.

■ La meilleure moyenne absolue a été atteinte par l'Anglais Chris Boardman lors du prologue du Tour 1994. En effet, ce jour-là, à Lille, il a couvert les 7,200 km à la moyenne record de 55,152 km/h.

Le plus long parcours

Les coureurs ont couvert 5 745 km en 1926. La plus longue étape fut de 486 km, entre Les Sables-d'Olonne et Bayonne, en 1919.

Âges extrêmes

■ Le plus jeune vainqueur du Tour est Henri Cornet, qui avait 20 ans en 1904. Le plus âgé est Firmin Lambot qui en avait 36 quand il s'imposa en 1922.

■ La palme du plus jeune participant revient à Camille Fily, qui n'avait que 17 ans quand il termina 5e du Tour 1904. Le plus âgé reste le Stéphanois Henri Paret, qui, toujours en 1904, avait 50 ans.

Maillot jaune

■ Le Belge Eddy Merckx l'a porté 96 jours en 7 Tours de France. Moyennant quoi il précède le Français Bernard Hinault qui ne l'eut sur le dos « que » 77 jours.

■ Le Français Raymond Poulidor (né le 15 avril 1936) a terminé 8 fois sur le podium sans jamais revêtir le maillot jaune. Voir aussi « Podium », dans la même rubrique.

■ 4 coureurs ont porté le maillot jaune de la première à la dernière étape : l'Italien Ottavio Bottecchia (en 1924), le Luxembourgeois Nicolas Frantz (en 1928), le Belge Romain Maes (en 1935) et le Français Jacques Anquetil (en 1961).

■ Le doyen des maillots jaunes en vie est l'Italien Raffaele Di Paco qui endossa la précieuse tunique dans la 3e étape du Tour 1931. Il vit à Fauglia, où il naquit en 1909.

Classements par points et de la montagne

■ Le maillot vert du classement par points a été gagné 4 fois par l'Irlandais Sean

LES ROIS DU TOUR

En matière de victoires d'étapes, le record absolu est toujours la propriété de Merckx avec 34 succès. Suivent Hinault avec 27, Leducq avec 25 et Darrigade avec 22. Sur un seul Tour, le record de victoires d'étapes est de 8 succès. Se le partagent : Merckx (1970 et 1974), Maertens (1976) et Charles Pélissier (1930).

Jacques Anquetil a remporté 5 fois le Tour de France en 1957, 1961, 1962, 1963, 1964. Record qu'il partage avec Hinault et Merckx.

Kelly (né le 24 mai 1956), en 1982, 1983, 1985 et 1989.

■ L'Espagnol Federico Bahamontes (né le 9 juillet 1928), en 1954, 1958, 1959, 1962, 1963 et 1964, et le Belge Lucien Van Impe (né le 20 octobre 1946), en 1971, 1972, 1975, 1977, 1981 et 1983, ont remporté 6 fois le classement du meilleur grimpeur.

ÉCHAPPÉE

Depuis la reprise du Tour en 1947, le record de la plus longue échappée est à porter au crédit d'Albert Bourlon. En 1947, entre Carcassonne et Luchon, il mena à bien une échappée solitaire de 253 km.

Écart le plus grand
L'écart le plus grand entre le premier et le deuxième du classement général final est de 2 h 49 mn 45 s, lors de la 1ère édition du Tour de France en 1903.

Podiums
Entre 1962 et 1976, Poulidor y est monté 8 fois, ce qui constitue le record. Voir aussi « Maillot jaune », dans la même rubrique.

Participations
Le Hollandais Joop Zoetemelk, entre 1970 et 1986 a participé à 16 Tours, sans jamais abandonner. Il précède Van Impe (15), Darrigade, Kelly et Poulidor (14).

LA PLUS PETITE COMMUNE VISITÉE

Le record appartient au Mont-Saint-Michel. Il n'avait en effet que 90 habitants quand le Tour y passa en 1990. Viennent ensuite Chaumeil, dont les 218 habitants applaudirent le Tour en 1987, et La Bastide-d'Armagnac, dont les 775 habitants virent passer les géants en 1989.

TOUR D'ITALIE

■ Trois coureurs ont remporté 5 fois le Tour d'Italie : les Italiens Alfredo Binda (1902-1986), en 1925, 1927, 1928, 1929 et 1933, et Fausto Coppi (1919-1960), en 1940, 1947, 1949, 1952 et 1953 ; le Belge Eddy Merckx, en 1968, 1970, 1972, 1973 et 1974.

■ En 1994, Evgueni Berzin est devenu le premier coureur de l'Est à triompher dans le Giro, donc dans un grand Tour. Une première qui ne devrait pas être sans lendemain, car le Russe, qui a porté 19 jours le maillot rose, n'a que 24 ans.

Français
Bernard Hinault a gagné 3 fois, en 1980, 1982 et 1985. Jacques Anquetil 2 fois, en 1960 et 1964.

Maillot rose
Le Belge Eddy Merckx l'a porté pendant 76 jours. Le recordman français est Jacques Anquetil, 42 jours. L'Italien Gianni Bugno (né le 14 février 1964) l'a porté de bout en bout en 1990. Cet exploit avait été réalisé avant lui par les Italiens Costante Girardengo (en 1919) et Alfredo Binda (1927), et par Eddy Merckx (1973).

TOUR D'ESPAGNE

Depuis 1994, le Suisse Tony Rominger (né en 1961) est, avec 3 victoires obtenues en 1992, 1993 et 1994, le seul recordman des victoires finales à la Vuelta. Jusqu'ici avec 2 victoires, il était à égalité avec Bernard Hinault (1978 et 1983). Porteur du maillot « amarillo » de bout en bout, il a rejoint dans l'histoire l'Espagnol Julian Berendero (1942) et le Belge Freddy Maertens (1977). Avec 13 victoires d'étapes en 1977, ce dernier détient un autre record, dont le Français Laurent Jalabert s'est un peu approché avec ses 7 succès de 1994.

Vainqueur des Tours de France 1991, 1992, 1993 et 1994, l'Espagnol Miguel Indurain avait battu le record de vitesse de l'épreuve en 1992 avec une moyenne de 39,504 km/h.

CYCLO-CROSS

CHAMPIONNATS DU MONDE

Le Belge Erik de Vlaeminck (né le 23 août 1945) a remporté, de 1968 à 1973, 6 titres de champion du monde professionnel de cyclo-cross.

FRANCE

Toujours chez les professionnels, aucun Français n'avait été champion du monde depuis le Limousin André Dufraisse en 1958. 35 ans après, le Lorrain Dominique Arnould (né le 19 novembre 1966) y est parvenu en 1993.

ÉQUITATION

CHAMPIONNATS DE FRANCE

Pierre Jonquères d'Oriola a remporté 4 titres de champion de France. Chez les femmes, Janou Lefebvre détient le record, avec 3 titres.

Pierre Jonquères d'Oriola.

ÉQUITATION SAUTS

Le record de saut en hauteur, en extérieur, sur barres de Spa, est de 2,47 m par Huaso, monté par le Chilien José Larraguidel-Morales, le 5 février 1949. Le record de saut en hauteur, en extérieur, sur mur de puissance, est de 2,40 m par Leonardo, monté par l'Allemand Frank Sloothaak, le 8 juin 1991. Le record de saut en longueur est de 8,40 m par Something, monté par le Sud-Africain André Ferreira, le 25 avril 1975.

DRESSAGE

C'ÉTAIT EN 1932

Le Français Xavier Lesage a remporté les médailles d'or individuelle et par équipes en 1932.

La France n'avait pas remporté le titre olympique de fleuret individuel masculin depuis 36 ans, aux Jeux de Melbourne. Philippe Omnès, en remportant la médaille d'or de cette discipline à Barcelone en 1992, a mis fin à cette longue période sans champion olympique français.

ÉQUITATION

ORIGINES

Les premiers témoignages de cavaliers apparaissent sur des gravures perses datant de 3000 av. J.-C. L'académie d'équitation de Pignatelli, à Naples, Italie, a été fondée au XVIe siècle. La première compétition de saut d'obstacles a eu lieu en 1869, à Londres. Les sports équestres ont été reconnus discipline olympique en 1912.

ASSIDUITÉ

Aux jeux Olympiques d'été à Barcelone, le cavalier américain Michael Plumb (né le 28 mars 1940) disputait à 52 ans ses 7e jeux Olympiques. Présent depuis Rome, il a décroché 2 médailles d'or et 3 d'argent.

SAUTS D'OBSTACLES

JEUX OLYMPIQUES

■ L'Allemand de l'Ouest Hans Günter Winkler (né le 24 juillet 1926) a remporté 5 médailles d'or : 4 par équipes, en 1956, 1960, 1964 et 1972, et le Grand Prix individuel en 1956. L'équipe ouest-allemande a remporté 6 fois le Grand Prix des nations, en 1936, 1956, 1960, 1964, 1972 et 1988.

■ Le Tchèque Frantisek Ventura (1895-1969), en 1928, sur Eliot, et l'Allemand de l'Ouest Alwin Schockemöhle (né le 29 mai 1937), qui montait Warwick Rex, en 1976, sont les seuls à avoir remporté le Grand Prix des nations sans aucune faute.

■ Le Français Pierre Jonquères d'Oriola (né le 1er février 1920) est le seul à avoir gagné 2 médailles d'or individuelles, en 1952 et 1964, plus 2 d'argent par équipes, en 1964 et 1968.

CHAMPIONNATS DU MONDE

■ Les championnats du monde masculins (créés en 1953) ont été remportés 2 fois par Hans G. Winkler (1954, 1955) et par l'Italien Raimondo d'Inzeo (1956, 1960).

■ Le titre féminin a été remporté 2 fois par la Française Janou Lefebvre-Tissot (née le 14 mai 1945), sur Rocket, en 1970 et 1974, avant d'être unifié avec le titre masculin.

DRESSAGE

■ Le Suédois Henry Saint-Cyr (1904-1979) a gagné 4 médailles d'or, aux Jeux de 1952 et 1956. L'Allemagne (RFA après 1968) détient le record de 8 titres par équipes, en 1928, 1936, 1964, 1968, 1976, 1984, 1988 et 1992, et de 7 victoires aux championnats du monde.

■ L'Allemand Reiner Klimke (né le 14 janvier 1936) a remporté 2 titres mondiaux, en 1974 sur Mehmed et en 1982 sur Ahlerich, 6 médailles d'or aux jeux Olympiques, par équipes entre 1964 et 1988, en individuel en 1984, plus le bronze individuel en 1976.

■ L'Allemande Nicole Uphoff a gagné 2 médailles d'or aux Jeux de 1988 et 1992.

■ La Suissesse Christine Stückelberger est la seule à avoir remporté 2 Coupes du monde, sur Gauguin de Lully, en 1987 et 1988.

CONCOURS COMPLET

Le Néerlandais Charles Ferdinand Pahud de Mortanges (1896-1971) a remporté 4 médailles d'or olympiques, individuelles en 1928 et 1932 sur Marcroix, par équipes en 1924 et 1928. L'Américain Bruce Davidson (né le 13 décembre 1949) a remporté 2 titres mondiaux en 1974 et 1978.

<u>Français</u>

Bernard Chevallier (né le 4 octobre 1912) et Jean-Jacques Guyon (né le 21 décembre 1932) ont gagné le titre olympique, respectivement à Londres, en 1948, et à Mexico, en 1968.

ESCRIME

ORIGINES

Le pays où la tradition de l'escrime remonte le plus loin est la Chine. 27 siècles av. J.-C., les Chinois connaissaient déjà parfaitement le maniement des armes et, notamment, celui du sabre. Vers 2200 av. J.-C., des écoles d'armes furent créées en Assyrie.

JEUX OLYMPIQUES

■ Deux escrimeurs ont gagné 3 médailles d'or : le Cubain Ramón Fonst (1883-1959), en 1900 et 1904 (2 titres), et l'Italien Nedo Nadi (1894-1952), en 1912 et 1920 (2 titres). Nadi a également remporté 3 médailles d'or par équipes en 1920, arrivant au total record de 5 médailles d'or en une seule célébration.

■ L'Italien Eduardo Mangiarotti (né le 7 avril 1919) a remporté le nombre record de 13 médailles olympiques : 6 d'or, 5 d'argent et 2 de bronze. Il les a obtenues au fleuret et à l'épée de 1936 à 1960.

■ Chez les femmes, la Soviétique Elena Novikova (née le 28 juillet 1947) a remporté 4 médailles d'or, de 1968 à 1976. La Hongroise Ildiko Sagi (née le 11 mai 1937) détient le record de 7 médailles au total : 2 d'or, 3 d'argent, 2 de bronze, entre 1960 et 1976.

<u>Français</u>

■ Christian d'Oriola (né le 3 octobre 1928) a remporté 2 titres individuels, en 1952 et 1956, au fleuret, plus 2 médailles d'or par équipes, en 1948 et 1952, et 2 d'argent, en individuel en 1948 et par équipes en 1956.

■ Jean-François Lamour (né le 2 février 1956) a remporté la médaille d'or individuelle, au sabre, aux JO de 1984 et de 1988.

■ Lucien Gaudin (1886-1934) a gagné 6 médailles, or au fleuret en individuel et par équipes et à l'épée en individuel en 1928, argent au fleuret par équipes en 1920 et 1924, ainsi qu'au sabre par équipes en 1924.

■ Roger Ducret (1888-1962) a remporté 1 médaille d'or et 2 d'argent en 1924.

■ Chez les femmes, le seul titre individuel est celui de Pascale Trinquet (née le 11 août 1958), au fleuret, en 1980.

CHAMPIONNATS DU MONDE

■ Le Soviétique Alexandre Romankov (né le 7 novembre 1953) a remporté 5 titres mondiaux au fleuret (1974, 1977, 1979, 1982 et 1983).

■ Le Français Christian d'Oriola en a remporté 4 (1947, 1949, 1953, 1954).

■ Le Hongrois Aladár Gerevich (né le 16 mars 1910) a remporté 2 titres au sabre à 20 ans d'intervalle (1935 et 1955). Il a également remporté le titre par équipes à 28 ans d'intervalle.

■ 5 fleurettistes féminines ont 3 titres mondiaux à leur actif : l'Allemande Helena Mayer (1910-1953) en 1929, 1931, 1937 ; la Hongroise Ilona Schacherer-Elek (1907-1988), en 1934, 1935, 1951 ; l'Autrichienne Ellen Müller-Preis (née le 6 mai 1912), en 1947, 1949, 1950 ; les Allemandes Cornelia Hanisch (née le 12 juin 1952), en 1979, 1981 et 1985, et Anja Fichtel (née le 17 août 1968), en 1986, 1988 et 1990.

■ Seule parmi elles, Ilona Schacherer-Elek a également remporté 2 titres olympiques (1936 et 1948).

CHAMPIONNATS DE FRANCE

■ Jean-François Lamour a remporté 13 titres au sabre, le premier en 1977 et le treizième en 1992.

■ Lucien Gaudin et Edward Gardère (1909-1969) ont remporté chacun 9 titres au fleuret.

■ Laurence Modaine a remporté 5 titres de championne de France du fleuret de 1988 à 1992.

COUPE DU MONDE

■ La Fédération internationale de football association (FIFA), fondée le 21 mai 1904, a organisé la première Coupe du monde en juillet 1930, à Montevideo, Uruguay. Elle a lieu tous les 4 ans et n'a, à ce jour, été remportée que par 6 pays : le Brésil, l'Italie (1934, 1938, 1982), la RFA (1954, 1974, 1990), l'Uruguay (1930, 1950) l'Argentine (1978, 1986) et l'Angleterre (1966). Après sa victoire aux États-Unis en 1994, le Brésil, qui s'était déjà imposé en 1958, 1962 et 1970, est désormais le seul pays à avoir gagné 4 fois la Coupe du monde. Derrière lui, Allemagne de l'Ouest et Italie sont à égalité avec trois victoires, respectivement obtenues en 1954, 1974 et 1990 et en 1934, 1938 et 1982.

■ La RFA a disputé 6 finales (elle a perdu en 1966, 1982 et 1986).

■ Le Brésil a toujours été présent dans les phases finales depuis 1930 (15 fois). L'Allemagne et l'Italie sont encore les dauphins du Brésil avec 13 participations.

À noter que, depuis 1982 inclus, 24 pays sont qualifiés pour les phases finales. Ils étaient 16 en 1934, et de 1954 à 1978 inclus. Il y en eut 15 en France en 1938 et seulement 13 en 1930 et 1950.

■ La France a disputé 9 phases finales de la Coupe du monde, terminant 3e en 1958 et 1986, 4e en 1982.

LE PLUS GRAND NOMBRE DE TITRES POUR UN JOUEUR

Le Brésilien Pelé (né le 23 octobre 1940), de son vrai nom Edson Arantes do Nascimento, a remporté 3 titres avec le Brésil, en 1958, 1962 et 1970.

PARTICIPATIONS

■ Le seul joueur à avoir participé à 5 phases finales de la Coupe du monde est le gardien de but mexicain Antonio Carbajal (né en 1923), qui a joué 11 matches en tout, en 1950, 1954, 1958, 1962 et 1966.

■ 4 joueurs ont participé à 21 matches de phase finale : Uwe Seeler (RFA) : 5 matches en 1958, 4 en 1962, 6 en 1966 et 6 en 1970 ; Wladislaw Zmuda (Pol.) : 7 en 1974, 6 en 1978, 7 en 1982, 1 en 1986 ; Diego Maradona (Arg.) : 5 en 1982, 7 en 1986, 7 en 1990 et 2 en 1994 ; et Lothar Matthäus (All.) : 2 en 1982, 7 en 1986, 7 en 1990, 5 en 1994.

ÂGES EXTRÊMES

■ Le plus jeune joueur à avoir participé à la Coupe du monde est l'Irlandais du Nord Norman Whiteside, qui a disputé le match Irlande du Nord-Yougoslavie à l'âge de 17 ans et 42 jours, le 17 juin 1982 (voir aussi la rubrique « Joueurs », dans le même chapitre).

■ Le plus jeune vainqueur est le Brésilien Pelé, qui avait 17 ans et 8 mois le jour de la victoire de son équipe, en 1958.

■ En jouant contre la Russie et en marquant un but, le Camerounais Roger Milla est devenu le 28 juin 1994 le plus vieux joueur de l'histoire de la Coupe du monde, ainsi que le doyen de ses buteurs. Ce jour-là, Roger avait en effet 42 ans, 1 mois et 6 jours.

DOPAGE

Exclu de la Coupe du monde, pour contrôle positif à l'éphédrine, l'Argentin Diego Maradona (né le 30 octobre 1960), vainqueur de la Coupe du monde 1986, sélectionné à 89 reprises, auteur de 34 buts, a probablement fait des adieux peu glorieux au ballon rond. En définitive, il n'est que le 4e joueur d'une liste noire ouverte en 1974 par le Haïtien Ernest Jean-Joseph. Soigné pour son asthme, il s'en tira avec une suspension d'un an. Même cas avec l'Espagnol Ramon Caldere, qui prenait en 1986 des médicaments pour soigner une bronchite. Sa bonne foi fut reconnue, et sa fédération condamnée à une amende.
En revanche, en 1976, l'Écossais Willie Johnstone fut suspendu 2 ans par la FIFA et à vie par sa fédération pour absorption de Femcamfamine.

INTERVENTION DU CHEIK

À la Coupe du monde 1982, lors de France-Koweït, se déroula un incident unique dans les annales : descendant de la tribune officielle, le frère de l'émir du Koweït fit annuler un but de Giresse pourtant parfaitement valable. C'est en raison d'un coup de sifflet venu d'un spectateur que le cheik Fahid Al-Ahmad Al-Sabah obtint l'annulation de ce but. À 10 mn de la fin du match, la France menait alors 3 buts à 1 et elle allait finalement l'emporter 4 buts à 1.

TITRE AUX TIRS AUX BUTS

La finale 1994 mettant aux prises le Brésil et l'Italie est la première de l'histoire à s'être terminée sur le score de 0 à 0. Après les prolongations (0-0), elle est aussi la première à s'être jouée aux tirs aux buts. Les Brésiliens s'imposèrent 3 tirs à 2. Si Marcio Santos rata pour les Sud-Américains, Baresi, Massaro et Roberto Baggio manquèrent chez les Européens.

LES MEILLEURS BUTEURS EN COUPE DU MONDE

Année	Lieu	Joueur	Nbre de buts
1930	Uruguay	Stabile (Argentine)	8
1934	Italie	Nejedly (Tchécoslovaquie)	5
1938	France	Léonidas (Brésil)	7
1950	Brésil	Adémir (Brésil)	9
1954	Suisse	Kocsis (Hongrie)	11
1958	Suède	Fontaine (France)	13
1962	Chili	Garrincha (Brésil)	4
		Vava (Brésil)	4
		Sanchez (Chili)	4
		Ivanov (URSS)	4
		Jerkovic (Yougoslavie)	4
1966	G.-Bretagne	Eusebio (Portugal)	9
1970	Mexique	Muller (RFA)	10
1974	Allemagne	Lato (Pologne)	7
1978	Argentine	Kempes (Argentine)	6
1982	Espagne	Rossi (Italie)	6
1986	Mexique	Lineker (GB)	6
1990	Italie	Schillaci (Italie)	6
1994	États-Unis	Stoichkov (Bulgarie)	6
		Salenko (Russie)	6

LE PREMIER BUTEUR

Le 13 juillet 1930, sur le stade de Pocitos à Montevideo, la France battait le Mexique par 4 à 1. Comme c'était le premier match du premier mondial, le Français Lucien Laurent qui avait ouvert le score devenait le premier buteur de l'histoire. Âgé aujourd'hui de 87 ans, le buteur a suivi de la région de Besançon, où il est retraité, les exploits de ses successeurs, qui, aux États-Unis, ont fait franchir au compteur le cap des 1 500 réussites.

Romario, le héros brésilien, étreint la Coupe du monde que son équipe vient de remporter à Los Angeles, le 17 juillet 1994.

LES BUTEURS DE LA WORLD CUP 94

Joueurs	Nbre de buts
Salenko (Russie)	6
Stoichkov (Bulgarie)	6
Klinsmann (Allemagne)	5
Romario (Brésil)	5
Roberto Baggio (Italie)	5
Andersson (Suède)	5
Battistuta (Argentine)	4
Raducioiu (Roumanie)	4
Dahlin (Suède)	4

LES JOUEURS LES PLUS SÉLECTIONNÉS

(arrêté après la Coupe du monde 1994 aux États-Unis)

Nombre de selec.	Joueurs	Période
125	Peter Shilton (Angleterre)	1971/1990
119	Pat Jennings (Irlande du Nord)	1964/1986
117	Lothar Matthaus (Allemagne)	1980/1994
117	Thomas Ravelli (Suède)	1981/1994
115	Bjorn Lundqvist (Suède)	1964/1979
112	Dino Zoff (Italie)	1968/1983

World Cup 1994 remportée par le Brésil.

ORIGINES

Un jeu dénommé *tsu-chu*, présentant certaines similarités avec le football, était pratiqué en Chine aux IVe et IIIe siècles av. J.-C. Les règles du football moderne ont été déterminées lors de la création de la Football Association, le 26 octobre 1863, en Grande-Bretagne.

■ Le premier match entre clubs, en France, a opposé White Rovers au Standard, en 1891, à Bécon-les-Bruyères, à côté de Paris.

Edson Arantes do Nascimento, dit Pelé, né le 23 octobre 1940, a remporté 3 Coupes du monde avec le Brésil. Il a marqué 1 216 buts, dont 126 lors de sa meilleure saison, en 1959.

LES MEILLEURS BUTEURS

■ Le roi des buteurs des phases finales est l'Allemand Gerd Muller qui entre 1970 et 1974 a marqué à 14 reprises. Il est suivi par le Français Just Fontaine avec 13 buts. Un total qui lui vaut d'être le meilleur buteur sur une seule Coupe du monde, car il l'a obtenu en jouant uniquement la phase finale de la Coupe du monde de 1958 en Suède.
Avec 12 buts, Pelé arrive au troisième rang des réalisateurs. Mais il a fallu les Coupes du monde de1958, 1962 et 1970 pour que le Brésilien parvienne à ce bilan.

■ Fontaine, Jairzinho (Brésil) et Alcide Ghiggia (Uruguay) sont les seuls joueurs à avoir marqué un but dans chaque match de phase finale auquel ils ont participé. Jairzinho a marqué 7 buts en 6 matches en 1970, et Ghiggia 4 buts en 4 matches en 1950.

LES PLUS ASSIDUS

Seuls Uwe Seeler et Pelé ont marqué des buts dans les quatre Mondiaux auxquels ils ont participé en 1958, 1962, 1966 et 1970. Douze pour le Brésilien (6 en 58, 1 en 62, 1 en 66 et 4 en 1970), 9 pour l'Allemand (2 en 58, 2 en 62, 2 en 66 et 3 en 1970).

BUTEURS SUR UN MATCH

■ Le 29 juin 1994, à San Francisco, lors du match Russie-Cameroun, enlevé 6-1 par les Russes, en marquant à 5 reprises, du pied droit, l'Ukrainien Oleg Salenko est devenu à 24 ans, le meilleur buteur sur un match de l'histoire des phases finales.
Derrière Salenko, on trouve, avec 4 buts chacun :
-le Polonais Willimovski, le 5 juin 1938, lors de Brésil-Pologne (6-5).
-le Brésilien Adémir en verve le 9 juillet 1950 pour Brésil-Suède (7-1).
-le Hongrois Kocsis, très inspiré le 20 juin 1954, lors de Hongrie-Allemagne (8-3).
-le Français Fontaine, efficace le 28 juin 1958 devant l'Allemagne (6-3).
-le Portugais Eusebio, euphorique le 23 juillet 1966 lors de Portugal-Corée du Nord (5-3).
-l'Espagnol Butragueno, en réussite le 18 juin 1986, lors de Espagne-Danemark (5-1).

BUTEURS SUR UN MATCH DE FINALE

■ Un seul joueur a marqué 3 buts dans une finale de Coupe du monde. Il s'agit de l'Anglais Geoff Hurst (né le 8 décembre 1941) au cours de la finale 1966, gagnée par l'Angleterre sur son terrain, à Wembley, aux dépens de l'Allemagne, 4 buts à 2.

■ Trois joueurs ont marqué des buts lors de 2 finales : le Brésilien Vava en 1958 et 1962, Pelé en 1958 et 1970, et l'Allemand de l'Ouest Paul Breitner, en 1974 et 1982.

BUT MORTEL

En marquant un but contre son camp, le 22 juin 1994, lors du match Colombie-États-Unis, le défenseur central Andres Escobar (27 ans) a été tenu pour responsable de l'élimination colombienne par quelques supporters. Ceux dont le pays était au départ favori de cette World Cup ne lui ont pas pardonné cette maladresse, et l'ont tué de 12 balles à son retour au pays.

LES SCORES LES PLUS ÉLEVÉS

■ La Nouvelle-Zélande a battu Fidji 13 à 0 lors des qualifications, le 15 août 1981, à Auckland.

■ Le plus haut score lors de la phase finale a été de 10 à 1, par la Hongrie contre le Salvador, à Elche, Espagne, le 15 juin 1982.

■ Le plus grand nombre de buts en phase finale, 12, a été marqué en 1954, lorsque l'Autriche a battu la Suisse 7 à 5.

BUT ÉCLAIR

Il a été inscrit 27 secondes après le coup d'envoi par l'Anglais Brian Robson (né le 11 janvier 1957) contre la France, à Bilbao, Espagne, le 16 juin 1982.

MOYENNE DES BUTS

C'est en 1954 que l'on vit le plus grand nombre de buts, avec une moyenne de 5,38 buts par match. Ensuite la moyenne tombe à 4,66 pour 1938, 4,11 pour 1934, et 3,89 pour 1930.
En 1994, aux États-Unis la moyenne a été de 2,71 buts par match, bien meilleure que celle des deux dernières éditions (2,21 en 1990 ; 2,54 en 1986), et des Coupes de 1974 (2,55) et 1978 (2,68).

LA MEILLEURE ATTAQUE

La RFA a inscrit 25 buts en 6 matches, soit une moyenne de 4,17 buts par match, lors de la phase finale en 1954.

LA MEILLEURE DÉFENSE

L'Italie n'a concédé que 2 buts en 7 matches pendant la phase finale de 1990. En ne concédant aucun but pendant 5 matches, avant d'en encaisser un à la 68e minute du sixième, en 1990, le gardien de but italien Walter Zenga a battu le record d'invincibilité en phase finale, avec 518 mn.

SPECTATEURS DE LA WORLD CUP

Avec 3 567 415 spectateurs, la World Cup 94 a battu tous les records d'affluence. La moyenne par match a été de 68 604. En Italie en 1990, elle était seulement de 48 411, et au Mexique, en 1986, elle ressortait seulement à 46 211.
Affluence record à un match, voir « Spectateurs ».

L'ASCENSION DU HAVRE EN 59

■

Le Havre Athlétic Club, qui est le club français le plus ancien, fondé en 1872, est également le seul club à avoir gagné la Coupe de France, en 1958-1959, alors qu'il évoluait en 2e division. Cette saison-là, l'équipe normande termina également en tête du classement de 2e division, accédant ainsi à la 1re.

0 À 9 POUR LE CHAMPION

En 1985-1986, Bordeaux a concédé à Monaco la plus lourde défaite jamais subie par un champion de France en titre. Les Bordelais ont été battus 9 à 0.

CARTONS JAUNES ET CARTONS ROUGES

Lors de la World Cup 1994, 227 cartons jaunes ont été donnés, et 15 joueurs ont été expulsés (carton rouge).

Luis Fernandez est le joueur qui détient le record du plus grand nombre d'expulsions au cours d'une même saison. En 1991-1992, sous le maillot de l'AS Cannes, les arbitres lui adressèrent un carton rouge à 5 reprises, 3 fois en championnat, 2 fois en Coupe de France.

Michel Platini, né le 21 juin 1955, a été 3 fois ballon d'or (meilleur joueur européen) et le meilleur buteur de l'équipe de France, avec un total de 41 buts.

COMPÉTITIONS INTERNATIONALES PAR CLUBS

CHAMPIONNAT DU MONDE DES CLUBS

Cette compétition, créée en 1960, oppose les vainqueurs de la Coupe d'Europe des clubs champions à ceux de la Copa Libertadores, son équivalent en Amérique du Sud. Le club uruguayen de Peñarol Montevideo l'a remportée 3 fois, en 1961, 1966 et 1982, comme le Milan AC en 1969, 1980 et 1990 et le Nacional (Uruguay) en 1971, 1980 et 1988.

COUPES D'EUROPE

■ Depuis 1956, 107 Coupes d'Europe ont été disputées (trois compétitions, voir ci-dessous).

■ Le Real Madrid a remporté le plus grand nombre de victoires : 8 au total (6 Coupes d'Europe des clubs champions et 2 Coupes de l'UEFA), devant Milan AC 7, Barcelone et Liverpool 6 victoires au total pour chacun. Le Real Madrid a également disputé le plus grand nombre de finales : 13 au total, devant Barcelone (12), Milan AC (10) et Liverpool (8).

■ Par pays, c'est l'Angleterre qui a remporté le plus grand nombre de Coupes d'Europe : 24 au total, devant l'Espagne (19) et l'Italie (19). C'est l'Espagne qui a eu le plus grand nombre de finalistes : 37 au total, devant l'Angleterre (36) et l'Italie (34).

■ 3 clubs ont gagné les 3 Coupes d'Europe. Il s'agit de la Juventus de Turin, du FC Barcelone et de l'Ajax Amsterdam. L'Ajax et le FC Barcelone ont accédé à ce palmarès en mai 1992, l'Ajax en gagnant la Coupe de l'UEFA et Barcelone en remportant la Coupe des champions face à la Sampdoria de Gênes.

__Coupe d'Europe des clubs champions__

Le Real Madrid l'a remportée 6 fois, de 1956 (année de la création) à 1960 et en 1966. Le plus haut score en finale a été de 7 à 3, lors du match Real Madrid-Eintracht Francfort, à Glasgow, le 18 mai 1960. Le joueur du Real Francisco Gento (né le 21 octobre 1933) a remporté également 6 titres.

__Coupe d'Europe des vainqueurs de Coupe__

La première finale a eu lieu en 1961. Barcelone a remporté l'épreuve 3 fois, en 1979, 1982 et 1989.

__Coupe de l'UEFA__

Créée en 1958, elle a été remportée 3 fois par Barcelone, en 1958, 1960 et 1966.

__Grand chelem__

■ En 1990, pour la première fois, un pays, l'Italie, a remporté les 3 épreuves européennes, avec Milan AC en Coupe des clubs champions, la Sampdoria de Gênes en Coupe des Coupes et la Juventus de Turin en Coupe de l'UEFA.

■ Seuls 3 clubs ont remporté la même année la Coupe d'Europe des clubs champions, le championnat et la Coupe de leur pays : le Celtic de Glasgow (Écosse) en 1967, l'Ajax d'Amsterdam (Pays-Bas) en 1972 et le PSV Eindhoven (Pays-Bas) en 1988.

__Français__

■ Raymond Kopa (né le 13 octobre 1931) a remporté la Coupe des clubs champions 3 fois, en 1957, 1958 et 1959, avec le Real Madrid. Il avait disputé et perdu la première édition de la prestigieuse épreuve en 1956, son club était alors le Stade de Reims. Michel Platini (né le 21 juin 1955) a gagné cette compétition avec la Juventus de Turin en 1985 et la Coupe des Coupes avec le même club en 1984.

■ En 1992-1993, pour la première fois, trois clubs français, le Paris-Saint-Germain, Auxerre et Marseille ont été demi-finalistes des Coupes d'Europe.

■ Reims a été finaliste en 1956 et 1959, Saint-Étienne en 1976 et Marseille en 1991 de la Coupe des clubs champions, Bastia en 1979 de la Coupe de l'UEFA.

■ L'Olympique de Marseille a eu l'honneur d'être, le 26 mai 1993, à Munich, devant 64 000 spectateurs, le premier club de football français à décrocher enfin une Coupe d'Europe, grâce à un but de la tête de Basile Boli, à la 44e minute. Le capitaine Didier Deschamps et ses hommes n'ont pas vaincu n'importe qui : leur victime était en effet le grand Milan AC, de Baresi et autres Van Basten.

COUPE D'AFRIQUE DES CLUBS CHAMPIONS

Le club guinéen du Hafia F C de Conakry a gagné 3 titres en 1972, 1975 et 1977.

COMPÉTITIONS NATIONALES PAR CLUBS

BUT ÉCLAIR

Le 22 mai 1993, le match Toulouse-Bordeaux, comptant pour la 37e journée du Championnat de France 1992-1993, n'avait pas commencé depuis 17 secondes que le Toulousain Bancarel marquait le premier but de la partie.

LE PLUS GRAND NOMBRE DE TITRES EN CHAMPIONNAT

■ Le CSKA Sofia a remporté 26 titres de champion de Bulgarie depuis 1946, dont 2 sous son nouveau nom de Sredets. Il est l'un des 3 clubs ayant conquis 9 titres consécutivement (1954-1962), avec le Celtic de Glasgow (1966-1974) et le MTK Budapest (1917-1925).

__France__

■ L'AS Saint-Étienne a gagné 10 titres de champion de 1re division (championnat créé en 1933), en 1957, 1964, entre 1967 et 1970, entre 1974 et 1976 et en 1981. Marseille vient ensuite avec 8 titres enlevés en 1937, 1948, 1971, 1972 et de 1989 à 1992.

■ Hervé Revelli (né le 5 mai 1946) et Jean-Michel Larqué (né le 8 septembre 1947) ont remporté 7 de ces titres.

■ Albert Batteux (né le 2 juillet 1919) et Robert Herbin (né le 30 mars 1939) ont gagné 9 titres comme joueurs puis comme entraîneurs, respectivement de Reims et de Saint-Étienne.

■ Le record est désormais détenu par le Paris-Saint-Germain, qui, lors de la saison 1993-94, qui le vit décrocher le titre, resta invaincu 27 matches consécutivement. Nantes n'a pas été battu chez lui en championnat pendant 92 matches, disputés entre 1976 et 1981.

■ C'est l'Olympique de Marseille qui détient le plus petit nombre de défaites dans un championnat de France. En 1991-1992, les Marseillais n'ont été battus que 3 fois et par 2 équipes seulement. Toulon, en effet, a battu l'OM à l'aller et au retour et Lens, sur son terrain, a également battu les champions de France. Cette saison-là, l'OM n'encaissa que 21 buts.

Le plus grand nombre de victoires en une saison est de 26. Record partagé entre Reims (1960), Monaco (1961) et Nantes (1966).

LE PLUS GRAND NOMBRE DE BUTS

■ Dudu Georgescu, du Dinamo Bucarest, a inscrit 47 buts pour son club en championnat de Roumanie, en 1974-1975.

__France__

■ Le meilleur buteur de tous les temps est l'Argentin Delio Onnis avec 299 buts, entre 1971 et 1985, pour Reims, Monaco, Tour et Toulon, qui furent ses clubs de 1re division.

■ Bernard Lacombe est pour sa part le meilleur buteur français de tous les temps, avec 255 buts marqués de 1967 à 1987, à Lyon, Saint-Étienne et Bordeaux.

■ Le meilleur buteur de l'histoire du championnat de France est le Yougoslave Josip Skoblar (né le 11 mars 1941), qui a marqué 44 buts en 1970-1971 pour l'Olympique de Marseille.

■ Le meilleur buteur français du championnat fut le Nantais Philippe Gondet (né le 17 mai 1942), qui marqua 36 buts en 1965-1966.

CHAMPION DE FRANCE

Eric di Meco est le seul à avoir été champion de France 5 fois consécutivement, et ce de 1988-1989 à 1992-1993, avec le même club : l'Olympique de Marseille.

LE MOINS DE TEMPS SUR LE TERRAIN

■

Bernard Boissier n'a joué que 2 mn contre le Portugal, le 26 avril 1975, en remplacement de Jean-François Jodar.

LE JOUEUR LE PLUS EXPULSÉ

C'est Yvon Le Roux qui détient le record de 2 expulsions sous le maillot de l'équipe de France : le 27 juin 1984, à la 85e minute du match France-Espagne, puis le 16 novembre 1985, à la 84e minute de la rencontre France-Yougoslavie.

INFATIGABLE

Le 13 novembre 1986, l'international danois Sören Lerby disputait deux matches de haut niveau dans la même journée. L'après-midi, il était à Dublin où, avec la sélection danoise, il passait quatre buts à l'Eire. Et le soir, avec son club, le Bayern de Munich, il disputait, à Bochum, un important match de Coupe.

■ Sur un match, le meilleur buteur reste Jean Nicolas, qui, le 1er mai 1938, lors d'un match Rouen-Valenciennnes obligea le gardien nordiste à récupérer 7 fois la balle au fond de ses filets.

PAPIN L'INFAILLIBLE

À l'issue du championnat de France 1991-1992, le Marseillais Jean-Pierre Papin a établi un record historique en terminant meilleur buteur pour la 5e fois consécutive. Avec 27 buts marqués, Papin a devancé le Messin François Caldéraro, 2e avec 19 buts.

■ Deux autres avant-centre avaient été, dans le passé, cinq fois meilleur buteur du championnat. Il s'agit des Argentins Carlos Bianchi et Delio Onnis, mais ils avaient interrompu leurs séries, ce qui les avait empêchés d'aligner leurs titres à la suite.

■ L'équipe qui en une saison a marqué le plus grand nombre de buts est le Racing Club de Paris qui frappa 118 fois lors de la saison 1959-1960.

LE PLUS GRAND NOMBRE DE VICTOIRES EN COUPE

■ Le Celtic de Glasgow a remporté 29 fois la Coupe d'Écosse entre 1892 et 1989.

France

■ L'Olympique de Marseille a gagné 10 Coupes de France (épreuve créée en 1918), en 1924, 1926, 1927, 1935, 1938, 1943, 1969, 1972, 1976 et 1989.

■ Marceau Sommerlinck (né en 1922), avec Lille, et Dominique Bathenay (né le 13 février 1954), avec Saint-Étienne puis Paris-Saint-Germain, ont gagné 5 Coupes. Saint-Étienne a réussi 4 doublés Coupe-championnat.

LES PLUS RÉGULIERS

Le club qui a disputé le plus grand nombre de fois le championnat de France de 1re division est Sochaux qui en est à sa 51e saison. Au niveau des matches disputés en 1re division, le plus régulier a été Jean-Luc Ettori, le goal monégasque qui a mis un terme à sa carrière à la fin de la saison 1993-1994 après avoir disputé 602 matches, pour le même club. Il détient le record français de matches joués en coupe d'Europe : il en a disputé 60 entre 1978 et 1994.

J.O.

La Hongrie a remporté 3 titres olympiques, en 1952, 1964 et 1968. La France a obtenu la médaille d'or en 1984.

ÉQUIPE DE FRANCE

LA PLUS LARGE VICTOIRE

■ À domicile, 8-0 (contre le Luxembourg en 1913 et en 1953, contre l'Islande en 1957). 7-0 (contre Chypre en 1980).

LA PLUS LARGE DÉFAITE

1-17 (contre le Danemark en 1908 à Londres). À domicile, 0-15 (contre l'Angleterre amateurs le 1er novembre 1906).

LE BUT LE PLUS RAPIDE

Bernard Lacombe a, le 2 juin 1978, marqué contre l'Italie un but 37 s après le coup d'envoi.

LE PLUS DE JOUEURS SÉLECTIONNÉS D'UN MÊME CLUB

■ C'est Saint-Étienne qui a fourni le plus grand nombre de sélectionnés avec 488 sélections au total.

■ Pour le même match, lors de la rencontre Pologne-France, le 14 août 1991, 8 joueurs sélectionnés faisaient partie de l'OM : Amoros, Angloma, Boli, Casoni, Deschamps, Durand, Papin et Sauzée. Ils ont joué ensemble de la 46e à la 53e minute.

CHAMPIONNAT D'EUROPE DES NATIONS

■ Il a lieu tous les 4 ans depuis 1960. La RFA est le seul pays à l'avoir remporté 2 fois, en 1972 et 1980. Elle a perdu en finale contre la Tchécoslovaquie en 1976.

COUPE D'AFRIQUE DES NATIONS

Le Ghana a remporté 4 titres, en 1963, 1965, 1978 et 1982, depuis la création de l'épreuve en 1957.

JOUEURS

LES PLUS LONGUES CARRIÈRES

L'Anglais Peter Leslie Shilton (né le 18 septembre 1949) a participé à plus de 1 300 matches, depuis 1966, comme gardien de but, dont 899 en 1re division.

France

Jean-Luc Etori, le goal monégasque, détient le record français de matches joués en coupe d'Europe.

DOUBLÉ

Pour la première fois dans l'histoire du football anglais, un joueur est devenu champion deux années de suite dans deux clubs différents. Le Français Éric Cantona (27 ans), couronné en 1992-1993 avec Manchester United (il marqua 9 buts), l'avait été en 1991-1992, avec Leeds United (il avait marqué 6 buts). En 1994, toujours avec Manchester United, il est devenu le premier joueur français à réussir le doublé Cup-Championnat. Autre première pour un joueur français dans le championnat anglais, il est le premier Français à avoir été élu par les autres joueurs « joueur de l'année ».

LE PLUS « CAPÉ »

■ Peter Shilton a été sélectionné 125 fois dans l'équipe d'Angleterre, jusqu'à la Coupe du monde 1990.

France

Manuel Amoros, né le 1er février 1962, a été sélectionné 81 fois, de 1981 à 1992, battant ainsi les records de Max Bossis, sélectionné 76 fois en équipe de France entre 1976 et 1986, et de Michel Platini qui l'a été 72 fois, dont 50 fois comme capitaine, entre 1980 et 1987.

ÂGES EXTRÊMES

■ William Meredith (1874-1958) a joué pour le pays de Galles, contre l'Angleterre, à 45 ans et 229 jours, le 15 mars 1920, à Londres.

■ L'Irlandais du Nord Norman Witheside a joué un

match international à 17 ans et 42 jours (voir aussi à la rubrique « Coupe du monde », dans le même chapitre).

__France__

■ Marian Wisniewski (né le 1er avril 1937) a joué à Colombes, le 3 avril 1955, contre la Suède, à l'âge de 18 ans et 2 jours.

■ Larbi Ben Barek avait 40 ans et 5 mois lors de sa sélection contre la RFA, le 16 octobre 1954.

BALLON D'OR

■ Seuls les Néerlandais Johan Cruyff (né le 25 avril 1947) et Marco Van Basten (né le 31 octobre 1964), et le Français Michel Platini (né le 21 juin 1955), ont reçu trois fois cette distinction de meilleur footballeur européen. Respectivement en 1971, 1973, 1974, en 1989, 1990, 1992 et en 1983, 1984, 1985.

■ L'Espagnol Alfredo Di Stefano (né le 4 juillet 1926), ballon d'or en 1957 et 1959, a reçu, grâce à *France-Football* et à TF1, le « super-ballon d'or » le 24 décembre 1989.

LES PLUS GROS TRANSFERTS

■ Le 18 mai 1990, la Juventus de Turin, Italie, a déboursé 16 milliards de lires (environ 80 millions de F) pour acheter à la Fiorentina l'attaquant Roberto Baggio (né le 18 février 1966).

■ Le club de Naples, Italie, avait déboursé 15 895 millions de lires, en 1984, pour acheter à Barcelone l'Argentin Diego Maradona (né le 30 octobre 1960).

__France__

L'Olympique de Marseille a acheté le Yougoslave Dragan Stojkovic pour 49 millions de F en 1990.

ENTRAÎNEURS

__Le mieux payé__

Selon la presse espagnole, l'entraîneur néerlandais du FC Barcelone, Johann Cruyff, aurait touché 750 millions de pesetas pour ses deux saisons 1991 et 1992 au club, soit environ 56 000 F par jour.

__Engagement__

En engageant Marc Bourrier en juin 1993, l'Olympique de Marseille a engagé ainsi son 50e entraîneur depuis 1932. C'est un record en première division.

BUTS

PAR ÉQUIPES

En match international, l'Angleterre a battu l'Australie, le 30 juin 1951, par 17 à 0. La France a battu 2 fois le Luxembourg par 8 à 0, le 29 avril 1913 et le 17 décembre 1953. Elle a également battu l'Islande par 8 à 0, le 2 juin 1957.

LE MEILLEUR GARDIEN

■ Le gardien de l'Atletico Madrid, Abel Resion, n'a pas encaissé de but pendant 1 275 mn au cours de la saison 1990-1991, en compétition officielle.

■ L'Italien Dino Zoff n'a pas encaissé de but durant 1 142 mn en match international, de septembre 1972 à juin 1974.

__France__

■ Le record d'invincibilité de Bruno Martini d'Auxerre, 835 mn durant la saison 1987-1988, a été battu par le gardien bordelais Gaëtan Huard qui au cours du championnat de France 1992-1993 a tenu sa cage inviolée pendant 1176 mn, soit un total de 13 matches.

■ En équipe de France, le record d'invincibilité est toujours la propriété de Joël Bats avec 688 mn. À savoir la période allant du 5 octobre 1983 (France-Espagne 1-1) au 19 juin 1984 (France-Yougoslavie 3-2).

LES MEILLEURS BUTEURS

■ Le 13 décembre 1942, lors des 16e de finale de la Coupe de France, le Racing Club de Lens battait Auby-Asturies par 32 à 0, et Stéphane Dembicki (1913-1985), plus connu sous le nom de Stanis, marquait à lui seul 16 des buts.

■ 2 joueurs ont marqué 10 buts lors d'un match international : le Danois Sofus Nielsen (1888-1963), lors du match Danemark-France (17 à 1) des jeux Olympiques de 1908, et l'Allemand Gottfried Fuchs (1889-1972), lors d'un match de consolation du tournoi olympique de 1912 qui opposait l'Allemagne à la Russie (16 à 0) en Suède.

Mais la Fédération internationale ne reconnaît pour meilleurs buteurs avec 7 réussites en un seul match international que le Mexicain Luis Roberto Alves et l'Australien Gary Cole. Ce dernier avait réussi son exploit le 14 août 1981, quand, en éliminatoire de la Coupe du monde, l'Australie avait atomisé les Îles Fidji par 10 à 0. Le Mexicain n'a fait aussi bien qu'en juillet 1993, quand, lors du tournoi de la Concacaf, le Mexique a balayé la Martinique par 9 à 0.

__En équipe de France__

■ Thadée Cisowski (né le 16 février 1927) a inscrit 5 buts contre la Belgique le 11 novembre 1956, à Colombes.

■ C'est Michel Platini qui a marqué le plus grand nombre de buts au total (41), devant Just Fontaine (27) et Jean-Pierre Papin (22).

__En une carrière__

■ Le Brésilien Arthur Friedenreich (1892-1969) aurait inscrit 1 329 buts en 43 ans de carrière.

■ Le Brésilien Pelé a marqué 1 216 buts en 1 254 matches, entre septembre 1956 et octobre 1974. Lors de sa meilleure saison, 1959, il a marqué 126 buts. Il a inscrit son millième but sur penalty, le 19 novembre 1969, pour son club, Santos, au stade Maracana de Rio de Janeiro, lors de son 909e match de 1re division. Pelé a joué ensuite pour le New York Cosmos et s'est retiré le 1er octobre 1977 avec 1 281 buts et 1 363 matches à son actif.

■ Franz « Bimbo » Binder (né le 1er décembre 1909) a marqué 1 006 buts en 756 matches pour l'Autriche et l'Allemagne entre 1930 et 1950.

SPECTATEURS

LES PLUS GROSSES AFFLUENCES POUR UN MATCH

■ 205 000 spectateurs (dont 199 854 payants) ont assisté, le 16 juillet 1950, au match de Coupe du monde Brésil-Uruguay, au stade Maracana de Rio de Janeiro.

__France__

■ Plus de 63 000 spectateurs ont assisté à la finale de la Coupe d'Europe des clubs champions, Ajax Amsterdam-Benfica Lisbonne, le 5 mars 1969, à Colombes.

■ Le record de spectateurs pour un match du championnat de France a été battu le 15 février 1992, à l'occasion du match entre Lens et Marseille, comptant pour la 29e journée. Il y avait 48 912 spectateurs payants au stade Félix-Bollaert.

■ En tête des affluences du championnat 1992-1993, on retrouve l'Olympique de Marseille pour la 5e année consécutive. Les champions de France ont attiré au Stade-Vélodrome 496 087 spectateurs en 19 rencontres, soit une moyenne de 26 109 par match. Comme ils en ont mobilisé 398 210 à l'extérieur, l'Olympique de Marseille a donc déplacé 894 297 spectateurs, soit le 1/5 des 4 429 540 spectateurs (affluence record) du championnat 1992 1993.

■ Le record pour un match de Coupe d'Europe est de 136 505 spectateurs, le 15 avril 1970, lors de la demi-finale Celtic de Glasgow-Leeds United, à Glasgow, Écosse.

DIVERS

LE MATCH LE PLUS LONG

Le match Santos (Brésil)-Peñarol Montevideo (Uruguay) a duré 3 h 30 mn (y compris les interruptions), les 2 et 3 août 1962. Il s'est terminé par le score nul de 3 à 3.

JONGLAGE

■ Le Kenyan Allan Abuto Nyanjong a jonglé durant 16 h 27 mn 52 s avec les pieds, les jambes et la tête, sans que la balle touche le sol, à Arlington, Virginie, EU, le 16 janvier 1988. Il a réussi à jongler avec la tête et le buste durant 5 h 30 mn, à Ceilo Vista, Texas, EU, le 17 avril 1990.

■ Le Polonais Janusz Chomontek a parcouru 30 km en 8 h 25 mn 20 s en jonglant, le 19 septembre 1987.

France

■ Flavio Masucci (né en 1975), de Longwy-Haut, Meurthe-et-Moselle, a effectué 36 800 touches de balle avec le pied en 4 h 10 mn et 155 frappes de la tête en 1 mn, le 25 novembre 1989.

LE PLUS GRAND ÉCART DE COUPS

L'Américain Jerry Pate, né le 16 septembre 1953, a remporté l'Open de Colombie 1981 avec 21 coups d'avance, et un score total de 262. Cecilia Leitch a remporté le championnat open féminin du Canada avec 17 coups d'avance en 1921.

Larry Mize, lors du championnat Johnnie Walker en 1993.

GOLF

LE PLUS GRAND BUNKER

C'est celui du 7e trou du parcours de Pine Valley, New Jersey, EU.

LE TROU LE PLUS LONG

Le trou n° 7 du parcours de Sano, au Japon, mesure 831 m.

LE GREEN LE PLUS GRAND

C'est probablement celui du trou n° 5, un « par » 6, de l'International Golf Club de Boston, Massachusetts, EU. Il mesure 635 m de long et 2 600 m² de surface.

LE PARCOURS LE PLUS LONG

■ Le parcours de l'International Golf Club de Boston (voir ci-dessus), qui a un « par » 77, mesure 7 610 m de longueur.

■ L'Américain Floyd Satterlee Rood a utilisé tous les États-Unis comme parcours, en jouant du Pacifique à l'Atlantique, du 14 septembre 1963 au 3 octobre 1964. Il a joué 114 737 coups et perdu 3 511 balles sur les 5 468 km du parcours.

CANARD

Au tournoi de Tucson, le 16 mars 1993, Anne-Marie Palli, en frappant sa balle au 9e trou, a tué un canard en plein vol. Retombée dans l'eau, la balle mortelle lui a valu deux coups de pénalité. Cher, le canard.

LES MEILLEURS SCORES SUR 72 TROUS

David Llewellyn a réalisé le score de 258 (64 + 69 + 60 + 65) à l'Open de Biarritz 1988. Ian Woosnam a réalisé le même score (66 + 67 + 65 + 60) à l'Open de Monte-Carlo 1990.

SUR 18 TROUS

■ Au moins 4 joueurs ont réussi un parcours de plus de 6 000 m en 58 coups, le plus récent étant l'Américain Monte Carlo Money (né le 3 décembre 1954) sur le parcours de 6 041 m (« par » 72), du Golf-Club municipal de Las Vegas, Nevada, EU, 1981.

■ Le record pour les femmes est de 62 (30 + 32), réalisé par l'Américaine Mary Kathryn Wright (née le 14 février 1935), en novembre 1964, sur le parcours de Hogan Park (5 747 m, « par » 71), à Midland, Texas, EU.

CHAMPIONNATS DE FRANCE

12 titres ont été remportés par Jean Garaïalde (né le 20 octobre 1934) entre 1968 et 1985, chez les professionnels.

CIRCUIT EUROPÉEN

En s'imposant dans le Tournoi de Rome, Jean Van de Velde, jeune joueur montois de 26 ans, a mis fin à 23 années d'échecs tricolores dans le Circuit européen, le 18 avril 1993.

TOURNOIS MAJEURS

OPEN BRITANNIQUE

__Un parcours__

Le score record de 63 a été réalisé par l'Américain Mark Stephen Hayes (né le 12 juillet 1949), à Turnberry, le 7 juillet 1977 ; par le Japonais Isao Aoki (né le 31 août 1942), à Muirfield, le 19 juillet 1980 ; par l'Australien Greg (Gregory John) Norman (né le 10 février 1955), à Turnberry, le 18 juillet 1986 ; et par l'Anglais Paul Broadhurst (né le 14 août 1965), à Saint Andrews, le 21 juillet 1990.

__Score total__

268 (68, 70, 65, 65), par l'Américain Thomas Watson (né le 4 septembre 1949), à Turnberry, en juillet 1977.

OP[illegible]

__Un pa[illegible]__

63, pa[illegible] Miller (né le 29 avril [illegible]) sur le parcours de 6 328 m, « par » 71, d'Oakmont, Pennsylvanie, EU, le 17 juin 1973 ; par les Américains Jack Nicklaus (né le 21 janvier 1940) et Tom Weiskopf (né le 9 novembre 1942), le 12 juin 1980.

__Score total__

272 (63, 71, 70, 68), par Jack Nicklaus sur le parcours de 6 414 m de Baltusrol, du 12 au 15 juin 1980.

■ Nicklaus a participé à 34 éditions de l'Open.

MASTERS AMÉRICAIN

__Un parcours__

63, par Nicholas Leige Price (Zimbabwe, né le 28 janvier 1957) sur le parcours de 6 383 m de l'Augusta National, Géorgie, en 1986.

__Score total__

271 (67, 71, 64, 69), par Jack Nicklaus en 1965, et par Raymond Floyd (65, 66, 70, 70) en 1976.

COMPÉTITIONS PAR ÉQUIPES

COUPE DU MONDE

■ La Coupe du monde (créée sous le nom de Coupe du Canada en 1953) a été remportée 18 fois par les États-Unis, entre 1955 et 1992. 2 joueurs ont fait partie 6 fois de l'équipe victorieuse : Arnold Palmer (né le 10 septembre 1929), en 1960, 1962, 1963, 1964, 1966 et 1967, et Jack Niklaus en 1963, 1964, 1966, 1967, 1971 et 1973. Seul Nicklaus a remporté 3 fois le titre individuel, en 1963, 1964 et 1971.

■ Le meilleur score pour 144 trous est de 544, par l'équipe d'Australie — Bruce Devlin (né le 10 octobre 1937) et Anthony David Graham (né le 10 mai 1946) —, à San Isidro, Argentine, du 12 au 15 novembre 1970.

■ Le meilleur score individuel [illegible] en 1970 par l'Argen[illegible] de Vicenzo (né le 1[illegible]).

RYDER CUP

Disputée tous les deux ans, la Ryder Cup, créée en 1927, est un tournoi qui oppose les professionnels américains et européens. Les États-Unis mènent par 22 victoires à 5 (et 2 nuls).

RECORDS INDIVIDUELS

LES PRIX LES PLUS ÉLEVÉS

■ La plus forte prime jamais offerte au vainqueur d'un tournoi annuel, 1 million de $, a été remportée, lors de la première édition, au Challenge de Sun City, Afrique du Sud, par le Gallois Ian Woosnam (né le 2 mars 1958) en 1987.

■ Le total des primes du Championnat Johnnie Walker en Jamaïque du 17 au 20 décembre 1992 était de 2 700 000 $, avec 550 000 $ pour le gagnant.

LES GAINS LES PLUS ÉLEVÉS

__Circuits PGA et LPGA américains__

Le professionnel ayant amassé les plus gros gains au cours de sa carrière est Tom Kite (né le 9 décembre 1949), qui, entre 1982 et le 21 juin 1993, avait gagné 8 299 794 $. Il détient aussi le record sur une saison (1989) du circuit PGA, avec 1 395 278 $.

__Circuit européen__

Le classement européen est fondé sur les gains (en £) obtenus sur les tournois du circuit européen. Le Britannique Nick Faldo a terminé en tête en 1992, avec un total de 708 522 £. Dans sa carrière, Faldo a gagné, sur le circuit européen, la somme record de 3 457 337 £, de 1967 à 1992. Il détient également le record de gain sur une saison, pour l'année 1992, avec 1 558 978 £.

__Femme__

■ Le record féminin de gains : voir légende page de droite.

PARCOURS LE PLUS HAUT

Le golf de Tuctu, à Morococha, Pérou, est situé à 4 370 m d'altitude en son point le plus bas. On a déjà joué au golf à une altitude de 4 875 m, au Tibet.

GOLF JAPONAIS

Le 1er championnat professionnel japonais a débuté le 15 mai 1993. Il met aux prises 10 équipes, dont 4 sponsorisées par des constructeurs d'automobiles.

ORIGINES DU GOLF

Bien qu'un vitrail de la cathédrale de Gloucester, GB, comporte une figurine ressemblant à un golfeur, la première trace du golf apparaît dans une loi de mars 1457 du Parlement écossais, le décrivant comme « particulièrement honteux et ne devant pas être pratiqué ». Les Romains pratiquaient un jeu dénommé *paganica*, qu'ils auraient pu exporter en Grande-Bretagne dans les années 400. Selon l'Association de golf de Taiwan, ce jeu a pour origine le *ch'ui whan*, jeu de balle pratiqué au IIIe ou au IIe siècle av. J.-C. Des ordonnances officielles interdirent en 1360, aux Pays-Bas, tout jeu de balle se pratiquant avec un club. Les balles en caoutchouc furent inventées en 1899 par l'Américain Coburn Haskell et succédèrent aux balles en cuir. Les manches de club en acier ont été autorisés en 1925 aux États-Unis et en 1929 en Grande-Bretagne.

■ Elizabeth Ann « Beth » Daniel (née le 14 octobre 1956) détient le record de gains sur une saison avec, pour 1990, 863 578 $.

NOMBRE DE VICTOIRES EN TOURNOI

■ L'Américain John Byron Nelson (né le 4 février 1912) a remporté 18 tournois en une année, dont 11 consécutivement, du 8 mars au 4 août 1945.

■ L'Américain Sam Snead a gagné 84 tournois officiels PGA de 1936 à 1965 et 134 tournois depuis 1934. Le record féminin est de 88 victoires, pour Kathy Whitworth (née le 27 septembre 1939), de 1962 à 1985.

■ Jack Nicklaus a remporté 20 succès dans les tournois majeurs entre 1962 et 1986, dont 4 Open des États-Unis, 6 Masters et 5 championnats PGA.

QUADRUPLÉS

À ce jour, seuls 2 joueurs sont parvenus à s'imposer 4 fois consécutivement dans un grand tournoi. Ce sont Tom Morris Jr, lauréat de l'Open britannique de 1868 à 1872 (non organisé en 1871), et Percy Aliss, invincible dans l'Open d'Allemagne de 1926 à 1929.

ÂGES EXTRÊMES

■ Le plus jeune vainqueur de l'Open britannique a été Tom Morris Jr. (1851-1875), vainqueur à Prestwick, en 1868, à l'âge de 17 ans et 249 jours.

■ Le plus âgé a été « Old Tom » Morris (1821-1908), qui a gagné à Prestwick, en 1867, à l'âge de 46 ans et 99 jours.

Plus récemment, le champion 1967, Roberto de Vincenzo, était âgé de 44 ans et 93 jours quand il a remporté ce titre.

Le champion de l'Open des États-Unis le plus âgé est Hale S. Irwin (né le 3 juin 1945), qui a gagné le 18 juin 1990, à l'âge de 45 ans et 15 jours.

■ Isabella Robertson (née le 11 avril 1936) a remporté le championnat d'Écosse féminin à l'âge de 50 ans et 43 jours.

TROUS-EN-UN

LES PLUS LONGS

■ Le 7 octobre 1965, l'Américain Robert Mitera (né en 1944) a réussi le 10e trou (408 m) du parcours du Miracle Hills Golf Club, à Ohama, Nebraska, EU, en un seul coup. Mitera mesure 1,68 m et pèse 75 kg. C'était un joueur de handicap 2 dont le drive atteignait normalement 225 m. Une rafale de vent de 80 km/h porta sa balle jusqu'au trou.

■ Le record féminin est de 359 m, au 1er trou du Furnace Brook GC, à Wollaston, Massachusetts, EU, par Marie Robie, le 4 septembre 1949.

LE DOUBLE ALBATROS

On connaît 19 cas de 2 trous-en-un consécutifs, mais le plus beau est certainement le « double albatros » réalisé le 2 septembre 1964 par Norman L. Manley aux trous 7 (301 m, « par » 4) et 8 (265 m, « par » 4) du parcours du Del Valle Country Club de Saugus, Californie, EU.

ÂGES EXTRÊMES

■ Le plus jeune joueur à avoir réussi un trou-en-un est Coby Orr (5 ans), de Littleton, Colorado, EU, au 5e trou (94 m) du parcours de Riverside, Texas, EU, le 20 mai 1986.

■ La plus jeune fille est Nicola Mynolas, âgée de 10 ans et 64 jours. Elle a réussi un trou-en-un le 18 septembre 1993 sur le 1er trou (122 m) du parcours de South Course (Australie).

■ Le joueur le plus âgé à avoir réussi cet exploit est le Suisse Otto Bucher (né le 12 mai 1885), à l'âge de 99 ans et 244 jours, au 12e trou (100 m) du La Manta GC, Espagne, le 13 janvier 1985 ; chez les femmes, c'est Erna Ross (née le 9 septembre 1890), au 17e trou (102 m) de l'Everglades Club de Palm Beach, Floride, EU, le 23 avril 1986, à l'âge de 95 ans et 257 jours.

LES PLUS NOMBREUX

Frederique Gueisbuhler (née le 15 février 1926) a réussi 4 fois le même trou, en l'occurrence le n°6 de Saint-Cloud, en un. Exploits réussis les 24 avril 1960, 29 juin 1978, 28 août 1990 et 24 avril 1992.

L'Américaine Pat Bradley, née le 24 mars 1951, détient le record féminin de gains au long d'une carrière avec 4 440 113 $ au 8 juin 1993.

Paul Lynch détient le record de la pompe à un doigt.

GYMNASTIQUE

ORIGINES

Une forme primitive de la gymnastique était pratiquée dans la Grèce ancienne et à Rome à l'époque des anciens jeux Olympiques (de 776 av. J.-C. à 393 ap. J.-C.). Le premier professeur de gymnastique moderne a été l'Allemand Friedrich Simon, qui enseignait en 1776 à Dessau, Allemagne.

JEUX OLYMPIQUES

■ Le Japon et l'URSS ont remporté 5 titres olympiques masculins par équipes respectivement en 1960, 1964, 1968, 1972 et 1976 et en 1952, 1956, 1980, 1988 et 1992. L'URSS a remporté 10 titres féminins par équipes, de 1952 à 1980, en 1988 et en 1992.

■ Les Soviétiques Boris Chakhline (né le 27 janvier 1932) et Nikolaï Andrianov (né le 14 octobre 1952) ont remporté 6 médailles d'or : 1 en 1956, 4 en 1960 et 1 en 1964 pour Chakhline ; 1 en 1972, 4 en 1976 et 1 en 1980 pour Andrianov.

■ La Tchécoslovaque Vera Caslavska-Odlozil (née le 3 mai 1942) a remporté 7 médailles d'or, 3 en 1964 et 4 en 1968. La Soviétique Larissa Latinina (née le 27 décembre 1934) a remporté 6 médailles d'or individuelles et a fait partie 3 fois de l'équipe victorieuse (de 1956 à 1964), soit un total de 9 médailles d'or. Elle a aussi remporté 5 médailles d'argent et 4 de bronze, soit un total de 18 médailles olympiques, record toutes catégories.

■ Le Soviétique Nikolaï Andrianov a remporté un total de 15 médailles olympiques entre 1972 et 1980, 7 d'or, 5 d'argent, 3 de bronze.

■ Le Soviétique Alexandre Ditiatine (né le 7 août 1957) est le seul homme à avoir remporté une médaille dans les 8 spécialités lors des mêmes Jeux, à Moscou, en 1980 : 3 d'or, 4 d'argent et 1 de bronze.

■ Vitaly Stcherbo, né le 13 janvier 1972, a gagné 6 médailles d'or à Barcelone en 1992 (en équipe, au combiné, aux anneaux, au cheval d'arçon, aux barres asymétriques et parallèles).

<u>Français</u>

Gustave Sandras (1872-1954) a remporté la médaille d'or du concours général en 1900.

CHAMPIONNATS DU MONDE

<u>Hommes</u>

Boris Chakhline, Soviétique, a remporté 10 titres individuels de 1954 à 1964. Il a aussi remporté 3 titres par équipes. L'URSS a remporté 13 titres par équipes (8 championnats du monde, 5 titres olympiques), de 1952 à 1992.

<u>Femmes</u>

■ La Soviétique Larissa Latinina a remporté 12 titres individuels de 1956 à 1964.

■ L'équipe féminine d'URSS a remporté 21 titres par équipes (11 championnats du monde et 10 titres olympiques).

LES CHAMPIONS LES PLUS JEUNES

La Roumaine Daniela Silivas (née le 9 mai 1971) a remporté le titre mondial à la poutre à 14 ans et 6 mois, le 10 novembre 1985. Le Soviétique Dimitri Bilozerchev (né le 17 décembre 1966) est devenu champion du monde à l'âge de 16 ans et 315 jours, le 28 octobre 1983.

CHAMPIONNATS DE FRANCE

André Boério (né le 13 juin 1952), de 1972 à 1977, et André Weingand, entre 1945 et 1952, ont gagné 6 fois le titre masculin. Chez les femmes, Danielle Coulon-Sicot a remporté 5 victoires entre 1954 et 1959.

GYMNASTIQUE RYTHMIQUE ET SPORTIVE

■ La Bulgare Maria Gigova a remporté 3 titres individuels, en 1969, 1971 et 1973. La Bulgarie a remporté le nombre record de 8 victoires par équipes, en 1969, 1971, 1973, 1981, 1983, 1985, 1987 et 1989.

■ La Bulgare Bianca Panova (née le 27 mai 1960) a remporté les médailles d'or des 4 appareils, chacune avec le score maximal, et la médaille d'or par équipes en 1987.

■ La Bulgare Lilia Ignatova a remporté 2 Coupes du monde, en 1983 et 1986.

ROULADES

L'Américain Ashrita Furman a parcouru 20 km en 8 341 roulades avant en 190 h 30 mn, de Lexington à Charleston, EU, le 30 avril 1986. Le Japonais Shigeru Iwasaki a parcouru 50 m en 10,8 s en roulades arrière, à Tokyo, le 30 mars 1980.

L'INTERNATIONAL LE PLUS JEUNE

La Grecque Paraskevi « Voula » Kouna (née le 6 décembre 1971) était âgée de 9 ans et 299 jours au début des Jeux des Balkans, à Serrès, Grèce, le 1er octobre 1981.

10/10

▲ La Roumaine Nadia Comaneci, née le 12 novembre 1961, a été la première à obtenir la note maximale (10), aux Jeux de Montréal, Canada, en 1976.

Le Suisse Hans Eugster, né le 27 mars 1929, a obtenu la note de 10/10 au championnat du monde de 1950 pour l'épreuve de barres parallèles.

HALTÉROPHILIE

RÈGLES

Il existe 2 mouvements standard : l'arraché et l'épaulé-jeté. L'addition de ces 2 mouvements détermine le total. Le développé, qui était le 3e mouvement standard, a été supprimé en 1972.

ORIGINES

Des compétitions de lever de pierres faisaient partie des jeux Olympiques de l'Antiquité. Les premiers championnats dits mondiaux se tinrent au Café Monico, à Piccadilly, Londres, le 28 mars 1891. Les premiers championnats officiels se tinrent à Tallin, Estonie, les 29 et 30 avril 1922.

MÉDAILLES OLYMPIQUES

L'Américain Norbert Schemansky (né le 30 mai 1924) a remporté 4 médailles olympiques : l'or, catégorie mi-lourds en 1952 ; l'argent, catégorie lourds, en 1948 ; le bronze, catégorie lourds, en 1960 et 1964.

TITRES MONDIAUX

Le record de titres mondiaux, y compris les titres olympiques, est de 8, par l'Américain John Davis (1921-1984) en 1938 et de 1946 à 1952 ; par l'Américain Tommy Kono (né le 27 juin 1930), de 1952 à 1959 ; et par le Soviétique Vassili Alexeïev (né le 7 janvier 1942), de 1970 à 1977.

ÂGES EXTRÊMES

Le Bulgare Naïm Shalamanov (né le 23 novembre 1967), aujourd'hui devenu le Turc Naim Suleimanoglu, a établi le record catégorie 56 kg à l'épaulé-jeté (160 kg) et au total (285 kg) à l'âge de 15 ans et 123 jours, à Allentown, Pennsylvanie, EU, le 26 mars 1983.

LA CHARGE LA PLUS LOURDE PAR RAPPORT AU POIDS DU CORPS

■ Le record est détenu par le Turc Naim Suleimanoglu, premier homme à réussir un arraché de 2,5 fois le poids de son corps en soulevant 150 kg à Cardiff, le 27 avril 1988. Il a remporté le titre olympique en 1988 à Séoul et en 1992 à Barcelone. Il a par ailleurs décroché 16 titres mondiaux et 21 européens. Aux Jeux d'Atlanta en 1996, il n'aura que 29 ans.

■ Le premier homme à épauler-jeter plus de 3 fois le poids de son corps a été le Bulgare Stéfane Topurov, qui a soulevé 180 kg à Moscou le 24 octobre 1983.

INVINCIBILITÉ

L'Américain John Davis est resté invaincu en poids lourds de 1938 à 1953.

LA CHARGE LA PLUS LOURDE

■ Le poids le plus lourd jamais soulevé par un homme est de 2 844 kg : l'Américain Paul Anderson, 165 kg, (né le 17 octobre 1932), champion olympique des lourds en 1956, a soulevé cette charge bras tendus et allongé sur le dos le 12 juin 1957, à Toccoa, Géorgie, EU.

L'effort déforme souvent le visage des haltérophiles en des grimaces intéressantes.

■ Le record féminin est de 1 616 kg, par l'Américaine Josephine Blatt (1869-1923), à Hoboken, New Jersey, EU, le 15 avril 1895.

<u>Français</u>

■ Louis Hostin (né le 21 avril 1908) a remporté 2 titres olympiques, en 1932 et 1936, en mi-lourds, et Charles Rigoulot (1903-1963) le titre olympique des mi-lourds en 1924.

■ Ernest Cadine, bien que mi-lourds aux jeux Olympiques d'Anvers en 1920, décrocha le titre toutes catégories.

■ Pierre Gourier (né le 2 mars 1947) a gagné 14 titres de champion de France. Daniel Tenet (né le 26 juin 1953) a été champion du monde des poids moyens à l'arraché en 1981, à Lille, Nord. Il a obtenu la médaille d'argent des légers aux jeux Olympiques de 1976, après le déclassement du Polonais Kaczmarek pour dopage.

Le Turc Naim Suleimanoglu, premier homme à avoir arraché 2,5 fois le poids de son corps, fut aussi, à 15 ans et 123 jours, le plus jeune des recordmen du monde dans la catégorie COQ épaulé-jeté.

L'équipe de France a décroché en 1993, pour la première fois de son histoire, une médaille d'argent lors des championnats du monde à Stockholm.

HANDBALL

CHAMPIONNATS DE FRANCE

Le record de victoires est détenu par la Stella Sport de Saint-Maur, Val-de-Marne, avec 6 titres, en 1968, 1972, 1976, 1978, 1979 et 1980.

HOCKEY SUR GAZON

ORIGINES

Une représentation de deux joueurs en position orthodoxe d'engagement, utilisant des bâtons de bois recourbés, a été trouvée dans la tombe n° 17, à Beni Hasan, Égypte. On la date de 2050 av. J.-C. Le jeu moderne a été développé en Angleterre dans les années 1870. La Fédération internationale de hockey a été fondée le 7 janvier 1924.

HANDBALL

ORIGINES

Le handball a été pratiqué pour la première fois en 1895 en Allemagne. Il a été reconnu discipline olympique aux Jeux de Berlin, en 1936, comme jeu d'extérieur à 11 joueurs par équipe. En 1972, il a été réintroduit aux Jeux selon les règles émises en 1952, soit à 7 joueurs par équipe et en salle. Le mot, d'origine allemande, se prononce *handbal* et non *handbaul*.

LES ÉQUIPES LES PLUS TITRÉES

Jeux Olympiques

■ L'URSS a remporté 5 titres, masculins en 1976, 1988 et 1992, féminins en 1976 et 1980.

■ La Corée du Sud détient également 2 titres féminins pour 1988 et 1992.

Championnats du monde

■ La Roumanie a remporté 4 titres masculins et 3 titres féminins de 1956 à 1974.

■ La RDA et l'URSS ont remporté 3 titres féminins, respectivement en 1971, 1975 et 1978 et en 1982, 1986 et 1990.

■ Déjà médaillée de bronze lors des jeux Olympiques de Barcelone, l'équipe de France a encore, pour la première fois de son histoire, décroché en 1993, à Stockholm, la médaille d'argent, lors des championnats du monde. Défaite devant la Russie : 28-19.

SÉLECTIONS

France

Les joueurs sélectionnés le plus grand nombre de fois en équipe nationale sont Philippe Gardent : 223 sélections, Alain Portes : 214 et Frédéric Volle : 205.

COUPE D'EUROPE DES CLUBS CHAMPIONS

■ Le Spartak de Kiev (URSS) a remporté 13 titres entre 1970 et 1988.

■ Gummersbach, RFA, a remporté 5 titres masculins, en 1967, 1970, 1971, 1974 et 1983.

■ Il est aussi le seul club à avoir emporté les 3 trophées européens : la Coupe d'Europe des clubs champions, la Coupe d'Europe des vainqueurs de Coupe, et la Coupe IHF.

COUPE DES COUPES

Pour la première fois, un club français, l'Olympique de Marseille-Vitrolles, a gagné en 1993 une grande compétition européenne : la Coupe des Coupes.

En finale, sur 2 matches, les hommes de Philippe Gardent et Richardson ont en effet pris le meilleur sur les Hongrois de Veszprem.

HANDBALL

LE SCORE LE PLUS ÉLEVÉ

L'URSS a battu l'Afghanistan par 86 à 2, lors du tournoi amical des armées, à Miskolc, Hongrie, en août 1981.

HOCKEY SUR GAZON

TITRES OLYMPIQUES

L'Inde a été 6 fois consécutivement championne olympique de 1928 à 1956, puis 2 fois encore en 1964 et 1980. Un tournoi féminin a été créé en 1980 (victoire du Zimbabwe). Les Pays-Bas l'ont remporté en 1984 et l'Australie en 1988.

LE SCORE LE PLUS ÉLEVÉ

L'Inde a battu les États-Unis par 24 à 1, à Los Angeles, EU, lors des Jeux de 1932. Chez les femmes, l'Angleterre a battu la France par 23 à 0, le 3 février 1923, à Londres.

NOMBRE DE SÉLECTIONS

■ L'Allemand de l'Ouest Heiner Dopp (né le 27 juin 1956) a représenté 283 fois son pays entre 1975 et 1990.

■ L'Anglaise Valerie Robinson a représenté 144 fois son pays de 1963 à 1984.

France

Bruno Delavenne compte 143 sélections nationales.

LES MEILLEURS BUTEURS

Le Néerlandais Paul Litjens (né le 9 novembre 1947) a marqué 267 buts en 177 matches internationaux.

LE BUT LE PLUS RAPIDE

Lors du match Angleterre-RFA, le 25 avril 1971, l'Anglais John French a marqué le premier but après 7 secondes de jeu.

LE MEILLEUR GARDIEN DE BUT

L'Indien Richard James Allen (né le 4 juin 1902) n'a concédé aucun but durant tout le tournoi olympique de 1928, et seulement 3 lors des jeux Olympiques de 1936.

LE MATCH LE PLUS LONG

Il a fallu 2 h 25 mn (y compris 6 prolongations) aux Pays-Bas pour battre l'Espagne lors des jeux Olympiques de Mexico, le 25 octobre 1968.

CHAMPIONNATS DE FRANCE

Lyon a gagné consécutivement 10 titres masculins entre 1968 et 1977 et un 11e en 1980. Chez les femmes, le record appartient au Stade français, avec 31 titres.

HÉLICOPTÈRE
CHAMPIONNATS DU MONDE

Lors des 7e championnats du monde d'hélicoptère, qui se sont déroulés en Angleterre, en septembre 1992, les Russes ont occupé les 6 premières places individuelles. Les premiers non-Russes sont les Français Jean-Patrice Simon (*à gauche sur la photo*) et Bernard Fixot (*à droite*), classés 7e, sur Alouette II.

HIPPISME

Voir double page suivante.

Championnat de France féminin de hockey sur gazon : Racing Club de France contre Stade français.

HOCKEY SUR GLACE

ORIGINES

D'après certaines peintures, un jeu ressemblant au hockey sur glace était pratiqué aux Pays-Bas au début du XVIe siècle. Le jeu tel que nous le connaissons a probablement été pratiqué pour la première fois le 25 décembre 1855 à Kingston, Canada. La Fédération internationale de hockey sur glace a été fondée en 1908.

JEUX OLYMPIQUES ET CHAMPIONNATS DU MONDE

■ Les premiers championnats du monde amateurs se sont tenus en 1920 à l'occasion des jeux Olympiques, qui ont été considérés comme championnats du monde jusqu'à 1968. Depuis 1977, ceux-ci sont aussi ouverts aux professionnels.

■ L'URSS a remporté 23 fois le titre entre 1954 et 1992, y compris les titres olympiques de 1956, 1964 et 1968. L'URSS détient aussi le record de 8 titres olympiques avec ses autres victoires de 1972, 1976, 1984, 1988 et 1992.

■ 5 joueurs soviétiques ont remporté 3 médailles d'or : Vitali Davidov, Anatoli Firssov, Victor Kouzkine, Alexandre Raguline, en 1964, 1968 et 1972, et Vladislav Tretiak en 1972, 1976 et 1984.

■ Le Suisse Richard Torriani (1911-1988) a connu la plus longue carrière olympique, de 1928 à 1948.

LE PLUS GRAND NOMBRE DE BUTS

L'Australie a battu la Nouvelle-Zélande par 58 à 0 à Perth, Australie, le 15 mars 1987, établissant le record en match international.

COUPE STANLEY

Créée en 1893, elle représente aujourd'hui le plus fameux trophée professionnel. Les Canadiens de Montréal l'ont remportée 24 fois entre 1916 et 1993, cette dernière victoire coïncidant avec la 100e édition de la prestigieuse épreuve. Un succès obtenu, face à Los Angeles.

Henri Richard a remporté 11 victoires entre 1956 et 1973.

LES MEILLEURS BUTEURS

EN UNE CARRIÈRE

Gordon Howe (né le 31 mars 1928) a inscrit 1 071 buts lors de sa carrière nord-américaine, dont 801 en NHL, de 1946 à 1980. Il a fallu attendre 1994 pour que Wayne Gretzky améliore ce record de buts marqués en NHL. « The great one » en a en effet enfin réussi 802.

EN UNE SAISON

Wayne Gretzky (né le 26 janvier 1961) a inscrit 92 buts au cours de la saison 1981-1982 pour les Edmonton Oilers, dans la NHL.

EN UN MATCH

Joe Malone, de Québec, a inscrit 7 buts contre Toronto, le 31 janvier 1920.

HOCKEY SUR GLACE — LE BUT LE PLUS RAPIDE

Dans la NHL, ligue professionnelle nord-américaine, Joseph-Antoine-Claude Provost (né le 17 septembre 1933), des Canadiens de Montréal, a inscrit un but après 4 secondes de jeu en deuxième période contre les Boston Bruins, tout comme Denis-Joseph Savard (né le 4 février 1961), pour les Chicago Black Hawks, face aux Hartford Whalers, le 12 janvier 1986.

CHAMPIONNAT DE FRANCE

Le Mont-Blanc n'a pas perdu un match sur 32 disputés lors de la saison 1986-1987. Le titre, créé en 1904, a été remporté 30 fois par Chamonix, la dernière en 1979. Rouen a gagné en 1990, 1992 et 1993.

<u>Meilleur joueur</u>

Christophe Ville a remporté 3 fois le trophée Hassler du meilleur joueur, en 1983, 1984 et 1991.

Bernie Parent, des Philadelphia Flyers, meilleur joueur du championnat américain lors de la saison 1992.

HIPPISME

ORIGINES
L'équitation était une partie importante de la culture des Hittites d'Anatolie (Turquie) vers 1400 av. J.-C. Les XXIIIe jeux Olympiques (684 av. J.-C.), en Grèce, reconnurent les courses de chevaux. Le trot est né en 1554 aux Pays-Bas. Le premier sulky est apparu en 1829.

LE PRIX LE PLUS ÉLEVÉ
La Breeder's Cup, série de 7 courses se déroulant chaque année en une seule journée aux États-Unis depuis 1984, est dotée de 10 millions de $ de prix. Cette somme comprend une dotation record de 3 millions de $ pour la Breeder's Cup Classic.

LE PLUS GRAND NOMBRE DE CONCURRENTS
■ 66 chevaux ont pris le départ du Grand National de Liverpool, GB, le 22 mars 1929.
■ Le record pour les courses de plat est de 58 partants, au handicap du Lincolnshire, GB, le 13 mars 1948.

GRANDES ÉPREUVES

PRIX D'AMÉRIQUE
■ Le Prix d'Amérique a été gagné 4 fois par Ourasi, en 1986, 1987, 1988 et 1990. Ourasi a battu, le 28 janvier 1990, le record de la piste de Vincennes, en 1' 15" 1, drivé par Jean-René Goujeon, avant de prendre sa retraite.
■ Bellino II, Uranie et Roquépine ont gagné 3 fois l'épreuve, créée en 1920.

STEEPLE-CHASE DE PARIS
■ Le Grand Steeple de Paris a été remporté 3 fois de suite, de 1964 à 1966, par Hyères III.
■ Le jockey Jean Daumas l'a gagné 5 fois.

PRIX DE L'ARC DE TRIOMPHE
■ Sur les 2 400 m de la piste de Longchamp, le record appartient à Trampolino, en 1987, en 2' 26" 3.
■ L'épreuve, créée en 1920, a été remportée 4 fois par 4 jockeys : Jacques Doyasbère, Freddy Head, Yves Saint-Martin et, plus récemment, Pat Eddery, en 1980, 1985, 1986 et 1987.
■ Le propriétaire Marcel Boussac a gagné 6 fois entre 1936 et 1949.

DERBY D'EPSOM
Créée en 1780, cette épreuve a été gagnée 9 fois par le Britannique Lester Piggott, entre 1954 et 1983.

CHEVAUX

LE PLUS GRAND NOMBRE DE VICTOIRES
<u>Invincibilité</u>
■ La jument hongroise Kincsem (née en 1874) est resté invaincue durant 54 courses de 1876 à 1879 en Europe.
■ Camarero (né en 1951) est resté invaincu durant 56 courses à Porto Rico, du 19 avril 1953 au 17 août 1955. Durant sa carrière, jusqu'en 1956, il a remporté 73 courses sur 77.
<u>Carrière</u>
■ Galgo Jr. (né en 1928) a remporté 137 courses sur 159 à Porto Rico entre 1930 et 1936. En 1931, il a remporté 30 courses en une saison.
■ Le Français Fandango (né en 1949) a remporté 38 courses.
<u>Dans la même épreuve</u>
Doctor Syntax (né en 1811) a remporté 7 fois consécutivement la Preston Gold Cup, de 1815 à 1821.

LES GAINS LES PLUS IMPORTANTS
■ Le record en une année appartient à Sunday Silence (né en 1986), qui a gagné 4 578 454 $ en 1989.
■ Dance Smartly (née en 1988) détient le record de gains pour une jument, avec 3 118 346 $, de 1990 à 1992, aux États-Unis.
■ Le record de gains en une seule course est de 2,6 millions de $, par Spend A Buck lors du Jersey Derby de Garden State Park, New Jersey, EU, le 27 mai 1985, dont 2 millions de $ de prime pour avoir précédemment remporté le Derby du Kentucky et 2 courses de qualification au Garden State Park.
■ En trot attelé, le cheval français Idéal du Gazeau a remporté 2 753 666 $ jusqu'en juillet 1983. Nihilator a gagné 1 864 286 $ en 1985.
■ Le record de gains en une carrière, 6 679 242 $, appartient à Alysheba (né en 1984), vainqueur du Derby du Kentucky, EU, en 1987.

LE CHEVAL LE PLUS CHER
■ Yearling, voir encadré.
■ Le trotteur Nihilator a été vendu 19,2 millions de $ en 1984 (voir aussi le chapitre *Animaux, « Records de prix »*).

LES VAINQUEURS LES PLUS VIEUX
■ Les plus vieux chevaux à avoir remporté une course de plat sont Revenge (à Shrewsbury, GB, en septembre 1790), Marksman (à Ashford, GB, en septembre 1826) et Jorrocks (à Bathurst, Australie, en février 1851), à l'âge de 18 ans.
■ Au même âge, Wild Aster a remporté 3 courses de haies en 6 jours, en mars 1919, et Sonny Somers a gagné 2 steeple-chases en février 1980.

Yves Saint-Martin, né le 8 septembre 1941, a reçu 15 cravaches d'or au cours de sa carrière, avec notamment 184 succès en 1964.

JOCKEYS

LE PLUS GRAND NOMBRE DE VICTOIRES
<u>En une carrière</u>
Le Canadien Hervé Filion (né le 1er février 1940) a remporté 12 685 courses de trot jusqu'au 13 janvier 1991.
<u>En une saison</u>
Hervé Filion a remporté 814 courses en 1989.
<u>En un seul jour</u>
Le jockey américain Chris Antley a remporté 9 courses le 31 octobre 1987 : 4 dans l'après-midi à Aqueduct, New York, et 5 le soir à Meadowlands, New Jersey.
<u>En une seule réunion</u>
Hubert S. Jones a remporté 8 victoires (sur 13 courses) à Caliente, Californie, EU, le 11 juin 1944 ; tout comme Oscar Baratucci, à Rosario, Argentine, le 15 décembre 1957 ; Dave Gall (sur 10 courses), à Cahokia Downs, Illinois, EU, le 18 octobre 1978 ; Chris Loseth (sur 10 courses), à Vancouver, Canada, le 9 avril 1984 ; et Robert Williams (sur 10 courses), à Lincoln, Nebraska, EU, le 29 septembre 1984.
<u>Consécutives</u>
■ Le Britannique Gordon Richards (1904-1986) a remporté 12 courses consécutivement en 1933 : 1 à Nottingham,

CHEVAL LE PLUS CHER

Le prix le plus élevé pour un yearling, Seattle Dancer, fut de 13,1 millions de $, lors d'une vente, le 23 juillet 1985, à Keeneland, Kentucky, EU.

Sunday Silence est le cheval qui a gagné le plus d'argent en une saison. Il a gagné près de 5 millions de $ en seulement 9 courses, y compris 1 million de $ de bonus pour ses victoires dans le Preakness Stakes et le Kentucky Derby.

GB, le 3 octobre, 6 sur 6 à Chepstow, le 4 octobre, et 5 à Chepstow, le 5 octobre.

■ Pieter Stroebel a réalisé la même série, du 7 juin au 7 juillet 1958, à Bulawayo, Rhodésie du Sud (aujourd'hui Zimbabwe).

France

Yves Saint-Martin. Voir légende photo.

GROS GAINS

En une carrière

Laffit Pincay (né le 29 décembre 1946 à Panamá) a gagné 154 659 844 $ de 1966 à fin 1990.

En une saison

L'Américain José Santos a gagné 14 877 298 $ en 1988.

BIG RACKET

La plus haute vitesse atteinte par un cheval est de 69,6 km/h, par Big Racket (âgé de 4 ans, et portant 51 kg), à Mexico, le 5 février 1945.

PROPRIÉTAIRES

■ En 35 ans de carrière jusqu'à sa mort, en 1971, l'Américain Marion Van Berg a remporté 4 775 courses.

■ En un an (en 1974), l'Américain Dan R. Lasater a remporté 494 courses.

■ L'Américain Ogden Phipps a gagné 5 858 168 $ en 1988.

ENTRAÎNEURS

■ L'Américain Jack Van Berg a remporté 496 victoires en un an (en 1976) et 5 329 durant sa carrière, de 1955 au début de 1990.

■ Le Britannique Michael Dickinson a été le seul entraîneur à voir 5 de ses chevaux aux 5 premières places d'une course, la Cheltenham Gold Cup, en 1983 ; le 27 décembre 1982, il avait remporté 12 courses en un seul jour.

Le célèbre Lester Piggott a gagné 9 fois le Derby d'Epsom entre 1954 et 1983. Il a remporté sa dernière victoire à l'âge de 56 ans, en 1992.

JUDO PROJECTIONS

Au cours d'un gala, le champion d'Europe des moins de 60 kg, Philippe Pradayrol, a réussi à soulever et projeter 218 adversaires (consentants) en 5 mn, ce qui représente une seconde et trois dixièmes par adversaire et, en tout, 15 210 kg.

JUDO LES GRADES LES PLUS ÉLEVÉS

Les grades de judo sont divisés en *kyu* et en dan. Le plus haut grade est la très rare ceinture rouge, *judan* (10e dan), qui n'a été décernée jusqu'ici qu'à 13 hommes. Il existe un 11e (*juichidan*) et un 12e dan (*junidan*), ainsi qu'un grade supérieur (*shinan*), qui n'ont jamais été attribués, excepté le 12e, décerné au père du judo, le Dr Jigoro Kano. 6 judokas français sont titulaires du 8e dan.

Angelo Parisi, détenteur de 4 médailles olympiques, à droite sur la photo, contre Hitoshi Saito, qui a obtenu 2 médailles d'or olympiques.

JUDO ORIGINES

Le judo est un sport de combat moderne issu de l'amalgame de plusieurs sports de combat japonais traditionnels, dont le plus connu est le jiu-jitsu, qui serait en fait lui-même d'origine chinoise. Le judo s'est réellement développé à partir de 1882, sous l'impulsion du Dr Jigoro Kano (1860-1938). La Fédération internationale de judo a été fondée en 1951.

JUDO

LE PLUS GRAND NOMBRE DE TITRES

Mondiaux et olympiques

■ Les championnats du monde masculins ont eu lieu pour la première fois à Tokyo en 1956, et les championnats du monde féminins en 1980 à New York.

■ Le Japonais Yasuhiro Yamashita (né le 1er juin 1957) a remporté 9 titres de champion du Japon consécutifs, de 1977 à 1985, et 4 titres mondiaux, en 1979, 1981 et 1983 dans la catégorie des plus de 95 kg, en 1981 en toutes catégories, plus 1 titre olympique en toutes catégories en 1984. Il s'est retiré invaincu, après 203 victoires successives, de 1977 à 1985.

■ 3 autres judokas détiennent 4 titres mondiaux ou olympiques : le Néerlandais Wilhelm Ruska (né le 29 août 1940), champion du monde des plus de 95 kg en 1967 et 1971, champion olympique des plus de 95 kg et toutes catégories en 1972 ; le Japonais Shozo Fujii (né le 12 mai 1950), champion du monde des moins de 86 kg en 1971, 1973 et 1975, des moins de 78 kg en 1979 ; le Japonais Naoya Ogawa, champion du monde toutes catégories en 1987, 1989 et 1991 et pour les plus de 95 kg en 1989.

■ 3 judokas ont également obtenu 2 médailles d'or olympiques : l'Autrichien Peter Seisenbacher (né le 25 mars 1960) chez les moins de 86 kg, en 1984 et 1988 ; le Japonais Hitoshi Saito (né le 2 janvier 1961) chez les plus de 95 kg, en 1984 et 1988. Déjà champion olympique des moins de 78 kg en 1988, le Polonais Waldemar Legien a été aussi couronné en 1992, à Barcelone, chez les moins de 86 kg.

■ Chez les femmes, la Belge Ingrid Berghmans (née le 24 août 1961) a remporté 6 titres mondiaux : toutes catégories en 1980, 1982, 1984, 1986, et chez les moins de 72 kg en 1984 et 1989. Elle a aussi remporté 3 médailles d'argent et 1 de bronze.

■ Cathy Fleury. Voir légende.

Européens

■ Depuis la création des championnats d'Europe (1951 pour les hommes, 1975 pour les femmes), c'est la France qui a remporté le plus de titres : 119 titres (75 masculins et 44 féminins).

■ Anton Geesink (né aux Pays-Bas le 6 avril 1934) a obtenu 18 victoires individuelles entre 1953 et 1967.

Français

■ Fabien Canu (né le 23 mars 1960) est le seul double champion du monde français, avec ses titres en moins de 86 kg en 1987 et 1989. Il a également été 3 fois champion d'Europe, en 1987, 1988 et 1989.

■ Jean-Luc Rougé (né le 30 mai 1949) a remporté le premier titre mondial pour la France en 1975, en moins de 95 kg. C'est David Douillet qui a eu le privilège de remporter le dernier. Le 30 septembre 1993, il devenait, en effet, à Hamilton, au Canada, champion du monde des plus de 95 kg.

■ Thierry Rey (né le 1er juin 1959) a obtenu les 3 titres, olympique en 1980, mondial en 1979, européen en 1983, en moins de 60 kg puis en moins de 65 kg.

■ Angelo Parisi (né le 3 janvier 1953) a obtenu 4 médailles olympiques : bronze en 1972, or et argent en 1980, argent en 1984, en plus de 95 kg et en toutes catégories.

■ Chez les femmes, Brigitte Deydier (née le 12 novembre 1958) a gagné 3 titres mondiaux en 1982, 1984 et 1986, en moins de 66 kg.

■ Cathy Arnaud a été 2 fois championne du monde, en 1987 et 1989, et 4 fois championne d'Europe, de 1987 à 1990, en moins de 56 kg.

Jean de Herdt, Henri Courtine, André Bourreau et Jean-Luc Rougé ont remporté 4 titres européens individuels. En championnat de France, le record est détenu par Roger Vachon (né le 29 août 1957), avec 13 victoires, suivi de Jean-Luc Rougé avec 12 victoires.

À Barcelone, en 1992, où le judoka féminin figurait pour la première fois officiellement au programme, c'est la Française Cathy Fleury, née le 18 juin 1966, qui, en moins de 61 kg, est devenue la première championne olympique de la discipline.

CLUB

Orléans a remporté 5 victoires en Coupe d'Europe, en 1985, 1986, 1987, 1989 et 1990. Le Racing Club de France lui a succédé avec trois titres, le dernier acquis en novembre 1993.

KARATÉ

ORIGINES

Basé sur des techniques issues de la boxe de Shaolin (*kempo*), art martial chinois datant du VIe siècle, le karaté a été développé par le peuple désarmé d'Okinawa pour se défendre contre l'envahisseur japonais dans les années 1500. Importée au Japon en 1920 par Funakoshi Gichin, cette méthode de combat a été affinée pour devenir le karaté et être organisée selon des règles sportives.

CHAMPIONNATS DU MONDE

■ La Grande-Bretagne a remporté 6 titres par équipes, en 1975, 1982, 1984, 1986, 1988 et 1990.

■ 3 karatékas ont remporté 2 titres de champion du monde : le Britannique Pat McKay, en moins de 80 kg, en 1982 et 1984 ; les Français Emmanuel Pinda, en toutes catégories en 1984, et plus de 80 kg en 1988, et Thierry Masci, en moins de 70 kg en 1986 et 1988.

■ La Néerlandaise Guus Van Mourik a remporté 4 titres mondiaux en plus de 60 kg, en 1982, 1984, 1986 et 1988.
En kata, le Japonais Tsuguo Sakumoto a remporté 3 titres (en 1984, 1986 et 1988), tout comme sa compatriote Mie Nakayama (en 1982, 1984 et 1986).

Français

■ Sophie Berger a remporté 2 titres mondiaux en légers en 1982 et 1984.

■ Patrice Ruggiero a remporté 5 titres de champion d'Europe de 1980 à 1984 et 10 de champion de France en lourds et en toutes catégories.

■ Dans la catégorie des moins de 60 kg, Damien Dory a réussi à remporter 3 titres durant la saison 1991-1992 : 1 titre de champion de France, 1 titre de champion d'Europe et les Internationaux de France. Il a été imité par Serge Tomao qui a remporté les mêmes titres chez les lourds.

ÉQUIPE

Le club de Paris, le SIK, est la seule équipe à avoir remporté 2 fois le championnat d'Europe des clubs : la première fois en 1987, puis en 1992.

LUTTE

ORIGINES

Les premières représentations de prises et de chutes de lutte, trouvées sur des murs et sur une statue, indiquent que la lutte en tant que sport organisé date de 2750 à 2600 av. J.-C. C'était le plus populaire des sports des jeux Olympiques de l'Antiquité, et des victoires ont été enregistrées dès 708 av. J.-C. Le style gréco-romain, apparu vers 1860, est d'origine française. La Fédération internationale de lutte amateur (FILA) a été fondée en 1912.

JEUX OLYMPIQUES

■ Trois lutteurs ont remporté 3 titres olympiques : les Suédois Carl Westergren (1895-1958), en 1920, 1924 et 1932, et Ivar Johansson (1903-1979), en 1932 (2 titres) et 1936 ; le Soviétique Alexandre Medved (né le 16 septembre 1937), en 1964, 1968 et 1972.

■ 2 lutteurs ont remporté 4 médailles olympiques : le Finlandais Eino Leino (né le 7 avril 1891) en style libre, de 1920 à 1932, et le Hongrois Imre Poliak (né le 16 avril 1932), en gréco-romaine, entre 1952 et 1964.

Français

Henri Deglane en gréco-romaine (poids lourds) en 1924, Émile Poilvé en libre (moyens) en 1936 et Charles Pacôme en libre (légers) en 1932 ont remporté le titre olympique.

CHAMPIONNATS DU MONDE

■ Le Soviétique Alexandre Medved a remporté en style libre 7 championnats du monde, de 1952 à 1964 et de 1966 à 1972, dans 3 catégories.

■ Le seul lutteur à avoir remporté le même titre 7 années consécutives est le Soviétique Valeri Rezantsev (né le 2 février 1947), dans la catégorie des 90 kg en gréco-romaine, de 1970 à 1976, y compris aux jeux Olympiques de 1972 et 1976.

Français

Daniel Robin en libre en 1967 et Patrice Mourier en gréco-romaine en 1987 ont été champions du monde.

VICTOIRES EN MATCHES INTERNATIONAUX

Le Japonais Osamu Watanabé (né le 21 octobre 1940), champion olympique de style libre des 63 kg en 1964, est resté invaincu durant 189 combats consécutifs.

LUTTEUR LE PLUS TITRÉ

Le lutteur le plus titré est Alexandre Medved (URSS). Il a en effet remporté 7 titres mondiaux et 3 titres olympiques.

LE COMBAT LE PLUS LONG

Il a fallu 11 h 40 mn à l'Estonien Martin Klein (1885-1947) pour battre le Finlandais Alfred Asikainen (1888-1942) dans la catégorie des 75 kg en gréco-romaine pour la médaille d'argent des jeux Olympiques de 1912, à Stockholm.

CHAMPIONNATS DE FRANCE

André Zoete a remporté 25 titres en libre et en gréco-romaine entre 1953 et 1970.

LE PLUS LOURD DES LOURDS

Le lutteur le plus lourd de l'histoire a été l'Américain Chris Taylor (1950-1979), médaille de bronze des superlourds en 1972, qui mesurait 1,96 m et pesait plus de 190 kg. En 1985, la FILA a fixé la limite supérieure de poids à 130 kg pour les compétitions internationales.

SUMO

Ce sport, d'origine japonaise, date de 20 av. J.-C environ.

LE PLUS GRAND NOMBRE DE VICTOIRES

■ Le *yokozuna* (grand champion) Sadaji Akiyoshi (né en 1912), *alias* Futabayama, a remporté 69 combats consécutivement dans les années 1930.

■ Le *yokozuna* Koki Naya (né en 1940), *alias* Taio (« Grand Oiseau »), a remporté 32 fois la Coupe de l'Empereur jusqu'à sa retraite, en 1971.

■ L'*ozeki* Tameemon Torokichi, *alias* Raiden (1767-1825), a remporté en 21 ans (de 1789 à 1810) 254 combats, pour seulement 10 défaites, établissant un record de 96,2 % de victoires.

Le plus lourd de tous les sumotori est l'Américain de Hawaï Salevaa Fuali Atisanoe, *alias* Konishiki, qui pesait 267 kg en 1994. Il est aussi le premier *rikishi* non japonais à avoir atteint le grade d'*ozeki*, ou « champion ». Le poids est atteint par suralimentation, grâce à une nourriture très riche en protéines, nommée *chankonabé*.

SUMO
YOKOZUNA À 21 ANS

Le plus jeune des 62 sumotori à avoir atteint le grade de *yokozuna* a été Toshimitsu Ogata (né le 16 mai 1953), *alias* Kitanoumi, à l'âge de 21 ans et 2 mois, en juillet 1974.

SUMO
SHOJI L'INVINCIBLE

Yukio Shoji (né le 14 novembre 1948), *alias* Aobajo, est resté invaincu en 22 ans de carrière, de 1964 à 1986, établissant un record de 1 631 combats victorieux consécutifs.

L'Espagnol Jordi Tarres, 5 fois champion du monde de trial.

MOTOCYCLISME FEMMES

Après la Finlandaise Taru Rinne, l'Italienne Daniela Tognoli a été la 2e femme à participer à une course de championnat du monde, en 1993.

MOTOCYCLISME

LA PREMIÈRE COURSE

■ Elle a eu lieu sur une piste ovale de 1 mile (1,609 km) le 29 novembre 1897 à Sheen House, Richmond, GB, et fut remportée par Charles Jarrott (1877-1944) sur une Fournier.

■ La plus ancienne course motocycliste du monde est le Tourist Trophy (TT), qui a été disputé pour la première fois sur un circuit routier de 25,4 km dans l'île de Man, GB, le 27 mai 1907, et se court toujours aujourd'hui, sur un circuit routier de plus de 60 km. C'est aussi la course la plus meurtrière du monde, avec 103 morts depuis ses débuts.

CHAMPIONNAT DU MONDE

■ Institué en 1949 par la Fédération internationale de motocyclisme (FIM), le championnat du monde a été remporté 15 fois par l'Italien Giacomo Agostini (né le 16 juin 1942), principalement sur des motos MV Agusta : 7 fois en 350 cm^3, de 1968 à 1974, et 8 fois en 500 cm^3, de 1966 à 1972 et en 1975. Il est le seul à avoir remporté 2 titres durant 5 années consécutives (350 et 500 cm^3, de 1968 à 1972).

■ Agostini a remporté 122 courses (68 en 500 cm^3, 54 en 350 cm^3) de championnat du monde, entre le 24 avril 1965 et le 25 septembre 1977, avec un record de 19 victoires en 1970, record également détenu par le Britannique Mike Hailwood (1940-1981) en 1966.

■ L'Espagnol Angel Nieto (né le 25 janvier 1947) a remporté 7 titres en 125 cm^3, en 1971, 1972, 1979 et de 1981 à 1984, et 6 titres en 50 cm^3, en 1969, 1970, 1972 et de 1975 à 1977.

■ En 1985, l'Américain Freddie Spencer (né en 1961) est devenu le premier pilote à remporter la même année les titres en 250 cm^3 et 500 cm^3, au guidon de Honda officielles.

■ L'Allemand de l'Ouest Klaus Enders (né en 1937) a remporté 6 titres en side-car, entre 1967 et 1974.

__Français__

■ Jean-Louis Tournadre (né le 17 novembre 1958) a remporté le titre en 250 cm^3 en 1982, tout comme Christian Sarron (né le 27 mars 1955), en 1984, qui avec 7 succès en Grand Prix est le recordman français.

■ Patrick Pons (1942-1980) a gagné en 1979 en 750 cm^3.

■ Alain Michel, en side-car, a le premier franchi la barre des 10 victoires en championnat du monde.

■ En gagnant en 1993 le Grand Prix de Grande-Bretagne en 250 cm^3, Jean-Philippe Ruggia a mis un terme à 6 ans d'échec tricolore.

■ Quant à Hervé Moineau (né le 4 avril 1955), avec 4 titres de champion du monde d'endurance obtenus en 1980, 1983, 1987 et 1988, il reste le pilote français le plus titré.

__Équipes__

■ Le Japonais Yamaha a remporté 45 titres de champion du monde entre 1964 et 1992. L'Italien MV Agusta en a remporté 37 entre 1952 et 1973 et 276 Grands Prix entre 1952 et 1976.

■ L'équipe de Honda a remporté 30 courses en 1966 (6 titres).

DISTANCE LA PLUS LONGUE

Les 14 et 15 août 1976, au cours des 24 Heures de Liège, sur l'ancien circuit de Spa-Francorchamps, les Français Jean-Claude Chemarin et Christian Léon ont parcouru 4 444,8 km, soit 185,2 km/h de moyenne, sur une Honda 4-cylindres de 941 cm^3.

MOTOCYCLISME TOURIST TROPHY

L'Irlandais Joe Dunlop (né le 25 février 1952) a remporté 17 fois le TT entre 1977 et 1993.
Le Rhodésien James Redman (né le 8 novembre 1931) est le seul à avoir remporté 3 TT consécutifs dans deux cylindrées différentes, en 250 cm^3 et 350 cm^3, de 1963 à 1965.
3 pilotes ont remporté des courses dans 3 cylindrées différentes la même année : Mike Hailwood en 1961 et 1967, Joe Dunlop en 1985 et 1988 et l'Écossais Steve Hislop en 1989 et 1991.

LE CIRCUIT LE PLUS LONG

Le Mountain Circuit de l'île de Man, GB, sur lequel se court le Tourist Trophy, mesure 60,7 km de long et comporte 264 virages.

LES CIRCUITS LES PLUS RAPIDES

■ La plus haute vitesse moyenne sur un tour, 257,958 km/h, a été atteinte sur l'anneau ovale (incliné à 31 degrés) de Daytona, Floride, EU, par le Canadien Yvon Duhamel, au guidon d'une Kawasaki Z1 de 903 cm^3, en mars 1973.

■ Le circuit routier le plus rapide était l'ancien circuit de 14 km de Francorchamps, près de Spa, Belgique. Le record y a été établi le 3 juillet 1973 par le Britannique Barry Sheene (né le 11 septembre 1950) en 3' 50" 3, à la moyenne de 220,720 km/h, au guidon d'une Suzuki 4 cylindres.

__Aujourd'hui__

Le circuit le plus rapide est celui de Dundrod, GB, sur lequel le Britannique Steve Hislop (né le 11 janvier 1962) a réalisé la moyenne de 195,5 km/h le 11 août 1990, dont un tour record à 199,1 km/h.

ÂGES EXTRÊMES

■ L'Italien Loris Capirossi (né le 4 avril 1973) a été sacré champion du monde en 125 cm^3 le 16 septembre 1990, à l'âge de 17 ans et 165 jours.

■ L'Allemand de l'Ouest Hermann Peter Müller (1909-1976) a remporté en 1955 le titre des 250 cm^3, à l'âge de 46 ans.

■ __Français__

Georges Monneret (1908-1983), qui détenait 184 records du monde, a décroché son 17e titre de champion de France en 1963, à 55 ans.

ENDURANCE

■ Le Français Patrick Igoa a gagné 3 fois le championnat du monde, de 1984 à 1986, sur Honda.

■ Jean-Claude Chemarin a remporté 4 fois le Bol d'or, de 1976 à 1979, sur Honda. Il a obtenu 3 succès aux 24 Heures du Mans, Sarthe, en 1978, 1979 et 1981. Le record de victoires au Bol d'or est de 5, par Dominique Sarron.

__Le plus grand nombre de victoires en une saison__

■ Le Français Alex Vieira a remporté les 4 courses d'endurance de l'année 1989, Le Mans, le Bol d'or, Suzuka (au Japon) et Spa, Belgique, sur Honda. Il a obtenu 2 autres succès au Bol d'or, sur le circuit du Castellet, Var, en 1986 et 1988.

TRIAL

L'Espagnol Jordi Tarres, né le 10 septembre 1966, a remporté 5 titres de champion du monde en 1987, 1989, 1990, 1991 et 1993.

MOTO-CROSS

■ Le Belge Joël Robert a remporté 6 titres de champion du monde 250 cm^3, en 1964 et de 1968 à 1972. Entre le 25 avril 1964 et le 18 juin 1972, il a remporté le nombre record de 50 Grands Prix 250 cm^3.

■ Le plus jeune champion du monde a été le Néerlandais Dave Strijbos, sacré dans la catégorie des 125 cm^3 le 31 août 1986, à l'âge de 18 ans et 296 jours.

__Français__

Jacky Vimond en 250 cm^3 en 1986 et Jean-Michel Bayle en 125 cm^3 en 1988 ont été champions du monde.

ENDURO

L'Enduro du Touquet, créé en 1975, a été gagné 5 fois par le Néerlandais Kees Van der Ven, de 1982 à 1986.

__Femmes__

Voir encadré ci-dessus.

MOTONAUTISME

ORIGINES

■ Un moteur à pétrole fut installé pour la première fois sur un bateau par le Français Jean-Joseph-Étienne Lenoir (1822-1900), sur la Seine, à Paris, en 1865.

■ Le motonautisme tel qu'on le connaît de nos jours a débuté vers 1900, la première course importante ayant eu lieu entre Calais, Pas-de-Calais, et Douvres, GB, en 1903.

PREMIÈRE COURSE

■ La plupart des moteurs de course fonctionnent à l'essence, mais, depuis 1950, des diesels sont apparus et sont parfois utilisés en off-shore.

■ La première course de bateaux off-shore a eu lieu entre Miami, Floride, EU, et Nassau, Bahamas, en 1958, sur une distance de 270 km.

■ Les hors-bord, c'est-à-dire les bateaux équipés d'un ensemble moteur-transmission rapporté, sont nés aux États-Unis, vers 1920.

LES VITESSES LES PLUS ÉLEVÉES

■ On estime que la plus grande vitesse sur un plan d'eau, 550 km/h, fut atteinte par Kenneth Peter Warby (né en mai 1939), sur le lac Blowering Dam, Nouvelle Galles du Sud, Australie, à bord de son hydroglisseur *Spirit of Australia*.

■ Le record officiel (514 km/h) est détenu par le même Warby, sur le même lac, depuis le 8 octobre 1978.

■ La vitesse la plus élevée pour un bateau à hélice est de 368,5 km/h, par *The Texan*, un drag boat top fuel (bateau de course fonctionnant au nitrométhane) piloté par Eddie Hill, le 5 septembre 1982, à Chowchilla, Californie, EU.

■ La plus haute vitesse pour un hors-bord est de 285,8 km/h, par P. R. Knight, sur un bateau à moteur Chevrolet, sur le lac Ruataniwha, Nouvelle-Zélande, en 1986.

■ Le record en Formule 1 est détenu par l'Américain Robert Hering, avec 266,085 km/h, à Parker, Arizona, EU, le 21 avril 1986.

■ La vitesse la plus élevée atteinte par un bateau off-shore est de 248,537 km/h, dans un seul sens, et de 238,559 km/h, sur un aller et retour, par l'Américain Tom Gentry, sur un catamaran de 15 m motorisé par 4 Chevrolet V8 Turbo Eagle.

■ La vitesse la plus élevée pour un off-shore équipé d'un moteur Diesel est de 218,25 km/h, par Carlo Bonomi, sur un Iveco World Leader motorisé par un Aifo-Fiat, à Venise, Italie, le 4 avril 1985.

LES COURSES LES PLUS LONGUES

■ La plus longue course off-shore a été le marathon international qui a relié Port Richborough, GB, à Monte-Carlo, du 10 au 25 juin 1972. Longue de 4 740 km, cette course de 14 étapes a été remportée par les 3 Britanniques Mike Bellamy, Eddie Chater et Jim Brooker, en 71 h 35 mn 56 s, à la moyenne de 66,250 km/h.

■ L'épreuve des 24 Heures de Rouen, Seine-Maritime, qui a lieu tous les ans sur la Seine depuis 1962, est la plus longue course en circuit. Les vainqueurs de l'édition 1983, les Belges François Greens, Jan Van Brockels et Roger Robin, ont réalisé la moyenne de 75 km/h, sur un Johnson à moteur hors-bord Piranha.

GRAND NOMBRE DE VICTOIRES

■ L'Italien Renato Molinari a été 9 fois champion du monde de motonautisme entre 1965 et 1978.

■ L'Américain Bill Muncey (1929-1981) a gagné 8 Gold Cups (Coupe créée en 1903) entre 1956 et 1979.

■ Le titre 1990 de champion du monde d'off-shore n'a pas été attribué, en raison de la mort en course de l'Italien Stefano Casiraghi (né en 1960), mari de la princesse Caroline de Monaco, et 17ᵉ victime de cette discipline.

France

Les 24 Heures de Rouen, Seine-Maritime, comme les 6 Heures de Paris ont été remportées 4 fois par le Britannique Bob Spalding.

MOTONAUTISME LE SAUT LE PLUS LONG

Un bateau à propulseurs a réussi, pour un documentaire télévisé, un saut sur tremplin de 36,60 m, le 26 avril 1980, en Californie. Il s'agissait d'un Glastron Carlson CVX 20 Jet Deluxe équipé d'un V8 Ford de 460 ch piloté par l'Américain Peter Horak.

SCOOTER DES MERS

Sur un jet Yamaha MJ 650 TX, dans la limite des 5 milles nautiques réglementaires, Thierry Battesti a effectué un tour de Corse en solitaire en 9 h 57 mn 21 s. C'est-à-dire qu'il a couvert les 468,735 km à 47,081km/h de moyenne.

Cet engin impressionnant participe aux 6 Heures de Paris de motonautisme.

Le Russe Alexander Popov détient, depuis 1994, le record du monde du 100 m nage libre avec 48" 21. Il est le seul, avec l'Américain Matt Biondi, à avoir franchi la barrière des 49 secondes pour cette épreuve.

NATATION

ORIGINES

L'enseignement de la natation à l'école a été institué au Japon en 1603 par un décret de l'empereur Go-Yozei (1586-1611).

JEUX OLYMPIQUES

LE PLUS GRAND NOMBRE DE MÉDAILLES

Hommes

■ L'Américain Mark Spitz (né le 10 février 1950) a remporté 9 médailles d'or : 100 et 200 m nage libre, et 100 et 200 m papillon, en 1972 ; 4 x 100 m nage libre en 1968 et 1972 ; 4 x 200 m nage libre en 1968 et 1972 ; et 4 x 100 m quatre nages en 1972.

Tous ses temps, excepté au 4 x 200 m nage libre de 1968, constituaient de nouveaux records du monde. Il remporta aussi en 1968 la médaille d'argent au 100 m papillon et celle de bronze au 100 m nage libre, établissant un total record de 11 médailles. Son record de 7 médailles aux seuls Jeux de 1972 a été égalé en 1988, à Séoul, par l'Américain Matt Biondi (né le 8 octobre 1965), qui remporta 5 médailles d'or, 1 d'argent et 1 de bronze. Matt Biondi ayant également gagné la médaille d'or en 1984 et 1992 pour le 4 x 100 m, la médaille d'argent du 50 m en 1992, son capital est de 10 médailles.

Français

Jean Boiteux (né le 20 juin 1933) a remporté la médaille d'or sur 400 m nage libre et celle de bronze sur 4 x 200 m nage libre en 1952.

Femmes

■ L'Allemande de l'Est Kristin Otto (née le 7 février 1965) a remporté 6 médailles d'or aux Jeux de Séoul, en 1988 : 100 m nage libre, dos et papillon, 50 m, 4 x 100 m nage libre et 4 x 100 m quatre nages.

■ L'Australienne Dawn Fraser (née le 4 septembre 1937) est la seule nageuse à avoir remporté la même épreuve, le 100 m nage libre, lors de 3 Jeux consécutifs, en 1956, 1960 et 1964, restant invaincue pendant cette période.

■ 3 nageuses ont remporté 8 médailles : Dawn Fraser, 4 d'or (100 m nage libre 1956, 1960 et 1964 et 4 x 100 m nage libre 1956) et 4 d'argent (400 m nage libre 1956, 4 x 100 m nage libre 1960 et 1964 et 4 x 100 m quatre nages 1960) ; l'Allemande de l'Est Kornelia Ender (née le 25 octobre 1958), 4 d'or (100 et 200 m nage libre, 100 m papillon et 4 x 100 m quatre nages en 1976) et 4 d'argent (200 m quatre nages et 4 x 100 m quatre nages en 1972, 4 x 100 m nage libre en 1972 et 1976) ; l'Américaine Shirley Babashoff (née le 3 janvier 1957), 2 d'or (4 x 100 m nage libre 1972 et 1976) et 6 d'argent (100 m nage libre 1972, 200 m nage libre 1972 et 1976, 400 et 800 m nage libre 1976 et 4 x 100 m quatre nages 1976).

LES ARRIVÉES LES PLUS SERRÉES

■ Les Américaines Nancy Hogshead (née le 17 avril 1962) et Carrie Steinseifer (née le 12 février 1968) ont remporté à égalité le 100 m nage libre féminin (en 55" 92) des Jeux de Los Angeles, le 29 juillet 1984.

■ En 1972, à Munich, Allemagne, lors du 400 m quatre nages, le Suédois Gunnar Larsson (né le 12 mai 1951) n'a devancé l'Américain Tim McKee (né le 14 mars 1953) que de 2 millièmes de seconde, soit à peine 3 mm. Depuis, les nageurs ne sont plus départagés qu'au centième de seconde.

AUTRES RECORDS

LE PLUS GRAND NOMBRE DE MÉDAILLES MONDIALES

■ Le record absolu du nombre de médailles des championnats du monde (créés en 1973) est de 10 médailles, par Kornelia Ender : 8 d'or et 2 d'argent, en 1973 et 1975.

■ Le record masculin est de 9 médailles, par l'Allemand Michael Gross (né le 17 juin 1964) : 4 d'or, 3 d'argent et 2 de bronze, en 1982, 1986 et 1991.

■ Le record de médailles en une seule édition est de 7, par l'Américain Matt Biondi : 3 d'or, 1 d'argent, 3 de bronze, en 1986.

Aux Jeux de Barcelone, Kyoko Iwasaki avait 14 ans et 6 jours quand elle a remporté la médaille d'or du 200 m brasse, le 27 juillet 1992. ▶

L'Allemande Franziska Van Almsick est devenue, le 26 juillet 1992, lors des Jeux de Barcelone, la plus jeune médaillée de l'histoire de la natation, en décrochant la 3e place du 100 m libre. En effet, née en 1979, elle était seulement âgée de 13 ans.

■ L'Américain Jim Montgomery (né le 24 janvier 1955) a remporté 6 médailles d'or en 1973 et 1975.

Français

Catherine Plewinski (née le 12 juillet 1968) a remporté 3 médailles aux championnats du monde 1991, à Perth, Australie : argent sur 50 m et 100 m nage libre, bronze sur 100 m papillon. Elle a aussi remporté 2 médailles de bronze aux jeux Olympiques, en 1988 sur 100 m nage libre et en 1992 sur 100 m papillon. Déjà championne d'Europe en 1989 : or sur 50 m et 100 m papillon ; et en 1991 : or sur 100 m nage libre et 100 m papillon, elle a décroché, en 1993, un 5e titre européen en devenant championne d'Europe du 100 m papillon. Elle améliore ainsi le vieux record français en matière de titres européens, jusqu'ici propriété d'Alex Jany : 100 m et 400 m nage libre en 1947 et 1950.

LE PLUS GRAND NOMBRE DE RECORDS DU MONDE

■ Chez les hommes : 32, par le Suédois Arne Borg (1901-1987), de 1921 à 1929. Chez les femmes : 42, par la Danoise Ragnhild Hveger (née le 10 décembre 1920), de 1936 à 1942.

■ Dans les conditions modernes (sur des distances métriques en piscine de 50 m), chez les hommes : 26 par l'Américain Mark Spitz, de 1967 à 1972 ; chez les femmes : 23 par l'Allemande de l'Est Kornelia Ender, de 1973 à 1976.

LES NAGEURS LES PLUS RAPIDES

■ Dans une piscine de 25 m, le Suisse Dano Halsall a atteint la vitesse de 8,85 km/h, sur 50 m, à Londres, le 24 février 1989. Le record féminin est de 7,3 km/h, par la Chinoise Wenji Yang lors de son record du monde du 50 m, 24" 79, en 1992.

■ L'Américaine Anita Nall a battu le record du monde du 200 m brasse à 2 reprises lors de la même journée à l'occasion des épreuves préliminaires de sélection de l'équipe américaine au stade nautique de l'Indiana, le 15 mars 1992. Ainsi, en matinée, elle a parcouru la distance en 2' 25" 92 en série, et le soir en finale en 2' 25" 35.

■ La femme la plus rapide est la Chinoise Fu Xiayun, 41" 78 sur 100 m.

LES PLUS TITRÉS

Le Soviétique Alexeï Joukov a obtenu 10 titres de champion du monde (6 en 1982 et 4 en 1990).

France

Anne Lanouzière a obtenu 100 titres de championne de France, de 1971 à 1987.

PLONGEONS

JEUX OLYMPIQUES

■ L'Italien Klaus Dibiasi (né en Autriche le 6 octobre 1947) a remporté 5 médailles (3 d'or, 2 d'argent) lors des 4 Jeux de 1964 à 1976. Il est aussi le seul plongeur à avoir remporté la même épreuve (haut vol) lors de 3 Jeux successifs (1968, 1972, 1976).

■ Deux plongeurs ont remporté le haut vol et le tremplin lors de deux Jeux : l'Américaine Patricia McCormick (née le 12 mai 1930), en 1952 et 1956, et l'Américain Greg Louganis (né le 29 janvier 1960), en 1984 et 1988.

CHAMPIONNATS DU MONDE

■ Greg Louganis a remporté cinq titres : haut vol en 1978, haut vol et tremplin en 1982 et 1986.

■ L'Américain Phil Boggs (né le 29 décembre 1949) a remporté 3 médailles d'or au tremplin, en 1973, 1975 et 1978.

NAGE AVEC PALMES

ORIGINES

Les premières palmes efficaces furent mises au point par le Français de Corlieu en 1933. Les premières compétitions officielles furent organisées au début des années 60. 10 ans plus tard, l'utilisation de la fibre de verre permit la création de monopalmes ultraperformantes.

LES PLUS RAPIDES

■ En apnée, le Chinois Liu Quirong a réalisé 14" 99 sur 50 m, soit une vitesse de 12 km/h, alors que Tom Jager, recordman du monde du 50 m natation (en 21" 81), réalise une vitesse de 8,25 km/h.

■ Le Soviétique Sergueï Akhapov a réalisé 36" 49 sur 100 m (en surface), alors que le record du monde d'Alexander Popov est de 48"21.

L'APNÉE LA PLUS LONGUE

Lors de son record du 100 m, en 1972, le Soviétique Vladimir Kogne a parcouru toute la distance sous l'eau (en 39" 8). Aujourd'hui, les règlements internationaux limitent l'apnée à 15 m par longueur de bassin (sauf pour l'épreuve du 50 m).

NATATION TRAVERSÉE DE LA MANCHE

Voir aussi le chapitre *Esprit d'Aventure*.

Le record officiel de l'Association de la traversée à la nage de la Manche (fondée en 1927) est de 7 h 40 mn, par l'Américain Penny Dean (né le 21 mars 1955), de Shakespeare Beach, Douvres, au cap Gris-Nez, le 29 juillet 1978.

Le record sur le trajet France-Angleterre est de 8 h 5 mn, par le Britannique Richard Davey (né le 23 juin 1965), en 1988.

Jusqu'en mai 1994, 4 338 personnes ont tenté 6 281 traversées. 439 personnes (295 hommes et 144 femmes), originaires de 47 pays, en ont réussi 692.

Dans l'attente d'un temps favorable pour tenter la traversée de la Manche, les nageuses intrépides s'exercent sous l'œil vigilant de leur entraîneur Jabez Wolffe. De gauche à droite, Pat Retief, Elsie West et Peggy Duncan.

À Albertville en 1992, les Duchesnay ont décroché la médaille d'argent.

PATINOIRES

La patinoire olympique de Moscou couvre une superficie de glace de 8 064 m².
Les 5 patinoires du Fujikyu Highland Skating Center, au Japon, ont une surface totale de 26 500 m².

PARACHUTISME

Voir double page suivante

PATINAGE SUR GLACE

ORIGINES

Les premières références au patin à glace dans la littérature scandinave datent du IIe siècle. L'Union internationale de patin à glace a été fondée à Scheveningen, Pays-Bas, en 1892.

PATINAGE ARTISTIQUE

JEUX OLYMPIQUES

Trois patineurs ont remporté 3 médailles d'or : le Suédois Gillis Grafström (1893-1938), en 1920, 1924 et 1928 (plus 1 médaille d'argent en 1932) ; la Norvégienne Sonja Henie (1912-1969), en 1928, 1932 et 1936 ; la Soviétique Irina Rodnina (née le 12 septembre 1949), en couple, avec 2 partenaires différents, en 1972, 1976 et 1980.

__Français__

■ Andrée Joly (1901-1993) et son époux Pierre Brunet (1902-1991) ont remporté le titre olympique en couple en 1928 et 1932, et la médaille de bronze en 1924, plus 4 titres mondiaux, en 1926, 1928, 1930 et 1932.

■ Patrick Péra (né le 17 janvier 1949) a obtenu 2 médailles de bronze individuelles, en 1968 et 1972.

■ Les Duchesnay. Voir légende photo.

CHAMPIONNATS DU MONDE

■ Le Suédois Ulrich Salchow (1877-1949) a remporté 10 titres de 1901 à 1905 et de 1907 à 1911. Sonja Henie a remporté 10 titres, de 1927 à 1936.

■ La Soviétique Irina Rodnina a aussi remporté 10 titres en couple, 4 avec Alexeï Oulanov (né en 1947), de 1969 à 1972, et 6 avec son mari, Alexandre Zaïtsev (né le 16 juin 1952), de 1973 à 1978.

■ Le record de victoires en danse est de 6, par la Soviétique Ludmila Pakhomova (1946-1986) et son mari Alexandre Gorchkov (né le 8 octobre 1946), de 1970 à 1974 et en 1976.

■ L'Autrichien Karl Schafer (1909-1976), la Norvégienne Sonja Henie et l'Allemande de l'Est Katarina Witt (née le 3 décembre 1965) ont réussi 2 fois le triplé : titres aux jeux Olympiques et aux championnats du monde et d'Europe la même année.

__Français__

■ Alain Giletti (né en 1939) a gagné le titre mondial en 1960 et 5 championnats d'Europe entre 1955 et 1961.

■ Autres champions du monde : Alain Calmat (né le 31 août 1940) en 1965, Jacqueline du Bief (née le 4 décembre 1930) en 1952, Isabelle (née le 18 décembre 1963) et Paul Duchesnay (né le 31 juillet 1961) en danse en 1991.

CHAMPIONNATS D'EUROPE

Surya Bonaly (née le 15 décembre 1973) est devenue en 1991 la première Française à obtenir le titre européen. Voir légende photo.

CONDAMNATION RECORD

Pour avoir envoyé des lettres obscènes et menaçantes à Katarina Witt, un Américain, Harry Veltman, a été condamné à 37 mois d'hôpital psychiatrique. Il a fait appel.

LES MEILLEURES NOTES

Le record individuel est de 7 fois 6, par le Canadien Donald Jackson (né le 2 avril 1940), aux championnats du monde 1962, et par la Japonaise Midori Ito (née le 13 août 1969), aux championnats du monde 1989. Voir encadré pour la danse.

LES PLUS BEAUX SAUTS

■ Le Canadien Kurt Browning (né le 18 juin 1966) a été le premier à réaliser une quadruple boucle piquée en compétition, lors des championnats du monde 1988.

■ La Japonaise Midori Ito a été la première femme à réussir un triple axel, lors des championnats du monde 1989.

PATINAGE DE VITESSE

JEUX OLYMPIQUES

■ La Soviétique Lidia Skoblikova (née le 8 mars 1939) a remporté 6 médailles d'or : 2 en 1960 et 4 en 1964. Soit une de mieux que l'Américaine Bonnie Blair (30 ans) qui a été couronnée 3 fois sur 500 m (1988, 1992, 1994) et 2 fois sur 1 000 m (1992 et 1994).

■ Le record masculin, avec 5 médailles d'or, appartient au Finlandais Clas Thunberg (1893-1973), qui a de plus remporté 1 médaille d'argent et 1 de bronze, en 1924 et 1928.

■ L'Américain Eric Heiden (né le 14 juin 1958) a remporté les 5 médailles d'or, mises en jeu lors des seuls jeux Olympiques de Lake Placid, en 1980.

CHAMPIONNATS DU MONDE

■ 2 patineurs ont remporté 5 titres : le Norvégien Oscar Mathisen (1888-1954), en 1908, 1909 et de 1912 à 1914, et le Finlandais Clas Thunberg, en 1923, 1925, 1928, 1929 et 1931.

■ L'Allemande de l'Est Karin Kania (née Enke le 20 juin 1961) a également remporté 5 titres, en 1982, 1984, 1986, 1987 et 1988.

■ En short track (piste courte), la Canadienne Sylvia Daigle (née le 1er décembre 1962) a remporté 4 titres, en 1979, 1983, 1989 et 1990.

LA PLUS LONGUE COURSE

■ Couru depuis les années 1800 jusqu'en 1963, puis de nouveau en 1985, aux Pays-Bas, l'Elfstedentocht (Tour des onze villages) se dispute sur 200 km. Il a ensuite eu lieu sur le lac Vesijärvi, en Finlande, puis en 1984 sur la rivière Ottawa, au Canada, sous le nom de Course internationale des onze villes.

■ Le record sur les 200 km est de 6 h 5' 12", par le Néerlandais Jan Roelof Kruithof (né en 1936), le 25 février 1979, en Finlande. Ce patineur a remporté 8 fois la course, disputée par plusieurs milliers de concurrents (16 000 en 1986).

■ En 24 h, le Néerlandais Martin Kuiper a couvert 546,65 km, les 12 et 13 décembre 1988.

LES MEILLEURES NOTES EN COUPLE

Les Britanniques Jayne Torvill et Christopher Dean ont reçu 29 fois la note maximale de 6 lors des championnats du monde de danse 1984. Ils avaient déjà été notés 9 fois 6 aux championnats du monde 1983 et aux jeux Olympiques 1984. Durant toute leur carrière, ils ont reçu 136 fois la note maximale de 6.

Championne du monde juniors en 1991, championne d'Europe en 1991, 1992, 1993, 1994 et vice-championne du monde en 1993, Surya Bonaly, née le 15 décembre 1973, a été lors des Jeux d'Albertville la première patineuse à passer une quadruple boucle piquée.

PÊCHE
RECORD DE LANCER

Avec un lancer de 175 m réalisé à Lenzerheide, Suisse, lors du championnat du monde de 1968, l'Allemand de l'Ouest Walter Kummerow détient le record officiel de longueur. Il utilisait un poids de 30 g.
Le record avec un poids courant de 188 g est de 139 m, par l'Américain Kevin Carriero.

Certains amateurs de sensations fortes tentent de battre le record de larguage en altitude. D'autres sont victimes d'accidents d'avion et détiennent des records bien malgré eux. Pour ces derniers, on se reportera au chapitre Véhicules.

PARACHUTISME

Voir aussi le chapitre Esprit d'Aventure.

ORIGINES

Le parachutisme est devenu un sport de compétition avec la création, en 1951, des premiers championnats du monde. Un titre par équipes a été ajouté en 1954 et une compétition féminine en 1956.

LE PLUS GRAND NOMBRE DE TITRES MONDIAUX

■ L'URSS a remporté 7 titres masculins, en 1954, 1958, 1960, 1966, 1972, 1976 et 1980, et 6 titres féminins, en 1956, 1958, 1966, 1968, 1972 et 1976.

■ Le Soviétique Nikolaï Ouchaniev a remporté 2 titres individuels, en 1974 et 1980.

PRÉCISION

■ La Britannique Jacqueline Smith (née le 29 mars 1951) a atteint 10 fois le centre de la cible (un disque de 5 cm de diamètre) lors des championnats du monde 1978. Parmi les membres de l'équipe de l'armée américaine (les « Golden Knights »), Dwight Reynolds a réussi à atteindre 105 fois la cible de jour, et Bill Wenger et Phil Munden 43 fois de nuit, à Yuma, Arizona, EU, en mars 1978.

■ Le record officiel, mesuré électroniquement, est de 50 atterrissages au but, par le Soviétique Alexandre Aasmiaev, à Ferghana, URSS, en octobre 1979.

■ Le record masculin de nuit, réalisé sur une cible électronique, est de 27 atterrissages, par l'Américain Cliff Jones, en 1981.

VOILE CONTACT

À Gap, le 21 mai 1993, 39 parachutistes français ont amélioré le record du monde de voile contact consistant à former une figure aérienne avec un maximum d'intervenants. Le précédent record, américain, était de 38 parachutistes.

LE PARCOURS LE PLUS LONG

Le Sud-Africain Alex Lowe a parcouru 281,5 km au départ de Kuuman, en Afrique du Sud, le 31 décembre 1992. Le record féminin, de 124 km, est détenu par la Britannique Judy Leden, le 9 décembre 1992.

SAUT EN FORMATION

■ Le 23 octobre 1992, au-dessus de Myrtle Beach, Californie, EU, 200 parachutistes, de 10 nationalités, sautant de 5 030 m, ont évolué pour se réunir en une très belle figure géométrique pendant 6" 47.

■ Le record féminin appartient à une formation de 100 parachutistes de 20 pays qui, sautant de 5 200 m au-dessus de l'aérodrome du Cannet-des-Maures, se sont tenues pendant 5" 97, le 14 août 1992.

LE PLUS GRAND NOMBRE DE SAUTS

■ Le Britannique Don Kellner a effectué, le 31 octobre 1992, son 18 000e saut.

■ Le Français Roch Charmet, décédé le 20 février 1989, a effectué 14 650 sauts.

■ La Soviétique Valentina Zakoretskaïa a sauté 8 000 fois entre 1964 et 1980.

DELTAPLANE

Les premiers championnats du monde ont vu le jour en 1978. La Grande-Bretagne a remporté 4 victoires. Pour plus d'informations sur des records hors-compétition, le lecteur se reportera au chapitre *Esprit d'aventure*.

PARACHUTISME
RÈGLES

IL EXISTE 4 DISCIPLINES DE PARACHUTISME.
■ La voltige individuelle consiste à réaliser une série de rotations.
■ La voile contact permet d'effectuer des vols de groupes parachute ouvert, en s'accrochant au parachute d'un partenaire.
■ Le vol relatif où 4 à 8 parachutistes réalisent en chute libre des figures imposées.
■ La précision d'atterrissage où il faut venir toucher le « carreau » de 5 cm de diamètre.

PÊCHE
LE PLUS LONG COMBAT

Le Néo-Zélandais Donald Heatley a combattu durant 32 h 5 mn avec un marlin noir d'environ 6 m de long et 700 kg au large de l'île de Tauranga, les 21 et 22 janvier 1968. Le poisson a entraîné son embarcation de 12 t sur une distance de 80 km avant que le fil finisse par casser.

PÊCHE

LE PLUS ANCIEN CLUB

L'Ellem Fishing Club a été fondé en 1829 par des habitants d'Édimbourg et du Berwickshire, Écosse, qui ont tenu leur première assemblée générale le 29 avril 1830.

LES PLUS GROSSES PRISES

■ Un grand requin blanc (*Carcharodon carcharias*) de plus de 5 m de long et de 1,2 t a été pris le 21 avril 1959 à Denial Bay, près de Ceduna, dans le sud de l'Australie, par Alf Dean.

■ Un autre grand requin blanc de 1,5 t, pris par l'Australien Clive Green le 26 avril 1976, n'a pas été homologué, car il avait été capturé à l'aide d'un appât de viande de baleine.

■ Un grand requin blanc de plus de 6 m et de 2,3 t a été harponné en juin 1978 dans le port de San Miguel, aux Açores.

■ Le plus grand animal marin jamais pris au harpon manuel est une baleine bleue de 30 m de long capturée par Archer

PELOTE
LA PLUS LONGUE DOMINATION

Le Français Chiquito de Cambo, né Joseph Apestéguy, 1881-1955, est resté n° 1 mondial du début du siècle à 1938, année où le Français Jean Urruty, né le 19 octobre 1913, lui succéda.

PELOTE
ORIGINES

La pelote, jeu d'origine italienne, a été introduite en France au XIIIe siècle sous le nom de longue paume. Elle est réputée procurer la plus haute vitesse de balle de tous les jeux. Le gant a été introduit en 1840 et le chistera inventé par Jean « Gantxiki » Dithurbide (né en 1844), à Saint-Pé-sur-Nivelle, Pyrénées-Atlantiques. Le grand chistera a été inventé par Melchior Curuchague, de Buenos Aires, Argentine, en 1888.

LA PARTIE DE BOULES LA PLUS LONGUE

La partie de boules la plus longue en points, dans l'histoire de la pétanque, est détenue par un joueur nommé Nalin. En 1874, ce chef d'équipe a battu, au cours d'un troisième défi, sous forme de belle, son compère Lombard en 100 points.

PÉTANQUE
TIRS

Cette discipline se déroule sur 1 h maximale et la boule cible est placée à 8 m du point de tir.
Le titre est conjointement détenu par Christian Fazzino (18 juillet 1991) et par Philippe Quintais (8 juin 1991) grâce à 991 boules frappées sur 1 000 tirées en 57' 35".
En boules lyonnaises, le record sur la durée de 1 h appartient à Philippe Gerland, de l'UMS Montélimar, qui, le 29 septembre 1989, a frappé 409 boules sur 442 tirées.
Le record sur la durée de 30 mn appartient à Alain Pecel, de l'AL Chazeau, qui, le 26 décembre 1990, a frappé 216 boules sur 232 tirées.

Davidson, à Twofold Bay, Australie, en 1910. Voir aussi le tableau dans le chapitre *Animaux*.

CHAMPIONNAT DU MONDE

■ Le championnat de la Confédération internationale de pêche sportive (CIPS) a été créé en tant que championnat d'Europe en 1953 et reconnu en tant que championnat du monde en 1957.

■ La France l'a remporté 12 fois, entre 1956 et 1981, le record de titres individuels revenant au Français Robert Tesse, avec 3 victoires, en 1959, 1960 et 1965.

■ Le record de prises, 34,7 kg en 3 h, a été établi le 21 septembre 1980 par la RFA, sur le Neckar, à Mannheim, Allemagne.

■ Le record individuel, 17 kg, a été établi le 20 septembre 1980 par l'Allemand Wolf Rüdiger Kremkus, à Mannheim.

■ Le 27 août 1967, le Belge Jacques Isenbaert a pris 652 poissons à Dunaújváros, Hongrie.

RECORD DE VITESSE

Le 14 mars 1991, à Auxonne, Côte-d'Or, Patrice Burckenstock a battu le record du monde de pêche de vitesse avec 590 ablettes en 1 h.

PELOTE

CHAMPIONNAT DU MONDE

■ Depuis 1952, la Fédération internationale de pelote basque organise le championnat du monde tous les 4 ans. La paire argentine Roberto Elias-Juan Labat a remporté 4 fois le titre du trinquet en 1952, 1958, 1962 et 1966. Labat a remporté en tout 7 titres mondiaux.

■ Le Mexicain Hamuy a remporté 3 titres en cesta punta, avec deux partenaires différents, en 1958, 1962 et 1966.

LA BALLE DE JOSÉ RAMÓN

La balle de José Ramón Areitio a été chronométrée électroniquement à 302 km/h le 3 août 1979, à Newport, Rhode Island, EU.

PENTATHLON MODERNE ET BIATHLON

ORIGINES

Le pentathlon moderne, qui comprend 5 épreuves (escrime, natation, tir, course à pied, équitation), a été pratiqué pour la première fois aux jeux Olympiques de Stockholm, en 1912. L'Union internationale de pentathlon moderne (UIPM) a été fondée à Aldershot, GB, le 3 août 1948. On y a joint en 1957 le biathlon (ski de fond et tir).

■ Les points marqués en équitation, escrime, cross-country, et donc tous les scores totaux, n'ont aucune valeur comparative d'une compétition à l'autre. Seuls les scores obtenus en tir et en natation (300 m) ont valeur de record.

PENTATHLON MODERNE

JEUX OLYMPIQUES

■ Le Hongrois András Balczó (né le 16 août 1938) a remporté 3 médailles d'or, 2 par équipes en 1960 et 1968 et 1 individuelle en 1972.

■ Le Suédois Lars Hall (né le 30 avril 1927) a remporté 2 concours individuels, en 1952 et 1956.

■ Le Soviétique Pavel Ledniev (né le 25 mars 1943) a remporté le nombre record de 7 médailles (2 d'or, 2 d'argent, 3 de bronze), de 1968 à 1980.

■ L'URSS et la Hongrie ont remporté 4 titres par équipes.

<u>France</u>

La France a obtenu 2 médailles de bronze par équipes, en 1968 puis en 1984.

CHAMPIONNATS DU MONDE

■ Le Hongrois András Balczó a remporté 5 titres individuels (en 1963, 1965, 1966, 1967 et 1969) et 5 titres par équipes (entre 1961 et 1970).

■ L'URSS a remporté 12 titres par équipes.

■ Le premier championnat du monde féminin s'est tenu en 1981. La Pologne a remporté 4 fois le titre, en 1985, 1988, 1989 et 1990.

■ La Soviétique Irina Kiselieva est la seule à avoir remporté 2 titres individuels.

<u>Français</u>

Joël Bouzou (né le 30 octobre 1955) a remporté le championnat du monde 1987, à Moulins, Allier.

BIATHLON

JEUX OLYMPIQUES

■ 2 athlètes ont remporté 2 titres olympiques individuels : le Norvégien Magnar Solberg (né le 4 février 1934), en 1968 et 1972, et l'Allemand de l'Est Franz-Peter Rötsch, en 1988 (dans les 2 épreuves programmées).

■ L'URSS a remporté le relais 4 fois entre 1968 et 1988.

CHAMPIONNATS DU MONDE

L'Allemand de l'Est Frank Ullrich (né le 24 janvier 1958) a remporté 6 titres mondiaux individuels, 4 aux 10 km, de 1978 à 1981, y compris le titre olympique en 1980, et 2 aux 20 km, en 1982 et 1983. Alexandre Tikhonov a fait partie de 10 équipes de relais soviétiques gagnantes de 1968 à 1980 et remporté 4 titres individuels.

COUPE DU MONDE

Créée en 1979, elle a été remportée 3 fois par Franck Ullrich : en 1980, 1981 et 1982.

PÉTANQUE

ORIGINES

Le jeu de boules remonte à plus de 2 000 ans, mais ce n'est qu'en 1907 que la pétanque est née. Quant à la Fédération française de pétanque et jeu provençal (FFPJP), elle ne fut créée qu'en 1945, et la Fédération internationale (FIPJP) en 1958.

CHAMPIONNAT DU MONDE

■ La France a remporté 13 titres du championnat du monde de pétanque de 1959 (date de sa création) à 1993. Chez les féminines, le championnat du monde a été remporté 2 fois par la Thaïlande depuis sa création en 1988 (1988-1990).

■ En ce qui concerne les jeunes, les Français sont détenteurs de 2 titres sur 3 (1987-1989), la Belgique leur ayant ravi le titre en 1991.

■ En boules lyonnaises, la France a remporté 14 titres du championnat du monde, entre 1947 (date de sa création) et 1988, et 5 Coupes Prince-de-Monaco (Coupe créée en 1969).

■ L'Italien Umberto Granaglia a été 13 fois champion du monde.

CHAMPIONNAT DE FRANCE

■ Les doublés ont été réussis en triplette depuis 1945 par : Raoul, Rigaud, Villeveille en 1954 et 1955 ; J. et G. Naudo, Baills en 1966 et 1967 ; Paon, Lebeau, Mattei en 1970 et 1971 ; Jaffrel, Pancin, Palazon en 1979 et 1980.

■ En individuel, Christian Fazzino l'a remporté 4 fois : 1975, 1976, 1982 et 1990.

■ En jeu provençal, Lafleur, Angelvin et Capelle ont gagné en triplette de 1986 à 1988.

LES PREMIÈRES VICTOIRES FRANÇAISES

La première absolue en 1913, contre l'Écosse à Colombes : 16-15.
À Dublin, en Irlande, en 1920 : 15-7.
À Inverleith, en Écosse, en 1921 : 3-0.
À Swansea, pays de Galles, en 1948 : 11-3.
À Twickenham, Angleterre, en 1951 : 11-3.

Avec son club le Biarritz Olympique, de 1976 à 1992, Serge Blanco a joué 278 matches et marqué 1 110 points.

RUGBY

ORIGINES

Le rugby est traditionnellement considéré comme étant issu d'une violation des règles du football. Il fut inventé par Webb Ellis (1807-1872), en novembre 1823, à l'école de Rugby, GB. La Rugby Football Union a été fondée le 26 janvier 1871, l'International Rugby Football Board, en 1886.

COUPE DU MONDE

■ La première Coupe du monde a été disputée en Australie et en Nouvelle-Zélande par 16 équipes nationales en 1987. La Nouvelle-Zélande a battu la France en finale, le 20 juin, par 29 à 9.

■ Le plus haut score a été réalisé par la Nouvelle-Zélande, qui a battu les îles Fidji par 74 à 13, le 27 mai.

■ Le Français Didier Camberabero (né le 9 janvier 1961) a marqué 30 points (3 essais, 9 transformations) contre le Zimbabwe, le 2 juin.

■ Sur l'ensemble de cette épreuve, le Néo-Zélandais Grant James Fox (né le 6 juin 1962) a marqué 126 points.

■ La deuxième Coupe du Monde eut lieu en Grande-Bretagne et en France en 1991. Seize nations y prirent part. En finale, le 2 novembre à Twickenham, l'Australie domina l'Angleterre par 12 à 6. Avec 6 essais chacun, l'Australien David Campese (né le 21 février 1962) et le Français Jean-Baptiste Lafond (né le 29 décembre 1961) furent sacrés meilleurs marqueurs ; l'Irlandais Ralph Keyes étant avec 68 points le meilleur réalisateur.

JEU À 7

Le rugby à 7 a attendu cent ans pour avoir sa première Coupe du monde. Organisée à Edimbourg, le 18 avril 1993, elle a vu la victoire de l'Angleterre sur l'Australie par 21 à 17.

LA FRANCE EN TOURNÉE

En gagnant les 2 test-matches de sa tournée en Nouvelle-Zélande en 1994, l'équipe de France dirigée par Pierre Berbizier a réussi un exploit. Seule l'Afrique du Sud en 1937, l'Australie en 1949 et 1986, et les Lions (sélection des 4 nations britanniques) en 1971 étaient également parvenus à terrasser les All Blacks chez eux. Après s'être imposés une première fois à Christchurch, le 26 juin par 22 à 8, les hommes de Philippe Saint-André ont récidivé le 3 juillet à Auckland, où en marquant *in extremis*, un extraordinaire essai par Sadourny, ils ont débordé 23-20 les Néo-Zélandais de Fitzpatrick.

TOURNOI DES CINQ NATIONS

ORIGINES

C'est en 1910 qu'a eu lieu le premier Tournoi, opposant la France, l'Angleterre, l'Écosse, le pays de Galles et l'Irlande.

LE PLUS GRAND NOMBRE DE VICTOIRES

__Par équipes__
Le pays de Galles l'a remporté 22 fois (plus 10 fois ex aequo) et l'Angleterre 19 fois (plus 9 fois ex aequo). L'Angleterre a réussi 10 « grands chelems », c'est-à-dire 4 victoires sur 4 la même année. Le premier en 1913 et le dernier en 1992.

__France__
La France a obtenu 10 succès (plus 8 ex aequo) et réussi 4 grands chelems en 1968, 1977, 1981 et 1987. Elle a gagné 4 Tournois consécutivement de 1986 à 1989. Par ailleurs, de 1983 à 1993, elle a dominé les Gallois 11 fois de suite.

__Individuelles__
■ 3 grands chelems ont été remportés par les Gallois Gareth Edwards et J. P. R. Williams. Côté français, 2 grands chelems pour Serge Blanco, Pierre Berbizier (1981 et 1987) ; Jean-François Imbernon, Roland Bertranne, Robert Paparemborde, Jean-Pierre Rives (1977 et 1981).

■ Serge Blanco, qui était, avec 42 matches, le Français ayant disputé le plus grand nombre de rencontres du Tournoi, a été rejoint par Philippe Sella en 1992. De 1975 à 1984, J.-P. Rives avait connu cet honneur à 39 reprises.

LE SCORE LE PLUS ÉLEVÉ

■ Le 1er janvier 1910, à Swansea, le pays de Galles a battu la France par 49 à 14, soit 59 à 16 selon les règles actuelles (à savoir 4 points pour un essai, 3 pour un drop ou une pénalité, 2 pour une transformation).

■ Avec les règles actuelles, le plus grand écart est de 33 points, entre la France et le pays de Galles (36-3), dont 6 essais, le 2 mars 1991.
Le plus grand nombre de points marqués par l'équipe victorieuse est de 37, pour la France, contre l'Angleterre en 1972 (37-12), et pour l'Écosse, contre l'Irlande en 1989 (37-2).

LES MEILLEURS MARQUEURS

■ L'Anglais Jonathan Webb a marqué 67 points (3 essais, 11 pénalités, 11 transformations) en 1992.

■ L'Anglais Simon Hodgkinson a réussi le record de 7 pénalités le 19 janvier 1991 contre Galles.

__France__
■ Sur un seul Tournoi des cinq nations, celui de 1984, Jean-Patrick Lescarboura (né le 12 mars 1961) est le meilleur réalisateur français avec 54 points. À savoir : 10 pénalités, 6 transformations et 4 drops.

■ Le meilleur marqueur tricolore du Tournoi est Didier Camberabero. Avec 113 points réussis, Didier a amélioré en 1993 le record jusque-là détenu par Blanco avec 105. Ce qui pour 13 matches joués donne une moyenne de près de 9 points. Par ailleurs, Didier est aussi le meilleur marqueur absolu de l'équipe de France, puisqu'en 36 sélections (de 1982 à 1993) il a passé 354 points.

■ Le Français Sébastien Viars a réussi le plus de points en un seul match contre l'Irlande en 1992 : 24 points.

LES PLUS HAUTS SCORES PAR ÉQUIPES

MATCHES INTERNATIONAUX

La Nouvelle- Zélande a battu très facilement le Japon par 106 à 4, à Tokyo, le 1er novembre 1987.
La France a battu le Paraguay par 106 à 12, à Asunción, le 28 juin 1988 et la Croatie 126 à 6, le 17 juin 1993 à Perpignan.

CHAMPIONNAT DE FRANCE

Béziers a battu Montchanin 100 à 0 le 16 décembre 1979.

PLUS HAUTS SCORES INDIVIDUELS

EN UNE CARRIÈRE

L'Anglais Dusty Hare (né le 29 novembre 1952) a inscrit 7 337 points au cours de sa carrière, entre 1971 et 1988.

EN MATCHES INTERNATIONAUX

__Au total__
L'Australien Michael Lynagh (né le 25 octobre 1963) a marqué 821 points en 67 matches pour l'Australie, entre 1984 et 1994.

__France__
En championnat, le record de points marqués, propriété du Béglais Marc Sallefranque avec 277 points, a été pulvérisé en 1993 par le Castrais Laurent Labit (25 ans), qui a réussi 303 points, permettant à son club de devenir champion de France aux dépens de Grenoble. En réussissant 33 points en quarts de finale contre Nar-

Michael Lynagh, le demi d'ouverture des Wallabies, détient toujours, en 1994, le record mondial des points. En 67 sélections (au 31/7/94), il a en effet réussi 821 points.

bonne, il avait également amélioré le record de points marqués en phase finale.

En un seul match

Le Gallois Phil Bennett (né le 24 octobre 1948) a marqué 34 points (2 essais, 10 transformations, 2 pénalités) pour l'équipe de Galles, qui a battu le Japon par 82 à 6, le 24 septembre 1975, à Tokyo.

Essais

L'Australien David Campese (né le 21 octobre 1962) a marqué 52 essais entre 1982 et 1992 en 72 matches internationaux.

France

Serge Blanco (né le 30 août 1958) a marqué 229 points dont 37 essais en 93 sélections internationales (record français), obtenues de 1980 à 1991.

ÉPREUVES FRANÇAISES

CHAMPIONNAT

■ Béziers a remporté 11 titres, en 1961, 1971, 1972, 1974, 1975, 1977, 1978, 1980, 1981, 1983 et 1984. Ce club est resté invaincu durant 50 matches, d'octobre 1970 à février 1973. Il a été rejoint par le Stade Toulousain au palmarès du championnat de France. En effet, champion de France en 1994, ce club a lui aussi décroché à 11 reprises le Bouclier de Brennus. C'était en 1912, 1922, 1923, 1924, 1926, 1927, 1947, 1985, 1986, 1989 et 1994.

■ Le Biterrois Armand Vaquerin (1951-1993) a remporté 10 titres.

CHALLENGE YVES-DU-MANOIR

Créé en 1931-1932, il a été remporté en 1968, 1973, 1974, 1976, 1978, 1979, 1984, 1989, 1990, et 1991 par le Racing Club narbonnais, qui avec 10 victoires détient le record absolu.

REJOUÉ

Pour la première fois en rugby, un quart de finale du championnat de France gagné sur le terrain (Castres : 38, Narbonne : 33) a été donné à rejouer en partant du score enregistré lors de la première manche, le club vainqueur ayant par inadvertance utilisé 5 remplaçants au lieu des 4 autorisés. Une deuxième manche toujours gagnée par Castres (71 à 54) constitue un autre score record à ce stade de la compétition.

DIVERS

LES POINTS MARQUÉS LES PLUS LOINTAINS

■ Les records en matches internationaux appartiennent à Gerald Hamilton Brand (né le 8 octobre 1906), pour l'Afrique du Sud, face à l'Angleterre, à Twickenham, GB, le 2 janvier 1932, avec un drop de 82 m du point de tir au point de chute, bien après la ligne de but, et au Gallois Paul Thorburn (né le 24 novembre 1962), avec une pénalité de 64 m, contre l'Écosse, le 1er février 1986.

■ Le Français Serge Blanco a inscrit un essai de 100 m, contre l'Australie, le 24 juin 1990.

L'INTERNATIONAL LE PLUS ÂGÉ

En France, Alfred Roques (né le 17 octobre 1925) a joué à 37 ans 2 mois et 25 jours, contre l'Écosse, le 12 janvier 1963.

L'ESSAI LE PLUS RAPIDE

En match international, il a été inscrit le 20 janvier 1923, après moins de 10 secondes de jeu, par l'Anglais Herbert Leo « Bart » Price (1899-1943), contre le pays de Galles.

JEU À 13

ORIGINES

La Northern Rugby Football Union a été fondée le 29 août 1895, au George Hotel, à Huddersfield, GB. 21 clubs étaient présents.

SCORES RECORDS

Individuels

L'Australien Brian Bevan (né le 24 juin 1924) a inscrit 796 essais en 18 saisons, de 1945 à 1964.

Par équipes

■ Avec le décompte moderne des points, le record en match international est de 79 points marqués, lors de la rencontre Australie-France (48-31), le 24 juin 1990.

■ L'équipe anglaise de Wigan a remporté en 1994 son 15e titre de champion de la Rugby League et sa 15e Cup. Championne sans interruption depuis 1990, cette formation enlève la Cup pour la septième fois consécutive.

COUPE DU MONDE

L'Australie en a remporté 7, en 1957, 1968, 1970, 1977, 1988, 1990 et 1992.

CHAMPIONNAT DE FRANCE

En enlevant en 1994 son 10e titre de champion de France, le XIII Catalan rejoint sur les tablettes Carcassonne, également couronné à dix reprises en 1945, 1946, 1950, 1952, 1953, 1966, 1967, 1972, 1976 et 1992.

COUPE DE FRANCE

Carcassonne a remporté 11 Coupes, entre 1946 et 1990.

JOUEUR FRANÇAIS

Puig-Aubert (né le 24 mars 1925, décédé en 1994) a remporté 6 titres et 5 Coupes, avec Carcassonne et le XIII Catalan, entre 1945 et 1959.

HOMICIDE

Pour la première fois depuis 171 ans que ce sport existe en Grande-Bretagne, un joueur a été accusé d'homicide sur un adversaire. William Hardy était accusé d'avoir provoqué la mort de Seamus Lavelle, lors d'un choc durant une rencontre amateur, en mars 1993. Blessée à la tête, la victime décédait deux jours plus tard. Comme Hardy a admis avoir donné un coup de poing, mais pour se protéger, le tribunal londonien l'a acquitté.

PLUS LONGUES DESCENTES

■ La descente de l'aiguille du Midi, depuis le sommet du téléphérique de Chamonix, Haute-Savoie, à travers la vallée Blanche (dénivelée 2 759 m), mesure 20,9 km.
■ La plus longue piste de course de descente est l'Inferno, en Suisse, qui mesure 15,8 km du sommet du Schilthorn à Lauterbrunnen. Le record en est détenu par le Suisse Ueli Grossniklaus en 15' 26" 44, en 1987.

Aux jeux Olympiques de Lillehammer, la Suissesse Vreni Schneider est devenue en 1994, la championne olympique en activité la plus titrée. En effet, déjà médaillée d'or du slalom et du géant à Calgary en 1988, elle a décroché en Norvège le titre du slalom, la médaille d'argent du combiné et celle de bronze du géant.

SKI

ORIGINES

■ Le plus ancien ski connu, datant de 2500 av. J.-C., a été trouvé, très bien conservé, dans une tourbière, à Hoting, Suède. Le premier usage militaire connu du ski remonte à la bataille d'Isen, près d'Oslo, Norvège, en 1200. Le club de tir et de ski de Trysil, Norvège, fondé en 1861, se proclame le plus ancien du monde.
■ La plus ancienne compétition de ski, l'Holmenkollen Nordic, s'est déroulée pour la première fois en 1866.
■ Les premières courses de descente se sont disputées en Australie dans les années 1850.
■ La Fédération internationale de ski (FIS) a été fondée le 2 février 1924, succédant à la Commission internationale de ski, fondée le 18 février 1910, à Christiania (future Oslo), Norvège.

SKI ALPIN

LE PLUS GRAND NOMBRE DE TITRES

■ Les victoires aux jeux Olympiques sont considérées comme des titres de championnat du monde, dont les épreuves sont organisées tous les 2 ans. Le record de médailles d'or appartient à l'Allemande Christel Cranz (née le 1er juillet 1914), qui en a décroché 13, entre 1934 et 1939.
■ 2 skieurs seulement ont remporté tous les titres (descente, slalom spécial, slalom géant) aux jeux Olympiques : en 1956, l'Autrichien Toni Sailer (né le 17 novembre 1935) et, en 1968, le Français Jean-Claude Killy (né le 30 août 1943).
■ Depuis la guerre, c'est le Suisse Pirmin Zurbriggen (né le 4 février 1963) qui a gagné le plus de médailles : 11 (5 d'or, 4 d'argent, 2 de bronze), entre 1985 et 1989.
■ Chez les femmes, le record est de 9, par l'Autrichienne Anne-Marie Moser-Pröll (née le 27 mars 1953, 5 d'or, 2 d'argent, 2 de bronze), entre 1970 et 1980, et par la Liechtensteinoise Hani Wenzel (4 d'or, 3 d'argent, 2 de bronze), entre 1974 et 1980. La Française Marielle Goitschel (voir ci-après) a également remporté 9 médailles.

<u>Français</u>

■ Jean-Claude Killy a remporté 6 titres : outre ses 3 victoires des Jeux de 1968, il a également été champion du monde de descente en 1966 et du combiné en 1966 et 1968.
■ Émile Allais (né le 25 février 1912) a remporté 8 médailles (4 d'or et 4 d'argent) en 1935, 1937 et 1938.
■ Marielle Goitschel (née le 28 septembre 1945) a été championne olympique de géant en 1964, de spécial en 1968 et 2e du spécial en 1964. Championne du monde de descente en 1966, du combiné en 1964 et 1966, elle était aussi 2e du spécial en 1964 et 1966.
Sa 2e place de la descente 1966 s'est transformée en victoire… 23 ans après, la gagnante d'alors, l'Autrichienne Erika Schinegger, ayant changé de sexe, avec le prénom d'Erik.

COUPE DU MONDE

■ Elle a été créée en 1967. Chez les hommes, le Luxembourgeois (d'origine italienne) Marc Girardelli (né le 18 juillet 1963) l'a remportée 5 fois en 1985, 1986, 1989, 1991 et 1993.
Elle a été remportée 4 fois par l'Italien Gustavo Thoeni, en 1971, 1972, 1973 et 1975 et par le Suisse Pirmin Zurbriggen, en 1984, 1987, 1988 et 1990.
■ Chez les femmes, l'Autrichienne Anne-Marie Moser-Pröll l'a conquise 6 fois, de 1971 à 1975 et en 1979.
■ Le Suédois Ingemar Stenmark (né le 18 mars 1956) a remporté 86 victoires (46 en slalom géant, 40 en slalom), de 1974 à 1989, avec un record de 13 durant la seule saison 1978-1979.
■ L'Autrichien Franz Klammer (né le 3 décembre 1953) a remporté 25 descentes, de 1974 à 1984.
■ L'Autrichienne Anne-Marie Moser-Pröll a remporté 62 victoires, de 1970 à 1979, dont 11 descentes consécutives, de décembre 1972 à janvier 1974.
■ La Suissesse Vreni Schneider (née le 26 novembre 1964) a remporté, durant la saison 1988-1989, 13 victoires (7 slaloms, 5 géants, 1 combiné).
■ À Lillehammer, en 1994, Carole Merle, âgée de 30 ans, a décidé de mettre un terme à sa carrière ; 23 victoires en Coupe du monde, championne du monde du géant en 1993 à Morioka, quatre fois lauréate de la Coupe du monde de Super G de 1989 à 1992.
■ Le Suisse Pirmin Zurbriggen est le seul skieur à avoir triomphé dans au moins 1 épreuve des 4 disciplines de la Coupe du monde : descente, slalom spécial, géant et super-G. Seule l'Autrichienne Petra Kronberger a réalisé le même exploit chez les femmes.

<u>Français</u>

■ Seuls 2 Français ont remporté la Coupe du monde, Jean-Claude Killy, en 1967 et 1968, et Michèle Jacot (née le 5 janvier 1952), en 1970.

LES VITESSES LES PLUS ÉLEVÉES

■ Aux Arcs, le 21 avril 1993, Philippe Goitschel (31 ans) a réussi 233, 615 km/h. Un nouveau record du monde de vitesse qui lui permet d'effacer des tablettes les 229, 299 km/h de Michael Prufer, lors des Jeux d'Albertville, en 1992.
■ Pour les femmes, le record est de 219,245 km/h, par la Finlandaise Tarja Mulari, le 22 février 1992, aux Arcs.
■ La vitesse la plus élevée mesurée lors d'une descente olympique a été de 104,53 km/h, par l'Américain William D. Johnson (né le 30 mars 1960), à Sarajevo, Yougoslavie, le 16 février 1984.

<u>Monoski</u>

■ Le Français Manuel Bellier a atteint 180 km/h, le 17 avril 1987, aux Arcs, Savoie.
■ Le Français Sébastien Jaubert (né en 1971) a atteint 176,817 km/h le 2 avril 1991, à Vars-les-Claux, Hautes-Alpes
.

LE PLUS GRAND NOMBRE DE CONCURRENTS

Ce sont 1 700 descendeurs qui ont concouru à Are, Jämtland, Suède, le 30 avril 1984.

SKI ARTISTIQUE

■ La Française Christine Rossi a remporté 1 titre de championne du monde et 8 titres de championne d'Europe en ballet. Elle a également gagné la Coupe du monde 1987.
■ Pour la première fois olympique en 1992 à Albertville, cette discipline a permis au Français Edgard Grospiron (né le 17 mars 1969) de s'imposer dans l'épreuve de bosses.

SKI NORDIQUE

LE PLUS GRAND NOMBRE DE TITRES

■ Le record est de 11 titres, dont 4 olympiques, par le Suédois Gunde Svan (né le 12 janvier 1962), de 1984 à 1989.
■ La Soviétique Galina Kulakova (née le 29 avril 1942) a remporté 9 titres olympiques et mondiaux, de 1970 à 1978. La Soviétique Raïssa Smetanina (née le 29 février 1952) a remporté 22 médailles, dont 6 d'or, de 1974 à 1991.
■ Déjà triple championne olympique à Albertville en 1992 aux 10 km, 15 km et 4 x 5 km), la fondeuse russe, Lyubova Egorova a récidivé à Lillehammer en 1994 (5 km, 10 km, 4 x 5 km).

L'ARRIVÉE LA PLUS SERRÉE

Un centième de seconde séparait, à l'issue de la course des 15 km des jeux Olympiques de Lake Placid, EU, le 17 février 1980, le Suédois Thomas Wassberg du Finlandais Juha Mieto, après 41' 57" 6 de course.

PLUS JEUNE CHAMPION OLYMPIQUE

Le sauteur à skis finlandais Toni Nieminen, qui a remporté en 1992, à Albertville, une médaille de chaque métal, était âgé de 16 ans et 259 jours lorsqu'il a accompli un saut de 122 m (noté 19/20) permettant à son équipe de monter sur la plus haute marche du podium. Le précédent record était détenu par le bobeur William Fiske qui était âgé de 16 ans et 260 jours lorsqu'il avait été couronné en 1928.

■ Le Norvégien Birger Ruud (né le 23 août 1911) est le seul à avoir remporté une victoire olympique en ski nordique et en ski alpin : en 1936, il a gagné le saut à skis et la descente.

France

■ Lors des championnats du monde de Falun en 1993, pour la première fois, un Français a décroché une médaille d'ar-gent. Un exploit réussi par le Jurassien Hervé Balland (29 ans) sur 50 km libre.

■ Nathalie Beausire, Delphine Burlet, Anne Briand et Corinne Niogret sont championnes du monde de l'épreuve de relais 15 km des championnats du monde de leur spécialité, disputés à Borovets.

COUPE DU MONDE

Le Suédois Gunde Svan l'a remportée 5 fois en fond (1984, 1985, 1986, 1988, 1989) et le Finlandais Matti Nykanen 4 fois en saut (1983, 1985, 1986, 1988). La Finlandaise Marjo Matikainen l'a remportée 3 fois en fond (de 1986 à 1988).

SAUT À SKIS

Le record appartient au champion olympique norvégien Espen Bredesen qui, le 18 mars 1994, a réussi 209 m sur le tremplin miracle (point K à 185 m) de Planica, en Slovénie. Mais c'est le Finlandais Toni Nieminen qui est entré dans l'histoire en étant, le 17 mars 1994, le premier homme à dépasser la barrière des 200 m. Ce jour-là, toujours à Planica, à 18 ans, il s'est envolé à 203 mètres.

Le record féminin est de 110 m, par la Finlandaise Tiina Lehtola, à Ruka, Finlande, le 29 mars 1981.

LA VITESSE LA PLUS ÉLEVÉE

■ Le record pour 50 km dans une épreuve majeure a été amélioré le 19 mars 1994 par le Russe Alexei Prokurorov, qui à Thunder Bay, au Canada, a réussi 1 h 54' 46", ce qui donne une moyenne horaire de 26,14 km/h.

■ En course olympique ou de championnat du monde, qui comprend des montées et des descentes, le record sur 50 km est de 2 h 4' 30" 9, à la vitesse de 24,090 km/h, remporté par le Suédois Gunde Svan, en 1988.

LES COURSES LES PLUS LONGUES

■ La Vasaloppet commémore le trajet parcouru en 1521 de Mora à Sälen (85,8 km) par Gustav Vasa (1496-1560), qui deviendra le roi Gustave Ier de Suède. Cette course se dispute actuellement tous les ans sur 89 km. On enregistra 10 934 concurrents au départ, le 6 mars 1977, et 10 633 à l'arrivée, le 4 mars 1979. Le record, 3 h 48' 55", est détenu par le Suédois Bengt Hassis depuis le 2 mars 1986.

■ Le Français Jean-Paul Pierrat (né le 3 juillet 1952) a remporté l'édition 1978.

■ La Finlandia Ski Race, qui couvre 75 km entre Hämeenlinna et Lahti, a vu 13 226 concurrents au départ et 12 909 à l'arrivée, le 26 février 1984.

LE PLUS FAIBLE ÉCART

■ À Grenoble, en 1968, à l'issue de la descente olympique, seulement 8 centièmes de seconde séparaient Killy (1er) de son dauphin Guy Perillat.

■ À Albertville, en 1992, on a vu mieux, puisque, à l'issue de la belle descente de Bellevarde, ce sont 5 petits centièmes qui permirent à l'Autrichien Patrick Ortlieb de coiffer le Français Franck Picard (né le 17 septembre 1964) sur la plus haute marche du podium.

Patrice Martin, né le 24 mai 1964, a remporté 3 titres de champion du monde du combiné (1989, 1991 et 1993), et 4 en figures (1979, 1985, 1987, 1991). Il a par ailleurs été 16 fois champion d'Europe entre 1978 et 1993.

TRAMPOLINE

LE PLUS GRAND NOMBRE DE TITRES

Les championnats du monde ont été créés en 1964. L'Américaine Judy Wills (née en 1948) a remporté 5 titres, de 1964 à 1968. 5 hommes ont 2 titres à leur actif, dont les Français Richard Tison (né le 17 août 1956), en 1974 et 1976, et Lionel Pioline (né le 10 août 1965), en 1984 et 1986.

CHAMPIONNATS DE FRANCE

- **Véronique Bataillon-Richer (née le 22 décembre 1955) a remporté 7 titres, entre 1971 et 1979.**
- **Jean-Michel Bataillon (né le 1er avril 1955) et Gilles Lebris (né le 14 mai 1955) ont gagné 4 titres chacun.**

ORIGINES

Le trampoline (du mot espagnol *trampolín*, « tremplin ») en tant que sport date de 1936, année où l'Américain George Nissen développa son prototype de modèle « T ».

SKI NAUTIQUE

ORIGINES

■ La première mention de l'aquaplane remonte au début de 1900, sur la côte pacifique américaine. Il s'agissait d'une planche tirée par un canot sur laquelle on se tenait debout en s'aidant d'une corde.

■ Le sport actuel a été inventé par Ralph W. Samuelson (1904-1977), sur le lac Pepin, Minnesota, EU, lors de l'été 1922, à l'aide de deux planches de sapin incurvées, ou bien, à peu près à la même époque, sur le lac d'Annecy, Haute-Savoie. L'Union internationale de ski nautique a été fondée à Genève, le 27 juillet 1946.

LE PLUS GRAND NOMBRE DE TITRES

■ Le combiné des championnats du monde (créés en 1949) a été remporté 4 fois par l'Américain Sammy Duvall (1981, 1983, 1985 et 1987) et 3 fois par les Américaines Willa McGuire (1949, 1950 et 1955) et Elizabeth Allan-Shetter (1965, 1969 et 1975). Cette dernière a remporté au total 8 titres dans les disciplines individuelles du championnat, et elle est la seule à avoir remporté les 4 titres (slalom, saut, figures et combiné) la même année, en 1969.

■ Les États-Unis ont remporté 17 fois consécutivement, de 1957 à 1989, le championnat du monde par équipes.

<u>France</u>

Voir photo ci-contre.

230,3 KM/H

Le record est de 230,3 km/h, par l'Australien Christopher Michael Massey, le 6 mars 1983, sur la Hawkesbury, rivière d'Australie. Le record féminin est de 178,8 km/h, par l'Américaine Donna Patterson Brice, le 21 août 1977, à Long Beach, Californie, EU.

SQUASH

ORIGINES

Le premier champion officiellement reconnu fut l'Américain John Miskey, vainqueur en 1907 du championnat des États-Unis.

CHAMPIONNATS DU MONDE

■ Le Pakistanais Jahangir Khan (né le 10 décembre 1963) a remporté 6 titres du World Open, de 1981 à 1985 et en 1988, et le titre mondial individuel ISRF, en 1979, 1983 et 1985.

■ L'Australien Geoffrey Hunt (né le 11 mars 1947) a remporté 4 titres open, en 1976, 1977, 1979 et 1980, et 3 titres amateurs, en 1967, 1969 et 1971.

■ Le Pakistan a remporté 5 titres par équipes, en 1977, 1981, 1983, 1985 et 1987, tout comme l'Australie, en 1967, 1969, 1971, 1973 et 1989.

■ L'Angleterre en a remporté 4 chez les femmes, en 1985, 1987, 1989 et 1990 (la Grande-Bretagne avait gagné en 1979).

VITESSE DE BALLE

Lors de tests à Wimbledon, GB, en janvier 1988, Roy Buckland a envoyé une balle de service à 232,7 km/h.

LE PLUS GRAND NOMBRE DE TITRES

<u>Championnat open</u>

Le Championnat open, qui se dispute tous les ans en Grande-Bretagne, a été remporté 10 fois consécutivement, de 1982 à 1991, par Jahangir Khan.

<u>Championnat amateur</u>

L'Égyptien Abdelfattah Amr Bey (né le 14 février 1910) a remporté 6 titres, de 1931 à 1933 et de 1935 à 1937.

LES PLUS LONGUES PÉRIODES D'INVINCIBILITÉ

Heather McKay est resté invaincu de 1962 à 1980. Jahangir Khan est resté invaincu d'avril 1981 à novembre 1986.

LE PLUS LONG MATCH

Le 30 mars 1983, Jahangir Khan a battu l'Égyptien Gamal Awad 9-10, 9-5, 9-7, 9-2, en 2 h 45 mn, en finale du Patrick International Festival de Chichester, GB.

LE PLUS COURT

L'Anglais Philip Kenyon a battu l'Egyptien Salah Nadi en 6 mn et 37 s lors du British Open, le 9 avril 1992.

SURF

ORIGINES

Le jeu traditionnel polynésien consistant à surfer dans un canoë (*chorooe*) a été pour la première fois décrit par le capitaine James Cook (1728-1779) lors de son premier voyage à Tahiti, en 1771. Le surf sur une planche (*amo mo iluna ka lau oka nalu*) a été pour la première fois décrit comme « très périlleux, extraordinaire et à peine croyable » par le lieutenant James King, en mars 1779, à Kealakekua Bay, Hawaï. Un surfeur fut pour la première fois représenté par le peintre officiel de ce voyage, John Webber. Ce sport a été relancé vers 1900 sur la plage de Waikiki, Honolulu.

TITRES MONDIAUX

■ Les championnats du monde amateurs ont été créés en mai 1964 à Sydney, Australie. L'Australien Michael Novakov a remporté 3 titres, en 1982, 1984 et 1986.

■ Les épreuves du championnat du monde professionnel ont débuté en 1975. Le titre a été remporté 5 fois par l'Australien Mark Richards, en 1975 et de 1979 à 1982 ; chez les femmes, le titre, créé en 1979, a été remporté 4 fois par l'Américaine Frieda Zamba, de 1984 à 1986 et en 1988, et par l'Australienne Wendy Botha en 1987, 1989, 1991 et 1992.

LES PLUS HAUTES VAGUES

Waimea Bay, à Hawaï, est réputée pour ses vagues, qui atteignent régulièrement la hauteur, limite pour les surfeurs, de 9 à 10 m.

TENNIS

Voir page 332.

TIR

ORIGINES

La Guilde de tir de Lucerne, Suisse, a été fondée en 1466, et la première compétition a eu lieu à Zurich, en 1472.

MÉDAILLES OLYMPIQUES

L'Américain Carl Townsend Osburn (1884-1966) a remporté 11 médailles (5 d'or, 4 d'argent et 2 de bronze) en 1912, 1920 et 1924. 6 autres tireurs ont remporté 5 médailles d'or.

PIGEON D'ARGILE

■ La Canadienne Susan Nattrass (née le 5 novembre 1950) a remporté 6 titres mondiaux, en 1974, 1975, 1977, 1978, 1979, 1981.

■ Le score maximal au pigeon d'argile, 200 sur 200, a été réussi, le 12 juin 1983, par Ricardo Ruiz Rumoroso, lors des championnats d'Espagne.

<u>Français</u>

■ Paul Colas a gagné 4 médailles dans différentes spécialités, 2 d'or aux jeux Olympiques en 1912, 1 d'argent en 1924 et 1 de bronze en 1900.

■ Michel Carrega a remporté 4 championnats du monde à la fosse olympique, entre 1970 et 1979, plus 1 championnat d'Europe, en 1968. Il a été 8 fois champion de France, record depuis la création de la compétition (en 1884). Il a aussi remporté la médaille d'argent de ball-trap aux Jeux de 1972.

■ Lors des Jeux de 1984 à Los Angeles, Philippe Heberlé a remporté la médaille d'or à la carabine à air comprimé et Michel Bury, la médaille d'argent à la carabine petit calibre, position couchée.

■ Nicolas Berthelot a été médaille d'argent à la carabine à air comprimé 10 mètres, lors des jeux de Séoul en 1988. Franck Badiou a décroché une médaille du même métal dans la même spécialité, à Barcelone, en 1992.

■ Jean-Pierre Amat (né le 13 juin 1962) a été champion du monde en 1989 et champion d'Europe en 1990 et 1991 à la carabine 10 mètres, avec 4,2 points d'avance, écart record, en 1991.

■ Lors des championnats du monde 1994 organisés à Milan, l'équipe de France a décroché 2 nouvelles médailles d'or. Une par équipe à la carabine 3 x 40 avec Amat, Bury et Chassat, une individuellement au pistolet libre 10 m avec Frank Dumoulin. Ce dernier, sociétaire du Club des Mouettes de Royan est ainsi devenu, à 21 ans, le plus jeune champion du monde à l'arme de poing et le 1er Français à décrocher ce titre.

DOYEN

À 58 ans, soit 20 ans après son 1er titre olympique de Munich, le Suédois Ragnar Skanaker (né le 8 juin 1934) a encore remporté, à Barcelone, en 1992, la médaille de bronze du pistolet libre.

TIR À L'ARC

ORIGINES

Bien que l'on ait retrouvé en Espagne des fresques prouvant que les arcs existaient dès le mésolithique, le tir à l'arc en tant que sport organisé ne serait apparu qu'au IIIe siècle ap. J.-C. Les premières compétitions de tir à l'arc pourraient pourtant dater du XIIe siècle av. J.-C. La Fédération internationale de tir à l'arc (FITA) a été créée en 1931.

JEUX OLYMPIQUES

■ Le Belge Hubert Van Innis (1866-1961) a remporté 6 médailles d'or et 3 médailles d'argent entre 1900 et 1920.

■ À Barcelone en 1992, dans l'épreuve du tir aux plateaux, la Chinoise de 24 ans Sham Zhang est entrée dans l'histoire en dominant tous ses adversaires, y compris les hommes.

__France__

Déjà champion du monde et d'Europe en salle, Sébastien Flute (né le 25 mars 1972) a conquis à Barcelone un titre olympique échappant aux Français depuis 1920.

CHAMPIONNATS DU MONDE

■ Le Suédois Hans Deugten (1917-1989) a remporté 4 titres mondiaux, de 1947 à 1950.

■ La Polonaise Janina Spychajowa-Kurkowska (née le 8 février 1901) a remporté 7 titres mondiaux, de 1931 à 1934 et en 1936, 1939 et 1947.

■ Par équipes, les États-Unis ont remporté 14 titres chez les hommes et 8 chez les femmes.

CHAMPIONNATS DE FRANCE

Nathalie Hibon a remporté 17 titres nationaux.

RECORDS DU MONDE

La Coréenne du Sud Kim Soo-nyung a détenu, fin 1989, tous les records du monde féminins, individuels et par équipes.

DANS LE MILLE

En 1994, lors d'un match anglais — 60 coups avec une carabine libre à 50 m — de Coupe du monde, en réalisant 600 points sur 600 possibles, Jean-Pierre Amat a établi un nouveau record, puisqu'il a envoyé toutes ses balles dans le 10.

TRIATHLON

Le triathlon associe une épreuve de longue distance à la nage, un parcours à vélo et une course à pied. Les distances de chaque épreuve peuvent varier.

LA PLUS GRANDE ÉPREUVE

■ Pour l'Ironman d'Hawaï (créé en 1978), les concurrents doivent nager 3,8 km, accomplir 180 km à vélo, puis courir un vrai marathon de 42,195 km. Les records de cette course sont : chez les hommes, de 8 h 7' 45", par l'Américain Mark Allen en 1993 ; chez les femmes, de 8 h 55' 28", par Paula Newby-Fraser du Zimbabwe, en 1992.

■ L'Américain Dave Scott a remporté 6 Ironman, en 1980, 1982-1984, 1986 et 1987.

__France__

Le plus grand triathlon de France a lieu chaque année à Nice, Alpes-Maritimes, depuis 1982. Les distances sont de 4 km à la nage, 120 km à vélo et 32 km à pied. L'Américain Mark Allen l'a remporté 10 fois, de 1982 à 1986 et de 1989 à 1993.

LE PLUS GRAND NOMBRE D'ARRIVANTS

3 888 concurrents ont terminé le triathlon de Chicago, Illinois, EU, en 1987. Ses distances étaient respectivement de 1,5 km, 40 km et 10 km.

Le 18 octobre 1986, le *Reef Cat*, à Cairns, Queensland, Australie, a tiré 100 skieurs.

Jean Borotra, qui s'est éteint le 17 juillet 1994 à l'âge de 95 ans, avait souvent brillé à Wimbledon. C'est ainsi que, non content de gagner le simple en 1924 et 1926, et le double en 1925, 1932 et 1933, il détenait toujours plusieurs records du célèbre tournoi. Celui des participations : 35 étalées sur 43 années, puisque, jouant le simple en 1922, il disputait encore le double en 1964. Celui des matches : il en avait disputé 224 sur le fameux gazon. Enfin, toujours en Grande-Bretagne, il avait aussi enlevé à 11 reprises les Internationaux sur bois. La dernière fois en 1949, à 51 ans !

SET D'OR

Le seul exemple de « set d'or » (gagner un set 6-0 sans concéder le moindre point, soit 24 points consécutifs) chez les professionnels a été réussi par l'Américain Bill Scanlon face au Brésilien Marcos Hocevar, le 22 février 1983, à Delray, Floride, EU.

TENNIS

ORIGINES

On considère généralement que le tennis moderne est une évolution en plein air du jeu de paume, qui se pratiquait en salle dès les années 1050 dans les monastères français. La présence d'un terrain de paume est mentionnée dans l'acte de vente de l'hôtel de Nesle, à Paris, qui fut acheté en 1308 par le roi Philippe IV le Bel. La mention d'un « terrain de tennis » a été relevée dans le numéro du 29 septembre 1793 du journal anglais *Sporting Magazine*. La création en Angleterre d'un club, appelé, selon les cas, « pelote » ou « lawn rackets », remonte à 1872. La première tentative de popularisation du jeu est due au major Walter Clopton Wingfield (1883-1912), le 23 février 1874, sous le nom de « sphairistike », qui fut très vite changé en « lawn tennis ». Les premiers tournois « open » entre amateurs et professionnels datent de 1968.

GRAND CHELEM

Réussir le « grand chelem » consiste à remporter la même année les 4 tournois majeurs : les Internationaux de France (à Roland-Garros, Paris), ceux de Grande-Bretagne (à Wimbledon), ceux des États-Unis (d'abord à Forest Hills, puis à Flushing Meadows, New York) et ceux d'Australie (à Melbourne).

Hommes

Seuls 2 joueurs ont réussi le grand chelem : l'Américain Donald Budge (né le 13 juin 1915), en 1938, et l'Australien Rod Laver (né le 9 août 1938), qui l'a réalisé 2 fois, en tant qu'amateur en 1962 et en tant que professionnel en 1969. Depuis cette date, aucun joueur n'a accompli cet exploit.

Femmes

■ 3 femmes ont réussi le grand chelem : l'Américaine Maureen Connolly (1934-1969), en 1953 ; l'Australienne Margaret Court (née Smith le 16 juillet 1942), en 1970 ; l'Allemande Steffi Graf (née le 14 juin 1969), en 1988, qui a aussi remporté la même année la médaille d'or olympique en simple dames.

■ L'Américaine d'origine tchécoslovaque Martina Navratilova (née le 18 octobre 1956) a également remporté les 4 tournois du grand chelem consécutivement, mais à cheval sur 2 années, 1983 et 1984.

Doubles

■ Les Australiens Frank Sedgman (né le 29 octobre 1927) et Ken McGregor (né le 2 juin 1929) ont réussi le grand chelem en 1951.

■ L'équipe américaine Pam Shriver (née le 4 juillet 1962)-Martina Navratilova a réussi le grand chelem en 1984.

NOMBRE DE VICTOIRES

■ Margaret Court a remporté 24 tournois du grand chelem : 11 Internationaux d'Australie, 5 des États-Unis, 5 de France et 3 de Grande-Bretagne, entre 1960 et 1973.

■ Le record chez les hommes est de 12 victoires : il appartient à l'Australien Roy Emerson (né le 3 novembre 1936), avec 6 titres en Australie, 2 en France, 2 aux États-Unis et 2 à Wimbledon, entre 1961 et 1967. L'Australien Rod Laver (entre 1960 et 1969) et le Suédois Björn Borg (entre 1974 et 1981) en ont remporté 11.

Français

■ Henri Cochet (1901-1987) et René Lacoste (né le 2 juillet 1904) ont gagné 7 tournois du grand chelem chacun, entre 1925 et 1932. Cochet a remporté 4 Roland-Garros, 2 Wimbledon et 1 Forest Hills ; Lacoste, 3 Roland-Garros, 2 Wimbledon et 2 Forest Hills.

■ Jean Borotra (1898-1994) a remporté le total record de 21 épreuves du grand chelem : 5 en simple (2 Internationaux de France, 2 de Grande-Bretagne et 1 d'Australie), 10 en double messieurs et 6 en double mixte.

INTERNATIONAUX DE FRANCE

LE PLUS GRAND NOMBRE DE VICTOIRES

Hommes

■ Jusqu'en 1925, les Internationaux n'étaient ouverts qu'aux joueurs français et aux étrangers licenciés en France.

■ Le Français Max Decugis (1882-1978) a remporté 28 titres entre 1902 et 1920 : 8 simples, 13 doubles messieurs et 7 doubles mixtes.

■ Jean Borotra a gagné 11 titres : 2 en simple (1924, 1931), 6 en double messieurs, 3 en double mixte.

■ Henri Cochet a remporté 9 titres : 4 en simple (1926, 1928, 1930, 1932), 3 en double messieurs et 2 en double mixte.

■ Après la guerre, le Suédois Björn Borg a remporté 6 finales en simple, un record, en 1974, 1975 et de 1978 à 1981.

Femmes

■ Suzanne Lenglen. Voir légende photo.

■ Après la guerre, Margaret Court a remporté 13 titres : 5 simples, 4 doubles dames, 4 doubles mixtes, entre 1962 et 1973.

■ L'Américaine Chris Evert (née le 21 décembre 1954) a remporté 7 simples, en 1974, 1975, 1979, 1980, 1983, 1985 et 1986.

LES DERNIERS VAINQUEURS FRANÇAIS

■ Yannick Noah (né le 6 mai 1960) a gagné en 1983.

■ Françoise Durr (née le 25 décembre 1942), en 1967.

ÂGES EXTRÊMES

Les plus jeunes

■ Les Américains Andrea Jaeger (née le 4 juin 1965) et Jimmy Arias (né le 16 août 1964) ont remporté le double mixte en 1981, aux âges respectifs de 15 ans et 339 jours et 16 ans et 296 jours.

■ Le plus jeune vainqueur en simple messieurs est l'Américain Michael Chang (né le 22 février 1972), à l'âge de 17 ans et 109 jours, en 1989.

■ La plus jeune gagnante en simple dames est la Yougoslave Monica Seles (née le 2 décembre 1973), à l'âge de 16 ans et 169 jours, en 1990.

Les plus âgés

■ La Britannique Elizabeth Ryan a gagné le double dames, avec la Française Simone Mathieu, en 1934, à l'âge de 42 ans et 88 jours. En simple, Suzy Kormoczy l'emporta à 34 ans et 1 mois en 1958.

■ Andrés Gimeno, Espagne, a gagné le simple messieurs en 1972, à l'âge de 34 ans et 301 jours.

LES ÉLIMINATIONS LES PLUS PRÉCOCES

En 1990, pour la première fois dans l'histoire des tournois du grand chelem de l'ère « open », les 2 premières têtes de série, le Suédois Stefan Edberg et l'Allemand Boris Becker, ont été éliminées au 1er tour.

NOMBRE DE MATCHES JOUÉS EN SIMPLE

Guillermo Vilas a participé à 74 matches.

DURÉE

■ La plus longue finale masculine opposa Wilander à Vilas et dura 4 h 42' en 1982.

■ La plus longue finale féminine mit aux prises, en 1989, Sanchez et Graf et dura 2 h 58'.

■ Le match le plus long dura 5 h 15 mn. C'était au 2e tour de 1984, entre H. Schwaier et J. Frawley.

JEUX

Le record du plus grand nombre de jeux lors d'un match est de 76 lors de la demi-finale Sturgess-Mc Gregor qui se disputa en 1951. Depuis l'établissement du tie-break en 1973, le record est de 71 lors du match Agénor-Prinosil en 1994.

La Française Suzanne Lenglen (1899-1938) a remporté 19 titres aux Internationaux de France : 6 en simple, 6 en double dames, 7 en double mixte, entre 1914 et 1926.

LES 5 FRANÇAIS DU CLASSEMENT

Depuis la création du classement ATP, 5 joueurs français ont occupé une place dans les 10 premiers. Le meilleur classement fut obtenu par Yannick Noah, 3e le 7 juillet 1986. Guy Forget fut 4e le 25 mars 1991 ; Henri Leconte, 5e le 22 septembre 1986 ; Thierry Tulasne, 10e le 4 août 1986 ; Cédric Pioline, 10e le 18 octobre 1993.

L'Américain Pete Sampras, n° 1 mondial, est le plus jeune vainqueur en simple messieurs des Internationaux des États-Unis.

INTERNATIONAUX DE GRANDE-BRETAGNE

LE PLUS GRAND NOMBRE DE VICTOIRES

__Hommes__

■ Le Britannique Hugh Laurence Doherty (1875-1919) a remporté 13 titres : 5 en simple (1902 à 1906) et 8 en double (1897 à 1901, 1903 à 1905) avec son frère Reginald Frank (1872-1910) pour partenaire.

■ Le record de victoires en simple depuis que le challenge round fut aboli, en 1922, appartient, avec 5 victoires consécutives, au Suédois Björn Borg, de 1976 à 1980. Le Britannique William Renshaw (1861-1904) avait remporté 7 titres en simple de 1881 à 1886 et en 1889.

__Femmes__

■ L'Américaine Billie Jean King (née Moffit le 22 novembre 1943) a remporté 20 titres, entre 1961 et 1979 : 6 simples, 10 doubles dames et 4 doubles mixtes.

■ L'Américaine Elizabeth Montague Ryan (1892-1979) a remporté 19 doubles (12 dames, 7 mixtes), de 1914 à 1934.

■ En simple, le record est de 9 victoires, pour Martina Navratilova, en 1978, 1979, de 1982 à 1987 et en 1990. Voir photo page suivante.

__Français__

3 joueurs ont remporté 2 fois le simple messieurs : Jean Borotra, en 1924 et 1926, René Lacoste, en 1925 et 1928, et Henri Cochet, en 1927 et 1929. Jacques Brugnon (1895-1978) a remporté 4 titres en double messieurs, entre 1926 et 1933.

ÂGES EXTRÊMES

__Les plus jeunes__

■ Charlotte « Lottie » Dod (1871-1960) était âgée de 15 ans et 285 jours lorsqu'elle remporta le tournoi, en 1887.

■ L'Allemand Boris Becker (né le 22 novembre 1967) a remporté le simple messieurs, en 1985, à 17 ans et 227 jours.

■ Le plus jeune joueur à avoir remporté un match à Wimbledon a été l'Américaine Jennifer Capriati (née le 28 mars 1976), le 26 juin 1990, à l'âge de 14 ans et 89 jours.

__Les plus âgés__

■ L'Américaine Margaret Evelyn Du Pont était âgée de 44 ans et 125 jours lorsqu'elle remporta le double mixte en 1962, associée à l'Australien Neal Fraser.

■ Le Britannique Arthur Gore (1868-1928) était âgé de 41 ans et 182 jours lors de sa victoire en simple de 1909. La gagnante la plus âgée en simple est la Britannique Charlotte Sterry, 37 ans et 282 jours en 1908.

LE PLUS GRAND NOMBRE DE PARTICIPATIONS

Arthur Gore a participé à 36 éditions, entre 1888 et 1927. Chez les femmes, c'est Martina Navratilova qui l'emporte avec 269 matches disputés en 22 tournois.

__Français__

Jean Borotra a participé à 35 éditions en 43 ans, puisque, jouant le simple en 1922, il disputait encore le double en 1964.

MATCH LE PLUS LONG

■ En 1993, le match Richard Krajicek-Todd Martin a duré 5 h 10 mn.

LE SERVICE LE PLUS RAPIDE

Voir photo page suivante.

INTERNATIONAUX DES ÉTATS-UNIS

LE PLUS GRAND NOMBRE DE VICTOIRES

■ Margaret Evelyn Du Pont a remporté 25 titres, entre 1941 et 1960 : 13 doubles dames (dont 12 avec Althea Louise Brough), 9 doubles mixtes et 3 simples.

■ Le record absolu chez les hommes est de 16 victoires, pour l'Américain William (« Bill ») Tilden, dont 7 en simple messieurs (1920 à 1925, 1929), record qu'il partage avec Richard Dudley Sears (1861-1943), de 1881 à 1887 ; William A. Larned (1872-1926), en 1901, 1902, de 1907 à 1911 ; et, chez les femmes, avec Molla Mallory (1892-1959), en 1915, 1916, 1918, 1920 à 1922, 1926 ; Helen Moody, de 1923 à 1925, 1927 à 1929, 1931.

__Français__

René Lacoste a brillamment remporté 2 titres, en 1926 et 1927.

ÂGES EXTRÊMES

__Les plus jeunes__

■ Vincent Richards (1903-1959) était seulement âgé de 15 ans et 139 jours lors de sa victoire en double avec Bill Tilden, en 1918.

■ L'Américaine Tracy Ann Austin (née le 12 décembre 1962) était âgée de 16 ans et 271 jours lorsqu'elle remporta la victoire du simple dames en 1979.

■ Le plus jeune vainqueur en simple messieurs est l'Américain Pete Sampras (né le 12 août 1971), qui l'a emporté en 1990 à l'âge de 19 ans et 28 jours. Voir photo ci-dessus.

__Les plus âgés__

Margaret Du Pont a remporté le double mixte en 1960, à l'âge de 42 ans et 166 jours. En 1911, William Larned remporta le simple messieurs, à l'âge de 38 ans et 242 jours.

TROIS SURFACES

L'Américain Jimmy Connors (né le 2 septembre 1952) a remporté 5 fois le simple messieurs, sur les 3 surfaces : gazon, terre battue et surface rapide, entre 1974 et 1983.

INTERNATIONAUX D'AUSTRALIE

LE PLUS GRAND NOMBRE DE VICTOIRES

■ L'Australienne Margaret Court a remporté 11 titres en simple (de 1960 à 1966, de 1969 à 1971, en 1973), 8 en double dames et 2 en double mixte, soit 21 titres au total.

■ L'Australien Roy Emerson a remporté 6 titres en simple, en 1961 et de 1963 à 1967.

■ Thelma Dorothy Long (née Coyne le 30 mai 1918) a remporté 12 doubles dames et 4 doubles mixtes, soit un record de 16 victoires en double, entre 1936 et 1958.

■ Adrian Karl Quist (né le 4 août 1913) a remporté 10 doubles messieurs consécutifs, de 1936 à 1940 et de 1946 à 1950, dont les 8 derniers avec John Bromwich, et 3 simples (1936, 1940, 1948).

JEUX OLYMPIQUES

■ Le tennis, sport olympique de 1896 à 1924, a été réadmis en 1988. Il avait été sport de démonstration en 1968 et 1984.

■ Le Français Max Decugis (1882-1978) a remporté 4 médailles d'or, 1 d'argent et 1 de bronze, de 1900 à 1920. La Britannique Kitty McKane (née le 7 mai 1897) a remporté 5 médailles (1 d'or, 2 d'argent et 2 de bronze), en 1920 et 1924.

TIR

TIR À L'ARC

TRAMPOLINE

TRIATHLON

Voir double page précédente.

Le record de vitesse, dans les tournois du grand chelem, depuis que des radars ont été installés sur les courts appartient à Goran Ivanisevic (Croatie) qui, en quart de finale face à Guy Forget, a expédié une première balle de service à 218,8 km/h. Le précédent record était la propriété du Suisse Rosset et de l'Allemand Zoecke avec 215 km/h. Goran Ivanisevic détient également le record de 957 aces en 72 matches.

En 1994, pour sa dernière participation à Wimbledon, Martina Navratilova, malgré ses 37 ans, est arrivée en finale pour la 12e fois. Elle fut battue par Conchita Martinez. C'était la 32e finale en simple d'un tournoi du grand chelem qu'elle disputait ; avec 18 victoires, son taux de réussite est de 56 %. C'était, par ailleurs, la 17e fois qu'elle se hissait au moins en demi-finale du prestigieux tournoi. Tournoi dont elle détient désormais le record de matches, puisqu'en 22 participations elle en a disputé 269. Par ailleurs, dans les tournois du grand chelem, Martina a décroché 55 titres : 3 en simple et 8 en double dans l'Open d'Australie, 2 en simple, 7 en double et 2 en mixte à Roland-Garros, 9 en simple, 7 en double et 2 en mixte à Wimbledon, enfin 4 en simple, 9 en double et 2 en mixte à l'US Open.

Français

Jean Borotra a gagné en simple en 1928, en double (avec Jacques Brugnon) et en double mixte (avec Miss D. Akhurst) la même année.

ÂGES ET DURÉES EXTRÊMES

■ 22 ans ont séparé la première (1936) et la dernière victoire (1958) de Thelma Dorothy Long.

■ Kenneth Robert Rosewall (né le 2 novembre 1934) a remporté le simple messieurs en 1953 puis 19 ans après, en 1972, à l'âge de 37 ans et 62 jours, ce qui a fait de lui le plus âgé des vainqueurs du simple messieurs.

■ Le plus âgé des champions fut Norman Everard Brookes (1877-1968), qui a remporté le double messieurs en 1924, à l'âge de 46 ans et 2 mois.

■ Les plus jeunes ont été Rodney W. Heath, qui a remporté le simple, en 1905, à l'âge de 17 ans, et, chez les femmes, Monica Seles, Yougoslavie, qui a gagné le simple, en 1991, à l'âge de 17 ans et 55 jours.

MASTERS

■ Le Masters du Grand Prix, inauguré en 1970, s'est déroulé tous les ans à New York de 1977 à 1989, puis à Francfort, Allemagne, en 1990. Différentes formules ont été utilisées, regroupant de 8 à 16 joueurs.

■ Le Tchécoslovaque Ivan Lendl (né le 7 mars 1960) a participé à 9 finales consécutives, de 1980 à 1988, avec 5 victoires, en 1982, 1983, janvier et décembre 1986 et 1987.

■ L'Américain Jimmy Connors s'est qualifié 14 années de suite, de 1972 à 1985, puis encore en 1987 et 1988. Il l'a emporté en 1977.

■ Les Américains John McEnroe et Peter Fleming ont remporté 7 fois le Masters en double, de 1978 à 1984.

Français

Guy Forget, associé au Suisse Jakob Hlasek, a remporté le Masters de double en 1990.

COMPÉTITIONS PAR ÉQUIPES

COUPE DAVIS

■ Créée en 1900, la Coupe Davis a été remportée 30 fois par les États-Unis (dont la dernière en 1992) et 26 fois par l'Australie.

■ L'Australien Roy Emerson a fait 8 fois partie de l'équipe gagnante, de 1959 à 1962, et de 1964 à 1967.

■ L'Italien Nicolà Pietrangeli (né le 11 septembre 1933) a remporté 120 des 163 parties qu'il a disputées, de 1954 à 1972. Il a joué 109 simples (78 victoires) et 54 doubles (42 victoires).

France

■ Lacoste, Cochet, Borotra et Brugnon, les « 4 Mousquetaires », ont remporté 6 coupes Davis de 1927 à 1932.

■ François Jauffret (né le 9 janvier 1942) a joué 100 matches entre 1964 et 1978.

■ Les Français ont battu les États-Unis le 2 décembre 1991, à Lyon : 59 ans après la dernière victoire des Mousquetaires, ils ont remporté la Coupe Davis. Guy Forget et Henri Leconte, entraînés par Yannick Noah, ont battu l'équipe américaine dont Agassi et Sampras faisaient partie.

LE MATCH LE PLUS LONG

John McEnroe, EU, a battu le Suédois Mats Wilander après 6 h 39 mn de jeu, le 12 juillet 1982, à Saint Louis, Missouri, EU, sur le score de 9-7, 6-2, 15-17, 3-6, 8-6.

COUPE DE LA FÉDÉRATION

Créée en 1963, c'est l'équivalent, chez les femmes, de la Coupe Davis. Elle a été remportée 14 fois par les États-Unis. L'Américaine Chris Evert a remporté 29 simples, entre 1977 et 1986.

AUTRES RECORDS

NOMBRE DE TOURNOIS

Hommes

L'Américain Jimmy Connors a remporté 109 tournois professionnels entre 1972 et 1989.

Femmes

Les Américaines Martina Navratilova et Chris Evert ont remporté, respectivement, 167 et 157 tournois professionnels.

Double

L'Australien Todd Woodbridge a remporté 21 finales de double consécutivement entre Brisbane 1990 et Stockholm 1993.

Français

Avec 23 victoires, Noah détient le record des victoires tricolores en circuit professionnel.

LA PLUS LONGUE CARRIÈRE

Le Français Jean Borotra a disputé son 100e match à Wimbledon le 3 novembre 1985 (un double mixte vétérans) à l'âge de 87 ans. Il joua alors contre la Britannique Kitty Godfree (née le 7 mai 1896), elle-même âgée de 89 ans.

LES GAINS LES PLUS ÉLEVÉS

■ L'Américian Pete Sampras a gagné, durant la saison 1993, la somme record de 3 648 075 $.

■ Durant sa carrière, le Tchécoslovaque Ivan Lendl a gagné, jusqu'à la fin de 1993, 10 400 410 $.

■ Monica Seles a gagné la somme record de 2 622 352 $ lors de la saison 1992.

■ Durant sa carrière, jusqu'à la mi-1994, Martina Navratilova a gagné 19 951 233 $.

L'ÉPREUVE LA MIEUX DOTÉE

La Coupe du grand chelem, disputée à Munich, Allemagne, en décembre 1990, distribuait 6 millions de $ aux 16 participants, dont 2 millions de $ au vainqueur. Le vainqueur fut l'Américain Pete Sampras, qui donna un huitième de ses gains (250 000 $) à une œuvre charitable.

CLASSEMENT ATP

■ Depuis sa création, en 1973, le classement de l'Association des tennismen professionnels (ATP), établi chaque semaine, n'a eu que 11 numéros 1 : le Roumain Ilie Nastase, l'Australien John Newcombe, l'Américain Jimmy Connors, le Suédois Björn Borg, l'Américain John McEnroe, le Tchécoslovaque Ivan Lendl, les Suédois Mats Wilander et Stefan Edberg, l'Allemand Boris Becker et les Américains Jim Courier et Pete Sampras.

■ C'est Ivan Lendl (né le 7 mars 1960) qui a occupé le plus longtemps la 1re place, pendant 267 semaines, entre 1983 et 1990.

PETIT MC

C'est John McEnroe qui est parvenu le plus jeune à la place de numéro 1 : il avait 21 ans et 16 jours en mars 1980. McEnroe a occupé cette place pendant 164 semaines, entre 1980 et 1985.

Femmes

■ Depuis sa création, en 1975, le classement des joueuses professionnelles n'a eu que 5 numéros 1 : les

La Tchécoslovaque Jana Novotna détient (avec la Hollandaise Brenda Schult), le record du service le plus rapide chez les femmes ; elle a propulsé la balle à 185 km/h lors de l'édition 1993 de Wimbledon.

TENNIS DE TABLE CHAMPIONNAT D'EUROPE

Le Suédois Mikael Appelgren (né le 15 octobre 1961) a remporté 3 titres, en 1982, 1988 et 1990. La Suède a remporté 11 titres par équipes, entre 1964 et 1992.

Jean-Philippe Gastien, né le 16 octobre 1968, est le premier champion du monde français de tennis de table en simple. Un résultat obtenu en mai 1993 à Göteborg.

Américaines Christ Evert, Martina Navratilova et Tracy Austin, l'Allemande Steffi Graf et la Yougoslave Monica Seles.

■ Martina Navratilova a occupé le plus longtemps la 1re place, 296 semaines, entre 1978 et 1987. Elle est suivie par Christ Evert : 242 semaines entre 1975 et 1985.

■ C'est Monica Seles qui est parvenue la plus jeune à la place de n° 1 : elle avait alors 17 ans et 4 mois le 11 mars 1991.

VICTOIRES AUX DATES LES PLUS ÉLOIGNÉES

Arlette Halff, née le 16 avril 1908 à Paris, a obtenu 2 titres de championne de France à 45 ans d'intervalle, en février 1926 et super-vétéran en 1971.

LA PLUS JEUNE FINALISTE

Le 11 mars 1990, à Boca Raton, Californie, EU, l'Américaine Jennifer Capriati (née le 28 mars 1976) est devenue, à 13 ans et 11 mois, la plus jeune joueuse à parvenir en finale d'un tournoi professionnel. Elle avait dû recevoir une dispense, l'âge plancher pour participer à un tel tournoi étant de 14 ans. En juin 1990, elle devenait, à Roland-Garros, la plus jeune demi-finaliste d'un tournoi du grand chelem. Enfin, le 28 octobre 1990, elle gagnait son premier tournoi professionnel, à Porto Rico, âgée de 14 ans et 7 mois.

AFFLUENCE

■ 30 472 personnes ont assisté, à l'Astrodome de Houston, Texas, EU, le 20 septembre 1973, à la victoire de l'Américaine Billie Jean King sur l'Américain Robert Larimore Riggs (né le 25 février 1918).

■ Le record d'affluence pour un match est de 25 578 spectateurs, le premier jour de la finale de la Coupe Davis entre l'Australie et les États-Unis, le 27 décembre 1954, à Sydney, Australie.

LET

Le Roumain Ilie Nastase servit 3 lets successifs contre Rod Laver en finale du tournoi de Wembley en 1981. Record battu en 1974 à Wimbledon par Mark Farrel qui, lors du premier jeu d'un double mixte, servit 4 lets d'affilée.

LA BALLE DE SERVICE LA PLUS RAPIDE

■ Le 29 juillet 1984, le service de l'Américain Steve Denton a été officiellement chronométré à 222 km/h.

■ Dames, voir photo ci-dessus.

LE PLUS GRAND NOMBRE D'ACES

Au tournoi de Stuttgart en février 1992, le Croate Goran Ivanisevic a distribué 105 aces en 5 matches. Mais c'est Kevin Curren (Afrique du Sud) qui détient le record d'aces en un seul match puisqu'il en a décoché 33 au total face à Jimmy Connors en 1983, à Wimbledon. Ivanisevic a réussi 200 aces lors du tournoi de Wimbledon 1992, soit une moyenne de 30 aces par match. Cette année-là, en 72 matches, au classement ATP, Goran Ivanisevic enlevait la palme avec le fabuleux total de 957 aces. Sampras, deuxième, n'en avait réussi que 745 en 78 matches.

ACES ROYAUX

Dans le Tournoi de Toronto, fin juillet 1994, le Canadien Greg Rusedski a réussi a enchaîner 4 aces, ce qui est rarissime. Qui plus est, ses 4 balles dépassaient toutes la vitesse de 200 km/h. C'est ainsi qu'il a gagné un jeu blanc face au redoutable Jacob Hlasek. Pour mémoire, la balle du premier ace filait à 204 km/h, celle du second aussi, la troisième était à 210 et la quatrième à 209.

DOUBLES FAUTES

Lors d'un match de Coupe Davis disputé contre l'Inde en 1984, Henri Leconte accumula 23 doubles fautes en l'espace de 4 sets. Il en collectionna 4 d'affilée au quatrième jeu du quatrième set, ce qui ne l'empêcha tout de même pas de l'emporter.

TENNIS DE TABLE ÉCHANGES LES PLUS RAPIDES

Les Suisses Thomas Busin et Stefan Renold ont réussi 172 échanges en 1 mn le 4 novembre 1989. Le record féminin est de 168 échanges, par les sœurs britanniques Lisa et Jackie Bellinger, le 14 juillet 1987.

LES JEUX LES PLUS LONGS

■ Le Rhodésien Anthony Fawcett et le Britannique Keith Glass ont disputé un jeu qui a compris 37 égalités et a duré 31 mn à Surbiton, GB, le 26 mai 1975.

■ La Française Noëlle Van Lottum et la Néerlandaise Sandra Begijn ont joué un jeu de 52 mn lors de la demi-finale des championnats des Pays-Bas indoor, le 12 février 1984.

■ Le tie-break (« jeu décisif ») du 4e set du double opposant le Suédois Jan Gunnarsson et le Danois Michael Mortensen à l'Australien John Frawley et au Paraguayen Victor Pecci, à Wimbledon, le 1er juillet 1985, a été remporté par les premiers sur le score de 26 points à 24. Ils ont aussi gagné le match.

■ Un échange a duré exactement 643 coups, entre Vicky Nelson et Jean Hepner, à Richmond, Virginie, EU, en octobre 1984. Nelson a finalement gagné par 6-4, 7-6 au bout de 6 h 22 mn. Le match s'est terminé par un tie-break de 1 h 47 mn, 13 à 11, dont un seul point a duré 29 mn.

■ Le record du point le plus long appartient à Mlles Marrot et Ricard, qui se le sont disputé pendant 1 h 19 mn, tapant la balle 989 fois. C'était lors d'un tournoi français de qualification en 1971 et il s'agissait du 3e point du tie-break du 1er set.

ORIGINES DU TENNIS DE TABLE

La première trace d'un jeu ressemblant au tennis de table a été trouvée dans un catalogue britannique d'articles de sport datant des années 1880. En 1902 fut créée, en Grande-Bretagne, la Ping Pong Association, mais, après une période d'engouement, ce jeu disparut jusqu'en 1921. La Fédération internationale de tennis de table a été fondée en 1926. Le tennis de table a été reconnu comme discipline olympique en 1988.

TENNIS DE TABLE
CHAMPIONNATS DU MONDE

INDIVIDUELS

■ **Chez les hommes, le Hongrois Viktor Barna (1911-1972) a remporté 5 titres en simple (1930 et de 1932 à 1935) et 8 titres en double (de 1929 à 1935 et en 1939).**

■ **Chez les femmes, la Hongroise Maria Mednyanszki (1901-1979) a remporté 5 titres en simple, 7 en double et 6 en double mixte (soit un total record de 18), entre 1927 et 1935.**

■ **La Roumaine Angelica Rozeanu (née le 15 octobre 1921) a remporté 6 titres consécutifs en simple, de 1950 à 1955.**

PAR ÉQUIPES

■ **La Hongrie a remporté 12 titres masculins par équipes, de 1927 à 1931, de 1933 à 1935, en 1938, 1949, 1952 et 1979.**

■ **La Chine a remporté 10 titres féminins, en 1965, 8 fois consécutivement de 1975 à 1989 (les championnats se disputent à présent tous les 2 ans) et en 1993.**

FRANÇAIS

■ **Jacques Secrétin (né le 18 mars 1949) a remporté 42 titres de champion de France. Il a été champion du monde de double mixte en 1977, avec Claude Bergeret. Il a aussi été champion d'Europe en simple en 1976, en double (avec Patrick Birocheau) en 1980 et en double mixte (avec la Soviétique Valentina Popova) en 1984.**

■ **Jean-Philippe Gatien, voir photo ci-dessus.**

■ **Aux championnats du monde 1991, à Chiba, Japon, l'équipe de France féminine a remporté une médaille de bronze, la première depuis 42 ans.**

Lors du Boc Challenge 1991, Isabelle Autissier devenait la première femme à boucler un tour du monde en solitaire et en course. Le 23 avril 1994, elle a amélioré le record de la route New York-San Francisco de 14 jours.

VOILE

VITESSE

L'Américain Russel Long a battu son propre record du monde de vitesse à la voile (classe A), à la barre d'un trimaran, premier voilier à franchir les 40 nœuds, en atteignant 41,89 nœuds (74 km/h), le 16 avril 1992, aux Saintes-Maries-de-la-Mer.

DISTANCE

Le record du monde de distance couverte en 24 h par un monocoque a été amélioré le 1er décembre 1993 par *Instrum Justicia* qui, lors de la 2e étape de la Whitbread, a couvert 425 milles (soit plus de 30 km à l'heure).

TITRES OLYMPIQUES

Le Danois Paul B. Elvström (né le 24 février 1928) a remporté 4 médailles d'or en 4 Jeux successifs, dans la catégorie Firefly en 1948, et en finn en 1952, 1956, 1960, ainsi que 8 titres mondiaux dans 6 catégories différentes.

Français

■ Les 8 médailles d'or olympiques ont été obtenues par Amédée, Gaston et Jacques Thubé en 1912, Virginie Hériot en 1928, Jacques Lebrun en 1932, Serge Maury (en finn) en 1972, Jean-Yves Le Droff et Nicolas Hénard (en tornado) et Thierry Péponnet et Luc Pillot (en 470) en 1988. Toujours en tornado, mais aux jeux de Barcelone en 1992, Nicolas Hénard, associé à Yves Loday, s'est encore imposé. En planche à voile Franck David est monté sur la plus haute marche du podium.

■ Serge Maury (né le 24 juillet 1946) a également remporté 5 titres français en finn entre 1969 et 1974, 2 titres européens et 1 titre mondial.

COURSES D'OCÉAN

■ La course d'océan rassemblant le plus grand nombre de pays (avec 3 bateaux par pays) est l'Admiral's Cup : 19 pays y ont participé en 1975, 1977 et 1979. La Grande-Bretagne détient le record de 9 victoires.

■ La course d'océan moderne a débuté en juin 1906, avec la course de Brooklyn, New York, aux Bermudes, soit 603 milles nautiques, ou 1 116 km. La course a toujours lieu aujourd'hui, les années paires, de Newport, Rhode Island, EU, aux Bermudes.

COURSES EN SOLITAIRE

Autour du monde

■ En remportant la première édition du Vendée Globe Challenge, sur son voilier de 18 m *Écureuil d'Aquitaine*, le Français Titouan Lamazou (né en 1956) a battu le record de circumnavigation, en 109 jours 8 h 45 mn 50 s. Il avait quitté le 26 novembre 1989 Les Sables-d'Olonne, Vendée, qu'il a ralliés le 16 mars 1990, après une course sans escale.

■ Le premier tour du monde a été accompli entre 1895 et 1898 par l'Américain Joshua Slocum.

■ Le Français Alain Gerbault l'a effectué de 1923 à 1929, sur *Firecrest*.

La première femme

En terminant 6e du Boc Challenge 1991 (une course en 4 étapes, Newport-Le Cap-Sydney-Punta del Este-Newport, d'environ 50 000 km au total), la Française Isabelle Autissier (née le 28 octobre 1957) est devenue la première femme à boucler le tour du monde en solitaire et en course, sur *Écureuil-Poitou-Charentes*, en 139 jours 4 h 48 mn. L'épreuve a été remportée par le Français Christophe Auguin en 120 jours 22 h 36 mn.

Route du rhum

En remportant la quatrième édition de la Route du rhum, le 18 novembre 1990, sur son trimaran *Pierre Ier*, Florence Arthaud est devenue la première femme à remporter une course transatlantique. Elle a également battu le record de l'épreuve, en 14 jours 10 h 8 mn 21 s. Elle a mis 5 h 49 mn de moins que Philippe Poupon en 1986.

Le plus jeune

En gagnant, le 12 mars 1993, le Vendée Globe Challenge après 110 jours, 2 h, 22 mn 35 s, Alain Gautier est devenu à 30 ans le plus jeune vainqueur d'un Tour du monde.

Transatlantique

■ Le Français Éric Tabarly a gagné 2 fois la Transatlantique en solitaire (créée en 1960), en 1964 et 1976.

PLUS VITE QUE ÇA

Laurent Bourgnon (né en 1966) a battu le record de la traversée de l'Atlantique en solitaire en 7 jours 2 h 34' 42'' en arrivant le mardi 5 juillet 1994 au cap Lizard, alors qu'avec *Primagaz*, son trimaran de 18 m, il avait quitté New York le 27 juin. Le record était précédemment détenu par Bruno Peyron. Lors de cette traversée record, Laurent Bourgnon a battu un

LA COURSE LA PLUS LONGUE

La Whitbread, course autour du monde, a lieu tous les 4 ans depuis août 1973. La longueur de l'édition 1989-1990 était de 32 000 milles nautiques (59 264 km) de Southampton, GB, à Southampton, avec étapes à Punta del Este (Uruguay), Fremantle (Australie), Auckland (Nouvelle-Zélande) et Punta del Este. Le record, obtenu par addition des temps d'étape lors de la précédente édition, en 1986 (26 180 milles nautiques, soit 48 485 km), a été établi par UBS Switzerland, skippé par le Suisse Pierre Fehlmann, en 117 jours 14 h 31 mn.

autre record : celui du plus grand nombre de milles parcourus en 24 h. En effet, le mercredi 29 juin, il a couvert 539,7 milles, soit près de 1 000 km. Seul, il a fait mieux que *Lyonnaise des Eaux-Dumez* (28 m) qui, quelques semaines plus tôt, mené par Kersauson et quatre équipiers avait réussi 524,6 milles en 24 heures.

■ Le record en monocoque a été battu à l'occasion de la Transat en solitaire, rebaptisée Europe 1 Star, en 1992. Yves Parlier a parcouru le trajet Plymouth-Newport en 14 jours 16 h et 1 mn à bord de *Cacolac d'Aquitaine*.

■ Le record en monocoque avec équipage a été battu par l'Américain Dennis Conner. À bord du *Winston*, lors de la Gold Cup, épreuve préparatoire au Tour du monde (Whitbread), il a en effet réussi la traversée en 11 jours et 8 heures.

TRAVERSÉE DE L'ATLANTIQUE

Arrivée la plus serrée

Le plus petit écart dans une transat, qui était jusqu'ici de 1 mn 38 s entre Birch (*Olympus-Photo*) et Malinovski à l'issue de la Route du rhum 1978, a été battu le 10 mai 1994 par Le Cam et Jourdain. En effet, au terme de la transat Lorient-Saint-Barthélemy, à bord du *Sill-Plein Fruit* vainqueur, ils ne possédaient que 63 s d'avance sur leurs dauphins De Broc-Guillemot (*Laiterie Le Gall*).

Multicoque

■ Le record de la traversée appartient au Français Serge Madec (né en 1956) et à ses 4 équipiers, sur le catamaran *Jet Services V*, en 6 jours 13 h 3 mn. L'équipe a parcouru 3 060 milles nautiques (6 440 km), du phare d'Ambrose, État de New York, EU, au cap Lizard, GB, du 2 au 9 juin 1990.

■ Laurent Bourgnon et Cam Lewis, vainqueurs de la Transat anglaise en double, en 9 jours 8 h 58 mn 20 s, ont établi un nouveau record en juin 1994 sur le parcours E.-O.Transats de l'Atlantique Nord.

Monocoque

Le record de la traversée de l'Atlantique est détenu par le *Phocéa* de Bernard Tapie en 8 jours 3 h 39 mn, en juin-juillet 1988.

COUPE DE L'AMERICA

Remportée par la goélette *America* le 22 août 1851, à Cowes, GB, elle devint ensuite l'enjeu d'une compétition proposée par le New York Yacht Club. Elle s'est disputée à 27 reprises. Les États-Unis sont restés invaincus jusqu'en 1983; ils ont gagné 77 régates et n'en ont perdu que 8.

ROUTE DU THÉ

Le Français Philippe Monet a accompli le parcours Hong Kong-Londres en 67 jours 10 h 22 mn sur son trimaran de 18 m, *Elle et Vire*, entre décembre 1989 et février 1990.

NEW YORK-SAN-FRANCISCO

Sur le monocoque *Écureuil Poitou-Charentes* de 18 m, Isabelle Autissier et ses trois équipiers (Luc Bartissol, Pascal Boimard, et Lionel Lemonchois) ont pulvérisé, le 23 avril 1994, le record de la route New York-San-Francisco, par le cap Horn. En 62 jours 5 h 55 mn 40 s, ils ont en effet amélioré de 14 jours le record détenu depuis 1989 par l'Américain Lurhs et le Canadien Kolesnikovs.

À bord de *Enza New Zealand*, Peter Blake et son équipage (ci-dessous) ont battu le record de la circumnavigation non-stop, lors du Trophée Jules Verne, en 74 jours 22 h 17 mn, le 1er avril 1994.

TOURS DU MONDE

Strictement parlant, une **circumnavigation** est un tour du monde qui passe par 2 points aux antipodes l'un de l'autre. Un tour du monde sans escale doit être réalisé en autosuffisance complète : pas d'approvisionnement en eau et en nourriture ; aucun équipement supplémentaire ou de rempacement ne peut être embarqué en cours de route. L'embarcation peut se mettre à l'ancre, mais aucune aide physique n'est acceptée, sauf courrier et messages.
Les records marqués d' une * sont des records remplissant les conditions de la circumnavigation.

LES PREMIERS

CATÉGORIE	EMBARCATION	SKIPPER	DÉPART	ARRIVÉE	DIST./DURÉE
LE PREMIER, équip. 17*	Expédition *Victoria* (Magellan)	Juan Sebastian de Elcano	Séville, 20-9-1519	S. Lucar, 6-9-1522	50 000 km
PREMIÈRE FEMME	*Étoile*	Jeanne Barret	Saint-Malo, 1766	1769	
YACHT, équip.	*Nancy Dawson*	Robert Shedden, GB	Tamise, 1847	Tamise, 1850	75 000 km
SOLITAIRE*	*Spray*, sloop, 12 m	Capt. Joshua Slocum, EU (51 ans, ne savait pas nager)	Newport, 24-4-1895	3-7-1898	67 000 km (660 j. nav.)
MULTICOQUE, équip.*	*Rehu-Moana*, catamaran, 12 m	David Lewis, N.-Z.	Plymouth, 23-5-1964	*via* D. de Magellan 27-7-67	
MULTICOQUE, solo, O-E*	*Victress*, trimaran, 12 m	Nigel Tetley, GB	Plymouth, 16-9-69	*via* C. Horn, 21-5-69	
NON-STOP, solo, mono., O-E*	*Suhaili*, ketch berm., 10 m	Robin Knox-Johnston, GB	Falmouth, 14-6-68	22-4-69	312 j.
NON-STOP, solo, mono, E-O*	*British Steel*, ketch, 18 m	Chay Blyth, GB	Hamble Riv., 18-10-70	6-8-71	292 j.
SOLO, 1re femme*	*Express Crusader*, cutter, 16 m	Dame Naomi James, N.-Z.	Darmouth, 9-9-77	8-6-78	265 j. + 7 j. port
SOLO, 2 sens*	*Ocean Bound*, sloop berm., 12,5 m	David Scott Cowper, GB	Plymouth, 1979 O-E Plymouth, 1981, E-O	*via* C. Horn, 1980 *via* C. Horn, 1982	
SOLO, 3 tours	*Tarmin*, sloop berm, 7,5 m	John Sowden, EU	divers ports, 1966, 74, 83	1970, 77, 86	
MOTEUR, équip.	*Speejacks*, 30 m	A. Y. Gowen + épouse	New York, 1921	New-York, 1922	
SOUS-MARIN, équip.*	*Triton* (ss-marin nucléaire)	Capt..Ed.L. Beach (US Navy)	New London, 16-2-60	10-5-60	50 000 km (84 j. 19 h.
PAR PASSAGE. N-O*	*Mabel E. Holland*, b. de sauvetage à moteur, 13 m.	Davis Scott Cowper, GB	Newcastle/Tyne, 14-7-86	24-9-90	260 j.

LES PLUS RAPIDES

CATÉGORIE	EMBARCATION	SKIPPER	DÉPART	ARRIVÉE	DIST./DURÉE
NON-STOP, équip, multi. O-E	*Enza*, catamaran, 28 m	Peter Blake, NZ.	Ouessant., 16-1-94	Ouessant, 1-4-94 Trophée Jules-Verne	74 j. 22 h. 17' 22"
NON-STOP, solo, mono. O-E	*Écureuil d'Aquit. II*, cutter, 18 m	Titouan Lamazou, F.	Sables-d'Ol., 26-11-89	via 5 caps, 16-3-90	109 j. 8 h. 48' 52"
ESC. solo, multi., O-E*	*Un Autre Regard*, trimaran, 23 m	Olivier de Kersauson, F.	Brest, 28-12-88	5 caps, 2 esc., 5-5-89	125 j.19 h. 32' 33"
ESC. solo, mono., O-E	*Groupe Seita*, sloop, 19 m	Christophe Augin, F.	Newport, 15-9-90	3 caps, 3 esc., 23-4-91	120 j. 22 h. 36' 35" + 98 j. 14 h. 34' 47" port
ESC. équip., mono., O-E*	*UBS Switzerland*, sloop, 24,4 m	Pierre Fehlmann, Suisse	Portsmouth, 28-9-85	4 caps, 3 esc., 9-5-86	117 j. 14 h. 31' 42" 105 j. 5 h. 49' 58" port
ESC. CLIPPER, O-E	*James Baines*, 3 mâts, 81 m	Charles McDonnell, GB	Liverpool, 10-12-1854	via Melbourne, 20-5-1855	133 j. + 28 j. port
ESC. solo, mono, E-O*	*Ocean Bound*, sloop berm., 12,5 m	David Scott Cowper, GB	Plymouth, 22-9-1981	5 caps, 3 esc., 17-5-82	221 j. + 16 j. port

TRAVERSÉES OCÉANIQUES

Sauf précision contraire, les embarcations sont des bateaux à voile.

ATLANTIQUE

CATÉGORIE	EMBARCATION	SKIPPER	DÉPART	ARRIVÉE	TEMPS
LES PREMIERS					
CROISIÈRE	*Lively*, brick 140 t	Shuttleworth, GB	GB 1783 Hudson Bay	Floride, 1784	420j
CANOE	*Finn-Man*, kayak, 3,60 m	Esquimau		Groenland, 1613	?
VOILE solo E-O	Sloop, 15t	Josiah Shackford, EU	Bordeaux, 1786	Surinam, Guyane	35j
" O-E	*Centennial*,	Alfred Johnson, EU	Shag Harbor, Maine, 1876	Galles, GB	46 j
MULTICOQUE (radeau)	*Non Pareil*, 7,5 m	John Mikes et 2 h, EU	New York, 1868	Southampton, GB	51 j
MOTEUR (kerosène)	*Abiel Abbott Low*, 11,5 m, 10 ch	W. Newman et fils, EU	New York, 1902	Falmouth, GB	36 j
FEMME solo O-E	Lougre, 5,5 m	Gladys Gradeley, EU	Nlle-Écosse, 1903	Devon, GB	60 j
" E-O	*Felicity Ann*, 7,23 m	Ann Davison, GB	Las Palmas, 20-11-1952	Dominique, 1953	65 j
RAME solo E-O	*Britannia*, 6,5 m	John Fairfax, GB	Las Palmas, 20-1-69	F. Lauderdale, Flo., 19-7-69	180 j
" O-E	*Super Silver*, 6 m	Tom McClean, Irl.	Terre-Neuve, 1969	Black Sod, Irl., 27-7-69	70 j
HORS-BORD (Evinrude)	*Trans-Atlantic*, 8 m, 2 x 65 ch	Al Grover et fils, EU	Terre-Neuve, 1985	Lisbonne (*via* Açores)	34 j
RAME (2 sens)	*QE III*, 6 m	Don Allum, GB	Canaries, 1986	Nevis, Antilles	114 j
			Terre-Neuve	Irlande, 1987	77 j
LES PLUS JEUNES					
VOILE solo	*Sea Raider*, 10,7 m	D.Sandeman, GB, 17 ans	Jersey, 1976	Newport	43 j
RAME solo	*Finn Again*, 6,25 m	Sean Crowley, GB, 25 ans	Nlle-Écosse,; 17-6-88	Galway, 21-9-88	95 j22 h
LES PLUS ÂGÉS					
VOILE solo	*Tawny Pipit*, 7,6 m	S. Szwarnowski, GB, 76 ans	New Jersey, 2-6-89	Bude, 13-8-89	72 j
RAME solo	*Khaggavisana*, 6 m	Sidney Genders, GB, 51 ans	Penzance, GB, 1970	Miami (*via* Antigua)	160 j 8 h
LES PLUS RAPIDES O-E					
MULTICOQUE équipage	*Jet Services 5*, catamaran, 23 m	Serge Madec, F	Phare Ambrose , 2-6-86	C. Lizard, 9-6-90	6 j 13 h 3' 32"
MONOCOQUE équipage	*Phocéa*, 74 m, schooner	Philippe Morinay, F	Phare Ambrose, 26-6-88	C. Lizard, 3-7-88	8 j 3 h 29'
MULTICOQUE solo	*Primagaz*, trimaran, 18 m	Laurent Bourgnon, Suisse.	Phare Ambrose, 27-6-94	C. Lizard, 5-7-94	7 j 2 h 34'
CLIPPER	*Red Jacket*, 3 mâts, 76,5 m	Asa Eldridge, EU	Sandy Hook, EU, 11-1-1854	Liverpool, 23-1-1854	12 j
LES PLUS RAPIDES E-O					
MULTICOQUE équipage	*Elf Aquitaine III*, trimaran, 18 m	Jean Maurel, F.	Plymouth, 10-6-90	Newport, 21-6-90	10 j 23 h 15'
MONOCOQUE équipage	*Allied Bank*, sloop, 18 m	John Martin, Afr.-S.	Plymouth, 10-6-90	Newport, 26-6-90	15 j13 h 40'
MULTICOQUE solo	*Fleury Michon IX*, trimaran, 18 m	Philippe Poupon, F.	Plymouth, 5-6-88	Newport, 15-6-88	10 j 9 h 15' 9"
MONOCOQUE solo	*Thursday's Child*, cutter, 18 m	Warren Luhrs, EU	Plymouth, 2-6-84	Newport, 19-6-84	16 j 22 h 27'
CLIPPER	*Andrew Jackson*, 3 mâts, 67 m	W. S. Johnson, EU	Liverpool, 3-11-1860	New York, 18-11-1860	15 j

PACIFIQUE

CATÉGORIE	EMBARCATION	SKIPPER	DÉPART	ARRIVÉE	TEMPS
LES PREMIERS					
RADEAU équipage de 3	*La Baska*, rondins balsa, 13 m	Vital Alsar, Esp.	Guayaquil, Équateur, 1970	Mooloolaba, Australie	160 j
RAME équipage de 2	*Britannia II*, 10,7 m	j Fairfax et S. Cook, GB	San Francisco, 26-4-83	I. Hayman, Aust., 22-4-72	362 j
RAME solo E-O	*Hele-on-Britannia*, 9,75 m	Peter Bird, GB	San Francisco, 23-8-82	G. Barrier R., Aust., 14-6-83	294 j
RAME solo O-E	*Sector*, 8 m	Gérard d'Aboville, F	Japon, 21-7-91	Washington, 21-11-91	133 j
VOILE solo E-O	*Pacific*, 5,5 m	Bernard Gilboy, EU		Australie, 1882	?
VOILE solo O-E	***Elaine***, 5,5 m	Fred Rebel, Lettonie	Australie, 1932		
VOILE solo O-E	***Sturdy*** II, 11 m	Edward Miles, EU	Japon, 1932	*via* Hawaii	
LES PLUS RAPIDES CALIFORNIE-HAWAÏ					
MULTICOQUE équipage	*Ailcane X-5*, catamaran, 19 m	Rudy Choy, EU	Los Angeles, 17-8-89	Honolulu, 24-8-89	6 j 22 h 4' 12"
MONOCOQUE équipage	*Merlin*, sloop, 20 m	Bill Lee, EU	Los Angeles, 2-7-77	Honolulu, 10-7-77	8 j 11 h 1' 45"
MULTICOQUE solo	*Bullfrog Sunblock*, trimaran, 12 m	Ian Johnston, Aust.	San Francisco, 14-6-86	Kauai, 24-6-86	10 j 10 h 3' 43"
MONOCOQUE solo	*Intense*, sloop, 9 m	Bill Strange, EU	San Francisco, 25-6-88	Kauai, 7-7-88	11 j 15 h 21'
LA PLUS RAPIDE CALIFORNIE-JAPON					
MULTICOQUE	*Aotea*, trimaran, 12 m	Peter Hogg, NZ.	San Francisco, 13-3-92	Tokyo, 18-5-92	36 j 6 h 26'
MONOCOQUE	*Pen-Duick V*, sloop, 11 m	Éric Tabarly, F.	San Francisco, 15-3-69	Tokyo, 24-4-69	39 j 15 h 44'

Créée en 1953, la Patrouille de France exécute, en formation serrée, à une vitesse de plus de 300 nœuds, des figures de haute voltige.

WATER-POLO
LE MEILLEUR BUTEUR
Le plus grand nombre de buts marqués en match international est de 13, par l'Australien Debbie Handley, lors du match Australie-Canada (16-10), au championnat du monde de 1982, à Guayaquil, Équateur.

VOL À VOILE
L'ALTITUDE LA PLUS ÉLEVÉE
L'Américain Robert Harris a atteint 14 938 m d'altitude, le 17 février 1986, sur un Grob G102, en Californie, EU.

VOL À VOILE
ORIGINES
Les recherches d'Isadora William Deiches ont mis en évidence l'utilisation de planeurs dans l'ancienne Égypte, de 2500 à 1500 av. J.-C. Le Suédois Emmanuel Swedenborg a dessiné des esquisses de planeur en 1714.
Le 1er planeur qui ait pu transporter un homme a été celui du Britannique George Cayley (1773-1857), qui a réussi à traverser une vallée sur 500 m, avec un pilote, en Grande-Bretagne, en 1853.

PLANCHE À VOILE

Voir chapitre *Esprit d'Aventure*.

VOL À VOILE

LE PLUS GRAND NOMBRE DE TITRES
L'Australien Ingo Renner a remporté 4 titres de champion du monde (championnat créé en 1937), en 1976 en classe standard et en 1983, 1985 et 1987 en open.

FRANÇAIS
Jean-Paul Castel détient les records du monde du triangle 300 et 500 km, avec 169,5 km/h et 164 km/h, depuis le 10 décembre 1986, sur un appareil Nimbus 3, en Afrique du Sud.

TRAVERSÉE
Le 17 avril 1992, les frères Herbaud ont réalisé la première traversée intercontinentale France-Espagne-Maroc entre Vinon-sur-Verdon (Var) et Fez, soit 1450 km en 13 h 30 sur ASH 25. C'est le record de distance absolu en planeur.

DERNIÈRE LIGNE DROITE
Éric Thellier détient le record de la spécialité en monoplace. Il a en effet parcouru 796,8 km en ligne droite, le 17 avril 1991 sur L56.

VITESSE BIPLACE
M. Fallier (France) et M. Kospieker (Allemagne) détiennent le record de vitesse sur triangle de 300 km en biplace ASH25 avec 157,63 km/h, ce record ayant été réalisé le 4 août 1991.

VOLLEY-BALL

ORIGINES
Le volley-ball a été inventé sous le nom de *mintonette* en 1895 par William G. Morgan, au gymnase du YMCA de Holyoke, Massachusetts, EU. L'Association internationale de volley-ball a été créée en avril 1947, à Paris.

JEUX OLYMPIQUES
■ Le volley-ball a été admis aux Jeux en 1964. L'URSS a remporté 3 titres masculins (1964, 1968, 1980) et 5 titres féminins (1968, 1972, 1980, 1988 et 1992 sous le label CEI).
■ Le seul joueur à avoir remporté 4 médailles est la Soviétique Inna Riskal (née le 15 juin 1944) : argent en 1964 et 1976, or en 1968 et 1972.
■ Deux joueurs ont remporté 3 médailles : le Soviétique Iouri Poïarkov (né le 10 février 1937) : or en 1964 et 1968, bronze en 1972, et le Japonais Katsutoshi Nekoda (né le 1er février 1944) : or en 1972, argent en 1968, bronze en 1964.

CHAMPIONNATS DU MONDE
Ils ont été créés en 1949 pour les hommes et en 1952 pour les femmes. L'URSS a remporté 6 titres masculins (1949, 1952, 1960, 1962, 1978, 1982) et 4 titres féminins (1952, 1956, 1960, 1970). Le Japon a obtenu 4 titres féminins : 1962, 1967, 1974, 1987.

ÉQUIPE DE FRANCE
■ La France a terminé en 1985, 2e du Top Ten à Séoul, et 3e du championnat d'Europe.
■ Le plus grand nombre de sélections en équipe de France appartient à Hervé Mazzon (né en 1958) : 415 sélections entre le 20 avril 1980 et le 14 mai 1991. Il devance dans l'ordre : Alain Fabiani : 392 ; Laurent Tillie : 3 90 ; Stéphane Faure : 350 et Philippe Blain : 340.
■ La France a remporté le tournoi de qualification olympique de Castelnau-le-Lez (10-15 mai 1992) en gagnant 5 rencontres sur 5 face à l'Argentine, à la Finlande, au Cameroun, à l'Australie et à la Yougoslavie.

CHAMPIONNATS DE FRANCE
■ Le titre masculin, créé en 1938, a été remporté 8 fois par le Stade français, entre 1945 et 1974, et par le Racing Club de France, entre 1942 et 1978.
■ Chez les femmes, le titre, créé en 1943, a été gagné 7 fois par Montpellier UC (1949, 1950, 1952, 1957, 1958, 1959, 1962) et 6 fois consécutivement par l'ASPTT de Montpellier (entre 1970 et 1975), par le CSM Clamart (entre 1981 et 1986) et par le Racing Club de France (entre 1987 et 1992).

VOLTIGE AÉRIENNE

ORIGINES
■ Le 21 septembre 1913, le Français Célestin-Adolphe Pégoud (1889-1915) effectua à Buc, Yvelines, la première boucle en public, à bord d'un Blériot. Le lieutenant russe Piotr Nikolaïevitch Nesterov (1887-1914) aurait effectué à Kiev, Ukraine, le 27 août 1913, la première boucle, aux commandes d'un Nieuport, mais sans aucun témoin.

CHAMPIONNATS DU MONDE
■ Tenue tous les 2 ans depuis 1960 (excepté en 1974), cette compétition est fondée sur un système de notation mis au point par le colonel espagnol José Aresti, à partir de la toute première notation graphique du Français François d'Huc Dressler.
■ L'URSS a remporté 6 fois le titre par équipes. Seul le Tchécoslovaque Petr Jirmus a réussi à remporter 2 titres individuels, en 1984 et 1986, record égalé chez les femmes par l'Américaine Betty Stewart, championne en 1980 et 1982.

CHAMPION DU MONDE 1990
■ Le Français C. Bessière a totalisé 11 016,561 points, soit 84,16 %, au championnat du monde de 1990 à Yverdon-les-Bains, Suisse.
■ Lors de cette compétition, la Soviétique N. Sergeeva est devenue championne du monde, avec 10 060,240 points, soit 76,85 %.

WATER-POLO

ORIGINES
Le water-polo a été créé en Angleterre en 1869, comme « football nautique », et inclus aux jeux Olympiques de 1900, à Paris.

JEUX OLYMPIQUES
La Hongrie a remporté 6 tournois olympiques, en 1932, 1936, 1952, 1956, 1964, 1976.
Français
Paul Dujardin et Henri Padou ont obtenu 2 médailles, or en 1924, bronze en 1928, années des 2 meilleures performances de l'équipe de France.

CHAMPIONNATS DU MONDE
Ils ont eu lieu pour la 1re fois en 1973. 2 pays ont remporté 2 titres : l'URSS, en 1975 et 1982, et la Yougoslavie, en 1986 et 1991.

CHAMPIONNATS DE FRANCE
Tourcoing a remporté 31 titres entre 1920 et 1964. Le Cercle des nageurs de Marseille en a remporté 23, dont 19 consécutivement, le dernier en 1991. Nice a pris la suite en 1992, 1993 et 1994.

RECORDS SPORTIFS

OFFICIELS AU 18 AOÛT 1994

Cette photo primée du Soviétique Miransky Evgeni est l'illustration symbolique de l'esprit sportif tel que le souhaitait Pierre de Coubertin.

ATHLÉTISME

RECORDS DU MONDE FÉMININS

ÉPREUVE	PERF.	NOM ET NATIONALITÉ	DATE
100 m	10"49	Florence Griffith-Joyner (EU)	1988
200 m	21"34	Florence Griffith-Joyner (EU)	1988
400 m	47"60	Marita Koch (RDA)	1985
800 m	1'53"28	Jarmila Kratochvilova (Tchéc.)	1983
1 000 m	2'30"6	Tatiana Providokhina (URSS)	1978
1 500 m	3'50''46	Yunxia Qu (Chine)	1993
1 mile	4'15"61	Paula Ivan (Roumanie)	1989
2 000 m	5'28"69	Maricica Puica (Roumanie)	1986
3 000 m	8'06"11	Junxia Wang (Chine)	1993
5 000 m	14'37"33	Ingrid Kristiansen (Norvège)	1986
10 000 m	29'31"78	Junxia Wang (Chine)	1993
100 m haies	12"21	Yordanka Donkova (Bulgarie)	1988
400 m haies	52"74	Sally Gunnell (GB)	1993
4 x 100 m	41"37	RDA (Silke Gladisch, Sabine Rieger, Ingrid Auerswald, Marlies Goehr)	1985
4 x 200 m	1'28"15	RDA (Marlies Goehr, Romy Müller, Bärbel Wöckel, Marita Koch)	1980
4 x 400 m	3'15"17	URSS (Tatiana Ledovskaïa, Olga Nazarova, Maria Pinigina, Olga Bryzguina)	1988
4 x 800 m	7'50"17	URSS (Nadejda Olizarenko, Liubov Gurina, Liudmila Borissova, Irina Podialovskaïa)	1984
Hauteur	2,09 m	Stefka Kostadinova (Bulgarie)	1987
Longueur	7,52 m	Galina Chistiakova (URSS)	1988
Triple saut	15,09 m	Ana Biryukova (Russie)	1993
Poids	22,63 m	Natalia Lissovskaïa (URSS)	1987
Disque	76,80 m	Gabriele Reinsch (RDA)	1988
Javelot	80 m	Petra Felke (RDA)	1988
Heptathlon	7 291 pts	Jackie Joyner-Kersee (EU) (100 m haies : 12"69 ; haut. : 1,86 m ; poids : 15,80 m ; 200 m : 22"56 ; long. : 7,27 m ; javelot : 45,66 m ; 800 m : 2'8"51)	1988

ATHLÉTISME

RECORDS DU MONDE MASCULINS

ÉPREUVE	PERF.	NOM ET NATIONALITÉ	DATE
100 m	9"85	Leroy Burrell (EU)	1994
200 m	19"72(1)	Pietro Mennea (Italie)	1979
400 m	43"29	Harry « Butch » Reynolds (EU)	1988
800 m	1'41"73	Sebastian Coe (GB)	1981
1 000 m	2'12"18	Sebastian Coe (GB)	1981
1 500 m	3'28"86	Nourredine Morceli (Algérie)	1992
1 mile	3'44"39	Nourredine Morceli (Algérie)	1993
2 mile	8'09"01	Moses Kiptanui (Kenya)	1994
2 000 m	4'50"81	Saïd Aouita (Maroc)	1987
3 000 m	7'25"11	Nourredine Morceli (Algérie)	1994
5 000 m	12'56"96	Hailé Gebresilasié (Éthiopie)	1994
10 000 m	26'52"23	William Sigei (Kenya)	1994
20 000 m	56'55"06	Arturo Barrios (Mexique)	1991
1 heure	21,101 km	Arturo Barrios (Mexique)	1991
110 m haies	12"91	Colin Jackson (GB)	1993
400 m haies	46"78	Kevin Young (EU)	1992
3 000 m steeple	8'2"08	Moses Kiptanui (Kenya)	1992
4 x 100 m	37"40	États-Unis (M. Marsh, L. Burrell, D. Mitchell, C. Lewis)	1992
		Ex aequo EU (J. Drummond, A. Cason, D. Mitchell, L. Burrell)	1993
4 x 200 m	1'18"68	Santa Monica Track Club (EU) (M. Marsh, L. Burrell, F. Heard, C. Lewis)	1994
4 x 400 m	2'54"29	États-Unis (Valmon/Watts, Johnson/Reynolds)	1993
4 x 800 m	7'3"89	Grande-Bretagne (Peter Elliott, Gary Cook, Steve Cram, Sebastian Coe)	1982
4 x 1 500 m	14'38"8	RFA (Thomas Wessinghage, Harald Hudak, Michael Lederer, Karl Fleschen)	1977
Hauteur	2,45 m	Javier Sotomayor (Cuba)	1993
Perche	6,14 m(2)	Serguei Bubka (Ukraine)	1994
Longueur	8,95 m	Mike Powell (EU)	1991
Triple saut	17,97 m	Willie Banks (EU)	1985
Poids	23,12 m	Randy Barnes (EU)	1990
Disque	74,08 m	Jürgen Schult (RDA)	1986
Marteau	86,74 m	Youri Sedykh (URSS)	1986
Javelot	95,66 m(3)	Jan Zelezny (Tchécos.)	1993
Décathlon	8 891 pts	Dan O'Brien (EU) (1er jour : 100 m : 10"43 ; long. : 8,08 m ; poids : 16,69 m ; haut. : 2,07 m ; 400 m : 48"51) (2e jour : 110 m haies : 13"98 ; disque : 48,56 m ; perche : 5 m ; javelot : 62,58 m ; 1 500 m : 4'42"10)	1992

(1) Record établi en altitude à Mexico. Le record au niveau de la mer est de 19"73, par Mike Marsh à Barcelone en 1992.
(2) Son record du monde en salle, 6,15 m, est supérieur.
(3) Avec le nouveau javelot, introduit en 1986, dont le centre de gravité a été reculé. Avec l'ancien javelot, le record était de 104,80 m par Uwe Hohn (RDA), en 1984.

ATHLÉTISME

RECORDS D'EUROPE MASCULINS

ÉPREUVE	PERF.	NOM ET NATIONALITÉ	DATE
100 m	9"87	Linford Christie (GB)	1993
200 m	19"72	Pietro Mennea (Italie)	1979
400 m	44"33	Thomas Schoenlebe (RDA)	1987
800 m	1'41"73	Sebastian Coe (GB)	1981
1 000 m	2'12"18	Sebastian Coe (GB)	1981
1 500 m	3'29"67	Steve Cram (GB)	1985
1 mile	3'46"32	Steve Cram (GB)	1985
2 000 m	4'51"39	Steve Cram (GB)	1985
3 000 m	7'32"79	David Moorcroft (GB)	1982
5 000 m	13'0"41	David Moorcroft (GB)	1982
10 000 m	27'13"81	Fernando Mamede (Port.)	1984
20 000 m	57'18"4	Dioniso Castro (Port.)	1990
1 heure	20,944 km	Josephus Hermens (Pays-Bas)	1976
110 m haies	12"91	Colin Jackson (GB)	1993
400 m haies	47"48	Harald Schmid (RFA)	1982
3 000 m steeple	8'7"62	Joseph Mahmoud (France)	1984
4 x 100 m	37"77	Grande-Bretagne (Colin Jackson, Tony Jarrett, John Regis, Linford Christie)	1993
4 x 200 m	1'21"1	Italie (S. Tilli, C. Simionato, G. Bongiorni, P. Mennea)	1983
4 x 400 m	2'57"53	Grande-Bretagne (Black/Regis, Redmond/Akabusi)	1991
4 x 800 m	7'3"89	Grande-Bretagne (Peter Elliott, Gary Cook, Steve Cram, Sebastian Coe)	1982
4 x 1 500 m	14'38"8	RFA (Thomas Wessinghage, Harald Hudak, Michael Lederer, Karl Fleschen)	1977
Hauteur	2,42 m	Patrick Sjöberg (Suède)	1987
Perche	6,14 m	Sergueï Bubka (Ukraine)	1994
Longueur	8,86 m	Robert Emmian (URSS)	1987
Triple saut	17,92 m	Kristo Markov (Bulgarie)	1987
Poids	23,06 m	Ulf Timmermann (RDA)	1988
Disque	74,08 m	Jürgen Schult (RDA)	1986
Marteau	86,74 m	Youri Sedykh (URSS)	1984
Javelot	95,54 m	Jan Zelezny (Tchécos.)	1993
Décathlon	8 847 pts	« Daley » Thompson (GB)	1984

ATHLÉTISME

RECORDS DE FRANCE MASCULINS

ÉPREUVE	PERF.	NOM	DATE
100 m	10"02	Daniel Sangouma	1990
200 m	20"16	Gilles Quénéhervé	1987
400 m	45"07	Olivier Noirot	1991
800 m	1'43"9	José Marajo	1979
1 000 m	2'16"6	Philippe Collard	1986
1 500 m	3'33"54	Hervé Phélippeau	1990
1 mile	3'50"98	José Marajo	1983
2 000 m	4'56"2	Michel Jazy	1966
3 000 m	7'37"74	Cyrille Laventure	1990
5 000 m	13'14"47	Tony Martins	1992
10 000 m	27'22"78	Tony Martins	1992
20 000 m	58'18"4	Bertrand Itsweire	1990
1 heure	20,601 km	Bertrand Itsweire	1990
110 m haies	13"20	Stéphane Caristan	1986
400 m haies	47"64	Stéphane Diagana	1993
3 000 m steeple	8'7"62	Joseph Mahmoud	1984
4 x 100 m	37"79	Équipe nationale (Max Morinière, Daniel Sangouma, Jean-Charles Trouabal, Bruno Marie-Rose)	1990
4 x 200 m	1'21"3	Sélection nationale (D. Sangouma, J.-J. Boussemart, P. Barré, A. Canti)	1987
4 x 400 m	3'0"09	Équipe nationale (J. L. Rapnouil, P. M. Hilaire, J. Farraudière, S. Diagana)	1993
4 x 800 m	7'13"6	Équipe nationale (R. Sanchez, J. Riquelme, P. Dupont, R. Milhau)	1979
4 x 1 500 m	14'48"2	Équipe nat. (D. Bégouin, P. Dien, D. Lequement, M. Philippe)	1979
Hauteur	2,33 m	Jean-Charles Gicquel	1994
Perche	5,94 m(1)	Jean Galfione	1994
Longueur	8,26 m	Jacques Rousseau	1976
Triple saut	17,55 m	Serge Hélan	1994
Poids	20,20 m	Yves Brouzet	1973
Disque	63,02 m	Patrick Journoud	1988
Marteau	79,98 m	Christophe Epalle	1993
Javelot	84,80 m	Pascal Lefèvre	1990
Décathlon	8 574 pts	Christian Plaziat	1990

(1) Le record en salle de Philippe Collet est également de 5,94 m, en 1990.

Photo primée de Joe McFadden, 1985.

ATHLÉTISME

RECORDS D'EUROPE FÉMININS

Les records du monde féminins sont également records d'Europe, à l'exception des records ci-dessous.

ÉPREUVE	PERF.	NOM ET NATIONALITÉ	DATE
100 m	10"77	Irina Privalova (URSS)	1994
200 m	21"71	Marita Koch (RDA)	1979
	21"71	Heike Drechsler (RDA)	1986
1 500 m	3'52"47	Tatiana Kazankina (URSS)	1980
3 000 m	8'21"64	Sonia O'Sullivan (Irlande)	1994
10 000 m	30'13"74	Ingrid Kristiansen (Norvège)	1986
Heptathlon	7 007 pts	Larissa Nikitina (URSS)	1989

ATHLÉTISME

LONGÉVITÉ DES RECORDS

DURÉE	ÉPREUVE	NOM ET NATIONALITÉ	PERF.	DATE
25 ans	Marteau	Patrick Ryan (EU)	57,77 m	1913
25 ans	Longueur	Jesse Owens (EU)	8,13 m	1935
23 ans	Longueur	Bob Beamon (EU)	8,90 m	1968
20 ans	Longueur	Peter O'Connor (Irlande)	7,61 m	1901
20 ans	4 x 100 m	États-Unis	39"2	1936
20 ans	400 m	Lee Evans (EU)	43"86	1968
19 ans	Poids	Ralph Rose (EU)	15,54 m	1909
16 ans	800 m	Rudolf Harbig (Allemagne)	1'46"6 m	1939
15 ans	Javelot	Yrjo Nikkanen (Finlande)	78,70 m	1938
15 ans	Perche	Cornelius Warmerdam (EU)	4,77 m	1942
15 ans	100 m	Jim Hines (EU)	9"95	1968

ATHLÉTISME

RECORDS DE FRANCE FÉMININS

ÉPREUVE	PERF.	NOM	DATE
100 m	10"96	Marie-José Pérec	1991
200 m	21"99	Marie-José Pérec	1993
400 m	48"83	Marie-José Pérec	1992
800 m	1'58"07	Patricia Djaté	1994
1 000 m	2'36"66	Florence Giolitti	1986
1 500 m	4'4"72	Blandine Bitzner-Ducret	1994
1 mile	4'28"72	Florence Giolitti	1986
2 000 m	5'39"	Annette Sergent	1986
3 000 m	8'38"97	Marie-Pierre Duros	1989
5 000 m	15'16"41	Farida Fates	1994
10 000 m	31'42"83	Rosa Murcia	1992
100 m haies	12"56	Monique Ewanje-Épée	1990
400 m haies	54"93	Chantal Réga	1982
4 x 100 m	42"58	Équipe nationale (L. Bily, M.-C. Cazier, R.-A. Bacoul, L. Gaschet)	1992
4 x 200 m	1'32"17	Équipe nationale (L. Bily, L. Gaschet, C. Réga, R. Naigre)	1982
4 x 400 m	3'22"34	Équipe nationale (F. Landre, V. Dorsile, E. Elien, M.-J. Pérec)	1994
Hauteur	1,96 m	Maryse Maury-Ewanje-Épée	1985
Longueur	6,79 m	Nadine Fourcade	1985
Triple saut	13,92 m	Betty Lise	1994
Poids	17,45 m	Simone Créantor	1984
Disque	60,14 m	Agnès Teppe	1992
Javelot	64,46 m	Martine Bègue	1993
Heptathlon	6 702 pts	Chantal Beaugeant	1988

MARCHE

RECORDS DU MONDE MASCULINS

L'IAAF reconnaît les records masculins des 20 km, 30 km, 50 km et 2 h. Ce tableau comprend aussi les meilleures performances réalisées en plein air sur des distances habituelles.

ÉPREUVE	PERF.	NOM ET NATIONALITÉ	DATE
10 km	38'2"6	Josef Pribilinec (Tchécos.)	1985
1 heure	15,577 km	Bernardo Segura (Mexique)	1994
20 km	1 h 17'25"5	Bernardo Segura (Mexique)	1994
2 heures	29,572 km	Maurizio Da Milano (Italie)	1992
30 km	2 h 1'44"1	Maurizio Da Milano (Italie)	1992
50 km	3 h 41'28"2	René Piller (France)	1994

MARCHE

RECORDS DE FRANCE MASCULINS

L'IAAF reconnaît les records masculins des 20 km, 30 km, 50 km et 2 h. Ce tableau comprend aussi les meilleures performances réalisées en plein air sur des distances habituelles.

ÉPREUVE	PERF.	NOM	DATE
1 heure	15,167 km	Thierry Toutain	1993
20 km	1 h 21'14"9	Thierry Toutain	1992
2 heures	29,090 km	Thierry Toutain	1991
30 km	2 h 3'56"5	Thierry Toutain	1991
50 km	3 h 41'28"2	René Piller	1994

MARCHE

RECORDS DU MONDE FÉMININS

L'IAAF reconnaît les records féminins des 5 km et 10 km. Ce tableau comprend aussi les meilleures performances réalisées en plein air sur des distances habituelles.

ÉPREUVE	PERF.	NOM ET NATIONALITÉ	DATE
3 km	11'48"24	Ileana Salvador (Italie)	1993
5 km	20'07"52	Beate Anders (RDA)	1990
10 km	41'56"23	Nadejda Riachkina (URSS)	1990

MARCHE

RECORDS DE FRANCE FÉMININS

L'IAAF reconnaît les records féminins des 5 km et 10 km. Ce tableau ne comprend pas les meilleures performances réalisées en plein air sur des distances habituelles.

ÉPREUVE	PERF.	NOM	DATE
5 km	22'26"5	Nathalie Marchand	1990
10 km	46'9"05	Nathalie Marchand	1992

Vainqueur de la finale du 400 m dames, des jeux Olympiques de Los Angeles, l'Américaine Valeris Brisco-Kooks.

JEUX OLYMPIQUES

NOMBRE DE MÉDAILLES PAR PAYS

Le total comprend toutes les médailles, même celles concernant des épreuves aujourd'hui disparues, pour les Jeux d'été (1896-1992) et d'hiver (1924-1994).

PAYS	OR	ARGENT	BRONZE	TOTAL
États-Unis	878	688	589	2 155
CEI (1)	593	486	436	1 515
Allemagne (2)	278	302	306	886
GB (3)	190	226	242	658
France	177	190	219	586

(1) Précédemment Russie, puis URSS, puis CEI.
(2) RFA, de 1968 à 1988.
(3) Avec l'Irlande jusqu'en 1920.

CYCLISME

RECORDS DU MONDE MASCULINS

La liste suivante donne les meilleures performances mondiales homologuées officiellement, sur piste couverte ou en plein air.

DISTANCE	TEMPS	NOM ET NATIONALITÉ	LIEU	PISTE	ANNÉE
Départ arrêté					
500 m	26"969	Alexandre Kromykh (URSS)	Moscou	Couverte	1990
1 km	1'2"091	Maic Malchow (RDA)	Colorado Springs (EU)	Plein air	1986
4 km	4'20"894	Graeme Obree (GB)	Hamar (Norvège)	Couverte	1993
5 km	5'40"872	Viatcheslav Ekimov (URSS)	Moscou	Couverte	1990
10 km	11'30"844	Chris Boardman (GB)	Bordeaux	Couverte	1993
20 km	22'56"485	Chris Boardman (GB)	Bordeaux	Couverte	1993
1 heure	53,040 km	Miguel Indurain (Espagne)	Bordeaux	Couverte	1994
Départ lancé					
200 m	10"099	Vladimir Adamachvili (URSS)	Moscou	Couverte	1990
500 m	26"649	Alexandre Kiritchenko (URSS)	Moscou	Couverte	1988
1 km	57"260	Alexandre Kiritchenko (URSS)	Moscou	Couverte	1989

CYCLISME

RECORDS DU MONDE FÉMININS

La liste suivante donne les meilleures performances mondiales homologuées officiellement, sur piste couverte ou en plein air.

DISTANCE	TEMPS	NOM ET NATIONALITÉ	LIEU	PISTE	ANNÉE
Départ arrêté					
500 m	33"438	Galina Enoukhina (URSS)	Moscou	Couverte	1993
1 km	1'11"976	Isabelle Nicoloso-Verger (France)	Bordeaux	Couverte	1990
3 km	3'37"347	Rebecca Twig (EU)	Hamar (Norvège)	Couverte	1993
5 km	6'14"135	Jeannie Longo (France)	Mexico	Plein air	1989
10 km	12'54"260	Jeannie Longo (France)	PO de Paris-Bercy	Couverte	1989
20 km	25'59"883	Jeannie Longo (France)	Mexico	Plein air	1989
1 heure (– 600 m)	45,016 km	Jeannie Longo (France)	Moscou	Couverte	1989
1 heure (+ 600 m)	46,352 km	Jeannie Longo (France)	Mexico	Plein air	1989
Départ lancé					
200 m	11"01	Galina Enoukhina (URSS)	Moscou	Couverte	1992
500 m	29"655	Erika Saloumiae (URSS)	Moscou	Couverte	1987
1 km	1'5"232	Erika Saloumiae (URSS)	Moscou	Couverte	1987

HALTÉROPHILIE
Nouvelles catégories
RECORDS DU MONDE

Après le changement de catégories de poids du 1er janvier 1993.

CATÉGORIE	TECHNIQUE	POIDS (KG)	NOM ET NATIONALITÉ	DATE
54 kg MOUCHE	Arraché	125	Michev Sevdali (Bulg.)	1994
	Épaulé-jeté	157,5	-- (1)	1994
	Total	277,5	Ivan Ivanov (Bulg.)	1994
59 kg COQ	Arraché	137,5	-- (1)	1994
	Épaulé-jeté	167,5	Nicolai Peshalov (Bulg.)	1993
	Total	305	Nicolai Peshalov (Bulg.)	1993
64 kg PLUME	Arraché	145,5	Naim Suleimanoglu(2) (Turq.)	1994
	Épaulé-jeté	180	Naim Suleimanoglu(2) (Turq.)	1994
	Total	325	Naim Suleimanoglu(2) (Turq.)	1994
70 kg LÉGERS	Arraché	157,5	Israil Militosian (Arm.)	1994
	Épaulé-jeté	192,5	Yoto Yotov (Bulg.)	1994
	Total	345	Yoto Yotov (Bulg.)	1994
76 kg MOYENS	Arraché	170	Ruslan Savchenko (Ukr.)	1993
	Épaulé-jeté	205	Pablo Lara (Cuba)	1993
	Total	370	Ruslan Savchenko (Ukr.)	1993
83 kg LOURDS-LÉGERS	Arraché	175	-- (1)	1994
	Épaulé-jeté	210	Mark Huster (All.)	1993
	Total	380	-- (1)	1994
91 kg MI-LOURDS	Arraché	185	Ivan Chakarov (Bulg.)	1993
	Épaulé-jeté	227,5	Alexei Petrov (URSS)	1994
	Total	412,5	Alexei Petrov (URSS)	1994
99 kg	Arraché	191	Sergei Syrtsov (URSS)	1994
	Épaulé-jeté	227,5	Sergei Syrtsov (URSS)	1994
	Total	415	Sergei Syrtsov (URSS)	1994
108 kg LOURDS	Arraché	197,5	-- (1)	1994
	Épaulé-jeté	235,5	Timur Taimazov (Ukr.)	1994
	Total	430	Timur Taimazov (Ukr.)	1994
+ de 108 kg SUPER-LOURDS	Arraché	201	Andrei Chermerkin (URSS)	1994
	Épaulé-jeté	250,5	Andrei Chermerkin (URSS)	1994
	Total	451,5	Andrei Chermerkin (URSS)	1994

(1) Performance non réalisée : le poids figure la charge minimale requise par la Fédération internationale pour l'homologation.
(2) Précédemment Naïm Shalamanov (Bulgarie).

HALTÉROPHILIE
Nouvelles catégories
RECORDS DE FRANCE

Avec les nouvelles catégories de poids en vigueur depuis le 1er janvier 1993.

CATÉGORIE	TECHNIQUE	POIDS (KG)	NOM	DATE
54 kg MOUCHE	Arraché	110	Éric Bonnel	1994
	Épaulé-jeté	135	Éric Bonnel	1994
	Total	245	Éric Bonnel	1994
59 kg COQ	Arraché	115	Laurent Fombertasse	1993
	Épaulé-jeté	147,5	Laurent Fombertasse	1993
	Total	262,5	Laurent Fombertasse	1993
64 kg PLUME	Arraché	127,5	David Balp	1994
	Épaulé-jeté	155	David Balp	1993
	Total	282,5	David Balp	1994
70 kg LÉGERS	Arraché	130	Franck Collinot	1993
	Épaulé-jeté	160	Franck Collinot (1)	1993
	Total	290	Franck Collinot	1993
76 kg MOYENS	Arraché	135	Fabien Michel	1994
	Épaulé-jeté	172,5	Fabien Michel	1994
	Total	307,5	Fabien Michel	1994
83 kg LOURDS-LÉGERS	Arraché	152,5	Cédric Plançon	1993
	Épaulé-jeté	185	Cédric Plançon	1993
	Total	335	Cédric Plançon	1993
91 kg MI-LOURDS	Arraché	160,5	Cédric Plançon	1994
	Épaulé-jeté	202,5	Stéphane Sageder	1994
	Total	357,5	Gérard Scandella	1994
99 kg	Arraché	165	Francis Tournefier	1993
	Épaulé-jeté	215	Francis Tournefier	1993
	Total	380	Francis Tournefier	1993
108 kg LOURDS	Arraché	162,5	Francis Tournefier	1993
	Épaulé-jeté	215	Francis Tournefier	1993
	Total	375	Francis Tournefier	1993

(1) Et Azzedine Elyaboury en 1994.

Naim Suleimanoglu détient dans sa catégorie, plume, tous les records : à l'arraché, à l'épaulé-jeté et au total.

La Coupe du monde de rugby féminin a été disputée en 1991 et en 1994. Sur cette photo, l'équipe anglaise, victorieuse lors de la finale de 1994.

RUGBY

RECORDS DE SÉLECTIONS INTERNATIONALES

PAYS	NOMBRE	JOUEUR	DATES
France	101	Philippe Sella	1982/1994
Australie	85	David Campese	1982/1994
Irlande	81	Mike Gibson	1964/1979
Angleterre	72	Rory Underwood	1984/1994
Nouvelle-Zélande	63	John Kirwan	1981/1994
Pays de Galles	55	« JPR » Williams	1969/1981
Écosse	52	James Menzies	1972/1984
	52	« Jim » Renwick	1972/1984
	52	Colin Thomas Deans	1978/1987
Afrique du Sud	38	Frederick Du Preez	1960/1971
	38	Jan Hendrik Ellis	1965/1976

SKI NAUTIQUE

RECORDS DU MONDE FÉMININS

SLALOM	Susi Graham (Canada)	2 bouée, corde à 10,75 m	1993
FIGURES	Tawn Marsen (EU)	8 580 pts	1992
SAUT	Deena Mapple (EU)	47,50 m	1988

SKI NAUTIQUE

RECORDS DU MONDE MASCULINS

SLALOM	Andrew Mapple (GB)	3,5 bouées, corde à 10,75 m	1991
FIGURES	Cory Pickos (EU)	11 150 pts	1992
SAUT	Sammy Duvall (EU)	67,10 m	1993

La jeune Autrichienne Miss Fabert a eu souvent besoin de son soigneur, Louis Agneray à ses côtés sur cette photo, lors de sa traversée record de la Manche.

NATATION

RECORDS DU MONDE MASCULINS

ÉPREUVE	TEMPS	NOM ET NATIONALITÉ	DATE
50 m	21"81	Tom Jager (EU)	1990
100 m	48"21	Alexandr Popov (CEI)	1994
200 m	1'46"69	Giorgio Lamberti (Italie)	1989
400 m	3'43"80	Keiren Perkins (Aus.)	1994
800 m	7'46"	Keiren Perkins (Aus.)	1994
1 500 m	14'41"66	Keiren Perkins (Aus.)	1994
100 m dos	53"86	Jeff Rouse (EU)	1993
200 m dos	1'56"57	Martin Lopez-Zubero (Esp.)	1991
100 m brasse	1'00"95	Karoly Guttler (Hongrie)	1993
200 m brasse	2'10"16	Mike Barrowman (EU)	1992
100 m papillon	52"84	Pedro Pablo Morales (EU)	1986
200 m papillon	1'55"69	Melvin Stewart (EU)	1991
200 m 4 nages	1'58"16	Jani Sievinen (Finlande)	1994
400 m 4 nages	4'12"30	Thomas Dolan (EU)	1994
4 x 100 m	3'16"53	États-Unis (Troy Dalbey, Matt Biondi, Tom Jager, Christopher Jacobs)	1988
4 x 200 m	7'11"95	CEI	1991
4 x 100 m 4 nages	3'36"93	États-Unis (David Berkoff, Ray Schroeder, Matt Biondi, Christopher Jacobs)	1988

NATATION

RECORDS DE FRANCE MASCULINS

ÉPREUVE	TEMPS	NOM	DATE
50 m	22"39	Christophe Kalfayan	1993
100 m	49"18	Stéphan Caron	1991
200 m	1'49"19	Stéphan Caron	1988
400 m	3'52"12	Christophe Marchand	1990
800 m	8'9"01	Christophe Marchand	1988
1 500 m	15'21"45	Frank Iacono	1988
100 m dos	55"18	Franck Schott	1992
200 m dos	2'0"60	David Holderbach	1991
100 m brasse	1'2"39	Stéphane Vossart	1992
200 m brasse	2'14"56	Cédric Pénicaud	1991
100 m papillon	54"11	Franck Esposito	1993
200 m papillon	1'57"58	Franck Esposito	1993
200 m 4 nages	2'2"70	Frédéric Lefèvre	1990
400 m 4 nages	4'23"27	Frédéric Lefèvre	1990
4 x 100 m	3'19"16	Équipe nationale (S. Caron, C. Kalfayan, L. Lefèvre, F. Schott)	1992
4 x 200 m	7'19"86	Équipe nationale (C. Bordeau, C. Marchand, Y. de Fabrique, L. Poirot)	1993
4 x 100 m 4 nages	3'40"51	Équipe nationale (F. Schott S. Caron, S. Vossart, B. Gutzeit)	1992

NATATION

RECORDS DU MONDE FÉMININS

ÉPREUVE	TEMPS	NOM ET NATIONALITÉ	DATE
50 m	24"51	Le Jingyi (Chine)	1994
100 m	54"01	Le Jingyi (Chine)	1994
200 m	1'56"78	Franziska Van Almsick (All.)	1994
400 m	4'3"85	Janet Evans (EU)	1988
800 m	8'16"22	Janet Evans (EU)	1989
1 500 m	15'52"10	Janet Evans (EU)	1988
100 m dos	1'0"16	He Cihong (Chine)	1994
200 m dos	2'6"62	Krisztina Egerszegi (Hong.)	1991
100 m brasse	1'7"69	Samantha Riley (Aust.)	1994
200 m brasse	2'24"76	Rebecca Brown (Aust.)	1994
100 m papillon	57"93	Mary Meagher (EU)	1981
200 m papillon	2'5"96	Mary Meagher (EU)	1981
200 m 4 nages	2'11"65	Lin Li (Chine)	1992
400 m 4 nages	4'36"10	Petra Schneider (RDA)	1982
4 x 100 m	3'37"91	Chine (Le Jingyi, Yang Shan, Ying Le, Bin Lu)	1994
4 x 200 m	7'55"47	RDA (Manuela Stellmach, Astrid Strauss, Anke Möhring, Heike Friedrich)	1987
4 x 100 m 4 nages	4'2"54	États-Unis (Loveless, Nall, Ahmann-Leighton, Thompson)	1992

NATATION

RECORDS D'EUROPE FÉMININS

ÉPREUVE	TEMPS	NOM ET NATIONALITÉ	DATE
50 m	25"28	Tamara Costache (Roum.)	1986
100 m	54"57	Franziska Van Almsick (All.)	1993
200 m	1'56"78	Franziska Van Almsick (All.)	1994
400 m	4'5"84	Anke Möhring (All.)	1989
800 m	8'19"53	Anke Möhring (All.)	1987
1 500 m	16'13"55	Astrid Strauss (All.)	1984
100 m dos	1'0"31	Krisztina Egerszegi (Hongrie)	1991
200 m dos	2'6"62	Krisztina Egerszegi (Hongrie)	1991
100 m brasse	1'7"91	Silke Horner (RDA)	1987
200 m brasse	2'26"71	Silke Horner (RDA)	1988
100 m papillon	59"	Kristin Otto (All.)	1988
200 m papillon	2'7"82	Cornelia Polit (All.)	1983
200 m 4 nages	2'11"73	Ute Geweniger (All.)	1981
400 m 4 nages	4'36"10	Petra Schneider (All.)	1982
4 x 100 m	3'40"57	Relais RDA	1986
4 x 200 m	7'55"47	RDA (A. Strauss, A. Möhring, M. Stellmach, H. Friedrich)	1987
4 x 100 m 4 nages	4'3"69	RDA	1984

NATATION

RECORDS D'EUROPE MASCULINS

ÉPREUVE	TEMPS	NOM ET NATIONALITÉ	DATE
50 m	21"91	Alexander Popov (CEI)	1992
100 m	48"21	Alexander Popov (CEI)	1993
200 m	1'46"69	Giorgio Lamberti (Italie)	1989
400 m	3'45"	Evgueni Sadovyi (CEI)	1992
800 m	7'50"64	Vladimir Salnikov (URSS)	1986
1 500 m	14'50"36	Joerg Hoffmann (Allemagne)	1991
100 m dos	54"67	Martin Lopez-Zubero (Esp.)	1991
200 m dos	1'56"57	Martin Lopez-Zubero (Esp.)	1991
100 m brasse	1'00"95	Karoly Guttler (Hongrie)	1993
200 m brasse	2'11"23	Norbert Rozsa (Hongrie)	1992
100 m papillon	53"08	Michael Gross (RFA)	1984
200 m papillon	1'56"24	Michael Gross (RFA)	1986
200 m 4 nages	1'59"36	Tamas Darnyi (Hongrie)	1991
400 m 4 nages	4'12"36	Tamas Darnyi (Hongrie)	1991
4 x 100 m	3'17"11	URSS (Prigoda, Bachkatov, Evseïev, Tkachenko)	1991
4 x 200 m	7'11"95	CEI (Lepikov, Pychnenko, Taianovitch, Sadovyi)	1992
4 x 100 m 4 nages	3'38"56	CEI	1992

NATATION

RECORDS DE FRANCE FÉMININS

ÉPREUVE	TEMPS	NOM	DATE
50 m	25"36	Catherine Plewinski	1992
100 m	55"11	Catherine Plewinski	1989
200 m	1'59"88	Catherine Plewinski	1992
400 m	4'12"76	Cécile Prunier	1988
800 m	8'39"20	Cécile Prunier	1988
1 500 m	16'36"28	Karyn Faure	1989
100 m dos	1'4"01	Roxana Maracineanu	1994
200 m dos	2'16"00	Roxana Maracineanu	1993
100 m brasse	1'10"14	Pascaline Louvrier	1987
200 m brasse	2'30"89	Audrey Guérit	1992
100 m papillon	59"01	Catherine Plewinski	1992
200 m papillon	2'12"94	Cécile Jeanson	1993
200 m 4 nages	2'17"99	Cécile Bonnet	1992
400 m 4 nages	4'49"96	Christine Magnier	1988
4 x 100 m	3'47"04	Équipe nat. (C. Plewinski, V. Jardin, F. Dechâtre, J. Delord)	1989
4 x 200 m	8'12"60	Équipe nat. (C. Plewinski, V. Jardin, F. Dechâtre, J. Prunier)	1987
4 x 100 m 4 nages	4'12"59	Équipe nat. (C. Plewinski, R. Maracineanu, C. Leblond, J. Blaise)	1993

INDEX

NOMS PROPRES ET NOMS COMMUNS

A

C

D

E

H

L

M

N

O

P

Q

R

S

W

X

Y

Z

CRÉDITS PHOTO

COUVERTURE : DPPI , DR (4), DR (A. Revel), SIPA (Darren Walsh/Action Images).

4e DE COUVERTURE : Allsport/D. Ingham.

AFP : p. 10, p. 22, p. 23 (2), p. 63, p. 64 (2), p. 69, p. 70 (3), p. 90, p. 91, p. 98, p. 108, p. 134, p. 137 (2), p. 141, p. 144, p. 238, p. 253, p. 262 (2), p. 263, p. 285 (Decarnelle), p. 314, p. 316, p. 343.

AGIP : p. 47 (R. Cohen).

ARTHUS BERTRAND : p.162.

COLLECTION LAGET : p. 292.

COLLECTION PPP : p. 119.

CONTACT PRESS IMAGES : p. 245 (Dilip Mehta).

COSMOS : p. 157 (Lee), p. 239 (J. Stevenson), p. 252 (Seitelman), p. 118 (Boulat), p. 118 (Vachette).

DCN : p. 136.

DDPI : p. 126.

DIASPORT : p. 301 (Alexandre Andreetti).

DR : p. 3, p. 4, p. 8-9, p. 11 (3), p. 12, p. 13 (Chamoux BCI/ME) (2), p. 13, p. 14 (C-J.O.), p. 14 (Collection Yves Ballu), p. 15 (John Noirris), p. 15 (2), p. 15 (Tardivel), p. 16 (2), p. 17, p. 18 (2), p. 19 (3), p. 19 (V. Bertrand), p. 19 (C. Perrin), p. 20 (5), p. 21 (4), p. 22, p. 23 (3), p. 24, p. 25 (6), p. 26 (2), p. 27 (3), p. 28, p. 28 (GBR), p. 29 (2), p. 30 (4), p. 31 (3), p. 32 (3), p. 33, p. 34, p. 35 (3), p. 36 (4), p. 37 (5), p. 38 (5), p. 39 (3), p. 40 (8), p. 40 (Ch. Boisson), p. 41 (7), p. 42 (10), p. 43 (8), p. 44 (6), p. 45 (2), p. 46 (Disney), p. 46 (4), p. 47 (2), p. 48 (4), p. 48 (D. Cariou), p. 49 (3), p. 50 (4), p. 51 (3), p. 52 (3), p. 53 (Comité Miss France), p. 53 (4), p. 54 (4), p. 54 (Jocelyne Malo-Laurin), p. 55 (3), p. 56 (5), p. 57 (6), p. 58 (5), p. 59 (6), p. 61 (4), p. 62 (Columbia), p. 62, p. 63, p. 63 (Llord Snowdon), p. 65 (2), p. 65 (Columbia), p. 66, p. 67 (Production A. Hitchcock), p. 67, p. 68 (3), p. 68 (Films Christian Fechner), p. 69, p. 70, p. 72 (Bernard Mouillon), p. 73 (2), p. 74, p. 75 (2), p. 75 (Picard) (2), p. 76 (2), p. 77 (2), p. 78 (Thierry Malty), p. 78 (GBR), p. 79 (3), p. 80 (Sebert/Ader-Tajan), p. 80, p. 81, p. 82 (2), p. 83 (2), p. 84, p. 88 (3), p. 89 (3), p. 91 (2), p. 92, p. 93 (2), p. 94 (Sotheby's Press Office), p. 94, p. 95 (2), p. 97 (J.Bibard), p. 97 (4), p. 98, p. 99 (4), p. 99 (Sotheby's), p. 100 (3), p. 101 (2), p. 103 (3), p. 105, p. 106 (Mike Yven), p. 107 (GBR), p. 108, p. 108 (GBR), p. 109 (GBR) (2), p. 110 (2), p. 112 (Disney), p. 113 (GBR), p. 114, p. 115, p. 117 (Patrick Boulen), p. 118, p. 122 (3), p. 123 (5), p. 124 (5), p. 125, p. 125 (Bernard Cahier), p. 126 (4), p. 128 (4), p. 129, p. 130 (Bernard Cahier), p. 130 (7), p. 130 (Patrick Hannelle), p. 130 (Claude Nucera), p. 131 (3), p. 133, p. 134, p. 135 (ECP Armées), p. 136, p. 139 (4), p. 142, p. 143 (2), p. 144, p. 145 (3), p. 146 (Archives Curie et Joliot-Curie), p. 147 (Jean Patou), p. 150 (palais de la Découverte), p. 154, p. 155 (EDF/Brigaud), p. 156 (2), p. 157 (2), p. 158 (3), p. 159 (Patek Philippe) (2), p. 159 (2), p. 160, p. 163, p. 164, p. 165 (2), p. 166 (2), p. 167, p. 169 (3), p. 170, p. 173 (La Française des jeux), p. 173 (La Française des jeux/J.-C. Dupin), p. 174, p. 175 (HC/VMA), p. 177, p. 179, p. 180, p. 180 (Collection PPP/IPS), p. 181 (Collection PPP/IPS), p. 181 (GBR), p. 182, p. 183, p. 183 (GBR), p. 184 (GBR), p. 185 (Wiasa), p. 186 (GBR), p. 188 (BCI/ME), p. 189 (GBR), p. 191, p. 192 (GBR) , p. 193 (GBR), p. 194 (GBR), p. 195 (GBR), p. 196, p. 197 (2), p. 198 (5), p. 200 (5), p. 201 (2), p. 204 (Thoiry), p. 205 (MSM), p. 205 (Mousis), p. 206 (4), p. 207, p. 208, p. 210 (2), p. 212 (2), p. 213 (2), p. 216, p. 217 (4), p. 218 (3), p. 219 (3), p. 220 (2), p. 224, p. 225 (2), p. 226 (3), p. 227, p. 229, p. 230 (4), p. 230 (A. Le Toquin/M. Viard), p. 231, p. 233 (2), p. 235 (GBR) (2), p. 236 (GBR) (3), p. 237 (2), p. 237 (Barbiery/Alpegard), p. 238, p. 238 (GBR), p. 239 (GBR), p. 239, p. 240 (Lester Sloane), p. 240, p. 242 (GBR), p. 243 (2), p. 243 (GBR), p. 244, p. 245, p. 246 (2), p. 247 (Century Fox), p. 247 (2), p. 248 (GBR), p. 248, p. 249 (GBR), p. 249, p. 251 (Gérard Schachmes), p. 255, p. 258, p. 259 (Norge Norge), p. 259, p. 260, p. 261, p. 264, p. 266, p. 268, p. 270 (2), p. 271, p. 273 (Paris-Match/Matiaux Jaroux), p. 273 (Trait), p. 274, p. 279 (Becam), p. 279, p. 280, p. 281 (GBR) (2), p. 282 (GBR), p. 284 (GBR), p. 285 (GBR), p. 286 (GBR) (2), p. 288 (GBR), p. 288, p. 288 (Claude Tavernier), p. 289 (GBR) (2), p. 290 (GBR), p. 291 (GBR) (2), p. 292 (GBR), p. 293 (GBR), p. 294, p. 295 (Kodak), p. 296 (GBR), p. 298 (GBR), p. 299 (GBR), p. 302 (GBR), p. 308 (GBR), p. 309 (GBR), p 310 (GBR) (2), p. 313, p. 313 (GBR), p. 314, p. 315 (GBR) (2), p. 318 (GBR) (2), p. 320 (GBR) (2), p. 321 (Wide World Photo), p. 326 (GBR), p. 328-329 (GBR), p. 330 (GBR), p. 331 (GBR), p. 333 (GBR), p. 335 (GBR), p. 336 (Verpillon), p. 337 (GBR) (2), p. 339 (U. Bertin), p. 340 (Adidas), p. 341 (Kodak), p. 345 (GBR), p. 346 (APP).

EXPLORER : p. 209 (Pratta).

FRANCE 2 : p. 74 (Robert Picard).

GAMMA : p. 10 (P.-F. - Vernay - Polar - Lys), p. 12 (Reglain), p. 12 (Collection Profit), p. 24 (Butz-Fitoussi), p. 26 (Mora/Marty), p. 71 (Christian Vioujard), p. 78 (Gamma) (2), p. 89 (Spooner), p. 90 (Clériot), p. 90 (J.-P. Bonnotte), p. 102 (J. Scheid/Liaison), p. 104 (Raphaël Gaillarde), p. 111 (Kaku Kurita), p. 111 (Torsten Laursen), p. 111 (Pressens Bid Ad), p. 112 (Xinhua- Chine nouvelle), p. 115 (M. Lounes), p. 117 (Alain Buu), p. 118 (J.-C. Francolon), p. 124 (Ferenczy Europress), p. 140 (Benali), p. 151 (Edward), p. 161 (APN), p. 165 (Y.Gladu), p. 167 (Anderson/Liaison), p. 173 (John Barr), p. 178 (Lewis/Liaison), p. 190 (Van der Hilst), p. 195 (C. Loviny), p. 207 (Fao), p. 221 (G. Hobbs), p. 234 (Yamaguchi), p. 236 (Bartholomew/Liaison), p. 238, p. 240 (Liaison AG), p. 241 (News Bel), p. 241 (Lochon), p. 244 (Photonews), p. 245 (Santosh Basak), p. 260, p. 272 (Patrick Aventurier), p. 278 (Van der Stockt), p. 287 (Alvaro Teixeira), p. 287 (J.-M. Loubat).

IMAPRESS : p. 213, p. 251 (Rano), Ip. 311 (Heus) (2).

JACANA : p. 190, p. 201.

JEAN-PIERRE BASILE : p. 116.

KEYSTONE : p. 223, p. 275.

LIAISON AGENCY : p. 154 (Moscowitz).

MAP : p. 201 (2).

PRESSE SPORTS : p. 282 (Luttiau), p. 285 (Morcelli), p. 292 (John McDonough), p. 293 (John McDonough), p. 294, p. 297 (SI/Bievem), p. 299 (Andmain), p. 300, p. 301 (Fablet), p. 302, p. 304 (Martignac/Pichon), p. 305, p. 306 (Martignac/Pichon), p. 327 (Legros), p. 331 (Lablatinier), p. 334 (Luttiau).

ROGER -VIOLLET : p. 16, p. 26, p. 95, p. 121, p. 140, p. 180, p. 188, p. 234, p. 265, p. 269, p. 270, p. 295, p. 296, p. 332 (2).

SIPA : p. 7 (Trippett), p. 23 (Ragazzi del Lago), p. 24 (Klein), p. 26 (Pinson), p. 27 (Tall/Icono), p. 32 (Tavernier), p. 32 (Mannie Garcia), p. 33 (Léo Dickinson), p. 60 (Sichov) (3), p. 63 (Ben), p. 66 (E. Rudling), p. 66 (Disney), p. 66 (Rex), p. 69 (Fonlupt), p. 70 (Dalmas), p. 70 (Sichou), p. 70 (Weber), p. 70 (Rex), p. 71 (Aslau/Barthélemy Toussaint), p. 74 (Benarock), p. 75 (Rex), p. 76 (Oxley), p. 76 (Ginies), p. 77 (Goldner), p. 79 (Savino), p. 81 (Kramarsku Trust Fu.), p. 81 (Sotheby's), p. 82 (Nisberg), p. 84 (Gaussen), p. 87 (Goldner/Icono), p. 90 (Sanson), p. 90 (Sipa Icono/Archives Intersiècle), p. 90 (Sipa Icono/Tall), p. 92 (Chapon), p. 93 (Siries), p. 93 (Sastand), p. 94 (ERL), p. 96 (Rex), p. 108 (Savino), p. 109 (Thuan), p. 112 (Rex), p. 113 (ERL/Sipa Icono), p. 115 (Blondin), p. 115 (David Nolde), p. 119 (Rex Features), p. 120 (Sipa), p. 127 (Tavernier), p. 127 (Aero), p. 129 (Rex), p. 133 (List), p. 138 (Rex Features), p. 141, p. 143 (Robineau), p. 144 (Cavalli), p. 147 (Sipa Icono/Goldner), p. 153 (Dordas), p. 153 (Frilet), p. 153 (ZNZ), p. 154 (Sipa Icono/Goldner), p. 164 (Haley), p. 172 (Villard), p. 181 (Noho), p. 187 (Becker), p. 187 (List), p. 191 (J. Durieux), p. 195 (Harvey), p. 195 (Ilhami), p. 200 (Kuus), p. 204 (Sipa), p. 205, p. 208 (Di Crollalanza) (2), p. 212 (D. Bush/Lomax), p. 214 (Becker), p. 214 (Rex), p. 222 (Tiktines), p. 223 (Rex), p. 224 (Unutmaz), p. 228 (Goyhenex), p. 232 (Zaourar), p. 234 (Rex), p. 236 (Zaourar) (2), p. 237 (Richmond), p. 238 (Guatti), p. 239 (Schakverdiev), p. 241(Sipa), p. 245 (Rex), p. 249 (Dalmas), p. 254 (Jobard), p. 260 (Sipa), p. 261 (Durand), p. 262 (Durand), p. 263 (Alfred), p. 264 (Chesnot), p. 268 (Média Support), p. 269 (Perellé), p. 269 (Gentile), p. 271 (Berman), p. 272 (Harvey), p. 275 (Daily News), p. 276 (M. Peters), p. 276 (Rex), p. 278 (Bollon-Gibod), p. 278 (Goyhenex), p. 282 (Gromik), p. 284 (Ruggeri), p. 287 (Taylor), p. 289 (de Nombel), p. 293 (Riclafe), p. 297 (Sipa), p. 298, p. 300 (Billon), p. 303 (Darren Walsh), p. 304 (Olympie), p. 311 (Mantey), p. 312 (Tavernier), p. 313 (Martin), p. 316 (Fouhon), p. 319 (Martin), p. 321 (Professionnal Sport), p. 324, p. 326 (Martin), p. 334 (Color Sport), p. 335 (Guibbaud), p. 344 (Manty).

SUNSET : p. 215 (Lacz), p. 222 (Reinhard).

SYGMA : p. 16 (François Varigas), p. 70 (Moune Jamet/Camera One), p. 164 (Goldberg), p. 203 (Parrot), p. 294 (Adanson).

TF1 : p. 73, p. 74 (Sureau), p. 74 (Rescucci).

TOPS SOCQUET PHOTO : p. 43.

UPI : p. 52 (Id/Kandau).

VANDYSTADT : p. 280 (Bruty), p. 283 (Martin), p. 311 (Martin), p. 314 (Mortimore), p. 317 (Cole), p. 322 (Vandystadt), p. 323.